보리 국어 바로쓰기 사전

엮은이 남영신

평생을 바른 우리 말글 쓰기를 위해 앞장서서 일해 왔다.

토박이말에 어떤 말이 있는지 궁금해서 본 국어사전에서 토박이말을 찾기는 마치 쌀에서 뉘를 찾는 것과 같았다. '돌살', '마상이', '추임새'같이 우리 문화와 관련된 말은 없는데, 한자어가 대부분인 데다가 일본인 이름과 일본 지명이 길게 풀이되어 있었다. 우리말을 살려야겠다는 생각에 토박이말을 모아 사람들이 찾아 쓰기 쉽도록 분류하여 1987년《우리말 분류 사전》을 펴냈다. 이 사전은 그 뒤에 토박이말이 모든 국어사전에 오르게 된 바탕이 되었다. 그러고 나서 많은 사람들이 막연하게 낱말을 이해하고 씀으로써 말하는 사람이나 듣는 사람이 서로 다르게 받아들이는 점에 눈을 돌렸다. '낱말 뜻을 정확하게 알고, 상황에 가장 알맞은 말을 골라, 낱말 표기를 정확하게 하고 국어 문법에 맞게 쓰자'는 것을 기본 원칙으로 삼아 공무원과 기자 들을 대상으로 교육을 하고 한 달에 한 번 시민들과 함께 우리말 바로쓰기 공부를 계속해 오고 있다.

《우리말 분류 사전》(1987)《우리말 용례 사전》(1995)《훈+국어 대사전》(2008) 같은 사전들을 엮었고,《안 써서 사라져가는 아름다운 우리말》(2001)《나의 한국어 바로쓰기 노트》(2002)《국어 한무릎공부》(2005)《기자를 위한 신문 언어 길잡이》(2014)《글쓰기는 주제다》(2014) 같은 책들을 썼다.

보리 국어 바로쓰기 사전

2017년 1월 2일 1판 1쇄 펴냄 | 2023년 1월 5일 1판 11쇄 펴냄

엮은이 남영신

교정 교열 조경숙 | **편집** 김성재, 김소영, 김용란 | **디자인** 한아람 | **조판** 홍영사 | **제작** 심준엽
영업 나길훈, 안명선, 양병희, 조현정 | **잡지 영업** 김빛나래, 정영지 | **새사업팀** 조서연 | **경영 지원** 신종호, 임혜정, 한선희
인쇄와 제본 (주)상지사

펴낸이 유문숙 | **펴낸 곳** (주)도서출판 보리 | **출판 등록** 1991년 8월 6일 제9-279호
주소 (10881) 경기도 파주시 직지길 492 | **전화** 031-955-3535 | **전송** 031-950-9501
누리집 www.boribook.com | **전자우편** bori@boribook.com

값 80,000원

보리는 나무 한 그루를 베어 낼 가치가 있는지 생각하며 책을 만듭니다.

ISBN 978-89-8428-942-0 01710

이 도서의 국립중앙도서관 출판시도서목록(CIP)은 서지정보유통지원시스템 홈페이지(http://seoji.nl.go.kr)와
국가자료공동목록시스템(http://www.nl.go.kr/kolisnet)에서 이용하실 수 있습니다.
(CIP제어번호: CIP2016025877)

보리 국어 바로쓰기 사전

남영신

보리

《보리 국어 바로쓰기 사전》이 나왔습니다

제가 남영신 선생을 알고 지낸 지는 꽤 오래되었습니다. 이분과 저는 〈뿌리 깊은 나무〉 발행인이었던 한창기 선생님을 다 같이 스승으로 모셨습니다. 한창기 선생님이 서울대학교 법과대학을 나왔으면서도 일본식 한자말인 법률 용어를 싫어하고 깨끗한 우리말을 아끼고 사랑해서 〈뿌리 깊은 나무〉 〈샘이 깊은 물〉을 통해 우리말 되살리기에 평생을 바치셨듯이, 남영신 선생도 그 뜻을 이어받아 서울대학교 법과대학을 졸업했지만 법관의 길로 들어서지 않고 평생을 우리말 가꾸기에 바쳤습니다.

《국어 천년의 실패와 성공》《국어 용례 사전》《우리말 분류 사전》《안 써서 사라져가는 아름다운 우리말》《훈+국어대사전》같이 그동안 펴낸 책들을 살펴보면 남영신 선생의 우리 말글 사랑이 얼마나 깊은지 짐작할 수 있을 것입니다. 사투리를 아끼고 섣부른 표준어 정책을 국가 권력의 남용이라고 비판하면서 '표준어'라는 말을 '공통어'라는 말로 바꾸어야 한다고 주장하는 이분의 말은 깊이 새겨들을 만합니다.

남영신 선생이 이번에 새로 펴낸 이 《보리 국어 바로쓰기 사전》은 우리 말과 글을 바로 써서 아이와 어른, 덜 배운 사람과 더 배운 사람, 남녘과 북녘이 어떻게 바르게 의사소통을 해야 하고, 할 수 있을지를 일러 주는 참으로 소중한 사전입니다.

이 사전은 쉬운 보기들을 들어가면서 우리 말글 바로쓰기를 자상하게 일러 주는 더할 나위 없이 좋은 지침서입니다. 우리말을 제대로 쓰려고 해도 가르쳐 주는 사람이 옆에 없어서 애먹은 기억이 있는 모든 이들이 이 책을 보면 눈이 활짝 열리리라고 믿습니다.

저는 이 사전이 우리 말글을 바로 써서 뜻과 느낌을 제대로 주고받기를 바라는 분들의 좋은 길잡이가 되기를 바랍니다.

제가 오래 두고 바라던 소망 하나를 이루어 주신 남영신 선생에게 마음으로 깊이 고마움을 담아 절을 올립니다.

이 사전을 보면서 저와 마찬가지로 여러분도 마음이 뿌듯해지리라 믿습니다.

2017년 새해 첫날 윤구병

우리 말글을 바로잡는 마지막 무기, 《보리 국어 바로쓰기 사전》

돌이켜 보면 내 삶의 대부분은 '국어'라는 전쟁터에서 적들과 치열하게 싸워온 것 같다. 나의 적은 어려운 한자어를 사용하면서 거드름을 피우던 우리 사회의 지식인들이었다. 법률가는 어려운 법률 용어로 국민을 호구로 만들었고, 행정가는 어려운 행정 용어로 국민을 바보로 만들었다. 보잘것없는 내용을 어려운 용어로 다듬이질하면서도 국어 문법이나 표기법에 무지함을 부끄러워하지 않았다.

내가 대학에 입학한 1967년 무렵은 한문투와 일본어투 국어를 몰아내려는 열띤 움직임이 있었고 한글 중심으로 글자 생활을 해야 한다는 '한글 전용론'이 강력하게 대두되었다. 지식과 정보를 팔아서 지위를 유지해야 하는 기득권자에게는 한자가 소중한 글자였겠지만, 내 눈에는 국어 발전을 가로막는 방해물일 뿐 아니라 우리 언어 생활, 특히 민중의 언어 생활에 커다란 짐으로 여겨질 뿐이었다. 그래서 민중의 언어 기본권을 찾아오기 위한 전쟁을 시작하였다.

국어 운동은 한글 전용과 쉬운 국어 생활을 위해 어려운 한문투나 일본어투 말글을 쉬운 우리 말글로 바꾸는 일부터 시작하였다. 그런데 안타깝게도 당시 국어사전에는 한문투와 일본어투 한자어투성이였고 우리 토박이말은 쌀에 뉘 섞이듯 한두 개 보일 뿐인데, 설명도 부실하고 보기글도 없었다. 우리 겨레가 오천 년간 문화 생활을 하면서 만들어 쓴 우리 말글을 국어사전에서 찾기 어려웠고, 참고할 만한 자료도 없었다.

기본 자료 없이는 국어 운동이 성공하기 어렵다고 보고 토박이말 수집과 분류 작업을 시작하여 1987년부터 1992년까지 토박이말을 쉽게 찾아 쓸 수 있는 《우리말 분류 사전》 3권을 차례로 엮어 냈다. 《우리말 분류 사전》을 계기로 토박이말이 국어사전에 오르게 되었을 뿐 아니라 어려운 한자어를 밀어내고 국어 중심에 쉬운 토박이말을 맞아들일 수 있었다.

지난 50여 년 동안 국어 운동에 조그만 힘을 보태 오면서 많은 동지들과 힘을 모아 치열한 싸움을 벌인 끝에 한글 전용과 쉬운 국어 생활의 기반을 단단히 다질 수 있었다. 그리하여 국어 운동 50여 년 만에 2005년 「국어기본법」이 제정되어 한글 전용과 쉬운 국어 생활이 국가 국어 정책의 바탕이 되었다.

그러나 아직도 많은 사람들이 우리말을 어법에 맞게 사용하는 것을 어려워하였다. 비문법적인 문장, 낱말의 쓰임새에 맞지 않는 표현, 외국어 직역투 어법이 넘쳐난다. 이러한 무질서를 바로잡기 위해서 한편으로 국어 문화 운동을 일으키고, 다른 한편으로 《국어 용례 사전》과 《한국어 용법 핸드북》을 펴내어 바른 국어 생활을 이끌어 내고자 했지만, 우리 사회의 국어 경시 풍조는 도도한 물줄기가 되어 국어 환경을 어지럽혔다. 신문과 방송에서 사용하는 국어뿐만 아니라 연구실에서 발행하는 논문과 정부가 펴내는 보고서나 공문서의 국어가 갈수록 어지러워져 이를 바로잡지 않고는 이 전쟁에서 최후의 승리를 장담할 수 없다는 생각이 들었다. 이 《보리 국어 바로쓰기 사전》은 혼탁한 국어를 바로잡기 위한 마지막 무기로 만든 셈이다.

이 사전에 국어를 바로 쓰는 데 필요한 다양한 정보를 실었다. 조사와 어미를 정확하게 사용할 수 있도록 조사와 어미 관련 정보를 충실히 실었고, 낱말을 정확하게 사용할 수 있도록 낱말 간의 의미 차이와 용법 차이를 설명해 놓았으며, 용언의 활용 정보와 용언 활용표, 바른 문장 구성을 위한 문법 정보도 빠뜨리지 않았다. 표준어 규정에 맞지 않는 낱말, 한글맞춤법에 어긋난 표기를 올림말로 올려 쉽게 알 수 있도록 한 것도 이 사전의 특징이다. 따라서 이 사전은 국어를 바르게 사용하려고 하는 모든 사람에게 많은 도움을 주리라 생각한다.

이 사전을 엮게 되기까지 여러 분들의 도움을 받았다. 여러 방면에서 국어 발전에 애써 온 보리 출판사 윤구병 대표는 이 사전을 엮을 수 있도록 아이디어를 내고, 작업에도 많은 도움을 주셨다. 이 자리를 빌려 깊이 감사한다. 원고를 꼼꼼히 교정하고 편집까지 아름답게 해 준 김성재 부장의 노고에 감사한다. 국어 운동 동지로서 교열 작업에 참여해 준 국어문장사 조경숙 님께도 감사한다.

무엇보다 이 사전을 보실 독자 한 분, 한 분에게 지극한 마음으로 감사한다.

2017년 1월 1일 남영신

일러두기

1. 개요

우리나라 국어 정책의 바탕이 되는 「국어기본법」은 국어를 '대한민국의 공용어로서 한국어'라고 정의한다. 이 사전에서 말하는 국어도 이 개념을 그대로 사용한다. 그러므로 《국어 바로쓰기 사전》은 대한민국의 공용어인 한국어를 내국인이나 외국인이 바르게 쓰는 데 도움을 주기 위해서 엮은 사전이다.

본디 국어사전은 국어를 바르게 쓰도록 하기 위해서 펴내는 것인데, 이름에 굳이 '바로쓰기'를 넣은 까닭은 낱말을 바르게 쓰는 데 도움이 되는 정보를 중심으로 사전을 엮었기 때문이다. '바르게' 쓰는 정보는 크게 '표기를 바르게 쓰는 경우'와 '표현을 바르게 쓰는 경우'로 나눌 수 있는데, 이 사전은 사람들이 자주 틀리는 표기와 표현에 대해, 틀린 까닭과 잘못을 바로잡는 방안을 제시하였다. 따라서 자주 틀리거나 헷갈리는 낱말의 바른 사용법을 이 사전으로 확인할 수 있다.

2. 올림말 선택

이 사전은 사람들이 말을 하거나 글을 쓸 때 자주 틀리는 것을 바르게 사용하도록 하고, 부적절하게 사용하는 것을 맞게 사용하도록 돕는 데에 초점을 맞추었다.

① 한국어 교육 어휘(국립국어원 2015) 중에서 쓰임새가 많은 기초 어휘를 대상으로 삼았다.

기초 어휘의 뜻을 정확하게 알고, 일상에서 쓰는 말이나 글에서 용법을 쉽게 익힐 수 있도록 했다. 그리고 자주 틀리거나 오해하여 잘못 쓰는 말들을 가려서 올렸다. '표준어 규정'에 어긋난 말은 '틀린 말'로, '한글맞춤법규정'에 어긋나는 표기는 '틀린 표기'로 구분하였다.

② 조사와 어미를 중요하게 다루었다.

국어는 조사와 어미로 문장을 구성한다. 따라서 조사와 어미를 바르게 쓰는 것이 무엇보다도 중요한데 대체로 조사와 어미를 소홀히 다룬다. 조사 '가'와 '는'은 사용법이 상당히 다르다. 그런데 흔히 이 두 조사를 아무렇게나 사용한다. 어미 '–어'와 '–어서'가 같지 않고, '–고'와 '–며'가 같지 않다. 이 사전은 이들의 차이에 주목하여 자세하게 설명하였다.

③ **용언의 활용 정보를 제공하는 데 애썼다.**

동사와 형용사 활용형은 형태가 매우 다양하여 활용형을 제대로 쓰기가 쉽지 않다. 동사와 형용사의 활용은 규칙 활용과 불규칙 활용으로 나누고 불규칙 활용에는 받침이나 끝음절 형태에 따라서 몇 가지로 분류하고 있지만, '규칙 활용'에도 변이형이 많이 있고, '불규칙 활용'에도 예외가 있어서 혼란스럽다. 그래서 이 사전에서 처음으로, 모든 용언에 활용 번호를 부여하여 활용형을 찾는 방법을 제시했다. (용언의 활용 번호는 1575쪽 참고.) 또 부록에 '용언 활용표'를 붙여 불규칙 활용뿐 아니라 규칙 활용도 활용표로 정리해 놓았다.

또한 문장에서 우리가 보는 형태는 대체로 활용형인데 현재 국어사전에서는 활용형으로 낱말의 뜻을 찾을 수가 없어서 국어사전 활용도가 낮다. 이 사전은 활용형 가운데에 서로 다른 낱말의 활용형이 같아진 것을 우선 올림말로 삼아 독자들이 국어사전을 쉽게 사용할 수 있게 했다.

④ **습관적으로 잘못 쓰는 말을 정확한 사용법에 따라서 쓸 수 있게 했다.**

소리가 비슷하거나 형태가 비슷하여 대충 넘나들며 사용하는 낱말이 있다. 그러나 낱말을 정확하게 사용하는 것은 언어를 바르게 사용하는 일의 바탕이다. '파문'과 '파장'은 의미가 다른데 '파문'을 쓸 자리에 '파장'을 쓴다. 부사 '드디어'와 '마침내'의 의미가 비슷하다고 해서 혼동하면 엉뚱한 의미로 오해를 받을 수가 있다. 이 사전은 이런 낱말들을 하나하나 자세히 설명하였다.

3. 올림말과 설명의 특징

① **자주 틀리는 말**

흔히 틀리게 쓰는 말 중에는 표기법을 잘 몰라서 틀리게 적는 말과 낱말의 형태를 잘 몰라서 틀리게 말하는 경우가 있다. 틀리게 적는 말과 틀리게 하는 말을 올림말로 삼아서 그것이 틀린 것임을 쉽게 알 수 있게 했고, 정확한 표기와 바른 말이 무엇인지 알 수 있게 하였다. 또 잘못 띄어 쓰는 말도 올림말로 올렸다.

×**갯수(個數)** / ×**놀래키다** / ×**덮히다** / ×**뒷문장** / ×**물르다** / ×**바란 듯이**
×**삼가하다** / ×**싯꺼멓다** / ×**쑥쓰럽다** / ×**알아맞추다** / ×**-을 꺼다** / ×**제끼다**

×찌라시 / ×천정(天井) / ×추슬리다 / ×취조(取調) / ×통털어

② 잘못 쓰는 활용형

국어의 활용형은 자칫 잘못 쓰기 쉽기 때문에 활용형을 정확하게 사용할 수 있도록 하는 데에 많은 노력을 기울였다. 특히 많은 사람이 자주 틀리는 활용형을 올림말로 올려 그것이 틀린 표기임을 쉽게 알 수 있게 하였다.

×같애 / ×거치른 / ×내딛어 / ×달래다 / ×-드냐 / ×-ㄹ래야 / ×-리요 / ×못쓸
×바꼈다 / ×안쓰런 / ×알맞는 / ×있슴 / ×잠궈 / ×차가와 / ×치뤄 / ×탐탁치

③ 뜻을 잘못 알고 잘못 쓰는 말

구별해서 써야 할 말을 습관적으로 잘못 쓰는 말을 올림말로 올려서 정확한 사용법에 따라서 쓸 수 있게 따로 설명하였다.

'가르치다'와 '가리키다' / '늘이다'와 '늘리다' / '다르다'와 '틀리다' / '담그다'와 '담다'
'들르다'와 '들리다' / '벌이다'와 '벌리다' / '벼슬'과 '볏' / '부딪치다'와 '부딪히다'
'안절부절하다'와 '안절부절못하다' / '치켜세우다'와 '추켜세우다' / '피우다'와 '피다'

④ 구별하여 쓰도록 권하는 말

상황에 따라서 정확하게 사용해야 할 말을 골라서 어떤 경우에 어떤 말을 사용해야 할지 설명하여 비슷한 말과 어떻게 구별되는지 알 수 있게 하였다.

'감추다'와 '숨기다' / '난도'와 '난이도' / '당부'와 '부탁' / '문득'과 '갑자기' / '성패'와 '승패'
'손수'와 '몸소' / '용의자'와 '피의자' / '위협'과 '협박' / '추키다'와 '치키다' / '현금'과 '현찰'

⑤ 발음 표기

한글은 글자가 발음을 표시하는 기능이 뛰어나기 때문에 발음 표기는 꼭 필요한 경우가 아니면 따로 하지 않았다. 다만 한글에 긴소리 표기 기능이 없기 때문에 긴소리로 발음은 대괄호 안에 ':(쌍점)'으로 표시하였고, 그 밖에 발음 표기가 꼭 필요하다고 본 경우에는 대괄호 안에 발음을 표기하였다.

• **긴소리 표기**

가엽다[가:−] / 덜다[덜:−] / 이쁘다[이:−]

• **기타 발음 표기**

넓다[널따] / 발달(發達)[−딸] / 볕뉘[변−] / 잠자리[1][−짜−]

⑥ 복합어, 관용 표현, 속담

기초 어휘로 이루어진 복합어, 관용 표현, 속담을 같이 모아 놓아 한 낱말의 다양한 쓰임새를 두루 살펴볼 수 있도록 했다. '복합어'는 단어와 단어가 합해서 된 '합성어'와 단어와 접사가 합해서 된 '파생어'를 아울러 모아 놓았다. '관용 표현'은 낱말의 본디 뜻과 다른 의미를 나타내며, '속담'은 오랜 역사 속에서 민중의 삶의 지혜가 말로 함축된 것이다. 관용 표현과 속담을 통하여 우리 말법을 쉽게 익힐 수 있게 했다.

⑦ 용언 활용 정보

동사와 형용사에 활용 형태를 제시하였고, 어미의 변화를 쉽게 파악할 수 있도록 어미는 별색을 써서 따로 표시하였다. 또 활용 번호를 매겨, 부록에 있는 '용언 활용표'를 사용하여 어미 변화 유형을 쉽게 파악할 수 있도록 했다. 다만 접사와 활용형에는 용언 활용 번호를 제시하지 않았다. (이와 관련한 자세한 설명은 부록의 '어미'와 '용언 활용표' 참고)

고프다 형용사

불20−8 고프고, 고파, 고픕니다, 고팠다

-고프다 접사

−고프고, −고파, −고픈, −고픕니다, −고팠다

쳐내다[1] 동사

규11−0 쳐내고, 쳐내어/쳐내, 쳐낸다, 쳐냅니다, 쳐내었다/쳐냈다

허옜다

허옜고, 허옜으니, 허옜는데, 허옜던, 허옜네, 허옜소, 허옜습니다

⑧ 언어 정보

올림말의 구성 형태, 어원, 조사와 어미 붙이는 법, 다른 낱말과의 용법 차이 등 해당 낱말에 관련한 다양한 쓰임새를 정보 상자에 넣어 쉽게 볼 수 있게 했다.

간[1]

동사 '가다'의 관형사형.

¶ 학교에 간 아이를 왜 여기서 찾니?

간[2] [간:]

동사 '갈다'의 관형사형. ×갈은

¶ 지금 막 간 밀로 빵을 만들었다.

¶ 밭을 반쯤 간 뒤에 새참을 먹기 시작했다.

'간[1]'과 '간[2]'

형태는 서로 같은데 소리가 다르다. '간[1]'은 짧은소리이고, '간[2]'는 긴소리이다. '가다'와 '갈다'의 활용형이 같은 까닭은 '갈다'가 'ㄹ 불규칙 활용'을 하므로 '갈다'의 어간 '갈-'의 'ㄹ'이 '-ㄴ' 앞에서 탈락하기 때문이다. 'ㄹ'을 그대로 둔 상태에서 어미 '-은, -으니'를 붙여 '갈은, 갈으니'라고 하면 안 된다.

¶ 지금 막 간(○)/갈은(×) 칼이니 베이지 않게 조심해라.

¶ 종일 밭을 간(○)/갈은(×) 농부가 잠시 쉬고 있다.

¶ 쟁기로 밭을 가니(○)/갈으니(×) 시간이 오래 걸린다.

¶ 그 집 가족이 모두 나서서 밭을 가네(○)/갈으네(×).

× 내딛으며

'내디디며'의 틀린 말.

'내딛다'의 활용형 제약

'내딛다'는 '내디디다'의 준말이므로 활용할 때에는 '내디디다'의 활용형과 같은 형태로 활용해야 한다. 그런데 모음으로 시작하는 어미는 '내딛다'의 활용형으로 사용할 수 없는 제약이 있다.

내딛어(×)/내디뎌(○), 내딛은(×)/내디딘(○), 내딛을(×)/내디딜(○)

내딛으며(×)/내디디며(○), 내딛으시니(×)/내디디시니(○)

내딛으신다(×)/내디디신다(○), 내딛었다(×)/내디뎠다(○)

¶ 그는 영화배우로 첫발을 내딛으며(×)/내디디며(○) 새로운 인생을 시작했다.

¶ 그 선수는 신호 전에 한 발을 내딛은(×)/내디딘(○) 탓에 실격하고 말았다.

¶ 아버지는 정년 퇴임을 하시고 화가로 첫발을 내딛으셨다(×)/내디디셨다(○).

'꾸물거리다'와 '끄물거리다'

두 낱말은 전혀 다른 의미로 쓴다. '꾸물거리다, 꾸물꾸물하다'는 사람의 행동에 쓰고, '끄물거리다, 끄물끄물하다'는 흐린 날씨에 쓴다.

¶ 날씨가 왜 이렇게 *꾸물거리는지*(×) 모르겠다. → *끄물거리는지*

¶ 온종일 날씨가 *꾸물꾸물하여*(×) 외출할 마음이 안 난다. → *끄물끄물하여*

'서슴지'와 '서슴치'

'서슴다'를 쓸 때에 '서슴치 않고', '서슴치 말고'처럼 '서슴치'를 쓰는 것은 잘못이다. '서슴다'를 부정하려면 '서슴지 않다'라고 해야 한다.

'-하다'가 붙은 용언을 부정할 때에 '-하지 않고'를 쓰는데 '-하지'가 줄면 '-치'가 된다. '고려하다'를 부정하면 '고려하지 않겠다'가 되고 이를 줄이면 '고려치 않겠다'가 되는 것이다. 그러나 '-하다'가 붙지 않은 용언을 부정할 때에는 '-지 않다'를 써야 한다. '많다'의 부정은 '많지 않다', '까맣다'의 부정은 '까맣지 않다'라고 쓴다. '-하다'가 붙은 용언을 부정할 때에도 '-하지'의 준말로 '-치'를 쓰지 않고 '-지'를 쓰는 경우가 있다. (이에 관한 설명은 올림말 '생각하다' 참고.)

'아니오'와 '아니요'

① '아니오'는 '아니다'의 활용형이고, '아니요'는 감탄사 '아니[2]'의 높임말이다. '아니다'의 활용형이라는 말은 '아니다'를 서술어로 쓰면서 활용한 것이라는 말이다. '아니다'는 아래와 같이 활용한다.

¶ 이것은 책이 아니오.

¶ 여기는 노는 곳이 아니란다.

¶ 여기는 해수욕장이 아닙니다.

¶ 오늘은 휴일이 아닌데요.

② '아니요'는 감탄사 '아니'의 높임말인데, 아래와 같이 사용한다.

¶ "어제 극장에 갔었니?" "아니, 극장에 안 갔어."

¶ "어제 집에 있었니?" "아니요, 친구들과 시내 구경 갔어요."

'현찰'과 '현금'

국어에서는 돈을 가리킬 때 '찰(札)'이라는 한자를 쓰지 않는다. '현금'을 '현찰'이라는 한자로 쓰는 것은 일본어에서 온 것이다. 따라서 '현찰'을 '현금'으로 쓰도록 했다. 아래 일본식 한자어도 바꾸어 쓰도록 권한다.

¶ 정찰제(正札制)→정가제(正價制)

¶ 명찰(名札)→이름표(標), 명패(名牌)

차례

ㄱ

가[1] 조사

주격 조사

① 문장에서 앞말이 서술어의 주어가 되게 하는 말.

¶ 아기가 웃는다.

② 문장의 서술절에서 앞말이 서술어의 주어가 되게 하는 말.

¶ 나는 그 아이가 보고 싶었다.

③ 수량과 함께 써서 그 정도에 이름을 나타낸다.

¶ 한 자가 넘게 눈이 내렸다.

¶ 열두 시가 되도록 그에게서 연락이 오지 않았다.

보격 조사

① '되다'의 보어가 되게 하는 말.

¶ 영수는 의사가 되었다.

② '아니다'의 보어가 되게 하는 말.

¶ 나는 바보가 아니다.

보조사

'-지'로 끝나는 부사어에 붙어서 강조를 나타내는 말. 주로 '-지가 않다'처럼 부정 구문에 쓴다.

¶ 그 사람은 미덥지가 않다.

¶ 그는 표정이 예사롭지가 않더라고요.

조사 '가'와 '이'

조사 '가'와 '이'는 형태만 다를 뿐 기능은 완전히 같다. 앞말의 끝소리가 모음이면(받침이 없으면) '가'

를 붙이고, 자음이면(받침이 있으면) '이'를 붙인다.

¶ 새가 날아간다.

¶ 사람이 걸어간다.

¶ 영수는 화가가 되었다.

¶ 영호는 군인이 되었다.

조사 '가'와 '이가'

사람의 이름 뒤에 조사 '가'를 붙일 때, 이름의 끝소리가 자음이면 '이' 대신에 '이가'를 붙이기도 하는데, 입말에서 주로 쓴다. 글말에서는 '이'를 쓴다.

¶ 맹구가 자고 있다.(입말, 글말)

¶ 영숙이가 자고 있다.(입말)

¶ 영숙이 자고 있다.(글말)

대명사 '나, 너, 저'와 조사 '가'

'나, 너, 저'에 조사 '가'를 붙이면 '나'는 '내'로, '너'는 '네'로, '저'는 '제'로 바뀐다.

¶ 내가 거기 가기로 했다. / 네가 그 일을 해라. / 제가 그 일을 꼭 해 내겠습니다.

따라서 아래와 같이 쓰면 잘못이다. 일부 지역에서는 이렇게 말하기도 하는데 바른 표현이 아니다.

¶ 나가(×) 거기 가기로 했다. → 내가

¶ 너가(×) 그 일을 해라. → 네가

¶ 저가(×) 그 일을 꼭 해 내겠습니다. → 제가

'너가'를 '니가'로, '저가'를 '지가'로 쓰는 경우도 있지만 이 표현도 바르지 않다.

조사 '가'의 높임말과 높임의 일치

사람을 가리키는 명사를 높여야 하는 경우에 조사 '가'는 높임법에 따라서 '께서'로 바뀐다.

¶ 선생이 이리 온다. → 선생님께서 이리 오신다.

위 예문을 보면 '선생'을 높이기 위하여 '-님'을 붙였고, 조사를 '께서'로 바꿨으며, 서술어에 높임을 나타내는 선어말 어미 '-시-'를 붙였다. '선생'을 높이기 위해서 높임법에 따라 세 가지를 바꾸었다. 이를 '높임의 일치'라고 한다. 셋 중에서 어느 하나가 일치하지 않는다면 아래와 같은 문장이 된다.

¶ 선생께서 이리 온다. / 선생님이 이리 오신다. / 선생님께서 이리 온다.

위 예문은 모두 높임이 일치하지 않은 문장이다. '선생님께서 이리 오신다'처럼 접미사, 조사, 어미가 모두 높임의 일치를 이루어야 한다.

조사의 높임말

'가' 말고 높임말이 있는 조사가 더 있다.

예 사 말	높 임 말
가/이(어머니가, 어른이)	께서(어머님께서, 어르신께서)
는/은/도(어머니는, 어머니도)	께서는/께서도(어머님께서는, 어머님께서도)
(이)다(이분이 그의 어머니이다.)	(이)시다(이분이 그의 어머님이시다.)
에게/에게도(어머니에게, 어머니에게도)	께(어머님께, 어머님께도)

▶ 조사 '가'와 조사 '는'의 용법 차이는 올림말 '는' 참고.

가[2]

① 동사 '가다'의 연결형.

¶ 저리 가 보아라.

¶ 집에 가 쉬어야겠다.

② 동사 '가다'의 종결형.

¶ "너 어디 가?" "도서관에 가."

¶ 저리 가!

가까스로 부사

① 애를 써서 겨우.

¶ 가까스로 웃음을 참았다.

¶ 가까스로 일자리를 구했다.

② 매우 어렵게.

¶ 젖을 달라고 우는 아이를 가까스로 재웠다.

③ 겨우 빠듯하게.

¶ 법안이 가까스로 국회 본회의를 통과했다.

¶ 차가 밀려 가까스로 약속 시간에 도착했다.

가까이 부사 명사

부사

① 가깝게.

¶ 내게 더 가까이 앉아라.

¶ 그는 우리 집에 가까이 살아서 자주 만난다.

② 친하게.

¶ 나는 그와 늘 가까이 지낸다.

명사

가까운 곳.

¶ 문 가까이에 물건을 두지 마라.

¶ 개가 아이 가까이에 오지 않도록 해라.

복합어

• **가까이하다** 타동사 가깝게 대하다. ¶ 담배를 가까이하지 마라.

'가까이하다'와 '가까이 하다'

'가까이'는 부사이므로 뒤의 동사를 꾸미는 구실을 한다. '가까이 두다', '가까이 놓다', '가까이 심다'에서 '두다', '놓다', '심다'처럼 구체적인 행동을 나타내는 동사를 꾸미는 것이다. 그런데 '하다'는 행동의 구체적인 내용이 없는 동사이다. '그는 친구를 가까이 한다'에서 '가까이'를 빼면 문장이 성립하지 못하는 것도 그런 까닭이다. 그래서 '가까이'가 '하다'를 꾸미는 것으로 보지 않고 '가까이하다'라는 동사를 만들어 사용하므로 '가까이 하다'처럼 띄어 쓰면 안 된다.

가깝다 형용사

불20-3 가깝고, 가깝네, 가까우니, 가까우면, 가까운, 가까워, 가깝소, 가깝습니다, 가까웠다

① (-에서 가깝다) 거리가 짧다.

¶ 전철역이 집에서 가까우니 출퇴근하기가 편리할 것 같다.

② (–와/과 가깝다) 촌수가 멀지 않다. 사이나 관계가 좋다.
¶ 가까운 친척이 부탁하니 안 들어 줄 수 없었다.
¶ 이웃들과 가깝게 지낸다.
③ 어떤 때가 될 시간이 오래지 않다.
¶ 봄이 가까워 오니 언 땅이 풀리기 시작했다.
④ (–에 가깝다) 비슷하다.
¶ 그는 어린애에 가까운 행동을 한다.
¶ 이 색은 붉은색에 가깝다.
⑤ (가까워 오다) 거의 이르다.
¶ 내 차례가 가까워 오니 가슴이 두근거린다.
¶ 약속 시간이 가까워 오니 가슴이 뛰기 시작한다.

복합어

- **가까워지다** 자동사 가깝게 되다. 가깝게 변하다. ¶ 추석이 가까워지니 과일 값이 오른다.
- **가까이** 부사 명사 올림말 '가까이' 참고.
- **가깝디가깝다** 형용사 매우 가깝다. ¶ 우리는 가깝디가까운 곳에 살면서도 자주 못 만나는구나.

관용 표현

- **가까운 사이** 가깝게 지내는 사이.

'가깝니'와 '가까우니'

어간 '가깝–'에 붙는 어미 '–니'는 의문을 나타내는 종결 어미로만 쓰고, '가깝니'처럼 어간에 곧바로 붙여 쓴다. 연결형으로 쓸 때는 연결 어미 '–으니'를 쓰는데, '–으니'는 '가깝–'의 'ㅂ'과 만나서 '–우니'로 변한다. 그래서 '가깝다'의 연결형은 '가까우니'가 된다.
¶ 네 집이 우리 집에서 가깝니?
¶ 네 집이 우리 집에서 가까우니 자주 놀러 와라.

'가깝소'와 '가까우오'

'가깝다'에는 설명이나 의문의 뜻을 나타내는 종결 어미로 '–오'를 쓰지 않고 –소'를 쓴다.
¶ 인천 공항은 김포 공항에서 가깝소.
¶ 우리 사이는 무척 가깝소.

가꾸다 동사

규11-0 가꾸고, 가꾸어/가꿔, 가꾸어서/가꿔서, 가꾼다, 가꿉니다, 가꾸오, 가꾸었다/가꿨다

타동사

① 보살펴서 기르다.

¶ 곡식을 가꾸려면 정성을 들여야 한다.

¶ 여기 사람들은 꽃을 가꿔서 살아간다.

② 보기 좋게 만들거나 꾸미다.

¶ 사람들은 얼굴을 가꾸는 데에 시간과 비용을 너무 많이 들인다.

¶ 사람들이 즐겨 찾도록 우리 마을을 잘 가꿉시다.

③ (비유적으로) 생각이나 희망 따위를 소중히 키우다.

¶ 어려서부터 작곡가의 꿈을 가꾸어 왔다.

> **'가꾸다'와 '꾸미다'**
>
> 둘 다 지금보다 보기 좋게 만듦을 뜻하지만, '꾸미다'에는 없는 것을 거짓으로 만든다는 뜻이 들어 있는 점이 다르다.
>
> ¶ 몸을 잘 가꿔야/꾸며야 한다.
>
> ¶ 그것은 기자가 꾸며서 쓴 글이다.

가느다랗다 형용사

불20-5 가느다랗게, 가느다라니, 가느다라면, 가느다라므로, 가느다래서, 가느다란, 가느다랗습니다, 가느다랗소, 가느다랬다

꽤 가늘다.

¶ 한 관람객이 눈을 가느다랗게 뜨고 그림을 감상하고 있다.

¶ 국수 면발이 가느다래서 술술 잘 넘어간다.

¶ 팔뚝이 가느다라니 힘든 일은 못 할 것 같다.

¶ 언니가 가느다란 목소리로 노래를 불렀다.

¶ 방에서 할머니의 가느다란 신음 소리가 들린다.

가는[1]

동사 '가다'의 관형사형.

¶ 나는 집에 가는 길이다.

¶ 여기서 서울로 가는 버스를 타야 한다.

가는[2]

형용사 '가늘다'의 관형사형. ×가늘은

¶ 이걸 기우려면 아주 가는 실이 필요하다.

¶ 그는 가는 눈썹이 인상적이다.

¶ 가는 목소리로 나직하게 노래를 읊조렸다.

가는[3] [가: -]

동사 '갈다[1, 2, 3]'의 관형사형. ×갈으는

¶ 그 사람은 수족관 물이 아무리 더러워져도 물을 가는 법이 없다.

¶ 요즘은 칼을 가는 사람을 보기 어렵다.

¶ 비가 내리니 밭을 가는 농부들 손이 바빠졌다.

'가는'의 형태

① '가는'은 전혀 다른 세 낱말의 활용형이다. 문장의 앞뒤 맥락을 살펴서 '가는'이 어떤 낱말의 활용형인지 파악해야 한다.

¶ 길을 가는 나그네.(동사 '가다'의 활용형)

¶ 철사가 너무 가는 것 같다.(형용사 '가늘다'의 활용형)

¶ 논밭을 가는 일은 쉬운 일이 아니다.(동사 '갈다'의 활용형)

② '갈다'의 관형사형을 '갈은'으로 쓰는 것은 잘못이다. 'ㄹ' 불규칙 활용을 하기 때문이다.(올림말 '간[2]' 참고.) 이와 마찬가지로 '가늘다'의 관형사형도 '가늘은'으로 쓰면 안 된다.

¶ 금방 갈은(×)/간(○) 칼이라 잘 든다.

¶ 팔뚝이 가늘은데도(×)/가는데도(○) 팔 힘이 세다.

가늘다 형용사

불21-2 가늘게, 가늘어, 가느니, 가느네, 가느오, 가는, 가늡니다

① 긴 물건의 둘레가 짧다.
¶ 나는 가는 막대기로 풀숲을 헤치고 걸었다.
¶ 누나는 허리가 가늘어 날씬하게 보인다.
② 소리의 통이 작다.
¶ 언니는 목소리가 가늘고 높았다.
③ 약하다. 여리다.
¶ 그 사람은 길고 가는 뼈대에 살빛도 무척 희었다.
¶ 어디서 신음 소리가 가늘게 들린다.
④ 알갱이가 작다. 잘다.
¶ 이 해안은 모래가 아주 가늘어 감촉이 좋다.
⑤ 알아챌 수 없을 만큼 움직임이 작다.
¶ 편지를 집은 손이 가늘게 떨린다.
¶ 촛불이 가늘게 흔들린다.
⑥ 희미하다. 설핏하다.
¶ 가을 햇빛이 가늘게 뜰을 비추고 있다.
¶ 문틈으로 가는 햇살이 들어왔다.
⑦ 사이가 촘촘하다.
¶ 가는 빗으로 머리를 빗어 곱게 땋았다.

복합어

- **가느다랗다** 형용사 올림말 '가느다랗다' 참고.
- **가느스름하다** 형용사 조금 가늘다. ¶ 햇빛 때문에 눈을 가느스름하게 뜨고 나를 본다.
- **가는귀** 명사 작은 소리를 잘 알아듣는 귀. ¶ 나이가 들면 가는귀가 먹어 작은 소리는 알아듣지 못한다.
- **가는귀먹다** 자동사 작은 소리를 잘 알아듣지 못하다.
- **가는베** 명사 가는 실로 짠 베. 올이 가는 베.
- **가는체** 명사 올이 가늘고 구멍이 잔 체.
- **가늘디가늘다** 형용사 매우 가늘다. ¶ 가늘디가는 손으로 힘들게 빨래를 한다.
- **가늘어지다** 자동사 차츰 가늘게 되다. ¶ 빗줄기가 가늘어지는 것을 보니 곧 비가 그칠 것 같다. / 팔뚝이 무척 가늘어졌구나.

가늠 명사

① 목표나 기준에 맞고 안 맞음을 헤아림.
¶ 밥을 지을 때는 물 가늠이 가장 중요하다.
¶ 눈으로 하는 가늠보다는 자로 재는 것이 정확하다.
② 어림잡아 헤아림.
¶ 큰 행사를 대충 가늠만 해서 추진하다가는 어려움을 당할 수 있다.

복합어

- **가늠하다** 타동사 ① 목표나 기준에 맞고 안 맞음을 헤아리다. ¶ 한 눈으로는 목표물을 제대로 가늠할 수 없다. ② 어림잡아 헤아리다. ¶ 땅의 넓이를 눈으로 가늠해 보아라. / 이 속에 구슬이 몇 개나 들어 있을지 가늠할 수 없다.
- **눈가늠** 명사 눈으로 어림잡아 목표나 기준에 대어 보는 일.
- **눈가늠하다** 타동사 눈으로 어림잡아 가늠하다.
- **발가늠** 명사 발걸음의 수로 어림잡아 길이를 잼. 또는 그런 일.
- **발가늠하다** 타동사 발걸음으로 어림잡아 길이를 재다.
- **손가늠** 명사 손으로 대충 길이를 잼.
- **손가늠하다** 타동사 손으로 대충 길이를 재다.

관용 표현

- **가늠(을) 보다** ① 목표를 겨누기 위하여 정확한지 정확하지 않은지 헤아리다. ¶ 총을 쏠 때는 가늠자로 정확하게 가늠을 보고 총을 쏘아야 한다. ② 형편이나 시세 따위를 헤아리다. ¶ 일을 시작하기 좋은 때를 잡기 위하여 가늠을 보는 중이다. ③ 무게를 달거나 길이를 잴 때에 저울이나 자의 눈이 바른지 보다. ¶ 저울로 가늠을 보아라.
- **가늠(을) 잡다** =가늠을 보다
- **가늠이 가다** 짐작되거나 헤아려지다. ¶ 아버지가 왜 꾸짖었는지 아직도 가늠이 가지 않는다.

가늡니다 [가늠-]

형용사 '가늘다'의 종결형.
¶ 이것을 묶기에는 줄이 너무 가늡니다.

가능 명사 (可能)[가:-]

할 수 있거나 될 수 있음.
¶ 통화 가능 지역
¶ 19살 이상 관람 가능

복합어

- **가능성**(可能性)[가:-] 명사 노력하여 실현할 수 있는 성질.
- **가능하다**(可能-)[가:-] 형용사 할 수 있거나 될 수 있다.

관용 표현

- **가능한 한**(限) 할 수 있는 만큼. ¶ 가능한 한 물자를 많이 확보해야 한다.

'가능한'과 '가능한 한'

많은 사람들이 이 두 표현을 혼동해서 쓴다. '가능한'은 '가능하다'의 활용형이다. 그래서 '가능한 일', '가능한 사람'처럼 곧바로 명사를 수식한다. 이에 비해서 '가능한 한'은 '가능한 한도에서' 또는 '가능한 한계까지'의 의미로 쓰는 말로서, 끝에 있는 '한(限)'은 '한도(限度)/한계(限界)'를 의미하는 명사이다. 따라서 '가능한 한'의 끝에 붙은 '한'을 빼면 안 된다. '가능한 한 많이 먹어라'를 '가능한 많이 먹어라'라고 하면 안 되는 것이다. 아래 표현을 참고하기 바란다.

틀린 표현	맞는 표현
가능한 좋은 것으로 골라 주세요.	가능한 한 좋은 것으로 골라 주세요.
가능한 사실대로 말해 주게.	가능한 한 사실대로 말해 주게.

'가능한 한'은 '가능한 범위에서'의 뜻으로 '될 수 있으면'이나 '할 수 있으면' 또는 '될 수 있는 한'이나 '할 수 있는 한'으로 바꿔 쓰면 좋겠다.

'가능성'과 '확률'

'가능하다'는 노력하여 이룰 수 있음을 표현하기 위하여 쓰는 말이다. '불가능하다'는 노력해도 이루어지기 어려움을 표현하는 말이다. 즉, 노력에 대해 어떤 결과가 나올 것인지를 예측하는 말이다. '가능성'은 노력하여 이룰 수 있는 성질을 나타내는 데에 쓰는 말이지, 노력과 관계가 없는 일에 쓰는 말은 아니다. 따라서 자연현상에 이 말을 쓰는 것은 부적절하다. 예컨대 '내일 비가 올 가능성이 높다'라고 표현하는 경우가 대표적이다. 사람의 행위와 관련이 없다면 이는 '가능성'의 문제가 아니라 어떤 일이 일어날 수 있는 비율(이 비율을 '확률'이라고 한다)의 문제이다. 그러므로 '내일 비가 올 확률이 높다'라고 말해야 한다. 확률(確率)을 다른 말로 '공산(公算)'이라고도 한다.

가니[1]

① 동사 '가다'의 연결형.

¶ 사람들이 다 그쪽으로 가니 나도 덩달아 따라갔다.

② 동사 '가다'의 종결형.

¶ 지금 가니?

가니[2] [가:-]

① 동사 '갈다[1, 2, 3]'의 연결형.

¶ 커튼을 가니 집안 분위기가 달라졌다.

¶ 네가 자면서 이를 가니 시끄러워서 잠을 잘 수 없었다.

¶ 혼자 밭을 가니 너무 힘이 든다.

② 동사 '갈다[1, 2, 3]'의 종결형.

¶ 새로 커튼을 가니?

¶ 칼을 가니?

¶ 이 더위에 밭을 가니?

가다 동사

규10-0 가는, 가려면, 가면, 가십니까, 가세요, 간다, 갈지, 갈까, 갑니다, 갑시다, 갔습니다

자동사

① (-에 가다, -로 가다) 어디를 목표로 삼아 그쪽으로 움직이다.

¶ 어디에 가십니까?

¶ 이쪽으로 가면 지하철역에 갈 수 있습니까?

② (-러 가다) 어떤 목적을 이루려고 저쪽으로 움직이다.
¶ 누구를 만나러 가세요?
¶ 밥 먹으러 갑니다.
¶ 영수는 영화를 보러 갔습니다.
③ 어느 수준이나 한도에 이르다.
¶ 요즘은 만 원 가는 상품이 잘 팔린다.
¶ 본선에 가기도 전에 탈락했다.
④ 견디다
¶ 이 기계는 매우 튼튼하여 10년은 가겠다.
⑤ 흐르다. 지나다.
¶ 이 일은 시간이 가야 해결될 것이다.
¶ 달이 가고 해가 간 뒤에도 그에게서 소식이 오지 않았다.
⑥ 끊어지다. 나가다.
¶ 갑자기 전기가 가서 아무 일도 할 수 없었다.
¶ 불이 갈지 모르니 성냥을 준비해 두어라.
⑦ 생기다
¶ 그릇에 금이 갔다.
¶ 거짓말을 하면 결국 자신에게 손해가 간다.
⑧ 쏠리다
¶ 맛있는 음식에만 손이 갔다.
¶ 호감이 가는 사람이 있으면 나에게 말해라.
⑨ 전해지다.
¶ 합격자에게는 연락이 갈 것입니다.
¶ 워낙 큰 사건이라 식구들에게는 소식이 갔을 거야.
¶ 사람이 없는지, 신호는 가는데 전화를 받지 않네.
⑩ 변하다.
¶ 우유를 오래 두었더니 맛이 갔다.
⑪ 필요하다.
¶ 요즘 사람들은 손이 많이 가는 일은 하려 하지 않는다.
⑫ 이해나 짐작, 판단 따위가 이루어지다.
¶ 그 말을 들으니 조금 짐작이 간다.
¶ 의심이 가는 말은 하지 마라.
¶ 네 말은 도무지 납득이 안 간다.

ㄱ

'-에 가다'와 '-로 가다'의 미묘한 차이

'에'는 목적지가 확실하게 정해진 경우에 쓰고, '로'는 목적지가 막연하고 불특정한 경우에 쓴다. 또 '에'는 목적지의 용도에 맞는 일을 하러 가는 경우에, '로'는 단순히 목적지를 향하는 경우에 쓴다.

┌ 어디에 갈까요? 극장에 가자.(영화를 보기 위해서)
└ 어디로 갈까요? 왼쪽으로 가자.(방향만 가리킴)

┌ 아이들은 학교에 갔다.(공부하러)
└ 아이들은 학교로 갔다.(교외 활동을 마치고 돌아간 경우)

┌ 달에 가려는 인간의 꿈이 마침내 실현되었다.(자연스러움)
└ 달로 가려는 인간의 꿈이 마침내 실현되었다.(부자연스러움)

조사 생략

입말에서는 '가다' 앞에 오는 조사 '에'나 '로'를 생략하는 것이 더 자연스럽다.

¶ 언제 학교 가니?
¶ 너 어디 가니?
¶ 회사 가거든 내가 조금 늦는다고 말해 다오.
¶ 서울 가려면 지금 출발해야 해요.

타동사

① 그쪽으로 움직이다.
¶ 나그네가 길을 **가**면서 두리번거린다.
¶ 산길을 **가다** 보면 짐승을 자주 만나게 된다.

② 그쪽으로 움직이는 행동을 하다.
¶ 미국 여행을 **가려면** 비행기를 타야 한다.
¶ 그 사람은 어제 이사를 **갔다**.
¶ 전쟁이 일어나면 사람들은 피란을 **간다**.

③ 결혼하여 나가다.
¶ 누나는 지난해 시집을 **갔고**, 형은 올해 장가를 **간다**.

보조 동사

(-어/-아 가다) 점점 그렇게 변한다.
¶ 날이 저물어 **가니** 날씨가 쌀쌀해진다.

¶ 일이 잘 되어 가는 것 같다.
¶ 죽어 가는 사람을 살려 놓으니 도둑 취급한다.
¶ 도둑을 잡아 갈 경찰이 올 때까지 기다리자.

보조 동사의 띄어쓰기

본동사가 연결 어미 '-어'나 '-아'로 보조 동사 '가다'와 이어질 때는 붙여 쓸 수 있다.
¶ 날이 저물어가니 날씨가 쌀쌀해진다.
¶ 일이 잘 되어가는 것 같다.
¶ 죽어가는 사람을 살려 놓으니 도둑 취급한다.

관용 표현

- **가도 오도 못한다** 한곳에서 자리를 옮기거나 움직일 수 없는 상태가 되다.
- **갈 길이 멀다** 앞으로 살아야 할 세월이나 해야 할 일이 많이 남아 있다.
- **갈 데까지 간다** 극단적인 상황에 이를 때까지 한다.

'가다'의 활용형

① '가다'에 연결 어미 '-아'가 붙으면 '가아'가 되는데 이를 줄여서 '가'로 적는다.
가+아=가, 가-아서=가서, 가-았습니다=갔습니다
② '가다'에 붙는 명령형 종결 어미로 '-거라'를 사용한다.
¶ 저리 가거라.
'가거라' 대신에 '가라'를 써도 된다. '가라'는 '가다'에 어미 '-아라'를 붙인 것인데, '아'가 생략된 형태이다.

가랑이 명사

① 몸의 끝이 갈라져 두 갈래로 벌어진 부분.
¶ **가랑이**를 크게 벌려 성큼성큼 걸었다.
¶ 뱁새가 황새를 따라가면 **가랑이**가 찢어진다고 했다.
¶ 지하철에서는 **가랑이**를 오므리고 앉아야 한다.
¶ 아이가 **가랑이**를 잔뜩 오므리고 모로 누워 잔다.

② 바지 따위에서 다리가 들어가도록 된 부분.
¶ 비 오는데 걸었더니 가랑이가 다 젖었다.
¶ 아이들은 가랑이가 좁아 다리에 딱 달라붙는 바지를 좋아한다.

복합어

- **바짓가랑이** 명사 바지에서 다리를 꿰는 부분.

관용 표현

- **가랑이(가) 찢어지다(/째지다)** ① 몹시 가난한 살림살이를 이르는 말. ② 힘에 부치거나 일손이 부족하여 일해 나가기가 몹시 벅차다.

× 가랭이

'가랑이'의 틀린 말.

가렵다 형용사

불21-3 가렵고, 가려우니, 가려우면, 가려운, 가려워, 가렵소, 가렵습니다, 가려웠습니다

긁고 싶은 느낌이다.
¶ 발가락이 가려워서 긁었다.

복합어

- **가려움** 명사 가려운 느낌. ¶ 몸에 가벼운 가려움을 느꼈다.
- **가려움증**[-쯩] 명사 몸이 가려운 증세.
- **가려워하다** 타동사 가려움을 느끼다. ¶ 옻이 오른 아이가 너무 가려워하여 밖으로 나가게 했다.

관용 표현

- **가려운 곳을(/데를) 긁어 주다** 남에게 꼭 필요한 것을 시원스럽게 해줌을 비유하여 이르는 말. ¶ 대통령은 시민들의 가려운 곳을 긁어 주는 효자손 같은 사람이었으면 좋겠다.

▶ '가렵다'와 '간지럽다'의 차이는 올림말 '간지럽다' 참고.

가르다 동사

불10-6 가르고, 가른, 가를, 갈라, 가르오, 가른다, 가릅니다, 갈랐습니다

타동사

① 하나를 몇 부분으로 떨어지게 만들다. 쪼개다. 나누다.

¶ 사과를 두 쪽으로 갈랐다.

¶ 사람들을 남자와 여자로 갈라 앉혔다.

② 공기나 물을 양쪽으로 나누며 움직이다.

¶ 화살이 바람을 가르며 날아갔다.

¶ 배 한 척이 물을 가르며 나아가고 있었다.

③ 양쪽으로 열어젖히다.

¶ 생선의 배를 가르고 내장을 뺐다.

④ 겨루어 승패나 등수 따위를 정하다.

¶ 사람들은 경기의 승패를 가를 요인으로 날씨를 꼽기도 했다.

⑤ 잘잘못이나 좋은 것과 나쁜 것 따위를 따져서 분간하다.

¶ 사람은 이성이 있어서 옳은 것과 그른 것을 가를 수 있다.

복합어

- **가르마** 명사 머리카락을 이마에서 정수리까지 양쪽으로 갈라 생긴 금.
- **가름하**다 타동사 올림말 '가름하다' 참고.
- **갈라내**다 타동사 한 덩어리로 있는 것을 갈라서 일부를 떼어 내다.
- **갈라놓**다 타동사 ① 관계를 멀어지게 하다. ② 떼어 둘 이상으로 나누다.
- **갈라땋**다 타동사 머리채 따위를 가닥을 내어 땋다. ¶ 댕기를 드리려고 머리를 갈라땋는다.
- **갈라붙이**다[-부치-] 타동사 ① 갈라서 이쪽저쪽에 각각 주다. ¶ 판셈을 하는 셈으로 모든 땅을 사람들에게 갈라붙였다. ② 함부로 나누어 주다. ¶ 너는 왜 남의 물건을 이 사람 저 사람에게 갈라붙이니?
- **갈라서**다 자동사 ① 갈라서 따로 서다. ¶ 성별로 갈라서라. ② 관계를 끊고 남남이 되다. 갈라지다. ¶ 부부가 재산 문제로 싸우다가 결국 갈라서게 되었다.
- **갈라지**다 자동사 ① 쪼개지거나 금이 가다. ¶ 가뭄으로 땅이 쩍쩍 갈라졌다. ② 목소리가 몹시 거칠게 되다. ¶ 감기로 목소리가 갈라지니 듣기 거북했다. ③ 둘 이상으로 나누어지다. ¶ 국토가 남북으로 갈라졌다. ④ 긴밀한 관계가 끊어지다. 갈라서다.
- **갈라치기** 명사 바둑에서, 상대편의 두 돌 사이에 자기 돌을 놓아 상대 진영을 가르는 일.
- **갈라치**다 타동사 바둑에서, 상대편의 두 돌 사이에 자기 돌을 놓아 상대 진영을 가르다.

가르치다 동사

㉾ 갈치다

규11-0 가르치고, 가르친, 가르칠, 가르치어서/가르쳐서, 가르치었다/가르쳤다

타동사

① (지식이나 기능, 이치 따위를) 깨닫게 하거나 익히게 하다.

¶ 저는 중학교에서 수학을 가르칩니다.

¶ 동생에게 운전을 가르쳤다.

② (주로 '버릇', '버르장머리'와 함께 쓰이어) 그릇된 버릇이나 태도를 바로잡다.

¶ 아이 버릇을 단단히 가르쳐야겠다.

③ 학교나 학원에 보내어 배우게 하다.

¶ 부모는 자식 가르치는 일에 모든 것을 바친다.

④ 아직 모르는 일을 일러주다.

¶ 그 사람 비밀을 하나 가르쳐 줄게.

복합어

- **가르친사위** 명사 융통성이나 창의성이 없이 남이 하라는 대로만 하는 사람을 낮잡아 이르는 말.
- **가르침** 명사 지식, 사상, 기술, 예절 따위를 알게 함. 또는 그 내용.

가름하다 동사

불10-9 가름하고, 가름하여/가름해, 가름하는, 가름한다, 가름합니다, 가름하였다/가름했다

타동사

① 하나를 몇 부분으로 떨어지게 만들다. 가르다.

¶ 이번 여론 조사는 성별, 연령, 지역을 가름하여 실시하였다.

② 승부나 등수 따위를 정하다.

¶ 분위기가 승패를 가름했다.

복합어

- **판가름하다** 타동사 어떤 일의 옳고 그름이나 대상의 나음과 못함 따위를 판단하여 가르다.

▶ '가름하다'와 '갈음하다'의 차이는 올림말 '갈음하다' 참고.

가리다[1] 동사

규11-0 가리고, 가리어/가려, 가린, 가릴, 가리오, 가린다, 가립니다, 가리었다/가렸다

자동사

① 보이지 않게 막히다.

¶ 집이 나무에 가려서 보이지 않는다.

¶ 영화관에서 앞사람 머리에 화면이 가려서 영화가 잘 보이지 않았다.

¶ 눈물에 가려 글씨가 보이지 않는다.

② (뛰어나거나 두드러진 것에 영향을 받아) 드러나지 못하다.

¶ 빗소리에 가려 전화벨 소리가 들리지 않았다.

¶ 실력 있는 가수들이 댄스그룹에 가려 빛을 보지 못한다.

타동사

보이지 않도록 막다.

¶ 눈물이 앞을 가린다.

¶ 커튼으로 방을 가렸다.

¶ 손으로 입을 가리고 하품을 했다.

¶ 우거진 나무가 하늘을 가려서 서늘하다.

'가리다'와 '가려지다'를 쓴 구문의 차이

'가려지다'는 타동사인 '가리다'의 피동형이다. '커튼으로 방을 가렸다'를 피동형 문장으로 바꾸면 '커튼으로 방이 가려졌다'가 된다. 그런데 자동사로 쓰는 '가리다'에도 이와 비슷한 용법이 있어서, '방이 커튼에 가려서 보이지 않는다'처럼 쓰는 경우와 헷갈리기 쉽다. 이 두 낱말의 용법을 자세히 보면 문장 구성에 차이가 있음을 알 수 있다.

자동사 '가리다'를 사용한 구문	무엇이 무엇에 가리다. ¶ 도로 표지판이 가로수에 가려서 눈에 띄지 않았다.
피동사 '가려지다'를 사용한 구문 (타동사 '가리다'의 피동 구문)	무엇이 무엇으로 가려지다. ¶ 방은 커튼으로 가려져 안을 볼 수 없었다.

자동사 '가리다'는 '무엇에 가리다'의 구문을 취한다. 여기서 '무엇에'는 필수 부사어이다. '가려지다'는 타동사 '가리다'를 쓰는 능동문이 피동문으로 바뀌는 것이므로 '무엇을 (무엇으로) 가린다'의 피동문인 '무엇이 (무엇으로) 가려진다'로 바뀌게 된다. 이 경우 부사어 '무엇으로'는 생략할 수 있다.

가리다² 동사

규11-0 가리고, 가리어/가려, 가린, 가릴, 가리오, 가린다, 가립니다, 가리었다/가렸다

타동사

① 여럿 가운데서 하나를 구별하여 고르다.
¶ 이 중에서 가장 무거운 것을 눈가늠으로 가려 보아라.
¶ 틀린 답을 가려서 적으시오.
② 잘잘못이나 좋은 것과 나쁜 것 따위를 따져서 분간하다.
¶ 옳은 일과 그른 일을 가리지 못하면 어른이라고 할 수 없다.
¶ 흑백을 가리고 시비를 가리는 것이 법원이 하는 일이다.
③ 낯선 사람을 구별하여 싫어하다.
¶ 아이가 이제 낯을 가리기 시작했다.
④ 치러야 할 것을 따져서 갚다.
¶ 한 달 뒤에 빚을 가리기로 하고 아이 학자금을 빌려 왔다.
⑤ 싫은 음식을 물리치고 좋아하는 음식만 골라서 먹다.
¶ 아이가 지나치게 음식을 가려서 걱정이다.
⑥ 자기 일을 알아서 스스로 처리하다.
¶ 지금 제 앞도 못 가리는 처지에 누구를 걱정하겠습니까?
¶ 자기 일도 못 가리면서 남의 일에 '감 놓아라, 배 놓아라' 하고 있다.
¶ 세 살이면 똥오줌을 가릴 나이인데.

복합어

- **앞가림** 명사 제 앞에 닥친 일을 겨우 해냄. ¶ 제 앞가림은 해야지.
- **앞가림하다** 자동사 제 앞에 닥친 일을 겨우 해내다.
- **치가리다** 타동사 밑에서 위로 올라가며 가리다.

관용 표현

- **앞을 가리다** 겨우 제 일이나 처리할 만하다.

'가르다'와 '가리다'

분간함을 의미하는 '가르다'와 '가리다²'는 쓰임새가 거의 같은데 조그만 차이가 있으므로 이를 알고 쓰면 좋다. '가르다'는 서로 다른 부분으로 나누는 것에 중점을 두는 낱말이다. 이에 비해서 '가리다²'

는 가른 것 가운데에서 어느 하나를 선택하는 의미가 포함된다. 따라서 단순히 나누기에 그치지 않고 나눈 것 가운데에서 어느 것을 버리고 어느 것을 선택하는지를 나타내려 할 때에는 '가리다[2]'를 써야 한다.

가리다[3] 동사

규11-0 가리고, 가리어/가려, 가린, 가리오, 가린다, 가립니다, 가리었다/가렸다

타동사

곡식이나 장작 따위의 단을 차곡차곡 쌓아 올려 더미를 짓다.

¶ 남편은 장작을 패고 아내는 가리면서 종일 땀을 흘렸다.

¶ 가을에는 볏가리를 가리는 일이 퍽 즐거웠다.

¶ 마당 한쪽에 땔감을 가려 놓음으로써 겨울을 날 채비를 마쳤다.

복합어

- **나뭇가리** 명사 땔나무를 차곡차곡 쌓아 둔 무더기.
- **낟가리** 명사 낟알이 붙은 상태로 가려 쌓은 무더기.
- **노적가리**(露積-) 명사 곡식을 한데에 높이 쌓아 둔 무더기.
- **볏가리** 명사 벼를 가려 쌓은 무더기. 벼 낟가리.

'가리다'와 '가리'

가리어 놓은 것을 '가리'라고 한다. 따라서 '가리다[3]'과 '가리'는 동사의 어간과 명사의 형태가 같은 낱말이다. 다시 말하면 명사를 동사의 어간으로 사용하여 활용한다는 말이다. 국어에는 이처럼 동사의 어간과 명사의 형태가 같은 낱말 무리가 상당히 많이 있다.

동사 어간	명사	명사형	동사 어간	명사	명사형
빗다	빗	빗기/빗음	신다	신	신기/신음
품다	품	품기/품음	사리다	사리	사리기/사림
배다	배	배기/뱀	가리다	가리	가리기/가림
돌다	돌	돌기/돎	살다	살(몇 살)	살기/삶
보풀다	보풀	보풀기/보풂	가물다	가물	가물기/가묾

가리키다 동사

규11-0 가리키고, 가리키면, 가리킨, 가리키어/가리켜, 가리키었다/가리켰다

타동사

① 손가락 따위로 어떤 방향이나 대상을 보이거나 알리다.

¶ 그는 손가락으로 북쪽을 가리켰다.

¶ 시곗바늘이 오후 네 시를 가리키고 있었다.

② (주로 '가리켜' 꼴로 쓰이어) 어떤 대상을 두드러지게 나타내다.

¶ 모두 그 아이를 가리켜 신동이라고 불렀다.

¶ 그를 가리켜 현대판 홍길동이라고 했다.

> **'가르치다'와 '가리키다'**
>
> 흔히 '가르치다'를 쓸 자리에 '가리키다' 또는 '가르키다'를 쓰는데 이는 잘못이다. 사람을 깨우치고 지식을 전달하는 행위는 '가르치다'이다. '가르키다'는 '가리키다'의 잘못이다. '가르치다'와 '가리키다'는 엄격하게 구별해서 사용해야 하는 말이다.

가물 명사

=가뭄

복합어

- **가물철** 명사 ① 가뭄이 계속되는 때. ② 해마다 으레 가물이 드는 철. 가뭄철.
- **땅가물** 명사 가물어서 곡식이나 푸성귀 따위가 마르는 재앙.
- **봄가물** 명사 봄철에 드는 가물.
- **불가물** 명사 아주 심한 가물.

속담

- **가물 끝은 있어도 장마 끝은 없다** 가뭄보다 장마로 입은 피해가 더 크다는 말.
- **가물에 돌 친다** 무슨 일이든지 미리 준비를 해야 함을 이르는 말.

가물다 동사

불11-2 가물고, 가무니, 가물, 가물어, 가뭅니다, 가물었다

자동사

오랫동안 계속하여 비가 오지 않다.

¶ 날이 가물어 논바닥이 쩍쩍 갈라졌다.

¶ 이대로 계속 날이 가물다가는 올해 농사 다 망치겠다.

속담

- **가문 날에 빗방울 안 떨어지는 날이 없다** 가뭄이 계속되면서 비는 제대로 오지 않고 몇 방울 떨어지기만 한다는 말.

가뭄 명사

오랫동안 계속하여 비가 내리지 않아 메마른 날씨.

¶ 석 달 이상 가뭄이 들어 마실 물도 부족하다.

복합어

- **가뭄더위** 명사 여름철에 가뭄으로 더 덥게 느껴지는 더위.
- **가뭄못자리** 명사 가뭄에 가까스로 물을 실어 만든 못자리.
- **가뭄철** 명사 해마다 으레 가뭄이 드는 철. 가물철.
- **왕가뭄**(王-) 명사 매우 심한 가뭄
- **찔레꽃가뭄** 명사 모내기철(음력 5월)이 찔레꽃이 필 무렵이라는 뜻에서 이때에 드는 가뭄을 일컫는 말.

'가물', '가뭄'과 '가물다'

'가물'은 동사 '가물다'의 어간을 명사로 사용한 경우이다. 반대로 명사에 어미가 붙어 동사가 되었다고 볼 수도 있다. '신'과 '신다', '품'과 '품다', '빗'과 '빗다' 관계와 같다.

요즘은 '가물'보다는 '가뭄'을 더 많이 쓴다. '가뭄'은 '가물다'의 명사형이다. '살다'의 명사형이 '삶'인 것처럼 '가물다'의 명사형도 '가묾'이어야 할 것 같다. 그런데 '얼다'와 '얼음', '졸다'와 '졸음' 같은 명사형은 있어도, '가물다'와 '가뭄'의 관계와 같은 명사형은 없다. '가뭄'은 아주 특별한 형태인 셈이다.

가벼이 부사

가볍게.

¶ 다른 사람의 말을 가벼이 듣지 마라.

가볍다 형용사

불21-3 가볍고, 가벼우니, 가벼운, 가벼워, 가볍네, 가볍습니다, 가벼웠다

① 다른 물건이나 기준보다 무게가 적다.

¶ 얇은 종이는 두꺼운 종이보다 **가볍다**.

¶ 무게는 **가볍지만** 값은 비싸다.

② 가치, 책임, 비중 따위가 낮거나 적다.

¶ 여기서 너를 **가볍게** 생각하는 사람은 아무도 없다.

¶ 법관은 피고인의 책임이 **가볍다고** 판단하여 형량을 낮추었다.

¶ 그가 가장 **가벼운** 처벌을 받았다.

③ 병세, 죄과, 실수 따위가 그다지 심하지 않다.

¶ 이번 실수는 **가벼우니** 용서해 주자.

¶ 그날 나도 사고를 당했지만 나는 손가락을 **가볍게** 다쳤을 뿐이다.

④ 침착하지 못하거나 진득하지 못하다.

¶ 이처럼 불안한 시기에는 **가볍게** 행동하지 마라.

⑤ 몸이나 손발 따위의 움직임이 날쌔고 재다.

¶ 저 선수는 몸놀림이 **가벼워** 보인다.

⑥ 노력이나 부담 따위가 적다.

¶ 새벽에 **가벼운** 운동을 하고 회사에 나간다.

¶ 퇴근 후 동료들과 **가볍게** 한잔했다.

⑦ 격식을 차리지 않고 예사롭다.

¶ 서로 **가볍게** 인사를 나누시기 바랍니다.

⑧ 힘이 들지 않고 수월하다.

¶ 상대편을 **가볍게** 이겼다.

¶ 그는 어려운 수학 문제도 **가볍게** 풀었다.

⑨ 정도가 약하다.
¶ 바람이 가볍게 불었다.
¶ 문을 가볍게 두드리는 소리가 들렸다.
⑩ 옷차림이나 화장이 요란하지 않고 산뜻하거나 활동하기에 편하다.
¶ 옷을 가볍게 입고 외출하려 한다.
¶ 남자들도 모임에 나갈 때에는 가볍게 화장을 한다.
⑪ 마음이 홀가분하고 경쾌하다.
¶ 일을 끝내 놓으니 마음이 한결 가벼웠다.

가슴 명사

① 배와 목 사이의 앞부분.
¶ 아이를 가슴에 꼭 안았다.
② 심장, 허파 따위가 있는, 목과 가로막 사이의 부분.
¶ 가슴이 아파 숨을 쉴 수 없다.
③ 마음이나 생각.
¶ 새로운 희망에 가슴이 부풀었다.
¶ 오늘 모임에서 가슴이 따뜻한 사람을 만났다.
④ =옷가슴
¶ 교복의 가슴에 이름표를 달았다.
⑤ =젖가슴
¶ 딸아이의 가슴이 어느새 봉곳 솟아올랐다.
⑥ 곤충의 가슴 부분의 마디.

복합어

- **가슴골** 명사 가슴 한가운데 오목하고 길게 팬 부분.
- **가슴둘레** 명사 가슴의 가장 굵은 부분을 둘러 잰 길이.
- **가슴살** 명사 가슴 부분에 붙은 살.
- **가슴속** 명사 =마음속
- **가슴앓이**[-아리] 명사 안타까워 마음속으로 애달파함. ¶ 짝사랑을 하는 사람의 **가슴앓이**를 고치는 방법은 사랑밖에 없다.

ㄱ

- **가슴앓이하다**[-아리-] 자동사 안타까워 마음속으로만 애달파하다.
- **가슴지느러미** 명사 물고기의 가슴에 붙은 지느러미.
- **가슴통** 명사 ① 가슴의 앞부분 전부. ② 가슴의 크기. ¶ 운동선수들은 가슴통이 무척 크다.
- **가슴팍** 명사 가슴의 판판한 부분을 속되게 이르는 말. 가슴패기.
- **가슴패기** 명사 =가슴팍
- **냉가슴**(冷-)[냉:-] 명사 ① 몸을 차게 하여 생기는 가슴앓이. ② 드러내지 않고 속으로만 끙끙대고 걱정함.
- **맨가슴** 명사 아무것도 걸치지 않고 맨살을 드러낸 가슴.
- **앙가슴** 명사 두 젖 사이의 가운데.
- **앞가슴** 명사 ① 가슴을 강조하여 이르는 말. ② 윗옷의 앞자락. ③ 곤충의 가슴 가운데 앞부분.
- **옷가슴** 명사 윗옷의 가슴 부분.
- **젖가슴** 명사 ① 젖과 그 둘레 부분. ② 젖을 에둘러 이르는 말.

관용 표현

- **가슴(을) 앓다** 마음의 아픔이나 안타까움을 느끼다. ¶ 어머니는 자식 걱정에 오랫동안 가슴을 앓으며 살았다.
- **가슴(을) 저미다** 아픔이 가슴을 칼로 베는 듯하다. ¶ 친구의 죽음을 생각하면 지금도 내 가슴을 저미는 듯하다.
- **가슴(을) 치다** 마음에 큰 충격을 주다. ¶ 딸아이의 불평이 내 가슴을 쳤다.
- **가슴(을) 태우다** 몹시 애태우다. ¶ 조바심에 가슴을 태우며 결과를 기다렸다.
- **가슴(을) 펴다** 굽힐 것 없이 당당하고 의젓하다. ¶ 자신 있게 가슴을 펴고 사람을 대하여라.
- **가슴에 멍이 들다(/지다)** 쓰라린 고통으로 마음에 큰 상처가 생기다. ¶ 하고 싶은 말을 못 하면 가슴에 멍이 든다.
- **가슴에 새기다** 잊지 않게 단단히 마음에 두다. ¶ 충고를 가슴에 새기겠습니다.
- **가슴에 손을 얹다** 양심에 따르다. ¶ 어제 한 일을 가슴에 손을 얹고 생각해 보아라.
- **가슴에 칼을 품다** 모진 마음을 먹거나 흉한 생각을 하다. ¶ 아버지의 원수를 갚기 위해서 가슴에 칼을 품고 살아왔다.
- **가슴에 피멍(이) 들다** '가슴에 멍이 들다'를 강조하여 이르는 말.
- **가슴을 도려내다** 마음을 아프게 하다. ¶ 아들의 죽음으로 부부는 가슴을 도려내는 아픔을 겪었다.
- **가슴을 뒤흔들다** 마음을 들뜨게 하거나 설레게 하다. ¶ 그 여자의 환한 웃음은 많은 남자들의 가슴을 뒤흔들었다.
- **가슴을 불태우다** 어떤 의욕이나 기세를 최고로 높이다.
- **가슴을 열다** 속마음을 털어놓거나 남의 말을 받아들일 준비를 하다.

• **가슴을 찢다** 가슴이 째지는 듯한 고통을 느끼다. ¶ 잔인한 말로 나의 가슴을 찢어 놓다.

• **가슴이 넓다** 이해심이 많다. ¶ 선생님은 가슴이 넓은 분이어서 학생의 실수를 감싸 준다.

• **가슴이 뜨거워지다** 고마움으로 감동이 커지다.

• **가슴이 뜨끔하다** 양심의 가책을 받아 깜짝 놀라다. ¶ 가슴이 뜨끔했지만 아무렇지 않은 척했다.

• **가슴이 먹먹하다** 말로 표현할 수 없는 충격을 받아 가슴이 막힌 듯하다. ¶ 그의 비보를 듣고 한동안 가슴이 먹먹하여 아무 생각도 나지 않았다.

• **가슴이 무겁다** 마음이 가라앉아 언짢다. ¶ 그를 도울 방법이 없으니 가슴이 무거울 뿐이다.

• **가슴이 미어지다** 슬픔이나 고통으로 견디기 힘들게 되다.

• **가슴이 서늘하다** 두려움으로 마음속에 찬바람이 이는 듯하다. ¶ 한밤중에 문을 두드리는 소리가 들려 가슴이 서늘해졌다.

• **가슴이 아리다** 가엾거나 불쌍하여 가슴을 찌르는 것처럼 아프다. ¶ 창백한 아내의 얼굴을 보니 가슴이 아렸다.

• **가슴이 아프다** 불쌍하거나 가엾어서 안타깝다. ¶ 그의 처지를 생각하면 가슴이 아파서 견딜 수 없다.

• **가슴이 조마조마하다** 어떻게 될지 몰라 마음이 초조하고 불안하다.

• **가슴이 좁다** 이해심이 없다. 너그럽지 않다. ¶ 그렇게 가슴이 좁아서야 무슨 일을 하겠니?

• **가슴이 찡하다** 감격하여 마음이 뻐근하다. ¶ 아이의 이야기를 듣고 가슴이 찡한 감동을 받았다.

• **가슴이 찢어지다** 가슴이 째지는 듯하게 아프다.

• **가슴이 콩알만 해지다** 불안하여 마음을 펴지 못하게 되다. ¶ 총소리를 듣고 가슴이 콩알만 해졌다.

• **가슴이 타다** 답답하거나 걱정이 되어 몹시 애가 타다. ¶ 집 나간 자식 걱정에 가슴이 타서 견딜 수가 없다.

• **가슴이 트이다** ① 마음속에 맺힌 것이 풀리다. ¶ 오해가 풀리니 가슴이 트이는 것 같다. ② 이해심이 많다. ¶ 그 사람은 가슴이 트인 사람이야.

• **가슴이(/가슴에) 찔리다** 양심의 가책을 받다. ¶ 네 말을 들으니 가슴이 찔린다.

'가슴'과 '마음'

마음이 가슴 안에 있다고 생각하여 마음과 가슴을 거의 같은 의미로 쓰는 경우가 있다. '가슴에/마음에 새기다', '가슴이/마음이 아프다', '가슴이/마음이 콩알만 해지다' 같은 용법이 있는 것은 이 때문이다.

이 두 낱말을 구별해서 써야 할 경우도 많다. 가장 큰 차이는 '가슴'은 주로 감정과 관련해 쓰는 데 비해, '마음'은 생각과 관련해 쓴다. 격정, 흥분, 불안감 따위는 '가슴'에 속한 것이고, 의식, 판단, 걱정 따위는 '마음'에 속한 것이다. 그래서 '마음을 먹다'나 '마음을 쓰다', '마음을 두다'는 쓸 수 있지만 '가슴을 먹다', '가슴을 쓰다', '가슴을 두다'는 쓸 수 없다.

ㄱ

× 가열차다

'가열하다[2](苛烈－)'의 틀린 말.

¶ 경기가 가열차게(×)/가열하게(○) 진행되고 있다.

가열하다[1] 동사 (加熱－)

불10-9 가열하고, 가열하면, 가열하여/가열해, 가열한다, 가열합니다, 가열하였다/가열했다

타동사

열을 가하다. 열기를 더하다.

¶ 물을 섭씨 100도까지 가열하면 끓기 시작한다.

가열하다[2] 형용사 (苛烈－)[가ː－]

불20-9 가열하고, 가열하면, 가열하여/가열해, 가열한다, 가열합니다, 가열하였다/가열했다

가혹하고 격렬하다.

¶ 경기가 최고조로 가열한 모습을 보였다.

¶ 임금 인상 투쟁을 너무 가열하게 하는 것 같다.

복합어

- **가열해지다**(苛烈－)[가ː－] 피동사 가혹하고 격렬하게 변하다. ¶ 경기가 점점 가열해지고 있다.

> **'가열차다'와 '가열하다'**
>
> '가열(苛烈)'은 '가혹하고 격렬함'을 뜻하는 말이다. 한자어에 접미사 '－하다'를 붙이면 대체로 형용사가 된다. 그래서 '가열하다'라는 형용사가 만들어졌다. '맹렬(猛烈)하다', '치열(熾烈)하다', '열렬(熱烈)하다'도 이와 같이 만들어졌다. '－차다'는 무엇이 강력한 상태를 가리킨다. '무엇'에 해당하는 낱말이 '－차다' 앞에 나온다. '자랑차다, 옹골차다', '알차다', '실차다' 같은 낱말이 그것이다. '가열'에는 '－차다'를 붙이지 않는다.

가엽다 형용사 [가:-]

불21-3 가엽고, 가여우니, 가여우면, 가여우므로, 가여운, 가여워, 가엽소, 가엽습니다, 가여웠다

=가엾다

¶ 그들은 부모 잃은 아이를 **가엽게** 여겼다.

¶ 어미를 잃고 우는 새끼 고양이가 **가여워서** 집으로 데리고 왔다.

가엾다 형용사 [가:-]

규21-1 가엾고, 가엾으니, 가엾으면, 가엾으므로, 가엾은, 가엾어, 가엾소, 가엾습니다, 가엾었다

불쌍하여 마음이 아플 만큼 슬픈 느낌이다. 가엽다.

¶ 우리를 **가엾게** 여기지 마세요.

¶ 어린아이가 동생들을 보살피며 사는 모습이 너무 **가엾다.**

¶ 우리는 누구나 세상에 내던져진 **가엾은** 존재가 아닌가?

'가엽다'와 '가엾다'

두 낱말은 같은 뜻으로 쓴다. 따라서 어떤 경우에도 서로 갈음하여 쓸 수 있다. 다만 '가엽다'는 불규칙 활용을 하고, '가엾다'는 규칙 활용을 하는 점을 지키면 된다.

¶ 우리를 **가엽게/가엾게** 보지 마세요.

¶ 너무 **가여운/가엾은** 아이들이다.

¶ 어미 잃고 우는 새끼 고양이가 너무 **가여워요/가엾어요.**

¶ 고양이가 **가여우니/가엾으니** 데려다가 길러 보자.

가증스럽다 형용사 (可憎-)

불21-3 가증스럽게, 가증스러우니, 가증스러운, 가증스러워, 가증스럽습니다, 가증스러웠다

(하는 짓이) 괘씸하고 얄밉다.

¶ 사람을 죽여 놓고 구구하게 변명하는 범인의 태도가 **가증스럽기** 짝이 없다.
¶ 나는 너의 그 태도를 **가증스럽게** 생각한다.
¶ 거짓말을 뻔뻔하게 늘어놓는 네 태도가 **가증스러웠을** 뿐이야.

가지다 동사

㊅ 갖다

규11-0 가지고, 가지어/가져, 가지어서/가져서, 가지었으니/가졌으니, 가진, 가집니다

타동사

① 몸에 지니다.
¶ 요즘은 현금보다 신용카드를 **가지고** 다니는 사람이 많다.
¶ 지금 집에 가서 준비물을 **가지고** 와라.
¶ 어머니는 고구마를 **가지러** 부엌으로 가셨다.

② 자기 것으로 삼다.
¶ 이것을 제가 **가져도** 되나요?
¶ 주운 돈을 자기가 **가지면** 안 된다.

③ 생각을 품다.
¶ 좋은 의견을 **가진** 사람은 말해 보라.
¶ 낙천적인 성격을 **가지면** 세상을 재미있게 살 수 있다.
¶ 우리는 너에게 상당한 기대를 **가지고** 있다.

④ 누리다.
¶ 마음에 여유를 **가지고** 살아라.

⑤ 자격이나 조건 따위를 지니다.
¶ 그는 요리사 자격증을 **가지고** 있다.
¶ 미국 영주권을 **가진** 사람만 사회보장을 받을 수 있다.

⑥ 관계를 맺다.
¶ 비서와 부적절한 관계를 **가졌다는** 소문이 있다.

⑦ 아이를 배다.
¶ 아내가 아이를 **가져서** 내가 집안일을 해야 한다.
¶ 갓 결혼한 형수가 아이를 **가졌다**.

⑧ ('무엇을 가지고'의 형태로 쓰이어) '사용하여', '수단이나 재료로 삼아'의 뜻을 나타낸다.
¶ 칼을 **가지고** 장난을 하면 안 된다.

¶ 흙을 가지고 담을 쌓는다.
¶ 다 지난 일을 가지고 다투지 마라.
¶ 네 말만 가지고는 판단하기 어렵다.
¶ 능력만 가지고 성공하는 경우는 드물다.

보조 동사

('-어/-아 가지고'의 형태로 쓰이어) '본동사의 행위를 한 뒤에' 또는 '본동사의 행위를 하여서'의 뜻을 나타낸다.

¶ 그는 돈을 벌어 가지고 사회사업을 시작하였다.
¶ 음식을 만들어 가지고 어려운 사람들에게 나누어 주었다.
¶ 돼지를 한 마리 잡아 가지고 잔치를 마련하였다.
¶ 서울에 와 가지고 사고를 당했다.

복합어

- **가져가**다 [타동사] ① 다른 데로 옮기다. ¶ 쓰레기를 집으로 **가져간다**. / 이 게시판의 글은 마음대로 가져가도 좋습니다. ② 몰래 훔치다. ¶ 여기 있는 물건을 누가 **가져갔습니까**? / 여기 둔 보따리를 가져간 사람은 도둑이다.
- **가져다주**다 [타동사] ① 옮기어 건네주다. ¶ 귀한 선물을 **가져다준** 고마운 아저씨 / 곧 컴퓨터를 가져다주겠다고 약속했다. ② 결과를 낳게 하다. ¶ 그의 말이 우리에게 큰 기쁨을 **가져다주었다**. / 행운을 **가져다준다는** 편지를 받았다.
- **가져오**다 [타동사] ① 이곳으로 옮기다. ¶ 회사 물건을 집에 **가져오지** 마라. / 그런 골치 아픈 문제를 집에까지 **가져오면** 곤란하다. / 좋은 소식을 **가져오는** 사람이 최고야. ② 불러일으키거나 생기게 하다. ¶ 그 사건이 우리 사회에 큰 변화를 **가져왔다**.

'가지다'의 준말 표기

'가지다'는 '갖다'로 줄어들지만 활용형에 따라서 준말의 형태가 어미에 따라서 다르게 나타난다.

① 어미가 '-게, -고, -기, -는, -도록, -지'처럼 자음으로 시작하는 말은 어간을 '갖-'으로 줄여 쓸 수 있다.

가지고 → 갖고 / 가지게 → 갖게 / 가지기 → 갖기
가지는 → 갖는 / 가지도록 → 갖도록 / 가지지 → 갖지

② '-ㄴ다', '-ㅂ니다'를 사용하여 활용하는 경우에는 아래와 같이 줄여 쓸 수 있다.

가진다 → 갖는다 / 가집니다 → 갖습니다

③ 어미가 '-ㄹ'이나 '-ㄹ지', '-ㅂ시다'인 경우에는 줄여 쓰지 않는다.

가질 (×갖을) / 가질지 (×갖을지)
가집시다 (×갖읍시다) / 가지세요 (×갖으세요)

④ 어미가 '어'로 시작하는 말은 어간을 '갖-'으로 줄이지 않는다. 이 경우에는 어간의 '지'와 어미 첫 소리 '어'를 합하여 줄인 형태로 쓸 수 있다.
가지 → 가져(×갖어) / 가지었다 → 가졌다(×갖었다)
가지어가다 → 가져가다(×갖어가다) / 가지어오다 → 가져오다(×갖어오다)

'가지다'와 '지니다'

'지니다'에 비해서 '가지다'의 의미 영역이 더 넓다. 대체로 '지니다'는 몸에 가지고 있을 때에 쓰는 말이고, '가지다'는 몸에 지니지 않더라도 자기 소유이면 쓸 수 있다. 몸에 직접 가지지 않으면 '지니다'를 쓸 수 없다. '가지다'는 몸에 지닌 것 가운데에서 자기 것이 아닌 것에도 쓸 수 있다.

× 가파라지다

'가팔라지다'의 틀린 말.

가파르다 형용사

불20-6 가파르게, 가파른, 가팔라, 가팔라서, 가파릅니다, 가팔랐다

(길이) 몹시 비탈지다.
¶ 사람들이 가파른 산기슭에도 밭을 일구어 놓았다.
¶ 고갯길이 너무 가파릅니다.
¶ 산길이 너무 가팔라서 자동차가 갈 수 없을 것 같다.

복합어

- **가팔라지다** 자동사 올림말 '가팔라지다' 참고.
- **가풀막** 명사 몹시 가파르게 비탈진 곳. ¶ 이 가풀막 오르기가 가장 어렵다.
- **가풀막지다** 형용사 땅바닥이 가파르게 비탈진 상태이다. ¶ 이 가풀막진 고개만 넘으면 마을이 나온다.

가팔라지다 동사

규11-0 가팔라지고, 가팔라지어/가팔라져, 가팔라진다, 가팔라집니다, 가팔라지었다/가팔라졌다

자동사

가파르게 변하다.

¶ 산길이 점점 가팔라지니 숨이 차기 시작했다.

가하다 동사 (加-)

불10-9 가하고, 가하여/가해, 가한, 가합니다, 가하였다/가했다

타동사

① (작용이나 영향을) 주다.

¶ 미국은 우리나라에 농산물을 더 많이 수입하라고 압력을 가했다.

② 보태거나 더하다.

¶ 빗길에서 자동차에 속력을 가해서는 안 된다.

'가하다', '더하다', '보태다'

'가하다'는 주로 화학적으로 변하는 결과를 염두에 두는 표현이다. '가한' 결과 어떤 상황 변화가 일어나는 경우에 쓴다. 이에 비해서 '더하다'는 주로 수량이 늘어남을 염두에 두는 표현에 쓰며, '보태다'는 부족한 것을 보완하는 경우에 쓴다.

¶ 얼음에 열을 가하면 물이 된다.

¶ 20에 10을 더하면 30이 된다.

¶ 우리에게 힘을 보태어 주십시오

간[1]

동사 '가다'의 관형사형.

¶ 학교에 간 아이를 왜 여기서 찾니?

간² [간:]

동사 '갈다'의 관형사형. ×갈은

¶ 지금 막 간 밀로 빵을 만들었다.

¶ 밭을 반쯤 간 뒤에 새참을 먹기 시작했다.

> **'간¹'과 '간²'**
>
> 형태는 서로 같은데 소리가 다르다. '간¹'은 짧은소리이고, '간²'는 긴소리이다. '가다'와 '갈다'의 활용형이 같은 까닭은 '갈다'가 'ㄹ 불규칙 활용'을 하므로 '갈다'의 어간 '갈-'의 'ㄹ'이 '-ㄴ' 앞에서 탈락하기 때문이다. 'ㄹ'을 그대로 둔 상태에서 어미 '-은, -으니'를 붙여 '갈은, 갈으니'라고 하면 안 된다.
>
> ¶ 지금 막 간(○)/갈은(×) 칼이니 베이지 않게 조심해라.
>
> ¶ 종일 밭을 간(○)/갈은(×) 농부가 잠시 쉬고 있다.
>
> ¶ 쟁기로 밭을 가니(○)/갈으니(×) 시간이 오래 걸린다.
>
> ¶ 그 집 가족이 모두 나서서 밭을 가네(○)/갈으네(×).

간³ 명사

① 음식에 짠맛을 내는 소금, 간장, 된장 따위를 통틀어 이르는 말.

¶ 아직 간을 하지 않아서 음식 맛이 나지 않을 겁니다.

② 음식물의 짠 정도.

¶ 고기에 간이 알맞게 배어서 먹기 좋다.

¶ 이리 와서 찌개 간을 좀 보아 주세요.

복합어

- **간하다** [타동사] ① 음식물에 간을 치다. ¶ 국을 소금으로 간하느냐 간장으로 간하느냐에 따라 맛이 달라진다. ② 음식물을 소금에 절이다. ¶ 고등어를 간해서 구워 먹으면 맛있다.

관용 표현

- **간도 모르다** 일의 내막을 짐작도 하지 못하다.

간다[1]

동사 '가다'의 종결형.
¶ 나도 곧 고향으로 간다.

간다[2] [간:-]

동사 '갈다[1, 2, 3]'의 종결형.
¶ 집안 분위기를 바꾸려고 커튼을 간다.
¶ 칼이 무뎌서 칼을 간다.
¶ 우리 부부는 함께 밭을 간다.

간수하다 동사

불10-9 간수하고, 간수하여/간수해, 간수하는, 간수한다, 간수하였다/간수했다

타동사
물건 따위를 잘 보호하거나 보관하다.
¶ 이 편지를 잘 간수해 두어라.

'간수하다'와 '건사하다'
두 낱말이 다 거두어 보호하거나 보관함을 뜻하는데 쓰임새에 차이가 있다. '간수하다'는 물건이 없어지지 않도록 보관하는 것이다. 이에 비해서 '건사하다'는 사람을 양육하는 일, 어지럽게 흩어져 있는 사물을 모아서 정리하고 관리하는 일을 가리킨다. '건사하다'에는 적극적인 행위가 필요하다.

간신히 부사 (艱辛-)

겨우 또는 가까스로.
¶ 사고 현장에서 간신히 빠져나왔다.

간지럽다 형용사

불21–3 간지럽고, 간지러우니, 간지러우면, 간지러운, 간지러워, 간지럽네, 간지럽소, 간지럽습니다, 간지러웠다

① 털 같은 것이 살을 가볍게 스칠 때처럼 가려운 느낌이 있다.

¶ 등이 간지러우니 좀 긁어 다오.

¶ 귀가 간지러운 걸 보니 누가 내 말을 하나 봐.

② 무엇을 하고 싶어 참고 견디기 어렵다.

¶ 입이 간지러워 말을 안 할 수 없었다.

③ 어색하거나 거북하여 계면쩍다.

¶ 아첨하는 모습을 보니 내 낯이 간지러워 더 볼 수가 없더라.

복합어

- **간지럼** 명사 간지러운 느낌. ¶ 나는 간지럼을 잘 타니 간지럼 태우지 마라.
- **간지럽히다** 타동사 =간질이다
- **낯간지럽다** 형용사 너무 보잘것없거나 염치없어서 남 보기에 부끄럽다. ¶ 아내한테 사랑한다는 말을 낯간지러워서 한 번도 못 했다./ 낯간지러운 말을 아무렇지도 않게 한다.

'간지럽다'와 '가렵다'

'간지럽다'는 주로 외부에서 간지럽게 하기 때문에(간질이기 때문에) 간지러움을 느끼는 상태이고, '가렵다'는 몸에 가려움증이 생겨서 긁고 싶어진 상태를 가리킨다.

× 간지르다

'간질이다'의 틀린 말.

¶ 바람이 볼을 간지른다(×)/간질인다(○).

× 간지리다

'간질이다'의 틀린 말.

¶ 강아지 풀로 볼을 간지렸다(×)/간질였다(○).

간직하다 동사

불10-9 간직하고, 간직하여/간직해, 간직한, 간직합니다, 간직하였다/간직했다

타동사

① 물건 따위를 잘 간수하여 두다.

¶ 귀중품은 장롱 깊숙이 간직한다.

¶ 각자 간직하고 있는 물건을 내어놓으세요.

¶ 이 만년필은 할아버지 유품이니 잘 간직하거라.

② 생각이나 기억을 마음속에 깊이 새겨 두다.

¶ 저마다 간직하고 있는 추억을 글로 써 보세요.

¶ 제게 해 주신 말씀을 마음 깊이 간직하겠습니다.

¶ 서대문 형무소는 한국 현대사의 아픈 역사를 간직한 곳이다.

간질이다 동사

규11-0 간질이고, 간질이니, 간질이어/간질여, 간질입니다, 간질이었다/간질였다

타동사

살갗을 문지르거나 건드려서 간지럽게 하다. ×간지르다, 간지리다

¶ 동생이 풀잎으로 내 얼굴을 간질였다.

¶ 빵을 굽는지 고소한 냄새가 내 코를 간질인다.

¶ 봄바람이 얼굴을 간질이며 스쳐 지나간다.

'간질이다'와 '간지리다', 간지럽히다'

간지럽게 하는 행동을 나타내는 낱말은 '간질이다'이다. 어근이 '간질'이어서 여기에 동사를 만드는 접미사 '-이다'를 붙인 것이다. 따라서 소리대로 '간지리다'라고 쓰는 것은 틀린 표기이다. 또, '간질러 주다', '간지러 주다' 같은 말도 틀린 표기이다. '간질여 주다'만 올바른 표기이다. '지껄이다'도 '지꺼리다'로 표기하면 안 된다.

'간질이다'와 같은 뜻으로 '간지럽히다'를 쓸 수 있다. 이 말은 '간지럽다'에 시킴의 의미를 보태어 동사를 만드는 접미사 '-히다'를 붙인 형태로서, '괴롭다-괴롭히다', '맑다-맑히다', '밝다-밝히다'와 같은 조어법에 따른 것이다.

간추리다 동사

규11-0 간추리고, 간추리어/간추려, 간추린, 간추립니다, 간추리었다/간추렸다

타동사

① (내용을) 골라서 간단히 줄이다.

¶ 중요한 내용만 간추려 말씀드리겠습니다.

¶ 이 글은 강연 요지를 간추린 것입니다.

② 흐트러진 것을 가지런히 바로잡다.

¶ 신문지며 종이 상자 들을 잘 간추려서 끈으로 묶어 놓았다.

갈[1]

동사 '가다'의 관형사형.

¶ 나는 지금 극장에 갈 거야.

갈[2] [갈ː]

동사 '갈다[1, 2, 3]'의 관형사형. ×갈을

¶ 수족관 물을 갈 때가 되었다.

¶ 맷돌로 메밀을 갈 거야.

¶ 이제는 밭을 갈 힘이 없다.

'갈[1]'과 '갈[2]'의 형태

각각 동사 '가다'와 '갈다'의 활용형으로서 뒷말을 꾸미는 기능을 한다. 형태는 같지만 소리가 다르다. '갈[1]'은 짧은소리이고, '갈[2]'는 긴소리이다. '갈다'의 어간 '갈-'은 'ㄹ'로 시작하는 어미 앞에서는 'ㄹ'이 탈락하기 때문에 '가다'의 관형사형과 형태가 같아진다. 그렇다고 해서 'ㄹ'이 탈락하지 않은 형태에 어미 '-을'을 붙여 '갈을'이라고 하면 안 된다.

¶ 종일 밭을 갈(○)/갈을(×) 사람이 어디 있소?

¶ 오늘 갈(○)/갈을(×) 땅이 이곳이오.

¶ 또 갈(○)/갈을(×) 칼이 있으면 주시오.

갈기다 동사

규11-0 갈기고, 갈기어/갈겨, 갈긴, 갈길, 갈기오, 갈깁니다, 갈기었다/갈겼다

타동사

① 힘차게 때리거나 치다.

¶ 하도 얄미워서 등짝이라도 한 대 갈기고 싶었지만 꾹 참았다.

② 총, 대포 따위를 냅다 쏘다.

¶ 적군이 따발총을 갈기며 진격해 왔다.

③ 글씨를 아무렇게나 마구 쓰다.

¶ 그렇게 글씨를 써 갈기니 알아보기 힘들지.

④ 똥, 오줌, 침 따위를 함부로 아무 데나 싸거나 뱉다.

¶ 어디다 오줌을 갈기는 거야?

⑤ (속된 말) 말 따위를 되는대로 마구 지껄이다.

¶ 그가 나보다 한 살 많다고 해서 내게 반말을 찍찍 갈긴다.

▶ '두들기다, 때리다, 치다, 패다'의 차이는 올림말 '때리다' 참고.

갈다[1] 동사 [갈:-]

불10-2 갈고, 갈아, 가는, 가세요, 가오, 간, 간다, 갈, 갑니다, 갑시다, 갈았다

타동사

바꾸다.

¶ 헌것을 새것으로 갈아 놓아라.

¶ 기저귀를 간 뒤에 옷을 입혔다.

¶ 수영장은 물을 자주 가는 것이 중요하다.

¶ 비서를 갈았다.

복합어

- **갈리다** 피동사 '갈다[1]'의 피동형. ¶ 대표가 갈리자 곧 단체의 영향력이 줄어들었다.
- **갈아대다** 타동사 전부터 있던 사람이나 물건을 대신하여 다른 사람이나 물건으로 바꾸어 대다.
- **갈아입다** 타동사 입던 옷을 벗고 다른 옷으로 바꾸어 입다. ¶ 빨리 운동복으로 갈아입고 운동장에 모여라.

- **갈아입히다** 타동사 입고 있던 옷을 벗기고 다른 옷을 입히다.
- **갈아주다** 타동사 (가게에서 상인의 물건을) 사 주다. ¶ 파리만 날리고 있는 아주머니가 안쓰러워서 장갑 두 켤레를 갈아주었다.
- **갈아치우다** 타동사 다른 것으로 바꾸어 버리다. ¶ 그때 사고를 낸 사람은 모조리 갈아치웠다.
- **갈아타다** 타동사 타고 있던 것에서 내려 다른 것으로 바꾸어 타다.
- **갈음** 명사 다른 것으로 바꾸는 일. 대체(代替).
- **갈음옷** 명사 갈아입을 옷. ¶ 일을 한 뒤에 입을 갈음옷을 준비해 두어라.
- **갈음하다** 타동사 올림말 '갈음하다' 참고.
- **갈이** 명사 오래된 것을 새것으로 바꾸는 일. ¶ 털이 있는 짐승은 털갈이를 하고, 뿔이 있는 짐승은 뿔갈이를 한다.

갈다[2] 동사
[갈: -]

불10-2 갈고, 갈아, 가는, 가세요, 가오, 간, 간다, 갈, 갑니다, 갑시다, 갈았다

타동사

① 문질러 반드럽게 만들다.

¶ 콘크리트 바닥을 잘 갈면 매끄럽게 된다.

② 문질러 날카롭게 만들다.

¶ 무디어진 칼날을 가니 아주 잘 든다.

③ 단단한 것에 문질러 가루를 만들다.

¶ 벼루에 먹을 갈아서 붓글씨를 쓴다.

¶ 가루를 내려고 맷돌에 밀을 간다.

④ 윗니와 아랫니를 맞대고 문질러 소리를 내다.

¶ 아이가 피곤했는지 이를 몹시 갈면서 잔다.

복합어

- **갈리다** 피동사 올림말 '갈리다' 참고.
- **갈아붙이다** 타동사 모질고 독한 마음으로 (이를) 갈다. ¶ 그는 분에 못 이겨 이를 갈아붙였다.
- **갈음질** 명사 연장을 숫돌 따위에 가는 일.
- **갈음질하다** 동사 연장을 숫돌 따위에 가는 일을 하다. ¶ 칼날이 무디어지면 갈음질하여 날을 세운다.
- **갈이** 명사 갈이틀이나 갈이 기계로 주로 나무 그릇을 만드는 일.

• **갈이그릇** 명사 갈이틀이나 갈이 기계로 깎아 만든 나무 그릇.
• **갈이기계**(-機械) 명사 갈이틀을 개량하여 나무 그릇을 깎는 데에 쓰는 기계.
• **갈이모래** 명사 쇠붙이로 된 그릇을 닦는 데에 쓰는 백토(白土). 마사(磨沙). 연마사(硏磨沙).
• **갈이박** 명사 갈이틀로 깎아 만든 나무 바가지.
• **갈이소리** 명사 입안의 어느 부분이 마찰하면서 나는 소리. 'ㅅ, ㅆ, ㅎ'이 이에 속한다. 마찰음.
• **갈이장이** 명사 갈이틀로 나무 그릇이나 나무 기구를 깎는 일을 업으로 삼는 사람.
• **갈이질** 명사 갈이칼 따위로 나무 그릇을 깎아 만드는 일.
• **갈이질하**다 자동사 갈이칼 따위로 나무 그릇을 깎아 만드는 일을 하다.
• **갈이칼** 명사 갈이틀이나 갈이 기계에 붙여 나무 그릇을 둥글게 깎는 데에 쓰는 연장.
• **갈이틀** 명사 ① 나무를 틀에 올려 돌리면서 깎는 데에 쓰는 간단한 재래식 기계. ② 질흙을 올려놓고 돌리면서 도자기를 빚는 틀.
• **갈판**[갈ː-] 명사 곡물이나 열매 따위를 올려놓고 갈돌로 가는 데에 쓰던 돌그릇.
• **갈판돌**[갈ː-] 명사 곡식이나 열매 따위를 가는 데에 쓰던 돌그릇.

▶ '갈다'와 '벼리다'의 차이는 올림말 '벼리다' 참고.

갈다[3] 동사 [갈ː-]

불10-2 갈고, 갈아, 가는, 가세요, 가오, 간, 간다, 갈, 갑니다, 갑시다, 갈았다

타동사

① (쟁기 따위로) 흙을 파서 뒤집다.
¶ 쟁기로 밭을 가는 농부
¶ 겨우내 언 땅이 풀리자마자 경운기로 논밭을 갈았다.
② 씨앗을 뿌려 가꾸다.
¶ 올해는 밭에 상추를 갈려고 한다.
¶ 지난해 보리를 간 자리에 올해는 콩을 심었다.

복합어

• **갈아먹**다 타동사 (농토를) 갈아 농작물을 심어 생활을 이어나가다. ¶ 나라가 밭뙈기나 갈아먹는 사람에게 지나치게 세금을 매기었다. / 산골에서 콩, 조, 옥수수 따위를 갈아먹으며 살아간다.
• **갈아엎**다 타동사 ① (논밭의 흙을) 갈아서 뒤집어 놓다. ¶ 값이 폭락하자 배추밭을 갈아엎고야 말았다. ② (좋지 않은 환경 따위를) 새롭게 바꾸다. ¶ 학연이나 지연을 중시하는 풍토를 갈아엎어야 한다.

'갈다'와 '가다'의 활용형

'갈다'와 '가다'는 아주 다른 단어인데 활용형은 형태가 같은 경우가 있다.

① '-나', '-네', '-는', '-니', '-ㄴ다'처럼 'ㄴ'으로 시작하는 어미가 오면 '갈다'의 'ㄹ'이 탈락한 형태로 활용하므로 '가다'의 활용형과 형태가 같아진다.

¶ 농부가 밭을 가네. / 농부가 밭에 가네.

¶ 농부가 밭을 간다. / 농부가 밭에 간다.

② '-시오', '-십시오', '-세요'처럼 'ㅅ'으로 시작하는 어미가 오면 '갈다'의 'ㄹ'이 탈락한 형태로 활용하므로 '가다'의 활용형과 같아진다.

¶ 어서 밭을 가세요. / 어서 밭에 가세요.

③ '-ㅂ니다', '-ㅂ시다'처럼 'ㅂ'으로 시작하는 어미가 오면 '갈다'의 'ㄹ'이 탈락한 형태로 활용하므로 '가다'의 활용형과 같아진다.

¶ 지금 밭을 갑니다. / 지금 밭에 갑니다.

④ '-오' 뒤에서도 '갈다'의 'ㄹ'이 탈락한 형태로 활용하므로 '가다'의 활용형과 같아진다.

¶ 농부는 밭을 가오. / 농부는 밭에 가오.

앞의 '가오'는 '갈다'의 활용형이고, 뒤의 '가오'는 '가다'의 활용형이다. 이와 같은 현상은 다음의 경우에도 생긴다.

길다/기다, 깔다/까다, 끌다/끄다, 날다/나다, 빌다/비다, 살다/사다
설다/서다, 쓸다/쓰다, 잘다/자다, 줄다/주다, 질다/지다

'갈다' 활용형의 소리내기

'갈다'는 '갈'을 길게 소리 내야 한다. 그런데 '-아', '-았-' 어미 앞에서는 '갈'이 짧은소리로 바뀐다. '갈아, 갈아서, 갈았다'의 '갈'은 짧게 소리 내고 '-오'가 붙으면 '가:오', '가:오니'처럼 길게 소리 낸다.

갈리다 동사

규11-0 갈리고, 갈리어/갈려, 갈린, 갈릴, 갈리오, 갈립니다, 갈리었다/갈렸다

피동사

'갈다²'의 피동사.

¶ 숫돌이 좋아서 칼이 잘 갈린다.

¶ 얼마나 분한지 이가 다 갈렸다.

갈마들다 동사

불11-2 갈마들고, 갈마들어, 갈마드니, 갈마든다, 갈마듭니다, 갈마들었다

자동사

서로 번갈아 나타나거나 드나들다.

¶ 우리나라는 사계절이 갈마든다.

¶ 부부가 갈마들며 병실을 지켰다.

복합어

• **갈마들이** 명사 서로 번갈아 나타남.

• **갈마들이**다 타동사 번갈아 나타나게 하다.

갈음하다 동사

불10-9 갈음하고, 갈음하여/갈음해, 갈음하는, 갈음한다, 갈음합니다, 갈음하였다/갈음했다

타동사

다른 것으로 바꾸어 대신하다.

¶ 이 말로 인사말을 갈음하겠습니다.

¶ 꿀을 설탕으로 갈음하면 비용이 적게 든다.

▷ '갈음하다'는 '갈다[1]'에서 온 말이고, '가름하다'는 '가르다'에서 온 말이다. 따라서 의미와 용법은 '갈다[1]'과 '가르다'의 차이와 같다.

감사하다[1] 동사 (感謝－)[감:－]

불10-9 감사하고, 감사하는, 감사한다, 감사합니다, 감사하여/감사해, 감사하였다/감사했다

자동사

고맙게 여기다.

¶ 남의 친절에 감사할 줄 아는 사람이 되자.

타동사

(다른 사람의 언행이나 어떤 사실을) 고맙게 여기다.

¶ 추수감사절은 하느님께 한 해의 추수를 감사하는 날이다.

¶ 지금껏 살고 있음을 감사하고 싶다.

감사하다[2] 형용사 (感謝－)[감：－]

불20-9 감사하고, 감사한, 감사합니다, 감사하여/감사해, 감사하였다/감사했다

(주로 인사말로 쓰이어) 고맙다. 고마운 마음이 있다.

¶ 와 주셔서 감사합니다.

¶ 여러분, 감사합니다.

¶ 도와 주어 감사하다며 손뼉을 쳤다.

> **'감사하다'와 '고맙다'**
>
> 형용사로 쓰는 '감사하다'와 '고맙다'는 뜻이 거의 같다. 따라서 뜻으로만 보면 서로 갈음하여 쓸 수 있다. 그러나 쓰임새가 조금 달라서 조심해야 할 점이 있다.
>
> '감사하다'는 주로 '감사합니다'처럼 아랫사람이 윗사람에게 쓴다. '고맙다'는 '고맙습니다'처럼 높임말로 쓰는 경우와 '고맙다', '고맙네', '고맙구나'처럼 낮춤으로 쓰는 경우가 반반이다. 이렇게 보면 '고맙다'가 '감사하다'에 비해서 더 쓰임새가 넓다고 볼 수 있다.

감추다 동사

규11-0 감추고, 감추니, 감추면, 감추어/감춰, 감춥니다, 감추었다/감췄다

타동사

① 남이 보거나 찾지 못하도록 가리거나 숨기다.

¶ 할머니는 벽장 안에 곶감을 감춰 놓고 하나씩 나누어 주셨다.

¶ 그들이 땅속에 감춘 보화가 얼마인지 모른다.

¶ 일기장을 책상 서랍에 감추어 두었다.

② 어떤 사실이나 감정 따위를 남이 모르게 하다.

¶ 나에게는 아무것도 **감추지** 말고 솔직히 털어놓아라.

¶ 내 합격 소식에 아버지는 기쁨을 **감추지** 못하셨다.

③ 없어지거나 사라지다.

¶ 그 사람은 위험을 느꼈는지 어디론가 종적을 **감추었다.**

¶ 가을이 되니 수박이 모습을 **감추고** 배가 나왔다.

속담

• **감출 줄은 모르고 훔칠 줄만 안다** 관련된 일 중에서 하나만 알고 다른 것은 모른다는 말.

'감추다'와 '숨기다'

어떤 물건을 자기만 아는 곳에 놓아두어 다른 사람이 모르게 하는 행위를 주로 '감추다'라고 한다. 감추는 행위는 잘못이 아니라 당연히 할 수 있는 행위이다. 잘못된 것, 법을 위반한 것이라 해도 남이 모르게 하는 행위는 '감추다'에 가깝다. 자기 약점을 안 보이게 하는 행위도 '감추다'이다.

마땅히 드러내 놓아야 할 것을 감추는 행위를 '숨기다'라고 한다. 숨기는 행위는 사람들에게 알려야 하는 것을 떳떳하지 못하게 감추는 경우에 많이 쓴다. 잘못된 것, 법을 위반한 것, 자기 약점 따위 중에서 상대에게 알려야 하는 경우에 이를 알리지 않는 행위는 '숨기다'에 속한다.

사람을 이런 곳에 감추다니.(×)
사람을 이런 곳에 숨기다니.(○)

적과 내통한 사실을 감추면 안 된다.(×)
적과 내통한 사실을 숨기면 안 된다.(○)

나무꾼이 사슴을 헛간에다 감추어 주었다.(×)
나무꾼이 사슴을 헛간에 숨겨 주었다.(○)

¶ 자기 잘못을 감추지/숨기지 말고 다 꺼내라.(○)

갑갑하다 형용사

불20-9 갑갑하고, 갑갑하여/갑갑해, 갑갑한, 갑갑할, 갑갑하였다/갑갑했다

① 옥죄거나 움직이기 어려워 숨이 막힐 듯하다.

¶ 옷이 몸에 꽉 끼어 **갑갑하다.**

¶ 전철에 사람이 너무 많아 **갑갑했다.**
¶ 종일 집에만 있었더니 **갑갑해서** 죽겠다.
② 일이 더디거나 행위가 느리거나 하여 참기 어렵다.
¶ 앞 차가 너무 천천히 가니 **갑갑해서** 앞지르기를 하였다.
③ 일을 어떻게 할 줄 몰라서 마음이 무겁다.
¶ 사건은 자꾸 터지는데 수습할 대책이 없으니 **갑갑하기** 짝이 없다.
¶ 이사 날짜는 닥쳤는데 집을 못 구했으니 참 **갑갑한** 노릇이다.
④ 가슴이나 뱃속이 꽉 막힌 듯이 불편하다.
¶ 소화가 안 돼서 속이 **갑갑하다.**
⑤ 일이 뜻대로 되지 않아 마음이 무겁다.
¶ 엎친 데 덮친 격으로 사업까지 부진하니 마음이 **갑갑할** 뿐이다.

'갑갑하다'와 '답답하다'

두 낱말의 뜻이나 쓰임새는 같지만 작은 차이를 말한다면, 물리적으로 숨을 쉬기 힘든 경우에 '답답하다'를 쓰고, 자유가 얽매여 부자연스러울 때에 '갑갑하다'를 쓴다. 지하철 안에서는 답답함과 갑갑함을 함께 느낄 수 있고, 옷이 꽉 끼어도 답답함과 갑갑함을 동시에 느낄 수 있다. 교도소에 갇혀 자유가 제한된 상태에서 살면 '갑갑한' 상태에 가깝고, 음식을 먹고 체한 사람은 '답답한' 상태에 가깝다. 너무 갑갑하여 움치고 뛰기도 어렵고 숨쉬기도 어렵다면 '답답한' 상태라고 할 수 있다.

갑니다[1] [감-]

동사 '가다'의 종결형.
¶ 나도 지금 고향으로 **갑니다.**

갑니다[2] [감:-]

동사 '갈다[1, 2, 3]'의 종결형.
¶ 커튼이 낡아서 새것으로 **갑니다.**
¶ 구슬을 만들려고 옥돌을 **갑니다.**
¶ 온 식구가 함께 밭을 **갑니다.**

갑자기 부사

미처 생각할 겨를도 없이 급히. 예상할 수 없거나 예상하지 못한 상태에서.

¶ 갑자기 날씨가 추워졌다.

¶ 갑자기 브레이크를 밟는 바람에 온몸이 앞으로 쏠렸다.

복합어

- **갑작스럽다** 형용사 미처 생각할 겨를이 없이 급한 상태이다. ¶ 그의 갑작스러운 죽음으로 우리는 한동안 마음을 다잡지 못했다. / 네 제안이 너무 갑작스러워 생각할 시간이 필요하다.
- **갑작스레** 부사 미처 생각할 겨를이 없이 급하게. 갑작스럽게.

▶ '갑자기'와 '문득'의 차이는 올림말 '문득' 참고.

갑절 명사

어떤 수나 양을 두 번 합한 만큼. 배(倍).

¶ 물가가 갑절로 오른 것 같다.

갖다[1] 동사

규10-1 갖고, 갖게, 갖는, 갖지, 갖는다, 갖자, 갖습니다

'가지다'의 준말.

▶ '가지다'가 '갖다'로 줄어들지만 활용할 때에는 '갖어', '갖었다', '갖으니'처럼 활용할 수 없다. (이에 관한 설명은 올림말 '가지다' 참고.)

갖다[2]

동사 '가지다'의 연결형 '가지어다/가져다'의 준말.

¶ 이 책을 형에게 갖다 주어라.

갖은 관형사

골고루 다 갖춘. 또는 여러 가지의.
¶ 나는 갖은 고생을 하면서 살아 왔다.
¶ 갖은 양념을 다 넣어 김치를 담갔다.

'갖은'과 '가진'
'갖은'과 '가진'은 전혀 다른 말이다. '갖은'은 관형사이고, '가진'은 '가지다'의 활용형이다.
¶ 그는 외국에 나가서 공부하느라고 갖은 고생을 다 하였다. (온갖 고생. 여러 고생)
¶ 그는 외국에 나가서 공부하느라고 가진 재산을 다 썼다. (소유한 재산)

같다 형용사

규10-1 같고, 같으니, 같은, 같을, 같아, 같으오/같소, 같습니다, 같았다

① 어떤 점에서 무엇과 무엇이 서로 다르지 않고 하나이다.
¶ 우리 부부는 생각이나 지향하는 바가 같다.
¶ 나는 그와 같은 동네에서 산다.
② ('무엇 같다', '무엇 같은'처럼 쓰이어) 거의 비슷하다. 닮다.
¶ 장대 같은 소낙비가 퍼붓는다.
¶ 세월은 흐르는 물 같아서 한번 가고 나면 그만이다.
③ ('같은' 형태로 쓰이어) 예를 들어 보일 때 쓰는 말.
¶ 낙지 같은 해산물을 좋아한다.
④ ('것 같다'처럼 쓰이어) 추측이나 불확실한 단정을 나타내는 말.
¶ 오늘 비가 내릴 것 같다.
¶ 발걸음 소리를 들으니 아이가 오는 것 같다.
⑤ ('같으면'의 형태로 쓰이어) '어떤 상황이나 조건이라면'의 뜻을 나타내는 말.
¶ 여느 때 같으면 북적거릴 시장이 오늘은 한산하다.

관용 표현
- **같은 값에** 조건이 같은데 이왕이면. ¶ 다른 방법이 없다면 같은 값에 웃으며 맞이하는 쪽이 더 낫지.

- **같은 값이면** 값이나 힘이 드는 정도가 같다면. ¶ 같은 값이면 푸짐한 게 좋겠지.
- **같은 물에 놀다** 같은 환경에서 한데 몰려다니며 생활하다. ¶ 오랫동안 같은 물에 놀다 보니 서로 눈빛만 봐도 무슨 생각을 하는지 알 수 있다.

속담

- **같은 값이면 껌정소 잡아먹는다** ① =같은 값이면 다홍치마 ② 검정소가 더 좋다는 말.
- **같은 값이면 다홍치마** 값이 같다면 품질이 더 좋은 쪽을 택한다는 말.
- **같은 값이면 은가락지 낀 손에 맞으랬다** 꾸지람을 듣거나 벌을 받을 경우라도 이왕이면 덕 있고 이름 있는 사람에게 당하는 것이 좋음을 비유하여 이르는 말.
- **같은 떡도 맏며느리 주는 것이 더 크다** 맏며느리가 집안의 중요한 사람임을 비유하여 이르는 말.
- **같은 손가락에도 길고 짧은 것이 있다** 아무리 같은 조건에 있다고 하더라도 조금씩은 서로 차이가 있게 마련이라는 말.

'같다' 활용형 용법

1. 같으면: -(이)라면, -(이)라고 하면

¶ 나 같으면 그렇게 하지 않았을 거다. / 옛날 같으면 이런 일은 상상도 못 할 일이다.

2. 같은: -다운, -에 합당한

¶ 오랜만에 지도자 같은 지도자를 만났다. / 그는 참으로 스승 같은 스승이다.

3. 같아서는: ① 대로라면, -에 따르자면

¶ 마음 같아서는 너를 받아들이고 싶다.

② 같으면

¶ 요즘 같아서는 살맛이 안 난다. / 날마다 오늘 같아서는 어떻게 장사하겠느냐.

4. 같으니/같으니라고: 남을 욕할 때 쓰는 표현. '그와 같은 사람임'을 나타내는 말.

¶ 나쁜 놈 같으니라고. / 저런 날강도 같으니.

5. 같이: 같게. 그대로.(올림말 '같이' 참고.)

¶ 어제 말한 바와 같이 행동해라.

'-ㄴ/-은 것 같아요'의 잘못 사용

이 표현은 '이 옷이 저 옷보다 더 좋은 것 같습니다'라고 하거나, '이 나무가 저 나무보다 나이가 더 많은 것 같아요'처럼 자기가 확실하게 말할 수 없는 경우에 쓴다.

이에 비해서 자기의 감정이나 느낌은 자기가 확실히 말할 수 있는 법이다. 예를 들면 자기가 보기에 이것이 예쁘게 보이면 '이것이 더 예쁩니다' 또는 '이것이 더 예쁘게 보입니다'처럼 쓴다. 이 경우에 '이것이 더 예쁜 것 같습니다'처럼 표현하면 주관이 뚜렷하지 못한 사람으로 여겨진다. 특히 '좋은 영화를 보니 마음이 기쁜 것 같아요'라거나 '접질린 발목이 좀 아픈 것 같습니다'라고 말하는 것은 부적절하다. 이는 자기감정을 표현할 수 없을 정도로 위축되었음을 의미하는 것이어서 매우 부적절하다. '좋은 영화를 보니 기분이 매우 좋아요' 또는 '접질린 발목이 좀 아픕니다'처럼 표현하는 편이 옳다.

'저 같은 경우'의 잘못 사용

흔히 '저 같은 경우는 고양이를 싫어하거든요'라거나 '나 같은 경우는 밤에 외출하지 않는 스타일인데요'처럼 말하는 경우가 많은데, 이러한 표현은 모두 잘못이다. 자기 자신을 자기가 직접 가리킬 때에는 '나 같은 경우는'이나 '저 같은 경우는' 같은 표현은 부적절하다. 이때는 '같은'을 빼고 그냥 '내 경우는' 또는 '제 경우는'이라고 하는 것이 쉽고 단순하다. 그러나 '내 경우는'을 '나는'으로, '제 경우는'을 '저는'으로 쓰는 것이 더 명쾌하다.

¶ 나 같은 경우는 등산을 자주 하는 편이다. → 나는 등산을 자주 하는 편이다.

¶ 저 같은 경우는 여행을 무척 즐깁니다. → 저는 여행을 무척 즐깁니다.

'같다'가 '안 같은' 경우

'같다'를 썼는데도 안 같아지는 경우가 있다.

¶ 이 문서에 쓰인 잉크는 7세기에 쓰인 잉크와 같다.

¶ 이 문서에 쓰인 잉크는 7세기에 쓰인 잉크 같다.

두 문장의 차이는 조사 '와'가 있는 것과 없는 것인데, '잉크와 같다'라고 하면 그 문서에 쓰인 잉크는 7세기의 잉크라는 말이 되고(성분이 같든지 특징이 같든지 과학적으로 증명할 수 있는 그 어떤 점이), '잉크 같다'라고 하면 7세기 잉크처럼 보인다는 의미가 포함되어 실제로는 같지 않음을 나타내게 된다. 그래서 조사 '와/과'를 생략할 때는 조심해야 한다.

× 같애

'같아'의 틀린 말.

'같아'와 '같애'

'이것이 더 큰 것 같애'처럼 종결 어미로 '-애'를 쓰는 것은 잘못이다. 이 경우에는 '이것이 더 큰 것 같아'처럼 '-아'를 써야 한다. 입말에서는 '같아'를 '같애'로 발음하는 경우가 있지만 표준 발음은 '같아'이다. 이와 비슷한 잘못으로 '바라다'의 종결형으로 '바라' 대신에 '바래'를 쓰고, 명사형으로 '바람' 대신에 '바램'을 쓰는 경우가 있다. '바래', '바램'은 모두 '바라', '바람'의 잘못이다.
¶ 이것이 더 큰 것 같애(×). → 같아
¶ 네가 꼭 이기고 돌아오기 바래(×). → 바라
¶ 네가 성공하는 것이 내 바램(×)이다. → 바람

같이[1] 부사

① 둘 이상이 함께.
¶ 우리 이 일을 같이 하자.
¶ 나도 너와 같이 가고 싶다.
¶ 일주일에 한 번은 온 식구가 다 같이 저녁을 먹는다.
② 같게. 그대로.
¶ 아이들도 컴퓨터 게임 문제에 대해서는 나와 같이 생각했나 보다.
¶ 예상한 바와 같이 전셋값이 크게 올랐다.
¶ 시간이 물과 같이 흐른다.
¶ 업무 개선 사항을 다음과 같이 알립니다.

'와(/과) 같이'의 쓰임새

'같이'를 부사로만 인식한다면 '나도 네 의견과 같이 생각한다'라는 문장에서 '과 같이'를 문법적으로 설명하기 어렵다. 이 문장은 '나도 너와 같이 가겠다'에 쓰인 '와 같이'와는 문법적으로 다르다.
'나도 네 의견과 같이 생각한다'는 '네 의견과 같다'와 '나도 …… 생각한다'가 합해진 문장이다. 즉, 앞 문장 '네 의견과 같다'를 부사절로 만들어 뒤 문장의 서술어 '생각한다'를 꾸미게 만든 구조이다. 그렇다면 '같이'는 '네 의견과 같다'를 부사절로 만들기 위하여 임시로 부사어가 된 형태일 뿐 품사로는 '같다'의 부사형일 따름이다. 따라서 이 문장에서는 '네 의견과'는 필수 성분이므로 생략하면 안 된다.
이에 비하여 '나도 너와 같이 가겠다'에서 '너와 같이'는 '너와 함께'처럼 단순한 부사구이므로 생략할 수 있다. '나도 너와 가겠다'라고 말할 수도 있고, '나도 가겠다'라고 말해도 문장으로서 손색이 없다.
이렇게 보면 '같이'는 부사와 조사의 두 용법 외에 형용사의 부사형 용법도 있음을 알 수 있다. 이 부사형 용법을 특별히 일정한 부사에 담긴 용법으로 설명한다면 부사의 기능을 추가하여야 한다. 아래 문장의 '달리'도 그런 부사이다.

¶ 생각과 달리 산이 높다. = 생각과 다르게 산이 높다.
¶ 예상과 같이 진행되었다. = 예상과 같게 진행되었다.
형용사에서 파생한 부사는 모두 이런 특별한 기능을 가지고 있다.

같이² 조사

처럼.

¶ 그림같이 아름다운 풍경
¶ 소같이 묵묵히 일하는 농부
¶ 하늘같이 높은 사람

조사 '같이'와 형용사 '같은'

'같이'가 조사이므로 앞 말에 붙여 쓰는 데에 익숙해지면 '같은'도 앞 말에 붙여 쓰는 일이 벌어지기도 한다.

① 너같이 예쁜 아이가 그렇게 심한 욕을 하니?
② 너같은 아이가 욕을 하니 낯설구나.

예문②의 '너같은'은 '너 같은'처럼 띄어 써야 한다.

개개다 동사

규11-0 개개고, 개개어서/개개서, 개갠다, 개갤, 개갭니다, 개개었다/개갰다

자동사

① (어디에) 자꾸 맞닿아 거죽이 닳거나 해어지거나 벗어지거나 하다.
¶ 옷깃이 목에 개개어서 빨리 헐었다.
¶ 짐을 지고 오래 걸은 탓에 멜빵에 개갠 자국이 어깨에 그대로 남아 있었다.

② (누구에게) 성가시게 달라붙어 손해를 끼치다.
¶ 혹시라도 나에게 개갤 생각은 아예 마라.
¶ 그는 아무에게나 개개려 하니 친구들이 그를 싫어한다.

개기다 동사

규11-0 개기고, 개기어/개겨, 개긴다, 개깁니다, 개기었다/개겼다

자동사

(속되게) 명령이나 지시를 따르지 않고 버티거나 반항하다.

¶ 요즘은 어른에게 개기는 아이들이 많다.

> **'개기다'와 '개개다'**
>
> '개개다'의 비표준어로 다루던 '개기다'를 '지시나 명령을 따르지 않고 버티거나 반항하다'의 뜻을 나타내는 경우에는 표준어로 인정하였다. 다만, 이 경우에도 속된 표현에 쓰는 낱말이라는 점을 참고하여 써야 한다.

× 개나리봇짐

'괴나리봇짐'의 틀린 말.

개다1 동사 [개:-]

규11-0 개고, 개니, 개어/개, 개어서/개서, 개오, 갠, 갤, 갭니다, 개었다/갰다

자동사

① (흐린 날씨 또는 눈이나 비가 오던 날씨가) 하늘이 열리고 맑아지다.

¶ 비가 그치고 날이 개거든 떠나라.

¶ 날씨가 활짝 개니 기분이 상쾌하다.

¶ 날이 개면 빨래를 말리자.

② (비유적으로) 언짢거나 우울한 마음이 개운하고 홀가분해지다.

¶ 아이들 웃음소리를 들으니 마음이 조금 갠다.

¶ 네 위로 덕분에 내 기분이 갰어.

¶ 바람을 쐬니 무거운 머리가 한결 갠 것 같다.

> **'개다'와 '개이다'**
> ¶ 오늘은 맑게 개여서(×) 나들이하기에 좋겠다.
> ¶ 맑게 개인(×) 날씨 덕택에 여행을 즐겁게 할 수 있었다.
> ¶ 날씨는 개였지만(×) 바람이 몹시 불어서 산에 오르기 어려웠다.
> 위에 쓴 '개여서', '개인', '개였지만'은 모두 '개어서/개서', '갠', '개었지만/갰지만'의 잘못이다. '개이다'는 '개다'를 잘못 쓴 형태이다. '설레이다'도 '설레다'를 잘못 쓴 형태이다.

개다[2] 동사 [개:-]

규11-0 개고, 개니, 개어야/개야, 개어서/개서, 개오, 갠, 갤, 갭니다, 개었다/갰다

타동사

가루나 덩이에 물이나 기름 따위를 쳐서 으깨거나 이기다.

¶ 쌀겨에 콩가루나 번데기 가루 따위를 넣어 개면 떡밥을 만들기 좋다.

¶ 이 가루약을 미지근한 물에 개어 아이에게 먹이세요.

¶ 황토를 갠 물에 천을 담가 물을 들였다.

개다[3] 동사 [개:-]

규11-0 개고, 개니, 개어야/개야, 개어서/개서, 개오, 갠, 갤, 갭니다, 개었다/갰다

타동사

옷이나 이부자리 따위를 겹치거나 접어서 단정하게 포개다. 개키다.

¶ 이불을 개어 장롱에 넣고 청소를 시작하였다.

¶ 방에 널려 있는 옷을 개어 가방에 넣어라.

¶ 기저귀를 개서 차곡차곡 쌓아 놓았다.

복합어

- **개키다** [타동사] =개다[3] ¶ 이불을 개켜 올려놓고 방을 청소해라.

개발 명사 (開發)

① 땅이나 자원을 사람이 쓸 수 있도록 만듦.

¶ 지금은 우주 개발 시대이다.

¶ 균형 있는 지역 개발에 힘써야 한다.

¶ 부동산 개발로 돈을 벌던 시대는 지났다.

② 재능, 기술 따위를 발달하게 함.

¶ 기혼 여성의 능력 개발 방안을 마련하여야 한다.

¶ 과학 기술의 개발은 국가 경쟁력의 핵심 과제이다.

③ 산업이나 경제 따위를 발전하게 함.

¶ 제5차 경제 개발 계획을 끝으로 국가가 주도하는 경제 개발은 마감되었다.

¶ 새로운 성장 동력이 될 산업 개발이 시급하다.

④ 새로운 물건을 만들거나 새로운 생각을 내어놓음.

¶ 미래를 위해서 대체에너지 개발에 힘써야 한다.

¶ 우리 회사는 사람의 말을 자동으로 통역하는 프로그램 개발을 시작했다.

복합어

- **개발하다**(開發－) 타동사 ① 땅이나 자원 따위를 쓸모 있게 만들다. ¶ 우리 마을까지 관광지로 개발해야 하나? ② 기술이나 재능을 발달시키다. ¶ 회사는 사원의 능력을 개발하는 데에 힘을 기울여야 한다. ③ 산업이나 경제 따위를 발전시키다. ¶ 국민을 먹여 살릴 새로운 산업을 개발하고 육성하라. ④ 새로운 물건을 만들어 내어놓다. ¶ 신제품을 개발하지 않으면 도태된다.
- **난개발**(亂開發)[난:－] 명사 어지럽고 무분별하게 개발하는 일. ¶ 산림의 난개발을 막아야 한다.
- **미개발**(未開發)[미:－] 명사 아직 개발되지 못하거나 개발하지 아니함. ¶ 그 땅은 아직도 미개발 지역으로 남아 있다.
- **재개발**(再開發)[재:－] 명사 이미 개발되어 있는 곳을 더 낫게 하기 위하여 다시 개발함. ¶ 도시 재개발 지구를 정하면서 많은 부정과 비리가 있었다.
- **저개발**(低開發)[저:－] 명사 발달된 정도가 낮음. ¶ 수익금은 저개발 국가 아이들의 교육에 사용한다.

'개발'과 '계발'

사람의 능력을 높이기 위한 활동 가운데에서 '개발'과 '계발'은 미묘한 차이가 있다. '개발'은 이미 발현되고 있는 능력을 더욱 키우는 행위이고, '계발'은 잠재되어 있는 능력을 일깨워서 끌어내어 발전시키는 행위라고 할 수 있다. 예를 들면 언어 능력은 사람에게 모두 있기 때문에 언어 능력을 키우는 일은 '개발' 행위에 속한다. 만일 어린아이가 일정한 시기가 지나도 말을 하지 못한다면 그 아이에게는 잠재된 언어 능력을 '계발'해 주어야 한다. 이미 언어를 사용하는 사람에게 언어 능력을 향상시키는 일은 언어 능력 '개발'에 속한다. 소질이나 창의성, 민주의식 같은 것은 누구나 잠재적으로 가지고 있지만 쉽게 발현되지 않기 때문에 '계발'의 대상이 된다.

개발새발 부사

개의 발과 새의 발이라는 뜻으로, 글씨를 아무렇게나 써 놓은 모양을 이르는 말. 괴발개발.

¶ 글씨를 개발새발 써 놓아서 알아보기 힘들구나.

관용 표현

• **개발새발 그리다** 글자를 함부로 갈겨쓰다.

▶ '개발새발'과 '괴발개발'은 둘다 표준어이다. (올림말 '괴발개발' 참고.)

개수[1] 명사
(改修)[개:-]

고쳐서 바로잡거나 다시 만듦.

¶ 이번 폭우로 무너진 도로 개수를 위해 예산을 새로 편성하였다.

복합어

• **개수하다**(改修-)[개:-] 타동사 고쳐서 바로잡거나 다시 만들다. ¶ 낡은 교실을 개수하기로 하였다.

개수[2] 명사
(個數)[개:쑤]

한 개씩 낱으로 셀 수 있는 물건의 수효. ×갯수

¶ 과일의 개수를 세어 보세요.

개의[1] 명사 (開議)

안건에 대해 토의를 시작함.

복합어

- **개의하다**(開議-) 타동사 안건에 대해 토의를 시작하다. ¶ 정기총회를 개의하겠습니다.

▶ '개의'와 '개회'의 차이는 올림말 '개회(開會)' 참고.

개의[2] 명사 (介意)[개:-]

어떤 일 따위를 마음에 두고 생각하거나 신경을 씀.

복합어

- **개의하다**(介意-)[개:-] 타동사 어떤 일 따위를 마음에 두고 생각하거나 신경을 쓰다. ¶ 다른 사람 말에 개의하지 말고 마음먹은 대로 하세요.

> **'개의하다'의 부정법 표기**
> '개의하다'는 주로 부정법으로 쓰며 '개의하지 말고' 또는 '개의하지 않고'처럼 쓴다. 흔히 '개의하지'를 줄여서 '개의치 말고', '개의치 않고'처럼 쓴다.

개펄 명사

갯가의 개흙이 깔린 벌판. 간조(干潮)와 만조(滿潮)의 차가 큰 해안 지형에 발달한다. 갯벌. 펄. ¶ 발이 푹푹 빠지는 개펄에 들어가 낙지를 잡았다.

속담

- **개펄에서 게 잡다가 광주리만 잃는다** 작은 이익을 취하려다가 큰 것을 잃음을 이르는 말.

개회 명사 (開會)

회의나 회합 따위를 시작함. 또는 의회, 전람회 따위를 엶. 회의 시작.

¶ 제20차 정기총회의 개회를 선언합니다.

복합어

- **개회하다**(開會–) 자동사 회의나 회합 따위가 시작되거나 의회 따위가 열리다. 타동사 (회의 따위를) 열다.

  ¶ 국회는 오늘 9월 정기회의를 개회하였다.

> **'개회'와 '개의'**
>
> 기간을 정해 놓고 여러 날 회의를 하는 경우에 그 기간이 시작되는 날이 '개회(開會)'하는 날이다. 이 날부터 기간이 끝나는 날까지 사이에 회의를 몇 번 할 때, 각 회의를 시작하는 것을 '개의(開議)'라고 하고 각 회의를 마치는 것을 '산회(散會)'라고 한다.

갯벌 명사

=개펄

¶ 갯벌은 뭍에서 내려온 온갖 찌꺼기를 걸러 내어 바다를 깨끗하게 만든다.

× 갯수

'개수[2](個數)'의 틀린 표기.

> **한자어의 사이시옷 표기**
>
> 한자어에는 사이시옷을 붙이지 않는 것이 원칙이다. 따라서 '개수(個數), 수적(數的), 이권(利權), 제상(祭床)'처럼 뒷소리가 된소리로 나더라도 사이시옷을 붙이지 않는다. 다만, 한글맞춤법이 규정한 여섯 낱말에 한정해서 사이시옷을 붙인다. '곳간(庫間), 셋방(貰房), 숫자(數字), 찻간(車間), 툇간(退間), 횟수(回數)'가 그것이다. 이 여섯 낱말은 사이시옷을 붙이지 않으면 틀린 표기가 된다.

갱신 명사 (更新)

① 법률관계의 존속 기간이 끝났을 때 그 기간을 연장하는 일.
¶ 계약 갱신, 면허 갱신, 비자 갱신, 어업권의 갱신, 여권 갱신
② 이미 있는 것을 새롭게 바꾸다. 경신(更新).

복합어

- **갱신하다**(更新－)[갱:－] 타동사 ① 법률관계의 존속 기간이 끝났을 때 그 기간을 연장하다. ¶ 전세 계약은 2년에 한 번씩 갱신한다. ② 새롭게 바꾸다. 경신하다.

> **'갱신'과 '경신'**
>
> 이 두 낱말은 한자로는 같은 글자를 쓰지만 읽기에 따라서 의미가 달라져 두 낱말이 된 특별한 경우이다. 의미가 크게 달라지는 것은 아니지만 용법상으로는 차이가 있어서 조심할 필요가 있다.
> '갱신(更新)'은 이미 있는 것을 부정하지 않고 그 효력을 연장함으로써 새롭게 바꾸는 것을 가리킨다. 대체로 계약서의 기한, 비자 유효 기간, 운전면허 유효 기간처럼 기한이 지나서 기왕의 것이 효력을 잃을 즈음에 새롭게 계약을 하고, 비자를 발급하고, 운전면허를 발급하는 경우에 사용한다. 이때 새로운 계약이나 비자나 운전면허는 기왕의 내용을 그대로 사용하게 된다.
> '경신(更新)'은 기왕의 것을 모조리 부정하고 새롭게 바꾸는 것을 의미한다. 따라서 '계약을 경신했다'고 한다면 그 계약은 전의 계약과 사뭇 다른 계약이 되었다는 뜻이고, '계약을 갱신했다'고 한다면 전의 계약 내용은 크게 바꾸지 않고 계약 기간을 새롭게 설정하여 다시 계약을 했다는 의미가 된다. 기록 경기에서 기록이 경신되면 전의 기록은 무시되는 것도 '경신'의 이런 의미와 관련이 있다.

거 명사

의존 명사 '것'의 입말.

> **'것/거'가 포함된 대명사의 형태**
>
> '이것', '저것', '그것', '요것', '조것', '고것'에 대응하는 입말 형태 '이거', '저거', '그거', '요거', '조거', '고거'는 모두 대명사이다. 입말 형태의 대명사에 조사 '는', '를', '이'가 붙는 경우에 다음과 같이 줄여 쓰기도 한다.

것	거	건(거+는)	걸(거+를)	게(거+이)
이것	이거	이건	이걸	이게
저것	저거	저건	저걸	저게
그것	그거	그건	그걸	그게
요것	요거	요건	요걸	요게
조것	조거	조건	조걸	조게
고것	고거	고건	고걸	고게

거는 [거:-]

동사 '걸다[2]'의 관형사형.

¶ 국제전화 거는 방법을 알려 주세요.

거니[1] [거:-]

형용사 '걸다[1]'의 연결형.

¶ 우리 밭은 워낙 거니 이번에는 호박을 심어 보자.

거니[2] [거:-]

동사 '걸다[2]'의 연결형.

¶ 내가 집에 전화를 거니 동생이 받았다.

거덜 명사

① 재산이나 살림 같은 것이 여지없이 허물어지거나 없어짐을 이르는 말.

¶ 노름으로 살림이 거덜 났다.

¶ 아들이 사업하다가 재산을 **거덜 내고** 말았다.
② 하던 일이 여지없이 결딴이 남을 이르는 말.
¶ 사장이라는 사람이 사업을 **거덜 내고** 도망쳤다.

'거덜 나다', '거덜 내다'의 띄어쓰기
'거덜'은 주로 '거덜이 나다', '거덜을 내다'처럼 쓰이는데, 조사를 생략하고 '거덜 나다', '거덜 내다'로 쓰기도 한다.

거두다 동사

규11-0 거두고, 거두어/거둬, 거두어서/거둬서, 거둔, 거둘, 거둡니다, 거두었다/거뒀다

타동사

① (곡식이나 열매 따위를) 따서 모으다.
¶ 가을이면 곡식을 **거두느라** 몹시 바빠진다.
② (좋은 결과나 성과 따위를) 얻다.
¶ 우리 팀이 승리를 **거뒀다**.
③ 흩어져 있는 물건 따위를 한데 모으거나 정리하다.
¶ 비가 올지 모르니 빨래를 **거둬야겠다**.
¶ 자고 일어나 이부자리도 **거두지** 않고 외출을 한다.
④ 시체, 유해 따위를 수습(收拾)하다.
¶ 시신이라도 잘 **거두어** 유족에게 전달하시오.
⑤ 보살피거나 기르다.
¶ 요즘은 돈이 드는 일이 너무 많아서 아이들을 **거두기가** 쉽지 않다.
¶ 부모 잃은 아이를 데려다 **거두어** 주었다.
⑥ 집안일, 밭일 따위를 돌보아 살피다.
¶ 얼마나 집을 **거두지** 않았는지 귀신 사는 집처럼 변했다.
¶ 제 논밭 **거두기도** 쉽지 않은 터에 남의 논밭까지 **거두어** 주다니 대단한 사람이다.
⑦ 차려 놓은 것을 정리하여 모으다.
¶ 물건을 다 **거두고** 가게를 닫았다.
¶ 천막을 **거두어** 잘 놓아라.

⑧ (말, 웃음, 하던 일 따위를) 그치거나 그만두다.

¶ 그런 말씀은 **거두어** 주세요.

¶ 그는 순간 웃음을 **거두고** 정색을 하며 말하였다.

⑨ 여러 사람에게서 돈이나 물건 따위를 받아들이다.

¶ 정치인이 사사로이 후원금을 **거두는** 일은 불법이다.

¶ 회원에게 특별 회비를 **거둬야** 할 것 같다.

복합어

- **거두어들이다** 타동사 '거두다'를 강조하는 말.
- **거둬들이다** 타동사 '거두어들이다'의 준말.

관용 표현

- **숨을 거두다** '죽다'를 완곡하게 이르는 말.

> **'거두다'의 준말 '걷다[1]'**
>
> '거두다'의 활용형 '거두어', '거두었다'는 '거둬', '거뒀다'로 줄어든다. 그런데 특별한 경우에 '거두다'의 어간 '거두'가 '걷'으로 줄어들기도 한다. 위 설명 문항의 ③, ⑦, ⑨의 경우에 이렇게 줄어든다.
>
> ¶ 비가 올지 모르니 빨래를 **걷어**(○)/**거둬**(○) 놓아라.
>
> ¶ 빨리 자리를 **걷어야**(○)/**거둬야**(○) 가게를 닫지.
>
> ¶ 가능하면 많은 사람에게서 기부금을 **걷는**(○)/**거두는**(○) 것이 좋겠다.
>
> ¶ 우리 팀이 승리를 **걷었다**(×)/**거뒀다**(○).
>
> ¶ 불쌍한 아이들을 데려다 잘 **걷었더니**(×)/**거뒀더니**(○) 고마워하더라.
>
> ¶ 가신다는 말씀 제발 **걷어**(×)/**거둬**(○) 주세요.

거르다[1] 동사

불11-6 거르고, 걸러, 거른, 거릅니다, 걸렀다

타동사

액체를 체나 거름종이 따위에 밭아서 건더기를 빼고 액체만 받아 내다.

¶ 불순물을 **걸러** 낸 순수한 물질로 약품을 만든다.

거르다[2] 동사

불11-6 거르고, 걸러, 거른, 거릅니다, 걸렀다

타동사

차례대로 나아가다가 중간에 순서나 자리를 빼고 넘기다.

¶ 일이 바빠서 끼니를 거를 때도 있다.

¶ 좋지 않은 사건이 최근에는 이틀 **걸러** 한 건씩 일어나고 있다.

복합어

- **하루걸러** 부사 하루 건너서. 하루건너. ¶ 그는 요즘 하루걸러 한 번씩 나를 찾아온다.

거리끼다 동사

규11-0 거리끼고, 거리끼어/거리껴, 거리낀, 거리낄, 거리낍니다, 거리끼었다/거리꼈다

자동사

① 일이 마음에 걸려서 꺼림칙하게 생각되다.

¶ 많은 사람 앞에서도 **거리낌** 없이 자기 생각을 말할 수 있어야 한다.

¶ 나는 결코 내 양심에 **거리끼는** 일을 하지 않았다.

② (무엇을 하는 데에) 걸려서 방해가 되다.

¶ 아들에게 회사를 물려준 뒤에 아들에게 **거리끼지** 않으려고 곧바로 물러났다.

> **'거리끼다'와 '거치다'**
>
> '거리끼다'는 방해할 의도가 있든 없든 상관없이 두루 쓸 수 있다. 즉 사물이나 사람에 두루 쓴다. '거치다'는 방해할 의도가 없지만 실제로 방해가 되는 경우에 쓴다. 대체로 '거치다'는 사물에만 쓴다.
>
> ¶ 일을 할 때 **거리낄** 물건이 없도록 잘 정리하시오.
>
> ¶ 우리가 일하는 데에 **거리끼는** 일이 없도록 하시오.
>
> ¶ 방에는 막대기를 휘둘러도 **거칠** 만한 것이 없었다.
>
> ¶ 물건이 너무 많이 널려 있어서 발에 **거치는** 것이 많다.
>
> 그런데 '거치다'의 파생어인 '거치적거리다'는 사람에게도 자연스럽게 쓴다.

거슴츠레 부사

졸리거나 술에 취해서 눈의 정기가 풀리고 흐리멍덩한 모양. 게슴츠레.
¶ 상희는 아직도 졸리는지 눈을 거슴츠레 뜨고 앉아 있었다.

복합어

- **거슴츠레하다** 형용사 졸리거나 술에 취해서 눈의 정기가 풀리고 흐리멍덩하며 거의 감길 듯하다. 게슴츠레하다. ¶ 그는 술에 취하여 거슴츠레한 눈으로 나를 쳐다보았다.

▶ '거슴츠레'와 '게슴츠레'는 모두 표준어이고 의미와 용법도 같다.

거치다[1] 동사

규11-0 거치고, 거치어/거쳐, 거친, 거칠, 거칩니다, 거치었다/거쳤다

자동사

① 무엇에 걸리거나 막히다.
¶ 길에 널려 있는 쓰레기가 발에 자꾸 거쳐 지나다니기가 불편하다.
¶ 방에 아무것도 없어 아이들이 뛰놀아도 거칠 것이 없다.
② 마음에 거리끼거나 꺼리다.
¶ 복잡한 문제가 해결되었으니 이제는 거칠 일이 없을 거야.

복합어

- **가로거치다** 자동사 앞에서 거치적거려 방해가 되다. ¶ 앞에 있는 깃발이 바람에 날리며 눈에 가로거쳐서 앞을 제대로 볼 수 없다.
- **거치적거리다** 자동사 ① 거추장스럽게 자꾸 여기저기 거치거나 닿다. 거치적대다. ¶ 책상 주변에 전선들이 늘어져 거치적거린다. ② 거추장스러워서 자꾸 거슬리거나 방해가 되다. ¶ 권력 장악에 거치적거릴 사람을 모두 제거하였다.
- **거치적대다** 자동사 =거치적거리다
- **거치적거치적** 부사 거치적거리는 모양.
- **거침없다** 형용사 일이나 행동 따위가 중간에 걸리거나 막힘이 없다. ¶ 그가 그렇게 거침없는 행동을 하리라고 생각하지 못했다.

• **거침없이** [부사] 무엇에 걸리거나 막힘이 없이. ¶ 누구 눈치도 보지 않고 **거침없이** 말한다. / 과장은 사장이 묻는 말에 **거침없이** 대답하더라. / 너는 남의 집에 그렇게 **거침없이** 드나드느냐?

관용 표현

• **거칠 것이 없다** ① 일이 순조로워서 막힘이 없다. ¶ 모든 일이 거칠 것 없이 추진되었다. ② 아무런 거리낌이 없다. ¶ 그는 누구를 만나더라도 거칠 것 없는 사람처럼 보였다.

거치다[2] 동사

규11-0 거치고, 거치어/거쳐, 거친, 거칠, 거칩니다, 거치었다/거쳤다

타동사

① 오가는 도중에 어디를 지나거나 들르다.

¶ 광주에 가려면 논산을 **거쳐야** 한다.

② 과정이나 단계를 밟다.

¶ 예선을 **거쳐** 본선에 올랐다.

¶ 나도 신입 때 너희들처럼 어려운 과정을 다 **거쳤다**.

관용 표현

• **(누구의) 손을 거치다** 그 사람의 조사나 판단 또는 결재 따위를 받다. ¶ 그의 손을 거치지 않는 일이 없다. / 무슨 일이든 사람 손을 거쳐야 완성이 된다.

× 거치른

'거친[2]'의 틀린 말.

¶ 사람들은 **거치른(×)/거친(○)** 땅을 농토로 만들었다.

거친[1]

동사 '거치다[2]'의 관형사형

¶ 본선에서는 예선을 **거친** 사람들이 겨룬다.

ㄱ

거친[2]

형용사 '거칠다'의 관형사형.

¶ 사나이의 거친 숨결이 느껴지는 듯하다.

¶ 현미밥이나 나물 같은 거친 음식이 몸에는 좋다고 한다.

거친다

동사 '거치다[2]'의 종결형.

¶ 이번에는 모든 팀이 예선을 거친다.

거칠[1]

동사 '거치다[2]'의 관형사형.

¶ 우리는 거칠 것이 없이 나아갔다.

거칠[2]

형용사 '거칠다'의 관형사형.

¶ 음식이 무척 거칠 텐데 괜찮겠어?

거칠다 형용사

불21-2 거칠고, 거칠어, 거칠지, 거치니, 거친, 거칠, 거칩니다, 거치오, 거치네, 거칠었다

① (발이나 올이) 굵다. 성기다.

¶ 상중에는 거친 베옷을 입고 시묘를 하였다.

② (면이나 바탕이) 반드럽지 않다. 곱지 않고 험하다.

¶ 마루 바닥이 몹시 거칠다.

¶ 딸의 얼굴이 너무 거칠어 마음이 아프다.
③ (논밭이) 잡풀이 우거지거나 돌멩이가 많아 어지럽다.
¶ 밭이 너무 거칠어 무엇을 심을 수 없게 되었다.
④ 부드럽거나 순하지 않다. 매우 사납다.
¶ 레슬링 결승전에서 상대를 거칠게 밀어붙여 승리를 따냈다.
¶ 너무 거칠게 운전을 하는구나.
⑤ 파도나 바람 따위의 기세가 험하고 거세다.
¶ 거친 바람에 거친 파도 소리로 내 마음은 한없이 졸아든다.
⑥ (음식이) 먹기에 부드럽지 않다.
¶ 꽁보리밥은 노인들이 먹기에 너무 거칩니다.
⑦ 일을 하는 태도나 솜씨가 찬찬하거나 야무지지 못하다.
¶ 이 옷은 바느질 솜씨가 거칠어 맵씨가 안 나는구나.

복합어

- **거친돌** 명사 채석장의, 아직 다듬지 않은 돌.

'거친'과 '거치른' 또는 '거칠은'

'거칠다'의 관형사형은 '거친'이다. 즉, '거칠다'의 'ㄹ'이 탈락하는 활용을 한다. 그런데 이 형태가 '거칠다'와 사뭇 다른 느낌을 주어 사람들은 '거치른' 또는 '거칠은'을 관형사형으로 쓴다. '거치른'은 '거칠은'을 소리대로 표기한 형태이다. 이 두 형태는 비표준어로서 틀린 말이다. 이와 마찬가지로 '거치니, 거치오, 거치네, 거칩니다'처럼 'ㄹ'이 탈락한 형태로 표기해야 한다.

× 거칠은

'거친[2]'의 틀린 말.

거칩니다[1] [-침-]

동사 '거치다'의 종결형.

¶ 사장실에 들어가려면 비서실을 거칩니다.

거칩니다[2] [-침-]

형용사 '거칠다'의 종결형.

¶ 이 땅은 농사를 짓기에는 너무 거칩니다.

거푸 부사

잇따라 거듭.

¶ 아이는 엄마가 따라오는지 궁금하여 거푸 뒤를 돌아본다.

¶ 우리 팀이 한 골을 얻은 뒤에 거푸 두 점을 내주어 경기에 지고 말았다.

복합어

- **거푸거푸** 부사 잇따라 거듭거듭.
- **거푸하다** 타동사 잇따라 거듭하다. ¶ 똑같은 실수를 거푸하지 않도록 조심해라.

건[1]

'거는'과 '것은'의 준말. '것'의 준말 '거'에 보조사 '는'이 붙어 줄어든 말.

¶ 그런 건 나도 몰라.

건[2] [건:]

형용사 '걸다[1]'에 관형사형 어미 '-ㄴ'이 붙어 바뀐 형태.

¶ 무척 건 논밭이 수천 평이나 된다.

건[3] [건:]

동사 '걸다[2]'에 관형사형 어미 '-ㄴ'이 붙어 바뀐 형태.

¶ 옷을 못에 건 뒤에 자리에 앉았다.

건너[1] 명사 [건:-]

(어떤 곳을) 건너서 있는 곳.

¶ 강 **건너에서** 바람이 불어온다.

¶ 산꼭대기에서는 강 **건너로** 북녘 땅을 볼 수 있다.

건너[2] [건:-]

동사 '건너다'의 연결형.

¶ 여름이 되면 수많은 새들이 이 강을 **건너** 이동한다.

건너다 동사 [건:-]

규11-0 건너고, 건너, 건넌, 건너므로, 건넙니다, 건넜다

타동사

① 무엇을 사이에 두고 한편에서 맞은편으로 가다.

¶ 강을 **건널** 수 없어서 나룻배를 찾고 있다.

¶ 용산에서 다리를 **건너** 노량진으로 간다.

¶ 사람들은 차가 다니는데도 길을 **건너려** 한다.

② =거르다[1]

¶ 회의가 이틀 **건너** 한 번씩 있다.

복합어

- **건너가다**[건:-] 자동사 한쪽에서 다른 쪽으로 옮겨 가다. ¶ 아이가 공부를 하겠다며 자기 방으로 **건너 갔다**. 타동사 무엇을 건너서 저쪽으로 가다. ¶ 횡단보도를 **건너가면** 버스 정류장이 나온다.
- **건너오다**[건:-] 자동사 한쪽에서 다른 쪽으로 옮겨 오다. ¶ 북에서 남으로 **건너오는** 사람이 점점 늘어 나고 있다. 타동사 무엇을 건너서 이쪽으로 오다.
- **건너짚다**[건:-] 타동사 ① 미리 짐작으로 알아차리다. ② (무엇을) 건너거나 넘어서 짚다.
- **하루건너** 부사 하루를 걸러서. 하루걸러. ¶ 하루건너 장사를 하니 돈을 모을 수 없지.

'건느다'는 '건너다'의 틀린 말

'건너'를 '건느다'의 활용형으로 생각하여 '건느고, 건느니'처럼 쓰는 것은 잘못이다. '건너고, 건너니, '건너서'처럼 써야 한다. '건느다'는 틀린 말이다.

건넌다 [건:-]

동사 '건너다'의 종결형.

¶ 아이들이 위험하게 계곡을 건넌다.

건네다 동사 [건:-]

규11-0 건네고, 건네어, 건넨, 건넵니다, 건네었다/건넸다

타동사

① 남에게 옮기다.

¶ 그에게 10만 원을 건넸다.

② 남에게 말을 붙이다.

¶ 그에게 인사말을 건넸지만 그는 아무 대꾸도 하지 않았다.

¶ 통성명도 하기 전에 농담부터 건네다니.

사동사

'건너다'의 사동형.

¶ 사공은 강가에 있는 사람을 모두 건네고 나서야 밥을 먹기 시작했다.

¶ 횡단보도를 건너다 넘어진 아이를 한 아저씨가 안아서 건네 주었다.

복합어

- **건네받다**[건:-] 타동사 남이 건네는 물건을 받다. ¶ 아이에게서 전화를 건네받았다.
- **건네주다**[건:-] 타동사 ① 돈, 물건 따위를 남에게 옮기어 주다. ¶ 나는 그가 건네주는 돈을 받았다. ② 건너게 하여 주다. ¶ 뱃삯을 제대로 받지 못했다면서 사공은 우리를 건네주려 하지 않았다.

✕ 건느다

'건너다'의 틀린 말.

건다 [건:-]

동사 '걸다²'의 종결형.

¶ 아이가 엄마에게 전화를 건다.

¶ 남자가 소녀에게 무어라고 말을 건다.

건사하다 동사

불10-9 건사하고, 건사하여/건사해, 건사하는, 건사한다, 건사합니다, 건사하였다/건사했다

타동사

① 잘 보살피고 돌보다.

¶ 그동안 우리 아이들을 잘 건사해 주셔서 고맙습니다.

② 물건을 잘 거두어 보호하다.

¶ 이 연장을 잘 건사해 두어라.

③ 일을 시킬 때에, 일거리를 만들어 대어 주다.

¶ 일을 계속 하시도록 제가 잘 건사하겠습니다.

걷다¹ 동사

규12-1 걷고, 걷으니, 걷으면, 걷어, 걷어서, 걷었다, 걷는, 걷은, 걷을, 걷습니다, 걷소

타동사

'거두다'의 준말.

¶ 비가 올 것 같으니 빨래를 걷어 오너라.

¶ 이번 대회에서는 참가비를 걷지 않기로 했다.

¶ 돗자리를 걷어서 한쪽으로 치웠다.
¶ 비가 와서 밖에서 하던 행사를 모두 걷고 실내로 들어왔다.
¶ 회비를 얼마씩 걷어야 하나요?

복합어

- **걷어안다** 타동사 거두어서 품에 안다. ¶ 우는 아이를 걷어안고 토닥여 주었다.
- **걷어잡다** 타동사 정신을 수습하여 마음을 도사려 먹다.
- **걷어치우다** 타동사 ① 흩어진 것을 거두어 치우다. ¶ 여기저기 널린 물건을 빨리 걷어치워라. ② 하던 일을 중도에서 그만두다. ¶ 안되는 사업을 걷어치우고 다른 일을 하기로 했다.
- **걷히다**[거치-] 피동사 '걷다[1]'의 피동형. ¶ 요즘 회비가 잘 안 걷혀서 운영이 어렵다.

'거두다'와 '걷다[1]'의 활용형

'거두다'는 '거둬, 거뒀다'처럼 활용하고, '걷다'는 '걷어', '걷었다'로 활용한다.('거두다'가 '걷다'로 줄어드는 경우는 올림말 '거두다' 참고.) '걷다'로 줄어드는 경우에만 '거둬'와 '걷어'를 다 쓸 수 있다.
¶ 사장은 판매 실적표를 보더니 웃음을 거뒀다(○)/걷었다(×).
¶ 가을은 곡식을 거둬들이는(○)/걷어들이는(×) 철이다.
¶ 우리가 이 아이들을 거두지(○)/걷지(×) 않으면 누가 거두겠습니까?
¶ 모든 회원들에게서 기부금을 거두기로(○)/걷기로(○) 했다.

걷다[2] 동사

규11-1 걷고, 걷어, 걷어서, 걷는, 걷은, 걷을, 걷습니다, 걷었다

타동사

늘어진 것을 말아 올리거나 가려진 것을 치우다.
¶ 바짓가랑이를 걷어 올리고 개울로 들어가서 가재를 잡았다.
¶ 커튼을 걷어서 햇빛이 들어오게 하는 것이 좋겠다.
¶ 바람이 안개를 걷어 가니 황금빛 들판이 눈앞에 펼쳐진다.

복합어

- **걷어매다** 타동사 일을 하다가 중간에서 대충 끝맺다.

• **걷어붙이**다 (타동사) 소매나 바짓가랑이 따위를 말아 올리다.
• **걷어잡**다 (타동사) 걷어 올려서 잡다.
• **걷어지르**다 (타동사) ① 옷자락이나 휘장 따위를 걷어서 내려오지 못하게 꽂아 놓다. ② 발로 내질러 차다.
• **걷어차**다 (타동사) ① 발을 들어서 세게 차다. ¶ 굴러온 복을 걷어찬 격이다. ② 저버리어 내치다.

걷다[3] 동사

규11-1 걷고, 걷으니, 걷으면, 걷어, 걷어서, 걷는, 걷은, 걷을, 걷습니다, 걷소, 걷었다

자동사

① 구름이나 안개 따위가 흩어져 없어지다.
¶ 구름이 걷으니 산이 뚜렷이 보인다.
② 비가 그치고 개다.
¶ 장마가 걷고 햇빛이 비치니 무언가 일이 될 것 같다.

복합어

• **걷히**다[거치-] (피동사) '걷다[3]'의 피동형. ¶ 햇살이 퍼지면서 안개가 걷혔다.

걷다[4] 동사 [걷:-]

불11-1 걷고, 걸으니, 걸어, 걸어서, 걷는, 걸은, 걸을, 걷습니다, 걸었다

자동사

다리를 움직여 바닥에서 발을 번갈아 떼어 옮기다.
¶ 사무실까지 걸어서 출근한다.
¶ 친구들과 함께 걷는 발걸음이 무척 가볍다.
¶ 여기서 거기까지 걸으면 십 분쯤 걸릴 거야.

타동사

① 어떤 곳을 다리를 번갈아 움직여 나아가다.
¶ 눈 내린 산길을 걷는 느낌이 색다르다.

¶ 이 거리를 걷고 있노라면 옛날 생각이 저절로 난다.
② 어떠한 방향으로 나아가다.
¶ 지역 경제가 쇠퇴 일로를 걷고 있다.
③ 전문직에 종사하다.
¶ 교사의 길을 걸을 생각이야.

복합어

- **걸리**다 사동사 올림말 '걸리다[2]' 참고.
- **걸어가**다 자동사 타동사 걸어서 가다.
- **걸어오**다 자동사 타동사 걸어서 오다.
- **걸음** 명사 걷는 행위.
- **걸음걸음** 명사 모든 걸음. 부사 걸음마다. ¶ 걸음걸음 놓인 그 꽃을 밟고 가다.
- **걸음걸이** 명사 걷는 모양새. ¶ 걸음걸이를 바로 하라.
- **걸음나비** 명사 걸음의 폭.

관용 표현

- **걸음아 날 살려라** 있는 힘을 다하여 매우 다급하게 도망침을 이르는 말. ¶ 도둑이 순경을 보자 걸음아 날 살려라 하고 도망을 쳤다.
- **걸음을 떼다** ① 걷기 시작하다. ② 준비한 일을 처음으로 하기 시작하다. ¶ 이제 겨우 걸음을 떼게 된 우리 사업이 잘되기를 기원합시다.
- **걸음을 재촉하다** 빨리 걸을 것을 다그치다. 길을 재촉하다. ¶ 갈 길이 멀어 걸음을 재촉하였다.
- **걸음을 하다** 웃어른이나 지위가 높은 사람이 들름을 높여 이르는 말. ¶ 이번 우리 동창회에 선생님께서 어려운 걸음을 하셨습니다.

속담

- **걷기도 전에 뛰려고 한다** 쉽고 작은 일도 해낼 수 없으면서 어렵고 큰일을 하려고 나섬을 이르는 말.

걸[1]

'거를'과 '것을'의 입말. 의존 명사 '것'의 입말 '거'에 목적격 조사 'ㄹ'이 붙은 형태.
¶ 그런 걸 몰라?
¶ 누가 내 걸 함부로 만졌니?

걸[2] [걸:]

동사 '걸다[2]'의 관형사형. ×걸을

¶ 옷을 걸 곳이 없네.

걸[3] [걸:]

형용사 '걸다[1]'의 관형사형. ×걸을

¶ 이 땅이 더 걸 거야.

'걸'의 형태

'걸'은 의존 명사 '거'에 목적격 조사 'ㄹ'이 합해진 형태이기도 하고, 동사 '걸다'와 형용사 '걸다'의 활용형이기도 하다. 형태가 같기 때문에 '걸'을 문장에서 어떻게 썼는지 파악해야 한다. 의존 명사로 쓴 경우에는 앞에 관형어가 오고, '걸다'의 활용형으로 쓴 경우에는 앞에 주어나 목적어가 온다.

동사 '걸다'와 형용사 '걸다'에 관형사형 어미 '-ㄹ'이 붙을 때에는 어간의 'ㄹ'이 탈락하기 때문에 '걸을'처럼 활용하지 않고 '걸'이 되는 것이다.

¶ 이 땅은 무척 걸(○)/걸을(×) 것 같다.

¶ 어떤 그림을 이 벽에 걸(○)/걸을(×) 것인가?

¶ 이 일에 목숨을 걸(○)/걸을(×) 사람이 있는가?

이에 비해서 '걷다'의 활용형으로는 '걸을'을 쓰는 것을 염두에 두어야 한다.

¶ 평지에서 걸을 때에는 괜찮았는데, 산길을 걸으려니 다리가 아파서 걸을 수가 없다.

걸다[1] 형용사 [걸:-]

불11-2 걸고, 거니, 걸면, 걸므로, 건, 거오, 겁니다, 걸어, 걸었다

① 기름지고 양분이 많다.

¶ 논이 걸어서 벼가 잘 자란다.

② 액체 따위가 내용물이 많고 진하다.

¶ 고기며 토란대에 고사리 따위를 듬뿍 넣고 육개장을 걸게 끓였다.

③ 음식의 가짓수가 많다.

¶ 반찬이 거니 보기만 해도 배부르다.
④ 푸짐하고 배부르다.
¶ 밥을 아주 걸게 먹고 왔다.
⑤ 말이 거리낌이 없고 험하다.
¶ 입이 건 사람과 함께 있으면 심심하지 않다.

복합어

- **건땅**[건:-] (명사) 기름진 땅.
- **건흙**[건:-] (명사) 걸고 기름진 흙.

걸다2 동사 [걸:-]

불11-2 걸고, 걸지, 거니, 거는, 걸면, 걸므로, 건다, 거오, 겁니다, 걸어, 걸었다

타동사

① 물건을 못이나 고리 따위에 매달다.
¶ 벽에 아이가 그린 그림을 거니 방 분위기가 달라졌다.
¶ 나무에 밧줄을 걸어 그네를 만들었다.
¶ 올림픽에서 우승하여 금메달을 목에 걸었다.
② 벗어지거나 끌려지지 않도록 단단히 매다.
¶ 문에 빗장을 걸어 아무나 열지 못하게 했다.
¶ 배에 밧줄을 걸어 끌어당겼다.
③ 솥이나 냄비 따위를 아궁이에 올려놓다.
¶ 잔치 준비를 위해서 마당에 화덕을 만들어 솥을 걸었다.
④ 다리나 발 또는 도구 따위를 이용하여 상대편을 넘어뜨리는 동작을 하다.
¶ 지나가는 친구의 발을 걸어 넘어뜨렸다.
⑤ 계약이나 내기의 담보로 내놓다.
¶ 계약을 하려면 계약금을 걸어야 합니다.
¶ 현상금을 거니 제보가 많아졌다.
⑥ (재판이나 소송을) 시작하다.
¶ 아무래도 법에 호소하여 재판을 거는 수밖에 없다.
¶ 그들이 먼저 우리한테 소송을 걸었다.

⑦ (마술이나 최면 같은 상태에) 떨어뜨리다.
¶ 그는 최면을 **걸어서** 사람의 고통을 치유한다.
⑧ (희망이나 기대를) 가지다.
¶ 이번 선거에서 청년들에게 희망을 **걸어** 본다.
¶ 우리는 이 아이에게 크게 기대를 **걸고** 있다.
⑨ (희생할 각오를) 바치거나 들이다.
¶ 사법 시험에 젊음을 **거는** 것은 도박이다.
¶ 대체에너지 개발에 우리의 미래를 **걸어야** 한다.
¶ 조국의 광복을 위하여 목숨을 **걸고** 싸웠다.
⑩ 긴급하게 명령하거나 요청하다.
¶ 긴급한 상황이어서 모든 장병에게 비상을 **걸었다**.
¶ 감독이 심판진에게 작전 시간을 **걸어** 선수들을 불러들였다.
⑪ 구성원으로 올려놓다.
¶ 이름을 **걸어** 놓았을 뿐 직접 참여하지는 않았다.
⑫ 다른 사람을 향해 먼저 어떤 행동을 하다.
¶ 책을 읽고 있는 아이에게 말을 **거니** 건성으로 대답한다.
¶ 부장이 사사건건 시비를 **건다**.
⑬ 전화를 하다.
¶ 친구에게 전화를 **걸었는데** 통화 중이었다.
⑭ 기계 따위가 작동하도록 준비하여 놓다.
¶ 자동차에 시동을 **걸었다**.
¶ 윤전기에 종이를 **걸어** 인쇄를 시작했다.

복합어

- **걸고넘어지다** [타동사] 아무 상관없는 사람에게 자기의 책임이나 죄를 지게 하다. ¶ 인사부장을 걸고넘어지더니 오히려 자기가 물러나게 되었다.
- **걸리다** [피동사] 올림말 '걸리다[1]' 참고.
- **걸어앉다** [자동사] 높은 곳에 궁둥이를 붙이고 두 다리를 늘어뜨리고 앉다.
- **걸어앉히다**[-안치-] [사동사] '걸어앉다'의 사동형.

관용 표현

- **걸고 들어가다** 아무 관계없는 사람을 끌어들여 자기 일에 대해 책임을 지우다. ¶ 나는 그 일에 아무 관련이 없는데 그는 왜 나를 걸고 들어가는지 모르겠다.

걸러

동사 '거르다[1, 2]'의 연결형.
¶ 새로 담근 막걸리를 걸러서 먹었다.
¶ 한 달 걸러 한 번씩 친구들을 만나기로 했다.

걸리다[1] 동사

규11-0 걸리고, 걸리니, 걸리어/걸려, 걸립니다, 걸리오, 걸리었다/걸렸다

피동사

'걸다[2]'의 피동형.
¶ 떠내려가던 나무가 좁은 수로에 걸리자 물이 넘치기 시작했다.
¶ 해가 중천에 걸려 있다.
¶ 너의 한 마디에 우리 가족의 운명이 걸려 있다.
¶ 소송이 걸려 있어서 소송 준비에 여념이 없다.
¶ 자동차가 시동이 잘 안 걸려.
¶ 어디선가 전화가 걸려 왔다.
¶ 한밤중에 갑작스럽게 비상이 걸린 통에 잠을 자지 못했다.

자동사

① 병들다.
¶ 감기에 걸리지 않도록 조심해라.
② 위반하다.
¶ 단속에 걸려 과태료를 물었다.
③ 눈이나 마음 따위에 만족스럽지 않고 언짢다.
¶ 그를 박대했던 것이 마음에 걸린다.

복합어

- **걸려들다** 자동사 ① 무엇에 걸리어 벗어나지 못하다. ¶ 그물에 걸려든 물고기가 너무 많아 그물이 찢어졌다. ② 피하지 못하고 맞닥뜨리다. ¶ 사기꾼에게 걸려들어 퇴직금을 모조리 날리고 말았다.
- **걸림돌** 명사 ① 걷는 데 방해가 되는 돌. ② 일을 하는 데에 장애가 되는 것을 이르는 말.

걸리다[2] 동사

규11-0 걸리고, 걸리니, 걸리어/걸려, 걸립니다, 걸리오, 걸리었다/걸렸다

사동사

'걷다[1]'의 사동형.

¶ 어머니는 큰아이를 걸리고 작은아이는 업고서 집을 나섰다.

¶ 아픈 아이를 걸리다니.

걸리적거리다 동사

규11-0 걸리적거리고, 걸리적거리니, 걸리적거리어/걸리적거려, 걸리적거리었다/걸리적거렸다

자동사

① 거추장스럽게 자꾸 여기저기 걸리거나 닿다.

¶ 긴 목걸이를 했더니 걸리적거려서 풀어 놓았다.

¶ 걸리적거리지 않게 방에 널려 있는 물건을 모두 치워라.

② 거추장스럽거나 성가시게 자꾸 거슬리거나 방해가 되다.

¶ 일하는 데에 걸리적거리지 않게 저쪽으로 가 있어라.

¶ 앞사람이 걸리적거려서 빨리 걸을 수 없다.

'걸리적거리다'와 '거치적거리다'

'걸리적거리다'는 '걸리다'에서 파생하였고, '거치적거리다'는 '거치다'에서 파생하였다. 따라서 이 두 낱말의 차이는 '걸리다'와 '거치다'의 차이와 같다고 보면 된다. '걸리다'는 '걸다'의 피동형이므로 걸릴 정도로 강한 방해나 억제 동작을 나타낸다. 즉 스치는 정도는 걸리는 동작이 아니다. 그러나 '거치다'는 걸리지 않고 스치는 정도만으로도 충분하다. 스치는 동작만으로도 방해하거나 괴롭히는 동작이 된다는 표현이다. 방해나 억제 또는 괴롭힘의 정도가 심하면 '걸리적거리다'에 가깝고 가벼우면 '거치적거리다'에 가깝다고 볼 수 있다.

① 내 앞에서 거치적거리지 말고 저리 비켜라.

② 내 앞에서 걸리적거리지 말고 저리 비켜라.

예문①은 자꾸 신경을 쓰게 하지 말고 비키라는 뜻이고, 예문②는 방해하지 말고 비키라는 뜻이다.

걸맞다 형용사 [걸:-]

규21-1 걸맞고, 걸맞은, 걸맞으며, 걸맞아서, 걸맞소, 걸맞습니다, 걸맞았다

서로 어울릴 만큼 맞춤하다.

¶ 무대에 있는 사람들은 모두 제 배역에 걸맞은 옷을 입고 나왔다.

¶ 자기 소득에 걸맞은 소비를 해야 한다.

'걸맞다'의 관형사형 '걸맞은'

'걸맞다'의 품사가 형용사이므로 관형사형은 '걸맞은'이다. '알맞다'의 관형사형이 '알맞은'인 것과 같은 이치이다. 반면에 '맞다'는 동사이므로 관형사형은 '맞는'이 된다.

'맞는'에 이끌리어 '걸맞다'의 관형사형을 '걸맞는'으로 쓰기 쉬운데 '걸맞은'이라고 해야 맞다. 동사와 형용사의 관형사형 어미가 다르다는 점을 알아야 한다.

품사	관형사형 어미(현재 시제)	과거 시제
동사	-는(보는, 자는, 파는, 뛰는, 맞는, 먹는, 집는, 삶는, 벗는)	-ㄴ(본, 잔, 판, 간, 뛴) -은(먹은, 집은, 삶은, 벗은)
형용사	-은(좋은, 넓은, 맑은, 걸맞은, 알맞은) -ㄴ(푸른, 비린, 무딘)	없음('-던'을 써서 과거 시제를 나타낼 수는 있음)

'걸맞다'와 '알맞다'의 변별

두 낱말의 뜻이 매우 비슷하여 헷갈리기 쉽다. '걸맞다'는 어떤 상황에 어울리는 경우에 쓰고, '알맞다'는 맞추어야 할 기준이나 정도 또는 수량에 모자라거나 남지 않는 상태를 가리킨다. '물음에는 알맞은 답을 하고, 대화에서는 상황에 걸맞은 말을 한다'라고 하면 두 낱말 차이를 알 수 있다.

걸어[1]

형용사 '걸다[1]'의 연결형.

¶ 이 고장은 땅이 걸어 다른 곳보다 곡식이 잘된다.

¶ 그 친구는 입이 걸어 아무도 당해 내지 못한다.

걸어[2]

동사 '걸다[2]'의 연결형

¶ 집에 누가 있는지 전화를 **걸어** 알아봐라.

¶ 아무나 들어오지 못하도록 문을 **걸어** 놓아라.

걸어[3]

동사 '걷다[4]'의 연결형

¶ 머지않아 제 발로 **걸어** 들어올 거다.

¶ 밤늦게는 **걸어** 집에 가기가 두렵다.

겁니다[1] [겜 -]

'것입니다'가 줄어든 형태. 의존 명사 '거'에 '-ㅂ니다'가 붙었는데, '거'는 '것'의 입말이다.

¶ 우리는 결코 물러서지 않을 **겁니다**.

¶ 머지않아 비가 내릴 **겁니다**.

겁니다[2] [겜: -]

형용사 '걸다[1]'의 종결형.

¶ 이 논은 다른 논에 비해서 훨씬 더 **겁니다**.

겁니다[3] [겜: -]

동사 '걸다[2]'의 종결형.

¶ 사내는 방에 들어오더니 옷걸이에 옷을 **겁니다**.

¶ 악당이 어린 소녀에게 최면을 **겁니다**.

¶ 전화기를 꺼내어 친구에게 전화를 **겁니다**.

것 명사

의존 명사

① 사물, 일, 모습, 현상 따위를 추상적으로 이르는 말.

¶ 좋은 **것**은 취하고 나쁜 **것**은 버려라.

¶ 눈에 보이는 **것**만 가지고 판단해서는 안 된다.

¶ 겨울에 추운 **것**이야 당연한 **것**이 아닌가?

② 명사절을 만드는 말.

¶ 이어도가 섬이 아니라는 **것**이 사실인가?

¶ 우리가 영화를 본 **것**을 누가 고자질했지?

¶ 전공을 물리학으로 바꾼 **것**은 참 잘한 일이야.

③ 사람을 낮추어 이르거나 귀엽게 이르는 말.

¶ 나이도 어린 **것**이 함부로 말을 하다니.

¶ 아유, 요 귀여운 **것**. 눈에 넣어도 안 아프겠다.

④ 동물을 가리키는 말.

¶ 돼지가 여덟 마리 새끼를 낳았는데 마지막 **것**은 죽고 말았다.

⑤ ('-는/-은 것이다' 따위로 쓰이어) 말하는 이의 확신, 결정, 결심 따위를 단정하여 나타내는 말.

¶ 담배는 건강에 해로운 **것**이다.

¶ 이렇게 하는 **것**만이 우리가 살 길이다.

⑥ ('-ㄹ/-을 것이다'로 쓰이어) 말하는 이의 전망이나 추측, 또는 자기의 소신 따위를 나타내는 말.

¶ 내가 그렇게 하면 안 된다고 말했을 **것**이다.

¶ 그래도 우리가 이길 **것**이다.

¶ 내일은 날씨가 갤 **것**이다.

¶ 새해에는 일기를 쓸 **것**이다.

⑦ ('-ㄹ/-을 것'으로 쓰이어) 명령이나 시킴의 뜻으로 문장을 끝맺는 말.

¶ 절대 늦지 말 **것**.

¶ 반드시 도시락을 가져올 **것**.

¶ 비가 내리면 실내에서 자습할 **것**.

⑧ (사람을 나타내는 명사나 대명사 뒤에 쓰이어) 그 사람의 소유물임을 나타내는 말.

¶ 많은 모자 가운데에서 네 **것**이 가장 멋지더라.

¶ 이 가방은 내 친구의 **것**이다.

¶ 영수 **것**은 빨간색이고, 영희 **것**은 파란색이다.

관용 표현

- **-ㄹ 것 없다** '하다'와 '알다' 등과 관련하여 그럴 필요가 없다는 뜻으로 상대에게 그런 행동을 하지 말라고 하는 말. ¶ 거기에 갈 것 없다. / 넌 알 것 없어. / 그럴 것 없다. / 그딴 일은 할 것 없네.
- **-ㄹ 것이다** 전망이나 추측을 나타내는 말. ¶ 내일은 내일의 태양이 뜰 것이다.

> **'것'의 입말 '거'의 쓰임새**
>
> '거'에 조사가 붙을 때는 줄어드는 성질이 있다.
>
> ¶ 좋은 건(거는, 것은) 취하고 나쁜 건(거는, 것은) 버려라.
>
> ¶ 그 중요한 걸(거를, 것을) 잃어버리다니.
>
> ¶ 겨울이 추운 건(거는, 것은) 당연한 게(거이, 것이) 아닌가?
>
> ¶ 빨리 출발하는 게(거이, 것이) 좋을 거야.

게[1] 대명사

지시 대명사

듣는 이에게 가까운 곳을 가리키는 말. '거기'의 준말.

¶ 게 앉게.

¶ 오늘은 게서 자고 내일 오너라.

인칭 대명사

듣는 이를 조금 낮잡아 이르는 말. '거기'의 준말.

¶ 게는 여기가 초행일 테니 내가 안내해 주겠소.

¶ 게보다는 내가 훨씬 더 잘할 수 있어.

> **'게'와 '걔'**
>
> 인칭 대명사 '게'는 이인칭을 나타내는 대명사로서, 상대를 조금 낮잡아 이르는 말이지만, '당신'보다는 높이는 의미가 있다. '거기'보다 '게'가 더 낮추는 느낌이 있는 것도 사실이다. 따라서 상대방에게는 '거기'를 쓰고 '게'는 쓰지 않는 것이 좋다.
>
> '걔'는 '그 아이'의 준말로서, 삼인칭을 나타내는 말이다. 말하는 사람이나 듣는 사람보다 나이가 어린 사람을 가리킬 때에 쓴다.

게[2] 조사

부사격 조사

'에게'의 준말. 인칭 대명사 '나, 너, 저'와 '에게'를 함께 쓸 때에 인칭 대명사와 '에게'가 함께 줄어들어 나타난다.

¶ 누가 내게 그런 비난을 하였소?

¶ 그가 네게 한 말을 잊지 마라.

¶ 이건 선생님께서 제게 말씀하신 건데요.

게[3]

'거이'나 '것이'가 줄어든 형태. 의존 명사 '것'의 입말 '거'에 주격 조사 '이'가 붙어 줄어든 말.

¶ 좋은 게 좋은 거지.

¶ 이런 게 어디 있어!

¶ 참는 게 약이다.

-게 어미

연결 어미

방식, 결과, 정도의 의미를 나타내도록 용언을 서술어에 연결하는 말. 이 어미 뒤에 '는', '도', '까지' 따위의 보조사가 올 수 있다.

¶ 집을 참 아기자기하게 지었구나.

¶ 일을 하려면 든든하게 먹어야지.

¶ 너무 힘들어 거의 죽게 되었다.

종결 어미

('이다'의 어간이나 용언의 어간 또는 어미 '-으시-', '-었-' 뒤에 붙어)

① 앞 절의 사실이 그러하니 자연히 뒤 절의 사실은 이러할 것이라고 추측하여 물음을 나타내는 말.

¶ 그러면 그 사람이 내게 아버지뻘이 되게?

② 앞 절의 내용이 성립하지 않음을 나타내기 위하여 반어적(反語的)인 물음을 나타내는 말.

¶ 그 말을 알아들으면 천재게?

③ 한번 짐작해서 답해 보라는 뜻을 나타내는 말.

¶ 그때 내 별명이 뭐였게?

¶ 내가 숙제를 했게, 안 했게?

④ 상대의 의도를 묻는 말.

¶ 지금 출발하게?

¶ 돈은 벌어 어디에 쓰게?

⑤ (하게할 자리에 쓰이어) 허물없는 사이에 무엇을 시키는 뜻을 나타내는 말.

¶ 이 상자를 좀 들어 주게.

-게끔 어미

연결 어미

연결 어미 '-게'를 강조하는 말.

¶ 자전거가 지나가게끔 비켜서세요.

¶ 우리도 돈 걱정하지 않고 살게끔 되었다.

¶ 누구나 분수에 맞게끔 생활해야 한다.

'-게', '-게끔', '-게시리'

먼저 '-게시리'는 비표준어이다. '-게끔'은 '-게'보다 강한 느낌을 주기 위해서 쓴다. 대체로 두 어미는 갈음해서 사용할 수 있으나 완전히 일치하지는 않는다. 형용사 앞에서는 '-게끔'을 쓰기 어렵다. "그렇게끔 심한 말은 하지 마라"는 '그렇게 심한'으로 고쳐야 한다. 또 '-게끔'은 형용사 어미로 사용하기는 쉽지 않다. 아래 세 예문은 '-게끔'을 사용할 수 없는 경우이다.

¶ 참 예쁘게끔(×) 단장했구나. → 예쁘게

¶ 집을 참 튼튼하게끔(×) 지었네. → 튼튼하게

¶ 참으로 눈이 부시게끔(×) 아름답다. → 부시게

다만, 동사 서술어가 지시, 명령, 권유의 의미가 있을 때에는 형용사 어미로도 쓸 수 있다.

¶ 최고로 아름답게끔(○) 치장해 주어라.

¶ 집안을 눈이 부시게끔(○) 청소해 두면 좋겠다.

¶ 꼭 늦지 않게끔(○) 와라.

게슴츠레 부사

=거슴츠레

복합어

- **게슴츠레하다** 형용사 졸리거나 술에 취해서 눈이 정기가 풀리고 흐리멍덩하며 거의 감길 듯하다. 거슴츠레하다. ¶ 아이 눈이 게슴츠레한 걸 보니 잠이 오나 보다.

게시 명사 (揭示)[게:-]

내붙이거나 내걸어 여러 사람에게 보임. 또는 그런 물건.

¶ 게시 방법

¶ 여행 계획 게시

복합어

- **게시문**(揭示文)[게:-] 명사 여러 사람에게 알리기 위하여 내붙이거나 내걸어 놓은 글.
- **게시물**(揭示物)[게:-] 명사 여러 사람에게 알리기 위하여 내붙이거나 내걸어 놓은 물건이나 글.
- **게시장**(揭示場)[게:-] 명사 여러 사람에게 알릴 내용을 내붙이거나 내걸어 놓는 곳.
- **게시판**(揭示板)[게:-] 명사 ① 여러 사람에게 알릴 내용을 내붙이거나 내걸어 두는 판(板). '알림판'으로 순화. ¶ 회사 게시판에 사장의 인사말이 게시되었다. ② 인터넷상에서 여러 사람에게 알리는 글을 올리거나, 이용자가 자신의 글을 올릴 수 있도록 만들어 놓은 공간.
- **게시하다**(揭示--)[게:-] 타동사 게시물을 내붙이거나 내걸어 두루 보게 하다. ¶ 합격자 명단을 게시판에 게시하였다. / 사업 진행 상황을 누리집에 게시하여 모든 사람이 보도록 해라.

겨우 부사

① 힘들여 어렵게. 가까스로. 간신히.

¶ 오늘 겨우 원고를 마쳤다.

¶ 어려운 임용시험에 겨우 합격했다.
② 기껏해야. 고작.
¶ 실력이 겨우 이 정도밖에 안 돼?
¶ 겨우 집 한 채 가지고 재산 자랑을 하니?

결국 명사 부사 (結局)

명사

마무리 국면. 마지막 상황.
¶ 지금은 모른다고 잡아떼도 결국에 가서는 다 말하게 되어 있어.
¶ 지금은 어수선하지만 결국은 말끔하게 정리될 거야.

부사

일의 마무리에 이르러서. 결과적으로.
¶ 나는 결국 그의 간청을 받아들이고 말았다.
¶ 집안의 반대에도 그는 유학을 갔고 결국 10년 만에 박사 학위를 받았다.
¶ 결국 내가 양보할 수밖에 없게 되었구나.
▶ '결국', '끝내', '마침내', '드디어'의 용법 설명은 올림말 '마침내' 참고.

결딴나다 동사

규10-0 결딴나고, 결딴나니, 결딴나면, 결딴나서, 결딴난, 결딴날, 결딴납니다, 결딴났습니다

자동사

① 아주 망가져서 손을 쓸 수 없는 상태가 되다.
¶ 태풍으로 동네 집들이 모두 결딴나고 말았다.
¶ 아이들이 밟아서 장난감이 결딴났다.
② 살림이 거덜 나다.
¶ 아버지가 하던 사업이 실패하여 집안이 결딴나고 말았다.
¶ 자유무역협정이 체결되면 농사가 10년 안에 결딴날 거라고 농민들은 말한다.

'절딴나다', '결단나다'는 '결딴나다'의 잘못
망가져 손을 쓸 수 없게 되거나 망함을 일컫는 말은 '결딴나다'뿐이다. '절딴나다', '결단나다'는 모두 틀린 말이다.

결재 명사 (決裁)

결정할 권한이 있는 상관이 부하가 제출한 안건을 검토하여 허가하거나 승인함. 재가(裁可).
¶ 부장님이 결재를 하지 않아서 아직 사장님께 결재를 올리지 못했다.
¶ 사장님 결재가 난 사항에 대해서는 왈가왈부하지 마라.
¶ 서류에 결재 서명을 해야 효력이 생긴다.

복합어

- **결재권**(決裁權) 명사 결재할 수 있는 권한. ¶ 이 서류는 국장에게 결재권이 있다.
- **결재하다**(決裁－) 타동사 결정할 권한이 있는 상관이 부하가 제출한 안건을 검토하여 허가하거나 승인하다. ¶ 기안을 결재하다. / 사업 계획을 결재하다.
- **미결재**(未決裁) 명사 아직 결재하지 않음. ¶ 미결재 서류는 이쪽에 있습니다.

관용 표현

- **결재(가) 나다** 상사가 서류에 승인하는 서명을 하다.
- **결재(를) 받다** 서류에 상사의 승인 서명을 얻다.
- **결재(를) 올리다** 상사에게 결재해 달라고 요청하는 서류를 보내다.

결제[1] 명사 (決濟)

돈을 치러 매매 당사자 사이의 거래를 마무리하는 일.
¶ 1억 원의 결제 자금이 있어야 내일 돌아오는 어음을 결제할 수 있다.
¶ 항공비 일부를 신용카드로 결제하고 나머지는 현금으로 결제를 했다.

복합어

- **결제계좌**(決濟計座) 명사 기업이 결제할 목적으로 자금을 은행에 예금해 놓는 계좌.
- **결제금**(決濟金) 명사 결제하는 데에 쓰는 돈. ¶ 이번 달 결제금이 부족하다.
- **결제하**다(決濟－) 타동사 돈을 치러 매매 당사자 사이의 거래를 마무리하다. ¶ 요즘은 현금이 없어도 신용카드로 결제할 수 있어서 참 편리하다. / 어음을 결제하지 못하면 부도가 난다.
- **미결제**(未決濟)[미:–] 명사 아직 결제를 하지 아니함. ¶ 미결제 어음
- **현금결제**(現金決濟) 명사 물건값을 현금으로 치르는 일.

'결재'와 '결제1'

이 두 낱말은 표기할 때 '재'와 '제'가 헷갈리기 쉽다. 특히 공무원이 공문서에서 아래와 같이 잘못 쓰는 경우가 많다. 조심해야 한다.

¶ 시장님의 결제가(×)/결재가(○) 아직 안 나서 시행할 수 없습니다.

¶ 이번 계획은 결제를(×)/결재를(○) 받기 전에 시행하기로 했다.

결제2 명사 (結制)

출가한 승려가 일정한 기간에 외출하지 않고 한곳에 머무르면서 수행하는 일을 시작함.

¶ 절에서는 겨울과 여름 두 번 결제 기간을 두고 있다.

복합어

- **결제하**다(結制－) 자동사 출가한 승려가 겨울과 여름에 한 번씩 한곳에 머무르면서 수행하기 시작하다.

겸허하다 형용사 (謙虛－)

불20–9 겸허하게, 겸허하니, 겸허하면, 겸허하여/겸허해, 겸허한, 겸허합니다, 겸허하였다/겸허했다

스스로 자신을 낮추고 비우는 태도가 있다. 겸손(謙遜)하다.

¶ 나는 그처럼 **겸허한** 사람을 보지 못했다.

¶ 사람은 높은 지위에 오를수록 더욱 **겸허하게** 행동해야 한다.

ㄱ

복합어

• **겸허히**(謙虛-) 부사 겸허하게. ¶ 비판을 겸허히 받아들이는 모습이 보기 좋았다.

> **'겸허히'의 무례한 용법**
>
> '겸허하다/겸손하다'나 '겸허히/겸손히'는 모두 다른 사람이 판단하여 해주는 말이다. 따라서 스스로 자기 언행이나 태도를 겸허하다고 판단하는 것은 주제넘은 언행이다. 정치인이나 기업인 또는 공무원이 흔히 아래와 같이 말하는데 이는 어법에 맞지 않는 표현이다.
>
> ¶ 법원의 판결을 겸허히/겸손히 수용하겠습니다.
>
> ¶ 여론 조사 결과를 겸허히/겸손히 받아들입니다.
>
> ¶ 선거 결과를 겸허히/겸손히 받아들이겠습니다.
>
> 위의 경우에 '겸허히'를 빼면 말이 되지 않는 것처럼 너도나도 다 이렇게 말한다. 그러나 이렇게 말하는 사람들의 태도는 결코 겸허하거나 겸손하지 않고 오히려 오만하다고 볼 수 있다. 자기가 자신을 겸허하다고 하는 것처럼 오만한 태도가 어디 있겠는가? 겸허한지 불손한지는 국민이나 행위자가 판단할 일이므로 그 판단을 그들이 하도록 남겨 두어야 한다.

경신 명사 (更新)

① 이미 있던 것을 고쳐 새롭게 함. 갱신(更新)

¶ 아인슈타인의 특수상대성이론은 물리학에 큰 **경신**을 이루었다.

¶ 올해는 단체협약 **경신**이 가장 중요하다.

② 종전의 최고 기록이나 최저 기록을 깨뜨림.

¶ 마라톤 세계 기록 **경신**을 위해서 혼신의 노력을 기울였다.

¶ 무더위로 전력 수요 최대치 **경신**이 연일 계속되고 있다.

¶ 이번 달 판매량 **경신**을 위해 모두 노력해 주십시오.

복합어

• **경신하다**(更新-) 타동사 ① 이미 있던 것을 고쳐 새롭게 하다. 갱신하다. ¶ 하루빨리 낡은 제도를 경신하지 않으면 혼란이 일어날 것 같다. ② 종전의 기록을 깨뜨리다. ¶ 김연아가 캐나다 밴쿠버 올림픽에서 여자 싱글 피겨스케이팅 기록을 **경신했다**. / 주가지수가 연중 최고치를 **경신하였다**.

▶ '경신'과 '갱신'의 차이는 올림말 '갱신(更新)' 참고.

경우 명사 (境遇)

① 놓인 조건이나 형편 또는 사정.

¶ 만일의 경우에 대비하여야 한다.

¶ 이렇게 어려운 경우는 처음이다.

¶ 이번 일은 아주 특별한 경우이므로 용서하겠다.

¶ 경우에 따라서는 안 갈 수도 있다.

¶ 소대장은 기분이 좋으면 흔쾌히 휴가를 보내 주는 경우도 있다.

② 상황, 형편에 따라서 사람이 해야 할 도리.

¶ 경우에 어긋나는 행동을 하면 사람들의 인정을 받을 수 없다.

¶ 경우에 없는 일을 하고도 반성을 하지 않으니 욕을 먹지.

관용 표현

- **경우가 바르다** 언행이 사리에 맞고 올바르다. ¶ 나는 그 사람처럼 경우가 바르게 말하는 사람은 처음 보았다.
- **경우가 아니다** 마땅히 갖추어야 할 도리에 맞지 않다. ¶ 친구 어머니가 돌아가셨는데 문상을 하지 않는 것은 경우가 아니지.
- **경우를 모르다** 해야 할 도리를 모르다. ¶ 경우를 모르는 사람과는 어울리지 마라.
- **경우를 알다** 해야 할 도리를 알다.
- **경우에 닿다** 언행이 이치에 합당하다.
- **경우에 맞다** 언행이 상황이나 형편에 맞다.
- **경우에 어긋나다** 언행이 상황이나 형편에 맞지 않다. ¶ 어른들이 경우에 어긋나는 말을 하는 경우가 많다.
- **경우에 없다** 경우에 맞지 않다.

'경우'와 '경위'

'경우(境遇)②'는 '경위(涇渭)'1'의 의미를 확대하여 쓰는 과정에서 형태가 바뀐 것으로 본다. 원래 이 뜻풀이는 《우리말 큰사전》(한글학회 간행)을 비롯하여 과거 사전에는 없던 것으로, 《표준국어대사전》이 처음으로 이 뜻풀이를 채택하였고, 뒤이어 《고려대 한국어대사전》도 이 뜻풀이를 채택하였다. 이에 따라서 '경위'1'은 원어를 중시하는 사람들이 원래의 뜻에 충실하게 사용하는 말이고, '경우②'는 '경위'1'을 언중들이 폭넓게 사용하는 과정에서 바뀐 형태라고 정리한다.

경위[1] 명사 (涇渭)

옳고 그름이나 이러하고 저러함에 대한 분별 또는 그런 분별 능력.

¶ 그분들은 경위가 밝으니 말을 조심하게.

¶ 나는 경위가 분명한 사람이니 옳지 않은 일을 내게 요구하지 마시오.

관용 표현

- **경위가 분명하다** 옳고 그름을 분명하게 구별하는 능력이 있다.

속담

- **경위가 대쪽 같다** 사리 판단이나 처세가 아주 곧고 깔끔한 사람을 두고 이르는 말.
- **경위가 삼칠장이라** 투전에서 끗수가 3, 7, 10이면 끗수가 없는 판이 된다는 데에서 사물의 옳고 그름과 좋고 나쁨을 가리지 못함을 이르는 말.
- **경위가 튕겨 놓은 먹줄 같다** =경위가 대쪽 같다

'경위'와 '경우'

'경위[1]'이 중국이나 한국에서 옳고 그름에 대한 분별의 뜻으로 쓰게 된 것은, 중국의 경수(涇水)라는 강과 위수(渭水)라는 강이 서안(예전에는 장안이라 불렀음)에서 합쳐진 뒤에도 두 물이 뚜렷이 구별된다는 점에 근거한다. 이 말은 중국의 상황에서 온 것이어서 우리에게는 관념적으로 이해될 뿐이다. 따라서 정확하게 '경위'라고 하지 않고 '경우'라고 발음하여 광범위하게 사용한 것으로 추측한다. (올림말 '경우' 참고.)

경위[2] 명사 (經緯)

① 일이 진행되어 온 내력이나 과정.

¶ 대통령 선거 부정 사건의 **경위**를 밝히려는 시민들의 노력이 모두 물거품으로 돌아갔다.

¶ 당신이 여기까지 오게 된 **경위**를 자세히 말하시오.

¶ 사업이 망하게 된 **경위**는 알 수 없지만 그는 결코 사업을 망칠 사람이 아니다.

② 날과 씨를 아울러 이르는 말. 경도(經度)와 위도(緯度).

계발 명사 (啓發)

아직 형성되지 않았거나 잠재되어 있던 생각이나 슬기, 재능, 사상 따위를 일깨워 줌.
¶ 학생들의 상상력과 창의성 계발 교육이 무엇보다도 시급하다.
¶ 자기 계발에 투자를 많이 한 사람은 언젠가 그 열매를 따먹게 된다.

복합어

- **계발하다**(啓發-) 타동사 지식이나 슬기, 재능, 사상 따위를 일깨워 주다. ¶ 시민의 민주의식을 계발하지 않으면 사회가 지속적으로 성장할 수 없다.

▶ '계발'과 '개발'의 차이는 올림말 '개발' 참고.

계시 명사 (啓示)

① 깨우쳐 보여 줌.
② 사람의 지혜로서는 알 수 없는 진리를 신(神)이 가르쳐 알게 함.
¶ 성경은 하나님의 계시를 적은 글이다.

복합어

- **계시하다**(啓示-) 타동사 ① 깨우쳐 보여 주다. ¶ 그는 우리의 어리석음을 가장 설득력 있게 계시하였다. ② 사람의 지혜로는 알 수 없는 진리를 신(神)이 가르쳐 알게 하다.

'게시'와 '계시'

'게시(揭示)'와 '계시(啓示)'는 발음이 같아서 분간하기 어렵지만 글자로 쓸 때에는 엄연히 구별되는 낱말이다. 한자의 한글 표기가 서로 다르므로 뜻에 맞추어 낱말 표기를 명확하게 해야 한다. '게시'를 '계시'로 잘못 쓰는 경우가 많다.

¶ 인터넷 계시판(×)에 글을 올린다. → 게시판
¶ 회사에서 계시한(×) 사업설명회 포스터가 찢겼다. → 게시한
¶ 모세는 시나이 산에서 하나님의 게시(×)를 받았다. → 계시

이 밖에, '게양(揭揚), 게재(揭載), 휴게실(休憩室)'은 '게'를 쓰고, '계몽(啓蒙), 계발(啓發), 훈계(訓戒)'는 '계'를 쓴다.

고[1] 조사

부사격 조사

(종결 어미 '-다, -냐, -라, -자, -마' 따위에 붙어) 앞말이 간접으로 인용됨을 나타내는 말.

¶ 너는 이것이 더 좋다고 생각하느냐?

¶ 어머니가 전화로 동생은 집에 있냐고 물으셨다.

¶ 아이가 놀이터에 가자고 떼를 쓴다.

¶ 우리는 사람들에게 여기를 보라고 소리쳤다.

¶ 그가 돈을 빌려주마고 말한 이유가 무엇인지 아니?

고[2] 조사

접속 조사

둘 이상의 사물을 같은 자격으로 이어 주는 말. 바로 뒤에 '간에'가 오기도 한다.

¶ 염치고 체면이고 신경을 쓸 여유가 없다.

¶ 책상이고 의자고 하나도 성한 것이 없다.

¶ 고향에서고 객지에서고 제 밥벌이는 할 사람이다.

¶ 우리 사정을 선생님께고 부모님께고 간에 일단 알려야 한다.

▶ '고'는 받침 없는 체언 또는 조사 '에, 에게, 서, 에서, 께, 께서' 따위에 붙고, 받침 있는 체언에는 '이고'가 붙는다.

-고 어미

연결 어미

① (용언의 어간이나 선어말 어미 뒤에 붙어) 두 가지 이상의 용언이나 절을 대등하게 벌여 놓는 말.

¶ 물이 맑고 차다.

¶ 눈이 내리고 또 내린다.

¶ 아버지는 밖에 나가시고 어머니는 안에 계신다.

② (동사 어간이나 어미 '-으시-' 뒤에 붙어) 앞뒤 절의 두 사실이 관련되어 잇달아 일어나는 관계임을 나타내는 말.

¶ 아버지는 저녁을 드시고 배탈이 나신 듯하다.

¶ 그 소식을 듣고 깜짝 놀랐다.

③ (동사 어간이나 어미 '-으시-' 뒤에 붙어) 앞 절의 동작이 이루어진 상태가 지속되면서 뒤 절의 동작이 일어남을 나타내는 말.

¶ 선생님은 넥타이를 매고 강의하신다.

¶ 설날에는 설빔을 차려입고 어른들께 세배를 한다.

¶ 어머니는 내 손을 쥐고 놓지 않으셨다.

④ (어간이나 선어말 어미 뒤에 붙어) 서로 뜻이 대립하는 말을 벌여 놓는 말.

¶ 실성한 사람처럼 울고 웃고 하더라.

¶ 좋고 나쁘고를 가릴 줄 아는 안목이 필요하다.

⑤ (일부 형용사 어간에 붙어) 같은 형용사를 반복하여 그 뜻을 강조하는 말.

¶ 길고 긴 세월 동안 많은 것이 변했다.

¶ 멀고 먼 고향의 황금빛 바다.

⑥ ('-고 있다', '-고 싶다', '-고 지고', '-고 나다', '-고 보다', '-고 보니', '-고 보면', '-고 말다', '-고 들다' 따위 보조 용언이 있는 구성에서) 본용언과 보조 용언을 연결하는 말.

¶ 아이가 거리에서 울고 있다.

¶ 나는 산 가운데에서 금강산을 가장 오르고 싶다.

¶ 숙제부터 하고 나서 놀아라.

¶ 금강산도 식후경이니 우선 밥이나 먹고 봅시다.

'-고'와 '-며'의 차이

1. '-고' ③은 앞선 행동이 끝나고 난 뒤 다른 동작이 일어나는 경우에 쓴다. 그러나 앞선 행동이 아직 끝나지 않은 상태에서 다른 동작을 시작하면 두 동작이 함께 진행되는데 이때는 어미 '-며'를 쓴다.

   ¶ 동생은 모자를 쓰고 이야기하였다.(한 동작이 끝나고 새로운 동작을 시작)

   ¶ 동생은 모자를 쓰며 이야기하였다.(한 동작을 하는 동안에 새로운 동작을 시작)

2. '-고' ③은 하나의 동작을 마친 뒤에 이어서 다른 동작을 함을 나타낸다. 곧 두 동작이 서로 다른 시간대에 행해짐을 나타낸다. 이에 비해서 '-며'는 두 동작이 다른 시간대에 시작을 했지만 동시에 진행됨을 나타낸다.

   ¶ 차를 마시고 가자. (마신 뒤에 가자)

   ¶ 차를 마시며 가자. (마시면서 가자)

ㄱ

✕ 고간

'곳간(庫間)'의 틀린 표기.

✕ 고기집

'고깃집'의 틀린 표기.

고깃집 명사

고기를 주로 파는 집.

¶ 오늘은 고깃집에서 고기를 실컷 먹었다.

> **'고깃집'과 '고기집'**
> '고기집'은 틀린 표기이다. 모음으로 끝나는 순우리말에 다른 순우리말이 결합하면서 뒷말의 첫소리가 된소리가 나면 사이시옷을 받쳐 적어야 한다. 고기를 파는 집은 '고깃집'으로 적으면 된다. 만일 '고기가 사는 집'이라는 뜻으로 쓰려면 '고기 집'처럼 띄어 쓰면 된다.

고맙다 형용사 [고:-]

불20-3 고맙고, 고마우니, 고마우면, 고마운, 고마울, 고맙네, 고마워, 고마웠다

호의나 도움으로 마음이 흐뭇하고 기쁘다.

¶ 도와주겠다는 말만이라도 고맙다.

¶ 동료들이 병문안을 와 주어 고맙게 여기고 있다.

¶ 자네 도움이 고마워서 뭐라 말해야 할지 모르겠네.

¶ 아이들이 건강하게 잘 자라 주니 참 고마운 일이다.

▶ '고맙다'와 '감사하다'의 차이는 올림말 '감사하다' 참고.

고민 명사 (苦悶)

마음속으로 괴로워하며 애를 태움.

¶ 젊은이들이 자기 고민을 털어놓을 어른이 없다.

¶ 사업가가 자금 조달에 고민이 없다면 거짓말이다.

¶ 난국을 풀기 위해서 고민에 고민을 거듭하지 않을 수 없다.

복합어

- **고민거리**(苦悶-)[-꺼-] 명사 마음속으로 괴로워하며 애를 태우는 일. ¶ 그 친구가 무슨 고민거리가 있는지 요즘 얼굴빛이 안 좋다.
- **고민스럽다**(苦悶-) 형용사 마음속으로 애를 태우는 데가 있다.
- **고민하다**(苦悶-) 자동사 마음속으로 괴로워하고 애를 태우다. ¶ 그는 자녀의 결혼 문제로 고민하고 있다. 타동사 어떤 일을 고민의 대상으로 삼다. ¶ 취업이냐 입대냐 고민하다가 입대하기로 결정했다.

'고민'의 용법

'고민(苦悶)'에는 괴로워하는 마음과 애를 태우는 마음이 섞여 있다. 고민은 무엇이 옳고 그른지 판단하느라고 힘이 드는 것과는 다르다. 따라서 아래와 같은 경우에 '고민'을 쓰는 것은 부적절하다. 이는 '고민'을 고민하지 않고 쓴 경우이다.

¶ 옳은지 그른지는 더 고민해(×) 봐야 알 수 있을 것 같습니다. → 생각해

¶ 누구 말이 맞는지도 고민의(×) 여지가 있습니다. → 검토할/조사할

¶ 통영함을 사고 현장에 투입하지 못한 이유가 무엇인지는 고민해(×) 보아야 할 것 같습니다. → 조사해

고작 부사 명사

부사

기껏 따져 보거나 헤아려 보아야. 고작해야.

¶ 오랜만에 만난 친구에게 인사가 고작 그거냐?

¶ 실력이 있다더니 고작 이 정도야?

ㄱ

명사
예상이나 기대와 달리 별것 아님. 또는 기껏 한 것의 전부.
¶ 온종일 했다는 것이 이게 고작이냐?
¶ 하루종일 먹은 것이라고는 빵 하나가 고작이다.

고프다 형용사

불20-8 고프고, 고파, 고픕니다, 고팠다

뱃속이 비어 음식을 먹고 싶다.
¶ 지금은 배가 너무 고파서 무어라도 먹어야 살겠다.

복합어
- **배고프**다 형용사 ① 속이 비어서 음식이 먹고 싶다. ② 끼니를 거를 정도로 궁핍하다.

-고프다 접사

-고프고, -고파, -고픈, -고픕니다, -고팠다

접미사
동사의 어간에 붙어서 그 동사의 내용을 바라는 뜻을 나타내는 말. '-고 싶다'를 줄인 것임.
¶ 아이가 엄마가 보고파 저리 우는 것 같다.
¶ 그림을 갖고픈 마음이 굴뚝같다.

곤욕 명사
(困辱)[곤:-]

심한 모욕. 또는 참기 힘든 일.
¶ 회사가 노사 문제로 곤욕을 치렀다.
¶ 더 심한 곤욕을 당하기 전에 바른 대로 말하여라.

복합어

- **곤욕스럽다**(困辱－)[곤:－] 형용사 곤욕을 느끼게 하는 데가 있다. ¶ 후배 밑에서 일을 하게 되니 곤욕스럽기 짝이 없다.
- **곤욕스레**(困辱－)[곤:－] 부사 곤욕스럽게. 곤욕스러운 바가 있게.

곤혹 명사 (困惑)[곤:－]

곤란하여 어찌할 바를 모름.

¶ 모르는 것을 묻는 바람에 곤혹을 느꼈다.

복합어

- **곤혹감**(困惑感)[곤:－] 명사 곤란한 일로 어찌할 바를 모르게 된 느낌.
- **곤혹스럽다**(困惑－)[곤:－] 형용사 곤혹을 느끼게 하는 점이 있다. ¶ 명절이면 집안 어른들이 언제 결혼할 거냐고 물어 정말 곤혹스럽다.
- **곤혹스레**(困惑－)[곤:－] 부사 곤혹을 느끼게 하는 점이 있게.

'곤욕'과 '곤혹'

두 낱말은 용법에서 크게 차이가 있다. '곤욕(困辱)'은 욕을 심하게 당한 경우에 쓰고, '곤혹(困惑)'은 처신하기 곤란한 일을 당한 경우에 쓴다. '곤욕'을 당하면 힘들고 화나고 모멸감을 느끼지만, '곤혹'은 어찌 처신해야 할지 몰라서 당황하게 된다.

곰삭다 동사

규10－1 곰삭고, 곰삭으니, 곰삭아서, 곰삭은, 곰삭습니다, 곰삭았다

자동사

① 젓갈 따위가 오래되어서 푹 삭다.

¶ 젓갈은 곰삭지 않으면 제 맛이 안 난다.

② 옷 따위가 오래되어서 올이 삭고 질이 약해지다.

¶ 옷을 오래 입었더니 곰삭아 너덜너덜해졌다.

③ 풀, 나뭇가지 따위가 썩거나 오래되어 푸슬푸슬해지다.
¶ 고무줄이 곰삭아 쉽게 끊어진다.
④ 두 사람의 사이가 스스럼없이 가까워지다.
¶ 나와 그는 오랫동안 사귀어 온 터라 매우 곰삭은 사이이다.

✕ 곰삭이다

'곰삭히다'의 틀린 말.

곰삭히다 동사

규11-0 곰삭히고, 곰삭히어/곰삭혀, 곰삭힌다, 곰삭힙니다, 곰삭히었다/곰삭혔다

사동사
'곰삭다'의 사동형.
¶ 젓갈을 곰삭히려면 적어도 여섯 달 넘게 저장해 두어야 한다.

곱 명사

① 어떤 수나 양을 두 번 합한 만큼. 갑절. 곱절. 배(倍).
¶ 예산을 곱으로 늘려도 공사를 제대로 마치기는 어렵다.
② (주로 토박이말 수 뒤에 쓰이어) 일정한 수나 양이 그 수만큼 거듭됨을 이르는 말. 곱절.
¶ 부모님 세대는 우리 세대보다 두 곱 세 곱 더 고생을 하였다.
③ 둘 이상의 수 또는 식을 두 번이나 그 이상 몇 번 되짚어 합쳐 얻은 결과.
¶ 5와 6의 곱은 30이다.

복합어
- **곱잡다** 타동사 곱절로 셈하여 헤아리다. ¶ 물가가 올라 예산을 곱잡아도 모자랄 것 같다.
- **곱치다** 타동사 곱절을 하거나 곱절로 잡아 셈하다.
- **곱하다** 동사 둘 이상의 수 또는 식을 두 번이나 그 이상 몇 번 되짚어 합치다.

곱절 명사

① =갑절

¶ 생산량이 작년보다 곱절이나 늘었다.

② (주로 토박이말 수 뒤에 쓰이어) 일정한 수나 양이 그 수만큼 거듭됨을 이르는 말.

¶ 우리 집안의 소득이 세 곱절 늘었다.

'곱절'과 '갑절'과 '곱'

'곱절'은 같은 수를 몇 번이고 곱하여 얻는 것을 가리키는 말이다. 두 번 곱하면 '갑절'과 같은 수량이 되고, 세 번 곱하면 '세 곱절'이라고 쓴다. '갑절'은 두 배를 나타내는 말이므로 '세 갑절', '네 갑절' 같은 말을 쓸 수 없다. 흔히 '곱'이나 '배'라고 하면 기준이 되는 수량만큼을 가리킨다. 따라서 '곱'이나 '배'와 '두 곱'이나 '두 배'가 같은 의미를 나타낸다.

¶ 10의 곱은/배는 20이다. = 10의 두 곱은/두 배는 20이다. = 10의 갑절은 20이다.

¶ 작년 생산량이 10이다. 올해는 생산량이 갑절로 늘었다.(올해의 생산량은 20)

¶ 작년 생산량이 10이다. 올해는 생산량이 곱절 늘었다.(올해 생산량은 20)

¶ 작년 생산량이 10이다. 올해는 생산량이 곱으로/두 곱으로 늘었다.(올해 생산량은 20)

¶ 작년 생산량이 10이다. 올해는 생산량이 작년의 세 곱/세 곱절이다.(올해 생산량은 30)

공공연하다 형용사 (公公然－)

불20－9 공공연하게, 공공연하지, 공공연하여/공공연해, 공공연한, 공공연하였다/공공연했다

숨김이나 거리낌이 없이 그대로 드러나 있다.

¶ 운전할 때 술 한두 잔쯤은 괜찮다는 생각이 우리 사회에 공공연하게 퍼져 있다.

복합어

- **공공연히**(公公然－) 부사 숨김이나 거리낌이 없이 그대로 드러난 상태로.

관용 표현

- **공공연한 비밀** 당사자가 인정하거나 밝히지는 않았지만 사람들은 이미 다 알고 있는 내용이라는 말.

공연스럽다 형용사
(空然－) ㊟ 괜스럽다

불21-3 공연스럽게, 공연스러워, 공연스러운, 공연스러웠다

까닭이나 실속이 없다.

¶ 너는 공연스럽게 남의 말을 하고 다니는 것이 문제야.

복합어

- **공연스레**(空然－) 부사 까닭이나 실속이 없게. 공연히. '괜스레'로 줄여 쓰기도 한다. ㊟ 괜스레

공연하다 형용사
(空然－) ㊟ 괜하다

불20-9 공연하게, 공연하지, 공연한, 공연하였다/공연했다

아무 까닭이나 실속이 없다.

¶ 공연한 걱정을 하느라고 잠도 제대로 못 잤다.

¶ 다 된 계약이 공연한 말실수 때문에 어그러지고 말았다.

복합어

- **공연히**(空然－) 부사 아무 까닭이나 실속이 없게. 공연스레. ㊟ 괜히

과 조사

부사격 조사

① 다른 것과 비교하거나 기준으로 삼는 대상임을 나타내는 말.

¶ 우리는 그들과 다르다.

¶ 기차가 마치 빛과 같이 빠르게 달렸다.

② 함께함을 나타내는 말.

¶ 나는 오랜만에 동생과 영화를 보았다.

¶ 선생님과 함께 차를 마시면서 이야기를 나눴다.

③ 상대하는 대상임을 나타내는 말.
¶ 챔피언과 싸울 사람이 어디 있겠어?
¶ 지금 가족과 헤어지면 다시 만날 수 없을 것 같아.

접속 조사

둘 이상의 사물을 같은 자격으로 이어 주는 말.
¶ 우리 집에는 딸과 며느리가 함께 산다.
¶ 우리는 집과 땅에 너무 집착하는 경향이 있다.

'과'의 용법
두 낱말 사이에서 앞뒤 낱말을 연결하는 구실을 하는데, 연속해서 세 낱말 이상을 연결할 때에는 쉼표로 대체할 수 있다.
¶ 값과 수량과 기간을 적어라. / 값, 수량, 기간을 적었다.
¶ 거기에는 떡과 과일과 생선과 술이 있다. / 거기에는 떡과 과일, 생선, 술이 있다.

▶ 앞의 낱말이 자음으로 끝나면 (받침이 있으면) '과'를 붙이고, 앞말이 모음으로 끝나면 (받침이 없으면) '와'를 붙인다.

과반수 명사 (過半數)[과: -]

절반이 넘는 수.
¶ 의원 과반수가 이 안건에 찬성하였다.
¶ 국민의 과반수가 이 정책을 지지한다.

'과반수'의 잘못 사용
'과반수'가 '반수를 넘음'을 의미하므로 '과반수'와 '넘다'를 함께 쓰면 의미가 중복된다. 아래 표현은 '과반수'를 잘못 사용한 예이다.
¶ 이번 안건은 과반수를 넘는(×) 찬성으로 통과되었다. → 반수를 넘는/과반수
¶ 이번 안건은 찬성이 과반수를 넘지(×) 못해서 부결되었다. → 반수를 넘지/과반수가 되지

관하다 동사 (關-)

불10-9 관하여/관해, 관한

무엇을 말하거나 생각하는 대상으로 삼다. 무엇과 관련하다.

¶ 네 장래에 관하여/관해 이야기해 보자.

¶ 건강에 관하여/관해 책을 썼다.

¶ 사고가 일어난 원인에 관하여/관해 토론을 벌이기로 했다.

¶ 아이 진학에 관한 이야기를 하는 중이다.

¶ 그는 육아에 관한 책을 쓴다더라.

¶ 이순신 장군의 해상 전투에 관한 국내 학자의 연구 논문이 그리 많지 않다고 한다.

'관하여'와 '대하여'

'관(關)하여'는 '관계하여'나 '관련하여'의 의미로 쓰며 대상의 내면을 세부적으로 속속들이 파헤치는 경우에 쓴다. '교육과정에 관하여 물어볼 것이 있다'라고 하면 교육과정의 내용을 알고 싶다는 뜻이 된다. '그에 관하여 알려진 것이 거의 없다'라고 하면 그가 누구인지, 그가 무엇을 하는 사람인지 등 그의 내력이 알려지지 않았다는 뜻이다.

'대(對)하여'는 설명, 주장, 의논, 검토, 평가 등의 대상으로 삼는다는 뜻이다. '그 정책에 대하여 평가해 주세요', '오늘 방문할 곳에 대하여(어디를 방문할지) 의논합시다'처럼 쓴다. 이렇게 보면 '관하여'와 '대하여'는 뒤에 따르는 말이 다름을 알 수 있다.

┌ 오늘 방문할 곳에 관하여 설명해 주세요. (그곳이 어떤 곳인지.)
└ 오늘 방문할 곳에 대하여 의논합시다. (어디를 방문할 것인지.)

┌ 노동 정책에 관하여 연구를 많이 한 분이다. (노동 정책의 내용을 연구)
└ 노동 정책에 대하여 토론합니다. (어떤 노동 정책을 세울 것인지 토론)

┌ 너에 관한 소문이 너무 안 좋더라. (너의 행실이나 됨됨이가 어떤지)
└ 너에 대한 소문이 너무 안 좋더라. (네가 어느 정도인지)

괜스레 부사 [괜:-]

'공연스레'의 준말.

× 괜스리

'괜스레'의 틀린 말.

× 괜시리

'괜스레'의 틀린 말.

¶ 가을이 되면 괜시리(×)/괜스레(○) 서글퍼진다.

괜히 **부사** [괜:-]

'공연히'의 준말.

괴나리봇짐 **명사** (-褓-)

옛날에, 걸어서 먼 길을 떠날 때에 보자기에 싸서 어깨에 메는 작은 짐. '괴나리'라고도 한다. ×개나리봇짐

¶ 옛날에는 먼 길을 갈 때에 **괴나리봇짐**을 둘러메고 다녔다.

¶ 과거 보러 가는 선비들은 으레 **괴나리봇짐**을 메고 길을 나섰다.

괴발개발 **명사** [괴:-]

고양이의 발과 개의 발이라는 뜻으로, 글자를 아무렇게나 써 놓은 모양을 이르는 말. 개발새발.

관용 표현

- **괴발개발 그리다** 글자를 함부로 갈겨쓰다.

구레나룻 명사

귀밑에서 턱까지 잇따라 난 수염. '나룻'은 '수염'을 뜻하는 토박이말이다.

¶ 아이가 사춘기가 되면서 구레나룻이 거뭇거뭇 나온다.

✕ 구렛나루

'구레나룻'의 틀린 말.

구별 명사 (區別)

성질이나 종류에 따라 갈라놓거나 차이가 남.

¶ 요즘 도시에서 나고 자란 아이들은 보리와 밀도 구별을 못 한다.

복합어

- **구별하다**(區別-) 타동사 성질이나 종류에 따라 갈라놓다.

▶ '구별'과 '구분'의 차이는 올림말 '구분(區分)' 참고.

구분 명사 (區分)

일정한 기준에 따라 전체를 몇 개로 갈라 나눔.

¶ 이번 소설 공모전에서는 장편과 단편을 구분 지어 접수 받는다고 한다.

복합어

- **구분하다**(區分-) 타동사 일정한 기준에 따라 전체를 몇 개로 갈라 나누다.

'구별'과 '구분'

어떤 기준에 따라서 차이를 나타내는 것을 '구별'이라고 하고 전체를 몇 개로 나누는 것을 '구분'이라고 한다. '구별되는' 것은 서로 다른 특성을 가지지만 '구분되는' 것은 특성이 같거나 다르거나 상관 없다.
남자와 여자는 구별하는 것이지 구분하는 것이 아니다. 사과와 배를 구별하고, 동물과 식물을 구별하고 크고 작음을 구별한다. 사람을 10명씩 구분하고, 사과 100개를 10개씩 구분하고, 땅을 일정한 크기나 모양으로 구분한다.

구설 명사 (口舌)[구: -]

시비하거나 헐뜯는 말.
¶ 행실을 조심히 하여 사람들 구설에 오르지 않도록 해라.
¶ 정치를 하면서 단 한 번도 이런저런 구설을 듣지 않는 정치인은 없는 것 같다.

관용 표현

- **구설에 오르다** 시비하거나 헐뜯는 말을 듣게 되다. 말밥에 오르다.

구설수 명사 (口舌數)[구: - 쑤]

남에게서 헐뜯는 말을 듣게 될 운수.
¶ 금년에는 구설수가 있는지 자꾸 사람들 말밥에 오르는구나.

관용 표현

- **구설수가 들다** 구설을 듣거나 구설에 오를 운수가 있다. ¶ 이달은 구설수가 들어 있으니 행실을 조심하여야 한다.

'구설'과 '구설수'

많은 사람들이 '구설'을 써야 할 자리에 '구설수'를 쓰는 잘못을 저지른다. '구설수'는 구설에 오를 운수를 나타내는 말이므로 '구설수에 오르다' 같은 표현은 쓸 수 없다.
¶ 회장이 거짓말로 구설수에(×) 올랐다. → 구설에

¶ 능력 없는 사람이 장관이 되어서 구설수가(×) 끊이지 않는 것 같다. →구설이
¶ 편파 방송으로 구설수에(×) 올랐다. →구설에

× 구스르다

'구슬리다'의 틀린 말.
¶ 아이들을 구스르는(×)/구슬리는(○) 일에도 솜씨가 필요하다.

× 구슬르다

'구슬리다'의 틀린 말.
¶ 아이들을 구슬러서(×)/구슬려서(○) 잡곡밥을 먹였다.
¶ 어머니는 그럴듯한 말로 아이들을 구슬렀다(×)/구슬렸다(○).

구슬리다 동사

규11-0 구슬리고, 구술리어/구슬려, 구슬릴, 구슬립니다, 구슬리었다/구슬렸다

타동사

① 그럴듯한 말로 꾀어 마음을 움직이다.
¶ 골치 아프니 돈을 좀 주고 적당히 구슬려 보내라.
¶ 아이들은 잘 구슬려서 조용히 있게 만들어 보아라.
② 끝난 일을 이리저리 헤아려 자꾸 생각하다.
¶ 어제 친구가 한 말을 구슬려 생각해도 속뜻을 모르겠다.
¶ 이미 끝난 일은 얼른 잊어야 해. 구슬려 생각한들 돌이킬 수 없으니.

관용 표현

• **구슬려 넘기다** 이것저것 그럴듯한 말로 달래거나 추어올리다. ¶ 화를 내는 남편을 이리저리 구슬려 넘겨 겨우 마음을 가라앉혔다.

• **구슬려 삶다** 그럴듯한 말로 남을 꾀어 따르게 만들다. ¶ 영수는 인사과장을 잘 구슬려 삶아 놓지 않으면 회사 생활이 어려울 거라면서 날마다 그와 술을 마셨다.

• **구슬려 세우다** 그럴듯한 말로 남을 치켜세우다. ¶ 그렇게 나를 구슬려 세운다고 내가 네 말에 넘어갈 것 같아?

구실[1] 명사

① 자기가 마땅히 해야 할 바.

¶ 사람이 사람 구실을 못 하면 사람대접을 받지 못한다.

¶ 연구실 예산이 부족하여 연구실이 제 구실을 다하지 못하고 있다.

② 일을 하는 데에 맡거나 짊어진 몫.

¶ 우리 회사를 재건하는 데에 가장 큰 구실을 한 사람이 바로 영업부장이다.

▶ '구실'과 '역할'의 차이는 올림말 '역할(役割)' 참고.

구실[2] 명사 (口實)

=핑계

¶ 일하기 싫으니 만날 도망갈 구실만 찾고 있다.

¶ 온갖 구실을 내세워 소비자들 불만을 무마하려고 한다.

¶ 이 병원은 새 장비를 쓴다는 구실로 환자에게 엄청난 치료비를 물게 하고 있다.

'구실'과 '구실(口實)'

형태와 소리가 완전히 똑같은 두 낱말을 구별하여 쓰기가 쉽지 않으므로 될 수 있으면 하나를 다른 말로 바꿔 쓰는 것이 바람직하다. 대체로 '구실[1]'은 일본에서 들어온 한자말인 '역할(役割)'에 밀려 점점 쓰지 않는 추세이다. 그래서 구실이라고 하면 '구실[2]'를 떠올리는 경향이 많다. 그러나 '구실[2]'는 토박이말인 '핑계'를 대체하기도 한다. 결국 토박이말이 한자말 때문에 기를 펴지 못하게 된 것이다.

일본식 한자말인 '역할' 대신 '구실[1]'을 쓰고, '구실[2]' 대신 '핑계'를 쓰면 토박이말을 살려서 쓰는 효과도 있고 형태가 같은 낱말 사용을 피할 수도 있다.

구획 명사 (區劃)

토지 따위를 경계를 지어 가름. 또는 그런 구역.
¶ 이 지역에서 토지 구획 사업을 추진한다.

복합어

- **구획하**다(區劃–) 타동사 토지 따위를 경계를 지어 가르다. ¶ 도시를 몇 개의 구역으로 **구획하여** 도시 계획을 세웠다. / 경지정리를 하여 각자의 논을 새롭게 **구획하여** 분배하였다.

> **'구획'과 '구분'**
> 두 낱말의 뜻은 같으며, '구획(區劃)'은 특히 토지와 관련하여 많이 쓰는데, 《표준국어대사전》에서는 '구획' 대신에 '구분(區分)'을 쓰도록 권장하고 있다.

국어 명사 (國語)

① 한 나라의 국민이 쓰는 말. 나라말.
¶ 많은 나라가 그 나라의 언어 곧 국어를 가지고 있다.
② 우리나라의 언어. 우리말. '한국어'를 우리나라 사람끼리 이르는 말이다.
¶ 초등학교 때부터 국어를 배우지만 국어로 발표하고 글을 쓰는 일은 쉽지 않다.

> **'국어', '우리말', '한국어'**
> '국어'는 훈민정음에 나오는 '나랏말씀'을 한자로 표기한 말이다. 요즘은 나라말 대신에 '우리말'을 국어의 뜻으로 쓴다. 국어는 고유 명사가 아니라 보통 명사이므로 일본인이 '국어'라고 하면 일본어를 가리키고 영국인이 '국어'라고 하면 영어를 가리킨다. 한국인이 쓰는 말을 한국어라 하지 않고 '국어'라고 쓰는 것은 편의적인 태도라고 말할 수 있다.
> '우리말'은 한국인 사이에서는 한국인의 말 곧 한국어를 가리키는 말이다. 이때 '우리말'은 한 단어로서 고유명사이다.('우리 말'이라고 띄어쓰기를 하면 의미가 달라진다. 이에 관해서는 올림말 '우리말' 참고.)
> '한국어'는 외국인에게 우리말을 가리키는 말로 분화되는 현상이 나타나고 있다. 외국인에게 국어라는 표현을 쓸 수 없기 때문이다. 예를 들면 대학의 국어국문학과는 한국인을 대상으로 한국의 말과 문학을 가르치는 학과이고, 한국어과는 외국인을 대상으로 한국의 말을 가르치는 학과이다. 내국인

에게 가르치는 국어와 외국인에게 가르치는 한국어가 다른 언어가 아닌데도 배우는 사람에 따라서 이름을 달리 부르는 것은 대단히 이례적이고 바람직하지도 않다.

'국어'와 '언어'

한 국가를 단위로 하여 하나의 언어를 쓰면 그 언어를 '국어'라고 한다. 언어는 쓰는 사람에 따라서 한 부족이 쓰는 언어는 부족어가 되고, 한 종족이 쓰는 언어는 종족어가 될 것이다. 한 국가에서 둘 이상의 언어를 공용어로 사용한다면 그 나라에는 국어가 둘 이상이 있는 셈이다.

굵다 형용사 [국따]

규21-1 굵고, 굵으니, 굵으면, 굵어서, 굵지, 굵어, 굵습니다, 굵네, 굵으오/굵소, 굵었다

① 긴 물건의 둘레가 크거나 둥근 물건의 부피가 크다.
¶ 일꾼은 굵은 통나무를 도끼로 패기 시작했다.
¶ 올해는 과일 농사가 잘 되어 알이 다 굵다.
② 소리의 통이 크다.
¶ 너는 목소리가 아주 굵고 부드럽구나.

복합어

- **굵다랗다** 형용사 올림말 '굵다랗다' 참고.
- **굵어지다** 자동사 차츰 굵게 되다. ¶ 빗줄기가 점점 굵어지는 것을 보니 큰비가 내릴 것 같다. / 네 팔뚝이 무척 굵어져 이젠 내가 너를 당하지 못하겠다.
- **굵은베** 명사 굵은 실로 짠 베. 올이 굵은 베.
- **굵은체** 명사 올이 굵고 구멍이 큰 체.
- **굵직굵직하다** 형용사 여럿이 모두 굵다. ¶ 고구마가 다 굵직굵직한 게 먹음직스럽다.
- **굵직하다** 형용사 올림말 '굵직하다' 참고.

'굵다'의 소리내기

'굵다'는 뒤에 이어지는 어미의 첫소리에 따라서 소리가 달라진다. '굵어, 굵은'처럼 홀소리가 이어지면 겹받침 'ㄹㄱ'을 차례로 소리 내어 '굴거, 굴근'처럼 소리 낸다. 그러나 '굵지'처럼 자음이 이어지면

'ㄹ'이 탈락하고 어미는 된소리로 변하여 '국찌'처럼 소리 낸다. '굵직하다'는 '국찌카다'로, '굵다랗다'는 '국따라타'로 소리 낸다.

ㄱ

굵다랗다 형용사 [국따라타]

불20-5 굵다랗게, 굵다랗지, 굵다라니, 굵다라네, 굵다라면, 굵다래도, 굵다래서, 굵다랗소, 굵다랗습니다, 굵다랬다

길이가 있고 꽤 굵다.
¶ 이 나무는 굵다래서 기둥으로 쓸 만하다.

굵직하다 형용사 [국찌카-]

불20-9 굵직하고, 굵직하니, 굵직한, 굵직하여/굵직해, 굵직합니다

무게가 있고 꽤 굵다.
¶ 추석에는 알이 굵직한 사과만 추려서 시장에 내놓았다.
¶ 고구마가 무척 굵직하고 먹음직스럽다.

'굵다랗다'와 '굵직하다'
길이가 있고 굵은 것에는 '굵다랗다', 무게가 있고 굵은 것에는 '굵직하다'를 쓴다. '굵다'는 '굵다랗다'와 '굵직하다'를 다 아우를 수 있다.
¶ 굵다란/굵은 막대기라야 그 물건의 무게를 버틸 수 있을 것이다.
¶ 굵직한/굵은 자갈만 골라서 가져오너라.

굽신거리다 동사

규11-0 굽신거리고, 굽신거리어/굽신거려, 굽신거립니다, 굽신거리었다/굽신거렸다

=굽실거리다

굽신대다 동사

규11-0 굽신대고, 굽신대어야/굽신대야, 굽신댑니다, 굽신대었다/굽신댔다

=굽실대다

굽실거리다 동사

규11-0 굽실거리고, 굽실거리어/굽실거려, 굽실거립니다, 굽실거리었다/굽실거렸다

자동사

남의 비위를 맞추느라고 자꾸 비굴하게 행동하다.

¶ 고급 아파트에 들어가려면 경비원에게까지 굽실거려야 한다.

¶ 선거 때만 국민들에게 굽실거리는 정치인들이 이제는 없었으면 한다.

타동사

허리를 자꾸 가볍게 구푸렸다 펴다. 굽실굽실하다.

¶ 하인이 주인 앞에서 연방 허리를 굽실거린다.

¶ 할아버지는 담임 선생님 앞에서 몸을 굽실거리며 어쩔 줄 몰라 하셨다.

굽실대다 동사

규11-0 굽실대고, 굽실대어야/굽실대야, 굽실댑니다, 굽실대었다/굽실댔다

=굽실거리다

'굽신거리다', '굽신대다', '굽실거리다', '굽실대다'

네 낱말은 모두 뜻과 용법이 같다. '굽신거리다', '굽신대다'는 비표준어로 다루었는데 2014년에 국어 심의회 심의를 거쳐서 표준어로 인정하였다.

× 귀뜸

'귀띔'의 틀린 말.

귀띔 명사 [-띰]

상대편이 눈치로 알아차릴 수 있도록 슬그머니 일깨워 줌. ×귀뜸

¶ 아버지께서 편찮으신 것 같다는 올케의 귀띔 덕분에 불효를 면했다.

복합어

- **귀띔하다** 타동사 상대편이 눈치로 알아차릴 수 있도록 미리 슬그머니 일깨워 주다. ¶ 과장이 이번 인사 발령에서 내가 승진할 것이라고 귀띔해 주었다.

그래[1] 감탄사

① (아랫사람에게) 긍정하는 뜻으로 대답할 때 쓰는 말.

¶ 그래, 알았다.

② (아랫사람에게) 감탄이나 가벼운 놀라움을 나타낼 때 쓰는 말. 해라할 자리에 쓴다.

¶ 그래? 난 처음 듣는 말인데.

③ (주로 의문문에서 쓰이어) 다잡아 묻거나 강조할 때 쓰는 말.

¶ 이 상황에서, 그래, 휴가 가겠다는 말이 나오니?

그래[2] 조사

보조사

('-구먼', '-군', '-지' 같은 일부 종결 어미 뒤에 붙어) 말의 내용을 강조함을 나타내는 말.

¶ 그 친구가 도와준 덕에 일이 빨리 끝났군그래.

그래[3]

① 동사 '그리하다'에 어미 '-여'가 붙은 형태인 '그리하여/그리해'가 줄어든 말.
¶ 이제 와서 아무리 그래 봐야 소용이 없다.
¶ 아픈 사람에게 자꾸 왜 그래?
② 형용사 '그러하다'에 어미 '-여'가 붙은 형태인 '그러하여/그러해'가 줄어든 말.
¶ 겉은 그래 보여도 속이 꽉 찬 사람이야.
¶ 그 말을 들으니 마음이 좀 그래.

'그러하다'와 '그리하다'의 줄임말 '그래'

동사 '그리하다'의 활용형 '그리하여'가 '그리해'로 줄어든 뒤에 다시 '그래'로 줄어들고, 형용사 '그러하다'의 활용형 '그러하여'가 '그러해'로 줄어든 뒤에 다시 '그래'로 줄어들어 자연스럽게 '그래'는 동사와 형용사 양쪽으로 쓰이고 있다. '그래서', '그래도', '그래야'도 동사와 형용사로 다 쓰인다. '이래, 이래서, 이래도, 이래야', '저래, 저래서, 저래도, 저래야'도 동사와 형용사로 다 쓰인다.

그러다 동사

불10-9 그러고, 그러니, 그러는, 그러네, 그러지, 그런, 그런다고, 그럽니다, 그래, 그랬습니다

자동사

① 그렇게 하다. 그런 식으로 하다. '그리하다'의 준말.
¶ 사람이 그러는 거 아냐. 어려운 때에 그러는 건 사람의 도리가 아니야.
¶ 네가 화가 난다고 해서 그런다면 나는 어떻게 해야 돼?
¶ 그는 나를 물끄러미 바라보았다. 그러다가 문득 생각이 났는지 반갑게 인사를 했다.
¶ 우리는 함께 영화를 보았다. 그러고 나서 밥을 먹었다.
¶ 그 일은 그만 잊으라고 해도 그러네.
② 그렇게 말하다.
¶ 그가 가지 않겠다고 그러거든 내게 알려라.
¶ 형이 언제 떠나느냐고 그러던데 뭐라고 말할까요?
¶ 아버지께서 선생님께 전해 달라고 그러셨어요.

ㄱ

관용 표현

- **그러거나 말거나** 무엇을 하든 관계없이. ¶ 누가 그러거나 말거나 신경 쓰지 말고 너는 네 일만 열심히 하면 된다.
- **그러리 말리** 그리하겠다느니 말겠다느니. ¶ 그러리 말리 말만 무성할 뿐 아무 결정도 못 하였다.
- **그러면 그렇지** 자기 생각이나 기대를 저버리지 않았음을 나타내는 표현. ¶ 그러면 그렇지, 그가 그렇게 일을 엉성하게 처리할 사람인가?
- **그럼에도 불구하고** 비록 사실은 그러하지만 그것과는 상관없이. ¶ 그날 비바람이 몹시 불었다. 그럼에도 불구하고 그는 밭으로 나갔다.

'그러다'의 활용형

'그러다'는 '그리하다'의 준말이므로 '그리하다'의 활용형과 관련이 있다. 그래서 아래와 같이 활용한다.

	어간과 어미의 형태가 변하지 않는 경우	어미 일부가 어간의 받침이 되는 경우	어간과 어미가 합하여 줄어든 경우
그러다	그러고/그러지 그러는/그러며 그러려고/그러리라 그러오/그러네/그러세 그러세요/그러십시오	그런/그럴/그럼 그럽니다/그럽시다 그럽지요(그리합지요)	그래(그리하여) 그래라(그리하여라) 그래서(그리하여서) 그랬더니(그리하였더니)

따라서 '그러다'를 '여' 불규칙 활용으로 분류한다.

'그러고 나서'와 '그리고 나서'

어떤 일을 한 뒤에 다른 일을 함을 나타내는 말은 '그러고 나서'이다. 흔히 잘못 쓰는 표현 가운데 '그리고 나서'가 있다. '그리고'는 부사이므로 그 뒤에 보조 동사 '나서'를 붙일 수 없다. 동사 '그러고'를 써야 한다. '그리고'는 두 행동을 독립시켜서 나열하는 기능을 하는 부사이다.

우리는 등산을 하였다. 그리고 나서(×) 함께 온천욕을 즐겼다.
우리는 등산을 하였다. 그러고 나서(○) 함께 온천욕을 즐겼다.

우선 밥을 먹었다. 그리고 나서(×) 옷을 갈아입고 외출을 하였다.
우선 밥을 먹었다. 그러고 나서(○) 옷을 갈아입고 외출을 하였다.

위 예문의 '그리고 나서' 대신에 그냥 '그리고'를 쓰면 바른 문장이 된다.

우리는 등산을 하였다. 그리고 함께 온천욕을 즐겼다.
우리는 밥을 먹었다. 그리고 옷을 갈아입고 외출하였다.

위 예문처럼 '그리고'로 두 사실을 연결하는 것은 문법으로는 문제가 없으나 썩 좋은 표현은 아니다.

그러하다 형용사

불20-9 그러하고, 그러하니, 그러하면, 그러하여/그러해, 그러한, 그러합니다, 그러하였다/그러했다

형용사 '그렇다'의 본딧말.
¶ 그러한 사람은 사귀지 않는 것이 좋겠다.
¶ 형편이 그러하다니 생각해 보겠네.

그런

형용사 '그렇다'의 관형사형.
¶ 우리 회사에 그런 사람은 없다.
¶ 앞으로는 절대 그런 일을 하지 마세요.

그런대로 부사

만족스럽지는 아니하지만 그러한 정도로.
¶ 이 제품은 그런대로 쓸 만합니다.
¶ 여름에는 그런대로 지낼 수 있겠는데 겨울에는 어떻게 해야 할지 걱정이다.

'그런대로'의 조어 방식

'그런대로'는 형용사 '그렇다'의 관형사형 '그런'에 의존 명사 '대로'가 붙어서 만들어진 복합어이다. '그런 대로'라고 띄어 쓰다가 하나의 부사로 보고 붙여 쓰게 되었다. 이렇게 붙여서 한 낱말로 쓰면 뜻이 조금 달라져 '만족스럽지 못하지만 그 정도로'의 뜻이 된다. 만일 '그런 대로'처럼 띄어 쓴다면 낱말의 의미대로 '그렇게 된 대로'라는 뜻이 된다.

① 우리는 이제까지 그런대로 잘 지내 왔다.
② 크면 큰 대로 쓸모가 있고, 작으면 또 그런 대로 쓸모가 있기 마련이다.

의존 명사 '대로'와 관형사형이 합쳐져서 부사가 된 말은 '되는대로', '바른대로', '이런대로'가 있다. 이 낱말들도 부사로 쓰는 경우와 어구로 쓰는 경우가 띄어쓰기가 다르다.

그렇다 형용사

불21-5 그렇고, 그렇지, 그렇소, 그렇습니다, 그렇니, 그래, 그래도, 그랬습니다

① 그와 같다.
¶ 사정이 그러면 도리가 없지.
¶ 형편이 그렇다니 내가 양보하겠다.
¶ 상황이 그래서 다른 말을 할 수 없었다.
¶ 그런 경우에는 나라도 그렇게 하였을 거야.
¶ 네가 그걸 가져갔지, 그렇지?
¶ 형이 그렇게 말했어, 그랬잖아!
② 특별한 변화가 없다. 전과 같다.
¶ 난 언제나 그렇지 뭐.
¶ 나? 그냥 그래.
③ 만족스럽지 않아 받아들이기 곤란함을 에둘러 표현하는 말.
¶ 이 물건은 좀 그렇다.
¶ 그래도 그렇게 말하는 건 좀 그렇지 않니?
¶ 다른 사람은 다 좋다고 하지만 나는 좀 그런데.

관용 표현

- **그래도 그렇지** 변명을 일부 수용하면서도 이를 책망하는 뜻을 나타내는 표현. ¶ 비가 와서 준비하지 못했다고? 그래도 그렇지, 준비를 하지 않으면 어떡하니?
- **그렇고 그렇다** ① 대수롭거나 특별하지 아니하다. ¶ 그렇고 그런 글을 쓸 바에야 차라리 어떠한 글도 쓰지 않겠다. ② 관계가 보통이 아니다. ¶ 내 친구가 그 여배우와 그렇고 그런 사이라는 소문이 쫙 퍼졌다.

속담

- **그렇게 하면 뒷간에 옻칠을 하나** 그렇게 인색하게 돈을 모으면 뒷간에까지 값비싼 옻칠을 하고 살겠느냐는 뜻으로, 매우 인색하게 굴면서 재물을 모으는 행위를 비꼬는 말.

'그러다', '그렇다', '그러하다'의 활용형

'그러다'는 동사이고, '그렇다'와 '그러하다'는 형용사이므로 활용형을 쓸 때에는 조심해야 한다. 특히 '그렇다'가 'ㅎ' 불규칙 활용을 하여 'ㅎ'이 탈락하는 경우가 있음을 기억해야 한다. '그러면, 그러니,

그래, 그랬습니다, 그랬지만' 따위가 두 낱말이 같은 활용형을 쓰는 형태이다. '그러오'와 '그렇소', '그럽니다'와 '그렇습니다'는 어간 끝음절에 받침이 있고 없음에 따라서 활용형이 달라진다.

낱말	연결 어미(-고, -면, -니, -지) 전성 어미(-는/-ㄴ, -ㄹ)	평서형 종결 어미 (-소/-오, -습니다)	그 밖의 어미(-어/-여, -었다/-였다, -니?)
그러다 (동사)	그러고, 그러면, 그러니, 그러지 그러는, 그럴	그러오, 그럽니다	그래, 그랬다 그러니?
그렇다 (형용사)	그렇고, 그러면, 그러니, 그렇지 그런, 그럴	그렇소, 그렇습니다	그래, 그랬다 그렇니?
그러하다 (형용사)	그러한, 그러할	그러하오, 그러합니다	그러해, 그러했다 그러하니?

그리 부사

① 그곳으로. 그쪽으로.

¶ 어제 갔던 그리 가자.

¶ 너도 그리 와라.

② 그렇게.

¶ 그리 말씀하시니 저도 신중히 생각해서 결정하겠습니다.

¶ 내가 그리 다짐했는데도 약속을 지키지 않았어.

¶ 이 그림은 그리 좋은 건 아니야.

그리하다 동사

불10-9 그리하고, 그리하니, 그리하여/그리해, 그리합니다, 그리하였다/그리했다

자동사

그렇게 하다. '그러다'의 본딧말.

¶ 그리하여서 결국 모든 것이 물거품이 되고 말았다.

¶ 몇 번이나 청한 터라, 이만 일로 또 다시 그리하기도 미안하다.

'그리하다'와 '그러다'의 활용형

'그러다'는 '그리하다'의 준말인데 활용형은 아래와 같이 구별된다.

	'그러다'의 활용형	'그리하다'의 활용형
현재	그러는	그리하는
과거	그랬다	그리하였다/그리했다
미래	그럴	그리할
기타	그러던, 그러고, 그러면, 그러니 그러므로	그리하던, 그리하고, 그리하면 그리하니, 그리하므로

× 그스르다

'그슬다', '그슬리다'의 틀린 말.

¶ 머리털을 그슬러(×)/그슬어(○) 버리겠다.

¶ 고기를 불에 그슬러(×)/그슬어(○) 먹으면 맛이 있다.

¶ 불에 그슬러(×)/그슬려(○) 탄 자국이 선명하다.

그슬다 동사

불11-2 그슬고, 그스니, 그슬어, 그슨, 그슬, 그습니다, 그슬었다

타동사

불에 겉만 약간 타게 하다.

¶ 돼지 털을 불에 그슬면 잘 뽑아진다.

¶ 그가 담뱃불로 내 털옷을 그슬어 놓았다.

¶ 고기를 숯불에 살짝 그슬어 먹었다.

복합어

- **그슬리다** [피동사] '그슬다'의 피동형. ¶ 촛불에 머리카락이 그슬렸다.
- **그슬음** [명사] 불에 겉만 약간 타게 하는 일.

그을다 동사

불11-2 그을고, 그으니, 그을어서, 그은, 그을, 그읍니다, 그을었다

햇볕이나 불, 연기 따위를 오래 쬐어 검게 되다.
¶ 햇볕에 얼굴이 검게 그을었다.
¶ 화재로 집채는 다 타고 돌담만 검게 그은 채 남았다.

복합어

- **그을리다** 피동사 '그을다'의 피동형. ¶ 햇볕에 얼굴이 많이 그을렸다. 사동사 '그을다'의 사동형. ¶ 얼굴을 햇볕에 그을리면 건강하게 보인다.
- **그을음** 명사 어떤 물질이 불에 탈 때 연기에 섞여 나오는 검은 가루.

> **'그슬다'와 '그을다'**
> '그슬다'는 불(촛불, 장작불, 연탄불, 가스불 따위)에 겉만 조금 타거나 겉이 검게 변하는 경우에 쓰고, '그을다'는 햇볕을 쬐어 살갗이 타는 경우에 주로 쓴다.

그중 명사 (-中)

범위가 정해진 여럿 가운데.
¶ 사람이 여섯이나 왔지만 그중에서 한 명만 데리고 갈 생각이다.

근지럽다 형용사

불21-3 근지럽고, 근지러우니, 근지러우면, 근지러운, 근지러워, 근지럽네, 근지럽소, 근지럽습니다, 근지러웠습니다

① 털 같은 것이 살에 닿아 가볍게 스칠 때처럼 가려운 느낌이 있다. 간지럽다. 가렵다.
¶ 등이 근지러우니 좀 긁어 다오.
¶ 모기 물린 데가 너무 근지러워.

② 어떤 일을 몹시 하고 싶어 참고 견디기 어렵다. 간지럽다. 가렵다.
¶ 일을 좀 쉬었더니 손발이 근지러워 못 참겠다.

복합어

- **근지럼** 명사 근지러운 느낌. 간지럼. ¶ 나는 근지럼을 잘 타니 근지럼 태우지 마라.

글눈 명사 [-룬]

글을 읽고 이해하는 능력.
¶ 여기에는 글눈이 어두운 사람이 많으니 하나하나 설명해 주세요.

글씨 명사

① 쓴 글자의 모양. 글자의 맵시.
¶ 글씨가 참 예쁘다.
② =글자
¶ 이 아이는 글씨를 제법 잘 쓴다.
③ 글자를 쓰는 법.
¶ 글씨 공부를 하는 학원도 있다.

글자 명사 [-짜]

말을 적는 일정한 체계의 부호.
¶ 간판 글자가 너무 작아서 눈에 띄지 않는다.
¶ 우리말을 적는 글자는 한글이다.

관용 표현

- **글자 그대로** 과장이나 거짓 없이. ¶ 그들은 글자 그대로 백수이다.

'글자'와 '글씨'

《표준국어대사전》에서는 글씨를 글자와 동의어로 보고 있지만 경우에 따라서는 꼭 '글자'라고 해야 할 때가 있고 꼭 '글씨'라고 해야 할 때가 있다.

¶ 한글은 우리말을 적는 글자(○)/글씨(×)이다.

¶ 벽에는 뜻을 알 수 없는 몇 개의 글자(○)/글씨(×)가 적혀 있었다.

¶ 유치원 아이들이 글자(○)/글씨(○)를 배우고 있다.

¶ 어른들에게 글자(○)/글씨(○) 쓰기를 가르치는 학원도 있다.

¶ 그의 글자(×)/글씨(○)가 제일 멋지다.

¶ 글자(○)/글씨(○)를 너무 크게 쓰지 마라.

금도 명사 (襟度)

다른 사람을 포용할 만한 도량(度量). 포용력.

¶ 정치인에게 필요한 것이 금도가 아닐까?

'금도(襟度)'의 잘못 사용

보통 정치인들 사이에서 다른 사람을 비난할 때에 '금도를 벗어난 발언이다'라거나 '금도를 넘어섰다'라고 하는데, 이는 '금도'를 잘못 쓰는 것이다. '금도'는 한계를 두고 넘어서거나 벗어나지 않도록 하는 범위를 뜻하지 않는다.

옷깃이라는 뜻에서 온 '금(襟)'은 '흉금을 터놓다'처럼 '마음'을 뜻하는 말이고, '도(度)'는 '국량' '도량'이라는 뜻으로, '금도'는 '다른 사람을 포용할 만한 아량이 있다'는 말이다. '금도가 넓다', '금도가 있다', '금도를 베풀다', '금도를 보이다'처럼 쓰는 게 좋은데, 굳이 이렇게 어려운 말을 쓰는 것보다 쉬운 말로 풀어 쓰는 편이 바람직하다.

¶ 최소한의 상식과 금도를 지키는 정치여야 한다.(×) → 금도를 보이는

¶ 인신공격성 발언까지 하는 것은 정치 금도를 벗어난 행위이다.(×) → 금도가 좁은

¶ 금도를 벗어난 언론은 이미 언론이 아니다.(×)

위의 세 예문에서 '금도'라는 어려운 말을 쓰지 않고 다른 말로 표현한다면 아래와 같이 바꿀 수 있겠다.

¶ 최소한 상식과 아량을 갖추는 것이 필요하다

¶ 인신공격성 발언까지 하는 것은 정치 예의를 벗어난 행위이다.

¶ 언론 윤리를 벗어난 언론은 이미 언론이 아니다.

금새 명사

물건의 값. 또는 값(금)의 높고 낮은 정도.

¶ 올해는 보리 금새가 좋아서 보리 농사 지은 사람들은 좋아하겠다.

¶ 물에서 노는 고기를 보고 물고기 금새부터 정한다.

관용 표현

- **금새(를) 치다** 어떤 물건의 시세나 값이 얼마 정도라고 정하다. ¶ 장사꾼이 먼저 금새를 쳐야 흥정이 시작되지.

금세 부사

지금 바로. '금시(今時)에'가 줄어든 말로, 입말로 많이 쓴다.

¶ 그에 관한 소문이 금세 퍼졌다.

¶ 문화 정책의 효과는 금세 나타나지 않는다.

'금새'와 '금세'

두 낱말은 뜻과 용법이 아주 다른 말이다. 일상생활에서는 '금세'를 자주 쓴다. '얼마 안 되어서 바로'의 뜻으로는 '금세'라고 해야 한다.

¶ 가을에는 빨래도 금세 마른다.

¶ 어제 눈이 내리는 것 같더니 금세 봄이 왔구나.

금슬 명사 (琴瑟)

① '거문고'와 '비파'를 아울러 이르는 말.

¶ 술자리에 금슬이 없으면 흥이 나겠는가?

② '금실'의 본말.

금실 명사 (琴瑟)

부부간의 사랑.

¶ 그 부부는 금실 좋기로 우리 고을에서는 소문이 났다.

'琴瑟'의 표기

'琴瑟'은 한자의 음을 따라서 '금슬'로 읽고 그렇게 적는데 거문고와 비파를 아울러 나타내는 말이다. 거문고와 비파가 어우러져 멋진 화음을 내는 것처럼 부부가 화목하게 사는 모습을 표현할 때에는 '금실'이라고 속음을 쓰고 그대로 적는다. 따라서 '금슬이 좋다'라고 하면 안 되고 '금실이 좋다'라고 해야 한다.

¶ 이 부부는 금슬(×)/금실(○)이 참 좋다.

급기야 부사 (及其也)

('거기에까지 이르렀다'라는 뜻을 가진 말로서) 마지막에 가서는.

¶ **급기야** 대통령이 하야하지 않을 수 없는 상황에 이르렀다.

¶ 그가 끈질기게 요청하는 바람에 **급기야** 그 요청을 받아들이게 되었다.

▶ '급기야(及其也)'는 한 방향으로 진행되던 일이 마지막에 결정적인 결과에 이르렀음을 나타낼 때 쓴다.

기껏 부사 [기:-]

① 겨우. 고작.

¶ 위로한다는 소리가 **기껏** 그거니?

¶ 남자 친구가 휴가 나와서 **기껏** 한다는 말이 헤어지자고 한다.

② 일부러 힘들여서.

¶ **기껏** 세차를 해 놓았더니 비가 내린다.

¶ **기껏** 말할 때는 무얼하고 이제 와서 딴소리니?

기껏해야 부사 [기:-]

① 아무리 노력한다고 해도.
¶ 큰소리 치더니 **기껏해야** 한 달을 못 버티는구나.
② 최대로 잡아도. 아무리 많게 또는 높게 잡아도. 고작.
¶ 이 애는 **기껏해야** 열 살밖에 안 되었을 거야.
¶ **기껏해야** 열 명을 넘지 않을걸.

기니[1]

동사 '기다[1]'의 연결형.
¶ 주가가 바닥을 **기니** 기업이 증자를 하기 어렵다.

기니[2] [기:-]

형용사 '길다'의 연결형.
¶ 밧줄이 **기니** 구조하는 데에 어려움이 없다.

기다[1] 동사

규11-0 기고, 기니, 기므로, 기어/겨, 긴, 기오, 깁니다, 기었다/겼다

자동사
① 가슴이나 배를 바닥에 대고 움직여 나가다.
¶ 아기가 이제 **기어** 다니기 시작했다.
② 몹시 느리게 가거나 움직이다.
¶ 길이 미끄러워서 차들이 **기고** 있다.
③ (속되게) 남에게 눌리어 비굴할 정도로 꼼짝 못하다.
¶ 요즘 사람들은 돈에 **기고**, 권력에 **기고**, 자식에 **기고**…….

속담

- **기기도 전에 날기부터 하려 한다** 쉽고 작은 일도 해낼 수 없으면서 어렵고 큰일을 하려고 나섬을 이르는 말. =걷기도 전에 뛰려고 한다
- **기는 놈 위에 나는 놈이 있다** 아무리 재주가 뛰어나도 그보다 더 뛰어난 사람이 있다는 말로, 자만하지 말라는 말.
- **기도(/기지도) 못하면서 뛰려 한다** =기기도 전에 날기부터 하려 한다

기다[2]

'그것이다'의 준말. '아니다'에 상대되는 말로 용언처럼 활용한다.

¶ 기면 기다 아니면 아니다, 분명하게 말해 달라.

¶ 대통령이 아니라면 아니라고 기라면 기라고 생각하는 공무원들이 많다.

기다라니 부사 [기:-]

꽤 길게. 생각보다 길게.

¶ 사람들이 가게 문 앞에 기다라니 늘어서 있다.

기다랗다 형용사 [기:-]

불20-5 기다랗게, 기다라니, 기다라네, 기다라면, 기다래도, 기다래서, 기다랗소, 기다랗습니다, 기다랬다

매우 길거나 생각보다 길다.

¶ 사람들이 기다랗게 늘어서 있다.

¶ 아버지는 기다란 나무토막을 톱으로 잘랐다.

¶ 막대기가 기다래서 쉽게 부러지겠다.

복합어

- **기다래지다**[기:-] 자동사 기다랗게 되다.

기쁘다 형용사

불21-8 기쁘고, 기뻐, 기쁜, 기쁩니다, 기쁘오, 기뻤다

마음이 흐뭇하고 좋다.

¶ 너를 미국에서 만난 것은 정말 기쁜 일이었다.

¶ 시험에 합격했다는 소식을 들으니 무척 기뻤다.

▶ '기쁘다'와 '즐겁다'의 차이는 올림말 '즐겁다' 참고.

기어이 부사 (期於-)

=기어코

¶ 날씨가 흐리다 싶더니 기어이 비가 내린다.

¶ 저들의 죄상을 기어이 밝혀 만천하에 알리겠다.

¶ 그 녀석이 기어이 일을 저지르고 말았구나.

기어코 부사 (期於-)

① 어떠한 일이 있더라도 반드시. 기어이.

¶ 이 일만은 기어코 내가 해내고야 말겠다.

¶ 이번 경기는 기어코 이겨서 국민께 기쁨을 드리겠다.

② 결국에 가서는. 기어이.

¶ 내 부탁을 기어코 외면하더라.

¶ 울먹이던 아이가 기어코 울음을 터뜨렸다.

'기어코'와 '기어이'

'기어코'와 '기어이'는 마음먹고 하는 일의 결과를 나타낼 때에 쓴다. 사람의 의지와 관계없는 일에는 '결국'과 같은 용법으로 쓴다.

-기에 어미

연결 어미

원인이나 근거를 나타내는 말.

¶ 오랜만에 비가 내리기에 논으로 나가서 물꼬를 터 주었다.

¶ 아버지는 어디 가셨기에 이리 안 보이지?

¶ 그것이 대체 무엇이기에 그렇게 감추느냐?

▶ '-기에'와 '-길래'의 차이는 올림말 '-길래' 참고.

기운[1]

형용사 '기울다'의 관형사형.

¶ 건물이 이미 크게 기운 상태라 무너지는 것은 시간문제였다.

기운[2]

동사 '깁다'의 관형사형.

¶ 선생은 검소한 생활이 몸에 배어 기운 양말도 예사로 신고 다녔다.

긴[1]

동사 '기다[1]'의 관형사형.

¶ 군대에서 훈련받을 때 비 오는 날 진흙탕에서 긴 적이 있다.

긴[2] [긴:]

형용사 '길다[1]'의 관형사형.

¶ 너무 긴 글은 읽기 힘들다.

긷다 동사 [긷:-]

불11-1 긷고, 긷지, 긷는, 긷습니다, 긷소, 길어, 길으니, 길으면, 길었다

타동사

두레박이나 바가지 따위로 물을 떠내다.

¶ 옛날에는 우물이나 샘에서 물을 길어다가 먹었다.

¶ 물 긷는 일은 주로 여자들이 했지만 남자들도 물지게로 물을 길어 나르기도 했다.

> **'긷다'와 '길다'의 활용형**
>
> '긷다'는 'ㄷ 불규칙 활용'을 하므로 'ㄷ'이 모음 앞에서 'ㄹ'로 바뀌는데, '길다'의 활용형과 형태가 같다. 두 낱말은 앞에 목적어가 오는지 주어가 오는지에 따라서 구별할 수 있다.
>
> ¶ 물을 길어 오너라. ('긷다'의 활용형)
>
> ¶ 해가 길어 아직 어둡지 않다. (형용사 '길다'의 활용형)
>
> 이 밖에는 활용형이 확연히 다르므로 구별하기 쉽다.
>
> ¶ 물 긷는 사람. 물을 긷습니다.('긷다'의 활용형)
>
> ¶ 빨리 기는 머리카락. 무척 긴 머리카락. 머리카락이 깁니다.(동사 '길다'의 활용형)
>
> ¶ 우물에서 사람들이 물을 긷소.('긷다'의 활용형)
>
> ¶ 끈이 매우 기오.(형용사 '길다'의 활용형)

길다[1] 형용사 [길:-]

불21-2 길고, 길어, 기니, 길면, 긴, 깁니다, 기오, 길었다

① 한 물체의 양 끝이 서로 멀다.

¶ 밧줄이 더 길어야 물에 빠진 사람을 구할 수 있겠다.

¶ 바지가 너무 길어 길바닥을 쓸겠다.

② 동안이 오래다.

¶ 여름이 되면 해가 길어서 일을 오래 할 수 있다.

¶ 그렇게 긴 세월을 견디며 살아온 사람들이 있다.

¶ 신청자가 많아서 기다리는 시간이 길었다.

③ 글이나 말의 분량이 많다.
¶ 말씀을 너무 길게 하지 마시기 바랍니다.
¶ 연설문이 지나치게 깁니다.
④ 오래 계속되다.
¶ 청년은 긴 한숨을 내쉬더니 담배를 꺼내 한 모금 길게 빨아들였다.

복합어

- **기나길다**[기:-] 형용사 몹시 길다. ¶ 기나긴 여름이 끝나 간다.
- **기다랗다**[기:-] 형용사 올림말 '기다랗다' 참고.
- **길이**[1] 명사 ① 한끝에서 다른 한끝까지의 거리. ② 어느 때부터 다른 어느 때까지의 동안. ③ 폭에 대하여 세로를 일컫는 말. ¶ 폭이 석 자, 길이가 12자쯤 됩니다.
- **길이**[2] 부사 길게. 오래. ¶ 건강을 길이 보전하시기 바랍니다.
- **길이길이** 부사 아주 오래도록. ¶ 대한민국을 길이길이 보전하세.
- **길이쌓기** 명사 벽돌의 긴 부분을 가로로 쌓는 방법. 길이모쌓기.
- **길이이음** 명사 목재를 길게 잇는 방법.
- **몸길이** 명사 동물의 몸의 길이.
- **무릎길이** 명사 (옷 재단에서) 발뒤축에서 무릎마디까지의 길이.
- **소매길이** 명사 (옷 재단에서) 어깨 끝에서부터 손목 관절까지의 길이.
- **허리길이** 명사 (옷 재단에서) 목 뒤의 근육이 볼록한 부분부터 허리의 가장 가는 부분까지의 길이.

길다[2] 동사 [길:-]

불11-2 길고, 기니, 길어, 기오, 깁니다, 길었다

자동사

머리카락, 수염 따위가 자라다.
¶ 며칠 동안 면도를 하지 않았더니 수염이 무척 길었다.

× 길다랗다

'기다랗다'의 틀린 말.

길래 부사 [길:-]

오래도록 길게.

¶ 길래 해 오던 습관이라 쉽게 고칠 수 없었어요.

-길래 어미

연결 어미

'-기에'를 입말로 이르는 말.

¶ 하도 배가 고프길래 라면을 끓여 먹었다.

¶ 너무 아프길래 그만 소리를 질렀지.

¶ 집이 어디길래 이리 헤매느냐?

¶ 무슨 일이길래 이렇게 시끄러워.

> **'-기에'와 '-길래'**
> 두 어미는 모두 표준어로서 기능이 같다. '-길래'는 주로 입말에서 사용하는 어미이다.

길어[1]

형용사 '길다[1]'의 연결형.

¶ 치마가 너무 길어 걸을 때마다 밟혔다.

¶ 줄이 너무 길어 필요한 만큼만 잘라 썼다.

길어[2]

동사 '긷다'의 연결형.

¶ 어머니는 새벽마다 우물에서 물을 길어 머리에 이고 왔다.

깁다 동사 [깁:-]

불11-3 깁고, 깁지, 깁는, 깁소/기우오, 기운, 기웁니다, 기우며, 기우므로, 기워, 기웠습니다

타동사

① 떨어지거나 해어진 곳을 꿰매다.

¶ 할머니가 해어진 옷을 **기워** 주셨다.

¶ 나는 어렸을 적에 **기운** 옷을 입고 다녔다.

② 글이나 책에서 내용의 부족한 점을 보충하다.

¶ 원고를 교열할 때에 부실한 내용을 **기워** 넣기도 한다.

복합어

- **덧깁다** 타동사 이미 기웠던 자리에 덧대고 깁다. ¶ 해진 양말 바닥을 천으로 덧기웠다.
- **짜깁기** 명사 올림말 '짜깁기' 참고.
- **짜깁다** 타동사 짜서 만든 옷감의 찢어진 곳을 제 실로 본디처럼 짜서 깁다.

'깁다'와 '밉다'의 활용형

둘 다 'ㅂ 불규칙 활용'을 하므로 활용형이 같아야 하지만 국립국어원의 용언 활용표에는 '깁다'와 '밉다'의 활용형에 조금 차이가 있다.

구분	-고, -지	-으니, -으면, -어서	-ㄴ, -ㄹ	-소/-오, -ㅂ니다/-습니다
깁다	깁고/깁지	기우니, 기우면, 기워서	기운, 기울	깁소/기우오, 기웁니다
밉다	밉고/밉지	미우니, 미우면, 미워서	미운, 미울	밉소/미우오, 밉습니다

종결 어미 '-습니다/-ㅂ니다'를 붙일 때에 '깁다'는 '기웁니다'로 '밉다'는 '밉습니다'로 활용한다. 왜 '깁다'는 '깁습니다'로 활용하지 않는지 의문이다. 대체로 불규칙 활용을 하는 경우에 어간에 받침이 있으면 '-습니다'를 쓰는데, '깁다'만 예외이다. '돕다-돕습니다(×도웁니다)', '줍다-줍습니다(×주웁니다)', '눕다-눕습니다(×누웁니다)', '여쭙다-여쭙습니다(×여쭈웁니다)' 따위가 그 예이다. 따라서 '깁다-기웁니다'도 '깁다-깁습니다'로 바꾸지 않을 이유가 없어 보인다.

깃든

동사 '깃들다'의 관형사형.

¶ 여기는 민족 독립 정신이 깃든 곳이다.

깃들다 동사

불11-2 깃들고, 깃들지, 깃들며, 깃들어, 깃든, 깃들, 깃듭니다, 깃드네, 깃드세요, 깃드오

자동사

① 느낌이나 기운이 담기다. 서려 들다.

¶ 방에는 어머니의 체취가 깃들어 있는 듯했다.

¶ 거리에는 어느새 어둠이 깃들기 시작했다.

② 감정이나 생각 따위가 어리거나 스미다.

¶ 나를 보는 어머니 얼굴에 행복한 미소가 깃드는 것 같았다.

¶ 우리는 학생 시절의 추억이 깃든 다방에 들어갔다.

¶ 조상의 슬기와 숨결이 깃든 문화유산을 잘 보전해야 한다.

¶ 이 집에는 부모님의 꿈이 깃들어 있다.

깃들이다 동사

규11-0 깃들이고, 깃들이어/깃들여, 깃들인, 깃들입니다, 깃들이었다/깃들였다

자동사

① 보금자리를 만들어 그 속에 들어 살다. 깃을 들이다.

¶ 숲에는 수많은 새들이 깃들여 산다.

¶ 태풍으로 많은 나무가 쓰러져 새들이 깃들일 나무가 부족하다.

② 사람이 어디에 살거나, 건물이 어떤 곳에 자리 잡다.

¶ 지주들의 수탈을 피해 온 사람들이 산에 깃들여 화전을 일구며 살았다.

¶ 금강산 골짜기 여기저기에는 많은 절이 깃들여 있다.

'깃들다'와 '깃들이다'

두 낱말은 다 자동사이지만 행동의 주체가 다르다. '깃들다'는 '어둠이 깃들다'처럼 자연스럽게 스며들거나 서리는 것들, 곧 감정이나 느낌 또는 자연 현상이 주체가 된다. '깃들이다'는 사람이나 동물 따위가 보금자리를 만들어 자리를 잡는 경우에 쓴다. 따라서 '깃들이다'의 주체는 사람이나 동물 등이 된다.

까맣다 형용사

불20-5 까맣고, 까맣지, 까매서, 까만, 까맣습니다, 까맣소, 까맸다

① 불빛이 전혀 없는 밤하늘과 같이 짙게 검다.
¶ 우리 집 고양이는 털빛이 온통 까매서 눈만 보인다.
¶ 그 여자는 까만 옷을 즐겨 입는다.
② (거리나 시간이) 아득하게 멀다.
¶ 그건 벌써 까만 옛날 일일 뿐이다.
¶ 아들을 실은 기차가 까맣게 멀어져 간다.
③ (주로 '까맣게' 꼴로 쓰이어) 기억이나 아는 바가 조금도 없다.
¶ 오늘 약속이 있다는 사실을 까맣게 잊고 있었다.
④ (주로 '까맣게' 꼴로 쓰이어) 헤아릴 수 없이 많다.
¶ 공연을 시작하기 전부터 사람들이 까맣게 모여들었다.

'까맣다'와 '꺼멓다'
두 낱말은 서로 작은말 큰말 관계에 있지만 '까맣다'의 의미 ①의 뜻으로만 '꺼멓다'를 쓸 뿐 '까맣다' ②③④의 의미로는 '꺼멓다'를 쓰지 않는다. 오로지 색깔과 관계되는 뜻으로만 '까맣다'와 '꺼멓다'를 서로 넘나들며 쓸 수 있다.

× 까발기다

'까발리다'의 틀린 말.

까발리다 동사

규11-0 까발리고, 까발리어/까발려, 까발립니다, 까발리었다/까발렸다

타동사
① 비밀 따위를 속속들이 들추어내다.

¶ 그가 친구들에게 내 비밀을 까발리고 다녔다.
¶ 과장은 사장의 비리를 검찰 앞에서 다 까발렸다.
② 껍데기를 벌려 젖혀서 속의 것이 드러나게 하다.
¶ 밤송이를 까발리다가 가시에 찔렸다.

'까발리다'와 '까발기다'
'까발기다'는 '까발리다'의 틀린 말이다. 북한에서는 '까발기다'를 표준어(문화어)로 사용한다. '발리다'와 '발기다'는 모두 '껍질 따위를 열어 젖혀서 속의 것을 드러내다'라는 뜻을 가지고 있다. 그러나 '까다'와 합성어를 이루는 말은 '발리다' 뿐이다. '까발리다'만 표준어이고, '까발기다'는 틀린 말이다.

깍두기 명사

① 김치의 하나. 무를 작고 모나게 썰어서 소금에 절여 고춧가루, 마늘, 생강 따위의 양념을 넣고 버무려 담근다.
¶ 설렁탕을 먹을 때는 깍두기가 최고의 반찬이다
② 어느 쪽에도 끼지 못하는 사람이나 그런 신세를 비유하는 말.
¶ 친구들하고 노는데 동생이 같이 놀자고 졸라서 깍두기로 끼워 주었다.
¶ 어디서나 깍두기 신세로구나.

× 깍드시

'깍듯이'의 틀린 표기.

깍듯이 부사

('깍듯하다'에서 전성한 부사) 분명하게 예의범절을 갖추는 태도로.
¶ 그는 언제나 손님을 깍듯이 대한다.

깍듯하다 형용사

불20-9 깍듯하게, 깍듯하지, 깍듯한, 깍듯하여/깍듯해, 깍듯하였다/깍듯했다

예의범절을 갖추는 태도가 분명하다. ×깎듯하다

¶ 안내하는 사람들이 우리를 깍듯하게 대해 주었다.

¶ 이곳 사람들은 외지인을 대하는 예절이 깍듯하다.

복합어

- **깍듯이** 부사 깍듯하게. 예의범절을 갖춘 태도로. ×깎듯이

깎두기

'깍두기'의 틀린 표기.

깎듯이

'깍듯이'의 틀린 표기.

> **'깍듯이'와 '깎듯이'**
>
> '깍듯이'와 '깎듯이'는 소리가 같아서 헷갈리기 쉽다. '깍듯이'는 '깍듯하다'에서 온 말로 '예의범절을 분명하게 잘 차리는 모습'에 쓰는 말이다. 이에 비해서 '깎듯이'는 동사 '깎다'에 연결 어미 '-듯이'가 붙은 말이다.
>
> ¶ 감자는 사과를 깎듯이(○)/깍듯이(×) 살살 돌려서 깎아 놓았다.
>
> ¶ 어린 아이가 깎듯이(×)/깍듯이(○) 인사를 한다.

깎듯하다

'깍듯하다'의 틀린 표기.

깨우치다 동사

규11-0 깨우치고, 깨우치면, 깨우치니, 깨우치어/깨우쳐, 깨우친다, 깨우치었습니다/깨우쳤습니다

타동사

깨달아 알게 하다.

¶ 누나가 동생의 잘못을 **깨우쳐** 주었다.

¶ 이 책은 우리가 우리 역사를 제대로 알지 못함을 **깨우쳐** 주었다.

깨치다 동사

규11-0 깨치고, 깨치어/깨쳐, 깨친다, 깨칩니다, 깨치었다/깨쳤다

타동사

일의 이치 따위를 깨달아 알다.

¶ 한글을 **깨치는** 데는 반나절이면 족하다.

¶ 수학의 원리를 **깨치지** 않으면 물리학을 연구할 수 없다.

'깨우치다'와 '깨치다'

'깨치다'의 뜻으로 '깨우치다'를 흔히 쓰기도 하는데 이는 잘못이다. '깨우치다'는 다른 사람을 깨달아 알게 하는 일이고, '깨치다'는 스스로 자기가 깨달아 아는 것이다.

¶ 그때 내가 무엇을 잘못했는지 이제서야 **깨우쳤다**(×)/**깨쳤다**(○).

¶ 자기 잘못을 스스로 **깨우치기**(×)/**깨치기**(○) 바란다.

¶ 그는 나이 열 살에 겨우 글을 **깨우쳤다**(×)/**깨쳤다**(○).

꺼림직하다 형용사

불20-9 꺼림직하고, 꺼림직하여/꺼림직해, 꺼림직한, 꺼림직합니다, 꺼림직하였다/꺼림직했다

=꺼림칙하다

꺼림칙하다 형용사

불20-9 꺼림칙하고, 꺼림칙하여/꺼림칙해, 꺼림칙합니다, 꺼림칙하였다/꺼림칙했다

마음에 걸려 언짢은 느낌이 있다.
¶ 아내에게 거짓말을 하고 나니 온종일 꺼림칙했다.

꺼멓다 형용사

불21-5 꺼멓고, 꺼멓지, 꺼메서, 꺼먼, 꺼멓습니다, 꺼멓소, 꺼멨다

불빛이 전혀 없는 밤하늘과 같이 어둡고 짙게 검다.
¶ 그는 얼굴이 꺼메서 친구들에게 늘 놀림을 받는다.
¶ 허연 것은 종이고 꺼먼 것은 글자라는 것만 아는 정도이다.
▶ '까맣다'와 '꺼멓다'의 차이는 올림말 '까맣다' 참고.

껍데기 명사

① 달걀이나 조개 따위의 겉을 싸고 있는 단단한 물질.
¶ 병아리가 껍데기를 깨뜨리고 세상으로 나온다.
¶ 금조개의 껍데기로 자개를 만든다.
② 알맹이를 빼내고 남은 겉 부분. 빈껍데기.
¶ 알맹이는 다 빼먹고 껍데기만 남았다.
¶ 속에 든 과자는 먹고 껍데기는 버렸다.
③ 물건의 겉을 이루고 있는 부분.
¶ 베개 껍데기는 일주일에 한 번은 빨아야 한다.
④ 끗수가 없는 화투짝. 껍질. 피(皮).
¶ 화투 놀이인 고스톱에서는 껍데기만 많아도 이길 수 있다.

복합어

- **겉껍데기** 명사 맨 겉에 있는 껍데기.

- **빈껍데기**[빈:-] 명사 허울만 좋은 것을 비유하여 이르는 말.
- **속껍데기**[속:-] 명사 겉껍데기 안쪽에 있는 껍데기.
- **안껍데기** 명사 겉으로 드러나지 않고 속에 있는 껍데기.
- **알껍데기** 명사 알의 껍데기.
- **조개껍데기** 명사 ① 조갯살을 겉에서 싸고 있는 단단한 물질. 조개껍질. ② 홀씨 또는 물고기 새끼가 붙을 수 있게 한, 조개의 겉껍데기. 조가비.
- **홑껍데기** 명사 ① 한 겹으로 된 껍데기. ② 겹으로 지을 옷에서 안감을 넣지 않은 겉감. ③ 속에 솜을 두지 아니하고 천만으로 된 것. 홑청.

껍질 명사

① 물체의 겉을 싸고 있는 단단하지 않은 물질.

¶ 사과는 껍질에 영양분이 더 많이 들어 있다고 한다.

¶ 귤은 껍질을 말려 차로 끓여 마시면 좋다.

② =껍데기④

¶ 고스톱 화투 놀이에서는 껍질도 매우 중요하게 취급한다.

복합어

- **겉껍질** 명사 맨 겉에 있는 껍질. 외피(外皮).
- **귤껍질**(橘-)[귤:-] 명사 귤의 껍질.
- **나무껍질** 명사 나무의 껍질.
- **두부껍질**(豆腐-) 명사 두부가 익어서 엉길 때 그 겉을 긁어낸 것. 두부피(豆腐皮).
- **메밀껍질** 명사 메밀의 겉껍질.
- **속껍질**[속:-] 명사 겉껍질 안쪽에 있는 껍질. 내피(内皮).
- **씨껍질** 명사 식물의 씨를 감싸고 있는 껍질.
- **열매껍질** 명사 열매의 씨를 둘러싸고 있는 껍질.
- **조개껍질** 명사 =조개껍데기

속담

- **껍질 상치 않게 호랑이를 잡을까** 호랑이 가죽이 상하지 않고서 호랑이를 잡을 수 없듯이 중요한 희생이 있어야 무엇을 얻을 수 있다는 말.
- **껍질 없는 털이 있을까** 무엇이나 그 바탕이 있어야 생길 수 있다는 말. =가죽이 있어야 털이 나지

'껍질'과 '껍데기'

한때 '조개껍질'은 틀린 말이고 '조개껍데기'라고 해야 맞다는 논란이 있었다. 지금은 두 말을 다 표준어로 인정한다. 그러나 '달걀 껍질'은 아직 인정하지 않아서 '달걀 껍데기'라고 해야 한다.
'껍데기'와 '껍질'의 차이는 단단한 정도에 있는 것처럼 보이지만 깨어지는 것과 찢어지는 것으로 구별하는 것이 좋다. 단단한 것이라도 벗길 때 깨지 않고 찢는 것이면 껍질이므로, 나무의 거죽은 '나무껍질'이고, 달걀은 겉에 껍데기가 있고 그 속에 껍질이 있는 셈이다.

께 조사

부사격 조사

① 행동이 미치는 상대편을 높여 나타내는 말.
¶ 이 기쁜 소식을 부모님께 전해 드렸다.
¶ 그 사건이 선생님께 영향을 미친 것 같다.
② 받거나 당하는 주체의 상대임을 높여 나타내는 말.
¶ 선생님께 야단을 맞았다.
¶ 우리 아이가 동네 어른들께 많은 사랑을 받았다.
¶ 손자는 할아버지께 안경을 받아 할머니께 드렸다.
③ 소속이나 처소를 높여 가리키는 말.
¶ 어머니께 그런 돈이 어디 있어요?
¶ 우리 아버님께 그런 점이 있는 걸 이번에 알았다.

-께 접사

접미사

(시간이나 공간을 나타내는 일부 명사 뒤에 붙어) '그때 또는 장소에서 가까운 범위'의 뜻을 더하는 말.
¶ 이달 말께부터 장마가 진다는군.
¶ 시골에서 올라오면 대개 서울역께에 방을 잡고 품팔이를 시작하였다.

께름직하다 형용사

불20-9 께름직하고, 께름직하여/께름직해, 께름직한, 께름직합니다, 께름직하였다/께름직했다

=꺼림칙하다
¶ 부탁을 거절하려니 께름직해서 머뭇거려지더라.

께서 조사

주격 조사

(사람을 나타내는 체언 뒤에 붙어) 그 대상을 높이면서 그 대상이 문장의 주어임을 나타내는 격 조사. 서술어에는 그에 상응하는 높임을 나타내는 선어말 어미 '-시-'를 붙인다.
¶ 선생님께서 숙제를 내 주셨다.

> **조사 '께서'와 '께'**
> '께서'와 '께'는 형태가 비슷해서 연관이 있는 것처럼 보이지만 아무런 관련이 없다. '께'는 '에게'의 높임말로서 부사격 조사이고, '께서'는 '가/이'의 높임말로서 주격 조사이다.

꼬다 동사 [꼬:-]

규10-0 꼬고, 꼬지, 꼬아서/꽈서, 꼽니다, 꼬았다/꽜다

타동사

① 여러 가닥을 비비어 한 줄로 만들다.
¶ 지붕을 일 때 쓰려고 새끼를 꼽니다.
② 몸이나 팔다리 따위를 이리저리 뒤틀다.
¶ 지하철에서 다리를 꼬고 앉으면 옆 사람이 불편을 느낀다.
③ 마음에 거슬릴 정도로 빈정거리다. 비꼬다.
¶ 내 말을 꼬아 듣지 말고 곧이곧대로 들어라.

속담

- **꼬기는 칠팔월 수수 잎 꼬이듯** ① 심술이 사납고 마음이 토라졌음을 비유하여 이르는 말. ② 의사 표시를 솔직하게 하지 않고 우물쭈물함을 비유하여 이르는 말.

꼬라박다 동사

규10-1 꼬라박고, 꼬라박으니, 꼬라박아서, 꼬라박는, 꼬라박은, 꼬라박습니다, 꼬라박았다

타동사

① 거꾸로 내리박다.

¶ 자동차를 몰고 가다가 길옆의 전봇대를 들이받고 개울에 꼬라박고 말았다.

¶ 예전에는 조금만 잘못 해도 머리를 꼬라박게 하는 일이 흔했다.

② 돈 따위를 어떤 일에 헛되이 써 버리다.

¶ 부모가 물려준 재산을 장사한다고 다 꼬라박고 빈털터리가 되고 말았다.

꼬시다 동사

규11-0 꼬시고, 꼬시어/꼬셔, 꼬시는, 꼬신, 꼬십니다, 꼬시었다/꼬셨다

타동사

(속되게) '꾀다[2]', '꼬이다[3]'의 뜻으로 쓰는 말.

▶ '꼬시다'는 '유혹하다'의 뜻으로 '꼬이다[3]'을 속되게 쓰는 말이다. 둘 다 표준어이다.

꼬이다[1] 동사 ㊟ 꾀다[1]

규11-0 꼬이고, 꼬이지, 꼬이어/꼬여, 꼬인, 꼬입니다, 꼬이었다/꼬였다

자동사

① 벌레 따위가 한곳에 많이 모여들어 뒤끓다.

¶ 무더운 장마철에는 모기가 많이 꼬인다.

② 사람이 한곳에 많이 모이다.
¶ 싸다고 소문이 난 가게로 사람들이 꼬여 들기 시작했다.
¶ 나한테는 도와 달라는 사람만 꼬이는 것 같다.

ㄱ

꼬이다[2] 동사

규11-0 꼬이고, 꼬이어/꼬여, 꼬인, 꼬입니다, 꼬이었다/꼬였다

자동사

① (일이) 얽히거나 뒤틀리다.
¶ 잘 진행되던 일이 정부의 정책 변화로 꼬이기 시작하여 결국 파탄 나고 말았다.
¶ 하는 일마다 꼬일 때에는 일을 잠시 쉬는 것이 좋다.
② 마음이 올곧지 않거나 뒤틀리다.
¶ 무슨 일로 마음이 꼬였는지 내가 하는 말마다 핀잔을 준다.
¶ 피해를 많이 당하면 생각이 꼬여 매사를 바로 보지 못한다.

피동사

'꼬다'의 피동형.
¶ 연줄이 꼬여 연이 곤두박질쳤다.
¶ 술에 취했는지 자꾸 다리가 꼬여 비틀거리며 걷는다.
¶ 어른들 말이 조금만 길어져도 아이들은 몸이 비비 꼬이는지 가만히 있지 못한다.

꼬이다[3] 동사 준 꾀다[2]

규11-0 꼬이고, 꼬이지, 꼬이어/꼬여, 꼬인, 꼬입니다, 꼬이었습니다/꼬였습니다

타동사

=꼬시다
¶ 친구들을 꼬여서 놀기만 한다.
¶ 책을 읽는 동생을 꼬여서 같이 컴퓨터 게임을 했다.
▶ '꼬이다[3]'의 뜻으로 '꼬시다'를 쓸 수 있다. 둘 다 표준어이다.

꼽다 동사

규10-1 꼽고, 꼽는, 꼽아, 꼽습니다

타동사

① 손가락을 꼬부리거나 펴면서 수를 헤아리다.

¶ 결혼식 날이 며칠 남았는지 손가락을 **꼽아** 헤아려 보았다.

¶ 우리 뜻에 찬성한 사람은 손가락으로 **꼽을** 정도밖에 안 된다.

② 골라서 가리켜 정하다.

¶ 우리는 그를 우리나라의 가수로서 첫 손가락에 **꼽는다**.

¶ 어머니의 요리를 우리 식구들은 일등 요리로 **꼽았다**.

복합어

- **꼽히**다 [피동사] '꼽다'의 피동형.
- **손꼽**다 [타동사] ① 손가락을 하나씩 꼬부리며 수를 헤아리다. ¶ 소풍갈 날을 **손꼽아** 기다리는 아이들의 마음을 헤아려 보아라. ② 많은 가운데 다섯 손가락 안에 들 만큼 뛰어나거나 그 수가 적다. ③ 여럿 중에서 뛰어나다고 여기다. ¶ 내가 위대한 사람으로 **손꼽는** 사람은 세종 임금이다.
- **손꼽히**다 [피동사] ① '손꼽다②'의 피동형. ¶ 그는 우리나라에서 **손꼽히는** 부자이다. ② '손꼽다③'의 피동형. ¶ 이 영화는 최고의 영화로 **손꼽힌다**.

꽂다 동사

규10-1 꽂고, 꽂는, 꽂아, 꽂네, 꽂습니다, 꽂았다

타동사

① 박아 세우거나 끼우다.

¶ 콘센트에 플러그를 **꽂으면** 전기가 들어온다.

¶ 물병에 꽃 몇 송이를 **꽂아** 놓으니 방 안 분위기가 밝아졌다.

② 내던져서 거꾸로 박히게 하다.

¶ 자기보다 큰 상대를 들어서 바닥에 **꽂는** 걸 보니 놀라웠다.

③ 시선 따위를 한곳에 고정하다.

¶ 못마땅한 듯이 그의 손에 눈길을 **꽂으며** 이마를 찡그렸다.

④ 윷놀이에서, 말을 뒷밭에 놓다. 뒤꽂다.

복합어

- **꽂개** 명사 ① 아이들 놀이의 하나. 길이가 한 자쯤 되는 나무 막대기를 진흙에 꽂아 깊이 박힌 정도를 재어 내기를 한다. ② 무엇을 꽂게 만든 물건.
- **꽂을대** 명사 총포에 화약을 재거나 총열 안을 청소할 때 쓰는 쇠꼬챙이.
- **꽂히다** 피동사 '꽂다' 피동형.
- **내꽂다** 타동사 밖이나 앞을 향하여 세게 또는 마구 꽂다.
- **내리꽂다** 타동사 어떤 대상을 위에서 아래로 힘차게 꽂다.
- **내리꽂히다** 피동사 '내리꽂다'의 피동형.
- **덧꽂다** 타동사 꽂은 위에 겹쳐 꽂다.
- **뒤꽂다**[뒤:-] 타동사 윷놀이에서, 말을 뒷밭에 놓다.
- **들이꽂다**[1] 타동사 마구 꽂다.
- **들이꽂다**[2] 타동사 안쪽으로 꽂다.
- **들이꽂히다**[1] 피동사 마구 꽂히다. '들이꽂다[1]'의 피동형.
- **들이꽂히다**[2] 피동사 안쪽으로 꽂히다. '들이꽂다[2]'의 피동형
- **메꽂다**[메:-] 타동사 '메어꽂다'의 준말.
- **메다꽂다**[메:-] 타동사 '메어꽂다'를 강조하여 이르는 말.
- **메어꽂다** 타동사 어깨 너머로 들어 올렸다가 힘껏 내리꽂다.
- **치꽂다** 타동사 아래에서 위를 향하여 꽂다.

'꽂다'와 '꼽다'의 혼동

'ㅈ' 받침과 'ㅂ' 받침의 소리 차이를 제대로 발음하지 못하고 두 낱말을 헷갈려 '꽂다'를 '꼽다'로 잘못 쓰는 경우가 많다. 누구나 헷갈려서 실수할 수 있으므로 조심해야 한다.

꽃봉오리 명사

① 망울만 맺히고 아직 피지 아니한 꽃. =봉오리

¶ 눈 속에서도 **꽃봉오리**가 맺혔다.

¶ 꽃을 피워 보지도 못하고 **꽃봉오리**가 떨어졌다.

② 희망찬 젊은 세대를 비유하여 이르는 말.

¶ 아직 피지도 못한 **꽃봉오리**로 이 세상을 떠난 아이들을 위해 기도한다.

✕ 꽤재재하다

'꾀죄죄하다'의 틀린 말.

꾀다[1] 동사 [꾀:-]

규11-0 꾀고, 꾀므로, 꾀어/꽤, 꾄다, 꾑니다, 꾀었다/꽸다

자동사

① 벌레 따위가 한곳에 많이 모여들어 뒤끓다. =꼬이다[1]

¶ 음식물을 함부로 버려 파리 같은 벌레들이 엄청나게 꾄다.

② 사람이 한곳에 많이 모이다. =꼬이다[1]

¶ 그곳은 온갖 잡놈들이 꾀는 곳이니 가까이 가지 마라.

복합어

- **꾀어들다** 자동사 사람들이 한곳에 많이 모여들다.

꾀다[2] 동사 [꾀:-]

규11-0 꾀고, 꾀므로, 꾀어/꽤, 꾄다, 꾑니다, 꾀었다/꽸다

타동사

그럴듯한 말이나 행동으로 남을 속이거나 부추겨서 자기 생각대로 끌다. =꼬이다[3]

¶ 여기는 사내들이 여자들을 꾀러 몰려드는 곳이다.

복합어

- **꾀어내다** 타동사 꾀를 쓰거나 유혹하여 자기 생각대로 끌다.
- **꾀어넘기다** 타동사 꾀어서 속아 넘어가게 하다.
- **꾐**[꾐:] 명사 남을 속이거나 부추기어 자기 생각대로 어떤 일을 하게 만드는 일.
- **꾐수**[꾐:-] 명사 남을 속여 넘기는 수단.
- **꾐질**[꾐:-] 명사 남을 속여 넘기는 짓.

'꼬이다[3]'과 '꾀다'의 활용형

연결 어미 '-어'나 과거 시제 선어말 어미 '-었-'을 연결할 때에 형태가 좀 특별하게 바뀐다.

구분	-고, -는, -오	-ㄴ, -ㄹ, -ㅂ니다	-어, -었-
꼬이다	꼬이고, 꼬이는, 꼬이오	꼬인, 꼬일, 꼬입니다	꼬이어/꼬여, 꼬이었다/꼬였다
꾀다	꾀고, 꾀는, 꾀오	꾄, 꾈, 꾑니다	꾀어/꽤, 꾀었다/꽸다

이런 형태는 '쏘이다/쐬다', '고이다/괴다', '조이다/죄다', '보이다/뵈다'의 활용에서도 나타난다.

꾀재재하다

'꾀죄죄하다'의 틀린 말.

꾀죄죄하다 형용사

불20-9 꾀죄죄하고, 꾀죄죄하여/꾀죄죄해, 꾀죄죄한, 꾀죄죄합니다, 꾀죄죄하였다/꾀죄죄했다

① 옷차림이나 모양새가 매우 지저분하고 궁상스럽다.

¶ 옷차림이 꾀죄죄해서 처음에는 그를 알아보지 못했다.

② 마음 씀씀이나 하는 짓이 매우 좀스럽고 옹졸하다.

¶ 그렇게 꾀죄죄한 짓은 그만 해라.

꾸물거리다 동사

규11-0 꾸물거리고, 꾸물거리어/꾸물거려, 꾸물거립니다, 꾸물거리었다/꾸물거렸다

자동사

① 매우 느리게 자꾸 움직이다.

¶ 습기 찬 바닥에 수많은 벌레들이 꾸물거리고 있었다.

② 게으르고 굼뜨게 행동하다.
¶ 심부름을 시킨 지 언제인데 아직도 거기서 꾸물거리고 있느냐?

타동사
몸의 일부를 느리게 자꾸 움직이다.
¶ 서 있을 때에도 발가락을 자주 꾸물거려야 건강에 좋다.

꾸미다 동사

규11-0 꾸미고, 꾸미지, 꾸미어/꾸며, 꾸민, 꾸밀, 꾸밉니다, 꾸미었다/꾸몄다

타동사
① 보기 좋게 만들거나 손질하다.
¶ 요즘 사람들은 얼굴을 꾸미는 데에 너무 많이 투자한다.
¶ 우리 마을을 사람들이 즐겨 찾도록 잘 꾸밉시다.
② 사실인 것처럼 지어내다.
¶ 기자는 꾸며서 글을 쓰면 안 된다.
③ 일을 꾀하거나 짜다.
¶ 그들이 자주 만나는 것을 보면 무슨 일을 꾸미는 것이 틀림없다.
¶ 지금은 그런 음모를 꾸밀 때가 아니다.

복합어
- **꾸며내다** 타동사 이야기를 그럴 듯하게 만들어 내다. .
- **꾸며대다** 타동사 그럴싸하게 둘러대다. ¶ 거짓을 꾸며대며 순간을 모면하려 하지 마라.
- **꾸미개** 명사 ① 몸을 꾸미기 위해서 다는 물건. 장식품. ② 옷, 망건, 돗자리의 가장자리를 여미기 위해 꾸미는 헝겊 오리.
- **꾸미기** 명사 꾸미는 일.
- **꾸민난간**(-欄干) 명사 (난간의) 동자기둥 사이에 가는 살로 짜서 꾸민 난간.
- **꾸밈말** 명사 문장 속에서 다른 말을 꾸미는 말. 수식어.
- **꾸밈새** 명사 꾸민 모양새.
- **꾸밈없다** 형용사 일부러 지어내거나 짐짓 꾸미는 태도가 없다. 참되고 자연스럽다.
- **꾸밈없이** 부사 짐짓 꾸미거나 지어낸 티가 없이. 참되고 자연스럽게.

• **꾸밈음**(-音) 명사 화성(和聲)이나 가락에 변화를 주기 위하여 덧붙이는 음. 악보에 작은 음표나 특별한 기호로 나타낸다. 장식음(裝飾音).

• **꾸밈 조각**(-彫刻) 명사 집이나 세간 따위를 꾸미는 조각. 장식 조각(裝飾彫刻).

ㄱ

끄물거리다 동사

규11-0 끄물거리고, 끄물거리어/끄물거려, 끄물거립니다, 끄물거리었다/끄물거렸다

자동사

① 날씨가 활짝 개지 아니하고 자꾸 흐려지다.

¶ 날씨가 *끄물거리는* 걸 보니 머지않아 비가 내릴 것 같다.

② 불빛 따위가 밝게 비치지 아니하고 자꾸 침침해지다.

¶ 불이 *끄물거리며* 꺼지려 한다.

'꾸물거리다'와 '끄물거리다'

두 낱말은 전혀 다른 의미로 쓴다. '꾸물거리다, 꾸물꾸물하다'는 사람의 행동에 쓰고, '끄물거리다, 끄물끄물하다'는 흐린 날씨에 쓴다.

¶ 날씨가 왜 이렇게 *꾸물거리는지*(×) 모르겠다. → 끄물거리는지

¶ 온종일 날씨가 *꾸물꾸물하여*(×) 외출할 마음이 안 난다. → 끄물끄물하여

끈[1] 명사

① (물건을) 매거나 꿰거나 하는 데에 쓰는 가늘고 긴 물건.

¶ 짐을 *끈*으로 묶어 기둥에 단단히 매어 두었다.

¶ 운동화 *끈*을 단단히 졸라매어라.

② 물건에 붙여 손잡이로 쓰는 물건.

¶ 너무 오래 썼더니 가방 *끈*이 다 닳았다.

③ 의지할 만한 힘이나 연줄.

¶ 우리 사회에는 이끌어 줄 *끈*이 있어야 출세할 수 있다는 생각이 팽배해 있다.

④ 인연이나 관계를 비유하여 이르는 말.
¶ 그래도 그와 끈을 유지하는 것이 좋겠다.

끈[2] [끈:]

동사 '끌다'의 관형사형.
¶ 그렇게 오래 끈 사업은 처음이다.
¶ 일을 너무 질질 끈 탓에 비용이 많이 들었다.

끌 [끌:]

동사 '끌다'의 관형사형. ×끌을
¶ 이렇게 오래 끌 사업이라면 시작하지 않았을 것이다.

끌다 동사 [끌:-]

불11-2 끌고, 끌므로, 끌어, 끄는, 끄세요, 끄오, 끈, 끈다, 끌, 끕니다, 끕시다, 끌었다

타동사
① 바닥에 대고 앞으로 당기다.
¶ 신을 끌지 마라.
② 짐승이나 차 따위를 부리거나 움직이게 하다.
¶ 소를 끌고 논으로 갔다.
¶ 길에 잠깐 세워 놓은 자동차를 견인차가 끌고 갔다.
③ 관심 따위를 갖게 하다.
¶ 사람들의 눈길을 끄는 옷을 입고 다닌다.
¶ 인기를 끌 비법을 알려 다오.
④ 늦추거나 미루다.
¶ 시간을 너무 끈 것 같다.
¶ 선생님은 일을 너무 끄십니다.

⑤ 길게 늘이다.
¶ 말꼬리를 끄는 버릇이 네 형과 매우 비슷하다.
⑥ 이끌다.
¶ 친구들을 많이 끌고 집에 와서 밥을 달라고 한다.
⑦ 옮기다. 인용하다.
¶ 그 부분은 내 글에서 끌어 온 것 아닌가?
⑧ (줄이나 관을 통하여) 가져오다.
¶ 아주 먼 데서 수도와 전기를 끌어 썼다.

복합어

- **끌리다**[끌:-] 피동사 올림말 '끌리다' 참고.
- **끌신**[끌:-] 명사 발의 뒤축이 없고 앞부분만 꿰어 신는 신. 슬리퍼.
- **끌어가다**[끌:-] 타동사 ① 강제로 데려가거나 붙잡아 가다. ¶ 군인들이 들어와서 장정들을 모두 끌어갔다. ② 안내하다. 인도하다. ¶ 이야기를 엉뚱한 방향으로 끌어가려 한다. ③ 빼앗아 가져가다. ¶ 집달리가 우리 집에 있는 세간을 모두 끌어갔다.
- **끌어내다**[끌:-] 타동사 ① 당겨서 밖으로 내다. ② 억지로 나오게 하다. ¶ 떠드는 사람을 끌어내어 내보냈다. ③ 어떤 것에서 새로운 것을 논리적으로 찾아 드러내다. ¶ 정치는 사람들에게서 동의와 협력을 끌어내는 노력이다.
- **끌어내리다**[끌:-] 타동사 어떤 자리에서 물러나게 하거나, 더 낮은 자리로 옮기게 하다. ¶ 국민이 그를 대통령직에서 끌어내렸다.
- **끌어넣다**[끌:-] 타동사 어떤 일에 관계하게 만들다. ¶ 사생활을 공적인 활동에 끌어넣지 마라.
- **끌어당기다**[끌:-] 타동사 ① 끌어서 가까이 오게 하다. ② 기울게 만들다. ¶ 그의 글은 사람의 마음을 끌어당기는 힘이 있다.
- **끌어대다**[끌:-] 타동사 ① 끌어 무엇에 맞추다. ¶ 그런 가당치 않은 이유를 끌어대어 주장을 합리화하려 하지 마시오. ② 구하거나 빌려서 뒤를 대다. ¶ 어디서든 당장 돈을 끌어대지 않으면 회사가 망하게 생겼어.
- **끌어들이다**[끌:-] 타동사 ① 권하거나 꾀어서 자기편이 되게 하다. ¶ 이 모임이 성공하려면 젊고 유능한 사람을 많이 끌어들여야 하오. ② (주로 좋지 않은 일에) 참여하게 만들다. ¶ 마약 사업에 친구를 끌어들였다가 그와 함께 쫓기는 몸이 되었다.
- **끌어매다**[끌:-] 타동사 조각을 끌어 맞추어 아무렇게나 꿰매다.
- **끌어모으다**[끌:-] 타동사 자신의 목적을 이루기 위하여 여럿을 모으다.
- **끌어안다**[끌:-] 타동사 ① 끌어당기어 안다. ② 일이나 책임을 맡다. ¶ 너 혼자 하겠다고 일을 끌어안고 있는 것은 바람직한 일이 아니다.

• **끌어오다**[끌:-] 타동사 ① 끌어서 가져오다. 잡아당겨서 가져오다. ② 억지로 데려오다. ¶ 범인을 경찰서로 끌어왔다. ③ 선이나 관을 연결하여 이르게 하다. ¶ 우리 동네는 앞 동네에서 전기를 끌어와서 쓰고 있다. ④ 줄곧 이어져 오다. ¶ 전쟁은 거의 3년을 끌어왔다. ⑤ (다른 작품에서) 옮겨 오다.

• **끌어올리다**[끌:-] 타동사 높은 자리나 지위로 올려 주다. ¶ 물에 빠진 사람을 밧줄로 끌어올렸다. / 부장이 제 고향 후배를 끌어올리려다 직원들 불만을 샀다.

• **끌영창**(-映窓)[끌:-] 명사 한 짝을 밀면 다른 한 짝이 함께 끌려 열리는 미닫이창.

• **끌줄**[끌:-] 명사 배에 달아 그물을 끄는 줄.

• **끌줄하다**[끌:-] 자동사 그물에 달린 끌줄을 잡아당기다.

• **내끌다**[내:-] 타동사 밖으로 세게 또는 마구 끌다.

• **들이끌다**[1] 타동사 마구 세게 끌다.

• **들이끌다**[2] 타동사 안쪽으로 끌다.

• **이끌다** 타동사 ① 목적하는 곳으로 바로 가도록 따라오게 하다. ¶ 저를 출판의 길로 이끄신 분은 제 스승이십니다. ② 어떤 방향으로 나가게 하다. ¶ 우리 모임을 잘 이끌어 주세요.

• **잡아끌다** 타동사 손으로 잡고 끌다. ¶ 언니가 내 손을 잡아끌고 집으로 갔다.

'끌다'와 '끄다'의 활용형

'끌다'에 어미가 붙으면 'ㄹ'이 탈락하여 '끄다'와 활용형이 같아지는 경우가 있다.

① '-나', '-네', '-는', '-니', '-ㄴ다'처럼 'ㄴ'으로 시작하는 어미가 붙을 때

¶ 신발을 끄는 것은 좋지 않다.(동사 '끌다')

¶ 불을 끄는 것은 좋지 않다.(동사 '끄다')

¶ 아이가 신을 끈다.(동사 '끌다')

¶ 아이가 촛불을 끈다.(동사 '끄다')

② '-시오', '-십시오', '-세요'처럼 'ㅅ'으로 시작하는 어미가 붙을 때

¶ 어서 밧줄을 끄세요.(동사 '끌다')

¶ 어서 불을 끄세요.(동사 '끄다')

③ '-ㅂ니다', '-ㅂ시다'처럼 'ㅂ'으로 시작하는 어미가 붙을 때

¶ 지금 밧줄을 끕니다.(동사 '끌다')

¶ 지금 촛불을 끕니다.(동사 '끄다')

④ '-오' 뒤에서도 '끌다'의 'ㄹ'이 탈락하여 '끄다'의 활용형과 같아진다.

¶ 어른들이 밧줄을 끄오.(동사 '끌다')

¶ 아이가 촛불을 끄오.(동사 '끄다')

이와 같은 문제는, '갈다'와 '가다', '길다'와 '기다', '깔다'와 '까다', '날다'와 '나다', '빌다'와 '비다', '살다'와 '사다', '설다'와 '서다', '쓸다'와 '쓰다', '줄다'와 '주다', '잘다'와 '자다', '질다'와 '지다'의 활용형에서도 생긴다.

'끌다' 활용형의 소리내기

'끌다'는 '끌'을 길게 소리 내야 한다. 그래서 활용형에 긴소리 표시를 해 놓았다. 어미가 '-어', '-어서-', '-었-'처럼 모음으로 시작하는 경우에도 '끌'을 길게 소리 낸다. '끌다'의 피동사 '끌리다'의 '끌'도 길게 소리 낸다.

끌리다 동사 [끌:-]

규11-0 끌리고, 끌리는, 끌리어/끌려, 끌립니다, 끌리었다/끌렸다

피동사

'끌다'의 피동형.

¶ 치마가 바닥에 끌리는 소리가 스르륵 난다.

¶ 그의 부탁에 끌려서 장에 가게 되었다.

¶ 첫눈에 그 여자에게 마음이 끌렸다.

¶ 친구에게 끌려 술집에 갔다.

복합어

- **끌려가다**[끌:-] 자동사 남이 시키는 대로 억지로 따라가다. ¶ 일제 강점기 때 징용으로 끌려갔다가 구사일생으로 살아 돌아왔다.
- **끌려다니다**[끌:-] 자동사 다른 사람에게 이끌려서 줏대 없이 왔다 갔다 하다. ¶ 남한테 끌려다니지 말고 자기 목소리를 분명히 내야 한다.
- **끌려들다**[끌:-] 자동사 유혹이나 속임수에 말려들다.
- **끌려오다**[끌:-] 자동사 마지못해 따라오다. ¶ 도살장에 끌려오는 소는 다 죽음을 예감한다고 한다.

끝내 부사 [끈-]

① (주로 부정을 나타내는 말과 함께 쓰이어) 끝까지 내내.

¶ 그는 끝내 전향을 거부하고 평생 옥살이를 하였다.

¶ 범인은 끝내 입을 열지 않았다.

② 끝에 가서 결국.
¶ 살아 돌아올 것이라는 바람은 끝내 이루어지지 않았다.
¶ 그는 수술을 받았으나 끝내 숨지고 말았다.
▶ '끝내'와 '마침내', '드디어', '결국'의 용법 차이는 올림말 '마침내' 참고.

끝부분 명사 (-部分)

① 물체의 끝 쪽에 있는 부분.
¶ 손가락 끝부분에 물집이 잡혔다.
¶ 오이나 참외는 끝부분이 쓰다.
② 어떤 일의 끝을 이루는 부분.
¶ 겨울도 이제 끝부분이 가고 있다.
¶ 영화 끝부분에서 생각지도 못한 반전이 있었다.

끼다[1] 동사 [끼:-]

규11-0 끼고, 끼니, 끼어, 낍니다, 끼었다/꼈다

자동사

① 벌어진 틈으로 들어가다.
¶ 줄 서 있는 사람들 사이에 끼어 표를 샀다.
② 여럿 사이에 섞이다.
¶ 젊은이들 틈에 끼어 함께 춤을 추고 놀았다.
③ 어떤 일에 관여하다.
¶ 그도 도박판에 끼어 있었다.

복합어

- **껴들다** 자동사 '끼어들다'의 준말.
- **껴묻다** 자동사 다른 것에 함께 끼어 덧붙다. ¶ 다른 일행에 껴묻어 함께 여행했다.
- **끼어들다** 자동사 자기 순서나 자리가 아닌 틈 사이를 비집고 들어서다.

끼다[2] 동사
[끼:-]

규11-0 끼고, 끼니, 끼어, 낍니다, 끼었다/꼈다

타동사

① 사이에 넣어 빠지지 않다.
¶ 옆구리에 가방을 끼고 달렸다.
② 걸려 있거나 고정되어 있도록 꿰거나 꽂다.
¶ 여자는 손가락에 반지를 끼었다.
¶ 안경을 낀 사람이 뜻밖에 많더라.
¶ 전구를 갈아 끼어라.
③ 팔이나 손을 서로 걸다.
¶ 연인이 팔짱을 끼고 걸어간다.
¶ 사범은 두 손을 깍지를 낀 상태로 물구나무서기를 하였다.
④ 곁에 두거나 가까이 하다.
¶ 그는 늘 책을 끼고 산다.
¶ 그 건물을 끼고 돌아서 100미터 걸어가면 오른쪽에 우체국이 있다.
¶ 항상 아들을 끼고 다녀서 아들을 응석받이로 만들었다.
⑤ 다른 것을 겹치다.
¶ 속옷을 두 벌 끼어 입었더니 덜 추웠다.
⑥ 남의 힘을 빌리거나 이용하다.
¶ 고위 공무원을 끼고 사업을 하려는 사람은 실패한다.

복합어

- **껴들다** 타동사 ① 팔로 끼어서 들다. ② 둘 이상의 물건을 한데 겹쳐서 들다.
- **껴묻다** 타동사 묻은 곳에 또 다른 것을 묻다. ¶ 관 속에 그가 평소 좋아하던 물건을 껴묻어 주었다.
- **껴붙들다** 타동사 팔로 끼어서 붙들다.
- **껴붙임** 명사 바둑에서, 자기 돌에 나란히 붙어 있는 상대편의 돌 하나를 반대 방향에서 붙여 두는 수.
- **껴안다** 타동사 ① 두 팔로 감싸서 품에 안다. ② 혼자서 여러 가지 일을 떠맡다.
- **껴입다** 타동사 ① 옷을 입은 위에 겹쳐서 또 입다. ② 몸에 맞지 않는 옷을 억지로 입다.
- **껴잡다** 타동사 ① 팔로 끼어서 잡다. ② 한데 몰아서 잡다. ¶ 화살 여러 개를 껴잡아 부러뜨렸다.
- **끼고돌다**[끼:-] 타동사 상대편을 무조건 감싸고 변호하다. ¶ 자기편이라고 잘잘못을 따지지 않고 무조건 끼고도는 것은 옳지 않다.

• **덧끼다** [타동사] 낀 위에 겹쳐 끼다. ¶ 장갑을 덧끼었어도 손이 시리기는 마찬가지이다.
• **엇끼다** [타동사] 서로 맞물리다.
• **지르끼다** [타동사] 지르듯이 꽂거나 박다.

끼다[3] 동사 [끼:-]

규11-0 끼고, 끼니, 끼어, 낀다, 낍니다, 끼었다/꼈다

자동사

① 안개나 연기 따위가 퍼져서 서리다.
¶ 안개가 잔뜩 끼어 앞뒤를 분간할 수 없었다.
¶ 그는 때가 잔뜩 낀 옷을 입고 머리는 산발을 하고 나타났다.
¶ 동생은 때가 잔뜩 낀 손으로 김밥을 집어먹었다.
② 이끼나 녹 따위가 물체를 덮다.
¶ 이끼가 낀 바위를 잘못 밟아 미끄러졌다.
¶ 장판에 곰팡이가 끼었다.
③ 얼굴이나 목소리에 어떤 기미가 어리어 돌다.
¶ 얼굴에 수심이 가득 끼어 있었다.
¶ 얼굴에 기미가 잔뜩 끼다.

복합어

• **곱끼다** [자동사] 부스럼이나 헌데에 곱이 생기다.

끼어들다 동사

불11-2 끼어들고, 끼어드니, 끼어들어, 끼어드는, 끼어듭니다, 끼어들었다

자동사

① 자기 순서나 자리가 아닌 틈 사이를 비집고 들어가다.
¶ 줄서서 기다리는 사람들 사이로 **끼어들지** 마세요.
¶ 내 차 앞으로 갑자기 버스가 **끼어들었다**.

② 남의 일에 참견하다.
¶ 어른이 말하는 데에 끼어들지 않았으면 좋겠다.
¶ 우리 일에 끼어들었다가는 고생만 한다.

×끼여들다

'끼어들다'의 틀린 말.

▶ 새치기하는 행위를 '끼어들다'라고 하고, '끼여들다'라고 하지 않는다. 주어가 능동적으로 하는 행위이므로 피동형인 '끼여(끼이어)'를 쓸 수 없기 때문이다.

끼우다 동사

규11-0 끼우고, 끼워, 끼운, 끼웁니다, 끼웠다

타동사

① 벌어진 사이에 무엇을 넣고 죄어서 빠지지 않게 하다.
¶ 나사를 끼우고 꽉 조였다.
¶ 열쇠를 끼워서 오른쪽으로 돌려야 문이 열린다.
② 무엇에 걸려 있도록 꿰거나 꽂다.
¶ 타이어를 새것으로 갈아 끼웠다.
③ 덧보태다.
¶ 요즘은 불황이라 잘 안 팔리는 물건을 끼워 팔기도 한다.

끼이다 동사

규11-0 끼이고, 끼이니, 끼이어/끼여, 끼입니다, 끼이었다/끼였다

피동사

'끼다[2]'의 피동형.
¶ 발이 돌 틈에 끼여/끼이어 빠지지 않는다.
¶ 두 사람 사이에 끼여/끼이어 꼼짝도 할 수 없었다.

자동사

① 무리 가운데 섞이다.

¶ 구경꾼 틈에 아이들이 여기저기 끼여/끼이어 있었다.

② 어떤 일에 관여하다.

¶ 얼떨결에 노름판에 끼이는 처지가 되었다.

끼치다[1] 동사

규11-0 끼치고, 끼치어/끼쳐, 끼친, 끼칠, 끼치었다/끼쳤다

자동사

① (기운이나 냄새, 생각, 느낌 따위가) 덮치듯이 확 밀려들다.

¶ 문을 열자 찬 기운이 훅 끼쳐 들어왔다.

¶ 부엌에 들어서자 생선 비린내가 코에 끼쳤다.

② (소름이) 한꺼번에 돋아나다.

¶ 그의 말을 듣는 순간 온몸에 소름이 쫙 끼쳤다.

끼치다[2] 동사

규11-0 끼치고, 끼치어/끼쳐, 끼친, 끼칠, 끼치었다/끼쳤다

타동사

① 해, 폐, 불편 따위를 당하거나 입게 하다.

¶ 이 공사로 시민에게 불편을 끼치게 되었다.

¶ 나는 평생 부모님께 걱정을 끼치며 살았다.

② 어떠한 일을 후세에 남기다.

¶ 그분은 우리 마을에 큰 공적을 끼치셨다.

▶ '끼치다'와 '미치다'의 차이는 올림말 '미치다[2]' 참고.

ㄴ

-ㄴ 어미

관형사형 어미

① (받침 없는 동사 어간, 'ㄹ' 받침인 동사 어간, 또는 어미 '-시-/-으시-' 뒤에 붙어) 그 말이 관형어가 되게 하는 말. 동사에 붙으면 과거의 동작임을 나타낸다.

¶ 이 옷은 사람의 손으로 짠 것이다.

¶ 다 보신 뒤에 돌려주세요.

¶ 지금 떠든 사람이 누구지?

② ('이다'의 어간, 받침 없는 형용사 어간, 'ㄹ' 받침인 형용사 어간, 또는 어미 '-시-/-으시' 뒤에 붙어) 그 말이 관형어가 되게 하는 말. 현재 상태나 사실임을 나타낸다.

¶ 가을은 푸른 하늘을 볼 수 있어 좋다.

¶ 훌륭하신 선생님 밑에서 공부했다.

▶ 어미 '-ㄴ'과 '-은'의 용법 차이는 올림말 '-은[2]' 참고.

-ㄴ걸 어미

종결 어미

① (받침 없는 동사 어간, 'ㄹ' 받침인 동사 어간, 또는 어미 '-시-/-으시-' 뒤에 붙어) 현재의 사실이 이미 알고 있는 바나 기대와는 다른 것임을 나타내는 말. 가벼운 반박이나 감탄, 또는 지나간 일에 대한 후회를 드러내는 표현이다. 주로 입말에서 해라체로 쓴다.

¶ 그렇지만 이미 일은 끝난걸.

② ('이다'의 어간, 받침 없는 형용사 어간, 'ㄹ' 받침인 형용사 어간, 또는 어미 '-시-/-으시' 뒤에 붙어)

현재 사실로 가벼운 반박을 하는 경우에 사용하는 말. 주로 입말에서 해라체로 쓴다.

¶ 그 앤 아직 어린인걸.

¶ 내가 원하던 맛이 아닌걸.

'-ㄴ걸', '-는걸', '-은걸'

앞말의 품사에 따라서, 시제에 따라서, 받침이 있고 없음에 따라서 아래와 같이 다른 형태의 어미를 사용한다.

	동사		형용사		이다	
	받침 없음	받침 있음	받침 없음	받침 있음	받침 없음	받침 있음
현재	-는걸	-는걸	-ㄴ걸	-은걸	-ㄴ걸	-인걸
과거	-ㄴ걸	-은걸				
미래	-ㄹ걸	-을걸	-ㄹ걸	-을걸	-ㄹ걸	-일걸

'-ㄴ걸'과 '-ㄴ 걸'

'-ㄴ걸'은 어미이고, '-ㄴ 걸'은 관형사형 어미 '-ㄴ'에 의존 명사 '거'와 목적격 조사 'ㄹ'이 결합한 형태이다. 곧, '-ㄴ 걸'은 '-ㄴ 거를', '-ㄴ 것을'과 같은 말이다.

① -ㄴ걸/-는걸/-은걸/-ㄹ걸/-을걸

¶ 그 영화는 나도 이미 본걸.

¶ 네 동생은 지금 저기 가는걸.

¶ 나는 이 옷이 좋은걸.

¶ 내일쯤 그가 도착할걸.

¶ 동생은 지금 점심을 먹을걸.

¶ 이 이야기도 썩 괜찮은 이야긴걸.

¶ 성인식을 치렀으니 너도 이제 어른인걸.

② -ㄴ걸/-는 걸/-은 걸/-을 걸

¶ 벌써 시간이 이렇게 된 걸 몰랐어.

¶ 네 동생이 거기 가는 걸 보았다.

¶ 손님에게 더 좋은 걸 주어야 한다.

¶ 그가 오늘 도착할 걸 아무도 내게 알려주지 않았다.

¶ 어서 이 환자에게 먹을 걸 갖다 주어라.

¶ 한마디만 듣고도 괜찮은 이야긴 걸 알아차렸다.

¶ 너도 이제부터 어른인 걸 잊지 마라.

-ㄴ다 어미

종결 어미

(받침 없는 동사 어간, 'ㄹ' 받침인 동사 어간, 또는 어미 '-(으)시-' 뒤에 붙어) 해라할 자리에 쓰이어, 현재 사건이나 사실을 서술하는 뜻이나 자기에게 묻는 물음을 나타내는 말.(받침이 없는 어간 뒤에 붙을 때에는 'ㄴ'을 어간의 받침으로 표기한다. 즉, '가다+ㄴ다→간다'의 형태가 된다.)

¶ 나는 지금 학교에 간다.
¶ 오늘은 아침부터 비가 내린다.
¶ 우리는 서울에서 산다.
¶ 부모님은 광주에서 사신다.
¶ 그곳에 누구를 보낸다?

'-ㄴ다'와 '-는다'

두 어미 다 현재 사건이나 사실을 서술하는 뜻이나 자기에게 묻는 물음을 나타내는 종결 어미로 사용하는데, 어간 끝음절의 형태에 따라서 구별하여 사용한다. 사용법은 아래 표와 같다.

어간의 끝음절 형태		해당 단어 예	어미 선택	
받침 없음	동사	가다, 사다, 자다, 크다	-ㄴ다	간다[1], 산다[1], 잔다, 큰다
	'-시-'가 있는 경우	가시다, 보시다	-ㄴ다	가신다, 보신다
받침 있음	'ㄹ' 받침	갈다, 놀다, 살다	-ㄴ다	간다[2], 논다, 산다[2]
	그 밖의 모든 받침	먹다, 잡다, 갚다 굽다, 잇다, 붓다	-는다	먹는다, 잡는다, 갚는다 굽는다, 잇는다, 붓는다

한국어는 어간과 어미 사이에 수많은 변화가 일어나는 언어이다. 이 변화를 완전히 익힌 다음에야 비로소 한국어를 안다고 할 수 있다.

① 어간의 끝음절에 받침이 없는 동사에는 '-ㄴ다'를 붙이되 'ㄴ'을 어간의 받침으로 받쳐 적는다.

② 받침이 있더라도 'ㄹ' 받침이면 'ㄹ'이 탈락하고 '-ㄴ다'가 붙는다.

③ 'ㄹ' 외의 받침이 있는 경우에는 규칙적으로 '-는다'를 붙인다.

④ 위 표의 어미 선택 난에서는 '간다[1], 산다[1]'와 '간다[2], 산다[2]'의 두 형태가 완전히 같다. 이는 '가다'와 '갈다', '사다'와 '살다'가 어미를 붙이는 과정에서 표기 형태가 같아진 것이다. '간다[1], 산다[1]'의 어간은 모두 짧은소리이고 '간다[2], 산다[2]'의 어간은 모두 긴소리여서 소리로 구별할 수 있다.

-ㄴ지 어미

연결 어미

약간의 감탄이나 강조를 나타내는 말.

¶ 얼마나 일을 잘하는지 혼자서 세 사람 몫을 해낸다.

¶ 그가 그렇게 키가 큰지 몰랐어.

종결 어미

가벼운 의문을 나타내는 말.

¶ 어머님께서도 안녕하신지.

¶ 선물이 마음에 흡족한지.

'-ㄴ지', '-는지', '-은지' 사용법

위 어미는 기능은 같지만 용언의 종류와 어간의 끝음절 형태에 따라서 달리 사용한다. 사용법은 아래 표와 같다.

끝음절 형태		해당 단어 예	어미 선택	
동사	받침 없음	나다, 사다, 파다	-는지	나는지, 사는지, 파는지
	ㄹ받침	날다, 살다, 팔다	-는지	나는지, 사는지, 파는지(ㄹ탈락)
	그 밖의 동사	돕다, 깨닫다, 넣다	-는지	돕는지, 깨닫는지, 넣는지
형용사	받침 없음	차다, 푸르다, 희다	-ㄴ지	찬지, 푸른지, 흰지
	ㄹ받침	길다, 낯설다, 잘다	-ㄴ지	긴지, 낯선지, 잔지(ㄹ탈락)
	ㅂ받침	밉다, 즐겁다, 꽃답다	-은지	미운지, 즐거운지, 꽃다운지 (ㅂ + -은지 → -운지)(ㅂ변화)
		좁다, 넓다	-은지	좁은지, 넓은지
	ㅅ받침	낫다	-은지	나은지 (ㅅ+은지 →은지)(ㅅ탈락)
		없다	-는지	없는지
		가엾다	-은지	가엾은지
	ㅎ받침	까맣다, 빨갛다, 하얗다	-ㄴ지	까만지, 빨간지, 하얀지(ㅎ탈락)
		좋다, 많다, 언짢다	-은지	좋은지, 많은지, 언짢은지
	그 밖의 받침	해묵다, 굳다, 검다 얄궂다, 얕다, 높다	-은지	해묵은지, 굳은지, 검은지 얄궂은지, 얕은지, 높은지

이다	받침 없음	나무이다(나무다) 파도이다(파도다)	-ㄴ지	나무인지(나문지) 파도인지(파돈지)
	받침 있음	책이다, 사람이다	-ㄴ지	책인지, 사람인지
-시-	동사	가시다, 잡수시다	-는지	가시는지, 잡수시는지
	형용사	예쁘시다, 좋으시다	-ㄴ지	예쁘신지, 좋으신지
-었-		갔다, 먹었다, 오셨다	-는지	갔는지, 먹었는지, 오셨는지

용언의 종류와 어간의 끝음절 형태에 따라서 구별하여 사용한다. 사용법은 아래와 같다.

① '-ㄴ지'는 받침이 없는 형용사 어간에 붙는다.

- 어간의 끝음절이 모음인 형용사에는 어간에 '-ㄴ지'를 받쳐 적는다.(푸른지, 예쁜지)
- 'ㄹ'과 'ㅎ' 불규칙 활용을 하는 형용사에는 'ㄹ'과 'ㅎ'이 탈락하고 '-ㄴ지'가 붙는다.(낯선지, 둥근지, 빨간지, 노란지)
- 조사 '이다'의 어간 뒤에 '-ㄴ지'가 붙는다.(나문지, 파돈지, 책인지, 사람인지)
- 선어말어미 '-시-' 뒤에 '-ㄴ지'가 붙는다.(기쁘신지, 좋으신지)

② '-은지'는 받침이 있는 형용사 어간에 붙는다.

- 어간의 끝음절이 자음인 형용사에 '-은지'가 붙는다.(좋은지, 많은지, 깊은지, 좁은지)
- 'ㅅ' 불규칙 활용을 하는 형용사는 'ㅅ'이 탈락하고 '-은지'가 붙는다.(나은지)
- 'ㅂ' 불규칙 활용을 하는 형용사는 'ㅂ'과 '-은지'가 결합하는 과정에서 'ㅂ'은 탈락하고 '-은지'는 '-운지'로 바뀐다.(고운지, 아까운지, 즐거운지)

③ '-는지'는 동사의 어간에 붙는다.

- 규칙 활용을 하는 모든 동사의 어간에는 '-는지'가 붙는다.(보는지, 읽는지, 읊는지)
- 동사 어간의 끝음절이 'ㄹ'인 경우에는 'ㄹ'이 탈락하고 '-는지'가 붙는다.(휩쓰는지)
- 선어말어미 '-었-/-았-' 뒤에는 '-는지'가 붙는다.(나갔는지, 먹었는지)

④ 형용사 어간에는 '-는지'가 붙지 않고, 동사 어간에는 '-은지'가 붙지 않는다.

'-ㄴ지'와 '-ㄴ 지'의 띄어쓰기 구별

'-ㄴ지'는 어미이므로 'ㄴ'과 '지'를 반드시 붙여 써야 한다. '예쁜지 모르겠다'처럼 쓴다. 이에 비해서 '-ㄴ 지'는, 앞의 '-ㄴ'은 동사의 과거 시제를 나타내는 관형사형 어미이고, 뒤의 '지'는 동안을 나타내는 의존 명사이다. '내가 그를 만난 지는 10년도 넘었다', '영화를 본 지 1시간도 안 되어 제목을 잊었다'처럼 띄어 써야 한다. (올림말 '지' 참고.)

어미 '-는지', '-ㄹ지/-을지'에 쓰는 '지'는 어미의 일부이므로 반드시 붙여 써야 한다. (올림말 '-는지', '-ㄹ지', '-은지', '-을지' 참고.)

나가다 동사

규10-0 나가고, 나가니, 나가, 나간다, 나갑니다, 나갈, 나갔습니다

자동사

① (일정한 테두리 안에 있다가) 밖으로 이동하다.

¶ 시끄러우니 밖에 **나가** 놀아라.

¶ 모두 운동장으로 **나가고** 교실에는 아무도 없다.

② 어떤 곳에 나타나거나 퍼지다.

¶ 신제품이 시장에 **나갔으니** 곧 반응이 나타날 것이다.

¶ 우리 이야기가 방송에 **나간다고** 하던데.

¶ 소문이 밖으로 **나가지** 않게 조심해라.

③ 새 일을 시작하다.

¶ 언론계로 **나가면** 많은 사람을 만나게 될 거야.

¶ 사회로 **나가게** 된 여러분에게 좋은 일이 많이 있기를 기원합니다.

④ 직장에 다니다.

¶ 너는 요즘 어디 **나가니**?

¶ 오랫동안 한 직장에 **나가다** 보니 습관적으로 일을 하게 되더라.

⑤ 무슨 일에 참가하다.

¶ 오랜만에 동창회에 **나갔더니** 낯선 친구가 많더라.

¶ 이번 선거에 나도 후보로 **나가려** 한다.

⑥ 그만두다. 물러나다.

¶ 그는 얼마 전에 회사에서 **나갔습니다**.

¶ 내가 여기를 **나가면** 이 나이에 무슨 일을 할 수 있을까?

⑦ 어떤 태도를 취하여 행동하다.

¶ 너무 우격다짐으로 **나가면** 일을 그르칠 수 있다.

¶ 계획대로 **나가면** 기한 안에 일을 마칠 수 있을 것 같다.

⑧ (물건이나 사람이) 순조롭게 풀리다.

¶ 그는 요즘 꽤 괜찮게 **나가는** 사람이야.

¶ 이 책이 가장 많이 **나갑니다**.

⑨ 어느 정도에 이르다.

¶ 이 그릇은 3만 원이나 **나간다**.

¶ 그 사람 몸무게가 무려 200킬로그램이나 **나간대**.

⑩ 지출되다.

¶ 도시에서 살면 생활비가 많이 **나간다**.

¶ 돈이 모두 유흥비로 **나갔다**.

⑪ 해지거나 찢어지다.

¶ 손톱에 걸려 새 스타킹이 **나갔다**.

¶ 오래 신었더니 구두 뒤축이 **나갔군**.

⑫ 부서지거나 부러지다.

¶ 축구를 하다 무릎이 **나가서** 병원에 입원하였다.

¶ 접촉 사고로 자동차 범퍼가 **나갔다**.

⑬ 의식이나 정신이 없어지다.

¶ 내가 정신이 **나갔지**, 그런 자를 믿다니.

¶ 너무 놀라 혼이 **나간** 것 같다.

⑭ 감기 따위가 나아 사라지다.

¶ 이제 겨우 감기가 **나간** 것 같아.

¶ 가으내 감기가 덜했다 더했다 하며 **나가지** 않는다.

⑮ 끊어지다. 고장 나다.

¶ 갑자기 전기가 **나가** 아무 일도 할 수 없었다.

¶ 컴퓨터 드라이버가 **나가서** 작동이 안 된다.

⑯ 팔리거나 하여 대상이 없어지다.

¶ 전세로 내놓은 방이 다 **나갔다**.

¶ 요즘은 전세가 잘 **나가는** 추세이다.

⑰ 진행하다.

¶ 진도를 너무 빨리 **나가지** 마라.

¶ 너무 앞서 **나가지** 마시오. 그러다가 낭패하겠소.

타동사

① 어떤 곳에서 벗어나거나 집이나 직장을 떠나다.

¶ 아이가 집을 **나간** 뒤 아직 돌아오지 않고 있다.

¶ 회사를 **나갈** 궁리를 하다가도 식구들 생각하면서 버틴다.

② (어떤 일을) 하러 가다.

¶ 아버지는 일을 **나가신** 지 얼마 안 되어서 사고를 당하셨다.

¶ 취재를 **나가서** 우연히 알게 된 사실이 많다.

¶ 이사를 **나간** 사람이 다시 들어오겠다고 한다.

보조 동사

(동사 뒤에서 '-아/어 나가다' 꼴로 쓰이어) 앞말이 뜻하는 행동을 계속 진행함을 나타내는 말.

¶ 일을 열심히 해 나가다 보면 열매를 거두는 날이 온다.

¶ 그는 내 사정을 듣자마자 단숨에 청원서를 써 나간다.

¶ 그때 많은 사람들이 죽어 나갔지.

속담

- **나가는 년이 세간 사랴** 일이 틀어져 그만두는 터에 뒷일을 생각할 리 없다는 말. =가는 년이 물 길어다 놓고 갈까
- **나간 놈의 몫은 있어도 자는 놈의 몫은 없다** 게으른 사람에게는 혜택을 안 준다는 말.
- **나간 놈의 집구석이라** 집 안이 어수선하고 정리가 안 되어 있다는 말.
- **나갔던 며느리 효도한다** 처음에 좋지 않게 생각하였던 사람이 뜻밖에 좋은 일을 하는 경우를 이르는 말.
- **나갔던 상주 제상 엎지른다** 제사를 지내야 하는 상주가 나갔다가 돌아와 오히려 제사상을 엎지른다는 뜻으로, 자기가 하여야 할 일도 제대로 못하는 사람이 도리어 그 일에 방해가 됨을 이르는 말.

'나가다'와 '나아가다'

'나가다'는 안에서 밖으로 가는 것이 기본 뜻이다. '나아가다'는 있던 자리에서 앞으로 가는 것을 의미한다. 즉, '나아가다'에는 '안에서 밖으로'라는 뜻이 없는 대신에 '좀 더 앞쪽으로' 또는 '계속 앞쪽으로'의 뜻이 들어 있다.

× 나꿔채다

'낚아채다'의 틀린 말.

나누다 동사

규11-0 나누고, 나누니, 나누지, 나눌, 나눈, 나누어/나눠, 나누었다/나눴다, 나눕니다

타동사

① 하나를 여러 조각으로 가르다.

¶ 수강자를 세 모둠으로 나누었다/나눴다.
¶ 떡을 세 조각으로 나누어/나눠 세 사람에게 한 조각씩 주었다.
② 여러 가지가 섞인 것을 구분하여 분류하다.
¶ 모인 사람을 성별로 나눠서 정렬시켜라.
¶ 곡식을 논에서 나는 곡식과 밭에서 나는 곡식으로 나눌 수 있다.
③ 나눗셈을 하다.
¶ 10을 2로 나누면 몫이 5가 된다.
④ 몫을 분배하다. 노느다.
¶ 수익을 공정하게 나누는 것이 일의 성패를 좌우한다.
¶ 우리 집은 식구들이 집안일을 나누어 한다.
⑤ 음식 따위를 함께 먹거나 갈라 먹다.
¶ 언제 술을 한잔 나눕시다.
¶ 차라도 한잔 나누면서 이야기합시다.
⑥ 말이나 이야기, 인사 따위를 주고받다.
¶ 어제 겨우 인사를 나눈 사이인데 말을 놓을 수는 없지.
¶ 동료들과 의견을 나눌 생각을 하지 못했다.
¶ 오랜만에 친구들을 만나 이야기를 나누었다.
⑦ 즐거움이나 고통 따위를 함께하다.
¶ 기쁨은 나누면 커지고, 슬픔은 나누면 작아진다.
⑧ 같은 핏줄을 타고나다.
¶ 우리는 피를 나눈 형제이다.

복합어

- **나누기** 명사 수를 나누는 일. 나눗셈을 함.
- **나누기하다** 동사 나눗셈을 하다.
- **나누어떨어지다** 자동사 나눗셈에서, 몫이 정수로만 되고 나머지가 없게 되다. ㈜나눠떨어지다 ¶ 10은 2로 나누어떨어진다.
- **나누이다** 피동사 '나누다'의 피동형. ㈜나뉘다
- **나눠떨어지다** 자동사 '나누어떨어지다'의 준말.
- **나뉘다** 피동사 '나누이다'의 준말. ¶ 곤충의 몸은 머리, 가슴, 배의 세 부분으로 나뉜다. / 서울은 한강을 사이에 두고 강북과 강남으로 나뉘어 있다.
- **나눗셈** 명사 수나 식 따위를 나누는 셈. ¶ 나눗셈을 할 줄 알아야 장사를 하지.

▶ '나누다'와 '노느다'의 차이는 올림말 '노느다' 참고.

나는[1]

대명사 '나'에 보조사 '는'이 붙은 형태.

¶ 나는 어제 미국에서 돌아왔다.

나는[2]

동사 '나다'의 관형사형. 현재 시제를 나타낸다.

¶ 우리나라에서 나는 광물에는 무엇이 있을까?

나는[3]

동사 '날다'의 관형사형. 현재 시제를 나타낸다. ×날으는

¶ 저기 하늘을 나는 새를 보아라.

나다 동사

규10-0 나고, 나니, 나서, 나므로, 나, 난, 날, 납니다, 났습니다

자동사

① (새롭게) 돋아나다. (새로운 것이) 생기다.

¶ 사춘기가 되니 얼굴에 여드름이 나고 턱에 수염이 난다.

¶ 봄이 되니 나뭇가지에서 싹이 나고, 땅에서 풀이 난다.

② (사물에 변화나 이상이) 생기다. 나타나다.

¶ 몸에 상처가 났다.

¶ 술을 아무리 먹어도 얼굴에 티가 나지 않는다.

③ (자연재해나 사고가) 일어나다.

¶ 기계가 고장이 나서 움직이지 않는다.

¶ 홍수가 나서 논밭이 모두 물에 잠겼다.

¶ 호텔에 갑자기 불이 나는 통에 많은 사람이 다쳤다.

¶ 큰일 **났어요**. 어서 집에 가 보세요.
④ 만들어지다.
¶ 우리 마을까지 넓은 길이 새로 **나게** 되었다.
⑤ (신문 따위에 내용이) 실리다.
¶ 그 사실이 신문에 **나면** 우리는 망신을 당하게 된다.
¶ 자세한 이야기는 잡지에 **났다**.
⑥ 알려지다. 드러나다.
¶ 숨기고 있던 일이 들통이 **나고** 말았다.
¶ 그가 큰돈을 벌었다는 소문이 **난** 뒤부터 그를 보는 사람들 눈빛이 달라졌다.
¶ 그는 자린고비로 이름이 **난** 사람이다.
⑦ (문제 따위가) 출제되다.
¶ 한번 시험에 **난** 문제는 또 **나기** 쉽다.
⑧ (생각, 감정, 느낌 따위가) 일어나다.
¶ 화가 **나기도** 하고 어처구니없다는 느낌도 든다.
¶ 네 말을 들으니 힘이 **난다**.
¶ 생각이 **나야** 말을 하지.
⑨ (병 따위가) 발생하다.
¶ 몸살이 **나서** 꼼짝을 할 수 없다.
¶ 멀미가 심하게 **나는** 통에 버스에서 내리고 말았다.
⑩ (결과가) 맺어지다.
¶ 쉽게 결론이 **나지** 않을 것 같다.
¶ 그 집에 경사가 **난** 것 같더라.
⑪ (농산물 따위가) 생산되다.
¶ 우리 고을에서는 배가 많이 **난다**.
⑫ (인물이) 태어나다. 배출되다.
¶ 광주에서 **나서** 자라다가 대학교 때에 서울로 왔다.
¶ 우리 집안에서 독립투사가 다섯 명이나 **났다**.
⑬ 솟아나다. 나오다.
¶ 여기가 샘이 **나는** 곳이다.
¶ 여기서 고약한 냄새가 **났군**.
¶ 김이 모락모락 **나는** 떡을 한 입 베어 물었다.
¶ 코에서 피가 **난다**.
⑭ (구하던 것이) 나타나다.

¶ 너희 회사에 자리가 나면 나한테 알려 줘라.
¶ 빨리 혼처가 나기 바랄 뿐이다.
⑮ 구하다. 얻다.
¶ 너 이 만년필 어디서 났니?
¶ 돈 날 곳은 없는데 쓸 곳은 많구나.
⑯ 뛰어나다. 대단하다.
¶ 이 바닥에서 난다 긴다 하는 사람이 다 모였다.
¶ 그는 참으로 난 사람이야.
⑰ (조사가 붙지 않은 형태로 쓰이어) 그 나이에 이르다.
¶ 세 살 난 아이가 벌써 책을 읽는단다.
⑱ 시간 여유가 생기다.
¶ 시간이 나면 한번 찾아보겠다.
¶ 그 친구는 나와 가까이 살아서 짬만 나면 함께 놀았다.
⑲ (속도, 열, 빛 따위의 속성이) 드러나다.
¶ 얼굴에서 광채가 난다.
¶ 네가 옆에 서 있으니 내가 더 빛이 난다.
⑳ (맛이) 생기다.
¶ 인공조미료를 쓰면 맛은 더 나는 것 같지만 몸에는 그리 좋지 않다.
¶ 설렁탕은 끓일수록 진한 맛이 나는 법이다.
¶ 이 김치는 깊은 맛이 나는 것 같다.
㉑ (햇빛 따위가) 나타나다.
¶ 해가 나면 빨래를 널어야지.

타동사

① (철이나 기간을) 보내다.
¶ 이 옷으로 겨울을 날 수 있을까?
¶ 이곳에서 꼭 3년을 나고서야 사람들과 사귈 수 있었다.
¶ 우리는 온갖 험한 세상을 나고 여기까지 온 거야.
② (살림, 세간 따위를) 따로 차리다.
¶ 젊었을 때 세간을 나야 독립심이 일찍 길러진다.

보조 동사

① ('-어 나다' 형태로 쓰이어) 앞말이 뜻하는 행동을 이루었음을 나타내는 말.

¶ 갖은 고생을 겪어 난 사람은 입이 무겁다.
¶ 손에 익어 나면 훨씬 쉬워질 거야.

'-어 나다'의 형태가 복합어로 확립된 낱말

깨어나다, 녹아나다, 놀아나다, 늘어나다, 달아나다, 돋아나다, 되살아나다, 들고일어나다, 뛰어나다, 먹어나다, 묵어나다, 묻어나다, 배어나다, 벗어나다, 불어나다, 빼어나다, 살아나다, 솟아나다, 일어나다, 죽어나다, 태어나다, 피어나다, 헤어나다

② ('-고 나다' 형태로 쓰이어) 앞말이 뜻하는 행동이 끝났음을 나타내는 말.
¶ 일을 마치고 나니 마음이 상쾌하다.
¶ 무거운 통나무를 옮기고 나니 온몸이 쑤셨다.
¶ 남편을 보내고 난 뒤의 허전함을 무슨 말로 표현할 수 있을까.

'-고 나다'의 형태가 복합어로 확립된 낱말

들고나다, 안고나다, 타고나다

속담

- **나는 놈마다 장군이다** 집안에 큰 인물이 잇따라 남을 이르는 말.
- **난 대로 있다** 어릴 때의 말투나 행동이 그대로 남아 있음을 이르는 말.
- **날 때 궂은 아이가 죽을 때도 궂게 죽는다** 어려서 불행한 사람은 죽을 때도 불행하다는 말.
- **날 문은 낮아도 들 문은 높다** 마음에 맞지 아니한다고 그 집을 뛰쳐나오기는 쉽지만 다시 들어가기는 어렵다는 말.

'나다'와 '내다'

'나다'는 자동사이고, '내다'는 타동사이다. '내다'는 타동사이지만 엄밀하게 말하면 '나다'의 사동형이다. '나다'에 사동을 나타내는 접미사 'ㅣ'가 붙어서 '내다'가 된 형태이다. 그래서 '나다'를 서술어로 쓴 문장을 '내다'를 서술어로 쓰는 문장으로 바꿀 수 있다.

- 고장이 나다 → 고장을 내다
- 결론이 나다 → 결론을 내다
- 길이 나다 → 길을 내다
- 맛이 나다 → 맛을 내다
- 빛이 나다 → 빛을 내다
- 상처가 나다 → 상처를 내다

• 소리가 나다 → 소리를 내다
• 시간이 나다 → 시간을 내다
• 축구 기사가 나다 → 축구 기사를 내다
• 힘이 나다 → 힘을 내다

▶ '나다'와 '낳다'의 차이는 올림말 '낳다' 참고.

나래[1] 명사

① '날개'를 부드럽게 이르는 말.
¶ 붉은 새는 황금빛 나래를 펴고 하늘로 날아갔다.
② 주로 강원 지역에서 '지느러미'를 일컫는 말.

관용 표현

• **나래(를) 펴다** 생각이나 뜻을 힘차게 펴다. 날개(를) 펴다.

나래[2] 명사

논밭을 반반하게 고르는 데에 쓰이는 농기구. 자루에 널조각을 붙여 '丁' 자 모양으로 만들어 자갈이나 흙 따위를 밀어내는 데에 쓴다.

나르다 동사

불10-6 나르고, 나르는, 나르면, 나르지, 나른, 나를, 날라, 날라서, 날랐어요, 나릅니다

타동사

물건을 한곳에서 다른 곳으로 옮기다.
¶ 이 가방을 저쪽으로 날라라.

¶ 짐을 **나를** 사람이 없니?
¶ 그가 와서 자기 짐을 **날라** 갔어.
¶ 우리 함께 책상을 **나릅시다**.

ㄴ

나부라지다 동사

규11-0 나부라지고, 나부라지어/나부라져, 나부라진다, 나부라집니다, 나부라지었다/나부라졌다

자동사
(기운이 없어) 힘없이 바닥에 쓰러지거나 주저앉다.
¶ 아이가 밤새 앓더니 **나부라져** 눈만 껌벅인다.
¶ 무더위에 개도 지쳤는지 꼼짝도 않고 **나부라져** 있다.

나비 명사

피륙, 종이 따위의 너비.
¶ 옷감은 길이가 열 자, **나비**가 넉 자 정도면 되겠다.

복합어
• **걸음나비** 명사 걸음을 뗄 때에 일정하게 나타나는 두 발 사이의 거리. 보폭(步幅).
▶ '나비'와 '너비'의 차이는 올림말 '너비' 참고.

나아가다 동사

규10-0 나아가고, 나아가니, 나아가면, 나아가, 나아간, 나아갈, 나아갑니다, 나아갔습니다

자동사
① (있는 자리에서) 더 앞쪽으로 움직이다.
¶ 조금만 더 앞으로 **나아가면** 낭떠러지에 이른다.

¶ 우리는 조금도 두려워하지 않고 앞으로 나아갔습니다.
② 일이 점점 되어 가다. 진척되다.
¶ 계획대로 나아가면 한 달 안에 일이 끝날 수 있겠다.
③ 목적하는 방향을 향하여 가다.
¶ 우리가 나아가야 할 방향은 통일이다.
¶ 미래 산업은 화석 에너지를 적게 쓰는 방향으로 나아가고 있다.

× 나염

'날염'의 틀린 말.
¶ 수건에 나염(×)/날염(○)을 한 무늬가 선명했다.

나지막하다 형용사

불20-9 나지막하게, 나지막하니, 나지막하여/나지막해, 나지막한, 나지막합니다, 나지막하였다/나지막했다

① 위치가 꽤 나직하다.
¶ 거기서 나지막한 고개를 넘으면 우리 동네가 나온다.
¶ 도시 가까이에 나지막한 산들이 많아 사람들이 자주 오르내린다.
② 소리가 꽤 나직하다.
¶ 여자는 나지막한 목소리로 남편에게 속삭였다.
¶ 워낙 조용한 곳이라 나지막하게 말해도 크게 들린다.

나직하다 형용사

불20-9 나직하게, 나직하니, 나직하여/나직해, 나직한, 나직합니다, 나직하였다/나직했다

① 위치가 꽤 낮다.
¶ 하늘에는 나직하게 구름 한 점이 떠 있다.
¶ 우리 마을에 나직한 동산이 하나 있다.

② 소리가 꽤 낮다.

¶ 어머니와 형이 무슨 얘기인지 나직하게 주고받고 있었다.

'나직하다'와 '나지막하다'

두 낱말은 다 꽤 낮음을 의미하는데, 어감으로는 '나직하다'보다 '나지막하다'가 더 낮음을 뜻한다. 높고 낮음, 멀고 가까움, 깊고 얕음, 무겁고 가벼움, 넓고 좁음, 크고 작음, 길고 짧음을 뜻하는 형용사에는 이와 비슷하게 바뀐 형태가 발달해 있다.

┌높다: 높직하다, 높지막하다, 높직이, 높지거니
└낮다: 나직하다, 나지막하다, 나직이, 나지막이

┌멀다: 멀찍하다, 멀찌막하다, 멀찍이, 멀찌막이, 멀찌감치, 멀찌가니
└가깝다: 가직하다, 가직이

┌얕다: 야트막하다, 야트막이
└깊다: 깊숙하다, 깊숙이

┌무겁다: 묵직하다, 묵직이
└가볍다: 갭직하다, 갭직이

┌넓다: 널찍하다, 널찍이
└좁다: 좁직하다

┌크다: 큼직하다, 큼지막하다, 큼직이, 큼지막이
└작다: 작달막하다

┌길다: 길찍하다, 길쯔막하다, 길찍이
└짧다: 짤막하다

낚다 동사

규10-1 낚고, 낚는, 낚지, 낚으니, 낚으면, 낚으오, 낚아, 낚았소, 낚습니다

타동사

① 낚시로 물고기를 잡다.

¶ 오늘 월척을 낚았다.

¶ 고기를 낚으러 강으로 나갔다.

② 꾀나 수단을 부려 사람을 꾀다.

¶ 선정적인 제목으로 독자를 낚으려는 신문이 많다.

③ (속되게) 이성(異性)을 꾀다.
¶ 그는 말솜씨가 좋아서 여자를 잘 **낚는다**.

복합어

- **낚이다** 피동사 '낚다'의 피동형. ¶ 이곳에서는 붕어가 잘 **낚였다**.

낚시 명사

① 미끼를 꿰어 물고기를 잡는 데에 쓰는 작은 쇠갈고리.
¶ 미끼로 지렁이를 구해서 **낚시**에 꿰었다.
② 낚싯대, 낚싯줄, 낚싯바늘, 낚싯봉, 낚시찌 따위를 갖춘 고기잡이 도구.
¶ 남편은 **낚시**를 챙겨서 새벽같이 집을 나섰다.
③ 낚시로 물고기를 낚는 일. 낚시질.
¶ 그는 **낚시**로 세월을 보내고 있다.

복합어

- **낚시질** 명사 (물고기를) 낚는 행위.
- **낚시질하다** 자동사 (물고기를) 낚는 일을 하다. ¶ 아버지는 **낚시질하러** 강에 가셨어요.
- **낚시하다** 자동사 (물고기를) 낚다. ¶ 요즘은 **낚시하는** 일로 소일하고 있다.

관용 표현

- **낚시를 던지다** 남을 꾀기 위하여 수단을 쓰다. ¶ 그에게 도움을 주겠다고 **낚시를 던지면** 아마 우리에게 달려올 것이네.

'낚시'와 '고기잡이'

'낚시'는 낚싯대나 낚싯줄에 낚시를 매어서 미끼로 물고기를 낚는 행위를 말한다. 낚싯대와 낚싯줄을 사용하는 낚시를 '대낚'이라고 하고, 낚싯대를 쓰지 않고 긴 낚싯줄을 사용하는 낚시를 '주낙'이라고 한다. 그물을 사용해서 물고기를 가두어 잡는 것은 낚시라고 하지 않는다.
'고기잡이'는 낚시를 사용하든 그물을 사용하든 모든 행위에 두루 쓰지만 보통은 그물을 사용해서 고기를 가두어 잡는 경우에 쓰고, 미끼를 던져 물고기를 꾀어 잡는 일은 특별히 낚시라고 한다.

낚아채다 동사

규11-0 낚아채고, 낚아채어/낚아채, 낚아챌, 낚아챈, 낚아챕니다, 낚아채었다/낚아챘다

타동사

① 낚싯줄을 힘차게 잡아당기다.

② 무엇을 갑자기 세게 잡아당기다. ×나꿔채다

¶ 봉기는 마누라 팔을 **낚아채어** 끌고 나갔다.

③ 재빨리 남의 물건을 가로채다.

¶ 남의 가방을 **낚아채** 달아나다 붙잡혔다.

¶ 매가 농장에서 기르는 꿩을 세 마리나 **낚아챘다**.

④ 사람을 꾀거나 가로채서 자기편에 두다.

¶ 남의 여자를 **낚아채서** 달아났다.

⑤ 남의 말이 끝나자마자 받아서 말하다.

¶ 남의 말을 **낚아채어** 반박하지 마라.

난[1]

대명사 '나'에 보조사 '는'이 붙어 줄어든 형태.

¶ 난 그런 걸 별로 좋아하지 않는다.

난[2]

동사 '나다'의 관형사형.

¶ 이 과일은 어디서 **난** 거냐?

난[3]

동사 '날다'의 관형사형.

¶ 이 새끼 제비는 아직 제힘으로 **난** 적이 없어.

난데없다 형용사 [난:-]

규21-1 난데없고, 난데없는, 난데없으며, 난데없어, 난데없습니다, 난데없었다

갑자기 불쑥 나타나 어디서 왔는지 알 수 없는 상태이다.
¶ 전쟁이 났다는 난데없는 소문이 순식간에 퍼졌다.
¶ 난데없는 회오리바람으로 마당에 널어놓았던 산나물이 모조리 날아가 버렸다.
¶ 네 주장이 너무 난데없어 무어라고 말해야 좋을지 모르겠다.

복합어

• **난데없이**[난:데업씨] 부사 갑자기 불쑥. ¶ 우리끼리 이야기하고 있는데 난데없이 그가 나타났다.

> **'난데없던'의 잘못 사용**
>
> 문학 작품에서는 '난데없던'이 과거의 사실을 나타내는 것과 상관없이 잘못 쓰는 경우가 있다.
>
> ① 순이가 막 집을 나서 숯가마로 가려는데, 난데없던 까치 두 마리가 순이네 지붕 위에 날아와 앉더니.
>
> ② 마당 복판의 흰 달도 어느새 옆집 오동나무 엉성한 가지 너머로 희미해지고 난데없던 검은 구름이 갑자기 쭉 퍼졌다.
>
> 위의 '난데없던'은 '난데없는'으로 바꿔야 한다. '-던'을 쓰면 과거의 상태를 나타내므로 뒤에 그 후의 변화된 상태를 표현하는 말이 와야 한다. '곱던 얼굴이 많이 상했더라'나 '바쁘던 사람도 지금은 한가해'처럼 쓰는 것이다. 그렇지 않고 단순히 명사를 꾸미는 것이라면 시제를 빼고 사실을 알리는 관형사형 어미로 쓰이는 '-는'을 붙여 '난데없는'으로 써야 한다. 관형어 '난데없는' 대신에 부사 '난데없이'를 써도 좋다.

난도 명사 (難度)

① 어려움의 정도.
¶ 수능시험의 난도를 낮출 필요가 있다.
② 선수가 구사하는 기술의 어려운 정도.
¶ 리듬체조 선수가 난도가 매우 높은 기술을 선보였다.

복합어

- **고난도**(高難度) 명사 매우 높은 난도. ¶ 이 서커스단에는 고난도의 기술을 가진 단원이 많다.

▶ '난도'와 '난이도' 차이는 올림말 '난이도(難易度)' 참고.

난들

대명사 '나'에 조사 'ㄴ들'이 붙은 형태. 조사 'ㄴ들' 대신에 '인들'을 붙이는 경우도 있는데 이 경우에는 '나인들'이 '낸들'로 줄어든다.

¶ 난들 그게 좋아서 했겠니?

¶ 모두들 꽃구경 가는데 난들 가고 싶지 않겠어?

▶ '난들'과 '낸들'의 차이는 올림말 '낸들' 참고.

난이도 명사 (難易度)

어려움과 쉬움의 정도.

¶ 시험의 난이도를 잘 조정하지 않으면 변별력이 떨어진다.

'난도'와 '난이도'

'난도(難度)'는 어려운 정도를 나타내는 말이므로 난도가 높으면 어렵고 난도가 낮으면 쉽다는 말이다. '난이도(難易度)'는 어렵고 쉬운 정도를 나타내는 말이므로, 난이도가 높다거나 낮다는 말을 쓸 수 없다.

¶ 이번 수능 시험은 너무 쉬워서 내년에는 난이도(×)/난도(○)를 높일 계획이다.

¶ 내년 수능 시험 문제는 과목별로 난이도(○)/난도(○)를 조정할 계획이다.

날[1]

'나를'이 줄어든 말. 대명사 '나'에 목적격 조사 '를'이 붙어 줄어든 형태.

¶ 그들은 날 퍽 좋아하는 것 같다.

날²

동사 '나다'의 관형사형.

¶ 기억이 날 때까지 기다려 보자.

날³

동사 '날다'의 관형사형. ×날을

¶ 새끼가 날 수 있으려면 보름 정도가 더 있어야 한다.

날– 접사

접두사

① '말리거나 익히거나 가공하지 않은'의 뜻을 더하는 말.

¶ 날것, 날고기, 날기와, 날김치, 날두부, 날장작

② 일부 명사에 붙어서 '다른 것이 없음'의 뜻을 더하는 말.

¶ 날바늘, 날바닥

③ 일부 명사에 붙어서 '허탕의, 부질없음'의 뜻을 더하는 말.

¶ 날밤, 날장구

④ '지독한'의 뜻을 더하는 말.

¶ 날강도, 날건달, 날도둑

복합어

- **날강도**(–强盜) 명사 아주 악독한 강도.
- **날건달** 명사 지독한 건달.
- **날것** 명사 말리거나 익히거나 가공하지 않은 먹거리.
- **날김치** 명사 익지 않은 김치. 생김치.
- **날고기** 명사 얼리거나 익히거나 말리거나 가공하지 않은 고기. 생고기.
- **날도둑** 명사 몹시 악독한 도둑.
- **날바늘** 명사 실을 꿰지 않은 바늘.

• **날바닥** 명사 아무것도 깔지 않은 바닥. 맨바닥.
• **날밤**[1] 명사 굽거나 찌지 않은, 날것 그대로의 밤. 생밤(生−). 생률(生栗).
• **날밤**[2] 명사 ① 잠을 자지 않고 새우는 밤. ② 부질없이 새우는 밤.
• **날장구** 명사 공연히 부질없이 치는 장구.

ㄴ

날개 명사

① 새나 곤충이 나는 데에 쓰는 기관. 몸 양쪽에 하나씩 달려 있다.
② 공중에 잘 뜨게 하기 위하여 비행기의 양쪽 옆에 단 부분.
¶ 비행기 날개가 햇빛에 반사되어 눈부시다.
③ 선풍기 몸통에 달려 바람을 일으키는 부분, 또는 그렇게 생긴 것.
¶ 선풍기 날개는 바람을 일으키고, 풍차의 날개는 전기를 일으킨다.
¶ 단풍나무 씨앗은 날개처럼 생겨서 바람을 타고 멀리 날아갈 수 있다.
④ 식물의 씨에 달려 바람에 날 수 있도록 된 부분.
¶ 민들레 꽃씨는 솜털 같은 날개가 있어 멀리 날아간다.
⑤ 구두나 운동화 따위에서 끈을 꿰는 양쪽 부분.
⑥ 둑길에서 다리로 들어가거나 다리에서 둑길로 나오도록 달아 놓은 부분.
¶ 다리의 날개 부분을 설치하다가 거푸집이 무너져 사고가 났다.
⑦ 책 겉표지의 안쪽으로 접힌 부분. 보통 저자에 관한 정보 등을 적는다.

관용 표현

• **날개(가) 돋친 듯** 상품이 빠른 속도로 팔려 나가는 모양을 일컫는 말. ¶ 유명 연예인이 선전한 옷은 거의 날개 돋친 듯 팔린다.
• **날개(를) 펴다** 생각, 감정, 기세 따위를 힘차게 펼치다. ¶ 동산에 누워 상상의 날개를 한없이 폈다.
• **날개(를) 펼치다** = 날개를 펴다
• **잠자리 날개 같다** 천이나 옷 따위가 매우 얇고 고움을 이르는 말.

속담

• **날개 돋친 범** 몹시 날쌔고 용맹스러운 사람을 비유하는 말.
• **날개 부러진 매** 위세를 부리다가 타격을 받아 힘을 못 쓰게 된 사람을 비유하는 말.
• **날개 없는 봉황**(鳳凰) 쓸모없고 보람 없게 된 처지를 비유하는 말.

날다 동사

불10-2 날고, 날지, 날아, 나니, 나는, 난, 나오, 납니다, 날았다

자동사

① 공중에 떠서 어떤 위치에서 다른 위치로 움직이다.

¶ 비행기가 나는 모습이 보인다.

¶ 종다리가 하늘 높이 날고 있다.

② 물체가 날듯이 공중을 지나가다.

¶ 축지법을 쓰기라도 하는 듯 어떤 사람이 나는 듯이 지나갔다.

¶ 패싸움을 벌이는 통에 여기저기서 쇠파이프와 몽둥이가 날았다.

③ '달아나다'의 속된 말.

¶ 소매치기가 행인의 가방을 낚아채어 날았다.

타동사

어떤 장소에서 일정한 동작을 지속하다.

¶ 잠자리가 물 위를 난다.

복합어

- **날개** 명사 올림말 '날개' 참고.
- **날아가다** 자동사 타동사 올림말 '날아가다' 참고.
- **날아다니다** 자동사 타동사 공중에 떠서 이리저리 오고가고 한다.
- **날아들다** 자동사 ① 날아서 안으로 들다. ② 뜻밖에 들이닥치다.

관용 표현

- **난다 긴다 하다** 재주나 능력이 남보다 뛰어나다. ¶ 이번 대회에는 세계에서 난다 긴다 하는 선수들이 다 모여들었다.
- **날 것 같다** 몸이나 마음이 매우 가볍다. ¶ 빚을 갚고 나니 기분이 날 것 같다.

속담

- **나는 놈 위에 타는 놈 있다** = 뛰는 놈 위에 나는 놈 있다
- **나는 새도 깃을 쳐야 날아간다** ① 무슨 일이든지 순서를 밟아 나가야 그 목적을 이룰 수 있음을 이르는 말. ② 아무리 재능이 많아도 노력을 하지 않으면 그 재능을 발휘할 수 없음을 비유하는 말.

- **나는 새도 떨어뜨리고 닫는 짐승도 못 가게 한다** = 나는 새도 떨어뜨린다
- **나는 새도 떨어뜨린다** 권세가 대단하여 모든 일을 제 마음대로 할 수 있는 상태를 비유하여 이르는 말.
- **나는 새에게 여기 앉아라 저기 앉아라 할 수 없다** 저마다 의지가 있는 사람의 자유를 구속할 수 없음을 비유하여 이르는 말.
- **날면 기는 것이 능하지 못하다** 훌륭한 재주가 있는 사람이라도 모든 일을 다 잘할 수는 없음을 비유하여 이르는 말.

'나는'과 '날으는'

'날다'의 관형사형은 받침 ㄹ이 탈락하여 '나는'이 되므로 '날으는'으로 쓰는 것은 잘못이다. ㄹ받침 뒤에 '-는, -네, -ㅂ니다, -오' 같은 어미가 오면 받침 ㄹ이 탈락한다.

¶ 새가 하늘을 날으오(×)/나오(○).

¶ 하늘을 날으는(×)/나는(○) 비행기를 보아라.

¶ 새가 공중을 날읍니다(×)/납니다(○).

¶ 비행기를 타고 하늘을 날으니(×)/나니(○) 기분이 상쾌하다.

¶ 구름이 동쪽으로 날으네(×)/나네(○).

× 날라가다

'날아가다'의 틀린 말.

'날아가다'와 '날라가다'

① '날아가다'를 강하게 말하여 '날라가다'라고 하는 경우가 많다. 흔히 '새가 날라간다'라고 하는데 '새가 날아간다'라고 해야 한다.

¶ 바람이 부니 땅에 있던 쓰레기가 어지럽게 **날라갔다**(×)/**날아갔다**(○).

¶ 교통사고와 함께 나의 꿈도 영원히 **날라간**(×)/**날아간**(○) 것 같았다.

② '날라가다'는 타동사 '나르다'에 연결 어미와 보조 동사 '-아 가다'가 붙은 형태로서 '날라 가다'처럼 띄어 써야 하며 '물건을 다른 곳으로 옮겨 놓는다'는 뜻을 갖는다. 보조 용언은 붙여 쓸 수 있으므로 '날라가다'라고 붙여 쓸 수 있다. 다만, 이 경우는 한 낱말이 아니기 때문에 사전의 올림말로 삼지 않는다.

¶ 집에 있던 책을 모두 연구실로 **날라갈**(○)/**날라 갈**(○) 사람이 필요하다.

¶ 이삿짐이 그리 많지 않으니 조그만 트럭을 빌려 **날라가려**(○)/**날라 가려**(○) 한다.

날렵하다 형용사 [날:-]

불20-9 날렵하고, 날렵하니, 날렵하여/날렵해, 날렵한, 날렵합니다, 날렵하였다/날렵했다

① 재빠르고 날래다.

¶ 그는 **날렵하게** 몸을 움직여 공을 골대까지 몰고 갔다.

¶ **날렵하게** 춤추는 모습에 모든 사람이 반했다.

② 매끈하게 맵시가 있다.

¶ 그 여자는 몸매가 **날렵하면서도** 탄탄하였다.

¶ 한국 기와지붕의 처마 곡선, 특히 **날렵하게** 올라간 추녀 끝은 여인의 버선코를 빼닮았다.

'날렵하다'와 '잽싸다'

두 낱말은 모두 재빠르고 날랜 동작을 나타내지만 쓰임새는 조금 다르다. '날렵하다'는 재빠른 동작이 아름답거나 경쾌하다는 뜻이다. 놀랐을 때나 갑작스럽게 하는 행동이 재빠른 것이 아니라 미리 준비하여서 능숙하고 여유 있게 하는 재빠른 동작을 나타낸다. 이에 비해서 '잽싸다'는 오로지 동작이 빠름을 가리키는데, 주로 남의 눈을 속이는 동작을 하기 위해서 또는 갑자기 놀라거나 당황해서 재빠르게 하는 동작을 나타낼 때 쓴다. 따라서 '날렵하게 피하다'와 '잽싸게 피하다'는 피하는 동작의 품격이 다르다고 말할 수 있다.

날름 부사

① 혀를 날쌔게 내밀었다 들이는 모양.

¶ 형이 동생을 약 올리느라고 혀를 **날름** 내밀었다.

② 무엇을 날쌔게 가져가거나 훔치는 모양.

¶ 거지는 주인 몰래 사탕 한 알을 **날름** 집어 주머니에 넣었다.

③ 불길이 밖으로 날쌔게 나왔다 들어가는 모양.

¶ 아궁이에서 타오르는 불길이 밖으로 **날름** 보였다.

④ 날쌔게 움직이는 모양.

¶ 그렇게 오자마자 **날름** 가버리면 어떻게 하니?

¶ 아이는 **날름** 할머니 무릎에 앉아서 할머니에게 몸을 기댔다.

복합어

- **날름거리다** 자동사 불길이 밖으로 자꾸 날쌔게 나왔다 들어갔다 하다. ¶ 불길이 지붕 밖으로 날름거린다. 타동사 ① 혀 따위를 자꾸 날쌔게 내밀었다 들였다 하다. ¶ 뱀이 혀를 날름거리며 다가온다. ② 남의 것을 탐내어 자꾸 엿보다. ¶ 동생 간식에 날름거리지 말아라.
- **날름대다** 타동사 = 날름거리다
- **날름하다** 자동사 불길이 밖으로 날쌔게 나왔다 들어가다. 타동사 ① 혀 따위를 날쌔게 내밀었다 들이다. ② 무엇을 날쌔게 받아 가져가다. ③ 날쌔게 움직이다.

날실 명사

피륙이나 그물을 짤 때, 세로 방향으로 놓인 실. 날줄.

¶ 날실과 씨실을 엮어서 옷감을 짠다.

¶ 도투마리에 감긴 실이 **날실**이고 북에 감긴 실이 씨실이다.

날아가다 동사

규10-0 날아가고, 날아가, 날아간, 날아갑니다, 날아갔다

자동사

① 날면서 가다.

¶ 늦가을이면 철새가 북쪽으로 **날아간다**.

¶ 대통령은 워싱턴까지 전세기로 **날아가서** 정상회담을 하였다.

② 몹시 빠르게 움직여 가다.

¶ 갑자기 그의 주먹이 상대의 얼굴을 향하여 **날아갔다**.

¶ 사장님한테서 긴급 호출이 와 여기서 회사까지 **날아갔던** 기억이 있다.

③ (비유적으로) 가지고 있거나 붙어 있던 것이 허망하게 없어지거나 떨어지다.

¶ 회사가 망하는 바람에 내 일자리도 **날아가** 버렸다.

¶ 사업 실패로 전 재산이 **날아가게** 생겼다.

▶ '날아가다'를 '날라가다'로 발음하면 안 된다. (이에 관해서는 올림말 '날라가다' 참고.)

날염 명사 (捺染)

피륙에 부분 부분 색을 넣어 무늬를 만드는 염색 방법. 피륙에다 무늬가 새겨진 본을 대고 풀을 섞은 물감을 발라 물을 들인다. 무늬찍기. ×나염

복합어

- **날염하다**(捺染-) 타동사 피륙에 부분 부분 색을 넣어 무늬가 나타나게 염색하다. ×나염하다 ¶ 요즘은 소량 주문을 받은 경우가 아니면 날염하는 방법을 별로 쓰지 않는다.

> **'날염'의 발음과 대체어**
> 글자대로 '나렴'으로 발음한다. 이를 '날렴'이라고 발음하거나 '나염'이라고 발음하는 것은 표준 발음이 아니다. 날염은 피륙에 무늬를 넣어 염색하는 기술을 가리키기 때문에 '무늬찍기'로 바꿔 쓰기도 한다.

× 날으는

'날다'의 관형사형 '나는[3]'의 틀린 표기.

¶ 비행기가 날으는(×)/나는(○) 소리가 들린다.

× 날자

'날짜'의 틀린 표기.

날줄 명사

① 피륙이나 그물을 짤 때, 세로 방향으로 놓인 실. 날실.

② 지구의 남극과 북극을 잇는 가상의 선. 경선(經線). 영국의 그리니치 천문대를 지나는 날줄을 0도로 하면 동쪽으로 127.5도에 해당하는 날줄이 우리나라의 동서 가운데 지점을 지난다.

남우세스럽다 형용사

불21-3 남우세스럽고, 남우세스럽지, 남우세스러워, 남우세스러운, 남우세스러웠다

남에게 놀림과 비웃음을 받을 듯하다.
¶ 시집도 안 간 딸아이가 아이를 뱄다는데 어찌 남우세스러운 일이 아니겠소?

복합어

- **남우세스레** 부사 남에게 놀림과 비웃음을 받을 듯하게.

> **'남우세스럽다', '남사스럽다', '남세스럽다'**
> 모두 같은 뜻으로 쓰는 말이다. 뜻은 '우세스럽다'와 같은데 남의 눈을 의식하는 뜻이 덧붙어 '남우세스럽다'가 만들어지고, 이 말이 줄어서 '남세스럽다'와 '남사스럽다'가 만들어졌다.

납작하다 형용사

불20-9 납작하고, 납작하면, 납작한, 납작하여/납작해, 납작합니다, 납작하였다/납작했다

판판하고 얇으면서 좀 넓다.
¶ 납작한 그릇이 있으면 이걸 올려놓기 좋을 텐데.

복합어

- **나부랑납작하다** 형용사 평평하게 퍼진 듯이 납작하다.
- **납작감** 명사 모양이 동글납작한 감.
- **납작궁** 명사 판판하고 얄팍하면서 넓게 생긴 모습이나 물건. 납작궁이. ¶ 인절미가 눌려서 납작궁이 되었다.
- **납작궁이** 명사 = 납작궁
- **납작납작** 부사 여럿이 다 판판하고 얇으면서 좀 넓은 모양. 납작납작이.
- **납작납작이** 부사 = 납작납작
- **납작납작하다**[납장-] 형용사 여럿이 다 판판하고 얇으면서 좀 넓다.
- **납작마루**[납장-] 명사 땅바닥 가까이 낮게 놓은 마루.

- **납작못**[납장-] 명사 손가락으로 눌러 박을 수 있는, 대가리가 크고 촉이 짧은 못. 압정(押釘).
- **납작보리** 명사 기계로 납작하게 누른 보리쌀.
- **납작붓** 명사 납작하게 만든 털붓.
- **납작소반**(-小盤) 명사 납작하고 자그마한 밥상.
- **납작스름하다** 형용사 약간 판판하고 얇으면서 좀 넓다.
- **납작스름히** 부사 약간 판판하고 얇으면서 좀 넓게.
- **납작이**[1] 명사 얼굴이 판판하고 넓게 생긴 사람을 놀림조로 이르는 말.
- **납작이**[2] 부사 납작하게. ¶ 고양이 한 마리가 **납작이** 엎드려 참새들을 노리고 있다.
- **납작코** 명사 콧날이 납작하게 가로퍼진 코.
- **동글납작하다** 형용사 동글면서 납작하다.

▶ '납작하다'와 '넓적하다'의 차이는 올림말 '넓적하다' 참고.

낫다[1] 동사 [낟:-]

불10-4 낫고, 낫지, 낫는, 나아, 나을, 나은, 나으니, 낫습니다, 나았다

자동사

병이 고쳐지거나 상처가 아물어 본래대로 되다.

¶ 봄 감기는 좀처럼 안 **낫는다**.

¶ 상처가 **나은** 지 얼마 안 되었다.

¶ 약을 먹으니 병이 조금씩 **나아** 가는 것 같다.

낫다[2] 형용사 [낟:-]

불20-4 낫고, 낫지, 나아, 나을, 나은, 나으니, 낫습니다, 나았습니다

서로 견주어 보았을 때 더 좋거나 앞서 있다.

¶ 살기는 겨울보다 여름이 더 **나아**.

¶ 더 **나은** 계획을 짜야 한다.

¶ 그래도 형이 동생보다는 **낫지요**.

¶ 셋 가운데 이것이 가장 **나아** 보입니다.

복합어

- **나아지다** (자동사) 어떤 일이나 상태가 좋아지다. ¶ 배불리 밥을 먹고 나니 기분이 한결 **나아졌다**.

관용 표현

- **낫기는 개코가 나아** 조금도 나을 것이 없음을 속되게 이르는 말. ¶ 뭐 그 사람이 더 낫다고? 낫기는 개코가 나아.

ㄴ

낮다 형용사

규10-1 낮고, 낮지, 낮은, 낮아, 낮습니다, 낮았다

① 아래에서 위까지의 거리가 짧다.
¶ 지리산에 올라 보면 사방으로 높고 **낮은** 산들이 무수히 솟아 있다.
② 재거나 조사한 결과가 보통 정도에 미치지 못하는 상태에 있다.
¶ 오늘 기온은 예년에 비해서 **낮다고** 한다.
¶ 혈압은 **낮아도** 위험하고 높아도 위험하다.
¶ 우리 회사 임금이 **낮은** 수준은 아니다.
③ 품위, 능력, 품질 따위가 기준보다 못하거나 보통 정도에 미치지 못한다.
¶ 이렇게 질이 **낮은** 물건을 어떻게 시장에 내놓겠습니까?
¶ 이 나라는 교육 수준은 **낮지만** 사람들 얼굴은 매우 평화롭다.
④ 지위나 계급 따위가 어떤 정도에 미치지 못하는 상태에 있다.
¶ 지위가 **낮다고** 사람을 함부로 대하는 태도는 옳지 않다.
⑤ 소리가 작다. 음계가 아래의 음이다.
¶ 그의 목소리는 비록 **낮았지만** 아주 단호했다.
¶ 한 음계 **낮게** 노래를 불러야겠다.

복합어

- **나지막하다** (형용사) 올림말 '나지막하다' 참고.
- **나직하다** (형용사) 올림말 '나직하다' 참고.
- **낮보다** (타동사) '낮추보다'의 준말.
- **낮잡다** (타동사) ① 실제로 지닌 값보다 낮게 치다. ¶ 물건 값을 **낮잡아** 부르다. ② 사람을 만만히 여기고 함부로 낮추어 대하다. ¶ 그는 **낮잡아** 볼 만큼 만만한 사람이 아니다.

• **낮추다** 타동사 ① '낮다'의 사동형. ¶ 지붕을 좀 낮춰야겠다. ② 낮춤말을 쓰다. ¶ 아들 같은 사람이니 말씀을 낮추십시오.

• **낮추보다** 타동사 남을 업신여기어 자기보다 낮게 취급하다.

• **낮춤말** 명사 ① 사람이나 사물을 낮추어 이르는 말. ② 상대를 높이려고 자기나 자기가 속한 무리를 낮추어 이르는 말. '저' '저희' 따위이다.

▶ '낮다'와 '얕다'의 차이는 올림말 '얕다' 참고.

낳다[1] 동사 [나:타]

규10-1 낳고, 낳지, 낳는, 낳으면, 낳아, 낳습니다, 낳았다

타동사

① 밴 아이, 새끼, 알을 몸 밖으로 내놓다.

¶ 어머니가 동생을 **낳**으셨다.

¶ 닭이 알을 두 개 **낳**았다.

② 어떤 결과를 가져오다.

¶ 해방은 한반도를 남북으로 갈라 분단의 비극을 **낳고** 말았다.

¶ 원래 소문이 소문을 **낳는** 법이다.

③ 인물을 배출하다.

¶ 우리나라가 **낳은** 천재 과학자가 누구지?

속담

• **낳는 놈마다 장군 난다** ① 집안에 훌륭한 인물이 잇따라 남을 이르는 말. ② 좋은 일이 잇따라 일어남을 이르는 말.

• **낳은 아이 아들 아니면 딸이지** 둘 가운데에 하나라는 말.

• **낳은 정보다 기른 정이 더 크다** 길러 준 정이 낳은 정보다 크고 소중하다는 말.

'낳다'와 '나다'

이 두 낱말을 헷갈려 잘못 쓰는 경우가 많다. 아래 용례를 참고하여 맞게 사용해야 한다.

¶ 나를 **나아 주신**(×)/**낳아 주신**(○) 어머님께 감사드린다.

¶ 콩 심은 데 콩 **낳고**(×)/**나고**(○) 팥 심은 데 팥 **낳지**(×)/**나지**(○).

낳다[2] 동사
[나:타]

규10-1 낳고, 낳지, 낳는, 낳으면, 낳아, 낳습니다, 낳았소

타동사

① 누에고치, 삼 껍질, 솜, 털 따위로 실을 만들다.

¶ 명주실을 낳으려고 누에고치를 삶는다.

¶ 무명실은 목화솜을 자아서 낳는다.

¶ 양털로 실을 낳아서 카펫을 만들기도 한다.

② 실로 피륙을 짜다.

¶ 요즘은 한산모시를 낳는 집이 별로 없다.

¶ 옛날에는 집집이 무명베를 낳아서 옷을 지어 입었다.

내[1] 명사
[내:]

시내보다는 크지만 강보다는 작은 물줄기.

내[2] 명사

물건이 탈 때에 일어나는 부옇고 매운 기운.

¶ 젖은 장작으로 불을 피우자 내가 사방에 가득 차서 눈을 뜰 수 없다.

내[3] 명사

(주로 관형어와 함께 쓰이어) '냄새'를 뜻하는 말.

¶ 밥 타는 내가 온 집 안에 가득하였다.

¶ 너는 왜 그렇게 지저분한 내를 풍기고 다니느냐?

내[4]

① 대명사 '나'에 관형격 조사 '의'가 붙어 줄어든 형태.
¶ 내 말만 잘 들으면 자다가도 떡을 얻어먹을 수 있다.
② 대명사 '나'에 주격 조사 '가'나 보격 조사 '가'가 붙을 때의 형태.
¶ 이 일은 내가 처리하겠다.
③ 대명사 '나'에 부사격 조사 '에게'가 붙어 줄어든 형태.
¶ 그런 말을 왜 내게 하니?

'내'의 문법적 성격

'내'는 대명사 '나'가 뒤에 오는 조사의 영향을 받아 형태가 바뀐 것이다. 풀이 ①에 대해서는 '나의'가 줄어든 것이라는 데에는 이론이 없지만 풀이 ②와 풀이 ③의 경우는 의견이 갈리고 있다. 하나는 '내'를 대명사 '나'의 변형으로 보고 그에 맞추어 조사가 붙는 것으로 설명한다. 이렇게 되면 풀이 ②와 ③의 뜻으로 쓰는 '내'는 대명사로 분류해야 한다. 그리고 '내게'의 '게'를 조사 '에게'의 준말로 봐야 한다.

이 사전에서는 '내'를 독립한 대명사로 보지 않고, 대명사 '나'가 조사 '의', '가', '에게'와 어울릴 때에, '나+의'는 줄어서 '내'가 되고, '나+가'는 음이 덧나서 '내가'가 되고, '나+에게'는 '에'의 영향으로 '내게'로 바뀐 것으로 본다. 그래서 '내'를 독립한 품사로 다루지 않았다. 같은 문제는 대명사 '너', '저'에서도 일어난다.

내나

부사
[내: -]

결국에 가서는.
¶ 그렇게도 반대하더니 그도 **내나** 동의하고 말았다.

'내나'와 '일껏'

애써서 얻었으나 결과로는 그 노력이 헛되게 된 경우에 '일껏'을 쓴다. 이에 비해서, 어떤 것에 반대하다가 마지막에 반대를 거두는 경우를 표현할 때는 '내나'를 쓴다. 어찌 보면 이제까지 노력한 것과는 다른 결과가 나온 것은 같지만 과정은 정반대인 셈이다. 따라서 이 두 부사를 정반대로 사용하지 않도록 조심하여야 한다.
¶ 굳세게 버티던 그도 **내나**(○) 굴복하고 말았다.

¶ 그도 내나(○) 동참하기로 했다.
¶ 우리가 일껏(○) 만들어 보내니 안 쓰겠다고 한다.
¶ 내나(×)/일껏(○) 말해 주니 왜 이제 와서 딴소리야.
¶ 내나(×)/일껏(○) 그러지 말라고 당부했는데 또 말썽이냐?

내닫다 동사 [내:-]

불10-1 내닫고, 내닫지, 내달아, 내달으니, 내달으면, 내달은, 내달을, 내닫소/내달으오, 내달읍시다, 내닫습니다, 내달았다

자동사

밖이나 앞쪽으로 힘차게 뛰어나가다.
¶ 멀리서 오는 주인을 보고 진돗개가 쏜살같이 **내달아** 주인을 맞는다.
¶ 그가 말을 타고 질풍처럼 **내달으니** 적들이 놀라 다 도망쳤다.

타동사

① (어떤 길을) 힘차게 달리다.
¶ 내리막길을 **내닫는** 동생을 보고 소리쳤다.
② 어떤 일을 하려고 덤벼들다.
¶ 퇴직금을 밑천으로 사업을 하겠다고 **내달았다가** 낭패를 보고 말았다.

복합어

- **내달리**다[내:-] 자동사 힘차게 달리다. ¶ 자전거가 무서운 속도로 언덕 아래로 내달린다.

속담

- **내닫기는 주막집 강아지라** 아무 일에나 뛰어들어 참견하는 사람을 비꼬는 말.

내디디다 동사 [내:-]

규11-0 내디디고, 내디디어/내디뎌, 내디딘다, 내디딥니다, 내디디었다/내디뎠다

타동사

① 밖이나 앞쪽으로 발을 옮겨 움직이다.

¶ 어렵사리 발을 떼어 한 걸음 내디뎌 보았다.

② 무엇을 시작하거나, 새로운 분야에 처음 들어서다.

¶ 어떤 일을 가지고 사회에 첫발을 내디디게 될지 기대가 된다.

내딛다 동사 [내:-]

규11-1 내딛고, 내딛지, 내딛는, 내딛습니다

타동사

'내디디다'의 준말.

× 내딛어

'내디뎌'의 틀린 말.

× 내딛으며

'내디디며'의 틀린 말.

> **'내딛다'의 활용형 제약**
>
> '내딛다'는 '내디디다'의 준말이므로 활용할 때에는 '내디디다'의 활용형과 같은 형태로 활용해야 한다. 그런데 모음으로 시작하는 어미는 '내딛다'의 활용형으로 사용할 수 없는 제약이 있다.
>
> 내딛어(×)/내디뎌(○), 내딛은(×)/내디딘(○), 내딛을(×)/내디딜(○)
>
> 내딛으며(×)/내디디며(○), 내딛으시니(×)/내디디시니(○)
>
> 내딛으신다(×)/내디디신다(○), 내딛었다(×)/내디뎠다(○)
>
> ¶ 그는 영화배우로 첫발을 내딛으며(×)/내디디며(○) 새로운 인생을 시작했다.
>
> ¶ 그 선수는 신호 전에 한 발을 내딛은(×)/내디딘(○) 탓에 실격하고 말았다.
>
> ¶ 아버지는 정년 퇴임을 하시고 화가로 첫발을 내딛으셨다(×)/내디디셨다(○).

내음 명사

코로 맡을 수 있는 나쁘지 않거나 향기로운 기운. 주로 문학적 표현에 쓴다.
¶ 싱그러운 찔레꽃 내음이 온 숲에 가득하다.

내일모레 명사 부사
(來日－) ㊅ 낼모레

명사

① 내일의 다음 날. 모레.
¶ 내일모레가 내 생일이다.
② 어떤 때가 가까이 닥쳐 있음을 이르는 말.
¶ 시험이 내일모레로 다가왔다.

부사

① 내일의 다음 날에.
¶ 내일모레 만나자.
② 멀지 않은 날에.
¶ 내일모레 마흔이지만 새로 공부를 시작했다.

낸들

대명사 '나'에 조사 '인들'이 붙은 형태가 줄어든 말.
¶ 낸들 좋아서 그리 했겠니?

'낸들'과 '난들'

'난들'은 '나'에 보조사 'ㄴ들'이 붙은 형태이다. 보조사 'ㄴ들'은 받침 없는 체언이나 부사어 뒤에 붙어서 '－라고 할지라도'의 뜻을 나타내는 보조사이다. 받침이 있는 체언이나 부사어 뒤에서는 'ㄴ들' 대신에 '인들'을 쓴다. '그 사람인들 그리 하고 싶어서 그랬겠니?' 또는 '그 일인들 제대로 했겠니?'처럼 '인들'을 붙인다. 더러 '나'에도 '인들'을 붙여 '나인들' 또는 줄여서 '낸들'을 쓰기도 한다. '낸들 네가 싫어서 그랬겠느냐?'처럼 쓰는 것이다. 이는 '동해는 넓은 바다다'라고 쓰는 경우와 '동해는 넓은 바다이다'라고 쓰는 경우를 모두 가능하다고 보는 논리와 같다.
《표준국어대사전》에는 'ㄴ들'은 받침 없는 말 뒤에, '인들'은 받침 있는 말 뒤에 붙이는 것으로 설명해 놓았기 때문에 받침 없는 말 뒤에는 무조건 'ㄴ들'을 붙여야 하는 것으로 이해할 수 있다. 그러면 '그 아인들 모르겠니?'는 맞고 '그 아이인들 모르겠니?'는 틀리게 된다. 같은 논리로 '어느 땐지 모르겠다'는 맞고 '어느 때인지 모르겠다'는 틀리고, '바단지 낸지 구별이 안 된다'는 맞고 '바다인지 내인지 구별이 안 된다'는 틀린다고 하면 이는 불합리하다. 그래서 받침이 없는 소리 뒤에서는 '이'가 생략되는 것으로 본다.

× 낼름

'날름'의 틀린 말.

낼모레 명사 부사 [낼: -]

'내일모레'의 준말.

냄새 명사 [냄: -]

① 코로 맡을 수 있는 온갖 기운. ㊜ 내[3]
¶ 참깨를 볶으면 구수한 냄새가 진동한다.
¶ 하수구에서 역한 냄새가 올라왔다.
② 어떤 사물이나 분위기 따위에서 느껴지는 특이한 낌새.
¶ 그에게서 공무원 냄새가 물씬 풍겼다.

관용 표현

- **냄새를 맡다** 어떤 낌새를 알아차리다.

냐 조사

서술격 조사

(받침 없는 체언 뒤에서 아랫사람이나 같은 또래에게) 사물을 지정하여 묻는 말.

¶ 너는 누구**냐**?

¶ 거기가 어디**냐**?

조사 '냐'의 높임말 'ㅂ니까'

듣는 사람(상대)의 나이나 지위 따위에 맞추어 '냐' 대신에 높임을 나타내는 조사 'ㅂ니까'를 쓴다.

¶ 저 사람은 **누구냐**? (상대를 낮춤)

¶ 저 사람은 **누구시냐**? (상대를 낮춤, 주어를 높임)

¶ 저 사람은 **누굽니까**? (상대를 높임)

¶ 저 사람은 **누구십니까**? (상대를 높임, 주어를 높임)

조사 '냐'와 '이냐'

받침이 없는 체언 뒤에는 '냐'가 오고, 받침이 있는 체언 뒤에는 '이냐'가 온다.

¶ 이것이 종이**냐**?

¶ 이것이 책이**냐**?

경우에 따라서는 받침이 없는 체언 뒤에서도 '이냐'를 쓸 수 있고, 높임말로 '입니까'를 쓸 수 있다. 체언과 조사가 한 글자로 합해지지 않도록 하려고 주로 글말에서 쓰지만 입말에서 써도 틀린 것은 아니다.

¶ 그 사람이 누구**이냐**?

¶ 여기가 어디**이냐**?

¶ 선생은 누구**입니까**?

¶ 이 집이 사랑채**입니까**?

'냐'의 품사

《표준국어대사전》은 '냐'를 조사로 보지 않고 어미로 본다. 서술격 조사 '이다'의 어간이 생략된 것으로 보는 것이다. 만일 '냐'를 어미로 보면 어간이 생략된 상태에서 어미가 어간이 아닌 체언에 붙는 격이 된다. '이다'의 문법적 성격을 아직 규명하지 못한 상태여서 과도기적인 혼란이 있다.

-냐 어미

종결 어미

('이다'의 어간, 용언의 어간, 어미 '-(으)시', '-겠', '-었' 뒤에서 아랫사람이나 같은 또래에게) 어떤 상태나 상황을 묻는 말.

¶ 어디가 아프냐?

어미 '-냐'의 높임말 '-ㅂ니까'

듣는 사람(상대)의 나이나 지위 따위에 맞추어 '-냐' 대신에 높임을 나타내는 어미 '-ㅂ니까'를 쓴다.

¶ 누가 가장 크냐? (상대를 낮춤)
¶ 누가 가장 크시냐? (상대를 낮춤, 주어를 높임)
¶ 누가 가장 큽니까? (상대를 높임)
¶ 누가 가장 크십니까? (상대를 높임, 주어를 높임)
¶ 어디가 아프답니까? (상대를 아주 높임, 아픈 사람은 높이지 않음)
¶ 어디가 아프시답니까? (상대를 높임, 아픈 사람도 높임)
¶ 요즘 바쁩니까? (듣는 사람을 아주 높임, 바쁜 사람은 안 높임)
¶ 요즘 바쁘십니까? (듣는 사람을 아주 높임, 바쁜 사람도 높임)

어미 '-냐'와 '-니'

두 어미는 모두 같은 기능을 한다. 다만 '-니'가 '-냐'에 비하여 좀 더 친밀하고 부드럽게 이르는 느낌을 주어 입말에서 주로 사용하고, '-냐'는 글말에서 주로 사용한다.

¶ 기분이 그렇게 나쁘냐/나쁘니?
¶ 얼마나 슬프냐/슬프니?
¶ 키가 그렇게 크냐/크니?

어미 '-냐/-니'와 '-으냐/-으니'

받침이 없는 어간 뒤에는 '-냐/-니'가 오고, 받침이 있는 어간 뒤에는 '-으냐'가 온다. 입말에서는 '-으니'를 쓴다.

¶ 그렇게 좋으냐/좋으니?
¶ 하늘이 맑으냐/맑으니?

▶ '-냐'와 '-느냐'의 용법 차이는 올림말 '-느냐' 참고.

너 관형사 [너ː]

('돈', '말', '발', '푼' 따위의 단위를 나타내는 말 앞에 쓰이어) 그 수량이 넷임을 나타내는 말.

¶ 금 너 돈

¶ 쌀 너 말

¶ 새끼 너 발

¶ 돈 너 푼

× 너댓

'너덧', '네댓'의 틀린 말.

너덧 수사 관형사

수사

넷이나 다섯쯤. 네댓. 네다섯.

¶ 그래도 신청자가 너덧은 돼야 한다.

관형사

넷이나 다섯쯤의. 네다섯의.

¶ 참가 신청자가 겨우 너덧 명뿐이었다.

너르다 형용사

불21-6 너르고, 너르니, 너른, 널러, 너릅니다, 널렀다

① 공간이 두루 다 넓다.

¶ 김제는 우리나라에서 가장 너른 평야가 있는 곳이다.

¶ 이번에 이사한 집은 마당만 너를 뿐 건물은 낡았다.
② 마음을 쓰는 것이나 생각하는 것이 너그럽고 크다.
¶ 그는 무척 너른 마음씨를 가졌다.

복합어

• **널리** 부사 ① 범위가 넓게. ② 너그럽게. ¶ 이번 잘못을 널리 용서해 주시기 바랍니다.

> **'너르다'와 '넓다'**
>
> '너르다'는 평평한 땅이 사방으로 두루 넓은 상태를 가리킨다. '넓다'보다 더 넓은 느낌을 준다. '넓다'는 넓이의 좁고 넓음을 뜻하는 경우에 많이 쓴다. 좁은 것보다 상대적으로 크면 넓다고 하고 폭이 좁지 않은 경우에도 넓다고 할 수 있다. 간격이 커도 넓다고 할 수 있다. 이런 경우에 '너르다'는 쓸 수 없다.
>
> ¶ 우리 마을에는 제법 너른(○)/넓은(○) 공원이 두 곳이나 있다.
> ¶ 여기 도형 가운데에서 어느 도형이 가장 넓어(○)/널러(×) 보입니까?
> ¶ 그곳을 지나는 넓은(○)/너른(×) 길이 새로 뚫렸다.
> ¶ 간격을 너무 넓게(○)/너르게(×) 벌이지 마세요.
> ¶ 저 사람은 이마가 무척 넓은(○)/너른(×) 것 같다.

너머 명사

높이나 경계로 가로막은 사물의 저쪽. 또는 그 공간.
¶ 산 너머 남촌에는 누가 살고 있을까?
¶ 우리 고향은 휴전선 너머에 있다.

> **'너머'와 '넘어'**
>
> '너머'는 높이가 있는 물체를 넘은 저쪽의 공간을 가리킨다. 경계를 넘은 쪽의 공간을 이르기도 한다. 즉 구체적인 공간을 가리키는 말이다. 이에 비해서 '넘어'는 동사 '넘다'의 활용형으로서 '너머'와 '넘어'는 실체가 있는 장소의 개념과 동사라는 차이가 있다.
>
> ¶ 우리 집은 저 고개 너머에 있다.
> ¶ 아이들은 고개를 넘어 학교에 다녔다.

ㄴ

너무 부사

일정한 정도나 한계에 지나치게.

¶ 별일 아니니 너무 걱정하지 마세요.

¶ 너무 먹어서 배가 터질 것 같다.

¶ 너 기타 너무 잘 친다

복합어

- **너무하다** 자동사 말이나 행동을 도에 지나치게 하다. ¶ 그가 거절했다고? 해도 너무하는군. / 이번에도 졌어? 정말 너무하는 노릇이야. 형용사 정도나 한계를 넘어 지나치다. ¶ 나를 그렇게 미워하다니 너무한다. / 요즘 정부가 하는 일이 너무하지 않니?

속담

- **너무 고르다가 눈먼 사위 얻는다** 너무 고르다 보면 오히려 나쁜 것을 고르게 됨을 비유하는 말.
- **너무 뻗은 팔은 어깨로 찢긴다** 지나치게 미리 손을 써서 남을 해치려다가는 도리어 실패하게 됨을 이르는 말.
- **물이 너무 맑으면 고기가 아니 모인다** 사람이 지나치게 결백하면 남이 따르지 않음을 비유하는 말.

'너무'의 사용

'너무'는 지나침을 나타내기 위해서 쓰는 말이어서 사람들이 바람직하지 않게 여기는(부정적 의미) 것임을 나타낸다. 또 '매우'나 '아주'처럼 아니면 그 이상의 정도를 나타내기 위하여 긍정적인 단어를 수식하기도 한다.

너부러지다 동사

규11-0 너부러지고, 너부러지어/너부러져, 너부러진다, 너부러집니다, 너부러지었다/너부러졌다

자동사

(기운이 없어) 힘없이 바닥에 쓰러지거나 주저앉다.

¶ 한 대 맞은 선수가 그대로 바닥에 **너부러지자** 심판이 경기를 중단시켰다.

너비 명사

평면이나 물체의 가로로 건너지른 거리. 폭(幅).
¶ 이 터는 너비가 좁아서 집을 짓기는 어렵겠다.
¶ 바지통의 너비가 다리가 들어가기 어려울 정도로 좁다.

복합어

- **가슴너비** 명사 가슴의 가로로 퍼진 길이.
- **갈이너비** 명사 논밭을 갈 때에 그 너비. ¶ 밭은 넓지만 갈이너비는 좁은 편이다.
- **그네너비** 명사 그네 밑싣개의 가로 길이. ¶ 그네너비가 넓어야 두 사람이 탈 수 있다.
- **밑너비** 명사 밑이 되는 부분의 너비.
- **어깨너비** 명사 양어깨 사이의 거리.

> **'너비'와 '나비'**
> 두 단어 다 물체의 가로 길이(폭)를 가리킨다. 세로 길이는 그냥 길이(장)라고 한다. 피륙이나 옷감 등의 너비를 특별히 '나비'라고 부른다.

넉 관형사 [넉:]

('냥', '되', '섬', '자' 따위의 단위를 나타내는 말 앞에 쓰이어) 그 수량이 넷임을 나타내는 말.
¶ 금 넉 냥
¶ 쌀 넉 되
¶ 보리 넉 섬
¶ 삼베 넉 자
¶ 벌써 넉 달이 지났어.

속담

- **넉 달 가뭄에도 하루만 더 개었으면 한다** 오래 기다리던 비일지라도 무슨 일을 치르려면 그 비 오는 것을 꺼린다는 말. 자기중심으로 날씨를 생각한다는 말.

× 넌즈시

'넌지시'의 잘못.

넌지시 부사

드러나지 않게 가만히. ×넌즈시

¶ 그가 어떤 생각을 하고 있는지 넌지시 떠보아라.

¶ 선생님께서 나에게 넌지시 말씀하셨다.

¶ 그에게 이 일을 넌지시 권해 보아라.

널따랗다 형용사

불20-5 널따랗고, 널따라니, 널따라면, 널따란, 널따래서, 널따랗습니다, 널따라네, 널따랗소, 널따랬다

(공간이) 꽤 넓다. 상당히 넓다.

¶ 마을 앞으로는 들판이 널따랗게 펼쳐져 있다.

¶ 널따란 운동장에서 아이들이 마음껏 뛰논다.

'널따랗다'와 '좁다랗다'

'널따랗다'는 '넓다'에 접미사 '-다랗다'가 붙어서 파생된 말이고, '좁다랗다'는 '좁다'에 접미사 '-다랗다'가 붙어서 파생된 말인데 '널따랗다'를 '넓다랗다'로 쓰지 않는다. 이는 표기 원칙에 따른 것으로서, '넓다'의 발음과 관련이 있다. '넓다'는 '넓'의 'ㅂ'이 드러나지 않은 상태로 '널따'로 발음하는데 '넓다랗다'도 '널따랗다'로 소리 난다. 이처럼 겹받침의 끝소리가 드러나지 않는 경우에는 소리 나는 대로 적기로 한 한글맞춤법 규정에 따른 것이다.

- 넓다 – 널따랗다 – 널찍하다
- 얇다 – 얄따랗다 – 얄찍하다 – 얄팍하다
- 엷다 – 열따랗다
- 짧다 – 짤따랗다 – 짤막하다

× 널부러지다

'널브러지다'의 틀린 말.

널브러지다 동사

규11-0 널브러지고, 널브러지어/널브러져, 널브러진다, 널브러집니다, 널브러지었다/널브러졌다

자동사

① 너저분하게 흩어지다.

¶ 행사가 끝난 자리에는 온갖 쓰레기가 널브러져 있었다.

② 몸에 힘이 빠져 몸을 추스르지 못하고 축 늘어지다.

¶ 지친 사람들은 땅바닥에 아무렇게나 널브러져 앉아 있었다.

> **'너부러지다'와 '널브러지다'**
>
> '너부러지다'는 '나부라지다'의 큰말이다. 힘없이 넘어지거나 쓰러지는 동작을 가리킬 때 쓴다. '널브러지다'는 축 늘어져 힘없이 여기저기 널려 있는 모양을 가리킬 때 쓴다.
>
> ¶ 뙤약볕에 지친 아이들이 여기저기에서 너부러졌다.
>
> ¶ 뙤약볕에 지친 아이들이 여기저기에 널브러져 있다.

널빤지 명사 [널:-]

판판하고 넓게 켠 나뭇조각. ×널판지

¶ 콘크리트 벽에 널빤지를 댄 뒤에 하얀 페인트를 칠하니 실내가 한층 밝아졌다.

× 널판지

'널빤지'의 틀린 말.

널찍하다 형용사

불20-9 널찍하고, 널찍하니, 널찍하여/널찍해, 널찍한, 널찍합니다, 널찍했다

꽤 넓다.

¶ 방도 널찍하고 마당도 널찍해서 좋다.

> **'널찍하다'와 '널따랗다'**
> 두 낱말이 모두 상당히 넓다는 뜻을 나타내지만 말맛에 차이가 있다. '널찍하다'는 그리 넓지 않은 공간(주로 칸으로 나뉜 공간)을 기준으로 하여 비교적 넓다는 뜻을 나타내지만 '널따랗다'는 상당히 넓은 공간에 쓴다. 넓기의 차이를 말한다면 '널찍하다'보다 '널따랗다'를 더 넓은 공간에 쓴다. '널따랗다' 보다 더 넓은 공간에는 '드넓다'를 쓴다.

넓다 형용사 [널따]

규21-1 넓고, 넓지, 넓어, 넓은, 넓습니다, 넓네, 넓으오/넓소, 넓었다

① (면이나 바닥의 가로와 세로 길이가) 크다.

¶ 나주에는 기름진 평야가 넓게 펼쳐져 있다.

¶ 넓은 들판을 마음껏 달려 보고 싶다.

¶ 아이가 넓은 이마에 코도 오뚝하니 이목구비가 뚜렷했다.

② 너비가 크다.

¶ 새로 넓은 길이 뚫렸다.

¶ 두 팔을 넓게 벌려라.

¶ 바짓가랑이가 너무 넓어서 조금 줄였다.

③ 마음 쓰는 것이 너그럽다.

¶ 도량이 넓은 사람은 많은 사람을 끌어들인다.

¶ 마음을 넓게 쓰니 나도 편안해지고 사람들도 편안해 한다.

④ 미치는 범위가 크다.

¶ 그의 넓은 식견에 감탄하지 않을 수 없다.

¶ 사람을 넓게 사귀는 것이 좋다.

'넓다'의 소리내기

'넓다'는 겹받침 'ㄼ'의 소리내기가 까다롭다. 어미가 자음으로 시작하면 'ㄼ' 중에서 뒤의 'ㅂ'이 소리가 나지 않으면서 자음을 된소리로 바꾸는 특성이 있다. 그래서 '넓다, 넓지, 넓소, 넓네'가 '널따, 널찌, 널쏘, 널레'처럼 소리 난다. 그러나 '넓적하다'는 '넙쩌카다'로 소리 난다. 이 밖에도 '넓다'에서 파생한 단어로 '널따랗다'나 '널찍하다'처럼 애초에 'ㅂ'을 탈락시켜 표기하는 경우도 있는데 이는 올림말 '널따랗다'에서 설명하였다.

'넓다'와 '너르다'의 차이에 대해서는 올림말 '너르다' 참고.

넓적하다 형용사 [넙-]

불20-9 넓적하고, 넓적한, 넓적하여/넓적해, 넓적합니다, 넓적하였다/넓적했다

편편하고 얇으면서 넓다. ×넙적하다

¶ 넓적한 접시에 빨간 토마토가 놓여 있다.

¶ 반죽을 넓적하게 펴서 만두피를 만들었다.

복합어

- **너부렁넓적하다**[-넙-] 형용사 평평하게 퍼진 듯이 넓적하다.
- **넓적넓적**[넙-넙-] 부사 여럿이 다 편편하고 얇으면서 꽤 넓은 모양. ¶ 떡을 넓적넓적 썰다.
- **넓적넓적이**[넙-넙-] 부사 넓적넓적하게.
- **넓적넓적하다**[넙-넙-] 형용사 여럿이 다 편편하고 얇으면서 넓다.
- **넓적다리**[넙-] 명사 다리에서 무릎 위쪽 다리.
- **두리넓적하다**[-넙-] 형용사 둥그스름하고 넓적하다.
- **둥글넓적하다**[-넙-] 형용사 둥글면서 넓적하다.

'넓적하다'와 '납작하다'

얼굴이 비교적 넓은 사람을 보고 '얼굴이 넓적하다'라고 표현한다. 엉덩이가 큰 사람은 '엉덩이가 넓적하다'라고 할 수 있다. 이에 비해서 '납작하다'는 솟아야 할 곳이 솟지 않은 상태를 나타낼 때에 주로 사용한다. '코가 납작하다'나 '가슴이 납작하다'의 표현이 그 예이다. 넓이가 넓은 경우에는 이 두 낱말을 쓰지 않고 '널찍하다'를 쓴다.

넓죽하다 형용사 [넙-]

불20-9 넓죽하고, 넓죽한, 넓죽하여/넓죽해, 넓죽합니다, 넓죽하였다/넓죽했다

길쭉하고 넓다.

¶ 얼굴이 넓죽하다.

¶ 발이 큰 데다가 발볼도 넓어서 이 신발을 신으면 더 넓죽하게 보인다.

복합어

- **넓죽넓죽**[넙-넙-] 부사 여럿이 다 길쭉하고 넓은 모양.
- **넓죽넓죽하다**[넙-넙-] 형용사 여럿이 다 길쭉하고 넓다.
- **넓죽스름하다**[넙-] 형용사 약간 길쭉하고 넓다.
- **넓죽스름히**[넙-] 부사 약간 길쭉하고 넓게.
- **넓죽이**[1][넙-] 명사 얼굴이 넓죽한 사람을 놀림조로 이르는 말.
- **넓죽이**[2][넙-] 부사 넓죽하게.

'넓적하다'와 '넓죽하다'

'넓죽하다'는 길이가 있으면서 넓적한 경우에 쓴다. 이에 비해서 '넓적하다'는 평면적으로 넓은 경우에 쓴다. 모양이 둥글면서 넓적하면 '둥글넓적하다'가 되고, 길쭉하고 넓적하면 '넓죽하다'가 된다.

× 넙적하다

'넓적하다'의 틀린 표기.

¶ 넙적한(×)/넓적한(○) 얼굴

네[1]

① 대명사 '너'에 관형격 조사 '의'가 붙을 때에 줄어든 형태.

¶ 아무도 네 말을 가볍게 생각하지 않는다.

¶ 지금 네 생각을 말해 보아라.

② 대명사 '너'에 주격 조사 '가'나 보격 조사 '가'가 붙을 때의 형태.

¶ 오늘 회의에는 네가 나 대신에 참석하여라.

¶ 나를 보자고 한 게 네가 아니냐?

③ 대명사 '너'에 부사격 조사 '에게'가 붙어 줄어든 형태.

¶ 이 선물을 네게 주겠다.

▶ '네'의 문법적 성격에 대해서는 올림말 '내[4]' 참고.

네[2] 관형사 [네:]

(일부 단위를 나타내는 말 앞에 쓰이어) 그 수량이 넷임을 나타내는 말.

¶ 연필 네 자루

¶ 물 네 컵

¶ 강의 네 시간

¶ 닭 네 마리

¶ 사탕 네 알

¶ 옷 네 벌

관용 표현

- **네 귀가 반듯한 말** 아주 틀림이 없는 말이라는 뜻으로 하는 말.
- **네 활개(를) 치다** ① 크게 팔다리를 휘저으며 걷다. ¶ 남자는 네 활개를 치며 마을로 들어섰다. ② 의기양양하게 다니거나 행동하다. ¶ 깡패들이 네 활개를 치던 시절은 지났다.

'네', '넉', '너'의 용법

수량이 넷임을 나타내는 관형사에 '네', '넉', '너'의 세 가지를 쓰고 있다. 표준어규정에 따르면 '돈', '말', '발', '푼' 앞에서는 '너'를 쓰고, '냥', '되', '섬', '자' 앞에서는 '넉'을 쓰고, 다른 것에는 '네'를 쓴다. 이는 전통적으로 사용해 오던 단위 사용법을 그대로 인정한 것이다.

요즘은 '돈', '말', '발', '푼', '냥', '되', '섬', '자' 앞에서 이와 같이 '너'나 '넉'을 쓰는 의식이 흐려져서 많은 사람이 헷갈려 한다. 여기에 제시하지 않은 단위에는 '네', '너', '넉' 가운데에서 무엇을 쓸까 고민하게 된다. 예를 들면 자동차나 컴퓨터를 세는 단위인 '대', 굴비 20마리를 엮은 단위인 '두름', 감 100개를 가리키는 단위인 '접', 달걀 열 개를 가리키는 단위인 '꾸러미'를 셀 때에 '네, 너, 넉' 가운데에서 어느 것을 써야 할지 알 수 없다.

따라서 모든 단위 앞에서는 '네'를 쓰도록 통일하고, 다만 '돈', '말', '발', '푼', '냥', '되', '섬', '자'의 경우에는 '너'나 '넉'을 인정하는 것이 좋겠다. '셋'을 나타내는 관형사에도 같은 문제가 있다.

ㄴ

네[3] 감탄사

① 윗사람의 부름에 대답하거나 묻는 말에 긍정하여 대답할 때 쓰는 말.

¶ "영호야! 이리 와 봐라." "네, 잠깐만요."

② 윗사람이 부탁하거나 명령하는 말에 동의하여 대답할 때 쓰는 말.

¶ "이 일은 네가 하는 게 좋겠는데." "네, 알겠습니다."

③ 윗사람의 말을 재우쳐 물을 때 쓰는 말.

¶ "네? 지금 뭐라 하셨죠?"

④ 윗사람에게 조르거나 사정할 때 쓰는 말.

¶ 차 한 잔 사 주세요, 네?

'네'와 '예'

두 낱말은 의미나 기능에 차이가 없고 복수 표준어로 인정한다. 다만 입말에서는 '예'보다 '네'를 더 자주 쓰고, 글말에서는 '예'를 더 자주 쓴다. 특히 '아니요'와 상대되는 말로는 '예'를 써서, '예, 아니요'라고 한다. 이 경우에 '네, 아니요'라고 쓰는 경우는 드물다.

-네[1] 접사

접미사

① (몇몇 명사 뒤에 붙어) '처지가 같은 사람'의 뜻을 더하는 말.

¶ 노인네, 늙으신네, 동갑네, 아낙네, 어르신네, 여인네, 여편네, 젊으신네, 젊은네

② (사람을 가리키는 대다수 명사 뒤에 붙어) '그 사람의 가족이나 집'이라는 뜻을 더하는 말.

¶ 철수네, 김 서방네, 아저씨네, 철수 댁네

③ 지칭을 나타내는 말에 붙어 그 지칭에 해당하는 사람의 무리를 가리키는 말.

¶ 저네, 그네, 이네

–네² 어미

종결 어미

① 하게할 자리에 쓰며, 단순한 서술의 뜻을 나타내는 말.

¶ 지금 내가 그곳으로 가겠네.

¶ 여기는 비가 많이 내리네.

② 해할 자리나 혼잣말에 쓰며, 지금 보거나 깨달은 일을 서술하는 데에 쓰는 말.

¶ 와, 집이 무척 멋지네.

¶ 이제 보니 자네 키가 참 크네.

어미 '–네' 붙이기

① 용언의 어간 끝소리가 모음이든, 자음이든 언제나 '–네'를 붙인다.

¶ 옷이 나에게 너무 크네. (크다+네=크네)

¶ 어제 학교에 갔네. (갔다+네=갔네)

¶ 마당이 참 넓네. (넓다+네=넓네)(×넓으네)

¶ 얼굴이 참 곱네. (곱다+네=곱네)(×고우네)

¶ 기분이 참 좋네. (좋다+네=좋네)(×좋으네)

② 어간 끝소리가 'ㄹ' 받침인 경우에는 'ㄹ'을 탈락시키고 '–네'를 붙인다.

¶ 새가 하늘을 나네. (날다+네=나네)(×날으네)

¶ 아이가 수업 시간에 조네. (졸다+네=조네)

¶ 바람이 무척 세게 부네. (불다+네=부네)

③ 색깔을 나타내는 어간의 끝소리 'ㅎ'은 탈락시키고 '–네'를 붙인다. 다만, 이 경우 'ㅎ'을 탈락시키지 않은 형태를 틀렸다고 할 수 있는지는 확실하지 않다.

¶ 색이 참 산뜻하게 노라네. (노랗다+네=노라네)(?노랗네)

¶ 살갗이 너무 까마네. (까맣다+네=까마네)(?까맣네)

¶ 얼굴이 무척 하야네. (하얗다+네=하야네)(?하얗네)

네까짓 관형사

겨우 너 따위밖에 안 되는.

¶ 네까짓 게 무얼 안다고 참견이니?

네댓 수사 관형사 [네: -]

수사

넷이나 다섯쯤. 너덧. 네다섯.

¶ 고무신 네댓 켤레가 댓돌 위에 놓여 있었다.

관형사

넷이나 다섯쯤의. 너덧의. 네다섯의.

¶ 이번 모임에 참석한 사람은 네댓 명뿐이었다.

노느다 동사

불10-8 노느고, 노느니, 노는, 노늘, 노늡니다, 노나, 노났습니다

타동사

여러 몫으로 가르다. 분배(分配)하다.

¶ 아버지가 아들들에게 재산을 노나 주셨다.

¶ 마을 사람들이 설떡을 같이 만들어 이웃끼리 노나 먹는 풍습이 있다.

복합어

- **노느매기** 명사 여러 몫으로 나누는 일. 또는 그렇게 나누어진 몫.
- **노느매기하다** 타동사 여러 몫으로 갈라 나누다. ¶ 이웃들하고 만두를 같이 빚어 노느매기하였다.
- **노느몫** 명사 물건을 여럿으로 노는 몫. ¶ 차례 음식을 모두 식구들에게 노느몫으로 안겨 보냈다.
- **노느이다** 피동사 '노느다'의 피동형. 준 노늬다
- **노늬다** 피동사 '노느이다'의 준말.

> **'노느다'와 '나누다'**
>
> '나누다'는 전체를 몇 부분으로 가름을 의미한다. 갈라서 어떻게 하든지 상관없다. 갈라서 서로 구별되도록 떼어 놓아도 좋고, 갈라서 여러 사람에게 몫몫으로 주어도 좋다. 물건이 아닌 경우에는 서로 주고받거나 함께 이용하는 것도 나누는 개념에 포함된다. 하나에서 갈라져 나오는 경우에도 '나누다'를 쓸 수 있다.

'노느다'는 갈라서 여러 사람에게 몫몫으로 주는 경우에만 쓴다. '나누다'는 '노느다'의 의미를 포괄하지만 '노느다'는 '나누다'의 일부 의미만 가리킨다. '나누다'로 '노느다'를 포괄할 수 있으므로 '노느다'를 쓰는 경우가 매우 줄어들었다.

노랗다 형용사 [노:-]

불20-5 노랗고, 노라니, 노라면, 노란, 노래, 노라네, 노랗습니다, 노랗소, 노랬다

① 병아리 털이나 개나리꽃과 같이 밝고 선명하게 노르다.
¶ 유채꽃이 핀 벌판은 온통 노랗게 물들어 있다.
② 영양 부족이나 병으로 얼굴에 핏기가 없고 노르께하다.
¶ 오랫동안 굶은 탓에 얼굴이 노랗게 변해 있었다.
③ (입말에서 속되게) 잘될 가망이 없다.
¶ 그가 말하는 거나 행동하는 걸 보니 싹수가 노랗게 보이더라.

'노랗다'와 '누렇다'
'노랗다'의 큰말은 '누렇다'인데 이 두 낱말 사이에 섬세한 차이가 생겼다. '노랗다' ③의 뜻으로 '누렇다'를 쓰지 않고, '누렇다' ③의 뜻으로 '노랗다'를 쓰지 않는다.

노상 부사

언제나 변함없이 한 모양으로 줄곧. 늘.
¶ 그는 노상 웃고 다닌다.
¶ 그는 노상 그 옷만 입고 다닌다.

녹슬다 동사 (綠-)

불11-2 녹슬고, 녹슬지, 녹슬어, 녹슨, 녹슬, 녹스오, 녹스네, 녹습니다, 녹슬었다

자동사

① 쇠붙이가 산화하여 빛이 변하다. 녹나다.

¶ 칼이 녹슬 정도로 오랫동안 쓰지 않았다.

¶ 녹슨 양철 문이 덜컹거렸다.

② (비유적으로) 오랫동안 쓰지 않고 버려두어 낡거나 무디어지다.

¶ 생각이 녹슬면 새로운 일을 할 수 없다.

¶ 우리는 나이가 너무 많아 머리가 녹슨 지 이미 오래다.

> **'녹슬다'의 활용형**
>
> '녹슬다'에 관형사형 어미 '-ㄴ'이 붙으면 'ㄹ'이 탈락하여 '녹슨'이 된다. 이를 '녹슬은'이라고 하면 안 된다. '거칠다/거친', '눈멀다/눈먼', '걸다/건', '멀다/먼' 따위가 다 이런 활용형이다.

× 녹슬은

동사 '녹슬다'의 관형사형 '녹슨'의 틀린 말.

¶ 기차가 다니지 않아 녹슬은(×)/녹슨(○) 철길이 세월의 무상함을 말해 준다.

놀다[1] 동사 [놀:-]

불10-2 놀고, 놀지, 노는, 노니, 놀면, 놀아, 노오, 놉니다, 놀았소

자동사

① 즐겁게 지내다.

¶ 우리 밖에 나가서 놀자.

¶ 잘 노는 아이가 공부도 잘 한다.

¶ 그 사람은 놀 줄 아는 사람이다.

¶ 너희 집에 놀러 가도 될까?

② 일정하게 하는 일이 없이 지내다.

¶ 방학이라고 빈둥빈둥 놀지만 말고 뭐라도 좀 하거라.

¶ 그는 직장을 그만두고 집에서 논다.

¶ 취직을 못 했으니 집에서 놀 수밖에 없지.

③ 일을 그치고 쉬다.
¶ 일하는 시간과 노는 시간은 엄격하게 구별하여야 한다.
¶ 우리 가게는 매주 월요일에 논다.
④ 물자나 시설 따위를 쓰지 않다.
¶ 공장마다 많은 기계가 놀고 있다.
¶ 노는 돈이 있으면 좀 빌려 주세요.
⑤ 고정되어 있던 것이 헐거워 이리저리 움직이다.
¶ 아랫니가 조금 놀아서 흔들어 보았더니 바로 빠져 버렸어.
¶ 나사가 놀면 금방 부서지니 잘 조여라.
⑥ 태아가 꿈틀거리다.
¶ 뱃속에서 아기가 노는 것이 느껴진다.
⑦ 주색이나 폭력을 일삼아 방탕하게 지내다.
¶ 나도 왕년에는 이 바닥에서 놀았던 적이 있다.
¶ 이곳에서 노는 폭력배를 모조리 잡아들여라.
⑧ 일정한 여건에서 또는 특정 사람들과 지내다.
¶ 누구나 저 놀던 물에서 놀려 한다.
¶ 끼리끼리 논다고 있는 집 애들은 그들끼리 논다.
⑨ (주로 '누구를 가지고 놀다' 형태로 쓰이어) 사람을 조롱하거나 좌지우지하다.
¶ 아주 날 가지고 놀아라.
⑩ (속된 말로) 마음에 들지 않게 행동함을 비꼬는 말.
¶ 놀고 있네.
⑪ (속된 말로) 그러하게 행동하다.
¶ 저는 그렇게 시시하게 놀지 않습니다.
¶ 너무 건방지게 놀지 마라.

타동사

① 어떤 놀이를 하다.
¶ 설날에는 윷을 노는 풍속이 있다.
② (어떤 행동을) 하다.
¶ 남의 일에 훼방을 놀지 마라.

복합어

• **놀고먹**다[놀:-] 자동사 직업이나 하는 일 없이 놀면서 지내다.

- **놀리다** 타동사 올림말 '놀리다' 참고.
- **놀아나다** 자동사 ① (어떤 사람에게) 홀려 그의 말대로 따르다. ¶ 그는 아무것도 모르고 사기꾼에게 놀아났다. ② (무엇에) 부추김을 받거나 이용되다. ¶ 우리 모두는 그의 농간에 놀아나고 말았다. ③ (누구와) 부적절한 관계를 가지다. ¶ 그 얌전하던 부인이 이웃집 남자와 놀아났다네.
- **놀음놀이** 명사 = 놀이
- **놀이** 명사 ① 여러 사람이 모여서 즐겁게 노는 일. 놀음놀이. ¶ 건전한 놀이 문화를 만들어 가자. / 우리는 놀이를 하며 즐겁게 시간을 보냈다. ② 굿, 풍물, 인형극 따위의 우리나라 전통적인 연희를 통틀어 이르는 말. 놀음놀이. ③ 일정한 규칙 또는 방법에 따라 노는 일. ④ (일부 명사 뒤에 붙어) '모방', '장난', '흉내'의 뜻을 나타내는 말. ¶ 병원놀이, 엄마놀이, 학교놀이
- **놀이하다** 자동사 ① 여러 사람이 모여서 즐겁게 놀다. 놀음놀이하다. ② 굿, 풍물, 인형극 따위의 우리나라 전통의 연희를 하다. 놀음놀이하다. ③ 일정한 규칙이나 방법에 따라 놀다.

관용 표현

- **놀고 지내다** 아무 일도 하지 않고 지내다.
- **놀고 앉았네** 상대방을 비웃거나 상대방의 행위를 비아냥거릴 때 이르는 말. ¶ 놀고 앉았네. 일이 그리 쉽게 되는 줄 알아?

속담

- **노는 입에 염불하기** 하는 일 없이 놀기보다 무엇이라도 하는 게 낫다는 말.
- **논 자취는 없어도 공부한 공은 남는다** 놀지 않고 힘써 공부하면 훗날 그 공적이 반드시 드러날 것이니 아무쪼록 공부에 힘쓰라는 말.
- **놀기 좋아 넉동 치기** 할 일 없을 때는 윷놀이라도 한다는 뜻으로, 그냥 가만히 있느니 아무 소용없는 놀이라도 한다는 말.
- **놀던 계집이 결딴나도 엉덩이짓은 남는다** ① = 남산골샌님이 망해도 걸음 걷는 보수는 남는다 ② 어떤 것이 망하여 버리더라도 모두 없어지는 법은 없고 무언가 남는 것이 있음을 비유하여 이르는 말.

놀다[2] 형용사 [놀:-]

불20-2 놀고, 놀지, 노니, 놀면, 놀아, 노오, 놉니다, 놀았소

드물어서 구하기 어렵다.

¶ 대장장이 집에 식칼이 논다더니 우리 집엔 변변한 냄비 하나가 없구나.

놀라다 동사 [놀:-]

규10-0 놀라고, 놀라므로, 놀라니, 놀라, 놀라서, 놀란, 놀랍니다, 놀랐다

자동사

① (뜻밖의 일이나 무서움에) 가슴이 두근거리다.

¶ 세상이 불안하니 조그만 사고에도 놀란다.

¶ 밤중에 갑자기 사람의 비명이 들려 모두 놀랐다.

② (뛰어나거나 신기한 것을 보고) 매우 감동하다

¶ 사람들은 여자의 미모에 놀랐고 또 여자의 능력에 놀랐다.

¶ 아이가 노래를 하도 잘 불러서 놀랐다.

③ 어처구니가 없거나 기가 막히다.

¶ 시민을 간첩으로 몰고 있는 정부의 태도에 놀라지 않을 수 없다.

관용 표현

- **놀란 가슴** 놀라서 가슴이 두근거리는 상태. ¶ 그 사건으로 놀란 가슴은 쉽게 가라앉지 않았다.
- **놀란 토끼 눈을 하다** 뜻밖이거나 놀라 눈을 크게 뜨다. ¶ 물건을 훔치던 아이는 내 얼굴을 보더니 놀란 토끼 눈을 하고 도망쳤다.
- **놀란 피** 매우 심하게 다쳐서 멍든 부위에 생기는 검은 피를 이르는 말. ¶ 놀란 피를 빼야 상처가 빨리 아물 수 있다.
- **놀란 혼** = 놀란 가슴

속담

- **놀란 토끼 벼랑 바위 쳐다보듯** 말도 못하고 눈만 껌벅거리며 바라보는 모습을 비유하여 이르는 말.

'놀라다'와 '놀래다'

'놀래다'는 '놀라다'의 사동형이므로 목적어가 있어야 한다. 따라서 '놀래다'를 자동사처럼 쓰는 것은 잘못이다.

¶ "너, 무척 놀랬지(×)/놀랐지(○). 나도 놀랬어(×)/놀랐어(○)."

¶ "아이쿠, 놀래라(×)/놀라라(○). 이 무슨 일인고?"

¶ "무척 놀랬습니다(×)/놀랐습니다(○). 다시는 그렇게 장난치지 마세요."

¶ 친구를 놀래려고(○) 숨어 있었다.

놀랍다 형용사 [놀:-]

불20-3 놀랍고, 놀랍네, 놀라운, 놀라우니, 놀라워, 놀라워서, 놀라웠다

① 놀랄 만하다.

¶ 이 소설을 네가 썼다니, 정말 놀랍구나!

② 몹시 장하고 갸륵하다.

¶ 마흔이 넘은 나이에 직장 다니면서 대학을 마친 건 놀라운 일이다.

놀래다 동사 [놀:-]

규11-0 놀래고, 놀래므로, 놀래니, 놀래, 놀래서, 놀랜, 놀랩니다, 놀랬다

사동사

'놀라다'의 사동형.

¶ 사람을 그렇게 놀래면 안 된다.

× 놀래키다

'놀래다', '놀라게 하다'의 틀린 말.

¶ 아이를 놀래키지(×)/놀래지(○)/놀라게 하지(○) 마세요.

놀리다[1] 동사

규11-0 놀리고, 놀리면, 놀린, 놀리어/놀려, 놀립니다, 놀리었다/놀렸다

타동사

① 흉을 보거나 웃음거리로 만들다.

¶ 그가 나를 놀려서 화가 났다.

② 약점을 잡아 흉을 보다.

¶ 사람들은 그를 게으름뱅이라고 놀렸다.

놀리다[2] 동사

규11-0 놀리고, 놀리면, 놀린, 놀리어/놀려, 놀립니다, 놀리었다/놀렸다

사동사

① 즐겁게 놀도록 하다.

¶ 아이들을 즐겁게 놀리면 학업에도 좋은 영향을 미친다.

② 일을 하지 않고 지내게 하다.

¶ 다 큰 자식을 놀리면서 먹여 주면 게을러진다.

¶ 우리 회사는 마지막 주 금요일에 직원을 놀렸다.

타동사

① 기구나 도구를 사용하다.

¶ 온종일 붓대를 놀리며 그림을 그렸다.

② 몸의 일부를 이리저리 움직이다.

¶ 언니가 재빨리 손을 놀려 설거지를 끝냈다.

③ 땅이나 도구 따위를 쓰지 않고 내버려 두다.

¶ 요즘 농촌에는 일손이 모자라 멀쩡한 논밭을 그냥 놀리는 곳이 많다.

④ ('입' 따위를 목적어로 하여) 함부로 말을 하다.

¶ 함부로 입을 놀리지 마라.

놀잇감 명사

놀이 또는 어린이 교육에 활용하는 물건이나 재료.

¶ 그 집에는 아이들이 좋아하는 놀잇감이 많다.

¶ 신문을 하나의 놀잇감으로 보고 다양한 활동을 하다 보면 신문과 친해진다.

> **'놀잇감'과 '장난감'**
>
> '장난감'은 아이들이 가지고 노는 여러 가지 기구를 가리키지만 '놀잇감'은 단순히 장난감이라기보다는 놀이를 활용하여 아이들을 교육하기 위해서 고안한 것을 가리킨다.

뇌졸중 명사 (腦卒中)[-쭝]

갑자기 뇌에 혈액 공급이 제대로 되지 않아 손발 마비, 언어 장애, 호흡 곤란 따위가 나타나는 증상. 뇌중풍(腦中風).

'뇌졸중'의 의미

'졸중'은 갑작스럽게 중풍이 일어남을 뜻하는데, '卒'이 '갑자기'를 뜻하고, '中'이 '풍(風)을 맞음'을 뜻한다.

뇌졸증 (腦卒症)

'뇌졸중(腦卒中)'의 틀린 표기.

누구 대명사

인칭 대명사

① 잘 모르는 사람을 가리키는 말.

¶ 저 사람이 누구입니까?

¶ 누구를 대표로 뽑을까요?

② 막연히 어떤 사람을 가리키는 말.

¶ 원하는 사람은 누구든지 가져가도 좋다.

¶ 잘못이 있으면 누구나 벌을 받아야지.

③ 가리키는 대상을 굳이 밝혀서 말하지 않을 때 쓰는 말.

¶ 오다가 누구를 잠깐 만나느라고 늦었다.

복합어

- **누구누구** 대명사 ① 잘 모르는 여러 사람을 두루 가리키는 인칭 대명사. ¶ 지금 고향에는 누구누구가 살지? ② 사람을 구체적으로 지적하지 않고 여러 사람을 두루 가리키는 인칭 대명사 ¶ 누구누구 할 것 없이 아무라도 달려들어 이 일을 하면 좋겠다.

관용 표현

- **누구 입에 붙이겠는가** 여럿에게 나누어 줄 물건이 너무 적을 때에 쓰는 말. ¶ 누구 입에 붙이려고 이렇게 조금 가져왔나?
- **누구 코에 바르겠는가(/붙이겠는가)** = 누구 입에 붙이겠는가 ¶ 요까짓 것을 누구 코에 바르겠니? 너나 써라. / 요걸 누구 코에 붙이니? 나 혼자 쓰고 말겠다.
- **누구 할 것 없이** 누구라고 가려 말할 것이 없이. ¶ 예전에는 누구 할 것 없이 다 가난하게 살았어. / 이번에는 누구 할 것 없이 모두 나와야 한다.
- **누구를 막론하고** 누구 할 것 없이 다. ¶ 누구를 막론하고 이곳에 들어오지 못하게 하라.

속담

- **누구나 허물 없는 사람은 없다** 아무리 원만한 사람이라도 한두 가지 허물은 다 가지고 있다는 뜻으로, 남의 허물을 지나치게 들추지 말라는 뜻으로 쓰는 말.

대명사 '누구'와 조사 '가'

'누구'에 조사 '가'를 붙일 때에는 '누구가'라고 쓰지 않고, '누구'의 '구'를 빼고 '가'를 붙여 '누가'라고 쓴다. '누구가'의 형태는 글말에서 '누구'를 특별히 강조하는 경우에 쓰고 보통은 '누가'의 형태를 쓴다.

¶ 우리는 이 사고를 누구가 일으켰는지 반드시 알아내야 한다.('누구'를 강조하기 위하여)

¶ 우리는 이 사고를 누가 일으켰는지 반드시 알아내야 한다.

누렇다 **형용사** [누:-]

불21-5 누렇고, 누러니, 누러면, 누런, 누레, 누러네, 누렇습니다, 누렇소, 누렜다

① 익은 벼와 같이 다소 어둡게 누르다.

¶ 가을 들녘에 누렇게 익은 벼이삭이 고개를 숙이고 있다.

¶ 오랫동안 가물어 길에는 누런 먼지가 날렸다.

¶ 행주가 누레서 푹 삶았다.

② 영양 부족이나 병으로 얼굴에 핏기가 없고 누르께하다.

¶ 영양실조로 얼굴이 누렇게 떴다.

③ (이 따위가) 하얀 색이 변하여 누르스름하다.

¶ 이를 자주 닦지 않으면 색이 누렇게 변한다.

¶ 누런 속옷들을 모두 삶아서 햇볕에 말렸다.

누르다[1] 동사 [누ː-]

불11-6 누르고, 누르니, 누르면, 눌러, 눌러서, 눌렀다, 누릅니다, 눌렀습니다

타동사

① 물체를 향하여 힘이나 무게를 가하다.
¶ 심부름 시킬 일이 있으면 이 단추를 누르세요.
¶ 그렇게 힘주어 누르면 장난감이 망가진다.
② 마음대로 행동하지 못하도록 힘이나 규제를 가하다. 억누르다.
¶ 민주 국가에서는 국가 기관이 국민을 누르려고 하면 안 된다.
③ 자기 감정이나 생각을 드러내지 않고 참다. 억누르다.
¶ 그렇게 화를 누르지 못하면 인간관계를 그르치기 쉽다.
④ (경기 따위에서) 상대를 이기다.
¶ 우리나라 축구팀이 올림픽 경기에서 일본팀을 눌렀다.
⑤ 국수틀로 국수를 뽑다.
¶ 요즘은 국수틀로 국수를 눌러 뽑는 광경을 보기 어렵다.

자동사

(주로 '눌러 있다, 눌러 지내다' 따위의 구성으로 쓰이어) 계속 머물다.
¶ 그는 고향에 눌러 있기로 했다.
¶ 당분간 친구 집에서 눌러 지내기로 하였다.

복합어

- **눌러놓다**[눌ː-] 타동사 ① 부풀지 않도록 다지거나 무거운 것으로 지질러 놓다. ② 함부로 굴지 못하게 하다.
- **눌러두다**[눌ː-] 타동사 ① 무거운 것으로 지질러 두다. ② 그대로 내버려 두다. ③ 그대로 남겨 두다.
- **눌러먹다**[눌ː-] 타동사 같은 집에서 계속해서 밥을 먹다.
- **눌러보다**[눌ː-] 타동사 ① 잘못을 탓하지 않고 너그럽게 보다. ② 그대로 계속해서 보다.
- **눌러붙이기**[눌ː-] 명사 눌러서 붙이는 용접 기법.
- **눌러살다**[눌ː-] 자동사 다른 곳으로 옮겨 가지 않고 한곳에 머물러 살다. ¶ 우리는 이제 이곳에서 눌러 살 수밖에 없다.
- **눌러쓰다**[눌ː-] 타동사 ① 깊이 힘을 주어 모자 따위를 쓰다. ¶ 영호는 사람들 눈에 띄지 않게 모자를 깊이 눌러쓰고 집을 나섰다. ② 힘주어 글씨를 쓰다. ¶ 연필을 눌러쓰니 자꾸 심이 부러지지.

• **눌러앉다**[눌:-] 자동사 ① 같은 장소에 계속 머무르다. ② 같은 직위나 직무에 계속 머무르다. ¶ 과장이 계속 눌러앉아 있는 한 우리는 승진하기 어렵다.
• **눌러자다**[눌:-] 자동사 한곳에 계속 머물러 자다. ¶ 이 집에서 눌러자는 것은 위험한 일이다.
• **눌러찍기**[눌:-] 명사 토기에 무늬를 눌러서 넣는 방법. 압날법.
• **눌러차기** 명사 태권도에서, 발모서리 또는 발꿈치로 상대편의 무릎이나 발등을 눌러 차는 기술.

관용 표현

• **눌러 있다** 계속 그곳에 머물러 있다.
• **눌러 지내다** 계속 그곳에 머물러 지내다.

누르다² 형용사

불21-7 누르고, 누르니, 누르러, 누르러서, 누르렀다, 누릅니다

황금이나 놋쇠의 빛깔과 같이, 노란빛보다는 다소 어둡고 탁하다. ×누르르다
¶ 푸르던 잎들이 점점 누른 잎으로 변하기 시작한다.
¶ 은행잎이 떨어지니 온 길거리가 누르러서 마치 딴 세상에 온 것 같다.

'누르다'의 활용형

'누르다'에 연결 어미 '-어, -어서'가 붙거나 선어말 어미 '-었-'이 붙어 활용하면 '누르러, 누르러서, 누르렀다'가 된다. 이에 이끌리어 관형사형 어미 '-ㄴ'이 붙을 때 '누르른'으로 활용형을 쓰는 것은 잘못이다. '누른'으로 써야 한다.

형용사 '누르다'와 '노르다'

형용사 '누르다'는 '노르다'의 큰말인데 '노르다'는 달걀의 '노른자'에서만 쓸 뿐 실제 색을 나타내는 경우에는 거의 쓰지 않는다. '노르다'를 쓸 수 있는 경우에는 '노랗다'를 쓴다.

× 누르른

형용사 '누르다²'의 관형사형 '누른'의 잘못.

누른[1]

동사 '누르다[1]'의 관형사형.

¶ 대한민국이 세계야구대회에서 일본을 누른 것은 유쾌한 일이다.

누른[2]

형용사 '누르다[2]'의 관형사형.

¶ 온 들판이 누른 황금빛으로 물들었다.

누이다[1] 동사

㊜ 뉘다[1]

규11-0 누이고, 누이는, 누이어/누여, 누인, 누입니다, 누이었다/누였다

사동사

① '눕다'의 사동형. 눕히다.

¶ 아기를 재워 자리에 누이고 청소를 시작한다.

¶ 그 환자를 먼저 수술대에 누여라.

② 물체를 가로놓이게 두다.

¶ 이 기둥을 조심스럽게 바닥에 누이고 움직이지 않게 잘 묶어라.

누이다[2] 동사

㊜ 뉘다[2]

규11-0 누이고, 누이는, 누이어/누여, 누인, 누입니다, 누이었다/누였다

사동사

'누다'의 사동형.

¶ 아이 오줌을 누이고 재워라.

눈곱 명사 [-꼽]

① 눈에서 나오는 진득진득한 액. 또는 그것이 말라붙은 것.
¶ 눈에 눈곱이 끼어 있으면 지저분하게 보이니 세수해라.
② (주로 '눈곱만큼'의 형태로 쓰이어) 아주 적거나 작은 것을 비유하여 이르는 말.
¶ 그 일에 대해서는 눈곱만큼도 아는 것이 없어요.

복합어

- **눈곱만하다**[-꼽-] 형용사 보잘것없이 썩 적거나 작다.
- **눈곱자기**[-꼽-] 명사 '눈곱'을 속되게 이르는 말.
- **눈곱자기만하다**[-꼽-] 형용사 '눈곱만하다'를 속되게 이르는 말.

눈꼬리 명사

귀 쪽으로 가늘게 좁혀진 눈의 가장자리. = 눈초리
¶ 그 여자는 화가 나면 눈꼬리가 올라간다.
¶ 눈꼬리가 처진 사람은 대체로 착해 보인다.

× 눈꼽

'눈곱'의 틀린 표기.

눈두덩/눈두덩이 명사

눈언저리의 두두룩한 곳.
¶ 아이가 잠에서 깨어 눈두덩을 비비며 일어났다.
¶ 어머니가 무슨 속상한 일이 있었는지 소매로 눈두덩이를 훔치고 계셨다.

눈초리 명사

① 어떤 대상을 바라볼 때 눈에 나타나는 표정.
¶ 그가 화가 나면 눈초리가 무척 매서워진다.
¶ 무슨 일인지 선생님이 나를 보는 눈초리가 무척 싸늘했다.
② =눈꼬리

'눈초리'와 '눈꼬리'
'눈초리'를 '눈꼬리'의 뜻으로도 쓸 수 있도록 복수 표준어로 인정하였다. 따라서 '눈꼬리가 처졌다'를 '눈초리가 처졌다'라고 쓸 수 있다. 그러나 '눈초리' ①의 뜻으로 '눈꼬리'를 쓰면 안 된다.

눋다 동사 [눋:-]

불11-1 눋고, 눋는, 눌은, 눌어, 눌어서, 눋습니다, 눌었다

자동사
누른빛이 나도록 조금 타다.
¶ 밥이 눋는 냄새가 구수하게 났다.
¶ 밥이 눌어 누룽지가 되었다.
¶ 다리미 온도 조절을 잘 못하는 바람에 새 바지가 눌었다.

복합어
- **누룽지** 명사 솥 바닥에 눌어붙은 밥.
- **눌은밥** 명사 누룽지에 물을 부어 불린 밥.
- **눌어붙다** 자동사 올림말 '눌어붙다' 참고.

× 눌러붙다

'눌어붙다'의 틀린 말.

눌어붙다 동사

규11-1 눌어붙고, 눌어붙지, 눌어붙으니, 눌어붙으면, 눌어붙어, 눌어붙었다

자동사

① 뜨거운 바닥에 조금 타서 붙다. 눋다.

¶ 아내는 솥 바닥에 눌어붙은 누룽지에 물을 부어 끓였다.

② 한곳에 오래 있으면서 떠나지 아니하다.

¶ 당시 우리 집에는 밤낮으로 빚쟁이들이 눌어붙어 있었다.

¶ 그 사람이 나에게 눌어붙으려 해서 싫어졌어.

'눌어붙다'와 '눌러붙다'

'눌어붙다'는 자칫 '눌러붙따'로 소리 내고, '눌러붙다'로 쓰기 쉬운데, '눌러붙다'는 틀린 말이다. '누러붙따'로 소리 내고 '눌어붙다'로 적어야 한다. '새가 날아간다'도 '새가 날라간다'라고 하는 경우가 많은데 '날라간다'도 '날아간다'의 틀린 말이다. ('날아가다'와 '날라가다'의 설명은 올림말 '날라가다' 참고.)

눕다 동사 [눕ː-]

불11-3 눕고, 눕지, 누워, 누운, 누울, 눕는, 눕습니다, 눕네, 누웠다

자동사

① 등이나 옆구리를 바닥에 대고 몸을 편하게 펴다.

¶ 아이가 침대에 누워서 책을 읽고 있다.

② 병 따위로 앓거나 하여 자리에서 일어나지 못하다.

¶ 그는 감기로 사흘 동안을 누워 있었다.

¶ 그는 며칠 무리를 한 탓에 과로로 눕고 말았다.

속담

- **누울 자리 봐 가며 발을 뻗어라** ① 어떤 일을 할 때 그 결과가 어떻게 되리라는 것을 생각하여 미리 살피고 일을 시작하라는 말. ② 시간과 장소를 가려 행동하라는 말.
- **누워서 떡 먹기** 매우 쉬운 일을 비유하여 이르는 말.
- **누워서 침 뱉기** 남을 해치려고 하다가 도리어 자기가 해를 입게 됨을 비유하여 이르는 말.

눕히다 동사

규11-0 눕히고, 눕히니, 눕히어/눕혀, 눕힌, 눕힙니다, 눕히었다/눕혔다

사동사

'눕다'의 사동형.

¶ 아이를 침대에 눕혀서 재워라.

¶ 우선 여기에 사람을 눕히고 인공호흡을 시도해 보자.

타동사

긴 물체를 가로로 두다.

¶ 끝이 뾰족한 막대기는 세워 놓으면 위험하니 바닥에 눕혀 놓아라.

복합어

- **가로눕히다** 타동사 가로로 기다랗게 눕히다. =가로누이다
- **때려눕히다** 타동사 ① 때려서 쓰러뜨리다. =때려누이다 ¶ 그는 막강한 태권도 실력으로 깡패 두 명을 순식간에 때려눕혔다. ② 싸워서 적을 이기다. =때려누이다

'눕히다'와 '누이다'

'눕다'의 사동형인 '누이다'와 '눕히다'는 의미와 용법이 같아서 서로 대체하여 사용할 수 있다. '눕히다'에 비해서 '누이다'가 어감이 부드럽고 자연스러우나 구별해서 써야 할 정도로 차이가 크지는 않다. 갓난아이를 눕게 하는 경우에는 '누이다'가 더 잘 어울린다. '누이는 데' 힘이 들지 않는 점이 고려된 것으로 볼 수 있다. 싸움에서 상대를 쓰러뜨리는 경우에는 '누이다'보다 '눕히다'가 더 잘 어울린다. '누구를 때려눕히다'를 '누구를 때려누이다'보다 더 많이 쓰는 이유가 여기에 있을 것이다.

뉘다[1] 동사 [뉘:-]

규11-0 뉘고, 뉘니, 뉘는, 뉘어, 뉜, 뉩니다, 뉘었다

사동사

'누이다[1]'의 준말.

¶ 환자를 자리에 뉘어 놓고 안정을 취하게 해라.

¶ 짐꾼들이 지게를 뉘어 놓고 몸을 쉬고 있다.

뉘다[2] 동사
[뉘ː-]

규11-0 뉘고, 뉘니, 뉘는, 뉘어, 뉜, 뉩니다, 뉘었다

사동사

'누이다[2]'의 준말.

¶ 나는 아이에게 오줌을 뉜 다음 다시 잠자리에 들었다.

> **'누이다'와 '뉘다'의 활용형**
>
> '누이다'의 활용형으로 연결 어미 '-어'를 붙이면 '누이어'가 되고 이를 줄여 '누여'로 쓸 수 있다. 둘 중 어느 것을 써도 괜찮다.
>
> '누이다'의 준말 '뉘다'의 활용형에 연결 어미 '-어'를 붙이면 '뉘어'가 된다. 이때 '뉘어'의 발음이 '뉘여'로 난다고 생각하여 '뉘여'로 표기하기 쉬운데 반드시 '뉘어'로 적고 소리도 그렇게 내야 한다.
>
> ¶ 아이를 자리에 누여(○) 놓고 청소를 시작했다.
>
> ¶ 아이를 자리에 뉘여(×) 놓고 청소를 시작했다. → 뉘어

-느냐 어미

종결 어미

(동사의 어간, '있다', '없다', '계시다'의 어간, '-(으)시-', '-었-', '-겠-' 뒤에 붙어 아랫사람이나 같은 또래에게) 어떠함을 묻는 말.

¶ 언제 돌아가느냐?

¶ 요즘도 그 여자를 만나느냐?

¶ 이제서야 밥을 먹느냐?

¶ 적을 어떻게 막느냐?

¶ 물고기를 어떻게 잡느냐?

> **어미 '-느냐'와 '-냐'**
>
> 예전에는 '-느냐'를 동사 어미로, '-냐'를 받침 없는 형용사의 어미로 구분해서 쓰도록 했다. 그런데 지금은 입말에서 '-냐'가 '이다'와 모든 용언의 어미로 쓰이고 있음을 반영하여 아래 활용형을 모두 인정한다.

¶ 어디 가냐(○)/가느냐(○)/가니(○)?
¶ 어디서 오냐(○)/오느냐(○)/오니(○)?
¶ 무얼 먹냐(○)/먹느냐(○)/먹니(○)?
¶ 풀을 뽑냐(○)/뽑느냐(○)/뽑니(○)?
¶ 큰일 났네. 이제 우리 어떡하냐(○)/어떡하지(○)?
¶ 먹거리 문제가 심각한데 이제 우리 뭘 먹냐(○)/먹지(○)?

느는

동사 '늘다'의 관형사형. 현재 시제를 나타낸다.
¶ 밤에 사고가 느는 것은 아니다.
¶ 비가 내리는 날 손님이 느는 까닭을 모르겠다.

-느니 어미

연결 어미

('있다', '없다', '계시다'의 어간, 선어말 어미 또는 동사 어간 뒤에 붙어)
① 앞 절을 선택하기보다는 뒤 절의 사태를 선택함을 나타내는 말.
¶ 이렇게 앉아 계시느니 재미있는 이야기나 해 주세요.
¶ 타향에서 고생하느니 고향으로 돌아가자.
② ('-느니 -느니' 형태로 쓰이어) 이러하기도 하고 저러하기도 하다의 뜻을 나타내는 말.
¶ 돈이 있느니 없느니 하면서 다툰다.
¶ 소풍을 가느니 마느니 말도 많다.

종결 어미

('있다', '없다', '계시다'의 어간, 동사 어간 또는 선어말 어미 뒤에 붙어, 하게할 자리에 쓰이어) 진리나 으레 있는 사실을 일러 줌을 나타내는 말.
¶ 술을 많이 마시면 꼭 실수를 하느니.
¶ 여기에 큰 못이 있었느니.

느루 부사

① 한꺼번에 몰아치지 아니하고 오래도록.
¶ 곡식을 느루 먹으려고 아끼고 아껴도 보릿고개를 넘기기 어려운 시절이 있었다.
¶ 이번 일은 느루 잡아도 보름이면 마무리할 수 있다.
② '늘'의 잘못.

관용 표현

- **느루 가다** 양식이 일정한 예정보다 더 오래가다.
- **느루 먹다** 양식을 절약하여 예정보다 더 오랫동안 먹다.
- **느루 잡다** ① 느슨하게 잡다. ¶ 줄을 느루 잡고 당긴다. ② 시일이나 날짜를 느직하게 예정하다. ¶ 날짜를 느루 잡아야 여유가 있지.
- **느루 재다** ① 하기 싫어서 억지로 느리게 행동하다. ② 빨리 결정하지 아니하고 우물쭈물 미루어 가다.

느리다 형용사

규21-0 느리고, 느리어/느려, 느리어서/느려서, 느린, 느립니다, 느리었다/느렸다

① 움직이는 데에 걸리는 시간이 길다.
¶ 군인들이 느리게 이동하고 있다.
¶ 투수의 느린 투구 동작이 타자를 혼란스럽게 만든 것 같다.
② 일이 이루어지는 과정이나 기간이 길다.
¶ 행사가 너무 느리게 진행되고 있다.
③ 기세나 형세가 약하거나 밋밋하다.
¶ 산비탈이 비교적 느려서 오르기 쉽다.
④ 성질이 누그러져 야무지지 못하다.
¶ 그는 성미가 좀 느린 데가 있다.
⑤ 꼬임새나 짜임새가 성글거나 느슨하다.
¶ 새끼를 느리게 꼬면 쉽게 해어진다.
⑥ 소리가 높지 아니하면서 늘어져 길다.
¶ 육자배기 가락이 매우 느리게 흐른다.

× 느즈막이

'느지막이'의 틀린 말.

느지막이 부사

시간이나 기한이 매우 늦게.
¶ 내일 느지막이 오너라.

느지막하다 형용사

불21-9 느지막하게, 느지막하여서/느지막해서, 느지막한, 느지막합니다, 느지막하였다/느지막했다

시간이나 기한이 매우 늦다.
¶ 아침을 느지막하게 먹었더니 아직 배가 꺼지지 않았다.

늑장 명사

느릿느릿 꾸물거리는 태도.
¶ 이번 재난은 당국의 늑장 대처로 희생자가 더 많았다.

관용 표현

- **늑장(을) 부리다** 느릿느릿 꾸물거리다. ¶ 해가 중천에 떠오르도록 잠을 자며 늑장을 부렸다.
- **늑장(을) 피우다** = 늑장을 부리다

> **'늑장'과 '늦장[1]'**
> 두 낱말은 모두 표준어로 인정하므로 '꾸물거리는 태도'를 가리키는 의미로 모두 쓸 수 있다.

는[1] 조사

보조사

① 그것을 특정하여 강조하는 말.

¶ 미국에는 한 번 가 보았다.

¶ 아무리 바쁘더라도 식사는 해야지.

¶ 놀러 가더라도 멀리는 가지 마라.

¶ 이렇게 천천히 걷다가는 지각하겠다.

¶ "그를 만났습니까?" "예, 만나기는 했습니다."

② ('-는 -는'의 형태로 쓰이어) 다른 것과 비교하여 말하는 것임을 나타내는 말.

¶ 나는 가고 그는 왔다.

¶ 산에는 눈이 내리고 들에는 비가 내렸다.

③ ('-는 -는'의 형태로 쓰이어) 그것에 상반되는 의미임을 나타내는 말.

¶ 비는 내려도 날씨는 춥지 않다.

¶ 가기는 했지만 그를 만나지는 못했다.

④ 주어의 내용이나 의미를 설명하는 뜻을 나타내는 말.

¶ 나는 세 아이의 아버지이다.

¶ 바다는 늘 푸르다.

⑤ 약간의 강조 기능을 하는 말.

¶ 갑자기 비가 오니까는 사람들이 건물 안으로 들어갔지.

¶ 딱정벌레를 잡아다가는 서로 싸움을 시켰다.

'는'과 '가'의 쓰임새

① 주어의 상태나 동작을 나타내기 위해서 사용하는 조사가 주격 조사인데, '가'가 바로 그런 기능을 하는 조사이다. (받침 없는 체언 뒤에서는 '가', 받침 있는 체언 뒤에서는 '이'가 붙는다.)

• 받침 없는 체언 뒤

¶ 비가 내린다. / 바다가 출렁거린다. / 해가 중천에 떴다.

• 받침 있는 체언 뒤

¶ 바람이 세게 분다. / 거대한 산이 움직이는 것 같다. / 달이 지려 한다.

이처럼 '가/이'는 주어가 어떤 상태에 있는지 또는 어떤 동작을 하는지 서술할 때에 쓴다.

② '는'(받침 없는 체언 뒤에서는 '는', 받침 있는 체언 뒤에서는 '은')은 주어를 설명하거나 정의할 때 뿐 아니라, 다양한 쓰임새로 사용한다. '가'를 쓴 경우와 '는'을 쓴 경우를 비교하면 다음과 같다.

┌ 새가 날아다닌다.(실제 보이는 상황)
└ 새는 날아다닌다.('새'를 설명하는 상황)
┌ 바다가 끊임없이 출렁거린다.(실제 보이는 상황)
└ 바다는 끊임없이 출렁거린다.('바다'를 설명하는 상황)
┌ 사람이 누워서 잔다.(실제 보이는 상황)
└ 사람은 누워서 잔다.('사람'을 설명하는 상황)

이처럼 '가'는 주어의 실제 상황을 묘사하는 데에 사용하는 주격 조사이고, '는'은 주어를 설명하는 데에 사용하는 보조사이다.

③ 주격 조사 '가'와 보조사 '는'의 사용법을 아래 두 문장으로 확인할 수도 있다.

¶ 그(아무개)가 우리 회사의 사장이다.
¶ 그는 우리 회사의 사장(아무개)이다.

회사의 사장이 누구인지 묻는다면 '그가(아무개가) 우리 회사의 사장이다'라고 대답할 것이다. 그런데 '그가 누구냐?'라고 물으면 '그는 우리 회사의 사장(아무개)이다'라고 대답하게 된다. 결국 사장이 누구인지 몰라서 묻는 경우와 그가 누구인지 몰라서 묻는 경우에 따라서 '가'와 '는'을 골라서 써야 한다.

는[2]

동사 '늘다'의 관형사형. 과거 시제를 나타낸다.

¶ 이번 분기에는 판매량이 는 것으로 집계되었다.
¶ 여름에 사고가 는 이유가 무엇입니까?

-는 어미

관형사형 어미

동사 어간에 붙어 현재 시제를 나타내는 말.

¶ 저기 가는 사람이 누구냐?
¶ 맨바닥에 누워서 자는 사람도 있었다.
¶ 이 무더위를 무릅쓰고 밭을 가는 농부의 수고를 잊지 말자.

▶ 어미 '-는'과 '-은'의 차이는 올림말 '-은[2]' 참고.

–는걸 어미

종결 어미

(동사 어간이나 어미 '-었' 뒤에 붙어) 현재의 사실이 이미 알고 있는 바나 기대와는 다른 것임을 나타내는 말. 가벼운 반박이나 감탄 또는 지나간 일에 대한 후회가 드러나는 표현이다. 주로 입말에서 해라체로 사용한다.

¶ 밖에는 지금 비가 내리는걸.

¶ 시킨 대로 했는데도 잘 안 되는걸.

¶ 어제 학교에서 그를 보았는걸.

> **'-는걸'과 '-는 걸'**
>
> '-는걸'은 어미이고, '-는 걸'은 관형사형 어미 '-는'에 의존 명사 '거'와 목적격 조사 'ㄹ'이 결합한 형태이다. 곧, '-는 걸'은 '-는 거를', '-는 것을'과 같은 말이다.
>
> ¶ 사람들은 벌써 떠났는걸.
>
> ¶ 사람들이 벌써 밖으로 나가는걸.
>
> ¶ 사람들이 벌써 밖으로 나가는 걸 모르고 있었다.

▶ '-는걸'의 용법은 올림말 '-ㄴ걸' 참고.

는다

동사 '늘다'의 종결형.

¶ 요즘 경기가 안 좋아 실업자가 다시 는다.

¶ 마흔이 넘어가니 흰머리만 는다.

–는다 어미

종결 어미

('ㄹ'을 제외한 받침 있는 동사 어간 뒤에 붙어) 해라할 자리에 쓰여, 현재 사건이나 사실을 서술하는 뜻이나 자기에게 묻는 물음을 나타내는 말.

¶ 집에 오면 바로 옷을 갈아입는다.
¶ 반가운 표정을 짓는다.
¶ 어려운 사람을 돕는다.
¶ 어디서 아이를 찾는다?
▶ '-는다'와 '-ㄴ다'의 용법은 올림말 '-ㄴ다' 참고.

-는지 어미

연결 어미

① (동사 어간에 붙어 주로 '-는지 알다', '-는지 모르다' 형태로 쓰이어) 의문을 나타내는 말.
¶ 그가 어디 가는지 나는 모른다.
¶ 바람이 얼마나 세게 부는지 아느냐?
¶ 어제 누구와 만났는지 생각이 안 난다.
② (동사 어간에 붙어) 의문의 형태로 강조하는 말.
¶ 파도가 얼마나 세게 치는지 배를 탈 수 없었다.
¶ 아이들이 얼마나 시끄럽게 떠드는지 이야기를 나누기 어려웠다.

종결 어미

① (동사 어간에 붙어) 막연한 의문을 나타내는 말.
¶ 아버님은 안녕히 계시는지.
② (동사 어간에 '-는지요'의 형태로 쓰이어) 조심스럽게 묻는 의미을 나타내는 말.
¶ 고향에는 다녀오셨는지요?
¶ 이 밤중에 어디 나가시는지요?
▶ '-는지'의 용법은 올림말 '-ㄴ지'의 표 참고.

늘[1] 부사

계속하여 언제나. 항상. 노상. ×늘상
¶ 나는 아침이면 늘 국선도를 한다.
¶ 부모는 늘 자식 걱정을 한다.

늘2

동사 '늘다'의 관형사형. '늘다'에 관형사형 어미 '-ㄹ'이 붙어 '-ㄹ'이 탈락한 형태.

¶ 사람들은 이제 월급이 늘 것이라고 좋아하였다.

늘다 동사

불11-2 늘고, 늘므로, 느니, 늘어, 느는, 는, 늘, 느오, 는다, 늡니다, 늘었다

자동사

① (물체의 길이나 넓이, 부피 따위가) 커지다.

¶ 이 소재로 만든 끈은 아무리 힘주어 당겨도 늘지 않는다.

¶ 우리 땅이 조금씩 느는 것을 보니 기쁘다.

② (수나 분량, 시간 따위가) 많아지다.

¶ 물만 먹어도 몸무게가 늡니다.

¶ 수도권 인구가 급격하게 는다.

¶ 요즘 우리 부서의 일이 늘어 무척 바쁘다.

③ (힘이나 기운, 세력 따위가) 더 커지다.

¶ 올해 들어 우리 단체의 세력이 좀 는 것 같다.

¶ 세력이 늘면 유지하는 비용도 더 든다.

④ (재주나 능력 따위가) 나아지다.

¶ 그가 반대파를 다루는 솜씨가 상당히 는 것 같다.

¶ 그의 그림 그리는 솜씨가 무척 늘었다.

¶ 거짓말도 자주 하면 는다.

⑤ (살림이) 넉넉해지다.

¶ 우리 살림이 신혼 때보다 꽤 는 것 같다.

⑥ (시간이나 기간이) 길어지다.

¶ 일하는 시간이 늘면 월급도 늘어야 정상이지.

복합어

- **늘리다** 사동사 올림말 '늘리다' 참고.
- **늘어나다** 자동사 ① 본디보다 커지거나 길어지거나 많아지다. ¶ 이 고무줄은 잘 늘어나지 않는다. ② 본디보다 더 넉넉해지다. ¶ 올해 재산이 많이 늘어났다.

- **늘어놓**다 [타동사] ① 줄을 지어 죽 벌여 놓다. ② 질서 없이 어수선하게 두다. ¶ 물건을 이렇게 늘어놓으면 찾을 때 힘들지 않겠어? ③ 사람을 여러 곳에 보내어 연락을 짓다. ④ 여러 가지 일을 한꺼번에 여기저기 벌여 놓다. ¶ 일을 이것저것 늘어놓기만 하고 수습하지 않는다. ⑤ 수다스럽게 말을 많이 하다. ¶ 무슨 잔소리를 그렇게 늘어놓는지 귀에 못이 박이겠다.
- **늘어뜨리**다 [타동사] 사물의 한쪽 끝을 아래로 처지게 하다. 늘어트리다. ¶ 아이가 학교에서 무슨 일이 있었는지 어깨를 축 늘어뜨리고 들어왔다.
- **늘어박히**다 [자동사] 늘어놓은 듯이 여러 곳에 박히어 있다. ¶ 폭탄 파편이 여기저기 늘어박혀 있다.
- **늘어서**다 [자동사] 길게 줄지어 서다. ¶ 장병들이 연병장에 죽 늘어서 있다.
- **늘어세우**다 [타동사] 늘어서게 하다. ¶ 소지품을 검사한다고 장병들을 늘어세우고 검사하고 있다.
- **늘어앉**다 [자동사] 줄을 지어 벌이어 앉다. ¶ 노인들이 양지바른 곳에 죽 늘어앉아서 이야기를 나누고 있었다.
- **늘어앉히**다 [타동사] 늘어앉게 하다. ¶ 아이들을 늘어앉히고 지난 이야기를 들려주었다.
- **늘어지**다 [자동사] ① 물체가 당기는 힘으로 본디보다 길어지다. ¶ 이 고무는 조금만 잡아당겨도 잘 늘어진다. ② 물체의 끝이 아래로 처지다. ¶ 부러진 가지가 축 늘어져 있었다. ③ 기운이 풀려 몸을 가누지 못하다. ¶ 기운이 없어 몸이 축 늘어졌다. ④ 공간이나 시간이 길게 더 나가다. ⑤ 빠르지 못하고 느려지다. ¶ 그의 말소리가 점점 늘어지니 지루하게 느껴졌다. ⑥ 근심이나 걱정이 없이 편하게 되다. ¶ 신세가 늘어졌는지 요즘은 죽겠다는 소리를 안 하더군.
- **늘어진패**(–覇) [명사] 바둑에서, 한 수나 두 수 또는 세 수를 더 둔 다음에 단수패(單手覇)가 되는 패.
- **늘어트리**다 [타동사] = 늘어뜨리다
- **늘이**다 [타동사] 올림말 '늘이다' 참고.

관용 표현

- **늘고 줄고 하다** 융통성이 있다는 말.

늘리다 동사

규11–0 늘리고, 늘리면, 늘리어/늘려, 늘릴까, 늘립니다, 늘리었다/늘렸다

사동사

'늘다'의 사동형.

① 물체의 넓이, 부피 따위를 본디보다 커지게 하다.

¶ 아파트 평수를 늘리는 것보다 세간을 줄이는 편이 더 낫다.

② 수량을 더 많게 하다.

¶ 학생 정원을 늘려 주기로 했다.

¶ 이번부터 시험 시간을 30분 늘린다.

¶ 여행을 가기 위해서 휴가 기간을 더 늘렸습니다.

③ 힘이나 능력을 키우다.

¶ 우리 실력을 늘려서 다시 도전하겠다.

④ 재산이나 살림의 규모를 더 크게 하다.

¶ 살림 늘리는 재미로 산다.

> **'늘리다'와 '늘이다'**
> '늘리다'는 부피나 수량을 더 크고 많게 하는 것을 뜻하고, '늘이다'는 길이를 더 길게 하는 것을 뜻한다.

늘상

'늘[1]'의 틀린 말.

¶ 그 사람은 늘상(×)/늘(○) 웃는 얼굴이다.

늘이다[1] 동사

규11-0 늘이고, 늘이는, 늘이어/늘여, 늘인. 늘입니다, 늘이었다/늘였다

타동사

본디보다 더 길게 하다.

¶ 치마 길이를 더 늘여야 입을 수 있겠다.

¶ 엿가락처럼 길게 늘이지 마라.

복합어

- **늘임새** 명사 말을 길게 늘여 하는 모양새.
- **늘임표**(-標) 명사 음표나 쉼표 위에 붙여 그 음을 두세 배 늘이라는 뜻을 나타내는 표.

늘이다2 동사

규11-0 늘이고, 늘이는, 늘이어/늘여, 늘인. 늘입니다, 늘이었다/늘였다

타동사

① 아래로 길게 처지게 하다.

¶ 발을 늘이고 방에 앉아 쉬고 있다.

② 넓게 벌여 놓다.

¶ 곳곳에 감시 카메라를 늘여 놓고 범인이 걸리기만 기다렸다.

늦- 접사

접두사

① (일부 명사 앞에 붙어) '늦은'의 뜻을 더하는 말.

¶ 늦가을, 늦갈이, 늦감자, 늦거름, 늦겨울, 늦곡식, 늦공부, 늦과일, 늦김치, 늦깎이, 늦달, 늦더위, 늦둥이, 늦맺이, 늦모, 늦모내기, 늦바람, 늦벼, 늦보리, 늦복, 늦봄, 늦부지런, 늦사리, 늦서리, 늦잎, 늦자식, 늦잠, 늦장, 늦장가, 늦장마, 늦저녁, 늦점심, 늦추위, 늦풀, 늦호박, 늦휴가

② (일부 동사나 형용사 앞에 붙어) '늦게'의 뜻을 더하는 말

¶ 늦되다, 늦들다, 늦뿌리다, 늦심다, 늦익다, 늦자라다, 늦잡다, 늦잡도리다, 늦잡죄다, 늦치르다

늦다1 동사

규11-1 늦고, 늦으니, 늦어, 늦은, 늦는, 늦는다, 늦었다

자동사

정해진 때보다 지나다.

¶ 오늘 아침 약속 때문에 출근이 **늦는다**고 말해 주게.

¶ 약속 시간에 늦을 거면 처음부터 그렇게 말해 주었어야지.

'늦다'의 활용형

'늦다'는 동사로도 형용사로도 사용하는데, 동사에서 사용하는 어미와 형용사에서 사용하는 어미가 다르기 때문에 활용형을 선택할 때 조심해야 한다. 동사의 어미로 '-는', '-는다', '-는데'를 쓰고 형용사 어미로는 '-은', '-ㄴ'을 쓴다. 또 '-은', '-ㄴ'을 동사 어미로 쓰면 과거 시제를 나타낸다. 이런 점을 헤아려 '늦다'를 써야 한다.

┌ 오늘 회의에 좀 늦는다. (동사)
└ 지금은 회의를 시작하기에는 시간이 늦다. (형용사)

¶ 수업에 늦는 사람은 벌을 내리겠다. (동사)
¶ 수업에 늦은 사람은 다 벌을 받았다. (동사, 과거 시제)
¶ 꽤 늦은 시간에 그가 전화를 했다. (형용사)

늦다 2 형용사

규21-1 늦고, 늦으니, 늦어, 늦으면, 늦은, 늦었다

① 기준이 되는 때보다 뒤져 있다.
¶ 버스가 너무 늦게 도착하는 바람에 지각을 하게 됐다.
¶ 시계가 하루에 이 분씩 늦게 간다.
② 알맞은 때를 지나 있다. 또는 한창인 때를 지나 있다.
¶ 올해는 날씨가 추워 꽃이 늦게 핀다.
¶ 때는 이미 늦었다.
③ 곡조, 동작 따위의 속도가 느리다.
¶ 한 박자 늦게 노래를 불렀다.
¶ 그는 다른 사람보다 서류 작성이 늦다.

복합어

- **늦추** [부사] ① 시간이 오래 걸리게. 또는 속도가 늦게. ② (끈 따위가) 느슨하게.
- **늦추**다 [사동사] ① (시간이나 기한을) 정한 때보다 뒤로 미루다. ② 일을 뒤로 미루다. ③ (걸음이나 탈것 따위의 속도를) 느리게 하다. [타동사] ① (허리띠나 밧줄을) 바짝 죄거나 팽팽하던 것을 느슨하게 하다. ② 긴장을 조금 풀다. ③ (높이 달려 있는 물건을) 아래로 내리다.
- **늦추어지**다 [자동사] 늦춘 상태가 되다.
- **늦추잡**다 [타동사] ① (시간이나 기한을) 늦추어 잡다. ② (줄이나 끈을) 느슨하게 잡다.
- **늦춰지**다 [자동사] '늦추어지다'의 준말.

속담

- **늦게 된서방 걸린다** 늙어 갈수록 신세가 더 고되어 간다.
- **늦게 배운 도둑이 날 새는 줄 모른다** 남보다 늦게 재미를 붙인 사람이 그 일에 더 열중하게 된다.
- **늦게 잡고 되게 친다** 늦장을 부리고 있다가 나중에 급히 서두른다.

> **'늦다'와 '느리다'**
> '느리다'는 동작을 하는 시간이 오래 걸린다는 말이다. 그 결과 일 전체에 걸리는 시간이 늘어나면 결국 '늦다'에 이르게 된다. '걸음이 느리니까 학교에 늦게 도착한다'처럼 구별하여 쓴다.

늦장[1] 명사

= 늑장

늦장[2] 명사 (-場)

① 거의 끝날 무렵의 장.

¶ 귀한 물건을 **늦장**에 들여오는 바람에 제대로 팔지 못했다.

② 늦은 시각에 장을 보러 가는 일.

¶ 오늘은 낮에 일이 있어서 **늦장**을 보아야 할 것 같다.

니 조사

접속 조사

(받침 없는 체언에 붙어 '-니 -니' 형태로 쓰이어) 둘 이상의 사물을 같은 자격으로 이어 주는 말.

¶ 사과니 배니 과일을 마음껏 먹었다.

¶ 청소니 빨래니 잠시도 쉴 틈이 없다.

▶ 받침 있는 체언에는 '이니'가 붙는다.

-니 어미

연결 어미

① 앞말이 뒷말의 원인이나 근거, 전제 따위가 됨을 나타내는 말.

¶ 봄이 오니 꽃이 피는구나.

¶ 네가 말하니 나도 말하게 되었지.

¶ 햇볕이 나니 곧 눈이 녹을 거야.

② 어떤 사실에 이어서 다른 사실을 설명할 때 쓰는 말.

¶ 집에 와서 보니 아무도 없었다.

¶ 정신을 차리고 보니 내가 파출소에서 자고 있었다.

③ (받침 없는 용언의 어간 뒤에 붙어 '-니 -니' 형태로 쓰이어) '이러하기도 하고 저러하기도 하다'의 뜻을 나타내는 말.

¶ 아프니 힘드니 하면서 엄살을 부린다.

¶ 그가 유능하니 똑똑하니 해 봤자 우리와 다를 바 없더라.

종결 어미

① (용언의 어간 뒤에 붙어, 해라할 자리에 쓰이어) 물음의 뜻을 나타내는 말.

¶ 언제 오니?

¶ 벌써 자니?

¶ 벌써 밥 먹니?

¶ 어제 야구장에 갔니?

¶ 네가 이 일을 해 주겠니?

¶ 어머니는 언제 오시니?

② (받침 없는 형용사 어간에 붙어서, 하게할 자리에 쓰이어) 진리나 으레 있는 사실을 일러 주는 말.

¶ 이건 그렇게 하는 것이 아니니.

¶ 고향의 가을 하늘은 참 푸르니.

▶ '-니'와 '-냐'의 용법 차이는 올림말 '-냐' 참고.

× 님[1]

'임'의 틀린 표기.

¶ 사랑하는 내 님(×)/임(○)은 언제 오시려나.

님[2] 명사

의존 명사

바느질에 쓰는 토막 친 실을 세는 단위.

¶ 실 한 님이면 꿰맬 수 있겠다.

님[3] 명사

의존 명사

(사람의 성이나 이름 다음에 쓰이어) 그 사람을 높여 이르는 말. '씨'보다 높임의 뜻을 나타낸다.

¶ 홍길동 님, 들어오세요.

¶ 길동 님, 반갑습니다.

¶ 홍 님, 발언하십시오.

-님 접사

접미사

① (직위나 신분을 나타내는 일부 명사 뒤에 붙어) 높이는 뜻을 더하는 말.

¶ 선생님이 오라고 부르셨다.

¶ 사장님께서 들어오십니다.

¶ 회장님의 격려사가 감동을 주었습니다.

② (사람이 아닌 일부 명사 뒤에 붙어) 그 대상을 인격화하여 높이는 뜻을 더하는 말.

¶ 달님, 별님 그리고 해님이 모두 우리를 돌보신단다.

¶ 토끼님, 우리 아버지 병을 고치려면 토끼님의 간이 필요하답니다.

③ (옛 성인이나 신격화된 인물의 이름 뒤에 붙어) 그 대상을 높이는 뜻을 더하는 말.

¶ 공자님, 부처님, 예수님은 인류의 위대한 스승이시다.

'님'과 '임'

사랑하고 사모하는 사람을 흔히 '님'이라고 부르는데, 이는 두음법칙에 따라서 '임'으로 바뀌기 때문에 틀린 말이다. '나의 임'이라고 하여야지 '나의 님'이라고 하면 안 된다. '님은 멀리 떠났습니다.'는 틀리고, '임은 멀리 떠났습니다.'라고 해야 맞다. 그러나 많은 사람이 여전히 '님'을 많이 쓰고 있는 사실을 감안하면 두음법칙이 아직 완전하게 적용되지 않았다고 볼 수 있으므로 '님'을 살려 쓰는 것도 다시 생각해 볼 필요가 있다.

'님'의 사용법

① '님'은 의존 명사로 쓰기도 하고 접미사로 쓰기도 한다. 사람을 가리키기 위해서 쓰는 성, 이름 등 고유 명사에 붙여 그 사람을 높이는 구실을 하는 '님'은 의존 명사이다. 이 경우에는 '님' 대신에 '씨'를 쓸 수 있다. 의존 명사는 앞말에 띄어 쓴다.

¶ 김홍걸 님/씨가 들어오십니다.

¶ 홍걸 님/씨께 드렸습니다.

¶ 김 님/씨, 이것 좀 들어 주세요.

② 보통 명사에 붙여 그 명사에 해당하는 사람이나 사물을 높이는 '님'은 접미사이다. 접미사는 앞말에 붙여 쓴다. 높임의 의미를 포함하는 명사에 '님'을 붙이는 것은 이중 높임이 되어 '님'이 군더더기가 된다. 예를 들면 '사장, 부장, 과장' 등에 쓰인 '장(長)'이나, '대통령, 국무총리'에 쓴 '통령(統領)', '총리(總理)'에 이미 높임의 뜻이 있으므로 여기에 '님'을 붙이는 것은 군더더기가 된다는 뜻이다. 그러나 언어 환경의 변화로 언중이 이러한 말들을 단순히 직위로 인식할 뿐 높임의 의미가 있다고 인식하지 못한다면 '님'을 붙여 높이는 것을 옳지 않다고 말하기 어렵다. 그런 점에서 '선생님, 사모님, 사장님, 장관님, 대통령님, 총리님'을 호칭과 지칭으로 사용하는 것은 잘못이 아니다.

③ 옛 성인의 이름 뒤에 접미사로 '님'을 붙이는 것은 특별한 경우이다. 성인의 이름을 보통 사람처럼 호칭이나 지칭으로 생각하지 않고 그것 자체를 신성시하기 위한 언어 사용법이라고 볼 수 있다.

¶ 공자님, 예수님

④ 자신을 가리키는 말에 님을 쓸 수 없다. 예를 들면 '신부님, 선생님, 스님'처럼 일반인이 높임말로 부르는 호칭을 자신에게 쓰는 것은 잘못이다.

¶ 저는 김 아무개 신부님입니다.(×)

¶ 여러분, 선생님을 보세요.(×)

ㄷ

다[1] 부사 명사
[다:]

부사

① 남거나 빠진 것이 없이 모두.

¶ 갖출 것은 **다** 갖춘 것 같다.

¶ 남들은 **다** 고향에 갔는데 나만 홀로 남았다.

② 어느 한도(限度)에 이르렀음을 나타내는 말.

¶ 일이 **다** 끝나간다.

¶ 시간이 **다** 되었으니 답안지를 제출하여라.

¶ 운동화를 일 년 내내 신었더니 바닥이 **다** 닳았다.

③ 가벼운 놀람, 감탄, 비꼼 따위의 뜻을 나타내는 말.

¶ 별일 **다** 보겠군.

¶ 이런 것을 **다** 선물하다니!

¶ 우리 형편에 해외여행이 **다** 뭐냐?

④ 실현할 수 없게 된 일을 이미 이루어진 것처럼 반어적으로 나타내는 말.

¶ 비가 오니 오늘 장사는 **다** 했다.

명사

① 남거나 빠짐없는 모든 것.

¶ 내가 아는 것은 이것이 **다**이다.

¶ 그에 관한 이야기는 이게 **다**가 아니야.

② 최고 가치.

¶ 인생에서 돈이 **다**가 아니다.

¶ 공부만 잘하면 **다**냐?

복합어

- **다되다** (형용사) 올림말 '다되다' 참고.
- **다하다**[다:-] (자동사) (타동사) 올림말 '다하다' 참고.

다[2] 조사

접속 조사

(받침 없는 체언에 붙어, 주로 '-다 -다' 구성으로 쓰이어) 둘 이상의 사물을 같은 자격으로 이어 주는 말.

¶ 그는 야구다 축구다 못하는 운동이 없다.

¶ 우리는 옥수수다 감자다 손에 잡히는 대로 먹어 치웠다.

> **'다'의 품사 문제**
>
> ¶ 너는 내 친구다./ 저 나무가 밤나무다.
>
> 위 예문에서 '다'는 명사 '친구'와 '밤나무'에 붙어 있으므로 조사로 볼 수 있다. 체언 뒤에는 조사가 붙기 때문이다. 그런데 그렇게 간단하게 말하기가 어렵다. '다'가 상황에 따라서 바뀌는 것이 문제다.
>
> ¶ 너는 내 친구야./ 너는 내 친구지./ 너는 내 친구로다./ 너는 내 친구란다.
>
> '다'를 조사로 본다면 위의 예문에서 '다'를 갈음하여 쓴 '야', '지', '로다', '란다'를 비롯하여 대부분의 어미를 조사로 봐야 하는 문제가 생긴다. 그래서 위 예문의 '다', '야', '지', '로다', '란다'를 조사로 보지 않고 어미로 본다.(자세한 설명은 올림말 '이다' 참고.)

-다 어미

종결 어미

① (형용사 어간이나 선어말 어미 '-(으)시-', '-었-', '-겠-' 뒤에 붙어) 현재 사건이나 사실을 서술하는 뜻을 나타내는 말.

¶ 하늘이 참 맑다.

¶ 선생님이 참 부지런하시다.

¶ 동생이 나를 찾아왔다.

¶ 곧 비가 내리겠다.

② (주로 동사 어간이나 어미 '-(으)시-' 뒤에 붙어) 신문 기사의 제목 따위에서 과거의 동작을 간략하게 진술할 때 쓰는 말.

¶ 한국 야구, 세계를 제패하다.

연결 어미

'-다가'의 준말.

¶ 여인은 혼자 울다 웃다 하면서 신세타령을 한다.

¶ 밥을 먹다 말고 일어선다.

-다가 어미

연결 어미

① 어떤 동작이나 상태 따위가 중단되고 다른 동작이나 상태로 바뀜을 나타내는 말.

¶ 책을 읽**다가** 잠이 들었다.

¶ 고기를 잡았**다가** 놓쳤다.

② 어떤 일을 하는 과정이 다른 일이 이루어지는 원인이나 근거 따위가 됨을 나타내는 말.

¶ 스케이트를 타**다가** 넘어졌다.

¶ 그렇게 놀기만 하**다가** 시험에 떨어지면 어떡하니?

③ ('-다가 -다가' 구성으로 쓰이어) 두 가지 이상의 사실이 번갈아 일어남을 나타내는 말.

¶ 날씨가 덥**다가** 춥**다가** 하니 종잡을 수 없다.

¶ 아기가 자**다가** 깨**다가** 한다.

다가가다 동사

규10-0 다가가고, 다가가, 다가간다, 다가갑니다, 다가갔다

자동사

어떤 대상 쪽으로 가까이 가다.

¶ 혼자 있는 아이에게 **다가가** 말을 걸었다.

¶ 여자는 창가로 **다가가** 창문을 열었다.

다가서다 동사

규11-0 다가서고, 다가서, 다가선다, 다가섭니다, 다가섰다

자동사

① 어떤 대상이 있는 쪽으로 더 가까이 옮기어 서다.

¶ 위험하니 난간에 **다가서지** 마시오.

¶ 내 옆으로 바짝 **다가서라.**

② 일정한 기준에 가까이 가다.

¶ 나이가 육십 줄에 **다가서니** 기력이 예전만 못하다.

¶ 오늘 주가가 2000포인트에 **다가서고** 있다

다가앉다 동사

규10-1 다가앉고, 다가앉아, 다가앉는다, 다가앉습니다, 다가앉았다

자동사

어떤 대상이 있는 쪽으로 더 가까이 옮기어 앉다.

¶ 뒤에서는 제 이야기가 안 들릴지 모르니 앞쪽으로 **다가앉으세요.**

¶ 영화를 보면서 무서운 장면이 나오니 아이가 내 옆으로 바짝 **다가앉았다.**

다가오다 동사

규10-0 다가오고, 다가와, 다가온다, 다가옵니다, 다가왔다

자동사

① 어떤 대상이 있는 쪽으로 더 가까이 옮기어 오다.

¶ 한 외국인이 나에게 **다가와** 길을 물었다.

¶ 밤중에 누군가 뚜벅뚜벅 집 앞으로 **다가오는** 소리가 들린다.

② 일정한 때가 가까이 닥쳐오다.

¶ 여행 날짜가 **다가오니** 마음이 설레기 시작한다.

다그다 동사

불10-8 다그고, 다가, 다근다, 다급니다, 다갔다

자동사

① 어떤 방향으로 가까이 움직이다.

¶ 이 나무를 대문에 바짝 **다가** 심어라.

¶ 천둥이 치자 아이들이 엄마 옆으로 바짝 **다가** 누었다.

타동사

① 시간이나 날짜를 예정보다 앞당기다.

¶ 마감일을 갑자기 **다그면** 필자들은 어쩌란 말이오?

② 어떤 일을 서두르다.

¶ 그는 누가 쫓아오기라도 하는지 걸음을 **다갔다.**

다녀가다 동사

규10-0 다녀가고, 다녀가, 다녀간다, 다녀갑니다, 다녀갔다

자동사

어느 곳에 왔다가 가다.

¶ 시간이 나면 우리 집에 **다녀가거라.**

¶ 우리 고장에 **다녀간** 관광객이 연간 100만 명에 이른다.

다녀오다 동사

규10-0 다녀오고, 다녀와, 다녀온다, 다녀옵니다, 다녀왔다

자동사

어느 곳에 갔다가 돌아오다.

¶ 올 추석에는 꼭 고향에 **다녀오려** 한다.

¶ 학교에 **다녀오겠습니다.**

다니다 동사

규11-0 다니고, 다니어/다녀, 다닌다, 다닙니다, 다녔다

자동사

① (어느 장소에) 볼일이 있어 정하여 놓고 드나들다.

¶ 몸이 아파서 병원에 **다닌다.**

② 인사차 또는 볼일이 있어서 어떠한 곳에 들르다.

¶ 설날에 친척 집에 **다니면서** 세배를 하였습니다.

¶ 어머니는 주로 동네 시장에 **다니신다.**

③ 직장에서 일하거나 학교 따위 교육 기관에서 공부하다.

¶ 큰아이는 대학에 **다니고** 있습니다.

¶ 너희 아버지는 어디 **다니시니?**

④ 이리저리 오고 가다.

¶ 아버지는 사방으로 **다니시면서** 물건을 파셨다.

⑤ 어떤 곳을 지나가고 지나오고 하다.

¶ 마을 사람들은 큰길을 두고 꼭 이 좁은 샛길로만 **다녔다.**

⑥ 어떤 교통수단이 운행하다.

¶ 전에는 그 길에 버스가 **다니기도** 했다.

¶ 이제 그 섬으로는 어떠한 연락선도 **다니지** 않는다.

타동사

어떤 목적을 가지고 움직이다.

¶ 어머니는 행상을 **다니신다.**

¶ 선거에 당선되었으니 유권자들에게 인사를 **다녀야겠다.**

다되다 형용사

규11-0 다되어/다돼, 다된, 다되어서/다돼서, 다되었다/다됐다

완전히 그르친 상태에 있다.

¶ 시계 건전지가 **다돼서** 새 건전지로 바꿔 끼었다.

다디달다 형용사

불20-2 다디달고, 다디다니, 다디단, 다디달아, 다디답니다, 다디다오, 다디달았다

매우 달다. ×달디달다

¶ 이 사탕은 다디달구나.

¶ 그렇게 다디단 것만 먹으면 이가 상하기 쉽다.

▶ '다디달다'의 뜻으로 '달디달다'를 쓰기도 하는데, '다디달다'만 표준어로 인정한다.

-다랗다 접사

-다랗게, -다랗던, -다라니, -다라면, -다란, -다래서, -다랗습니다, -다랗소, -다라네, -다랬다

접미사

(일부 형용사 어간 뒤에 붙어서) '그 정도가 꽤 뚜렷함'의 뜻을 더하는 말.

¶ 가느다랗다, 굵다랗다, 기다랗다, 깊다랗다, 높다랗다, 잗다랗다, 좁다랗다, 커다랗다

'-다랗다'를 붙여 파생어 만들기

'-다랗다'는 형용사의 어간에 붙어 새로운 말을 만들어낸다. 그런데 '-다랗다'가 붙는 형용사의 어간 끝소리에 따라서 어간의 끝소리가 탈락하거나 바뀌기도 하고 '-다랗다'의 첫소리 'ㄷ'이 된소리로 바뀌기도 한다.

- 가늘다 + -다랗다 = 가느다랗다('가늘'의 'ㄹ' 받침이 탈락한다.)
- 굵다 + -다랗다 = 굵다랗다('굵'의 'ㄹ'이 소리 나지 않는다.)
- 길다 + -다랗다 = 기다랗다('길'의 'ㄹ' 받침이 탈락한다.)
- 넓다 + -다랗다 = 널따랗다('넓'의 'ㅂ'이 탈락하고 '-다랗다'의 'ㄷ'이 된소리로 바뀐다.)
- 멀다 + -다랗다 = 머다랗다('멀'의 'ㄹ' 받침이 탈락한다.)
- 얇다 + -다랗다 = 얄따랗다('얇'의 'ㅂ'이 탈락하고 '-다랗다'의 'ㄷ'이 된소리로 바뀐다.)
- 잘다 + -다랗다 = 잗다랗다('잘'의 'ㄹ' 받침이 'ㄷ'으로 바뀐다.)
- 짧다 + -다랗다 = 짤따랗다('짧'의 'ㅂ'이 탈락하고 '-다랗다'의 'ㄷ'이 된소리로 바뀐다.)
- 크다 + -다랗다 = 커다랗다('크'의 'ㅡ'가 'ㅓ'로 바뀐다.)

'-다랗다'가 특이하게 명사에 붙는 경우가 하나 있다. '참'에 붙어 '참따랗다'를 만들어내는데 이 경우 'ㄷ'이 된소리로 바뀐다.

다르다 형용사

불20-6 다르고, 다르면, 다르니, 달라, 달라서, 다릅니다, 달랐다

① 비교가 되는 두 대상이 서로 같지 아니하다. ×틀리다
¶ 내 생각은 네 생각과 **달라**.
¶ 예전과 얼굴이 많이 **다르더구나**.
¶ 날씨가 하루가 **다르게** 추워지는 것 같다.
② 보통의 것보다 두드러지다.
¶ 역시 그는 뭔가 **달라**.
¶ 화가의 솜씨는 달라도 뭔가 **다른** 데가 있어.

복합어

- **달리** 부사 다르게. ¶ 어제와 **달리** 아주 친절하게 대하더군.

관용 표현

- **다름 아닌** 다른 것이 아니라 바로. ¶ 그는 **다름 아닌** 우리 반 학생이었다.
- **다름(이) 아니라** 다른 까닭이 있는 게 아니라. ¶ 자네를 찾아온 건 **다름이 아니라**, 한 가지 부탁을 하기 위해서네.

다리다 동사

규11-0 다리고, 다리어/다려, 다린, 다립니다, 다리었다/다렸다

타동사

주름이나 구김을 펴고 줄을 세우기 위하여 다리미나 인두로 문지르다. ×달이다
¶ 할머니는 바느질을 마무리하면서 인두로 옷섶을 **다렸다**.
¶ 구겨진 바지를 **다려** 반듯이 줄을 세우니 새 옷 같다.

복합어

- **다리미** 명사 옷이나 천 따위의 주름이나 구김을 펴고 줄을 세우는 데에 쓰는 연장.
- **다리미대**(-臺) 명사 =다리미판

• **다리미질** 명사 다리미로 옷이나 천 따위를 다리는 일.
• **다리미질하다** 자동사 다리미로 옷 따위를 다리다.
• **다리미판**(-板) 명사 다리미질을 할 때 밑에 받치거나 까는 판.
• **다림질** 명사 '다리미질'의 준말.
• **다림질하다** 자동사 '다리미질하다'의 준말.
• **다림판**(-板) 명사 '다리미판'의 준말.

'다리다'와 '달이다'
이 두 낱말은 아주 다른 낱말인데 소리가 같게 나므로 표기할 때 어려움을 겪는다. '다리다'는 다리미와 함께 쓰는 낱말이고, '달이다'는 약이나 액체와 함께 쓰는 말이라고 생각하면 구별하기 쉽다.

다시 부사

① 하던 일을 되풀이해서. 거듭하여.
¶ 한 번 풀어서 답을 적지 말고 **다시** 풀어 보고 확실하면 그때 답을 적어라.
¶ 한 번 보아도 내 사랑, **다시** 보아도 내 사랑.
② 방법이나 방향을 고쳐서 새로이.
¶ 보고서를 **다시** 만들어라.
¶ 다른 방법으로 **다시** 시도해 보기 바란다.
③ 하다가 그친 것을 계속하여.
¶ 쉴 만큼 쉬었으니 **다시** 일을 시작하자.
¶ 회사를 **다시** 일으키기 위해서 모든 직원이 힘을 모았다.
¶ 한 번 거절을 당했지만 **다시** 부탁을 하려 한다.
④ 다음에 또.
¶ 이제 **다시**는 그런 거짓말을 하지 마라.
¶ **다시** 만날 날을 기약합시다.
¶ 이런 일은 두 번 **다시** 하고 싶지 않다.
⑤ 이전 상태로. 이전과 마찬가지로.
¶ 건강을 회복하여서 **다시** 일을 하게 되었다.
¶ 일이 좀 풀리는 것 같더니 **다시** 꼬이기 시작한다.

복합어

- **또다시** 부사 '또', '다시'를 강조하는 말. ¶ 수없이 실패했지만 **또다시** 도전해 보기로 했다. / 그쳤던 비가 **또다시** 내린다.

관용 표현

- **다시 말하면** 앞에서 말한 것을 풀어서 말하면. ¶ '볼장 다 보다'는 사려던 물건을 다 샀다는 말이다. **다시 말하면** 자기가 하고자 했던 일을 모두 다 끝냈다는 뜻인데, 일이 틀어졌다는 뜻으로도 쓴다.
- **다시 말해(/말해서)** 앞에서 말한 것에 대하여 풀어서 말하여.

속담

- **다시 보니 수원 나그네** 처음에는 누군지 몰라보았으나 알고 보니 아는 사람이었음을 비유하는 말.

> **'다시'와 '또'**
>
> 두 낱말 다 되풀이의 뜻을 나타내지만 차이가 있다. '다시'는 되풀이하는 동작은 같지만 그 동작이 지향하는 일이나 내용이 다른 경우에 사용한다. 이미 한 행동이 기대에 못 미치거나 마음에 안 드는 경우에 '다시'를 쓴다. 이 경우에는 '또'를 쓰면 부자연스럽다. 그러나 이미 한 행동이 만족스러워서 그 행동을 반복하는 경우에는 '또'가 자연스럽고 '다시'는 부자연스럽다.
>
> ¶ 이번 실패를 거울삼아 **다시** 시도해 보기로 했다. (×또)
> ¶ 마음에 안 드시면 **다시** 준비해 보겠습니다. (×또)
> ¶ 맛이 있어서 먹고 **또** 먹었다. (×다시)
> ¶ 그만큼 게임을 했으면 됐지 **또** 해? (×다시)

다시없다 형용사

규21-1 다시없고, 다시없는, 다시없어, 다시없습니다, 다시없었다

그보다 더 나은 것이 없다.

¶ 선생님을 뵙게 된 것은 저에게 **다시없는** 영광입니다.
¶ 아들의 성공은 그 부부에게 **다시없는** 기쁨이었다.

복합어

- **다시없이**[-업씨] 부사 그보다 더 나은 것이 없게. ¶ 네 합격은 나에게 **다시없이** 기쁜 소식이다.

다지다[1] 동사

규11-0 다지고, 다지니, 다지어/다져, 다진, 다집니다, 다지었다/다졌다

타동사

① 누르거나 밟거나 쳐서 단단하게 하다.

¶ 진흙을 **다져** 만든 흙벽돌이 생각보다 단단하더라.

② 마음이나 뜻을 굳게 가다듬다.

¶ 이번 행사가 여러분의 결의를 **다지는** 기회가 되기 바란다.

③ 터전 따위를 굳고 튼튼하게 하다.

¶ 나라 발전의 기반을 **다져야** 할 시점이다.

¶ 기초를 **다질** 만한 문제를 출제하겠다.

자동사

뒷말이 없도록 다조지다.

¶ 다시는 그런 실수를 하지 않도록 단단히 **다져** 놓았다.

복합어

- **강다짐** 명사 ① 억지로 또는 강압적으로 일을 시킴. ¶ 부장이 강다짐으로 일을 해 내라고 한다. ② 덮어놓고 꾸짖음. ¶ 아이를 강다짐으로 나무라기보다 아이의 이야기를 들어 보아라. ③ 밥을 국이나 반찬 없이 그냥 먹음. ④ 단단히 단속하려고 거칠게 다지는 일. ¶ 다시는 그런 짓을 하지 않겠다는 강다짐을 받아 두었다.
- **건다짐** 명사 건성으로 하는 다짐. ¶ 아이는 그럴 뜻이 없는 듯 건다짐을 한다.
- **다짐** 명사 ① 이미 한 일이나 앞으로 할 일에 틀림이 없음을 단단히 강조하거나 확인함. ¶ 약속을 꼭 지키겠다는 다짐을 받았다. ② 마음이나 뜻을 굳게 가다듬어 정함.
- **다짐장**(-狀)[-짱] 명사 다짐을 적은 문서.
- **다짐하다** 자동사 ① 틀림이 없음을 단단히 강조하거나 확인하다. ② 마음이나 뜻을 굳게 정하다.
- **속다짐**[속:-] 명사 마음속으로 하는 다짐.
- **우격다짐** 명사 억지로 우겨서 남을 굴복시키려는 행위. ¶ 일을 그렇게 우격다짐으로 시키면 안 된다.
- **울력다짐**[울:-] 명사 여러 사람이 힘을 합하여 일을 해냄. ¶ 온 마을이 나서서 울력다짐으로 산비탈에 길을 냈다.
- **주먹다짐** 명사 주먹으로 때리는 행위. ¶ 말다툼 끝에 주먹다짐이 일어났다.

관용 표현

- **다짐(을) 놓다** 다짐을 하도록 억지로 요구하다. ¶ "너 그 말 틀림없지?" 하며 **다짐**을 **놓았다**.
- **다짐(을) 두다** 틀림이 없도록 다짐을 하다. ¶ 아버지는 아침 기상 시간만은 꼭 지켜야 한다고 **다짐**을 **두었다**.

다지다 2 동사

규11-0 다지고, 다지니, 다지어/다져, 다진, 다집니다, 다지었다/다졌다

타동사

고기, 채소 양념감 따위를 여러 번 칼질하여 잘게 만들다.
¶ 찌개에 **다진** 마늘을 듬뿍 넣었다.
¶ 소고기를 곱게 **다져** 넣고 이유식을 끓였다.

다하다 동사

불10-9 다하고, 다하여/다해, 다한, 다합니다, 다하였다/다했다

자동사

① 어떤 것이 끝나거나 남아 있지 아니하다.
¶ 배터리 수명이 **다한** 모양이다.
¶ 양식이 **다할** 때까지 여기서 버티기로 했다.
② 어떤 현상이 끝나다.
¶ 겨울이 **다하면** 봄이 오게 마련이다.

타동사

① 어떤 일을 위하여 힘, 마음 따위를 모두 들이다.
¶ 승리를 위해서 있는 힘을 **다해** 싸우자.
¶ 제가 정성을 **다해서** 모시겠습니다.
② 어떤 일을 완수하다.
¶ 책임을 **다하지** 못하는 지도자는 물러나야 한다.
¶ 사람의 도리를 **다하며** 사는 것이 쉬운 일이 아니더라.

'다하다'와 '다 하다'

① 목적어가 없는 경우에는 '다하다'만 쓴다.

¶ 목숨이 **다할**(○)/**다 할**(×) 때까지 싸우겠다.

¶ 이번 양식이 **다하면**(○)/**다 하면**(×) 굶을 수도 있다.

② 목적어가 있으면 '다하다'와 '다 하다'를 구별해서 써야 한다. '하다'의 목적어가 있으면 '다 하다'를 쓰고, 그렇지 않으면 '다하다'를 쓴다.

¶ 공부를 **다 했으니**(○)/**다했으니**(×) 이제 놀아야겠다.

¶ 이 일을 **다 한**(○)/**다한**(×) 다음에는 무얼 할까요?

¶ 책임을 **다 하지**(○)/**다하지**(×) 않으면 안 된다.

¶ 힘을 **다 하여**(○)/**다하여**(×) 도전하려 합니다.

× 닥달/닥달하다

'닦달'과 '닦달하다'의 틀린 표기.

¶ 어서 결혼하라는 어머니 **닥달**(×)/**닦달**(○)에 머리가 아프다.

¶ 용돈을 다 어디에 썼냐고 아이를 **닥달했다**(×)/**닦달했다**(○).

닥뜨리다 동사

규11-0 닥뜨리고, 닥뜨리어/닥뜨려, 닥뜨린다, 닥뜨립니다, 닥뜨리었다/닥뜨렸다

자동사

① 앞에서 닥치는 사물에 부딪다. =닥트리다

¶ 골목을 돌아 달리다가 앞에서 오는 사람에 **닥뜨려** 넘어졌다.

② 닥치는 것에 맞서다. =닥트리다

¶ 어려움도 자신을 가지고 **닥뜨리면** 이겨낼 수 있다.

타동사

함부로 다급하게 재촉하다. =닥트리다

¶ 잠깐을 못 참고 사람을 그렇게 **닥뜨리는** 것은 좋지 않다.

닥치다[1] 동사

규11-0 닥치고, 닥치니, 닥치어/닥쳐, 닥칩니다, 닥친다, 닥치었다/닥쳤다

자동사

어떤 일이나 대상 따위가 (누구에게) 가까이 이르다.

¶ 시험이 내일로 닥치니 마음이 불안하기 이를 데 없다.

¶ 위험이 눈앞에 닥쳤는데도 사람들은 알아차리지 못했다.

¶ 그해 우리에게 너무 많은 시련이 닥쳐 힘든 나날을 보냈다.

¶ 거대한 폭풍우가 닥쳐서 마을이 쑥대밭이 되었다.

복합어

- **들이닥치**다 (자동사) 갑자기 닥치다. ¶ 친구들이 전화도 없이 들이닥쳤다.
- **밀려닥치**다 (자동사) 한꺼번에 여럿이 들이닥치다. ¶ 여러 일들이 밀려닥치니 정신을 못 차리겠다.
- **밀어닥치**다 (자동사) 한꺼번에 몰려 닥치다. ¶ 갑자기 밀어닥친 한파로 수도관이 얼었다.

관용 표현

- **닥치는 대로** 이것저것 가릴 것 없이 눈에 띄는 대로. ¶ 허기가 진 우리는 닥치는 대로 먹었다.

닥치다[2] 동사

규11-0 닥치고, 닥치니, 닥치어/닥쳐, 닥칩니다, 닥친다, 닥치었다/닥쳤다

타동사

(속되게) 입을 다물다.

¶ 그만, 입 좀 닥치지 못해!

> **'닥치다'의 사용법**
>
> '닥치다'는 화가 났을 때에 주로 쓰는 말이어서 점잖은 말은 아니므로 평소에 사용하는 말로는 부적절하다.
>
> ¶ 그 사람은 특별히 할 말이 없어서인지 입을 닥치고(×)/닫고(○) 앉아 있었다.
>
> ¶ 당신은 입을 닥치고(○)/닫고(○) 있어야 할 사람이야!

닦달 명사

① 남을 단단히 윽박질러서 혼을 냄.
¶ 조사관의 표독스러운 닦달에 입을 열지 않을 수 없었다.
¶ 엄마의 닦달에 못 이겨 방 청소를 했다.
② 물건을 손질하고 매만짐.
¶ 중고 자전거라도 닦달만 잘하면 새것처럼 쓸 수 있다.
¶ 틈만 나면 쓸고 닦으며 얼마나 닦달을 했는지 집에는 먼지 하나 없다.
③ 음식 재료를 요리하기 좋게 다듬음.
¶ 고기와 생선 닦달은 제가 하겠습니다.

복합어

- **닦달질** 명사 닦달하는 짓. ¶ 어디서 감히 닦달질이냐, 닦달질이!
- **닦달질하**다 자동사 타동사 단단히 윽박질러서 혼을 내는 짓을 하다. ¶ 얼마나 아이를 닦닥질했으면, 저리 주눅이 들었을까.
- **닦달하**다 타동사 자동사 ① 남을 단단히 윽박질러서 혼을 내다. ② 물건을 손질하고 매만지다. ③ 음식 재료를 요리하기 좋게 다듬다.

단근질 명사 [단:-]

불에 달군 쇠로 몸을 지지는 일.
¶ 모진 단근질을 당하면서도 끝까지 입을 열지 않았다.

복합어

- **단근질하**다[단:-] 타동사 불에 달군 쇠로 몸을 지지다.

속담

- **단근질 참듯** 매우 참기 어려운 것을 참는 경우에 이르는 말. ¶ 사람들에게 받은 모욕을 단근질 참듯 참고 재기를 노렸다.

▶ '단근질'과 '담금질'의 차이는 올림말 '담금질' 참고.

닫다[1] 동사

규10-1 닫고, 닫지, 닫으니, 닫은, 닫아서, 닫습니다, 닫으오, 닫읍시다, 닫았다

타동사

① (열린 문, 서랍 따위를) 도로 제자리로 넣어 막다.

¶ 바람이 들어오니 문을 닫아라.

② 하루의 장사나 일을 마치다.

¶ 오늘은 휴일이어서 가게를 닫고 가족과 여행을 하였다.

③ (사업을) 그만두다.

¶ 경기가 너무 안 좋아서 가게를 닫을 수밖에 없었다.

④ (입을) 다물다.

¶ 그들은 하나같이 입을 굳게 닫고 묵묵히 앉아 있을 뿐이다.

복합어

- **닫아걸**다 [타동사] 문이나 창을 닫고 빗장을 지르거나 고리를 걸다.
- **여닫**다 [타동사] 열고 닫다.
- **처닫**다 [타동사] ① 함부로 거칠게 닫다. ② (오랫동안) 굳게 닫다.

닫다[2] 동사

불10-1 닫고, 닫는, 달으니, 달은, 달아서, 닫습니다, 달으오, 달읍시다, 달았다

자동사

빨리 뛰어가다.

복합어

- **내닫**다 [자동사] 갑자기 밖이나 앞쪽으로 힘차게 뛰어나가다.
- **들이닫**다 [자동사] 몹시 빨리 달리다.
- **잇닫**다 [자동사] 뒤를 이어 달리다.
- **치닫**다 [자동사] ① 위쪽으로 달리다. 위쪽으로 달려 올라가다. ② 힘차고 빠르게 나아가다. ¶ 정국은 최악의 국면으로 치달아 걷잡을 수 없는 지경이 되었다. ③ 생각, 감정 따위가 치밀어 오르다.

닫치다 동사

규11-0 닫치고, 닫치니, 닫친, 닫치어서/닫쳐서, 닫칩니다, 닫치었다/닫쳤다

타동사

(문을) 힘을 주어 세게 닫다.

¶ 바람이 부니 문을 닫치시오.

¶ 영수는 화가 나서 문을 쾅 닫치고 나갔다.

> **'닫다'와 '닫치다'와 '닥치다'**
>
> '닫치다'는 주로 문을 세게 닫을 때에 쓰는 말이며 입을 다물거나 사업을 그만둘 때에는 쓰지 않는다. '닥치다[2]'는 입을 다물도록 거칠게 명령조로 말하는 경우에 쓴다.
>
> ¶ 그는 들어올 때마다 문을 닫치지(○)/닫지(○) 않는 버릇이 있다.
>
> ¶ 결국 사업을(회사 문을) 닫고(○)/닫치고(×) 말았다.
>
> ¶ 비밀이 새지 않도록 입을 닫자(○)/닫치자(×).
>
> ¶ 시끄럽게 떠들지 말고 입을 다물어라(○)/닫아라(○).
>
> ¶ 제발 그 입 닥치지(○)/닫지(○) 못하겠니?
>
> ¶ 네 말 듣기 싫어. 닥쳐(○)!

닫히다 동사 [다치-]

규11-0 닫히고, 닫히니, 닫힌, 닫힙니다, 닫히어/닫혀, 닫히었다/닫혔다

피동사

'닫다[1]'의 피동형.

¶ 문이 저절로 닫혔어요.

¶ 어서 타세요. 곧 문이 닫힐 거예요.

> **'닫히다'와 '닫치다'**
>
> 두 낱말은 소리가 같아서 적을 때에 의미를 잘 분간하지 않으면 엉뚱하게 적기 쉽다. '닫히다'는 피동사이므로 주어가 문이나 창 같은 사물이어야 하고, '닫치다'는 타동사이므로 목적어가 문이나 창이어

야 한다.
¶ 창이 닫혔다.
¶ 문이 닫혀서 들어갈 수 없게 되었다.
¶ 비가 들이칠지 모르니 창을 닫쳐라.
이처럼 '닫히다' 앞에는 주격 조사가 오고, '닫치다' 앞에는 목적격 조사가 온다.

달구다 동사

규11-0 달구고, 달구어/달궈, 달군다, 달굽니다, 달구었다/달궜다

타동사

① 쇠나 돌 따위를 불로 뜨겁게 만들다.
¶ 프라이팬을 달군 뒤에 고기를 올려야 맛있게 구워진다.
② 불을 때어 몹시 덥게 하다.
¶ 감기 기운이 있으니 뜨끈뜨끈하게 달군 방에서 한숨 자야겠다.
③ 분위기, 감정 따위를 달아오르게 하다.
¶ 그의 연설은 청중의 가슴을 뜨겁게 달구었다.

달다1 동사

불10-2 달고, 다니, 다는, 단, 달, 닮, 달면, 달므로, 달아, 답니다, 답시다, 다오, 달았습니다

타동사

① 주된 것에 이어 붙이다.
¶ 기관차에 객차 10량과 화차 1량을 달고 달린다.
¶ 치맛자락에 빨강으로 끝단을 다니 아주 인상적이다.
¶ 저고리에는 동정을 단다.
¶ 목도리에 술을 달아 마무리했다.
② 일정한 곳에 걸거나 매어 놓다.
¶ 아파트 베란다에 태극기를 단 집이 많이 보인다.

¶ 돛단배가 돛을 달고 쏜살같이 달린다.
③ 일정한 곳에 붙이다.
¶ 옷에 달 단추를 두어 개 다오.
¶ 가슴에 이름표를 단 어린이들이 죽 늘어서 있다.
④ 어떤 기기를 설치하다.
¶ 요즘 젊은이들은 대체로 집에 전화를 달지 않는다.
¶ 차에 내비게이션을 달지 않았더니 길 찾기가 무척 힘들었다.
⑤ 설명 따위를 덧붙이거나 보태다.
¶ 어려운 부분에는 각주를 달아 설명해 두었다.
¶ 한문은 토를 달지 않으면 읽기가 어렵다.
⑥ 이름이나 제목을 붙이다.
¶ 글을 다 썼으면 이제 멋진 제목을 달아야지.
⑦ 이어서 적어 넣다.
¶ 오늘 술값은 외상 장부에 달아 두세요.
⑧ ('무엇을 달고'의 형태로 쓰이어) 거느리다.
¶ 깡패 두목이 졸개들을 달고 나타났다.
¶ 그는 늘 친구를 달고 다닌다.

속담

- **달고 치는데 안 맞는 장사가 있나** 달아매어 놓고 치는 데는 안 맞을 사람이 없다. 즉, 아무리 강한 사람도 여럿이 함께 몰아대면 당할 수 없다는 말.

▶ '달다'와 '차다'의 차이는 올림말 '차다[3]' 참고.

달다[2] 동사

불10-2 달고, 다니, 다는, 단, 달, 닮, 달면, 달므로, 달아, 답니다, 답시다, 다오, 달았습니다

타동사

저울로 무게를 헤아리다.
¶ 돼지고기 서 근을 저울에 달아서 샀다.
¶ 몸무게를 달아 보니 몸이 좀 불었다.
▶ '달다'와 '뜨다'의 차이는 올림말 '뜨다[9]' 참고.

달다[3] 동사 [달:-]

불10-2 달고, 다니, 다는, 단, 달, 닮, 달면, 달므로, 달아, 답니다, 다오, 달았습니다

자동사

① 쇠붙이 따위가 열로 몹시 뜨거워지다.
¶ 대장간에서는 벌겋게 단 쇠를 모루에 올려놓고 망치로 친다.
¶ 뜨겁게 달아 있는 다리미를 모르고 만졌다가 손을 데었다.

② 열을 받아 음식이나 탕약의 물이 졸아들다.
¶ 너무 오래 끓이는 바람에 국물이 다 달았다.

③ 열이 나거나 부끄럽거나 흥분하여 몸이 뜨거워지다.
¶ 아이가 감기로 온 몸이 뜨겁게 달아서 학교에 보내지 않았다.
¶ 친구가 내 흉허물을 들추는 바람에 얼굴이 화끈 달아서 도망치고 싶었다.

④ 입안이나 콧속이 마르고 뜨거워지다.
¶ 감기로 얼마나 고생을 했는지 입에서 단 기운이 끼친다.

⑤ 마음이 몹시 조급해지다.
¶ 아이를 혼자 보내고 애가 달아서 안절부절못한다.
¶ 합격자 발표를 앞두고 마음이 바싹 달았다.

복합어

- **단김**[단:-] 명사 달아올라 뜨거운 김.
- **단김에**[단:-] 부사 ① 열기가 아직 식지 아니하였을 적에. ¶ 쇠뿔도 단김에 빼야 한다. ② 좋은 기회가 지나기 전에. ¶ 이런 일은 단김에 끝내야 한다.
- **단내**[단:-] 명사 ① 높은 열에 눋거나 달아서 나는 냄새. ¶ 다리미가 뜨겁게 달아서 단내가 난다. ② 몸의 열이 몹시 높을 때 입이나 코 안에서 나는 냄새. ¶ 몸살이 났는지 입에서 단내가 난다.

관용 표현

- **달게 굴다** 붙잡고 매달려 몹시 조르다. ¶ 귀찮게, 그리 달게 구니?

속담

- **단 가마에 눈** 뜨겁게 단 가마에 떨어져 금방 녹아 버리는 눈. 순식간에 사라지는 사물을 이르는 말.
- **단김에 소뿔 빼듯** 어떤 일이든지 하려고 생각했을 때 망설이지 말고 바로 행동에 옮겨야 함을 이르는 말.

달다[4] 동사

불10-2 달라고, 달라며, 달라는, 달라, 다오

타동사

('달라', '다오' 형태로 쓰이어) 말하는 이가 듣는 이에게 어떤 것을 가지게 하거나 누리게 하다.

¶ 나에게 지팡이를 다오.

¶ 남의 물건을 공짜로 달라고 하면 안 되지.

¶ 동생이 가방을 달라며 나에게 아양을 떨었다.

보조 동사

('-아/-어 달라', '-아/-어 다오' 형태로 쓰이어) 앞말이 뜻하는 행동을 해 줄 것을 요구하는 말.

¶ 언니에게 잠자리를 잡아 달라고 말했다.

¶ 선생님께 여쭈어 달라는 부탁을 받았다.

¶ 일을 대신 해 달라고 부탁해 놓았다.

'달다'와 '달라다'

'달다[4]'는 불완전 활용을 한다. 즉, 어미로 '-라고, -라는, -라며' 따위의 연결 어미와 '-라', '-오' 같은 종결 어미만 붙는다. 특히 '-오'가 붙으면 'ㄹ'이 탈락하여 '다오'가 된다.

비슷한 의미로 쓰는 '달라다'라는 말이 있다. 이 말은 '달라고 하다'의 준말인데, 마치 '달라'가 어간이고 '다'가 어미인 하나의 동사처럼 오해하기 쉽다. 그러나 어디까지나 '달'이 어간이고, '라다'는 '라고 하다'의 준말로서 어미 구실을 한다.(이와 관련한 설명은 올림말 '달라다' 참고.)

¶ 빌려준 책을 이제 다오.

¶ 빌려준 책을 달라고 하였다/달랬다.

달다[5] 형용사

불20-2 달고, 다니, 단, 달, 닮, 달면, 달므로, 달아, 답니다, 다오, 달았습니다

① 꿀이나 설탕의 맛이다.

¶ 올해는 날이 가물어서 과일이 달다.

¶ 나는 단 음식을 싫어한다.

② 입맛이 당기도록 맛이 있다.
¶ 밥을 달게 먹고 잠을 푹 잤다.
¶ 요즘은 입이 달아서 그런지 밥을 무척 맛있게 먹는다.
③ 흡족하여 기분이 좋다.
¶ 낮잠을 달게 잤다.
④ ('달게' 꼴로 쓰여) 마땅하여 기껍다.
¶ 충고를 달게 받아들인다.

복합어

- **다디달다** [형용사] 올림말 '다디달다' 참고.
- **단맛** [명사] 설탕이나 꿀과 같은 맛.
- **단밥** [명사] 입맛이 당겨 달게 먹는 밥.
- **단술** [명사] 쌀밥에 엿기름물을 부어 삭혀서 만든 음료.
- **달짝지근하다** [형용사] '달착지근하다'의 된소리 표기.
- **달착지근하다** [형용사] 약간 달콤한 맛이 있다. ¶ 커피가 달착지근하다.
- **달콤하다** [형용사] ① 감칠맛이 있게 달다. ② 흥미가 나게 아기자기한 느낌이 있다. ¶ 우리는 음악을 들으며 학창 시절의 달콤한 추억 속으로 빠져 들어갔다. ③ 편안하고 포근하다. ¶ 일이 끝나 오랜만에 달콤한 잠에 빠졌다.

관용 표현

- **달고 쓴 맛을 보다(/겪다)** 생활의 좋은 일, 나쁜 일, 즐거운 일, 괴로운 일을 다 겪다.
- **단맛 쓴맛 다 보았다** 달고 쓴 맛을 보다/겪다. 세상의 온갖 일을 다 겪었다.

속담

- **단 말은 병이 되고 쓴 말은 약이 된다** 귀에 듣기 싫은 말이 듣는 사람에게는 유익함을 이르는 말.
- **단술 먹은 여드레 만에 취한다** 무슨 일을 겪고 나서 한참 뒤에야 그 영향이 나타남을 비유하는 말.
- **단 장을 달지 않다고 말을 한다** 맛이 단 장을 놓고 달지 않다고 억지소리를 한다, 곧 빤한 사실을 제대로 말하지 않고 딴소리로 우긴다.
- **달다 쓰다 말(이) 없다** 아무런 반응도 나타내지 않는다.
- **달기는 엿집 할머니 손가락이라** ① 엿 맛이 달다고 해서 엿집 할머니의 손가락까지도 단 줄 안다는 뜻으로, 무슨 일에 너무 마음이 혹하여 좋은 것만 보이고 나쁜 것은 안 보인다는 말. ② 어떤 음식을 좋아하여 그와 비슷하나 먹지 못할 것까지 먹을 것으로 잘못 안다는 말.
- **달면 삼키고 쓰면 뱉는다** 옳고 그름이나 신의를 돌보지 않고 자기 이익만 꾀함을 비유하여 이르는 말.

×달디달다

'다디달다'의 틀린 말.

달라다

달라고, 달라며, 달라므로, 달란다, 달래서, 달랬다

'달라고 하다'의 준말. ×달래다

¶ 아버지께 돈을 달래서 얼마 받아 왔다.

¶ 내게 돈을 달라는 사람은 많지만 주마고 하는 사람은 없다.

¶ 친구에게 빌려 준 돈을 달랬다가 오히려 욕만 얻어먹었다.

'달라다'의 구조

'달라다'는 '달라고 하다'의 준말이고, '달라고'는 '달다[4]'에 어미 '-라고'가 붙은 형태이다.

¶ 그가 나에게 돈을 달랬다.('달라고 하였다'의 준말).

¶ 그가 나에게 돈을 달래서 주었을 뿐이다.('달라고 하여서'의 준말)

¶ 그가 나에게 선물을 달란다.('달라고 한다'의 준말)

¶ 그가 너에게 물을 달라면 주어야지.('달라고 하면'의 준말)

어미 '-라며, -라는, -라니, -란다, -래도, -래서, -랬다'는 '-라고 하며, -라고 하는, -라고 하니, -라고 한다, -라고 하여도/해도, -라고 하여서/해서, -라고 하였다/했다'의 준말이다.

'달라다'의 활용형

'달라다'를 '달래다'로 쓰는 것은 잘못이다. 그런데 활용형인 '달래', '달래서', '달래라', '달랬다'는 각각 '달라고 하여/해', '달라고 하여서/해서', '달라고 하여라/해라', '달라고 하였다/했다'의 준말로 쓴 것이어서 맞는 말이다.

	달래다[1]	달라다(달라고 하다)
-니, -면 -오, -ㅂ니다	달래니, 달래면 달래오, 달랩니다	달라니, 달라면 달라오, 달랍니다
-어, -어서 -어라, -었-	달래어/달래, 달래어서/달래서 달래어라/달래라, 달래었다/달랬다	달래, 달래서 달래라, 달랬다

달래다[1] 동사

규11-0 달래고, 달래니, 달래어/달래, 달랜다, 달랩니다, 달래었다/달랬다

타동사

① 슬퍼하거나 고통스러워하거나 흥분한 사람을 어르거나 타일러 기분을 가라앉히다.

¶ 우는 아이를 달래기가 쉽지 않다.

② 슬프거나 고통스럽거나 흥분한 감정 따위를 가라앉게 하다.

¶ 그의 불만과 울분을 달래 주어라.

¶ 실연으로 아파하는 그를 달랠 길이 없다.

③ 좋고 옳은 말로 잘 이끌어 꾀다.

¶ 싫다는 아이를 살살 달래서 산에 오르게 했다.

달래다[2]

'달라다'의 틀린 말.

달랬다[1]

달랬고, 달랬네, 달랬지, 달랬어, 달랬소, 달랬습니다

'달래다[1]'의 과거형.

¶ 우는 아이를 열심히 달랬지만 허사였다.

달랬다[2]

달랬고, 달랬네, 달랬지, 달랬어, 달랬소, 달랬습니다

'달라고 하였다'가 줄어든 형태.

¶ 아빠에게 용돈을 달랬는데 주지 않으셨다.

달리다[1] 동사

규11-0 달리고, 달리니, 달리어/달려, 달린다, 달립니다, 달리었다/달렸다

자동사

재물이나 기술, 힘 따위가 모자라다. ×딸리다

¶ 요즘 농촌에서는 일손이 **달려** 그냥 묵히는 밭이 많다.

¶ 우리 팀의 실력이 좀 **달리는** 것 같다.

¶ 기운이 **달리는** 일을 하면 힘이 더 든다.

¶ 자금이 **달릴** 때는 내게 요청하게.

'달리다'의 된소리 내기

'달리다'를 된소리로 내면 '딸리다'가 되는데, 이 경우에 소리대로 표기를 하면 전혀 다른 의미의 낱말이 되고 만다. '달리다'를 습관적으로 된소리로 내는 것도 적절하지 않고, 그것을 된소리 표기로 적는 것도 잘못이므로 조심해야 한다. '딸리다'는 '달리다'와 아주 다른 낱말이다.

달리다[2] 동사

규11-0 달리고, 달리니, 달리어/달려, 달린다, 달립니다, 달리었다/달렸다

피동사

'달다[1]'의 피동형.

¶ 선생님들이 계시는 방 앞에는 커다란 종이 **달려** 있었다.

¶ 글에 **달린** 제목만 보아도 내용이 무엇인지 짐작할 수 있다.

¶ 이 장부에 **달린** 대로 돈을 받아 와라.

¶ 기관차에 객차가 여럿 **달려** 있다.

사동사

'달다[1]'의 사동형.

¶ 일하러 가는 아내에게 아이를 **달려** 보낼 수 없었다.

¶ 혼자 보내는 게 불안하여 사람을 **달려** 보냈다.

자동사

① 열매 따위가 맺히다.

¶ 나무에 열매가 많이도 달렸구나.

② 어떤 일에 줄곧 매이다.

¶ 전쟁의 승패가 이번 싸움에 달려 있다.

¶ 이건 우리 목숨이 달린 일이다.

달리다[3] 동사

규11-0 달리고, 달리니, 달리어/달려, 달린다, 달립니다, 달리었다/달렸다

사동사

(말이나 탈 것이) 닫게 하다. '닫다[2]'의 사동형.

¶ 약속 장소로 말을 달려 가 보니 동지들이 이미 와 있었다.

¶ 쉬지 않고 차를 달려도 해가 지기 전에 도착하기 어렵다.

타동사

(길이나 거리를) 속도를 내어 가거나 오다.

¶ 건강을 지키려고 새벽길을 달리는 사람들이 많다.

¶ 우리는 날마다 10킬로미터를 달린다.

자동사

① 빠른 속도로 가거나 오다.

¶ 건너편에 서 있는 동생을 보자 강아지가 쏜살같이 달린다.

¶ 선수는 결승점을 향하여 힘껏 달렸다.

② 자전거 차 배 따위가 빨리 움직이다.

¶ 그곳은 기차로 꼬박 사흘 동안 달려야 갈 수 있는 곳이다.

¶ 자동차 달리는 속도가 자전거보다 못하다니.

속담

- **달리는 말에 채찍질** ① 기세가 좋을 때 힘을 가한다는 말. ② 힘껏 하는데도 자꾸 더 하라고 한다는 말.
- **달리다 딸기 따먹듯** 음식이 양에 차지 않음을 비유하여 이르는 말.

달이다 동사

규11-0 달이고, 달이니, 달이므로, 달인, 달입니다, 달이어/달여, 달이었다/달였다

타동사

① 끓여서 진하게 만들다. ×다리다

¶ 간장을 달이는 데에 여간 품이 드는 게 아니다.

② 약재 따위에 물을 부어 우러나도록 끓이다. ×다리다

¶ 할머니는 겨울이면 쌍화차를 달여 식구들에게 먹게 했다.

× 담구다

'담그다'의 틀린 말

> **'담구다'와 '담그다'**
>
> '담구다'는 '담그다'의 잘못이다. 따라서 '담구니, 담궈, 담궜다'도 틀린 말이다.
>
> ¶ 개울물에 손을 담구니(×)/담그니(○) 무척 시원하다.
>
> ¶ 아이들은 조심스럽게 시냇물에 발을 담궈(×)/담가(○) 보았다.
>
> ¶ 우리는 모두 함께 물에 발을 담궜다(×)/담갔다(○).

담그다 동사

불10-8 담그고, 담그니, 담그면, 담근, 담가, 담그오, 담급니다, 담갔다

타동사

① (액체 속에) 넣다.

¶ 시냇물에 손을 담그면 얼마나 시원할까?

¶ 피곤할 때에는 따뜻한 물에 발을 담가 보라.

② (김치, 술, 장, 젓갈 따위를 만들기 위해서 재료를) 익거나 삭도록 그릇에 넣어 두다. ×담다

¶ 김장은 겨우내 먹기 위해 김치를 한꺼번에 많이 담그는 일을 이른다.

¶ 새우로 담근 것을 새우젓이라고 한다.

'김치를 담다'와 '김치를 담그다'

김치를 만드는 일을 '김치를 담근다'라고 한다. 그런데 일반에서는 '김치를 담는다'라고 잘못 쓴다. 대화에서는 거의 "오늘 김치 담을래?", "너희는 직접 김치를 담아 먹니?", "김치 담으러 와라" 이런 식으로 말한다. 모두 틀린 말이다. '김치를 담글래?', '김치를 담가 먹니?', '김치를 담그러 와라'라고 해야 맞다.

'담다'는 빈 그릇에 물건을 넣는 행위를 가리킨다. 따라서 실제로 그릇에 김치를 담아서 가져온다면 '김치를 담아 왔다'라고 말할 수 있다. 김치를 만드는 행위를 가리키는 경우에는 꼭 '김치를 담그자' 처럼 '담그다'를 써야 한다.

담금질 명사

① 고온으로 열처리한 금속 재료를 물이나 기름 속에 담가 식히는 일.

¶ 담금질을 거듭해서 강한 쇠를 만든다.

② 고된 훈련을 반복하여 시킴을 비유하여 이르는 말.

¶ 강한 담금질로 선수들을 단련시켰다.

③ 낚시를 물에 담갔다가 건졌다가 하는 일.

¶ 담금질을 잘해야 물고기를 잡을 수 있다.

복합어

- **담금질하다** 타동사 ① 고온으로 열처리한 금속 재료를 물이나 기름 속에 담가 식히다. ¶ 쇠는 담금질할수록 더 단단해진다. ② 부단하게 훈련함을 비유하여 이르는 말. ¶ 겨울철에 선수들을 얼마나 담금질하느냐에 따라서 여름철 성적이 달라진다. ③ 낚시를 물에 담갔다 건졌다 하다. ¶ 아무 곳에서나 담금질해서는 물고기 낚기가 쉽지 않다.

'담금질'과 '단근질'

두 낱말은 형태도 비슷하고 의미도 비슷하여 자칫 헷갈리기 쉽다. 담금질은 '담그다'와 관련이 있고, 단근질은 '달다[3]'과 관련이 있다. 뜨겁게 달군 쇠를 찬물에 담그는 일을 되풀이하는 행위를 담금질이라고 하고, 뜨겁게 단 쇠를 몸에 대어 지지는 것을 단근질이라고 한다. '달다'의 '달'과 '단근질'의 '단'은 긴소리이다.

담기다[1] 동사

규11-0 담기고, 담기니, 담기면, 담긴, 담길, 담기어/담겨, 담깁니다, 담기었다/담겼다

피동사

① 그릇에 놓여 있다.
¶ 과일이 바구니에 가득 담겼다.
¶ 물이 담긴 병을 가져와라.
② (생각이나 느낌이) 글이나 그림, 표정 따위에 들어 있다.
¶ 이 사진에 어린 시절 추억이 담겨 있다.
¶ 그의 말에는 매우 중요한 뜻이 담겼다.

담기다[2] 동사

규11-0 담기고, 담기니, 담기면, 담긴, 담길, 담기어/담겨, 담깁니다, 담기었다/담겼다

피동사

'담그다'의 피동형.
¶ 배추가 담긴 대야에 소금을 더 뿌렸다.

담다 동사 [담:따]

규10-1 담고, 담지, 담으니, 담아서, 담습니다, 담소/담으오, 담는다, 담았습니다

타동사

① 물건을 그릇 따위에 넣다.
¶ 과일을 바구니에 담는다.
② 생각이나 의미를 그림, 글, 말, 표정 따위 속에 넣다.
¶ 내 마음을 담아 친구에게 편지를 썼다.
¶ 정성을 담은 선물을 보내려 한다.
¶ 그는 그림에 전쟁의 참상을 담았다.

복합어

- **귀담다**[-따] 타동사 (주로 '귀담아' 꼴로 쓰이어) 마음에 단단히 새겨 두다. ¶ 내 말을 귀담아 들어라.
- **그러담다**[-따] 타동사 흩어져 있는 것을 한곳에 모아 담다. ¶ 떨어진 은행을 바구니에 그러담는다.
- **담아내다** 타동사 ① 용기나 그릇 따위에 담아서 내놓다. ② 글, 말, 그림, 표정 따위에 어떤 생각이나 의미를 드러내다. ¶ 배우는 복잡한 감정을 표정에 담아내야 하는 직업이다.
- **몸담다**[-따] 자동사 (어디에) 소속되어 일을 하다. ¶ 내가 몸담고 있는 회사는 무역회사이다. / 나는 어린이 책을 주로 펴내는 출판사에 몸담고 있다.
- **처담다**[-따] 타동사 마구 잔뜩 담다. ¶ 옷을 그렇게 작은 상자에 처담으면 어떡하니?

-답다 접사

-답고, -답지, -답네, -다운, -다워, -답습니다, -답소, -다웠습니다

접미사

① '고유의 성질이나 특성이 있음'의 뜻을 더하여 형용사를 만드는 말.
¶ 꽃답다, 실답다(實-), 정답다, 참답다
② 체언 뒤에서 그 체언이 갖는 고유의 특성이 있음을 더하는 말.
¶ 어른이면 어른답게 행동해야 한다.
¶ 사람이 사람답게 살 수 있는 세상을 만들자.
¶ 오랜만에 밥다운 밥을 먹었다.
¶ 이번 너의 결정은 참으로 너다웠다고 생각한다.

'-답다'와 '-스럽다'

'-답다'는 그것이 지니고 있는 고유한 특성이나 장점을 가지고 있는 상태를 가리키는 말이다. 남자로서 남자의 미덕을 갖추고 있으면 '남자답다'가 되고, 어른이 어른의 미덕을 갖추고 있으면 '어른답다'가 된다. 마찬가지로 여자가 여자의 미덕을 갖추고 있으면 '여자답다'라고 한다.

'-스럽다'는 어느 것이 다른 것의 고유한 특성이나 장점을 가지고 있는 경우에 다른 것과 같음을 나타내기 위하여 사용한다. 아이가 어른의 특성을 갖추고 있다면 '아이가 어른스럽다'라고 하고, 남자가 여자의 미덕을 가지고 있으면 '남자가 퍽 여성스러운 데가 있다'처럼 쓴다. 만일 여성이 남자의 미덕을 가지고 있다면 어떻게 할까? '이 여자는 남성스러운 데가 있다'라고 해야 한다. 여성에게 여성스럽다고 하는 것은 잘못이다. 여성은 마땅히 여성답기 때문이다.

'-답다'는 웬만한 명사에는 다 붙을 수 있기 때문에 이들을 모두 사전에 올릴 수 없다. '점원다운 점

원, 친구다운 친구, 동생다운 동생'처럼 '-답다'가 붙는다고 해서 '점원답다', '친구답다', '동생답다' 같은 단어를 사전에 올릴 수 없는 것이다. 이에 비해서 '-스럽다'는 제한된 명사나 어근에 붙으므로 '-스럽다'를 붙여 만든 형용사는 모두 사전에 올라 있다.

답답하다 형용사

불20-9 답답하고, 답답하니, 답답하여/답답해, 답답한, 답답할, 답답하였다/답답했다

① 숨이 막힐 듯이 갑갑하다.
¶ 환자가 갑자기 숨이 막히고 가슴이 답답하다고 호소했다.
② 애가 타는 느낌이다.
¶ 소식을 몰라 답답하던 차에 전화가 왔다.
③ 해결책이 없어서 마음이 무겁다.
¶ 어찌해야 할지 도무지 방법이 없어 답답할 뿐이다.
④ 융통성이 없고 고지식하다.
¶ 그 사람은 참으로 답답한 사람이다.
⑤ 비좁거나 앞이 막혀 트인 느낌이 없다.
¶ 바람이 통하지 않으니 답답하고 덥다.
¶ 방이 좁아서 답답하다.
▶ '답답하다'와 '갑갑하다'의 차이는 올림말 '갑갑하다' 참고.

당기다 동사

규11-0 당기고, 당기는, 당기지, 당기어/당겨, 당깁니다, 당기었다/당겼다

자동사

① (마음이나 호기심 따위가) 저절로 생기거나 일어나다.
¶ 나는 이 그림에 마음이 당기는데.
¶ 그의 말을 들으니 호기심이 당겼다.
② (입맛이나 식욕이) 돋우어지다.

¶ 봄은 입맛이 당기는 계절이다.
¶ 잘 차린 음식을 보니 식욕이 당긴다.

타동사

① 힘을 주어 자기 쪽이나 일정한 방향으로 움직이게 하다.
¶ 밤에 친 그물을 새벽에 **당겨** 보니 물고기가 여러 마리 잡혀 있다.
¶ 시위를 **당겼다** 놓으면 화살이 날아간다.
¶ 뒤가 복잡하니 조금씩 앞으로 **당겨서** 앉아라.
② 정한 시간이나 기일을 앞으로 옮기거나 줄이다. 앞당기다.
¶ 행사를 며칠 **당겨야** 할 것 같습니다.

속담

- **당겨 놓은 화살을 놓을 수 없다** 이미 시작한 일을 도중에 그만두어서는 안 된다는 말.

당부 명사 (當付)

말로 단단히 부탁함. 또는 그런 부탁.
¶ 아버님의 간곡한 **당부**가 있어서 이번 일은 그냥 넘어가겠네.
¶ 여러분에게 선생님의 **당부** 말씀을 전하겠습니다.

복합어

- **당부하다**(當付-) 타동사 말로 단단히 부탁하다. ¶ 어머니의 병간호를 올케에게 당부하고 돌아왔다.
- **신신당부하다**(申申當付-) 타동사 거듭하여 간곡히 당부하다. ¶ 할머니는 내게 어떠한 일이 있더라도 술을 먹지 말라고 신신당부하셨다.

'당부'와 '부탁'

마땅히 그리 해야 할 것을 하라고 요구하는 것은 '당부', 하지 않아도 될 일을 해 달라고 요구하는 것은 '부탁'이라고 한다. 도덕적으로 요구할 만한 일을 하게 할 때에는 '당부'를 쓴다. 그래서 '당부'는 대체로 그런 말을 할 위치에 있는 사람이 한다. 이에 비하여 '부탁'은 누구나 할 수 있다.
¶ 유치원 선생에게 아이를 잘 돌봐 달라고 **당부했다**. (당부한 사람: 유치원장)
¶ 유치원 선생에게 아이를 잘 돌봐 달라고 **부탁했다**. (부탁한 사람: 유치원장, 학부모)

당신 대명사 (當身)

인칭 대명사

① 듣는 이를 가리키는 말. 이인칭 하오체에 쓴다.

② 부부가 상대를 높일 때 쓰는 말.

③ (글말에서) 상대를 높여 이르는 말.

¶ 우리는 당신의 거룩한 희생을 잊지 않겠습니다.

④ 상대편을 낮잡아 이르는 말.

¶ 당신이나 제대로 하세요.

⑤ 앞에서 이미 말한 웃사람을 도로 가리키는 삼인칭 대명사.

¶ 한사코 당신이 직접 하시겠다고 해서 따랐습니다.

당혹 명사 (當惑)

=당황(唐惶/唐慌)

복합어

- **당혹감**(當惑感) 명사 당혹스러운 느낌.
- **당혹스럽다**(當惑－) 형용사 =당황스럽다
- **당혹하다**(當惑－) 자동사 =당황하다

당황 명사 (唐惶/唐慌)

놀라거나 다급하여 어찌할 바를 모름.

복합어

- **당황스럽다**(唐惶/唐慌－) 형용사 놀라거나 다급하여 어찌할 바를 모르는 태도가 있다.
- **당황하다**(唐惶/唐慌－) 동사 놀라거나 다급하여 어찌할 바를 모르다.

▶ '당황'과 '당혹'은 의미 차이가 없다. 《표준국어대사전》에서는 '당혹'보다 '당황'을 사용할 것을 권한다.

ㄷ

닻 명사

배를 한곳에 멈추어 있게 하기 위하여 줄에 매어 물 밑바닥으로 가라앉히는, 갈고리가 달린 기구. 갈고리가 흙바닥에 박히어 배가 움직이지 못하게 된다.

¶ 배가 항구에 도착하자 곧 닻을 내리기 시작했다.

복합어

- **닻낚시**[단-] 명사 배를 고정하여 놓고 배에서 하는 낚시질.
- **닻배** 명사 우리나라 전통의 고기잡이 장치의 하나. 굵은 나무 기둥에 매단 두 개의 닻을 어장 양쪽에 설치해 놓고 그 사이에 그물을 쳐 놓아 밀물 때 흘러 들어간 물고기가 썰물 때 걸려 들도록 한다.
- **닻잡이** 명사 닻을 올리고 내리는 일을 하는 사람.
- **닻줄** 명사 닻을 매다는 줄. 밧줄이나 쇠줄로 되어 있다.
- **닻혀** 명사 닻가지의 갈라진 끝부분.

▶ '닻'과 '돛'의 차이는 올림말 '돛' 참고.

-대 어미

종결 어미

① 어떤 사실에 대하여 놀라거나 못마땅하게 여기는 뜻을 섞어 의문을 나타내는 말.

¶ 날씨가 왜 이리 덥대?

¶ 아이가 어쩌면 저렇게 예쁘게 생겼대?

② '-다고 해'가 줄어든 말.

¶ 그 사람 지금 오겠대.

¶ 철수는 언제 오겠대?

어미 '-대'와 '-데'

'-대'는 남이 보고 들은 것을 다른 사람에게 전할 때에 쓰는 어미이고, '-데'는 자기가 보고 들은 내용을 설명할 때에 쓰는 어미이다.

(사람들이 그러는데) 신랑이 잘생겼대. (전하는 말)
(내가 보았는데) 신랑이 정말 잘생겼데. (자기가 본 내용)

대뜸 부사

이것저것 생각할 것 없이 곧바로.
¶ 말을 다 들어보지도 않고 대뜸 화부터 내니?
¶ 나를 만나자마자 대뜸 돈 얼마 있느냐고 묻는다.

'대뜸'과 '불쑥'
두 낱말이 모두 다짜고짜 무슨 일을 함을 나타낼 때 쓴다. '대뜸'은 특히 참으면서 생각해서 해야 할 일을 참지 않고 바로 대응하는 경우에 쓴다. '불쑥'은 예상하지 못한 상태에서 하는 행위를 나타낼 때 쓴다. '대뜸 화를 냈다'는 남의 말을 이해하려 하지 않고 성급하게 화를 낸 경우를 말하고, '불쑥 화를 냈다'는 화를 낼 것이라고 생각하지 않고 있는데 갑자기 화를 낸 경우를 나타낸다.

대로[1] 명사

의존 명사
① (관형어 뒤에서 그 관형어가 지시하는) 모양이나 상태와 같이.
¶ 네가 아는 대로 말해라.
¶ 수필은 본 대로, 느낀 대로 쓰는 것이 특징이다.
② (어미 '-는' 뒤에 쓰이어) 어떤 상태나 행동이 나타나는 즉시.
¶ 집에 도착하는 대로 전화를 해라.
¶ 아무 차나 오는 대로 타고 가자.
③ (어미 '-는' 뒤에 쓰이어) 어떤 상태나 행동이 나타나는 족족.
¶ 나는 먹는 대로 다 살로 간다.
¶ 우리는 발길 내키는 대로 걸었다.
¶ 보이는 대로 모두 잡아 오너라.
④ ('-ㄹ/-을 수 있는 대로'의 형태로 쓰이어) 할 수 있는 만큼 최대한.
¶ 갈 수 있는 대로 멀리 가라.
¶ 할 수 있는 대로 빨리 마쳐라.
¶ 네가 가져올 수 있는 대로 많이 가져오너라.

복합어

- **그런대로** 부사 올림말 '그런대로' 참고.
- **곧이곧대로** 부사 조금도 거짓이 없이 나타나거나 있는 그대로. ¶ 그는 융통성이 없는 사람이라 모든 지시를 곧이곧대로 시행한다.
- **대대로** 부사 형편에 따라 되는대로. ¶ 식은 대대로 치르기로 했어. / 이번 일은 대대로 합시다.
- **되는대로** 부사 올림말 '되는대로' 참고.
- **바른대로** 부사 올림말 '바른대로' 참고.
- **이런대로** 부사 만족스럽지는 않지만 이러한 정도로.

관용 표현

- **-ㄹ 대로 -ㄴ(/-어)** 용언의 상태를 강조하는 말. ¶ 우리는 지칠 대로 지친 몸을 겨우 이끌고 민가를 찾아갔다. / 커질 대로 커진 그의 권력을 아무도 제어하지 못했다. / 그의 몸은 이미 약해질 대로 약해져 있었다.

대로2 조사

보조사

① 앞에 오는 말에 근거하거나 그와 같음을 나타내는 말.

¶ 기왕 할 거면 규칙대로 해라.

¶ 각자 자기 생각대로 글을 써 보세요.

¶ 우리는 계획대로 일을 추진해 나갔다.

② 따로따로 구별됨을 나타내는 말.

¶ 너는 너대로 나는 나대로 간섭하지 말고 지내자.

¶ 상품은 상품대로, 하품은 하품대로 모아 놓아야 팔기 좋다.

복합어

- **그대로** 부사 ① 그 상태로. ¶ 그대로 두어라. ② 그것과 똑같이. ¶ 그대로 만들어라.
- **뜻대로** 부사 올림말 '뜻대로' 참고.
- **멋대로** 부사 올림말 '멋대로' 참고.
- **마음대로** 부사 올림말 '마음대로' 참고.
- **맘대로** 부사 '마음대로'의 준말.

• **이대로** 부사 ① 이 상태로. ¶ 이대로 두고 보자. ② 이것과 똑같이. ¶ 이대로 만들어라.

• **저대로** 부사 ① 저 상태로. ¶ 저대로 두면 안 된다. ② 저것과 똑같이. ¶ 저대로 그려라.

• **제대로** 부사 올림말 '제대로' 참고.

대하다 동사 (對-)[대:-]

불10-9 대하고, 대하니, 대하면, 대하여/대해, 대한, 대하였다/대했다

타동사

① ('무엇을' 또는 '무엇과') 마주 향하다.

¶ 거짓말을 하고 나니 친구들을 대하기가 무척 힘들었다.

¶ 우리는 벽을 대하고 꿇어앉았다.

② ('무엇처럼' 또는 '어떻게') 상대하다.

¶ 누구에게나 친절하게 대하는 것이 그 사람 장점이다.

¶ 우리는 그를 친구로 대해 주었다.

¶ 나를 형님처럼 대해도 좋다.

③ ('대한', '대하여' 형태로 쓰이어) 대상이나 상대로 삼다.

¶ 미국 여행에 대한 네 의견을 말해 보아라.

¶ 네 계획에 대하여 네가 직접 설명해라.

④ 작품 따위를 직접 읽거나 감상하다.

¶ 그 작가의 작품 중에 이 소설이 내가 처음 대한 작품이다.

▶ '대하여'와 '관하여'의 차이는 올림말 '관하다' 참고.

댕기다 동사

규11-0 댕기고, 댕기지, 댕기어/댕겨, 댕깁니다, 댕기었다/댕겼다

자동사

(불이) 옮아 붙다.

¶ 마른 잎은 불이 잘 **댕기니** 산에서 담뱃불을 함부로 버리지 마라.

¶ 석쇠에 김을 굽다가 김에 불이 **댕겼다**.

타동사

(불을) 옮기거나 붙이다. ×땡기다

¶ 젊은이는 성냥을 득 그어 담배에 불을 댕기고 성냥불을 휙 던졌다.

¶ 그의 이야기가 나의 호기심에 불을 댕겼다.

> **'당기다'와 '댕기다'**
>
> 두 낱말은 사용하는 대상에 따라서 구별된다. '당기다'는 자동사로 '마음, 식욕, 호기심, 생각' 같은 것이 대상이고, 타동사로 쓸 때에는 모든 사물이 대상이 된다. 이에 비해서 '댕기다'는 자동사로 쓰건 타동사로 쓰건 대상은 '불'에 한정된다.

더 부사

① 현재 상태에 보태어.

¶ 조금만 더 기다리면 버스가 올 거다.

② 어떤 기준 이상으로.

¶ 오늘이 어제보다 더 추운 것 같다.

복합어

- **더하다**[1] 형용사 올림말 '더하다[1]' 참고.
- **더하다**[2] 동사 올림말 '더하다[2]' 참고.

-더냐 어미

종결 어미

해라할 자리에 쓰여, 상대방이 과거에 직접 경험하여 새로이 알게 된 사실에 대해 묻는 뜻을 나타내는 말. ×-드냐

¶ 철수는 잘 있더냐?

¶ 고향 집에는 별일이 없더냐?

▶ '-더냐'는 과거 사실에 대해서 묻는 말이므로 '-드냐'로 쓰면 안 된다.

더디다 형용사

규11-0 더디고, 더디니, 더디면, 더디어/더뎌, 더딘, 더딜, 더디었다/더뎠다

어떤 움직임이나 일에 걸리는 시간이 오래다.
¶ 몸이 아파서 걸음을 더디게 걷는다.
¶ 시간이 없는데 밥을 그리 더디게 먹으면 어떡하니?
¶ 보초를 설 때처럼 시간이 더디게 갈까.
¶ 공사가 무척 더디게 진행되었다.
▶ '더디다', '느리다', '뜨다'의 용법 차이는 올림말 '뜨다[11]' 참고.

더러[1] 부사

① 전체 가운데 얼마쯤.
¶ 그 소문을 들은 고향 사람들이 더러 고맙다고 인사를 한다.
¶ 여기 오는 사람 가운데 더러 우리에게 안내를 부탁하기도 한다.
② 이따금 드물게.
¶ 친구와 함께 더러 여기에 와 본 적이 있다.
¶ 그 사람 어머니와는 더러 길에서 만나 이야기를 나누기도 했다.

더러[2] 조사

부사격 조사
(사람을 나타내는 체언 뒤에 붙어) 어떤 행동이 미치는 대상을 나타내는 말.
¶ 선생님께서 저더러 유리창을 닦으라고 하셨습니다.
¶ 그가 나더러 언제 왔느냐고 물었다.
¶ 누가 너더러 홀아비자식이라고 했어!
¶ 지금 누구더러 잘못했다는 거야?
▶ '더러', '한테', '보고'의 차이는 올림말 '보고' 참고.

더하다[1] 형용사

불20-9 더하고, 더하여/더해, 더한, 더할, 더합니다, 더하였다/더했다

어떤 기준보다 정도가 심하다.
¶ 내 고통이 네 아픔보다 **더하면** 더했지 덜하지는 않을 것이다.
¶ 기른 정이 낳은 정보다 **더하다**.

더하다[2] 동사

불10-9 더하고, 더하는, 더하여/더해, 더한, 더할, 더합니다, 더하였다/더했다

타동사

① 보태어 늘리다.
¶ 네 돈에 내 돈을 **더하면** 제법 큰돈이 되겠다.
¶ 쌀을 좀 **더하여야/더해야** 밥이 부족하지 않겠다.

② 정도가 높아지다.
¶ 프로야구 경기는 해가 갈수록 재미를 **더하는** 것 같다.
¶ 그 책이 내 인생의 깊이와 넓이를 **더하여/더해** 주었다.

복합어

- **더하기** 명사 둘 이상의 수를 더하여 값을 내는 방법. 덧셈.
- **더하기하다** 자동사 더하기 셈을 하다. 덧셈하다. ¶ 다음 두 수를 **더하기하면** 얼마가 되지요?
- **덧셈** 명사 하나의 수에 또 하나의 수를 더하는 셈. 더하기.
- **덧셈표**(-標) 명사 덧셈 기호인 '+'의 이름. 더하기표. 덧셈 기호. 덧셈 부호.
- **덧셈하다** 자동사 하나의 수에 또 하나의 수를 더하는 셈을 하다. 더하기하다.

'더하다'와 '더 하다'

'더하다'는 하나의 낱말이고, '더 하다'는 부사와 동사로 이루어진 구문이다. '더하다'는 이미 있는 수량에 새 수량을 보태는 행위이다. 이에 비해서 '더 하다'는 어떤 행위를 더 많이 또는 더 열심히 하는 경우에 쓰는 구문으로서, '더'와 '하다' 사이에 다른 부사를 추가할 수도 있다.
¶ 네가 가진 돈에 이 돈을 **더해야** 사고 싶은 책을 살 수 있을 것이다.

¶ 아무래도 시험에 합격하려면 공부를 더 해야 할 것 같다.
¶ 상사의 눈에 들려면 일을 더 열심히 해야 한다.

▶ '더하다'와 '가하다', '보태다'의 차이는 올림말 '가하다' 참고.

–던[1] 어미

전성 어미

관형어를 만들어 과거에 한 일임을 나타내는 말.

¶ 우리가 그날 만났던 사람이 여기에 와 있더라.

'-던'과 '-든'의 용법 차이

'-던'은 과거 시제를 나타내는 어미이고, '-든'은 어느 것을 선택해도 상관없음의 의미를 나타내는 어미이다. '-든'은 대체로 상대되는 두 용언을 잇달아 연결하는 데에 사용한다.

¶ 내가 쓰던 컴퓨터가 아직 거기에 있었다.
¶ 내가 쓰든 안 쓰든 네가 무슨 상관이냐?

'더'로 시작하는 어미와 '드'로 시작하는 어미는 모두 이와 같은 차이가 있다.

'더'로 시작하는 어미	'드'로 시작하는 어미
'-더라', '-더냐', '-더니', '-던', '-던가', '-던지'	'-든', '-든가', '-든지'
과거에 있었던 일을 말함.	둘 중에서 하나를 선택하게 함.

–던[2] 어미

종결 어미

상대방이 과거에 직접 경험하여 새로이 알게 된 사실에 대해 묻는 뜻을 나타내는 말. '-더냐'보다 더 친근하게 쓰는 말이다.

¶ 그가 그렇게 말하던?
¶ 경치가 그렇게 아름답던?

-던가 어미

종결 어미

과거의 사실에 대해 묻는 뜻을 나타내는 말.

¶ 취직하니 그렇게도 좋던가?

¶ 선생님께서 아무 말씀 안 하시던가?

연결 어미

(주로 '-던가 싶다', '-던가 보다' 형태로 쓰이어) 과거의 사실에 대하여 스스로 묻거나 추측하는 뜻을 나타내는 말.

¶ 내가 실수를 했던가 싶어 순간 당황했다.

¶ 그 일로 어머니도 무척 괴로우셨던가 보다.

-던지 어미

연결 어미

① 어떤 상황이나 느낌이 다른 행위에 영향을 미침을 나타내는 말.

¶ 합격 소식을 듣고 얼마나 기쁘던지 밥 먹을 생각도 하지 못했다.

¶ 저도 생각이 있던지 다시는 엉뚱한 부탁을 하지 않더라.

② 지난 일을 돌아보면서 감탄하는 뜻을 나타내는 말. 주로 뒤의 문장이 생략되어 종결 어미처럼 쓴다.

¶ 겨울바람이 얼마나 매섭던지.

¶ 그때는 왜 그렇게 어머니한테 서운했던지.

'-던지'와 '-든지'의 차이

'-던지'는 이미 한 일에 붙이는 어미이고, '-든지'는 아직 하지 않은 일이나 지금 있는 상태가 어떻더라도 상관없음을 나타내는 의미로 붙이는 어미이다.

¶ 그의 손이 얼마나 맵던지 맞는 순간 눈물이 핑 돌 지경이었다. (×맵든지)

¶ 얼마나 밥을 허겁지겁 먹던지 체할까 걱정이 되었다. (×먹든지)

¶ 공부를 하든지 말든지 네가 알아서 하거라. (×하던지 말던지)

¶ 그가 오든지 가든지 상관하지 않는다. (×오던지 가던지)

덜 부사 [덜:]

어떤 기준이나 정도가 약하게. 또는 그 이하로.
¶ 내 이야기가 아직 덜 끝났는데 가려 하니?
¶ 고구마가 덜 익었으니 조금 기다려라.

복합어
- **더덜이** 명사 더함과 덜함.
- **덜하다**[덜:-] 형용사 어떤 기준보다 정도가 약하다. ¶ 추위가 작년보다 덜한 것 같다.

덜다 동사 [덜:-]

불11-2 덜고, 덜어, 더는, 더니, 더세요, 더오, 덥니다, 덥시다, 던, 덜, 덜었다

타동사
① 줄이다. 적어지게 하다.
¶ 국민의 고통을 덜어 주는 것이 국가가 해야 할 일이 아닌가요?
¶ 무릎의 부담을 더는 보호대를 차고 산에 오르세요.
② 떼어 내다.
¶ 열 그릇에서 밥을 조금씩 덜어 밥 한 그릇을 만들었다.

복합어
- **덜기**[덜:-] 명사 =빼기
- **덜리다** 피동사 '덜다'의 피동형. 적어지게 되다. ¶ 네 위로를 들으니 아픔이 조금 덜린 것 같다.

'덜다'의 소리내기

'덜다'는 어간을 길게 소리낸다. 다만 '-어, -어서, -었-'처럼 '어'로 시작하는 어미 앞에서는 짧게 소리낸다. 피동사를 만드는 접사 '-리'를 붙일 때도 짧게 소리낸다.
- 어간을 길게 소리내는 경우: 덜고, 더니, 더는, 덜면, 덜지라도, 더오, 던, 덥니다, 덥시다
- 어간을 짧게 소리내는 경우: 덜어, 덜어서, 덜어도, 덜었지요, 덜리고, 덜립니다, 덜린, 덜리어/덜려, 덜렸다

덥다 형용사 [덥ː-]

불21-3 덥고, 덥지, 더우니, 더운, 더워, 더워서, 덥네, 덥습니다, 덥소, 더웠다

① 몸에 느끼는 온도가 높다.
¶ 초여름 날씨가 너무 더워서 견디기 어렵다.
¶ 불을 너무 많이 때어 방 안이 덥게 느껴진다.
② 사물의 온도가 높다.
¶ 새벽 공기가 차니 더운 국물이라도 좀 마시자.
③ 약이나 음식에 사람의 몸을 따뜻하게 하는 성질이 있다.
¶ 인삼은 더운 성질이 있어서 더운 체질에 쓰기는 조심스럽다.
¶ 메밀은 몸을 차게 하고 도토리는 몸을 덥게 하는 성질이 있다고 한다.

복합어

- **더운점심**(-點心) 명사 낮에 새로 지은 점심.
- **더운갈이** 명사 몹시 가물다가 소나기가 내린 뒤, 그 물로 논을 가는 일.
- **더운물** 명사 따뜻하게 데운 물.
- **더운밥** 명사 갓 지어 따뜻한 밥.
- **더운술** 명사 따뜻하게 데운 술.
- **더운죽**(-粥) 명사 쑨 지 얼마 안 되어 뜨거운 죽.
- **더운찜질** 명사 뜨거운 물에 적신 천이나 더운 물주머니, 불돌 따위를 사용하는 찜질.
- **더위** 명사 (주로 여름철에 느끼는) 더운 기운.

관용 표현

- **더운 피** 의로운 일을 위하여 바치는 피. ¶ 나라의 독립을 위하여 목숨을 바친 분들의 더운 피가 아직 우리에게 흐르고 있다.

속담

- **더운밥 먹고 식은 말 한다** 좋은 음식을 먹으면서 괜히 실없는 말만 한다는 뜻으로 이르는 말.
- **더워서 못 먹고 식어서 못 먹고** 이런저런 핑계와 조건을 대면서 이러쿵저러쿵 부정적으로 말하는 것을 비유하여 이르는 말.
- **더위 먹은 소 달만 보아도 헐떡거린다** 무언가에 혼이 나면 비슷한 것만 보아도 놀란다는 뜻으로 하는 말.

덥히다 동사

규11-0 덥히고, 덥힌, 덥히어/덥혀, 덥힙니다, 덥히었다/덥혔다

사동사

'덥다'의 사동형.

① 몸이 느끼는 온도를 높이다.

¶ 방에 불을 때어 몸을 덥혀야 감기를 몰아낼 수 있다.

② 사물의 온도를 높이다.

¶ 목욕을 할 수 있게 물을 덥혀 주세요.

③ (마음이나 기분을) 푸근하고 흐뭇하게 하다.

¶ 그의 훈훈한 이야기가 우리 마음을 덥혀 주었다.

▶ '데우다'와 '덥히다'의 차이는 올림말 '데우다' 참고.

ㄷ

덫 명사

① 짐승을 꾀어 잡는 기구.

¶ 사냥꾼들이 쳐 놓은 덫에 멧돼지가 걸렸다.

② 남을 헐뜯거나 어려움에 빠뜨리려는 꾀를 비유하여 이르는 말.

¶ 우리가 그들의 덫에 걸려든 거야.

복합어

- **덫사냥** 명사 덫을 놓아 짐승을 잡음. 또는 그런 일.
- **덫사냥하다** 자동사 덫을 놓아 짐승을 잡다.
- **덫틀** 명사 짐승이 걸려 들어와 활대를 건드리면 활대 위에 쌓아 둔 돌무더기가 한꺼번에 무너져 내려 짐승을 가두는 덫. 벼락틀.
- **덫활** 명사 짐승을 잡으려고 덫에 장치한 활.
- **뒷덫** 명사 어떤 일의 뒤에 꾸며 놓은 흉계.
- **쥐덫** 명사 쥐를 잡으려고 놓는 덫.
- **집게덫** 명사 타원형으로 된 철제로, 가운데를 밟으면 틀 양쪽에 팽팽하게 걸려 있던 편자 모양의 쇠가 튕겨 나와서 짐승의 발목을 잡도록 만든 덫.

덮다 동사

규11-1 덮고, 덮지, 덮은, 덮어, 덮네, 덮습니다, 덮었다

타동사

① 물건 따위가 보이지 않도록 넓은 천 따위를 얹어서 씌우다.

¶ 이불을 덮지 않고 자다가 감기에 걸렸다.

¶ 밥을 먹은 뒤에 밥상은 상보로 덮어 놓아라.

② 뚜껑을 얹다.

¶ 김이 세지 않게 뚜껑을 덮었다.

③ 공간을 빈틈없이 휩싸다.

¶ 먹구름이 하늘을 덮어 금방이라도 비가 쏟아질 것 같다.

¶ 무거운 분위기가 회의장 전체를 덮고 있었다.

④ 펼쳐져 있는 책 따위를 닫다.

¶ 아버지는 보던 신문을 덮고 자리에서 일어섰다.

¶ 책을 덮고 눈을 지그시 감았다.

⑤ 사실이나 내용 따위를 숨기다.

¶ 때로는 친구의 허물을 덮어 줄 수 있어야 한다.

¶ 과거를 덮고 미래로 나아가자는 말은 잘못을 덮겠다는 말이다.

복합어

- **덮어놓**다 타동사 ① 뚜껑 따위로 씌워 놓다. ② 진위나 시비를 가리지 않다. ¶ 덮어놓고 자기 주장만 하지 말고 다른 사람 의견을 잘 들어야 한다.
- **덮어쓰**다 타동사 ① 억울하거나 부당하게 남의 책임을 뒤집어쓰다. ② 먼지나 물 따위를 온몸에 뒤집어쓰다. ③ 이불 따위를 머리 위까지 덮다.
- **덮어씌우**다[-씌-] 타동사 '덮어쓰다'의 사동형.
- **덮이**다 피동사 올림말 '덮이다' 참고.
- **덮치**다 타동사 올림말 '덮치다' 참고.

덮이다 동사

규11-0 덮이고, 덮이지, 덮인, 덮이어/덮여, 덮입니다, 덮이었다/덮였다

피동사

'덮다'의 피동형. ×덮히다

① 위에 씌워져 보이지 않게 되다.

¶ 음식이 상보로 덮여 있다.

¶ 사고 현장에는 거적으로 덮인 주검이 죽 늘어 있었다.

¶ 어제 내린 눈으로 세상이 하얗게 덮였다.

¶ 구름에 덮인 산만 멀리서 바라볼 뿐이다.

② 마개나 뚜껑 따위로 씌어 있다.

¶ 그릇에는 모두 뚜껑이 덮여 있었다.

③ 숨겨지다.

¶ 그의 죽음은 숱한 의문을 남기고 베일에 덮이고 말았다.

¶ 선거 부정 사건이 선박 침몰 사고로 덮인 꼴이 되었다.

④ 벌여 있던 것이 닫히다.

¶ 제본이 잘못되어 책이 잘 덮이지 않는다.

▶ '덮이다'를 '덮히다'로 잘못 쓰는 일이 없도록 조심해야 한다. '덮히다'는 없는 말이다.

덮치다 동사

규11-0 덮치고, 덮치지, 덮친, 덮치어/덮쳐, 덮치네, 덮칩니다, 덮치었다/덮쳤다

자동사

(좋지 아니한 여러 가지 일이) 한꺼번에 닥치다.

¶ 여러 사고가 연달아 덮치는 바람에 고생을 많이 했다.

¶ 가뭄에 돌림병까지 덮쳐 마을이 온통 지옥으로 변했다.

¶ 오랜 장마 끝에 엎친 데 덮친 격으로 태풍까지 불었다.

타동사

① 위에서 강하게 내리누르듯이 덮다.

¶ 불어난 계곡 물이 산골 마을을 덮치고 말았다.

¶ 자동차가 갑자기 인도로 돌진하여 행인을 덮쳤다.

② 갑작스럽게 강하게 들이닥치다.

¶ 경찰 한 명이 범행 현장을 덮치다가 부상을 당했다.

× 덮히다

'덮이다'의 틀린 표기.

¶ 히말라야는 만년설에 덮혀(×)/덮여(○) 있다.

데 명사

의존 명사

① '곳'이나 '장소'의 뜻을 나타내는 말.

¶ 우리가 가는 데가 어디냐?

¶ 의지할 데가 없는 아이를 그냥 돌려보내면 안 되지.

② '일'이나 '것'의 뜻을 나타내는 말.

¶ 이 일을 하는 데에 꼬박 사흘이 걸렸어.

¶ 이 자격증을 따는 데에 돈이 얼마나 들었다고.

¶ 참는 데도 한계가 있지.

¶ 할 수 있는 데까지 해 보자.

③ '경우'나 '상황'의 뜻을 나타내는 말.

¶ 여행하는 데에 도움이 될 테니 가져가라.

¶ 손님 대접하는 데에 쓰려고 둔 술을 내오게.

¶ 머리 아픈 데에 무슨 약을 먹어야 하나요?

¶ 다리가 아픈 데다 머리까지 아파서 더 못 가겠다.

'데'와 '-ㄴ데/-는데'

어미 '-ㄴ데/-는데'와 의존 명사 '데'를 구별하기 어려운 경우, '데'를 띄어 써야 하는지 붙여 써야 하는지 헷갈린다. 그럴 경우에 '데'에 '다'를 붙여 보아 말이 되면 의존 명사로 보고 띄어 쓰고, 말이 안 되면 어미의 일부로 보고 붙여 쓰면 된다.

그는 영리한 데다 얼굴도 예쁘다. (의존 명사)
그는 영리한데 마음이 여리다. (어미 -ㄴ데)

비가 오는 데다 바람까지 분다. (의존 명사)
비가 오는데 바람은 불지 않았다. (어미 -는데)

–데 어미

종결 어미

과거 어느 때에 직접 경험하여 알게 된 사실을 그대로 옮겨 와서 말할 때에 쓰는 말.

¶ 그 후보가 말을 아주 시원시원하게 잘하데.

¶ 오늘 모교에 가 보았는데 학교는 하나도 변하지 않았데.

ㄷ

'–데', '–더라', '–데요'의 높임법

¶ 주변 환경이 좋지 않데.(예사 낮춤)

¶ 그 집 음식은 맛이 없더라.(아주 낮춤)

¶ 그 분은 참 멋진 분이데요.(예사 높임)

▶ 어미 '–대'와 '–데'의 용법 차이는 올림말 '–대' 참고.

데우다 동사

규11–0 데우고, 데우니, 데우므로, 데운, 데워, 데웁니다, 데웠소

타동사

식었거나 찬 것을 덥게 하다.

¶ 발을 씻으려고 물을 데운다.

¶ 식은 찌개를 데워서 밥을 먹었다.

'데우다'와 '덥히다'

'데우다'는 찬 음식이나 찬 방바닥에 열을 가하여 따뜻하게 만드는 행위에 쓴다. 따라서 약간 따뜻한 느낌이 들면 '데우는' 행위가 끝난다. 데운 것이 뜨거워지도록 열을 더 가하면 그때부터는 '덥히는' 단계에 들어간 것이다. 이렇듯 찬 것을 미지근하게 또는 따뜻하게 하는 것은 '데우다'이고 뜨겁게 하는 것은 '덥히다'이다.

¶ 찬 음식을 데워서(○)/덥혀서(×) 먹었다.

¶ 감기가 들면 먼저 몸을 뜨겁게 데워야(×)/덥혀야(○) 한다.

¶ 날씨가 차서 히터를 틀어 공기를 데워(○)/덥혀(○) 놓았다.

도긴개긴 명사

서로 본질적인 차이는 없어 견주어 볼 필요가 없음을 나타내는 말. ×도찐개찐
¶ 이렇게 하나 저렇게 하나 결과는 도긴개긴이야.

'도긴개긴'의 유래
이 말은 '도 긴'과 '개 긴'을 붙여 쓴 형태이다. 윷놀이에서 내 말이 상대 말을 잡을 수 있는 거리를 '긴'이라고 하는데, '도 긴'이라고 하면 '도'가 나오면 상대 말을 잡을 수 있음을 의미하고, '개 긴'은 '개'가 나오면 상대의 말을 잡을 수 있음을 의미한다. 여기에서 '도 긴이나 개 긴이나 거기서 거기'라는 뜻으로 쓰던 말에서 '도긴개긴'을 하나의 낱말로 인정하게 되었다.

-도록 어미

연결 어미
① 앞의 내용이 뒤에서 가리키는 말의 목적이나 결과가 됨을 나타내는 말.
¶ 아이들이 안전하게 다니도록 건널목을 설치했다.
¶ 손님이 편히 쉬시도록 배려해 드려라.
② 앞의 내용이 뒤에서 가리키는 행동의 결과로 나타나는 것임을 나타내는 말
¶ 영업 사원은 구두가 닳도록 현장을 돌아다녀야 한다.
¶ 아들은 밤이 새도록 공부를 하였다.
③ 앞의 내용이 뒤에서 가리키는 행동의 정도를 나타내는 말.
¶ 두 사람은 죽도록 사랑하는 사이였다.

종결 어미
(동사 어간 뒤에 바로 붙어) 명령의 뜻을 나타내는 말.
¶ 내일 열 시까지 시청 앞으로 모이도록.

관용 표현
- **-도록 하다** 다른 사람에게 특정 행동을 시키다. ¶ 그에게 나 대신 행사에 참석하도록 했다.

연결 어미 '-도록'의 용법

애국가의 첫 문장인 "동해물과 백두산이 마르고 닳도록 하느님이 보우하사 우리나라 만세"에 쓴 '-도록'의 용법은 적절하지 않다. 애국가의 '-도록'은 위 낱말 풀이 ②의 용법으로 쓴 것인데, 이 용법은 대체로 뒤의 것을 하면 앞의 결과가 일어나는 경우에 쓴다. 그러니까 현장을 발로 뛰어다니면 구두가 닳게 되고, 오래 공부하면 밤이 새게 되는 현실을 전제로 하는 표현이다.

그런데 애국가의 문장처럼 하느님이 아무리 열심히 또는 오랫동안 우리나라를 보우해도 동해물이 마르고 백두산이 닳는 일은 일어나지 않는다. 애국가의 '-도록'은 원래의 용법에서 벗어나서 '영원히' 또는 '오래도록'의 대체 표현으로 쓴 셈이다. 애국가 문장을 만든 사람이 어미 사용을 제대로 하지 못한 점이 있다. '동해물과 백두산이 마르고 닳는 것'과 '하느님이 우리를 보우하는 것'이 서로 연결되는 관계가 아니기 때문이다.

'-도록 하다'를 잘못 쓴 사례

'-도록 하다'는 제삼자에게 어떤 행동을 하게 하는(시키는) 뜻을 나타내는 표현이기 때문에 자기 행위에는 사용할 수 없고, 상대에게 사용하는 것도 사족에 지나지 않는다.

- 사례1. 자기나 자기 집단의 행위에 잘못 사용한 경우
  - ¶ (사회자의 말) 지금부터 회의를 시작하도록 하겠습니다(×). → 시작하겠습니다
  - ¶ (서비스 업체의 말) 철저하게 서비스를 해 드리도록 하겠습니다(×). → 해 드리겠습니다
  - ¶ (공무원의 말) 귀 제안은 정책에 반영하도록 하겠습니다(×). → 반영하겠습니다
- 사례2. 상대(이인칭)에게 잘못 사용한 경우
  - ¶ (대면한 상대에게 하는 말) 열심히 공부하도록 하게(×). → 공부하게
  - ¶ (앞에 있는 학생들에게 하는 말) 너무 떠들지 않도록 해라(×). → 떠들지 마라
  - ¶ (옆에 있는 동생에게 하는 말) 어머님께 인사드리도록 해라(×). → 인사드려라

도르다[1] 동사

불11-6 도르고, 도르니, 도르지, 도르면, 도릅니다, 돌라, 돌랐습니다

타동사

① 어떤 대상의 둘레를 빙 돌거나 돌게 하다.

¶ 줄을 마당 둘레에 빙 돌라 쳤다.

② 일, 물건, 돈 따위를 이리저리 형편에 맞추어 대다. 변통하다.
¶ 마을에서는 농기구 같은 비싼 물건을 서로 돌라서 사용하는 풍습이 있다.
¶ 봄에 쌀을 좀 돌라 주면 가을에 갚겠다고 부탁했다.

복합어

- **돌라가다** 타동사 남의 물건을 슬쩍 가져가다. ¶ 영희의 시계를 돌라간 사람이 밝혀졌다.
- **돌라대다** 타동사 ① 돈이나 물건 따위를 다른 데서 꾸거나 얻어서 대다. ¶ 급히 1천만 원을 돌라대지 않으면 부도가 날 것 같네. / 그렇게 큰돈을 어떻게 돌라대라는 말이오. ② 둘레를 빙 돌며 갖다 대다. ¶ 손목이 삐어서 붕대를 돌라대었다.
- **돌라방치다** 타동사 무엇을 살짝 빼돌리고 그 자리에 다른 것을 대신 넣다. 돌라치다.
- **돌라치다** 타동사 =돌라방치다

▶ '도르다'와 '두르다'의 용법은 올림말 '두르다' 참고.

도르다[2] 동사

불11-6 도르고, 도른다, 도릅니다, 돌라, 돌랐다

타동사

여러 사람에게 나누어 주다.
¶ 이사한 뒤에 이웃에게 도를 떡을 마련했다.
¶ 아이들에게 과자를 골고루 돌라 주었다.

복합어

- **도르리** 명사 ① 여러 사람이 음식을 차례로 내어 함께 먹음. 또는 그런 일. ¶ 우리 마을 사람들은 이웃끼리 국수 도르리를 하면서 친목을 다졌다. ② 똑같이 나누어 주거나 골고루 돌라 줌. 또는 그런 일. ¶ 그 부족은 사냥해 온 짐승 고기를 도르리 방식으로 부족 사람들이 모두 나누어 먹는다.
- **도르리하다** 타동사 ① 여러 사람이 돌아가며 음식을 차례로 내어 함께 먹다. ② 똑같이 나누어 주거나 골고루 돌라 주다.

속담

- **떡 도르라면 덜 도르고 말 도르라면 더 도른다** 사람들이 남에게 말을 전하여 소문이 돌게 하기를 좋아한다는 말.

× 도찐개찐

'도긴개긴'의 틀린 말.

돋구다 동사

규11-0 돋구고, 돋구지, 돋구어/돋궈, 돋굽니다, 돋구었다/돋궜다

타동사

안경의 도수 따위를 더 높게 하다.

> **'돋우다'와 '돋구다'**
>
> 두 낱말은 다 '돋다'에서 나온 말이지만 구별하여 쓴다. '돋구다'는 안경의 도수를 높이는 경우에만 쓰고, 그 밖의 경우에는 모두 '돋우다'를 쓴다.
>
> ¶ 화를 돋구지(×)/돋우지(○) 마라.
>
> ¶ 노래로 흥을 돋궈(×)/돋워(○) 주었다.

돋우다 동사

규11-0 돋우고, 돋우지, 돋우어/돋워, 돋웁니다, 돋우었다/돋웠다

타동사

① 위로 올려 도드라지거나 높아지게 하다.

¶ 등불의 심지를 돋우고 책을 읽기 시작했다.

¶ 키가 작아 발을 돋워야 창밖을 볼 수 있다.

② 밑을 괴거나 쌓아 도드라지거나 높아지게 하다.

¶ 조금 높게 땅을 돋우고 화분을 놓았다.

사동사

'돋다'의 사동형.

① 돋게 하다. 나오게 하다.
¶ 어른의 화를 돋우는 말은 하지 마라.
¶ 장구로 노인들의 흥을 돋워 주었다.
¶ 싱그러운 봄나물을 넣은 된장국은 입맛을 돋우는 데에 제격이다.
② 정도를 더 높이다.
¶ 조용한 산골에 홀로 뜬 달은 나의 감상을 무한히 돋우었다.
③ 가래를 목구멍에서 나오게 하다.
¶ 아버지의 가래 돋우는 소리가 우리들의 새벽잠을 깨웠다.

돌[1] 명사

① 아기가 태어난 날부터 한 해가 되는 날. 돌날.
¶ 내일이 조카 돌이다.
② (해마다 한 번씩 돌아오는 횟수의 단위로 쓰이어) 어린아이의 생일이 돌아온 횟수, 기념할 만한 특정한 날이 돌아오는 횟수 따위를 세는 말. ×돐
¶ 우리 아이는 이제 겨우 두 돌이 넘었다.
¶ 올해가 훈민정음을 반포한 지 몇 돌인가?

복합어

- **돌날** 명사 첫돌이 되는 날.
- **돌떡** 명사 돌날을 축하하기 위하여 돌리는 떡.
- **돌잔치** 명사 돌을 축하하기 위하여 벌이는 잔치.
- **돌잡이** 명사 ① 첫돌에 돌상을 차리고 아이에게 마음대로 골라잡게 하는 일. 돌잡히기. ② =돌쟁이
- **돌잡히기** 명사 =돌잡이
- **돌쟁이** 명사 첫돌이 된 아이. 또는 그만한 시기의 아이.
- **돌짜리** 명사 =돌쟁이
- **첫돌** 명사 아이가 태어난 지 일 년이 되는 날.

관용 표현

- **돌을 잡히다** 아이의 첫돌을 즐겨 그날에 여러 가지 먹을 것과 물건을 차려 놓고 그 아이가 마음대로 집게 하다.

'돌'과 '돐'

과거에는 '돌[1]'의 뜻으로 '돐'을 썼으나 1988년에 개정한 표준어 규정에 따라서 '돐'은 비표준어가 되었다. 그런데 북한에서는 여전히 '돐'을 쓰고 있다.

돌[2] 명사 [돌ː]

① 부서지면 모래나 흙이 되는 광물질의 단단한 덩어리. 바위보다 작고 모래보다 큰 것을 이른다.
¶ 제주도에 가면 돌을 쌓아 경계를 삼은 밭을 많이 볼 수 있다.
¶ 서양은 돌로 건물을 많이 지었고, 동양은 나무나 흙으로 많이 지었다.
¶ 걷다가 돌에 걸려 넘어질 뻔하였다.
② 바둑에서 말로 사용하는 돌 비슷하게 생긴 물건.
¶ 대마가 죽어서 내 앞에는 죽은 돌이 수없이 놓였다.
¶ 한번 놓은 돌은 무를 수 없다.
③ 몸 안의 장기 속에 생기는 단단한 물질. 결석(結石).
¶ 콩팥에 돌이 생겼다고 해서 수술하기로 했다.
④ (낮잡는 뜻으로) 두뇌 회전이 잘되지 않아 둔하거나 나쁜 머리. 또는 그런 사람.

관용 표현

- **돌(을) 던지다** ① 남의 잘못을 비난하다. ¶ 모든 잘못은 나에게 있으니 나에게 돌을 던지시오. ② 바둑을 두는 도중에 자기가 졌음을 인정하고 그만두다. ¶ 내가 지고 있음을 알았지만 아쉬움이 너무 커서 끝까지 돌을 던지지 않고 두었다.
- **돌(을) 뜨다** 바위에서 석재를 만들어 내다. ¶ 인왕산에 가 보면 사람들이 성곽 쌓는 데에 쓸 돌을 뜨다가 버린 바위들이 여기저기 널려 있다.

속담

- **돌도 십년을 보고 있으면 구멍이 뚫린다** 무슨 일이나 정성 들여 하면 안 되는 것이 없음을 이르는 말.
- **돌을 차면 발부리만 아프다** 쓸데없이 화를 내면 자기만 해롭게 됨을 비유하여 이르는 말.
- **돌 진 가재** 가재가 재빨리 숨을 수 있는 돌을 늘 뒤에 두었다는 말로, 배경을 믿고 위세를 부린다는 말.

돌다 동사 [돌:-]

불10-2 돌고, 돌면, 돌아, 도는, 도니, 도네, 도오, 도시오, 돈다, 돕니다, 돌았다

자동사

① 물체가 일정한 축을 중심으로 원을 그리면서 움직이다.
¶ 물레방아가 도는 풍경을 보며 옛 정취를 느낀다.
¶ 병마개가 잘 돌지 않는다.
¶ 수레바퀴가 잘 돌지 않아 애먹었다.
② 한곳에 머물지 않고 차례로 또는 이곳저곳으로 옮기다.
¶ 소문이 이미 회사 안에서 돌기 시작한 것 같다.
¶ 지금 독감이 돌고 있으니 밖에 나가지 마라.
¶ 술잔이 한 바퀴 도니 모두가 조금 상기되는 듯했다.
¶ 피는 우리 몸의 곳곳을 쉬지 않고 돌고 돈다.
③ 기능이나 체제가 제대로 작용하다.
¶ 요즘 같은 불경기에 공장이 잘 돈다는 것은 기적이다.
¶ 머리가 잘 도는 아이라 어려운 일도 잘 해낸다.
④ 돈이나 물자 따위가 유통되다.
¶ 불경기로 돈이 잘 안 돈다.
⑤ 생각이 얼른 떠오르지 아니하다.
¶ 그 사람 이름이 머릿속에서 뱅뱅 돌 뿐이다.
⑥ 정신을 차릴 수 없도록 아찔하여지다.
¶ 담배를 한 모금 빨아 삼키자 머리가 핑 돌았다.
⑦ (속되게) 정신에 이상이 생기다.
¶ 내가 정신이 돌았나 보다.
⑧ 어떤 기운이나 빛이 나타나다.
¶ 입가에 웃음기가 도는 것을 보니 좋은 일이 생긴 모양이다.
¶ 그의 얼굴에 이제 화색이 도는 것 같다.
¶ 몸속에서 약 기운이 도는지 조금 어지럽다.
⑨ 눈물이나 침 따위가 생기다.
¶ 먹을 것을 보니 자연히 입 안에 군침이 돌았다.
¶ 어머니 생각을 하자 갑자기 눈물이 핑 돌았다.
⑩ 진행 방향이나 생각을 바꾸다.

¶ 사거리에서 오른쪽으로 **돌면** 역이 보입니다.
¶ 마르크스의 영향을 받아 많은 지식인이 자본주의에서 사회주의로 **돌게** 되었다.
⑫ 근무지나 직책 따위를 옮겨 다니다.
¶ 그는 시골로 **돌면서** 시골 어른들의 질병 치료에 힘썼다.

타동사
① 무엇의 둘레를 둥글게 움직이다.
¶ 고창에서는 윤달이 든 해에 사람들이 산성을 **돌면서** 소원을 빈다.
¶ 지구는 태양의 주위를 **돈다**.
② 어떤 장소를 중심으로 움직이다.
¶ 주차하려고 주차장을 여러 번 **돌았지만** 주차할 빈자리를 찾지 못했다.
③ 가까운 길을 두고 멀리 비켜 가다.
¶ 이 길은 **도는** 길이니 저쪽 지름길로 가세요.
④ 어디를 중심으로 하여 방향을 바꾸다.
¶ 저쪽 모퉁이를 **돌면** 역이 보입니다.
⑤ 일정한 범위에서 이곳저곳 옮겨 다니다.
¶ 물건을 싸게 사려고 시장을 다 **돌았다**.
¶ 아침에 동네를 한 바퀴 **돌고** 왔더니 땀이 난다.
¶ 경찰이 밤마다 순찰을 **도니** 도둑이 사라졌다.
¶ 설날에는 동네를 **돌며** 어른들께 세배를 하고 덕담을 듣는다.

복합어

- **감돌다**[감:–] 자동사 어떤 기체나 기운이 가득 차서 떠돌다. ¶ 사람들에게 점차 위기의식이 감도는 것 같다. / 방 안에는 커피 향이 은은히 감돌았다. 타동사 ① 어떤 둘레를 여러 번 빙빙 돌다. ¶ 산허리를 감돌아 내려오는 언니 모습이 보인다. ② 생각 따위가 눈앞이나 마음속에서 사라지지 않고 자꾸 아른거리다. ¶ 그에 대한 생각이 며칠째 내 머릿속을 감돈다.
- **나돌다** 자동사 ① 바깥이나 주변에서 맴돌다. ¶ 늦게까지 밖으로 나돌지 말고 일찍 들어오너라. ② 소문이나 물건 따위가 여기저기 퍼지거나 나타나다. ¶ 여러 지역에서 위조지폐가 나돈다고 한다.
- **돌리다** 사동사 올림말 '돌리다[1]' 참고.
- **돌보다**[돌:–] 타동사 관심을 가지고 보살피다. ¶ 불쌍한 사람을 나라가 돌보지 않으면 누가 돌보나?
- **돌아가다** 자동사 ① 도는 행위가 진행되다. ¶ 기계가 잘 돌아갑니까? / 일이 잘 돌아간다. ② 있던 곳으로 다시 가다. 타동사 한곳을 중심으로 하여 돌다. ¶ 모퉁이를 돌아가면 병원이 보일 것입니다.
- **돌아눕다** 자동사 누운 채로 몸을 돌려 반대쪽으로 향하다.

- **돌아다니**다 [자동사] 올림말 '돌아다니다' 참고.
- **돌아보**다 [타동사] 올림말 '돌아보다' 참고.
- **돌아서**다 [자동사] 올림말 '돌아서다' 참고.
- **돌아오**다 [자동사] 올림말 '돌아오다' 참고.
- **떠돌**다 [자동사] ① 어떤 말이나 소문 따위가 여러 곳으로 퍼지다. ¶ 고약한 소문이 떠돌고 있던데! ② 공중이나 물 위에 떠서 이리저리 움직이다. ¶ 기름이 물 위에 둥둥 떠돈다. [타동사] 정한 곳 없이 이곳저곳을 옮겨 다니다. ¶ 그는 이 시장 저 시장을 떠돌면서 쓰레기를 뒤졌다.
- **베돌**다 [자동사] ① 한데 어울리지 아니하고 동떨어져 행동하다. ¶ 그는 가족과 어울리지 못하고 계속 베돌기만 한다. ② 가까이 가지 아니하고 피하여 딴 데로 돌다. ¶ 고향에 왔으면서도 집에 들어가지 않고 베돌기만 한다. ③ 탐탁하지 않아 가까이하기를 꺼리다.
- **에돌**다 [자동사] ① 곧바로 선뜻 나아가지 아니하고 멀리 피하여 돌다. ¶ 길이 너무 질어서 다른 길로 에돌아 오니 시간이 더 걸렸다. ② 이리저리 빙빙 돌거나 휘돌다. ③ 말이나 글을 곧바로 쓰거나 말하지 아니하고 돌려서 쓰거나 말하다.

관용 표현

- **돌았나 봐** 엉뚱한 일을 한 경우나 하지 말아야 할 실수를 하는 경우에 자책하는 뜻으로 하는 말. ¶ 어머, 내가 돌았나 봐. 설탕을 친다면서 소금을 치고 있네!

속담

- **도는 개는 배 채우고 누운 개는 옆 챈다** 부지런히 움직이면 얻는 바가 있지만 누워서 게으름이나 피우면 옆구리나 차이기 마련임을 이르는 말.
- **돌다가 보아도 마름** 물 위에 떠돌아다니는 마름은 아무리 떠돌아도 마름이라는 뜻으로, 별다른 진보가 없이 같은 일만 되풀이함을 이르는 말.

돌리다[1] 동사

규11-0 돌리고, 돌리어/돌려, 돌린다, 돌립니다, 돌리었다/돌렸다

사동사

'돌다'의 사동형.

¶ 막대기 위에 접시를 올려놓고 돌리는 기술은 조금만 연습하면 익힐 수 있다.

¶ 전기가 끊겨 공장을 돌릴 수 없었다.

¶ 제발 말을 돌리지 말고 요건만 간단하게 말해라.
¶ 모든 참석자에게 차례로 술잔을 돌렸다.
¶ 이사한 날 이웃에게 떡을 돌렸다.
¶ 지도자라면 책임을 아랫사람에게 돌리면 안 된다.
¶ 오던 길로 차를 돌려 다시 사무실로 갔다.
¶ 제발 굶주리는 사람들에게도 관심을 돌려 보세요.
¶ 유능한 사람을 한직으로 돌리는 것은 옳지 않은 일이다.
¶ 화제를 다른 데로 돌리지 말고 하던 이야기를 계속해 주세요.
¶ 어제 일은 없었던 일로 돌리고 서로 잘 지냅시다.

돌리다 2 동사

규11-0 돌리고, 돌리어/돌려, 돌린다, 돌립니다, 돌리었다/돌렸다

타동사

① 병의 위험한 고비나 상황을 면하게 하다.
¶ 응급 처치를 해서 우선 위급한 상황을 돌린 다음에 병원으로 옮겼다.
② 화를 풀게 하다.
¶ 변심한 연인의 마음을 돌리려고 무진장 애를 썼지만 허사였다.
③ 필요한 돈이나 물건 따위를 다른 곳에서 빌리거나 구하다.
¶ 친구에게서 돈을 돌려서 카드 대금을 결제하였다.

돌리다 3 동사

규11-0 돌리고, 돌리어/돌려, 돌린다, 돌립니다, 돌리었다/돌렸다

타동사

① 한패에 넣어 주지 아니하다. 따돌리다.
¶ 아이들은 새로 전학 온 아이를 돌리면서 심부름만 시켰다.
② 아무렇게나 취급하다.
¶ 이 접시는 귀한 것이니 아무 데나 돌리지 마라.

돌리다[4] 동사

규11-0 돌리고, 돌리어/돌려, 돌린다, 돌립니다, 돌리었다/돌렸다

자동사

그럴듯한 꾀에 속다. '둘리다[1]'의 작은말.

¶ 감언이설에 돌려서 돈을 빼앗겼다.

돌아다니다 동사

규11-0 돌아다니고, 돌아다니어/돌아다녀, 돌아다닌다, 돌아다닙니다, 돌아다니었다/돌아다녔다

자동사

① 여기저기 여러 곳으로 다니다.

¶ 밤늦게 돌아다니지 말고 일찍 들어오너라.

¶ 하루 종일 정신없이 돌아다니다 보니 밥도 못먹었다.

② 병이나 소문 따위가 널리 퍼지다.

¶ 인터넷에 돌아다니는 소문을 그대로 믿어서는 안 된다.

타동사

어디를 이리저리 다니다.

¶ 전국을 다 돌아다녀도 여기만 한 곳은 못 보았다.

¶ 온종일 종로 거리를 돌아다녔다.

돌아보다 동사

규10-0 돌아보고, 돌아보아/돌아봐, 돌아본다, 돌아봅니다, 돌아보았다/돌아봤다

타동사

① 고개를 돌려 보다.

¶ 누가 따라오나 뒤를 돌아보았다.

② 지난 일을 다시 생각하여 보다.
¶ 앞날을 구상할 때 과거를 돌아보는 것도 매우 중요한 일이다.
③ 돌아다니면서 두루 살피다.
¶ 새로 건설한 공장을 한 바퀴 돌아보았다.
④ =돌보다
¶ 가족을 돌아보지 않고 혼자만 즐기며 산다.

돌아서다 동사

규11-0 돌아서고, 돌아서서, 돌아선다, 돌아섭니다, 돌아섰다

자동사

① 향하고 있던 쪽에서 반대쪽으로 방향을 바꾸어 서다.
¶ 뒤로 돌아서라.
¶ 아버지는 나가려다 말고 돌아서서 나를 불렀다.
② 생각이나 태도가 다른 쪽으로 바뀌다.
¶ 마음이 한번 돌아서면 어떤 말로도 되돌릴 수 없다.
③ 일이나 형편이 다른 상태로 바뀌다.
¶ 정책에 대한 기대로 주가가 오름세로 돌아섰다.
④ 병세가 나아지다.
¶ 병세가 차츰 돌아서기 시작하였다.
⑤ 생각이나 의견의 차이로 말미암아 다른 사람과 등지게 되다.
¶ 어제까지도 친구였던 사람들이 오늘은 돌아서서 서로 비난하고 있다.

돌아오다 동사

규10-0 돌아오고, 돌아와, 돌아온다, 돌아옵니다, 돌아왔다

자동사

① 원래 있던 곳으로 다시 오다.
¶ 결국 고향으로 돌아오고 말았다.

② 차례나 순서가 닥치다.
¶ 내가 말할 차례가 돌아왔다.
¶ 식사 당번은 한 달에 한 번씩 돌아온다.
③ 몫, 비난, 칭찬 따위를 받다.
¶ 내게 돌아온 몫은 겨우 밥값에 지나지 않았다.
¶ 우리에게 돌아온 것은 비난뿐이었다.
④ 에둘러 오다.
¶ 고속도로가 많이 밀려 국도로 돌아왔다.
¶ 지름길로 오지 않고 왜 멀리 돌아왔지?
⑤ 본래 상태로 회복하다.
¶ 건강이 이전 상태로 돌아온 것 같다.
¶ 아무도 못 알아보던 할머니가 정신이 돌아오셨는지 아들을 찾았다.
⑥ 다시 닥치다.
¶ 벌써 추석이 돌아오는군!
¶ 돌아오는 일요일에 무얼 할 거냐?

타동사

① 어떤 장소를 끼고 돌아서 오다.
¶ 버스가 모퉁이를 돌아온다.
② 되짚어 오다.
¶ 갔던 길을 돌아올 때는 매우 가깝게 느껴진다.

돌연 부사 (突然)

예기치 못한 사이에 갑자기.
¶ 그렇게 건강하던 사람이 돌연 죽었다는 소식을 듣게 되었다.
¶ 정부가 돌연 태도를 바꾸어 강경한 입장으로 돌아섰다.

복합어

- **돌연사**(突然死) 명사 보기에 건강하던 사람이 갑작스럽게 죽음. ¶ 심장이 안 좋은 사람은 돌연사를 할 확률이 높다고 한다.

• **돌연하다**(突然-) 형용사 생각지도 못한 일이 갑자기 일어난 상태다. 갑작스럽다. ¶ 결코 돌연한 사태가 일어나지 않게 잘 관리하게.

• **돌연히**(突然-) 부사 =돌연

> **'돌연'과 '갑자기'**
> '돌연'과 '갑자기'의 의미 차이는 없다. '돌연히'와 '갑작스레'도 의미 차이가 없다. 따라서 이 네 낱말은 부사로서 서로 갈음하여 사용할 수 있다. 이 가운데에서 '돌연'은 자기가 의도한 행위에는 사용하지 않는다.
> ¶ 내가 돌연 그를 찾아갔다.(×)
> ¶ 내가 대뜸/불쑥 그를 찾아갔다.(○)
> ¶ 그가 돌연/갑자기 나를 찾아왔다.(○)
> ¶ 그가 대뜸/불쑥 나를 찾아왔다.(○)

돌입 명사 (突入)

세찬 기세로 거침없이 뛰어듦.
¶ 민주노총에서 무기한 파업 돌입을 선언했다.
¶ 무장 괴한의 돌입으로 파출소에 비상이 걸렸다.

복합어

• **돌입하다**(突入-) 자동사 세찬 기세로 거침없이 뛰어들다. ¶ 경찰은 출구를 부수고 건물 안으로 돌입하였다.

> **'돌입'의 용법**
> '돌입'은 예정된 일을 단순히 시작하거나 좋은 상황으로 들어가는 경우에는 사용하지 않는다. 적어도 갑작스럽게 또는 기운차게 거침없이 위험한 상황이나 어려움에 뛰어드는 경우에 사용한다. 따라서 아래와 같은 경우에 사용하는 것은 적절하지 않다.
> ¶ 오늘부터 학기말 시험에 돌입했다(×). → 들어갔다
> ¶ 걸그룹 새 앨범을 내고 사인회 돌입(×). → 사인회 시작
> ¶ 대한민국 정보화 시대에 돌입하다(×). → 진입하다

× 돐

'돌[1]'의 틀린 표기.

동무 명사

① 늘 친하게 어울리는 사람. 벗. 친구.

¶ 아이들은 동무들과 어울려 놀면서 자라야 한다.

② 어떤 일을 짝이 되어 함께 하는 사람. 친구.

¶ 그와 동무가 되어 일을 하게 되었다.

¶ 여기는 놀이 동무가 없어서 아이가 무척 심심해한다.

복합어

- **글동무** 명사 글을 함께 배운 동무.
- **길동무** 명사 함께 길을 가면서 동무하는 사람. 같은 길을 가는 사람. 길벗.
- **동무장사** 명사 두 사람이 공동으로 하는 장사. ¶ 친구와 동무장사로 찻집을 시작했다.
- **동무장수** 명사 동무장사하는 사람.
- **말동무**[말:-] 명사 더불어 말을 나눌 만한 동무. ¶ 늙을수록 말동무가 필요한 법이다.
- **소꿉동무** 명사 어릴 때 소꿉놀이를 하며 같이 놀던 동무. 소꿉친구.
- **씨동무** 명사 소중한 동무.
- **어깨동무** 명사 ① 상대편의 어깨에 서로 팔을 얹어 낌. 또는 그렇게 하고 노는 아이들의 놀이. ¶ 우리는 어깨동무를 하고 함께 걸었다. ② 나이나 키가 비슷한 동무.
- **어깨동무하**다 자동사 어깨동무를 하는 자세를 취하다.
- **일동무**[일:-] 명사 함께 일하는 사람.
- **잠동무** 명사 친근하게 함께 잠을 자는 동무. ¶ 여행에서는 잠동무를 잘 만나야 편히 잘 수 있다.

속담

- **동무 따라 강남 간다** 자기는 하고 싶지 아니하나 남에게 끌려서 덩달아 하게 됨을 이르는 말. 벗 따라 강남 간다. 친구 따라 강남 간다.
- **동무 사나워 뺨 맞는다** 성미가 좋지 않거나 손버릇이 나쁜 친구와 함께 있다가 자기도 함께 욕을 당한다는 말.

'동무'의 쓰임새

북한에서 동무를 아래와 같은 뜻으로 쓴다.

① 혁명을 위하여 함께 싸우는 사람을 친근하게 이르는 말.

② 일반적으로 남을 친근하게 부르는 말.

우리가 전통적으로 써 오던 동무의 뜻이 매우 달라진 것을 알 수 있다. 특히 '아무개 동무'처럼 사람의 이름과 함께 쓰는 방식이나, '그 동무는 사상이 온전하지 못하다'처럼 쓰는 방식은 우리에게는 낯설다. 이 경우의 동무는 우리가 '동지'라는 단어를 사용하는 용법과 매우 닮았다. 이에 영향을 받아 우리 사회에서는 '동무' 쓰기를 꺼리는 현상이 생겼다. 그래서 그 자리를 '친구'라는 낱말이 차지하게 되었다. 꿩 대신 닭인 셈이다. 하루빨리 동무가 제자리를 찾기 바란다.

돛 명사

바람을 받아 배를 가게 하기 위하여 배에 세운 기둥에 매어 놓는 넓은 천.

¶ 바람이 부니 돛을 올려라.

복합어

- **돛단배** 명사 돛을 달아 바람의 힘으로 나아가는 배. 범선(帆船).
- **돛대** 명사 돛을 매달기 위해서 배에 높이 세운 기둥.
- **돛배** 명사 =돛단배
- **돛자락** 명사 돛의 늘어진 부분.
- **돛줄임줄** 명사 돛을 올렸다 내렸다 하는 줄.
- **돛천** 명사 돛을 만드는 데에 쓰는 질긴 천.
- **돛폭**(-幅) 명사 ① 돛의 너비. ② =돛천
- **물돛** 명사 낚싯배를 오래 머물게 하려고 물속에 내려놓는 장비.
- **쌍돛**(雙-) 명사 한 돛배에 있는 한 쌍의 돛.

'돛'과 '닻'

배에서 사용하는 것으로 '돛'은 바람을 받아 배를 가게 하는 것이고, '닻'은 배가 한곳에 머물도록 물속에 내려놓는 것이다.

되는대로 부사

① 아무렇게나 함부로.
¶ 일을 이렇게 되는대로 해도 되니?
¶ 되는대로 대답하지 말고 잘 생각해서 대답해라.
② 사정이나 형편에 따라.
¶ 배가 고프니 되는대로 먹어야지.
¶ 아이 둘을 낳고는 되는대로 옷을 입었다.
③ 가능한 한 최대로.
¶ 되는대로 빨리 마쳐 주시오.
¶ 갑자기 수술을 하게 되어 돈을 되는대로 모아 수술비에 보탰다.

'되는대로'의 조어 방식

'되는대로'는 동사 '되다'의 관형사형에 의존 명사 '대로'를 합하여 만든 합성어이다. 원래 이런 형태는 통사법에 따라서 '되는 대로'처럼 띄어 써야 한다. 그러나 하나의 낱말로 붙여 쓰도록 한 것은 '되는대로'에 새로운 의미가 생겼기 때문이다. (올림말 '되는대로' 참고.)

'되는 대로'처럼 띄어 쓰는 경우는 다음과 같다.
¶ 이 일이 다 되는 대로 나에게 전화해라.
¶ 밥이 되는 대로 밥상을 차리자.

위 두 예문에서 알 수 있듯이, '되다'가 주어의 서술어 구실을 하는 경우에는 '되는 대로'처럼 써야 한다. 이렇게 되면 '되는'은 관형절을 이루게 된다.

되다[1] 동사

규11-0 되고, 되는, 된, 된다, 될, 됩니다, 되어/돼, 되어서/돼서, 되었다/됐다

자동사

① 어떤 신분이나 지위 또는 관계로 바뀌다.
¶ 나는 커서 화가가 되고 싶다.
② 무엇으로 바뀌거나 어떤 상태에 이르다.
¶ 눈이 녹으니 길이 진창이 되고 말았다.

③ (무엇이) 어떤 때나 상태에 이르다.
¶ 곧 더운 여름이 **되면** 일하기 어렵다.
¶ 시작 시간이 **되어서야** 아이들이 하나둘 모이기 시작했다.
④ (무엇이) 일정한 수량에 차거나 이르다.
¶ 수강생이 열 명은 **되는** 것 같다.
⑥ 누구와 어떤 관계이다.
¶ 저와는 사촌뻘이 **되는** 분입니다.
¶ 저 사람은 너하고 어떻게 **되니**?
⑦ 어떠한 상태로 바뀌다.
¶ 창가에 놓아 둔 책들이 누렇게 **되었다**.
¶ 걱정이 **되어서** 밤에 한숨도 못 잤다.
⑧ 어떤 재료나 성분 또는 구조로 이루어지다.
¶ 국토의 대부분이 산으로 **되어** 있다.
¶ 아저씨는 쇠로 **된** 몽둥이를 들고 나왔다.
⑨ (이름으로) 만들어지다.
¶ 시민의 이름으로 **된** 청원서를 제출했다.
¶ 네 명의로 **된** 계약서가 필요하대.
⑩ (무엇이 갖추어져) 있다.
¶ 능력이 **되는** 사람을 대표로 뽑자.
¶ 심성이 제대로 **된** 사람이 필요하다.
⑪ (무엇이) 만들어지다.
¶ 밥이 다 **되었으니** 먹으러 와라.
¶ 주문한 것 다 **됐어요**?
⑫ (무엇이) 잘 이루어지다.
¶ 사업은 **되는** 편인데 건강이 조금씩 나빠지는 것 같다.
¶ 이 일만 순조롭게 **되면** 꼭 보답할게.
¶ 농사가 잘 **되건** 못 **되건** 농민들은 힘이 든다.
¶ 나는 내가 입을 옷가지만 가져가면 **된다**.
⑬ 어떤 사물이 연한이나 수명이 다하다.
¶ 이 기계는 수명이 다 **되었다**.
¶ 벌써 배터리가 다 **되다니**.
⑭ (무엇이나 누구에게) 어떤 영향을 끼치다.
¶ 네 말이 나에게 큰 도움이 **되었다**.
¶ 독이라도 잘만 쓰면 약이 **된다**.

⑮ 누구에게 어떤 일을 당하다.

¶ 아이들은 의붓어머니에게서 양육이 되었어요.

¶ 경찰에 수배가 된 상태에서 일본으로 밀항했대요.

'되겠습니다'의 잘못 사용

'되겠다'는 '되다'에 추측이나 의지를 나타내는 선어말 어미 '-겠-'이 붙은 형태이다. 추측이나 의지와 관련이 없이 쓰는 아래와 같은 표현은 적절하지 않으므로 쓰지 말아야 한다.

¶ 요금이 만 원이 되겠습니다(×). → 만원입니다

¶ 이번에 도착할 역은 서울역이 되겠습니다(×). → 서울역입니다

¶ 이곳이 바로 경복궁이 되겠습니다(×). → 경복궁입니다

'됐다', '됐네', '됐습니다'

주어가 없이 독립된 말로 이렇게 쓰는 경우가 많다. "제가 해 드릴까요?"라고 물으면 "됐다"라고 대답하는 경우이다. 주로 서비스를 하거나 편의를 봐 주겠다는 뜻을 말할 때에 그럴 필요가 없다는 뜻으로 쓰는 표현이다. '괜찮다'와 같은 의미로 쓴다.

관용 표현

- **되면 되고 안 되면 말지** 크게 기대하지 않기 때문에, 되면 좋지만 안 되어도 별로 서운할 게 없다는 뜻으로 하는 말.
- **되지 못하다** 말투나 행동이 옳지 못하다. ¶ 되지 못하게 어디다 반말을 하는 거야?
- **되지도 않는 소리** ① 전혀 이치에 닿지 아니한 말. ¶ 되지도 않는 소리 하지 마라. ② 전혀 실현 가능성이 없는 의견.
- **될 수 있는 대로** 가능한 한 최대로. ¶ 이 일은 될 수 있는 대로 빨리 처리해야겠다.
- **될 수 있으면** 가능한 한. ¶ 될 수 있으면 오늘 중으로 일을 마무리해 주세요.
- **되는 것도 없고 안 되는 것도 없다** ① 일이 어정쩡하게 돌아감을 이르는 말. ② 옳은 방법으로 하는 일은 안 되고 부정한 방법으로는 안 되는 일이 없는 어지러운 세상을 이르는 말.

속담

- **되는 집에는 가지 나무에 수박이 열린다** 잘되는 집은 하는 일마다 좋은 결과를 맺게 된다는 말.
- **되면 더 되고 싶다** 욕심이 한이 없음을 이르는 말.
- **되지 못한 풍잠이 갓 밖에 어른거린다** 좋지 못한 물건이 흔히 잘 나타나 눈에 띄어 번쩍인다는 말.

'되다'의 활용형과 준말

'되다'는 규칙 활용을 하기 때문에 활용형에 특별히 신경을 쓸 일이 없지만 준말은 표기에 조심해야 한다. '되다'의 활용형과 준말 표기를 대비하면 아래와 같다.

'되다'의 활용형	준말 표기	복합어
되고, 되게, 되기, 되지, 되는 되나, 되면, 되므로, 되지만 되더라도, 되라고, 될 된다, 됩니다	(없음)	생산되어, 조직되어도 거짓되었지만 참되었지, 막되었다면
되어, 되어서, 되어도, 되어야 되었고, 되었지만, 되었더라도 되었소, 되었으나, 되었다면 되었지, 되었어요	돼, 돼서, 돼도, 돼야 됐고, 됐지만, 됐더라도 됐소, 됐으나, 됐다면 됐지, 됐어요	생산돼, 조직돼도 거짓됐지만 참됐지, 막됐다면

되다[2] 동사
[되:-]

규11-0 되고, 되는, 된, 된다, 될, 됩니다, 되어/돼, 되어서/돼서, 되었다/됐다

자동사

말, 되, 홉 따위로 가루, 곡식, 액체 따위의 분량을 헤아리다.

¶ 곡식을 되는 그릇에는 말, 되, 홉이 있다.

¶ 길고 짧은 것은 재어 보아야 알고 많고 적은 것은 **되어** 보아야 안다.

되다[3] 형용사
[되:-]

규21-0 되고, 된, 될, 됩니다, 되어/돼, 되어서/돼서, 되었다/됐다

① 반죽이나 밥 따위가 물기가 적어 빡빡하다.

¶ 반죽이 너무 **돼서** 물을 조금 더 넣었다.

② 줄 따위가 단단하고 팽팽하다.
¶ 짐이 풀어지면 안 되니 끈으로 되게 묶어라.
③ 일이 힘에 벅차다. 고되다.
¶ 일이 너무 된 것 같아서 일꾼들을 좀 쉬게 했다.
¶ 일이 되니 사람이 배겨나지 못한다.
④ 몹시 심하거나 모질다.
¶ 된 시어머니를 만나 된 시집살이를 하게 되었다.

복합어

- **되게** 부사 아주 몹시. =되우 ¶ 떡볶이가 되게 맵다.
- **되우** 부사 아주 몹시. =되게 ¶ 보름달이 되우 밝다.
- **된길**[된:–] 명사 가기에 몹시 힘이 드는 길. ¶ 강원도 두메에 난 된길을 터벅터벅 걸어간다.
- **된더위**[된:–] 명사 몹시 심한 더위. ¶ 올여름 된더위를 나느라고 지쳤다.
- **된맛**[된:–] 명사 심하게 당하는 고통. ¶ 네가 된맛을 보아야 정신을 차리겠구나.
- **된매**[된:–] 명사 아주 심하게 맞는 매.
- **된물**[된:–] 명사 빨래나 설거지를 하여 더러워진 물.
- **된바람**[된:–] 명사 ① 매섭게 부는 바람. 기상청에서 쓰는 용어로는, '큰 나뭇가지가 흔들리고 전선이 울리며, 우산을 받치고 있기가 어려운 정도'로 강한 바람을 일컫는다. ② 뱃사람 말로는, 북쪽에서 부는 바람을 일컫는다.
- **된밥**[된:–] 명사 ① 물기가 적은 밥. ② 국을 곁들이지 않고 먹는 밥.
- **된비알**[된:–] 명사 몹시 험한 비탈.
- **된비탈**[된:–] 명사 =된비알
- **된서리**[된:–] 명사 ① 늦가을에 아주 되게 내리는 서리. ② 모진 재앙이나 벌. ¶ 그 일로 우리는 된서리를 맞았어.
- **된서방**[된:–] 명사 몹시 까다롭고 모진 남편.
- **된소리**[된:–] 명사 힘을 주어 짙게 내는 소리. 'ㄲ, ㄸ, ㅃ, ㅆ, ㅉ' 소리. 경음(硬音).
- **된소리되기**[된:–] 명사 예사소리였던 것이 된소리로 바뀌는 현상. '고가'가 '고까'로, '성격'이 '성껵'으로, '등불'이 '등뿔'로 소리 나는 것과 같은 현상을 일컬음. 경음화(硬音化).
- **된시름**[된:–] 명사 몹시 심한 시름.
- **된여울**[된:–] 명사 몹시 세차게 흐르는 여울.
- **된욕**[된:–](–辱) 명사 ① 몹시 심한 욕설. ② 몹시 심한 고생이나 수고. ③ 몹시 부끄럽고 치욕스러운 일.
- **된장**[된:–](–醬) 명사 메주로 간장을 담근 뒤에 간장을 떠내고 남은 건더기.
- **된죽**[된:–](–粥) 명사 되게 쑨 죽.
- **된추위**[된:–] 명사 몹시 심한 추위.

• **된침**[된:-](-鍼) 명사 ① 썩 아프게 놓는 침. ② 상대편이 정신을 차리도록 아프게 주는 벌이나 경고.

• **된통**[된:-] 부사 되게.

-되다 접사

-되고, -된, -될, -됩니다, -되어/-돼, -되어서/-돼서, -되었다/-됐다

접미사

① 명사에 붙어서 '피동'의 뜻을 더하고 동사를 만드는 말.

¶ 계속되다, 비롯되다, 사용되다, 생산되다, 선출되다, 확정되다

② (명사나 부사 또는 어근에 붙어서) 형용사나 동사를 만드는 말.

¶ 거짓되다, 막되다, 못되다, 숫되다, 안되다, 잘되다, 참되다

두껍다 형용사

불21-3 두껍고, 두껍지, 두껍네, 두꺼운, 두꺼워, 두껍소, 두껍습니다, 두꺼웠다

① 두께가 보통보다 크다.

¶ 옷이 너무 두꺼워서 움직이기 불편하다.

¶ 그는 두꺼운 책도 빨리 읽는다.

② (여러 층으로 된 집단의) 규모가 크다.

¶ 그를 지지하는 층이 매우 두꺼워서 쉽게 지지 않을 것이다.

¶ 이 상품은 고객층이 두꺼운 편이다.

③ 어둠, 안개, 그늘 따위가 짙다.

¶ 이윽고 어둠이 두껍게 내렸다.

¶ 안개가 두껍게 깔려 앞이 안 보였다.

▶ '두껍다'와 '두텁다'의 차이는 올림말 '두텁다' 참고.

× 두둘기다

'두들기다'의 틀린 말.

두드리다 동사

규11-0 두드리고, 두드리지, 두드리어/두드려, 두드립니다. 두드리었다/두드렸다

타동사

① 소리가 나도록 두세 번 가볍게 치거나 때리다.

¶ 새벽에 문을 두드리는 소리가 들려서 잠을 깼다.

¶ 격려하는 뜻으로 어깨를 두드렸을 뿐이다.

¶ 멀리서 목탁 두드리는 소리가 들려왔다.

② 손으로 누르거나 채로 치다.

¶ 조용한 밤이라 컴퓨터 자판 두드리는 소리가 유난히 크게 들렸다.

¶ 북을 두드리고 장구를 치는 소리가 어지럽다.

③ 감동을 주거나 격동시키다.

¶ 그의 연설이 내 가슴을 두드렸다.

④ (주로 '두드려' 형태로 쓰이어) '마구', '함부로'의 뜻을 나타낸다.

¶ 술기운을 이기지 못하고 남자는 세간을 닥치는 대로 두드려 부쉈다.

¶ 자고 있는 동생을 두드려 깨워서 데리고 밖으로 나갔다.

¶ 깡패에게 흠씬 두드려 맞았더니 온몸이 쑤시고 아프다.

⑤ (주로 '두드려' 형태로 쓰이어) '대충'의 뜻을 나타낸다.

¶ 사전을 찾아가면서 겨우겨우 두드려 맞춰서 해석을 했다.

두들기다 동사

규11-0 두들기고, 두들기지, 두들기어/두들겨, 두들깁니다. 두들기었다/두들겼다

타동사

세게 두드리다.

¶ 새벽에 문을 두들기는 소리가 들렸다.

¶ 지독히도 말을 듣지 않는 그 녀석을 늘씬하게 두들겨 주어야겠다.

¶ 너무 놀라니 가슴을 두들기는 소리가 한동안 들리는 것 같았다.

¶ 안 죽을 만큼만 두들겨 패라.

▶ '갈기다', '두들기다', '때리다', '치다', '패다'의 차이는 올림말 '때리다' 참고.

두렵다 형용사

불21-3 두렵고, 두렵지, 두려운, 두려울, 두려워, 두렵네, 두렵소, 두려웠다

① 어떤 대상이 무서워서 마음이 불안하다.
¶ 자식을 잃은 어미가 두려울 것이 무엇이겠는가?
② 어찌하기가 겁이 나거나 마음에 꺼리다.
¶ 흰머리가 날로 늘어가니 거울을 보기가 두렵다.

관용 표현

- **-기가 두렵다** 마음에 꺼리거나 염려스럽다. ¶ 잘못을 저지르고 나니 사람 대하기가 두렵다.
- **-ㄹ까 두렵다** =-기가 두렵다 ¶ 동생이 실수할까 두려워 나는 눈을 감아 버렸다.

'두렵다'와 '무섭다'

'두렵다'는 대상에 대한 이미지 때문에 스스로 꺼려지거나 걱정스러운 느낌을 나타낸다. 이에 비해서 '무섭다'는 대상이 무서움을 유발하는 행동을 하는 경우에 느끼는 감정이다. 호랑이를 보기 전에는 호랑이에 대한 두려운 마음이 있을 뿐 호랑이가 무섭지 않지만 호랑이를 보면 무서운 마음이 생긴다. 위해를 끼칠 대상을 직접 보면 무섭고, 보기 전에는 두려움을 느끼는 것이다.
위해를 끼칠 대상이 아닌 경우에는 무서움을 느끼지 않는다. 예를 들면 축구 경기에서 최강 팀과 맞붙게 되면 그 팀에 두려움을 느끼지 무서움을 느끼지 않는다. 카리스마 있는 지도자는 두려움의 대상이지 무서움의 대상은 아니다. 그러나 실제로 자신을 나무라는 상사를 만나면 무섭기도 하다. 이때는 자신이 그 상사에게서 공격(위해)을 당할 수 있기 때문이다.

두루뭉술하다 형용사

불20-9 두루뭉술하고, 두루뭉술하여/두루뭉술해, 두루뭉술한, 두루뭉술합니다, 두루뭉술하였다/두루뭉술했다

=두리뭉실하다
① 모나거나 튀지 않고 둥그스름하다.
¶ 얼굴이 두루뭉술하게 생겨서 성격도 원만할 것 같다.
② 말이나 행동 따위가 철저하거나 분명하지 아니하다.
¶ 두루뭉술하게 얼버무리지 말고 분명하게 말해라.

두르다 동사

불11-6 두르고, 두르니, 두른, 두르지, 두르면, 두릅니다, 둘러, 둘렀습니다

타동사

① 띠나 수건, 치마 따위를 몸에 휘감다.

¶ 추우니 목에 목도리를 둘러라.

② 둘레에 선을 치거나 벽 따위를 쌓다.

¶ 그는 금테를 두른 안경을 끼고 다닌다.

¶ 집 둘레에 울타리를 둘러서 도둑을 막아야 한다.

③ 겉면에 기름을 고르게 바르거나 얹다.

¶ 프라이팬에 기름을 넉넉히 두르고 전을 부쳤다.

④ (주로 '둘러' 꼴로 쓰여) 바로 가지 아니하고 돌다.

¶ 중간에 길이 막혀서 멀리 둘러 가야 했다.

⑤ (주로 '둘러' 꼴로 쓰여) 간접적으로 표현하다. 에두르다.

¶ 곧바로 말하지 않고 둘러서 말해야 좋을 때도 있다.

⑥ 그럴듯한 말로 남을 속이다.

¶ 사기꾼들은 남을 두르는 솜씨가 대단하다.

¶ 다 알고 있으니 나를 둘러 먹으려 하지 마라.

⑦ 사람을 마음대로 다루다. 휘두르다.

¶ 나이가 어리다고 아이들을 함부로 두르려고 하지 마시오.

⑧ 없는 것을 이리저리 구하거나 빌리거나 하다. 변통하다.

¶ 사업을 하다 보면 돈을 여기저기서 둘러야 하는 경우가 많다.

⑨ 어떤 방향으로 향하다.

¶ 주둥이를 어디다 두르고 말하는 거냐?

복합어

- **둘러꺼지다** 자동사 땅바닥 따위가 빙 둘러서 내려앉다. 둘러빠지다. ¶ 아스팔트길이 갑자기 둘러꺼지는 바람에 자동차가 미처 피하지 못하고 곤두박질하고 말았다.
- **둘러놓다** 타동사 ① 여럿을 둥그렇게 벌여 놓다. ② 방향을 바꾸어 놓다.
- **둘러대다** 타동사 ① 돈이나 물건 따위를 다른 데서 꾸거나 얻어서 대다. ¶ 이제까지는 그럭저럭 돈을 둘러댈 수 있었지만 이젠 그것도 어렵게 되었다. ② 그럴듯한 말로 꾸며 대다.
- **둘러막다** 타동사 둘레를 빙 둘러 가며 막다.

• **둘러막히다** 피동사 '둘러막다'의 피동형.
• **둘러말하다** 자동사 에둘러서 간접적으로 말하다.
• **둘러매다** 타동사 한 바퀴 둘러서 두 끝을 마주 매다.
• **둘러메다** 타동사 들어 올려서 어깨에 메다.
• **둘러메치다** 타동사 둘러메어 세게 넘어뜨리다.
• **둘러방치다** 타동사 무엇을 슬쩍 빼돌리고 그 자리에 다른 것을 대신 넣다. ¶ 옛날에는 세금으로 받은 물건을 둘러방치는 일이 잦았다.
• **둘러보다** 타동사 주위를 이리저리 두루 살펴보다. ¶ 사고 현장을 함께 둘러보기로 했다.
• **둘러붙다** 자동사 ① 기회나 형편을 두루 살피어 이로운 쪽으로 붙어 따르다. ¶ 권력자에게 둘러붙어서 이익을 꾀하려는 사람이 많다. ② 둘레나 가장자리를 따라가며 붙다.
• **둘러빠지다** 자동사 땅바닥 따위가 빙 둘러서 움쑥 꺼지다. 둘러꺼지다.
• **둘러서다** 자동사 여럿이 둥글게 늘어서다.
• **둘러싸다** 타동사 ① 둘러서 감싸다. ¶ 우리는 그를 둘러싸고 솔직히 말하라고 채근했다. ② 둥글게 에워싸다. ③ 어떤 것을 행동이나 관심의 중심으로 삼다.
• **둘러싸이다** 피동사 '둘러싸다'의 피동형. ¶ 서울은 성곽으로 둘러싸인 도시이다.
• **둘러쌓다** 타동사 둘레를 빙 둘러서 쌓다. ¶ 도시에 성곽을 둘러쌓기 시작했다.
• **둘러앉다** 자동사 여럿이 둥그렇게 앉다. ¶ 여럿이 둘러앉아 담소를 나누고 있다.
• **둘러앉히다** 사동사 '둘러앉다'의 사동형. ¶ 선생님은 아이들을 빙 둘러앉히고 재미있는 이야기를 해 주셨다.
• **둘러엎다** 타동사 ① 마구 둘러서 뒤집어엎다. ② 하던 일을 그만두고 치워 버리다.
• **둘러치다**[1] 타동사 ① 휘둘러 세차게 내던지다. ② 매나 몽둥이 따위를 휘둘러 세게 내리치다.
• **둘러치다**[2] 타동사 둘레를 돌아가며 보이지 않게 막거나 가리다.
• **둘리다**[1] 자동사 그럴 듯한 꾀에 속다. ¶ 단순한 사람은 남에게 둘리기 쉽다.
• **둘리다**[2] 피동사 '두르다'의 피동형.

관용 표현
• **둘러 먹다** 남을 속여서 제 잇속을 챙기다.
• **혀를 두르다** 몹시 놀라거나 어이가 없어서 말을 못한다.

'도르다'와 '두르다'
'도르다1'의 ②번 뜻과 '두르다' ⑧번 뜻의 경우에 이 두 낱말이 작은말 큰말 관계에 있지만, 쓰임새가 분화하는 것으로 보인다. 남의 것을 가져가는 방법으로 변통하는 경우에는 '도르다'를 주로 쓰지만, 사람을 속이는 방법으로 변통하는 경우에는 '두르다'를 쓴다.

① 훔치는 의미가 있는 경우에 '도르다'를 주로 쓴다.
¶ 아이가 자전거를 남의 집에서 돌라 왔다.
¶ 누가 내 전화기를 돌라간 것 같아요.
② 속이는 의미가 있는 경우에 '두르다'를 주로 쓴다.
¶ 남을 자주 둘러 먹는 사람은 나쁜 사람이다.
¶ 나는 사람들에게 쉽게 둘리는 편이다.
¶ 그는 자꾸 변명으로 둘러대기를 잘한다.

두리뭉실하다 형용사

불20-9 두리뭉실하고, 두리뭉실하여/두리뭉실해, 두리뭉실한, 두리뭉실합니다, 두리뭉실하였다/두리뭉실했다

=두루뭉술하다
▶ '두루뭉술하다'와 '두리뭉실하다' 모두 표준어이다. 두 낱말의 의미 차이는 없다.

두텁다 형용사

불21-3 두텁고, 두텁지, 두텁네, 두터운, 두터워, 두터웠다, 두텁소, 두텁습니다

신의, 믿음, 관계, 인정 따위가 굳고 깊다.
¶ 그는 두터운 신앙심으로 어려움을 극복해 냈다.
¶ 그와 나는 친분이 두터운 사이다.
¶ 두터운 은혜에 깊이 감사드립니다.

'두껍다'와 '두텁다'
눈에 보이는 사물의 두께가 큰 경우에 '두껍다'를 쓰고, 마음으로 측량할 뿐인 것의 깊고 굳음을 나타낼 때에는 '두텁다'를 쓴다. 입술이 두툼하면 '두꺼운 입술'이고, 쪽수가 많은 책은 '두꺼운 책'이다. 이에 비해서 인정이 많거나 신의가 깊은 경우에는 '두터운 정', '두터운 믿음'이라고 한다.
지갑이 두꺼운 이유는 두꺼운 소재로 만들었기 때문이기도 하지만 지갑 속에 돈이 많이 들어 있기 때문이기도 하다. 특히 돈이 많이 들어서 지갑이 두꺼울 때는 '두툼한 지갑'이라고 표현한다. '두툼한

주머니'도 그 속에 돈이 많이 들어 있음을 암시한다. 이렇게 보면 '두툼하다'는 '두껍다'와 인연이 깊은 낱말일 뿐 '두텁다'와는 관련이 없다.

두툼하다 형용사

불20-9 두툼하고, 두툼하여/두툼해, 두툼한, 두툼합니다, 두툼하였다/두툼했다

① 꽤 두껍다.

¶ 솜을 두툼하게 넣어서 이불을 만들었다.

¶ 바깥이 추우니 옷을 두툼하게 입고 운동장에 모여라.

② 경제적으로 넉넉하다.

¶ 주머니가 두툼하면 자연히 어깨에 힘이 들어가는 법이다.

¶ 두툼한 월급봉투를 받아 오니 아내가 좋아하지 않을 수 없지.

¶ 지갑이 두툼하면 목소리에도 힘이 실린다.

둘러싸다 동사

규10-0 둘러싸고, 둘러싸, 둘러싼, 둘러쌀, 둘러싸서, 둘러쌉니다, 둘러쌌습니다

타동사

① ('무엇으로 둘러싸다'의 형태로 쓰이어) 물건을 둘러서 감싸다.

¶ 아이를 포대기로 둘러싸서 안고 다녔다.

¶ 얼지 않게 하려고 김장독을 짚으로 둘러쌌다.

② ('무엇이 무엇을 둘러싸다'의 형태로 쓰이어) 둥글게 에워싸다.

¶ 경찰이 시위대를 둘러싸고 한 사람씩 붙들어 차에 태웠다.

¶ 서울은 북한산을 비롯하여 높은 산들이 사방을 둘러싸고 있다.

③ ('무엇을 둘러싸고/둘러싼'의 형태로 쓰이어) 의논이나 관심의 중심으로 삼다.

¶ 그 사건을 둘러싸고 수많은 소문이 돌았다.

¶ 그의 죽음을 둘러싼 의혹이 쉽게 사그라지지 않을 것 같다.

▶ '둘러싸다'와 '둘러쌓다'의 차이는 올림말 '둘러쌓다' 참고.

둘러쌓다 동사

규10-1 둘러쌓고, 둘러쌓으면, 둘러쌓는, 둘러쌓아, 둘러쌓은, 둘러쌓으오, 둘러쌓습니다, 둘러쌓았다

타동사

무엇의 둘레를 빙 둘러서 쌓다.

¶ 밭 주위로 돌담을 둘러쌓았다.

¶ 서울 둘레에 성곽을 둘러쌓아서 외부 침략을 막으려 했다.

'둘러싸다'와 '둘러쌓다'

'둘러싸다'는 쌀 수 있는 재료(보자기, 헝겊 등)를 수단으로 하는 말을 목적어로 삼고, '둘러쌓다'는 쌓을 수 있는 재료(돌, 벽돌 등)를 수단으로 하는 말을 목적어로 삼는다.

'둘러쌓다'의 소리내기

어간에 'ㅎ'이 있기 때문에 뒤에 자음이 오면 그 자음은 거센소리로 바뀌는데, 모음이 오면 'ㅎ'이 소리 나지 않는다. 표기에 따라서 발음을 표시하면 아래와 같다.

구분/어미	-고	-던	-지	-는	-니	-네
둘러쌓다	둘러싸코	둘러싸턴	둘러싸치	둘러싼는	둘러싸으니	둘러싼네
둘러싸다	둘러싸고	둘러싸던	둘러싸지	둘러싸는	둘러싸니	둘러싸네

-며	-ㄴ	-ㄹ	-아	-았-	-으오	-ㅂ니다
둘러싸으며	둘러싸은	둘러싸을	둘러싸아	둘러싸앗다	둘러싸으오	둘러싸씀니다
둘러싸며	둘러싼	둘러쌀	둘러싸	둘러쌌다	둘러싸오	둘러쌈니다

둘리다[1] 동사

규11-0 둘리고, 둘리어/둘려, 둘리는, 둘린, 둘립니다, 둘리었다/둘렸다

자동사

그럴듯한 꾀에 속다.

¶ 네 잔꾀에 둘릴 내가 아니다.
¶ 사기꾼에게 둘려서 큰돈을 잃었다.

둘리다[2] 동사

규11-0 둘리고, 둘리어/둘려, 둘린, 둘리었다/둘렸다

피동사

'두르다'의 피동형.
¶ 사람들 머리에 붉은 띠가 둘려 있었다.
¶ 우리 집은 사방이 숲으로 둘렸다.

둘째 명사 수사 관형사 [둘:-]

명사

① 맨 앞에서부터 세어 두 개가 됨을 이르는 말. 두 개째 또는 두 사람째.
¶ 첫째로 할 일과 둘째로 할 일을 구별해라.
② 둘째 자식.
¶ 우리 둘째는 매우 활달한 편이다.

수사

차례로 두 번째.
¶ 첫째, 일찍 일어나기. 둘째, 뒷산에 운동하러 가기.

관형사

첫째 다음의.
¶ 엄마들은 보통 첫 아이보다 둘째 아이에게 신경을 덜 쓴다.

관용 표현

• **둘째(로) 치다** 부차적인 것으로 돌리거나 대수롭지 않은 것으로 여기다. ¶ 비가 오는 것은 둘째 치고

바람까지 몹시 분다.

- **둘째(로) 치더라도** 대상이나 고려의 범위에서 빼더라도. ¶ 요즘 음식들이 맛은 둘째로 치더라도 안심하고 먹을 수 있는 것인지 걱정이다.

속담

- **둘째 며느리 삼아 보아야 맏며느리 착한 줄 안다** 먼저 있던 사람의 좋은 점은 나중에 온 사람을 겪어 보아야 비로소 알게 됨을 이르는 말.

'둘째'와 '두 번째'

여럿을 차례로 나열할 때에는 맨 처음 것부터 차례로 '첫째, 둘째, 셋째'처럼 쓴다. 같은 동작을 여러 번 하는 경우에는 동작의 차례를 '첫 번째, 두 번째, 세 번째'처럼 '번째'를 써서 표현한다. 즉, 반복의 의미가 있는 것의 차례에는 '번째'를 쓰고, 반복의 의미가 없는 것의 차례에는 '째'를 쓴다. 반복의 의미란 내용이 같은 것을 반복하는 경우만 말하는 것이 아니라 형식이나 경우가 같아도 반복으로 본다.

예를 들면 거짓말을 다섯 번 하는 경우에 내용은 다르지만 거짓말의 반복이 되므로 첫 번째 거짓말, 두 번째 거짓말처럼 쓴다. 그러나 어떤 경우에도 반복의 의미가 없다면 '번째'를 쓰면 안 된다. 아래의 경우를 보자.

¶ 우리가 해야 할 일이 셋 있다. 첫 번째(×)/첫째(○)는 그들에게 사과하는 일이고, 두 번째(×)/둘째(○)는 그들의 손해를 배상하는 일이며, 세 번째(×)/셋째(○)는 재발 방지를 약속하는 일이다.

위의 글에서 '해야 할 일'이 세 가지가 있다면서 그것을 나열하는 경우에 '번째'를 쓰면 안 된다. 해야 할 일을 세 가지 나열하는 것이지 반복하는 일이 아니기 때문이다. 그래서 위의 글은 '첫째는 그들에게 사과하는 일이다'라고 써야 한다.

일반적으로 사람들은 '하다'를 쓰면 반복으로 오해하여 '첫 번째로 할 일', '두 번째로 할 일'처럼 쓰는 경향이 있는데 이는 정확한 표현이 아니다. 세 가지 일을 차례로 나열하는 것이므로 '첫째로 할 일', '둘째로 할 일'처럼 써야 한다.

뒤 **명사** [뒤:]

① 향하고 있는 방향과 반대되는 쪽이나 곳.

¶ 등 뒤에서 나를 부르는 소리가 들렸다.

¶ 뒤에서부터 한 사람씩 나가라.
② 시간이나 순서상으로 다음이나 나중.
¶ 일을 뒤로 미루지 마라.
¶ 회의가 끝난 뒤에 만나자.
③ 겉으로 드러나지 않는 부분.
¶ 사건 뒤에 숨은 비밀을 찾아 밝혀야 한다.
¶ 뒤에서 불평하는 태도가 가장 나쁘다.
④ 일의 끝이나 마지막이 되는 부분.
¶ 이 책은 뒤로 갈수록 재미있다.
⑤ 어떤 일을 할 수 있게 이바지하거나 도와주는 힘.
¶ 그 사람 뒤를 유력한 정치인이 보아 준다는 소문이 자자하다.
⑥ 어떤 일이 진행된 다음에 나타난 결과.
¶ 수술 뒤가 좋지 않다.
⑦ 좋지 않은 감정이 있은 다음에 여전히 남아 있는 감정.
¶ 그는 뒤가 없는 사람이다.

복합어

- **뒤꼍**[뒤:-] 명사 집 뒤에 있는 뜰이나 마당.
- **뒤꽂이**[뒤:-] 명사 쪽을 찐 머리 뒤에 덧꽂는 비녀 이외의 장식품.
- **뒤꿈치**[뒤:-] 명사 =발뒤꿈치
- **뒤끝**[뒤:-] 명사 ① 일의 맨 나중이나 끝. ② 어떤 일이 있은 바로 뒤. ③ 좋지 않은 감정이 있은 다음에 여전히 남아 있는 감정.
- **뒤뜰**[뒤:-] 명사 집채의 뒤에 있는 뜰. 뒷마당.
- **뒤란**[뒤:-] 명사 집 뒤 울타리의 안.
- **뒤안길**[뒤:-] 명사 ① 집 뒤쪽으로 나 있는 길. ② 관심을 끌지 못하는 쓸쓸한 처지.
- **뒤엣것** 명사 올림말 '뒤엣것' 참고.
- **뒤쪽**[뒤:-] 명사 향하고 있는 방향과 반대되는 쪽.
- **뒤차**(-車)[뒤:-] 명사 뒤에 오는 차. 뒤에 있는 차.
- **뒤처리**(-處理)[뒤:-] 명사 일의 뒤끝을 처리하는 일.
- **뒤치다꺼리**[뒤:-] 명사 ① 뒤에서 일을 보살펴서 도와주는 일. ② 일이 끝난 뒤에 뒤끝을 정리하는 일.
- **뒤탈**(-頉)[뒤:-] 명사 어떤 일의 뒤에 생기는 탈.
- **뒤태**(-態)[뒤:-] 명사 뒤쪽에서 본 몸매나 모습.
- **뒤통수**[뒤:-] 명사 머리의 뒷부분. 뒷머리.

- **뒤표지**(－表紙)[뒤:－] 명사 책의 뒷면 표지.
- **뒷감당**(－勘當)[뒫:－] 명사 일의 뒤끝을 맡아서 처리함. 뒷갈망.
- **뒷거래**(－去來)[뒫:－] 명사 남의 눈을 피하여 뒤에서 하는 정당하지 않은 거래.
- **뒷거울**[뒫:－] 명사 뒤쪽을 볼 수 있게 만든 거울. '백미러'의 순화어.
- **뒷걱정**[뒫:－] 명사 뒤에 벌어질 일이나 뒤로 미루어 둔 일에 대하여 걱정함. 또는 그런 걱정.
- **뒷걸음**[뒫:－] 명사 ① 발을 뒤로 떼어 놓으며 걷는 걸음. ② 일 따위에 관계되는 것을 피함. ③ 본디보다 못하거나 뒤떨어짐.
- **뒷고생**(－苦生[뒫:－] 명사 나이가 많이 들어서 하는 고생.
- **뒷공론**(－公論[뒫:－논] 명사 ① 일이 끝난 뒤에 쓸데없이 이러니저러니 다시 말함. ② 겉으로 떳떳이 나서지 않고 뒤에서 이러쿵저러쿵 시비조로 말하는 일.
- **뒷구멍**[뒫:－] 명사 ① 뒤쪽에 있는 구멍. ② 드러내지 않고 넌지시 하는, 정당하지 않은 방법. ③ 남의 허물이나 떳떳하지 못한 일을 이르는 말.
- **뒷글**[뒫:－] 명사 ① 책의 본문 뒤에 쓰는 글. ② 배운 글을 익히기 위하여 뒤에 다시 읽는 글. ③ =어깨너멋글
- **뒷길**[뒫:－] 명사 ① 집채나 마을 뒤에 있는 길. ② 뒷날을 기약하는 앞으로의 과정. ③ 떳떳하지 못하고 정상이 아닌 방법.
- **뒷날**[뒨:－] 명사 시간이 지나 뒤에 올 날. 훗날.
- **뒷단속**(－團束)[뒫:－] 명사 일의 뒤끝을 단단히 준비하거나 대책을 세움.
- **뒷덜미**[뒫:－] 명사 목덜미 아래 양 어깻죽지 사이.
- **뒷돈**[뒫:－] 명사 ① 뒤에 잇따라 대서 쓰는 밑천. ② 장사판이나 노름판 따위에서 뒤를 대는 돈. ③ 은밀히 주고받는 돈.
- **뒷동산**[뒫:－] 명사 집이나 마을 뒤에 있는 동산.
- **뒷마을**[뒨:－] 명사 뒤쪽에 있는 마을. 뒷동네.
- **뒷말**[뒨:－] 명사 ① 계속되는 이야기의 뒤를 이음. 또는 그런 말. ② 일이 끝난 뒤에 뒷공론으로 하는 말. ③ 바로 뒤에 오는 말. 뒷소리.
- **뒷말씀**[뒨:－] 명사 뒤에 있을 말씀. 또는 뒤에 일어난 말씀.
- **뒷맛**[뒨:－] 명사 ① 음식을 먹고 난 뒤에 입에서 느끼는 맛. ② 일을 끝마친 뒤에 남는 느낌.
- **뒷머리**[뒨:－] 명사 ① =뒤통수 ② 머리 뒤쪽에 난 머리털. ③ 물체나 행렬의 뒤쪽.
- **뒷면**(－面)[뒨:－] 명사 ① 물체의 뒤쪽 면. ② 겉으로 나타나지 않는 일의 속내.
- **뒷모습**[뒨:－] 명사 뒤에서 본 모습.
- **뒷문**(－門)[뒨:－] 명사 ① 뒤나 옆으로 난 문. ② 어떤 문제를 정당하지 못한 방법이나 수단으로 해결하는 길을 비유하여 이르는 말.
- **뒷바라지**[뒫:－] 명사 뒤에서 보살피며 도와주는 일.

• **뒷받침**[뒫:–] 명사 뒤에서 지지하고 도와주는 일. 또는 그런 사람이나 물건.
• **뒷발질**[뒫:–] 명사 ① 짐승이 뒷발로 걷어차는 짓. ② 뒤로 차는 발길질.
• **뒷배**[뒫:–] 명사 겉으로 나서지 않고 뒤에서 보살펴 주는 일.
• **뒷부분**(–部分)[뒫:–] 명사 ① 물체의 뒤쪽에 있는 부분. ② 어떤 일이나 상황 따위의 뒤를 이루는 부분.
• **뒷사람**[뒫:–] 명사 ① 뒤에 있는 사람. 또는 나중에 온 사람. ② 다음 세대의 사람. ③ =후임자
• **뒷산**(–山)[뒫:–] 명사 ① 마을이나 집 뒤쪽에 있는 산. ② 두 산 중에서 뒤쪽에 있는 산.
• **뒷설거지**[뒫:–] 명사 ① =설거지 ② 큰일을 치른 다음에 하는 설거지나 뒤처리.
• **뒷셈**[뒫:–] 명사 어떤 일이 끝난 다음에 하는 셈. 또는 그런 일.
• **뒷손**[뒫:–] 명사 ① 뒤로 내미는 손. ② 겉으로는 사양하는 체하면서 뒤로 슬그머니 내밀어 받는 손.
• **뒷손가락질**[뒫:–] 명사 직접 맞대 놓고는 못 하고 뒤에서 흉보거나 비난하는 일.
• **뒷수발**[뒫:–] 명사 뒤에서 표 나지 않게 보살펴 돕는 일.
• **뒷수습**(–收拾[뒫:–] 명사 일의 뒤끝을 거두어 마무리함.
• **뒷심**[뒫:–] 명사 ① 남이 뒤에서 도와주는 힘. ② 어떤 일을 끝까지 견디어 내거나 끌고 나가는 힘. ③ 끝판에 가서 회복하는 힘.
• **뒷이야기**[뒨:니–] 명사 ① 이어지는 이야기의 뒷부분. ② 어떤 일이 있은 뒤에 나오는 이야기.
• **뒷일**[뒨:닐] 명사 어떤 일이 있은 뒤에 생기거나 일어날 일.
• **뒷자리**[뒫:–] 명사 ① 뒤쪽에 있는 자리. ② 경쟁이나 학습에서 남에게 뒤떨어진 자리. ③ 어떤 일을 한 뒤의 흔적.
• **뒷장**(–張)[뒫:–] 명사 종이의 뒷면이나 다음 장.
• **뒷전**[뒫:–] 명사 ① 뒤쪽이 되는 부근. ② 나중의 차례. ③ 겉으로 드러나지 않은 배후나 뒷면. ④ 배의 뒷부분. ⑤ 굿을 끝맺는 마지막 거리로서 굿에 청했던 모든 신을 전송하는 과정.
• **뒷정리**(–整理)[뒫:–] 명사 복잡한 상태나 일의 끝을 바로잡음. 또는 그런 일.
• **뒷조사**(–調査)[뒫:–] 명사 드러나지 않게 은밀히 살피고 알아봄. 또는 그런 일.
• **뒷좌석**(–座席)[뒫:–] 명사 자동차 따위에서 뒤쪽에 있는 좌석.
• **뒷주머니**[뒫:–] 명사 ① 바지 뒤쪽에 있는 주머니. ② 남모르게 뒤에 따로 마련하여 둔 것.
• **뒷줄**[뒫:–] 명사 ① 뒤쪽의 줄. ② 배후의 세력.
• **뒷짐**[뒫:–] 명사 두 손을 등 뒤로 젖혀 마주 잡음.
• **뒷집**[뒫:–] 명사 뒤쪽으로 이웃하여 있는 집.

'뒤'와 복합어

'뒷거울, 뒷글, 뒷동산, 뒷마을, 뒷머리, 뒷모습, 뒷부분, 뒷사람, 뒷이야기, 뒷자리, 뒷좌석, 뒷주머니, 뒷집' 같은 낱말은 복합어가 되는데, '뒷교실, 뒷문장, 뒷문단, 뒷소식, 뒷의자, 뒷책상, 뒷학생' 같은 말은 복합어가 되지 않는다.

복합어가 되려면 특별한 의미 변화가 있어야 하며 의미 변화가 없더라도 자주 한 덩어리로 쓰는 경우에는 복합어로 인정하기도 한다. 복합어로 인정하지 않으면 '뒤 교실, 뒤 문장, 뒤 문단, 뒤 소식, 뒤 의자, 뒤 책상, 뒤 학생'처럼 띄어 써야 한다.

뒤엣것 명사

뒤에 오는 것 또는 뒤에 있는 것.

× 뒷문장

'뒤 문장'의 틀린 표기. 한 단어로 보지 않기 때문에 띄어 쓰고 사이시옷을 붙이지 않는다. 상대적인 의미로 쓰는 '앞 문장'도 띄어 써야 한다.

× -드냐

종결 어미 '-더냐'의 틀린 말.

¶ 언제 떠났드냐(×)/떠났더냐(○)?

¶ 벌써 다 도착했드냐(×)/도착했더냐(○)?

드디어 부사

지속적으로 노력한 끝에 그 결과로.

¶ 오랜 항해 끝에 드디어 제주도에 도착하였다.

¶ 드디어 시험이 끝났다!

¶ 꿈에 그리던 내 집을 드디어 마련했다.

▶ '드디어'와 '마침내'의 차이는 올림말 '마침내' 참고.

드러나다 동사

규10-0 드러나고, 드러나는, 드러나, 드러난, 드러날, 드러납니다, 드러났다

자동사

① 가려져 있거나 보이지 않던 것이 보이게 되다.

¶ 구름이 걷히자 멀리 마을이 오롯이 드러났다.

¶ 인간의 이기심과 악한 심성은 사고가 났을 때에 드러나게 된다.

¶ 나는 좋고 싫은 게 얼굴에 금방 드러난다.

② 숨기거나 모르던 사실이 알려지다.

¶ 사건의 원인이 아직 드러나지 않은 상태이다.

¶ 주머니 속의 송곳처럼 진실은 반드시 드러나게 되어 있다.

▶ '드러나다'를 '들어나다'로 적으면 안 된다. 이 말은 '들다'와 아무 관련이 없는 말이다.

드러내다 동사

규11-0 드러내고, 드러낸, 드러낼, 드러내어/드러내, 드러냅니다, 드러내었다/드러냈다

타동사

① 눈에 보이게 만들다.

¶ 잠길여란 바닷속에 잠겨 보이지 않다가 썰물 때에 모습을 드러내는 바위를 일컫는다.

¶ 아이가 배를 훤히 드러내고 잔다.

② 심리나 성질을 보이다.

¶ 그렇게 곧이곧대로 속마음을 드러내면 손해 본다.

¶ 일이 시작되자 그는 본심을 드러내기 시작했다.

'드러내다'와 '들어내다'

두 낱말은 소리가 같기 때문에 적을 때 헷갈린다. '들다'와 관련이 있으면 '들어내다'를 쓰고, 없으면 '드러내다'를 쓴다고 생각하면 구별하기 쉽다. 또 노출과 관련이 있으면 '드러내다'를 쓰면 된다.

¶ 하얀 이빨을 드러내고(○)/들어내고(×) 웃었다.

¶ 부상자들을 한 사람씩 들어내고(○)/드러내고(×) 있다.

드리다[1] 동사

규11-0 드리고, 드리니, 드리는, 드리면, 드리어/드려, 드립니다, 드리었다/드렸다

타동사

① 어른이나 손윗사람에게 무엇을 주다. '주다'의 높임말.

¶ 부모님께 다달이 용돈을 드린다.

② 신이나 윗사람에게 말이나 인사, 축하, 축원 따위를 하다.

¶ 선생님께 인사를 드리고 나오너라.

¶ 과장님께 부탁을 드리기로 했다.

보조 동사

('-아/어 드리다' 형태로 쓰이어) 상대방을 위해 어떤 일을 하다. 상대방을 높이는 뜻을 나타낸다.

¶ 아버지 생신에 이 선물을 보내 드려야겠다.

¶ 할머니 어깨를 주물러 드려라.

'드리다'의 띄어쓰기

'드리다[1]'이 '하다'의 기능으로 쓰이는 경우가 있다. '인사하다' 대신에 '인사드리다', '말하다' 대신에 '말씀드리다', '사과하다' 대신에 '사과드리다'를 쓴다. 이때에 '드리다'를 붙여 쓸지 띄어 쓸지 판단하기 어렵다. 《표준국어대사전》에는 '-드리다'를 접미사로 싣고 '사과드리다'만 '사과하다'의 높임말로 실었다. 그러나 이에 대해서는 논란이 있으므로 이 사전에서는 접미사로 올리지 않았다. 다만 붙여 쓰는 것은 문제가 없다고 본다.

드리다[2] 동사

규11-0 드리고, 드리니, 드리면, 드리어/드려, 드립니다, 드리었다/드렸다

타동사

① 여러 가닥의 실이나 끈을 하나로 땋거나 꼬다.

¶ 커튼 아랫단에 술을 드려 마무리했다.

② 땋은 머리카락의 끝에 댕기를 물리다.

¶ 머리에 붉은 댕기를 드린 아이들이 한데 모여 춤을 추고 있다.

드리다[3] 동사

규11-0 드리고, 드리니, 드리면, 드리어/드려, 드립니다, 드리었다/드렸다

타동사

집에 문, 마루, 벽장, 광 따위를 새로 만들다.

¶ 아이가 하나 더 태어났으니 방을 한 칸 드려야겠다.

¶ 방 뒤쪽에 쪽마루를 드리기로 했다.

드리다[4] 동사

규11-0 드리고, 드리니, 드리면, 드리어/드려, 드립니다, 드리었다/드렸다

타동사

물건 팔기를 그만두고 가게 문을 닫다.

¶ 추우니 가게를 일찍 드리고 들어가야겠다.

'드리다'와 '들이다'

'드리다[3, 4]'를 자칫 '들이다'로 잘못 쓰기 쉽다. '드리다[3, 4]'에는 '들다', '들게 하다'의 뜻이 포함되지 않는다. 반면에 '들이다'는 '들다'와 관련이 있다.

¶ 하숙을 치려고 방을 두어 칸 들였다(×)/드렸다(○).

¶ 가게를 일찍 들이고(×)/드리고(○) 집으로 들어갔다.

드리우다 동사

규11-0 드리우고, 드리우는, 드리워, 드리운, 드리웁니다, 드리웠다

자동사

① 아래로 늘어지다.

¶ 거실에는 토치카가 설치되어 있고 창가에는 커튼이 드리웠다.

② (빛, 어둠, 그늘, 그림자 따위가) 깃들거나 뒤덮이다.
¶ 놀다가도 어둠이 드리우면 서둘러 집으로 돌아갔다.

타동사

① 아래로 늘어지게 하다.
¶ 남자는 카메라 앞에서 목에 긴 목도리를 드리우고 멋지게 포즈를 취하였다.
② (그림자, 그늘 따위를) 땅에 내리뜨리다.
¶ 부부는 해질녘이면 긴 그림자를 드리우며 이 길을 걸어간다.
③ (이름이나 공적 따위를) 널리 전하여 후세에 자취를 남기다.
¶ 우리도 의로운 일을 하여 후세에 이름을 길이 드리우자.

든 조사

보조사

'든지'의 준말.
¶ 사과든 배든 무엇이든 좋다.
¶ 이렇게든 저렇게든 일단 하고 보자.
¶ 부자든 가난뱅이든 모두 내 친구다.
▶ 보조사 '든/든지'는 받침 없는 체언에 붙고, 받침 있는 체언에는 '이든/이든지'가 붙는다.

-든 어미

연결 어미

'-든지'의 준말.
¶ 내가 가든 말든 무슨 상관이야!
¶ 비가 오든 안 오든 행사는 진행한다.
¶ 이렇게 하든 저렇게 하든 하기만 하면 된다.
¶ 저 사람 학력에 관한 소문이 옳든 그르든 나는 상관 않겠다.
▶ '-든'과 '-던'의 용법 차이는 올림말 '-던' 참고.

-든가 어미

연결 어미
=-든지
¶ 가든가 말든가 나는 상관하지 않겠다.

종결 어미
조금 불만을 품고 상대에게 어떤 행동을 하도록 압박하는 뜻을 나타내는 말. =-든지
¶ 정 그렇게 아프면 병원에 가든가.
¶ 그러면 그렇게 직접 말하든가.

든지 조사

보조사
(받침 없는 체언이나 부사어, 또는 종결 어미 '-다, -ㄴ다, -는다, -라' 따위의 뒤에 붙어) 어느 것이 선택되어도 차이가 없는 둘 이상의 것을 나열하는 말.
¶ 커피든지 차든지 아무거나 주세요.
¶ 어떻게든지 성공만 하면 된다고 생각하니?
¶ 용모라든지 솜씨라든지 어느 것 하나 부족한 점이 없다.

-든지 어미

연결 어미
① 서로 상대되는 두 용언의 어간에 붙어서 둘 중에서 어느 것을 선택해도 상관없음을 나타내는 말.
¶ 함께 가든지 여기 남든지 네가 알아서 해라.
¶ 퇴사하고 출마하든지 그냥 월급쟁이로 남든지 결정은 네가 하는 거야.
¶ 먹든지 말든지 내가 상관할 바 아니다.
② 어떤 결정을 하더라도 뒤에 오는 것은 지키라는 뜻을 나타내는 말.

¶ 어디에 살든지 잘만 살아라.
¶ 무엇을 하든지 끈질기게 해라.
¶ 좋든지 싫든지 내 말을 따라야 한다.

종결 어미

약간의 불만을 품고 상대에게 어떤 행동을 하도록 압박하는 뜻을 나타내는 말.
¶ 바쁘면 오지 말든지.
¶ 왔으면 제대로 일을 하든지.
▶ '-든지'는 용언의 어간 또는 선어말 어미 '-시-', '-었-', '-겠-' 뒤에 붙는다.
▶ '-던지'와 '-든지'의 용법 차이는 올림말 '-던지' 참고.

들르다 동사

불11-8 들르고, 들르니, 들르지, 들르는, 들른, 들러, 들러서, 들렀다

자동사

지나는 길에 잠깐 들어가 머무르다. ×들리다
¶ 춘천에 갔을 때에 잠깐 친가에 들러 부모님을 뵈었다.

타동사

지나는 길에 잠깐 어디를 거치다. ×들리다
¶ 올 때 시장을 들러서 찬거리 좀 사오너라.

'들르다'와 '들리다'

'들르다'를 '들리다'로 잘못 쓰는 경우가 많은데, 두 낱말은 뜻도 다르지만 활용형도 사뭇 달라서 잘못 쓰면 낭패하기 쉽다.
¶ 잠깐 집에 들렸다(×)/들렀다(○) 가라.
¶ 지나가는 길에 들렸다고(×)/들렀다고(○) 한다.
¶ 우리가 그날 들린(×)/들른(○) 집이 바로 김 선생의 집이었다더라.
¶ 오늘 저녁에 안산에 잠깐 들립니다(×)/들릅니다(○).
¶ 모임에 참석하지는 않고 모임 장소에만 잠깐 들리기로(×)/들르기로(○) 했다.

들리다[1] 동사

규11-0 들리고, 들린, 들리어/들려, 들립니다, 들리었다/들렸다

자동사

① 병에 걸리다.

¶ 감기에 들렸는지 으슬으슬 춥고 머리가 아프다.

¶ 치매 들린 노인이 크게 증가하는 것 같다.

② 귀신이나 넋 따위가 덮치다.

¶ 걸신이 들린 것처럼 삽겹살 2인분을 허겁지겁 먹어 치웠다.

¶ 그 만신은 어려서 신이 들렸다고 한다.

들리다[2] 동사

규11-0 들리고, 들린, 들리어/들려, 들립니다, 들리었다/들렸다

피동사

(소리, 소문 따위가) 귀에 들어오거나 인식되다. '듣다'의 피동형.

¶ 어디서 노랫소리가 들린다.

¶ 나이가 드니 귀가 잘 들리지 않는다.

¶ 지금 네 사과가 진심으로 하는 말처럼 안 들린다.

들리다[3] 동사

규11-0 들리고, 들린, 들리어/들려, 들립니다, 들리었다/들렸다

피동사

물건이 위로 드는 동작이 이루어지다. '들다'의 피동형.

¶ 양손에 선물 꾸러미가 들린 것이 아들네 집을 찾아가는 모양이다.

¶ 시소는 한쪽 끝에서 힘을 주면 다른 쪽 끝이 들리게 만든 놀이 기구이다.

¶ 한옥은 추녀가 위로 살짝 들린 것이 특징이다.

들리다[4] 동사

규11-0 들리고, 들린, 들리어/들려, 들립니다, 들리었다/들렸다

사동사

물건을 들게 하다. '들다'의 사동형.

¶ 아이에게 꽃바구니를 들려 신부 앞에서 걸어가게 하였다.

¶ 부모님께서 동생에게 갖가지 농산물을 들려 보내셨다.

들어내다 동사

규11-0 들어내고, 들어낸, 들어낼, 들어내어/들어내, 들어냅니다, 들어내었다/들어냈다

타동사

① 물건을 들어서 밖으로 옮기다.

¶ 상품을 밖으로 들어내려면 사람이 필요하다.

¶ 방에 있던 가구를 모두 밖으로 들어냈다.

¶ 바둑 기사들은 죽은 돌을 들어내고 집을 헤아리기 시작했다.

② 사람을 있는 자리에서 쫓아내다.

¶ 부정부패를 일삼는 자들을 들어내지 않고 사회를 개혁할 수 없다.

▶ '들어내다'와 '드러내다'는 소리가 같아서 표기할 때에 두 낱말을 잘 구별하여 표기하여야 한다. (이에 관한 설명은 올림말 '드러내다' 참고.)

들이 부사

세차게. 마구. =들입다

¶ 갑자기 하늘이 시커메지고 천둥소리가 나자 사람들은 건물 쪽으로 들이 달렸다.

¶ 전셋값이 들이 오르기만 하니 걱정이다.

¶ 그는 공을 받아 골문을 향해 들이 달렸다.

¶ 내 말이 끝나기도 전에 어머니는 들이 화부터 냈다.

들이- 접사

접두사

(일부 동사 앞에 붙어) '몹시', '마구', '갑자기'의 뜻을 더하는 말.

¶ 들이닥치다, 들이덮치다, 들이몰다, 들이울다, 들이웃다, 들이퍼붓다

-들이 접사

접미사

(수량을 나타내는 명사구 뒤에 붙어) '그만큼 담을 수 있는 용량'의 뜻을 더하는 말.

¶ 한 말들이 쌀통, 8리터들이 생수통

들이다[1] 동사

규11-0 들이고, 들이어/들여, 들입니다, 들이었다/들였다

자동사

연기나 불길이 아궁이에서 방고래로 잘 들어가다.

¶ 아궁이를 고쳤더니 불길이 잘 들인다.

들이다[2] 동사

규11-0 들이고, 들이어/들여, 들입니다, 들이었다/들였다

사동사

① 들어오게 하다.

¶ 심부름꾼을 안으로 들이라고 하신다.

¶ 부모 없는 아이를 집에 들여서 함께 살기로 했다.

② 들게 하다.

¶ 집 안에 볕을 들이려면 남쪽으로 창을 내야 한다.

③ 받아들이다.

¶ 그 사람을 우리 모임의 회원으로 들이기로 했다.

¶ 그 아이를 며느리로 들이고 싶었는데 그러지 못해서 아쉽다.

④ 물건을 안으로 가져오다.

¶ 거실에 새로 텔레비전을 들여 놓았다.

⑤ 물들게 하다.

¶ 옷감에 치자로 물을 들였다.

¶ 손톱마다 봉숭아 물을 곱게 들였다.

⑥ (과일이나 음식의 맛 따위가) 익어서 알맞게 되다.

¶ 밥을 맛있게 지으려면 뜸을 잘 들여야 한다.

¶ 사과에 단맛을 들이려면 조금 더 있다가 따야겠다.

⑦ 재료나 밑천으로 사용하다.

¶ 노력을 많이 들여 만든 책이다.

¶ 앉아서 시간을 많이 들인다고 공부가 되는 것은 아니다.

⑧ 취미나 길이 들게 하다.

¶ 아이들에게 좋은 버릇을 들이려면 부모가 모범을 보여야 한다.

¶ 컴퓨터 게임에 재미를 들여 밤을 꼬박 새웠다.

복합어

- **끌어들이**다[끌:-] 타동사 남에게 권하거나 남을 꾀어서 자기편이 되게 하다.
- **들여가**다 타동사 밖에서 안으로 가져가다.
- **들여놓**다 타동사 ① 밖에서 안으로 가져다 놓다. ② 물건을 사서 집에 가져다 놓다. ③ 어떤 일에 관계하다.
- **들여다보**다 타동사 ① 밖에서 안을 보다. ② 자세히 살피다. ③ 찾아서 들러 보다.
- **들여보내**다 타동사 ① 안으로 들어가거나 들어오게 하다. ② 구성원이 되게 하다.
- **들여오**다 타동사 밖에서 안으로 가져오다.
- **맞아들이**다 타동사 오는 사람을 맞아 안으로 안내하다.
- **받아들이**다 타동사 ① 세금이나 물건을 거두어 받다. ② 밖의 문화나 소식을 받아 자기 것으로 수용하다. ③ 다른 사람의 요구나 부탁을 들어주다. ④ 다른 사람의 의견을 따르다.
- **벌어들이**다[벌:-] 타동사 돈이나 물건을 벌어서 가져오다.
- **불러들이**다 타동사 ① 불러서 안으로 들어오게 하다. ② 어떤 일의 빌미를 제공하다. ¶ 말을 많이 하면 화를 불러들일 수 있다. ③ (야구에서) 주자를 홈베이스에 들어오게 하다.

• **사들이다** 타동사 물건을 사서 들여오다.
• **잡아들이다** 타동사 잡아서 가두다.
• **힘들이다** 자동사 어떤 일에 마음이나 힘을 기울이다.

▶ '들이다'와 '드리다'는 소리가 같다. 따라서 적을 때에는 두 낱말을 잘 구별하여 적어야 한다. 이에 관한 설명은 올림말 '드리다' 참고.

ㄷ

들이치다[1] 동사

규11-0 들이치고, 들이치어/들이쳐, 들이친, 들이칠, 들이칩니다, 들이치었다/들이쳤다

타동사

① 손이나 발로 마구 치다.

¶ 화가 났다고 해서 물건들을 그렇게 들이치면 안 되지요.

② 들이닥치며 세차게 공격하다.

¶ 적군이 긴장을 풀 때를 기다려서 한순간에 들이쳐 물리쳤다.

들이치다[2] 동사

규11-0 들이치고, 들이치어/들이쳐, 들이친, 들이칠, 들이칩니다, 들이치었다/들이쳤다

자동사

① 비나 눈 따위가 안쪽으로 뿌리다.

¶ 비가 마루까지 들이치는 바람에 마루에 놓았던 옷이 다 젖었다.

② 햇빛 따위가 안으로 비치다.

¶ 창으로 벌써 햇빛이 들이치고 있다.

'들이치다'와 '들치다'

'들이치다[2]'의 '들이'는 '안쪽으로'의 뜻을 나타내는 접두사이다. '들이붙다', '들이비치다', '들이쉬다', '들이쌓다'도 이 접두사를 써서 만든 복합어이다. 따라서 '들이'의 '이'를 빼면 안 된다. '들치다'는 물건의 한쪽을 드는 행위를 나타내는 말이기 때문이다.

들이켜다 동사

규11-0 들이켜고, 들이켜, 들이켠, 들이켤, 들이켜오, 들이켠다, 들이켭니다, 들이켰다

타동사

① (물이나 술 따위의 액체를) 단숨에 마구 마시다.

¶ 목이 말라서 물을 벌컥벌컥 들이켰다.

¶ 시원한 막걸리를 한 사발 들이켜고 길을 나섰다.

② (공기나 숨 따위를) 몹시 세차게 들이마시다.

¶ 산에 가면 깨끗한 공기를 마음껏 들이켤 수 있어서 좋다.

들이키다 동사

규11-0 들이키고, 들이키어/들이켜, 들이킨, 들이킬, 들이킨다, 들이킵니다, 들이키었다/들이켰다

타동사

안쪽으로 가까이 옮기다.

¶ 토방에 있는 바구니를 안쪽으로 들이키는 것이 좋겠다.

¶ 발을 흔들지 말고 들이켜라.

'들이켜다'와 '들이키다'의 활용형

'어'로 시작하는 연결 어미가 붙을 때 이 두 낱말의 활용형이 같아서 헷갈리기 쉬우니 조심해야 한다.

- 들이켜다 + -어 = 들이켜 ¶ 물을 들이켜 보아라.
- 들이켜다 + -어라 = 들이켜라 ¶ 물을 죽 들이켜라.
- 들이켜다 + -었어요 = 들이켰어요 ¶ 술을 한숨에 들이켰어요.
- 들이키다 + -어 = 들이키어/들이켜 ¶ 다리를 들이켜 앉아라.
- 들이키다 + -어라 = 들이키어라/들이켜라 ¶ 바구니를 들이켜라.
- 들이키다 + -었어요 = 들이켰어요 ¶ 비에 젖지 않게 곡식을 안으로 들이켰어요.

'들이키다'와 '들이켜다'

'들이키다'는 '들이다'를 힘주어 하는 말로 안쪽으로 옮기는 행위를 가리킨다. '들이켜다'는 '켜다'를 힘주어 하는 말이다. 물을 단숨에 마시는 행위를 '켜다'라고 하는데 '들이-'를 씀으로써 단숨에 마시

는 행위를 강조한다. 따라서 물을 마시는 행위와 관련하여 '들이키다'를 쓰는 것은 잘못이다.
¶ 막걸리 한 사발을 죽 들이키고(×)/들이켜고(○) 나서 일터로 나선다.
¶ 물을 들이키려는데(×)/들이켜려는데(○) 갑자기 기침이 나왔다.

들입다 부사

㉾ 딥다

세차게 마구. 들이.
¶ 누가 쫓아오는 것 같아서 뒤도 돌아보지 않고 **들입다** 뛰었다.
¶ 미처 이야기가 끝나기도 전에 그는 **들입다** 화부터 냈다.

들추다 동사

규11-0 들추고, 들추어/들춰, 들추어서/들춰서, 들춘, 들출, 들춥니다, 들추었다/들췄다

타동사
① 안이나 속이 드러나게 젖히거나 들어 올리다.
¶ 장판을 들추니 그 속에 비밀 서류들이 있었다.
¶ 아이들이 가재를 잡는다고 물속의 돌을 들춘다.
② 무엇을 찾으려고 자꾸 뒤지다.
¶ 그림책을 들춰 가며 시간을 보내고 있습니다.
¶ 옷장을 이리저리 들춰서 처녀 적에 입던 옷을 찾았다.
③ (어떤 일을) 끄집어내어 드러나게 하다.
¶ 남의 사생활을 그렇게 들추는 것은 실례입니다.
¶ 정부의 잘못을 모조리 들춰야 언론이 제 몫을 다 했다고 말할 수 있다.

복합어
- **들추어내다** 타동사 ① 겉을 걷거나 속을 파헤쳐 모조리 끄집어내다. ¶ 상자 속 물건을 모조리 들추어내어 하나하나 확인해라. ② 결함이나 잘못 따위를 따져서 드러나게 하다. ¶ 정부의 잘못을 들추어내어 국민에게 알리는 것이 언론의 사명이다.
- **들춰내다** 타동사 '들추어내다'의 준말.

들치다[1] 동사

규11-0 들치고, 들치니, 들치는, 들치어/들쳐, 들친, 들칠, 들칩니다, 들치었다/들쳤다

타동사

물건의 한쪽 끝을 쳐들다.

¶ 예전에는 사내아이들은 계집아이들의 치마를 들치는 장난을 심하게 했다.

¶ 커튼을 들치고 창밖의 풍경을 바라본다.

¶ 부장은 내 보고서를 대충 들쳐 보았다.

관용 표현

- **들쳐 업다** 빨리 들어서 업다. ¶ 집에 불이 나자 엄마가 어린 나를 들쳐 업고 밖으로 뛰어나갔다고 한다.

'들추다'와 '들치다'

¶ 치마를 들추나, 들치나?

¶ 책을 들추나, 들치나?

두 낱말은 뜻을 구별해서 써야 할 만큼 다른 말은 아닌데 사람들이 구별해서 쓰면서 의미가 분화되어 달리 쓰게 된 말이다.

'들추다'는 겉에 있는 것을 벗기거나 젖혀서 안이나 속에 있는 내용을 관찰하고 파악하는 행동을 나타낸다. 즉, 속에 있는 것이 무엇인지 알려고 하거나 그것을 얻는 데에 초점이 있는 낱말이다. 이 경우 일부러 감추기 위해서 무엇으로 싸거나 덮어 놓은 것을 벗기거나 들어 올리는 행위, 숨은 것을 찾으려고 뒤지는 행위를 포함한다.

'들치다'는 겉에 있는 것의 일부를 들어 올리는 행위에 초점이 있다. 보통 가린 상태로 있는 것을 살짝 열거나 젖히는 행위를 나타낸다.

¶ 사내아이들이 계집아이들의 치마를 들친다. (가린 것을 호기심으로 젖히는 행위)

¶ 책장을 들춰 가며 그림을 보고 있다. (내용을 알기 위해서 젖히는 행위)

× 들치다[2]

'들이치다'의 틀린 말.

¶ 비가 들칠지(×)/들이칠지(○) 모르니 어서 창문을 닫아라.

들키다 동사

규11-0 들키고, 들키어/들켜, 들킨, 들킬, 들킵니다, 들키었다/들켰다

자동사

('누구에게 들키다'의 꼴로 쓰이어) 숨기려던 것이 (누구에게) 알려지다.

¶ 담배를 피우다가 아버지에게 들켜서 꾸중을 들었다.

타동사

('-에게 무엇을 들키다'의 꼴로 쓰이어) 숨기려던 것을 남이 알아채다.

¶ 자기의 과거 잘못을 들키고 싶지 않은 것이 사람의 마음이다.

등골1 명사 [-꼴]

등마루 양쪽으로 골짜기처럼 움푹 팬 부분.

¶ 긴장을 해서인지 등골에 식은땀이 흐르는 것 같았다.

관용 표현

- **등골(이) 서늘하다** 두려움으로 아찔하고 등골이 떨리다.
- **등골(이) 오싹하다** 등골에 소름이 끼칠 정도로 매우 놀라거나 두렵다.

등골2 명사 [-꼴]

① 등골뼈의 속에 들어 있는 신경 중추. 척수(脊髓).

② 등에 위아래로 뻗은 긴 뼈. 척추뼈.

¶ 등골이 휘면 건강에 나쁜 영향을 준다.

¶ 회사를 위하여 등골이 부서지도록 일을 했지만 돌아온 것은 병뿐이었다.

복합어

- **등골뼈** 명사 =척추뼈

관용 표현

- **등골(을) 빨아먹다(/빼먹다)** 남의 재물을 착취하거나 농락하며 빼앗다.
- **등골(을) 뽑다** 재물 따위를 훑어 먹거나 남을 몹시 고생스럽게 하다. ¶ 부모 등골을 뽑아 유학을 갔다 오더니 늙은 부모는 나 몰라라 한다.
- **등골(을) 우리다** 달래거나 위협하여 남의 재물을 억지로 빼앗다. ¶ 세금으로 서민 등골을 우린다.
- **등골(이) 빠지다** 견디기 어려울 정도로 몹시 힘이 들다. ¶ 등골이 빠지게 일을 해도 식구들 먹여 살리기가 힘들다.

'등골'과 '등뼈'

'등골[2]'를 '등뼈'와 같은 의미로 사용할 때에 조심해야 할 점이 있다. '등골'에 쓰인 '골'은 한자 '骨'을 뜻하는 말이 아니라 '큰골', '작은골', '골이 아프다' 할 때 '골'이다. '골수(骨髓)'를 가리키는 토박이말이므로 '골'에서 '뼈'를 떠올려서는 안 된다.

등극 명사 (登極)

① 임금의 자리에 오름. 즉위(卽位).

¶ 세종의 등극에 얽힌 비사가 《세종실록》에 기록되어 있다.

② 어떤 분야에서 가장 높은 자리나 지위에 오름.

복합어

- **등극하다**(登極-) ① 임금의 자리에 오르다. 즉위하다. ② 어떤 분야에서 가장 높은 자리나 지위에 오르다. ¶ 우리나라 어린 여자 선수가 피겨 스케이팅 세계 챔피언에 등극했다.

'등극하다'의 용법

'등극하다'는 최고에 오를 때에 쓰는 말이다. 따라서 어떤 경기에서 1등을 하더라도 같은 종류의 경기가 많이 있어서 다른 경기의 1등과 다시 겨루는 일이 있다면 아직 등극했다고 표현할 수 없다. 적어도 같은 경기를 하는 사람들 중에서는 최고가 되어야 등극했다고 말할 수 있다.

① **'등극하다'를 잘못 쓴 예**

¶ 중국이 세계 경제대국 2위에 등극했다. (2위는 등극의 대상이 아님.)

¶ 현 시점에선 확률상 그 투수가 최다패 등극 가능성이 가장 높다. (투수가 가장 많이 패

하는 것이 오르려는 바가 아니다. 이 표현은 우스개로나 쓸 수 있을 따름이다.)

② '등극하다'를 함부로 쓴 예

¶ 그가 이달의 선수에 등극했다. (이달의 선수는 다달이 있는 것이므로)

¶ 이 대회에서 1위에 등극했다. (이런 대회가 하나만 있는 것이 아니므로)

ㄷ

등기 명사 (登記)

① 법정 절차에 따라 등기부에 권리관계를 적는 일. 또는 적어 놓은 것.

¶ 부동산을 살 때에는 등기 사항을 조사해야 한다.

② 우편물의 인수·배달 과정을 기록하는 것. '등기 우편'의 준말.

¶ 이 편지를 등기로 부쳐 주세요.

▶ '등기'를 '등끼'로 발음하지 말아야 한다.

등마루 명사

① 척추뼈가 지나가면서 만들어진 등성이 진 부분.

② 산이나 파도 따위의 두두룩한 부분.

¶ 뒷산 등마루에 올라가면 마을이 한눈에 들어온다.

등물 명사

팔다리를 뻗고 엎드린 사람의 허리 위에서부터 목까지를 물로 씻어 주는 일. =등목, 목물

¶ 너무 더워서 집에 들어가자마자 아내더러 등물을 해 달라고 했다.

복합어

- **등물하다** 자동사 팔다리를 뻗고 엎드린 사람의 허리 위에서부터 목까지를 물로 씻어 주다.

▶ '등물'과 '등목', '목물'은 의미가 같은 말이어서 갈음하여 쓸 수 있다.

등뼈 명사

① 척추뼈 가운데에서 목뼈와 허리뼈 사이에 12개로 이루어진 뼈.

② '척추뼈'를 일반에서 이르는 말. 등골뼈.

'등뼈', '등골뼈', '척추뼈'

사람의 몸을 머리, 목, 등, 허리, 엉덩이, 다리로 나누면 머리에서 다리까지를 한 줄기로 이어주는 뼈를 '척추뼈'라고 하고, 척추뼈는 부분별로 목뼈, 등뼈, 허리뼈, 엉치뼈로 나뉜다.

흔히 '등뼈'라고 하는 것은 의학적으로 보면 목뼈에서 허리뼈 사이의 뼈를 가리키는데 보통은 척추뼈와 비슷하게 사용하기도 한다. 사람들이 허리를 다쳤다고 하거나 허리 디스크에 걸렸다고 하는 경우는 척추뼈 중에서 허리뼈에 문제가 생긴 것을 말한다.

'등골'은 엄밀하게 말하면 의학 용어가 아니지만 척수(脊髓)와 같은 의미로 쓰므로 '등골뼈'도 '척추뼈'와 같이 써도 문제될 것은 없다고 본다.

이렇게 보면 의학적으로 정확하게 써야 할 글이 아니라면 '등뼈', '등골뼈', '척추뼈'를 같은 의미로 써도 괜찮을 것 같다.

디디다 동사

㉾ 딛다

규11-0 디디고, 디디어/디뎌, 디디어서/디뎌서, 디딘, 디딜, 디딥니다, 디디었다/디뎠다

타동사

① (무엇에) 발을 올려놓고 서거나 (무엇을) 발로 내리누르다.

¶ 발을 잘못 디뎌 발목을 삐게 되었다.

¶ 삶은 콩을 절구에 찧어 발로 디뎌서 메주를 빚는다.

② 어려운 상황 따위를 이겨 내다.

¶ 어떤 역경이나 고난도 디디고 일어서야 한다.

¶ 슬픔을 디디고 다시 생활 전선에 들어갔다.

'디디다'의 준말

'디디다'는 '딛다'로 줄여 쓸 수 있는 경우와 줄여 쓸 수 없는 경우가 있다.

① '디디고, 디디게, 디디지, 디디더라도, 디디니, 디디네, 디디는'은 '딛고, 딛게, 딛지, 딛더라도, 딛니,

딛네, 딛는'처럼 줄여 쓸 수 있다.
② '디딥니다, 디디오'는 '딛습니다, 딛소'로 줄여 쓸 수 있다.
③ '디디니, 디디면, 디디므로, 디디어, 디디어서, 디디었다'는 '딛으니, 딛으면, 딛으므로, 딛어, 딛어서, 딛었다'처럼 줄여 쓰지 않고 본디말대로 쓴다.

딛다 동사

규11-1 딛고, 딛게, 딛던, 딛지, 딛는, 디디면, 디디어/디뎌, 딛소, 딛습니다, 디디었다/디뎠다

타동사

'디디다'의 준말

¶ 발을 잘못 **디뎌** 발목이 삐었다.
¶ 고향 땅을 딛는 기분이 참으로 묘했다.
¶ 실패를 딛고 일어서는 모습이 기특하다.

'딛다'의 활용형 제약

'딛다'는 '디디다'의 준말이므로 본디말에 따른 활용형 제약이 있다. '딛다'는 모음으로 시작하는 어미를 활용형으로 쓸 수 없다.

• 딛으면 → 디디면, 딛어 → 디디어/디뎌, 딛었다 → 디디었다/디뎠다
¶ 이 바닥을 **딛으면**(×)/**디디면**(○) 삐거덕 소리가 난다.
¶ 중국 땅에 첫발을 **딛은**(×)/**디딘**(○) 지 어느새 일 년이 되었다.
¶ 여기를 조심해서 **딛어라**(×)/**디뎌라**(○).

딥다 부사

'들입다'의 준말.

¶ 고향에 쉬러 내려가다가 길에서 **딥다** 고생만 했다.
¶ 아이가 집에 들어서자마자 **딥다** 먹을 것을 찾았다.

따르다[1] 동사

불10-8 따르고, 따라, 따른다, 따릅니다, 따랐다

타동사

① 앞에서 가는 대로 같이 가다.

¶ 아버지를 따라 야구장에 갔다.

② 앞선 것을 좇아 같은 수준에 이르다.

¶ 기억력에 관한 한 누구도 그를 따를 수 없다.

③ 좋아하거나 존경하여 가까이 좇다.

¶ 강아지가 나를 잘 따른다.

④ 유행이나 명령 따위를 그대로 실행하다.

¶ 젊은 사람들은 유행을 따르려는 욕망이 강하다.

⑤ 일정한 선을 그대로 밟아 움직이다.

¶ 마을은 해안을 따라서 군데군데 형성되어 있다.

⑥ 남이 하는 대로 하다.

¶ 모든 장병이 조교의 시범을 따라서 동작을 했다.

자동사

① 어떤 일이 다른 일과 더불어 일어나다.

¶ 이번 회의에서 인구 고령화에 따라서 나타나는 여러 문제를 논의하려고 한다.

② (흔히 '따라(서), 따른, 따르면'의 형태로 쓰이어) 경우, 사실, 기준 따위에 의거하다.

¶ 고인의 뜻에 따라서 기독교 의식으로 장례를 치렀다.

¶ 개발에 따른 환경오염 문제를 면밀히 조사하고 있다.

따르다[2] 동사

불10-8 따르고, 따라, 따른다, 따릅니다, 따랐다

타동사

그릇을 기울여 액체를 밖으로 조금씩 흐르게 하다.

¶ 그가 내 잔에 술을 따라 주었다.

딴죽 명사

① 이미 동의하거나 약속한 일에 대하여 딴전을 부림을 이르는 말.
¶ 철석같이 약속해 놓고 이제 와서 **딴죽**을 치는구나.
② 씨름이나 태껸에서, 발로 상대편 다리를 옆으로 치거나 끌어당겨 넘어뜨리는 기술.

ㄷ

복합어

- **가로딴죽** 명사 (씨름이나 태껸에서) 발로 상대 다리를 옆으로(가로로) 쳐서 쓰러뜨리는 기술.
- **돌딴죽**[돌:-] 명사 (씨름이나 태껸에서) 한쪽 발의 뒤축만 딛고 휙 돌며 다른 발로 상대 다리를 걸어 넘어뜨리는 기술.

관용 표현

- **딴죽을 걸다** ① 다른 사람에게 불만을 가지고 그가 하는 일을 방해하다. ¶ 그는 우리가 하는 일이라면 무조건 딴죽을 건다. ② 딴전을 부리며 엉뚱한 이야기를 하다. ¶ 부장이 자꾸 딴죽을 거는 바람에 부서 회의가 늦게 끝났다.
- **딴죽을 치다** =딴죽을 걸다

딴지 명사

일이 순순히 진행되지 못하도록 훼방을 놓거나 어기대는 것.
¶ 우리가 하는 일마다 **딴지**를 놓으며 날을 세우니 무슨 속셈인지 모르겠다.

관용 표현

- **딴지를 걸다** 일이 순순히 진행되지 못하도록 훼방을 놓거나 어기대다.
- **딴지를 놓다** =딴지를 걸다

'딴죽'과 '딴지'
'딴죽'은 씨름의 한 기술에서 비롯한 말로, 그런 기술을 부리는 것과 비슷한 언행을 가리키기도 한다. '딴지'는 '딴죽'의 비표준어였는데, '다른 사람의 일을 방해하거나 어기대는' 뜻으로 많이 쓰게 되어 표준어가 된 낱말이다.

딸리다[1] 동사

규11-0 딸리고, 딸리니, 딸리어/딸려, 딸린다, 딸립니다, 딸리었다/딸렸다

자동사

① 어떤 것에 매이거나 붙어 있다.

¶ 나에게 딸린 식구가 무려 여덟 명이다.

¶ 초등학교에 딸린 유치원이 있어서 그곳에 아이들을 보낸다.

② 속하다.

¶ 염소는 솟과에 딸린 짐승이다.

> **'달리다'와 '딸리다'**
>
> '달리다'를 된소리로 '딸리다'라고 표기하면 안 된다.(이에 관해서는 올림말 '달리다' 참고.)
>
> ¶ 힘이 딸리는(×)/달리는(○) 사람이 지는 거야.
>
> ¶ 실력이 딸리면(×)/달리면(○) 열심히라도 해야지.

딸리다[2] 동사

규11-0 딸리고, 딸리어/딸려, 딸린, 딸립니다, 딸리었다/딸렸다

사동사

누구를 따르게 하다. '따르다[1]'의 사동형.

¶ 할머니께 동생을 딸려 보냈으니 염려하지 마세요.

땅기다 동사

규11-0 땅기고, 땅기는, 땅기지, 땅기어/땅겨, 땅깁니다, 땅기었다/땅겼다

자동사

몹시 단단하고 팽팽한 느낌을 주다. ×땡기다

¶ 로션을 안 발랐더니 얼굴이 좀 땅긴다.
¶ 종아리가 땅기도록 오래 걸었다.

때리다 동사

규11-0 때리고, 때리는, 때리어/때려, 때린, 때릴, 때리오, 때립니다, 때리었다/때렸다

ㄷ

타동사

① 손이나 회초리 따위로 아프게 치다.
¶ 회초리로 종아리를 때렸다.
② 한 물체가 다른 물체를 세게 치다.
¶ 굵은 빗방울이 얼굴을 때린다.
③ 크게 감동하거나 충격을 주다.
¶ 그의 충고 한마디가 내 가슴을 때렸다.
④ (속되게) 남의 잘못을 말이나 글로 비판하다.
¶ 요즘 신문은 정부의 잘못을 때리는 기사는 안 쓴다.
⑤ (속되게) 함부로 마구 하다.
¶ 너는 만날 술만 때려 마시고 다니느냐?

복합어

- **들때리다** 타동사 마구 때리다.
- **때려눕히다** 타동사 때려서 쓰러지게 하다.
- **때려잡다** 타동사 ① 때려서 잡거나 쓰러뜨리다. ② 물리적인 타격으로 힘을 못 쓰게 하다.
- **때려죽이다** 타동사 무자비하게 죽이다.
- **때려치우다** 타동사 (속되게) 하던 일을 아주 그만두다.
- **뭉때리다** 타동사 능청맞게 시치미를 떼거나 묵살하다.
- **판때리다** 타동사 선악과 시비를 가려 판단하다.
- **홈쳐때리다** 타동사 함부로 덤비어 야무지게 때리다.

'때리다, 갈기다, 두들기다, 치다, 패다'의 차이

이 다섯 낱말은 모두 상대를 물리력으로 응징하는 행동이라는 공통점이 있다. 다만 그 수단과 방법이 조금씩 다르다.

① '때리다'는 대체로 손바닥이나 종아리를 회초리나 매로 때리는 경우에 쓴다. 손이나 손바닥을 사용할 수도 있고 몽둥이를 사용할 수도 있다. 부드러운 것으로 때릴 수도 있고 딱딱한 것으로 때릴 수도 있다. 얼굴을 때리는 경우도 있지만 주로 몸의 한 부위를 때리는 경우에 사용한다.
② '치다[2]'는 얼굴이나 몸의 특정 부위를 때리는 경우로서, 가볍게 칠 수도 있고 세게 칠 수도 있다. 팔꿈치로 상대의 얼굴이나 등을 칠 수 있다. '때리다'에 비해서 더 강하다.
③ '갈기다'는 힘차게 빨리 때리는 행위이다. 대체로 마구 세게 때리는 경우이므로 부드러운 것으로는 갈기지 않는다. 손으로 때리는 경우에는 주로 얼굴이나 뺨을 세게 때릴 때에 쓴다. 총 같은 것을 마구 쏜다는 뜻으로도 쓴다.
④ '두들기다'는 연속 동작으로 때리는 경우에 쓴다. 몽둥이를 사용해도 한 번 때리는 것으로 그치지 않고 연속해서 때리는 행위에 쓴다. 한두 사람을 여럿이 일방적으로 때리는 행위에 알맞은 낱말이다. 특정 부위를 때리는 게 아니라 걸리는 대로, 닿는 대로 때리는 특징이 있다.
⑤ '패다[3]'은 마구 세게 때리는 경우에 해당한다. 한두 사람을 여럿이 일방적으로 때리는 행위에 적합한데 세기가 '두들기다'보다 훨씬 강하여, 심하게 패는 경우에 죽을 수도 있다.
'때리다', '치다', '갈기다'는 대체로 한 사람이 다른 한 사람을 때리는 경우에 쓴다. '두들기다'와 '패다'는 일 대 일로 때리는 경우나 소수의 사람을 단체로 몰려들어 때리는 경우나 모두 쓴다.

× 땡기다

'당기다', '댕기다', '땅기다'의 틀린 말.

떠돌다 동사

불10-2 떠돌고, 떠도는, 떠돌아, 떠돈, 떠도네, 떠도오, 떠돈다, 떠돕니다, 떠돌았다

자동사

① 정한 곳 없이 이리저리 옮겨 다니다.
¶ 여기저기 떠도는 삶을 살고 있다.
② 공중이나 물 위에 떠서 이리저리 움직이다.
¶ 하늘에는 구름이 떠돌고, 물가에는 잠자리가 떠돌고.
③ 어떤 말이나 소문 따위가 여러 곳으로 퍼지다.
¶ 세상에 떠도는 이야기에 귀 기울일 필요는 없다.

④ 어떤 기운이나 기미가 드러나 보이다.
¶ 그의 얼굴에 얼핏 쓸쓸한 빛이 떠돌았다.

타동사

(사람이 어디를) 정한 곳 없이 여기저기를 옮겨 다니다.
¶ 평생 배를 타고 바다를 떠돌았다.

복합어

- **떠돌뱅이** 명사 '떠돌이'의 낮은말.
- **떠돌아다니다** 자동사 ① 정처 없이 이곳저곳을 옮겨 다니다. ② 공중이나 물 위에 떠서 이리저리 움직이다. ③ 어떤 말이나 소문 따위가 여러 곳으로 계속 퍼져 다니다.
- **떠돌이** 명사 정한 곳 없이 이리저리 떠돌아다니는 사람.
- **떠돌이별** 명사 붙박이별의 주위를 떠도는 별. 행성(行星).
- **떠돌이새** 명사 가까운 지역을 이리저리 철을 따라 옮겨 다니는 새. 철새.
- **떠돌이장사** 명사 일정하게 정한 곳이 없이 여기저기 떠돌아다니며 물건을 파는 일. 행상(行商).
- **떠돌이장수** 명사 떠돌이장사를 하는 사람.

떠버리 명사

자주 수다스럽게 떠드는 사람을 낮잡아 이르는 말. ×떠벌이
¶ 그는 말을 하도 많이 해서 별명이 떠버리였다.
¶ 떠돌이 약장수는 떠버리가 하기에 좋은 직업이다.

떠벌리다 동사

규11-0 떠벌리고, 떠벌리어/떠벌려, 떠벌립니다, 떠벌리었다/떠벌렸다

자동사

과장하여 늘어놓다.
¶ 술만 마시면 자기가 무엇에나 최고라고 떠벌린다.

타동사

(이야기를) 과장하여 늘어놓다.

¶ 아저씨는 틈만 나면 당신이 살아온 이야기를 떠벌렸다.

¶ 조그만 업적을 떠벌린다고 큰 업적이 되는 게 아니다.

떠벌이다 동사

규11-0 떠벌이고, 떠벌이어/떠벌여, 떠벌입니다, 떠벌이었다/떠벌였다

타동사

큰 규모로 차리다.

¶ 이것저것 일을 떠벌이기만 하고 마무리할 줄은 모른다.

'떠벌이다'와 '떠벌리다', '떠버리'와 '떠벌이'

일을 크게 벌이는 행위를 '떠벌이다'라고 하고, 입을 크게 벌려 말을 많이 하는 행위를 '떠벌리다'라고 한다. 그리고 떠벌리는 사람을 '떠버리'라고 한다. '떠벌이'는 '떠버리'의 틀린 표기이다. 북한에서는 '떠버리' 대신에 '떠벌이'를 쓴다.

떠오르다 동사

불10-6 떠오르고, 떠오르는, 떠오른, 떠올라, 떠오른다, 떠오릅니다, 떠올랐다

자동사

① 솟아서 위로 오르다.

¶ 수평선 위로 붉은 해가 떠올랐다.

② 기억이 나거나 생각이 나다.

¶ 그 사람 이름이 떠오르지 않아서 답답했다.

¶ 문득 좋은 생각이 떠올라서 메모를 하기 시작했다.

③ 표정이 나타나다.

¶ 희미하게나마 그의 얼굴에 기뻐하는 기색이 떠오르는 것 같았다.

④ 갑자기 큰 관심의 대상이 되다.
¶ 그가 새로운 대통령 감으로 떠올랐다.

복합어
• **떠올리다** 사동사 '떠오르다'의 사동형.

ㄷ

떨구다 동사

규11-0 떨구고, 떨구니, 떨구는, 떨구어/떨궈, 떨구면, 떨굽니다, 떨구었다/떨궜다

타동사
=떨어뜨리다

떨어뜨리다 동사

규11-0 떨어뜨리고, 떨어뜨리어/떨어뜨려, 떨어뜨린, 떨어뜨립니다, 떨어뜨리었다/떨어뜨렸다

타동사
① (있던 자리에서 아래로) 내려가게 하다.
¶ 번지점프란 높은 곳에서 몸을 떨어뜨리는 오락이다.
¶ 선생님의 꾸중을 들은 아이는 눈물을 뚝뚝 떨어뜨렸다.
¶ 아이가 밥을 먹다가 숟가락을 떨어뜨렸다.
② (뒤에) 처지게 하거나 남게 하다.
¶ 나란히 달리던 그가 옆 선수를 멀찍이 떨어뜨리고 맨 먼저 결승선을 통과했다.
¶ 저를 태우고 가시다가 도중에 떨어뜨려 주시면 돼요.
③ (값이나 금액을) 낮추다.
¶ 회사는 경쟁 회사를 의식해서 일부러 가격을 떨어뜨리는 정책을 쓰기도 한다.
¶ 일부러 주가를 떨어뜨려 시장을 어지럽힌 사람들이 검찰에 붙잡혔다.
④ (명성, 지위, 품질 따위를) 낮게 하거나 잃게 하다.
¶ 장시간 노동은 오히려 일의 효율을 떨어뜨린다.
¶ 그가 거짓말을 하여 내 위신을 떨어뜨렸다.

⑤ (시험이나 입찰 따위에) 붙지 않게 하다.
¶ 회사는 2차 합격한 열 명 가운데에서 두 명을 떨어뜨리겠다고 한다.
⑥ (신발이나 옷 따위를) 해뜨려서 못쓰게 만들다.
¶ 새 신발을 벌써 떨어뜨렸구나.

떨어트리다 동사

규11-0 떨어트리고, 떨어트리어/떨어트려, 떨어트린, 떨어트립니다, 떨어트리었다/떨어트렸다

타동사

=떨어뜨리다

'떨구다', '떨어뜨리다', '떨어트리다'

'떨어뜨리다'와 '떨어트리다'는 같은 말이다. 그러나 '떨구다'는 앞의 두 낱말과 뜻이 다른 말이다. 예를 들면 나뭇가지에 붙어 있는 잎이 땅으로 내려오는 것은 '떨어지는' 동작이다. 그래서 '나무는 잎을 떨어뜨리고…'처럼 표현할 수 있다. 그러나 가물어 시든 나무의 잎이 평소보다 아래로 처진 것은 잎이 떨어진 것이 아니므로 이때 쓸 수 있는 낱말이 '떨구다'이다. 즉, '나무는 잎을 떨구고 서 있다'라고 한다면 아직 잎이 나무에서 떨어지지 않았음을 뜻한다. '떨어지다'에도 이런 의미가 있다고 생각하는 사람들이 있지만 그렇지 않다. 한 낱말에 '떨어진 경우'와 '붙어 있는 경우'를 다 포함하는 것은 바람직하지 않다. 붙어 있는 상태에서 아래로 처진 경우에는 '떨구다'를 쓰고, 붙어 있지 않고 떨어진 경우를 '떨어뜨리다'를 써서 구별하는 것이 바람직하다.
아래는 '떨어뜨리다'보다는 '떨구다'를 쓰는 편이 더 좋겠다.
¶ 할미꽃은 항상 고개를 떨어뜨리고(×)/떨구고(○) 있다.
¶ 그는 늘 고개를 떨어뜨린(×)/떨군(○) 채 길을 걷는다.
¶ 그는 자신의 범행이 밝혀지자 결국 고개를 떨어뜨렸다(×)/떨궜다(○).
¶ 선생님을 바로 보지 못하고 시선을 떨어뜨리더니(×)/떨구더니(○) 눈물을 흘린다.

떨이 명사

팔다 조금 남은 물건을 다 떨어서 싸게 파는 일. 또는 그렇게 파는 물건.

¶ 남은 물건을 떨이로 팔고 일찍 집으로 돌아왔다.
¶ 과일이나 채소는 떨이를 사는 게 싸게 사는 비결이다.

복합어

- **떨이하다** 타동사 팔다 조금 남은 물건을 다 떨어서 싸게 팔다. ¶ 약장수는 마수걸이 때부터 떨이할 때까지 줄곧 노래하고 춤을 추면서 손님을 끌어들였다.
- **먼지떨이** 명사 먼지를 떠는 도구. 가는 자루 끝에 말총이나 새털, 헝겊 조각 따위를 묶어서 만든다.
- **이슬떨이** 명사 ① 이슬이 내린 길을 갈 때에 맨 앞에 서서 가는 사람. 이슬받이. ② 이슬을 떠는 막대기.
- **재떨이** 명사 담뱃재를 떨어 놓는 그릇.
- **주머니떨이** 명사 ① 여러 사람의 주머니에 있는 돈을 모두 내어, 술 따위를 사 먹는 장난. ② 주머니 속의 물건을 훔침. 또는 그런 짓을 하는 사람.

'떨이'와 '털이'

'떨이'는 마지막 남은 것을 팔아 치우는 행위이고, '털이'는 남의 물건을 털어서 가져가는 행위이다.

'떨이'와 '마수걸이'

'떨이'의 상대되는 낱말로 '마수걸이'가 있다. 이 말은 처음으로 물건을 파는 일을 가리킨다. '오늘 마수걸이로 가장 비싼 것을 팔아서 기분이 좋다'라고 쓴다. '아직 마수걸이도 하지 못했는데 자릿세를 달라고 한다'라고 쓸 수도 있다.

× 뗑깡

'생떼', '억지'의 틀린 말.
¶ 아이가 막무가내로 뗑깡을(×)/생떼를(○) 부려서 아주 힘들었다.
¶ 뗑깡(×)/생떼(○)/투정(○) 좀 그만 부려라.

'뗑깡'과 '생떼'

'뗑깡'은 일본어에서 유래한 말이어서 이 말 대신에 '생떼'를 쓰도록 했다. 상황에 따라서 '생떼' 대신에 '억지', '투정', '행패' 따위를 쓸 수도 있다.

또 부사

① 어떤 일이 거듭하여.

¶ 오늘 아침에 이곳에서 또 불이 났다.

¶ 교정을 보고 또 봐도 틀린 글자가 나온다.

¶ 또 허튼 수작을 부리는구나.

② 그 밖에 더.

¶ 그 밖에 또 무엇이 있더라?

¶ 제주도 여행 참 좋던데, 추천할 만한 곳 또 없어?

③ (가정법 표현과 함께 쓰이어) 혹시.

¶ 내가 사장이라면 또 모를까, 그렇게는 할 수 없다.

¶ 누가 또 알아? 그 사람이 성공하여 우리를 놀래 줄지.

④ 그 위에 더.

¶ 그는 변호사이며 또 국회의원이다.

⑤ 단어를 이어 줄 때 쓰는 말.

¶ 아이 눈이 맑고 또 그렇게 깨끗할 수가 없었다.

¶ 그이의 성격은 명랑하고 또 활달했다.

⑥ (의문 대명사 앞에 쓰이어) 놀람이나 안도의 뜻을 나타내는 말.

¶ 난 또 무슨 일이라고.

¶ 이건 또 뭐야?

⑦ (같은 말을 나란히 쓸 때 그 사이에서 관형사 '무슨'과 함께 쓰여) 앞에 있는 말이 뜻하는 내용을 부정하거나 의아하게 여길 때 쓰는 말.

¶ 일은 또 무슨 일, 아무 일도 없어.

복합어

- **또다시** 부사 '또', '다시'를 강조하는 말.

▶ '또'와 '다시'의 차이는 올림말 '다시' 참고.

뜨다[1] 동사

불11-8 뜨고, 뜨는, 뜬, 뜰, 떠, 뜬다, 뜹니다, 떠서, 떠요, 떴네, 떴다

자동사

① 물 위나 공중에 있거나, 위로 솟아오르다.

¶ 하늘에 떠 있는 비행기에서 흰 연기가 나온다.

¶ 바다에서는 물체가 쉽게 뜬다.

¶ 산봉우리 위로 뜨는 달을 향하여 절을 하며 소원을 빌었다.

② (벽지나 장판 따위의 일부분이) 벽이나 바닥에 붙지 않고 떨어져 있다.

¶ 풀이 제대로 묻지 않아서 벽지가 떠 있다.

¶ 습기가 차서 장판이 뜬다.

③ 기분이 가라앉지 않아 차분하지 못하게 되다.

¶ 여행을 보내 주겠다는 말에 기분이 붕 떠 있다.

¶ 그는 허영에 떠서 미친 듯이 돈을 쓰고 다녔다.

④ (연줄이 끊어져) 연이 날아가 버리다.

¶ 줄이 끊긴 연은 하늘 높이 떠서 날아갔다.

⑤ 빌려 준 것을 돌려받을 수 없게 되다.

¶ 뜬 돈이라 여겼던 돈을 돌려주니 고마운 일이 아니냐?

⑥ (속되게) 두려운 인물이 갑자기 모습을 나타내다.

¶ 시장에 경찰이 뜨자 깡패들이 썰물 빠지듯이 사라졌다.

⑦ (속되게) 인기를 얻게 되다. 유명해지다.

¶ 그 배우는 악역으로 뜨기 시작했다.

복합어

- **걸뜨다**[걸:-] 자동사 물 표면에 뜨지 아니하고 중간에 뜨다.
- **공뜨다**(空-) 자동사 ① 임자가 없거나 매인 데가 없어 남아돌다. ¶ 친구가 공뜬 연극 티켓이 있다면 같이 가자고 했다. ② 마음이 들뜨다. ③ 소문 따위가 떠돌다.
- **달뜨다**[달:-] 자동사 ① 마음이 가라앉지 아니하고 조금 흥분되다. ② 열기가 올라서 진정하지 못하다.
- **들뜨다** 자동사 ① (마음이나 분위기가) 조금 흥분되다. ② 단단한 데에 붙은 얇은 것이 떨어져 틈이 벌어지며 일어나다. ③ 피부에 수분이 부족하거나 각질 따위가 피부 표면에 붙어 있어 화장품이 잘 스며들지 않고 겉돌다.
- **뜬것** 명사 ① 우연히 관계를 맺게 된 사물. ② 떠돌아다니는 못된 귀신.
- **뜬공** 명사 야구에서, 타자가 공을 하늘 높이 쳐 올린 상태. 또는 그 공.
- **뜬광대** 명사 떠돌이 광대.
- **뜬구름** 명사 ① 하늘에 떠다니는 구름. ② 덧없는 세상일을 비유하여 이르는 말.
- **뜬금** 명사 일정하지 않고 시세에 따라 달라지는 값.

- **뜬금없다**[-업따] 형용사 갑작스럽고도 엉뚱하다.
- **뜬돈** 명사 어쩌다가 우연히 생긴 돈.
- **뜬마음** 명사 헛되거나 들뜬 마음.
- **뜬벌이** 명사 어쩌다 생긴 일자리에서 닥치는 대로 일하여 돈을 버는 일.
- **뜬생각** 명사 헛되거나 들뜬 생각.
- **뜬세상**(-世上) 명사 덧없는 세상.
- **뜬소문**(-所聞) 명사 근거 없이 떠도는 소문. 유언비어(流言蜚語).
- **뜬재물**(-財物) 명사 ① 우연히 얻은 재물. ② 남에게 빌려 주거나 맡긴 뒤에 다시 받지 못하게 된 재물.
- **띄우다** 사동사 올림말 '띄우다[2]' 참고.

뜨다[2] 동사

불11-8 뜨고, 뜨는, 뜬, 뜰, 떠, 뜬다, 뜹니다, 떠서, 떠요, 떴네, 떴다

자동사

① 물기 있는 물체가 제 훈김으로 썩기 시작하다.

¶ 두엄에 넣은 풀이 뜨면 퇴비가 만들어진다.

¶ 어제 사다 놓은 배추가 하룻밤 사이에 뜨고 말았다.

② 누룩이나 메주 따위가 발효하다.

¶ 골방에서 메주 뜨는 냄새가 진동한다.

③ (병 따위로 얼굴빛이) 누르고 살갗이 부은 것처럼 되다.

¶ 감기에 몸살까지 심하여 얼굴이 누렇게 떴다.

복합어

- **뜬내** 명사 오래된 낟알이나 물기 있는 물건이 썩거나 삭으면서 나는 냄새.
- **띄우다** 사동사 올림말 '띄우다[3]' 참고.
- **설뜨다** 자동사 발효가 제대로 되지 못하다.

'뜨다'와 '삭다', '썩다'

이 세 말은 모두 음식이 정상적인 상태에서 변하는 것을 나타내는데, 용법에 차이가 있다. '뜨다[2]'는 음식에 곰팡이가 피어 변하는 것인데, 한자어 '발효(醱酵)'와 같은 뜻이다. 띄운 메주로 간장과 된장을 담그고, 밀이나 콩을 띄워 만든 누룩으로 술을 빚는다.

'삭다'는 김치가 발효되거나 위에 들어간 음식이 분해되어 음식 자체가 먹기 좋게 또는 소화되기 좋게 바뀌는 것을 의미한다. 김치, 젓갈, 홍어 따위는 삭혀서 먹는다.
'썩다'는 음식이 분해되는 것은 '삭다'와 같지만 먹을 수 없게 되는 경우에 쓰는 말이다. 음식이 썩으면 사람에게 해로운 가스가 나오고 냄새와 맛이 고약해져 먹기 어렵게 된다.

뜨다[3] 동사

불11-8 뜨고, 뜨는, 뜬, 뜰, 떠, 뜬다, 뜹니다, 떠서, 떠요, 떴네, 떴다

타동사

① 있던 곳을 버리고 다른 곳으로 가다.
¶ 당시 시골 사람들은 먹고 살기 위하여 고향을 뜨지 않을 수 없었다.
¶ 지금 여기를 떠야 경찰에 붙들리지 않을 수 있다.
② 죽어서 세상을 떠나다.
¶ 돌림병으로 세상을 뜨는 사람이 많았다.

자동사

(기차나 버스 따위가) 출발하다.
¶ 막차가 뜨고 나면 대합실에는 갈 곳 없는 사람들만 덩그러니 남는다.

복합어

- **떠나가다** 자동사 ① (어디에서 다른 곳으로) 옮겨 가다. ¶ 그는 미국으로 떠나가는 날 나를 찾아왔다. ② (주로 '떠나가게', '떠나가라고', '떠나갈 듯이' 꼴로 쓰이어) 사라져 없어지다. ¶ 아들은 집이 떠나가라고 소리를 쳤다.
- **떠나다** 타동사 ① 있던 곳에서 다른 곳으로 옮기다. ¶ 집 떠나면 고생이야. ② 관계를 끊거나 관련이 없는 상태가 되다. ¶ 그는 우리에게서 멀리 떠난 사람이다. ③ 일을 하러 나서다. ④ 길을 나서다. ¶ 부모님은 여행을 떠나시고 안 계십니다. ⑤ 죽다. ¶ 그분은 벌써 세상을 떠났습니다.
- **떠나보내다** 타동사 다른 곳으로 떠나게 하다. ¶ 아들을 떠나보내니 마음이 너무 허전하다.
- **떠나오다** 타동사 있던 데서 일정한 곳으로 옮겨 오다.
- **뜨게부부**(-夫婦) 명사 정식으로 결혼을 하지 않고 우연히 만나 함께 사는 남녀.
- **뜨내기** 명사 ① 일정한 거처가 없이 떠돌아다니는 사람. ② 어쩌다가 간혹 하는 일을 낮잡아 이르는 말.

'뜨다', '떠나다', '떠나가다'

'뜨다'는 있던 곳에서 보이지 않는 먼 곳으로 옮기는 행동을 나타낸다. 이 행동의 의미를 더 확실하게 하기 위하여 '떠나다'를 쓴다. '나다'는 안에서 밖으로 옮기는 행동에 쓰는 말이므로 '뜨다+나다'의 조합으로 지금 있던 곳에서 보이지 않는 다른 곳으로 옮기는 행위임을 확실하게 나타낸다. 그런데 여기에 그 행위가 '가는' 행위라는 점을 확인해 주기 위해서 다시 '가다'를 붙인 것이 '떠나가다'이다. 이렇게 함으로써 행위의 의미를 확실하게 표현하게 되어 다른 의미로 오해할 여지가 거의 없다. 실제로 '떠나다'에는 '떠나가다, 떠나오다, 떠나보내다' 같은 다른 개념이 포함되어 있기 때문에 '떠나다'만으로는 의미를 오해할 소지가 있다.

¶ 고향을 떠난 사람들(어디에 있는 사람이 한 말인지 모른다.)

¶ 고향을 떠나간 사람들(이 사람들은 지금 나와 함께 여기에 있지 않다.)

¶ 고향을 떠나온 사람들(이 사람들은 지금 나와 함께 여기에 있다.)

¶ 아이들을 떠나보낸 사람들(이 사람들이 아이들을 어디로 보냈다.)

뜨다[4] 동사

불11-8 뜨고, 뜨는, 뜬, 뜰, 떠, 뜬다, 뜹니다, 떠서, 떠요, 떴네, 떴다

타동사

① 큰 것에서 일부를 떼어 내다.

¶ 잔디를 입히려면 어디서 떼를 떠 와야 한다.

¶ 서빙고는 한강에서 얼음장을 떠다가 보관하던 장소이다.

② 물속에 있는 것을 건져 내다.

¶ 죽은 물고기는 모두 채로 떠서 건져냈다.

③ 액체를 덜다.

¶ 종지에 간장을 뜬다.

¶ 목이 말라서 우물에서 물을 한 바가지 떠서 마셨다.

¶ 대접에 국을 떠서 담아 놓았다.

④ 수저 따위로 음식을 조금 먹다.

¶ 아무리 바빠도 밥 한 술 뜨고 가거라.

⑤ 얇게 저미다.

¶ 회 뜨는 칼은 날을 잘 갈아야 한다.

¶ 잔칫날에 편육을 뜨지 않으면 먹을 게 없지.
⑥ 종이나 김 따위를 틀에 펴서 낱장으로 만들어 내다.
¶ 전주에 가면 한지 뜨는 체험을 할 수 있다.
⑦ 피륙에서 옷감이 될 만큼 끊어 내다.
¶ 옷을 한 벌 지으려고 옷감을 떠 왔다.

복합어

- **광뜨다**[광:-] 자동사 연의 한 가운데 동그랗게 구멍을 내다.
- **떠내다** 타동사 ① 퍼서 밖으로 옮기다. ¶ 묵은 간장을 조금 떠내고 새 간장을 부었다. ② 물 위에 떠 있는 것을 건져 내다. ¶ 강에 널려 있는 죽은 고기를 채로 떠냈다. ③ 작은 나무나 뗏장 따위를 흙과 함께 파내다. ¶ 뒷산에서 뗏장을 떠내어 아버님 무덤에 입혔다.
- **떠먹다** 타동사 수저 따위로 음식을 퍼서 먹다.
- **떠먹이다** 사동사 '떠먹다'의 사동형.
- **떠옮기다**[-옴-] 타동사 있던 자리에서 뽑거나 떠내어서 다른 데로 옮기다.

관용 표현

- **한술 더 뜨다** 누구보다 더 정도가 심한 행동을 하다. ¶ 그의 아버지가 유명한 자린고비였는데, 그 아들은 그 아비보다 한술 더 뜨더라.

'뜨다'와 '푸다'

두 낱말은 아래와 같은 차이가 있다.

흘러가는 개울물을 바가지로 뜬다. (물을 조금 마시려고)
방에까지 들어온 물을 바가지로 푼다. (물을 없애려고)

겨우 밥을 한술 떴을 뿐이다. (전체에서 일부만)
솥에 있는 밥을 그릇에 퍼 담아라. (솥에 있는 밥 모두)

'뜨다'의 사용법

'뜨다[4]'의 ④는 숟가락으로 밥을 뜨는 동작을 가리키는 말인데, 이것이 밥을 먹는 동작으로까지 의미가 확장되었다. 대체로 '한 술 뜨다'의 형태로 쓴다. 이때는 밥을 제대로 먹기보다는 가볍게 시장기를 면할 정도로 먹는 경우를 가리킨다. 밥상을 갖추어 차린 것이 아니고 밥 한 그릇에 국 한 그릇과 한두 가지 반찬이 전부일 수 있다. 밥상을 갖추어 차린 경우라도 밥을 먹지 않고 나가려는 사람에게 한두 숟갈이라도 먹고 가라고 이르는 경우에도 쓰는 말이다. 환자가 밥맛이 없어서 겨우 한두 숟갈 먹는 경우에도 '뜨다'를 사용하면 제격이다. 따라서 잘 차려 놓고 편하게 밥을 먹는 경우에는 이 말을 사용하면 어울리지 않는다.
¶ 그냥 가려고? 그래도 한 술 뜨고 가야 시장하지 않을 텐데.(○)
¶ 현장 감독이 몰아치는 바람에 겨우 밥 한 술 뜨고 일을 다시 시작했다.(○)
¶ 팔이 아파서 밥 한 술 뜨기도 어려웠다.(○)
¶ 한 상 푸짐하게 차렸는데 어지간하면 와서 한 술 뜨고 가시게.(○)
¶ 어머니는 밥을 한 술 뜨는 둥 마는 둥 하시더니 다시 누우셨다.(○)
¶ 오늘 저녁은 우리 집에서 차렸으니 허리띠 풀어 놓고 한 술 뜹시다.(×)

뜨다5 동사

불11-8 뜨고, 뜨는, 뜬, 뜰, 떠, 뜬다, 뜹니다, 떠서, 떠요, 떴네, 떴다

타동사

① 감았던 눈을 벌리다.
¶ 눈을 크게 뜨고 나를 보아.
¶ 새벽에 눈을 뜨니 눈이 내리고 있었다.
② 무엇을 들으려고 청각의 신경을 긴장시키다.
¶ 사람이 오는 발소리에 귀를 번쩍 떴다.

복합어

- **가라뜨**다 타동사 (눈을) 아래로 향하여 보다. 내리뜨다. 깔뜨다.
- **거들떠보**다 타동사 알은체를 하거나 관심 있게 보다. ¶ 나를 거들떠보지도 않더라.
- **거들뜨**다 타동사 (눈을) 위로 크게 치켜뜨다.
- **깔뜨**다 타동사 눈을 아래쪽으로 내리뜨다. 가라뜨다.
- **곧추뜨**다 타동사 ① 눈을 위로 향하여 뜨다. ② 눈을 부릅뜨다.
- **내리뜨**다 타동사 눈을 아래쪽으로 뜨다. 가라뜨다. 깔뜨다.
- **눈뜨**다 자동사 ① 잠을 깨다. ② 사물의 이치나 원리 따위를 깨달아 알게 되다.
- **뜨이**다 피동사 올림말 '뜨이다2' 참고.
- **뜬눈** 명사 밤에 잠을 이루지 못한 눈. ¶ 뜬눈으로 밤을 새웠다.
- **모들뜨**다 타동사 두 눈동자를 안쪽으로 몰아 뜨다.
- **부릅뜨**다 타동사 무섭고 사납게 눈을 크게 뜨다.

- **빗뜨**다 [타동사] 눈을 옆으로 흘겨 뜨다.
- **엇뜨**다 [타동사] 눈동자를 한쪽으로 몰아 빗보다.
- **지릅뜨**다 [타동사] ① 고개를 수그리고 눈을 치올려서 뜨다. ② 눈을 크게 부릅뜨다.
- **짓부릅뜨**다 [타동사] 몹시 부릅뜨다.
- **치뜨**다 [타동사] 눈을 위쪽으로 뜨다.
- **치켜뜨**다 [타동사] 눈을 아래에서 위로 올려 뜨다.
- **홉뜨**다 [타동사] 눈알을 위로 굴리고 눈시울을 위로 치뜨다.

ㄷ

속담

- **뜨고도 못 보는 당달봉사** 눈으로 보고도 알아채지 못하는 사람을 이르는 말.

뜨다[6] 동사

불11–8 뜨고, 뜨는, 뜬, 뜰, 떠, 뜬다, 뜹니다, 떠서, 떠요, 떴네, 떴다

타동사

① 실 따위로 코를 얽어서 무엇을 만들다.

¶ 털실로 장갑과 스웨터를 떠서 선물했다.

② 한 땀 한 땀 바느질하다.

¶ 바늘로 한 땀 한 땀 떠서 만든 옷이다.

③ 살갗에 먹실을 꿰어 그림, 글자 따위를 그려 넣거나 자취를 내다. 문신(文身)하다.

¶ 요즘은 몸에 그림을 뜨는 젊은이들이 늘어나고 있다.

복합어

- **뜨개** [명사] ① =손뜨개 ② =뜨갯것
- **뜨개바늘** [명사] 뜨개질에 쓰는 바늘. =뜨개질바늘
- **뜨개보**(-褓) [명사] 뜨개질하여 만든 보자기.
- **뜨개실** [명사] 뜨개질에 쓰는 실.
- **뜨개질** [명사] 옷이나 장갑 따위를 실이나 털실로 떠서 만드는 일.
- **뜨개질바늘** [명사] =뜨개바늘
- **뜨개질실** [명사] =뜨개실
- **뜨개질하**다 [자동사] 옷이나 장갑 따위를 실이나 털실로 떠서 만들다.

- **뜨개천** 명사 털실 따위로 떠서 만든 천.
- **뜨개코** 명사 뜨개질한 물건의 코.
- **뜨갯거리** 명사 뜨개질을 할 일감.
- **뜨갯것** 명사 뜨개질하여 만든 물건.
- **먹물뜨다** 자동사 먹물을 사용하여 문신하다.
- **사뜨다** 타동사 단춧구멍이나 수눅 따위의 가장자리를 실로 휘갑치다.
- **손뜨개** 명사 ① 손으로 뜨는 일. 뜨개. ② 손으로 뜬 물건.
- **쌈지뜨다** 자동사 바둑에서, 상대의 세력 속에서 간신히 살다. ¶ 대마가 쌈지뜨고 살았으니 이길 수 없지.

'뜨다'와 '짜다'

'뜨다[6]'은 코를 만들면서 물건을 짜는 행위이고, '짜다[1]'은 날실과 씨실을 결어서 천 따위를 만드는 행위이다. 실이나 털실 따위로 코바늘이나 대바늘을 사용하여 스웨터나 목도리를 만드는 것은 '뜨는' 행위이다. 이런 행위를 '뜨개질'이라고 한다.

편물 기계로 스웨터나 목도리를 만들었다면 이는 뜨개질이 아니므로 '떴다'고 하지 않고, '짰다'고 한다. 베틀이나 편물기계 같은 도구를 써서 만드는 것은 주로 '짜다'를 쓴다.

¶ 어머니께서 뜨신 목도리라 마음에 꼭 들었다.(○)

¶ 어머니께서 짜신 목도리라 마음에 꼭 들었다.(×)

¶ 이게 어머니께서 보름 걸려 짜신 모시 옷감이다.(○)

¶ 요즘은 털목도리도 기계로 짜는/뜨는 것 같다.(○)

뜨다[7] 동사

불11–8 뜨고, 뜨는, 뜬, 뜰, 뜸, 떠, 뜬다, 뜹니다, 떠서, 떠요, 떴네, 떴다

타동사

① 무거운 물건을 위로 들어 올리다.

¶ 집채만 한 큰 바위를 목도로 떠 올렸다.

② 소가 뿔로 세게 받거나 밀쳐 올리다.

¶ 소가 뿔로 사람을 떠서 내동댕이쳤다.

¶ 소가 여물통을 떠서 엎어 버렸다.

③ 씨름에서, 상대편을 번쩍 들어 올리다.

복합어

- **냅뜨**다 자동사 ① 일에 기운차게 앞질러 나서다. ② 관계도 없는 일에 불쑥 참견하여 나서다.
- **떠들**다 타동사 가리거나 덮인 물건의 한 부분을 걷어 젖히거나 쳐들다.
- **떠들리**다 피동사 '떠들다'의 피동형. ¶ 이불 한 귀퉁이가 떠들려서 다리가 시리겠다.
- **떠넘기**다 타동사 자기가 할 일이나 책임을 남에게 미루다. 떠밀다. ¶ 책임을 남에게 떠넘기지 마라.
- **떠맡기**다 사동사 '떠맡다'의 사동형.
- **떠맡**다 타동사 일이나 책임 따위를 모두 맡다. ¶ 어쩌다 보니 내가 모든 일을 떠맡게 되었다.
- **떠메**다 타동사 ① 무거운 짐 따위를 쳐들어서 어깨에 걸치거나 올려놓다. ② 어떤 일이나 책임을 떠맡다.
- **떠밀**다 타동사 ① 힘껏 힘을 주어 앞으로 나아가게 하다. ② 어떤 일이나 책임을 남에게 넘기다. 떠넘기다.
- **떠밀리**다 피동사 '떠밀다'의 피동형.
- **떠밀치**다 타동사 세게 떠밀다.
- **떠받**다[1] 타동사 머리나 뿔로 세게 밀어 부딪치다.
- **떠받**다[2] 타동사 쓰러지거나 주저앉지 않도록 밑에서 받치다.
- **떠받들**다 타동사 ① 밑을 받치어 번쩍 들어 위로 올리다. ② 공경하여 섬기거나 잘 위하다. ③ 귀하여 여기다. ④ 존경할 만한 대상으로 높이 받들다.
- **떠받치**다 타동사 ① 주저앉거나 쓰러지지 않도록 밑에서 위로 받치다. ② 나라나 조직 따위를 튼튼하게 지탱하다.
- **떠받히**다[-바치-] 피동사 '떠받다[1]'의 피동형.
- **떠싣**다[1] 타동사 떠밀거나 들어서 싣다.
- **떠싣**다[2] 타동사 억지로 맡기다.
- **떠실리**다 피동사 '떠싣다[1]'의 피동형.
- **떠안기**다 사동사 '떠안다'의 사동형.
- **떠안**다 타동사 일이나 책임 따위를 온통 맡다.
- **떠엎**다 타동사 ① 떠서 뒤집어엎다. ② 어떤 일이나 판세를 뒤집어엎어 끝을 내다. ③ 소동을 일으켜 소란스럽게 하다.
- **떠이**다 타동사 ① 높이 쳐들어 이다. ② 무엇을 높이 받들다.

'뜨다'와 들다'

'뜨다[7]'과 '들다'는 두 가지 점에서 차이가 있다.

첫째는 한 사람의 힘으로 들기 어려운 물건을 번쩍 드는 경우에 '뜨다'를 쓴다. 무거운 물건을 겨우 드는 것이 아니라 번쩍 들어서 그 물건이 땅에 닿지 않을 정도가 되어야 '뜨다'를 쓸 수 있다.

둘째는 들어 올리는 힘의 중심이 물체의 아래에 있어야 '뜨다'를 쓸 수 있다. 여럿이 물건을 한 귀퉁이씩 잡고 드는 경우에는 '뜨다'를 쓸 수 없다. 작은 물건을 한 사람이 드는 경우에도 '뜨다'를 쓰기 어렵다.
¶ 바위 같은 큰 돌을 지렛대로 떠서 움직였다.(○)
¶ 물통을 들어서 이층으로 올렸다.(○)

뜨다8 동사

불11-8 뜨고, 뜨는, 뜬, 뜰, 뜸, 떠, 뜬다, 뜹니다, 떠서, 떠요, 떴네, 떴다

타동사

① 새겨진 글씨나 무늬 따위를 드러나게 하다.
¶ 수를 놓으려면 먼저 본을 떠 놓아야 한다.
② 도면, 모형, 지형(紙型), 연판(鉛版) 따위를 만들다.
¶ 조판이 끝나면 지형을 뜨고, 거기에 납을 부어 연판을 뜬다.
③ 녹화하거나 녹화물을 복사하다.
¶ 실황 중계 테이프의 복사본을 몇 개 떠서 사람들에게 나눠 주었다.

복합어

- **모뜨다** 타동사 남이 하는 짓을 본뜨다.
- **본뜨기**(本-) 명사 ① 무엇을 본으로 삼아 그대로 만들거나 행하는 일. ② (옷 마름질이나 뜨개질을 할 때) 옷 바탕을 뜨는 일. 또는 그 바탕. ¶ 어머니는 본뜨기를 쓰지 않고도 옷을 잘 만든다.
- **본뜨다**(本-) 타동사 ① 무엇을 본보기로 삼아 그대로 좇아 하다. ¶ 아이들은 부모의 행동을 본뜨게 마련이다. ② 이미 있는 대상을 본으로 삼아 그대로 좇아 만들다. ¶ 이 옷을 본떠서 네 것도 만들어라.

뜨다9 동사

불11-8 뜨고, 뜨는, 뜬, 뜰, 뜸, 떠, 뜬다, 뜹니다, 떠서, 떠요, 떴네, 떴다

타동사

① 상대편 속마음을 알아보려고 어떤 말이나 행동을 넌지시 걸어 보다.
¶ 그가 무슨 생각을 하는지 속을 살짝 떠 보아라.

② (저울로) 무게를 헤아리다.
¶ 옥수수 무게를 알려면 저울로 뜨는 수밖에 없다.

복합어

- **떠보다** 타동사 ① 남의 속뜻을 넌지시 알아보다. ¶ 이 일은 그의 의중을 떠보고 나서 결정하자. ② 사람의 능력이나 됨됨이 따위를 헤아려 보다. ¶ 내가 그것을 알고 있는지 자네가 지금 나를 은근히 떠보는 거로구먼. ③ 저울로 물건을 헤아려 보다.

> **'뜨다'와 '달다'**
> 이 두 낱말은 무게를 헤아릴 때 사용하지만, '뜨다[9]'는 대체로 사람의 속마음이나 능력을 헤아릴 때 쓰는 말이고, '달다[2]'는 저울로 무게를 잴 때에 쓰는 말이다.

뜨다[10] 동사

불11-8 뜨고, 뜨는, 뜬, 뜰, 뜸, 떠, 뜬다, 뜹니다, 떠서, 떠요, 떴네, 떴다

타동사

('어디에 뜸을 뜨다'처럼 쓰이어) 약쑥을 비벼 혈에 놓고 불을 붙여 태우다.
¶ 할아버지는 가끔 어깨에 뜸을 뜨기도 했다.
¶ 허리가 아픈 사람의 등에 무수히 뜸을 떴다.

복합어

- **뜸뜨다** 타동사 결코 못지않다. 또는 견줄 만하다. ¶ 배우 뜸떠 먹게 잘생겼다.

뜨다[11] 형용사

불21-8 뜨고, 뜬, 뜰, 뜸, 떠, 뜬다, 뜹니다, 떠서, 떠요, 떴네, 떴다

① 행동 따위가 느리다.
¶ 그렇게 행동이 떠서야 제 시간에 일을 마칠 수 있을까?

② 감수성이 둔하다.
¶ 그 사람은 눈치가 떠서 사람들을 곤란하게 만들 때가 있다.
③ 입이 무겁다.
¶ 입이 뜬 사람이라 말수가 적다.
④ 날이 무디다.
¶ 칼이 떠서 잘 안 드니 갈아야겠다.
⑤ 다리미, 인두 따위의 쇠붙이가 잘 달구어지지 않는다.
¶ 쇠가 뜨면 좋은 상품을 만들기 어렵다.
⑥ 비탈진 정도가 둔하다.
¶ 지붕의 물매가 뜨니 빗물이 쉽게 지붕 속으로 스며든다.

복합어

- **굼뜨**다 형용사 동작, 진행 과정 따위가 답답할 만큼 매우 느리다. ¶ 그 사람 행동은 굼떠도 눈치는 빠르다.
- **떠지**다 자동사 ① 사이가 뜸해지다. ② 더디어지다. 느려지다.
- **메뜨**다 형용사 밉살스럽도록 동작이 느리고 둔하다.
- **어정뜨**다 형용사 ① 마땅히 해야 할 일을 제대로 하지 않아 탐탁하지 않거나 태도가 분명하지 아니하다. ② 이쪽도 저쪽도 아니고 어중간하다.
- **얼뜨**다[얼:-] 형용사 다부지지 못하여 어수룩하고 얼빠진 데가 있다.

속담

- **뜬 소 울 넘는다** 동작이 매우 느린 소가 울타리를 넘는다는 뜻으로, 평소에 동작이 느린 사람이 뜻밖에 장한 일을 이룬 것을 비유하여 이르는 말.
- **뜬 쇠가 달면 더 뜨겁다** 평소에 성미가 유순한 사람이 한번 화가 나면 오히려 더 무서움을 비유하여 이르는 말.

'뜨다'와 '느리다'와 '더디다'

'뜨다[11]'과 '느리다'는 빠르지 않은 행동을 가리킨다. 천천히 하는 행동에는 이 두 낱말 중에 어느 것을 써도 상관없다. 다만 속도나 속력이 빠르지 않음을 나타낼 때는 '느리다'를 쓴다. '느린 속도'와 '빠른 속도'처럼 쓰는 경우에는 '뜨다'를 쓰지 않는다. 어미 '-게'와 연결하는 경우에는 '느리게'가 '뜨게'보다 더 자연스럽다.

'더디다'는 속도감보다는 걸리는 시간이 보통보다 오래 걸릴 때에 쓰는 말이다. 그래서 '뜨다'와 '느리다'는 동작에 쓰고, '더디다'는 일에 쓰는 것이 자연스럽다.

'느리다', '뜨다', '더디다'에 상대되는 말은 '빠르다'이다.
¶ 기차가 느리게/빠르게 간다.
¶ 그의 동작은 너무 뜨다/느리다/빠르다.
¶ 시간이 참으로 더디게/느리게/빠르게 흐른다.

뜨다[12] 형용사

불21-8 뜨고, 뜬, 뜰, 뜸, 떠, 뜬다, 뜹니다, 떠서, 떠요, 떴네, 떴다

① 거리가 꽤 멀다.
¶ 우리 집에서 학교까지는 거리가 떠서 걸어가려면 시간이 많이 걸린다.
② (소식이나 왕래가) 잦지 않다.
¶ 우리 사이가 좀 떠서 이런 부탁을 하기는 어렵다.
③ 동안이 오래다.
¶ 배차 간격이 떠서 다음 버스가 올 때까지 한참을 기다려야 한다.

복합어

- **도뜨다**[도:-] 형용사 말씨나 행동의 수준이 높다.
- **동뜨다** 형용사 ① 동안이 뜨다. 자동사 사이가 뜸해지다. ② 평상시와는 다르다. ¶ 어제와는 동뜬 행동을 하는 이유가 뭐지? ③ 다른 것들보다 훨씬 뛰어나다.
- **떠지다** 자동사 사이가 뜸해지다.
- **뜨막하다** 형용사 사람들의 왕래나 소식 따위가 자주 있지 않다. ¶ 요즘은 그의 소식이 조금 뜨막해졌다.
- **뜨음하다** 형용사 '뜸하다'의 본말.
- **뜸하다**[뜸:-] 형용사 올림말 '뜸하다' 참고.
- **왕청뜨다**[왕:-] 형용사 차이가 매우 엄청나다.
- **좌뜨다**[좌:-] 형용사 생각이 남보다 뛰어나다.

관용 표현

- **동안이 뜨다** ① 동안이 오래다. ¶ 1부 공연이 끝나고 다음 공연까지 동안이 떠서 차를 마셨다. ② 거리가 멀다.
- **사이가 뜨다** 사람 사이의 관계가 친밀하지 않거나 벌어지다. ¶ 이런 일로 친구끼리 사이가 떠서야 되겠나.

뜨락 명사

① =뜰

¶ 뜨락에 심어 놓은 치자나무 꽃에서 풍기는 향기가 온 집을 감싼다.

② (주로 '무엇의 뜨락'의 형태로 쓰이어) 그것이 깃든 추상적 공간을 비유하여 이르는 말.

¶ 내 영혼의 뜨락에 한 줄기 빛이 비쳐 온다.

'뜨락'과 '뜰'

두 낱말은 복수 표준어로 공간을 의미하는 경우에는 특별한 차이가 없다. '뜰'에 비해서 '뜨락'이 조금 멋스러운 느낌이 든다. '뜰'을 추상적으로나 상징적으로 나타내는 경우에는 주로 '뜨락'을 쓴다.

뜨이다[1] 동사

㉣ 띄다[1]

규11-0 뜨이고, 뜨이는, 뜨이어/띄어, 뜨인다, 뜨입니다, 뜨이었다/띄었다

자동사

① 눈에 보이다.

¶ 남의 눈에 뜨이지 않도록 조심해라.

¶ 자세히 보니 맞춤법이 틀린 글자가 눈에 뜨인다.

¶ 멀리서도 눈에 잘 뜨이는 집은 이 집밖에 없다.

② 특별히 달라지거나 남보다 훨씬 두드러지다.

¶ 지난해 우리는 눈에 뜨이는 경제 성장을 달성했다.

¶ 그녀는 눈에 뜨이게 아름답다.

③ 무엇을 들으려고 청각 신경이 긴장하다.

¶ 아이는 엄마의 목소리에 귀가 띄었는지 쏜살같이 달려 나갔다.

'뜨이다[1]'의 활용형 '뜨이어'와 '뜨여'

'뜨이다[1]'에 연결 어미 '-어'가 붙어 활용하면 '뜨이어'가 되고 이것이 줄어들면 '뜨여'가 되는 것이 보통이다. '쓰이어/쓰여', '트이어/트여'가 이렇게 줄어드는 형태이다. '뜨이어', '쓰이어', '트이어'가 줄어든 형태로 '띄어' '씌어' '틔어'도 쓸 수 있다.

¶ 그가 내 눈에 뜨여(○)/띄어(○) 그에게 심부름을 시킨 것뿐이다.
¶ 요즘은 어디에 가나 한국인이 눈에 뜨여서(○)/띄어서(○) 여행할 때에 안심이 된다.

뜨이다² 동사

규11-0 뜨이고, 뜨이는, 뜨이어/뜨여, 뜨인다, 뜨입니다, 뜨이었다/뜨였다

피동사

'뜨다⁵'의 피동형.

¶ 간밤에 늦게 잤더니 아침 늦게야 눈이 뜨였다.

'뜨이다²'의 활용형 '뜨이어'와 '뜨여'

'뜨이다²'에 연결 어미 '-어'가 붙어 활용하면 '뜨이어'가 되고 이것이 줄어들면 '뜨여'가 된다. '뜨이다²'는 '띄다'로 줄어들지 않는다. 그래서 '뜨이어'가 '띄어'로 줄어들지 않고 '뜨여'로 줄어든다. '뜨이다¹'과 다른 활용을 하는 것이다.

뜰 명사

집 안에 딸려 있는 빈터. 화초나 나무를 가꾸기도 하고, 푸성귀 따위를 심기도 한다. 뜨락.

¶ 집에 조그만 뜰이라도 하나 가꾸고 싶다.

뜸하다 형용사 [뜸:-]

불20-9 뜸하고, 뜸하여/뜸해, 뜸한, 뜸합니다, 뜸하였다/뜸했다

자주 있던 왕래나 소식 따위가 한동안 없다.

¶ 요즘은 소식이 뜸해서 그가 어떻게 지내는지 모른다.

뜻대로 부사

① 마음먹은 대로.

¶ 일이 뜻대로 잘 이루어지고 있다.

¶ 뜻대로 되는 일이 얼마나 있겠니?

② 뜻과 같이.

¶ 이 글을 뜻대로 이해한다면 네 말이 맞을 수 있다.

띄다[1] 동사
[띠:-]

규11-0 띄고, 띄니, 띄지, 띄어, 띈, 띌, 띈다, 띕니다, 띄었다

자동사

'뜨이다[1]'의 준말.

▶ '띄다'와 '뜨이다'의 연결형 '띄어'와 '뜨여'에 관한 설명은 올림말 '뜨이다[1]' 참고.

띄다[2] 동사
[띠-]

규11-0 띄고, 띄는, 띄지, 띄어, 띈, 띌, 띈다, 띕니다, 띄었다

타동사

(무엇을) 사이를 뜨게 하다. '띄우다[4]'의 준말.

¶ 일정하게 간격을 띄어서 줄을 치세요.

¶ 한글은 낱말 단위로 띄어 써야 의미를 파악하기 쉽다.

¶ 간격을 너무 띄지 마세요.

복합어

- **띄어쓰기** 명사 글을 쓸 때, 각 낱말의 사이를 벌려서 쓰는 일.
- **띄엄띄엄** 부사 ① 붙어 있거나 가까이 있지 않고 조금 떨어져 있는 모양. ¶ 아직 벼를 베지 않은 논이 띄엄띄엄 보인다. ② 거듭되는 간격이 짧지 않고 긴 모양. ¶ 아이가 학교에서 있었던 일을 띄엄띄엄

말하기 시작했다. ③ 느릿느릿한 모양. ¶ 띄엄띄엄 걸어도 황소걸음이라는 말처럼 꾸준히 하는 것이 중요하다.

> **'띄다', '띄우다', '띄어쓰기', '띄워쓰기'**
>
> '띄다[2]'와 '띄우다[4]'의 활용형에 대해서는 올림말 '띄우다[4]'를 참고하면 된다. 문제는 '띄어쓰기'만 맞고, '띄워쓰기'는 틀리느냐인데, 결론은 틀리다이다. '띄워쓰기'라는 단어는 없다.(자세한 설명은 올림말 '띄우다[4]' 참고.)

ㄷ

띄우다[1] 동사 [띠 -]

규11-0 띄우고, 띄우는, 띄워, 띄운다, 띄웁니다, 띄웠다

타동사

편지나 엽서 따위를 부치거나 보내다.

¶ 군대에 있는 친구에게 편지를 띄우려고 한다.

¶ 멀리 있는 가족에게 방송으로나마 소식을 띄워 보내고 싶습니다.

> **'띄우다'와 '부치다'**
>
> 편지나 엽서를 우편으로 보내는 것은 '부치다'이다. 이것을 조금 멋스럽게 표현하여 '띄우다[1]'을 쓰지만 여기에는 약간 제약이 따른다. '띄우다'는 공중으로 날려 보낸다는 말맛이 느껴져 윗사람에게 '띄우는' 표현은 적절하지 않을 수 있다.
>
> ¶ 소식을 기다리시는 부모님께 편지를 **띄웠다**(?)/**부쳤다**(○).
>
> ¶ 이 엽서를 즉시 사장님께 **띄워라**(?)/**부쳐라**(○).

띄우다[2] 동사 [띠 -]

규11-0 띄우고, 띄우는, 띄워, 띄운다, 띄웁니다, 띄웠다

사동사

'뜨다[1]'의 사동형.

¶ 오늘은 날씨가 나빠서 비행기를 띄울 수 없겠다.
¶ 호수에 배를 띄우고 달을 감상한다.
¶ 기획사는 소속 연예인을 띄우기 위해서 언론을 이용한다.

띄우다[3] 동사 [띠-]

규11-0 띄우고, 띄우는, 띄워, 띄운다, 띄웁니다, 띄웠다

사동사

'뜨다[2]'의 사동형.
¶ 장을 담그기 위하여 먼저 메주를 띄웠다.

띄우다[4] 동사 [띠-]

규11-0 띄우고, 띄우는, 띄워, 띄운다, 띄웁니다, 띄웠다

사동사

'뜨다[12]'의 사동형.
¶ 너무 붙여 놓으면 답답해지니까 사이를 좀 띄워라.
¶ 야간에는 배차 간격을 띄우는 것이 경제적이다.

'띄우다'와 '띄다'의 활용형

두 낱말은 본딧말과 준말 관계이다. 그리고 형용사 '뜨다[12]'의 사동형이기도 하다. 간격을 뜨게 하는 것을 '띄운다'라고 하고 이를 줄여서 '띈다'라고 한다. 또, 간격을 뜨게 하라는 뜻으로 '간격을 띄워라' 라고 하는데, 이를 '간격을 띄어라'라고도 한다. 그러므로 '띄워라'와 '띄어라'를 모두 쓸 수 있다.
아래 활용표를 보면 어미가 자음인 경우에는 줄어드는 것이 어색하지 않고 문제가 없어 보이지만 어미가 '어'로 시작하는 경우(-어, -어라, -어서, -었-)에는 활용형이 서로 다른 형태로 나타난다. 그래서 '두 글자를 띄어 써라'라고 해야 할지 '두 글자를 띄워 써라'라고 해야 할지 헷갈릴 수 있다. 우리가 흔히 '띄어쓰기'라고 하기 때문에 '띄워 써라'는 틀린 표기로 오해할 수 있다. 그러나 '띄워 써라', '띄워 놓아라'도 틀린 말이 아니다. 다만, 단어로서 '띄어쓰기'는 있지만 '띄워쓰기'는 없다는 점에

유의해야 한다.

	-고	-니	-면	-어	-어라	-어서	-었다
띄우다	띄우고	띄우니	띄우면	띄워	띄워라	띄워서	띄웠다
띄다	띄고	띄니	띄면	띄어	띄어라	띄어서	띄었다

ㄷ

띠다 동사 [띠:-]

규11-0 띠고, 띠니, 띠지, 띠어, 띤, 띨, 띱니다, 띠었습니다

타동사

① 띠나 끈 따위를 두르다.

¶ 허리띠를 띠지 않으면 바지가 흘러내린다.

② 용무나, 직책, 사명 따위를 지니다.

¶ 우리는 회사의 중대한 임무를 띠고 출발함을 명심하기 바란다.

③ (빛깔이나 색채, 감정이나 기운 따위를) 보이다.

¶ 일부 동물은 자기 몸을 보호하기 위해서 주변 색깔과 같은 색을 띤다.

¶ 얼굴에 웃음을 띠고 단상에 올랐다.

¶ 노기를 띤 얼굴을 보니 아주 다른 사람 같았다.

④ (어떤 성질을) 지니다.

¶ 이 신문은 보수 성향을 띠었다.

복합어

- **암띠다**[암:-] 형용사 ① 비밀스러운 것을 좋아하는 성질이 있다. ② 수줍은 성질이 있다.
- **열띠다**(熱-) 형용사 열기를 품다. ¶ 사람들이 선거를 앞두고 열띤 논쟁을 벌였다.

'띠다'와 '띄다[1]'의 발음과 표기

두 낱말의 발음이 같아서 표기할 때에 헷갈리기 쉽다. 가장 명확한 차이는 '띄다[1]'가 자동사인데 비해서 '띠다'는 타동사라는 점이다. 그래서 '띄다[1]'은 '무엇이 눈에 띄다'처럼 쓰는 것이 관용 표현으로 되어 있다. 이에 비해서 '띠다'는 '무엇을 띠다'처럼 쓴다. 부사어 '눈에'가 있으면 틀림없이 '띄다'를 써야 한다.

'띠다'와 '띄다[2]'의 표기

'띄다[2]'는 짧은 발음이고 '띠다'는 긴 발음이지만 이것만으로 구별하여 적기는 어렵다. 더욱이 두 낱말이 모두 타동사이므로 둘 다 목적어를 가지기 때문에 문법적으로 구별하여 어떤 표기를 선택할지 결정하기도 쉽지 않다. 이 경우에는 뜻으로 구별하는 수밖에 없다. 간격을 '멀게 하다'라는 뜻으로 쓰면 '띄다'이고, 표정이나 색을 '보이다'라는 뜻으로 쓰면 '띠다'가 된다.

¶ 그가 만면에 웃음을 띄고(×) 나타났다. → 띠고

¶ 초록빛을 띄는(×) 옷이 내게 잘 어울린다. → 띠는

¶ 우리는 공동선을 실천해야 할 사명을 띈(×) 사람들이라고 자임한다. → 띤

ㄹ

ㄹ 조사

목적격 조사

(받침 없는 체언에 붙어) 입말에서, 목적격 조사 '를'을 줄여 쓴 것.

¶ 나는 널(너를) 좋아한다.

¶ 나는 과잘(과자를) 좋아한다.

보조사

(조사 '에, 으로', 연결 어미 '-아, -게, -지, -고', 받침 없는 일부 부사 뒤에 붙어) 입말에서, 강조하는 뜻으로 쓰는 보조사 '를'을 줄여 쓴 것.

¶ 아이가 잠시도 가만히 앉아있질(앉아있지를) 않는다.

¶ 프랑스 요리를 먹얼(먹어를) 봤어야 말이지.

-ㄹ 어미

관형사형 어미

('이다'의 어간, 받침 없는 용언의 어간, 'ㄹ' 받침이 있는 용언의 어간 또는 어미 '-으시-', '-시오-' 따위의 뒤에 붙어)

① 앞말이 관형어 구실을 하게 하는 어미.

¶ 나는 본 대로 말할 뿐이다.

¶ 달이 뜰 때에 맞추어 그가 왔던 것 같다.

② 관형어를 만들어 추측, 예정, 의지 등 확정된 현실이 아님을 나타내는 어미.

¶ 곧 떠날 사람에게 자질구레한 이야기는 하지 마라.
¶ 나와 놀 사람 이리 오너라.
¶ 곧 비가 내릴 것 같다.
▶ 'ㄹ' 받침을 제외한 받침이 있는 용언의 어간에는 '-을'을 붙여 쓴다. (올림말 '-을' 참고.)

-ㄹ 거다

'-ㄹ 것이다'의 입말. 단정하여 추측함을 나타내는 말. ×-ㄹ 꺼다
¶ 내일은 비가 내릴 거다.
¶ 이게 그의 사진일 거다.
¶ 오늘은 회사에 안 갈 거다.

'-ㄹ 거다'의 용법

① '-ㄹ 거다'는 소리가 '-ㄹ 꺼다'로 나지만 '-ㄹ 거다'로 적어야 한다. '-ㄹ 거면', '-ㄹ 거야', '-ㄹ 듯', '-ㄹ 수', '-ㄹ 줄' 따위도 다 예사소리로 적는다. '-ㄹ걸', '-ㄹ게', '-ㄹ지', '-ㄹ소냐' 같은 어미도 예사소리로 적는다. 의문을 나타내는 어미 '-ㄹ까'와 '-ㄹ꼬'만 된소리로 적는다.

② '-ㄹ 거다'는 용언의 관형사형 '-ㄹ' 뒤에 '거다'가 이어진 형태인데, '거다'는 명사 '거'에 서술격 조사 '이다'의 어미 '-다'가 붙은 것이다('이다'의 '이-'는 생략되었다). 용언의 관형사형과 명사는 띄어 써야 하므로 '-ㄹ 거다'처럼 띄어야 한다.

-ㄹ걸 어미 [-껄]

종결 어미

① 상대의 물음이나 의심에 대하여 가볍게 자기 생각을 말할 때에 쓰는 말.
¶ 내일은 비가 올걸.
¶ 모르긴 몰라도 그가 너보다 더 키가 클걸.
② 그렇게 하지 않은 일에 대해 가볍게 뉘우치거나 아쉬워함을 나타내는 말.
¶ 그날 회의에 참석할걸.
¶ 가라고 할 때에 갈걸

‘-ㄹ걸’의 용법

‘이다’의 어간, 받침 없는 동사 어간, ‘ㄹ’ 받침이 있는 동사 어간 뒤에 붙여 쓴다. 소리는 ‘-ㄹ껄’로 나지만 ‘-ㄹ걸’로 적어야 한다. ‘ㄹ’ 받침 외의 받침이 있는 어간에는 ‘-을걸’을 쓴다. (올림말 ‘-을걸’ 참고.)

구분	예시	활용형
‘이다’	이다	일걸
받침 없는 어간	가다, 사다, 보다, 쓰다, 하다	갈걸, 살걸, 볼걸, 쓸걸, 할걸
‘ㄹ’ 받침 어간	갈다[1, 2, 3], 살다, 밀다, 불다, 쓸다 빌다, 열다, 털다, 팔다	갈걸, 살걸, 밀걸, 불걸, 쓸걸 빌걸, 열걸, 털걸, 팔걸
‘ㄹ’ 받침 외의 어간	묻다[1, 2], 걷다[1, 2, 3], 믿다, 업다 씻다, 빗다, 빻다, 쫓다	묻을걸, 걷을걸, 믿을걸, 업을걸 씻을걸, 빗을걸, 빻을걸, 쫓을걸
	묻다[3], 걷다[4], 듣다, 싣다	물을걸, 걸을걸, 들을걸, 실을걸
	굽다, 눕다, 여쭙다, 뵙다	구울걸, 누울걸, 여쭐걸, 뵐걸
	잇다, 짓다, 붓다, 젓다	이을걸, 지을걸, 부을걸, 저을걸

-ㄹ게 어미 [-께]

종결 어미

가볍게 말할 상대에게 어떤 행동을 하겠다고 약속하는 뜻을 나타내는 말.

¶ 도착하거든 전화할게.

¶ 내일 다시 올게.

‘-ㄹ게’의 용법

받침 없는 동사 어간이나 ‘ㄹ’ 받침이 있는 동사 어간 뒤에 붙여 쓴다. 소리는 ‘-ㄹ께’로 나지만 ‘-ㄹ게’로 적어야 한다. ‘ㄹ’ 받침을 제외한 받침이 있는 동사 어간에는 ‘-을게’를 쓴다. (올림말 ‘-을게’ 참고.)

구분	예시	활용형
받침 없는 어간	가다, 사다, 보다, 쓰다, 하다	갈게, 살게, 볼게, 쓸게, 할게
‘ㄹ’ 받침 어간	갈다[1, 2, 3], 살다, 밀다, 불다, 쓸다 빌다, 열다, 털다, 팔다	갈게, 살게, 밀게, 불게, 쓸게, 빌게 열게, 털게, 팔게

'ㄹ' 받침 외의 어간	묻다[1, 2], 걷다[1, 2, 3], 믿다, 업다 씻다, 빗다, 빻다, 쫓다	묻을게, 걷을게, 믿을게, 업을게 씻을게, 빗을게, 빻을게, 쫓을게
	묻다[3], 걷다[4], 듣다, 싣다	물을게, 걸을게, 들을게, 실을게
	굽다, 눕다, 여쭙다, 뵙다	구울게, 누울게, 여쭐게, 뵐게
	잇다, 짓다, 붓다, 젓다	이을게, 지을게, 부을게, 저을게

× -ㄹ꺼다/-ㄹ꺼야

'-ㄹ 거다', '-ㄹ 거야'의 틀린 표기.

¶ 내일은 비가 내릴꺼야(×)/내릴 거야(○).

× -ㄹ껄/-ㄹ께

'-ㄹ걸'과 '-ㄹ게'의 틀린 표기.

¶ 그때 배워 둘껄(×)/둘걸(○) 그랬네.

¶ 지금 곧 갈께(×)/갈게(○).

-ㄹ는지 어미 [-른-]

연결 어미

제삼자나 주체의 행동에 대해서 추측이나 의문의 뜻을 나타내는 말. '-는지'의 미래 시제에 해당한다. × -ㄹ른지

¶ 그가 우리 집에 올는지 모르겠다.

¶ 언제 일이 끝날는지 예상할 수 없다.

종결 어미

어떤 일의 실현 가능성에 대해 의문의 뜻을 나타내는 말.

¶ 아버지가 과연 일찍 올는지.

¶ 친구가 영화를 볼는지.

'-ㄹ는지'의 용법

'-ㄹ는지'는 '이다', 받침 없는 용언의 어간, 'ㄹ' 받침이 있는 용언의 어간 뒤에 붙여 쓴다. 소리는 '-ㄹ른지'로 나지만 '-ㄹ는지'로 적어야 한다. 'ㄹ' 받침 외의 받침이 있는 어간에는 '-을는지'를 쓴다. (올림말 '-을는지' 참고.)

구분	예시	활용형
'이다'	이다	일는지
받침 없는 어간	가다, 사다, 보다, 쓰다, 하다	갈는지, 살는지, 볼는지, 쓸는지, 할는지
'ㄹ' 받침 어간	갈다[1, 2, 3], 밀다, 불다, 열다	갈는지, 밀는지, 불는지, 열는지
'ㄹ' 받침 외의 어간	걷다[1, 2, 3], 믿다, 씻다, 빻다	걷을는지, 믿을는지, 씻을는지, 빻을는지
	묻다[3], 걷다[4], 듣다, 싣다	물을는지, 걸을는지, 들을는지, 실을는지
	굽다, 눕다, 여쭙다, 뵙다	구울는지, 누울는지, 여쭈울는지, 뵈올는지
	잇다, 짓다, 붓다, 젓다	이을는지, 지을는지, 부을는지, 저을는지

-ㄹ라고 어미

종결 어미

① 어떤 사실을 의심하면서 상대에게 되묻는 뜻을 나타내는 말.

¶ 퇴근 시간이 지났는데 부장이 회사에 있을라고?

¶ 설마 그가 그런 일을 할라고?

¶ 아무렴 그런 남자를 좋아할라고?

② (상대편을 안심시키기 위하여) 그럴 리가 없음을 강조하는 말.

¶ 그만 걱정하게. 설마 이보다 더 나쁜 일이 일어날라고?

¶ 별 소리를 다 하네. 설마 그렇게까지 나쁜 사람일라고?

¶ 설마 걸음이 그렇게 빠를라고?

③ 어떤 사실이나 상황을 감탄조로 인정하는 말.

¶ 선생님께서 어련히 알아서 하실라고.

¶ 취직이 되면야 오죽 좋을라고.

▶ '-ㄹ라고'는 '이다', 받침 없는 용언의 어간, 'ㄹ' 받침이 있는 용언의 어간 뒤에 붙여 쓴다. 'ㄹ' 받침을 제외한 받침이 있는 용언의 어간에는 '-을라고'를 쓴다. (올림말 '-을라고' 참고.)

-ㄹ락 어미

연결 어미

(보통 '-ㄹ락 말락'의 꼴로 쓰이어) 거의 그렇게 되는 모양을 나타내는 말.

¶ 멀리 있는 사람이 보일락 말락 한다.

¶ 멀리서 외치시는 어머니 목소리가 들릴락 말락 하였다.

¶ 잠이 들락 말락 하는데 전화가 와서 깼다.

¶ 키가 160센티미터가 될락 말락 한다.

관용 표현

- **-ㄹ락 말락 하다** 그렇게 되는 듯하기도 하고 안 되는 것 같기도 함을 나타내는 말.

> **'-ㄹ락'의 용법**
>
> ① '-ㄹ락'은 받침 없는 동사 어간이나 'ㄹ' 받침이 있는 동사 어간 뒤에 붙여 쓴다. 'ㄹ' 받침을 제외한 받침이 있는 동사 어간에는 '-을락'을 쓴다. (올림말 '-을락' 참고.)
>
> ② '오락가락하다'에는 '-락 -락'이 들어 있지만 '-ㄹ락'과는 관계가 없다.

▶ '-ㄹ락'과 '-락'의 차이는 올림말 '-락' 참고.

× -ㄹ래야

'-려야'의 틀린 말.

> **'-ㄹ래야'와 '-려야'**
>
> 어미 '-ㄹ래야'는 '-려야'의 틀린 말이다.
>
> ¶ 나의 고향은 갈래야(×) 갈 수 없는 곳이다. → 가려야
>
> ¶ 이런 방식으로는 일을 할래야(×) 할 수가 없다. → 하려야
>
> ¶ 이제 그 사람은 만날래야(×) 만날 수 없게 되었다. → 만나려야
>
> 그러나 비표준어였던 '-길래'를 '-기에'와 함께 표준어로 인정한 전례를 따르면 이 어미도 복수 표준어로 인정함이 좋을 것이다. 입말에서는 '-려야'보다 '-ㄹ래야'를 더 자연스럽게 사용하고 있기 때문이다.

× -ㄹ러

'-러'의 틀린 말.

¶ 집에 연장을 가질러(×)/가지러(○) 간다.

× -ㄹ려고

'-려고'의 틀린 말.

¶ 나도 그걸 배울려고(×)/배우려고(○) 한다.

× -ㄹ련다

'-련다'의 틀린 말.

¶ 올해는 일요일마다 산에 갈련다(×)/가련다(○).

× -ㄹ른지

'-ㄹ는지'의 틀린 표기.

¶ 내일 비가 올른지(×)/올는지(○) 알 수 없다.

-ㄹ망정 어미

연결 어미

앞 절의 사실을 인정하고 뒤 절에서 그와 대립되는 다른 사실을 이어 말할 때에 쓰는 말. '비록 그러하지만 그러나' 또는 '비록 그러하다 하여도 그러나'에 가까운 뜻을 나타낸다.

¶ 가난하게 살망정 염치 없는 짓은 하지 않겠다.

¶ 비록 작은 학교일망정 뛰어난 교사가 많이 있다.

¶ 나이는 어릴망정 속은 깊다.

'-ㄹ망정'의 용법

① '-ㄹ망정'은 받침 없는 용언의 어간이나 'ㄹ' 받침이 있는 용언의 어간 뒤에 붙여 쓴다. 'ㄹ' 받침을 제외한 받침이 있는 용언의 어간에는 '-을망정'을 쓴다.

② '망정'을 독립적으로 쓰는 경우가 있다. 이때는 '망정'이 의존 명사이므로 앞 말과 띄어 써야 한다. (이에 관해서는 올림말 '망정' 참고.)

¶ 미리 알았기에 망정이지, 하마터면 큰일 날 뻔했다.

-ㄹ밖에 어미

종결 어미

그러는 것 외에 다른 수가 없음을 나타내는 말.

¶ 선생님이 말씀하시니 그 말씀을 따를밖에.

¶ 아들이 취직했다니 나야 기쁠밖에.

'-ㄹ밖에'의 용법

① '-ㄹ밖에'는 '이다', 받침 없는 용언의 어간, 'ㄹ' 받침이 있는 용언의 어간 뒤에 붙여 쓴다. 'ㄹ' 받침을 제외한 받침이 있는 용언의 어간에는 '-을밖에'를 쓴다.

② '밖에'는 조사로 사용하기도 한다. 이때는 체언 뒤에 붙는다. (이에 관해서는 올림말 '밖에' 참고.)

¶ 여기에서는 오로지 산밖에 보이지 않는다.

¶ 이 일을 할 수 있는 사람은 너밖에 없어.

-ㄹ뿐더러 어미

연결 어미

그것만으로 그치지 않고 나아가 다른 것이 더 있음을 나타내는 말.

¶ 신입사원이 일도 잘할뿐더러 성격도 좋다.

¶ 몸이 아플뿐더러 마음도 지쳐 있다.

'-ㄹ뿐더러'의 용법

① '-ㄹ뿐더러'는 '이다', 받침 없는 용언의 어간, 'ㄹ' 받침이 있는 용언의 어간 뒤에 붙여 쓴다. 'ㄹ' 받침을 제외한 받침이 있는 용언의 어간에는 '-을뿐더러'를 쓴다.

② '-ㄹ 뿐'처럼 띄어 쓰는 경우의 '뿐'은 의존 명사이다. '뿐'은 조사로도 쓰는데, 조사로 쓸 때에는 체언 뒤에 붙는다.

¶ 나는 너를 좋아할 뿐 사랑하지는 않는다. (의존 명사)

¶ 내가 가진 것은 모두 이것뿐이다. (조사)

-ㄹ지 어미 [-찌]

연결 어미

추측에 대해 막연한 의문을 나타내는 말. '-는지'의 미래 시제에 해당한다.

¶ 선생님께서 뭐라 말씀하실지 궁금하다.

¶ 언제 도착할지 미리 알려 다오.

종결 어미

추측에 대해 막연한 의문을 나타내는 말.

¶ 혹 그분이 우리가 기다리던 분이 아니실지.

¶ 사장님은 이 일을 어떻게 처리하실지.

'-ㄹ지'의 용법

① '-ㄹ지'는 '이다', 받침 없는 용언의 어간, 'ㄹ' 받침이 있는 용언의 어간 뒤에 붙여 쓴다. 'ㄹ' 받침을 제외한 받침이 있는 용언의 어간에는 '-을지'를 쓴다.

② '-ㄹ지'의 '지'는 어미를 이루는 음절이니, 띄어 쓰지 않도록 조심해야 한다. '지'를 띄어 쓰는 경우는 기간을 나타내는 의미가 있을 때뿐이다.

¶ 그가 떠난 지 5년이 되었다. (의존 명사)

③ '-ㄹ지'의 현재 시제는 '-는지'이다.

¶ 그가 어디 가는지 아무도 모른다.

과거 시제를 쓰려면 '-는지'에 과거 선어말 어미 '-았-/-었-'을 붙인다.

¶ 내가 언제 그를 보았는지 모르겠다. / 무얼 먹었는지 기억이 안 난다.

× -ㄹ찌/-ㄹ찌라도

'-ㄹ지/-ㄹ지라도'의 틀린 표기.

라고[1] 조사

부사격 조사

앞말이 직접 인용하는 말임을 나타내는 말. 큰따옴표 뒤에 붙인다.

¶ 그가 나에게 "오늘 모임이 있습니다. 10시까지 나오세요"라고 말했다.

> **'라고'의 용법**
>
> 직접 인용문은 큰따옴표로 표시하는데 이 부분은 하나의 절로서 부사격 조사 '라고'를 써서 인용문에 연결한다. 직접 인용문의 종결 어미에 받침이 있으면 '이라고'를 쓴다. (올림말 '이라고' 참고.)
>
> '라고'는 직접 인용문을 부사절로 만드는 부사격 조사이고, '라며, 라는'도 직접 인용문을 인용절로 만드는 조사이다. '라며'는 '라고 하며'가 줄어든 형태이다. 또 '라는'은 직접 인용문을 관형사절로 만든다.
>
> ¶ 아이가 "배가 많이 아파요"라며 화장실로 달려갔다.
>
> ¶ "나는 너를 싫어해"라는 말을 내가 했다고 하는 것은 거짓말이다.
>
> ¶ 그는 아직도 정신을 못 차리고 "내가 한 일이 아니에요"란다.

▶ '라고'와 '하고'의 차이는 올림말 '하고[2]' 참고.

라고[2] 조사

보조사

① 마음에 탐탁지 않게 생각하는 대상임을 나타내는 말.

¶ 그걸 공부라고 하였느냐?

¶ 아우라고 하나 있는 것이 맨날 사고만 치고 다닌다.

② 보통 부정적인 판단의 원인이나 이유를 나타내는 말.

¶ 박사라고 무엇이나 다 아는 건 아니다.

¶ 아이라고 무조건 뜻을 받아 주는 것은 옳지 않다.

③ ('누구', '어디' 따위의 의문을 나타내는 말에 붙어) '예외 없이 다 마찬가지로'의 뜻을 나타내는 말.
¶ 여기가 어디라고 함부로 떠드느냐?
¶ 누구라고 감히 내 말을 어길까?
④ ('라고는'이나 '라곤' 형태로 쓰이어) 강조하여 지정하는 뜻을 나타내는 말.
¶ 반 년 동안 비라고는 한 방울도 내리지 않았다.
¶ 친구라곤 한 사람도 찾아오지 않았다.
▶ 받침 없는 체언에는 '라고'가, 받침이 있으면 '이라고'가 붙는다.

ㄹ

–락 어미

연결 어미

(주로 '–락–락하다'로 쓰이어) 뜻이 상대되는 두 동작이나 상태가 번갈아 되풀이됨을 나타내는 말.
¶ 양편이 서로 엎치락뒤치락하면서 경기를 하고 있다.
¶ 점잖은 분이 화가 나니 얼굴이 누르락푸르락하더라.

'–락'과 '–ㄹ락'

① '–(으)락'은 반드시 상대되는 의미를 가진 두 어간의 뒤에서 쌍으로 한 낱말을 이룬다. 따라서 띄어 쓰지 않는다. '오락가락', '누르락푸르락'
② '–ㄹ락'은 긍정과 부정을 동시에 나타내는 어미인데, 부정을 나타내기 위하여 '말다'에 붙여 쓴다. 이 경우 긍정 부분과 부정 부분은 띄어 써야 한다. '보일락 말락 하다', '들릴락 말락 하다'
③ 받침이 없는 용언의 어간에는 '–락/–ㄹ락'이 붙고, 받침이 있는 용언의 어간에는 '–으락/–을락'이 붙는다. (올림말 '–으락'과 '–을락' 참고.)

란 조사

보조사

어떤 대상을 특별히 집어서 화제로 삼을 때에 쓰는 말.
¶ 진정한 친구란 어려울 때 도와주는 친구야.
▶ 받침 없는 체언에는 '란'을 쓰고, 받침 있는 체언에는 '이란'을 쓴다. (올림말 '이란' 참고.)

-란

① '-라는' 또는 '-라고 하는'이 줄어든 말. '이다', '아니다', 받침 없는 동사의 어간에 붙는다.
¶ 영희란 아이가 너를 찾아왔더라.
¶ 저리 가란 말이야!
¶ 그렇게 쉽게 갔더란 말인가?
② ('이다', '아니다', 받침 없는 동사의 어간에 붙어서) '-라는' 또는 '-라고 한'의 뜻을 나타내는 말.
¶ 이게 가짜란 근거가 있느냐?
¶ 이 일을 그만두란 사람이 누구냐?
▶ 받침 있는 동사의 어간에는 '-으란'이 붙고, 받침 있는 체언에는 '-이란'이 붙는다.

-러 어미

연결 어미

가거나 오는 동작의 목적을 나타내는 말.
¶ 무엇을 하러 왔니?
¶ 옷을 사러 왔다.
¶ 나물 캐러 가자.
¶ 축구하러 학교에 갔다.
¶ 밭을 갈러 가려 했더니 비가 온다.

'-러'의 용법

'-러'는 받침 없는 동사 어간, 'ㄹ' 받침이 있는 동사 어간 뒤에 붙여 쓴다. 'ㄹ' 받침을 제외한 받침이 있는 동사 어간에는 '-으러'를 쓴다. (올림말 '-으러' 참고.) 어간의 형태에 따른 활용형은 아래와 같다.

구분	예시	활용형
받침 없는 어간	가다, 사다, 보다, 쓰다, 여쭈다, 하다	가러, 사러, 보러, 쓰러, 여쭈러, 하러
'ㄹ' 받침 어간	갈다[1, 2, 3], 밀다, 불다, 쓸다, 팔다	갈러, 밀러, 불러, 쓸러, 팔러
'ㄹ' 받침 외의 어간	걷다[1, 2, 3], 믿다, 업다, 빗다	걷으러, 믿으러, 업으러, 빗으러
	묻다[3], 걷다[4], 듣다, 싣다	물으러, 걸으러, 들으러, 실으러
	굽다, 눕다, 여쭙다, 뵙다	구우러, 누우러, 여쭈오러, 뵈오러
	잇다, 짓다, 붓다, 젓다	이으러, 지으러, 부으러, 저으러

-려 어미

연결 어미

① 어떤 일이나 행동을 하려는 의도가 있음을 나타내는 말.

¶ 이렇게 나를 때리려 들지 않았어?

¶ 그들을 만나려 했지만 만날 수 없었다.

② 곧 일어날 움직임이나 상태의 변화를 나타내는 말.

¶ 아이가 쓰러지려 한다.

¶ 비가 곧 쏟아지려 한다.

'-려'와 '-러'의 용법

두 어미의 형태가 비슷해서 헷갈리기 쉽다. '-려'는 '-려고'를 쓸 자리에 쓴다. '-려고'를 쓰는 자리에는 '-러'를 쓰지 않는다. '-려'는 보통 '-려 하다'의 꼴로 쓴다. '-러'는 동사 '가다'와 '오다' 그리고 이와 비슷한 용법을 가진 동사, 예컨대 '방문하다', '찾아가다', '찾아오다' 따위와 함께 쓴다.

중국어를 배우러 간다.
중국어를 배우려 한다.

친구를 만나러 간다.
친구를 만나려 한다.

▶ '-려'는 받침 없는 동사의 어간 뒤에, '으려'는 받침 있는 동사의 어간 뒤에 쓴다. (올림말 '-으려' 참고.)

-려고 어미

연결 어미

① 어떤 일이나 행동을 하려는 의도가 있음을 나타내는 말.

¶ 왜 벌써 떠나시려고 하세요?

¶ 아내와 외국 여행을 하려고 돈을 모으고 있다.

② 곧 일어날 것 같은 상태임을 나타내는 말.

¶ 버스가 막 출발하려고 한다.

¶ 전철문이 닫히려고 할 때에 탔다.

종결 어미

주어진 사태에 대하여 의심과 반문을 나타내는 말.

¶ 아무려면 싸우기야 하려고?

¶ 설마 그렇게 좋은 것을 버리려고?

▶ '-려고'는 'ㄹ' 받침이 있는 동사의 어간, 받침 없는 동사의 어간에 붙고, 'ㄹ' 받침을 제외한 동사의 어간에는 '-으려고'가 붙는다. (올림말 '-으려고' 참고.)

-련다

'-려고 한다'가 줄어든 말. 자신이 앞으로 그렇게 하겠다는 의지를 나타낸다.

¶ 비가 그쳤으니 집에 돌아가련다.

¶ 아무도 찾아오지 않으니 낮잠이나 자련다.

¶ 나는 지금부터 공부를 하련다.

로 조사

부사격 조사

① 움직임의 방향을 나타내는 말.

¶ 서울로 가는 비행기를 타야 한다.

¶ 이번 휴가는 바닷가로 가자.

② 움직임의 경로를 나타내는 말.

¶ 범인이 뒷길로 도망쳤다.

¶ 어디로 해서 오는 길이냐?

③ 변화의 결과를 나타내는 말.

¶ 눈이 녹으면 물로 바뀐다.

¶ 기온이 영하로 떨어졌다.

④ 물건의 재료나 원료를 나타내는 말.

¶ 햅쌀로 밥을 지었다.

¶ 황토로 집을 짓는 사람이 많아졌다.

⑤ 일에 사용하는 수단이나 연장을 나타내는 말.

¶ 쟁기로 밭을 간다.

¶ 자동차로 가려면 6시간은 걸린다.
¶ 갈등을 대화로 풀어야 한다.
⑥ 일의 방식을 나타내는 말.
¶ 그렇게 큰 소리로 떠들지 마라.
¶ 팔다 남은 것은 모두 원가로 넘겼다.
⑦ 원인이나 이유를 나타내는 말. '때문에' 또는 '덕택에'와 같은 뜻이다.
¶ 이번 사고로 수많은 사람이 다쳤다.
¶ 요즘 감기로 고생하는 사람이 많아졌다.
¶ 언니의 배려로 고생을 면했다.
⑧ 지위나 신분 또는 자격을 나타내는 말.
¶ 우리는 그를 대표로 뽑았다.
¶ 우리 서로 친구로 지내면 어떨까?
⑨ 시간을 나타내는 말.
¶ 서울에 온 지 올해로 십 년이 된다.
¶ 자동차 면허 시험을 보는 것이 오늘로 세 번째이다.
⑩ ('로 하여금'의 형태로 쓰이어) 행위의 주체가 되게 하는 말.
¶ 우리로 하여금 자유를 누리게 하라.
⑪ ('로 더불어'의 형태로 쓰이어) '함께'의 뜻을 나타내는 말.
¶ 너로 더불어 이 사업을 추진하려 한다.
⑫ ('-기로 …하다' 형태로 쓰이어) 약속이나 결정을 나타내는 말.
¶ 그와 열 시에 만나기로 했다.
¶ 오늘 회의는 열지 않기로 결정했다.
⑬ 생각하는 바를 나타내는 말.
¶ 사람을 바보로 여기나?

'로'와 '에'

'로'는 진행 방향을 나타내면서 그 목적지를 가리키는 데에 쓰고, '에'는 구체적인 도착지를 나타내는 데에 쓴다. 그래서 기차의 목적지를 말할 때에는 '로'를 쓰고 기차에 탄 사람의 목적지를 말할 때에는 '에'를 쓴다.

¶ 김제에 가려면 용산에서 목포로 가는 기차를 타면 된다.

위 예문에서 조사 '에'와 '로'를 생략해도 괜찮다.

'로'와 '에'는 주어와 목적지의 긴밀성에 따라서 구별하여 쓴다.

① 나는 목포로 간다.
② 나는 목포에 간다.

예문 ①은 목적지가 목포라는 사실을 말할 뿐 목포에서 구체적으로 할 일을 정해 두었음을 나타내지는 않는다. 주어와 목적지가 긴밀하지 않다는 의미이다. 다른 곳에서 일하다가 회사 명령으로 목포에서 일하게 된 사람이 쓸 수 있는 표현이다. 예문②는 목포에서 어떤 일을 하기 위해서 목포를 목적지로 정했음을 암시한다. 목포에서 볼일이 있는 사람이 쓸 수 있는 표현이다. 주어와 목적지가 긴밀한 관련이 있음을 뜻한다.

▶ '로'는 받침이 없거나 'ㄹ' 받침이 있는 체언 뒤에 쓴다. 'ㄹ'을 제외한 받침이 있는 체언 뒤에는 '으로'를 쓴다. (올림말 '으로' 참고.)

로서 조사

부사격 조사

지위나 신분 또는 자격을 나타내는 말.

¶ 그는 친구로서 보면 좋은 점이 많으나 남편감으로서 생각하면 아쉬운 점이 있다.

¶ 아버지의 아들로서 할 일을 해야 하겠지.

▶ '로서'는 받침이 없거나 'ㄹ' 받침이 있는 체언 뒤에 쓴다. 'ㄹ'을 제외한 받침이 있는 체언 뒤에는 '으로서'를 쓴다. (올림말 '으로서' 참고.)

로써 조사

부사격 조사

① 재료나 원료임을 나타내는 말.

¶ 콩으로써 메주를 쑨다.

② 일의 수단이나 연장임을 나타내는 말.

¶ 쟁기로써 밭을 간다.

¶ 말로써 천 냥 빚을 갚는다고 한다.

¶ 대화로써 갈등을 풀어야 한다.

③ 시간의 위치를 나타내는 말.

¶ 이 일을 시작한 지 오늘로써 꼭 열흘이 되었다.

¶ 올해로써 십 년째 같은 일을 하고 있다.

'로, 로서, 로써'의 용법

'로서'는 자격을 나타내는 부사격 조사, '로써'는 수단을 나타내는 부사격 조사라고 구별할 수 있고, '로'는 이 두 조사를 아우르는 용법으로 사용한다. 의미는 같지만 '로서'와 '로써'가 '로'보다 강조하는 느낌이 있다.

	로서/으로서	로써/으로써
로/으로	그를 임원으로/임원으로서 영입했다. 그와 친구로/친구로서 사귀고 있다. 그를 대표로/대표로서 대접하였다. 아들로/아들로서 그럴 수는 없다.	나무로/나무로써 집을 짓는다. 도끼로/도끼로써 나무를 벤다. 말로/말로써 갈등을 풀자. 오늘로/오늘로써 꼭 한 달이 됐다.

▶ '로써'는 받침이 없거나 'ㄹ'받침이 있는 체언 뒤에 쓴다. 'ㄹ' 외의 받침이 있는 체언 뒤에는 '으로써'를 쓴다. (올림말 '으로써' 참고.)

ㄹ

-롭다 접사

-롭고, -롭지, -롭네, -로운, -로워, -롭습니다, -롭소, -로웠다

접미사

(모음으로 끝나는 일부 어근 뒤에 붙어) 그것이 있는 상태임을 나타내는 형용사를 만드는 말.

¶ 감미로운 목소리로 노래를 부른다.
¶ 행사에는 다채로운 프로그램이 준비되어 있다.
¶ 풍경이 참 신비로워요.
¶ 네 하는 행동이 참으로 슬기롭구나.

'-롭다'를 사용한 낱말

감미롭다, 경사롭다, 경이롭다, 공교롭다, 공의롭다, 괴롭다, 권태롭다, 다채롭다, 단조롭다, 명예롭다, 보배롭다, 사사롭다, 상서롭다, 새롭다, 수고롭다, 순조롭다, 슬기롭다, 신비롭다, 애처롭다, 영예롭다, 영화롭다, 예사롭다, 외롭다, 위태롭다, 은혜롭다, 의롭다, 이채롭다, 자비롭다, 자유롭다, 정의롭다, 지혜롭다, 풍요롭다, 해롭다, 향기롭다, 호기롭다, 호화롭다, 홍미롭다

-률 접사 (率)

접미사

(일부 명사 뒤에 붙어) '비율'의 뜻을 더하는 말. 한자 '率'은 본디 '률'로 표기한다.

¶ 결석률, 경쟁률, 고장률, 공실률, 문맹률, 발생률, 배합률, 번식률, 불량률, 사망률, 성장률, 수익률, 시청률, 실업률, 위험률, 이직률, 인상률, 진학률, 청약률, 탈락률, 팽창률, 혼합률

'률(率)'의 표기

접미사 '-률(率)'은 앞말에 따라서 '율'로 적는 경우가 있다. 앞말의 끝소리가 모음이나 'ㄴ'인 낱말에 붙는 경우에는 '율'로 적는다.

① 끝소리가 모음인 낱말 뒤에 붙는 경우에는 '율'로 표기: 참가율(參加率), 실패율(失敗律), 지지율(支持率), 치사율(致死率), 득표율(得票率)

② 끝소리가 'ㄴ'인 낱말 뒤에 붙는 경우에는 '율'로 표기: 기준율(基準率), 출산율(出産率), 입원율(入院率)

③ 그 밖의 경우에는 '률'로 표기: 가동률(稼動率), 굴절률(屈折率), 성공률(成功率), 용적률(容積率), 추출률(抽出率), 취업률(就業率), 합격률(合格率)

를 조사

목적격 조사

① 동사의 목적어임을 나타내는 말.

¶ 나는 장미를 좋아한다.

¶ 어서 가서 어머니를 뵙자.

② 행동의 대상임을 나타내는 말.

¶ 너를 만나려고 비행기를 타고 왔다.

¶ 아이들이 놀다가 접시를 깨었다.

③ 재료나 수단이 되는 사물임을 나타내는 말.

¶ 이 감자를 볶아서 먹자.

¶ 친구를 이용해서 돈을 벌려고 하지 마라.

④ ('가다', '걷다', '뛰다' 따위의 동사와 어울려서) 동작이 이루어지는 장소를 나타내는 말.
¶ 신사는 마을 어귀를 서성이면서 이집 저집을 기웃거렸다.
¶ 가게를 돌아다니며 선물을 샀다.
⑤ ('가다', '오다' 따위의 동사와 어울려) 일정한 목적을 가지고 이동하려는 곳을 나타내는 말. '에'보다 강조하는 뜻이 있다.
¶ 부인도 회사를 다니고 있다.
¶ 아이들이 학교를 간다.
⑥ ('가다', '오다' 따위와 함께 쓰이어) 그 행동의 목적이 되는 일을 나타내는 말.
¶ 친구와 함께 낚시를 다녀올 생각이다.
¶ 우리 사학과는 해마다 답사를 갑니다.
⑦ 행동의 출발점을 나타내는 말.
¶ 이 버스는 광주를 출발해 서울로 간다.
⑧ 어떤 행동이 비롯되는 곳. 또는 그 일을 나타내는 말.
¶ 열두 시를 기준으로 한 투표 상황을 알려 다오.
⑨ 대상의 수량을 나타내는 말.
¶ 이 차는 휘발유 1리터로 20킬로미터를 갈 수 있다.

보조사

(조사 '에, 으로', 연결 어미 '-아/-어, -게, -지, -고', 받침 없는 일부 부사 뒤에 붙어) 강조하는 뜻을 나타내는 말.
¶ 오늘 오랜만에 고향에를 다녀왔다.
¶ 이상하게 기분이 좋지를 않다.
¶ 제발 내 말도 좀 들어를 보세요.
¶ 사람들은 도무지 내 말을 곧이를 듣지 않는다.
▶ 목적격 조사로 쓰일 때 받침 없는 체언에는 '를'이 붙고, 받침 있는 체언에는 '을'이 붙는다

리 명사 (理)

의존 명사

(어미 '-ㄹ/-을' 뒤에 '있다', '없다' 따위와 함께 쓰이어) '까닭', '이치'의 뜻을 나타내는 말.
¶ 그럴 리가 있겠니?
¶ 그가 그런 말을 했을 리 없다.

-리 접사

접미사

(일부 동사 어간 뒤에 붙어)

① '사동'의 뜻을 더하는 말.

¶ 날리다, 놀리다, 말리다, 물리다, 살리다, 알리다, 얼리다

② '피동'의 뜻을 더하는 말.

¶ 갈리다, 끌리다, 널리다, 몰리다, 물리다, 밀리다, 불리다, 실리다, 쓸리다, 잘리다, 팔리다, 헐리다

-리오 어미

종결 어미

어찌 그러할 것이냐고 반문하거나 한탄하는 뜻으로 쓰는 말.

¶ 내 어찌 그런 비리를 바라만 보리오.

¶ 그런 소식을 들으면 가슴이 얼마나 아프리오.

▶ '-리오'는 '이다'의 어간, 받침 없는 용언의 어간, 'ㄹ' 받침인 용언의 어간 또는 어미 '-으시-', '-으오-' 뒤에 붙고, 받침 있는 용언의 어간과 'ㄹ' 받침을 제외한 용언의 어간에는 '-으리오'가 붙는다.

× -리요

'-리오'의 틀린 표기

¶ 어찌 반갑지 아니하리요(×)/아니하리오(○).

ㅁ

마구 부사

① 아무렇게나 함부로. ㊟막[2]

¶ 글자를 마구 써 놓으니 읽을 수가 없다.

¶ 사람을 너무 마구 대하는 것 같다.

¶ 마구 지은 집이 쉽게 무너지는 것은 당연하다.

② 몹시 세차게. 또는 아주 심하게.

¶ 그의 이야기를 듣는데 눈물이 마구 쏟아져 주체할 수 없었다.

¶ 함박눈이 마구 퍼붓더니 비닐하우스가 무너지고 말았어.

속담

• **마구 뚫은 창 같다** 되는대로 함부로 말이나 행동을 함을 이르는 말.

마냥[1] 부사

① 언제까지나 줄곧.

¶ 우리는 그가 올 때까지 마냥 기다렸다.

¶ 그렇게 마냥 울기만 하면 어떡하니?

② 부족함이 없이 실컷. 만판.

¶ 우리는 모처럼 함께 만나서 마냥 웃고 떠들며 놀았다.

③ 보통의 정도를 넘어 몹시.

¶ 그 여자의 목덜미가 마냥 희었다.

× 마냥²

조사 '처럼'의 잘못.

¶ 그는 죽은 사람마냥(×)/사람처럼(○) 엎드려 있다.

마는 조사 ㊟ 만

보조사

(종결 어미 '-다, -ㄴ다/-는다, -겠다, -더라, -지' 따위 뒤에 붙어) 앞의 사실을 인정하면서도 그에 대한 의문이나 그와 어긋나는 상황 따위를 덧붙이려고 쓰는 말.

¶ 기분이 조금 언짢기는 하다마는 참겠다.

¶ 얼마 되지 않지마는 보태어 써라.

¶ 친구들이 오기는 온다더라마는 생각처럼 그리 많이 오지는 않는 것 같더라.

> **'마는'과 '만은'**
>
> '마는'과 '만은'은 다른 보조사이다. 따라서 표기할 때에 주의해야 한다. 특히 '마는'을 쓸 자리에 '만은'을 쓰지 않도록 조심해야 한다. 보조사 '마는'이 '만'으로 줄어든 경우에는 '만'에 '은'을 붙이지 못한다.
>
> ¶ 어쩔 수 없어 간다마는(○)/간다만(○)/간다만은(×) 꼭 돌아오고 말겠다.
>
> ¶ 그렇지마는(○)/그렇지만(○)/그렇지만은(×) 네 의견에 동의할 수 없다.
>
> ¶ 그렇기는 하다마는(○)/하다만(○)/그렇지만은(×) 어쩔 수 없다.
>
> ¶ 비가 오기는 오더라마는(○)/오더라만(○)/오더라만은(×) 많이 오지는 않더라.
>
> ¶ 힘들어 죽겠더라마는(○)/죽겠더라만(○)/죽겠더라만은(×) 꼭 참아야 했어.

마다다 동사 [마:-]

규10-0 마다지, 마다면, 마다고, 마다네

'마다하다'의 준말.

¶ 그가 마다지 않는다면 계획대로 추진해라.

마다하다 동사 [마: -]

불10-9 마다하고, 마다하여, 마다해, 마다합니다, 마다하였다, 마다했다

타동사

거절하거나 싫다고 하다.

¶ 그는 좋은 직장을 **마다하고** 자유로운 삶을 택하였다.

¶ 그는 친구 일이라면 궂은일도 **마다하지** 않고 열심히 도왔다.

마뜩잖다 형용사

규10-1 마뜩잖고, 마뜩잖아, 마뜩잖습니다, 마뜩잖았다

마음에 들 만하지 아니하다.

¶ 내 보고서를 본 사장은 **마뜩잖은** 얼굴로 나를 바라보았다.

¶ 아버지는 그를 사윗감으로 **마뜩잖게** 생각하셨다.

× 마뜩찮다

'마뜩잖다'의 틀린 말.

'마뜩찮다'와 '마뜩잖다'

'마뜩하지 아니하다'를 줄이면 '마뜩하지 않다'가 되고, 이것이 다시 '마뜩잖다'로 줄어든다. '하지'는 '치'로 줄어들기 때문에 '마뜩찮다'가 되어야 하지만 '생각하지 않다'가 '생각지 않다'로 줄어들고 이것이 다시 '생각잖다'로 줄어드는 것처럼 '찮다'로 줄지 않고 '잖다'로 준다. 이렇게 줄어드는 것을 더 찾아보면 아래와 같다.

갑갑하다 – 갑갑잖다, 거북하다 – 거북잖게, 깨끗하다 – 깨끗잖게, 날렵하다 – 날렵잖아
넉넉하다 – 넉넉잖아, 답답하다 – 답답잖은, 떳떳하다 – 떳떳잖은, 못하다 – 못잖구나
밋밋하다 – 밋밋잖아, 섭섭하다 – 섭섭잖게, 씩씩하다 – 씩씩잖구나, 익숙하다 – 익숙잖은

대체로 토박이말에서, 접미사 '–하다' 앞에 'ㄱ', 'ㅂ', 'ㅅ' 받침이 있는 경우에 이렇게 줄어든다.

마뜩하다 형용사

불20-9 마뜩하게, 마뜩하여/마뜩해, 마뜩한, 마뜩합니다, 마뜩하였다/마뜩했다

제법 마음에 들 만하다.
¶ 내 행동이 마뜩하지 않다면 달리 도리가 없다.
¶ 나는 별로 마뜩하지 않지만 네가 좋다면 그렇게 해라.

마실 명사

① 이웃에 놀러다니는 일. 마을.
¶ 집에 돌아오니 엄마는 마실을 가시고 안 계셨다.
② '마을'의 비표준어.

복합어

- **마실꾼** 명사 ① 이웃에 놀러 다니는 사람. ② 살림은 돌보지 아니하고 밤낮 놀러 다니는 여자를 낮잡아 이르는 말.
- **밤마실** 명사 밤에 마실을 다니는 일.

마을 명사

① 주로 시골에서, 여러 집이 모여 사는 곳.
② =마실 ①

마음 명사

준 맘

① 생각, 감정, 기억 따위가 생기거나 자리한다고 생각하는 곳.
¶ 네 마음에 있는 것을 모두 털어놓아 보아라.

② 생각이나 관심, 또는 느낌.
¶ 몸은 늙었지만 마음은 젊다.
¶ 아이가 온통 노는 데만 마음을 쓰고 있다.
③ 사람의 성격이나 품성.
¶ 똑똑한 사람보다 마음이 어진 사람이 좋다.
¶ 우리 아내는 마음이 좋다.
④ 판단하는 기준이나 바탕.
¶ 다른 사람의 마음에 들려고 노력하지 말고 자신의 마음에 들려고 노력해라.
⑤ 사랑이나 좋은 감정.
¶ 나는 너에게 마음이 있는데 너는 어떠니?
¶ 네 마음을 훔쳐 간 사람이 누구니?
⑥ 어떤 일을 생각하는 힘.
¶ 마음을 쏟아서 열심히 공부해라.

복합어

- **딴마음** 명사 ① 주의를 기울이지 않고 다른 것을 생각하는 마음. ② 처음에 마음먹은 것과 어긋나거나 배반하는 마음. ¶ 딴마음을 품지 못하게 다잡아 두어라.
- **뜬마음** 명사 헛되거나 들뜬 마음.
- **마음가짐** 명사 어떤 일에 대하여 마음을 가누는 자세. ¶ 마음가짐이 반듯해야 좋은 사람이다.
- **마음결** 명사 마음의 바탕. ¶ 마음결이 곱다.
- **마음고생**(-苦生) 명사 마음속으로 겪는 괴로움. ¶ 남편의 일로 마음고생이 심하다.
- **마음껏** 부사 마음에 차도록. ¶ 깨끗한 공기를 마음껏 마시자.
- **마음먹다** 자동사 무엇을 하겠다는 생각을 하다. ¶ 더 늦기 전에 세계 일주를 하기로 마음먹었다.
- **마음보** 명사 마음을 쓰는 속 바탕. 심보. ¶ 마음보가 그리 고약해서 되겠니?
- **마음속** 명사 마음의 속. 심중(心中). ¶ 마음속으로만 불평하지 말고 말을 해라.
- **마음씨** 명사 마음을 쓰는 태도. 마음 씀씀이. ¶ 마음씨가 비단 같다.
- **마음자리** 명사 마음의 본바탕. 심지(心地). ¶ 마음자리가 곧고 바르다.
- **마음잡다** 자동사 마음을 바로 가지거나 새롭게 결심하다.
- **속마음**[송:-] 명사 겉으로 드러나지 아니한 실제의 마음. 내심(內心).
- **참마음** 명사 ① 거짓 없는 진실한 마음. ② 속에 품고 있는 진짜 마음.
- **큰마음** 명사 크고 넓게 생각하는 마음씨.
- **하늘마음** 명사 하늘처럼 맑고 넓고 고요한 마음을 이르는 말.
- **한마음** 명사 ① 하나로 합친 마음. ¶ 모두 한마음으로 일을 추진합시다. ② 변함없는 마음.

관용 표현

- **마음에 두다** ① 잊지 아니하고 마음에 새기다. ② 마음속으로 생각해 놓다.
- **마음에 들다** 좋아하거나 만족스럽다. ¶ 이 중에서 마음에 드는 것을 하나씩 골라서 가져라.
- **마음에 붙다** 일이나 생활 따위가 마음에 맞아 편안하게 자리잡다.
- **마음에 없다** 하거나 가지고 싶은 생각이 없다. ¶ 그렇게 마음에도 없는 말을 하지 마세요.
- **마음에 있다** 하거나 가지고 싶은 생각이 있다. ¶ 나는 네가 마음에 있는데 너는 어떠니?
- **마음에 차다** 마음에 만족스럽게 여기다. ¶ 그의 마음에 차는 사람을 구하기가 쉽지 않을 거야.
- **마음(을) 놓다** 걱정하거나 불안해하지 않다. ¶ 일이 다 끝날 때까지는 마음을 놓지 말아야 한다.
- **마음(을) 붙이다** 어떤 일에 마음을 쏟다. ¶ 이제 손주들 재롱에나 마음을 붙이기로 했다.
- **마음(을) 쓰다** 관심을 가지고 걱정하거나 생각하다.
- **마음(을) 주다** 숨기지 아니하고 기꺼이 마음을 내보이다.
- **마음을 삭이다** 맺히거나 노한 감정을 가라앉히다. ¶ 분한 마음을 삭이십시오.
- **마음을 썩이다** 몹시 괴로워하다. ¶ 그는 아들의 실패로 마음을 썩이다가 화병이 들었다.
- **마음을 풀다** ① 긴장하였던 마음을 누그러뜨리다. ② 맺히거나 틀어졌던 마음을 본래대로 돌리다.
- **마음이 돌아서다** ① 무엇에 기울던 마음이 달라지다. ② 틀어졌던 마음이 정상 상태로 바뀌다.
- **마음이 동(動)하다** =마음이 움직이다
- **마음이 아프다** 불쌍하거나 가엾어서 안타까운 마음이 들다.
- **마음이 움직이다** 마음이 긍정적으로 응하다. ¶ 그의 마음이 움직이니 일이 단숨에 끝났다.
- **마음이 통(通)하다** 생각이 비슷하여 이해가 되다. ¶ 우리는 서로 마음이 통하는 사이이다.
- **마음이 풀리다** ① 맺히거나 틀어졌던 감정이 사라지다. ② 긴장하였던 마음이 누그러지다.

속담

- **마음 없는 염불** 하고 싶지 아니한 일을 마지못해서 함을 이르는 말.
- **마음 한번 잘 먹으면 북두칠성이 굽어보신다** 마음을 바르게 쓰면 신명(神明)이 보살핀다는 말.
- **마음에 없으면 보이지도 않는다** 마음이 없으면 눈으로 보면서도 무엇인지 모른다는 말로, 무슨 일을 할 때에는 마음을 가다듬고 온 마음으로 하라는 말.
- **마음에 있어야 꿈도 꾸지** 생각이나 뜻이 있어야 일을 이룰 수 있다는 말.
- **마음을 잘 가지면 죽어도 옳은 귀신이 된다** 착한 마음씨를 가지고 살라는 말.
- **마음이 편해야 먹은 것이 살로 간다** 근심 걱정이 없어야 먹는 보람도 있다는 뜻으로 이르는 말.
- **마음이 풀어지면 하는 일이 가볍다** 화를 풀고 일을 하면 일이 힘들지 않음을 이르는 말.
- **마음이 흔들비쭉이라** 심지가 굳지 못하여 자기 의견이 없이 행동하는 사람을 이르는 말.
- **마음처럼 간사한 건 없다** 사람의 마음은 이해관계에 따라서 쉽게 변함을 이르는 말.

▶ '마음'과 '가슴'의 차이는 올림말 '가슴' 참고.

마음대로 부사

㊟ 맘대로

하고 싶은 대로.

¶ 자기 마음대로 하며 사는 사람이 얼마나 될까.

¶ 선생님께서 마음대로 하시기 바랍니다.

마지아니하다 동사

㊟ 마지않다

불10-9 마지아니하고, 마지아니하여/마지아니해, 마지아니한다, 마지아니하오, 마지아니합니다, 마지아니하였다/마지아니했다

보조 동사

('-아/어 마지아니하다'의 형태로 쓰이어) 이중 부정으로, 앞말이 뜻하는 바를 진심으로 바란다는 뜻을 강조하여 나타내는 말. '말다[3]'의 부정 구문이 복합어가 된 것임.

'마지아니하다'와 '마지않다'의 띄어쓰기

'마지아니하다'는 앞말이 뜻하는 바를 진심으로 바란다는 뜻을 강조하는 말로서 '말다'와 '-지 아니하다'가 붙어서 된 보조 용언이다. 원래 '말지 아니하다'처럼 써야 하지만 하나의 복합어로 인정하면서 '마지아니하다'라는 보조 용언이 된 것이다. 보조 용언 자체가 본용언과 보조 용언으로 구성된 셈이다.

¶ 네가 성공하기를 바라 마지아니한다/마지않는다.(=바랍니다)

¶ 여러분을 환영해 마지아니하오/마지않소.(=환영하오)

마지않다 동사

규10-1 마지않고, 마지않아, 마지않는, 마지않소, 마지않습니다, 마지않았다

보조 동사

'마지아니하다'의 준말.

¶ 이 일이 꼭 성공하기를 바라 마지않습니다.

마치다[1] 동사

규11-0 마치고, 마치어/마쳐, 마친, 마칩니다, 마치었다/마쳤다

자동사

① (말뚝이나 못 따위를 박을 때) 속에 무엇이 받치다.

¶ 콘크리트 벽에 못을 박으려면 마쳐서 박기 어렵다.

¶ 말뚝을 박을 때 바닥에 바위가 있으면 딱딱 마친다.

② 몸의 어느 부분에 무엇이 부딪는 것처럼 결리다.

¶ 걸을 때 무릎이 마치는 것같이 아팠다.

마치다[2] 동사

규11-0 마치고, 마치어/마쳐, 마친, 마칩니다, 마치었다/마쳤다

타동사

① 절차나 과정을 끝내다.

¶ 임기를 무사히 마치고 퇴임하게 되어 기쁘다.

¶ 일을 마치는 대로 전화해라.

② 삶을 더 누리지 못하고 끝내다.

¶ 큰 충격을 받은 그는 스스로 생을 마치려 하였다.

'마치다'와 '맞히다'

사전에 표시된 발음 기호로 보면 두 낱말의 발음이 '마치다'로 똑같다. 그래서 소리로 구별하여 표기하기가 쉽지 않다. 한 가지 구별법은 '마치다[1]'은 자동사, '맞히다'는 타동사이므로 목적어가 없으면 일단 '맞히다'가 아니라는 점을 알 수 있다. 그런데 '마치다[2]'는 타동사이므로 '맞히다'와 구별하기 어렵다. 그래서 또다른 구별법이 필요하다. '마치다[2]'는 반드시 움직임이 들어 있는 명사를 목적어로 삼는다. 아래 예를 보면 '마치다[2]'의 목적어에 모두 움직임이 들어 있음을 알 수 있다.

¶ 운동을 마치고 샤워를 하였다.

¶ 수업을 마친 뒤에 운동장에서 축구를 하였다.

¶ 학업을 마치면 취직하려 한다.

이에 비해서 '맞히다'는 실체가 있는 대상을 목적어로 삼는다. 아래 예문을 보면 알 수 있다.

¶ 처음으로 국궁을 쏘아 보았는데 과녁을 맞히지도 못 하였다.
¶ 화분들을 내놓아 비를 맞혔다.

× 마치맞다

'마침맞다'의 틀린 말.

마침내 부사

드디어 마지막에는.
¶ 오랜 항해 끝에 마침내 육지에 도달하였다.
¶ 마침내 상처가 곪아 터졌다.
¶ 마침내 그 두 사람은 헤어지게 되었다.

'마침내'와 '드디어'와 '끝내'와 '결국'

① '드디어'는 일이 진행되는 결과로 나타나는 현상을 제시할 때에 사용한다. 대체로 그 결과가 특별한 변수가 없다면 그렇게 될 것인 경우가 대부분이다. 마땅히 그렇게 되어야 하고 그렇게 될 것으로 예상할 수 있는 경우에 사용한다. 따라서 일어나서는 안 되는 경우에는 사용하기 곤란하다.
¶ 오랫동안 병석에 계시던 아버지께서 **드디어**(×) 오늘 운명하셨습니다. → 결국, 끝내.
¶ 위태위태하더니 **드디어**(×) 사고를 내고 말았다. → 결국, 끝내.

② '마침내'는 '드디어'처럼 일이 진행되는 결과로 나타나는 현상을 제시할 때에 사용하는데 진행 과정에서 상당한 어려움이 있었음을 암시한다. 우여곡절이 있은 뒤에 그 결과에 이르렀다면 '마침내'가 '드디어'보다 더 알맞다. '마침내'는 일어나서는 안 되는 일이 일어난 경우에도 쓸 수 있다.
¶ 엄청난 파도를 뚫고 **마침내** 목적지에 도착하였다.
¶ 곧 쓰러질 것 같던 집이 **마침내** 쓰러지고 말았다.
¶ 사이가 좋지 않던 부부가 **마침내** 이혼하였다.
¶ 고장이 잦더니 **마침내** 사고가 나고 말았다.

적극적으로 결과를 얻어내는 경우에는 능동문 형식으로 '마침내'를 쓴다. 그런 노력을 기울이지 않은 경우에는 '드디어'를 쓰게 된다. 따라서 아래 두 문장은 의미상 차이가 있다.
¶ 마침내 우리는 일본 제국주의를 몰아내고 해방을 쟁취하였습니다.

¶ 드디어 우리는 일본 제국주의에서 벗어나 해방되었습니다.
이는 해방을 위해서 피나는 노력을 한 사람과 숨을 죽이며 해방을 기다린 사람은 각기 단어 선택이 다를 수 있음을 뜻한다. '마침내'는 해방을 방해하는 세력이 있었고 그 방해를 물리치고 이룩한 해방임을 드러내는 의미가 있다. 이는 결정적인 것이 아니므로 단어 선택에 따라서 말하는 사람을 달리 보아야 한다는 뜻은 아니다.

③ '끝내'는 끝까지 노력했지만 기대한 성과를 거두지 못한 경우에 쓴다. 그래서 서술어를 부정문 형태로 쓰는 경우가 많다. 부정적인 행동을 끝까지 함을 나타낼 때에도 '끝내'를 쓴다.

¶ 우리 요구를 줄곧 거부하던 그들이 끝내(×) 승낙하였다. → 마침내
¶ 계속 요구를 했지만 끝내(○) 승낙을 얻지 못했다.
¶ 어렸을 때부터 거짓말을 잘하더니 끝내(○) 사기꾼이 되었다.

④ '결국'은 가치 중립적인 단어이다. 뒤에 긍정문이 와도 좋고 부정문이 와도 좋다.

¶ 우리 요구를 줄곧 거부하던 그들이 결국(○) 승낙을 하고 말았다.
¶ 결국(○) 우리는 일본 제국주의에서 벗어나 해방되었습니다.
¶ 고장이 잦더니 결국(○) 사고가 나고 말았다.

마침맞다 형용사

규10-1 마침맞고, 마침맞은, 마침맞으니, 마침맞아서, 마침맞으면, 마침맞습니다, 마침맞소, 마침맞았다

(흔히 '마침맞게', '마침맞은' 형태로 쓰이어) 어떤 경우나 기회에 꼭 알맞다. ×마치맞다

¶ 배가 고픈 때에 마침맞게 빵을 사오는구나.
¶ 이 일에 마침맞은 사람을 구하였다.
¶ 모내기를 해야 하는데 마침맞게 비가 내렸다.

막[1] 부사

바로 지금, 바로 그때, 이제 금방.

¶ 일을 이제 막 끝내고 오는 참이다.
¶ 내가 타는 곳에 내려왔을 때, 전동차가 막 떠났다.
¶ 아이가 막 잠들었으니 깨우지 마세요.

막[2] 부사

= 마구

¶ 너무 아파서 부끄러운 줄도 모르고 막 울었다.

¶ 그렇게 사람을 막 때리면 되겠어?

막역하다 형용사 (莫逆-)

불20-9 막역하고, 막역하지, 막역한, 막역하여/막역해, 막역합니다, 막역하였다/막역했다

(누구와) 허물이 없이 아주 친하다.

¶ 그와 오래 전부터 막역한 사이로 지내 오고 있다.

¶ 그는 어렸을 때부터 막역하게 사귀어 온 친구이다.

막연하다 형용사 (漠然-)

불20-9 막연하고, 막연하지, 막연한, 막연하여/막연해, 막연합니다, 막연하였다/막연했다

① 갈피를 잡을 수 없게 아득하다.

¶ 앞으로 살아갈 길이 막연하다.

② 뚜렷하지 못하고 어렴풋하다.

¶ 자식한테 막연한 기대를 걸지 마라.

¶ 좀 막연하지만 우리가 어떻게 해야 하는지 생각이 떠올랐다.

'막역한 친구'와 '막연한 친구'

'막역한 친구'는 아주 가까운 친구를 가리킨다. 이를 '막연한 친구'라고 하면 어리벙벙한 친구가 된다. 친한 친구가 어리벙벙한 친구로 둔갑하는 것이다. 한자어의 발음을 정확하게 알고 이에 맞추어 표기하여야 한다. 틀리게 쓸 바에야 '막역한 친구', '막역한 사이' 대신에 '아주 친한 친구', '아주 친한 사이'를 쓰는 것이 좋다.

만[1] 명사

의존 명사

(흔히 '만에', '만이다'의 형태로 쓰이어) 동안이 계속되었음을 나타내는 말.

¶ 너를 십 년 만에 보는구나.

¶ 이게 얼마 만이냐?

¶ 500쪽이 넘는 책을 하루 만에 다 읽었다.

> **'얼마 만'과 '오랜만'**
>
> 두 낱말에 사용한 '만'은 모두 '동안'을 나타낸다. 그런데 '얼마 만'에서 '만'은 띄어쓰기를 하고, '오랜만'의 '만'은 띄어쓰기를 하지 않는다. '얼마 만'처럼 기간을 가리키는 명사가 오면 '만'은 그 기간을 명확하게 가리키게 되어 의존 명사로 제구실을 한다. 그래서 띄어 써야 한다. '오랜만'은 '오래간만'이 줄어든 것이어서 붙여 쓴다.

만[2] 명사

의존 명사

① 앞말이 뜻하는 동작이나 행동에 마땅한 이유가 있음을 나타내는 말.

¶ 그가 좋아할 만도 하구나.

¶ 너희가 이 계획에 반대할 만은 하지만 그렇다고 비난하는 것은 옳지 않다.

② 앞말이 뜻하는 동작이나 행동이 가능함을 나타내는 말.

¶ 그래도 먹을 만은 하네.

¶ 그 상황에서는 그냥 눈감아 줄 만도 한데 그럴 생각이 없는 것 같다.

> **'만'과 '만하다'**
>
> 의존 명사 '만[2]'에 접미사 '-하다'가 붙어 '만하다'라는 보조 형용사를 만든다. '만[2]'의 뜻풀이 용례에 있는 '만도 하구나', '만은 하지만'에서 조사 '도, 은'을 빼면 '좋아할 만하구나', '반대할 만하지만'이 된다. '만'을 의존 명사로 사용하여 조사를 붙이면 어감이 강화되는 점이 있을 뿐 두 표현은 같은 의미를 나타낸다.(올림말 '만하다' 참고.)

만[3] 조사

보조사

① 다른 것을 제한하고 어느 것을 한정함을 나타내는 말.

¶ 온종일 잠만 잤더니 머리가 띵하다.

¶ 아내는 웃기만 할 뿐 아무 말이 없다.

② ('-어야/-아야' 뒤에 쓰이어) 강조하는 뜻을 나타내는 말.

¶ 꼭 그렇게 해야만 되나요?

¶ 그를 만나야만 모든 문제를 해결할 수 있다.

③ 기대하는 마지막 선을 나타내는 말.

¶ 복권 열 장 중에서 하나만 당첨되어도 좋겠다.

④ ('하다', '못하다'와 함께 쓰이어) 앞말이 나타내는 대상이나 정도에 달함을 나타내는 말.

¶ 태풍이 부니 집채만 한 파도가 몰려왔다.

¶ 안 가느니만 못하게 되었다.

⑤ ('-어도/-아도, -으면'의 앞에 쓰이어) 어떤 상태가 이루어지기 위한 조건을 나타내는 말.

¶ 너무 피곤하여 눈만 감으면 잠에 떨어질 것 같다.

¶ 어머니는 나만 보면 공부하라고 다그치신다.

만[4] 조사

보조사

종결 어미 '-지, -ㄴ다/-는다, -더라, -ㅂ니다' 따위의 뒤에 붙는 보조사 '마는'의 준말. ×만은

¶ 제가 만들었습니다만 썩 만족스럽지 못해서 부끄럽습니다.

> **'만'과 '만은'**
>
> '만[4]'는 보조사 '마는'을 줄여서 쓴 것이다. 강조한다고 해서 '은'을 붙여 '만은'을 쓰면 안 된다. '만은'은 보조사 '만[3]'을 강조할 때만 쓴다. (올림말 '마는' 참고)
>
> ¶ 이게 좀 더 **낫지만은**(×)/**낫지마는**(○)/**낫지만**(○) 값이 비싸서 곤란하다.
>
> ¶ 내가 비록 지금은 **참는다만은**(×)/**참는다마는**(○)/**참는다만**(○) 그대로 있지는 않겠다.

만날 부사 (萬-)[만:-]

매일같이 계속하여서. 맨날.

¶ 너는 왜 만날 그 모양이냐?

¶ 일할 생각은 안 하고 만날 놀 궁리만 하느냐?

속담

• **만날 뗑그렁** 생활이 넉넉하여 만사에 걱정이 없음을 이르는 말.

▶ '만날'과 '맨날'은 같은 의미로 쓰는 복수 표준어이다.

만도 조사

보조사

조사 '만'을 강조하는 말. 만큼도.

¶ 그런 짐승만도 못한 녀석을 내가 키워 주었다니.

¶ 세상에 나만도 못한 사람이 있을라고.

만은 조사

보조사

보조사 '만'을 강조하면서 다른 것에 대한 태도를 나타내는 말.

¶ 이것만은 내줄 수 없다.

¶ 누구도 죽음만은 피할 수 없다.

'만'과 '만은'의 뜻 차이

한정하는 뜻을 가진 '만'과 여기에 강조하는 보조사 '은'을 붙인 '만은'과는 차이가 있다.

너만 가라. (다른 사람은 가지 말라는 뜻이 포함됨.)

너만은 가야 한다. (다른 사람은 못 가더라도 너는 꼭 가야 한다는 말.)

┌ 웃는 표정만 지으면 된다. (다른 표정은 짓지 말고 웃는 표정만 지으라는 말.)
└ 웃는 표정만은 짓지 마라. (다른 표정은 지어도 상관 않겠지만 웃는 표정은 안 된다는 말.)

▶ '만은'의 잘못 사용에 대해서는 올림말 '만[4]' 참고.

만판 부사

① 마음껏 넉넉하고 흐뭇하게.
¶ 우리는 오랜만에 만판 먹고 마시며 놀았다.
② 다른 것은 하지 않고 줄곧 한가지로.
¶ 공부는 안 하고 만판 놀기만 하니 걱정이다.

'만판'과 '마냥'

다른 일은 하지 않고 줄곧 한 가지만 죽 하는 경우에 '마냥[1]'과 '만판'을 쓰는데, 뜻이 조금 다르다. '마냥'은 그냥 줄곧 한 가지만 하는 경우에 쓰고, '만판'은 다른 것도 해야 하는데 그러지 않고 한 가지만 함을 나타내는 데에 쓴다. 그냥 죽 기다리거나 한 가지 일을 하면 '마냥'이 적절하고, 달리 해야 할 일을 하지 않고 엉뚱한 일을 줄곧 하면 '만판'이 적절하다.
¶ 그는 몇 시간째 눈을 감고 마냥 생각에 잠겨 있다.
¶ 그는 젊은 시절을 만판 술과 노름으로 허비하고 말았다.

만하다 형용사

불20-9 만하고, 만하니, 만한, 만하여/만해, 만합니다, 만하였다/만했다

보조 형용사

(용언 뒤에서 '-ㄹ/-을 만하다'의 형태로 쓰이어)
① 앞말이 뜻하는 행동을 할 가치가 있음을 나타내는 말.
¶ 전주에 가면 먹을 만한 음식을 파는 식당이 많이 있다.
¶ 우리나라는 20세기 말에 세계가 주목할 만한 정치적, 경제적 성과를 이룩했다.

② 앞말이 뜻하는 행동을 하는 것이 가능함을 나타내는 말.
¶ 우리는 아직 집을 살 만한 형편이 못 된다.
¶ 많이 피곤하지만 그래도 청소를 할 만한 힘은 있다.

'만하다'와 '만 하다'

'만하다'는 보조 형용사이다. 앞에 용언의 관형사형이 오고 그 뒤에서 그 용언을 보조하는 기능을 한다. 그래서 '만하다'는 반드시 용언의 관형사형 뒤에 온다.
¶ 그저 참을 만하면 참아라.
¶ 네가 할 만한 일이 있는지 알아볼게.
¶ 먹을 만하게 보인다.
띄어쓰기로 구별되는 '만 하다'는 조사 '만'과 동사 '하다'로 이루어진 어구이다. 이때 '만'의 앞에는 체언이 오고, '…와 비슷하다'는 뜻이다.
¶ 주먹만 한 녀석이 내 앞에서 까분다.
¶ 형만 한 아우 없는 법이다.
¶ 너만 한 사람은 어디에서도 구할 수 없다.

말귀 명사 [말:뀌]

① 말이 뜻하는 내용.
¶ 너는 왜 그렇게 말귀를 못 알아듣느냐?
② 남이 하는 말의 뜻을 알아듣는 총기.
¶ 그는 말귀가 밝아서 같이 일하기 좋다.
¶ 저렇게 말귀가 어두운 사람은 처음 봤다.

'말귀'의 쓰임

이 말은 다른 사람의 말을 알아듣는 귀를 뜻하는 것이 본래 의미이다. '말귀가 밝다', '말귀가 어둡다' 같은 용법은 '귀가 밝다', '귀가 어둡다'에서 미루어 짐작할 수 있다. '귀가 어둡다'는 소리를 듣는 능력이 부족하다는 뜻이다. 이에 비해서 '말귀가 어둡다'는 소리는 제대로 듣지만 그 내용을 이해하지 못한다는 뜻이다. 본래의 의미가 확장되어 '상대에게 자기가 한 말'을 의미하는 데까지 이르게 되었으며 "왜 말귀를 그리 못 알아듣느냐?"라는 표현을 하게 되었다.

말다[1] 동사

불10-2 말고, 마니, 마는, 만, 말면, 말아, 마오, 마세요, 맙니다, 말았다

타동사

① 넓적한 물건을 돌돌 감아 원통형으로 겹치게 하다.

¶ 멍석을 말아 한쪽에 세워 놓아라.

② 얇고 넓적한 물건에 내용물을 넣고 감아서 싸다.

¶ 소풍 가는 아이에게 김밥을 말아 주었다.

¶ 노인은 종이에 담배를 말아서 입에 물었다.

ㅁ

말다[2] 동사

불10-2 말고, 마니, 마는, 만, 말면, 말아, 마오, 마세요, 맙니다, 말았다

타동사

밥이나 국수 따위를 물이나 국물에 넣어서 풀다.

¶ 풋고추에 된장을 찍어 물에 만 밥과 함께 먹었다.

¶ 입안이 깔깔하여 밥을 물에 말아 먹었다.

¶ 국수 한 그릇 말아 먹고 다시 일을 나섰다.

말다[3] 동사

불10-2 말고, 말면, 말아, 마오, 마세요

타동사

① 일이나 행동을 하지 않거나 그만두다.

¶ 밥 먹다 말고 무얼 하니?

¶ 내 걱정은 마시고 어서 일을 하세요.

② 앞 말을 부정하는 뜻을 나타내는 말.

¶ 가거나 말거나 상관하지 않겠다.

¶ 갈까 말까 망설이고 있다.

¶ 그들이 떠들거나 말거나, 우리는 그저 우리 일만 하고 있었다.

③ ('말고' 꼴로 명사의 단독형과 함께 쓰여) '아니고'의 뜻을 나타낸다.

¶ 아니 너 말고, 네 형더러 오라고 해.

¶ 이것 말고 저것을 가져가라.

¶ 더도 덜도 말고 한가위만 같아라.

보조 동사

① (동사 뒤에서 '-지 말다'의 형태로 쓰이어) 앞의 행동을 가로막는 뜻을 나타내는 말.

¶ 여기서 놀지 마시오.

¶ 함부로 떠들지 마라.

¶ 들어가지 마!

② ('-고(야) 말다'의 형태로 쓰이어) 앞의 내용이 실현되거나 결국 하게 됨을 나타내는 말.

¶ 그는 결국 내 곁을 떠나고 말았다.

¶ 그는 내 청을 거절하고 말더라.

¶ 참았던 웃음을 터뜨리고야 말았다.

복합 어미

- -고말고 [종결 어미] 상대방의 물음에 대하여 긍정의 뜻을 강조하여 나타낼 때 쓰는 종결 어미. ¶ 지금 가는 것이 좋고말고. / 선생님이야 가고말고.
- -다마다 [종결 어미] =-고말고 ¶ 네 말이 맞다마다. / 통이 너무 크다마다. / 가다마다, 당연히 가야지.

'말다[3]'의 활용형

① '-지 말다'의 활용형으로 '-지 말아'나 '-지 말아라' 또는 '-지 마'나 '-지 마라'를 쓴다.

¶ 거기 앉지 말아(=마).

¶ 거기에 앉지 말아요(=마요).

② 인용을 하는 경우에 아래와 같이 인용 어미 '-라고', '-라는', '-라며'를 붙인다.

¶ 어머니께서 거기에 가지 마라고(=말라고) 말씀하셨다.

¶ 그런 짓을 다시는 하지 마라는(=말라는) 경고를 내렸다.

¶ 다시는 그런 말을 하지 마라며(=말라며) 손으로 입을 막는 시늉을 해 보였다.

¶ "절대 범인을 놓치지 말아(=마)"라고 지시를 내리셨다.

¶ 어머니가 "너무 늦게 돌아오지 말아라(=마라)"라고 말씀하셨다.

'말다'의 부정 구문

'말다'를 부정하는 구문으로 '말지 아니하다'가 있다. '그런 일은 말아야 한다'를 부정하려면 '그런 일을 말지 아니하여야 한다'가 되는 것이다. 그런데 이처럼 '말다'를 부정하는 구문은 그리 효과적이지 않다. '말다'에 부정의 뜻이 있기 때문에 이를 부정하면 긍정하는 것이 되므로 굳이 부정을 다시 부정하는 것보다는 긍정하는 구문을 쓰는 편이 더 낫다. 따라서 '말다'의 부정 구문은 매우 제한적이다.

① 그런 충고는 말아야 한다. (형식상 긍정문이지만 의미로는 부정문)

② 그런 충고는 말지 아니하여야 한다. (형식상 부정문이지만 의미로는 긍정문)

③ 그런 충고는 하여야 한다. (형식상 긍정문, 의미로도 긍정문)

예문①을 부정하기 위해서 예문②를 쓰는 것보다 예문③을 쓰는 것이 더 효과적이기 때문에 '말다'의 부정 구문은 별로 효과가 없다는 말이다. 그래서 '말다'의 부정 구문인 '말지 아니하다'는 거의 쓰지 않는다. 다만, 부정하는 동사를 다시 부정함으로써 그 동사를 긍정하는 효과를 내는 방식으로 쓰면 효과적이어서 폭넓게 쓰고 있다.

④ 나는 네가 좀 더 열심히 일하기 바란다.

⑤ 나는 네가 좀 더 열심히 일하기 바라 마지아니한다.

예문⑤의 '마지아니한다'는 바라는 행위를 부정하고 다시 부정하는 표현이므로 결국 바라는 뜻을 나타낸다. '바란다'와 '바라 마지아니한다'는 같은 뜻이다. 이 경우에 '마지아니하다'는 보조 동사로서 하나의 복합어를 이루기 때문에 붙여 써야 한다.(이와 관련한 설명은 올림말 '마지아니하다' 참고.)

말밥 명사 [말ː-]

좋지 못한 이야기의 대상.

¶ 남의 집안일을 말밥 삼는 것은 좋지 않다.

¶ 친구의 속사정을 말밥 삼아 떠들어댄다.

관용 표현

- **말밥에 얹다** 좋지 아니한 화제의 대상으로 삼다. ¶ 사람들은 대통령을 말밥에 얹어 비난했다.
- **말밥에 오르다** 좋지 아니한 화제의 대상이 되다. ¶ 그 회사는 서비스가 나빠서 소비자들의 말밥에 오르게 되었다.
- **말밥에 올리다** =말밥에 얹다 ¶ 사람들은 힘 있는 사람을 말밥에 올려놓고 흉보거나 욕하는 것으로 스트레스를 풀기도 한다.

말씀 명사 [말: -]

① 남의 말을 높여 이르는 말.

¶ 선생님 말씀을 새겨들어라.

¶ 말씀을 듣고 보니 제 생각이 짧았네요.

② 자기 말을 낮추어 이르는 말.

¶ 제가 한 말씀 올리겠습니다.

¶ 선생님께 드릴 말씀이 있습니다.

복합어

- **말씀하다**[말: -] 자동사 타동사 '말하다'의 높임말. ¶ 아버지께서 말씀하시는 것을 옆에서 들었다.

> **'말씀'의 두 가지 용법**
> '말씀'은 상대를 높이기 위해서 상대의 '말'을 높여 이를 때 쓰기도 하고, 나를 낮추기 위해서 나의 '말'을 낮출 때 쓰기도 한다. 상대의 말과 나의 말에 동시에 쓰면서 상대의 말에는 상대를 높이는 뜻으로, 나의 말에는 나를 낮추는 뜻으로 쓰는 것이다. 이는 아주 독특한 용법이라고 할 수 있다.

말씨 명사 [말: -]

① 말에서 느껴지는 태도나 버릇.

¶ 그 사람 말씨를 보면 인품을 알 수 있다.

¶ 그는 말씨부터 겸손하다.

¶ 어른에게 공손한 말씨로 말하는 버릇을 들여라.

¶ 과장이 차가운 말씨로 업무 지시를 했다.

② 특정한 언어에서 느껴지는 개인적, 지역적 특징.

¶ 그의 말씨로 보아서는 이 고장 사람이 아닌 것 같다.

¶ 그의 말씨에는 참 독특한 점이 많이 있다.

¶ 경상도 말씨와 전라도 말씨는 사뭇 다르다.

맛보기 명사

① 맛을 보도록 조금 내놓은 음식. 또는 맛을 보는 일. ×맛배기, 맛뵈기, 맛빼기
¶ 마트에 가면 여기저기에 맛보기를 내놓고 사람들에게 먹어 보라고 권한다.
¶ 과일 장수가 맛보기로 수박을 한 조각씩 나눠 주었다.
② 어떤 일을 본격적으로 하기 전에 시험 삼아 해 보는 것을 비유하여 이르는 말.
¶ 영화관에서는 으레 다른 영화를 맛보기로 보여 준다.
¶ 이 일은 맛보기에 지나지 않는다.

맛빼기 명사

① 양을 줄이고 맛을 좋게 한 음식.
¶ 이 식당은 양보다 맛을 중시하는 손님을 위해 맛빼기가 있다.
② '맛보기'의 잘못

'맛보기'와 '맛빼기'

시장에 가면 "맛이나 한번 보세요. 맛있으면 사시고…" 하면서 먹어 보도록 주는 음식이 있는데 이 음식이 '맛보기'이다. 이를 '맛배기'나 '맛뵈기' 또는 '맛빼기'로 표기하면 안 된다.
요즘 식당 가운데에는 양보다 맛이라는 생각에 양을 줄이는 대신 맛을 더 내어 음식을 만들어 내놓는 식당이 있다. 이런 음식을 '맛빼기'라고 부른다. 짜장면을 맛빼기로 달라고 하면 보통 짜장면보다 양을 줄이고 양념을 더 많이 넣어 맛을 낸 짜장면이 나오는 식이다. 이 낱말은 아직 《표준국어대사전》에 오르지 않았지만 새로운 의미로 사용하는 것이므로 사용할 가치가 있다. 고려대학교에서 간행한 《한국어대사전》에는 이 말이 올라 있어서 다행으로 생각한다.

맛집 명사

'음식을 맛있게 만들어 파는 집'을 이르는 말. 음식이 맛있는 음식점.
¶ 여기 횟집이 즐비하지만 맛집이라고 할 만한 집은 몇 안 된다.
¶ 마포에는 주물럭 맛집이 많다.

맞다[1] 동사

규10-1 맞고, 맞지, 맞으니, 맞으며, 맞는, 맞아, 맞네, 맞소, 맞습니다, 맞았다

자동사

① 답이 틀리지 아니하다.

¶ 네 답이 맞는 것 같다.

¶ 답이 맞는지 검토해 보자.

② 말, 느낌, 사실 따위가 틀림이 없다.

¶ 어른들은 자기가 언제나 맞는 말만 한다고 생각하는 경향이 있다.

¶ 네가 오늘 비가 올 것 같다고 하더니, 네 말이 맞았어.

③ (앞 사람의 말에 동의할 때 쓰이어) '그렇다' 또는 '옳다'의 뜻을 나타내는 말.

¶ 생각해 보니 네 말이 맞는 것 같다.

¶ 맞아, 그렇게 해야 해.

④ 누구의 소유임이 틀림이 없다.

¶ 이 책이 네 것이 맞느냐?

¶ 이 안경이 제 것이 맞습니다.

⑤ 틀림이 없다.

¶ 이 번호가 네 집 전화번호가 맞니?

¶ 돈의 액수가 맞는지 헤아려 보아라.

⑥ 어떤 대상의 맛, 온도, 습도 따위가 적당하다.

¶ 저마다 입맛에 맞는 음식을 주문하세요.

¶ 운동하기에 딱 맞는 날씨이다.

⑦ 크기, 규격 따위가 다른 것의 크기, 규격 따위와 어울리다.

¶ 어머니 반지가 이제 내 손가락에 딱 맞는다.

¶ 옷을 모임 분위기에 맞게 입어라.

⑧ 다른 것과 서로 어긋나지 아니하고 같거나 어울리다.

¶ 서로 이해관계가 맞는 사람끼리 팀을 만들었다.

¶ 남녀가 만나서 살다 보면 의견이 맞지 않는 경우가 많다.

⑨ 모습, 분위기, 취향 따위가 다른 것에 잘 어울리다.

¶ 이 옷이 네 분위기와 잘 맞는 것 같다.

¶ 그 사람은 여러 모로 너와 잘 맞는 것 같다.

¶ 그 일은 내 적성에 맞지 않는다.

복합어

- **걸맞다** 〔형용사〕 올림말 '걸맞다' 참고.
- **들어맞다** 〔자동사〕 정확히 맞다. ¶ 내 예상이 딱 들어맞았다.
- **때맞다** 〔형용사〕 때가 늦지도 이르지도 않게 꼭 알맞다. ¶ 때맞게 도착하여 함께 식사할 수 있었다.
- **마침맞다** 〔형용사〕 올림말 '마침맞다' 참고.
- **맞아떨어지다** 〔자동사〕 ① 어떤 기준에 꼭 맞아 남거나 모자람이 없다. ¶ 예상과 딱 맞아떨어졌다. ② 가락이 잘 어울리거나 호응이 잘 되다. ¶ 고수의 추임새가 소리와 어찌 그리 잘 맞아떨어지는지.
- **수지맞다** 〔자동사〕 ① 장사 따위에서 이익이 남다. ② 뜻하지 않게 좋은 일이 생기다.
- **알맞다** 〔형용사〕 올림말 '알맞다' 참고.

'맞다'의 형용사적 용법

'맞다[1]'은 동사이므로 동사 활용을 하는데, 특별한 경우에 이를 형용사처럼 사용하기도 한다. 특히 '옳다'의 뜻으로 쓰는 경우에 이런 현상이 자주 나타난다. 그러나 현재까지는 '맞다'를 형용사로 보지 않는다. 아래 예문에서 '맞다'를 형용사로 썼는데 이는 잘못 쓴 것이다.

¶ 이 옷은 네게 안 맞다(×). → 맞는다

¶ 영수 답이 틀리고 내 답이 맞다(×). → 맞는다

¶ 네 말이 맞다(×). → 맞는다/옳다

¶ 네 주장이 맞다면(×) 그렇게 하는 게 좋겠어. → 맞는다면/옳다면

¶ 이렇게 하는 것이 맞다고(×) 생각한다. → 맞는다고/옳다고

현재 '맞다'를 형용사로 쓰는 것은 허용되지 않는다. 그러나 이 문제는 재검토할 필요가 있다. 왜냐하면 '맞다'의 파생어로 '걸맞다', '알맞다', '마침맞다', '때맞다' 같은 형용사가 있으므로 '맞다'에 형용사의 속성이 없다고 단정할 수 없기 때문이다. 그리고 위의 예문처럼 '맞다'를 형용사로 쓰는 세력이 있다는 점도 고려해 볼 필요가 있다.

맞다[2] 동사

규10-1 맞고, 맞지, 맞으니, 맞으며, 맞는, 맞아, 맞네, 맞소, 맞습니다, 맞았다

타동사

① 오는 사람이나 물건을 예의를 갖춰 받아들이다.

¶ 하례객을 맞느라고 꼬박 두 시간을 서 있었다.

¶ 손님을 맞으려면 집안 청소부터 시작해라.

② 적이나 어떤 세력에 대항하다.

¶ 아군은 적을 맞아 힘껏 싸웠으나 수가 모자라서 결국 패하고 말았다.

③ 어떤 때를 대하다.

¶ 올해는 새해를 맞는 내 마음이 예사롭지 않았다.

¶ 오늘 66번째 생일을 맞았다.

④ 내리는 눈, 비 따위를 몸으로 받다.

¶ 비를 맞지 않도록 마당에 있는 곡식을 광에 들여놓았다.

¶ 채소는 서리를 맞으면 잎이 시든다.

⑤ 점수를 받다.

¶ 이번 시험에 만점을 맞았다.

⑥ 어떤 좋지 아니한 일을 당하다.

¶ 선생님께 야단을 맞았다.

¶ 친구에게 바람을 맞았어.

⑦ 예를 갖추어 데려오다.

¶ 친구 동생을 아내로 맞았다.

복합어

- **달맞이** 명사 (음력 정월 대보름날 저녁에) 달이 뜨기를 기다려 맞이하는 일. 달마중.
- **도둑맞**다 타동사 무엇을 잃어버리거나 빼앗기다.
- **돌맞이** 명사 아이의 돌을 맞아 기념하는 일.
- **맞아들이**다 타동사 ① 오는 사람을 맞아 들어오게 하다. ② 예의를 갖추어 일원으로 받아들이다. ¶ 아주 똑똑한 청년을 사위로 맞아들여서 매우 흐뭇하다.
- **맞이하**다 타동사 ① 오는 것을 맞다. ② 일원으로 받아들이다. 맞아들이다.
- **물맞이** 명사 ① (병을 고치기 위하여) 약수를 마시거나 약수로 몸을 씻는 일. ¶ 백중날의 물맞이는 만병통치라고들 하였다. ② 유월 유둣날 부녀자들이 약수나 폭포 밑에서 물을 맞는 일.
- **바람맞**다 자동사 ① 상대가 만날 약속을 지키지 않아 헛걸음하다. ② 풍병(風病)에 걸리다.
- **바람맞이** 명사 바람을 잘 맞을 수 있는 곳.
- **봄맞이** 명사 봄을 맞는 일.
- **새해맞이** 명사 새해를 맞는 일.
- **손님맞이** 명사 손님을 맞는 일.
- **야단맞**다 자동사 꾸지람을 듣다.
- **장맞이**[장:-] 명사 사람을 만나려고 길목에서 기다리는 일.
- **퇴박맞**다 자동사 마음에 들지 않아 거절당하다.

• **퉁맞다** 자동사 '퉁바리맞다'의 준말.
• **퉁바리맞다** 자동사 무엇을 말하다가 매몰차게 핀잔을 당하다.
• **핀잔맞다** 자동사 맞대고 비웃음이나 꾸짖음을 당하다.
• **해맞이** 명사 떠오르는 해를 구경하거나 맞이하는 일.

맞다[3] 동사

규10-1 맞고, 맞으니, 맞으며, 맞는, 맞아, 맞네, 맞소, 맞습니다, 맞았다

타동사

① 때림을 당하다.
¶ 할아버지께 회초리로 맞아 종아리가 아팠다.
② 침, 주사 따위로 치료를 받다.
¶ 엉덩이에 주사를 맞았다.
¶ 침을 맞으러 한의원에 갔다.
③ 쏘거나 던지거나 한 물체가 어떤 물체에 닿다. 또는 그런 물체에 닿음을 입다.
¶ 머리에 돌멩이를 맞아서 크게 다쳤다.

자동사

① 목표나 사물에 닿다.
¶ 화살이 과녁에 정확하게 맞았다.
② (누구에게) 때림을 당하다.
¶ 너는 왜 만날 애들한테 맞고만 다니느냐?

복합어

• **빗맞다**[빈맏따] 자동사 ① 겨눈 곳에 맞지 아니하고 어긋나게 맞다. ¶ 화살이 빗맞아서 크게 다치지는 않았다. ② 일이 뜻한 대로 이루어지지 아니하고 잘못 이루어지다. ¶ 그의 예상이 빗맞는 바람에 우리가 준비한 것이 허사가 되고 말았다.
• **설맞다** 자동사 ① (총알, 화살 따위가) 급소에 바로 맞지 아니하다. ¶ 포수의 총에 설맞은 호랑이가 포수를 공격했다. ② (매를) 덜 맞다.
• **얻어맞다** 자동사 ① 심하게 맞다. ② 비난을 받다. ¶ 정치인이 언론에 얻어맞는 일은 흔하다.
• **헛맞다**[헌맏따] 자동사 겨눈 곳에 맞지 않고 딴 곳에 맞다. ¶ 오늘 쏜 화살은 모두 헛맞는다.

속담

- **싫은 매는 맞아도 먹기 싫은 음식은 못 먹는다** 싫은 음식은 도저히 먹지 못함을 이르는 말.
- **맞는 자식보다 때리는 부모 마음이 더 아프다** 자식을 올바르게 이끌기 위하여 매를 때리는 부모 마음은 매를 맞는 자식 마음보다 훨씬 아프다는 말.
- **맞은 놈은 펴고 자고 때린 놈은 오그리고 잔다** 남에게 해를 입힌 사람은 마음이 불안하나 해를 입은 사람은 오히려 마음이 편하다는 말.

-맞다 접사

-맞고, -맞으니, -맞으며, -맞는, -맞아, -맞네, -맞소, -맞습니다, -맞았다

접미사

(사람의 성격을 나타내는 일부 명사 또는 어근 뒤에 붙어) '그것을 지니고 있음'의 뜻을 더하고 형용사를 만드는 말.

¶ 구성맞다, 궁상맞다, 능글맞다, 방정맞다, 쌀쌀맞다, 앙증맞다, 익살맞다, 청승맞다

'-맞다'의 어감

접미사 '-맞다'는 어근이 가진 성질을 지니고 있되 그 어근이 갖는 부정적인 성질을 두드러지게 하는 데에 사용한다. '-스럽다'와 비교하면 '-맞다'의 부정적 이미지를 이해할 수 있다. 아래 낱말의 의미를 살펴보면 '-맞다'는 부정적 이미지를 더하고 조금은 말의 격을 낮추는 기능을 한다는 것을 알 수 있다. 따라서 '-맞다'는 품위를 지켜야 할 때에는 사용하지 않는 것이 좋다.

구성지다/구성맞다, 궁상스럽다/궁상맞다, 극성스럽다/극성맞다, 밉살스럽다/밉살맞다
쌀쌀하다/쌀쌀맞다, 익살스럽다/익살맞다, 청승스럽다/청승맞다

'-맞다'로 끝나는 형용사

가량맞다, 가증맞다, 간살맞다, 걸맞다, 구성맞다, 궁상맞다, 극성맞다, 넉살맞다, 능글맞다, 능청맞다, 들어맞다, 때맞다, 마침맞다, 밉살맞다, 방정맞다, 변덕맞다, 생뚱맞다, 시름맞다, 쌀쌀맞다, 알맞다, 앙증맞다, 어긋맞다, 음충맞다, 익살맞다, 지질맞다, 징글맞다, 청승맞다, 칠칠맞다

이들은 모두 형용사이다. 따라서 형용사 활용 방식에 따라서 관형사형 어미로 '-은', 종결 어미로 '-다'가 붙는다.

┌ 자기 처지에 걸맞는(×)/걸맞은(○) 생활을 해야 한다.
└ 그의 생활 방식은 그의 형편에 걸맞는다(×)/걸맞다(○).
┌ 사람이 살기에 가장 알맞는(×)/알맞은(○) 기온은 몇 도일까?
└ 여기 기온은 사람이 살기에 알맞는다(×)/알맞다(○).

맞닥치다 동사

규11-0 맞닥치고, 맞닥치어/맞닥쳐, 맞닥친, 맞닥칠, 맞닥칩니다, 맞닥치었소/맞닥쳤소

자동사

① (무엇과 무엇이) 서로 마주 다다르다.

¶ 원수끼리 외나무다리에서 맞닥쳤다.

¶ 길이 좁아서 맞은편에서 차가 온다면 우리 차와 맞닥치고 말 것이다.

② 같은 시간에 함께 다다르다.

¶ 두 분이 동시에 맞닥쳐서 애를 먹었다.

맞추다 동사

규11-0 맞추고, 맞추니, 맞추지, 맞추어/맞춰, 맞춘, 맞춥니다, 맞추었다/맞췄다

타동사

① 짝을 맞게 대어 붙이다.

¶ 여러 조각을 맞추어 놓으니 그림 하나가 완성되었다.

¶ 옷을 몸에 맞춰야지 몸을 옷에 맞춰야 하니?

② 서로 비교하다.

¶ 휴가 일정을 맞추어 보고 맞으면 함께 여행하는 것이 좋겠다.

¶ 하루 판매 장부를 맞추고 나서야 퇴근할 수 있다.

③ 서로 어긋남이 없이 조화를 이루다.

¶ 우리 서로 발걸음을 맞춥시다.

¶ 피의자들이 모두 말을 맞춘 것처럼 진술하고 있다.

④ (어떤 기준에) 틀리거나 어긋남이 없이 조정하다.
¶ 이야기의 초점을 감독의 제작 의도에 맞추었다.
¶ 지역 방송에 주파수를 맞춰 놓으면 현지 소식을 접할 수 있다.
⑤ (줄을) 똑바르게 만들다.
¶ 줄을 맞춰 서시오.
⑥ (다른 사람의 의도나 의향 따위에) 맞게 행동하다.
¶ 상사의 비위를 맞추면서 일하기는 정말 어렵다.
⑦ 일정한 규격의 물건을 만들도록 미리 주문을 하다.
¶ 양복을 맞추려고 양복점에 갔다.
⑧ 마주 닿게 하다.
¶ 사랑하는 사람끼리 입을 맞추는 것은 자연스러운 일이다.

자동사
(어떤 기준이나 정도에) 어긋나지 아니하게 하다.
¶ 기차 도착 시간에 맞추어 마중을 나가야 한다.
¶ 박자에 맞추어 노래를 부르자.

복합어
- **맞춤** 명사 ① 짝을 맞게 대어 붙임. ② 알맞게 하는 일. ③ 미리 맡기거나 부탁하여 만드는 일.
- **맞춤하다** 형용사 알맞다, 적당하다, 알맞춤하다.

맞히다[1] 동사

규11-0 맞히고, 맞히지, 맞히어/맞혀, 맞힌, 맞힙니다, 맞히었다/맞혔다

타동사
'맞다[1]'의 사동형.
¶ 이번 문제의 정답을 맞히면 우리말 달인이 된다.
¶ 열 문제 가운데에서 여덟 문제만 맞히면 된다.
¶ 화살로 적장의 머리를 맞혔다.

'맞히다'와 '맞추다'
'맞추다'는 물건이나 약속을 정해진 틀이나 시각에 맞도록 만드는 행위이고, '맞히다'는 목표 지점(과

녁 또는 정답)에 맞게 하는 행위이다. 두 동사 모두 '맞다'에서 파생한 동사이지만 위와 같은 용법의 차이로 구별하여 사용한다.
¶ 답을 맞추는(×)/맞히는(○) 사람에게 선물을 주겠다.
¶ 화살 하나로 정확하게 적장의 심장을 맞추어(×)/맞히어(○)/맞혀(○) 쓰러뜨렸다.
¶ 열 번 쏘아서 과녁을 아홉 번 맞추면(×)/맞히면(○) 명궁이라 할 만하다.

맞히다[2] 동사

규11-0 맞히고, 맞히지, 맞히어/맞혀, 맞힌, 맞힙니다, 맞히었다/맞혔다

타동사
'맞다[2]'의 사동형.
¶ 비를 맞히려고 화분을 옥상에 가져다 놓았다.
¶ 어제는 내가 친구에게 바람을 맞혔다가 오늘은 내가 바람을 맞았다.

맞히다[3] 동사

규11-0 맞히고, 맞히지, 맞히어/맞혀, 맞힌, 맞힙니다, 맞히었다/맞혔다

타동사
'맞다[3]'의 사동형.
¶ 공연히 아이에게 매를 맞히는구나.
¶ 아이에게 주사를 맞히려고 병원에 간다.

매[1] 명사

주로 사람을 때리는 회초리나 막대기나 몽둥이. 또는 그것으로 때리는 일.
¶ 아이들을 매로 다스리려 해서는 안 된다.

복합어

- **단매**(單－) 명사 한 번만 때리는 매.
- **돌림매** 명사 ① 한 사람을 여러 사람이 돌아가며 때리는 매. ② 여러 사람을 한 사람 한 사람씩 차례로 돌아가며 때리는 매.
- **매꾸러기** 명사 장난을 심하게 하거나 잘못을 저질러 어른에게 자주 매를 맞는 아이.
- **매끝** 명사 매질하는 형세. ¶ 당시 선생님은 매끝이 무척 매웠다.
- **매맛** 명사 매를 맞아 아픈 느낌. ¶ 네가 매맛을 보아야 되겠구나.
- **매싸리** 명사 종아리채로 쓰는 싸릿가지.
- **맷가마리** 명사 매를 맞아 마땅한 사람.
- **맷감** 명사 ① 매를 맞아 마땅한 행동. ¶ 네가 자꾸 맷감을 벌고 있구나! ② 매로 쓸 만한 물건.
- **맷집** 명사 ① 매를 견디어 내는 힘이나 정도. ¶ 나는 맷집이 좋아서 어지간히 맞아도 끄떡없다. ② 때려 볼 만한 통통한 살집. ③ 툭하면 매를 잘 얻어맞음을 이르는 말.
- **모다깃매** 명사 =몰매
- **몰매** 명사 여러 사람이 한꺼번에 덤비어 때리는 매.
- **무릿매** 명사 ① 작은 돌을 끈으로 묶고 끈의 양 끝을 잡고 휘두르다가 한쪽 끝을 놓아 돌을 멀리 던지는 팔매. ② =몰매
- **물매** 명사 나무에 달린 과일 따위를 떨어뜨리기 위하여 던지는 짤막한 몽둥이.
- **뭇매** 명사 =몰매
- **사매**(私－) 명사 힘 있는 자가 사사로이 때리는 매.
- **삯매**[상－] 명사 예전에, 남이 맞을 매를 삯을 받고 대신 맞던 매.
- **소나기매** 명사 갑자기 세찬 기세로 잇따라 때리는 매.

관용 표현

- **매(를) 들다** 매로 때리다. ¶ 매를 들어 아이를 가르치는 것은 하책이다.

속담

- **매 끝에 정든다** 매를 맞거나 꾸지람을 들은 뒤에 더 사이가 가까워짐을 이르는 말.
- **매도 맞으려다 안 맞으면 서운하다** 무슨 일을 하려고 하다가 못하면 섭섭하다는 말.
- **매도 먼저 맞는 놈이 낫다** 이왕 겪어야 할 일이라면 아무리 어렵고 괴롭더라도 먼저 치르는 편이 낫다는 말.
- **매로 키운 자식이 효성 있다** 잘되라고 매로 때리고 꾸짖어 키우면 그 자식도 커서 그 공을 알아 효도를 하게 된다는 말.
- **매 위에 장사 있나** 매로 때리는 데는 견딜 사람이 없다는 말.

매[2] 명사

① '맷돌'의 준말.

② '매통'의 준말.

복합어

- **매통** 명사 곡물의 껍질을 벗기는 농기구. 주로 겉겨를 벗기는 데에 쓴다.
- **맷돌** 명사 곡식을 가는 데에 쓰는 기구. 둥글넓적한 돌 두 짝을 포개고 윗돌 아가리에 갈 곡식을 넣으면서 손잡이를 돌려서 간다.
- **맷돌질** 명사 맷돌에다 곡식을 가는 일.
- **맷방석**(-方席) 명사 매통이나 맷돌을 쓸 때 밑에 까는, 짚으로 만든 방석.
- **맷손** 명사 매통이나 맷돌을 돌리는 손잡이.
- **맷지게** 명사 맷돌을 돌릴 때 맷손을 긴 막대기에 걸어서 돌리게 만든 장치. 'ㅜ' 자 모양으로 되어 여러 사람이 잡고 밀었다 당겼다 하면 맷돌이 돌아간다.
- **연자매**(研子-) 명사 돌로 된 방아의 하나. 둥근 돌판 위에 그보다 작고 둥근 돌을 옆으로 세워 얹은 것으로, 소나 말이 끌어서 돌려 곡식을 찧고 빻는다.
- **풀매** 명사 풀쌀을 가는 작은 맷돌.
- **토매**(土-) 명사 벼 껍질을 벗겨 현미를 만드는 데에 사용하는, 맷돌 모양의 농기구.

매[3] 명사 [매:]

맷과의 새를 통틀어 이르는 말.

복합어

- **날매** 명사 공중에서 날고 있는 매.
- **매부리**[1][매:-] 명사 사냥에 쓰일 매를 맡아서 기르고 부리는 사람.
- **매부리**[2][매:-] 명사 매의 주둥이.
- **매부리코**[매-] 명사 매부리와 같이 코끝이 아래로 삐죽하게 숙은 코. 또는 그런 코를 가진 사람.
- **매사냥**[매:-] 명사 길들인 매로 꿩이나 새를 잡는 일.
- **보라매** 명사 난 지 일 년이 안 된 새끼를 잡아 길들여서 사냥에 쓰는 매.

• **사냥매** 명사 꿩 따위를 잡을 때 쓰는, 훈련된 매.
• **새매**[새:-] 명사 낮은 산이나 숲, 강가에 사는 매. 수컷을 '난추니', 암컷을 '익더귀'라 하고, 길들여서 작은 새 따위를 잡는 데 쓴다.
• **생매**(生-) 명사 길들이지 않은 매.
• **송골매**(松鶻-) 명사 바닷가 벼랑이나 높은 산에 서식하는 매. 주로 작은 새를 잡아먹고 산다. '해동청(海東靑)'이라고도 한다.
• **참매** 명사 송골매를 달리 이르는 말.

-매 접사

접미사

'생김새' 또는 '맵시'의 뜻을 더하는 말.

복합어

• **눈매** 명사 눈이 생긴 모양. 눈맵시.
• **몸매** 명사 몸의 모양이나 생김새.
• **손매** 명사 손의 맵시.
• **앉음매** 명사 앉은 모양이나 태도.
• **옷매**[온-] 명사 옷을 차려입은 모양새나 맵시.
• **입매**[임-] 명사 입의 모양. 입의 생김새. 입모습. 입맵시.
• **허릿매**[-린-] 명사 날씬한 허리의 모양새.

매다[1] 동사 [매:-]

규11-0 매고, 매니, 매어/매, 매어서/매서, 맬, 맨, 맵니다, 매었다/맸다

타동사

① 끈이나 줄 따위가 풀어지지 아니하게 마디를 만들다.
¶ 운동을 하려면 신발 끈이 풀어지지 않게 단단히 매어야/매야 한다.
¶ 엄마는 딸의 옷고름을 찬찬히 매 주었다.

② 따로따로 있는 것을 모아서 동이거나 꿰매어 하나로 묶다.
¶ 오소리 털은 붓을 매는 데에 쓴다.
¶ 옛날에는 한지를 매어 책을 만들었다.
③ 끈이나 줄 따위를 무엇에 두르거나 묶다.
¶ 손님을 만나기로 해서 넥타이를 매고 외출하였다.
¶ 소를 말뚝에 매어 놓고 풀밭에 누웠다.
¶ 나뭇가지에 그네를 매고 타던 시절이 그립다.
④ (주로 '목을 매다'의 꼴로 쓰이어) 어떤 데에서 떠나지 못하고 얽매이다.
¶ 왜 하필이면 그런 일에 목을 매느냐?

복합어

- **꿰매다**[꿰:–] 타동사 해지거나 뚫어진 데를 바늘로 깁거나 얽어매다. ¶ 해진 양말을 꿰매어 신었다.
- **달아매다** 타동사 아래로 처지도록 높이 잡아매다. 매달다. ¶ 초파일에 연등을 줄에 달아매 놓은 광경은 볼 만하다. ② 달아나지 못하도록 고정된 물건에 묶다.
- **동여매다** 타동사 끈이나 실 따위로 감거나 둘러 묶다. '동이다'와 '매다'를 한꺼번에 사용한 것으로, 강조하는 뜻을 나타낸다. ¶ 나는 머리띠를 질끈 동여매고 씨름판에 나섰다.
- **둘러매다** 타동사 한 바퀴 둘러서 두 끝을 마주 매다. ¶ 치마가 내려가지 않게 허리띠를 둘러맸다.
- **매달다**[매:–] 타동사 줄이나 끈 따위로 잡아매어 달려 있게 하다.
- **매달리다**[매:–] 자동사 ① 줄이나 끈 따위에 매어서 달려 있게 되다. ¶ 붉은 감들이 나뭇가지에 주렁주렁 매달렸다. ② 붙들고 늘어지다. ¶ 누가 철봉에 오래 매달리나 내기를 했다. ③ 어떤 일에 몸과 마음이 온통 쏠리다. ④ 어떤 것에 의지하다. ¶ 엄마한테 매달리지 말고 네 힘으로 숙제를 해야지.
- **매이다** 피동사 '매다'의 피동형. ¶ 나는 가정에 매인 몸이니 움직일 수 없다.
- **목매다**[몽–] 자동사 ① 목을 매어 죽다. ② 오로지 의지하거나 얽매이다. ¶ 온 식구가 오직 아버지의 월급에 목매고 있다.
- **싸매다** 타동사 무엇을 싸서 풀어지지 아니하게 꼭 매다. ¶ 수도가 얼지 않도록 잘 싸매어 놓아라.
- **얽매다**[엉–] 타동사 =얽어매다
- **얽어매다** 타동사 ① 얽어서 매다. 얽매다. ¶ 마을로 내려온 멧돼지를 잡아서 밧줄로 얽어매어 놓았다. ② 마음대로 행동할 수 없도록 몹시 구속하다. 얽매다.
- **옭아매다** 타동사 ① 자유롭지 못하게 매다. 구속하다. ¶ 교도관은 포승으로 옭아맨 죄수를 버스에 태우고 있었다. ② 함정에 빠뜨리거나 없는 죄를 꾸미어 덮어씌우다.
- **잡아매다** 타동사 ① 흩어지지 않게 한데 잡아서 매다. ¶ 머리카락을 단정하게 잡아매어라. ② 달아나지 못하도록 묶다. ¶ 염소를 말뚝에 잡아매어 놓았다. ③ (비유하여) 꼼짝 못하게 하다. ¶ 아이를 그렇게 집에 잡아매 두면 되니?

• **졸라매**다 [타동사] 느슨하지 않도록 단단히 매다. ¶ 허리띠를 바짝 졸라매었다.
• **처매**다 [타동사] 친친 감아서 매다. ¶ 상처를 붕대로 처맸다.

> **'얽어매다'와 '옭아매다'**
> 두 말이 다 여기저기를 단단히 매는 행위를 가리키는데 '얽어매다'는 풀어지지 않도록 단단히 매는 것을 의미하는 정도이고, '옭아매다'는 꾀를 내어 상대를 꼼짝 못하게 만드는 것을 포함한다.
> 올가미를 씌워 짐승을 잡는 것처럼 '옭아매다'는 미끼를 사용하여 상대를 꼼짝 못하게 만드는 행동을 나타낼 때 쓰는 것이 특징이다. 무슨 사건에 억지로 관련되게 하는 것은 '얽어매다'에 가깝고, 함정에 빠뜨려서 꼼짝 못하게 만드는 것은 '옭아매다'에 가깝다.

매다2 동사 [매: -]

규11-0 매고, 매니, 매어/매, 매어서/매서, 맬, 맨, 맵니다, 매었다/맸다

타동사

논밭에 난 잡풀을 뽑다.
¶ 여름 뙤약볕 아래서 김을 매는 일은 정말 힘든 일이다.
¶ 엄마는 콩밭을 매고 아이는 나무 그늘에서 잠을 자고 있다.

복합어

• **김매**다[김: -] [자동사] 논밭의 김(잡풀)을 뽑아내다.
• **논매**다 [자동사] 논의 김을 매다.
• **밭매**다[반 -] [자동사] 밭의 김을 매다.

매무새 명사

옷, 머리 따위를 매만져서 입거나 손질한 모양새.
¶ 그 여자는 늘 매무새가 단정하여 매우 단아한 느낌을 준다.
¶ 호명된 사람들은 매무새를 가다듬고 무대로 올라갔다.

복합어

- **머리매무새** 〔명사〕 머리를 매만진 모양새.
- **옷매무새**[온-] 〔명사〕 옷을 가다듬어 입은 모양새.

매무시 명사

옷을 입을 때 매고 여미는 따위의 뒷단속.
¶ 매무시를 하다가 시간이 다 지나가고 말았다.

복합어

- **매무시하다** 〔타동사〕 옷을 입을 때 매고 여미는 따위의 뒷단속을 하다.
- **옷매무시**[온-] 〔명사〕 =매무시

> **'매무새'와 '매무시'**
> 외출할 때에 옷이나 머리를 매만져 손질하는 행위를 '매무시'라고 하고 동사로 '매무시하다'를 쓴다. 그리고 매무시를 한 결과로 눈에 나타난 모습을 '매무새'라고 한다. 매무새는 동사로 쓸 수 없다. 모양을 뜻하는 경우에는 '매무시'를 쓰지 않고 '매무새'를 써야 한다.
> ¶ 그녀의 우아한 매무새(○)/매무시(×)에 사람들이 감탄하였다.
> ¶ 여자는 외출을 하려고 화장대 앞에서 매무시(○)/매무새(×)를 하고 있었다.

× 맥적다

'맥쩍다'의 틀린 표기.

맥쩍다 형용사

규21-1 맥쩍고, 맥쩍지, 맥쩍어, 맥쩍은, 맥쩍으니, 맥쩍으면, 맥쩍소, 맥쩍습니다

① 심심하고 재미가 없다.
¶ 딱히 할 일이 없어서 맥쩍게 책장이나 뒤적이며 시간을 보냈다.

② 열없고 쑥스럽다.
¶ 결혼 이야기가 나오자 무척 맥쩍은 눈치를 보였다.

복합어

• **맥쩍어하다** 자동사 맥쩍은 태도를 취하다. ¶ 그렇게 맥쩍어하지 말고 사랑한다고 솔직하게 고백해라.

맨[1] 관형사 [맨:]

더 할 수 없을 정도를 나타내는 말.
¶ 산의 맨 꼭대기까지 올라갔다.
¶ 누가 맨 먼저 거기 도착하는지 내기하자.

맨[2] 부사

다른 것은 섞이지 아니하고 온통.
¶ 여기는 맨 소나무뿐이다.
¶ 너는 맨 놀기만 하고 공부는 않니?

맨– 접사

접두사
(일부 명사 앞에 붙어) '다른 것이 없는'의 뜻을 더하는 말.
¶ 너무 작아서 맨눈으로는 보기 어렵다.
¶ 그가 호랑이를 맨주먹으로 때려눕혔다고 한다.
¶ 맨발로 달리면 발바닥이 아프다.
¶ 그는 맨꽁무니로 장사를 시작하여 크게 성공했다.

'맨'의 띄어쓰기

'맨'은 관형사나 부사로 쓰는 경우에만 띄어쓰기를 한다. '맨가슴, 맨꽁무니, 맨눈, 맨다리, 맨땅, 맨머리, 맨몸, 맨몸뚱이, 맨바닥, 맨밥, 맨살, 맨상투, 맨손, 맨손바닥, 맨입, 맨주먹' 따위는 모두 접두사 '맨－'이 명사에 붙어서 된 파생어이다.

▶ '맨－'과 '민－'의 차이는 올림말 '민－' 참고.

맨날 부사 [맨:－]

ㅁ

매일같이 계속하여서. 만날.

¶ 너는 왜 맨날 그 모양이냐?

¶ 일할 생각은 안 하고 맨날 놀 궁리만 하고 다니느냐?

속담

• **맨날 뗑그렁** 생활이 넉넉하여 만사에 걱정이 없음을 이르는 말.

▶ '맨날'과 '만날'은 같은 의미로 쓰는 복수 표준어이다.

머무르다 동사 ㊟ 머물다

불11–6 머무르고, 머무르니, 머무르면, 머무르는, 머물러, 머무릅니다, 머물렀다

자동사

① 도중에 멈추다.

¶ 이 정류장에는 버스가 머무르지 않는다.

② 잠시 어떤 곳에 묵다.

¶ 오랜만에 고향에 왔으니 며칠 머물렀다 가거라.

③ 더 나아가지 못하고 일정한 수준이나 범위에 그치다.

¶ 그의 성적은 늘 중위권에 머물렀다.

¶ 나는 결코 남의 들러리에 머무르지 않겠다.

머물다 동사

불11-2 머물고, 머물지, 머무는, 머문, 머무네, 머무오, 머무세, 머문다, 머뭅니다

자동사

'머무르다'의 준말.

¶ 기차가 간이역에서 머무는가 싶더니 이내 떠났다.

¶ 이 도시에서 머문 지 벌써 한 달이 되었다.

¶ 오늘은 이 여관에서 머뭅시다.

¶ 더 이상 이곳에 머물 까닭이 없다.

¶ 아이 성적이 중위권에 머물고 있다.

'머무르다'와 '머물다'의 활용형

'머무르다'는 '르'불규칙 활용을 하고, '머물다'는 'ㄹ'불규칙 활용을 한다. 특이한 것은 '머물다'에 '-어', '-어서', '-었-'이 붙는 경우에 '머물어', '머물어서', '머물었다'처럼 활용하지 않는다는 점이다. 이는 '머무르다'가 활용할 때에 '머물러', '머물러서', '머물렀다'로 활용하는 것을 고려한 것이다.

어미	'머무르다'의 활용형	'머물다'의 활용형
-고, -면, -다가, -지	머무르고, 머무르다가	머물고, 머물면, 머물다가
-니, -는, -네, -오	머무르니, 머무르오	머무니, 머무는, 머무네, 머무오
-ㄴ, -ㅁ, -ㅂ니다, -시오	머무른, 머무르시오	머문, 머묾, 머뭅니다, 머무시오
-어, -어서, -었-	머물러, 머물러서, 머물렀다	

머지않다 형용사 [-안타]

규20-1 머지않고, 머지않은, 머지않으니, 머지않아서, 머지않습니다, 머지않았다

오래되지 않다.

¶ 우리가 행복하게 살 날도 머지않았다.

¶ 군대 간 아들이 군 복무를 마치고 돌아올 날이 머지않았다.

¶ 마흔이 머지않은 나이에 새로 공부가 하고 싶어졌다.

머지않아 부사

오래되지 않아. 곧.

¶ 그에 관해서는 머지않아 좋은 소식이 있을 것이다.

¶ 상황을 보니 머지않아 전쟁이 끝날 것 같다.

'머지않다', '멀지 않다', '머지않아'

'머지않다'와 '멀지 않다'의 차이를 《표준국어대사전》 '멀다[2]'에서 이렇게 설명하고 있다.

"'머지않다'는 시간 개념을 나타내고, '멀지 않다'는 공간 개념을 나타낸다. '머지않다'는 한 단어로 '봄이 머지않았다'와 같이 붙여 쓰지만, '멀지 않다'는 한 단어가 아니므로 '여기에서 학교까지는 멀지 않다'와 같이 띄어 쓴다."

그래서 '얼음이 녹는 것을 보니 봄이 머지않은 것 같다', '풍경소리가 들리는 것이 절이 멀지 않은 것 같다'처럼 써야 한다는 것이다.

그러나 시간 개념으로 쓰느냐 공간 개념으로 쓰느냐에 따라서 '멀다'의 부정 형태를 달리 쓰라는 것은 좀 억지스럽다. '얼음이 녹는 것을 보니 봄이 멀지 않은 것 같다'를 쓰면 왜 안 되는지 설명하기 어렵다. '멀다'의 'ㄹ'이 'ㅈ' 앞에서 탈락하는 것은 특수한 경우이다. 민요 '한오백년'의 후렴 '한오백년 사자더니 웬 성화요'에서 '사자더니'는 '살자더니'의 'ㄹ'이 'ㅈ' 앞에서 탈락한 것이다. 그러나 표준어로는 '살자더니'만 인정한다. 이처럼 'ㅈ' 앞에서 'ㄹ'을 탈락시키는 것은 허용하지 않는다.

'ㅈ' 앞에서 어간 받침소리 'ㄹ'이 탈락한 형태를 표준어로 인정한 경우로 '마지않다'가 있다. 이는 보조 동사로 쓰는 경우에만 인정하는 형태이다. 일반 동사로 쓴다면 '이번 일은 결코 하다 말지 않을 거야'처럼 'ㄹ'을 탈락시키지 않는다.

따라서 '멀다'의 의미를 시간과 공간으로 나누어 시간이 멀지 않은 경우에는 '머지않다'를 허용하고, 공간이 멀지 않은 경우에는 '멀지 않다'로 써야 한다는 구별은 그리 합당해 보이지 않는다. 다만, 굳은 말로 '머지않아'를 쓰고 있다고 보고 이를 복합어로 인정하여 부사로 처리하는 것은 바람직하다고 본다. '마지않다'를 보조 동사로 인정하는 것처럼 말이다.

먹거리 명사

먹을 수 있는 온갖 것.

¶ 우리 고장은 먹거리가 풍부한 곳이다.

▶ '먹거리'와 '먹을거리'의 차이는 올림말 '먹을거리' 참고.

먹을거리 명사 [-꺼-]

먹을 수 있거나 먹을 만한 물건.

¶ 집에 먹을거리가 마땅찮아 라면으로 끼니를 때웠다.

'먹거리'와 '먹을거리'

두 낱말은 지금 차별화 과정에 있다. 한동안 《표준국어대사전》에서 '먹거리'를 '먹을거리'의 틀린 말로 규정했기 때문에 '먹거리'의 용법이 위축되고, 과거에 먹거리를 쓰던 용례가 '먹을거리'로 합해지는 상황에 놓였다. 그러나 최근 '먹거리'가 표준어로 인정되자 두 낱말을 섞어 쓰기도 하고 구별하여 쓰기도 한다.

대체로 식사 대접처럼 사람이 먹을 수 있도록 차려 놓은 음식은 '먹을거리'라고 한다. '그 집은 부자이니 잔칫상에 먹을거리가 많았을 거야'라고 쓴다. 이에 비해서 '먹을거리'를 만들 수 있는 재료는 '먹거리'라고 한다. '이 지방은 먹거리가 풍부한 곳이어서 어느 식당에 가도 입이 벌어질 정도로 먹을거리가 많이 나온다'처럼 쓴다.

그러니까 먹을 수 있도록 조리가 끝난 상태의 음식을 '먹을거리'라고 하고, 먹을거리를 만드는 데에 쓰는 재료를 '먹거리'라고 하는 것이다. 흔히 시장에 가는 것은 '먹거리'를 사러 가는 것이고, 식당에 가는 것은 '먹을거리'를 먹으러 간다고 말할 수 있다.

'먹을거리'의 띄어쓰기

동사의 관형사형에 의존 명사 '거리'가 붙은 표현은 국어의 보편적인 표현법의 하나이다. '먹을 수 있는 것'이 '먹을거리'이고, '볼 수 있는 것'이 '볼거리'이고, '입을 수 있는 것'이 '입을 거리'이고, '들을 수 있는 것'이 '들을 거리'이다. 이 가운데에서 '먹을거리', '볼거리', '땔거리', '읽을거리'만 한 낱말로 인정하여 붙여 쓰고, 그 밖의 것은 한 낱말로 인정하지 않으므로 띄어 써야 한다.

- 때다 + 거리 = 땔거리
- 먹다 + 거리 = 먹을거리
- 보다 + 거리 = 볼거리
- 읽다 + 거리 = 읽을거리

- 놀다 + 거리 = 놀 거리
- 말하다 + 거리 = 말할 거리
- 싸우다 + 거리 = 싸울 거리
- 웃다 + 거리 = 웃을 거리
- 입다 + 거리 = 입을 거리

멀다 형용사 [멀:-]

불21-2 멀고. 멀면. 멀지. 머니. 머네. 머오. 먼. 멉니다. 멀어, 멀었다

① 거리가 길다. 많이 떨어져 있다.
¶ 전철역이 집에서 머니 출퇴근 때 고생할 것 같다.
¶ 집에서 먼 건물은 그림에서 지워라.
② 촌수가 가깝지 않다. 관계가 서먹서먹하다.
¶ 먼 친척이라도 모른 척하지 마라.
¶ 마음이 어수선하니 친구도 멀게 느껴진다.
③ 시간이 많이 흘러 오래다.
¶ 요즘 할머니는 자주 먼 옛날 생각에 잠기신다.

복합어

- **머나멀다**[머:-] 형용사 매우 멀다. ¶ 친구가 머나먼 곳에 사니 자주 만날 수 없다.
- **멀리**[멀:-] 부사 멀게. ¶ 더 멀리 앉아라. 명사 먼 곳. ¶ 오늘 멀리서 손님이 오셨다.
- **멀리하다**[멀:-] 타동사 (누구를) 멀게 대하다. ¶ 욕을 잘하는 친구는 멀리해라.
- **멀어지다** 피동사 멀게 되다. ¶ 그와 다툰 뒤로 사이가 멀어지고 말았다.

'멀다'의 활용형과 소리내기

① 규칙적으로 활용하는 경우(1): '멀고, 멀게, 멀기, 멀다, 멀지, 멀면, 멀수록' 따위는 규칙적으로 활용한 형태이다. 이 경우 '멀다'의 '멀'을 길게 소리 낸다.
② 규칙적으로 활용하는 경우(2): '멀어, 멀었어' 따위도 규칙적으로 활용한 형태이지만 이 경우에는 '멀'을 짧게 소리 낸다.
③ 불규칙하게 활용하는 경우: '먼, 멀, 멉니다, 머나, 머니, 머오' 따위는 불규칙하게 활용한 형태이다. '멀'의 받침 'ㄹ'이 탈락하였음을 알 수 있다. 이 경우에는 '머'를 길게 소리 낸다.

'멀리하다'와 '멀리 하다'

'멀리'는 부사이므로 뒤의 동사를 꾸미는 구실을 한다. '멀리 두다', '멀리 놓다', '멀리 던지다'에서 '두다', '놓다', '던지다'처럼 구체적인 행동을 나타내는 동사를 꾸미는 말이다.
그런데 '하다'는 행동의 구체적인 내용이 없는 동사이다. '그는 친구를 멀리 한다'에서 '멀리'를 빼면 문장이 성립하지 않는 것도 그런 까닭이다. 그래서 '멀리'가 '하다'를 꾸미는 것으로 보지 않고 '멀리'

와 '하다'가 합성하여 동사 '멀리하다'를 만드는 것으로 본다. 따라서 '멀리 하다'처럼 띄어 쓰면 안 된다. '가까이하다'도 같은 방법으로 합성된 동사이다.

멀찌가니 부사

사이가 꽤 떨어지게. 멀찌감치. ×멀찌거니

¶ 그의 집은 여기서 멀찌가니 떨어져 있다.

멀찌감치 부사

=멀찌가니

¶ 도둑은 이미 멀찌감치 도망가 버렸다.

× 멀찌거니

'멀찌가니'의 틀린 말.

멀찌막하다 형용사

불20-9 멀찌막하고, 멀찌막하여/멀찌막해, 멀찌막한, 멀찌막합니다, 멀찌막하였다/멀찌막했다

꽤 멀찍하다. 꽤 먼 듯하다.

¶ 두 아이를 멀찌막하게 떼어 놓았다.

복합어

- **멀찌막이** 부사 꽤 멀찍하게.

멀찍하다 형용사

불20-9 멀찍하고, 멀찍하여/멀찍해, 멀찍한, 멀찍합니다, 멀찍하였다/멀찍했다

사이가 꽤 떨어져 있다.
¶ 사고 현장에서 멀찍하게 떨어져 있었다.

복합어

- **멀찍이** 부사 꽤 사이가 떨어지게. 멀찌감치.

ㅁ

멈추다 동사

규11-0 멈추고, 멈춘, 멈출, 멈추어/멈춰, 멈춥니다, 멈추었다/멈췄다

자동사

① 움직임이나 동작이 그치다.
¶ 지나가던 사람들이 모두 **멈춰서** 사고 현장을 보고 있었다.
¶ 버스가 갑자기 **멈추는** 바람에 사람들이 넘어졌다.
② 비나 눈 따위가 그치다.
¶ 잠시 **멈추었던** 비가 다시 내리기 시작한다.
¶ 눈보라가 **멈추거든** 출발해요.

타동사

사물의 움직임이나 동작을 그치게 하다. 중지하다.
¶ 걸음을 **멈춰** 서서 잠깐 새소리를 들어 보라.
¶ 농부들이 하던 일을 **멈추고** 새참을 먹는다.

멋 명사

① 차림새, 행동, 됨됨이 따위가 세련되고 아름다움.
¶ 어린애가 벌써 **멋**을 내려 한다.

¶ 그렇게 옷을 차려 입으니 멋이 한껏 나는 것 같다.
② 고상한 품격이나 운치.
¶ 남자에게는 남자다운 멋이 있어야 한다.
¶ 한옥의 곡선이 보여 주는 멋은 참 독특하다.

복합어

- **멋대로** 부사 올림말 '멋대로' 참고.
- **멋들어지다** 형용사 올림말 '멋들어지다' 참고.
- **제멋** 명사 제가 스스로 느끼고 생각하는 멋.

관용 표현

- **멋(을) 내다** 멋이 있게 꾸미거나 차리다. ¶ 언니는 화사한 스카프로 한껏 멋을 냈다.
- **멋(을) 부리다** '멋을 내다'를 조금 헐하게 이르는 말. ¶ 멋 부리는 데에만 신경 쓰지 말고 책 좀 읽어라.

속담

- **멋에 치여 중 서방질한다** 자기 몸을 망치면서도 흥을 이기지 못해 방탕에 빠짐을 이르는 말.

멋대로 부사

('제멋대로'에서 온 말로) 아무렇게나 하고 싶은 대로. 또는 제 마음대로.
¶ 그렇게 중요한 일을 멋대로 처리하다니!
¶ 그렇게 멋대로 판단하지 마라.

복합어

- **제멋대로** 부사 ① 제가 하고 싶은 대로. ② 아무렇게나 마구.

× 멋드러지다

'멋들어지다'의 틀린 표기.
¶ 저 친구는 노래를 멋드러지게(×)/멋들어지게(○) 부른다.

멋들어지다 형용사

규21-0 멋들어지고, 멋들어진, 멋들어지어/멋들어져, 멋들어집니다, 멋들어지었다/멋들어졌다

아주 멋있다.

¶ 능소화가 담장을 따라 멋들어지게 피어 있다.

¶ 신나는 노래와 멋들어진 몸놀림으로 사람들을 즐겁게 했다.

멋쩍다 형용사

규21-1 멋쩍고, 멋쩍지, 멋쩍어, 멋쩍은, 멋쩍으니, 멋쩍으면, 멋쩍소, 멋쩍습니다, 멋쩍었다

① 어색하고 쑥스럽다.

¶ 제 자랑을 하기가 멋쩍은지 얼굴이 빨개진다.

¶ 뭔가 생각대로 되지 않자 멋쩍은 웃음을 짓는다.

② 하는 짓이나 모양이 격에 어울리지 않다.

¶ 청년은 아이들과 장난을 하기가 멋쩍은지 슬그머니 나가 버렸다.

복합어

- **멋쩍어하다** 자동사 멋쩍은 태도를 취하다. ¶ 아버지가 장미꽃 한 다발을 들고 멋쩍어하신다.

멎다 동사

규11-1 멎고, 멎으니, 멎으면, 멎어, 멎는, 멎을, 멎는다, 멎습니다, 멎었다

자동사

① 움직임이나 동작이 그치다.

¶ 그의 말에 심장이 멎는 것 같은 충격을 받았다.

¶ 코피가 좀처럼 멎지 않는다.

¶ 답답하여 숨이 멎을 것 같다.

② 비나 눈이 그치다.

¶ 빨리 눈이 멎어야 될 텐데.
¶ 무섭게 쏟아 붓던 비가 멎고 어느새 햇빛이 비치기 시작한다.
¶ 바람이 멎고 따사로운 햇볕이 내리쬔다.

'멎다'와 '멈추다'

'멎다'와 자동사로 쓰는 '멈추다'는 의미나 용례가 거의 같다. 그래서 서로 갈음하여 쓸 수 있다. 다만, 외부의 충격이나 영향으로 몸에서 반사적으로 순식간에 나타나는 현상에는 '멎다'를 쓰는 것이 자연스럽다.

¶ 너무 놀라 심장이 멎는 줄 알았다.
¶ 그때는 숨이 멎을 것 같았어요.

메[1] 명사

묵직하고 둥그스름한 나무토막이나 쇠토막에 자루를 박아 무엇을 치거나 박을 때 쓰는 물건.
¶ 말뚝을 메로 쳐서 박는다.
¶ 시골 장터 한쪽에 쪄놓은 찹쌀을 메로 쳐서 인절미를 만들고 있다.

복합어

- **곰방메** 명사 흙덩이를 깨뜨리거나 씨 뿌린 뒤 흙을 덮을 때 쓰는 농기구. 지름이 두 치 남짓하고 길이가 한 자쯤 되는 둥근 나무토막에 긴 자루를 맞추어 박아 '丁' 자 모양으로 만든다.
- **날메** 명사 한쪽에 두툼한 날이 있어 돌의 표면에 대고 돌의 옆을 따 내는 데에 쓰는 망치
- **돌메**[돌:-] 명사 돌로 만든 메.
- **떡메**[떵-] 명사 인절미나 흰떡 따위를 만들기 위하여 찐 쌀을 치는 메. 굵고 짧은 나무토막의 중간에 구멍을 뚫어 긴 자루를 박아 쓴다. ¶ 마을 고샅길로 접어들자 여기저기서 쿵쿵 떡메 치는 소리가 들렸다.
- **메공이** 명사 자루가 달린 절굿공이. 흔히 떡을 치거나 떡가루 따위를 빻을 때 쓴다.
- **목메**(木-)[몽-] 명사 흙덩이를 부스러뜨리는 데에 쓰는 나무로 만든 메.
- **쇠메** 명사 쇠로 만든 메.
- **쌍메**(雙-) 명사 두 사람이 번갈아 치는 메.
- **장도리메**[장:-] 명사 장도리 대신으로 쓰는, 나무로 된 메.
- **큰메** 명사 둥글고 짧은 쇳덩이의 평평한 머리 쪽에 구멍을 뚫어 긴 자루를 박은 커다란 메. 물몽둥이.

메[2] 명사

① 제사 때 신위(神位) 앞에 놓는 밥. 귀신이 먹는 밥.

¶ 어머니 제사에 정성스럽게 메를 지어 올렸다.

② 궁중에서 '밥'을 이르던 말.

복합어

- **노구메** 명사 신령에게 제사 지내기 위하여 놋쇠나 구리로 만든 작은 솥에 지은 메밥. ¶ 제단을 차리고 제단 위에는 삼색 과일과 노구메를 놓았다.
- **멧상**(-床) 명사 신위 앞에 올리는 밥상.
- **젯메**(祭-)[젠-] 명사 제사 때에 올리는 밥.
- **탕메**(湯-) 명사 제사 때에 쓰는 국과 밥.

메[3] 명사

'산(山)'을 예스럽게 이르는 말.

복합어

- **독메**(獨-)[동-] 명사 외따로 떨어져 있는 조그마한 산.
- **멧갓** 명사 나무를 함부로 베지 못하게 가꾸는 산. 산판(山坂).
- **멧기슭** 명사 산의 기슭.
- **멧나물**[멘-] 명사 산에서 나는 나물. 산나물.
- **멧돼지** 명사 산에서 야생하는 돼지.
- **멧부리** 명사 산등성이나 산봉우리의 가장 높은 꼭대기.
- **멧부엉이** 명사 깊은 산속의 부엉이처럼 메부수수하게 생긴 사람을 놀림조로 이르는 말.
- **멧불** 명사 산에서 일어난 불. 산불.
- **멧비둘기** 명사 산에서 야생하는 비둘기. 산비둘기.
- **멧새** 명사 참새와 비슷하게 생긴, 주로 산속에서 사는 새.
- **멧짐승** 명사 =산짐승
- **흙메**[흥-] 명사 흙으로 된 산. 토산(土山).

메- 접사

접두사

'끈기가 적고 메진'의 뜻을 나타내는 말.

¶ 메기장, 메떡, 메벼, 메조

메꾸다 동사

규11-0 메꾸고, 메꾸지, 메꾼, 메꿀, 메꾸어/메꿔, 메꿉니다, 메꾸었다/메꿨다

타동사

① 시간을 적당히 또는 그럭저럭 보내다

¶ 열차 도착 시각이 많이 남아서 시간이나 메꾸려고 영화를 보았다.

② 부족하거나 모자라는 것을 채우다.

¶ 안식년으로 생긴 빈자리를 메꾸기 위하여 계약직으로 근무할 사람을 뽑는다.

③ 구멍이나 틈 따위를 막다. 메우다.

¶ 파 놓은 구덩이를 다시 메꾸는 데에 시간이 엄청 걸렸다.

▶ '메꾸다'와 '메우다'의 차이는 올림말 '메우다[1]' 참고.

메다[1] 동사 [메:-]

규11-0 메고, 메니, 메어/메, 메어서/메서, 멜, 멘, 멥니다, 메었다/멨다

타동사

① 어깨에 걸치거나 올려놓다.

¶ 저쪽 길에서 총을 멘 군인들이 수없이 몰려오고 있었다.

¶ 요즘은 어른들도 가방을 어깨에 메고 다닌다.

¶ 장정 여덟이 상여를 메기로 했다.

② 어떤 책임을 지거나 임무를 맡다.

¶ 신입사원은 우리 회사의 미래를 메고 나갈 사람들이다.

복합어

- **둘러메다** 타동사 들어 올려서 어깨에 메다. ×들쳐메다, 둘쳐메다 ¶ 쌀 한 자루를 둘러메고 왔다.
- **메어박다** 타동사 번쩍 들어서 아래로 세차게 내리치다.
- **메어치다** 타동사 어깨 너머로 둘러메어 힘껏 내리치다. ¶ 상대 선수를 힘껏 메어치고 두 손을 번쩍 쳐들었다.
- **메이다** 피동사 '메다'의 피동형. ¶ 어깨에 메인 가방에서 걸을 때마다 필통 소리가 났다.
- **메치다** 타동사 '메어치다'의 준말.

속담

- **메고 나면 상두꾼 들고 나면 초롱꾼** 어떤 천한 일이라도 할 수 있다는 말.

'매다'와 '메다'의 구별

두 낱말은 표기가 헷갈려서 종종 틀리는 경우가 있다. 묶고 동이는 의미가 있는 경우에는 '매다', 얹는 의미가 있는 경우에는 '메다'가 된다. 특히 이 두 낱말이 복합어를 이룰 경우에 표기가 더 헷갈린다. '목매다'와 '목메다', '둘러매다'와 '둘러메다'는 소리가 거의 같지만 의미와 표기가 다르므로 잘 구별해서 써야 한다.

메다[2] 동사 [메:-]

규11-0 메고, 메니, 메어/메, 메어서/메서, 멜, 멘, 멥니다, 메었다/멨다

자동사

① 구멍 따위가 막히다. ×메이다

¶ 밥을 급하게 먹다가 목이 메었다.

¶ 하수구가 멘 통에 빗물이 역류하여 물난리가 났다.

② 모이는 장소가 사람으로 가득 차다. ×메이다

¶ 3만 명이나 수용하는 공연장이 사람들로 메어 터지게 생겼다.

¶ 나들이 인파로 길이 메어 오갈 수가 없었다.

③ 감정이 치밀어 오르거나 강렬하게 나타나서 몸의 어떤 기능이 억눌리다. ×메이다

¶ 목이 메어 울음도 나오지 않는다.

¶ 갑작스런 사고 소식에 가슴이 메어 아무 말도 나오지 않았다.

복합어

- **메어지다** 피동사 '메다'의 피동형. ¶ 사람으로 길이 완전히 메어졌다.
- **목메다**[몽-] 자동사 올림말 '목메다' 참고. ×목메이다

> **'메다'와 '메이다'**
>
> '메다[2]'의 피동형 '메이다'는 쓰지 말아야 한다. 불필요하게 '이'를 넣어서 쓰는 단어가 몇 개 있다. 아래와 같은 것들이다.
>
> ¶ 날이 활짝 갰다(○)/개였다(×).
>
> ¶ 길이 메어서(○)/메여서(×) 움직이지 못하겠다.
>
> ¶ 네 이야기를 들으니 목이 멘다(○)/메인다(×).
>
> ¶ 마음이 설레어(○)/설레여(×) 어쩔 줄 모른다.
>
> ¶ 여행갈 생각에 맘이 설렌다(○)/설레인다(×).
>
> ¶ 땅이 깊이 패어(○)/패여(×) 걷기가 어렵다.

메우다[1] 동사

규11-0 메우고, 메우어/메워, 메운, 메울, 메웁니다, 메우었다/메웠다

타동사

① 구멍이나 틈 따위를 막다. '메다[2]'의 사동형. 메꾸다.

¶ 벌어진 틈을 메우고 그 위에 페인트칠을 하였다.

¶ 원고지 한 칸 한 칸을 메우기가 그리 쉬운 일은 아니다.

② 어떤 장소를 무엇이 꽉 채우다. '메다[2]'의 사동형.

¶ 주차해 놓은 차들이 좁은 골목길을 가득 메우고 있다.

¶ 수많은 인파가 광장을 가득 메우고 있었다.

¶ 강연장을 가득 메운 청중이 열렬히 박수를 치며 강사를 맞았다.

③ 부족하거나 모자라는 것을 채우다. 메꾸다.

¶ 부족한 생활비를 메우기 위해 부업을 시작했다.

④ 시간을 적당히 보내다. 메꾸다.

¶ 심심한 시간을 메우는 데는 영화 보기가 최고야.

¶ 약속 시간까지 시간을 메우려고 서점에서 책을 보았다.

'메우다'와 '메꾸다'

두 낱말은 비슷한 상황에서 쓸 수 있지만 조금 차이가 있다. '메우다'는 비어 있는 공간을 채우는 의미와 부족한 부분을 채우는 의미를 함께 품고 있다. '메꾸다'는 부족한 부분을 채우거나 임시로 다른 수단으로 대체하는 의미로 많이 쓴다. 따라서 아래 표와 같이 두 낱말의 사용법을 구별할 수 있다.

	메우다	메꾸다
빈 공간 채우기 (채움)	광장을 가득 메운 시민들 벽돌 사이의 틈을 잘 메워라.	
부족한 부분 채우기 (보충함)	저 웅덩이를 메워야겠다. 횡령한 액수를 빨리 메워라.	저 웅덩이를 메꿔야겠다. 횡령한 액수를 빨리 메꿔라.
다른 수단으로 대체 (때움)		아직 한 시간이나 남았는데 무슨 일로 메꾸면 좋을까?

메우다[2] 동사

규11-0 메우고, 메우어/메워, 메워서, 메운, 메울, 메웁니다, 메우었다/메웠다

타동사

① 통 따위의 둥근 물체에 테를 끼우다.

¶ 술통으로 쓰려고 큰 장군에 테를 메웠다.

② 체, 어레미 따위의 바퀴에 쳇불을 씌우다.

¶ 체를 메우다.

③ 북, 장구 따위를 천이나 가죽을 씌워서 만들다.

¶ 한꺼번에 북을 여러 개 메우느라 힘이 들었다.

메지다 형용사

규21-0 메지어, 메져, 메지니

끈기가 적다. 차지지 아니하다.

¶ 어머니는 차진 밥을 좋아하고, 나는 메진 밥을 좋아한다.

면 명사 (面)[면:]

① 사물의 겉으로 드러난 쪽의 평평한 바닥.
¶ 상패의 양쪽 면에 글귀를 새겼다.
¶ 벽 한 면에는 책이 가득 쌓여 있다.
¶ 베란다에 타일을 붙이고 보니 면이 고르지 않았다.
② 무엇을 향하고 있는 쪽. 방면(方面).
¶ 우리나라는 세 면이 바다와 접해 있다.
¶ 동북 면을 방어하기 위해서 성을 쌓았다.
③ 어떤 특성. 측면(側面).
¶ 그에게 그런 자상한 면이 있다는 것을 오늘 알았다.
¶ 이 정책은 긍정적인 면이 부정적인 면보다 많다.
¶ 두 나라는 경제적인 면뿐 아니라 정치적인 면에서도 서로 협력하고 있다.
④ (수량을 나타내는 말 뒤에 쓰이어) 책이나 신문의 페이지를 세는 단위.
¶ 내 기사가 신문의 첫 면 머리기사로 났다.
¶ 그 사건이 신문 몇 면에 실렸는지 모르겠다.

'면'과 '점'

사람의 성격이나 문제의 특징 따위에 관해서 특별함을 나타내기 위해서 '면(面)'과 '점(點)'을 사용하는 예는 다음과 같다.
① 면(面)
¶ 너에게 그런 면이 있다는 것을 나는 전혀 몰랐어.
¶ 어떤 면에서는 이 사건이 우리에게 더 심각한 영향을 끼칠 거야.
¶ 이 정책의 긍정적인 면과 부정적인 면을 잘 검토하여 시행 여부를 결정해야 한다.
② 점(點)
¶ 너는 그 점이 문제야!
¶ 나는 너의 그런 점을 높이 평가한다.
¶ 어떤 점에서 이것이 저것보다 더 낫다고 봅니까?
대체로 '면'은 딱 집어 말할 수 없을 정도로 넓은 판단 결과를 고려하는 경우에 쓰고, '점'은 어느 한 가지를 딱 집어 지적할 수 있을 경우에 쓴다. 위 예문에서 '면' 대신에 '점'을 쓰는 것은 크게 문제되지 않지만 '점' 대신에 '면'을 쓰면 어색하다. '면'을 함부로 쓰면 안 되는 이유가 여기에 있다. '관점, 약점, 강점, 이점, 유리한 점, 불리한 점'에서 사용한 '점'을 '면'으로 대체할 수 없다.

몇 수사 관형사

수사

① (명사 뒤에서) 명사에 해당하는 것의 수를 막연하게 이르는 말.

¶ 운동장에 아이들 몇이 있었던 것 같다.

¶ 이번 태풍으로 우리 마을에 있는 나무 몇이 쓰러졌다.

¶ 이 일은 우리 몇이 비밀에 부친다고 해서 끝날 문제가 아니야.

② (주로 의문문에 쓰이어) 잘 모르는 수를 물을 때 쓰는 말.

¶ 네 나이가 몇이니?

¶ 오늘 모임에 몇이나 참석할까?

¶ 네 형제가 몇이냐?

ㅁ

관형사

(단위 명사 앞에 쓰이어) 그리 많지 않은 얼마만큼의 수를 막연하게 이르는 말.

¶ 음료수 몇 병만 들고 와라.

¶ 여기 몇 사람이 있다.

¶ 거기까지 가려면 몇 시간이 걸릴지 알 수 없다.

¶ 비가 오는데 몇 사람이나 오겠어?

복합어

- **며칠** 명사 ① 그달의 몇째 되는 날. ¶ 오늘이 며칠이지? ② 몇 날. ¶ 며칠 동안 줄곧 비가 내렸다.
- **몇몇**[면-] 명사 '몇'을 강조하는 말. ¶ 몇몇이 모여서 극장에 갔다.

'몇 년', '몇 월' 그리고 '며칠'

수가 얼마인지 정확히 말할 수 없을 때에 '몇'을 사용하고, '몇' 뒤에는 단위 명사가 오는 것이 보통이다. '몇'은 해/년, 월, 시간 그 밖의 단위 앞에 써서 그 단위에 해당하는 대상이 얼마인지 막연하게 가리킨다. 특히 날짜와 몇을 쓸 때에 '며칠'을 쓰고 '몇 일'을 쓰지 못하게 하고 있다.

¶ 오늘이 몇 월 몇 일(×)/며칠(○)입니까?

¶ 그 일이 있던 게 오늘로 몇 일(×)/며칠(○) 만인가?

¶ 우리가 거기 간 날이 6월 몇 일(×)/며칠(○)이더라?

'몇 일'을 쓰지 않고 '며칠'을 쓰게 하는 이유를 '며칠'이 '며칟날'의 준말이기 때문에 '몇'이라는 형태소를 분석할 수 없다고 설명한다. '며칟날'은 '이튿날', '사흗날', '나흗날'을 '이틀', '사흘', '나흘'로 줄여 쓰는 것처럼 '며칠'로 줄여 쓰게 되었다는 것이다. 그러나 이는 무척 궁색한 주장이라고 할 수 있다. 오히려 '몇'과 '해, 년, 월, 일, 시, 분, 초' 같은 단위 명사의 결합으로 이해하는 것이 일관성이 있고 사람들도 헷갈리지 않을 것이다.

'몇 일'이라 하지 않고 '며칠'이라고 적어야 한다는 주장에는 '몇 월'이 '면월'처럼 발음되는 데에 비해 '몇일'은 '면일'이라고 하지 않고 '며칠'이라고 발음하는 점을 들어 '몇'이 어근이 아니라고 한다. 그러나 꼭 그렇게만 생각할 수는 없다. '맛 없다'는 '맏업따'로 발음하고 '맛있다'는 '마싣따'로 발음하지만 모두 '맛'을 어근으로 본다. '멋 없다'와 '멋있다'도 같은 이치이다. '값어치'를 '가버치'로 발음하지만 '값'을 어근으로 보기도 한다.

따라서 '며칠'로 발음한다고 해서 꼭 '몇'이 어근이 아니라고 하지 말고 '몇일'을 '면일' 또는 '며칠'로 발음한다고 생각하도록 하는 것이 설명의 일관성을 유지하기가 좋을 것 같다.

'며칟날'도 '몇일날'이 변한 말로 볼 수 있다. 우리가 흔히 '3일', '8일', '생일'처럼 날을 말할 때에 '3일날', '8일날', '생일날'이라고 하는 습관을 생각해 보면 이해할 수 있는 일이다. 이런 점을 고려한다면 '몇 일'을 틀렸다고 하여 못 쓰게 하는 것은 재검토할 필요가 있다고 본다.

모습 명사

① 사람이 생긴 모양.

¶ 웃는 모습이 아름답다.

¶ 죽은 친구의 아들에게서 친구의 모습을 볼 수 있었다.

② 겉으로 나타난 모양.

¶ 휴가철에 북적이던 사람들 모습은 간 데 없고 의자 몇 개만 덩그러니 놓여 있다.

¶ 아이들의 봉사 활동 모습을 사진기에 담았다.

¶ 어느 곳에서도 그들의 모습을 찾을 수 없었다.

복합어

- **겉모습**[건-] 명사 겉으로 드러나 보이는 모습.
- **뒷모습**[뒨:-] 명사 뒤에서 본 모습.
- **민모습** 명사 아무 꾸밈이 없는 모습.
- **본모습**(本-) 명사 본디 모습.
- **앞모습**[암-] 명사 앞에서 본 모습.
- **옆모습**[염-] 명사 옆에서 본 모습.
- **입모습**[임-] 명사 입의 모양.

• **참모습** 명사 거짓이나 꾸밈이 없는 본디의 모습.

> **'모습'의 남용**
> 사물이 처한 상태를 나타낼 때에 '모습'을 유용하게 쓸 수 있다. '우는 모습', '회의 진행 모습', '강물이 굽이쳐 흐르는 모습' 따위가 그 예이다. 그러나 상황이나 상태와 상관없는 경우에도 '모습'을 무분별하게 쓰는 경우가 있다. 아래 경우가 '모습'을 남용한 예이다.
> ¶ 태블릿 피시 수요가 증가하면서 **수혜를 입는 모습**(×)입니다. → 혜택을 받았습니다
> ¶ **가정적인 모습**(×)이 넘쳐나는 사람 → 가정적인 분위기

모양 명사 (模樣)

① 겉으로 나타나는 생김새나 모습.
¶ 동양인과 서양인의 얼굴 **모양**에는 많은 차이가 있다.
¶ 여러 **모양**의 물고기들이 물속에서 놀고 있다.
② 외모에 부리는 멋.
¶ 고학년 여자애들은 벌써 **모양**을 내기 시작한다.
¶ 새 옷을 입혀 놓으니 제법 **모양**이 난다.
③ 어떠한 형편이나 되어 나가는 꼴.
¶ 내가 오늘 이 **모양**이 된 건 너 때문이다.
¶ 그는 벙어리 **모양**으로 앉아서 아무 대답도 하지 않았다.
④ 남들 앞에서 세워야 하는 위신이나 체면.
¶ 그 일로 내 **모양**이 엉망이 되었다.
⑤ 어떤 방식이나 방법.
¶ 어머니는 나를 위협하는 **모양**으로 눈을 흘겼다.

의존 명사
짐작이나 추측을 나타내는 말.
¶ 그들은 곧 이곳을 떠날 **모양**이더라.
¶ 아이 낯빛이 시무룩한 것을 보니 학교에서 무슨 일이 있었던 **모양**이다.
¶ 오늘 회사를 그만둘 **모양**이다.

관용 표현

- **모양을 내다** =모양을 차리다
- **모양이 나다** 꾸민 보람으로 맵시가 있다. ¶ 한복 치마 저고리를 차려입고서 머리에 댕기도 드리고 버선에 고무신까지 갖춰 신은 모습이 참으로 모양이 난다.
- **모양을 차리다** ① 꾸미어 맵시를 내다. ¶ 오늘은 중요한 날이니 모양을 차려 입어라. ② 일정한 격식을 갖추다. ¶ 정식 회의이니 모양을 차려서 진행하여라.
- **모양(이) 사납다** 보기에 아주 흉하다. ¶ 오래 앓아누웠던 터라 모양이 사나워서 외출하기가 겁난다.
- **모양(이) 아니다** 모양이 안돼서 차마 볼 수가 없다. ¶ 며칠 앓았다더니 얼굴이 모양이 아니다.
- **모양이 말이 아니다** 모양이 형편없다. ¶ 형편이 어렵다더니 사람 모양이 말이 아니네.
- **모양(이) 있다** 보기에 좋다. ¶ 이 마을에는 모양 있게 꾸민 집들이 즐비하다. / 음식을 모양 있게 담아 놓으면 먹음직스러워 보인다.

속담

- **모양이 개잘량이라** 체면과 명예를 완전히 잃었음을 이르는 말.
- **칠월 열쭝이 모양** 칠월 녹음 속에서 재잘거리는 어린 새 같다는 뜻으로, 말이 많은 사람을 비유하는 말.
- **툇마루 기둥에 걸린 종자 수수 모양** 별로 대수롭지 않게 보아 넘기는 것을 이르는 말.

'모양'과 '모습'

① 두 낱말의 의미는 같지만 관용적으로 쓰는 방식이 조금 다르다. 가장 두드러진 차이는 '모양'은 부정적으로나 긍정적으로나 두루 쓰지만 '모습'은 긍정적으로만 쓴다는 점이다.

¶ 네 머리 모양이 왜 그러니?
¶ 이렇게 중요한 날이면 모양을 잘 차리고 가야 하지 않겠니?
¶ 눈 감으면 어머니의 모습이 아련히 떠오른다.
¶ 이를 내놓고 웃는 모습이 매우 아름답다.

② 사물의 생김새를 나타낼 때에는 '모양'을 쓰지 '모습'을 쓰지 않는다.

¶ 도시락에 밥이 들어있는 모습(×)이 푸짐하게 보인다. → 모양
¶ 요즘 나오는 승용차의 모습(×)은 매우 다양하다. → 모양
¶ 아래 사다리꼴의 모습(×)을 보고 물음에 답하시오. → 모양

③ 기본적인 형태를 말할 때에는 '모양'을 쓰고, 그것의 상태를 나타낼 때에는 '모습'을 쓴다.

┌ 주차장 모양은 직사각형인데 폭은 그리 넓지 않다.
└ 주차장의 지금 모습인데 차가 거의 다 찼음을 알 수 있다.

┌ 코 모양이 오뚝하고 콧등이 곧아 의지가 강한 사람으로 보인다.
└ 코가 오뚝하고 입을 굳게 다문 모습을 보니 의지가 강할 것 같다.

모양새 명사 (模様 -)

① 겉으로 보이는 사물의 모양과 상태.

¶ 그 아이가 울먹이는 모양새로 보아 분명히 무슨 잘못을 저지른 것 같다.

¶ 그들은 회의 모양새를 갖추는 데만 신경을 쓸 뿐 정작 회의 진행에는 관심이 없다.

② 체면이나 일이 되어 가는 꼴을 속되게 이르는 말.

¶ 대통령이 직접 그런 작은 일에까지 끼어드는 것은 모양새가 좋지 않다.

'모양'과 '모양새'

'모양새'의 '새'도 모양을 뜻하는 말이다. 따라서 의미가 겹치는 말인데 단순한 '모양'과 용법에서 미세한 차이가 있다. 낱말의 뜻풀이에서도 짐작할 수 있듯이 '모양새'에는 단순한 모양에 상태 곧 '모습'의 의미가 덧붙는다. 따라서 '모양새'에는 '모습'에서 풍기는 분위기가 포함된다.

¶ 그 사람이 걷는 모양이 마치 코끼리가 걷는 것 같다.

¶ 그 사람이 걷는 모양새를 보니 어디가 아픈 것 같다.

¶ 그 사람이 걷는 모습에서 그의 아버지를 떠올렸다.

목메다 동사 [몽 -]

규11-0 목메고, 목메지, 목메니, 목메어/목메, 목멘, 목멜, 목멥니다, 목메었다/목멨다

자동사

감정이 북받쳐 올라 그 기운이 목에 엉기어 막히다. ×목메이다

¶ 딸을 잃은 어머니는 서러움에 목메어 울었다.

¶ 아들은 목멘 소리로 어머니를 찾았다.

'목메다'와 '목메이다'

'목메다'는 자동사이므로 피동 접사를 붙여 피동사로 만들 수 없다. 따라서 '목메이다'라는 단어는 성립하지 않는다. 이처럼 불필요하게 '이'를 넣어서 잘못 쓰는 단어가 많이 있다.(이에 관한 설명은 올림말 '메다[2]' 참고.)

목물 명사 [몽-]

① 팔다리를 뻗고 엎드린 사람의 허리에서부터 목까지를 물로 씻는 일. 등물.
¶ 땀을 흘리고 나서 목물을 하면 시원하기 그지없다.
② 사람의 목에 닿을 만한 깊이의 물.

복합어

- **목물하다**[몽-] 자동사 팔다리를 뻗고 엎드린 사람의 허리 위에서부터 목까지를 물로 씻다. ¶ 어른들은 목물하여 더위를 식히고 아이들은 큰 물통 안에 몸을 담그고 물장난을 쳤다.

▶ '목물'과 '등물'은 의미가 같은 말이다.

몸소 부사

① 직접 제 몸으로. 친히. 손수.
¶ 부모님께서 몸소 채소를 길러서 우리에게 보내 주신다.
¶ 어른들이 사랑을 몸소 실천하여야 아이들도 따라서 배운다.
② '편지를 받는 사람이 직접 뜯어보라'는 뜻으로 편지 겉봉에 쓰는 말.
▶ '몸소'와 '손수'의 차이는 올림말 '손수' 참고.

몹쓸 관형사 [몹:-]

못되고 고약한. ×못쓸
¶ 저런 몹쓸 녀석이 어디 또 있을까?
¶ 이 작가는 젊은 나이에 몹쓸 병이 들어 일찍 죽었다.

'몹쓸'과 '못쓸', '못 쓸'
'몹쓸'과 '못쓸'은 둘 다 '못'과 '쓰다'의 합성어인데, '쓰다'가 원래 '쓰다'에서 유래하여 'ㅂ'이 끼어든 경우와 그러지 않은 경우로 나뉘고 각각 의미가 달라져서 오늘에 이르렀다. 그래서 '몹쓸'은 관형사로만 쓰면서 못되고 고약한 의미를 나타내게 되었고, '못쓸'은 '못쓰다'의 관형사형으로 바람직하지 않은 상태를 나타내게 되었다. 다만, '못쓰다'는 '못쓸'의 형태로 사용하는 경우가 거의 없다. 대체로 '못쓴다', '못써요', '못쓰게'처럼 제한된 형태로 쓴다. 이와 별도로 '못 쓸'은 '사용을 할 수 없음' 또는 '사용하면 안 됨'을 의미한다.
¶ 저런 몹쓸 사람 보았나. (언행이 형편없는 사람을 욕하는 말)
¶ 그러면 못쓴다. (언행이 바람직하지 않음을 충고하는 말)
¶ 이것은 못 쓴다. (사용할 수 없거나 사용하면 안 됨을 나타내는 말)

못[1] 명사

목재 따위를 붙이거나 물건을 고정하기 위하여 박는, 끝이 뾰족한 물건.
¶ 벽에 못을 박았다 빼면 흔적이 남아 보기 흉하다.

관용 표현

- **못(을) 박다** ① 남에게 원통한 생각을 마음속 깊이 갖게 하다. ② 어떤 사실을 꼭 집어 분명하게 하다.
- **못(이) 박히다** ① 분하고 원통한 생각이 마음속 깊이 맺히다. ② (주로 '못 박힌 듯'의 형태로 쓰이어) 한자리에 꼼짝 않고 서 있다. ③ 시선이 한곳에 고정되다.

못[2] 명사

주로 일을 많이 하거나 많이 걸어서 손바닥이나 발바닥에 생기는 단단하게 굳은 살.
¶ 손에 못이 박이지 않고 농사를 지었다고 할 수 있을까?

못[3] 부사
[몯ː-]

동사가 나타내는 동작을 할 수 없거나 상태에 이르지 않았다는 부정의 뜻을 나타내는 말.

¶ 나는 잠을 한 숨도 못 잤다.
¶ 여기서 우리 집까지는 10킬로미터도 못 된다.

복합어

- **못나다** [몯:-] 형용사 ① 얼굴이 예쁘지 않다. ② 능력이 모자라거나 어리석다.
- **못되다** [몯:-] 형용사 ① (성질이나 품행 따위가) 나쁘거나 고약하다. ② 일의 결과가 바라는 바와 다르다.
  ¶ 일이 잘되고 못되는 것은 다 자기 하기 나름이다.
- **못살다** [몯:-] 자동사 ① 가난하게 살다. ② (주로 '못살게'의 형태로 쓰이어) 성가시게 하다.
- **못쓰다** [몯:-] 자동사 올림말 '못쓰다' 참고.
- **못하다**[1] [몯:-] 타동사 올림말 '못하다[1]' 참고.
- **못하다**[2] [몯:-] 형용사 올림말 '못하다[2]' 참고.

못쓰다 동사 [몯:-]

불11-8 못쓰고, 못쓰니, 못써, 못쓴다, 못씁니다

자동사

① ('못쓰게'의 형태로 쓰이어) 얼굴이나 몸이 축나다.
¶ 근심이 많았는지 얼굴이 못쓰게 되었더라.
¶ 독감으로 며칠 앓았더니 얼굴이 영 못쓰게 되었다.
② (주로 '-으면', '-어서'와 함께 쓰이어) 옳지 않다. 바람직한 상태가 아니다.
¶ 그렇게 거짓말을 하면 못써요.
¶ 공연한 사람을 의심부터 하는 것은 못쓰는 법이야.

'못쓰다'와 '못 쓰다'의 활용

'못쓰다'는 '못 쓰다'와는 다른 독립한 동사로 활용에 제약이 있다. 주로 '못쓰고, 못쓰니, 못쓰지, 못써, 못쓴다, 못써요, 못씁니다' 정도로만 활용하고, '못쓸, 못쓴, 못쓰면'으로는 활용하지 않는다. '못 쓰다'는 '쓰다'를 부정하는 표현이므로 '쓰다'의 모든 활용형을 다 사용할 수 있다.
¶ 그렇게 하면 못쓰니(○) 그만두어라.
¶ 아이를 때리면 못써(○)/못써요(○)/못쓴다(○).
¶ 아무 데도 못쓸(×)/못 쓸(○) 물건을 팔다니!

× 못쓸

'몹쓸'의 틀린 말.

못하다[1] 동사 [몯:-]

불10-9 못하고, 못하여/못해, 못하는, 못합니다, 못하였다/못했다

타동사

어떤 일을 일정한 기준에 못 미치게 하거나, 할 능력이 없다.

¶ 그는 노래를 못하는 편이다.

보조 동사

① (동사 뒤에서 '-지 못하다' 형태로 쓰이어) 앞말이 이루어지지 않거나 이룰 능력이 없음을 나타내는 말.

¶ 결국 그 일을 끝내지 못했어.

¶ 더는 걷지 못하겠다.

② ('-다 못하여' 형태로 쓰이어) 앞말이 뜻하는 행동을 더는 할 수 없음을 나타내는 말.

¶ 그들의 행패를 보다 못해서 말리려 했다.

¶ 너무 기쁜 나머지 펄쩍펄쩍 뛰다 못해 나를 안고 뒹굴기 시작했다.

관용 표현

• **못하는 소리가 없다** ① 아무 말이나 막 하는 것을 나무라며 하는 말. ¶ 어린아이가 어른 앞에서 못하는 소리가 없구나. ② 어린아이가 말을 아주 잘 한다.

못하다[2] 형용사 [몯:-]

불20-9 못하고, 못하여/못해, 못한, 못합니다, 못하였다/못했다

형용사

① 비교 대상에 미치지 아니하다.

¶ 요즘 살기가 예전보다 못한 것 같다.

② ('못해도' 꼴로 쓰이어) 아무리 적게 잡아도.
¶ 참석자가 못해도 열 명은 될 것 같더라.

보조 형용사

① ('-지 못하다'의 형태로 쓰이어) 앞에 쓰인 형용사의 뜻을 부정하는 말.
¶ 네 주장이 옳지 못한 것 같다.
¶ 듣기에 아름답지 못한 말은 하지 말게.
② ('-다 못하여' 형태로 쓰이어) 앞말이 뜻하는 상태가 극에 달했음을 나타내는 말.
¶ 얼굴이 희다 못해 푸른빛이 도는 것 같다.

무르다[1] 동사

불11-6 무르고, 무르지, 무르니, 물러, 물러서, 무르는, 무른, 무릅니다, 물렀다

자동사

굳은 것이 물렁하게 되다.
¶ 떫은 감도 밖에 두면 곧 무르니 먹을 수 있다.
¶ 오이가 다 물러서 못 먹게 되었다.
¶ 콩이 묵은 콩인지 잘 안 무른다.

무르다[2] 동사

불11-6 무르고, 무르지, 무르니, 물러, 물러서, 무르는, 무른, 무릅니다, 물렀다

타동사

① 사거나 바꾼 물건을 도로 주고 돈이나 물건을 되찾다.
¶ 옷이 몸에 맞지 않으면 물러 드립니다.
② 이미 행한 일을 그 전의 상태로 돌리다.
¶ 한번 뱉은 말은 무를 수 없는 법이다.
③ 있던 자리에서 뒤나 옆으로 옮기다.
¶ 뒤쪽으로 좀 물러 앉아라.

복합어

- **물러가다** 자동사 ① 있던 자리에서 옮겨 가다. ② 있던 현상이 사라져 가다. ¶ 추위가 물러가고 봄기운이 찾아들었다. ③ 차지한 장소나 지위를 내어놓고 떠나다. ④ 어른 앞에 나와 있다가 나오다. ¶ 그럼 저희는 이만 물러가겠습니다.
- **물러나다** 자동사 ① 있던 자리에서 뒤로 몸을 옮기다. ② 어른 앞에 있다가 나오다. ③ 하던 일이나 지위를 내놓고 나오다. ④ 꼭 짜이거나 붙어 있던 물건의 틈이 벌어지다. ¶ 문이 조금씩 물러나더니 이제는 여닫을 수 없게 되었다.
- **물러서다** 자동사 ① 있던 자리에서 뒤로 옮겨 서다. ¶ 한 걸음씩만 뒤로 물러서 주세요. ② 지위나 하던 일을 내놓다. ③ 맞서서 버티던 일을 그만두다. ¶ 이 싸움에서 우리는 절대 물러설 수 없다.
- **물러앉다** 자동사 ① 있던 자리에서 물러나 앉다. ¶ 네가 좀 물러앉아야 여기에 상을 펼 수 있겠다. ② 하던 일이나 지위를 내놓고 아주 나가다. ③ 건물이나 물체 따위가 무너져 바닥으로 내려앉다. ¶ 마루가 물러앉아서 마루를 다시 놓기로 했다.
- **물러오다** 타동사 산 물건을 도로 주고 치른 돈이나 다른 물건으로 되찾아 오다. ¶ 이 과자는 유통기한이 지났으니 물러오너라.

무르다3 형용사

불21-6 무르고, 무르지, 무르니, 물러, 물러서, 무른, 무릅니다, 물렀다

① 여리고 단단하지 않다.
¶ 아이들 뼈는 물러서 자칫 부러지기 쉽다.
② 물기가 많아서 단단하지 않다.
¶ 반죽이 너무 무르니 밀가루를 좀 더 넣어라.
¶ 무른 땅이 굳기까지 며칠 걸릴 거다.
③ 마음이 여리거나 힘이 약하다.
¶ 성질이 그리 물러서야 무슨 일을 하겠니?
④ 일 처리나 솜씨가 야무지지 못하다.
¶ 일을 그렇게 무르게 처리하면 안 된다.

복합어

- **물러지다** 자동사 ① 단단한 것이 물렁물렁해지다. ¶ 바나나를 오래 두었더니 물러져서 먹을 수가 없게 되었다. ② 긴장했던 마음이 조금 누그러지다.

무섭다 형용사

불21-3 무섭게, 무섭지, 무서운, 무서울, 무서워, 무섭소, 무섭네, 무서웠다

① 어떤 대상에 대하여 꺼려지거나 무슨 일이 일어날까 겁이 난다.
¶ 너는 하늘이 무섭지도 않으냐?
¶ 뱀은 무섭지만 개구리는 무섭지 않다.
¶ 선생님이 무서워서 학교에 가지 않겠다고 한다.
② 겁이나 놀라움을 느낄 만큼 성질이나 기세 따위가 몹시 사납다.
¶ 시어머니가 며느리를 무섭게 노려보시더니 이윽고 입을 여셨다.
③ 정도가 매우 심하다.
¶ 비가 무섭게 내리고 있어서 외출할 수 없었다.

관용 표현

- **-기가 무섭게** -자마자 곧. ¶ 용돈을 주기가 무섭게 다 써버리고 또 달라고 한다.
- **-ㄹ까(/-을까) 무섭다** 어떤 일이 일어날까 걱정스럽다.

속담

- **무섭다니까 바스락거린다** ① 어긋나는 짓을 함을 비유하여 이르는 말. ¶ 무섭다니까 바스락거린다고 저 사람은 하지 말라는 짓은 기어이 하는 성미가 있다. ② 남의 약점을 알고 난처하게 만든다는 말.

▶ '무섭다'와 '두렵다'의 차이는 올림말 '두렵다' 참고.

무엇 대명사

① 모르는 사실이나 사물을 가리키는 말.
¶ 저 나무의 이름은 무엇입니까?
¶ 네 주머니에 무엇이 들어 있니?
¶ 네 생일에 무엇을 사 줄까?
② 정하지 않은 것이나 이름을 밝힐 필요가 없는 것을 가리키는 말.
¶ 나는 무엇이든 상관없다.
¶ 거기서 무엇인가 본 것 같다.

무엇하다 형용사

㊟ 뭣하다/뭐하다

불20-9 무엇하고, 무엇하여/무엇해, 무엇한, 무엇합니다, 무엇하였다/무엇했다

언짢은 느낌을 표현하기 어렵거나 적당한 말이 생각나지 않을 때 에둘러서 쓰는 말. 주로 '거북하다', '곤란하다', '난처하다', '딱하다', '미안하다', '싫다' 따위의 느낌을 에둘러 나타낼 때 쓴다.

¶ 모르는 사람과 함께 있기가 좀 무엇해서 밖으로 나왔다.

¶ 기다리기가 정 무엇하면 먼저 가도 좋다.

'무엇하다'와 '무엇 하다'

형용사 '무엇하다'는 '뭣하다'로 줄여 쓰기도 하는데 이 경우 '무엇/뭣'과 '하다'를 띄어 쓰면 안 된다. 그러나 아래 예문처럼 '무엇/뭣'이 대명사로 쓰이고, '하다'가 동사로 쓰인 경우에는 두 낱말을 붙여 쓰면 안 된다. 곧, '무엇/뭣을 하다'에서 조사 '을'이 생략된 경우에는 '무엇/뭣 하다'처럼 띄어 써야 한다.

¶ 너는 무엇/뭣 하는 사람이니?(무엇/뭣을 하는)

¶ 그것으로 무엇/뭣 하려고 가져왔니.(무엇/뭣을 하려고)

¶ 우리는 무엇/뭣 하고 놀까?(무엇을/뭣을 하고)

¶ 다 지난 일을 따져서 무엇/뭣 하겠습니까?(무엇/뭣을 하겠습니까)

무치다 동사

규11-0 무치고, 무치지, 무치어/무쳐, 무친, 무칠, 무칩니다, 무치었다/무쳤다

타동사

나물 따위에 갖은 양념을 넣고 골고루 한데 뒤섞다.

¶ 콩나물을 무쳐서 맛있게 먹었다.

¶ 봄에는 무친 나물에 밥을 비벼 먹으면 정말 맛이 있다.

'무치다'와 '묻히다'

두 낱말의 소리가 같기 때문에 구별하여 쓰기가 쉽지 않다. 음식을 만드는 일에 쓰는 동사는 '무치다'이고, '묻다'의 사동사나 피동사로 쓰는 동사는 '묻히다'이다. '묻히다'의 '-히-'는 동사 '묻다'를 사동형이나 피동형으로 바꾸는 구실을 하는 접미사이다.

문득 부사

① 생각이나 느낌 따위가 갑자기 떠오르는 모양.
¶ 예전에 어머니가 한 말이 문득 떠올랐다.
¶ 좋은 생각이 문득 떠올랐다.
② 어떤 행위가 갑자기 이루어지는 모양.
¶ 그는 쓴웃음을 짓더니 문득 말머리를 돌렸다.
¶ 그는 문득 걸음을 멈추었다.

복합어

- **문득문득**[문등-] 부사 ① 생각이나 느낌 따위가 갑자기 자꾸 떠오르는 모양. ¶ 바람이 많이 부는 이런 계절이면 문득문득 어머니 생각이 난다. ② 어떤 행위가 갑자기 자꾸 이루어지는 모양. ¶ 요즘은 일을 하다가도 문득문득 하던 일을 멈추고 생각에 빠져들었다.

'문득'과 '갑자기'

무슨 일이 예기치 않게 일어나거나 마음의 준비가 안 된 때에 느닷없이 나타나는 경우에 '갑자기'를 사용한다. '문득'은 본인의 생각이나 느낌이 갑자기 떠오르는 경우에 쓴다.
¶ 문득(○) 그의 얼굴이 떠올랐다.
¶ 일을 하다 말고 갑자기(×) 그의 생각에 빠져들었다. → 문득
¶ 생각지도 않았는데 문득(×) 그가 선물을 들고 나타났다. → 갑자기
¶ 바람도 없는데 문득(×) 산더미 같은 파도가 몰아쳤다. → 갑자기

▶ '문득'과 '불쑥'의 차이는 올림말 '불쑥' 참고.

묻다[1] 동사

규11-1 묻고, 묻지, 묻어, 묻으니, 묻은, 묻을, 묻는다, 묻습니다, 묻었다

자동사

① 가루, 풀, 물 따위가 다른 물체에 들러붙다.
¶ 기름 묻은 손으로 다른 물건을 집으면 안 된다.
¶ 옷에 흙이 많이 묻었구나.

② ('묻어', '묻어서' 형태로 다른 동사와 함께 쓰이어) 함께 팔리거나 섞이다.
¶ 동생네 여행에 나도 묻어서 갔다.

복합어

- **겉묻다**[건-] 자동사 남이 하는 김에 덩달아 따르다. ¶ 친구가 시장에 갈 때 겉묻어서 장을 보러 갔다.
- **껴묻다** 자동사 다른 것에 함께 끼어 덧붙다.
- **덧묻다**[던:-] 자동사 ① 묻은 것 위에 더 묻다. ¶ 먼지에 기름때까지 덧묻어 세탁을 해야 했다. ② 끼어 섞이다. ¶ 입장료를 내지 않으려고 학생들에 덧묻어 들어가려다가 붙들렸다.
- **뒤묻다**[뒤:-] 자동사 뒤따르다. ¶ 내가 들어갈 때 그가 뒤묻어 들어왔다.
- **묻어가다** 자동사 함께 따라가거나 딸려 가다.
- **묻어나다** 자동사 ① 물건에 칠하거나 바른 물질이 다른 것에 닿았을 때 거기에 옮아 묻다. ② 말이나 글 따위에서 어떤 분위기나 감정 따위가 드러나다.
- **묻어오다** 자동사 함께 따라오거나 딸려 오다.
- **묻히다**[무치-] 사동사 올림말 '묻히다[1]' 참고.

ㅁ

묻다[2] 동사

규11-1 묻고, 묻지, 묻어, 묻으니, 묻은, 묻을, 묻는다, 묻습니다, 묻었다

타동사

① (어떤 물건을) 흙이나 다른 물건 속에 넣어 보이지 않게 쌓아 덮다.
¶ 어머니를 산에 묻고 우리는 터덜터덜 산을 내려왔다.
¶ 이 쓰레기를 어디에 묻어야 할까?
② 일을 드러내지 아니하고 속 깊이 숨기어 감추다.
¶ 우리 비밀은 가슴속에 깊이 묻어 두어야 한다.
③ 고개를 수그려 얼굴을 손으로 감싸거나 다른 물체에 가리듯 기대다.
¶ 여자는 베개에 얼굴을 묻고 흐느껴 운다.
④ 의자나 이불 같은 데에 몸을 깊이 기대다.
¶ 주인은 소파에 몸을 묻고 창밖을 바라본다.

복합어

- **그러묻다** 타동사 흩어져 있는 것을 거두어 한곳에 모아 묻다.

• **되묻다** [타동사] ① 묻었다가 파내거나 꺼낸 물건을 다시 묻다. ② 가슴속에 감추었던 것을 잠시 드러냈다가 다시 감추다.

• **묻히다**[무치-] [피동사] [자동사] 올림말 '묻히다[2]' 참고.

• **파묻다** [타동사] ① 파서 그 속에 묻다. ¶ 김치를 오래 먹으려면 김칫독을 땅에 파묻고 잘 덮어 놓아야 한다. ② 남이 모르게 숨기어 감추다. ¶ 어머니는 그동안 가슴속에 파묻어 놓았던 한을 모두 풀어내셨다. ③ 깊숙이 대거나 기대다. ¶ 소파에 몸을 깊이 파묻고 잠을 잤다.

• **파묻히다**[-무치-] [피동사] '파묻다'의 피동형. ¶ 모든 사실이 전쟁에 파묻혀 세상에 드러나지 못하게 되었다.

묻다[3] 동사 [묻:-]

불11-1 묻고, 묻지, 물어, 물으니, 물을, 묻는, 묻는다, 묻습니다, 물었다

타동사

① 무엇을 밝히거나 알아내기 위하여 상대편 대답이나 설명을 요구하는 내용으로 말하다.

¶ 이곳은 처음이라 길을 물으며 운전을 했다.

¶ 궁금한 것을 선생님께 물어서 알게 되었다.

② ('책임' 따위를 목적어로 하여) 어떠한 일에 대한 책임을 따지다.

¶ 이 일에 대해서 누구에게 책임을 물어야 할지 모르겠다.

복합어

• **되묻다** [타동사] ① 물었던 것을 다시 묻다. ¶ 어머니는 그 일을 수없이 되물으셨다. ② 질문에 답하지 않고 오히려 묻다.

• **물어물어** [부사] 이 사람 저 사람에게 묻고 또 물어서. ¶ 시청을 물어물어 찾아가다.

• **물어보다** [타동사] 무엇을 밝히거나 알아내기 위하여 상대편에게 묻다.

• **캐묻다** [타동사] 자세히 파고들어 묻다. ¶ 끈질기게 캐물어서 겨우 진실을 알아낼 수 있었다.

• **캐어묻다** [타동사] =캐묻다

• **파묻다** [타동사] 곰파서 묻다. 시시콜콜히 묻다.

'물어'의 의미 변별

'묻다[3]'의 활용형 '물어'와 '물다'의 활용형 '물어'가 형태와 소리가 같기 때문에 '물어'의 의미를 이해하려면 문맥을 이해해야 한다. 아래 예문은 '물어'의 의미를 헷갈리게 한다. 한국어를 배우는 외국인이

라면 이 표기만으로 '물어'의 의미를 사전을 찾아보고 알아내기는 쉽지 않을 것이다.
¶ 우산 주인이 누구냐고 물어 보았지만 다들 모른다고 했다.
¶ 거기 가서 한산 모시 파는 집을 물어라.
¶ 내가 어디가 아프냐고 물었더니 그가 얼굴을 찡그리더라.
위 예문에서 '물어', '물어라', '물었더니'는 모두 '묻다[3]'의 활용형이다. 그러나 아직 한국어에 능통하지 못한 사람이라면 '물다'의 활용형으로 생각하기 쉽다. 한글 표기에 보완해야 할 점이 있음을 알 수 있다.

묻히다[1] 동사

규11-0 묻히고, 묻히지, 묻히어/묻혀, 묻힌, 묻힐, 묻힙니다, 묻히었네/묻혔네

타동사

무엇에 가루나 먼지 따위가 붙게 하다. '묻다[1]'의 사동형.
¶ 적들은 독을 묻힌 화살을 쏘았다.
¶ 옷에 흙을 묻혀 다니지 마라.
¶ 네 손에 피를 묻히지 마라.

묻히다[2] 동사

규11-0 묻히고, 묻히지, 묻히어/묻혀, 묻힌, 묻힐, 묻힙니다, 묻히었네/묻혔네

피동사

'묻다[2]'의 피동형.
¶ 미국은 운 좋게 석유가 묻힌 알래스카를 러시아에서 사들이게 되었다.
¶ 산사태로 많은 인가가 흙더미 속에 묻혔다.
¶ 부인들은 저마다 가슴에 묻힌 한을 털어놓기 시작했다.

자동사

① 어떤 상태나 환경에 휩싸이다.
¶ 집 안이 온통 꽃향기에 묻혀 있었다.

② 어떤 제한된 환경에 있어 드러나지 아니하다.
¶ 초야에 묻힌 인재를 발굴해야 한다.
¶ 이젠 사람들 관심에서 벗어나 조용히 묻혀 지내고 싶다.
③ 어떤 일에 몰두하다.
¶ 그는 항상 일에 묻혀 산다.
④ 가려져 보이지 않거나 막혀 들리지 않게 되다.
¶ 마을은 점점 어둠에 묻혀 갔다.
¶ 인파에 묻힌 그를 도무지 찾을 수 없었다.
¶ 그의 목소리는 소음에 묻혀 거의 들리지 않았다.
▶ '묻히다'와 '무치다'의 차이는 올림말 '무치다' 참고.

물다[1] 동사

불11-2 물고, 물지, 무니, 무는, 문, 문다면, 물어, 무오, 뭅니다, 물었소

타동사

① 이나 입술 사이에 끼운 상태로 떨어지거나 빠져나가지 않도록 세게 누르다.
¶ 강아지가 아이를 물었다.
¶ 청년은 담배를 입에 물고 라이터를 켰다.
② 이, 빈대, 모기 따위의 벌레가 주둥이 끝으로 살을 찌르다.
¶ 모기가 코를 물어 코가 빨갛게 되었다.
¶ 여기에는 사람을 물 곤충이 거의 없다.
③ 입속에 넣어 두다.
¶ 사탕을 입에 물고 말을 하지 마라.
¶ 노인이 입에 거품을 물더니 그 자리에 쓰러졌다.
④ (속되게) 이익이 되는 어떤 것이나 사람을 차지하다.
¶ 돈 많은 사장 딸을 문 덕으로 그의 식구들까지 잘살게 되었다.

복합어

- **물어내다** 타동사 ① 집안에서 벌어진 일이나 말을 밖에 나가서 퍼뜨리다. ¶ 우리 이야기를 밖으로 물어내는 사람이 있는 것 같다. ② 집 안에 있는 물건을 몰래 집어내다. ¶ 그 집 아들이 돈이 되는 물건은 모조리 물어내어 팔아먹었다.

• **물어들이다** 타동사 ① 동물이 먹을 것을 주둥이로 물어서 둥지나 일정한 곳으로 가져오다. ¶ 다람쥐들이 겨울 먹이로 부지런히 도토리를 물어들이고 있다. ② 다른 곳에서 필요한 사람이나 물건을 구해 오다. ③ (속되게) 소식, 정보, 사상 따위를 끌어들이다.

• **물어뜯다** 타동사 ① 이나 부리로 물어서 뜯다. ¶ 강아지가 내 옷을 물어뜯었다. ② 곤충이 주둥이 끝으로 살을 찌르다. ¶ 모기가 물어뜯어서 잠을 잘 수 없었다. ③ 남을 헐어서 못 견디게 하거나 못살게 굴다. ¶ 상대를 물어뜯어 서로 피를 흘리는 정치는 좋은 정치가 아니다.

관용 표현

• **물고 늘어지다** ① 어떤 일을 진득하게 붙잡고 놓지 아니하다. ¶ 한번 마음먹으면 끝까지 물고 늘어지는 집념이 그를 성공하게 만들었다. ② 꼬투리나 말끝을 잡아 자꾸 캐묻거나 덤비다. ¶ 너는 왜 내가 하는 말을 자꾸 물고 늘어지니?

• **물고 뜯다** ① 서로 맞붙어 물거니 뜯거니 하며 싸우다. ② 악랄한 수단과 방법으로 남을 헐뜯다.

• **물고 뽑은 듯하다** 생김새나 됨됨이가 훤하고 깨끗하다. ¶ 이번에 새로 들어온 사원들은 하나같이 모두 물고 뽑은 듯하였다.

속담

• **무는 개 짖지 않는다** 무서운 사람일수록 말이 없음을 비유하여 이르는 말.

• **무는 말 있는 데에 차는 말 있다** 고약한 사람이 있는 곳에는 그와 비슷한 부류의 사람들이 모임을 비유하여 이르는 말.

• **무는 호랑이는 뿔이 없다** 입으로 무는 호랑이에게는 받는 뿔이 없다는 뜻으로, 한 가지 장점이 있으면 단점도 있듯이 무엇이든 다 갖추기 어려움을 비유하여 이르는 말.

• **물라는 쥐나 물지 씨암탉은 왜 물어** 시킨 일은 안 하고 해서는 안 될 짓을 하는 경우를 비꼬는 말.

물다[2] 동사

불11-2 물고, 물지, 무니, 무는, 문, 물, 문다면, 물어, 무오, 뭅니다, 물었소

타동사

① ('누구에게 무엇을 물다'의 형태로 쓰이어) 갚아야 할 것을 치르다.

¶ 주인에게 다달이 월세로 10만 원씩을 물기로 하고 방을 빌렸다.

¶ 그렇게 비싼 이자를 물고 어떻게 장사하나?

② 남에게 입힌 손해를 돈으로 갚아 주거나 본래 상태로 해 주다.

¶ 사람을 다치게 한 잘못으로 치료비를 물게 되었다.
¶ 그렇게 많은 비용은 물 수 없다.

복합어

- **물어내다** 타동사 남에게 입힌 손해를 돈으로 갚거나 본래의 상태로 되돌려 주다.
- **물어넣다** 타동사 축낸 돈이나 물건 따위를 갚다. ¶ 네가 계산을 잘못해서 돈이 부족하게 되었으니 네가 물어넣어야 한다.

'물다'의 활용형

'물다'는 'ㄴ'으로 시작하는 어미 앞에서 'ㄹ'이 탈락하여 활용하므로 활용형이 '무니, 무는, 무네, 문다'처럼 된다. 또, 선어말 어미 '-시-' 앞에서나 'ㅂ'으로 시작하는 어미 앞에서 'ㄹ'이 탈락하여 '무십니다, 무시오, 무십시오, 무세요, 뭅니다, 뭅시다'처럼 활용한다.
'ㄹ'이 탈락한 활용형에 익숙하지 않은 사람들은 '무시오' 대신에 '물으시오'를 쓰거나 '뭅니다' 대신에 '물읍니다'를 쓰기도 하는데 이는 잘못이다.
¶ 강아지가 아이를 물으니(×) 아이가 울었다. → 무니
¶ 밥값을 그 자리에서 물은(×) 사람이 누구였지? → 문
¶ 어떻게 해서 한 자리를 물으니(×) 기고만장하고 있다. → 무니
¶ 손가락을 물으시면(×) 매우 아플 겁니다. → 무시면

× 물르다

'무르다[1, 2, 3]'의 틀린 표기.

물리다[1] 동사

규11-0 물리고, 물리는, 물린, 물릴, 물립니다, 물리어/물려, 물리었다/물렸다

자동사

('에 물리다' 또는 '에게 물리다'의 형태로 쓰이어) 다시 대하기 싫을 만큼 몹시 싫증이 나다.
¶ 며칠을 된장국만 먹으니 결국 물리더라.
¶ 나는 네 변명에 물려서 너와 의논하고 싶지 않다.
¶ 아무리 재미있는 이야기라도 자꾸 들으면 물리고 만다.

물리다[2] 동사

규11-0 물리고, 물리는, 물린, 물릴, 물립니다, 물리어/물려, 물리었다/물렸다

피동사

'물다[1]'의 피동형.

¶ 모기에게 물리지 않게 조심하세요.

¶ 아이가 개에게 다리를 물려서 절뚝거린다.

¶ 어머니는 아이에게 젖을 물리고 일을 시작했다.

¶ 아이의 머리카락을 땋아서 그 끝에 자주댕기를 물렸다.

¶ 우는 아이에게 사탕을 물려서 달래 보았다.

¶ 짖는 개에게 막대기를 물리니 짖기를 그쳤다.

¶ 언론에 재갈을 물리려는 것이 독재자의 행태이다.

물리다[3] 동사

규11-0 물리고, 물리는, 물린, 물릴, 물리어/물려, 물립니다, 물리었다/물렸다

사동사

'물다[2]'의 사동형.

¶ 부자에게는 세금을 더 많이 물리는 제도를 도입해야 한다.

¶ 내 책을 잃어버린 친구에게 책값을 물렸다.

¶ 가해자에게 치료비를 물리려고 한다.

물리다[4] 동사

규11-0 물리고, 물리는, 물린, 물릴, 물리어/물려, 물립니다, 물리었다/물렸다

사동사

'무르다[1]'의 사동형.

¶ 쪄서 물린 가지를 결대로 찢어 양념을 하였다.

물리다[5] 동사

규11-0 물리고, 물리는, 물린, 물릴, 물리어/물려, 물립니다, 물리었다/물렸다

사동사

① '무르다[2]'의 사동형.

¶ 버스가 고장이 나는 바람에 표를 물리고 기차표를 샀다.

¶ 새로 산 책을 모두 물렸다.

② 굿 따위를 하여 귀신을 쫓아내다.

¶ 할머니는 잡귀를 물리기 위해 푸닥거리를 하기로 했다.

복합어

- **물림간**(-間) 명사 본채의 앞뒤나 좌우에 딸린 반 칸 너비의 칸살
- **물림퇴**(-退) 명사 =물림간

물리다[6] 동사

규11-0 물리고, 물리는, 물린, 물릴, 물리어/물려, 물립니다, 물리었다/물렸다

타동사

① 정해진 시기를 뒤로 늦추다.

¶ 약속 날짜를 며칠 물려 달라고 사정을 했다.

② 다른 자리로 옮겨 가게 하거나 옮겨 놓다.

¶ 밥을 먹고 상을 물린 다음에 조용히 차를 마셨다.

¶ 사장은 다른 부장들을 다 물리고 나만 잠시 남으라고 하였다.

③ 재물이나 관리, 지위 따위를 다른 사람에게 내려주다.

¶ 재산을 무작정 자식에게 물리는 일은 자식을 망치는 일이기도 하다.

복합어

- **대물림**(代-) 명사 사물이나 가업 따위를 자손에게 남겨 주어 자손이 이어 나감. 또는 그런 물건.
- **대물림하다**(代-) 타동사 사물이나 가업 따위를 자손에게 남겨 주어 자손이 이어 나가다.
- **물려주다** 타동사 (기능, 지위, 생각, 재산 따위를) 뒷사람에게 전하여 주다.

• **상물림**(床-) 명사 ① =큰상물림 ② 윗사람이 물린 밥상을 아랫사람이 받아서 먹던 풍습을 이르는 말.
• **큰상물림**(-床-) 명사 혼인 잔치 때에 큰상을 받았다가 물린 뒤에 상을 받은 사람의 집으로 음식을 싸 보내는 일.

속담

• **하루 물림이 열흘 간다** 한번 뒤로 미루기 시작하면 자꾸 더 미루게 된다는 뜻으로, 무슨 일이나 뒤로 미루지 말라고 경계하여 이르는 말.

물씬 부사

① 냄새 따위가 코를 찌르도록 심하게 풍기는 모양.
¶ 갯가에 서니 비린내가 물씬 풍겼다.
② 김이나 연기 따위가 힘차게 피어오르는 모양.
¶ 찜통에서 김이 물씬 나는 걸 보니 양배추가 푹 쪄졌겠다.
③ 잘 익거나 물러서 연하고 물렁한 느낌.
¶ 상자 안에 손을 넣으니 뭔가가 물씬 잡힌다.

뭐하다 형용사 [뭐ː-]

불20-9 뭐하고, 뭐하니, 뭐하여/뭐해, 뭐한, 뭐합니까, 뭐하였다/뭐했다

'무엇하다'의 준말.
¶ 내 입으로 말하기는 뭐하지만 그래도 말하지 않을 수 없다.
¶ 뻔히 형편을 아는데 빚 독촉을 하기가 참 뭐하더라.
¶ 가만히 있기 뭐해서 책을 읽고 있었다.

'뭐하다'와 '뭘 하다'의 띄어쓰기

'뭐하다'는 하나의 단어로 쓰는 말이다. 이에 비해서 '뭘 하다'는 '무엇을 하다'가 준 말이다. 즉, 목적어와 동사로 이루어진 어구이다. 따라서 '뭘 하다'처럼 띄어 써야 한다.

-므로 어미

연결 어미

앞말이 뒷말의 이유가 되게 연결하는 말.

¶ 이 정책에 대해 주민들 반대가 심하므로 다시 검토하기로 했다.

¶ 마음이 너그러우시므로 다 용서해 주실 거야.

'-므로'와 '-으므로'

앞 말에 받침이 없으면 '-므로'가 붙고 받침이 있으면 '-으므로'가 붙는다.

앞 말의 형태		-므로	-으므로	-우므로
이다		이므로		
-시다		잡으시므로, 깎으시므로 오시므로, 주무시므로		
받침 없음		흐리므로, 바르므로		
받침 있음	-ㄷ다	(믿다, 얻다)	믿으므로, 얻으므로	
		(묻다, 싣다)	물으므로, 실으므로	
	-ㄹ다	길므로, 살므로, 졸므로		
	-ㅂ다		좁으므로, 잡으므로	
		(굽다, 돕다, 눕다)		구우므로, 도우므로 누우므로
	-ㅅ다		벗으므로, 씻으므로	
			이으므로, 지으므로	
	-ㅎ다	(놓다, 좋다)	놓으므로, 좋으므로	
		까마므로, 하야므로		
	그 밖의 받침		익으므로, 감으므로 짖으므로, 쫓으므로 맡으므로, 흝으므로 핥으므로, 밟으므로	

'-므로'와 '-ㅁ으로'의 차이

'-므로'는 연결 어미로서 '-기 때문에', '-니까'와 같은 뜻으로 쓴다. 이에 비해서 '-ㅁ으로'는 명사형 '-ㅁ'에 수단이나 방법을 나타내는 부사격 조사 '으로'가 붙은 형태이다. (올림말 '으로' 참고.) 따라서 '-ㅁ으로'는 '-는 것으로'의 의미를 나타낸다. '-ㅁ'에 부사격 조사 '으로써'가 붙으면 '-ㅁ으로써'가 된다. 어미 '-므로'에 '써'가 붙는 '-므로써'는 없는 말이다.

┌ 오늘은 내 생일이므로(○) 나에게 선물을 다오.
└ 오늘은 내 생일이므로써(×) 나에게 선물을 다오.

┌ 그는 꾸준히 운동하므로(○) 곧 건강을 회복할 거야.
└ 그는 꾸준히 운동하므로써(×) 곧 건강을 회복할 거야.

┌ 그는 죽음으로써(○) 나라를 지켰다.
├ 어려운 이웃을 도움으로써(○) 보람을 느낀다.
└ 날씨가 화창하므로(○) 들놀이를 가기로 했다.

'-므로', '-니/-니까', '-어/-어서/-아/-아서'

앞말을 이유로 삼아서 뒷말을 이끌어 낼 때에 이들 어미를 사용한다.

¶ 비가 오므로 야외 수업은 취소한다.

¶ 비가 오니/오니까 야외 수업은 취소한다.

¶ 비가 와(오아)/와서(오아서) 야외 수업은 취소한다.

위 예문에 쓴 어미는 모두 앞의 사실('비가 오다')이 뒤의 사실(야외 수업을 취소하다)의 이유가 된다. 그런데 이들 어미는 기능이 거의 같은 듯하면서도 서로 다른 특징이 있다.

① '-므로'는 대체로 엄격하게 이유를 내세우는 경우에 많이 쓴다. 주로 논문이나 사실의 인과 관계를 정확하게 쓰려 할 때에 주로 사용한다. 객관성이 있는 경우에만 써야 하는 제약이 있다.

¶ 지구가 태양을 돌므로 지구를 태양의 행성이라고 한다.

¶ 빛의 빠르기가 1초에 30만 킬로미터이므로 소리보다 훨씬 빠르다.

② '-니/-니까'는 주관적으로 보았을 때 앞말과 뒷말이 인과 관계일 경우에 주로 쓴다. 글말체보다는 입말체 문장에서 많이 쓴다. '-니'보다 '-니까'가 원인을 나타내는 기능이 더 강하다.

¶ 오늘은 비가 오니 밖에 나가지 말자.

¶ 지금은 비가 오니까 밖에 나가지 마라.

¶ 왜 외출을 안 했니? 비가 오니까 안 했어.

③ '-아/-아서/-어/-어서'는 당연하게 결론을 낼 정도로 긴밀하게 연결하는 경우에 쓴다.

¶ 방이 좁아 셋이 함께 자기는 어렵겠다.

¶ 여름은 해가 길어서 여덟 시가 넘었는데도 환하다.

¶ 학교가 너무 멀어 아이는 아침 일찍 집을 나선다.

¶ 그 사람은 눈이 좋아 안경을 쓰지 않는다.

¶ 그는 남의 간섭을 받는 것이 싫어서 직장 생활을 그만두었다고 한다.

¶ 이 여관은 방이 좁아서 우리는 다른 여관으로 옮기기로 했다.

미어지다 동사

규11-0 미어지고, 미어지어/미어져, 미어진다, 미어집니다, 미어지었다/미어졌다

자동사

① 팽팽한 가죽이나 종이 따위가 해어져서 구멍이 나다.

¶ 양말이 미어져 발가락이 보인다.

② 가득 차서 터질 듯하다.

¶ 자루가 미어지도록 쌀을 넣었다.

¶ 입이 미어지게 밥을 떠 넣었다.

③ 가슴이 찢어질 듯이 심한 고통이나 슬픔을 느끼다.

¶ 아들과 이별할 것을 생각하니 가슴이 미어지는 것 같다.

'미어지다'와 '메다'

수용할 공간이 가득 차는 것을 '메다'라고 하고, 가득 차서 터지는 것을 '미어지다'라고 한다. '메다'는 가득 차서 막힘을 강조하고, '미어지다'는 가득 차서 터짐을 강조한다. '목이 메다'는 목이 막혀 아무 말도 할 수 없다는 말이고, '가슴이 미어지다'는 가슴에 구멍이 난 것처럼 아프다는 말이다.

미인 명사 (美人)[미:-]

주로 얼굴이나 몸매 따위가 아름다운 여자.

¶ 살결이 희고 고운 사람을 피부 미인이라고 부르기도 한다.

'미녀'와 '미인'

'미녀'는 '아름다운 여자'라는 뜻이고, '미인'은 '아름다운 사람'이라는 뜻이지만 두 낱말 다 주로 여자에 대하여 쓰는 말이다. 그런데 실제로 사용할 때에는 조금 다르다. 결혼을 기준으로 미혼인 여자에게는 '미녀'라는 말을 쓰는 편이 자연스럽지만 남의 아내는 '미인'이라고 하는 편이 더 자연스럽다.

¶ 북한이 이번 아시안 게임에 미녀 응원단을 보낸다고 한다.

¶ 과장 부인은 대단한 미인이더라.

미처 부사

('못하다', '않다', '없다' 따위와 함께 쓰이어) 아직 거기까지 미치도록.

¶ 사장이 지시한 일을 미처 끝내지 못했다.

¶ 준비를 미처 마치기도 전에 손님들이 들이닥쳤다.

¶ 네가 그렇게 고생한 줄은 미처 몰랐다.

▶ '미처'와 '미쳐'의 차이는 올림말 '미치다[2]' 참고.

미치다[1] 동사

규11-0 미치고, 미치니, 미치지, 미친, 미칠, 미치어/미쳐, 미칩니다, 미치었다/미쳤다

자동사

① ('누가 미치다'의 형태로 쓰이어) 정신에 이상이 생겨 말과 행동이 보통 사람과 다르게 되다.

¶ 그녀는 자식을 잃고 끝내 미치고 말았다.

¶ 그 젊은이는 모진 고문을 받은 끝에 반 미친 사람이 되었다.

② 상식에서 벗어나는 행동을 하다.

¶ 그런 미친 짓을 하고 다니다니.

¶ 막말과 망언을 일삼는 미친 사람 같은 국회의원도 있다.

③ ('-어/-아 미치겠다'의 형태로 쓰이어) 정신이 나갈 정도로 매우 괴로워하다.

¶ 나는 네가 보기 싫어 미치겠다.

¶ 기가 막혀 미칠 지경이다.

④ ('-에 미치다'의 형태로 쓰이어) 어떤 일에 지나칠 정도로 열중하다.

¶ 그는 지금 야구에 미쳐 있다.

¶ 아이가 온라인 게임에 미쳐 공부를 안 한다.

속담

- **미친 사람의 말에서도 얻어들을 것이 있다** 남이 하는 말을 귀담아들어야 함을 비유하여 이르는 말.
- **미친 체하고 떡판에 엎드러진다** 사리를 잘 알면서도 일부러 모르는 체하고 제 욕심을 차리는 경우를 비꼬는 말.

미치다² 동사

규11-0 미치고, 미치니, 미치지, 미친, 미칠, 미치어/미쳐, 미칩니다, 미치었다/미쳤다

자동사

① 공간적 거리나 수준 따위가 일정한 선에 닿다.

¶ 우리는 아직 선진국 수준에 미치지 못하고 있다.

¶ 내 힘이 미치는 데까지 돕겠네.

② ('누구에게 무엇이 미치다'의 형태로 쓰이어) 영향이나 지시 따위가 대상에 가하여지다.

¶ 나는 물러나라는 압력이 그에게 미치지 않도록 노력했다.

타동사

(주로 '무엇에 영향을 미치다'의 형태로 쓰이어) 무엇을 이루는 요인이 되다.

¶ 그의 연설이 우리 당의 승리에 크게 영향을 미쳤다.

¶ 청소년기에 그의 인생에 큰 영향을 미친 선생님을 만났다.

'미쳐'와 '미처'

'미쳐'는 동사 '미치다'에 연결 어미 '어'가 붙어서 된 활용형 '미치어'가 줄어든 형태이다. '생각이 거기에까지 미쳐 다행히 사고를 미리 막을 수 있었다'에서 '미쳐'가 '미치다'의 활용형이다. 그러나 '미처'는 부사로서 '미치다'와 직접 관련이 없다. '미처' 뒤에는 부정 표현이 온다. '시험 시간이 미처 십 분도 안 남았는데 문제를 반도 못 풀었다'에서 쓴 '미처'는 부사이다.

'미치다'와 '끼치다'

'미치다'는 어떤 일의 영향이 어느 선에 이름을 나타낸다. 그 영향에 따라서 대상에 어떤 결과가 생기는 것까지는 고려하지 않는다. 이에 비해서 '끼치다'는 대상에게 어떤 일이 벌어지도록 하는 의미가 있다. 즉, 그 영향으로 대상이 구체적인 반응을 나타냄을 전제로 한다. 그러므로 '끼치다'의 목적어로 대상의 반응이 구체적으로 제시된다.

¶ 부모님께 걱정을 끼치는 행동은 하지 마라.(부모님이 할 걱정이 목적어이다.)

¶ 이웃에 폐를 끼치는 일은 삼가라.(이웃이 받게 될 폐가 목적어이다.)

¶ 공사 때문에 보행에 불편을 끼쳐서 죄송합니다.(사람들이 느낄 불편이 목적어이다.)

¶ 이 사건의 영향이 어디까지 미칠지 가늠하기 어렵다.(한계를 나타낸다.)

¶ 그의 연설이 내 인생에 큰 영향을 미쳤다.(그의 연설이 내 인생에까지 영향을 주었다.)

민- 접사

접두사

① (일부 명사 앞에 붙어) '꾸미거나 딸린 것이 없는'의 뜻을 더하는 말.

¶ 민가락지, 민낯, 민돗자리, 민머리, 민얼굴, 민저고리

② (일부 명사 앞에 붙어) '그것이 없음' 또는 '그것이 없는 것'의 뜻을 더하는 말.

¶ 민꽃, 민등뼈, 민무늬, 민소매

'맨-'과 '민-'

이 두 접미사는 용법이 매우 다르다. '맨-'은 어떤 사물을 사용하거나 보존하는 데에 필요한 다른 사물을 갖추지 않은 상태를 가리킬 때에 쓰고, '민-①'은 그 사물에 아무 장식이 없는 상태를 가리킬 때 쓴다.

• 맨머리: 머리에 모자나 갓을 쓰지 않은 상태.

¶ 날씨가 추운데 그렇게 맨머리로 다니면 감기 걸리기 쉽다.

• 민머리: 장식을 하지 않은 머리. 곧 벼슬이 없는 사람.

¶ 그 사람은 비록 민머리로 지내고 있지만 언제 벼슬자리에 앉을지 모른다.

및 부사

'그리고', '또'의 뜻으로, 문장에서 같은 종류의 성분을 연결할 때 쓰는 말.

¶ 이어서 졸업장 수여 및 시상이 있겠습니다.

¶ 월드컵 경기는 서울, 부산, 대구, 인천, 광주 및 대전에서 열렸다.

'및'과 조사 '와/과'

① 같은 성분을 대등하게 연결하는 기능으로 보면 '및'과 '와/과'는 같은 구실을 한다. 아래 용례를 보면 이 두 낱말이 구별되지 않음을 알 수 있다.

¶ 원서 교부 및 접수/원서 교부와 접수

¶ 시민의 건강 증진 및 편익 제공/시민의 건강 증진과 편익 제공

② '및'은 주로 글에서 셋 이상을 나열하는 경우에 마지막 것 앞에서 사용하는 것이 자연스럽다. 이 경우에는 '그리고'와 같은 기능을 한다.

¶ 제사에 쓰려고 사과와 배, 건어물 및/그리고 쇠고기를 샀다.
③ '및'은 일본어 직역 투이므로 쓰면 안 된다는 주장이 있다. '및'이 '미치다'에서 파생된 것으로 볼 때에 일본어 'および(及び)'와 맥이 닿기 때문에 나온 주장인데 정확한 주장은 아니다.

밑 명사

① 물체의 아래나 아래쪽.
¶ 편지를 책상 서랍 밑에 넣어 놓았다.
② 나이, 정도, 지위 따위가 적거나 낮음.
¶ 동생은 나보다 세 살 밑이다.
③ ('밑에서' 꼴로 쓰이어) 지배, 보호, 영향 따위를 받는 처지임을 나타내는 말.
¶ 우리 형제는 외할머니 밑에서 자랐다.

관용 표현

- **밑도 끝도 없다** 말을 불쑥 꺼내어 갑작스럽거나 갈피를 잡을 수 없다.
- **밑이 구리다** 숨겨 둔 약점이나 잘못이 있다.
- **밑이 더럽다** 행실이 바르지 못하거나 깨끗하지 못하다.
- **밑이 드러나다** 사건이나 일의 내막이 밝혀지다.
- **밑이 안 보이다** 끝이 없다.

'밑'과 '아래'

'밑'은 물건의 바닥 쪽을 가리키는 말이다. 그래서 밑은 물건을 뒤집더라도 변하지 않는다. 예를 들면 병의 밑은 병을 거꾸로 놓아도 밑은 변함없이 일정하다. 그러나 '아래'는 기준이 되는 물건보다 낮은 곳을 가리킨다.
¶ 솥 밑을 닦았다. ('밑'은 솥의 바닥을 가리킨다.)
¶ 솥 아래에서 장작이 타고 있다. ('아래'는 솥이 걸려 있는 아래쪽을 가리킨다.)
¶ 강 밑에 모래가 쌓여 파내기로 했다. ('밑'은 강의 바닥을 가리킨다.)
¶ 강 아래로 내려가면 둑이 나온다. ('아래'는 하류를 가리킨다.)

ㅂ

-ㅂ니까 어미 [-ㅁ-]

종결 어미

(받침이 없는 어간에 붙어) 정중히 묻는 뜻을 나타내는 말. 이 어미는 어간과 결합할 때에 'ㅂ'을 어간의 받침으로 표기하는 것이 특징이다. 즉, '떠나다 + ㅂ니까 → 떠납니까'가 되는 것이다.

¶ 오늘 떠납니까?

¶ 하늘이 푸릅니까?

¶ 이 일을 어떻게 합니까?

'-ㅂ니까'와 '-습니까'

두 어미 다 정중히 물을 때 사용하는데 어간 끝음절 형태에 따라서 구별하여 사용한다.

어간 끝음절 형태		해당 단어 예	어미 선택	
받침 없음	기본형	가다, 사다, 자다 희다, 푸르다, 크다	-ㅂ니까 (-ㅂ니다)	갑니까[1], 삽니까[1], 잡니까[1] 흽니까, 푸릅니까, 큽니까 (갑니다[1], 삽니다[1], 잡니다[1] 흽니다, 푸릅니다, 큽니다)
	-시-	가시다, 보시다	-ㅂ니까 (-ㅂ니다)	가십니까, 보십니까 (가십니다, 보십니다)
	-었- -았-	보았다, 비었다	-습니까 (-습니다)	보았습니까, 비었습니까 (보았습니다, 비었습니다)
	이다	책이다, 집이다	-ㅂ니까 (-ㅂ니다)	책입니까, 집입니까 (책입니다, 집입니다)
	다	나무다, 바다다	-ㅂ니까 (-ㅂ니다)	나뭅니까, 바답니까 (나뭅니다, 바답니다)

받침 있음	'ㄹ' 받침	갈다, 놀다, 살다 길다, 낯설다, 잘다	-ㅂ니까 (-ㅂ니다)	갑니까[2], 놉니까, 삽니까[2] 깁니까, 낯섭니까, 잡니까[2] (갑니다[2], 놉니다, 삽니다[2] 깁니다, 낯섭니다, 잡니다[2])
	그 밖의 모든 받침	먹다, 잡다, 맑다 굽다, 잇다, 하얗다	-습니까 (-습니다)	먹습니까, 잡습니까, 맑습니까 굽습니까, 잇습니까, 하얗습니까 (먹습니다, 잡습니다, 맑습니다 굽습니다, 잇습니다, 하얗습니다)

① 위 표에서 눈여겨볼 점은 어간 끝음절에 받침이 없으면 '-ㅂ니까/-ㅂ니다'를 쓰고, 받침이 있으면 '-습니까/-습니다'를 쓰는데, 받침이 없더라도 어간 뒤에 선어말 어미 '-았-/-었-'이 있으면 '-습니까/-습니다'를 쓰고, 받침이 있더라도 'ㄹ' 받침이면 'ㄹ'이 탈락하여 '-ㅂ니까/-ㅂ니다'를 사용한다는 점이다.

② 위 표의 어미 선택 난을 보면 '갑니까[1], 삽니까[1], 잡니까[1]'과 '갑니까[2], 삽니까[2], 잡니까[2]'의 두 형태가 완전히 일치한다. 이는 '가다'와 '갈다', '사다'와 '살다', '자다'와 '잘다'가 어미를 붙이는 과정에서 표기 형태가 같아진 것이다.

③ '갑니까[1], 삽니까[1]'의 어간은 모두 짧은 소리이지만 '갑니까[2], 삽니까[2]'의 어간은 모두 긴소리여서 소리로 구별할 수 있다. 그러나 '잡니까[1]'과 '잡니까[2]'는 소리로도 구별되지 않아서 문장의 맥락으로 구별할 수밖에 없다.

-ㅂ니다 어미 [-ㅁ-]

종결 어미

(받침이 없는 어간에 붙어) 동작이나 상태의 어떠함을 정중하게 베풀어 하는 말. 이 어미는 어간과 결합할 때에 'ㅂ'이 어간의 받침으로 표기되는 것이 특징이다. 즉, '떠나다+ㅂ니다→떠납니다'가 되는 것이다.

¶ 우리는 지금 떠납니다.

¶ 하늘이 몹시도 푸릅니다.

¶ 나는 지금 기분이 나쁩니다.

¶ 사람들이 신에게 소원을 빕니다.

▶ '-ㅂ니다'는 받침 없는 용언의 어간에 붙는다. 'ㄹ' 받침으로 끝나는 어간은 'ㄹ'이 탈락하고 '-ㅂ니다'가 붙는다. (올림말 '-ㅂ니까' 참고.)

－ㅂ시다 어미

종결 어미

(받침이 없는 동사 어간에 붙어) 어떤 행동을 함께 하자고 정중히 청하는 말. 이 어미는 어간과 결합할 때에 'ㅂ'이 어간의 받침으로 표기되는 것이 특징이다. 즉, '떠나다＋ㅂ시다→떠납시다'가 되는 것이다.

¶ 함께 떠납시다.

¶ 조용히 합시다.

¶ 새벽에 모입시다.

¶ 빨리 만납시다.

'－ㅂ시다'와 '－읍시다'

두 어미 다 정중히 청할 때 사용하는데 어간 끝음절의 형태에 따라서 구별하여 사용한다.

어간 끝음절 형태			동사의 예	어미 선택	
받침이 없는 동사			가다, 사다, 자다	－ㅂ시다	갑시다[1], 삽시다[1], 잡시다
받침이 있는 동사	'ㄹ' 받침		갈다, 놀다, 살다	－ㅂ시다	갑시다[2], 놉시다, 삽시다[2]
	'ㄷ' 받침	규칙	걷다[1], 묻다[1], 뻗다	－읍시다	걷읍시다, 묻읍시다, 뻗읍시다
		불규칙	걷다[2], 묻다[2], 싣다	－읍시다	걸읍시다, 물읍시다, 실읍시다
	'ㅅ' 받침	규칙	벗다, 빗다, 씻다	－읍시다	벗읍시다, 빗읍시다, 씻읍시다
		불규칙	긋다, 잇다, 짓다	－읍시다	그읍시다, 이읍시다, 지읍시다
	'ㅂ' 받침	규칙	씹다, 입다, 잡다	－읍시다	씹읍시다, 입읍시다, 잡읍시다
		불규칙	굽다, 눕다, 돕다	－읍시다	구읍시다, 누읍시다, 도읍시다
	그 밖의 받침		깎다, 품다, 찾다 쫓다, 맡다, 갚다 빻다, 삶다, 밟다	－읍시다	깎읍시다, 품읍시다, 찾읍시다 쫓읍시다, 맡읍시다, 갚읍시다 빻읍시다, 삶읍시다, 밟읍시다

① 어간 끝음절에 받침이 있는 동사 가운데에서 'ㄹ' 받침이 있는 동사는 모두 'ㄹ'이 탈락하여 받침이 없는 동사처럼 '－ㅂ시다'를 붙인다. 'ㄷ', 'ㅅ', 'ㅂ' 받침이 있는 동사 가운데에서 규칙 동사는 '－읍시다'를 붙이는데, 불규칙 동사는 어간 끝음절의 받침이 탈락하거나 바뀐다.

② 불규칙 동사 가운데에서 'ㄷ' 받침이 붙은 불규칙 동사('걷다', '묻다', '싣다' 따위)는 'ㄷ'을 'ㄹ'로 바꾼 뒤에 '－읍시다'를 붙여 '걸읍시다, 물읍시다, 실읍시다'처럼 쓴다.

③ 불규칙 동사 가운데에서 'ㅅ' 받침이 붙은 불규칙 동사('긋다', '잇다', '짓다' 따위)는 'ㅅ'이 탈락하고 '－읍시다'를 붙여 '그읍시다, 이읍시다, 지읍시다'처럼 쓴다.

④ 불규칙 동사 가운데에서 'ㅂ' 받침이 붙은 불규칙 동사('굽다', '눕다', '돕다' 따위)는 '-웁시다'로 바뀐다. 그래서 '구웁시다', '누웁시다', '도웁시다'처럼 쓴다.
⑤ 동사 '걷다'와 '묻다'는 규칙 동사와 불규칙 동사 두 가지가 있다. 규칙 동사인 경우에 두 낱말은 모두 짧은소리이고, 불규칙 동사인 경우에는 모두 긴소리이다.

바[1] 명사

삼이나 칡 따위로 세 가닥을 지어 굵다랗게 드린 줄. 참바.
¶ 허리에 바를 동인 사나이가 큰 돌을 끌고 있다.

복합어

- **밧줄** 명사 참바를 세 가닥으로 꼰 굵은 줄.
- **참바** 명사 삼이나 칡 따위로 세 가닥을 지어 굵다랗게 드린 줄.

'바', '새끼', '노', '뭇줄'

끈이나 줄은 사용하는 재료와 굵기에 따라서 이름이 다르다. '바'는 참바라고도 하는데, 주로 칡덩굴이나 삼, 짚 따위로 여러 가닥을 꼬아서 만든 굵은 줄을 가리킨다.
'새끼'는 짚으로 꼰 줄을 가리키는데, '바'보다는 가늘다. '노'는 실이나 종이 또는 삼으로 가늘게 꼰 줄을 가리킨다. '노'는 두 가닥을 손으로 비벼서 꼬며, '줄'이라고 하지 않고 '끈'이라고 부른다.
'뭇줄'은 삼으로 굵게 꼰 줄을 가리킨다. '바' 몇 가닥을 꼬아서 만들므로 매우 굵고 질기지만 혼자 만들기는 어려워 여러 사람이 함께 만들어야 한다. 예전에는 나라에서 뭇줄을 공물로 바치라고 하면 뭇줄계를 만들어 계꾼들이 함께 만들었다. 고싸움이나 줄다리기에 쓰는 굵은 줄이 '뭇줄'이다.

바[2] 명사

의존 명사

① 앞에서 말한 내용이나 일 따위를 나타내는 말.
¶ 이젠 우리가 할 바를 결정해야 한다.

¶ 네가 한 바를 소상히 말해 보아라.
② (어미 '-을' 뒤에 쓰이어) 일의 방법이나 방도.
¶ 어찌할 바를 몰라 허둥댔다.
¶ 여러분의 사랑에 몸 둘 바를 모르겠습니다.
③ 처지에는. 경우에는.
¶ 이왕 산에 온 바에는 꼭대기까지 올라가야지.
¶ 매를 맞을 바에는 먼저 맞겠다.

의존 명사 '바'와 어미 '-ㄴ바'의 '바'

① 내가 본 바를 말하겠다.
② 내가 본바, 네가 잘못한 것 같다.

예문①의 '바'는 의존 명사이다. 의미는 '것'과 비슷하다. 예문②의 '본바'는 '보니'와 같은 뜻으로 '-ㄴ바'가 어미이다. '-ㄴ바'는 하나의 어미이므로 '바'를 붙여서 써야 한다.
비슷한 경우가 '지'와 '-ㄴ지'에도 나타난다. ('지'를 붙여 쓰는 경우와 띄어 쓰는 경우에 관해서는 올림말 '-ㄴ지' 참고.)

× -바기

① 접미사 '-박이'의 잘못.

'-박이'를 '-바기'로 잘못 쓴 예

네눈바기 → 네눈박이 / 붙바기 → 붙박이 / 소바기 → 소박이
외톨바기 → 외톨박이 / 점바기 → 점박이 / 차돌바기 → 차돌박이
토바기 → 토박이 / 판바기 → 판박이

② 접미사'-배기'의 잘못.

'-배기'를 '-바기'로 잘못 쓴 예

나이바기 → 나이배기 / 알바기 → 알배기 / 양코바기 → 양코배기
옹바기 → 옹배기 / 자바기 → 자배기 / 포바기 → 포배기
한 살바기 → 한 살배기

바깥 명사

① 밖인 곳. 밖.

¶ 공이 운동장 바깥으로 나가면 실격이다.

② 한데.

¶ 우리는 묵을 곳을 구하지 못해서 바깥에서 잘 수밖에 없었다.

③ 바깥주인.

¶ 그 일은 바깥에서 하는 일이라 나는 잘 몰라요.

복합어

- **바깥날**[-깐-] 명사 바깥의 날씨.
- **바깥마당**[-깐-] 명사 집 바깥에 있는 마당.
- **바깥문**(-門)[-깐-] 명사 바깥쪽에 있는 문.
- **바깥바람** 명사 ① 바깥에서 부는 바람. ② 바깥의 공기. ③ 다른 지방이나 다른 나라의 문물을 비유하여 이르는 말. ¶ 그 사람은 일찍이 바깥바람을 쐬고 온 터라 생각이 넓고 멀리 보는 눈이 있더라.
- **바깥방**(-房) 명사 바깥채에 딸린 방.
- **바깥벽**(-壁) 명사 바깥쪽의 벽. 밭벽.
- **바깥부모**(-父母) 명사 =바깥어버이
- **바깥사돈**(-査頓) 명사 사위의 아버지나 며느리의 친정아버지를 양쪽 사돈이 서로 일컫는 말.
- **바깥살림** 명사 '바깥살림살이'의 준말.
- **바깥살림살이** 명사 남자가 맡아 하는 바깥일의 살림살이. ㊜ 바깥살림
- **바깥상제**(-喪制) 명사 남자 상제.
- **바깥소문**(-所聞) 명사 ① 밖에서 들려오는 소문. ② 항간(巷間)에 떠도는 소문.
- **바깥소식**(-消息) 명사 ① 바깥에서 전해 오는 소식. ② 밖에서 일어나는 일들의 형편이나 상태.
- **바깥손님** 명사 남편의 손님. 남자 손님.
- **바깥식구**(-食口) 명사 남자 식구.
- **바깥심부름** 명사 바깥일에 관한 심부름.
- **바깥양반**(-兩班)[-깐냥-] 명사 그 집의 바깥주인.
- **바깥어른** 명사 =바깥주인
- **바깥어버이** 명사 '아버지'를 이르는 말.
- **바깥옷** 명사 바깥식구들의 옷.
- **바깥일**[-깐닐] 명사 집 바깥에서 하거나 일어난 일.

• **바깥주인**(-主人) 명사 그 집의 남자 주인.
• **바깥쪽** 명사 ① 바깥으로 드러난 쪽. ② 바깥으로 드러난 부분. ③ 어떤 수효를 넘는 수.
• **바깥채** 명사 몸채의 바깥쪽에 있는 집채.
• **바깥출입**(-出入) 명사 바깥에 나다니는 일.
• **바깥출입하다**(-出入-) 자동사 바깥에 나다니다.
• **바깥치수**(-數) 명사 기둥 바깥쪽의 길이.

'바깥', '밖', '밭-'

① '밖'은 장소의 의미와 관념적인 의미['외(外)'의 의미]가 있다. '밖'은 '밖에'의 형태로 조사로도 사용한다.('밖에'의 용법은 올림말 '밖에' 참고.)
¶ 예상 밖으로 사람이 많이 왔다. (×바깥으로)
¶ 이번 대회에서 우리는 기대 밖의 성공을 거두었다. (×바깥의)
¶ 그밖에 다른 것을 찾아보아라. (×바깥에)
¶ 그렇게 대답할 수밖에 없다. (×바깥에)
② '바깥'은 '밖'과 동의어로 사용하지만 주로 집을 중심으로 안의 반대쪽을 가리킬 때에 사용한다.
¶ 집의 밖 / 바깥에다 수영장을 만들기로 했다.
③ '밭-'은 '바깥'을 접두사로 쓰면서 한 음절로 줄어든 형태인데 '남자 쪽'을 가리킨다.
¶ 바깥부모=밭부모(아버지) / 바깥사돈=밭사돈 / 바깥어버이=밭어버이(아버지)

× 바꼈다

'바뀌다'의 과거형 '바뀌었다'의 틀린 표기.

바꾸다 동사

규11-0 바꾸고, 바꾸는, 바꾼, 바꿀, 바꾸어/바꿔, 바꿉니다, 바꾸었소/바꿨소

타동사

① (어떤 물건을) 주고 (다른 물건을) 받다. 교환하다.
¶ 흠이 있는 상품은 바꾸어 드리겠습니다.
¶ 만 원짜리를 천 원짜리로 바꿔 주세요.
② 고치어 달라지게 하다.

¶ 살 만한 세상이 되도록 정치를 바꾸자!
¶ 표현을 부드럽게 바꿔라.
③ (전화 받을 사람을) 다른 사람이 되게 하다.
¶ "아빠 친군데 아빠 계시면 바꿔라."
¶ "네, 과장님 바꿔 드리겠습니다."
④ 돈을 주고 곡식이나 피륙을 사다.
¶ 장에 가서 양식 좀 바꾸어 오너라.

복합어

- **바꾸이다** (피동사) '바꾸다'의 피동형. ㊟ 바뀌다
- **바꿈질** (명사) 피륙을 사는 일. 물건과 물건을 맞바꾸는 일.
- **바꿔치다** (타동사) 한 물건을 다른 물건으로 몰래 바꾸어 놓다. ¶ 어느 미술관에서 모조품으로 진품을 바꿔쳐 빼돌리다가 적발되었다.
- **바꿔치기** (명사) 바꿔치는 일.
- **바꿔치기하다** (타동사) 바꿔치는 일을 하다.
- **바뀌다** (피동사) 올림말 '바뀌다' 참고.

관용 표현

- **바꿔 말하다** 달리 말하다. 다른 낱말을 써서 말하다.

바뀌다 동사

규11-0 바뀌고, 바뀌어, 바뀐다, 바뀝니다, 바뀌었다

피동사

'바꾸다'의 피동형. '바꾸이다'의 준말.
¶ 회사 이름이 자꾸 바뀌어서 혼란스럽다.
¶ 이번 선거로 정권이 바뀌었다.
¶ 횡단보도에서 신호가 바뀌기를 기다렸다.

자동사

시간이 흘러서 때나 계절이 달라지다.
¶ 해가 바뀌면 스무 살이 된다.

> **'바뀌었다'와 '바꼈다'**
> '바뀌다'의 과거형은 '바뀌었다'이다. '바뀌었다'의 준말로 '바꼈다'를 쓰기도 하는데 이는 잘못이다. '-위어-'가 '여'로 줄어들지 않기 때문이다. 현재 한글 표기로는 '-위어-'를 줄여서 표기할 글자가 없으므로 본래 표기를 써야 한다. 같은 이유로 '사귀다'의 과거형은 '사귀었다'이고 이를 '사겼다'로 줄여 쓰면 안 된다.

바닥 명사

① 땅, 방, 길 따위 물체의 거죽을 이루는 평평한 부분.
¶ 마당에 달구질을 하여 바닥을 고르게 만들었다.
② 아래쪽이나 밑부분.
¶ 연못 바닥이 훤히 드러나 보인다.
③ (물체가 위로 두둑한 면과 아래로 오목한 면이 있는 경우) 아래로 오목한 면을 일컫는 말.
¶ 손이나 발의 바닥을 잘 문질러 주면 건강에 도움이 된다.
④ 피륙 따위의 짜임새.
¶ 모시가 바닥이 몹시 곱다.
⑤ 본디 특성이나 정체성 또는 능력의 정도.
¶ 그 일로 그 사람 바닥이 다 드러났다.
⑥ 일정한 지역이나 마을.
¶ 그는 이 바닥에서 알려진 사람이다.

복합어

- **바닥권**(-圈) 명사 수준이나 정도가 가장 낮은 범위. ¶ 아이 성적이 바닥권이라 걱정이다.
- **바닥끝** 명사 손바닥 가운데 금이 끝난 곳.
- **바닥나다**[-당-] 자동사 (물건, 밑천이) 다 없어지다.
- **바닥내다**[-당-] 타동사 다 써서 없애다. 다 소비하다.
- **바닥둔테** 명사 배의 바닥에 대어 박는 둔테.
- **바닥새** 명사 모를 심는 논의 상태. 써레질이 잘 되어 모내기에 알맞으면 바닥새가 좋다고 한다.
- **바닥세**(-勢) 명사 가장 낮은 수준의 상태. ¶ 대통령 인기가 바닥세로 떨어졌다.

• **바닥쇠** 명사 ① 그 지방에 오래전부터 사는 사람을 낮잡아 이르는 말. 토박이. ¶ 이곳 바닥쇠가 아니면 그런 말은 못 알아들을 거야. ② 벼슬을 하지 못하고 향리(鄕里)에서 거들먹거리는 양반을 낮잡아 이르던 말. ¶ 바닥쇠들이 어지간히 텃세를 부려야 정을 붙이고 살아가지.

• **바닥자** 명사 물체의 곧은 상태나, 물체 바닥의 높낮이를 재는 자.

• **바닥재**(-材) 명사 바닥을 마감하는 데에 쓰는 감.

• **바닥짐** 명사 배가 안전하게 항해할 수 있도록 뱃바닥에 싣는 물이나 흙 따위의 짐.

• **바닥칠** 명사 칠할 물건의 바닥에 맨 처음 바르는 칠.

• **바닥칠하다** 타동사 칠을 본격적으로 하기 전에 처음으로 칠하다.

관용 표현

• **바닥을 긁다** 경제적으로 최저 생활을 하다. 가장 낮은 수준이나 계층을 맴돌다.

• **바닥을 보다** 끝장을 보다. ¶ 자식들은 부모에게 조금 남아 있는 재산까지 기어이 바닥을 보겠다고 달려들었다.

• **바닥이 나다** 다 써서 없어지다. ¶ 돈이 바닥이 났다.

• **바닥이 드러나다** ① 담겨 있던 것이 다 없어져서 바닥이 보이게 되다. ② 겉으로는 보이지 않던 본색이 차차 나타나게 되다. ¶ 이번 실수는 그의 바닥이 드러난 사건이라고 할 수 있다.

'바닥'과 '바탕'

'바닥'은 물리적으로 맨 아래를 가리키고, 사람이 가지고 있는 보잘것없는 능력을 나타내기도 한다. 이에 비해서 '바탕'은 무엇을 세우거나 만드는 기초를 가리킨다. 사람과 관련하여 쓸 때 '바닥'은 부정적인 이미지를 나타내는 경우에 주로 쓰고, '바탕'은 중립적으로 쓴다.

¶ 이 바닥에서는 그 사람이 성공하기 어렵다.
¶ 얼굴 바닥에 무얼 그리 바르고 다니는지.
¶ 그 일로 그는 자신의 바닥을 다 드러낸 꼴이 되었어.
¶ 그 사람은 바탕이 좋다.
¶ 언행으로 사람의 바탕을 짐작할 수 있는 법이다.
¶ 문화를 이루는 바탕에는 언어가 있다.

바라기[1] 명사 [바: -]

음식을 담는 조그만 사기그릇. 보시기보다 입이 좀 더 벌어졌다.

바라기[2]

'바라다'의 명사형. 대상이 되는 사물과 함께 써서 그것을 바라보는 사물을 가리키는 말.

¶ 해바라기, 하늘바라기, 천상바라기, 먼산바라기, 맞은바라기, 개밥바라기

바라다 동사

규10-0 바라고, 바라면, 바라, 바라서, 바란다, 바랍니다, 바랐습니다

타동사

① 이루어지기를 기다리다. 기대하다. 원하다.

¶ 칭찬을 바라고 친구를 도운 것은 아니에요.

¶ 올해는 좋은 일만 있으시기를 바라 마지않습니다.

② =바라보다

¶ 무슨 일로 그리 먼 산만 바라고 있니?

복합어

- **바라건대** 부사 제발 부탁하노니. 원컨대. ¶ 바라건대 저에게 용기를 주소서.

'바라'와 '바래'

평서형 종결 어미로 '-다'나 '-ㄴ다'를 쓸 자리에 '-아'나 '-어'를 종결 어미로 쓰는 경우가 있다. 이 경우 어간 끝음절이 '아'나 '어'이면 종결 어미 '-아', '-어'를 생략한다.

- 자다 ¶ 아이는 지금 자.
- 타다 ¶ 큰일 났어. 집이 불에 타.

이 규정에 따라서 '바라다'에 종결 어미 '-아'를 붙여 문장을 마치면 '바라'가 된다.

- 바라다 ¶ 나는 네가 성공하기를 바라.

그런데 입말에서 흔히 '바라'를 '바래'로 바꾸어서 잘못 말한다.

¶ 나는 네가 성공하기를 바래(×).

그렇지만 현재 어법으로는 '바라'를 써야 하고, 말할 때도 그렇게 해야 한다.

'바람'과 '바램'

'바라다'의 명사형은 '바람'이다. 명사 '바람'과 형태와 소리가 같기 때문에 이를 구별하기 위하여 명

사형 '바람'을 '바램'으로 바꾸려는 경향이 나타나고 있다. 그러나 이는 잘못이다.
¶ 네가 성공하는 것이 내 바램(×)이다. → 바람이다
¶ 저마다 바램(×)을 하나씩 말해라. → 바람을
'바램'은 '바래다[1, 2]'의 명사형이다. 따라서 아래와 같은 표현은 적절하다.
¶ 피륙 바램(○) 작업이 시작되었다.
¶ 손님을 바래다(○) 드리고 오는 길이다.

바라다보다 동사

규10-0 바라다보고, 바라다보니, 바라다보아/바라다봐, 바라다봅니다, 바라다보았다/바라다봤다

타동사

=바라보다
¶ 두 사람은 서로 **바라다보기**만 할 뿐 아무 말도 하지 않았다.

복합어

• **바라다보이다** 피동사 '바라다보이다'의 피동형.

바라보다 동사

규10-0 바라보고, 바라보니, 바라보아/바라봐, 바라봅니다, 바라보았다/바라봤다

타동사

① 어떤 대상을 바로 향하여 보다.
¶ 너를 **바라보는** 그의 눈초리가 예사롭지 않더라.
② (어떤 행동을 하지 않고) 그냥 보기만 하다.
¶ 너는 왜 싸움을 말리지 않고 **바라보고만** 있니?
¶ 여자는 마냥 창밖을 **바라볼** 뿐 아무 말도 하지 않았다.
③ (사건이나 현상 따위를) 자기 시각으로 보다.
¶ 이 사건을 **바라보는** 눈이 제각각이다.
¶ 세상을 그렇게 부정적으로만 **바라보지** 마라.

④ 바라며 희망을 가지다.

¶ 부모님은 나 하나만 바라보면서 살아 오셨다.

⑤ 어떤 나이에 가깝게 다다르다.

¶ 마흔을 바라보는 나이가 되어서야 세상을 알게 되었다.

복합어

- **바라보이다** 자동사 멀리서 눈에 띄다. ¶ 여기서 바라보이는 산이 바로 북한산이다.

바람만바람만 부사

바라보일 정도로 멀리 떨어져 뒤를 따라가는 모양.

¶ 그가 가는 곳을 알아보기 위해서 바람만바람만 뒤를 밟았다.

ㅂ

바래[1] [바: -]

① 동사 '바래다[1]'의 연결형.

¶ 여기에서 옷감을 바래 풀을 먹이려 한다.

② 동사 '바래다[1]'의 종결형.

¶ 우리는 잿물을 써서 피륙을 바래.

바래[2]

동사 '바래다[2]'의 연결형. 연결 어미 '-어'가 생략된 형태이다.

¶ 손님을 바래 드려라.

✕ 바래[3]

'바라'의 틀린 말.

¶ 부디 건강하기 바래(×)/바라(○).

바래다[1] 동사 [바:-]

규11-0 바래고, 바래니, 바래. 바랜, 바랠, 바랩니다, 바랬다

타동사

(빨래 따위를) 햇볕에 쬐어 희게 하다. (빛깔을) 희게 만들다.

¶ 양잿물로 삶은 옷감을 햇볕에 널어 놓으면 하얗게 바랜다.

자동사

볕이나 습기를 받아 색이 변하다. 오래되어 변색하다.

¶ 빛이 바랜 어머니 사진 한 장이 나를 슬프게 한다.

바래다[2] 동사

규11-0 바래고, 바래니, 바래. 바랜, 바랠, 바랩니다, 바랬다

타동사

(가는 사람을) 배웅하다.

¶ 손님을 버스 정류장까지 바래고 왔다.

복합어

- **바래다주다** 타동사 배웅하려고 함께 가주다. ¶ 아이를 자꾸 학교에 바래다주면 버릇이 된다.
- **바래주다** 타동사 '바래다주다'의 준말.

▶ '바램'과 '바람'의 차이는 올림말 '바라다' 참고.

바로[1] 부사

① 다른 것이 아니라 곧.

¶ 큰딸 생일이 바로 오늘이다.

¶ 이번 경기에서는 정신력이 바로 승리의 원동력이 되었다.

② (굽지 않고) 곧게. 곧장.
¶ 저 앞에서 오른쪽으로 돌아 바로 가면 역이 나온다.
③ 정직하게.
¶ 숨기지 말고 바로 말해라.
④ 제대로. 똑바로.
¶ 모자를 바로 써라.
⑤ 동안을 두지 않고 곧.
¶ 시간이 없으니 지금 바로 떠나라.
⑥ (다른 데 들르지 않고) 곧장.
¶ 수업이 끝나면 바로 집으로 돌아와라.
⑦ (명사처럼 쓰이어) 매우 가깝거나 다른 단계를 거치지 않음을 나타내는 말. 곧바로.
¶ 우리 집은 학교 앞에서 바로야.
¶ 이렇게 하니 바로네!

ㅂ

복합어

- **곧바로** [부사] ① 바로 그 즉시에. ② 굽거나 기울지 아니하고 곧은 방향으로. ③ 다른 곳을 거치거나 들르지 아니하고. ¶ 오늘은 곧바로 집으로 왔다. ④ 멀지 아니한 바로 가까이에. ¶ 학교를 나가면 곧바로 영화관이 있다.
- **길바로** [부사] 길을 제대로 잡아들어서. ¶ 아이가 혼자서 길바로 집을 찾아가는 것을 보니 대견했다.
- **똑바로** [부사] ① 어느 쪽으로도 기울지 않고 곧게. ¶ 내 눈을 똑바로 보면서 말해라. ② 틀리거나 거짓 없이 사실대로. ¶ 똑바로 말하지 않으면 가만두지 않겠다.
- **맞바로** [부사] 마주 정면으로. ¶ 여기서 맞바로 보이는 집이 외갓집이다.
- **면바로**(面–) [부사] ① 바로 정면으로. 똑바로. ¶ 사람을 그렇게 면바로 보면 무안하지. ② 어떤 겨냥이나 판단이 어김없이 똑바로. ¶ 화살이 과녁에 면바로 꽂히지 않았다.
- **바로바로** [부사] 그때그때 바로. ¶ 일이 생길 때마다 바로바로 연락해라.
- **바로잡다** [타동사] ① (굽은 것을) 곧게 하다. ② (그릇된 것을) 바르게 만들다. 올바르게 고치다.
- **바로잡히다** [피동사] '바로잡다'의 피동형.
- **손바로** [부사] 손이 닿을 만큼 가까이. ¶ 자주 쓰는 물건은 손바로 두어라.
- **올바로** [부사] 곧고 바르게. ¶ 사건을 올바로 인식하지 못하여 제대로 처리를 못 하였다.

'바로'의 품사

'바로'는 부사이지만 관형사처럼 명사를 꾸미는 경우가 있다. '바로 오늘이 내 생일이다'나 '우리가 떠나야 할 날이 바로 오늘이다'에서 '바로'는 모두 '오늘'을 꾸미는 것처럼 보인다. 그런데 대부분 '바로'

를 '다름이 아니라 곧'으로 갈음하여 부사로 본다. 이런 경우 부사를 관형사적 용법으로 풀이하나 관형사로 볼 수도 있다. 국어에는 부사와 관형사를 넘나드는 단어가 몇 개 있다.

┌ 이만 사람을 찾기 쉽지 않을 거야.(관형사)
└ 저는 이만 물러가겠습니다.(부사)

┌ 그만 일로 화를 내면 안 되지.(관형사)
└ 고기는 그만 먹어라.(부사)

┌ 그를 보니 어린 시절의 뭇 장면이 떠오른다.(관형사)
└ 당시에는 그곳을 뭇 다녔지.(부사)

바로2 감탄사

기본자세로 돌아가라는 구령(口令).

¶ 우로 봐! 바로.

바루다 동사

규11-0 바루고, 바루지, 바루어/바뤄, 바룬, 바룹니다, 바루었다/바뤘다

타동사

비뚤어지거나 구부러지지 않도록 바르게 하다.

¶ 옷깃을 바루고 단정히 앉았다.

복합어

- **바루어지다** [자동사] 바르게 되다. ¶ 잘 치료한 덕에 비틀어진 입이 조금 바루어진 것 같다.

바르다1 동사

불11-6 바르고, 바르니, 바른, 바릅니다, 발라, 발랐다

타동사

① (벽이나 물체 위에) 풀칠을 하여 넓게 붙이다.

¶ 낡은 벽에 새 벽지를 발랐더니 분위기가 한결 밝아졌다.

② (풀, 화장품 따위를) 문질러서 묻히다. 칠하다.

¶ 얼굴에 무엇을 발랐기에 그리 반들반들하니?

③ (이긴 흙 따위를) 붙이거나 입히다.

¶ 벽돌을 쌓은 뒤에 시멘트를 발라 마감하였다.

복합어

- **겉바르다** 타동사 속의 잘못된 점은 그대로 두고 겉으로만 흠이 없게 꾸미다.
- **덧바르다** 타동사 바른 위에 또 바르다.
- **뒤바르다** 타동사 아무 데나 마구 바르다.

'바르다'와 '붙이다'

- 상처에 연고를 바른다.(바르는 것은 액체임)
- 상처에 밴드를 붙인다.(붙이는 것은 고체임)

- 벽에 벽지를 바른다.(벽지로 벽 전체를 덮음)
- 벽에 벽보를 붙인다.(벽보로 벽의 일부를 덮음)

위의 예문에서 '벽에 벽지를 바른다' 대신에 '벽에 벽지를 붙인다'라고 써도 괜찮다. 어떤 물체에 다른 물체를 붙게 하는 행위는 '붙이는' 행위이기 때문이다. 그러나 벽지를 벽에 붙이는 경우에는 '바르다'를 쓰는 편이 '붙이다'를 쓰는 것보다 더 낫다.

바르다[2] 동사

불11-6 바르고, 바르니, 바른, 발라, 바릅니다, 발랐다

타동사

겉껍데기를 벗기거나 갈라 헤치고 (알맹이를) 집어내다.

¶ 대추는 씨를 바르고 나서 채를 썬다.

¶ 다람쥐가 도토리를 발라서 먹는 모습이 무척 귀엽다.

¶ 생선을 먹으려면 가시를 발라야 하니 성가시다.

바르다[3] 형용사

불21-6 바르고, 바르니, 바른, 발라, 발랐습니다, 바릅니다

① 비뚤어지거나 굽지 않다.

¶ 운동장에 두 줄로 바르게 서라.

¶ 의자에 바르게 앉아서 책을 읽는 습관을 들여야 한다.

② 참되다. 올바르다. 정직하다.

¶ 생각이 바른 사람이라 일을 맡겨도 괜찮을 겁니다.

¶ 인사성이 발라서 그를 아는 사람은 모두 그를 좋아한다.

③ 햇볕이 잘 들다.

¶ 집터가 볕이 발라서 겨울에도 따뜻하다.

¶ 햇볕 바른 바닷가 바위 위에 누워 하늘을 쳐다본다.

복합어

- **곧바르다** 형용사 기울거나 굽지 아니하고 곧고 바르다.
- **꾀바르다** 형용사 어려운 일이나 난처한 상황을 잘 처리하거나 피하는 꾀가 많다.
- **똑바르다** 형용사 ① 어느 쪽으로도 기울지 않고 곧다. ② =올바르다
- **면바르다**(面－) 형용사 거죽이 삐뚤어지지 않고 반듯하다.
- **바른길** 명사 정당한 길. 참된 도리. 정도(正道).
- **바른말** 명사 이치에 합당한 말.
- **볕바르다** 형용사 햇볕이 바로 비치어 밝고 따뜻하다. 양지바르다.
- **샘바르다** 형용사 샘이 몹시 많다.
- **양지바르다**(陽地－) 형용사 땅이 볕을 잘 받게 되어 있다. 볕바르다.
- **올바르다** 형용사 말이나 생각, 행동 따위가 이치나 규범에서 벗어남이 없이 곧고 바르다.
- **입바르다** 형용사 바른말을 하는 데 거침이 없다.

'바르다'와 '옳다'

이들은 모두 '반듯하다'와 연결된 낱말이다. 객관적으로 확립된 규범에 맞고 안 맞고에 따라서 '바르고 그름'을 따진다. 이에 비해 '옳다'는 어떤 가치 체계에 들어맞음을 의미한다. 그 가치 체계에 들어맞으면 옳은 것이고 그 가치 체계에 맞지 않으면 그른 것이다. 이런 점에서 '바르다'는 객관적으로 판단하는 것이고, '옳다'는 주관적으로 판단하는 것이다.

'바르다'의 활용형

'바르다'가 붙는 단어의 활용형에 조심해야 할 점이 있다. 연결 어미 '-아/-어'나 '-아서/-어서'가 붙거나 과거 시제를 나타내는 선어말 어미 '-았-/-었-'이 붙을 때 어떻게 활용하는가 하는 문제이다. 정답은 '발라/발라서/발랐다, 올발라/올발라서/올발랐다, 꾀발라/꾀발라서/꾀발랐다, 샘발라/샘발라서/샘발랐다'처럼 활용한다.

¶ 네 태도가 발라서 선생님께서 칭찬하셨다.

¶ 네가 하는 일이 올발랐다면 계속 밀고 나가야 했다.

¶ 어머니를 모신 곳은 양지발라 명당이라고 할 만했다.

¶ 가는 길이 똑발랐다면 우리가 이렇게 헤매지 않았을 것이다.

¶ 아이가 무척 꾀발라서 일을 잘 처리하고 올 거야.

¶ 동생이 너무 샘발라서 언니와 자주 다퉜다.

바른대로 부사

사실과 다름없이.

¶ 속이려 하지 말고 바른대로 말해라.

'바른대로'의 조어 방식

'바른대로'는 형용사 '바르다'의 관형사형에 의존 명사 '대로'를 합하여 만든 복합어이다. 이와 같은 조어 방식으로 만든 부사가 몇 개 더 있다. '그런대로', ' 되는대로', '이런대로'가 그것이다.(올림말 '그런대로' 참고.)

바보 명사 [바:-]

① 지능이 부족하여 정상적으로 판단하지 못하는 사람.

¶ 어려서 심한 열병을 앓은 뒤에 바보가 되고 말았다.

② 어리석고 멍청하거나 못난 사람을 욕하거나 비난하여 이르는 말.

¶ 그는 공부만 잘했지 세상 물정은 전혀 모르는 **바보**야.
¶ 마지막 황제는 혼자서는 옷도 입을 줄 모르는 **바보**가 되어 있었다.

속담

- **바보는 약으로도 못 고친다** 날 때부터 못나고 어리석은 사람은 어쩔 수 없다는 말.

> **'바보', '멍청이', '머저리'**
>
> '멍청이'는 '아둔하고 어리석은 사람'을 낮잡아 이르는 말이다. '멍청이'에는 지능이 낮다는 뜻이 들어 있어서 지능이 낮아서 아무것도 할 줄 모르는 사람을 가리킨다. 형용사 '멍청하다'와 관련해서 생각할 수 있다. 말이나 일을 시켜 보아야 그 사람이 멍청한지 알 수 있는 법이다. '바보'는 '멍청이'를 포함한다. 겉으로는 멀쩡하지만 지능적으로 바보이거나 멍청이인 경우가 많다. 온전한 사람에게도 특별한 상황에서는 '바보'나 '멍청이'를 쓸 수 있다. 다만 상대를 낮추는 의미가 있기 때문에 조심해서 사용해야 한다. '머저리'는 언행이 다부지지 못하고 어리석은 사람을 가리킨다. 일을 시켜보지 않아도 겉보기로 알 수 있다.

바쁘다 형용사

불20-8 바쁘고, 바쁘지, 바쁘니, 바쁜, 바쁠, 바빠, 바빠요, 바쁩니다, 바빴습니다

① (일이 많거나 시간이 없어) 겨를이 없다. 틈이 없다.
¶ 요즘은 너무 **바빠서** 여가를 즐길 여유가 없다.
¶ 우리는 그때 놀기 **바빠서** 다른 생각은 아예 하지 못했다.
¶ 요즘 우리 부서는 모두 **바쁜** 일정에 쫓겨 날마다 야근을 한다.
② 몹시 급하다.
¶ 어머니는 자칫 열차 시간에 늦겠다고 **바쁘게** 달려가셨다.
¶ 그렇게 **바쁜** 걸음으로 어디를 가시나요?

복합어

- **바빠지다** 자동사 바쁘게 되다.
- **바빠하다** 자동사 조급하게 생각하다. (마음을) 바쁘게 먹다.
- **바삐** 부사 올림말 '바삐' 참고.

관용 표현

- **-기가 바쁘게** -자마자 곧. -기가 무섭게. ¶ 남편이 오늘은 일어나기가 바쁘게 회사에 갔다.
- **-기에 바쁘다** 어떤 일을 하느라고 정신이 팔려 다른 일을 할 겨를이 없다. ¶ 학생들은 학교 가기에 바빠서 아침 식사를 제대로 못 한다.

속담

- **바쁘게 찧는 방아에도 손 놀 틈이 있다** 아무리 바쁠 때라도 틈을 낼 수 있다는 말.

바삐 부사

① 일이 많거나, 서둘러서 하여야 할 일 때문에 겨를이 없이. 바쁘게.
¶ 공장 안에서는 제품의 등급을 매기는 손이 바삐 움직이고 있었다.
② 몹시 급하게.
¶ 선생님께서 바삐 와 달라고 하셨습니다.

복합어

- **하루바삐** 부사 하루라도 빨리.
- **한시바삐**(-時-) 부사 조금이라도 빨리. ¶ 상처가 곪았으니 한시바삐 병원에 가거라.

관용 표현

- **바삐 굴다** 바쁘게 서두르다. 급하게 재촉하다.

바야흐로 부사

① 이제 한창.
¶ 산과 들은 바야흐로 봄빛으로 물들고 있다.
② 이제 막. 지금 바로.
¶ 바야흐로 해가 솟으려 하고 있다.
¶ 때는 바야흐로 저녁 해가 뉘엿뉘엿 지는 참이었다.

바치다[1] 동사

규11-0 바치고, 바치어/바쳐, 바치어서/바쳐서, 바친다, 바칩니다, 바치었다/바쳤다

타동사

① (윗사람에게) 드리다.

¶ 당신께 이 꽃을 바칩니다.

② (무엇을 위하여) 아낌없이 내놓다.

¶ 일생을 국어 운동에 바치겠노라고 맹세했다.

③ (백성이 세금 따위를) 갖다 내다.

보조 동사

본동사 뒤에 붙어서 윗사람에게 본동사에 해당하는 행위를 함을 나타내는 말.

¶ 사업을 하려면 국회의원에게 뇌물을 갖다 **바쳐야** 한다는 생각부터 버려야 한다.

복합어

- **고해바치다**(告－) 타동사 어떤 사실을 윗사람에게 말하여 알게 하다.
- **일러바치다** 타동사 남의 잘못을 윗사람에게 알리다.

'바치다'와 '드리다'

'바치다[1]'이나 '드리다'는 아랫사람(지위가 낮은 사람)이 윗사람(지위가 높은 사람)에게 주는 행위를 가리킨다. '드리다'에 비해서 '바치다'에는 두 가지 뜻이 더 포함된다.

첫째, '바치다'에는 의무적인 뜻이 있다. 이 경우는 '내다'의 높임말이라고 할 수 있다. '여기서 장사하려면 달마다 10만원씩을 자릿세로 바쳐라'처럼 쓰는 것이 이 경우이다.

둘째, '드리다'는 서로 주고받을 수 있는 사람에게 쓰는 말이지만, '바치다'는 한쪽이 일방적으로 주는 관계에 있는 대상에게 쓴다. 따라서 신이나 부처처럼 인간이 아닌 대상에게는 '드리다'보다 '바치다'가 더 알맞다.

바치다[2] 동사

규11-0 바치고, 바치어/바쳐, 바치어서/바쳐서, 바친다, 바칩니다, 바치었다/바쳤다

타동사

(음식, 색 따위를) 너무 주접스럽게 가까이하다.

¶ 그 사람은 여자를 너무 바치는 통에 여자들이 모이는 곳에 가게 할 수 없다.

관용 표현

• **색(色)을 바치다** 색을 너무 좋아하다.

'바치다'와 '밭다'

'바치다[2]'는 형용사 '밭다[4]'에서 온 말이다. '밭다'는 형용사로서 무엇에 집중하거나 좋아함이 지나침을 나타내는 말이다. 형용사를 타동사로 만들 때에는 사동형 접사 '-이-'나 '-히-'를 사용한다.

• 깊다 - 깊이다
• 넓다 - 넓히다
• 높다 - 높이다
• 밝다 - 밝히다
• 즐겁다 - 즐기다

이런 조어법에 따르면 '밭다'의 사동형은 마땅히 '밭이다'가 되어야 하지만 '바치다'를 쓰고 있다. 그 대신에 '밭이다'는 '밭다'의 피동형과 사동형으로 사용한다. 이렇게 된 까닭은 형용사 '밭다'에 대한 인식이 옅어졌기 때문이다. 즉, '누구는 색에 밭다'처럼 쓰는 일이 뚜렷하게 줄어 '색을 밭이다'로 써야 한다는 점을 인식하지 못했기 때문이다. 엄격하게 말한다면 '색을 바치다'는 '색을 밭이다'의 잘못에서 비롯하였다.

바탕[1] 명사

① 그림, 글씨, 수(繡), 무늬 따위를 놓는 물체의 바닥.

¶ 이 그림은 **바탕**에 안료를 바르고 그 위에 물감을 칠하여 그린 것이다.

② 타고난 성질이나 체질.

¶ 그 사람은 **바탕**이 온순해서 그렇게 악한 일을 할 수 없을 거야.

③ 어떤 사물이나 현상의 뿌리 또는 그 전제가 되는 원리.

¶ 우리 문화의 **바탕**에는 한이라는 정서가 있다.

¶ 이번 일이 성공하게 된 **바탕**에는 그의 헌신적인 노력이 깔려 있다.

ㅂ

복합어

- **밑바탕** 명사 기본이 되는 바탕.
- **바탕감** 명사 수를 놓을 때 바탕으로 쓰는 천. 바탕을 이루는 천.
- **바탕글** 명사 ① 주어진 내용의 글. 주로 문제를 낼 때에 설명하기 위해서 내놓는 글. 지문(地文). ② 희곡 등에서 대화나 해설 외의 모든 글. 주로 인물의 행동, 표정, 심리, 말투 따위를 지시하는 내용으로 되어 있다. ③ 교과서 본문을 이르는 말. ④ 소설에서 대화 외의 모든 문장을 이르는 말.
- **바탕색**(-色) 명사 ① 물체가 본디 가지고 있는 빛깔. ② 그림을 그릴 때 바탕에 맨 먼저 칠하는 색깔. ③ 인쇄물에서 바탕이 띠고 있는 빛깔.
- **바탕음**(-音) 명사 음의 높이를 고정하기 위하여 기준으로 삼는 음.
- **바탕천** 명사 그림을 그리거나 수를 놓을 때 밑바탕으로 사용하는 천.
- **바탕칠**(-漆) 명사 ① 밑바탕으로 맨 처음에 하는 칠. ② 인쇄면에서 색을 넣은 바탕.
- **바탕흙** 명사 질그릇을 빚을 때 사용하는 흙. 도자기의 밑감이 되는 흙. 태토(胎土).
- **본바탕**(本-) 명사 근본이 되는 본디의 바탕. 본바닥.

관용 표현

- **바탕이 없다** 보고 배운 바나, 타고난 재질이 없다. ¶ 사람이 바탕이 없으면 남들 말에 흔들리기 쉽다.

▶ '바탕[1]'과 '바닥'의 차이는 올림말 '바닥' 참고.

바탕[2] 명사

의존 명사

① 판소리를 세는 단위.

¶ 판소리 열두 바탕 가운데 다섯 바탕만 완전한 형태로 전해졌다.

② 어떤 일을 한 차례 끝내는 동안을 세는 단위.

¶ 씨름을 세 바탕이나 하였다.

③ 어떤 무렵이나 때.

¶ 누구나 늙을 바탕에는 작품 하나쯤 남기고 싶어 한다.

④ 활을 쏘아 살이 미치는 거리. 보통 120걸음을 한 바탕으로 잡는다.

¶ 적이 벌써 두세 바탕 떨어진 곳까지 밀려들었다.

복합어

- **늙바탕**[늑-] 명사 늙어 버린 판. ¶ 내가 늙바탕이지만 뭐라도 배우는 게 즐겁다.

- **바탕소리** 명사 판소리 '춘향가, 심청가, 적벽가, 흥부가, 수궁가'의 다섯 바탕 중에서 한 바탕을 선택하여 부르는 소리.
- **솔바탕** 명사 활터의 활을 쏘는 지점에서부터 솔대가 있는 곳까지의 거리. 보통 120걸음으로 잡는다.
- **온바탕** 명사 판소리 따위에서, 한 곡조 전부를 이르는 말.
- **한바탕** 명사 크게 벌어진 한판. ¶ 한바탕의 소동이 일어난 시간은 새벽 4시였다. 부사 크게 한판. ¶ 우리 한바탕 놀아 보세. / 할머니가 늦도록 집에 오지 않아 집에서 한바탕 난리가 났다.
- **한바탕하다** 자동사 ① 어떠한 일을 크게 한 번 벌이다. ¶ 청소를 한바탕하고 나니 집 안이 말끔해졌다. ② 크게 한 번 싸우다. ¶ 아침부터 아내와 한바탕했더니 기분이 말이 아니다.

바투 부사

① 거리가 썩 가깝게.
¶ 내 앞으로 바투 다가서라.
② 시간이 썩 짧게.
¶ 혼인 날짜를 너무 바투 잡은 것 같다.
③ 길이가 매우 짧게.
¶ 머리를 바투 깎아 다른 사람처럼 보이더라.

'바투'와 전성 부사 만들기

'바투'는 형용사 '밭다[3]'에 '-우'를 붙여 만든 부사이다. 이처럼 형용사나 동사가 부사로 바뀐 것을 전성 부사라고 한다. 전성 부사는 아래와 같은 방식으로 만든다.

① '-우'를 붙인 전성 부사
넘다+우=너무 / 느리다+우=느루 / 되다+우=되우
두르다+우=두루 / 밭다+우=바투 / 잦다+우=자주
② '-오'를 붙인 전성 부사
돌다+오=도로 / 바르다+오=바로
③ '-추'를 붙인 전성 부사
곧다+추=곧추
④ '-이'를 붙인 전성 부사
가깝다+이=가까이 / 깊다+이=깊이 / 멀다+이=멀리
빠르다+이=빨리 / 슬프다+이=슬피

박다 동사

규10-1 박고, 박으니, 박는, 박을, 박아서, 박으면, 박는다, 박습니다, 박았다

타동사

① 두들겨 치거나 틀어서 꽂히게 하다.

¶ 경계를 따라서 말뚝을 **박아** 놓았다.

¶ 돌담이 무너지지 않게 곳곳에 쐐기를 **박았다.**

② 붙이거나 끼워 넣다.

¶ 자개를 **박은** 장롱이 유행하던 때가 있었다.

¶ 오이에 소를 **박아** 담근 김치를 오이소박이라고 한다.

¶ 송편에 팥소를 **박아** 넣었다.

③ 틀이나 판에 넣어 눌러 만들다.

¶ 학생들은 독립선언서를 **박아** 은밀하게 운반하였다.

¶ 신분증을 만들려면 먼저 사진을 **박아야** 한다.

④ 사람을 은밀히 넣어 두다.

¶ 장관은 곳곳에 자기 측근을 **박아** 놓고 관리하였다.

⑤ 한곳을 뚫어지게 바라보다.

¶ 아저씨는 한곳에 눈을 **박고** 꼼짝도 하지 않으셨다.

⑥ 머리나 얼굴 따위를 깊이 숙이거나 눌러서 대다.

¶ 그는 자신을 드러내지 않으려고 무릎에 얼굴을 **박고** 있었다.

⑦ 머리 따위를 부딪치다.

¶ 뒤에서 미는 바람에 벽에 이마를 **박고** 말았다.

¶ 자동차가 빗길에서 미끄러져 가드레일을 **박고** 뒤집혔다.

⑧ 식물이 뿌리를 내리다.

¶ 얼마 전에 옮겨 심은 과꽃이 어느새 뿌리를 **박고** 꽃을 피웠다.

⑨ 실을 곱걸어서 꿰매다.

¶ 바짓단이 뜯어져 재봉틀로 **박아** 놓았다.

복합어

- **곤두박**다 [타동사] 높은 데서 거꾸로 내리박다.
- **구어박**다 [자동사] 한곳에서 꼼짝 못하고 지내다. [타동사] ① 쐐기 따위를 단단히 끼어 있게 하기 위하여 불에 쬐어서 박다. ② 이자 놓는 돈을 한곳에 잡아 두고 그 이상 늘리지 않다.

- **그루박**다 타동사 ① 물건을 들어 바닥에 거꾸로 탁 놓다. ¶ 화가 난 누나는 책가방을 그루박고 밖으로 나가 버렸다. ② 연이 거꾸로 내리박다.
- **꼬라박**다 타동사 올림말 '꼬라박다' 참고.
- **내리박**다 타동사 ① 위에서부터 아래쪽으로 박다. ② 사정없이 마구 박다.
- **되박**다 타동사 ① 말뚝이나 못 따위를 다시 박거나 도로 박다. ② 책 따위를 다시 찍다.
- **들이박**다 타동사 ① 머리 따위를 세차게 부딪치다. ② 마구 덤비거나 대들다.
- **메어박**다 타동사 어깨 너머로 둘러메어 힘껏 내리박다.
- **몰박**다 타동사 ① 한곳에 촘촘히 몰아서 박다. ¶ 이 부분에 못을 몰박아서 흔들리지 않게 해라. ② 몰아대어 윽박지르다. ③ 어떤 대상이나 현상에 무엇을 집중하여 기울이거나 몰아넣다.
- **박음질** 명사 ① 바느질의 하나. 실을 곱걸어서 튼튼하게 꿰매는 것으로, 온박음질과 반박음질의 두 가지가 있다. ② 재봉틀로 박는 일.
- **박음질하**다 타동사 ① 실을 곱걸어서 튼튼하게 꿰매다. ② 재봉틀로 박다.
- **박이**다 사동사 올림말 '박이다[2]' 참고.
- **박히**다 피동사 올림말 '박히다[2]' 참고.
- **붙박**다 타동사 (흔히 '붙박아' 꼴로 쓰이어) 움직이거나 다른 곳으로 옮겨 가지 못하도록 꼭 붙이거나 박아 놓다. ¶ 욕실에 작은 수납장을 붙박아 놓았다.
- **뿌리박**다 자동사 어떤 것을 토대로 하여 깊이 자리를 잡다. ¶ 나는 고향에 뿌리박고 살 생각이다.
- **엇박**다 타동사 ① 서로 엇갈리게 번갈아 가면서 박다. ¶ 동그라미 무늬와 별 무늬를 엇박아서 띠를 만들었다. ② 어슷하게 박다.
- **윽박**다 타동사 을러대어 몹시 억누르다. 윽박지르다. ¶ 사람을 그렇게 윽박지 마라.
- **쥐어박**다 타동사 ① 주먹으로 함부로 내지르듯 때리다. ② 면박 따위를 주어 상대를 주눅 들게 하다. ¶ 아직도 장가를 못 갔느냐고 모두들 한마디씩 쥐어박는데 참기 어려웠다.
- **처박**다 타동사 ① 매우 세게 박다. ② 함부로 막 박다. ③ 마구 쑤셔 넣거나 푹 밀어 넣다. ¶ 신었던 양말을 구석에 처박아 두지 마라. ④ 일정한 곳에만 있게 하고 다른 데로 나가지 못하게 하다.
- **틀어박**다 타동사 ① 비좁은 자리에 억지로 쑤시고 들이밀다. ¶ 닭이 구석에 머리를 틀어박고 나오지 않는다. ② 무엇을 어떤 곳에 아무렇게나 오래 넣어 두다. ③ 처박다.
- **휘어박**다 타동사 ① 높은 곳에서 함부로 넘어뜨리다. ② 남을 함부로 다루어 굴복하게 하다.

박람회

명사 (博覽會)[방남 -]

여러 가지 물품을 모아 일정한 기간에 많은 사람들에게 보이어 상품을 선전하고 다른 상품들과 비교 검토하게 하여 생산물의 개량과 산업 진흥을 꾀하기 위하여 여는 모임.
¶ 꽃 박람회, 무역 박람회, 채용 박람회

'박람회', '전람회', '전시회'

모두 여러 사람에게 보일 목적으로 행하는 모임인데 규모가 다르다.

'박람회'는 여러 부문의 물품을 내놓고 사람들에게 보이는 행사이다. 보통은 출품한 나라, 출품한 품목의 종류, 물품의 용도, 생산자나 생산지 따위에 따라서 전시 공간을 따로 마련한다. '전람회'는 박람회에 비해서 내보이는 품목의 종류와 출품자의 수가 적은 편이다. 그러나 여러 사람의 작품 또는 한 사람의 여러 부문의 작품을 선보인다는 점에서는 전시회와 구별된다. '전시회'는 한 사람의 작품 또는 여러 사람의 한 가지 작품을 선보인다. 전시회는 전람회에 비해서 규모가 작고 단순하다.

박물관 명사 (博物館)[방－]

오래 되었거나 희귀한 역사적 사물이나 자료를 널리 모아 보관하고 진열하여 놓은 집.
¶ 국악 박물관, 농업 박물관, 자연사 박물관, 한글 박물관

'박물관'과 '전시관'

'박물관'은 주로 역사적인 가치가 있는 자료를 보관하고 진열하여 놓는 곳이다. 이에 비해서 '전시관'은 특정한 분야의 자료를 내보이는 곳이다. '전시관'은 대체로 하나의 주제에 맞는 자료 또는 한 사람과 관련한 자료를 보관하고 선보이는 곳이어서 박물관에 비해서 규모가 작다.

박수 명사 (拍手)

(즐거움이나 격려를 표시하기 위하여) 손뼉을 침.

복합어

- **박수꾼**(拍手－) 명사 어떤 목적으로 손뼉을 치는 사람.

• **박수 부대**(拍手部隊) 명사 (어떤 행사에) 손뼉을 쳐 주도록 동원되는 사람들.
• **박수하다**(拍手-) 자동사 손뼉을 치다.

관용 표현
• **우레 같은 박수** 많은 사람이 치는 매우 큰 박수를 이르는 말.

'박수하다'와 '박수치다'
'박수'가 손뼉을 치는 행위를 나타내는 단어이므로 '박수하다'라고 하면 손뼉을 친다는 뜻이다. 따라서 '박수치다'라고 하면 의미 중복이 되므로 '박수하다'라고 해야 한다. 그런데 한자어의 경우에 이런 의미 중복이 매우 광범위하게 일어나고 있어서 모든 경우에 다 적용하여 이를 옳지 않다고 해야 할지는 분명하지 않다. 아래 예가 우리가 흔히 중복하여 쓰는 말들이다.
¶ 부담(負擔)을 지우다 → 부담시키다
¶ 피해(被害)를 입다, 피해(被害)를 당하다 → 해를 입다, 해를 당하다
¶ 방사능에 피폭(被曝)을 당하다 → 방사능에 쪼이다
¶ 접수(接受)를 받다 → 접수하다
¶ 과금(課金)을 부과(賦課)하다 → 요금을 물리다

-박이 접사

접미사
① 무엇이 박혀 있는 물건이나 짐승을 나타내는 말. × -배기, -바기
¶ 외눈박이, 자개박이, 점박이
② '-배기'의 잘못.
¶ 나이박이(×)/나이배기(○), 알박이(×)/알배기(○)
¶ 얼룩박이(×)/얼룩배기(×)/얼룩빼기(○)

'-박이'를 '-배기'로 잘못 쓴 예
오이소배기(×) → 오이소박이 / 외눈배기(×) → 외눈박이 / 외톨배기(×) → 외톨박이
장승배기(×) → 장승박이 / 점배기(×) → 점박이 / 토배기(×) → 토박이

박이다[1] 동사

규11-0 박이고, 박이니, 박이어/박여, 박인, 박일, 박입니다, 박이었다/박였다

자동사

① (버릇이) 깊이 배다.

¶ 날마다 아침에 수영을 하였더니 몸에 **박여** 수영을 안 하면 몸이 찌뿌둥하다.

¶ 담배 피우는 버릇이 몸에 **박여** 끊을 수 없게 되었다.

② (손바닥이나 발바닥에 못이) 생기다.

¶ 도끼질을 오래 했더니 손바닥에 못이 **박였다**.

¶ 기타를 많이 치면 손가락에 굳은살이 **박이기** 마련이다.

¶ 점이 **박인** 얼굴이지만 귀여운 데가 있다.

③ (연이) 하늘 높이 떠 있다.

¶ 하늘 높이 **박인** 연이 거의 보이지 않을 지경이다.

'박이다'와 '박히다'

'박이다'는 저절로 깊이 배거나 속에 든 경우를 가리키는 자동사이다. 반면에 '박는' 행위의 결과로 나타난 경우에는 '박다'의 피동형 '박히다'를 쓴다.

¶ 몸에 박인 버릇. ('버릇을 몸에 박다'라는 표현이 없음.)

¶ 굳은살이 박인 손. ('손가락에 굳은살을 박다'라는 표현이 없음.)

¶ 점이 박인 얼굴. ('얼굴에 점을 박다'라는 표현이 없음.)

¶ 말뚝이 **박힌** 땅. (땅에 말뚝을 박다.)

¶ 사진이 잘 **박혔다**. (사진을 잘 박았다.)

박이다[2] 동사

규11-0 박이고, 박이니, 박이어/박여, 박인, 박입니다, 박이었다/박였다

사동사

(사진을) 찍게 하다. 인쇄하게 하다.

¶ 사진 전문가에게 가족 사진을 **박였다**.

박차 명사 (拍車)

① 말을 탈 때, 구두 뒤축에 달린 쇠로 만든 톱니바퀴 모양의 물건. 이것으로 말의 배를 차면 말은 더욱 빠르게 달리게 된다.
② 어떤 일을 재촉하여 잘되도록 더하는 힘.

관용 표현

- **박차를 가(加)하다** 일이 더 빨리 진행되도록 재촉하거나 노력을 더 하다.

박히다 동사

규11-0 박히고, 박히니, 박히어/박혀, 박힌, 박힙니다, 박히었다/박혔다

피동사

'박다'의 피동형.
¶ 벽에 깊이 박힌 못을 가까스로 빼냈다.
¶ 한때 자개가 박힌 장롱이 유행하였다.
¶ 사진에 박힌 젊은 시절 내 모습을 보니 지금 나이가 실감난다.
¶ 책 표지에 내 이름이 박혀 있었다.
¶ 곳곳에 박혀 있는 친일파들을 몰아내야 한다.
¶ 뒤통수에 선생님 눈길이 박혀 있는 듯하여 딴짓을 할 수 없었다.
¶ 아까시나무 뿌리가 땅속 깊이 박혔다.

자동사

① (사람이나 동물이) 한곳에 들어앉아 있다.
¶ 젊은 아이가 온종일 방에만 박혀 있으니 답답해서 못 보겠다.
② 어떤 모습이 머릿속이나 마음속에 인상 깊이 새겨지다.
¶ 어머니가 슬퍼하던 모습이 마음속에 깊게 박혀서 잊히지 않는다.
③ 태도나 생각이 몸에 배어 있다.
¶ 할머니는 물을 아껴야 한다는 생각이 뼛속까지 깊이 박힌 것 같다.
¶ 하루하루 틀에 박혀서 살기보다 자유롭게 하고 싶은 일들을 하며 살고 싶다.

④ (굳은살이 피부에) 두껍게 생기다.
¶ 날마다 기타를 치니 손가락 끝에 굳은살이 박혔다.

복합어

- **노박히다** 자동사 ① 계속해서 한곳에만 붙박이다. ¶ 그는 시험 준비를 하느라 도서관에 노박혀 지냈다. ② 줄곧 한 일에만 골몰하다.
- **내리박히다** 자동사 위에서 아래로 꽂히다.
- **늘어박히다** 자동사 늘이어 놓은 듯이 여러 곳에 박히어 있다.
- **들어박히다** 자동사 ① 드러나지 않게 속으로 박히다. ¶ 그의 말은 비수가 되어 그녀의 가슴에 들어박혔다. ② 빈틈없이 촘촘히 박히다. ¶ 밤하늘에 별들이 촘촘히 들어박혀 있다. ③ 한군데만 꼭 붙어 있다. ¶ 방 안에 들어박혀서 책만 읽고 있다.
- **뿌리박히다** 자동사 어떤 것이 바탕이 되어 깊이 자리가 잡히다.
- **쥐어박히다** 자동사 ① 주먹으로 맞다. ② 주눅 들다.
- **처박히다** 자동사 일정한 곳에만 있고 다른 데로 나가지 아니하다. ¶ 만날 집 안에만 처박혀 있으니 세상이 어찌 돌아가는지도 모르지.
- **틀어박히다** 자동사 ① 밖에 나가지 않고 일정한 공간에만 머물러 있다. ¶ 집구석에 틀어박혀서 도무지 집 밖으로 나가지 않는다. ② 특정한 지역이나 외지(外地)에서 나오지 아니하고 그곳에서만 지내다. ¶ 산골에 틀어박혀서 자연과 벗하며 살고 있다.

▶ '박히다'와 '박이다'의 차이는 올림말 '박이다[1]' 참고.

밖 명사

① 어떤 경계나 물건의 바깥.
② 예상이나 한도를 벗어난 곳.
¶ 네가 그 일을 거부하다니 정말 예상 밖이다.
¶ 생각 밖에도 그가 나에게 이 제안을 해왔다.
③ 자기 집이 아닌 곳.
¶ 밖으로만 나돌고 집안일은 모른 척한다.
¶ 남자는 모름지기 밖에서 일어난 일을 집안으로 끌고 들어와서는 안 된다.
④ =바깥주인
¶ 밖에서 하시는 일을 아낙이 참견할 수 있나요?

복합어

- **꿈밖** 명사 꿈에도 생각 못 함. ¶ 제가 이런 상을 탈 줄은 정말 꿈밖의 일입니다.
- **뜻밖** 명사 생각이나 예상을 전혀 하지 못함. 의외(意外). ¶ 뜻밖의 선물을 받으니 기쁘기 그지없다.
- **뜻밖에** 부사 생각이나 기대 또는 예상과 달리. ¶ 뜻밖에 그가 선선히 응해 주었다.
- **문밖**(門-) 명사 ① 문의 바깥쪽. ② 성문을 벗어난 곳. ③ 서울의 사대문 밖.
- **문밖출입**(門-出入) 명사 집의 안팎을 드나드는 일.
- **창밖**(窓-) 명사 창문의 밖. ¶ 창밖에 눈이 내리는 모습이 보인다.
- **천만뜻밖**(千萬-) 명사 전혀 생각하지 아니한 상태. ¶ 너를 여기서 만난 것은 천만뜻밖이다.
- **판밖** 명사 일이 벌어진 자리 밖. ¶ 나는 이미 판밖으로 물러난 사람이니 나에게 묻지 마시오.

> **'밖'과 '밖에', '-ㄹ밖에'와 '-을밖에'**
> 명사 '밖'은 조사 '에'와 결합하여 조사로 기능하기도 하고, 어미 '-ㄹ/-을'과 결합하여 어미로 기능하기도 한다. (조사 '밖에'와 어미 '-ㄹ밖에', '-을밖에'에 관해서는 올림말 '밖에', '-ㄹ밖에', '-을밖에' 참고.)

ㅂ

밖에 조사

(뒤에 부정하는 말과 같이 쓰이어) 뿐. 만.

¶ 여기에 보물을 숨겨 둔 사실을 아는 사람은 너밖에 없다.

¶ 그는 돈밖에 모르는 사람이다.

관용 표현

- **-ㄹ 수밖에(/밖에) 없다** 그 방법 밖에는 다른 방법이나 도리가 없다. ¶ 그러면 나도 반대할 수밖에 없어.

> **'밖에'와 '뿐', '만'**
> 이들 조사는 호응하는 서술어가 서로 다르다. '밖에'는 뒤에 부정 서술어가 오는 특징이 있다. '뿐'과 '만'은 주로 긍정 서술어가 오지만 이를 부정 서술어 구문으로 바꿀 수 있다.
> ¶ 가진 것은 이것밖에 없다. ('밖에'와 '없다'가 호응한다.)
> ¶ 가진 것은 이것밖에 아무것도 없다. ('밖에'와 '없다'가 호응한다.)
> ¶ 가진 것은 이것뿐이다. ('뿐'과 '이다'가 호응한다.)
> ¶ 가진 것은 이것뿐 다른 것은 없다. ('뿐'과 '다른 것은 없다'가 호응한다.)

¶ 이 일은 너만 알고 있는 일이다. ('만'과 '알고 있다'가 호응한다.)
¶ 이 일은 너만 모르고 있었구나. ('만'과 '모르고 있다'가 호응한다.)

반갑다 형용사

불20-3 반갑고, 반갑지, 반가운, 반가워, 반갑소, 반갑네, 반갑습니다, 반가웠다

(그리던 사람을 만나거나 기다리던 일이 이루어져서) 즐겁고 기쁘다.

복합어

- **반가워하다** 타동사 반갑게 여기다. 반기다.
- **반가이** 부사 반갑게.
- **반기다** 타동사 반가워하다.

'반갑다', '기쁘다', '즐겁다'

세 낱말이 다 대상에 대해 좋은 느낌을 나타낼 때에 쓰는 말인데, 쓰는 경우가 조금씩 다르다.

오랜만에 반가운(○) 소식을 듣는구나.
오랜만에 기쁜(○) 소식을 듣는구나.
오랜만에 즐거운(×) 소식을 듣는구나.

반가운(○) 친구가 찾아왔다.
기쁜(×) 친구가 찾아왔다.
즐거운(×) 친구가 찾아왔다.

우리는 그를 만나 반갑게(×) 놀았다.
우리는 그를 만나 기쁘게(×) 놀았다.
우리는 그를 만나 즐겁게(○) 놀았다.

오늘 모임은 참 반가운(×) 모임이었다.
오늘 모임은 참 기쁜(×) 모임이었다.
오늘 모임은 참 즐거운(○) 모임이었다.

해방이 되자 사람들은 반가워서(×) 거리로 쏟아져 나왔다.
해방이 되자 사람들은 기뻐서(○) 거리로 쏟아져 나왔다.
해방이 되자 사람들은 즐거워서(×) 거리로 쏟아져 나왔다.

반대 명사 (反對)[반:-]

① 어떤 의견이나 제안 등을 거스름. 찬성하지 아니함.
② 사물의 위치, 방향, 뜻과 맞선 상태.

복합어

- **반대 개념**(反對槪念)[반:-] 명사 한 범주에 속하는 개념 가운데 가장 큰 차이를 나타내는 개념. 의미와 대상 크기 따위가 서로 반대되는 개념.
- **반대급부**(反對給付)[반:-] 명사 한쪽이 내주는 급부에 대하여 상대가 상응하여 내주게 되는 급부.
- **반대되다**(反對-)[반:-] 자동사 ① 두 사물이 모양, 위치, 방향, 순서 따위에서 등지거나 서로 맞서게 되다. ¶ 여야는 서로 반대되는 방향으로 사건을 끌고 갔다. ② 어떤 행동이나 견해, 제안 따위에 따르지 아니하고 맞서 거스르게 되다. ¶ 자기 주장과 반대되는 주장은 모두 틀렸다고 하는 것은 독선이다.
- **반대론**(反對論)[반:-] 명사 반대되는 논설.
- **반대말**(反對-)[반:-] 명사 서로 반대의 뜻을 나타내는 말. 반의어(反義語). 반대어(反對語).
- **반대어**(反對語)[반:-] 명사 =반대말
- **반대하다**(反對-)[반:-] 타동사 어떤 행동이나 견해, 제안 따위에 따르지 아니하고 맞서 거스르다.

'반대'의 개념이 포함하는 뜻

반대의 개념 속에는 다음과 같은 몇 가지 관계가 포함된다.
① 한쪽이 옳으면 다른 쪽은 옳지 않게 되는 모순 관계(예컨대 '있다'와 '없다', '승리'와 '패배').
② 정도가 다른 여러 가지 가운데 극과 극인 관계(예컨대 '덥다'와 '춥다', '높음'과 '낮음').
③ 진행 방향이 서로 거꾸로인 관계(예컨대 '올라가다'와 '내려가다', '주다'와 '받다').
④ 서로 짝이 되는 관계(예컨대 '아버지'와 '어머니', '여당'과 '야당')
⑤ 대조적으로 사용되는 관계(예컨대 '밤'과 '낮', '처음'과 '나중')

반드시 부사

틀림없이. 꼭. 필연적으로.
¶ 우리는 반드시 통일을 해야 한다.
¶ 내일은 반드시 체육복을 가져와라.

반듯이 부사

반듯하게.

¶ 아이가 책상에 반듯이 앉아서 책을 읽는다.

¶ 그 분은 평생을 반듯이 살아온 분이다.

복합어

- **반듯반듯하다** 형용사 여럿이 다 반듯하다. ¶ 코, 입, 이마가 다 반듯반듯하게 생겼다.
- **반듯하다** 형용사 ① 기울거나 굽지 않고 바르다. ② (생김새가) 반반하고 말끔하다. ¶ 반듯하게 생긴 청년이 말은 왜 그리 거칠게 하나? ③ 바르고 옳다. ¶ 몸가짐도 단정하고 생각도 반듯하다.

'반드시'와 '반듯이'

두 낱말의 소리는 같지만 표기와 용법은 아주 다르다. '반드시' 뒤에는 예외 없이 일어나거나 해야 할 동작이 나타나고, '반듯이' 뒤에는 비뚤지 않고 반듯하게 해야 할 동작이 나타난다. '반듯이' 대신에 '반듯하게'를 쓰면 조금 더 명료하게 표현할 수 있다.

이름표를 반드시 차고 다녀라. (이름표를 안 차면 안 된다.)
이름표를 반듯이 차고 다녀라. (비뚤지 않게 차라는 말. '반듯하게'를 쓰면 헷갈리지 않는다.)

우리는 반드시 살아야 한다. (죽으면 안 됨을 나타낸다.)
우리는 반듯이 살아야 한다. (올바르게 살아야 한다는 말. '반듯하게'를 쓰면 좋다.)

책을 반드시 책상 위에 놓아라. (책상 아닌 데 놓으면 안 된다.)
책을 반듯이 책상 위에 놓아라. (비뚤지 않게 놓으라는 말. '반듯하게'를 쓰면 좋다.)

반디 명사

=개똥벌레

복합어

- **반딧불** 명사 개똥벌레의 꽁무니에서 나는 불빛.
- **반딧불이** 명사 '반딧불을 내는 벌레'의 뜻으로 '반디', 곧 '개똥벌레'를 달리 이르는 말.

속담

- **반딧불로 별을 대적하랴** ① 하찮은 힘으로 대세(大勢)를 거스른다는 말. ② 작은 힘으로 억척을 부려도 되지 않는다는 말.

> **'반디', '반딧불', '반딧불이'**
> 우리가 흔히 쓰고 듣는 말이 '반딧불'이다. 이는 개똥벌레의 꽁무니에서 나는 불빛을 가리키는데, 바꾸어 말하면 '반디'가 내는 '불'이다. 그렇다면 개똥벌레는 아주 오래전부터 '반디'라고 불렀다는 말이다. 즉 '반디'라고 부르던 벌레를 생물학적으로 개똥벌레라고 부른다고 보아야 한다. 요즘에 반딧불을 내는 벌레라는 뜻으로 쓰고 있는 '반딧불이'는 그리 좋은 이름이 아님을 알 수 있다.

반반하다 형용사

불20-9 반반하고, 반반한, 반반하여/반반해, 반반합니다, 반반하였다/반반했다

① (바닥이) 고르고 반듯하다.
¶ 운동장을 만드려고 땅부터 반반하게 골랐다.
¶ 바닥이 반반해서 여럿이 둘러앉아 놀기 딱 좋다.
② (물건이) 쓸 만하고 보기 좋다.
¶ 우리 동네 재활용 센터에는 제법 반반한 물건들이 많다.
¶ 아무리 결딴난 집이라고 해도 반반한 물건이 하나도 없구나.
③ 생김새가 반듯하고 곱살하다.
¶ 얼굴이 반반하다고 해서 마음씨까지 좋은 것은 아니다.
¶ 저만큼 반반한 여자가 어찌해서 저렇게 빌어먹고 다니나.
④ 지체나 문벌, 학벌 따위가 나무랄 데 없다.
¶ 직장도 반반하고 성격도 좋은 사람이다.
¶ 반반한 집안에서 태어났으나 부모님을 일찍 여의어 고생깨나 했다 한다.
⑤ 말썽 될 만한 것이 없이 깨끗하다.
¶ 말은 저렇게 해도 일처리는 반반하게 하는 사람이다.

복합어

- **반반히** 부사 반반하게.

ㅂ

반어 명사 (反語)[반: -]

표현하는 사람이 표현의 효과를 높이기 위해 낱말의 실제 뜻과는 반대되는 뜻으로 쓰는 말.

복합어

- **반어법**(反語法)[반: -] 명사 반어(反語)를 사용하여 강조하는 표현 방법. 예컨대 키가 몹시 작은 사람을 보고 '키가 엄청 크구먼' 하거나, 할 수 없어 일을 그만두고 마는 경우를 '만세 불렀어' 하는 따위.
- **반어적**(反語的)[반: -] 명사 관형사 표현의 효과를 높이기 위하여 실제와 반대되게 말을 하는. 또는 그런 것. ¶ 수사 의문문은 반어적 표현이다.
- **반의어**(反義語)[반: -] 명사 =반대말, 반대어

'반어'와 '역설' 그리고 '아이러니'

'반어(反語)'는 실제 의미와 반대되는 뜻으로 하는 말이다. 일을 잘못한 사람에게 '잘했군, 잘했어!'라고 하면 반어적인 표현이 된다. 이런 방법으로 의미를 강조하는 방법을 '반어법'이라고 한다.

'역설(逆說)'은 '거역하는 이론' 곧 어떤 주장에 반대되는 이론을 가리키는 말이다. 그러나 어떤 주장이 먼저 있어야 쓸 수 있는 말이 아니라, 일반적인 논리 전개상 이렇게 주장하는 것이 순리인데 그와 반대되거나 모순되는 주장을 하는 것을 가리킨다. '높아지고 싶으면 먼저 낮아져라'라고 하는 것이 '역설'이다. '급할수록 돌아가라'도 '역설'의 하나이다. 대체로 '역설'에는 가르침이 들어 있다.

이 두 낱말과 혼동하여 사용하는 말에 '아이러니(irony)'가 있다. 이 말은 대체로 '예상 밖의 결과로 생기는 모순이나 부조화'를 가리키는 경우에 사용한다. 부동산 값을 진정시키기 위해서 취한 정책이 오히려 부동산 값 폭등을 일으킨다면 '부동산 정책의 아이러니'라고 할 수 있다. '역설'은 '아이러니'의 정확한 번역이라고 볼 수 없다.

반증 명사 (反證)[반: -]

① 어떤 주장을 부정할 만한 증거를 대는 일, 또는 그 증거.

¶ 우리에게는 그들의 주장을 뒤집을 만한 반증이 없다

② 어떤 주장이나 사실과 모순되는 것 같지만 오히려 그것을 증명한다고 볼 수 있는 사실.

¶ 그 사람을 그토록 미워하는 것은 아직 네가 그 사람을 사랑한다는 반증이다.

복합어

• **반증되다**(反證-)[반:-] 자동사 어떤 사실이나 주장의 옳지 아니함이 그에 반대되는 근거로 증명되다. ¶ 그의 주장이 터무니없다는 사실이 이 서류로 반증되었다.

• **반증하다**(反證-)[반:-] 타동사 어떤 사실이나 주장이 옳지 아니함을 그에 반대되는 근거를 들어 증명하다. ¶ 그 사람 주장의 근거를 반증할 만한 증거를 찾아야 합니다.

> **'반증'의 잘못 사용**
>
> '반증'을 단순히 반대되는 증거로 생각하면 안 된다. 제시된 증거를 뒤집을 수 있는 증거가 반증이다. 형사 피고인이 제시하는 알리바이 증거가 대표적인 반증이다. 따라서 아래와 같이 사용하는 '반증'은 단순히 '증거'일 뿐이다.
>
> ¶ 그가 도망치지 않았다는 반증(×)을 제시해야 한다. → 증거
>
> ¶ 시중의 달러 가뭄 현상이 해소되지 않았다는 반증(×)으로 볼 수 있다. → 증거
>
> 아래의 '반증'은 제대로 쓴 경우이다.
>
> ¶ 검찰이 제시한 증거를 뒤집는 반증(○)이 있어야 소송에서 이길 수 있다.

ㅂ

받다[1] 동사

규10-1 받고, 받는, 받지, 받아, 받으니, 받는다, 받았다

자동사

① 색깔이나 모양이 어떤 것에 어울리다.

¶ 나는 분홍색이 잘 받는다.

¶ 너는 얼굴이 하야니까 밝은색 옷이 잘 받을 거야.

② 음식물 따위가 몸에 맞다.

¶ 내 입맛에는 비린 생선이 잘 안 받더라.

¶ 술이 잘 받지 않아서 얼굴이 빨개지거나 토하게 된다.

③ 화장품 따위가 잘 발린다.

¶ 피부가 거칠어서 화장이 잘 받지 않는다.

④ 사진이 잘 나오는 특성이 있다.

¶ 그는 몸이 가냘프고 얼굴이 갸름하여 사진이 잘 받는다.

¶ 화면에 잘 받는 얼굴이 따로 있는 것 같다.

받다[2] 동사

규10-1 받고, 받는, 받지, 받아, 받으니, 받는다, 받았다

타동사

① 다른 사람이 주거나 보내오는 물건 따위를 가지거나 맡아 두다.
¶ 처음으로 여자 친구가 보낸 편지를 받으니 몹시 설레었다.
¶ 직장 생활을 하면 월급 받을 날만 기다려진다.
¶ 국가는 국민에게서 세금을 받아 운영하는 조직이다.
¶ 밀린 외상값을 받아 와야 이달치 월세를 낼 수 있다.
¶ 경기에서 최고상을 받으려면 뼈를 깎는 노력을 해야 한다.
② 점수나 학위 따위를 따다.
¶ 이번 시험에서는 높은 점수를 받지 못할 것 같다.
¶ 그는 십 년 만에 박사 학위를 받았다.
③ 물품을 (도거리로) 사다.
¶ 장에 나가서 물건을 받아 가게에서 조금씩 팔며 생활을 하고 있다.
¶ 아버지는 나더러 술을 받아 오라고 심부름을 시키셨다.
④ 위에서 떨어지거나 자기 쪽으로 향해 오는 것을 잡다.
¶ 골키퍼가 공을 받아서 수비수에게 넘겼다.
¶ 비닐하우스가 햇빛을 받아 반짝이는 모습이 마치 은박을 한 것 같다.
¶ 우리는 세찬 바람을 받으며 언덕에 올라갔다.
⑤ 요구, 신청, 질문, 공격, 벌, 도전, 신호 따위의 작용을 당하거나 거기에 응하다.
¶ 챔피언이 되면 언제나 도전을 받을 준비를 해야 한다.
¶ 질문을 받고 대답을 하는 동안 예정 시간이 다 지나갔다.
¶ 오늘 아침에 검찰에 나오라는 통보를 받았다.
⑥ 사람을 맞아들이다.
¶ 이 식당은 예약 손님만 받지 일반 손님은 받지 않는다.
¶ 환자를 받지 않는 병원이 있다니 놀랍다.
⑦ 총이나 칼 따위를 맞다.
¶ 내 칼을 받아라!
⑧ 남의 노래, 말 따위에 응하여 뒤를 잇다.
¶ 내 말을 받아 대답을 하는 것을 보니 상당히 유식한 것 같다.
¶ 그의 노래를 받아 내가 한 곡조 불렀다.

⑨ 태어나는 아이를 거두다.
¶ 동네 아이들을 다 우리 할머니가 받았다.
¶ 예전에는 해산할 때 주로 산파가 집으로 와서 아이를 받았다.
⑩ 씨나 알 따위를 거두어 내다.
¶ 봉숭아꽃 씨를 받아 봉지에 넣어 두었다.
¶ 여기서는 황새의 알을 받아 부화시키는 일을 한다.
⑪ 떨어진 버선이나 신 따위를 덧대어 깁다.
¶ 어머니는 해진 버선볼을 받으려고 헝겊을 챙기셨다.
⑫ 흐르거나 쏟아지거나 하는 것을 그릇 따위에 담다.
¶ 욕조에 따뜻한 물을 받아 놓았다.
¶ 우리 마을에서는 빗물을 받아 허드렛물로 쓴다.

복합어

- **건네받다**[건:-] 타동사 남에게서 물건을 옮기어 받다. ¶ 우리는 안내자에게서 지도 한 장을 건네받았다.
- **내려받다** 타동사 컴퓨터 통신망을 통하여 파일이나 자료를 받아 내리다.
- **넘겨받다** 명사 물건, 권리, 책임, 일 따위를 남에게서 받아 맡다.
- **대받다**(代-)[대:-] 타동사 ① 앞사람의 사물이나 생각을 뒷사람이 이어받다. ② 선대(先代)의 업을 후손이 이어받다.
- **돌려받다** 타동사 빌려 주거나 빼앗겼거나 주었던 것을 도로 갖게 되다.
- **되받다** 타동사 ① 도로 받다. ¶ 친구에게 빌려준 책을 되받아 왔다. ② 상대편 말의 일부나 전부를 되풀이하여 말하다. ¶ 훈련병들은 교관의 구호를 되받아 외쳤다.
- **떠받다** 타동사 쓰러지거나 주저앉지 않도록 밑에서 받치다.
- **물려받다** 타동사 재물, 지위, 기예, 학술 이론 따위를 전하여 받다.
- **받히다**[바치-] 사동사 올림말 '받히다[2]' 참고.
- **본받다**(本-) 타동사 본보기 삼아 그대로 따라 하다.
- **씨받다** 자동사 ① 씨를 마련하다. ② 씨를 받는 것과 같이 가치 있는 것을 받아 마련하다.
- **이어받다** 타동사 이루어진 일, 해 오는 일 또는 그 정신 따위를 전하여 받다.
- **죄받다**(罪-)[죄:-] 자동사 지은 죄에 대하여 벌을 받다.
- **주고받다** 타동사 서로 주기도 하고 받기도 하다.
- **창받다** 자동사 ① 신 바닥에 가죽이나 고무 조각 따위를 새로 대어 붙이다. ② 버선 바닥에 다른 헝겊을 대고 꿰매다.
- **테받다** 자동사 어떤 대상과 같은 모양을 이루다.

관용 표현

- **받아 주다** 다른 사람의 어리광, 주정 따위에 무조건 응하다. ¶ 아이 어리광을 다 받아 주면 버릇이 나빠진다. / 친구의 술주정을 받아 주다 보니 한밤중이 되었다.

속담

- **받아 놓은 당상**(堂上) 확실하여 조금도 틀림이 없다. =받아 놓은 밥상
- **받아 놓은 밥상** ① 일이 확실하여 조금도 틀림이 없는 경우를 비유하여 이르는 말. ② 이러지도 못하고 저러지도 못하는 경우나 처지를 비유하여 이르는 말.
- **받은 밥상을 찬다** 제게 돌아온 복을 제가 내차는 경우를 비유하여 이르는 말.

받다[3] 동사

규10-1 받고, 받는, 받지, 받아, 받으니, 받는다, 받았다

타동사

① 머리나 뿔 따위로 세차게 부딪치다.

¶ 내 차가 앞 차를 받고 뒤집어졌다.

¶ 그의 주특기는 박치기인데 그가 머리로 한번 받으면 쓰러지지 않는 사람이 없다.

② (속되게) 부당한 일을 한다고 생각되는 사람에게 맞서서 대들다.

¶ 괴롭히는 사람에게 복종하면 더 괴롭히니, 기회를 봐서 받아 버려라.

복합어

- **내받다**[내: -] 타동사 ① 머리나 뿔 따위로 힘껏 받다. ② 남의 주장이나 말 따위에 동의하지 아니하고 맞서 버티다.
- **대받다** 타동사 남의 말에 반항하여 들이대다. ¶ 생각이 다르다고 해서 남의 말을 대받기만 하면 서로 감정만 상할 뿐이다.
- **되받다** 타동사 잘못을 지적받거나 꾸중을 듣고 도리어 말대답을 하며 반항하다. ¶ 꾸지람을 들은 일이 생각나서 순간 어머니의 말을 되받게 되었다.
- **뒤받다**[뒤: -] 자동사 ① =되받다 ② 남의 의견에 반대가 되는 말로 맞서다. ¶ 그는 내 주장을 무조건 뒤받으려고 했다.
- **들이받다** 타동사 ① 머리를 들이대어 받다. ② 함부로 받거나 부딪다.
- **떠받다** 타동사 머리나 뿔로 세게 밀어 부딪치다.

- **맞받다** 타동사 자동사 ① 맞은편을 향하여 정면으로 부딪치다. ② 바람, 빛 따위를 정면으로 받아들이다. ③ 남의 말이나 노래 따위에 호응하여 그 자리에서 곧바로 뒤따라 하다.
- **치고받다** 자동사 서로 말로 다투거나 실제로 때리면서 싸우다.
- **치받다** 타동사 ① 아래에서 위쪽을 향하여 받다. ② 세차게 들이받다. ③ (속되게) 윗사람에게 맞서 대들다. 자동사 ① 불길 따위가 위로 솟아오르다. ② 충동적인 감정 따위가 북받쳐 오르다.

속담

- **받는 소는 소리치지 않는다** 어떤 일을 잘할 수 있는 사람은 공연히 큰소리를 치지 않는다는 말.

–받다 접사

–받고, –받는, –받지, –받아, –받으니, –받는다, –받았다

접미사

(몇몇 명사 뒤에 붙어) '피동'의 뜻을 더하고 동사를 만드는 말.

¶ 선행은 강요받아 하는 행위가 아니다.

¶ 버림받은 새끼 고양이를 데려다 키웠다.

복합어

- **강요받다**(强要–) 자동사 억지로 어떤 일을 할 것을 요구받다. ¶ 강요받고 하는 일이 창의적일 수 없다.
- **버림받다** 자동사 일방적으로 관계가 끊기어 배척당하다.
- **인정받다**(認定–) 자동사 확실히 그렇다고 여김을 받다.

> **'받다'의 띄어쓰기**
>
> '강요', '버림', '인정' 뒤에 오는 '–받다'는 접미사로 보고 '강요받다', '버림받다', '인정받다'처럼 붙여 쓴다. 그러나 '보고', '사랑', '칭찬' 따위에 붙는 '받다'는 《표준국어대사전》에서 접미사로 인정하지 않고 동사로 보기 때문에 '보고 받다', '사랑 받다', '칭찬 받다'처럼 띄어 써야 한다.
>
> ① 띄어 쓰는 경우
>
> ¶ 연락 받은 뒤에 출발하겠다.
>
> ¶ 전화 받고 나서 이야기하자.
>
> ¶ 상사에게서 미움 받지 않도록 조심해라.
>
> ¶ 선물 받을 때는 좋지만 갚아야 할 때는 아깝다.

¶ 교육 받을 때가 좋을 때다.
¶ 그렇게 해서는 좋게 평가 받기가 어렵다.
② 붙여 쓰는 경우
¶ 회장은 회원들에게서 사퇴를 요구받고 있다.
¶ 독자에게 인정받는 작가가 훌륭한 작가이다.
¶ 아이들은 어른의 행동을 본받는 법이다.
¶ 이 마늘은 씨받기 위해서 따로 심은 것이다.
¶ 너는 왜 그렇게 죄받을 짓만 골라 하느냐?
¶ 요즘은 구두를 창받아 신는 사람이 거의 없다.

받치다[1] 동사

규11-0 받치고, 받치니, 받치어/받쳐, 받친, 받칩니다, 받치었다/받쳤다

자동사

① (기운이나 기분이) 강하게 치밀다.
¶ 아저씨는 화가 받쳐 사람들에게 온갖 욕을 퍼부으셨다.
¶ 약이 받친 아이가 길길이 뛰면서 화를 낸다.
¶ 아이가 어머니를 보자 설움에 받쳐 울음을 터뜨린다.
② 자리가 딴딴하게 배기다.
¶ 맨바닥에서 잠을 자려니 등이 받쳐서 잠이 오지 않는다.
③ (먹은 것이 잘 내리지 않고) 위로 치밀다.
¶ 아침에 먹은 것이 자꾸 받쳐서 속이 거북하다.

관용 표현

• **받쳐 오르다** 속에서 치밀어 오르다. ¶ 고구마를 너무 많이 먹었더니 생목이 받쳐 오른다.

받치다[2] 동사

규11-0 받치고, 받치니, 받치어/받쳐, 받친, 받칩니다, 받치었다/받쳤다

타동사

① (밑을) 대거나 괴다.

¶ 커피 잔을 쟁반에 받쳐 들고 갔다.

② 겉옷의 안에 껴입다.

¶ 얇은 블라우스 속에 내복을 받쳐 입으면 맵시가 나지 않는다.

③ 주로 옷을 다른 옷과 조화롭게 입다.

¶ 청바지에 하얀색 셔츠를 받쳐 입었다.

④ (받침을) 붙이다.

¶ 동사 '가다'에 어미 '-ㄴ다'를 붙일 때 'ㄴ'은 어간의 받침으로 받쳐 적는다.

⑤ 뒷받침하다.

¶ 주제 음악이 영화를 잘 받쳐 주었다.

⑥ 우산 따위를 펴서 들다.

¶ 비가 올 때는 우산을 꼭 받치고 와라.

ㅂ

받침 명사

① (밑에) 괴거나 대는 물건.

¶ 책상이 한쪽으로 기울지 않도록 받침을 넣어라.

② 한글의 홀소리 밑에 받치어 적는 닿소리. 종성(終聲).

¶ 명사 끝음절에 받침이 있으면 주격 조사 '이'를 붙인다.

복합어

- **겹받침** 명사 서로 다른 두 개의 자음으로 된 받침. 'ㄳ', 'ㄵ', 'ㄶ', 'ㄺ', 'ㄻ', 'ㄼ', 'ㄾ', 'ㄿ', 'ㅀ', 'ㅄ' 따위가 있다.
- **꽃받침** 명사 꽃의 가장 바깥쪽에서 꽃잎을 받치고 있는 기관.
- **뒷받침**[뒫:-] 명사 뒤에서 지지하고 도와주는 일. 또는 그런 사람이나 물건.
- **뒷받침문장**[뒫:-] 명사 글에서 주장을 뒷받침하는 문장.
- **뒷받침하다**[뒫:-] 타동사 뒤에서 지지하고 돕다.
- **밑받침** 명사 ① 밑에 받치는 물건. ② 어떤 일의 바탕이나 근거를 비유하여 이르는 말.
- **밑받침하다** 타동사 어떤 일이나 현상의 바탕이나 근거를 마련하다.
- **받침대** 명사 받치거나 버티게 하는 데에 쓰는 물건. 지주(支柱).

- **받침돌** 명사 밑에 받쳐 놓는 돌. 지석(支石).
- **받침목**(-木) 명사 ① 나무나 물체 따위가 휘거나 꺾어지거나 넘어지지 아니하도록 받쳐 주는 나무. ② 받침으로 쓰는 나무. 받침나무.
- **받침두리** 명사 옷장 따위의 아래에 덧대어 받침 역할을 할 수 있도록 한 나무.
- **받침소리** 명사 음절 끝에서 받침으로 나는 소리. 종성(終聲).
- **받침쇠** 명사 ① (나사가 꼭 끼어 잘 빠지지 않도록) 수나사를 채울 때 밑에 대어 받치는 쇠로 된 얇은 판. ② 문고리 따위를 달 때 그 밑에 대는 쇠판.
- **받침옷** 명사 겉옷 안에 껴입은 옷.
- **쌍받침**(雙-) 명사 같은 자음이 겹쳐서 된 된소리 받침. 'ㄲ', 'ㅆ'을 일컫는 말임.
- **안받침** 명사 안에서 지지하고 도와줌.
- **장독받침**(醬-)[장:-] 명사 장독을 괴어 받치는 물건.
- **책받침**(冊-) 명사 ① 글씨를 쓸 때에 종이 밑에 받치는 단단하고 판판한 물건. ② 한자 부수의 하나. '近', '造' 따위에서 '辶'을 이르는 말.
- **턱받침** 명사 턱을 손으로 괴는 짓.

받히다[1] 동사

규11-0 받히고, 받히어/받혀, 받힌, 받힙니다, 받히었다/받혔다

피동사

'받다[3]'의 피동형.

¶ 한눈을 팔고 걸어가다가 기둥에 이마를 받혔다

¶ 장난을 하다가 친구의 팔꿈치에 받혀 이가 부러졌다.

¶ 박치기 대장인 그에게 한번 받히면 나가떨어지지 않는 사람이 없다.

받히다[2] 동사

규11-0 받히고, 받히어/받혀, 받힌, 받힙니다, 받히었다/받혔다

사동사

'받다[2]'의 사동형.

복합어

- **받힘술**[바침-] 명사 도매로 팔려고 빚는 술. ¶그 집은 아버지 때부터 받힘술을 팔았어.
- **받힘술집**[바침-] 명사 술을 많이 빚어 술장수에게 넘기거나 병술로 파는 집. 술도가.

'받다'와 '받히다'

술을 도매로 사는 행위를 '받다²'라고 하고, 술을 사는 사람이 술을 살 수 있도록 시키는 행위를 '받히다²'라고 한다. 파는 사람이 파는 행위를 '받히다'라고 한 것은 색다른 멋이 있는 표현이다. '누구에게 무엇을 팔았다'라고 하지 않고 '누구에게 무엇을 사게 했다'처럼 표현하는 방식으로 물건을 팔면서 사는 사람의 행위를 이용하는 것이다. '누구에게 술을 받힌다'라고 하면 누구더러 술을 받아오게 함을 이르는 말이다. 사람들이 술을 받아갈 수 있는 술집이 '받힘술집'이다.

ㅂ

발견² 명사 (發見)

미처 찾아내지 못하였거나 아직 알려지지 아니한 사물이나 현상, 사실 따위를 찾아냄.
¶1492년 콜롬버스의 신대륙 발견은 유럽 사회에 큰 충격을 주었다고 한다.
¶무슨 병이든 조기 발견이 중요하다.

복합어

- **발견하다**(發見-) 타동사 미처 찾아내지 못하였거나 알려지지 아니한 현상이나 사실 따위를 찾아내다.

발달 명사 (發達)[-딸]

① 신체, 정서, 지능 따위가 성장하거나 성숙함.
¶아이들이 어울려 자유롭게 노는 것은 아이의 사회성 발달에 좋다.
¶어린이의 신체 발달 속도가 점점 빨라지고 있다.
② 학문, 기술, 문명, 사회 따위의 현상이 더 높은 수준에 이름.
¶기술 발달이 인류의 삶을 풍요롭게 한 점이 있다.
¶교통의 발달은 수많은 도시 문제를 일으켰다.

③ 어떤 지역이나 대상이 제법 크게 형성됨.

¶ 평야를 배경으로 하고 물길을 확보하여 도시의 발달을 촉진하였다.

복합어

- **발달하다**(發達-) 자동사 ① 신체, 정서, 지능 따위가 성장하거나 성숙하다. ② 학문, 기술, 문명, 사회 따위의 현상이 더 높은 수준에 이르다. ③ 어떤 지역이나 대상이 제법 크게 형성되다.

'발달'과 '발전'

'발달(發達)'은 기능이나 기술이 더 높거나 나은 수준에 이름을 뜻한다. 즉 바람직한 수준에 이른 경우에 쓰는 말이다. 이에 비해서 '발전(發展)'은 점점 수준이 높아지거나 나아지고 있는 상황을 가리킨다. 그래서 어느 기간에 기술이 나아진 것을 표현하려면 '발전'을 써야 한다.

¶ 한국의 과학기술은 지난 10년 동안에 비약적으로 발달하였다(×). → 발전하였다

¶ 사람은 손이 발전하여(×) 온갖 연장을 만들고 세밀한 작품을 만든다. → 발달하여

'발달'의 대상은 수준을 높일 수 있어야 하므로, '학문, 기술, 교통, 무기' 따위가 된다. 이것들을 활용하는 인간은 발달의 주체가 되지 않는다. 즉, '나라', '사람'은 발달의 주체가 될 수 없다.

¶ 나라가 발달하면(×) 국민의 생활도 좋아진다. → 발전하면

¶ 그 사람은 나날이 발달하는(×) 모습을 감독에게 보여준다. → 발전하는

발명 명사 (發明)

처음으로 생각해 내거나 만들어 냄.

복합어

- **발명권**(發明權)[-꿘] 명사 발명한 사람이 그 발명품에서 얻을 수 있는 경제적 이익을 독점할 수 있는 권리. 특허권 같은 것.
- **발명하다**(發明-) 타동사 처음으로 생각해 내거나 만들어 내다.

'발명'과 '발견'

'발명(發明)'은 없던 물건이나 기술을 처음으로 만들어 내는 것을 가리키는 말이고, '발견(發見)'은 전부터 있었지만 알려지지 아니한 사물, 현상, 사실 따위를 처음으로 찾아내는 것을 가리키는 말이다.

수레, 자동차, 비행기 따위를 처음으로 만드는 것이나, 처음으로 동력을 이용하여 전기를 만드는 방법을 고안하는 것은 '발명'에 속한다. 깊은 바다 밑에도 생물이 있음을 알아내는 것이나, 천체들 사이에는 중력이 작용함을 알아내는 것은 모두 '발견'에 속한다.

발자국 명사 [-짜-]

① 발로 밟은 자리에 남은 모양.

¶ 흰 눈 위에 발자국이 선명하게 찍혔다

¶ 사냥꾼은 짐승 발자국을 따라 갔다.

② (수량을 나타내는 말 뒤에 쓰이어) 발을 한 번 떼어 놓는 걸음을 세는 단위.

¶ 그들은 몇 발자국 가지 못해서 붙잡히고 말았다.

¶ 어지러워서 한 발자국도 움직일 수 없다.

'발자국'과 '발짝'

'발자국'은 사람이나 짐승의 발걸음을 셀 때 쓰는 단위이다. 그래서 '한 발자국', '두 발자국'처럼 쓴다. 그런데 '발짝'은 걸음을 제대로 걷지 못하는 사람이 어렵게 한 발자국씩 내딛는 걸음을 뜻하기도 해서 '한 발짝, 두 발짝'처럼 쓰면 어렵게 걷는 느낌을 나타낸다.

× 발자욱

'발자국'의 비표준어.

¶ 바닷가 모래밭에 물새 발자욱(×)/발자국(○)이 또렷하다.

'발자욱'과 '발자국'

'발자욱'은 '발자국'의 틀린 말로 본다. '자욱'도 '자국'의 틀린 말이다. 다만, 짐승의 발자국을 따라가며 사냥하는 전문 사냥꾼을 '자욱포수'라고 한다. 이로 미루어 본다면 '자욱'이나 '발자욱'도 상당히 세력을 가진 말이었을 것이나, 지금은 비표준어로 삼고 있다.

발전[1] 명사
(發展)[-쩐]

① 세력 따위가 성하게 뻗어 감.
¶ 나라가 크게 발전해야 국민들이 자신감을 갖게 된다.
② 더 높은 단계로 올라가거나 더 나은 상태로 나아감.
¶ 경제 개발 5개년 계획으로 산업 발전은 어느 정도 이루어졌다.

복합어

- **발전상**(發展相) 명사 발전하는 모습.
- **발전성**(發展性) 명사 발전할 가능성. 늘품.
- **발전시키다**(發展-) 타동사 발전되게 만들다. ¶ 한미 관계는 이제 새롭게 발전시켜야 한다.
- **발전하다**(發展-) 자동사 ① 더 낫고 좋은 상태나 더 높은 단계로 나아가다. ¶ 우리 사업은 최근 눈에 띄게 발전하고 있다. ② 일이 어떤 방향으로 나아가다. ¶ 사태가 엉뚱한 방향으로 발전했다.

▶ '발전'과 '발달'의 차이는 올림말 '발달' 참고.

발전[2] 명사
(發電)[-쩐]

전기를 일으킴. 전기를 만들어 냄.

복합어

- **발전하다**(發電-) 자동사 전기를 일으키다. ¶ 물을 이용해서 발전하는 장치를 만들었다.

발짝 명사

의존 명사
걸음을 간신히 걷는 사람이 한 발씩 떼어 놓는 걸음을 세는 단위로 쓰는 말. 발자국.
¶ 환자가 막 수술을 끝내고 한 발짝, 두 발짝 조심스럽게 걸음을 떼기 시작했다.
▶ '발짝'과 '발자국'의 차이는 올림말 '발자국' 참고.

방사능 명사 (放射能)[방: -]

(라듐, 우라늄, 토륨 따위의) 방사성 물질의 원자(原子)가 원자핵(原子核)을 부수면서 방사선(放射線)을 내뿜는 일, 또는 그런 능력. 원자핵이 단위 시간당 붕괴되는 수를 의미하며, 방사능 강도를 측정하는 단위로는 Bq(베크렐)을 사용하고, 베크렐이 높을수록 방사능이 강력하다.

¶ 시중에 유통되는 농수산물에서 방사능 물질이 검출되었다.

방사선 명사 (放射線)[방: -]

① 라듐, 우라늄, 토륨 따위의 원자핵이 부서질 때, 그 안에서 뻗쳐 나와 매우 빠른 속도로 흐르는 알파선, 베타선, 감마선을 통틀어 이르는 말.

¶ 비가 오면 대기 중의 라돈 등이 씻겨져 내려 방사선 수치가 증가할 수 있다.

② 중앙의 한 점에서 사방으로 바큇살처럼 뻗어 나간 선.

¶ 그 도시는 방사선 형태로 길이 나 있다.

'방사능'과 '방사선'

이 두 낱말을 구별하지 않고 쓰는 경우가 많은데, 엄격하게 구별하여 써야 한다. '방사능'은 방사선을 방출하는 능력 또는 방사선을 방출하는 일을 가리키는 말로서, 그 세기를 측정하는 단위는 '베크렐'이다. '방사선'은 방사능 물질에서 나오는 알파선, 베타선, 감마선 따위의 광선을 가리킨다. 이 광선을 사람의 살갗에 많이 그리고 오래 쪼이게 되면 심각한 건강상 문제가 일어날 수 있다. 방사능을 가진 물질로 가장 강력한 것이 라듐, 우라늄, 토륨 같은 원소인데, 이런 물질에 노출되면 방사선을 쪼이게 될 수 있다. 방사능 물질이 섞인 음식을 먹어도 방사선에 쪼이는 것이 된다.

방사성 명사 (放射性)[방:사썽]

방사능을 가진 성질. 방사선을 내뿜는 성질.

¶ 라듐, 우라늄, 토륨 따위의 원소를 방사성 원소라고 부른다.

방증 명사 (傍證)

사실을 간접으로 증명하는 증거, 또는 그렇게 증명함.

복합어

- **방증하다**(傍證-) 타동사 사실을 간접으로 증명하다. ¶ 그의 범죄 사실을 방증할 증거라도 찾아야 기소할 수 있다.

> **'방증'의 남용**
>
> '방증(傍證)'은 형사소송에서 피의자의 범행을 증명할 때에 사용하는 말이다. 피의자가 범행하는 장면이 찍힌 동영상, 사진 따위는 직접 증거에 해당하고, 목격자 진술이나 당시 피의자의 행적 따위는 간접 증거에 해당한다. '방증'은 간접 증거로 증명하는 일에 해당한다. 따라서 '방증'은 범죄와 관련이 있는 사실을 설명할 때에, 그것도 직접적이고 확실한 증거인지 간접적인 증거인지 구별하여 말할 필요가 있을 때에만 사용해야 한다. 아래와 같은 예는 '증명'을 사용하는 것이 좋다.
>
> ¶ 선생님의 해박한 지식을 방증하는(×) 풍부한 예화와 교과서의 영역을 벗어난 포괄적인 강의는 우리를 놀라게 했다. → 증명하는
>
> ¶ 이 젊은 역원의 설명을 당장에 방증하듯이(×) 구름다리를 지나 이쪽으로 전진하여 오는 차가 보이는 것이 아닌가. → 증명하듯이

밭다[1] 동사

규10-1 밭고, 밭는, 밭지, 밭아, 밭으니, 밭는다, 밭았다

자동사

① 액체가 바싹 졸아서 말라붙다.

¶ 가뭄이 심하니 저수지 물이 다 밭아 버렸다.

¶ 입에 침이 밭아 말하기가 거북했다.

② 몸에 살이 빠져서 여위다.

¶ 그의 얼굴이 밭고 누렇게 떠서 병자임을 한눈에 알 수 있었다.

③ 근심, 걱정 따위로 몹시 안타깝고 조마조마해지다.

¶ 수학여행 중에 사고가 났다는 소식을 듣고 애가 밭아 한시도 가만히 있을 수 없었다.

밭다[2] 동사

규10-1 밭고, 밭는, 밭지, 밭아, 밭으니, 밭는다, 밭았다

타동사

체나 거르는 장치에 액체가 섞인 건더기를 따라서 액체만을 분리하여 받아 내다.

¶ 술을 체로 밭은 뒤에 남은 찌꺼기를 지게미라고 한다.

¶ 김치를 담글 때 멸치젓을 체로 밭아서 맑은 국물만 쓴다.

밭다[3] 형용사

규20-1 밭고, 밭는, 밭지, 밭아, 밭으니, 밭는다, 밭았다

① 시간이나 공간이 다붙어 몹시 가깝다.

¶ 천장이 너무 밭아서 머리를 찧기 쉽겠다.

¶ 약속 날짜를 너무 밭게 잡지 마라.

② 길이가 매우 짧다.

¶ 바지 밑위가 밭아서 자칫하면 속옷이 보인다.

¶ 목이 밭은 사람이 힘이 세다는 속설이 있다.

③ 숨이 가쁘고 급하다.

¶ 아이가 계단을 뛰어올라 와 밭은 숨을 몰아쉬었다

¶ 할아버지는 밭은 숨소리를 내며 겨우겨우 말씀하셨다.

밭다[4] 형용사

규20-1 밭고, 밭는, 밭지, 밭아, 밭으니, 밭는다, 밭았다

① 지나치게 인색하다.

¶ 그 사람은 돈에 무척 밭은 사람이다.

② 어떤 사물에 열중하거나 즐기는 정도가 너무 심하다.

¶ 그는 여색에 무척 밭은 사람이다.

'밭다'와 '뱉다'

아래는 '뱉다'를 '밭다'로 잘못 쓴 예이다.

¶ 함부로 침을 밭지(×) 마라. → 뱉지

¶ 말을 그렇게 함부로 밭는(×) 게 아니야. → 뱉는

-배기 접사

접미사

① '그 나이를 먹은 아이'의 뜻을 더하는 말.

¶ 두 살배기, 다섯 살배기, 댓 살배기

② '그것이 들어 있거나 차 있거나 그것이 큼'의 뜻을 더하는 말.

¶ 나배기/나이배기, 알배기, 코배기, 양코배기

③ '그런 사람이나 사물'의 뜻을 더하는 말.

¶ 혀짤배기, 공짜배기, 대짜배기, 생짜배기, 알짜배기, 진짜배기

④ 사람이나 사물을 속되게 이르는 말.

¶ 귀퉁배기, 느루배기, 물퉁배기, 용천배기, 코쭝배기

'-배기'를 잘못 쓴 예

① '-박이'를 써야 할 자리에 '-배기'를 쓴 경우가 있다. 아래 낱말들이 그에 속한다.

오이소배기(×) → 오이소박이 / 외눈배기(×) → 외눈박이

외톨배기(×) → 외톨박이 / 장승배기(×) → 장승박이 / 점배기(×) → 점박이

차돌배기(×) → 차돌박이 / 토배기(×) → 토박이

② '-빼기'를 써야 할 자리에 '-배기'를 쓴 경우도 있다. (이에 관해서는 올림말 '-빼기' 참고.)

배기다[1] 동사

규11-0 배기고, 배기어/배겨, 배기는, 배긴, 배깁니다, 배기었다/배겼다

자동사

(몸의 밑에서 단단한 것이) 받치어 마치다.

¶ 방석을 받치지 않으면 엉덩이가 배겨서 오래 앉아 있지 못한다.

배기다[2] 동사

규11-0 배기고, 배기어/배겨, 배기는, 배긴, 배깁니다, 배기었다/배겼다

자동사

① (어려움에) 굴하지 않고 참고 버티다. 주로 의문 표현이나 부정 표현에 사용한다.

¶ 상사 등쌀에 이 직장에서 배겨 낼 자신이 없다.

¶ 네가 과제를 안 내고 배길 수 있을 것 같아?

② (흔히 '-지 않고는' 뒤에서 부정어와 함께 쓰이어) 어떤 동작을 하지 않을 수 없어서 이 동작을 함을 나타내는 말.

¶ 하루라도 너를 보지 않고는 배길 수 없어 이렇게 달려왔다.

¶ 자기가 주도권을 잡지 않고는 배기지 못하는 사람이라 돈을 써서라도 당선되려고 한다.

¶ 그는 무언가 하지 않으면 배기지 못하는 사람이다.

복합어

- **배겨나다** 자동사 (어려움에) 굴하지 않고 견디다.
- **배겨내다** 타동사 (고통을) 참고 견디어 내다. 극복하다.

배다[1] 동사 [배ː-]

규11-0 배고, 배지, 배는, 배어/배, 밴, 밸, 뱁니다, 배었다/뱄다

자동사

① 버릇이 되게 익숙해지다.

¶ 그 사람은 욕이 입에 배어서 입만 열면 욕을 한다.

¶ 무엇이든지 그것이 몸에 밸 때까지 꾸준히 해야 한다.

¶ 이 사람들은 게으름이 몸에 밴 것 같다.

② (물기, 빛깔 따위가) 스미어 나타나다.
¶ 담배 피우는 친구와 함께 있었더니 담배 냄새가 옷에 배었다.
¶ 우리 소리에는 한의 정서가 배어 있다.

복합어

- **배어나다** 자동사 ① 액체 따위가 스미어 나오다. ② 느낌, 생각 따위가 슬며시 나타나다. ¶ 그의 표정에서 무언지 모를 기대감 같은 것이 배어나는 듯했다.
- **배어들다** 자동사 ① 액체, 냄새 따위가 스며들다. ② 느낌, 생각, 기운 따위가 깊이 스며들다.

> **'배다'와 '스미다'**
> '배다[1]'는 조금씩 눈에 보이지 않게 안쪽으로 들어가거나 안에서 밖으로 나오는 경우에 쓰는 동사이다. 그래서 '배어들다'와 '배어나다'같이 서로 반대되는 합성어를 만들 때도 다 쓸 수 있다. 그러나 '스미다'는 안쪽으로 배어드는 경우에만 쓴다. 그래서 '스며들다'는 예사롭게 쓰지만 '스며나다'는 쓰지 않는다.

배다[2] 동사 [배:-]

규11-0 배고, 배지, 배는, 배어/배, 밴, 밸, 뱁니다, 배었다/뱄다

타동사

① 뱃속에 (아이, 새끼, 알을) 만들어 가지다.
¶ 아이를 밴 여자를 먼저 자리에 앉혀야 한다.
¶ 동물이 새끼를 배면 무척 사나워진다고 한다.
② (이삭을) 가지다. 품다.
¶ 보리가 이삭을 배는 때는 종다리가 하늘 높이 날아올라 노래하는 때이다.
③ 사람의 근육에 뭉친 것과 같은 것이 생기다.
¶ 철봉 운동을 했더니 팔에 알이 배더라.

복합어

- **배동** 명사 벼, 보리 따위의 이삭이 나오려고 대가 불룩해지는 현상.
- **배동바지** 명사 벼, 보리 따위의 이삭이 패려고 대가 불룩해질 무렵.

배다[3] 형용사

규21-0 배고, 배지, 배어/배, 밴, 밸, 뱁니다, 배었다/뱄다

① (여럿의 사이가) 가깝다. 촘촘하다.

¶ 어린 물고기까지 잡으려고 그물코가 밴 그물을 사용하는 것은 불법이다.

¶ 모를 배게 심으면 소출은 늘지만 병충해에는 약하다.

② (속이) 좁다. 너그럽거나 넓지 아니하다.

¶ 그는 속이 너무 배고 쩨쩨하다고 소문이 났다.

배상[1] 명사 (拜上)[배: -]

ㅂ

절하며 올림. '올림'으로 순화하여 씀.

¶ 김정희 배상.

복합어

• **배상하다**(拜上-)[배: -] 타동사 (예스러운 편지글에서) 절하여 올리다. ¶ 삼가 이 글을 배상하오니 거두어 주시기 바랍니다.

배상[2] 명사 (賠償)

자기 잘못으로 남에게 입힌 손해를 물어 줌.

복합어

• **배상금**(賠償金) 명사 남에게 입힌 손해를 물어 주는 돈.

• **배상하다**(賠償-) 타동사 손해를 물어 주다.

'배상'과 '보상'

'배상(賠償)'은 법이 정한 불법 행위로 상대에게 해를 입힌 경우에 개인이나 공공기관이 그 손해를 물

어 주는 행위이다. '보상(補償)'은 공공기관이 적법한 행위에 따라 국민이나 주민에게 입힌 재산상의 손실을 갚아 주는 행위이다.

¶ 일본 정부가 위안부 문제에 배상할 뜻이 없다고 하여 공분을 샀다.

¶ 원유 유출 사고에 대해 정부는 피해액을 특별 지원금 형태로 보상할 방침이다.

▶ '배상'과 '변상'의 차이는 올림말 '변상(辨償)' 참고.

× 배앝다

'뱉다'의 틀린 말.

-뱅이 접사

접미사

(일부 명사 뒤에 붙어) '그 명사를 특성으로 가진 사람이나 사물'의 뜻을 더하는 말.

¶ 가난뱅이, 게으름뱅이, 느림뱅이, 떠돌뱅이, 배랑뱅이, 비렁뱅이, 안달뱅이, 앉은뱅이, 알금뱅이, 어정뱅이, 얼금뱅이, 잘라뱅이, 잡살뱅이, 장돌뱅이, 좁쌀뱅이, 주정뱅이, 허튼뱅이, 헌털뱅이

뱉다 동사

규11-1 뱉고, 뱉으며, 뱉어서, 뱉는, 뱉는다, 뱉습니다, 뱉소/뱉으오, 뱉었다

타동사

① 입 속에 있는 것을 입 밖으로 내보내다.

¶ 밥에 돌이 씹혀서 그대로 뱉었다.

¶ 길에서 함부로 침을 뱉지 맙시다.

② 차지하고 있던 것을 도로 내놓다.

¶ 부정으로 축재한 재산은 모두 뱉어 내도록 해야 한다.

③ 말이나 신음 따위를 거칠게 하다.
¶ 아버지는 숨을 거두기 직전에 가쁜 숨을 **뱉으면서** 유언을 했다.
¶ 너는 아무 말이나 **뱉기를** 좋아하는 것 같다.

'뱉어'와 '뱉아'
'뱉다'를 활용할 때에 '뱉어' 대신에 '뱉아'를 쓰기도 하는데, 이는 잘못이다. '뱉다'의 어간에 쓰인 '애' 모음은 음성 모음 '어'와 조화를 이룬다. '매다－매어', '패다－패어', '재다－재어' 등의 모음 조화도 같은 이치이다.

버겁다 형용사

불21-3 버겁고, 버거우니, 버거우면, 버거운, 버거워, 버거워서, 버겁네, 버겁습니다, 버거웠다

치르거나 다루기에 좀 힘에 부치다. 만만하지 아니하다.
¶ 그 선수는 내가 맞서기에 좀 **버거울** 것 같다.
¶ 짐이 무거워 혼자 들기에 **버겁다.**

버리다 동사

규11-1 버리고, 버리어/버려, 버리는, 버린다, 버립니다, 버리었다/버렸다

타동사
① ('무엇을 어디에 버리다'의 형태로 쓰이어) 내던지거나 쏟거나 하다.
¶ 쓰레기는 정해진 곳에 **버려야** 한다.
② 더럽히거나 망치다.
¶ 돈 때문에 사람을 **버리는** 일이 자주 일어난다.
¶ 사람이 행실을 잘못하면 몸을 **버릴** 수 있다.
¶ 옷자락이 가시철망에 걸려서 찢어지는 바람에 새 옷을 **버리고** 말았다.
③ (돌보지 않고) 내버려 두다.
¶ 오래 **버려** 둔 땅이라 잡초만 우거졌다.

¶ 조강지처를 버린 사람치고 잘된 사람 보지 못했다.

④ (무엇을) 떠나다.

¶ 그의 동생은 고향을 버리고 타향을 떠돌다가 결국 길거리에서 죽고 말았다.

⑤ (습관, 생각을) 그만두다.

¶ 남의 물건을 훔치는 버릇을 버리지 않으면 결국 도둑이 되고 말 것이다.

보조 동사

어떤 동작이 완전히 끝났음을 나타내는 말.

¶ 새는 저 멀리 날아가 버렸다.

복합어

- **버림** 명사 ① 어림수를 만드는 방법의 하나. 구하는 자리의 수보다 아래 자리에 있는 수는 무조건 버리는 방법이다. ② 돌보거나 받아 주지 않고 내팽개치는 일.
- **버림받다** 자동사 (보살펴 주거나 사랑해 주던 사람에게서) 버리어지다. 내팽개침을 당하다.
- **버림치** 명사 쓰지 못하게 되어 버려 둔 물건. ¶ 집집에서 내놓은 버림치 가운데에도 잘 살펴보면 쓸 만한 물건이 있다.

관용 표현

- **-아(/-어) 버리다** 완전히 -다. 모두(다) -다. ¶ 이미 밥을 먹어 버렸다.

보조 동사 '버리다'의 지나친 사용

보조 동사 '버리다'는 동작이 완료됐음을 나타내기 위하여 쓴다. 또 주체가 갖는 심리 상태를 나타내는 기능도 있다. 이런 용도로 쓰는 것은 이 낱말을 쓸모 있게 쓰는 경우이다. 이따금 동작 그 자체를 강조하기 위하여 '버리다'를 쓰는 경우가 있는데 이때 과용 문제가 생긴다.

¶ 저리 나가 버려!

¶ 내 눈에서 사라져 버려!

¶ 네가 과자를 먹어 버렸니?

위 세 문장에서 '버리다'는 감정의 과잉을 나타낸다. 이러한 표현은 쓰지 않는 것이 좋다.

× 번지르하다

'번지르르하다'의 틀린 말.

번지르르하다 형용사

불20-9 번지르르하고, 번지르르하여/번지르르해, 번지르르한, 번지르르하였다/번지르르했다

① 거죽에 기름기나 물기 따위가 묻어서 윤이 나고 미끄럽다.
¶ 얼굴에 기름기가 번지르르한 걸 보니 살기 좋은 모양이군.
② 말이나 행동 따위가 실속은 조금도 없으면서 겉만 그럴듯하다.
¶ 그 사람은 말만 번지르르할 뿐 도무지 실천하지 않는다.
¶ 실속은 없이 겉만 번지르르하게 꾸며 놓았다.

'번지르르하다'와 '번지르하다'
'번지르르하다'는 부사 '번지르르'에 접사 '-하다'가 붙어 형용사가 된 말이다. 따라서 '번지르하다'처럼 '르'를 하나만 적으면 안 된다. 말할 때에는 '번지르르'를 줄여 '번지르'처럼 하더라도 적을 때에는 반드시 '번지르르하다'라고 적어야 한다.

ㅂ

번지수 명사
(番地數)[-쑤]

① 땅을 일정한 기준에 따라 나누어서 매겨 놓은 번호.
¶ 번지수가 복잡하여 집을 찾기 쉽지 않다.
② '소속'을 속되게 이르는 말.
¶ 엉뚱한 말을 자꾸 하는 것을 보니 아직 번지수를 못 찾은 것 같다

관용 표현
- **번지수가 틀리다** 어떤 일에 들어맞지 않거나 엉뚱한 데를 잘못 짚다.
- **번지수를 잘못 짚다** 잘못 생각하여 엉뚱한 방향으로 나가다.

✕ 번짓수

'번지수'의 틀린 표기.

번째 명사 (番-)

의존 명사

횟수나 차례를 가리키는 말.

¶ 올해가 훈민정음을 반포한 지 오백육십팔 **번째** 해이다.

횟수나 차례를 세는 단위

횟수나 차례를 나타낼 때에는 맨 처음 '첫 번째'부터 시작한다. 그리고 '두 번째', '세 번째'처럼 수관형사를 붙인다. 이때 조심할 것은 '번째'를 띄어 써야 한다는 것이다. '번째'가 의존 명사이기 때문이다. '첫 번째' 외에는 모두 수관형사를 써서 '네 번째', '다섯 번째', '열한 번째', '열두 번째', '열세 번째', '스무 번째', '스물한 번째', '스물두 번째', '스물세 번째'처럼 쓴다.

'번째'와 '째'

'번째'는 횟수나 차례를 나타낼 때에 쓴다. 이에 비해서 '-째'는 오로지 여럿을 나열하는 순서로만 쓴다. 세 가지를 나열하고 싶으면 '첫째', '둘째', '셋째'처럼 쓴다. '째' 앞에는 수사와 수관형사를 번갈아 쓸 수 있다. '둘째'부터 '열째'까지는 '수사+째'의 구성이고, '열한째', '열두째'는 수관형사에 '째'가 붙은 형태이다.

수사	번째	째
하나(1)	첫 번째	첫째
둘(2)	두 번째(수관형사+번째)	둘째
셋(3)	세 번째(수관형사+번째)	셋째
넷(4)	네 번째(수관형사+번째)	넷째
다섯(5)	다섯 번째	다섯째
여섯(6)	여섯 번째	여섯째
일곱(7)	일곱 번째	일곱째
여덟(8)	여덟 번째	여덟째
아홉(9)	아홉 번째	아홉째
열(10)	열 번째	열째
열하나(11)	열한 번째(수관형사+번째)	열한째(수관형사+째)
열둘(12)	열두 번째(수관형사+번째)	열두째(수관형사+째)
열셋(13)	열세 번째(수관형사+번째)	열셋째
열넷(14)	열네 번째(수관형사+번째)	열넷째

열다섯(15)	열다섯 번째	열다섯째
열여섯(16)	열여섯 번째	열여섯째
열일곱(17)	열일곱 번째	열일곱째
열여덟(18)	열여덟 번째	열여덟째
열아홉(19)	열아홉 번째	열아홉째
스물(20)	스무 번째(수관형사+번째)	스무째(수관형사+째)
스물하나(21)	스물한 번째(수관형사+번째)	스물한째(수관형사+째)
스물둘(22)	스물두 번째(수관형사+번째)	스물두째(수관형사+째)
스물셋(23)	스물세 번째(수관형사+번째)	스물셋째
스물넷(24)	스물네 번째(수관형사+번째)	스물넷째

벌다[1] 동사 [벌:-]

불11-2 벌고, 버니, 벌므로, 벌어, 벌지, 버오, 버는, 번, 법니다, 벌었습니다

자동사

① 틈이 나서 사이가 뜨다.

¶ 아이들이 장난으로 문을 잡고 놀더니 문짝과 문설주 사이가 벌었다.

② 식물의 가지 따위가 옆으로 벋다.

¶ 새로 돋은 나뭇가지가 점점 벌고, 나뭇잎이 점점 푸른빛을 더하여 가고 있다.

③ 몸피가 가로 퍼지다.

¶ 어깨가 떡 벌어진 건장한 청년이 나에게 다가왔다.

④ 그릇 따위가 얕고 위가 넓게 되다.

⑤ 자손이 번성하다.

¶ 우리 가문에 큰 업적을 남긴 분이 많지만 후손이 벌지 않아 한미한 가문이 되었다.

⑥ 서로의 사이가 버성기게 되다.

¶ 둘 사이가 벌기 시작한 것은 말다툼을 한 뒤부터이다.

복합어

- **벌리다**[벌:-] 타동사 올림말 '벌리다[2]' 참고.
- **벌어지다**[벌:-] 자동사 ① 갈라져서 사이가 뜨다. ② 가슴이나 어깨, 등 따위가 옆으로 퍼지다. ③ 식물의

잎이나 가지 따위가 넓게 퍼져서 활짝 열리다. ④ 그릇 따위가 속은 얕고 위가 넓게 되다. ⑤ 막힌 데가 없이 넓게 탁 트이다. ⑥ ('벌어진', '벌어지게' 꼴로 부사 '떡'과 함께 쓰이어) 음식 따위를 번듯하게 차리다. ⑦ 서로 차이가 커지다. ⑧ ('사이가 벌어지다'처럼 쓰이어) 사람 사이에 틈이 생기다.

- **벌이다**[벌:-] 타동사 올림말 '벌이다' 참고.

벌다[2] 동사 [벌:-]

불11-2 벌고, 버니, 벌므로, 벌어, 벌지, 버오, 버는, 번, 법니다, 벌었습니다

타동사

① 일을 하여 돈 따위를 얻거나 모으다.
¶ 아버지는 생활비를 벌려고 공사판까지 나가셨다.
¶ 일이 일찍 끝나서 시간을 좀 번 셈이다.
② 못된 짓을 하여 나쁜 결과를 스스로 청하다.
¶ 엄마가 나더러 온종일 게임만 하다가는 매를 벌게 될 거라고 하셨다.
③ 소작 따위로 농사를 짓다.
¶ 우리는 영수네 논을 벌어 먹고 살았다.

복합어

- **돈벌이**[돈:-] 명사 돈을 버는 일. ¶ 가정 형편이 어려워 어린 나이에 돈벌이에 나서야 했다.
- **뜬벌이** 명사 고정된 일자리가 아니라 어쩌다 생긴 일자리에서 일을 하여 돈을 버는 일.
- **막벌이** 명사 닥치는 대로 아무 일이나 해서 돈을 버는 일.
- **맞벌이** 명사 부부가 모두 직업을 가지고 돈을 벎.
- **밥벌이** 명사 ① 먹고 살기 위해서 일을 함. ② 겨우 밥이나 먹고 살 수 있을 만큼 돈을 벎.
- **벌리다**[벌:-] 피동사 올림말 '벌리다[1]' 참고.
- **벌이**[벌:-] 명사 돈 따위를 버는 일. ¶ 요즘은 불경기라 벌이가 신통치 않다.
- **벌이터**[벌:-] 명사 벌이하는 일터. 직장(職場).
- **벌잇줄**[벌:-] 명사 올림말 '벌잇줄' 참고.

속담

- **버는 자랑 말고 쓰는 자랑 하랬다** 쓰는 자랑을 하려면 돈을 모아 놓아야 하므로 돈을 잘 모으라는 뜻으로 하는 말. 또는 돈을 버는 것도 중요하지만, 잘 쓰는 것이 더 중요하다는 뜻으로도 쓴다.

벌리다[1] 동사
[벌:-]

규11-0 벌리고, 벌리므로, 벌리어/벌려, 벌린, 벌립니다, 벌리었다/벌렸다

피동사

(주로 '돈이 벌리다'의 꼴로 쓰이어) 노력의 대가로 돈이 얻어지다. '벌다[2]'의 피동형.

¶ 요즘은 손님이 줄어서 돈이 잘 벌리지 않는다.

벌리다[2] 동사
[벌:-]

규11-0 벌리고, 벌리므로, 벌리어/벌려, 벌린, 벌립니다, 벌리었다/벌렸다

타동사

① 사이를 넓히다.

¶ 조금씩 간격을 벌려서 서로 팔이 닿지 않도록 해라.

¶ 이번 경기에서 2등과 점수 차이를 더욱 벌려 놓았다.

¶ 친하게 지내던 두 사람 사이를 벌려 놓은 것은 돈이었다.

② (접거나 우므린 것을) 펴다.

¶ 답답할 때는 입을 크게 벌려 소리를 질러 보아라.

¶ 다리를 어깨너비만큼 벌리고 섰다.

③ 껍질 따위를 열어 젖혀서 속의 것을 드러내다.

¶ 밤송이를 벌려서 알밤을 꺼냈다.

④ (바둑에서) 제 돌의 옆쪽으로 한두 칸 멀리 놓다.

¶ 화점 쪽으로 두 칸을 벌려서 돌을 놓았다.

관용 표현

- **벌리나 오므리나** 이렇게 하나 저렇게 하나. ¶ 벌리나 오므리나 일만 하면 되는 것 아닌가?

속담

- **벌린 입을 다물지 못하다** ① 몹시 감탄하거나 어이없어하다. ¶ 네 말이 하도 기가 막혀서 벌린 입을 다물지 못하겠다. ② 한번 시작한 이야기를 그치지 못하다.

▶ '벌리다'와 '벌이다'의 차이는 올림말 '벌이다' 참고.

× 벌린춤

'벌인춤'의 잘못.

벌이다 동사 [벌:-]

규11-0 벌이고, 벌이므로, 벌이어/벌여, 벌인, 벌입니다, 벌이었다/벌였다

타동사

① (일을) 계획하여 시작하다.

¶ 양궁 종목의 올림픽 우승을 축하하기 위하여 마을에서 잔치를 **벌였다**.

¶ 이제까지 하던 일을 정리하고 새로 사업을 **벌일** 만한 업종을 찾고 있다.

② 가게를 차리다.

¶ 퇴직을 한 사람들이 너도나도 음식점을 **벌이는** 바람에 망한 사람이 많다.

③ (여러 개의 물건을) 늘어놓다.

¶ 그는 언제나 책을 어지럽게 **벌여** 놓고 공부를 한다.

¶ 길거리에서 할머니 한 분이 냉이, 쑥, 달래 따위를 좌판에 **벌여** 놓고 팔았다.

④ 전쟁이나 말다툼 따위를 하다.

¶ 일본은 우리나라 땅에서 청나라와 전쟁을 **벌이고** 우리나라에 전쟁 배상금을 요구했다.

¶ 이번 한글날에는 한국어 정책에 관해서 토론을 **벌이기로** 했다.

⑤ 놀이판이나 노름판 따위를 차려 놓다.

¶ 설날에 온 식구들이 윷판을 **벌이고** 한바탕 놀았다.

복합어

- **벌인춤**[벌:-] 명사 올림말 '벌인춤' 참고. ×벌린춤
- **벌임새**[벌:-] 명사 ① 사물을 많이 벌이어 놓은 모양새. ② 일을 많이 벌이어 놓은 형편.

속담

- **벌여 놓은 굿판** 이미 시작한 일이라 중간에 그만둘 수 없는 처지의 일을 이르는 말. ¶ 벌여 놓은 굿판이니까 열심히 하는 수밖에 딴 도리가 없지.

'벌리다'와 '벌이다'

'벌리다'는 가까이 있는 두 물건 사이를 멀게 함을 기본 뜻으로 한다. 오므린 입술을 벌리고, 닫힌 문

을 열고, 가깝게 지내던 두 사람 사이를 떼어 놓는 경우에 쓴다. 이에 비해서 '벌이다'는 이것저것을 여기저기에 늘어놓는 것을 기본 뜻으로 한다. 일을 새로 시작하는 경우에도 '벌이다'를 쓴다.

벌이줄 명사 [벌:-]

① 물건을 버티어서 이리저리 벌이어 매는 줄.
¶ 천막을 치려고 사방에 벌이줄을 벌여서 말뚝에 매었다.
② 연을 매는 꽁숫줄, 머릿줄, 활벌이줄의 총칭.
¶ 방패연을 만들려면 대오리에 창호지를 붙이고 벌이줄을 잘 매어야 한다.

관용 표현

- **벌이줄을 잡다** 종이 연에 벌이줄을 벌여 매다.

'벌이줄'과 '벌잇줄'
'벌이줄'은 '벌이는 줄'의 뜻으로, 동사 '벌이다'의 어간에 '줄'을 붙여 만든 복합어이다. 따라서 '벌이'와 '줄' 사이에 사이시옷은 나타나지 않는다. 그러나 명사 '벌이'와 '줄'을 합성하여 복합어로 쓸 때에는 사잇소리가 덧붙어 '벌잇줄'이라고 표기한다. 돈을 벌 수 있는 길을 뜻하는 '벌이+줄'은 '벌잇줄'이다.

벌인춤 명사 [벌:-]

이미 시작하여 중간에 그만둘 수 없는 일을 이르는 말. ×벌린춤
¶ 기왕 벌인춤이니 죽으나 사나 끝까지 해 봐야지.

'벌인춤'과 '벌린춤'
'벌인춤'을 '벌린춤'이라고 쓰면 안 된다. '일을 벌이다'를 '일을 벌리다'라고 하면 안 되는 것과 같은 이치이다. '벌이다'와 '벌리다'는 다른 말이다.

벌잇줄 명사 [벌:-]

돈을 버는 길 또는 방도. 벌이가 되는 일. 벌잇길.

¶ 요즘은 벌잇줄이 끊어져서 집에서 놀고 있다.

¶ 벌잇줄을 하나 잡으려고 여기저기 다녀 보고 있다.

▶ '벌잇줄'과 '벌이줄'의 차이는 올림말 '벌이줄' 참고.

벗겨지다 동사

규11-0 벗겨지고, 벗겨지니, 벗겨지어/벗겨져, 벗겨진, 벗겨집니다, 벗겨지었다/벗겨졌다

피동사

① 덮이거나 씌워진 물건이 외부의 힘으로 떼어지거나 떨어지다.

¶ 버선이 꽉 끼어 잘 벗겨지지 않는다.

¶ 이 귤은 껍질이 잘 벗겨진다.

¶ 어찌나 단단히 채웠는지 빗장이 쉽게 벗겨지지 않는다.

② 사실이 밝혀져 죄나 누명 따위에서 벗어나다.

¶ 대법원의 판결로 아버지의 누명이 벗겨졌다.

'벗기다'와 '벗겨지다'

이 두 낱말에는 매우 중요한 의미 차이가 있다. 피동사 '벗기다'는 타동사 '벗다'의 피동형으로 주어가 '벗는' 행동을 당하는 것이다. 이에 비해서 '벗겨지다'는 사동사 '벗기다'의 피동형으로 주어가 '벗기는' 행동을 당하는 것이다.

① 사람이 옷이 벗긴 채 쓰러져 있다.

② 사람이 옷이 벗겨진 채 쓰러져 있다.

예문①은 단순히 옷이 벗어진 상태를 가리킨다. 그 사람이 옷을 벗었을 수도 있고, 바람이 불어서 옷이 벗어졌을 수도 있다. 어쨌든 현재 상태는 그 사람이 옷을 입지 않은 상태임만 확인할 수 있다. 만일 '옷을 벗은 채'라고 했다면 죽은 사람이 스스로 옷을 벗었다는 뜻이 된다. 따라서 '옷을 벗은 채'라고 할 수 없고, 누군가 이 사람의 옷을 벗겼을 것으로 본다면 예문②처럼 써야 한다. 누군가 옷을 벗겼기 때문에 이 사람의 옷은 '벗겨진' 상태이고, 따라서 '벗겨진 채'라고 표현한 것이다.

▶ '벗겨지다'와 '벗어지다'의 차이는 올림말 '벗어지다' 참고.

벗기다[1] 동사

규11-0 벗기고, 벗기어/벗겨, 벗기는, 벗긴다, 벗깁니다, 벗기었다/벗겼다

타동사

① 가죽이나 껍질 따위를 떼어 내다.

¶ 마늘 껍질을 벗기는 일도 만만한 일은 아니다.

② 거죽을 긁어내다.

¶ 요즘은 목욕탕에서 때를 벗기는 사람이 별로 없다.

¶ 대문의 하얀 칠을 벗기고 파란 칠을 하려 한다.

③ 씌운 것을 열거나 걷어 내다.

¶ 장독 뚜껑을 좀 벗겨 다오.

④ 빗장이나 단추 따위를 풀어서 열리게 하다.

¶ 문고리를 벗기고 문을 열어 보았다.

⑤ 감추어진 것을 드러나게 하다.

¶ 과학자들이 우주의 신비를 벗기는 작업을 진행하고 있다.

⑥ (비유하여) 남의 물건 따위를 뜯어내다.

¶ 친구를 벗겨 먹으면 결국 신뢰를 잃게 된다.

사동사

① 벗게 하다.

¶ 아이의 등에서 배낭을 벗기고 쉬게 하였다.

② 벗어나게 하다.

¶ 그가 진실을 밝힘으로써 나의 누명을 벗겨 주었다.

벗기다[2] 동사

규11-0 벗기고, 벗기어/벗겨, 벗기는, 벗긴다, 벗깁니다, 벗기었다/벗겼다

자동사

(입거나 신거나 쓰거나 걸치고 있던 것이) 몸에서 떼어내지다. '벗다'의 피동형.

¶ 옷이 벗긴 상태로 죽어 있었다.

벗어지다 동사

규11-0 벗어지고, 벗어지니, 벗어지어/벗어져, 벗어진, 벗어집니다, 벗어지었다/벗어졌다

자동사

① 덮이거나 씌워진 물건이 흘러내리거나 떨어져 나가다.

¶ 신발이 커서 자꾸 벗어진다.

¶ 마루의 칠이 벗어져 보기가 흉하다.

② 누명이나 죄 따위가 없어지다.

¶ 이번 판결로 네 누명이 벗어져 다행이다.

¶ 그런 변명으로는 네 혐의가 벗어지지 않는다.

③ 머리카락이나 몸의 털 따위가 빠지다.

¶ 요즘은 젊은이들 중에도 이마가 벗어진 사람들이 많이 보인다.

④ 피부나 거죽 따위가 깎이거나 일어나다.

¶ 땅에 넘어져서 무릎이 벗어졌다.

⑤ 때나 기미 따위가 없어져 미끈하게 되다.

¶ 이 약을 발랐더니 기미가 벗어지더라.

¶ 서울에 오래 살아서 그런지 그에게서는 촌티가 벗어지고 없었다.

'벗어지다'와 '벗겨지다'

'벗겨지다'와 '벗어지다'는 각각 '벗기다'와 '벗다'에 피동 구문 '-어 지다'가 합쳐진 형태이다. 따라서 '벗기다'와 '벗다'의 피동을 생각하면 구별할 수 있다. '벗겨지다'는 '벗기는 행위'가 주어의 힘이 아닌 다른 힘으로 이루어짐을 가리킨다. 즉, 다른 주체가 벗겼음을 의미한다.

¶ 아이 신이 좀처럼 벗겨지지 않는다. (사람이 신을 벗긴다.)

¶ 귤껍질이 잘 벗겨진다. (사람이 귤껍질을 벗긴다.)

¶ 이번 판결로 내 누명이 벗겨졌다. (이번 판결이 내 누명을 벗겼다.)

이에 비해서 '벗어지다'는 '벗다'의 피동형이다.

¶ 신이 좀처럼 벗어지지 않는다. (내가 신을 벗는데 잘 안 된다.)

¶ 바람이 부니 모자가 벗어졌다. (모자가 스스로 벗지 않고 바람 때문에 벗게 되었다.)

¶ 이번 판결로 내 누명이 벗어졌다. (판결의 결과로 누명을 벗게 되었다.)

따라서 '벗기는' 행위가 있을 수 없는 경우에 '벗겨지다'를 쓰면 안 된다.

¶ 이마가 벗겨졌다(×). → 벗어졌다

¶ 마루의 칠이 벗겨져(×) 보기 흉하게 되었다. → 벗어져

베다[1] 동사
[베ː-]

규11-0 베고, 베니, 베어/베, 베어라/베라, 베는, 벤, 벱니다, 베었다/벴다

타동사

(베개 따위를) 받치다.

¶ 베개를 너무 높게 베면 건강에 안 좋다고 한다.

복합어

- **돌베개**[돌ː-] 명사 ① 베개 삼아 베는 반반한 돌. ② 돌로 만든 베개.
- **베개** 명사 누울 때 머리를 괴는 물건.
- **베갯머리송사**(-訟事)[베ː갠-] 명사 잠자리에서 아내가 남편에게 바라는 바를 속살거리며 청하는 일. 베갯밑송사. 베갯밑공사(-公事).
- **팔베개** 명사 팔을 베개 삼아 머리나 고개를 받침.
- **팔베개하다** 자동사 팔을 베개 삼아 머리나 고개를 받치다.

관용 표현

- **베개 너머 송사**(訟事) 잠자리에서 아내가 남편에게 바라는 바를 속살거리며 청하는 일. 베갯밑공사. 베갯밑송사. 배갯머리송사.
- **베개를 높이 베다** 안심하고 편안하게 푹 자거나 태평스럽게 지내다. ¶ 이제 나이 든 딸을 시집보냈으니 베개를 높이 벨 수 있겠구나.

베다[2] 동사
[베ː-]

규11-0 베고, 베니, 베어/베, 베어라/베라, 베는, 벤, 벱니다, 베었다/벴다

타동사

(칼 따위로) 끊거나 자르거나 가르다.

¶ 요즘은 사람 손으로 벼를 베지 않고 대부분 콤바인을 사용한다.

복합어

- **베내다**[베ː-] 타동사 =베어내다

ㅂ

• **베어내다**[베ː-] 타동사 (얼마쯤을) 따로 떼어 내다. 베내다.

관용 표현

• **베어 먹다** ① (얼마쯤을) 베어서 먹어 버리다. ② (이 물건이 저 물건을) 무질러서 끊어지게 하다.

• **베어 버리다** (얼마쯤을) 떼어 버리다.

> **'베다', '자르다', '끊다', '썰다'**
> 세로로 서 있는 사물을 칼을 사용하여 가로로 나누는 행위를 '베다'라고 한다. 그 밖에 긴 물건을 나누는 행위는 '자르다'이다. 풀이나 잔디 또는 나무는 베는 대상이고, 실이나 밧줄은 자르는 대상이다. '끊다'는 이어진 상태를 잘라서 이어지지 않은 상태로 만드는 행위이다. 긴 물건을 가로로 놓고 세로로 자르는 행위를 '썰다'라고 한다. '썰다'와 '베다'는 자르는 방향이 세로 방향인지 가로 방향인지에 따라서 구별된다.

▶ '베다'와 '에다'의 차이는 올림말 '에다' 참고.

벼르다[1] 동사

불11-6 벼르고, 벼르니, 벼른다, 벼릅니다, 별러, 별러서, 별렀다

타동사

(마음을) 도사려 먹다. 어떤 일을 이루려고 마음속으로 준비를 단단히 하고 기회를 엿보다.

¶ 그가 오기를 벼르고 있었지만 막상 그가 나타나니 아무 말도 하지 못했다.

¶ 이번에는 꼭 합격하겠다고 벼르고 별렀지만 아쉽게도 합격하지 못하였다.

복합어

• **벼름벼름** 부사 무슨 일을 하려고 자꾸 벼르는 모양.

속담

• **벼르던 아기 눈이 먼다** ① 몹시 기대하던 일이 이루어졌으나 뜻밖에도 탈이 생김을 빗대는 말. ② 잘하려고 기다리며 벼르던 일이 도리어 실수하여 낭패하기 쉬움을 빗대는 말.

• **벼르던 제사 물도 못 떠 놓는다** 잘하려고 준비한 일을 도리어 제대로 못하게 되는 수가 많음을 빗대어 이르는 말.

벼르다[2] 동사

불11-6 벼르고, 벼르니, 벼른다, 벼를, 벼릅니다, 별러, 별러서, 별렀다

타동사

일정한 비례에 따라서 여러 몫으로 나누다. 배당하다.

¶ 떡을 여러 그릇에 별러 이웃에 돌렸다.

복합어

- **벼름** 명사 일정한 비례에 따라서 고르게 나누어 주는 일. 배당(配當).
- **벼름하다** 타동사 비례에 맞추어서 여러 몫으로 고르게 나누어 주다.

▶ '벼르다'와 '벼리다'의 차이는 올림말 '벼리다' 참고.

ㅂ

벼리다 동사

규11-0 벼리고, 벼리지, 벼리어/벼려, 벼린다, 벼릴, 벼립니다, 벼리었다/벼렸다

타동사

① (무디어진 날을) 불에 달구어 두드려서 날카롭게 하다.

¶ 요즘은 대장간이 없어서 호미 같은 농기구를 벼리기 어렵다.

② (마음을) 긴장시키거나 가다듬어 가지게 만들다.

¶ 이번 싸움에서 생사가 결정되니 투지를 한껏 벼려 놓아야 한다.

복합어

- **벼림질** 명사 날이 둔한 연장을 불에 달구어 두드려서 날을 세우거나 날카롭게 하는 일.
- **벼림질하다** 자동사 타동사 벼리는 일을 하다. ¶ 오랫동안 대장간에서 벼림질하며 익힌 솜씨일 따름이다.

속담

- **벼린 도끼가 이 빠진다** 공을 들여 잘 해 놓은 것이 오히려 빨리 탈이 난다는 말.

'벼르다'와 '벼리다'

'벼르다'는 자기가 자기 마음을 단속하는 행위이다. 이에 비해서 '벼리다'는 자기 마음을 단속하기도

하지만 다른 사람의 마음을 단속하는 경우에 더 많이 쓴다. 경기에 나가는 선수가 이번에 꼭 이기겠다고 생각하는 일은 '벼르는' 것이고, 감독이 그 선수에게 투지를 심어 주는 일은 '벼리는' 것이다.

'벼리다'와 '갈다'

두 낱말은 모두 무디어진 날을 날카롭게 만드는 행위이나 날카롭게 만드는 방법에 따라서 달리 쓴다. '벼리다'는 쇠를 불에 넣어서 달군 다음에 쇠메로 두드려서 날을 세워 날카롭게 만드는 일이고, '갈다[2]'는 쇠를 숫돌이나 다른 쇠붙이에 대고 문질러서 날을 세워 날카롭게 하는 일이다.

대체로 '벼리다'는 집에서 할 수 없는 일이고, '갈다'는 집에서 누구나 할 수 있는 일이며, '벼리다'는 갈아서 쓸 수 없을 정도로 날이 빠진 경우에 쓰는 방법이기도 하다.

벼슬 명사

① (옛날에) 관아에 나가서 나랏일을 맡아 다스리는 자리. 또는 그런 일. 관직.

¶ 과거에 급제해야 벼슬을 할 수 있었다.

② 어떤 기관이나 직장 따위에서 일정한 직위를 속되게 이르는 말.

¶ 과장이 무슨 벼슬이라고 저렇게 오만한지 모르겠다.

복합어

- **벼슬길** 명사 벼슬아치 노릇을 하는 길. ¶ 그는 나이 스물에 과거에 급제하여 벼슬길에 올랐다.
- **벼슬덤** 명사 공직에 있는 사람이 그 직책 덕분에 사사롭게 얻는 수입이나 이득을 이르는 말.
- **벼슬살다** 자동사 벼슬을 지내다. ¶ 저 사람이 벼슬살던 때는 집에 드나드는 사람이 끊이지 않았다.
- **벼슬살이** 명사 벼슬아치 노릇을 하는 일. ¶ 나라가 혼란스러워지자 벼슬살이가 가시방석이 되었다.
- **벼슬살이하다** 자동사 벼슬아치 노릇을 하다. 벼슬살다.
- **벼슬아치** 명사 관청에 나가서 나랏일을 맡아보는 사람. '구실아치'보다 높은 품계이다.
- **벼슬자리** 명사 벼슬의 직위. ¶ 요즘에도 벼슬자리 얻으려고 예사로이 청탁을 넣고 뇌물을 건넨다.
- **벼슬 장사** 명사 벼슬을 팔아 재산을 모으는 짓. ¶ 나라가 어지러우면 벼슬 장사를 하는 자들이 있다.
- **벼슬하다** 자동사 ① 벼슬아치가 되거나 벼슬길에 오르다. ② 여자가 아이를 밴 일을 이르는 말. ¶ 우리 며느리가 지금 벼슬하고 있으니 잘 보살펴라.
- **빠꿈벼슬** 명사 예전에 곡물, 은, 돈 따위의 뇌물로 공명첩을 사서 얻은 벼슬을 이르던 말.

속담

- **벼슬은 높이고 뜻은 낮추어라** 지위가 높을수록 마음을 낮추어 겸손해지라는 말.
- **벼슬하기 전에 일산 준비** 과거에 급제하기도 전에 높은 벼슬아치들이 쓰는 일산을 마련한다는 뜻으로, 일이 장차 어떻게 될 것인지도 모르면서 다 된 것처럼 서둘러 준비를 한다는 말.

'벼슬'과 '볏'

흔히 닭의 '볏'을 '벼슬'로 쓰는데 이는 잘못이다. 아래 문장에서 사용한 '닭 벼슬'은 '닭 볏'의 잘못이다. (올림말 '볏' 참고.)

¶ 종교인의 직위란 닭 벼슬(×)만도 못한 것. 종교인은 오로지 빛과 소금이 되는 행실로 써 평가받고 존경받을 뿐이다. → 볏

변상 명사 (辨償)[변: -]

① 빚을 갚음.

② 남에게 입힌 손해를 돈이나 물건으로 물어 줌.

¶ 택배로 받은 물건이 파손되어 변상을 받았다.

③ 지은 죄과를 재물로 갚음.

¶ 업무상 횡령죄는 추후 변상을 했더라도 무죄로 인정받기 어렵다.

복합어

- **변상하다**(辨償-)[변: -] 타동사 ① 남에게 진 빚을 갚다. ¶ 빨리 노름빚을 변상하시오. ② 남에게 입힌 손해를 물어 주다. ¶ 계약을 위반하면 계약금의 배를 변상하기로 하였다. ③ 지은 죄과를 재물로 갚다. ¶ 빌린 책을 파손하면 같은 책으로 변상하여야 한다.

'변상', '배상', '보상'의 차이

세 낱말이 모두 다른 사람에게 입힌 피해를 물어 줌을 의미하는데, '변상'은 '배상[2](賠償)'와 '보상[1](補償)'을 포괄하는 넓은 의미로 쓰고, '배상'과 '보상'은 법률적으로 특별하게 쓰는 단어이다. '배상'은 불법행위로 상대에게 끼친 손해를 물어 준다는 뜻이고, '보상'은 적법 행위로 상대에게 부당하게 끼친 손해를 물어 준다는 뜻이다.

변조 명사 (變造)[변ː-]

① (이미 만들어진 물체를) 손을 대어 고쳐 만듦.
¶ 과학적인 수사로 그림이 **변조**임을 밝혔다.
② 문서나 유가 증권 따위의 형태나 내용을 고침.
¶ 어음의 **변조**란 이미 적법하게 성립하고 있는 어음 증권에 기재된 금액이나 그 밖에 어음 채무의 내용을 권한 없이 변경하는 행위를 말한다.

복합어

• **변조하**다(變造-)[변ː-] 타동사 ① 만들어진 물체를 고쳐서 다르게 만들다. ② 문서나 유가 증권 따위의 형태나 내용을 고치다.

'변조'와 '위조'

'변조(變造)'는 이미 만들어진 것의 내용에 새로운 내용을 더 넣거나 빼거나 다르게 고치거나 하는 것을 말하고, '위조(僞造)'는 처음부터 가짜로 만드는 것을 가리킨다. 따라서 '변조'는 반드시 고친 흔적이 있어야 한다. 고친 흔적이 없는데 가짜인 것은 처음부터 잘못 만든 것으로서 '위조'에 해당한다.

별다르다 형용사 (別-)

불20-6 별다르고, 별다르게, 별다른, 별달라서, 별달랐습니다

(주로 부정어와 함께 쓰이어) 다른 것과 특별히 다르다.
¶ 천재의 작품이라고 하지만 실제로 보면 **별다**른 것이 없더라.
¶ 노력을 많이 했지만 **별다**른 성과는 거두지 못했다.
¶ 이런 일로 의기소침하거나 **별다르게** 생각하지 않기를 바란다.
¶ 그 아이는 어려서부터 **별달랐**던 것 같다.

복합어

• **별달리**(別-) 부사 다른 것과 특별히 다르게. ¶ 우리 고장은 10년 전이나 지금이나 **별달리** 변하지 않았다. / 시골이라 **별달리** 대접할 것이 없어서 달걀 한 줄 삶아 왔다.

별로 부사 (別-)

① (부정하는 말과 함께 쓰이어) 그다지. 따로 달리.
¶ 나는 그에 대하여 별로 할 말이 없다.
¶ 나이 들면서 기억력이 별로 좋지 않다.
¶ 한겨울인데도 별로 추운 줄 모르겠다.
② (전통적인 어법으로) 특별히. 보통과 다르게.
¶ 오늘 이런 곳에서 너를 만나니 별로 반갑구나.
¶ 오늘이 무슨 날인지 반찬이 별로 좋구나.

별스럽다 형용사 (別-)

불21-3 별스럽고, 별스러우니, 별스러우므로, 별스러워, 별스러운, 별스럽소, 별스럽습니다, 별스러웠다

남다르게 이상하다. 별다른 것이 보이다. 유별나다.
¶ 무슨 꽃인지 참 별스럽게 생겼구나.
¶ 요즘은 유럽 여행이 그리 별스러운 일이 아니다.
¶ 별스러운 반찬이 없어도 집밥이 좋다.
¶ 저도 다른 아이들과 다르지 않으니 저를 별스럽게 생각하지 마세요.

복합어

- **별스레**(別-) 부사 보기에 보통과는 다른 데가 있게. ¶ 올여름은 별스레 더위가 심하다.

'별다르다', '별스럽다', '별로'의 부정적 쓰임

이 세 낱말은 원래 특별함을 나타내기 위해서 만들어진 말이다. '별다르다'는 특별히 다름을 뜻하고, '별스럽다'는 '특별한 데가 있음'을 뜻하며, '별로'는 '특별하게'를 뜻하는 말이다. 그런데 이 말들을 한결같이 긍정적인 뜻에서 벗어나 부정적인 용도로 쓴다. '별다르지 않다', '별다르게 보이지 않는다', '별스럽지 않다', '별스러운 것이 아니다', '별로 좋지 않다', '별로 크지 않다'처럼 모두 뒤에 부정하는 의미가 있는 표현과 어울리고 있다. 언어를 긍정적으로 사용할 환경이 만들어지지 못해서 언어를 부정적으로 사용하는 일이 벌어진 것이라고 말할 수 있다.

볏 명사

① 닭이나 새 따위의 이마 위에 톱니처럼 붙은 붉은 살 조각. ×벼슬
¶ 옆집 수탉이 우리 수탉의 볏을 쪼아서 피를 흘리게 했다.
¶ 닭의 볏을 살펴보면 그 건강 상태를 쉽게 알 수 있다.
② 쟁기의 보습 위쪽에 비스듬하게 덧댄 쇳조각. 한쪽으로 뒤틀려 있어서 보습으로 갈린 흙이 볏의 뒤틀린 방향에 따라서 한쪽으로 떨어지게 된다.
▶ '볏'과 '벼슬'의 차이는 올림말 '벼슬' 참고.

볕 명사

해에서 오는 따뜻하고 밝은 기운. 햇볕.
¶ 오늘은 볕이 좋아서 빨래가 잘 마르겠다.

복합어

- **땡볕** 명사 따갑게 내리쬐는 뜨거운 볕.
- **볕가리개** 명사 햇볕을 가리기 위해 치는 포장이나 천막.
- **볕기**(-氣) 명사 햇볕의 기운.
- **볕들**다 자동사 (안쪽이나 으슥한 곳에) 볕이 비치다.
- **볕뉘**[변-] 명사 ① 생물에게 끼쳐 주는 햇볕의 기운이나 혜택. ② 높은 사람이나 윗사람에게서 받는 보살핌이나 혜택.
- **볕바라기** 명사 양달에서 따뜻한 볕을 쬐는 일.
- **볕바라기하**다 자동사 양달에서 볕을 쬐다.
- **볕바래기** 명사 베나 무명 따위를 볕에 쬐어 바래는 일. 마전. 포백(曝白).
- **볕바래기하**다 타동사 베나 무명 따위를 볕에 쬐어 바래다.
- **볕바르**다 형용사 볕이 바로 비치어 밝고 따뜻하다. ¶ 볕바른 데서 자라는 풀은 이미 꽃을 피웠는데 응달에서 자라는 풀은 이제 겨우 꽃대가 나오고 있다.
- **볕받이**[-바지] 명사 볕이 잘 드는 곳. 양지(陽地).
- **볕살** 명사 내쏘는 햇빛.
- **햇볕** 명사 '볕'을 해에서 나오는 볕임을 강조하기 위하여 쓰는 말.

속담

- **구년(九年) 홍수에 볕 기다리듯** 몹시 애타게 기다린다는 말.

> **'볕'과 '빛'**
>
> 밝게 만드는 것을 '빛'이라고 한다. '빛'에는 색감에 따라서 여러 가지가 있지만 어떻든 빛이 비치면 어둠이 물러가고 밝아진다. 빛 가운데 가장 대표적인 것이 해가 보내는 햇빛이다. 그리고 햇빛은 따뜻한 기운까지 실어오는데 이 따뜻한 기운을 '볕' 또는 '햇볕'이라고 부른다. 햇빛이 아니라도 물질이 타거나 온도가 매우 높아지면 거기서 빛과 열이 나온다. 물질이 탈 때에 생기는 빛에도 따뜻한 기운이 있지만 이것을 '볕'이라고 부르지는 않는다. '볕'이라고 하면 으레 '햇볕'을 뜻한다.

보고 조사

부사격 조사

(사람이나 동물을 나타내는 체언 뒤에 붙어) 어떤 행동이 미치는 대상임을 나타내는 말.

¶ 그거 나보고 하는 소리냐?

¶ 우리보고 이 일을 해 놓으라고 하더라.

> **조사 '보고', '더러', '한테'의 쓰임새**
>
> ① '보고'와 '에게'는 의미와 기능이 거의 같은 부사격 조사이다. '보고'는 주로 입말에서 쓰고, '에게'는 입말과 글말에서 두루 쓴다.
>
> ¶ 지금 나보고 하는 말이냐?
>
> ¶ 그가 나에게 선물을 보내겠다고 알려 왔다.
>
> ② '더러[2]'는 부사격 조사 구실을 하기도 하고, 뒤에 오는 서술어의 주격 조사 구실을 하기도 한다.
>
> ¶ 누가 너더러 가라고 하더냐?
>
> 위 예문에서 '더러'는 '에게'와 같은 부사격 조사의 구실을 하면서 뒤에 오는 '가다'의 주어를 만드는 주격 조사로도 쓰임을 볼 수 있다.
>
> ③ '한테'는 '에게'와 의미와 기능이 같은 부사격 조사이다. '한테'도 주로 입말에서 쓴다. '한테'는 대상을 아주 좁히어 특정할 수 있는 사람에게만 쓰고 막연한 대상에게는 쓰지 않는다.
>
> ¶ 영수한테 물어 보아라. (구체적인 대상을 가리킨다.)
>
> ¶ 사람에게 삶이란 어떤 의미가 있는 걸까? (막연한 대상을 가리킨다.)

보다[1] 동사

규10-0 보고, 보는, 본, 볼, 봅니다, 보아/봐, 보아라/봐라, 보았다/봤다

타동사

① 눈으로 (무엇을) 느끼다.

¶ 창가에 앉아서 오가는 사람을 유심히 **보고** 있다.

② 맡아서 지키다.

¶ 혼자 집을 **보고** 있는데 옆집 아주머니가 돌떡을 가지고 오셨다.

③ (일을) 처리하다.

¶ 내 급한 일 좀 **보고** 갈 테니 먼저 가게.

④ 알려고 살피다.

¶ 전세 얻을 집을 **보러** 다녔다.

¶ 의사가 환자를 **보는** 시간이 정해져 있다.

⑤ (사람을 가족의 일원으로) 얻다.

¶ 자네 벌써 며느리 **보았다며**?

⑥ 판단하거나 고려하다.

¶ 상황을 잘 **보고** 결정해야 된다.

¶ 그 사람은 우리를 만만하게 **본다**.

⑦ 당하거나 치르다.

¶ 이익을 **보거나** 손해를 **보거나** 그것으로 마음이 흔들리면 안 된다.

⑧ 대하거나 만나다.

¶ 친구를 **보러** 나갔다가 그 사고를 당하게 되었어.

⑨ 감상하거나 구독하다.

¶ 우리는 신문을 안 **본다**.

¶ 어제는 영화를 **보러** 갔다.

⑩ (직무를) 맡아서 하다.

¶ 이번 행사에서 사회를 **보기로** 했다.

¶ 내가 유격수를 **볼** 테니 네가 이루수를 **보아라**.

⑪ (상을) 차리다.

¶ 손님이 오셨으니 상을 좀 **보아라**.

⑫ (음식의 맛이나 간을 알기 위해) 조금 먹어 보다.

¶ 찌개 간을 좀 **보세요**.

보조 동사

① ('-아/-어 보다'의 형태로 쓰이어) 시험 삼아 또는 일단 한다는 뜻을 나타내는 말.

¶ 내 말을 한번 믿어 **보시오**. 결과가 나쁘면 내가 책임을 지겠소.

¶ 이 수박 좀 먹어 **봐라**.

¶ 내일 삼수갑산을 가더라도 오늘은 먹고 **보자**.

¶ 어른이 시키면 하는 시늉이라도 하고 **보아라**.

② ('-아/-어 보다'의 형태로 쓰이어) 경험을 나타내는 말.

¶ 그런 음식은 먹어 **본** 적이 없다.

¶ 그를 한 번쯤 만나 **본** 일이 있다.

③ ('-고 보면' 또는 '-고 보니'의 형태로 쓰이어) 결과를 겪거나 내용을 깊이 인식함을 나타내는 말.

¶ 알고 **보면** 나도 부드러운 남자라오.

¶ 한 세상을 살고 **보니** 힘든 날이 있으면 웃을 날도 있더라.

④ ('-다 보면'의 형태로 쓰이어) '때로는 그런 경우가 있음'을 가리키는 말.

¶ 일을 하다 **보면** 잘못 되기가 다반사지.

¶ 졸다 **보면** 내릴 정거장을 놓치기 쉽다.

⑤ (-기만 해 봐'의 형태로 쓰이어) 그것을 허용하지 않겠다는 뜻을 나타내는 말.

¶ 나더러 가라고 하기만 해 **봐**, 가만있나.

¶ 이걸 먹기만 해 **봐라**!

복합어

- **가려보다** 타동사 ① 구별하여 알아보다. ¶ 유럽에 가면 일본 사람과 한국 사람을 **가려보지** 못하는 경우가 흔하다. ② 진리나 가치 따위를 판단하여 알아내다. ¶ 사람은 옳고 그름을 **가려보는** 눈을 가져야 한다.
- **거들떠보다** 타동사 (흔히 부정어 앞에 쓰이어) 알은체를 하거나 관심 있게 보다. ¶ 그 여자는 젊었을 적에 웬만한 남자는 **거들떠보지도** 않았다.
- **건너다보다** 타동사 ① 건너편에 있는 것을 쳐다보다. 건너보다. ¶ 강 맞은편을 **건너다보니** 벌써 우리를 데려갈 사람들이 기다리고 있었다. ② 부러워하거나 탐내서 넘보다.
- **굽어보다** 타동사 ① 높은 곳에서 고개나 허리를 굽혀 아래를 내려다보다. ¶ 고갯마루에서 마을을 **굽어보니** 무척 평화롭게 느껴졌다. ② 아랫사람이나 불우한 사람을 돌보아 주려고 사정을 살피다.
- **깔보다** 타동사 얕잡아 보다. ¶ 아이들이 어리다고 **깔보았다가는** 큰코다친다.
- **내다보다** 타동사 ① 안에서 밖을 보다. ¶ 창밖을 **내다보니** 눈이 내린다. ② 먼 곳을 보다. ¶ 동쪽 하늘을 **내다보니** 아침놀이 장관이었다. ③ 앞일을 미리 헤아리다.
- **내려다보다** 타동사 ① 위에서 아래를 향하여 보다. ② 낮추어 보다. ¶ 돈 좀 있다고 돈 없는 사람을 내

ㅂ

려다보는 사람이 있다.

- **노려보**다 타동사 ① 미운 감정으로 어떠한 대상을 매섭게 계속 바라보다. ② 탐이 나서 눈독 들여 겨누어 보다. ¶ 아이 셋이 하나 남은 빵을 잔뜩 노려보고 있다.
- **눈여겨보**다 타동사 주의 깊게 잘 살펴보다. ¶ 아이가 친구들과 어울려 노는 모습을 눈여겨보았다.
- **대보**다[대:-] 타동사 서로 견주어 보다. ¶ 누가 더 큰지 대보자.
- **돌보**다[돌:-] 타동사 관심을 가지고 보살피다.
- **돌아보**다 타동사 ① 고개를 돌려 보다. ② 지난 일을 다시 생각하여 보다. ¶ 지난 10년을 돌아보니 어떻게 그 모진 세월을 살아 왔는지 만감이 교차한다. ③ 돌아다니면서 두루 살피다. ¶ 사장은 공장을 구석구석 돌아본 다음에 퇴근한다. ④ =돌보다
- **둘러보**다 타동사 주위를 이리저리 두루 살펴보다. ¶ 공장을 둘러보고 오겠다.
- **들여다보**다 타동사 ① 밖에서 안을 보다. ② 가까이서 자세히 살피다. ③ 어디에 들러서 보다. ¶ 친구가 가게를 새로 열었다니 잠깐 들여다보고 올게요.
- **떠보**다 타동사 ① 저울로 물건을 달아 보다. ② 남의 속뜻을 넌지시 알아보다. ③ 사람의 능력이나 됨됨이 따위를 헤아려 보다.
- **몰라보**다[몰:-] 타동사 ① 알 만한 사실이나 사물을 보고도 알아차리지 못하다. ¶ 아이가 몰라보게 컸더구나. ② 예의를 갖추어야 하는 상대에게 무례하게 굴다. ¶ 어른도 몰라보고 버릇없이 구는구나. ③ 진정한 가치를 제대로 평가하지 못하다.
- **물어보**다 타동사 무엇을 밝히거나 알아내기 위하여 상대편에게 묻다.
- **바라보**다 타동사 ① 어떤 대상을 바로 향하여 보다. ② 어떤 현상이나 사태를 관찰하다. ③ 기대나 희망을 걸다. ¶ 어머니는 오직 큰아들만 바라보고 산다. ④ 어떤 나이에 가깝게 다다르다.
- **보살피**다 타동사 ① 정성을 기울여 지키며 돕다. ② 이리저리 보아서 살피다. ¶ 이곳은 위험하니 주위를 보살피며 조심스레 걸어라. ③ 일 따위를 관심을 가지고 관리하거나 맡아서 하다. ¶ 당분간 네가 우리 집안일을 잘 보살펴 다오.
- **보잘것없**다 형용사 볼만한 가치가 없을 정도로 하찮다.
- **살펴보**다 타동사 ① 두루두루 자세히 보다. ② 무엇을 찾거나 알아보다. ③ 자세히 따져서 생각하다.
- **새겨보**다 타동사 ① 자세히 알기 위하여 주의하여 보다. ② 다시 곰곰이 생각해 보다.
- **선보**다[선:-] 타동사 사람의 좋고 나쁨, 마땅함과 마땅하지 않음을 알아보기 위하여 만나서 살펴보다.
- **손보**다 타동사 ① 결점이 없도록 잘 매만지고 보살피다. ¶ 고장 난 기계를 손보고 있다. ② (속되게) 혼이 나도록 몹시 때리거나 으르다. ¶ 그 녀석은 내가 손봐야겠다.
- **알아보**다 타동사 ① 조사하거나 살펴보다. ② 눈으로 보고 분간하다. ¶ 어두워서 얼굴을 알아보기 어렵다. ③ 잊어버리지 않고 기억하다. ¶ 아직 나를 알아보다니 고맙다. ④ 사람의 능력이나 물건의 가치 따위를 밝히어 알다. ¶ 그는 사람을 알아보는 능력이 있다.
- **얕보**다 타동사 실제보다 낮추어 깔보다. ¶ 상대를 얕보고 덤비다가는 낭패를 당하기 쉽다.

- **엿보다**[엳:-] 타동사 ① 남이 알아차리지 못하게 대상을 살펴보다. ② 어떤 사실을 바탕으로 실상을 미루어 알다. ③ 무엇을 이루고자 온 마음을 쏟아서 눈여겨보다. ④ 음흉한 목적을 가지고 남의 것을 빼앗으려고 벼르다.
- **올려다보다** 타동사 아래에서 위를 향하여 보다.
- **욕보다**(辱-) 자동사 ① 부끄러운 일을 당하다. ¶ 내가 잘못하면 부모가 욕본다. ② 몹시 고생스러운 일을 겪다. ¶ 어려운 일을 하느라고 욕봤다.
- **우러러보다** 타동사 ① 위를 향하여 쳐다보다. ② 마음속으로 공경하여 떠받들다.
- **지켜보다** 타동사 주의를 기울여 살펴보다. ¶ 내가 그의 움직임을 죽 지켜보고 있다.
- **쳐다보다**[처:-] 타동사 올림말 '쳐다보다' 참고.
- **해보다**[해:-] 자동사 대들어 맞겨루거나 싸우다. ¶ 네가 나와 한번 해보겠다는 거냐?
- **훑어보다** 타동사 ① (책이나 글을) 전체를 쭉 보다. ¶ 책을 한 번 훑어보기는 했어. ② 위아래로 또는 처음부터 끝까지 빈틈없이 눈여겨보다. ¶ 세 놓은 집을 꼼꼼히 훑어보는 눈이 예사롭지 않더라.
- **훔쳐보다** 타동사 남이 모르게 가만히 보다.
- **흉보다** 타동사 남의 결점을 들어 말하다.
- **흘겨보다** 타동사 못마땅하게 여겨 흘기는 눈으로 보다. ¶ 내가 할아버지 상에서 고기를 집어 먹으려 하자 어머니께서 나를 흘겨보셨다.

관용 표현

- **뚫어지게 보다** 매우 유심히 보다. 응시(凝視)하다. ¶ 그 사람은 무엇을 찾는 듯 어둠 속을 뚫어지게 보고 있었다.
- **보기 좋게** 거절하거나 지거나 하는 것이 마음이 후련할 만큼 철저하고 완전하게. ¶ 나는 그에게 보기 좋게 거절당하였다. / 그는 한 방에 보기 좋게 나가떨어지고 말았다.
- **보는 눈이 있다** 사람이나 일 따위를 평가하는 능력이 있다. ¶ 그는 사람을 보는 눈이 있어서 쓰는 사람마다 다 그에게 큰 도움을 주었다.
- **보다 못해** 더 참고 볼 수 없어서. ¶ 네가 하도 조르니까 그가 보다 못해 한마디 해 주는 것 같던데?
- **보란 듯이** 남이 보고 부러워하도록 자랑스럽거나 떳떳하게. ¶ 가장 약할 것으로 보았던 팀이 놀랍게도 보란 듯이 강팀을 모두 이기고 우승을 했다.
- **보자 보자 하다** 마음에 들지 않지만 참고 또 참다. ¶ 보자 보자 하니까 못 하는 소리가 없네.
- **볼 장 보다** 하려고 하는 바를 이루다. ¶ 우리는 볼 장 봤으니 다른 데로 가자.
- **볼 장(을) 다 보다** 일이 더 손을 쓸 수 없을 정도로 틀어지다. ¶ 남편이 도박에 빠져 그 집은 볼 장 다 보게 되었다.
- **상(床)을 보다** 상에 음식을 차리다. ¶ 어머니는 손님이 오셔 상을 보아야 한다면서 부엌으로 들어가셨다.

• **장(場)을 보다** 장에 가서 물건을 사거나 팔다. ¶ 아버지는 어머니와 함께 장을 보러 가셨다.
• **-(으)나 보다** 혼잣말로 말하는 어투. ¶ 비가 오나 보다.
• **-어(/-아) 보다** 한번 (시험 삼아 또는 일단) 하다. ¶ 거기 가 보았더니 아무도 없었다. / 어서 좀 먹어 보아라.

속담

• **보고 못 먹는 것은 그림의 떡** 아무 실속이 없음을 빗대어 이르는 말.
• **보기 싫은 반찬이 끼마다 오른다** 싫증 난 것이 계속되어 눈에 띔을 빗대어 이르는 말.
• **보기 좋은 떡이 먹기도 좋다** 겉모양새를 잘 꾸미는 일도 필요함을 빗대어 이르는 말.
• **보기 좋은 음식 별수 없다** 겉모양은 좋으면서 그 내용이 별로 좋지 못함을 빗대어 이르는 말.
• **보지 못하는 소 멍에가 아홉** 눈먼 소에게 멍에를 아홉 개나 메웠다는 뜻으로, 능력도 없는 사람에게 무거운 책임만 잔뜩 지워졌음을 빗대어 이르는 말.
• **본 놈이 도둑질한다** ① 무슨 일이나 실정을 알아야 그 일을 감당할 수 있음을 이르는 말. ② 도둑질은 결국 내용을 잘 아는 사람이 하는 것임을 빗대어 이르는 말.

보다[2] **형용사**

규20-0 보고, 보네, 보오, 보지, 봅니다, 보아/봐

보조 형용사

① ('-ㄴ가', '-는가', '-은가', '-ㄹ까', '-을까', '-나' 따위의 어미 뒤에 쓰이어) 추측을 나타내는 말.
¶ 이 배가 더 큰가 보다.
¶ 그는 무척 바쁜가 보더라.
¶ 혹 추울까 봐 두꺼운 옷을 가져왔다.
② (어미 '-을까', '-ㄹ까' 뒤에 쓰이어) 의지를 나타내는 말.
¶ 나는 거기 안 갈까 봐.
¶ 이것도 마저 먹을까 보다.

관용 표현

• **-나 보다** 현재 사실을 완곡하게 추측하는 느낌으로 표현하는 어투. ¶ 여행을 가기 싫었나 보다. / 네가 꽤 힘이 세나 본데 나와 한번 겨뤄 보겠니?
• **-다 보다** 앞의 형용사를 이유로 제시하는 어투. ¶ 내가 몸이 아프다 보니 네게 가 보지도 못했다.

보다[3] 부사

한층 더. 지금에 비해서 더.
¶ 우리는 보다 나은 내일을 위해서 오늘 수고를 아끼지 말아야 한다.
¶ 보다 더 좋은 일이 앞으로 너를 기다릴 거야.

'보다'의 용법 문제

'보다'는 홀로 쓰기보다는 '무엇보다'처럼 체언 뒤에 붙여 조사로 쓰던 것인데 체언을 생략하고 쓰면서 점점 독립한 부사의 기능을 갖게 되었다. 이는 일본어의 영향을 받은 것이기도 하다. 부사 '보다'에 대응하는 우리말에는 '더'가 있다. 그런데 요즘은 '보다 더'라는 표현을 사용하는 경우가 많아서 '보다'를 그냥 '더'로 갈음하기 어렵게 되었다.
¶ 보다 나은 내일이 우리를 기다린다. → 더 나은 내일
¶ 우리는 이제 보다 행복한 생활을 할 수 있게 되었다. → 더 행복한 생활
¶ 보다 더 열심히 노력해 주기 바란다. → 더욱 열심히 노력해

보다[4] 조사

부사격 조사
두 가지를 비교할 때 쓰는 말.
¶ 언니보다 동생이 더 크다.
¶ 오늘보다 내일이 더 낫겠지.

보상[1] 명사
(補償)[보: -]

① 국가 또는 공공 단체가 국민이나 주민에게 끼친 재산상의 손해를 돈으로 갚음.
¶ 산불로 피해를 입은 농가 주택에 대해 피해 보상 제도를 마련해야 한다.
② 욕구 불만에 빠졌을 때, 다른 행동을 함으로써 그 욕구 불만을 다스리는 일.

복합어

- **보상금**(補償金)[보:-] 명사 손해를 보상하는 뜻으로 주는 돈. ¶ 정부가 주민들 논밭을 수용한 대가로 보상금을 지급했다.
- **보상심리**(補償心理)[보:-] 명사 자신의 약점을 보상하기 위해서 공격적이고 과장된 행동을 하는 심리. ¶ 나폴레옹은 작은 키와 변변치 않은 가문에 대한 보상심리 덕에 영웅이 될 수 있었다고 한다.
- **보상하다**(補償-)[보:-] 타동사 남에게 끼친 재산상의 손해를 돈으로 갚다. ¶ 개인의 땅을 수용하여 공적으로 사용하려면 마땅히 돈이나 다른 물건으로 보상하여야 한다.

▶ '보상[1]', '배상' '변상'의 차이는 올림말 '배상[2](賠償)'와 '변상(辨償)' 참고.

보상[2] 명사 (報償)[보:-]

① 남에게 진 빚 또는 받은 물건을 갚음.

¶ 만일 보상을 약속하지 않고 남의 돈을 쓴다면 거저 쓸 생각인 게다.

② 어떤 것에 대한 대가로 갚음. 또는 어떤 행위로 받는 대가.

¶ 자기 노력에 대해서 보상을 받지 못한다면 누가 그런 노력을 하겠는가?

¶ 그는 나에게 아무 보상도 바라지 않고 도움을 주었다.

복합어

- **보상금**(報償金)[보:-] 명사 대가로 주는 돈.
- **보상제**(報償制)[보:-] 명사 끼친 손실에 대하여 보상하는 제도.
- **보상하다**(報償-)[보:-] 타동사 ① 남에게 진 빚이나 받은 물건을 갚다. ② 어떤 것에 대한 대가로 갚다.

'보상[1]'과 '보상[2]'

한글로 적으면 같은 글자인데, 한자로 적으면 다른 단어가 되어서 국어사전에서는 이를 다른 낱말로 각각 올려놓지만 통합해서 써도 무난하다고 생각한다. 구태여 따진다면 한자 '補'와 '報'의 뜻 차이로 말미암아 '보상[1]'은 상대에게 끼친 손해를 채워 주는 뜻이 되고, '보상[2]'는 상대가 한 행위의 대가를 주는 뜻이 되었다.

¶ 우리 땅을 국가가 수용하고 대신 현금으로 보상을 해 준다더라.(보상[1])

¶ 이번 일로 수고를 많이 하였으니 그 보상으로 하루 휴가를 주겠다.(보상[2])

위 두 용례에서 '보상'이 '보상[1]'의 보상인지, '보상[2]'의 보상인지 구별할 필요가 없다는 생각이다. 곧 두 낱말을 한 낱말로 통합하는 날이 오기 바란다.

보아주다 동사
㊟ 봐주다

규11-0 보아주고, 보아주어/보아줘, 보아준, 보아줍니다, 보아주었다/보아줬다

타동사

① 남의 처지를 살펴 이해하거나 잘못을 덮어 주다.

¶ 어려운 사람 사정을 잘 **보아주는** 신부님이 계셨다.

¶ 이번 한 번만 **보아주시면** 다음에는 꼭 해내겠습니다.

¶ 제 잘못을 너그러이 **보아주시기** 바랍니다.

② 일이 잘되도록 도와주거나 힘이 되어 주다.

¶ 이번에 우리 일을 잘 **보아주시면** 꼭 보답하겠습니다.

ㅂ

보아하니 부사
㊟ 봐하니

겉으로 보아서 짐작하건대.

¶ 구지레한 꼴을 **보아하니** 집 나온 지 오래된 것 같다.

¶ **보아하니** 뱀뱀이가 없는 사람인 듯하다.

보이다[1] 동사
㊟ 뵈다

규11-0 보이고, 보인, 보이어/보여, 보인다, 보입니다, 보이었다/보였다

피동사

'보다[1]'의 피동형.

① ('무엇이 보이다'의 형태로 쓰이어) 눈에 띄다.

¶ 저 멀리 **보이는** 산이 무등산이다.

¶ 주위를 둘러보니 벽에 시계가 걸려 있는 것이 **보였다**.

② 기회나 때를 알아차리게 되다.

¶ 이제야 우리에게 기회가 왔다는 기미가 **보이기** 시작한다.

③ (방법이나 결과를) 가늠할 수 있게 되다.

¶ 당시에는 해결책이 도무지 **보이지** 않았다.

④ 느껴지다.

¶ 그분은 언제나 청년처럼 **보인다**.

¶ 그에게 그 여자는 애인이라기보다는 친구로 **보였다**.

⑤ ('-어/-아 보이다'의 형태로 쓰이어) 그렇게 생각되다.

¶ 집이 생각보다 좋아 **보이더라**.

¶ 겉으로는 건강해 **보이지만** 속은 무척 곯은 몸이었다.

관용 표현

• **보이지 않는 손** 시장 경제에서 상품의 값이 스스로 제자리를 찾게 된다는 원리를 비유하여 이르는 말.

¶ 아담 스미스는 보이지 않는 손이 시장의 균형을 잡아준다고 했다.

보이다[2] 동사

㊜ 뵈다[2]

규11-0 보이고, 보인, 보이어/보여, 보인다, 보입니다, 보이었다/보였다

사동사

'보다[1]'의 사동형. 보게 하다.

① ('누구에게 무엇을 보이다'의 형태로 쓰이어) 보게 하다.

¶ 나는 친구들에게 내 어린시절 사진을 **보여** 주었다.

¶ 아이가 나에게 장난감을 **보이며** 자랑했다.

② ('누구에게 무엇을 보이다'의 형태로 쓰이어) 감상하게 하다.

¶ 학예 연구사가 관람객들에게 민화를 한 점 한 점 **보이며** 특징을 설명했다.

¶ 학교에서 학생들에게 인권 영화를 **보이고** 토론회를 열었다.

③ ('무엇을 보이다'의 형태로 쓰이어) 나타내다.

¶ 친구가 무안해 할까 봐 싫다는 눈치를 **보일** 수 없었다.

¶ 자꾸 부정적인 태도를 **보이면** 함께 일할 수 없다.

④ ('누구에게 무엇을 보이다'의 형태로 쓰이어) 당하거나 경험하게 하다.

¶ 다른 사람에게 손해를 **보이면** 언젠가 나도 손해를 보게 된다.

¶ 나로 말미암아 다른 사람에게 욕을 **보이고** 싶지 않다.

⑤ ('누구에게 선을 보이다'의 형태로 쓰이어) 선을 보게 하다.

¶ 이번에 어떤 제품을 고객들에게 선을 **보일지** 결정해 두어라.

보전[1] 명사
(保全)[보:-]

온전하게 잘 보호하여 지킴.
¶ 요즘 지구촌 화두는 환경 보전이다.

복합어

- **보전하다**(保全-)[보:-] 타동사 온전하게 잘 보호하여 지키다. ¶ 그렇게 하면 네 목숨도 보전하기 어려울 거야. / 우리 땅을 자손만대에 길이 보전해야 합니다.

> **'보전'과 '보존'**
> '보전(保全)'은 훼손하지 않고 잘 지켜 보호함을 뜻하고, '보존(保存)'은 다른 데로 옮기거나 사라지지 않게 잘 지키는 것을 말한다. 온전하게 지켜야 할 것은 '보전'의 대상이고, 없어지지 않게 지켜야 할 것은 '보존'의 대상이다. 대체로 구체적인 사물은 '보존'의 대상이고, 사라질 염려가 없거나 추상적인 것은 '보전'의 대상이다.

보전[2] 명사
(補塡)[보:-]

부족을 채우거나 결손(缺損)을 메움.
¶ 이번 영업 손실에 대한 보전 방법을 찾아봅시다.

복합어

- **보전하다**(補塡-)[보:-] 타동사 부족한 부분을 다른 방법으로 메우다. ¶ 영업에서 난 손실을 부동산 매각으로 보전하였다. / 회사 잘못으로 적자가 났는데 왜 국가가 보전해 주어야 하나요?

보존 명사
(保存)[보:-]

없어지거나 상하지 않도록 지키고 유지함.
¶ 무령왕릉에서 발굴된 향로는 보존 상태가 매우 좋았다.

복합어

- **보존 등기**(保存登記)[보:-] 명사 (새로 집을 지어 등기하거나 미등기 부동산을 취득하여 등기하는 경우처럼) 부동산에 대한 소유권을 보존하기 위하여 처음으로 등기부에 올리는 등기.
- **보존 수역**(保存水域)[보:-] 명사 어업 자원을 보존하기 위하여 고기잡이를 제한하는 공해상(公海上)의 특정한 구역.
- **보존하다**(保存-)[보:-] 타동사 없어지거나 상하지 않도록 지키고 유지하다.

▶ '보존'과 '보전'의 차이는 올림말 '보전[1](保全)' 참고.

보태다 동사

규11-0 보태고, 보태어/보태, 보탠다, 보탭니다, 보태었소/보탰소

타동사

① 더하여 채우다.

¶ 저희만으로는 힘겨우니 힘을 **보태어** 주십시오.

② 있는 수에 얼마를 더하다.

¶ 내게 만 원밖에 없으니 네가 만 원을 **보태야** 한다.

복합어

- **보태기** 명사 =더하기
- **보탬** 명사 모자라는 것을 채우는 도움. ¶ 네 도움이 크게 **보탬**이 되었다.
- **보탬표**(-標) 명사 덧셈표. 더하기표.

관용 표현

- **보탬이 되다** 이익이나 도움이 되다. ¶ 네게 **보탬이 된다면** 힘껏 돕겠다.

'보태다'와 '더하다'

이 두 낱말에는 작은 차이가 있다. '보태다'는 부족한 것을 채움을 뜻하고, '더하다'는 단순히 합하여 수량을 늘림을 뜻한다. 아래 문장은 그런 작은 차이를 생각하고 두 낱말을 구별하여 사용한 예문이다.

¶ 성금만으로는 조금 부족하니 우리가 가진 돈을 **보태기**로 했다

¶ 독지가의 기부금에 우리가 거둔 돈을 **더하면** 필요한 액수에 이를 것 같다

▶ '보태다'와 '가하다'의 차이는 올림말 '가하다(加-)' 참고.

보풀다 동사

불11-2 보풀고, 보풀어, 보푸니, 보푸는, 보푼, 보푼다, 보풉니다, 보풀었다

자동사

① 종이나 헝겊 따위의 거죽에 보풀이 일어나다.

¶ 스웨터는 **보풀기** 쉬우니 보풀이 일지 않는 것으로 골라서 사라.

② 살가죽이 다소 붓거나 부르터 오르다.

¶ 가시에 찔린 상처가 빨갛게 **보풀어** 오르더니 곪았다.

③ 물체가 다소 늘어나면서 부피가 커지다.

¶ 이삭이 패기 직전이라 대가 한껏 **보풀었다.**

¶ **보풀** 대로 **보푼** 꽃망울이 금방이라도 터질 것 같다.

복합어

- **보푸라기** 명사 보풀의 낱개.
- **보풀** 명사 종이나 헝겊 따위의 거죽에 일어나는 몹시 가는 털. ¶ 바지 무릎에 보풀이 많이 일어서 입고 다니기 곤란하다.
- **보풀리다** 사동사 '보풀다'의 사동형.
- **보풀보풀** 부사 보푸라기가 여기저기에 잘게 일어나 있는 모양.
- **보풀보풀하다** 형용사 보푸라기가 여기저기에 잘게 일어나 있다.

> **'보풀다'와 '부풀다'**
> 두 낱말은 큰말과 작은말 관계이면서 느낌의 강약이 있을 뿐 아니라 용법에도 차이가 있다. (이에 관해서는 올림말 '부풀다' 참고.)

복구 명사 (復舊)

① 손실 이전의 상태(예전의 상태)로 회복함.

¶ 전쟁으로 폐허가 된 도시를 **복구**하려면 엄청난 돈과 시간이 필요하다.

¶ 홍수 피해 지역을 **복구**하기 위하여 정부가 대책을 발표했다.

② (컴퓨터 운영 체제가) 정상적으로 작동하지 아니할 때, 문제가 생기기 바로 앞의 상태로 회복하여 프로그램의 처리를 계속할 수 있게 함.

복합어

- **복구공사**(復舊工事) 명사 손실 이전의 상태로 회복하는 공사.
- **복구대**(復舊隊) 명사 본디의 상태로 만들기 위하여 만든 조직.
- **복구하다**(復舊－) 타동사 ① 손실 이전의 상태로 회복하다. ② 시스템이 정상적으로 작동하지 아니할 때, 문제가 생기기 바로 앞의 상태로 회복하여 프로그램의 처리를 계속할 수 있게 하다.

▶ '복구'와 '복원'의 차이는 올림말 '복원(復原)' 참고.

복귀 명사 (復歸)

본디 자리나 상태로 돌아옴(또는 돌아감).

¶ 선거에 진 뒤에 정계를 떠난 사람이 정계 복귀를 선언했다.

¶ 파견 나와 여기서 우리와 함께 일했던 대원들이 오늘 원대 복귀를 위해 떠났다.

복합어

- **복귀전**(復歸戰) 명사 한동안 쉬었던 운동선수가 다시 운동을 시작하면서 벌이는 첫 경기.
- **복귀하다**(復歸－) 자동사 원래 자리나 상태로 돌아오다(또는 돌아가다).
- **원대 복귀**(原隊復歸) 명사 본디 있던 부대로 되돌아감.

'복귀'와 '복구'

두 낱말은 전혀 다른 낱말이다. '복귀'는 다시 돌아온다는 뜻이고, '복구'는 손실 이전 상태로 돌려놓는다는 뜻이다. 더러 '복귀'를 '복구'로 쓰기도 하는데, 두 낱말을 확실히 구별하여 사용하여야 한다.

복사뼈 명사

발목 부근에 안팎으로 둥글게 나온 뼈. =복숭아뼈

복숭아뼈 명사

=복사뼈

▶ '복사뼈'와 '복숭아뼈'는 둘 다 표준어이다.

복원 명사 (復原/復元)

원래대로 회복함.

¶ 훼손된 문화재 복원을 위하여 고증 작업을 하고 있다.

복합어

- **복원도**(復原圖/復元圖) 명사 없어진 건축물 또는 물건 따위를 옛 모습대로 다시 나타낸 도면. ¶ 일제가 훼손한 경복궁을 복원하는 공사가 이 복원도에 따라서 진행되고 있다.
- **복원력**(復原力/復元力)[-녁] 명사 ① 물체가 변형되었을 때, 그 물체를 본디 상태로 되돌리려고 하는 힘. ② 평형을 유지하던 선박 따위가 외부의 힘을 받아서 기울어졌을 때, 이를 본디 상태로 되돌리는 힘. ¶ 바다에서 배가 파도에 기울더라도 뒤집히지 않는 것은 복원력 때문이다.
- **복원성**(復原性/復元性)[-썽] 명사 기울어진 배나 비행기가 복원력으로 평형을 유지하려고 하는 성질.
- **복원하다**(復原-/復元-) 타동사 원래대로 회복하다.

'복구'와 '복원'

'복구'의 핵심은 손실되기 전의 상태와 같게 하거나 그보다 더 낫게 만드는 것이다. 나무다리가 무너졌으면 그보다 더 튼튼한 돌다리나 쇠다리를 만들거나, 재질과 디자인이 더 우수한 나무다리를 만들어야 복구라고 할 수 있다. 예전보다 못하게 복구하면 100% 복구했다고 보지 않는다. 예전 상태를 유지할 필요가 없어서 기능적으로 더 우수하거나 더 훌륭한 디자인으로 만들어도 되는 것은 모두 복구의 대상이 된다.

'복원'은 훼손되기 전의 상태를 알 수 있도록 만드는 것이다. 원래 모습보다 더 멋지게 만들거나 원래 사용했던 재질보다 더 좋은 것으로 만드는 것은 복원에 해당하지 않는다. 할 수 있는 한 예전 모습을 그대로 되살리는 것이 복원의 목적이다. 대체로 예전 상태를 유지해야 하는 것은 복원의 대상이 된다. 문화재가 대표적인 복원 대상이다.

복불복 명사 (福不福)

복이 있고 없음(또는 복됨과 복되지 않음)의 뜻으로, 사람의 운수를 이르는 말.
¶ 그거야 복불복이지 별 수 있나?.

'복불복'과 '복골복', '복걸복'
동전을 던져 앞면이 나오든 뒷면이 나오든 이것은 운에 해당한다. 앞면이 나오면 '복'이 되고, 뒷면이 나오면 '불복'이 된다. '복불복'을 '복골복'이나 '복걸복'이라고 말하기도 하는데, '복불복'만 맞는 말이다.

복합 명사 (複合)

둘 이상의 것이 한데 합하여 하나가 됨.
¶ 나는 건강을 생각해서 복합 영양제를 먹는다.

복합어
- **복합 개념**(複合槪念) 명사 많은 속성과 내용을 포함하는 개념. '새, 사람, 꽃' 같은 개념이 이에 속한다.
- **복합어**(複合語) 명사 낱말 둘 이상이 합하여 하나의 낱말이 된 것. 복합어는 복합 명사(방패연, 앞뒤 따위), 복합 동사(돌아보다, 뛰어가다 따위), 복합 형용사(높맑다, 높푸르다, 맵짜다 따위), 복합 부사(더더욱, 이리저리 따위) 등의 합성어와, 어근에 접두사가 붙거나(짓누르다, 빗맞다, 새파랗다 따위) 접미사가 붙은(도둑질, 마음씨, 예술가 따위) 파생어를 포함한다.
- **복합하다**(複合－) 자동사 타동사 두 가지 이상이 하나로 합쳐지다. 또는 두 가지 이상을 하나로 합치다.
  ¶ 인쇄 기술과 컴퓨터 기술을 복합한 제품이 나왔다.

'복합'과 '융합'
'복합(複合)'은 단순히 둘 이상을 하나로 합한 것이고, '융합(融合)'은 둘 이상을 녹여 하나로 합한 것을 뜻한다. '복합'에는 합해지기 전의 두 요소가 그대로 존재하지만, '융합'에는 합해지기 전의 두 요소가 서로 변화해서 본디 요소를 찾을 수 없다. '복합'은 물리적인 합침이라면 '융합'은 화학적인 합침이라고 말할 수 있다.

본[1] 명사

① 본보기가 될 만한 방법이나 일. 모범(模範).
¶ 어른들이 먼저 본을 보여야 아이들이 따라서 하는 법이다.
② 버선, 옷 따위를 짓는 데에 쓰는 실물 크기의 물건.
¶ 옷을 지으려면 먼저 본에 맞추어 옷감을 마름질하여야 한다.
③ =본새
¶ 아내의 해어진 버선 콧구멍으로 본 없이 쑥 내민 발가락이 눈에 띄었다.
④ 실물과 같은 모양으로 만든 물건.
¶ 지구와 같은 모양으로 본을 만들어 책상 앞에 두고 싶다.

복합어

- **본뜨다** 타동사 ① (모형을) 그대로 베끼거나 좇아 행하다. ¶ 그는 내 그림을 본떠 그린다. ② (남의 행동을) 그대로 따르다. ¶ 어린이는 어른들 행동을 그대로 본떠 행동한다.
- **본받다** 타동사 본보기로 하여 그대로 따르다. ¶ 위인의 삶을 본받아 훌륭한 사람이 되고 싶다.
- **본보기** 명사 일이나 물건의 본이 될 바를 보이는 일. 모범(模範).
- **본새** 명사 ① 어떤 행동이나 버릇 따위의 됨됨이. ¶ 말하는 본새를 보니 여간내기가 아니다. ② 물건의 본디 생김새.

본[2] 명사 (本)

가문의 시조가 난 곳. 관향(貫鄕). 본관(本貫).
¶ 나의 본은 의령이다.

본[3] 관형사 (本)

어떤 대상이 말하는 이와 직접 관련되어 있음을 나타내는 말.
¶ 피고인에게 본 변호인은 알리바이가 성립하는지 다시 묻고자 합니다.

¶ 우리가 본 사건을 조사하기 위해서 여러 전문가의 의견을 들었습니다.
¶ 이제까지 설명한 대로 본 협회는 이 사업을 맡을 생각이 없습니다.

'본'의 순화어

관형어로 쓰는 '본(本)[3]'은 일본어투로서 권위적인 느낌을 주기 때문에 '이' 또는 '우리'로 순화하여 쓰도록 하였다. 아래 경우를 참고하여 이 말을 쓰지 않는 것이 바람직하다.
¶ 본 사건을 살펴보면 → 이 사건을
¶ 본 협회의 계획에 따르면 → 우리 협회의
¶ 본 변호인이 생각하건대 → 내가 또는 변호인인 제가

본- 접사 (本)

접두사
① '바탕이 되는'의 뜻을 더하는 말.
¶ 가계약에서 정한 대로 오늘 본계약을 체결하기로 하였다.
¶ 국회의 본회의가 오늘부터 열린다.
② '애초'의 뜻을 더하는 말.
¶ 내 본뜻은 그것이 아니었다.
¶ 여기가 판소리의 본고장이다.

볼[1] 명사

① 뺨의 한복판.
¶ 두 볼에 흐르는 눈물을 주체할 수 없었다.
¶ 봄바람에 아이 볼이 텄다.
② 뺨의 가운데에 있는 살집.
¶ 심술궂은 그 영감은 볼이 축 처진 얼굴을 하고 있었다.
¶ 몸살로 며칠을 호되게 앓았더니 볼이 쏙 빠졌다.

복합어

- **볼끼** 명사 옛날에 추위를 막으려고 두 뺨을 싸서 머리 위에서 잡아매던 방한구. 털가죽이나 솜을 둔 헝겊으로 만들었다.
- **볼따구니** 명사 '볼'을 낮추어 이르는 말. 볼때기.
- **볼메다** 형용사 말소리나 표정에 못마땅하거나 성난 기색이 있다.
- **볼멘소리** 명사 못마땅하거나 성이 나서 퉁명스럽게 하는 말. 또는 퉁명스러운 말투.
- **볼우물** 명사 웃거나 말을 할 때 볼에 우묵하게 들어가는 자국. 보조개.

관용 표현

- **볼(이) 붓다** 못마땅하여 뾰로통하게 성이 나다. ¶ 화가 났는지 잔뜩 볼이 부어 있다.
- **볼에 밤을 물다** =볼(이) 붓다 ¶ 장난감을 안 사 준다고 아이는 볼에 밤을 물고 앉아 있다.
- **볼을 적시다** 눈물을 흘리다. ¶ 어머니 생각이 나자 나도 모르게 볼을 적시고 말았다.

▶ '볼[1]', '뺨', '낯', '얼굴'의 차이는 올림말 '뺨' 참고.

ㅂ

볼[2] 명사

① 좁고 기름한 물건의 너비.
 ¶ 이 널빤지의 볼이 몇 자나 되나?
② 신발이나 버선, 발 따위의 너비.
 ¶ 구두가 볼이 좁아서 발이 아프다.
 ¶ 내 발은 볼이 넓어서 신발을 꼭 신어 보고 사야 한다.
③ 버선이나 양말의 해어진 바닥에 덧대는 헝겊 조각.

관용 표현

- **볼을 대다** 버선이나 구두 따위의 발가락 부분이나 뒤꿈치가 해진 부분에 다른 조각을 붙여 깁다.

볼[3]

동사 '보다'의 관형사형. '보다'에 관형사형 어미 '-ㄹ'이 붙은 형태이다.
 ¶ 오래 살고 볼 일이다.

봉변 명사 (逢變)

남에게 망신을 당하거나 뜻밖에 화를 입음. 또는 그렇게 당하는 변.

¶ 자네가 와서 도운 덕에 내가 **봉변**은 면하게 되었네.

¶ 그 사람에게 함부로 덤벼들었다가는 크게 **봉변**을 할 걸세.

복합어

- **봉변하다**(逢變-) 자동사 남에게 망신을 당하거나 뜻밖의 변을 당하다. ¶ 그 사람에게 봉변한 것을 생각하면 지금도 분이 풀리지 않는다.

'봉변을 당하다'의 구조

'봉변'은 '변을 당함' 또는 '변을 만남'을 뜻하는 말이므로 '봉변을 당하다'라고 하는 표현은 의미 중복이 된다. 그런데 '봉변'은 단순히 '변을 당함'으로 볼 수 없고, 우연히 또는 뜻밖에 변을 당하거나 망신을 당하는 경우를 가리키는 말이어서, 그런 '변'을 '봉변'이라고 해야 의미 전달이 된다. 그래서 자연스럽게 '봉변을 당하다'라는 표현을 쓰게 되었다. 이는 한자어가 글자 뜻대로 우리에게 인식되지 않는 부분이 있음을 의미하는 것이기도 하다.

비슷한 중복 표현의 예가 '피해(被害)를 당하다', '부채(負債)를 지다', '독불장군은 없다' 등에서도 나타난다. 낱말 개념을 명확하게 알고 쓴다면 이런 중복 표현이 나타나지 않겠지만 현재는 이를 막기가 어려워 보인다. 그래서 간단히 문제를 제기하는 것으로 그친다.

봉사 명사 [봉:-]

'시각 장애인'의 낮은말. 소경.

▶ '봉사', '소경', '장님', '시각 장애인'과 관련한 설명은 올림말 '장님' 참고.

봉오리 명사

꽃이 피기 전에 맺힌 망울. 꽃봉오리.

¶ 가뭄이 심해지자 꽃들이 피지도 못하고 **봉오리** 상태로 말라 떨어지고 말았다.

봉우리 명사

산의 꼭대기를 포함하여 솟은 부분. 산봉우리.

¶ 북한산에는 높은 봉우리가 셋 있어서 삼각산이라는 별칭이 붙었다.

> **'봉오리'와 '봉우리'**
> '봉오리'는 꽃이 피기 전에 맺힌 망울을 가리킨다. '꽃봉오리'라고도 부른다. '봉우리'는 산의 둥글게 솟은 부분을 가리킨다. '산봉우리'라고도 부른다.

× 봐란듯이

'보란 듯이'의 틀린 말.

> **'봐란듯이'와 '보란 듯이'**
> '봐란듯이'나 '보란 듯이'나 모두 '보아란 듯이'의 준말로서 '보아라 하는 듯이' 행동함을 의미하는데, 어미 '란' 앞에 어간이 오지 않고 종결 어미가 오는 것은 옳지 않다. 마땅히 '보란 듯이'라고 해서 '보라'를 사용해야 한다. 같은 원리로 '오란 듯이', '먹으란 듯이', '만들란 듯이'처럼 써야 한다.

봐주다 동사 [봐:-]

타동사

'보아주다'의 준말.

① 남의 처지를 이해하여 동정하거나 잘못을 덮어 주다.

¶ 내 사정을 좀 봐주게.

¶ 이번 한 번만 봐주시면 다음에는 잘할게요.

② 일이 잘되도록 돕거나 힘이 되어 주다.

¶ 동생 공부를 봐주는 것도 네가 할 일이다.

봐하니 부사 [봐:-]

부사 '보아하니'의 준말.

¶ 눈치를 봐하니 용돈이 다 떨어진 듯싶다.

뵈다[1] 동사 [뵈:-]

규11-0 뵈고, 뵈니, 뵈지, 뵈어/봬, 뵌다, 뵙니다, 뵈었다/뵀다

타동사

(윗사람을) 만나 보다.

복합어

- **뵈옵다**[뵈:-] 타동사 '뵈다[1]'의 높임말.
- **뵙다**[뵈:-] 타동사 '뵈옵다'의 준말.

'뵈다'와 '뵙다'의 활용형

'뵈다[1]'는 어른에게만 쓰는 높임말이다. 내가 어른을 보는 것을 나를 어른에게 보이는 것으로 표현하는 것이다. '뵈다'를 겸양의 뜻으로 말하려면 '뵈옵다'를 쓴다. '뵙다'는 '뵈옵다'의 준말이다. 이들의 활용형에 조심해야 한다.

어미	뵈다	뵈옵다	뵙다
-고, -지	뵈고, 뵈지	뵈옵고, 뵈옵지	뵙고, 뵙지
-네, -면	뵈네, 뵈러, 뵈면, 뵈오	뵈오네, 뵈오러, 뵈오면, 뵈옵소	뵙네, 뵈오러, 뵙소
-ㅂ니다	뵙니다	뵈옵습니다	뵈옵습니다
-어	뵈어/봬	뵈와	뵈와

뵈다[2] 동사 [뵈:-]

규11-0 뵈고, 뵈니, 뵈지, 뵈어/봬, 뵌다, 뵙니다, 뵈었다/뵀다

피동사

'보이다[1]'의 준말.

¶ 여기서는 우리 집이 잘 뵈지 않는다.

뵈다[3] 동사

규11-0 뵈고, 뵈니, 뵈지, 뵈어/봬, 뵌다, 뵙니다, 뵈었다/뵀다

사동사

'보이다[2]'의 준말.

¶ 부모님께 이 통지문을 뵈고 의견을 받아 오너라.

ㅂ

부는 [부:-]

동사 '불다'의 관형사형. '불다'에 관형사형 어미 '-는'이 붙어 불규칙 활용을 한 형태.

¶ 교실마다 아이들이 피리를 부는 소리로 떠들썩했다.

부니 [부:-]

동사 '불다'의 연결형. '불다'에 연결 어미 '-니'가 붙어 불규칙 활용을 한 형태.

¶ 바람이 부니 나뭇가지가 흔들린다.

부닥뜨리다 동사

규11-0 부닥뜨리고, 부닥뜨리어/부닥뜨려, 부닥뜨린, 부닥뜨립니다, 부닥뜨리었다/부닥뜨렸다

자동사

① 사람 또는 사물과 마주치다.

¶ 책을 읽으며 걷다가 나무에 부닥뜨렸다.

¶ 버스를 타려고 달려가다가 마주오던 여자와 부닥뜨리게 되었다.
② 어떤 일이나 상황 따위에 놓이다.
¶ 갑자기 회사를 정리해야 하는 상황에 부닥뜨려서 무척 당혹스럽다.

'무엇에 부닥뜨리다'와 '무엇과 부닥뜨리다'
부닥뜨리는 상황에 따라서 '무엇에'를 쓸 수도 있고, '무엇과'를 쓸 수도 있다. '무엇에'는 일방적으로 주체가 움직여 부닥뜨리는 경우에 쓰고, '무엇과'는 객체도 함께 움직이는 경우에 쓴다. 이 원칙은 '부닥치다'나 '부딪치다'에도 적용된다.
¶ 전봇대에 부닥뜨리면/부닥치면/부딪치면 화부터 내는 사람이 많다.
¶ 마주 오는 사람과 부닥뜨리면/부닥치면/부딪치면 먼저 사과하는 것이 좋다.

부닥치다 동사

규11-0 부닥치고, 부닥치어/부닥쳐, 부닥친, 부닥칩니다, 부닥치었다/부닥쳤다

자동사

① (일이나 상황에) 맞서게 되거나 맞닥뜨리다.
¶ 외환위기로 많은 사람들이 경제적 어려움에 부닥쳤다.
¶ 대담한 사람은 위험에 부닥쳤을 때도 용기를 잃지 않는다.
¶ 우리는 결승에서 그 팀과 부닥치게 될 거야.
② 부딪칠 정도로 가까이 맞닥뜨리다.
¶ 한눈팔면서 걷다가 마주 오는 사람과 부닥쳤다.

'부닥치다'와 '부딪치다'
'부닥치다'는 주로 '일'이나 '사태', '상황' 같은 것에 매우 가깝게 맞닥뜨리는 경우에 쓰고, '부딪치다'는 주로 물리적으로 세게 닿는 경우에 쓰기도 하지만, 명확하게 구별되지는 않는다.
¶ 그는 어려운 문제에 부닥쳤다.
¶ 마감 시한에 부닥쳐서야 서류를 작성한다고 법석을 떤다.
¶ 그는 전봇대에 부딪쳤다/부닥쳤다.
¶ 마주 보고 달리던 기차가 부딪쳐서/부닥쳐서 큰 사고가 났다.
¶ 다시는 이런 문제로 나와 부딪치는/부닥치는 일이 없기 바란다.

부닥트리다 동사

규11-0 부닥트리고, 부닥트리어/부닥트려, 부닥트린, 부닥트립니다, 부닥트리었다/부닥트렸다

자동사

=부닥뜨리다

부둥키다 동사

규11-0 부둥키고, 부둥키어/부둥켜, 부둥킨, 부둥킨다, 부둥킵니다, 부둥키었다/부둥켰다

타동사

① 두 팔로 힘써 안거나 두 손으로 힘껏 붙잡다.

¶ 아이는 인형을 꼭 부둥키고 잠이 들었다.

② 강하게 집착하다.

¶ 고단하고 어려운 삶일지언정 단단히 부둥키고 헤쳐 나가자.

복합어

• **부둥켜안다**[-따] 타동사 꼭 끌어안다. ¶ 엄마는 다시 찾은 딸을 부둥켜안고 울기만 하였다.

부디 부사 [부:-]

꼭. 아무쪼록.

¶ 부디 건강하시기를 빕니다.

¶ 이번 행사에 부디 참석하여 주시기 바랍니다.

부딪다 동사

규11-1 부딪고, 부딪는, 부딪지, 부딪는다, 부딪습니다

자동사

① (무엇과 무엇이) 힘 있게 마주 닿다.

¶ 칼과 칼이 부딪는 소리가 날카로워 소름이 돋았다.

② 어떤 일이나 상황 따위에 직면하다.

¶ 수술을 해야 한다는 상황에 부딪자 그는 단호하게 수술을 거부하고 병원을 나왔다.

¶ 아들은 결혼 문제로 어머니와 부딪지 않으려고 자리를 떴다.

타동사

세게 닿게 하거나 대다.

¶ 길이 좁으니 자기도 모르게 다른 사람의 어깨를 부딪게 된다.

¶ 아이는 책상 모서리에 머리를 부딪자 울음을 터뜨렸다.

복합어

- **부딪뜨리다** [타동사] 몹시 힘차게 부딪게 하다.
- **부딪치다** [자동사][타동사] 올림말 '부딪치다' 참고.
- **부딪트리다** [타동사] =부딪뜨리다
- **부딪히다** [피동사] 올림말 '부딪히다' 참고.

'부딪다'의 활용형

'부딪다'에 '-어', '-었-'이 붙어 활용하는 경우에 '부딪어', '부딪었다'처럼 되는데 실제로는 '부딪쳐', '부딪쳤다'처럼 '부딪치다'의 활용형을 쓴다. 이미 '부딪어', '부딪었다' 표현이 일상어에서 사라졌음을 의미한다. '부딪으니', '부딪으면'도 '부딪치니', '부딪치면'으로 대체되었다고 볼 수 있다.

부딪치다 동사

규11-0 부딪치고, 부딪치어/부딪쳐, 부딪친, 부딪칩니다, 부딪치었다/부딪쳤다

자동사

① 세게 닿다. 마주치다.

¶ 자동차가 갑자기 튀어나온 자전거와 부딪쳐 사고가 났다.

¶ 우연히 극장 앞에서 친구와 부딪쳤다.

② 어떤 일이나 상황 따위에 직면하다.
¶ 매우 어려운 현실에 부딪치고 말았다.
¶ 누구나 그런 상황에 부딪치면 낙심하지 않을 수 없다.
③ 맞서다. 대립하다.
¶ 여자 문제로 부모님과 부딪치고 싶지 않다.
¶ 피해자와 부딪치는 것은 좋은 방법이 아니다.
④ (논의하기 위해서) 만나다.
¶ 이 일을 해결하려면 직접 사장님과 부딪치지 않으면 안 된다.

타동사

세게 닿게 하거나 대다.
¶ 일어서다가 시렁에 머리를 부딪쳐 피가 났다.
¶ 길을 가다가 어깨를 부딪쳤다고 해서 시비가 붙었다.
▶ '부딪치다'와 '부닥치다'의 차이는 올림말 '부닥치다' 참고.

부딪히다 동사

규11-0 부딪히고, 부딪히니, 부딪히어/부딪혀, 부딪힌, 부딪힙니다, 부딪히었다/부딪혔다

피동사

'부딪다'의 피동형.
¶ 그는 길을 가다가 자동차에 부딪혀 병원으로 이송되었다.

'부딪치다'와 '부딪히다'

두 낱말의 소리가 같으므로 소리만으로는 구별하여 적기 어렵다. 따라서 맥락에 맞추어 적어야 하는데 두 낱말의 용법이 확연히 다르기 때문에 이를 알면 표기하기 쉽다.

'무엇에 부딪치다'는 문장의 주어가 움직여 객체(무엇)에 충돌함을 의미한다. 대체로 객체(무엇)는 움직이지 않는데 주어만 움직여 충돌하는 경우에 쓴다. '무엇에 부딪히다'는 문장의 주어는 움직이지 않는데 객체(무엇)가 움직여 주어를 받는 경우에 쓴다.

주어와 객체가 다 움직인다면 어느 쪽이 정상적으로 움직이고 어느 쪽이 비정상적으로 움직였는지에 따라서 '부딪치다'를 쓸 것인지 '부딪히다'를 쓸 것인지 결정해야 한다. 충돌의 책임을 따질 때 '부딪치다'는 주어의 책임이고 '부딪히다'는 객체의 책임이 될 수 있다.

¶ 나는 갑자기 인도로 뛰어든 차에 부딪혔다. (객체 책임)
¶ 나는 급히 뛰어가다가 마주 오던 자전거에 부딪쳐 넘어졌다. (주체 책임)

부러뜨리다 동사

규11-0 부러뜨리고, 부러뜨리어/부러뜨려, 부러뜨린, 부러뜨립니다, 부러뜨리었다/부러뜨렸다

타동사

단단한 물체를 꺾어서 부러지게 하다.

¶ 공부는 않고 자꾸 쏘다니기만 하니 다리몽둥이를 부러뜨려 놓아야 할까 보다.
¶ 야구방망이를 맨손으로 쳐서 부러뜨렸다.

▶ '부러뜨리다'와 '분지르다'의 차이는 올림말 '분지르다' 참고.

부러지다 동사

규11-0 부러지고, 부러지어/부러져, 부러진, 부러집니다, 부러지었다/부러졌다

자동사

① 단단한 물체가 꺾여서 둘로 겹쳐지거나 동강이 나다.

¶ 연필심이 자꾸 부러져서 글자를 쓰기 어렵다.
¶ 바람이 세게 부니 나뭇가지가 힘없이 부러지고 말았다.

② (주로 '딱', '똑' 따위의 부사와 함께 쓰이어) 말이나 행동 따위를 확실하고 단호하게 하다.

¶ 하기 싫으면 안 하겠다고 딱 부러지게 말을 해야지.
¶ 그는 일을 시키면 무슨 일이든지 똑 부러지게 한다.

관용 표현

- **상다리가 부러지게** 음식을 매우 많이 차렸음을 뜻하는 말. ¶ 그는 딸 시집보내는 날 상다리가 부러지게 상을 차려 손님을 대접했다.
- **허리가 부러지게** 매우 고된 일을 쉬지 않고 매우 힘들게 함을 뜻하는 말. ¶ 농부들은 이맘때면 잠시도 쉴 틈이 없이 허리가 부러지게 일을 한다.

속담

- **부러진 칼자루에 옻칠하기** 부러져서 쓸모없이 된 칼자루에 옻칠을 한다는 뜻으로, 쓸데없는 일에 힘을 들이는 경우를 비유하여 이르는 말.

부러트리다 동사

규11-0 부러트리고, 부러트리어/부러트려, 부러트린, 부러트립니다, 부러트리었다/부러트렸다

타동사

=부러뜨리다

부르다[1] 형용사

불21-6 부르고, 부르지, 부르니, 부르면, 불러, 부릅니다, 불렀다

① 먹은 것이 많아 속이 꽉 찬 느낌이다.

¶ 음식이 맛있어서 배가 부르도록 먹었다.

② 불룩하게 부풀어 있다.

¶ 아이를 밴 지 아홉 달째가 되니 배가 불러서 다니기가 힘들다.

속담

- **부른 배 고픈 건 더 답답하다** ① 아이를 배어 배가 불러 있는데 음식을 많이 먹어 배부른 것처럼 오해를 받아 답답하다는 뜻으로, 속사정을 몰라주어 매우 답답한 경우를 비유하여 이르는 말. ② 임신 중에는 배고픈 것을 견디지 못함을 빗대어 이르는 말.

부르다[2] 동사

불11-6 부르고, 부르지, 부르니, 부르면, 불러, 부릅니다, 불렀다

타동사

① (누구를) 오도록 말하거나 관심을 가지도록 만들다.

¶ 누가 나를 부르는 소리가 났는데 어두워서 보이지 않았다.
¶ 나는 손짓으로 친구를 **불렀다**.
¶ 푸른 바다가 우리를 **부른다**.
② 이름이나 명단을 소리 내어 읽으며 대상을 확인하다.
¶ 먼저 참석자 이름을 **부를** 테니 큰 소리로 대답해 주세요.
¶ 선생님은 교실에 들어오자마자 출석을 **불렀다**.
③ 자신의 말을 받아 적을 수 있게 또박또박 읽다.
¶ 내가 **부르는** 대로 받아 적어라.
¶ 전화번호를 **불러** 줄 테니 꼭 전화해라.
④ 곡조에 맞추어 노래의 가사를 소리 내다.
¶ 우리는 함께 노래를 **부르면서** 길을 걸었다.
⑤ 값이나 액수 따위를 얼마라고 말하다.
¶ **부르는** 게 값이라고 할 정도로 요즘 과일 값이 비싸졌다.
¶ 팔 사람이 먼저 값을 **부르세요**.
⑥ 소리 내어 외치다.
¶ 나는 이제 됐다 싶어 속으로 만세를 **불렀다**.
⑦ 어떤 상황을 가져오다.
¶ 화가 화를 **부르고**, 피가 피를 **부르며**, 전쟁이 전쟁을 **부르는** 법이다.
⑧ 청하여 오게 하다.
¶ 친구들을 집으로 **불렀다**.
¶ 네 생일에는 친구들을 모두 **불러서** 파티를 열어 주겠다.
⑨ 무엇이라고 가리켜 말하거나 이름을 붙이다.
¶ 앞으로는 형님이라고 **부르겠습니다**.

복합어

• **불리**다 피동사 올림말 '불리다[1]' 참고.

속담

• **부르느니 말하지** 가까운 거리에 있으면서 불러서 오라고 하기보다는 마주 대고 말을 하는 것이 더 빠름을 이르는 말.
• **부르는 게(/것이) 값이다** 물건을 파는 사람이 마음대로 값을 매긴다는 뜻으로, 값이 일정하지 아니하고 그때그때 달라짐을 이르는 말.

'부르다', '이르다', '일컫다'
이 세 낱말은 용법이 조금씩 다르다. '부르다2'는 실제로 입으로 말하는 것을 염두에 두고 쓰는 말이다. 이에 비해서 '이르다2'와 '일컫다'는 그렇게 이름을 붙인다는 의미로 쓸 뿐 입말에서는 잘 쓰지 않는다.(이에 관한 설명은 올림말 '이르다2' 참고.)

부문 명사 (部門)

일정한 기준에 따라 분류하거나 나누어 놓은 낱낱의 범위나 부분.
¶ 우리나라는 중공업 부문이 발달해서 산업 구조가 비교적 괜찮은 편이다.
¶ 우리나라는 정치, 경제, 사회, 교육 등 모든 부문에 개혁이 필요하다.

ㅂ

부분 명사 (部分)

전체를 몇으로 나눈 조각 가운데 하나.
¶ 옷을 더러운 부분만 걷어쥐고 빠는 것을 지르잡는다고 한다.
¶ 글의 시작 부분에 주제를 제시하여야 좋은 글이 된다.

복합어

- **공통부분**(共通部分) 명사 둘 이상의 물건이나 대상에 두루 통하는 특징. ¶ 우리 두 사람은 공통부분이 많은 편이어서 편하게 사귀고 있다.
- **대부분**(大部分)[대:-] 명사 절반이 훨씬 넘어 전체량에 거의 가까운 정도의 수효나 분량. ¶ 가게 지출 가운데에서 식료품에 대한 지출이 대부분을 차지한다. 부사 대체로. 대개(大槪).
- **뒷부분**(-部分)[뒫:-] 명사 앞뒤로 나뉜 것의 뒤쪽 일부.
- **부분집합**(部分集合) 명사 하나의 집합이 다른 집합의 부분이 되는 집합.
- **부분품**(部分品) 명사 기계 따위의 한 부분을 이루는 물품.
- **아랫부분**(-部分) 명사 위아래로 나뉜 것의 아래쪽 일부.
- **앞부분**(-部分) 명사 앞뒤로 나뉜 것의 앞쪽 일부.

• **윗부분**(–部分)[위:–] 명사 위아래로 나뉜 것의 위쪽 일부.
• **일부분**(一部分) 명사 한 부분. 또는 전체를 여럿으로 나눈 얼마. 일부(一部).

'부분'의 띄어쓰기
'부분'의 앞에 '앞, 뒤, 위, 아래'가 오면 모두 붙여 쓴다. 즉, '앞부분, 뒷부분, 윗부분, 아랫부분'처럼 쓴다. 하나의 단어(복합어)로 인정하는 것이다.

'부문'과 '부분'
'부문(部門)'은 전체를 일정한 기준에 따라서 나눈 일부이고, '부분(部分)'은 물리적으로 전체를 가른 일부이다.
¶ 생산 부분(×)의 단체와 소비 부분(×)의 단체가 모여 협의를 시작했다. → 부문

'부분'의 잘못 사용
전체와 부분의 관계로 환원할 수 없는 경우에도 습관적으로 '부분'이라는 개념을 사용하는 것은 잘못이다. 아래 경우에는 '부분'을 사용하지 않는 것이 좋다.
¶ 이 점이 저에게는 참 어려운 부분입니다(×). → 어렵습니다
¶ 그 부분이(×) 우리가 가장 우려하는 부분(×)입니다. → 그 점이, 우려하는 점

× 부비다

'비비다'의 틀린 말.

부스스 부사

① 부스러지는 모양, 또는 그 소리.
¶ 돌이 부스스 부스러졌다.
② (앉았거나 누웠다가) 천천히 몸을 일으키는 모양.
¶ 딸은 엄마 성화에 못 이겨 자리에서 부스스 일어났다.

③ 머리털 같은 것이 몹시 헝클어져 꺼벙한 모양.

¶ 자다 일어났는지 머리가 부스스 헝클어져 있었다.

복합어

- **부스스하다** 형용사 몹시 어지럽게 헝클어지다. ¶ 만원 버스를 타니 금방 빗은 머리카락도 부스스해졌다.

× 부시시

'부스스'의 틀린 말.

> **'부스스'와 '부시시'**
>
> '으'를 '이'로 잘못 쓰는 예
>
> 부시시(×) → 부스스 / 부시시하다(×) → 부스스하다
>
> 부시럭거리다(×) → 부스럭거리다 / 부실부실하다(×) → 부슬부슬하다
>
> 으시시(×) → 으스스 / 으시시하다(×) → 으스스하다
>
> 으실으실하다(×) → 으슬으슬하다
>
> 남한은 '으' 계열을 표준으로 삼았는데, 북한에서는 '이' 계열을 표준으로 삼았다. 즉, 앞의 것은 북한의 문화어이고 뒤의 것이 남한의 표준어이다.

부인[1] 명사 (婦人)

혼인한 여자.

¶ 중년 부인들이 모여서 차를 마시며 즐겁게 이야기를 나눈다.

¶ 요즘 우리 마을에서 젊은 부인을 찾기 어렵다.

복합어

- **귀부인**(貴婦人)[귀: -] 명사 신분이 높거나 재산이 많은 집안의 부인.
- **복부인**(福婦人) 명사 부동산 투기로 큰 이익을 꾀하는 가정부인을 속되게 이르는 말.
- **부인네**(婦人 -) 명사 '부인'을 조금 헐하게 이르는 말.
- **부인석**(婦人席) 명사 여자들이 앉도록 마련된 자리.

부인[2] 명사 (夫人)

남의 아내를 높여 이르는 말.
¶ 저분이 사장님의 부인이십니다.
¶ 우리 목사님의 부인은 피아노를 잘 치신다.

복합어

- **귀부인**(貴夫人)[귀:-] 명사 =영부인
- **나비부인**(-夫人) 명사 푸치니가 작곡한 오페라 제목.
- **대부인**(大夫人)[대:-] 명사 남의 어머니를 높여 이르는 말.
- **동부인**(同夫人) 명사 아내와 동행함.
- **동부인하다**(同夫人-) 자동사 아내와 동행하다.
- **모부인**(母夫人)[모:-] 명사 남의 어머니를 높여 이르는 말. 자당(慈堂).
- **본부인**(本夫人) 명사 ① 이혼하기 전의 부인. ② '첩'에 대하여 본디 부인을 이르는 말.
- **사부인**(查夫人) 명사 '안사돈'을 높이는 말.
- **영부인**(令夫人) 명사 남의 아내를 매우 높여 이르는 말.
- **정실부인**(正室夫人) 명사 남의 정실(正室)을 높여 이르는 말.
- **죽부인**(竹夫人) 명사 대오리로 길고 둥글게 얼기설기 엮어 만든 기구.
- **현부인**(賢夫人) 명사 ① 어진 부인(夫人). ② 남의 부인을 높여 이르는 말.

'부인'과 '사모님'

남의 아내를 높여 이르는 말이 '부인(夫人)[2]'이고 이를 더 높이면 '영부인' 또는 '귀부인'이 된다. 그런데 요즘 자기 상사나 사장 또는 심지어 친구의 아내를 높여서 '사모님'이라는 말을 쓴다. 언어가 지나치게 왜곡되는 현상이라고 말할 수 있다.

'사모(師母)'는 스승의 부인을 특별히 일컫는 말이다. 요즘은 목사(牧師)의 아내도 '사모'라고 한다. 그런데 여기에 높임을 뜻하는 접미사 '-님'을 붙여 '사모님'이라고 하고 이 말을 모든 사람의 부인을 높이기 위해서 쓰고 있다. 호칭의 거품 현상이고, 부정확한 호칭이다. 어쨌든 스승이 아닌 사람의 아내를 '사모님'이라고 부르는 것은 잘못이다. (올림말 '사모(師母)' 참고.)

'부인'이라고 하는 것으로도 충분히 높임을 나타낸다. 문제는 '夫人'과 '婦人'이 같은 '부인'으로 소리 나기 때문에 '夫人'이라는 호칭을 피하는 것 같다. 그렇다고 해서 스승이 아닌 사람의 아내를 '사모님'이라고 부르는 것은 문제가 있으므로 '부인(夫人)'을 되살려서 남의 아내를 대접하여 부르는 호칭으로 사용하면 좋겠다.

부치다[1] 동사

규11-0 부치고, 부치는, 부치어/부쳐, 부친, 부칩니다, 부치었다/부쳤다

자동사

(능력이나 힘이) 모자라거나 미치지 못하다.

¶ 늘그막에 글을 쓰려니 힘이 조금 부친다.

¶ 그 일은 내 힘에 부쳐서 포기하겠다.

부치다[2] 동사

규11-0 부치고, 부치는, 부치어/부쳐, 부친, 부칩니다, 부치었다/부쳤다

타동사

(부채를) 움직이어 바람을 일으키다.

¶ 더위를 쫓기 위해서 연신 부채를 부쳐 보지만 역부족이다.

복합어

- **부채** 명사 손으로 잡고 바람을 일으키는 물건.

부치다[3] 동사

규11-0 부치고, 부치는, 부치어/부쳐, 부친, 부칩니다, 부치었다/부쳤다

타동사

① (편지나 소포를) 보내다.

¶ 편지를 부치려고 우체국에 왔다.

② 어떤 문제를 다른 곳이나 다른 기회로 넘기어 맡기다.

¶ 이 안건을 전체 회의에 부칩시다.

¶ 동의안을 표결에 부치겠습니다.

¶ 헌법 개정안을 국민투표에 부치기로 하였다.

ㅂ

③ 어떤 일을 거론하거나 문제 삼지 아니하는 상태에 있게 하다.
¶ 그 일이 밝혀지면 우리가 위태로워지니 반드시 비밀에 부쳐야 합니다.
¶ 이번 잘못은 특별히 불문에 부치겠다.
④ 먹고 자는 일을 제집이 아닌 다른 곳에서 하다.
¶ 서울에 계시는 삼촌 댁에 숙식을 부치기로 했다.
⑤ 행사나 특별한 날에 즈음하여 의견이나 감정을 나타내다.
¶ 봄에 부치는 노래
¶ 한글날에 부치는 글

관용 표현

- **불문(不問)에 부치다** 책임을 묻지 않기로 하다.
- **비밀(秘密)에 부치다** 비밀로 하다.

부치다[4] 동사

규11-0 부치고, 부치는, 부치어/부쳐, 부친, 부칩니다, 부치었다/부쳤다

타동사

(논밭을) 다루어 농사를 짓다.
¶ 논 몇 마지기와 밭 몇 뙈기 부치는 정도로는 먹고 살기가 쉽지 않다.

부치다[5] 동사

규11-0 부치고, 부치는, 부치어/부쳐, 부친, 부칩니다, 부치었다/부쳤다

타동사

(부침개를) 만들다.
¶ 잔치가 벌어져 부엌에서는 전을 부치느라 부산했다.

복합어

- **달걀부침** 명사 달걀을 씌워서 번철이나 프라이팬 따위에 지진 음식을 통틀어 이르는 말.

• **메밀부침** 명사 메밀가루를 반죽하여 둥글넓적하게 기름에 부치고, 여러 가지 나물로 소를 넣고 돌돌 말아 만든 음식.
• **부침개** 명사 빈대떡, 누름적, 저냐 따위를 통틀어 일컫는 말.
• **부침개질** 명사 부침개를 만드는 일. 지짐질.
• **부침질** 명사 부치는 일. 지짐질.

부탁 명사 (付託)[부:-]

어떤 일을 해 달라고 청하거나 맡김. 또는 그 일거리.
¶ 여러분께 **부탁**을 드립니다.
¶ 친구의 **부탁**을 받았다.
¶ 공직에 있는 사람에게 사사로운 **부탁**은 일절 하지 말아야 한다.

복합어

• **부탁하다**(付託-)[부:-] 타동사 어떤 일을 해 달라고 청하거나 맡기다. ¶ 제자가 나에게 주례를 서 달라고 부탁해 왔다. / 우리 아이 잘 부탁합니다.

'부탁'과 '청탁'

'부탁'과 '청탁'은 의미상으로 크게 다르다고 볼 수는 없다. 그래서 글말체이기도 하고 조금 더 어렵게 느껴지는 '청탁'을 쉬운 말인 '부탁'으로 바꿔 쓰자는 주장이 나오게 되었다. 《표준국어대사전》이 '청탁'의 순화어로 '부탁'을 제시한 것은 그런 생각을 반영한 것이다. 그러나 의미상으로 구별되지 않는다고 해서 용법이 완전히 같다고 말하기는 어렵다.

'부탁'은 주로 개인끼리 하는 요청인 반면에 '청탁'은 공적인 업무와 관련하여 하는 요청인 경우가 많고 특히 부정적인 의미를 포함하기 때문이다. '부탁'은 들어주는 것이 좋은 일이고 '청탁'은 들어주는 것이 안 좋은 일일 수 있음을 암시한다. 아래 예문을 보면 이를 어느 정도 인정할 수 있을 것 같다.
¶ 이웃 아주머니에게 아이를 좀 봐 달라고 **부탁**했다.
¶ 세무사에게 우리 회사 세무를 봐 달라고 **부탁**했다.
¶ 세금을 깎아 달라고 세무 공무원에게 **청탁**하는 것은 불법이다.
¶ 국회의원을 동원하여 인사 **청탁**을 한 사람도 있다.

▶ '당부'와 '부탁'의 차이는 올림말 '당부' 참고.

부풀다 동사

불11-2 부풀고, 부풀어, 부푸니, 부푸는, 부푼, 부푸오, 부푼다, 부풉니다, 부풀었다

자동사

① 종이나 피륙 따위의 거죽에 부푸러기가 일어나다.

¶ 새로 산 스웨터가 벌써 올이 **부풀었다**.

② (살가죽이) 부어오르거나 부르터 오르다.

¶ 튀김 기름이 튄 자리가 금방 **부풀어** 올랐다.

¶ 사람이 죽으면 피부가 **부푼다고** 한다.

③ (안에 바람이 들어가거나 하여) 덩치가 커지다.

¶ 바람을 불어넣자 풍선이 한껏 **부풀었다**.

④ (희망이나 즐거움으로 마음이) 크게 되다. 가득 차다.

¶ 대학에 합격하고 희망에 **부풀어** 잠을 이룰 수 없었다.

⑤ (어떤 사실이나 일이) 실제보다 과장되다.

¶ 말이 꼬리에 꼬리를 물고 퍼지면서 **부풀어** 파문이 커졌다.

복합어

- **부푸러기** 명사 부풀의 낱개 ¶ 털실 옷은 부푸러기가 많이 일어난다.
- **부풀** 명사 종이나 헝겊 따위의 거죽에 부풀어 일어나는 가는 털.
- **부풀리다** 사동사 부풀게 하다. ¶ 경영자가 사업 실적을 지나치게 부풀려 오히려 시장의 불신을 사게 되었다. / 풍선을 너무 부풀리면 터진다.
- **부풀부풀** 부사 부푸러기가 잘게 일어난 모양.
- **부풀부풀하다** 형용사 부푸러기가 여기저기에 잘게 일어난 모습이다.

관용 표현

- **부풀어 오르다** ① 부풀어서 점점 부피가 커지다. ② (마음이) 기쁨이나 희망으로 가득 차게 되다.

'부풀다'와 '보풀다'

두 낱말은 서로 큰말과 작은말 관계에 있지만 용법에서는 작은 차이가 나타난다. 옷감에서 일어나는 것을 가리키는 경우에는 '보풀'을 '부풀'보다 더 많이 쓰고, 바람을 넣어 풍선을 크게 만드는 행위에는 '부풀다'와 '부풀리다'를 '보풀다'와 '보풀리다'보다 많이 쓴다.

부프다 형용사

불21-8 부프고, 부퍼, 부퍼서, 부픈, 부픕니다, 부펐다

① 무게는 나가지 아니하지만 부피가 크다.
¶ 짐이 너무 부퍼서 가지고 다니기 힘들다.
¶ 햇솜으로 만든 새 이불이 부퍼서 감촉이 아주 좋았다.
② 성질이나 말씨가 매우 급하고 거칠다.
¶ 부장의 성미가 너무 부프니 아랫사람들이 몹시 어려워한다.

복합어

- **부픈살** 명사 굵은 화살.
- **부픈짐** 명사 무게에 비하여 부피가 매우 큰 짐.
- **부피** 명사 올림말 '부피' 참고.

부피 명사

물건이 차지하고 있는 공간 부분의 크기. 부픈 정도.
¶ 여행 가방의 부피를 줄이느라 꼭 필요한 것만 챙겼다.
¶ 부피를 재는 도구로 되나 말 따위가 있다.

복합어

- **부피감**(-感) 명사 부피가 있는 느낌. 부픈 느낌.

'부피'와 '부프다'

수학에서 쓰는 '부피'라는 말은 '부프다'에서 파생한 명사임을 알아두는 것이 좋겠다. '부프다'의 어근 '부프'에 접미사 '-이'를 붙여 만든 명사이다.
다음 명사들도 같은 방식으로 만든 낱말들이다.
넓다+이=넓이 / 높다+이=높이 / 길다+이=길이
깊다+이=깊이 / 무겁다+이=무게

ㅂ

북돋다 동사

규10-1 북돋고, 북돋으니, 북돋아서, 북돋지, 북돋는, 북돋네, 북돋으오, 북돋습니다, 북돋았다

타동사

'북돋우다'의 준말.

¶ 연예인들이 군부대를 방문하여 군인들의 사기를 북돋아 주었다

북돋우다 동사

규11-0 북돋우고, 북돋우니, 북돋워서, 북돋웁니다, 북돋웠다

타동사

용기나 의욕이 더욱 나게 격려하다.

¶ 상여금을 주어 사원의 사기를 북돋우는 것도 좋은 방법이다.

'북돋다'와 '북돋우다'

우리는 흔히 '북돋우다'의 준말로 '북돋다'를 사용하고 《표준국어대사전》도 '북돋다'를 '북돋우다'의 준말로 인정한다. 그러나 여기에는 문제가 있다. 왜냐하면 '북돋우다'의 '우'는 '북돋다'를 사동사로 만드는 사동 접미사인데, 사동 접미사가 있으나 없으나 사동사로 보아야 하는 문제가 생기기 때문이다.

사동 접미사는 자동사나 타동사를 사동사로 바꾸는 구실을 한다. 그러니까 사동사가 되기 전의 동사는 자동사 아니면 타동사인 것이다. 그래서 사동사를 만드는 접미사 '우'를 생략하는 것은 옳지 않다. 원래 '돋다'는 자동사로서 여기에 사동 접미사 '우'를 붙여 '돋우다'라는 사동사를 만들었다. 그렇다면 마땅히 '돋우다'가 '돋다'로 줄어드는 것을 인정해서는 안 될 것이다.

실제로 《표준국어대사전》도 '돋다'를 '돋우다'의 의미로 사용하는 것을 틀렸다고 풀이해 놓았다. 그런데도 '북돋다'는 '북돋우다'의 준말로 인정하였다. '북'이라는 말이 붙었다고 해서('북'은 뿌리를 감싸고 있는 흙을 가리키는 말이다) '돋다'와 '돋우다'의 의미가 달라지는 것이 아닌데 이런 판단을 한 것은 지나치게 언중의 관행을 따른 나머지 원칙을 깨뜨린 것이다. 조어법이 이와 비슷한 다른 낱말의 경우에 '우'의 생략을 인정한 경우는 없다.

- '깨다'는 '깨우다'의 잘못 ¶ 아이를 깨라(×). → 깨워라
- '돋다'는 '돋우다'의 잘못 ¶ 내 화를 돋았다(×). → 돋우었다
- '배다'는 '배우다'의 잘못 ¶ 글쓰기를 배고(×) 있다. → 배우고

• '새다'는 '새우다'의 잘못 ¶ 한데서 밤을 새지(×) 마라. → 새우지
• '치다'는 '치우다'의 잘못 ¶ 의자를 한쪽으로 친다(×). → 치운다
• '키다'는 '키우다'의 잘못 ¶ 소를 한 마리 킨다(×). → 키운다
• '태다'는 '태우다'의 잘못 ¶ 낙엽을 태지(×) 마시오. → 태우지
• '피다'는 '피우다'의 잘못 ¶ 담배를 피면(×) 안 된다. → 피우면

이처럼 사동 접미사 '우'를 생략한 형태를 인정하지 않고 있는데 유독 '북돋다'만 '북돋우다'의 준말로 인정하는 것은 문제가 있다. '북돋다'를 인정하므로 이의 활용형 '북돋아서, 북돋으니, 북돋으면, 북돋네, 북돋습니다'도 인정되기 때문에 줄기 전의 활용형인 '북돋워서, 북돋우니, 북돋우면, 북돋우네, 북돋웁니다'와 다투게 되었다. 이 혼란이 하루빨리 바로잡히기 바란다.

분수[1] 명사
(分數)[-쑤]

어떤 수(분자)를 다른 수(분모)로 나눈 모양을 나타낸 수. 정수(整數)로 나타낼 수 없는 수를 적는 데에 쓸모가 있다.

복합어

• **가분수**(假分數)[가:-쑤] 명사 분자가 분모보다 큰 분수.
• **대분수**(帶分數)[-쑤] 명사 정수와 분수의 합으로 이루어진 분수.
• **분수식**(分數式) 명사 분수를 포함하는 유리식.
• **진분수**(眞分數)[-쑤] 명사 분자가 분모보다 작은 분수.

분수[2] 명사
(分數)[분:-]

① 자기 신분이나 처지에 맞는 한도.
¶ 사람은 저마다 타고난 분수가 다르고 겪는 고통도 다르다.
¶ 그는 분수에 넘치는 사치를 하다가 결국 재산을 모두 탕진하고 말았다.
② 사물을 분별하는 슬기.
¶ 지금 내 분수로는 이 일을 판단하기 어렵다.

¶ 그 사람은 분수가 없어서 아무 일에나 끼어든다.

③ 지켜야 할 한계.

¶ 사람을 닦달하는 것도 분수가 있으니, 이제 그만해라.

¶ 아닌 밤중에 홍두깨도 분수가 있지, 어떻게 내가 가진 것을 다 내놓으라는 말인가?

복합어

- **분수없다**(分數-)[분:-] 형용사 ① 무엇을 분별할 지혜가 없다. 생각하고 헤아리는 슬기가 없다. ② 자기 분수를 지킬 통제력이나 판단력이 없다.
- **분수없이**(分數-)[분:-] 부사 자기 처지에 맞지 않게. 슬기롭지 않게. ¶ 그렇게 분수없이 행동하지 마라.

관용 표현

- **분수(分數)가 있다** 마땅히 지켜야 할 한계가 있다. ¶ 농담을 해도 분수가 있지, 그런 농담을 숙녀에게 한단 말인가?

> **'분수[1]'과 '분수[2]'의 소리내기**
>
> '분수[1]'은 짧은소리, '분수[2]'는 긴소리를 낸다. 같은 한자를 쓰지만 의미에 따라서 짧은소리와 긴소리로 구별하는 경우가 여럿 있다. 예를 들면 다음과 같다.
>
> - 강조(强調)와 강:압(强壓): '셈'의 뜻으로는 짧은소리, '억지'의 뜻으로는 긴소리.
> - 장단(長短)과 장:남(長男): '길'의 뜻으로는 짧은소리, '맏이'의 뜻으로는 긴소리.

분지르다 동사

불11-6 분지르고, 분지르니, 분질러, 분지른, 분지릅니다, 분질렀다

타동사

꺾어서 둘로 나뉘게 하다.

¶ 나뭇가지를 분질러 불을 붙였다.

¶ 놀부가 제비 다리를 일부러 분지른 뒤에 다시 헝겊으로 동여매었다.

> **'분지르다'와 '부러뜨리다'**
>
> '분지르다'는 주로 그리 굵지 않은 것을 손으로 잡고 부러뜨리는 행위를 가리킨다. '부러뜨리다'는 굵

은 사물을 큰 힘으로 부러지게 만드는 경우를 포함한다. 다른 연장을 사용해서 부러뜨리기도 한다. 굵은 기둥을 도끼로 쳐서 부러뜨리기도 하고, 굵은 각목을 다른 물건에 부딪쳐서 부러뜨리기도 한다.

붇다 동사 [붇:-]

불11-1 붇고, 붇는, 붇지, 불은, 불으니, 불으면, 불어, 불어서, 붇습니다, 불었다

자동사

① 물에 젖어서 부피가 커지다.

¶ 쌀이 아직 **붇지** 않아서 밥을 안치기 어렵다.

¶ 때가 **불어야** 벗기기 쉬우니 몸을 물에 담가라.

② (수량이) 많아지다.

¶ 잠깐 내린 소나기로 개울물이 순식간에 **붇다니** 놀랍다.

¶ 요즘 이것저것 먹었더니 몸이 많이 **불었다**.

복합어

- **불리다** [사동사] '붇다'의 사동형.
- **불어나다** [자동사] 올림말 '불어나다' 참고.

관용 표현

- **길이 붇다** 걸은 거리가 늘어나다. ¶ 길을 가다가 쉬기를 반복하니 도무지 길이 붇지 않는다.

'붇다'와 '붓다'

'붇다'는 전체가 팽창하여 부피가 늘거나 물에 젖어 부피가 늘어난 경우를 가리키고, '붓다[1]'은 건강에 이상이 생겨 몸의 어느 부분이 부풀어 오른 경우를 가리킨다. '몸이 불었다'고 하면 살이 많이 쪄서 몸집이 커진 경우와 시체가 물을 먹어서 몸집이 부푼 경우를 가리킨다. '얼굴이 부었다'고 하면 몸에 탈이 나서 얼굴이 다른 때보다 부풀었다는 뜻이다.

¶ 운동을 안 하고 밥을 많이 먹으니 몸무게가 금방 **불었다**.

¶ 저녁에 무엇을 먹고 곧바로 잠을 자고 일어나면 얼굴이 **붓는다**.

¶ 하루 종일 걸었더니 종아리가 **부었다**.

불과 부사 (不過)

(주로 수량을 나타내는 말 앞에 쓰이어) 그 수량에 지나지 아니한 상태임을 이르는 말. 겨우.

¶ 그 사실을 아는 사람은 불과 몇 명뿐이었다.

¶ 불과 몇 초 사이에 그런 엄청난 비극이 일어났다.

¶ 불과 몇 달 사이에 머리가 반백이 되었다.

¶ 남은 양식은 불과 두 바가지 정도이다.

복합어

- **불과하다**(不過-) 형용사 ① 그 수량에 지나지 아니한 상태이다. ¶ 대통령 재산이 천 만 원에 불과하다면 누가 믿겠는가? ② 그 수준을 넘지 못한 상태이다.

'불과'의 용법

'불과'는 '겨우'와 용법이 거의 같다. '불과'는 '불과 얼마뿐이다', '불과 얼마밖에 안 된다', '불과 얼마 정도이다'처럼 '뿐, 밖에, 정도' 같은 말과 호응한다. 그러나 '불과 얼마에 지나지 않는다'고 하는 것은 의미 중복이다.

¶ 만날 사람은 불과 두 명에 지나지 않는다. → 만날 사람은 두 명에 지나지 않는다.
→ 만날 사람은 불과 두 명이다.

불끈 부사

① 힘차게 치밀거나 솟아오르는 모양.

¶ 아침 해가 수평선 위로 불끈 솟았다.

¶ 팔뚝에 힘을 주니 지렁이 같은 핏줄이 불끈 솟는다.

② 흥분하여 성을 월컥 내는 모양.

¶ 내가 말대꾸를 하자 아버지가 화를 불끈 냈다.

¶ 속에서 불끈 부아가 치밀어 올랐으나 꾹 눌러 참았다.

③ 힘을 주어 주먹을 꽉 쥐는 모양.

¶ 한번 해 보자고 주먹에 힘을 불끈 주었다.

복합어

- **불끈거리**다 [자동사] 자꾸 불끈 솟거나 화를 내거나 힘을 주다. ¶ 기분이 나쁘다고 불끈거리지 말고 고분고분 행동해라.
- **불끈대**다 [자동사] =불끈거리다
- **불끈불끈** [부사] 자꾸 불끈거리는 모양.

> **'불끈'과 '불쑥'**
>
> 화가 치미는 상태를 꾸미는 부사로서 '불끈'과 '불쑥'을 쓸 수 있는데 용법이 조금 다르다. '불끈'은 화를 낼 만한 일에 힘주어 화를 내는 행위에 쓰는 말이고, '불쑥'은 앞뒤 가리지 않고 갑자기 화를 내는 행위를 꾸미는 말이다.
>
> '불끈' 화를 낸다면 그 사람이 정당한 이유가 있어서 화를 내는 것을 의미하고, '불쑥' 화를 낸다면 그 사람이 참을성이 없어서 다짜고짜 화를 내는 것을 의미한다. '불끈' 화를 낸 사람은 계속해서 화가 나게 한 대상을 나무랄 것이지만 '불쑥' 화를 낸 사람은 그 자리를 뜨기 마련이다.
>
> ¶ 그 친구는 불끈 화를 내더니 우리더러 책임을 지라고 요구했다.
>
> ¶ 그 친구는 불쑥 화를 내더니 문을 쾅 닫고 나가버렸다.

불다 동사 [불:-]

불11-2 불고, 불면, 불지, 부는, 부네, 불어, 부오, 분다, 붑니다, 불었다

자동사

① 바람이 일어나서 어느 방향으로 움직이다.

¶ 며칠 샛바람이 **불더니** 촉촉히 봄비가 오기 시작한다.

② 유행, 풍조, 변화 따위가 일어나 휩쓸다.

¶ 요즘은 복고풍이 **부니** 너도나도 옛날 차림을 하고 다닌다.

¶ 언제부터인가 세계적으로 성형 바람이 세차게 **부는** 것 같다.

타동사

① 입을 오므리고 날숨을 내어보내어, 입김을 내거나 바람을 일으키다.

¶ 입김을 호호 **불면서** 종종걸음을 하는 어이들이 눈에 띈다.

¶ 아들이 풍선을 **불어** 달라고 졸라서 세게 **불다** 그만 풍선을 터뜨리고 말았다.

② 입술을 좁게 오므리고 그 사이로 숨을 내쉬어 소리를 내다.
¶ 소녀들이 지나가자 사내아이들이 휘파람을 **불며** 관심을 보였다.
③ 코로 날숨을 세게 내어보내다.
¶ 아직 화가 덜 풀린 형은 코를 씩씩 **불며** 동생을 노려보았다.
④ 관악기를 입에 대고 숨을 내쉬어 소리를 내다.
¶ 소년이 피리를 **불며** 앞에서 가고 그 뒤로 양 떼가 따르고 있다.
¶ 우리 악단에 나팔을 잘 **부는** 사람이 필요하다.
⑤ 풀무, 풍구 따위로 바람을 일으키다.
¶ 풀무를 **불어** 불을 살렸다.
⑥ (속되게) 숨겼던 죄나 감추었던 비밀을 사실대로 털어놓다.
¶ 조사자는 내가 아는 대로 모두 **불지** 않으면 고문을 하겠다고 위협했다.

복합어

- **들이불**다[1] 자동사 바람이 안쪽으로 불다.
- **들이불**다[2] 자동사 바람이 몹시 세차게 불다.
- **불리**다 피동사 올림말 '불리다[3]' 참고.
- **불어넣**다 타동사 어떤 생각이나 느낌을 가질 수 있도록 영향이나 자극을 주다. ¶ 여행은 일상에 활력을 불어넣는다. / 아이들에게 희망과 용기를 불어넣어 주어라.
- **불어닥치**다 자동사 ① 바람이 몹시 세게 불어오다. ¶ 강풍이 불어닥쳐 시설물이 많이 파괴되었다. ② 유행, 풍조, 변화 따위가 강하게 들어오다.
- **불어오**다 자동사 ① 바람이 이쪽으로 불다. ② 어떤 경향이나 사조(思潮) 따위가 영향을 끼쳐 오다.
- **불어제치**다 자동사 바람이 세차게 불다. ¶ 저녁이 되자 바람이 더욱 세차게 불어제쳤다.
- **불어치**다 자동사 바람 따위가 세차게 불다. ¶ 바람이 불어칠 때마다 대문이 덜컹거렸다.
- **치불**다 자동사 바람이 아래에서 위를 향하여 약간 세게 불다.
- **휘불**다 자동사 바람이 마구 세게 불다. ¶ 거센 바람이 휘불었다.

속담

- **분다 분다 하니까 하루아침에 왕겨 석 섬을 분다** 잘한다 잘한다 하니까 우쭐해서 턱없는 정도에까지 이르게 됨을 비유하는 말.
- **불고 쓴 듯하다** 깨끗하게 아무것도 남은 것이 없는 경우를 이르는 말.
- **불면 꺼질까 쥐면 터질까** 어린 자녀를 애지중지하여 기르는 부모의 사랑을 비유하여 이르는 말.
- **불면 날아갈 듯 쥐면 꺼질 듯** 몸이 마르고 매우 허약한 사람을 비유하여 이르는 말.

불리다[1] 동사

규11-0 불리고, 불리어/불려, 불린다, 불립니다, 불리었다/불렸다

사동사

'부르다[1]'의 사동형.

¶ 정치인과 관료들이 제 배 **불리기**에 여념이 없으니 서민 살기가 어려워지는 거다.

불리다[2] 동사

규11-0 불리고, 불리어/불려, 불린다, 불립니다, 불리었다/불렸다

피동사

'부르다[2]'의 피동형.

¶ 이곳에서 그는 장군으로 **불린다**.

¶ 이름이 **불린** 사람은 대기실에서 기다리세요.

¶ 학생들이 하나씩 선생님에게 **불려** 갔다.

¶ 이 노래가 사람들에게 가장 많이 **불리는** 노래이다.

불리다[3] 동사

규11-0 불리고, 불리어/불려, 불린다, 불립니다, 불리었다/불렸다

피동사

'불다'의 피동형.

¶ 낙엽이 바람에 **불려** 흩날린다.

불리다[4] 동사

규11-0 불리고, 불리어/불려, 불린다, 불립니다, 불리었다/불렸다

사동사

'붙다'의 사동형.

¶ 온탕에서 때를 불린 뒤에 손쉽게 때를 밀었다.

¶ 월급만 가지고는 살림을 불리기가 매우 어렵다.

✕ 불리우다

'불리다[2]'의 틀린 말.

¶ 해삼은 바다의 인삼이라고 불리운다(×)/불린다(○).

불법 명사 (不法)[-뻡]

법에 어긋남.

¶ 경찰이 불법을 눈감아 주고 금품을 받았다.

복합어

- **불법성**(不法性) 명사 말이나 행동이 법에 어긋나는 성질. ¶ 일본은 일제 식민 지배 통치의 불법성을 인정해야 한다.
- **불법 체류**(不法滯留) 명사 (다른 나라에) 법에 어긋나게 머물고 있음.
- **불법 행위**(不法行爲) 명사 법에 어긋나게 남의 권리나 자유를 침해하여 손해를 끼치는 행위.

'불법', '탈법', '위법'

이 세 낱말은 모두 법을 어긴다는 공통점이 있으나 의미와 용법에는 차이가 있다. 우선 세 낱말에 사용한 '법'의 개념이 같지 않다. '불법'과 '탈법(脫法)'에서 말하는 법은 주로 행정법이나 행정 규정을 포함한 법 일반을 가리킨다. 민법이나 상법과 하위 규정을 어기는 행위도 '불법' 또는 '탈법'이라고 한다. 이에 비해서 '위법(違法)'은 주로 형법 곧 사람의 신체를 구속할 수 있는 법과 규정을 어기는 행위를 일컫는다. 따라서 '위법한 행위'라고 하면 형법에 어긋나는 행위라는 뜻으로 받아들이면 된다.

'불법'은 법의 규정을 어기는 것이다. 법이 '이런 조건에서 이렇게 하라'거나 '이것은 이런 경우에 하면 안 된다'고 규정한 것을 어기는 것이 '불법'이다. '탈법'은 법을 교묘히 어기는 경우에 사용하는 말이다. 거짓으로 적법한 것처럼 속이는 불법 행위가 '탈법'에 속한다. 영업 허가를 받아야 하는데 받지 않고 하는 영업은 '불법' 영업이다. 이에 비해서 특정 품목의 영업 허가를 받아 영업을 하는 사람이 허가 사항을 살짝 벗어나서 다른 품목까지 영업을 하면 이는 '탈법'이 된다.

불쑥 부사

① 갑자기 쑥 나오거나 내미는 모양.

¶ 아이가 나에게 손을 불쑥 내밀며 돈을 달라고 했다.

¶ 바다가 붉은빛으로 일렁이더니 해가 불쑥 솟았다.

② 갑자기 쑥 나타나거나 생기거나 하는 모양.

¶ 어둠 속에서 그가 불쑥 나타났다.

③ 갑자기 (좋지 않거나 불안한) 마음이 생기거나 생각이 떠오르는 모양.

¶ 일을 하는 중에 아내가 병원에 간다고 한 말이 불쑥 생각났다.

¶ 그 일을 생각하니 화가 불쑥 치솟는다 .

④ 앞뒤 생각 없이 말을 함부로 하는 모양.

¶ 남의 말에 불쑥 끼어들지 마라.

복합어

- **불쑥거리다** 자동사 ① (사람이나 사물 또는 생각이) 갑자기 불룩하게 쑥 내밀 듯이 나오다. ② 앞뒤 생각 없이 자꾸 말을 함부로 하다.
- **불쑥대다** 자동사 =불쑥거리다
- **불쑥불쑥** 부사 여럿이 자꾸 불쑥거리는 모양. ¶ 남의 말에 불쑥불쑥 끼어들지 마라.
- **불쑥하다** 형용사 불룩하게 쑥 나오거나 내밀어져 있다. 불룩하다.

'불쑥'과 '문득'

갑작스럽게 어떤 생각이 드는 경우에 '불쑥'과 '문득'을 모두 쓴다. 같은 생각이라도 당사자에게 좋지 않은 생각(근심 같은 것)이 드는 경우에는 '문득'보다는 '불쑥'이 더 자연스럽다.

¶ 오늘 사고가 날 것 같은 생각이 불쑥 들었다.

¶ 문득 오늘 좋은 일이 있을 것 같은 생각이 들었다.

▶ '불쑥'과 '대뜸'의 차이는 올림말 '대뜸' 참고.

불어나다 동사

규10-0 불어나고, 불어나, 불어나는, 불어난, 불어납니다, 불어났다

자동사

① 수량 따위가 본디보다 커지거나 많아지다.

¶ 아끼며 생활한 덕에 재산이 불어났다.

¶ 비가 쏟아지니 개울물이 순식간에 불어나서 건널 수 없었다.

¶ 씀씀이가 커서 빚이 눈덩이처럼 불어난다.

② 몸집 따위가 커지다.

¶ 아이를 낳고 나서 몸이 많이 불어났다.

붓다[1] 동사 [붇:-]

불11-4 붓고, 붓는, 부어, 부으니, 부어요, 붓습니다, 부었다

자동사

① (병이나 상처로 살갗이) 부풀어 오르다.

¶ 다리가 부은 데를 누르니 손자국이 깊게 났다.

¶ 밤늦게 라면을 먹고 잤더니 얼굴이 부었다.

② 성이 나서 부루퉁하게 되다.

¶ 그는 잔뜩 부은 얼굴로 우리 요청을 거절했다.

복합어

- **부어오르다** 자동사 살갗 따위가 부어서 부풀어 오르다.
- **부어터지다** 자동사 ① 부풀어서 터지다. ② (속되게) 잔뜩 화가 나다. ¶ 여행을 보내지 않겠다고 하니 아이가 부어터진 얼굴로 뛰쳐나갔다.

'붓기'와 '부기'

'붓다'의 명사형을 '붓기'로 쓰는 경우가 있다. '요즘 얼굴이 자주 붓기 때문에 외출을 하지 못한다'라거나 '밤에 음식을 먹고 자면 얼굴이 붓기 쉽다'라고 할 때 쓴 '붓기'가 '붓다'의 명사형이다. 이 말을 몸이 부은 상태를 가리키는 한자어 '부기(浮氣)'와 혼동하는 경우가 있다.

¶ 산후 조리를 잘못하여 붓기(×)가 좀처럼 빠지지 않는다. → 부기
¶ 살이 찐 것이 아니라 붓기(×)로 그렇게 보인 것이다. → 부기
위 두 예문의 '붓기'는 '부기'의 잘못이다. '붓기'는 긴소리이고, '부기'는 짧은소리이며, '붓기'는 된소리로 '부끼'라고 발음하지만 '부기'는 예삿소리로 발음한다.

▶ '붓다'와 '붇다'의 차이는 올림말 '붇다' 참고.

붓다² 동사 [붇:-]

불11-4 붓고, 붓는, 부어, 부어라, 부으니, 부어요, 붓습니다, 부었다

타동사

① (무엇을) 쏟아 (어디에) 담다.
¶ 냄비에 물을 부어 끓여라.
¶ 밑 빠진 독에 물을 붓는 어리석은 일을 하지 마라.
¶ 주운 공을 모조리 통에 부었다.
② (씨앗을) 배게 뿌리다.
¶ 모판에 볍씨를 붓는 작업이 끝났다.
③ (부금 따위를) 때에 맞추어 치러 주다.
¶ 이 적금(積金) 열 번만 더 부으면 목돈이 생긴다.

복합어

- **내리붓다** 자동사 비, 눈 따위가 많이 오다. ¶ 장대비가 하루 종일 내리붓는다. 타동사 위에서 아래로 퍼붓다. ¶ 구정물을 수채에 내리부었다.
- **내리퍼붓다** 자동사 눈이나 비 따위가 계속하여 힘차게 오다. ¶ 몇 시간째 장대 같은 비가 내리퍼붓고 있다. 타동사 물 따위를 아래로 마구 쏟다. ¶ 공장에 불이 나서 소방차가 출동하여 물을 내리퍼부었다.
- **들어붓다** 자동사 비 따위가 퍼붓듯이 쏟아지다. ¶ 소나기가 들어붓는다. 타동사 ① 담긴 물건을 들어서 붓다. ¶ 동이의 물을 두멍에 들어부어라. ② 술을 퍼붓듯이 들이마시다. ¶ 빈속에 술만 들어부으면 간이 탈이 나기 쉽다.
- **들이붓다**¹ 타동사 안쪽으로 붓다.
- **들이붓다**² 타동사 마구 붓다. ¶ 기름을 그렇게 들이부으면 얼마나 손해가 나지?
- **들이퍼붓다** 자동사 ① 비나 눈 따위가 마구 쏟아지다. ② 욕 따위를 마구 하다.

• **부어내리다** [자동사] 비, 햇빛 따위가 쏟아 붓듯이 한꺼번에 많이 내리거나 비치다.
• **쏟아붓다** [자동사] 비 따위가 많이 쏟아지다. [타동사] ① 담긴 물건을 쏟으면서 붓다. ¶ 저금통에 들어 있는 동전을 자루에 쏟아부었다. ② 저주, 욕설, 비난 따위를 많이 하다. ③ 애정, 열정, 노력, 물자 따위를 아낌없이 많이 보내거나 바치다. ④ 총이나 포 따위를 한곳에 집중적으로 많이 쏘다.
• **퍼붓다** [자동사] 올림말 '퍼붓다' 참고.

> **'붓다'의 불규칙 활용**
> 표준어에서는 '붓다'가 'ㅅ' 불규칙 활용을 하는 것을 표준어로 본다. 그러나 일반 언어 사용 실태를 보면 의외로 'ㅅ'을 탈락시키지 않는 경우가 많다. '물을 부어라'라고 말해야 할 자리에서 '물을 부서라'라고 말하는 것을 많이 듣게 된다. '그에게 욕을 마음껏 퍼부었다'라고 말해야 하는데 많은 사람들이 '그에게 욕을 마음껏 퍼부섰다'라고 말한다. 일부 지역 사람들이 'ㅅ'을 탈락시키지 않는 것이다. 설령 말을 할 때에는 이렇게 하더라도(지역어의 특징을 감안하여 굳이 막을 필요는 없을지라도) 표기할 때에는 불규칙 활용의 형태를 지켜야 한다.

붙박다 동사

규10-1 붙박고, 붙박으니, 붙박아, 붙박은, 붙박는다, 붙박습니다, 붙박았다

타동사

움직이거나 다른 곳으로 옮겨 가지 못하도록 꼭 붙이거나 박아 놓다.
¶ 화장실 거울은 벽에 붙박아 놓아야 안전하다.
¶ 우체통을 우리 가게 앞에 붙박아 두어 무척 편리하다.

붙박이다 동사

규11-0 붙박이고, 붙박이어/붙박여, 붙박인, 붙박인다, 붙박입니다, 붙박이었다/붙박였다

피동사

'붙박다'의 피동형.
¶ 돌림병에 걸릴까 무서워 외출하지 않고 집에 붙박여 있다.

¶ 남편은 쉬는 날이면 하루 종일 집 안에만 **붙박여** 있다.
¶ 벽에 **붙박인** 거울이라 다른 곳에 걸 수가 없다.

복합어

- **붙박이별** 명사 한자리에 머물러 있어 상대 위치를 바꾸지 않는 별. 항성(恒星).
- **붙박이장**(-欌) 명사 벽에 붙여 옮길 수 없게 만든 장.
- **붙박이창**(-窓) 명사 여닫지 못하게 만든 창.
- **붙박이표**(-票) 명사 선거에서, 항상 일정한 정당이나 후보자에게 투표하는 표. 고정표.

× 붙박히다

'붙박이다'의 틀린 표기.
¶ 날씨가 하도 좋아 집에만 붙박혀(×)/붙박여(○) 있기에는 아까웠다.

비기다[1] 동사

규11-0 비기고, 비기어/비겨, 비긴, 비긴다, 비깁니다, 비기었다/비겼다

자동사

서로 비금비금하여 승부를 가리지 못하다. 맞비기다.
¶ 이번 축구 경기에서 한국은 일본과 **비겼다**.
¶ 두 팀이 **비기면** 다른 팀이 결승전에 진출한다.

타동사

줄 것과 받을 것을 서로 없는 것으로 치다. 에끼다.
¶ 서로 꾼 돈이 비슷해서 나는 친구와 주고받을 것을 **비기기로** 했다.

복합어

- **맞비기다** 자동사 서로 엇비슷하여 승부가 나지 아니하다. ¶ 두 팀이 예선전에서 맞비겼다.
- **비김** 명사 이기지도 않고 지지도 않은 승부.
- **비김수**(-手) 명사 장기에서 서로 비기게 되는 수.

비기다[2] 동사

규11-0 비기고, 비기어/비겨, 비긴, 비긴다, 비깁니다, 비기었다/비겼다

타동사

① 견주어 보다.

¶ 부모 마음을 감히 자식 마음과 **비길** 수 있겠는가?

¶ 음식 솜씨로 말하면 언니와는 **비길** 수 없다.

¶ 자식의 능력을 다른 아이와 **비겨서** 말하는 것은 좋지 않다.

② 비유하다.

¶ 사랑을 꿀에 **비기는** 것은 썩 적절하지 않은 것 같다.

¶ 부모 은혜를 무엇에 **비길** 수 있을까?

비기다[3] 동사

규11-0 비기고, 비기어/비겨, 비긴, 비긴다, 비깁니다, 비기었다/비겼다

타동사

① 뚫어진 구멍에 다른 조각을 붙이어 때우다.

¶ 어머니는 구멍 난 버선에 다른 헝겊을 **비겨** 꿰매셨다.

② 벌어진 틈에 다른 물건을 박아 넣어 틈을 없애다.

¶ 배에 물이 들어오지 못하도록 널 사이에 박을 **비겨** 넣었다.

비기다[4] 동사

규11-0 비기고, 비기어/비겨, 비긴, 비긴다, 비깁니다, 비기었다/비겼다

자동사

(무엇에) 비스듬하게 기대다.

¶ 난간에 **비기어** 서서 하늘을 바라보다.

¶ 산길을 오르다 나무에 **비겨** 잠시 쉬었다.

복합어

• **비겨대다** 타동사 비스듬하게 대다.

비꼬다 동사 [비:-]

규10-0 비꼬고, 비꼬아/비꽈, 비꼰, 비꼴, 비꼽니다, 비꼬았다/비꽜다

타동사

① 비틀어서 꼬다.

¶ 짚 세 가닥을 비꼬아 새끼를 꼰다.

② (몸을) 바로 가누지 못하고 비비 틀다.

¶ 발표하려고 나온 아이가 부끄러워 몸를 비꼰다.

③ 엇먹게 말하다. 남의 마음에 거슬리게 빈정거리다.

¶ 너는 왜 남의 말을 그렇게 비꼬아서 듣느냐?

¶ 내 말을 비꼬지 마라.

복합어

• **비꼬이다**[비:-] 피동사 '비꼬다'의 피동형. ① 비틀어 꼬이다. ¶ 술에 취해 다리가 자꾸 비꼬인다. ② (일이) 잘못 진행되다. ¶ 하는 일마다 비꼬여서 되는 일이 하나도 없다. ③ (마음이) 뒤틀려 그릇되게 나가다. ¶ 무슨 일로 심사가 그리 비꼬였니?

비끼다 동사

규11-0 비끼고, 비끼어/비껴, 비낀, 비낄, 비낍니다, 비끼었다/비꼈다

자동사

① 옆으로 비스듬히 비치다.

¶ 어두운 달빛이 아버지 뒷모습에 비끼었다.

¶ 노을에 비낀 구름들이 연보랏빛으로 곱게 물들었다.

② 비스듬히 놓이거나 늘어지다.

¶ 달빛이 길 위에 비끼니 어렴풋이 길이 드러났다.

타동사

비스듬하게 놓거나 허리에 차거나 하다.

¶ 유비의 뒤에는 장비가 언월도를 비끼고 서 있다.

¶ 영희가 맞은편에 고개를 비낀 채 앉아 있다.

복합어

- **비껴가다** 타동사 ① 비스듬히 스쳐 지나다. ¶ 공이 골대를 살짝 비껴갔다. ② 어떤 감정, 표정, 모습 따위가 얼굴에 잠깐 스쳐 지나가다. ¶ 그의 눈에 후회하는 빛이 비껴가는 것이 보였다.
- **비껴들다** 자동사 비스듬히 들다. ¶ 아침 햇살이 창 틈으로 비껴들었다.
- **비껴쓰다** 타동사 모자 따위를 옆이나 뒤로 비스듬히 쓰다.

비는 [비ː-]

동사 '빌다[1,2]'의 관형사형. '빌다'에 관형사형 어미 '-는'이 붙어 불규칙 활용을 한 형태.

¶ 잘못했다고 비는 사람을 그리 야속하게 나무랄 수 있니?

¶ 아이가 아양을 떨며 천 원만 달라고 비는 데는 못 당한다.

비니 [비ː-]

동사 '빌다[1,2]'의 연결형. '빌다'에 연결 어미 '-니'가 붙어 불규칙 활용을 한 형태.

¶ 잘못했다고 비니 용서한다.

¶ 할머니가 길에서 돈을 비니 보기에 안타까웠다.

비다 동사 [비ː-]

규11-0 비고, 비니, 비는, 비어, 빈, 빕니다, 비었다

자동사

① 속에 아무것도 없다.

¶ 대나무 줄기는 속이 비어 있다.

¶ 집 안이 텅 비니 적막감이 감돈다.
② 지닌 것이 없다.
¶ 호주머니가 비면 힘이 빠지는 법이다.
③ (땅 위에) 아무것도 세워져 있지 않다.
¶ 빈 마당에는 잡풀만 무성하였다.
④ (원래 있던 것 가운데서 얼마가) 모자라다. 없어지다.
¶ 돈이 좀 비는 것 같은데.

복합어

- **빈담**[빈ː-] 명사 빈터에 남아 있는 담. 빈터를 두른 담.
- **빈말**[빈ː-] 명사 ① 실속이 없는 말. 헛된 말. ② 실행하지 못할 말. ③ 속마음과 다르게 짐짓 해 보는 말.
- **빈방**(-房)[빈ː-] 명사 ① 사람이 없는 방. ② 아무도 살지 않고 비워 둔 방.
- **빈삼각**(-三角)[빈ː-] 명사 바둑에서, 이어져 놓인 세 개의 돌이 삼각형을 이루게 둔 모양.
- **빈속**[빈ː-] 명사 아무것도 먹지 않은 속. 공복(空腹).
- **빈손**[빈ː-] 명사 (어디 가면서) 아무것도 지니지 않은 손. 맨손.
- **빈숲**[빈ː-] 명사 낙엽 진 수풀.
- **빈자리**[빈ː-] 명사 ① 아무것도 놓이어 있지 않은 자리. ② 사람이 앉지 않아 비어 있는 자리.
- **빈주먹**[빈ː-] 명사 아무것도 가지지 못한 주먹. 맨주먹.
- **빈집**[빈ː-] 명사 아무도 살지 않고 텅 빈 집.
- **빈차**(-車)[빈ː-] 명사 사람이나 짐을 싣지 않은 차.
- **빈칸**[빈ː-] 명사 비어 있는 칸.
- **빈터**[빈ː-] 명사 집 따위가 들어서지 않은 땅.
- **빈털터리**[빈ː-] 명사 재물을 다 써 없애고 아무것도 없는 사람.
- **빈틈**[빈ː-] 명사 사이가 떨어져 비어 있는 부분. 모자란 부분.
- **빈틈없**다[빈ː-] 형용사 ① 비어 있는 곳이 없다. ② 허술한 데가 없이 야무지고 철저하다.
- **빈틈없이**[빈ː-] 부사 ① 비어 있는 곳이 없이. ② 허술한 데가 없이 야무지고 철저하게.

관용 표현

- **빈손을 털다** ① 가졌던 재물을 몽땅 날려 버리다. ② 하는 일이 헛되게 되다.

속담

- **빈틈에 바람이 난다** 사이가 뜨면 아무리 가까운 사이라도 멀어진다. ¶ 예부터 빈틈에 바람이 나고 썩은 고기에 벌레 난다고 한다.

비로소 부사

(어떤 일이 있고 난 뒤에야) 처음으로. 마침내. ×비로서
¶ 어버이의 은혜를 오늘에야 비로소 깨닫게 되었다.
¶ 잃고 난 뒤에야 비로소 소중한 줄 안다.

비록 부사

'-지만', '-다 하더라도', '(이)라 하더라도' 따위 말을 뒤에 붙여, 어떤 조건을 가정하여 내세울 때 쓰는 말. 설령(設令). 설사(設使).
¶ 비록 내가 몸이 약하지만 너 하나는 이길 수 있다.
¶ 비록 그것이 사실이라 하더라도 나는 인정할 수 없다.
▶ '비록'과 어미 '-더라도', '-지만'이 호응하는 구조이다.

비리다 형용사

규21-0 비리고, 비리어/비려, 비린, 비릴, 비립니다, 비리었다/비렸다

① 날콩을 씹는 맛과 같다. 피의 냄새와 같다.
¶ 수산시장에 가면 생선의 비린 냄새가 물씬물씬 풍긴다.
¶ 날콩을 먹으면 몹시 비립니다.
② 하는 짓이 좀스럽고 구차스러워서 더럽고 아니꼽다.
¶ 그렇게 비리게 굴 것은 또 무어냐?
¶ 제발 그 비린 소리는 그만 하게.
③ 너무 적어서 마음에 차지 않다.
¶ 비릴 만큼 보수가 적은데도 묵묵히 일을 했다.

복합어

- **갯비린내** 명사 개펄이나 갯가에서 나는 비릿한 냄새.
- **물비린내** 명사 물에서 나는 비릿한 냄새.

• **비리비리하다** 형용사 ① 몹시 비리다. ② 좀스럽거나 구차스럽게 굴어 비위에 몹시 거슬리는 데가 있다.
• **비리척지근하다** 형용사 좀 비린 듯하다.
• **비리치근하다** 형용사 '비리척지근하다'의 준말.
• **비린내** 명사 물고기, 날콩, 동물의 피 따위에서 나는 매스꺼운 냄새.
• **비린말** 명사 차마 듣기 어렵게 아니꼬운 말.
• **비릿비릿** 부사 ① 맛이나 냄새가 매우 비릿한 상태. ② 좀스럽고 더럽고 아니꼬움을 느끼는 모양.
• **비릿하다** 형용사 조금 비린 듯하다.
• **젖비린내** 명사 ① 젖에서 풍기는 비릿한 냄새. ② 유치한 느낌을 비유하여 이르는 말. 젖내.
• **피비리다** 형용사 ① 선지피에서 나는 냄새와 같다. ② 전쟁이나 살상(殺傷) 따위로 매우 살벌하다.
• **피비린내** 명사 ① 선지피에서 나는 비린 냄새. ② 전쟁이나 살상(殺傷) 따위로 생기는 매우 살벌한 기운.

관용 표현

• **비린 사정**(-事情) 몹시 구차하게 사정을 하다.

ㅂ

비비다 동사

규11-0 비비고, 비비어/비벼, 비빈, 비빌, 비빕니다, 비비었다/비볐다

타동사

① 고루 섞이도록 함께 문지르다.
¶ 나물을 넣고 밥을 비빈다.
¶ 짜장면은 고루 비벼서 먹어야 맛이 있다.
② 맞대거나 대고 문지르다. ×부비다
¶ 손이 시려서 두 손을 마주 비볐다.
¶ 아이가 엄마에게 뺨을 비비며 어리광을 부린다.
③ 몇 가닥을 손바닥에 넣고 움직여서 꼬이게 만들다.
¶ 짚을 손으로 비벼서 새끼를 꼰다.
¶ 창호지를 비벼서 등잔 심지를 만들었다.
④ 다른 사람 비위를 맞추거나 아부하는 행동을 하다.
¶ 부장은 사장 앞에서 손을 너무 비빈다.
⑤ 많은 사람 틈에서 부대끼며 살아가다.
¶ 좁은 방에서 여럿이 비비며 살고 있다.

복합어

- **볼비빔** [명사] 사랑스러워 볼을 대고 비비는 일.
- **비비대기** [명사] ① 비좁은 곳에서 서로 몸을 맞대고 움직이는 짓. ② 복잡한 일을 치르느라 부산하게 서두름.
- **비비대기치다** [자동사] ① (비좁은 곳에서 여러 사람이) 몸을 맞대고 움직이다. ② 몹시 부산하게 움직이다.
- **비비대다** [타동사] 서로 맞대고 비비다.
- **비비송곳** [명사] 자루를 두 손바닥으로 비벼서 구멍을 뚫는 송곳.
- **비비적거리다** [타동사] 두 물체를 맞대어 자꾸 비비다.
- **비비적비비적** [부사] 두 물체를 맞대어 자꾸 비비는 모양.
- **비비적비비적하다** [타동사] 무엇을 맞대어 자꾸 비비다.
- **비빔** [명사] 밥이나 국수 따위에 고기나 나물을 넣고 양념이나 고명을 섞어서 비빈 음식.
- **비빔국수** [명사] 국물 없이 고기나 나물 따위와 여러 가지 양념을 넣어 비벼 먹는 국수.
- **비빔냉면**(-冷麵) [명사] 국물 없이 고기나 홍어회, 나물 따위와 여러 가지 양념을 넣어 비벼 먹는 냉면.
- **비빔밥** [명사] 밥에 갖은 양념과 나물, 고기 따위를 넣어 비빈 밥.

'비비 꼬다'와 '비비 틀다'

'비비'는 독립한 부사로서 '배배'의 큰말이다. 따라서 '비비 꼬다'와 '비비 틀다'처럼 뒤의 동사와 띄어서 써야 한다. '비비꼬다', '비비틀다'는 현재 한 단어로 인정하지 않아 《표준국어대사전》이 올림말로 삼지 않았다.

'비비다'와 '부비다'

입말에서 흔히 '비비다'를 '부비다'라고 하기도 하는데, '부비다'는 틀린 말이다.

¶ 날씨가 너무 추워 곱은 손을 호호 불며 마주 부벼도(×) 소용이 없었다. → 비벼도

비추다 동사

규11-0 비추고, 비추어/비춰, 비춘, 비출, 비춥니다, 비추었다/비췄다

타동사

① ('빛이 무엇을 비추다'의 형태로 쓰이어) 대상에 빛을 보내어 그것을 밝게 하다.

¶ 방에서 새어나오는 불빛이 희미하게 마당을 비추고 있었다.
¶ 플래시로 방안을 비춰 보았다.
② 빛을 받게 하거나 빛이 통하게 하다.
¶ 필름을 햇빛에 비춰 보았다.
¶ 가슴을 엑스선에 비추어 사진을 찍는다.
③ (거울 따위에) 어떤 물체의 모습이 나타나게 하다.
¶ 거울에 비춰 보니 내 얼굴이 참으로 초췌하였다.
④ (주로 '…에 비추어' 꼴로 쓰이어) 어떤 것과 관련하여 견주어 보다.
¶ 내 경험에 비추어 볼 때 이 사업은 성공하기가 어렵다.
¶ 상식에 비추어 생각해 보면 네 행동은 지나친 감이 있다.

비추이다 동사

규11-0 비추이고, 비추이어/비춰어, 비추인, 비추입니다, 비추이었다/비춰었다

피동사

'비추다'의 피동형.
¶ 가로등 불빛에 비추인 그녀 얼굴이 몹시 창백하였다.

'비추이다'와 '비치다'

'비추이다'는 '비추다'의 피동형이다. 그래서 비추어짐을 나타낸다. 비추는 행위를 수동으로 받는 기능을 한다. '비추이다'를 쓰려면 반드시 '비추는' 주체와 객체가 있어야 한다.
¶ 우리 배가 등대 불빛에 비추이는 순간 환호성을 질렀다.(=등대 불빛이 배를 비추는 순간)
¶ 그녀의 창백한 얼굴이 가로등 불빛에 비추인다.(=가로등 불빛이 창백한 얼굴을 비춘다)
이처럼 주어와 목적어가 있어야 이를 피동으로 바꾸어 '비추이다'를 사용할 수 있다.
이에 비해서 '비치다'는 자동사이므로 주어가 능동적이어야 한다.
¶ 등대 불빛이 우리 배에 비치자 환호성이 터졌다.(=빛이 비친다)
¶ 사람 그림자가 창에 비친다. (=그림자가 비친다)
이런 차이가 있기 때문에 '비치다'를 쓸 자리에 '비추이다'를 쓰면 안 된다.
¶ 거울에 비추이는(×) 내 얼굴이 몹시 피곤해 보인다. → 비치는
¶ 개울을 건너려는데 내 얼굴이 물에 비추인다(×). → 비친다
¶ 고요한 마을에 달빛이 비추이니(×) 더욱 신비롭다. → 비치니

비치다 동사

규11-0 비치고, 비치니, 비치어/비쳐, 비친, 비칠, 비칩니다, 비치었다/비쳤다

자동사

① (달이나 불이) 빛을 주어 환하게 되다.

¶ 먼동이 트자 햇빛이 창문 틈으로 **비쳐** 들어왔다

¶ 어두워진 마을에 달빛이 **비치니** 한층 더 아름다웠다

② (모습이 어디에) 드러나 보이다.

¶ 창문에 사람 그림자가 **비쳤다**.

¶ 가래에 피가 **비치는** 것으로 보아 몸에 탈이 난 모양이다.

③ 무엇으로 보이거나 인식되다.

¶ 내가 다른 사람들에게 너를 무시하는 것으로 **비칠까** 봐 언행을 조심했다.

¶ 글씨를 그렇게 흘려서 쓰면 성의 없는 사람으로 **비치기** 쉽다.

타동사

① (남의 속을 떠 보려고 말을) 약간 꺼내다.

¶ 내가 가겠다는 뜻을 슬쩍 **비쳤더니** 뜻밖에도 허락을 해 주셨다.

② (얼굴을) 잠깐 보이다.

¶ 잠깐 집에 들러 얼굴이라도 **비치고** 출장을 가야겠다.

복합어

- **나비치다** 자동사 ① 나타나서 비치다. ¶ 그 여자는 푸른색이 나비치는 치마를 입고 있었다. ② 나타나거나 참여하다. ¶ 이 일에 너는 나비치지 않는 것이 좋겠다.
- **들이비치다**[1] 자동사 마구 비치다.
- **들이비치다**[2] 자동사 안쪽으로 비치다.
- **어리비치다** 자동사 어떤 현상이나 기운이 은근하게 드러나 보이다.
- **얼비치다** 자동사 ① 빛이 어른거리게 비치다. ¶ 구름 사이로 햇빛이 얼비치었다. ② 어떤 대상의 모습이나 그림자가, 덮거나 가리고 있는 투명하거나 얇은 것에 어렴풋하게 나타나 보이다. ¶ 뿌옇게 김이 서린 차창 너머로 그녀 모습이 얼비쳤다.

'비치다'와 '비추다'

'비치다'는 빛이 드러나 환해지는 현상을 가리키는 말이다. 그리고 빛을 이용하여 어두운 곳에 빛이

닿도록 하는 행위가 '비추다'이다. 빛이 비치게 하는 행위가 '비추다'인 셈이다. 아래 문장에 사용한 '비치다'는 '비추다'의 잘못이다.

¶ 어두운 골목길에 플래시를 비치니(×) 고양이들이 쏜살같이 달아났다. → 비추니

비키다 동사 [비:-]

규11-0 비키고, 비키어/비켜, 비키는, 비킨다, 비킵니다, 비키었다/비켰다

자동사

있던 자리에서 조금 물러서다.

¶ 다른 사람이 다니기 좋게 **비켜서** 일해라.

¶ 나이 든 사람은 젊은 사람이 일하기 좋게 좀 **비켜** 주는 것이 좋겠다.

타동사

① (방해물을) 한갓지게 조금 옮겨 놓다.

¶ 문 옆에 놓였던 화분을 구석으로 **비켜** 놓았다.

¶ 통행에 지장이 없게 물건을 뒤쪽으로 **비켜** 놓아라.

② (장애물을) 피하다.

¶ 자전거가 달려올 때에는 재빨리 **비켜야** 한다.

¶ 앞에 가는 아이를 **비켜** 오른쪽으로 천천히 나아가라.

¶ 마주 보는 사람을 **비켜서** 담배 연기를 내뿜는 것이 예의이다.

③ ('길'이나 '자리' 따위와 함께 쓰이어) 다른 사람을 위하여 있던 자리를 피하여 다른 곳으로 옮기다.

¶ 장애인이 지나가도록 모두 길을 **비켜** 주세요.

¶ 이곳은 사회자의 자리이니 **비켜** 주시겠습니까?

복합어

- **비켜나다**[비:-] 자동사 ① 한쪽으로 피하여 자리를 옮기다. ¶ 구급차가 오면 모든 차는 마땅히 옆으로 비켜나야 한다. ② 어떤 장소에서 벗어나다. ¶ 우리 집에서 오른쪽으로 조금 **비켜난** 곳에 우체통이 서 있다. ③ 어떤 문제나 사건 따위의 핵심이나 중심에서 벗어나다. ¶ 그는 실패의 책임에서 **비켜나려고** 엉뚱한 말을 하고 있다. / 그는 사실 회사 운영에서 한 발 **비켜나** 있었다.
- **비켜서다**[비:-] 자동사 비켜서 물러서다. ¶ 자동차가 다가오니 길옆으로 **비켜서라**.

빈[1] [빈:]

동사 '비다'의 관형사형. '비다'에 관형사형 어미 '-ㄴ'을 붙인 형태.

¶ 저쪽 빈 공간에 자리를 깔고 앉자.

빈[2] [빈:]

동사 '빌다[1]'의 관형사형. '빌다'에 관형사형 어미 '-ㄴ'을 붙여서 불규칙 활용을 한 형태.

¶ 진정으로 잘못을 빈 사람은 용서를 받았다.

빌다[1] 동사 [빌:-]

불11-2 빌고, 비는, 빌어, 비네, 비오, 비세, 빕니다, 빌었다

타동사

① (소원이 이루어지도록) 간절히 청하다.

¶ 복을 빌어 잘 된다면 누가 그리 안 하겠니?

¶ 비나이다. 비나이다. 우리 아버지 무사히 돌아오시기를 천지신명께 비나이다.

② 잘못을 용서하여 달라고 호소하다.

¶ 잘못한 학생이 선생님께 용서를 빌었다.

③ 생각한 대로 이루어지길 바라다.

¶ 빨리 완쾌하시기를 빕니다.

¶ 동생이 입사 시험에 합격하기를 간절히 빌었다.

¶ 좋은 일이 많이 생기기를 빌겠습니다.

복합어

- **빌며빌며**[빌:-] 부사 사정사정하며. 몹시 간절하게 사정하며.

속담

- **비는 놈한테 져야 한다** 자기 잘못을 뉘우치고 사과하는 사람은 용서하여야 한다는 말.
- **비는 데는 무쇠도 녹는다** 지성으로 잘못을 빌면 용서하지 않을 수 없다는 말.

- **비는 장수 목 벨 수 없다** 누구나 잘못을 뉘우쳐 사과하고 용서를 빌면 이를 받아들이는 것이 인정이라는 말.

빌다 2 동사 [빌:-]

불11-2 빌고, 비는, 빌어, 비네, 비오, 비세, 빕니다, 빌었다

타동사

① (남의 물건을) 거저 얻으려고 사정하다.

¶ 요즘은 밥을 빌러 다니는 거지는 없어졌다.

¶ 지하철에서 가끔 멀쩡하게 생긴 사람이 천 원만 달라고 비는 모습을 본다.

② '빌리다'의 잘못.

¶ 이 자리를 빌어(×)/빌려(○) 사과 말씀을 드립니다.

복합어

- **빌어먹다** 자동사 (먹고살 길이 없어) 남에게 빌붙어서 거저 얻어먹다. ¶ 빌어먹더라도 도둑질은 할 수 없다. 타동사 (밥을) 남에게 사정하여 거저 얻어먹다. ¶ 저녁은 빌어먹어야 한다.
- **빌어먹을** 감탄사 관형사 욕으로 하는 말. ¶ 이런 빌어먹을! / 빌어먹을 녀석

속담

- **빌어는 먹어도 다리아랫소리 하기는 싫다** 아무리 궁핍하여도 비굴하게 남에게 아첨하거나 빌붙기는 싫다는 뜻으로 이르는 말.
- **빌어먹는 놈이 콩밥 마다할까?** 궁한 참이니 이것저것 가릴 처지가 못 된다는 말.

'빌다'와 '빌리다'

'빌다2'를 '빌리다'의 의미로 사용하던 때에는 "이 자리를 빌어 감사 인사를 드립니다"처럼 썼다. 그러나 1988년에 고시한 표준어 규정에 따라서 '빌다2'의 이 용법을 쓰지 않기로 하고 이 뜻으로는 '빌리다'만 쓰도록 표준어를 단일화했다. 그러므로 '빌리다'의 뜻으로 쓰는 '빌다2'는 바른 말이 아니다.

¶ 이 자리를 빌어(×) 감사의 말씀을 드립니다. → 빌려

¶ 꼴을 베려면 낫을 빌어(×) 와야겠다. → 빌려

¶ 없으면 빌어다(×) 쓰지. → 빌려다

빌리다 동사

규11-0 빌리고, 빌리니, 빌리면, 빌리어/빌려, 빌립니다, 빌리었다/빌렸다

타동사

① 남의 물건이나 돈 따위를 (나중에 돌려주거나 갚기로 하고) 얼마 동안 쓰다.

¶ 사업을 하려면 은행에서 돈을 **빌리지** 않을 수 없다.

¶ 남의 땅을 **빌려** 경작을 하는 농민이 차츰 늘고 있다.

② 남의 도움을 받거나, 사람이나 물건 따위를 믿고 기대다.

¶ 이 일을 잘 처리하려면 네 힘을 좀 **빌려야겠다**.

¶ 다른 사람 손을 **빌려** 작업을 마치려는 생각은 아예 하지 마라.

③ 일정한 형식이나 이론 또는 남의 말이나 글 따위를 취하여 따르다.

¶ 제보자의 말을 **빌린다면** 피의자가 범죄를 저질렀다고 한다.

¶ 신문은 검찰의 발표를 **빌려** 그대로 보도하였다.

④ 어떤 일을 하기 위해 기회를 이용하다.

¶ 이 자리를 **빌려** 감사의 말씀을 드립니다.

복합어

- **빌려주**다 [타동사] 빌려서 가져가게 넘기다. ¶ 동생에게 여행 가방을 빌려주었다.

관용 표현

- **빌려 가다** 빌려서 가져가다. ¶ 옆집 아저씨가 우리 제초기를 빌려 갔다.
- **빌려 달라다** 빌려 달라고 말하다. ¶ 그가 나에게 돈을 좀 빌려 달라고 하였다.
- **빌려 오다** 빌려서 가져오다. ¶ 옆집에 가서 낫을 한 자루 빌려 오너라.

속담

- **빌려 온 고양이 같다** 여러 사람이 모여 떠드는 데서 사람들과 어울리지 못하고 혼자 덤덤히 있는 경우를 이르는 말.

빚다 동사

규11-1 빚고, 빚으니, 빚으면, 빚어, 빚네, 빚는다, 빚으오, 빚습니다, 빚었다

타동사

① (술을) 담그거나 (떡을) 만들다.

¶ 전통 기법으로 술을 **빚는** 시범을 보인다고 한다.

¶ 온 가족이 둘러앉아서 송편 **빚던** 일이 가장 기억에 남는다.

② (반죽을) 이겨서 어떤 형태를 만들다.

¶ 흙으로 독을 **빚던** 가마터를 발견하였다.

③ 어떤 일이 다른 일을 생기게 하다.

¶ 사회자 실수로 진행에 혼선을 **빚었다**.

복합어

- **빚어내다** 타동사 ① (술, 떡 따위를) 만들어 내다. ② (주로 좋지 않은 결과를) 만들어 내다. 초래하다.

빛 명사

① 밝게 하는 물질.

¶ 눈을 뜨고 보니 창틈으로 **빛**이 들어오고 있었다.

② 색(色). 색깔. 빛깔.

¶ 비가 오려는지 하늘이 시커먼 **빛**으로 뒤덮였다.

③ 보람이나 가치.

¶ 인정이 **빛**을 잃을 때, 정의가 **빛**을 잃을 때, 황금은 더욱 빛나오.

④ 표정이나 눈, 몸가짐에서 나타나는 기색이나 태도.

¶ 그의 얼굴에는 괴로워하는 **빛**이 역력했다.

¶ 회의장에는 순간 긴장의 **빛**이 감돌았다.

¶ 그에게서는 도무지 뉘우치는 **빛**을 볼 수 없었다.

⑤ 현상이나 기운을 느끼게 하는 분위기.

¶ 가을이라 쓸쓸한 **빛**이 더해 가는 것 같다.

복합어

- **낯빛** 명사 얼굴의 빛깔이나 기색. 얼굴빛. 안색.
- **먼빛**[먼:-] 명사 멀리서 언뜻 보이는 정도나 모양.
- **빛깔** 명사 ① 물체 거죽에 나타나는 색의 상태. 색깔. ② 빛이 가지는 색의 상태.

- **빛나다**[빈-] 자동사 ① 밝게 비치다. ② 윤이 나다. ③ 훌륭하게 드러나다.
- **빛내다**[빈-] 타동사 빛나게 하다.
- **빛발** 명사 내어 뻗치는 빛의 줄기.
- **빛살** 명사 빛이 나가는 줄기. 광선(光線).
- **빛없다**[빋-] 형용사 면목이나 생색이 없다. 보람이 없다.
- **빛없이**[빋-] 부사 면목이나 생색이 없이. 보람 없이.
- **빛접다** 형용사 광명정대하다. 떳떳하다. 어연번듯하다.
- **제빛** 명사 물체가 지닌 본디 빛깔.

관용 표현

- **빛은 검어도 속은 희다** 겉은 더러워도 속은 깨끗함을 이르는 말.
- **빛을 발하다** 제 능력이나 값어치를 드러내다. ¶ 장사를 시작하자 그의 수완이 비로소 빛을 발했다.
- **빛을 보다** 업적이나 보람 따위가 드러나 인정을 받게 되다. ¶ 말없이 자기 일을 열심히 하는 사람이 빛을 보는 세상을 만들자.
- **빛을 잃다** ① 빛이 없어지다. ② 어떤 기운이나 가치 따위가 없어지다.

속담

- **빛 좋은 개살구** 겉모양은 그럴듯하나 실속이 없는 것을 이르는 말.

'빛', '색', '물'

'빛'은 햇빛이 반사하여 우리 눈에 보이는 것인데, 한자로는 광(光)이라고 한다. '빛'에는 무지개에서 보듯이 수많은 종류가 있는데 이들 모두 빨강, 파랑, 초록 세 가지를 기본으로 하며, 이들을 다 합하면 흰빛이 된다. 즉, 빛은 보탤수록 더 밝은 빛이 된다.

'색(色)'은 우리말로 물이라고도 한다. 물감은 색을 만들어 내는 재료를 일컫는 말이다. '물을 들인다'는 염색 곧 색을 넣는다는 뜻이다. '색'의 기본은 빨강, 노랑, 파랑 세 가지로 빛의 기본이 되는 세 가지와는 다르다. 다만 '빛'과 '색'은 우리 눈에 거의 같게 보이기 때문에 우리는 빛과 색을 같은 말로 생각하여 사용하는 경향이 있다. 그러나 본질적으로는 '빛'과 '색'은 같은 말이 될 수 없다.

두 낱말의 가장 큰 차이는 각각 세 가지 기본 요소를 더했을 때에 정반대의 결과가 나온다는 점이다. '빛'은 더하면 더할수록 밝아져서 모든 빛을 합하면 흰빛이 되고, 빛을 모두 제거하면 검정이 된다. 그런데 '색'은 더하면 더할수록 어두워지고, 모든 색을 합하면 검정색이 되고 모든 색을 빼면 흰색이 된다. 이처럼 '빛'은 밝게 만드는 성질이 있고 '색'은 어둡게 만드는 성질이 있다.

따라서 조명의 빛깔을 말할 때에 '빨간색 조명', '파란색 조명'처럼 말하지 말고, '빨간빛 조명', '파란빛 조명'처럼 말해야 한다. 조명은 빛으로 하기 때문이다.

빠르다 형용사

불20-6 빠르고, 빨라, 빨라서, 빠릅니다, 빨랐다

① 속력이 높다. 날쌔다.
¶ 그의 걸음이 얼마나 **빠른지** 도무지 따라갈 수가 없다.
¶ 말이 너무 **빨라서** 알아듣기 어렵습니다. 천천히 말씀해 주십시오.
¶ 그는 **빠른** 몸놀림으로 상대를 속이고 공을 골대 안으로 차 넣었다.
② 오래 걸리지 않다.
¶ 이 약은 약효가 무척 **빠르다**.
¶ 너무 **빠른** 출세가 그의 인생을 망친 결과로 나타났다.
¶ 요즘 세상은 현기증이 날 정도로 변화가 **빠르다**.
③ (기준이나 보통보다) 앞서 가다.
¶ 이 시계는 하루에 2분씩 **빠르다**.
¶ 그는 고시에 나보다 일 년 **빠르게** 합격했다.
¶ 그녀는 나보다 생일이 여섯 달이나 **빠르다**.
④ (어떤 일이 생기거나 일을 하기에는) 시간이 더 필요한 상태이다.
¶ 무슨 일을 하지 않기에는 **빠르고**, 무슨 일을 하기에는 늦은 시간이다.
¶ 아직 수영하기에는 **빠르다**.

복합어

- **빠르기** 명사 빠른 정도. 속도.
- **빠르기말** 명사 악곡의 빠르기를 나타내는 말. 모두 이탈리아 말로 되어 있다.
- **빠르기표**(-標) 명사 악곡의 빠르기를 나타내는 기호.
- **빠른우편**(-郵便) 명사 우체국에서 일반 우편물보다 빨리 배달해 주기로 하고 접수하는 우편.
- **빨리** 부사 올림말 '빨리' 참고.

속담

- **빠른 바람에 굳센 풀을 안다** 굳은 심지와 절개는 어떤 시련을 겪고 나서 알게 된다는 뜻.

'빠르다', '이르다', '느리다', '늦다', '빨리', '일찍'

속도가 높은 경우에 '빠르다'를 쓰고, 시간이 앞선 경우에 '이르다'를 쓴다. 그래서 '빠르게' 오라고 하면 속도를 내라는 뜻이고, '이르게' 오라고 하면 약속한 시각보다 앞서 오라는 뜻이다. 또 '빠르게'는

ㅂ

지금 해야 하는 행동에 적용하고, '이르게'는 미래에 할 행동이나 이미 한 행동에 적용된다.
¶ 지금 곧 **빠르게/빨리** 오세요.(현재 하고 있는 행위, 당장 해야 하는 행위에 적용)
¶ 오늘은 **이르게/일찍** 오셨네요.(이미 한 행위에 적용)
¶ 오늘은 **이르게/일찍** 오세요.(앞으로 할 행위에 적용)
위 경우에 '이르게/일찍' 대신에 '빠르게/빨리'를 써도 문제가 없다. 이렇게 보면 '빠르다'는 속도의 높음과 함께 시간의 앞섬도 포괄한다는 것을 알 수 있다.
'빠르다'는 '느리다'와 '늦다'에 상대되는 뜻으로 쓴다. '늦다'에 정확하게 상대되는 낱말은 '이르다'이다. '빠르다'를 정확하게 어떤 의미로 썼는지는 맥락에 따라서 정해진다.('느리다'와 '늦다'의 차이는 올림말 '늦다' 참고.)
¶ 기차가 도착하기에는 아직 **빠르다**.(지금이 정해진 시각보다 앞이다.)
¶ **빨리** 퇴근해라.(퇴근하지 않은 사람에게 '지금 즉시'의 의미가 있다.)
¶ **빨리** 만나고 싶다.(지금부터 만나는 시각까지의 사이를 짧게 하고 싶다.)
위 예문에서 '아직 빠르다' 대신에 '아직 이르다'를 써도 문제가 되지 않는다. 이때 '빠르다'는 '이르다'의 뜻과 같고, 반대 개념은 '늦다'가 된다. 그러나 '빨리 퇴근해라' 대신에 '일찍 퇴근해라'를 쓰면 의미가 달라진다. '빨리 퇴근해라'는 지금 곧 퇴근하라는 뜻이고, '일찍 퇴근해라'는 보통 퇴근 시간보다 더 앞당겨 퇴근하라는 뜻이다.
'빨리 만나고 싶다'를 '일찍 만나고 싶다'라고 하면 의미가 달라진다. '빨리 만나고 싶다'는 곧 또는 얼마 지나지 않아서('하루빨리') 만나고 싶다는 뜻이지만, '일찍 만나고 싶다'는 새벽이나 아침에 만나고 싶다는 뜻이 되거나 정해진 시각보다 더 앞에 만나고 싶다는 뜻이 된다. 다른 사람을 만나는 것보다 더 앞서 만나고 싶다는 뜻도 있다. 그래서 '빠르다'가 '이르다' 의미 영역의 일부까지만 포괄함을 알 수 있다.

▶ '빠르다'와 '이르다'의 차이는 올림말 '이르다[3]' 참고.

빠지다[1] 동사 [빠: -]

규11-0 빠지고, 빠지어/빠져, 빠진, 빠집니다, 빠지었다/빠졌다

자동사

① 벗어져 나오다.
¶ 나는 이 모임에서 **빠지려고** 한다.
② (무슨 일에) 너무 정신을 빼앗겨 헤어나지 못하다.
¶ 아이들이 게임에 **빠져** 책을 읽지 않는다.

③ 안이나 속으로 떨어져 잠기거나 들어가다.

¶ 물에 **빠진** 사람을 건져 주었다.

④ (어려움에) 들게 되다.

¶ 나는 요즘 고민에 **빠져** 있다.

¶ 그들이 파 놓은 함정에 **빠진** 느낌이다.

⑤ (묻은 것이) 빨려서 없어지다.

¶ 새로 산 비누는 때가 잘 **빠진**다.

⑥ (박힌 것, 붙은 것이) 분리되어 나오다. 갈라져 다른 곳으로 나가다.

¶ 여기 박혔던 나사가 **빠져**서 사고가 난 것 같다.

¶ 넘어진 나무에 다리가 눌려 **빠지**지 않는다.

¶ 사거리에서 동쪽으로 **빠지**는 길로 가면 된다.

⑧ (들어 있어야 할 것이) 없다.

¶ 가져가야 할 물건 중에서 **빠진** 것이 없는지 확인해라.

⑨ 줄어지거나 없어지다.

¶ 고여 있던 물이 다 **빠져** 이제 바닥이 꾸덕꾸덕하다.

¶ 논물이 다 **빠져** 모내기가 어려울 것 같다.

¶ 공연이 끝나자 사람들이 순식간에 **빠져** 나갔다.

⑩ (살이) 여위다.

¶ 무슨 고민이 있는지 얼굴이 많이 **빠진** 것 같다.

¶ 운동을 해도 살이 **빠지**지 않아서 고민하는 사람이 많다.

⑪ 미끈하게 생기다.

¶ 그 가수는 생김새는 잘 **빠졌**지만 실력은 별로 없는 것 같더라.

¶ 이번에 새로 나온 차가 모양은 잘 **빠졌**는데 연비가 낮다고 한다.

복합어

- **빠져나가**다[빠: -] 자동사 (어렵거나 불리한 상황에서) 벗어나 가다.
- **빠져나오**다[빠: -] 자동사 (어렵거나 불리한 상황에서) 벗어나다.
- **빠져들**다[빠: -] 자동사 (남의 계략이나 어려운 상황) 속으로 떨어지다. ¶ 점점 깊은 잠에 **빠져**들었다.
- **빠짐없**다[빠: -] 형용사 하나도 빠뜨리지 아니하고 모두 다 있다.
- **빠짐없이**[빠: -] 명사 하나도 빼놓지 않고 모조리.
- **빠짐표**(-標)[빠: -] 명사 글자의 자리를 비워둠을 나타내는 부호. 글자 크기만 한 네모꼴을 쓴다. ¶ 훈민정음의 초성 중에서 아음(牙音)은 □□□□의 넉 자다. 위의 빈 칸을 채우시오.

빠지다[2] 형용사
[빠: -]

규11-0 빠지고, 빠지어/빠져, 빠진, 빠집니다, 빠지었다/빠졌다

보조 형용사
상태가 지나치게 되었음을 나타내는 말.

관용 표현
- **-어(/-아) 빠지다** 몹시 어떻다. ¶ 어머니는 아무리 낡아 빠진 옷도 함부로 버리지 않으셨다.

빨갛다 형용사
[빨: -]

불20-5 빨갛고, 빨가니, 빨가면, 빨개, 빨간, 빨갛습니다, 빨가오, 빨갰다

피나 익은 고추와 같이 밝고 짙게 붉다.
¶ 꽃병에 **빨간** 장미 한 송이를 꽂아 책상에 올려 놓았다.
¶ 얼굴이 **빨개서** 술을 마신 것이 금방 탄로 났다.
¶ 가을 붉은 단풍이 절정에 이르니 온 산이 **빨갰다**.
¶ 어느 것이 더 **빨가니**?

관용 표현
- **빨간 거짓말** 뻔히 드러날 만큼 터무니없는 거짓말. 새빨간 거짓말.
- **빨간 상놈** 더 말할 나위 없는 상놈. 발간 상놈.

'빨갛다'와 '뻘겋다'의 활용형

	빨갛다(/발갛다)	뻘겋다(/벌겋다)
-갛-/-겋-	빨갛고, 빨갛다, 빨갛지, 빨갛습니다	뻘겋고, 뻘겋다, 뻘겋지, 뻘겋습니다
-가-/-거-	빨가니(연결형), 빨가면, 빨가므로 빨가냐, 빨가오	뻘거니(연결형), 뻘거면, 뻘거므로 뻘거냐, 뻘거오
-간-/-건-	빨간	뻘건
-개-/-게-	빨개, 빨개서, 빨갰다	뻘게, 뻘게서, 뻘겠다

'ㅎ' 불규칙 활용을 하는 형용사에서 종결 어미가 '-네', '-니', '-냐'인 경우에 'ㅎ'을 탈락시키는지에 대하여 이견이 있었다.
¶ 색깔이 너무 빨가네/빨갛네.
¶ 풍선의 색이 노라냐/노랗냐?
¶ 이 옷이 더 하야니/하얗니?
위 예문처럼 언중 가운데에도 'ㅎ'을 탈락시켜서 쓰는 사람과 탈락시키지 않고 쓰는 사람이 있는 것이다. 이 사전에서는 'ㅎ'을 탈락시킨 형태와 탈락시키지 않은 형태를 모두 인정한다. 이는 연결 어미 '-니' 앞에서 'ㅎ'을 탈락시키는 것과 다르다. 국립국어원은 용언의 활용형을 검토한 끝에 'ㅎ'을 탈락시킨 형태와 탈락시키지 않은 형태 모두 인정하기로 하였다. 이에 따라서 이 사전에서도 이 두 형태를 모두 인정한다. 즉 '빨가니?'와 '빨갛니?'를 모두 인정한다.
'빨개'와 '뻘게'에서 보듯이 불규칙 활용에도 모음조화 이론이 적용됨을 알 수 있다. 이 원리는 '노랗다/누렇다', '까맣다/꺼멓다', '하얗다/허옇다', '파랗다/퍼렇다' 따위에도 적용할 수 있다.

빨리 부사

걸리는 시간이 짧게.
¶ 사태의 심각성을 빨리 파악하지 않으면 좋은 대책을 내놓기 어렵다
¶ 생각보다 일이 빨리 끝났다.

복합어

- **빨리하다** 타동사 걸리는 시간이 짧게 하다. ¶ 일을 빨리하는 버릇이 있다. / 걸음을 좀 빨리하자.

속담

- **빨리 알기는 칠월 귀뚜라미라** 음력 칠월만 되면 울기 시작하는 가을 귀뚜라미처럼 영리하고 눈치 빠름을 비유하여 이르는 말.

'빨리'와 '일찍'
¶ 일이 빨리 끝났다.
¶ 일이 일찍 끝났다.
'빨리'를 쓰면 일이 시작되어 끝날 때까지 시간이 짧았음을 뜻한다. 언제까지 끝나야 한다는 제한을 염두에 두지 않고 그냥 시작한 지 얼마 안 되어 끝났음을 뜻하는 말이다. '일찍'을 쓰면 기준이 되는 한도

에 이르기 전에 끝났음을 뜻한다. 점심시간을 기준으로 한다면 점심시간 전에 끝나는 것이 일찍 끝나는 것이고, 퇴근 시간을 기준으로 한다면 퇴근 시간 전에 끝나는 것이 일찍 끝나는 것이다.

'빨리하다'와 '빨리 하다'

복합어 '빨리하다'는 어떤 일을 하는 데에 걸리는 시간을 줄인다는 뜻이다. 시작에서 끝까지의 시간을 짧게 하는 것이 '빨리하는' 것이다. '말을 빨리한다'는 말하는 속도가 빠르다는 뜻이다. '말을 빨리 하다'는 입을 떼어 말을 시작하기까지의 동안을 짧게 한다는 뜻이다. 이 경우에는 어순을 바꿔 '빨리 말을 하다'처럼 쓰면 오해를 줄일 수 있다.

빻다 동사 [빠:타]

규10-1 빻고, 빻으니, 빻으면, 빻지, 빻는, 빻아, 빻소/빻습니다, 빻니/빻느냐, 빻았다

타동사

짓찧어서 가루로 만들다.

¶ 고추를 **빻아** 고춧가루를 만든다.

¶ 쌀을 조금만 **빻아라.**

¶ 떡을 하려고 찹쌀을 **빻니/빻느냐?**

¶ 깨를 **빻으니** 고소한 냄새가 난다.

'빻다'의 활용형

'빻다'는 규칙 활용을 한다. '빨갛다'처럼 'ㅎ'이 탈락하는 불규칙 활용을 하는 것이 아니므로 어간에 규칙적으로 어미를 붙이면 된다. 다만, '빻으니'와 '빻니', '빻소'와 '빻으오'처럼 어미의 기능에 따라서 형태가 다른 어미를 붙이는 점을 유의해야 한다.

① 연결 어미 '-니'와 종결 어미 '-니': 연결 어미 '-니'를 붙일 때에는 어간에 받침이 있으므로 '-으니'를 붙여 '빻으니(먹으니, 잡으니)'가 된다. 종결 어미 '-니'는 받침이 있건 없건 언제나 고정되어 있으므로 '빻니(먹니, 잡니)'가 된다.

② 평서형, 의문형과 명령형, 권유형: 서법에 따라서 평서형, 의문형에는 '-소/-습니다/-습니까'를 쓰고, 명령형, 권유형에는 '-으오'를 쓴다.

③ 종결 어미 -아요: 평서형, 의문형, 명령형으로 두루 쓰인다.

¶ 쌀을 빻아요/빻는다/빻습니다/빻네/빻소.

¶ 쌀을 빻아요/빻습니까/빻니/빻느냐/빻소?
¶ 어서 쌀을 빻아요/빻으세요/빻게!

-빼기 접사

접미사

① 앞의 명사를 속되게 이르는 말.

¶ 과녁**빼기**, 구석**빼기**, 그루**빼기**, 대갈**빼기**, 머리**빼기**, 외줄**빼기**, 이마**빼기**, 재**빼기**, 코**빼기**

② 앞 명사의 속성을 많이 가지거나 그런 속성의 사물을 가리키는 말.

¶ 밥**빼기**, 악착**빼기**, 앍둑**빼기**, 앍작**빼기**, 억척**빼기**, 얼룩**빼기**, 얽둑**빼기**, 얽**빼기**, 얽적**빼기**

ㅂ

'-빼기'와 '-배기'의 표기

첫째, '-배기'로 소리 나는 것은 '-배기'로 적는다

- 공짜배기, 귀퉁배기, 꽈배기, 나이배기, 느루배기, 대짜배기, 댓살배기, 물퉁배기, 알배기, 용천배기, 육자배기, 자배기, 진짜배기, 코쭝배기, 포배기, 혀짤배기

둘째, '-빼기'로 소리 나더라도 한 형태소 안에서 'ㄱ'과 'ㅂ' 받침 뒤에서 '빼기'로 소리 나는 것은 '-배기'로 적는다

- 뚝배기, 학배기

셋째, 그 밖에 '-빼기'로 소리 나는 것은 모두 '-빼기'로 적는다

- 고들빼기, 곱빼기, 구석빼기, 밥빼기, 악착빼기, 억척빼기, 얼룩빼기, 재빼기, 코빼기

넷째, '언덕배기'는 '언덕빼기'로 소리 나지만 표준어 규정 제26항이 '언덕바지'와 함께 '언덕배기'를 표준어로 인정하고 있으므로 '언덕배기'로 적는다.

빼기 명사 [빼: -]

빼는 일. 뺄셈을 하는 일.

¶ 산수는 더하기, **빼기**, 곱하기, 나누기 네 가지를 공부하는 것이 기본이다.

빼내다 동사
[빼:-]

규11-0 빼내고, 빼낸, 빼낼, 빼내어/빼내, 빼내어야/빼내야, 빼냅니다, 빼내었다/빼냈다

타동사

① 당기어 뽑아내다.

¶ 손에서 가시를 **빼내**었다.

¶ 벽에 박힌 못을 **빼낸** 자국이 흉하다.

② 꺼내다.

¶ 통장에서 돈을 **빼내어** 쓰면 안 된다.

③ 줄거나 없어지도록 하다.

¶ 장마철에는 저수지 물을 미리 **빼내어야** 한다.

¶ 남의 자동차 바퀴에서 바람을 **빼내어** 놓고 시치미를 뗀다.

④ 가려내다. 추출(抽出)하다.

¶ 석유에서 휘발유와 경유 등을 **빼낸다**.

¶ 철광석에서 철을 **빼내어** 칼을 만들었다.

⑤ 몰래 꺼내다. 빼돌리다.

¶ 공금에서 돈을 **빼내어** 함부로 썼다.

¶ 다른 회사의 기술자를 **빼내는** 행위는 기업 윤리에 어긋난다.

⑥ 얽매임에서 자유롭게 하다.

¶ 바쁜 중에 겨우 몸을 **빼내어** 휴가를 갔다.

빼다[1] 동사
[빼:-]

규11-0 빼고, 빼지, 뺀, 뺄, 빼어/빼, 빼어야/빼야, 뺍니다, 빼었다/뺐다

타동사

① 제외하다.

¶ 이 규정에서 이 조항은 **빼는** 게 좋겠다.

¶ 잠자는 시간을 **빼고는** 공부만 한다.

¶ 놀러갈 때 나를 **빼면** 섭섭할 거야.

② 줄이거나 없애다.

¶ 타자는 어깨 힘을 **빼고** 쳐야 한다.
¶ 그렇게 넋을 **빼지** 마라.
¶ 살을 좀 **빼어야** 몸이 가벼워질 것이다.
③ 뽑다.
¶ 도배를 하려면 벽에 박힌 못을 **빼어야** 한다.
¶ 창문을 열고 가스를 **빼어라**.
④ (때를) 뽑아 깨끗이 하다.
¶ 빨래를 삶아 찌든 때를 **뺐다**.
¶ 목욕을 하여 때를 **빼니** 몸이 무척 가벼워진 것 같다.
⑤ 덜다. 감(減)하다.
¶ 서른에서 스물을 **빼면** 열이 된다.

복합어

- **두려빼다** 타동사 ① 어느 한 부분을 뭉떵 빼다. ¶ 정부에 불리한 기사를 통째로 **두려뺐다**. ② 성(城)이나 적진 따위를 공격하여 차지하다. ¶ 왜군에게 빼앗겼던 평양성을 명나라와 조선 연합군이 **두려빼었다**.
- **빼기**[빼:-] 명사 뺄셈을 함. 덜기.
- **빼내다**[빼:-] 타동사 올림말 '빼내다' 참고.
- **빼놓다**[빼:-] 타동사 ① 제외하다. ¶ 이것만 **빼놓고** 다 가져가라. / 너만 **빼놓고** 다 찬성했다. ② 빠뜨리다. ¶ 내가 이제까지 새벽 운동을 **빼놓은** 적이 없다.
- **빼닮다**[빼:-] 타동사 성품이나 생김새를 그대로 닮다. ¶ 손자가 할아버지를 **빼닮았다**.
- **빼돌리다**[빼:-] 타동사 몰래 빼내어 보내거나 감추다. ¶ 공금을 **빼돌린** 공무원이 적발되었다. / 재산을 국외로 **빼돌리는** 행위는 불법이다.
- **빼먹다**[빼:-] 타동사 ① 말이나 글의 일부를 빠뜨리다. ¶ 한 글자도 **빼먹지** 말고 옮겨 써라. ② 규칙적으로 하던 일을 하지 않다. ¶ 나는 하루도 수업을 **빼먹은** 적이 없다.
- **빼물다**[빼:-] 타동사 혀를 입 밖으로 내어 늘어뜨리고 이로 물다.
- **빼쏘다**[빼:-] 타동사 성품이나 모습을 그대로 닮다.
- **빼어나다** 형용사 올림말 '빼어나다' 참고.
- **뺄셈**[뺄:-] 명사 빼는 계산. 또는 빼어 셈.

관용 표현

- **빼다 박다** 성품이나 생김새가 비슷하다. 빼닮다.
- **빼도 박도 못하다** 일이 난처하게 되어 이러지도 저러지도 못하게 되다.

빼다[2] 동사
[빼: -]

규11-0 빼고, 빼는, 뺀, 뺄, 빼어/빼, 빼어야/빼야, 뺍니다, 빼었다/뺐다

타동사

짐짓 어떤 태도를 취하다.

¶ 너무 점잔을 **뺀**다.

¶ 그렇게 **빼**지만 말고 한 곡 불러 봐라.

복합어

- **조빼**다(操-) [자동사] 짐짓 조촐한 태도를 나타내다.

빼다[3] 동사
[빼: -]

규11-0 빼고, 빼는, 뺀, 뺄, 빼어/빼, 빼어야/빼야, 뺍니다, 빼었다/뺐다

타동사

차림을 말끔하게 하다.

¶ 그렇게 **빼**고 다닌다고 누가 알아주겠나?

빼앗다 동사
㉾ 뺏다

규10-1 빼앗고, 빼앗으면, 빼앗아, 빼앗으오, 빼앗습니다, 빼앗읍시다, 빼앗았다

타동사

① 남의 것을 억지로 제 것으로 만들다.

¶ 형이 동생에게서 **빼앗**은 장난감을 내가 되빼앗아 주었다.

② 남의 일이나 시간, 자격 따위를 억지로 차지하다.

¶ 대기업이 운영하는 상점이 구멍가게의 손님을 다 **빼앗는다**.

¶ 자동화 시설이 노동자의 일자리를 **빼앗는다**는 주장은 어느 정도 맞는 말이다.

③ 자격이나 권리를 합법적으로 잃게 하다.

¶ 이 선수가 세계 챔피언과 싸워서 챔피언 벨트를 **빼앗아** 왔다.
④ 남의 생각이나 마음을 사로잡다.
¶ 그 여자가 내 마음을 **빼앗아** 갔다.
⑤ 남의 정조 같은 것을 짓밟다.
¶ 적군들이 몰려와 여자들의 몸을 **빼앗았다**.

복합어

- **되빼앗다** 타동사 도로 빼앗다.
- **빼앗기다** 피동사 올림말 '빼앗다'의 피동형.

'빼앗다'와 '뺏다'의 활용형

'빼앗다'는 줄여서 '뺏다'로 적을 수 있어서 두 형태의 활용형 차이를 알아야 한다.

어미	빼앗다	뺏다
-어, -니, -면 -은, -오	빼앗아, 빼앗으니, 빼앗으면 빼앗은, 빼앗으오	뺏어, 뺏으니, 뺏으면 뺏은, 뺏으오
-는, -는다, -네	빼앗는, 빼앗는다, 빼앗네	뺏는, 뺏는다, 뺏네
-고, -지, -습니다	빼앗고, 빼앗지, 빼앗습니다	뺏고, 뺏지, 뺏습니다
-었-(과거 시제)	빼앗았어, 빼앗았으니 빼앗았는데, 빼앗았습니다	뺏었어, 뺏었으니 뺏었는데, 뺏었습니다

'빼앗다'의 준말 '뺏다'를 쓸 때에 받침에 쌍시옷을 써서 '뺐다'처럼 쓰지 않도록 조심해야 한다. '뺐다'는 '빼다'의 과거형이다.
¶ 동생의 장난감을 **뺐지**(×) 마라. → 뺏지

빼어나다 형용사

규10-0 빼어나고, 빼어나니, 빼어나, 빼어난, 빼어납니다, 빼어났다

여럿 가운데에서 두드러지게 뛰어나다.
¶ 그의 요리 솜씨는 **빼어났다**.
¶ 그는 **빼어난** 외모 덕에 방송국에 취직할 수 있었다.
¶ 그의 솜씨가 우리 중에서 가장 **빼어나**.

'빼어나다'와 '뛰어나다'

'뛰어나다'는 여럿 가운데서 눈에 띄게 훌륭하거나 다른 것과 비교하여 훨씬 나은 경우를 뜻한다. '빼어나다'는 특별히 더 뛰어난 경우에 쓰는 말인데 보통은 천부적인 자질이나 자연 상태의 것에 주로 사용하여 '빼어난 자연 환경', '빼어난 아름다움', '빼어난 자질'처럼 쓴다.

'빼어나다'에는 이상적이거나 바람직한 상태라는 뜻이 있다. 이에 비해 '뛰어나다'는 사람의 노력이나 능력이 보태어진 것에 써서 '뛰어난 기술', '뛰어난 작품'처럼 쓰고 그것이 이상적이거나 바람직하지 않더라도 눈에 띄게 구별된다면 쓸 수 있다. '뛰어난 처세술', '뛰어난 수완' 따위의 쓰임이 그 예이다.

빽빽하다 형용사

불20-9 빽빽하고, 빽빽하여/빽빽해, 빽빽한, 빽빽합니다, 빽빽하였다/빽빽했다

① 비좁게 다붙어서 촘촘하다.
¶ 드넓던 들판에 이젠 성냥곽 같은 아파트들이 **빽빽**하게 들어서 있다.
¶ 책들이 **빽빽**하게 꽂혀 있다.
② (속이) 트이지 못하고 좁다.
¶ 그의 성격이 워낙 **빽빽**해서 함께 일하기 힘들다.

복합어

- **빽빽이** 부사 빽빽하게.

'빽빽하다'와 '빽빽이'

① '-하다'가 붙은 형용사를 부사로 바꿀 때에는 부사화 접미사 '-히'를 붙인다. '조용하다-조용히', '말끔하다-말끔히', '시원하다-시원히', '쓸쓸하다-쓸쓸히' 따위에서 보는 바와 같다.
② '-하다' 앞의 어근에 'ㅅ' 받침이 붙는 경우에는 '히'를 붙이지 않고 '이'를 붙인다. 이 경우에는 소리가 '히'로 나지 않고 '이'로 나기 때문이다. '깨끗하다-깨끗이', '다소곳하다-다소곳이', '느긋하다-느긋이', '호젓하다-호젓이' 따위가 여기에 속한다.
③ '-하다' 앞의 어근에 받침 'ㄱ'이 붙는 경우에, '히'로 소리 나면 '히'로 적고 '이'로 소리 나면 '이'로 적는다. 이 경우 '히'로 나는지 '이'로 나는지 확실하지 않으면 '히'로 적는다. 아래는 여기에 속하는 형용사의 부사형을 확정하기 어려운 낱말의 예이다.

• '이'로 적는 것

굵직하다 – 굵직이, 그윽하다 – 그윽이, 꺼림칙하다 – 꺼림칙이, 나직하다 – 나직이
널찍하다 – 널찍이, 느직하다 – 느직이, 듬직하다 – 듬직이, 빽빽하다 – 빽빽이

• '히'로 적는 것

가득하다 – 가득히, 갸륵하다 – 갸륵히, 거룩하다 – 거룩히, 까마득하다 – 까마득히
빼곡하다 – 빼곡히, 솔직하다 – 솔직히, 아늑하다 – 아늑히, 아득하다 – 아득히

뺏다 동사
[뺃ː–]

규11–0 뺏고, 뺏는, 뺏어, 뺏으니, 뺏습니다, 뺏네, 뺏었다

'빼앗다'의 준말.

뺨 명사

얼굴의 양쪽 관자놀이 아래에서 턱 위까지의 살이 두툼한 부분. 볼과 그 가장자리를 포함한다.

복합어

- **뺨따귀** 명사 올림말 '뺨따귀' 참고.
- **뺨살** 명사 ① 뺨의 살. ② 소의 뺨에 붙은 고기.
- **뺨치다** 타동사 (속되게) 비교 대상을 능가하다. ¶ 그의 실력은 전문가 뺨치겠더라.

'뺨', '볼', '낯', '얼굴'

사람의 목 위에 붙어 있는 머리를 앞쪽에서 보면 전체적으로 둥그스름하고 이마, 눈, 코, 입 따위가 보인다. 이 전체의 형태를 '얼굴'이라고 한다. 그러니까 윤곽을 포함하여 보이는 모든 형태를 '얼굴'이라고 한다. '낯'은 얼굴의 바닥 중에서 윤곽 부분과 이마를 뺀 개념이다.

'뺨'은 낯의 정면에서 조금 비낀 부분으로서 코와 입이 있는 중앙 부분의 옆 부분 곧, 관자놀이 아래에서 턱 위의 부분을 가리킨다. '볼[1]'은 '낯' 가운데에서 가장 살이 두툼하게 된 부분을 가리킨다. 음식을 씹을 때 볼록하게 튀어나오는 부분이 '볼'이다. 눈물이 나면 눈물은 뺨을 거쳐 볼로 흐르게 된다.

× 빰따구니

'빰따귀'의 잘못.

빰따귀 명사

'빰'의 낮은말.

¶ 날씨가 어찌나 추운지 **빰따귀**가 얼어 터지는 것 같다.

빠개다 동사

규11-0 빠개고, 빠개어/빠개, 빠갠, 빠갤, 빠갭니다, 빠갰습니다

타동사

① 크고 딴딴한 물건을 두 쪽으로 가르다. ×빠기다

¶ 도끼로 장작을 **빠갠다**.

¶ 출연자는 손으로 기와 열 장을 **빠갤** 수 있다고 장담한다.

② 거의 다 된 일을 완전히 어긋나게 하다.

¶ 우리 사장이 다 된 흥정을 엉뚱한 조건을 내어 **빠개고** 말았다.

¶ 중매쟁이가 입을 잘못 놀려 다 된 혼사를 **빠갰다**.

빠기다 동사

규11-0 빠기고, 빠기어/빠겨, 빠긴, 빠길, 빠깁니다, 빠기었다/빠겼다

자동사

잘난 체하고 으쓱거리며 뽐내다. ×빠개다

¶ 은근히 **빠기는** 말을 잘 한다.

¶ 국회의원에 당선되면 **빠기고** 다니는 짓부터 시작한다.

¶ 그 사람은 좀 잘 산다고 하도 **빠겨서** 얄미웠다.

'뻐개다'와 '뻐기다'

두 낱말은 의미가 다르기 때문에 구별하여 사용하여야 한다. '뻐개다'는 '빠개다'와 함께 쪼개는 행위를 가리키는 말이다. '쪼개다'는 주로 큰 물건을 여러 부분으로 나누는 행위에 쓰고, '빠개다/뻐개다'는 물건을 내리치거나 휘둘러서 둘로 나누는 동작을 가리킨다. 흔히 '뻐기다'를 쓸 자리에 '뻐개다'를 쓰는 경우가 있다. 아래 '뻐개다'는 다 잘못 쓴 예이다.

¶ 뭘 잘했다고 그렇게 뻐개는(×) 거야? → 뻐기는

¶ 내 앞에서 뻐개고(×) 다니지 마라. → 뻐기고

× 뻐치다

'뻗치다'의 틀린 표기.

뻗치다 동사

규11-0 뻗치고, 뻗치어/뻗쳐, 뻗친, 뻗칩니다, 뻗치었다/뻗쳤다

자동사

① 세게 뻗다.

¶ 시원하게 **뻗치는** 분수를 바라보니 마음이 한결 상쾌해진다.

¶ 태백산맥은 한반도 남북으로 길게 **뻗쳐** 있다.

② (기분이나 감정이) 몹시 강렬하게 퍼지다.

¶ 분한 생각이 머리까지 **뻗친다**.

¶ 젊은이들은 **뻗치는** 힘을 주체하지 못해서 엉뚱한 사고를 치기도 한다.

타동사

① (무엇을) 곧게 뻗다. ×뻐치다

¶ 어른들이 지나다니는 곳에서 다리를 **뻗치고** 앉지 마라.

¶ 두 팔을 한껏 **뻗치면** 아름드리나무를 안을 수 있다.

② ('누구에게 무엇을 뻗다'의 형태로 쓰이어) 뻗어 주다.

¶ 그가 나에게 도움의 손길을 **뻗친** 덕에 내가 오늘 이렇게 살아 있다.

복합어

- **내뻗치다** [자동사] (줄기 따위가) 힘차게 뻗어 나가다. [타동사] (손이나 발을) 바깥쪽으로 내어 뻗다.
- **뒤뻗치다** [자동사] 쑥 내어 마구 뻗치다.
- **뻗쳐오르다** [자동사] (분수, 물줄기 따위가) 위로 세차게 뻗다.
- **엎드려뻗치다** [자동사] 엎드려서 두 손과 두 발끝으로 몸을 지탱하면서 곧게 뻗치다.

> **'뻐치다'와 '뻗치다'**
>
> 소리는 같지만 표기가 다르다. 중요한 것은 '뻐치다'를 쓰지 않기로 했다는 점이다. 이는 한글맞춤법 제55항에서 규정한 사항으로 '뻐치다' 표기를 버리고 '뻗치다' 표기만 사용한다. 또 이 규정은 '마추다'와 '맞추다' 가운데 '마추다'는 버리고 '맞추다'만 쓰도록 하였다.

뻘게지다 동사

규11-0 뻘게지고, 뻘게지어/뻘게져, 뻘게진, 뻘게집니다, 뻘게지었다/뻘게졌다

자동사

뻘겋게 되다.

¶ 동생은 사람들 앞에서 말을 하려면 얼굴부터 뻘게진다.

> **'뻘게지다'와 '빨개지다'**
>
> 모음조화 현상을 적용하는 표기를 보여 주는 예이다. '뻘겋다'에 '-어 지다'가 붙는 경우에는 '뻘게지다'로 표기하고, '빨갛다'에 '-아 지다'가 붙는 경우에는 '빨개지다'로 표기한다. 다른 색에도 같은 원리를 적용한다.

	어간 + '-어 지다'	어간 + '-아 지다'
뻘겋다/빨갛다	뻘게지다	빨개지다
누렇다/노랗다	누레지다	노래지다
퍼렇다/파랗다	퍼레지다	파래지다
허옇다/하얗다	허예지다	하얘지다
꺼멓다/까맣다	꺼메지다	까매지다
시커멓다/새카맣다	시커메지다	새카매지다

뾰족하다 형용사

불20-9 뾰족하게, 뾰족하니, 뾰족하여/뾰족해, 뾰적한, 뾰족합니다, 뾰족하였다/뾰족했다

① (끝이) 날카롭게 빨다.
¶ 끝이 워낙 뾰족해서 자칫 사람을 다치게 할까 걱정된다.
② (주로 의문문이나 부정문에 쓰이어) 매우 신통하다.
¶ 내게 무슨 뾰족한 수가 있는 것도 아닌데 굳이 날 만나겠다니.
¶ 뾰족한 방법이 떠오르지 않는군.

복합어

- **뾰족이** 부사 뾰족하게.

뿌듯하다 형용사

불20-9 뿌듯하고, 뿌듯하니, 뿌듯하여/뿌듯해, 뿌듯한, 뿌듯합니다, 뿌듯하였다/뿌듯했다

기쁨이나 감격이 마음에 가득 차서 벅차다.
¶ 너의 성공을 보고 내 마음이 뿌듯했다.

복합어

- **뿌듯이** 부사 뿌듯하게.

뿌옇다 형용사 [뿌:-]

불21-5 뿌옇고, 뿌옇지, 뿌여니, 뿌여면, 뿌연, 뿌예, 뿌예서, 뿌옇소, 뿌옇습니다, 뿌옜다

(안개나 연기가 낀 것처럼) 약간 희고 투명하지 아니하다.
¶ 유리창이 뿌예서 밖이 잘 안 보인다.

복합어

- **뿌예지다**[뿌:-] 자동사 뿌옇게 되다.

'뿌옇다'와 '뽀얗다'의 활용형

두 낱말의 활용형은 아래 표와 같다.

-다	뿌옇다	뽀얗다
-고, -게, -지	뿌옇고, 뿌옇게, 뿌옇지	뽀얗고, 뽀얗게, 뽀얗지
-니? -냐?	뿌옇니?/ 뿌여니? 뿌옇냐?/ 뿌여냐?	뽀얗니?/ 뽀야니? 뽀얗냐?/ 뽀야냐?
-니, -면, -므로	뿌여니, 뿌여면, 뿌여므로	뽀야니, 뽀야면, 뽀야므로
-시-, -셨-	뿌여시니, 뿌여셨다	뽀야시니, 뽀야셨다
-ㄴ, -ㄹ, -ㅁ	뿌연, 뿌열, 뿌염	뽀얀, 뽀얄, 뽀얌
-어, -어서, -었다/-았다	뿌예, 뿌예서, 뿌옜다	뽀얘, 뽀얘서, 뽀얬다
-소, -습니다	뿌옇소, 뿌옇습니다	뽀얗소, 뽀얗습니다

▶ '뿌옇다'에 의문형 종결 어미 '-니'가 붙은 형태에 대한 설명은 올림말 '빨갛다' 참고.

뿐[1] 명사

의존 명사

'따름'의 뜻으로 쓰는 말.

¶ 나는 이것으로 만족할 뿐, 더는 바라지 않겠다.

¶ 조금 비좁다 뿐이지 시설은 훌륭했다.

의존 명사 '뿐'과 조사 '뿐'의 구별

'뿐'이 의존 명사이면 앞말과 띄어 쓰고, 조사인 경우에는 앞말에 붙여 쓴다. 그러니 '뿐'을 의존 명사로 썼는지 조사로 썼는지 구별하는 일이 중요하다.

(1) '뿐'의 앞에 있는 낱말이 명사, 대명사, 수사이면 '뿐'은 조사이므로 앞말에 붙여 쓴다.

¶ 여기는 온통 모래뿐이다.

¶ 우리가 본 것은 이것뿐이다.

(2) '뿐'의 앞에 있는 낱말이 관형사형이면 '뿐'은 의존 명사이다. 이때에는 앞말과 띄어 써야 한다.

¶ 우리는 그를 따라갔을 뿐이다.

¶ 조용히 볼 뿐 말을 건네지는 마라.

뿐[2] 조사

보조사
명사나 대명사 뒤에 붙어서 '오직 그것만이고 더는 없음'의 뜻을 나타내는 말.
¶ 하나뿐인 동생이 집을 나갔다.
¶ 그 사건을 본 사람은 나뿐이다.

관용 표현
- **뿐더러** (주로 대명사 '그'에 붙어) 그뿐만 아니라. 그것에 그치지 않고 더. ¶ 그뿐더러 욕까지 서슴지 않는다.
- **뿐만 아니라** '그러할 뿐만 아니라'의 뜻을 나타내는 말. ¶ 그 여자는 예쁠 뿐만 아니라 마음씨도 곱다.

ㅂ

삐거덕 부사

크고 단단한 물건이 서로 닿아서 갈릴 때 나는 소리.
¶ 문에서 자꾸 삐거덕 소리가 난다.

복합어
- **삐거덕거리다** 자동사 타동사 ① 크고 단단한 물건이 서로 닿아서 갈리는 소리가 자꾸 나다. 또는 그런 소리를 자꾸 내다. ¶ 지루한지 아이가 몸을 비트니 의자가 삐거덕거린다. ② 여러 사람이 함께 일을 할 때에 생각이 달라서 불평이나 불만의 소리가 나다. ¶ 요즘 국회에서는 여야가 복지 예산 편성을 두고 삐거덕거리고 있다.
- **삐거덕삐거덕** 부사 크고 단단한 물건이 자꾸 서로 닿아서 갈릴 때 나는 소리.
- **삐거덕하다** 자동사 크고 단단한 물건이 서로 닿아서 갈리는 소리가 나다. 또는 그런 소리를 내다. ¶ 잠시 기다리고 있는데 문이 삐거덕하며 열린다.

× 삐그덕

'삐거덕'의 틀린 말.

삐다[1] 동사
[삐: -]

규11-0 삐고, 삐니, 삐므로, 삐어, 삔, 삡니다, 삐었다

자동사

① (괸 물이나 모인 사람이) 빠지거나 잦아지거나 줄어 없어지다.

¶ 그렇게 붐비던 떡볶이 집도 손님이 삘 때가 있더라.

¶ 가뭄으로 저수지 물이 삔 덕에 손바닥만 한 물고기를 수없이 잡았다.

② (많던 일이) 좀 줄어지다.

¶ 숙제가 삐면 아이들이 맘껏 놀 수 있을 텐데.

삐다[2] 동사
[삐: -]

규11-0 삐고, 삐니, 삐므로, 삐어, 삔, 삡니다, 삐었다

자동사

접질리거나 비틀려서 (뼈가) 어긋나다.

¶ 손목이 삐어 공을 잡거나 던질 수 없다.

타동사

(발목이나 손목을) 접질려 뼈가 어긋나다.

¶ 계단에서 내려오다가 잘못 디뎌 발목을 삐었다.

삐져나오다 동사

규10-0 삐져나오고, 삐져나와, 삐져나온, 삐져나온다, 삐져나옵니다, 삐져나왔다

자동사

속에 있는 것이 겉으로 불거져 나오다.

¶ 셔츠가 꼭 끼어서 살이 삐져나올 것 같다.

¶ 가방에 물건을 너무 많이 넣었더니 자꾸 삐져나오려고 한다.

삐지다[1] 동사

규11-0 삐지고, 삐지니, 삐지면, 삐지어/삐져, 삐진, 삐집니다, 삐지었다/삐졌다

자동사

① 성이 나서 마음이 토라지다.

¶ 왜 그리 **삐졌**어?

¶ 친구가 무슨 일로 **삐졌**는지 며칠째 말을 안 한다.

¶ 영호는 자기만 뺐다고 몹시 **삐져** 있더라.

② 줄이 반듯한 상태에서 어느 하나 또는 어느 한 부분이 삐죽 나오다. 삐어지다

¶ 바지 뒷주머니에 넣은 지갑이 **삐져**서 눈에 쉽게 띄니 조심해라.

¶ 자꾸 **삐지**지 말고 줄을 맞추세요.

복합어

- **삐져나오다** [자동사] 올림말 '삐져나오다' 참고

> **'삐지다'와 '삐치다'**
>
> '삐지다'를 삐죽 내미는 동작을 나타내는 뜻으로 쓰는 경우가 있다. '줄을 반듯이 서! 옆으로 삐져나오지 말고!'처럼 말할 때 '삐져나오다'는 '삐지다'와 '나오다'가 합성한 말이다. 또 '토라짐'을 뜻하는 말로 '삐치다[2]'와 '삐지다'를 모두 쓸 수 있다.
>
> ¶ 너는 왜 그렇게 **삐지기**(○)/**삐치기**(○)를 잘하니?

삐지다[2] 동사

규11-0 삐지고, 삐지니, 삐지면, 삐지어/삐져, 삐진, 삐집니다, 삐지었다/삐졌다

타동사

칼 따위로 얇고 비스듬하게 잘라 내다.

¶ 무를 **삐져** 넣고 국을 끓였다.

¶ 라면에 **삐진** 가래떡을 넣고 끓였다.

¶ 물에 불린 표고버섯을 **삐져**서 채를 썰었다.

빼치다[1] 동사 [빼:-]

규11-0 빼치고, 빼치어/빼쳐, 빼친, 빼칩니다, 빼치었다/빼쳤다

자동사

나른하여 기운이 빠지다.

¶ 종일 집안일을 하느라고 빼치고 곤하다.

¶ 야간 작업에 빼친 나머지 그 자리에서 쓰러져 눕고 말았다.

빼치다[2] 동사 [빼:-]

규11-0 빼치고, 빼치어/빼쳐, 빼친, 빼칩니다, 빼치었다/빼쳤다

자동사

성이 나서 마음이 토라지다.

¶ 너는 조그만 일에도 잘 빼치니 네 비위 맞추기가 어렵다.

▶ '빼치다[2]'와 '삐지다'의 차이는 올림말 '삐지다' 참고.

빼치다[3] 동사 [빼:-]

규11-0 빼치고, 빼치니, 빼치면, 빼치어/빼쳐, 빼친, 빼칩니다, 빼치었다/빼쳤다

타동사

글씨를 쓸 때 글자의 획을 비스듬히 내려서 쓰다.

복합어

- **빼침**[빼:-] 명사 한자에서 빼침 부수를 이르는 말. 한자 '乃', '久', '之'에서 '丿'의 이름. 빼침별.
- **빼침별**[빼:-] 명사 =빼침

ㅅ

사

① 동사 '사다'의 연결형. '사다'에 붙는 연결 어미 '-아'가 생략된 형태.

¶ 과자를 사 먹는다.

¶ 구급약을 사 놓아라.

¶ 아이가 장난감을 사 달라고 한다.

② 동사 '사다'의 종결형. '사다'에 붙는 종결 어미 '-아'가 생략된 형태. 지시하는 의미가 있다.

¶ 양말 한 켤레만 사.

¶ 언니 것만 사지 말고 내 것도 사.

× 사겼다

'사귀다'의 과거형 '사귀었다'의 틀린 말.

¶ 전에 그 사람과 사겼지만(×)/사귀었지만(○) 지금은 헤어졌다.

사귀다 동사

규11-0 사귀고, 사귀는, 사귀며, 사귀어, 사귄, 사귈, 사귑니다, 사귀었다

자동사

① 서로 얼굴을 익히고 가깝게 지내다.

¶ 대체로 마음이 맞는 사람끼리 사귀게 된다.

¶ 이웃과 잘 사귀어야 지내기 편하다.

¶ 낯선 사람들과 잘 사귀는 사람이 있다.

② (남녀가) 사랑을 나누는 상태로 지내다.

¶ 두 사람은 1년 전부터 사귀어 오다가 올해 결혼한다.

¶ 그 여자는 사귈 만한 사람이다.

타동사

익히 알고 가깝게 지내다.

¶ 친구를 마음으로 사귀기가 쉽지 않다.

¶ 사람을 사귀다 보면 이런 사람도 있고 저런 사람도 있다.

복합어

- **사귐성**(-性) 명사 사람들과 어울려 잘 사귀는 성품. ¶ 사귐성이 좋은 아이라 누구와도 잘 어울려 서 논다.

속담

- **사귀어야 절교하지** 원인이 있어야 결과가 있음을 이르는 말.

'사귀었다'와 '사겼다'

'사귀었다'를 빨리 소리 내면 '사겼다'처럼 들려서 이를 '사귀었다'의 준말로 알고 그렇게 소리 내거나 표기하는 경우가 있는데, 이는 잘못이다. '사귀었다'는 '사귀였다'처럼 소리 낼 수도 있는데, 현행 표기법으로는 이를 빨리 발음한 소리를 적을 한글 글자가 없다. 그러므로 '사귀었다'의 준말 표기는 따로 없다. '바뀌었다', '쉬었다' 등의 낱말도 준말 표기가 없는 경우이다.

사그라들다 동사

불11-2 사그라들고, 사그라들어, 사그라든다, 사그라듭니다, 사그라들었다

자동사

삭아서 점점 없어져 가다.

¶ 우리는 아버지의 노여움이 사그라들기를 기다려 다시 말씀드리기로 했다.

¶ 그들에 대한 사회의 관심이 점점 사그라들고 있다.

사그라지다 동사

규11-0 사그라지고, 사그라져, 사그라진다, 사그라집니다, 사그라졌다

자동사

삭아서 없어지다.

¶ 불길이 사그라지고 사방이 어두워지자 하나둘 자리를 뜨기 시작했다.

¶ 다투었을 때에는 감정이 좀 사그라진 뒤에 만나는 것이 좋다.

¶ 오해가 풀려 친구에게 서운한 마음이 말끔히 사그라졌다.

사는[1]

동사 '사다'의 관형사형. '사다'에 관형사형 어미 '-는'이 붙은 형태.

¶ 전통 시장에 가서 물건을 사는 사람이 많아졌다.

ㅅ

사는[2] [사:-]

동사 '살다'의 관형사형. '살다'에 관형사형 어미 '-는'이 붙어 불규칙 활용을 한 형태.

¶ 공기 좋고 경치 좋은 마을에서 사는 사람은 행복하겠다.

사단 명사 (事端)[사:-]

① 사건의 실마리. 일의 실마리.

¶ 이번 일을 어떻게 처리할지 사단을 찾아야 한다.

¶ 무슨 일이 사단이 되어 이처럼 엄청난 일이 벌어진 것일까?

② '사달'의 틀린 말.

¶ 어떻게 해서 이런 사단(×)/사달(○)이 난 거야?

▶ 사단과 '사달'의 차이는 올림말 '사달' 참고.

사달 명사

사고나 탈. ×사단

¶ 일이 꺼림칙하게 되어 가더니만 결국 사달이 났다.

'사단'과 '사달'

'사단(事端)'은 첫소리를 길게 소리 내고, '사달'은 첫소리를 짧게 소리 낸다. 문제는 사람들이 '사달'이라고 해야 할 자리에 '사단'을 쓰면서 첫소리를 짧게 내는 데 있다. 어떤 문제가 생겼을 때 '사달이 났다'라고 해야지 '사단이 났다'라고 하면 안 된다. '사단'은 일의 단서, 곧 실마리를 가리키는 말이므로 '무엇이 사단이 되어 그런 엄청난 일이 일어났을까?'처럼 '사달'이 나게 된 실마리가 '사단'이다.

사동사 명사 (使動詞)[사:-]

문장의 주어가 남에게 그 행동이나 동작을 시키는 뜻을 나타내는 동사. 사동사는 원래의 동사에 접미사 '-이-', '-히-', '-리-', '-기-'를 붙여 만든다.

사동사 만들기

원래의 동사에 접미사를 붙여 사동사가 된 예를 들면 아래와 같다.

주동사	사동사	주동사	사동사	주동사	사동사
먹다	먹이다	읽다	읽히다	놀다	놀리다
보다	보이다	굽다	굽히다	살다	살리다
피다	피우다	웃다	웃기다	걷다	걸리다
타다	태우다	씻다	씻기다	맞다	맞추다
서다	세우다	굶다	굶기다	늦다	늦추다

형용사에 사동 접미사가 붙어서 된 동사는 사동사가 아니라 타동사이다.

형용사	타동사	형용사	타동사	형용사	타동사
높다	높이다	넓다	넓히다	바르다	바루다

사동형 명사 (使動形)[사:-]

사동의 뜻을 나타내는 형태.

¶ '먹이다'는 '먹다'의 사동형이다.

사르다 동사

불10-6 사르고, 사르니, 살라, 살라서, 사릅니다, 살랐습니다

타동사

① 불에 태우다. 불사르다.

¶ 법당 안에는 향을 사르는 여인 한 사람밖에 없었다.

¶ 평생 써온 일기를 모두 살라 버렸다.

② (불을) 일으켜 붙이다. 불사르다.

¶ 성냥으로 불을 살라 낙엽을 태웠다.

③ 어떤 것을 남김없이 없애 버리다.

¶ 우리는 횃불로 어둠을 살랐다.

¶ 번뇌와 망상을 살라 버리기 위해서 제단 앞에 섰다.

사리[1] 명사

① 국수, 새끼, 실 따위를 동그랗게 포개어 감은 뭉치.

¶ 그 실은 여기에 사리를 지어 놓아라.

② (수량을 나타내는 말 뒤에 쓰이어) 국수, 새끼, 실 따위의 뭉치를 세는 단위.

¶ 점심에 냉면 한 사리를 더 먹었다.

복합어

- **사리사리** 부사 ① 국수, 새끼, 실 따위를 동그랗게 포개어 감아 놓은 모양. ② 감정 따위가 복잡하게 얽혀 있는 모양.

ㅅ

사리[2] 명사

음력 보름과 그믐 무렵에 밀물이 가장 높은 때. '한사리'라고도 한다.

복합어

- **날사리** 명사 조기 떼가 바닷가 가까이에 와서 알을 낳은 뒤에 먼바다로 나가는 일. 또는 그때.
- **막사리** 명사 얼음이 얼기 직전의 밀물.
- **보름사리** 명사 ① 음력 보름날의 밀물과 썰물. ② 음력 보름 무렵에 잡히는 조기.
- **어사리**(漁-) 명사 그물을 쳐서 한꺼번에 많은 물고기를 잡는 일.
- **첫사리** 명사 =초사리
- **초사리**(初-) 명사 그해 처음으로 시장에 들어오는 첫 조기. 첫사리.
- **큰사리** 명사 =한사리
- **한사리** 명사 음력 보름과 그믐 무렵에 밀물이 가장 높은 때.

사리다 동사

규11-0 사리고, 사리어/사려, 사린, 사립니다, 사리었다/사렸다

타동사

① (줄 따위를) 헝클어지지 않도록 둥그렇게 빙빙 둘러 감다. '서리다[2]'의 작은말.

¶ 새끼를 사려 두지 않으면 헝클어져서 못 쓰게 된다.

② 뱀 따위가 몸을 똬리처럼 동그랗게 감다.

¶ 풀 속에 큰 뱀이 몸을 사리고 있다.

③ 짐승이 겁을 먹고 꼬리를 다리 사이에 구부려 끼다.

¶ 몹시 짖던 개가 내가 다가가니 꼬리를 다리 사이에 사려 넣고 도망간다.

④ 박아서 나온 못을 꼬부려 붙이다.

¶ 못을 박은 뒤에 끝을 사리지 않으면 사람이 찔리기 쉽다.

⑤ (마음을) 바싹 죄어 가다듬다.

¶ 지금 마음을 사려 먹지 않으면 자칫 큰 해를 당할 수 있다.

⑥ 일을 하지 않으려고 꾀를 쓰며 (몸을) 아끼다.

¶ 불이익을 당하지 않으려고 몸을 사리는 사람이 많다.

'사리다'와 '사리'

줄이나 끈을 둥글게 둘러놓는 행위를 '사리다'라고 하는데, 그렇게 사려 놓은 뭉치를 '사리[1]'이라고 하고, 또 그것을 세는 단위로 '사리'를 쓰기도 한다.

국어에는 '사리'처럼 동사 어간을 곧바로 명사로 사용하는 예가 더러 있다. (바꿔 이야기하면 명사에 어미를 붙여 동사로 쓴 경우라고 말할 수 있다.) 영어에 동사와 명사의 형태가 같은 경우가 많은 것에 비하면 국어에는 그런 예가 매우 제한적으로 나타난다. 이런 조어법도 알아 두는 것이 좋으므로 여기에 대표적인 몇 개를 소개한다.

동사	명사	동사	명사	동사	명사
가물다	가물	갈래다	갈래	거루다	거루
누비다	누비	돌다	돌[回]	띠다	띠
밀치다	밀치	뭇다	뭇	뭉치다	뭉치
버무리다	버무리	빗다	빗	뼘다	뼘
사리다	사리	살다	살[歲]	설레다	설레
신다	신	품다	품	후리다	후리
박다	박(메움)	굽다	굽	부풀다	부풀

어간을 부사로 사용하는 경우(또는 부사에 어미를 붙여 용언을 만든 경우)는 아래와 같다.

용언	부사	용언	부사	용언	부사
곧다	곧	갖추다	갖추	곧추다	곧추
늦추다	늦추	더디다	더디	잦추다	잦추

사모 명사 (師母)

① 스승의 아내.

② 목사(牧師)의 아내.

복합어

• **사모님**(師母-) 명사 ① 스승의 아내를 높이어 이르는 말. ② 목사의 아내를 높이어 이르는 말. ③ 윗사람의 아내나 나이든 부인을 높이어 이르는 말. 대명사 나이 든 부인을 높이어 부르는 말. ¶ 사모님, 이쪽으로 오십시오.

'사모님'의 지나친 사용

흔히 스승이나 목사 또는 사장의 부인을 '교수님 사모님', '목사님 사모님', '사장님 사모님'처럼 당사자를 앞에 세운다. 이런 어법은 잘못이다.

¶ 방금 교수님 사모님(×)께서 전화를 받으시던데. → 교수님 부인

¶ 목사님 사모님(×)은 참 미인이시다. → 목사님 부인

¶ 지금 회장님 사모님(×)이 도착하셨다. → 회장님 부인

'교수님 사모님', '목사님 사모님', '회장님 사모님'이 잘못이라고 하는 까닭은, 그가 교수님이나 목사님 또는 회장님의 '사모님'이 아니고 그의 '부인'이기 때문이다. 아래 보기는 '사모님'을 제대로 쓴 경우이다.

¶ "교수님, 사모님께서는 안 오시나요?"

¶ "사모님께서 목사님을 찾으십니다."

¶ "저는 선생님보다 사모님이 더 좋아요."

사무치다 동사

규11-0 사무치고, 사무치어/사무쳐, 사무친, 사무칩니다, 사무치었소/사무쳤소

자동사

(감정 따위가) 속 깊이 스며들다. (무엇에)까지 닿다.

¶ 가슴에 사무치는 설움을 안고 고향을 떠났다.

¶ 우리의 바람이 하늘에 사무치게 되면 하늘도 우리를 도울 것이다.

¶ 선생님의 따뜻한 사랑이 새삼 사무쳐 옵니다.

사사하다 동사 (師事-)

불10-9 사사하고, 사사하여/사사해, 사사하는, 사사한, 사사합니다, 사사하였다/사사했다

타동사

스승으로 섬기다. 또는 스승으로 삼고 가르침을 받다.

¶ 그 선생님을 사사한 많은 제자들이 훌륭한 학자가 되었다.

'사사하다(師事-)' 유감

이 말은 스승을 임금처럼 어렵게 여기던 시대에 스승을 존경하는 마음을 담아 사용하던 단어이다. 정확하게는 '스승으로 섬기다'라는 뜻이다. 따라서 '사사하다'는 타동사이고, 섬기는 사람 이름을 목적어로 삼는 낱말이다. 따라서 '누구를 사사하다'처럼 써야 한다.

요즘 이 말을 많은 사람이 쓰면서 사용법이 잘못되기 시작하였다. 그래서 《표준국어대사전》에까지 잘못된 용법이 버젓이 오르는 일이 생겼다. 모든 사람이 잘못 쓰면 그것이 표준이 된다는 생각을 하는 것 같다. 그러나 그건 좀 곤란하다.

¶ 그는 김 선생에게서 창을 사사하였다(×).

위 문장은 그가 창을 스승으로 모셨다는 말이 된다. 아마 이 글을 쓴 사람은 '사사하다'를 '배우다'나 '전수하다'와 같은 말로 잘못 알고 있는 것 같다. '사사하다'는 '가르치다'나 '배우다'와 아무 관련이 없다. 오직 스승으로 섬기거나 모신다는 뜻밖에 없다. '사사하다'는 어려운 낱말이므로 쓰지 않는 것이 좋고, 꼭 쓰고 싶다면 정확하게 써야 한다.

¶ 그는 김 선생님을 사사해서 창을 배웠다.(○)

¶ 그는 김 선생께 창을 배웠다.(○)

'사사받다'를 쓰는 경우도 있는데 이도 맞지 않은 말이다. 아래 예문에서 쓴 '사사받다'는 부적절하므로 고쳐 써야 한다.

¶ 그 선생님은 우리가 사사받는(×) 분이시다. → 가르침을 받는, 지도를 받는

¶ 나도 그 선생님에게 사사받은(×) 적이 있다. → 배운, 지도를 받은

사용 명사 (使用)[사ː-]

(물건이나 연장을) 그 용도에 따라서 부리어 씀.

복합어

- **사용 가치**(使用價値)[사ː-] 명사 물건이 그것을 사용하는 사람의 욕망을 충족하는 효용성. ¶ 화폐는 교환 가치는 크지만 사용 가치는 거의 없는 물건이다.
- **사용인**(使用人)[사ː-] 명사 물건이나 시설을 사용하는 사람.
- **사용자**(使用者)[사ː-] 명사 ① 물건이나 시설을 사용하는 사람. 사용인(使用人). ② 근로자에게 일을 시키고 품삯을 주는 사람. 고용인(雇用人). ¶ 사용자와 근로자가 함께 머리를 맞대었다.
- **사용주**(使用主)[사ː-] 명사 사용하는 주인. 물건 주인이면서 직접 사용하는 사람.

• **사용하다**(使用－)[사:－] 타동사 ① 일정한 목적이나 기능에 맞게 쓰다. ¶ 우리는 한국어를 사용한다. / 인간이 불을 사용하면서 문명이 시작되었다. ② 사람을 다루어 쓰다.

'사용', '이용', '활용'

'사용'은 어떤 물건의 용도에 따라서 쓰는 것이고, '이용'은 편의나 이익을 얻기 위하여 쓰는 것을 가리키는데, '이용'은 자기 이익이나 목적을 위하여 다른 사람이나 물건을 잘못 쓰는 부정적인 의미도 포함한다. 실제로 이용당하는 사람이나 물건은 그런 용도로 쓰는 것이 아닌 경우도 있다. '활용'은 사람이나 물건을 제 용도에 한정하지 않고 더 적극적으로 이용하거나 사용하여 더 나은 결과를 얻는 일을 가리킨다.

¶ 우리는 우리의 파업권을 정당하게 **사용하려** 한다.

¶ 공무원의 직책을 돈벌이 수단으로 **이용하려** 하지 마라.

¶ 놀고 있는 농기구 **활용** 방법을 찾아라.

사이 명사

㊟ 새

① 이때에서 저때까지의 시간.

¶ 2시와 3시 사이에 오면 만날 수 있다.

② 한 물체와 다른 한 물체까지의 공간.

¶ 창문 사이에 손가락이 끼었다.

복합어

• **사이갈이** 명사 농작물이 자라는 도중에 겉흙을 부드럽게 가는 일.
• **사이사이** 명사 사이와 사이. 여러 것의 사이. 부사 사이마다. 여러 것의 사이에. 새새.
• **사이시옷** 명사 사잇소리를 적는 데에 쓰는 시옷.
• **사이좋다** 형용사 서로 관계가 가깝다. 친하다. ¶ 친구로서 사이좋게 지내고 있다.
• **사이짓기** 명사 이미 심은 농작물 사이에 다른 작물을 재배하는 일.
• **사이하다** 타동사 사이에 두다. ¶ 우리는 한동네에서 담장을 사이하고 살았다.
• **사잇소리** 명사 두 낱말을 결합하여 한 덩어리로 쓰는 합성어의 두 낱말 사이에 덧나는 소리.

관용 표현

• **사이가 뜨다** ① 일정한 거리가 있다. ② 동안이 오래이다. ③ 서로 사이가 좋지 않다.

• **사이가 좋다** 서로 정답고 친하다.

• **사이를 두다** ① 일정한 거리나 동안을 두다. ② 가깝지 않게 관계를 유지하다.

> **'사이'와 '서리'**
>
> '사이'는 두 물건의 가운데 있는 공간이나 간격을 가리키는 말이다. '이것과 저것 사이', '오늘과 내일 사이'처럼 대상이 두 가지인 경우에 쓴다. 이에 비해서 '서리[3]'은 셋 이상인 대상의 가운데를 가리키는 말이다. '사람들 서리에'는 '여러 사람 중에'와 같은 말이다. 그러나 요즘은 '서리'를 거의 쓰지 않고 '사이'나 '중(中)'으로 갈음하여 쓰는 것이 현실이다. '서리'가 사어가 된 것이 아쉽다.

사재다 동사

규11-0 사재고, 사재어/사재, 사잰다, 사잽니다, 사재었다/사쟀다

타동사

(물건을) 마구 사서 쟁이다.

¶ 이 어려운 때에 땅을 사재는 것은 무슨 속셈인가?

¶ 값이 오른다고 담배를 사재어 놓고 팔지 않았다.

¶ 물건만 사잰다고 해결될 일이 아니다.

복합어

• **사재기** 명사 물건이 달릴 것을 예상하고 사서 쟁여 놓는 일. 매점(買占).

관용 표현

• **사재고 안 팔다** (상인이 앞으로 물건이 달리거나 값이 오를 것을 예상하고, 또는 값을 올릴 목적으로) 물건을 사서 쟁여 놓고 팔지 아니하다.

사정 명사 (事情)[사: -]

① 일의 형편이나 까닭.

¶ 그는 집안 사정에 매우 어두웠다.

¶ 우리 사정을 모르고는 함부로 말하지 마시오.
¶ 저는 어려운 **사정**이 있어서 오늘 참석하지 못하겠습니다.
¶ 이번 시장은 지역 **사정**에 밝아 주민들의 고충을 잘 처리해 주었다.
② ('사정을 하다'의 형태로 쓰이어) 형편이나 까닭을 말하고 무엇을 간청함.
¶ 계약금을 구할 동안 며칠 말미를 달라고 집주인에게 **사정**을 했지만 거절당했다.
¶ 몸이 안 좋아 하루만 쉬겠다고 **사정**을 했다.

복합어

- **사정없다**(事情－)[사:－] 형용사 남의 사정을 헤아려 돌봄이 없이 매몰차다.
- **사정없이**(事情－)[사:－] 부사 남의 사정을 헤아려 돌봄이 없이 매몰차게. ¶ 아이를 그리 사정없이 나무라면 어떡하나?
- **사정하다**(事情－)[사:－] 자동사 형편이나 까닭을 남에게 말하고 무엇을 간청하다. ¶ 아무리 사정해도 네 청을 들어 줄 수 없다.

관용 표현

- **사정(을) 두다** 남의 형편을 헤아려 생각하다. ¶ 언니가 동생에게 사정을 두지 않고 면박을 주었다.

속담

- **사정이 사촌보다 낫다** 사정만 잘하면 웬만한 것은 통할 수 있음을 이르는 말.

사족[1] 명사
(四足)[사:－]

① 짐승의 네 다리를 이르는 말.
② 사람의 팔과 다리를 낮추어 부르는 말. ×사죽
¶ 사족이 멀쩡한 녀석이 일을 하지 않고 놀고 있다.

관용 표현

- **사족(을) 못 쓰다** 무슨 일에 반하거나 혹하여 꼼짝 못하다. ¶ 그는 야구라면 사족을 못 쓴다.

속담

- **사족 성한 병신** 아무 일도 안 하고 빈둥빈둥 놀고먹는 사람을 욕으로 이르는 말.

사족[2] 명사 (蛇足)

'뱀의 발' 곧 뱀 그림에 발을 그려 넣는 것처럼 일을 그르치는 군짓 또는 쓸데없는 일을 가리키는 말.
¶ 내 글에 사족을 달지 마라.
¶ 이 변명은 사족에 지나지 않는다.

삭다 동사

규10-1 삭고, 삭지, 삭으니, 삭으면, 삭아, 삭으오, 삭습니다, 삭았다

자동사

① 물건이 오래되어 본바탕이 쓸 수 없게 변하다.
¶ 만든 지 오래된 밧줄이라 삭아서 끊어진 것 같다.
¶ 바자울이 다 삭아서 곧 쓰러질 것 같다.
② 사람의 얼굴이나 몸이 생기를 잃다.
¶ 고생을 많이 했는지 얼굴이 몹시 삭았더라.
③ 걸쭉하고 빡빡하던 것이 묽어지다.
¶ 죽이 삭으면 맛이 없어진다.
④ 김치나 젓갈 따위가 맛이 들다.
¶ 밥에 엿기름 우린 물을 부으면 밥알이 삭으면서 맛있는 식혜가 된다.
⑤ 먹은 음식물이 소화되다.
¶ 화가 난 상태에서 먹었으니 밥이 위에서 제대로 삭을 리 없지.
⑥ 긴장이나 화가 풀려 마음이 가라앉다.
¶ 화도 분도 다 삭은 뒤라 이제는 아무 원한이 없다.
⑦ 기침이나 가래 따위가 잠잠해지거나 가라앉다.
¶ 약을 먹어서 가래가 조금 삭은 듯하다.
⑧ 사그라지다. 사위다.
¶ 시간이 지나니 모닥불이 점점 삭아 갔다.

복합어

- **삭이다** 사동사 올림말 '삭이다' 참고.

ㅅ

• **삭히다** [사동사] 올림말 '삭히다' 참고.

▶ '삭다', '썩다', '뜨다'의 차이는 올림말 '뜨다[2]' 참고.

▶ '삭다', '썩다'의 차이는 올림말 '썩다' 참고.

삭이다 동사

규11-0 삭이고, 삭이어/삭여, 삭인다, 삭입니다, 삭이었다/삭였다

사동사

① 먹은 음식을 소화하다.

¶ 돌도 삭일 나이에 그렇게 소화가 안 된다니 이상하다.

② 마음을 가라앉게 하다

¶ 아이는 겨우 분을 **삭이면서** 내 뒤를 따라왔다.

③ 기침이나 가래 따위를 가라앉게 하다.

¶ 가래를 삭이는 데에는 무즙이 좋다고 한다.

삭히다 동사

규11-0 삭히고, 삭히어/삭혀, 삭힌다, 삭힙니다, 삭히었다/삭혔다

사동사

삭아서 다른 상태로 변하게 만들다. '삭다'의 사동형.

¶ 멸치나 새우를 소금에 재어 **삭히면** 젓갈이 된다.

> **'삭이다'와 '삭히다'**
>
> '삭이다'는 무엇이 삭아서 없어지게 하는 행위를 가리킨다. 가래를 삭이고, 화를 삭이고, 음식을 삭이는 행위는 모두 삭아 없어지게 하는 행위이다. 이에 비해서 '삭히다'는 억지로 삭게 만드는 행위를 포함한다. 김치는 삭혀야 맛이 난다. 젓갈이나 홍어 같은 것도 모두 삭혀서 먹는다.
>
> ¶ 분한 마음을 가까스로 삭이고 입을 열었다.
>
> ¶ 홍어는 삭혀 먹으면 맛있다.

산봉우리 명사 (山-)

산의 꼭대기 부분. 봉우리. ×산봉오리

¶ **산봉우리**에는 아직도 눈이 하얗게 쌓여 있다.

¶ 지리산의 **산봉우리**는 둥근 편인데 금강산의 **산봉우리**는 매우 뾰족하다.

'산봉우리'와 '산봉오리'

'봉우리'는 '산봉우리'를 가리키는 말이고, '봉오리'는 '꽃봉오리'를 가리키는 말이다. '산봉오리'나 '꽃봉우리'는 없는 말이다.

산울 명사 [산:-]

탱자나무, 개나리 따위처럼 살아 있는 나무로 만들어 놓은 울. '산울타리'의 준말.

¶ 우리 아파트에 담장을 없애고 사철나무로 **산울**을 만들었다.

복합어

- **산울타리**[산:-] 명사 탱자나무, 개나리 따위 살아 있는 나무로 만든 울타리.

'산울'과 '바자울'

살아 있는 꽃나무를 사용하여 울타리를 만든 것이 '산울'이라면, '바자울'은 대오리나 갈대 또는 수수깡 따위를 발처럼 엮어서 만든 울타리를 일컫는다. '바자'는 한자어 '파자(笆子)'가 변한 말이다.

산회 명사 (散會)[산:-]

회기 중에 그날의 회의를 마침.

¶ 회의는 아무런 결론도 내지 못하고 흐지부지 **산회**를 하였다.

복합어

• **산회하다**(散會-)[산:-] 자동사 그날의 회의를 마치다. ¶ 결론을 내지 못하고 산회하였다.

> **'산회'와 '폐회'**
>
> 두 낱말 모두 회의를 마침을 가리키지만 쓰는 경우가 다르다. 회의는 몇 시부터 시작하여 몇 시에 끝나는 것이 보통인데, 어떤 회의는 기간을 정해 놓고 그 기간 안에 몇 번이고 열기도 한다. 후자처럼 며칠의 회기(會期)를 정해 놓고 회의를 하는 경우에 회기가 시작하는 날 개회하고 회기가 끝나는 날 폐회한다.
>
> 회기 중에 한 회의의 논의가 일단락되어 회의를 마치는 경우를 '산회(散會)'라고 한다. 회의는 하루 일정으로 진행되므로 자정이 되어서 날짜가 바뀌면 일단 산회를 한 뒤에 차수를 변경하여 새로 개의(開議)한다. '폐회(閉會)'는 회기가 끝나는 것을 의미하므로 새롭게 회의를 진행할 수 없다. '정회(停會)'는 논의가 끝나지 않은 상태에서 논의를 일시 중지하는 것을 가리킨다.

살다[1] 동사 [살:-]

불10-2 살고, 사니, 사는, 살면, 살지, 산, 산다, 삽니다, 살았다

자동사

① 생명을 지니고 있다.

¶ 요즘은 보통 아흔 살까지는 사는 것 같다.

② 불 따위가 꺼지지 않고 타거나 비치고 있다.

¶ 꺼진 불이 다시 살아 큰 화재가 난 경우가 많다.

③ 본래 가지고 있던 색깔이나 특징 따위가 그대로 있거나 뚜렷이 나타나다.

¶ 개성이 살아 있는 글을 써야 한다.

④ 성질이나 기운 따위가 뚜렷이 나타나다.

¶ 잔뜩 풀이 죽어 있던 아이가 칭찬 몇 마디로 기운이 살았다.

⑤ 움직이던 물체가 멈추지 않고 제 기능을 하다.

¶ 시계를 물에 빠뜨렸는데 시계가 살아 있었다.

⑥ 경기나 놀이 따위에서, 상대편에게 잡히지 않고 제 기능을 하다.

¶ 겨우 두 집을 내고 살 바에는 차라리 죽이고 다른 곳을 선점하는 게 낫다.

⑦ 현실과 관련되어 생동성이 있다.

¶ 역사에서 산 교훈을 얻는다.
⑧ 어느 곳에 거주하거나 거처하다.
¶ 삼대가 한집에서 사는 경우가 흔하지 않다.
¶ 어렸을 때 나는 할아버지 댁에서 살았다.
⑨ 어떤 사람과 결혼하여 함께 생활하다.
¶ 그들은 연애할 때는 자주 싸우더니 결혼한 뒤부터는 소리 없이 잘 산다.

타동사

① 어떤 직분이나 신분의 생활을 하다.
¶ 아버지가 군수 벼슬을 사셔서 아버지를 따라서 이곳저곳 전학을 다녔다.
¶ 2년 동안 군대에서 살았다.
② ('삶'을 목적어로 취하여) 어떤 생활을 영위하다.
¶ 그는 의로운 삶을 살다 갔다.

복합어

- **살리**다 사동사 올림말 '살리다' 참고.
- **살아나**다 자동사 올림말 '살아나다' 참고.

관용 표현

- **살 구멍(을) 뚫다** 살아갈 길을 찾아내다.

속담

- **산 (사람) 입에 거미줄 치랴** 아무리 살림이 어려워 식량이 떨어져도 사람은 그럭저럭 죽지 않고 먹고 살아가기 마련임을 비유하여 이르는 말.
- **산 개 새끼가 죽은 정승보다 낫다** ① 아무리 천하더라도 살아 있는 것이 죽은 것보다는 낫다는 말. ② 아무리 존귀했던 몸이라도 한번 죽으면 거들떠보지 않는 것이 세상인심임을 비유하여 이르는 말.
- **산 눈깔 빼 먹을 놈** 살아 있는 사람의 눈알을 빼 먹을 만큼 지독한 놈이라는 뜻으로, 남을 속이고 자기의 이익만 챙기려 하는 악독하고 교활한 사람을 낮잡아 이르는 말.
- **산 범의 눈썹을 뽑는다** ① 살아 있는 범의 눈썹을 뽑는다는 뜻으로, 감히 손댈 수 없는 위험한 짓을 목숨 걸고 함을 비유하여 이르는 말. ② 도저히 이룰 수 없는 헛된 망상을 함을 비유하여 이르는 말.
- **산 사람 눈 빼 먹겠다** 인심이 몹시 야박하고 험악함을 비유하여 이르는 말.
- **산 사람은 아무 때나 만난다** 사람은 죽지 않고 살아 있으면 언젠가는 만나게 된다는 뜻으로, 다시 안 볼 것처럼 야박하게 끊지 말라는 말.

ㅅ

살다[2] 형용사 [살:-]

불20-2 살고, 사니, 살면, 살지, 산, 산다, 삽니다, 살았다

크기가 기준이나 표준보다 약간 크다.
¶ 이마가 죽지 않고 **살아야** 똑똑하게 보인다.

✕ 살륙

'살육(殺戮)'의 틀린 표기.

살리다 동사

규11-0 살리고, 살리는, 살리지, 살리어/살려, 살린, 살립니다, 살리었다/살렸다

사동사

① 죽지 않도록 하다.
¶ 거의 죽게 된 우리 남매를 **살려** 준 은인을 찾고 있습니다.
② 없애거나 깎지 않고 그대로 두다.
¶ 글의 앞부분만 **살리고** 나머지는 모두 다른 내용으로 바꿔라.
③ 본래의 기능을 제대로 하게 하다.
¶ 경제를 **살리는** 일이 이 정권이 가장 먼저 해야 할 일이다.
④ (어떤 생활을) 하게 하다.
¶ 그는 5년 동안 징역을 **살렸어도** 달라지지 않았다.
⑤ (꺼지거나 죽은 부분을) 볼록하게 하다.
¶ 이마와 코를 좀 **살려** 주시고 눈에 쌍꺼풀을 만들어 주세요.

관용 표현

- **살려 내다** (죽게 된 것을 또는 지극히 어려운 데서) 건져 내다.
- **살려 주다** ① 도와주어서 어려움을 벗어나게 하다. ¶ 그분이 우리가 어려웠을 때에 우리를 살려 준 은인이다. ② (죽을 생명을) 살게 하여 주다.

살림 명사

① 한집안을 이루어 생활하는 일. 생활(生活).
¶ 그들은 바로 이 동네에서 **살림**을 시작하였다.
② 살아가는 형편.
¶ 요즘 우리 집 **살림**이 많이 어렵다.
③ 집 안에서 주로 쓰는 세간.
¶ 나는 요즘 **살림**을 장만하는 재미에 푹 빠졌다.

복합어

- **살림꾼** 명사 ① 살림을 알뜰하게 하는 사람. ② 살림을 맡아 하는 사람.
- **살림망**(-網) 명사 낚은 고기를 살려 두기 위해 그물로 만든 그릇.
- **살림 밑천** 명사 '첫딸'을 우스개로 이르는 말. 첫딸이 주로 어머니를 도와 부엌일을 할 수 있었던 데서 비롯된 말임. 세간 밑천.
- **살림방**(-房) 명사 살림하는 방.
- **살림살이** 명사 ① 살림을 차려서 사는 일. ② 살림에 쓰이는 세간과 기구.
- **살림집** 명사 살림만 하는 집.
- **살림터** 명사 살림하는 곳.
- **살림통**(-桶) 명사 낚시질하여 잡은 고기를 살려 두는 나무나 양철로 만든 통.
- **살림하**다 자동사 한집안을 이루어 살아가다. ¶ 알뜰하게 **살림하**더니 마침내 집을 장만하더라.

관용 표현

- **살림을 나다** 살림을 따로 차리다. ¶ 장가를 들자 곧바로 **살림을** 났다.
- **살림을 맡다** 집안의 살림을 이끌어 가다. ¶ 어머니가 돌아가시자 내가 우리 집 **살림을** 맡았다.
- **살림을 차리다** 살림할 준비를 갖추다. ¶ 우리는 단칸방에 **살림을 차리기**로 하고 결혼을 서둘렀다.
- **살림이 꿇리다** 살림이 펴이지 아니하고 쪼들리다. ¶ 아버지가 돌아가신 뒤로 우리 집은 줄곧 **살림이** 꿇리게 되었다.
- **살림이 펴이다** 어렵게 쪼들리던 살림이 좋아지다. ¶ 그 집은 새 며느리가 들어오면서부터 **살림이** 펴이기 시작했다.

속담

- **살림에는 눈이 보배다** ① 살림을 잘 하려면 눈썰미가 있어야 한다는 말. ② 살림에는 낱낱이 살피는 것

이 제일이라는 말. ¶ 살림에는 눈이 보배라고, 잘 보면 값싸고 좋은 물건을 고를 수 있다.

- **살림은 오장 같다** 집안 살림에는 필요한 것이 끝없이 많다는 말.
- **살림이란 게 쓸 건 없어도 남 주워 갈 건 있다** 필요 없는 하찮은 물건이라도 남의 살림에는 도움이 되는 것이 있게 마련이라는 말.

살아가다 동사

규10-0 살아가고, 살아가, 살아간다, 살아갑니다, 살아갔다

자동사

① 목숨을 이어 가다.

¶ 어려운 환경에서도 꿋꿋이 **살아가는** 사람이 많다.

② 살림을 해 나가다.

¶ 경비 일을 하면서 그럭저럭 **살아가고** 있다.

타동사

① 목숨을 이어 가다. 생활해 나가다.

¶ 많은 사람들이 하루하루 막노동을 하여 **살아가고** 있다.

② (어려움을) 견디며 생활해 나가다.

¶ 이 어려운 시대를 **살아가야** 하는 젊은이들에게 무엇을 줄 수 있을까?

살아나다 동사

규10-0 살아나고, 살아나, 살아난다, 살아납니다, 살아났다

자동사

① (몹시 어려운 상황에서) 벗어나다.

¶ 내가 죽을 고비에서 가까스로 **살아난** 그 이야기를 들려주마.

② (죽게 된 상태에서) 다시 살게 되다.

¶ 재에 남아 있던 불씨가 **살아나서** 온 산을 태웠다.

¶ 예수는 죽었다가 **살아났다고** 하지 않니?

③ (잊었던 기억이) 다시 떠오르다.
¶ 그를 보면 과거의 아픈 기억이 **살아나** 괴롭다.
④ 살아서 견디어 나다.
¶ 너는 반드시 여기서 **살아나야** 한다.

살아남다 동사

규10-1 살아남고, 살아남으니, 살아남는, 살아남아, 살아남는다, 살아남습니다, 살아남았다

자동사
(죽을 고비에서) 죽지 않고 살다.
¶ 아무리 격렬한 전투에서도 **살아남는** 사람이 있게 마련이다.

살아생전 명사 (-生前)

세상에 살아 있는 동안. 생전(生前).
¶ 내 **살아생전**에 아들 얼굴을 한 번 보는 것이 소원이다.

살아오다 동사

규10-0 살아오고, 살아와, 살아온다, 살아옵니다, 살아왔다

자동사
① 생활하여 오다.
¶ 한평생 **살아오면서** 오늘처럼 기쁜 날은 처음이다.
¶ 나는 언제나 단순하게 **살아왔다**.
② (어떤 직업이나 신분을) 겪으며 지내 오다.
¶ 아버지는 평생을 선생으로 **살아오신** 분이다.
¶ 아이들을 키우느라 전업주부로 **살아오다** 보니 다시 취업하기가 힘들다.

살육 명사 (殺戮)

사람을 마구 죽임. ×살륙

¶ 이곳은 전쟁 중에 민간인을 대량 학살한 살육의 현장이다.

복합어

- **살육전**(殺戮戰) 명사 살육이 벌어지는 싸움.
- **살육하다**(殺戮-) 타동사 (사람을) 마구 죽이다. ¶ 무슨 까닭으로 무고한 사람들을 살육하는가?

'살육'과 '살륙'

한자 '殺戮'의 음은 '살륙'이다. 그러나 '살육'을 표준어로 삼았으므로 '살육'으로 적어야 한다. 이처럼 한자어의 음과 국어의 표준어가 다른 경우가 몇 있다.

관행 표기	원음	원음 표기
수락(受諾), 허락(許諾), 쾌락(快諾)	낙(諾)	승낙(承諾)
곤란(困難), 논란(論難)	난(難)	재난(災難)
의령(宜寧), 회령(會寧)	녕(寧)	안녕(安寧)
대로(大怒), 희로애락(喜怒哀樂)	노(怒)	분노(忿怒)
오뉴월(五六月), 유월(六月)	륙(六)	오륙일(五六日)
모과(木瓜)	목(木)	목련(木蓮)
시월(十月), 시왕(十王), 시방정토(十方淨土)	십(十)	십자가(十字架)
초파일(初八日)	팔(八)	팔불출(八不出)
모란(牡丹)	단(丹)	단청(丹靑)
살육(殺戮)	륙(戮)	도륙(屠戮)
전열(戰列), 나열(羅列), 선열(先烈), 비열(卑劣)	렬(列, 烈, 劣)	열렬(熱烈)
비율(比率), 규율(規律), 전율(戰慄)	률(律, 率, 慄)	법률(法律)

살지다 형용사

규21-0 살지고, 살지니, 살진, 살지어/살져, 살집니다, 살지었다/살졌다

① (땅이) 기름지다.
¶ 최 부잣집은 살진 농토를 많이 가지고 있었다.
② (몸에) 살이 많다.
¶ 아침에 나가 보니 살진 토끼 한 마리가 올무에 걸려 있었다.

살찌다 동사

규11-0 살찌고, 살찌는, 살찐, 살찌어/살쪄, 살찝니다, 살찌었다/살쪘다

자동사
(몸에) 살이 오르다. 살이 많아지다.
¶ 지금 네게서 살찌는 소리가 들리는 것 같다.
¶ 많이 먹고 운동을 적게 하면 살찌지 않을 수 없다.

복합어
- **살찌우다** 사동사 '살찌다'의 사동형.

'살지다'와 '살찌다'
'살지다'는 형용사이고, '살찌다'는 자동사이다. '살지다'는 '살이 통통하다' 또는 '살이 오동포동하다'와 같은 뜻이다. '살찌다'는 살이 불어나고 있음을 의미한다. 현재형 '살찌는'을 쓰면 지금 살이 불어나고 있다는 말이고, 과거형 '살찐'을 쓰면 이미 살이 많이 붙었다는 말이다. '살지다'는 대체로 짐승에게 쓰고, '살찌다'는 사람에게 쓴다.
¶ 살진 송아지가 여물을 먹고 있다.
¶ 물만 먹어도 살찌는 사람이 있다.

삼가 부사

조심하고 경계하면서.
¶ 유가족에게 삼가 조의를 표합니다.
▶ 부사 '삼가'와 동사 '삼가다'의 차이는 올림말 '삼가다' 참고.

삼가다 동사

규10-0 삼가고, 삼가, 삼가서, 삼갈, 삼간다, 삼갑니다, 삼갔다

타동사

① (몸가짐이나 언행을) 신중하게 가지다.

¶ 언행을 **삼가지** 못하면 크게 낭패를 당하기 쉽다.

¶ **삼가는** 마음으로 조문을 하고 왔다.

② 꺼려서 가까이하지 아니하다. 경계하다.

¶ 앞으로 음주를 **삼가기** 바란다.

¶ 오늘은 미세먼지가 많으므로 노약자들은 외출을 **삼가시기** 바랍니다.

부사 '삼가'와 동사 '삼가'

'삼가'는 부사로 쓴다. 그런데 이 말은 동사 '삼가다'의 연결형 곧, '삼가다'에 연결 어미 '-아'가 붙은 형태와 같다. 그래서 '삼가'를 부사로만 볼 수 없다. 동사로 쓰는 경우가 있을 수 있다는 말이다.

① 이 일은 **삼가는** 마음으로 추진해야 한다.
② 마음을 **삼가겠지만** 때로는 과감함도 필요하다고 생각한다.
③ 그래도 마음을 **삼가** 추진하는 것이 중요하다.
④ 알겠다. 그렇다면 **삼가** 추진하겠다.

위 예문①과 ②에 쓴 '삼가는'과 '삼가겠지만'은 어미가 붙어 있으므로 당연히 동사라는 점을 알 수 있다. 예문③은 목적어가 있으므로 '삼가'가 동사의 연결형임을 알 수 있다. 그렇다면 예문④의 '삼가'는 부사일까 동사일까? '마음을 삼가 추진하라'는 말에 화답하여 한 말이므로 '마음을 삼가 추진하겠다'에서 목적어 '마음을'이 생략된 구문이므로 동사이다. '삼가'를 동사로 쓰면 대체로 '언행을 신중하게 하여' 또는 '마음을 조심하여'라는 뜻이 된다. 이에 비해서 '삼가'를 부사로 쓸 때에는 대체로 '꺼리는 마음으로 경계하면서'라는 뜻이 된다. 아래 예문에 쓴 '삼가'는 부사이다.

¶ 제 뜻을 **삼가** 말씀드리겠습니다.

¶ **삼가** 선생님께 올립니다.

× 삼가하다

'삼가다'의 틀린 말.

¶ 실내에서는 큰소리로 통화하는 행위는 **삼가해**(×)/**삼가**(○) 주시기 바랍니다.

'삼가다'와 '삼가하다'

'삼가하다'는 '삼가다'의 틀린 말이다.

¶ 다른 사람을 비난하는 일은 **삼가하시오**(×). → 삼가시오

¶ 욕설을 **삼가하지**(×) 않으면 가만두지 않겠다. → 삼가지

¶ 남의 집을 함부로 들어가는 행위를 **삼가하라는**(×) 지시가 내려왔다. → 삼가라는

'삼가하다'를 띄어쓰기로 '삼가 하다'라고 적으면 어떨까?

이렇게 하면 하지 말라는 말이 하라는 말이 되어 자기 생각과 반대되는 문장이 된다.

¶ 다른 사람을 비난하는 일을 **삼가 하시오**. (꺼리는 마음으로 비난하라는 말이 된다.)

¶ 거짓말을 **삼가 하지** 않으면 혼내 주겠다. (조심하며 거짓말을 하라는 말이 된다.)

삼키다 동사

규11-0 삼키고, 삼키어/삼켜, 삼키는, 삼킨, 삼킵니다, 삼키었다/삼켰다

타동사

① 목구멍으로 넘기다.

¶ 침을 꿀꺽 **삼키고** 정신을 가다듬은 뒤에 말을 시작했다.

¶ 아기가 아무거나 입에 넣고 **삼킬** 수 있으니 잘 살펴보아라.

② (남의 것을) 제 것으로 만들어 버리다.

¶ 국민의 세금을 **삼키는** 공무원이 너무 많다.

¶ 시키는 일은 제대로 아니하면서 돈만 **삼키려** 하는구나.

③ (눈물이나 웃음을) 억지로 참다.

¶ 눈물을 억지로 **삼키고** 이야기를 계속했다.

¶ 수업 시간에 기침을 **삼키느라고** 무척 고생했다.

상서롭다 형용사 (祥瑞-)

불20-3 상서롭게, 상서롭지, 상서로워, 상서로운, 상서롭습니다, 상서로웠다

복되고 길한 일이 일어날 조짐이 있다.

¶ 비 온 뒤에 고운 무지개가 뜬 것은 매우 **상서로운** 징조이다.
¶ 큰일을 앞두고 그릇이 깨지면 **상서롭지** 못하다고 여기고 조심했다.

복합어

- **상서로이**(祥瑞-) [부사] 복되고 길한 일이 일어날 조짐이 있게. ¶ 까치가 아침부터 상서로이 우짖는다.

▶ '상서롭다'를 '상스럽다'로 잘못 쓰는 경우가 더러 보인다. 두 낱말은 의미도 다르고 용법도 다르므로 혼동하지 말아야 한다.

상스럽다 형용사 (常-)

불21-3 상스럽고, 상스럽지, 상스러워, 상스러운, 상스럽습니다, 상스러웠다

말이나 행동이 보기에 천하거나 점잖지 못하다.
¶ 언행이 **상스러운** 사람이 아이들 교육을 하면 어찌 되나?
¶ 그 친구는 교양도 없고 말도 **상스럽게** 한다.

복합어

- **상스레**(常-) [부사] 말이나 행동이 보기에 천하고 교양이 없이.

✕ 상채기

'생채기'의 틀린 말.
¶ 고양이가 손을 할퀴어서 **상채기**(×)/**생채기**(○)가 났다.

상판대기 명사 (相-)

'얼굴'을 속되게 이르는 말.
¶ 나는 그 사람 **상판대기**가 어떻게 생겼는지도 모른다.
¶ **상판대기** 하나 믿고 살다가는 큰코다친다.

속담

- **상판대기가 꽹과리 같다** 얼굴이 놋쇠로 만든 꽹과리 같다는 뜻으로, 몹시 파렴치한 사람을 비유하여 이르는 말.

> **'상판대기'와 '판때기'**
>
> '얼굴'의 속된 말로 '상판' 또는 '상판대기'를 쓰는데 이때 '대기'를 예사소리로 적는다. 이에 비해서 '판자(板子)' 또는 '널빤지'를 속되게 이르는 말로 '판때기'를 쓴다. '판자때기'나 '널판때기'도 마찬가지로 된소리로 적는다. '판때기', '판자때기', '널판때기'는 모두 된소리로 적는데 왜 '상판대기'만 예사소리로 적을까? 표준어 규정(표준어 사정 원칙 제17항)에서는 예사소리인 '상판대기'를 표준어로 삼았다. 표준어 규정은 '상판대기'의 '－판대기'를 '판때기'와 다른 것으로 본 것이다.

× 상판때기

'상판대기(相－)'의 틀린 표기.

¶ 그놈 **상판때기**(×)/**상판대기**(○)만 봐도 이가 갈린다.

상하다 동사 (傷－)

불10－9 상하고, 상하니, 상하여/상해, 상한, 상하였다/상했다

자동사

① (몸이) 다치거나 헐거나 하다.

¶ 비탈에서 굴러 허리가 **상했다**.

¶ 술을 그렇게나 마셔대니 간이 **상하지**.

② (옷 따위가) 찢어지거나 헤어지거나 삭거나 좀먹거나 하다.

¶ 세탁기로 빨면 옷감이 **상하기** 쉽다.

③ (먹거리가) 맛이 가거나 쉬거나 썩거나 변하거나 하다.

¶ 여름에는 음식이 쉽게 **상한다**.

④ (몸이) 약해지거나 나빠지다.

¶ 공부를 하느라고 몸이 많이 **상했구나**.

⑤ 마음이 언짢게 되다.
¶ 아들 일로 마음이 몹시 **상해** 있는 사람에게 또다시 충격을 주고 말았다.

타동사
① 다치다.
¶ 길에서 넘어져 머리를 **상했다**.
¶ 못이 튀어나와서 사람을 **상하게** 할 것 같다.
② (마음을) 아프게 하다.
¶ 그렇게 부모님 마음을 **상하게** 해 놓고 네 마음은 편하니?
¶ 그런 일로 기분을 **상하고** 싶지 않다.

새 관형사

① 이미 있던 것이 아니라 처음 마련하거나 다시 생겨난.
¶ 새 학기부터는 정신 바짝 차리고 공부해야 한다.
¶ 봄이 오니 새 가지가 돋아난다.
¶ 오늘 새 회원이 다섯 명이나 가입했다.
② 사용하거나 구입한 지 얼마 되지 아니한.
¶ 지은 지 얼마 안 되는 새 아파트에 입주하면 건강을 해치기 쉽다.
¶ 오늘 같은 날에는 새 옷을 꺼내 입어라.

속담
- **새 도랑 내지 말고 옛 도랑 메우지 말라** 새로운 법을 내려고 하기보다 오히려 옛 법을 잘 운영함이 나음을 비유하여 이르는 말.
- **새 며느리 친정 나들이** 새로 시집온 며느리가 친정에 한번 다녀오겠다고 늘 벼르면서 떠나지 못한다는 뜻으로, 늘 벼르기만 하고 정작 하지 못함을 비유하여 이르는 말.
- **새 묘 써서 삼 년** 새로 일을 벌일 때에는 적어도 삼 년은 두고 봐서 탈이 없어야 안심할 수 있음을 비유하여 이르는 말.
- **새 바지에 똥 싼다** ① 염치없는 행동을 비유하여 이르는 말. ② 잘된 것을 만져서 도리어 그르치는 경우를 비유하여 이르는 말.
- **새 술은 새 부대에** 새로운 내용(사상, 주장, 정신)은 새로운 형식(제도, 방법, 수단)에 담아야 한다는 말.

'새'와 '새로운'의 차이

'새롭다'의 '-롭다'는 어근을 긍정하는 뜻을 보태어 형용사로 만든다. '신비롭다'는 '신비하다'의 뜻과 같고, '풍요롭다'는 '풍요하다'의 뜻과 같다. '-하다'를 붙여 형용사가 되는 어근에 '-롭다'를 붙여 형용사를 만드는 것은 표현의 다양성 면에서 좋을 뿐 의미 차이는 별로 없다.

대체로 '-롭다'는 '-하다'를 붙일 수 없는 어근에 붙이는 경우가 많다. 이때 '-롭다'는 어근을 긍정하여 '그렇다', '그럴 만하다'의 의미를 보태어 형용사를 만든다. 두 말에는 큰 차이가 없어 보이지만 용법에 따라서는 의미가 달리 해석되는 경우가 있다.

① 젓가락을 떨어뜨리자 점원이 새 젓가락을 갖다 주었다.

② 젓가락을 떨어뜨리자 점원이 새로운 젓가락을 갖다 주었다.

위 예문①에서 '새'는 전에 먹었던 젓가락과 같은 것이지만 사람들이 쓰지 않은 젓가락을 가리킨다. 여러 번 썼더라도 깨끗이 닦아서 보관해 둔 것이면 '새 젓가락'이라고 해도 무방하다. 예문②에서 '새로운'은 단순히 남이 안 써서 '새 젓가락'이 아니라 기존의 젓가락과 다른 젓가락, 예를 들면 모양이 다르거나 재질이 다른 젓가락을 가리킨다. 그 젓가락을 본 사람들은 분명히 "어, 이건 새로운 젓가락이네!"라고 생각할 만한 것이다.

새-[1] 접사

접두사

새로운 것임을 나타내는 말.

¶ 새색시, 새신랑, 새아기

복합어

- **새것** 명사 ① 새로 나온 물건. 새로 생긴 것. ② 한 번도 쓰지 아니한 물건.
- **새달** 명사 새로 시작하는 달. 이달의 바로 다음 달.
- **새댁**(-宅) 명사 '새색시'를 높여 이르는 말.
- **새사람** 명사 ① 새로 시집온 사람을 그 손윗사람이 이르는 말. ¶ 새사람이 들어왔으니 우리 모두 언행을 조심하자. ② 나쁜 생활 태도를 버리고 새로운 삶을 시작한 사람. ¶ 그 영화를 본 뒤에 많은 아이들이 새사람이 되겠다고 다짐하는 일이 벌어졌다. ③ (기독교에서) 성령의 힘을 입어 과거를 뉘우치고 거듭난 사람.
- **새살** 명사 헌데나 부스럼 자리에 새로 돋은 살.

- **새살림** 명사 처음 시작하는 살림.
- **새색시** 명사 갓 결혼한 여자. 신부(新婦).
- **새서방** 명사 ① 신랑(新郎). ② 새로 맞이한 서방.
- **새싹** 명사 새로 돋은 싹.
- **새아기** 명사 새로 들어온 며느리를 귀엽게 이르는 말.
- **새아기씨** 명사 새색시를 높여 부르는 말.
- **새아씨** 명사 '새아기씨'의 준말.
- **새아주머니** 명사 새로 시집온 형수나 제수.
- **새언니** 명사 갓 시집온 오빠의 아내를 일컫거나 부르는 말. 올케.
- **새해** 명사 새로 시작하는 해. 신년(新年).

새-[2] 접사

접두사

빛깔이 선명하고 짙음을 나타내는 말.

복합어

- **새까맣다** 형용사 ① 매우 까맣다. ② 거리나 시간 따위가 매우 아득하게 멀다. ¶ 새까만 후배가 나와 맞먹으려 한다. ③ (주로 '새까맣게' 형태로 쓰이어) 기억이나 아는 바가 전혀 없다. ¶ 오늘 회의를 새까맣게 잊고 있었다. ④ (주로 '새까맣게' 형태로 쓰이어) 헤아릴 수 없이 매우 많다. ¶ 개미들이 새까맣게 몰려들었다. ⑤ (비유하여) 마음이나 행실 따위가 매우 앙큼하다.
- **새까매지다** 자동사 새까맣게 되다.
- **새빨갛다** 형용사 ① 매우 빨갛다. 새뜻하게 빨갛다. ② (주로 '새빨간'의 형태로 쓰이어) 터무니없다. ¶ 새빨간 거짓말을 천연덕스럽게 한다.
- **새빨개지다** 자동사 새빨갛게 되다. ¶ 거짓말이 들통이 나자 금방 얼굴이 새빨개졌다.
- **새뽀얗다** 형용사 산뜻하고 뽀얗다. ¶ 아이 얼굴빛이 우윳빛처럼 새뽀얗다.
- **새뽀얘지다** 자동사 새뽀얗게 되다.
- **새카맣다** 형용사 '새까맣다'보다 거센 느낌을 주는 말.
- **새카매지다** 자동사 새카맣게 되다.
- **새파랗다** 형용사 ① 몹시 파랗다. ② 매우 젊다. ¶ 새파랗게 젊은 사람이 아버지뻘 되는 사람에게 덤벼든다.

• **새파래지다** 자동사 ① 몹시 파랗게 되다. ② 몹시 놀래어 핏기가 사라지다.
• **새하얗다** 형용사 ① 매우 하얗다. 새뜻하게 하얗다. ② (얼굴이) 겁에 질리거나 놀라서 핏기가 가셔 몹시 하얗다.
• **새하얘지다** 자동사 몹시 하얗게 되다.

관용 표현

• **새빨간 거짓말** 전혀 터무니없는 거짓말.
• **새파랗게 질리다** 몹시 놀라거나 겁이 나서 얼굴빛이 해쓱해지다.

> **'새-'와 '샛-'**
>
> 두 접두사는 모두 빛깔이 선명하고 짙음을 나타내기 위해서 붙이는 말이다. 뒤에 어떤 색깔이 오느냐에 따라서 둘 가운데 하나를 선택하여 쓰는데, '샛-[1]'을 붙이는 낱말은 '노랗다', '말갛다', '맑다' 뿐이다. 즉, '샛노랗다, 샛노래지다, 샛말갛다, 샛말개지다, 샛맑다' 다섯 가지이다. 그 밖의 낱말에는 모두 '새-[2]'를 쓴다. 특히 '빨갛다', '까맣다', '뽀얗다', '파랗다', '하얗다'에는 '샛-'을 쓰지 않는다는 점을 기억해야 한다.
>
> • 샛까맣다(×)/샛까매지다(×) → 새까맣다/새까매지다
> • 샛빨갛다(×)/샛빨개지다(×) → 새빨갛다/새빨개지다
> • 샛뽀얗다(×)/샛뽀얘지다(×) → 새뽀얗다/새뽀얘지다
> • 샛카맣다(×)/샛카매지다(×) → 새카맣다/새카매지다
> • 샛파랗다(×)/샛파래지다(×) → 새파랗다/새파래지다
> • 샛하얗다(×)/샛하얘지다(×) → 새하얗다/새하얘지다

새기다[1] 동사

규11-0 새기고, 새기니, 새기어/새겨, 새깁니다, 새기었어요/새겼어요

타동사

① 깎거나 파서 (무엇을) 만들거나 그리다. 조각하다.
¶ 나무에 글자를 **새겨서** 집 앞에 세워 두었다.
¶ 돌에 글자를 **새기기는** 그리 어렵지 않다.
② 잊히지 않도록 단단히 기억하다.
¶ 부모님 말씀을 단단히 마음속에 **새겨** 두어라.

복합어

- **새겨듣다** 타동사 말을 단단히 마음속에 넣고 잘 분별하여 듣다. ¶ 내 말을 잘 새겨들어라.
- **새김** 명사 나무, 돌, 쇠붙이 따위에 그림이나 모양을 파서 나타내는 일. 새김질. 조각(彫刻).
- **새김질** 명사 그림이나 글씨를 새기는 일.
- **새김질하다** 자동사 타동사 그림이나 글씨를 새기는 행동을 하다.
- **새김칼** 명사 그림이나 글씨를 새기는 데에 쓰는 칼.

새기다[2] 동사

규11-0 새기고, 새기니, 새기어/새겨, 새깁니다, 새기었어요/새겼어요

타동사

(말이나 글을) 알기 쉽게 풀거나 옮기다.

¶ 선생님께서 《논어》 원문의 뜻을 한 글자 한 글자 새겨 주셨다.

복합어

- **새김** 명사 ① 글의 뜻을 쉽게 푸는 일. ② 한자를 읽을 때의 뜻. 훈(訓). ¶ 한자는 새김으로 뜻을 이해한다.

새기다[3] 동사

규11-0 새기고, 새기니, 새기어/새겨, 새깁니다, 새기었어요/새겼어요

타동사

(이미 먹은 것을) 다시 내어서 씹다.

¶ 소가 여물을 새기고 있다.

복합어

- **새김** 명사 =새김질
- **새김위**(-胃) 명사 새김질하는 동물의 위.
- **새김질** 명사 한 번 삼킨 것을 게워 다시 씹는 일. 되새김. 되새김질. 반추(反芻).
- **새김질하다** 자동사 타동사 한 번 삼킨 먹이를 게워 다시 씹다. ¶ 소는 새김질하는 동물이다.

'새기다'와 '삭이다'

소나 양같이 풀을 뜯어먹는 동물은 일단 삼킨 풀을 게워서 다시 씹는 방법으로 소화를 돕는다. 이런 행위를 '새김질한다'고 하거나 '새긴다'고 한다. '새긴다'를 잘못 들으면 '삭인다'처럼 들려서 많은 사람이 '삭인다'를 쓰는데 이는 잘못이다.

¶ 소나 양은 뜯어 먹은 풀을 게워 **삭이는**(×) 방법으로 풀을 소화한다. → 새기는

새다[1] 동사 [새: -]

규11-0 새고, 새니, 새어/새, 샌, 샙니다, 새었다/샜다

자동사

① 기체, 액체 따위가 틈이나 구멍으로 조금씩 빠져 나가거나 나오다.

¶ 공에서 바람이 **샌다**.

¶ 지붕에서 비가 **새니** 기와를 갈아 끼워야겠다.

② (빛이 물체의) 틈이나 구멍으로 나거나 들다.

¶ 문틈으로 빛이 약하게 **새어** 나왔다.

③ 소리가 빠져나가 바깥에서 들리다.

¶ 방 안에서 어른들이 하는 말이 **새어** 나와 우리 귀에까지 들렸다.

④ 조금씩 줄어들거나 밖으로 빠져 나가다.

¶ 지갑에서 돈이 자꾸 **새는** 것 같다.

¶ 재산이 엉뚱한 곳으로 **새지** 않도록 해라.

⑤ 비밀, 정보 따위가 몰래 밖으로 알려지다.

¶ 우리 비밀이 자꾸 **새어** 나가는 것 같다.

¶ 군사 기밀이 **새지** 않도록 보안을 철저히 해야 한다.

⑥ 주된 화제에서 벗어나거나 다른 주제로 바뀌어 버리다.

¶ 오늘 토론은 이상하게도 주제에서 벗어나 딴 데로 **새는** 일이 잦았다.

⑦ 모임, 대열, 집단 따위에서 슬그머니 빠지거나 다른 곳으로 나가다.

¶ 함께 영화를 보러 가기로 했는데 그가 슬그머니 딴 데로 **샜지**.

⑧ 가야 할 곳으로 가지 아니하고 다른 데로 가다.

¶ 수업 마치면 딴 데로 **새지** 말고 집으로 오너라.

새다[2] 동사
[새:-]

규11-0 새고, 새니, 새어/새, 샌, 샙니다, 새었다/샜다

자동사

날이 밝아 오다.

¶ 책을 읽다 보니 날이 **새는지도** 몰랐다.

▶ '새다'와 '새우다'의 용법은 올림말 '새우다' 참고.

✕ 새다[3]

'새우다'의 틀린 말.

¶ 일하느라 밤을 **새지는(×)/새우지는(○)** 마라.

새로 부사

① 지금까지 있은 적이 없이 처음으로.

¶ 우리 집 앞에 **새로** 문을 연 식당이 있다.

② 전과 달리 새롭게. 또는 새것으로.

¶ 유리창이 깨어져 유리를 **새로** 갈아 끼웠다.

¶ 집을 **새로** 지어서 이사하였다.

③ (12시를 넘긴 시각 앞에 쓰이어) 다시 시각이 시작한 것임을 나타내는 말.

¶ 어머니는 **새로** 두 시가 지나서야 돌아오셨다.

'새로'와 '새로이'

'새로'는 '새'에 부사격 조사 '로'가 붙어 부사가 된 말이고, '새로이'는 형용사 '새롭다'에 접미사 '-이'가 붙어 부사가 된 말이다. 의미나 용법에는 별다른 차이가 없다.

¶ 오늘 **새로/새로이** 우리 반에 전학 온 친구를 소개한다.

¶ 여기에 건물을 **새로/새로이** 지어 학생들이 사용하게 할 계획이다.

¶ 봄이 되어서 집을 **새로/새로이** 단장하였다.

새롭다 형용사

불20-3 새롭고, 새로우니, 새로우면, 새로워, 새로운, 새롭네, 새롭소, 새로웠다

① 지금까지 있은 적이 없다.
¶ 새로운 소식을 전해 드리겠습니다.
¶ 이번에 **새롭게** 개발한 약품을 선보이려 한다.
¶ 오늘 모임에서 **새로운** 친구들을 만날 수 있었다.
② 전과 달리 생생하고 산뜻하게 느껴지는 맛이 있다.
¶ 집을 **새롭게** 단장하였다.
¶ 비가 내린 뒤라 숲의 느낌이 **새롭다**.
¶ 여기 와 보니 친구와 놀던 기억이 **새롭게** 난다.
③ 매우 절실하게 필요하거나 아쉽다.
¶ 요즘은 벌이가 없어서 단돈 만 원이 **새로운** 형편이다.
¶ 원고 마감이 코앞에 닥치다 보니 하루가 **새롭다**.

복합어

- **새로이** 부사 ① 전에 없던 것이 처음으로. 새로. ¶ 새로이 건물을 지어 도서관으로 기증하려 한다. ② 새롭게 다시. 새삼스럽게. ¶ 너를 만나니 옛날 생각이 새로이 떠오른다.

× 새암

'샘[1]'의 틀린 말.

'샘'과 '새암'

'새암'은 물이 솟아나는 곳을 일컫는 말인데, 표준어 자리를 '샘'에게 넘겨 준 탓에 지금은 비표준어로 취급되고 있다. 개천절 노랫말에 "우리가 물이라면 새암이 있고, 우리가 나무라면 뿌리가 있다"라는 구절이 있는데 여기서 말하는 '새암'이 바로 '샘'이다.

1988년 표준어를 사정할 때에 '새암', '배암', '무우', '기음', '또아리', '새앙쥐'를 모두 비표준어로 삼고 '샘', '뱀', '무', '김', '똬리', '생쥐'를 표준어로 삼았다. 준말이 널리 쓰이고 본말이 잘 쓰이지 않는 경우에는, 준말만 표준어로 삼는다는 것이다. 따라서 '샘'은 '새암'의 준말이지만 본말인 '새암'은 버리고, '샘'만 표준어이다.

새우다 동사

규11-0 새우고, 새우니, 새우면, 새우어/새워, 새운, 새웁니다, 새우었다/새웠다

사동사

한숨도 자지 아니하고 밤을 지내다.

¶ 밤을 새워 가며 일을 해도 일이 끝나지 않는다.

¶ 아이가 아파서 며칠 밤을 뜬눈으로 새웠다.

> **'새다'와 '새우다'**
>
> '새우다'는 '새다[2]'의 사동형이다. 따라서 '날이 새다', '밤을 새우다'처럼 써야 한다. '날이 새다'는 '밤이 새다'로 쓰기도 한다. '새우다'의 준말로 '새다'를 쓰는 것은 잘못이다.
>
> ¶ 밤을 새는(×) 한이 있더라도 꼭 오늘 마치겠다. → 새우는
>
> 이처럼 자동사나 타동사에 접미사 '-우-'를 붙여 사동형으로 만든 낱말에서 '-우-'를 줄여 쓰는 것은 허용되지 않는다.
>
> - 깨다-깨우다 ¶ 아이를 깨다(×) → 깨우다
> - 타다-태우다 ¶ 비행기를 태다(×) → 태우다
> - 새다-새우다 ¶ 밤을 새다(×) → 새우다
> - 피다-피우다 ¶ 담배를 피다(×) → 피우다
> - 자다-재우다 ¶ 아이를 재다(×) → 재우다
> - 치다-치우다 ¶ 쓰레기를 치다(×) → 치우다

> **'새우다'와 '세우다'**
>
> '새우다'는 자동사 '새다'의 사동형이고, '세우다'는 자동사 '서다'의 사동형이다.
>
> ¶ 벌써 날이 샜다. (결국 날을 새웠다.)
>
> ¶ 여기저기 건물이 섰다. (많은 건물을 세웠다.)

샘[1] 명사

[샘:]

땅에서 물이 솟아나는 곳.

복합어

- **샘물**[샘:-] 명사 샘에서 솟는 물.
- **샘물받이**[샘:-] 명사 샘물을 끌어 대거나 샘물이 나는 논. 샘받이.
- **샘받이**[샘:-] 명사 =샘물받이
- **샘솟다** 자동사 샘처럼 솟다. ¶ 인정이 샘솟는 마을을 만듭시다.

> **'샘'과 '우물'**
> '샘'은 땅에서 물이 솟아나는 곳을 일컫는 말이다. 모든 강의 근원은 '샘'이라고 말할 수 있다. '우물'은 지하수를 파서 고이게 만든 시설을 일컫는 말이다. 흐르는 물을 가두어 길을 수 있게 만든 시설도 '우물'이라고 한다. '우물'은 울을 만들어 물이 고이게 하기 때문에 붙여진 이름이다.

샘2 명사 [샘:]

탐내거나 부러워하며 지지 않으려고 하는 성미. 시샘. 시기(猜忌).
¶ 동생은 어릴 적부터 샘이 많아서 누구에게든 지지 않으려 했다.

복합어

- **강샘** 명사 자기가 좋아하는 이성이 다른 이성을 좋아할 때 지나치게 내는 샘.
- **샘내다**[샘:-] 타동사 샘하는 마음을 먹다. 또는 샘을 부리다.
- **샘바리**[샘:-] 명사 샘이 몹시 많은 사람.
- **샘하다**[샘:-] 타동사 남의 처지나 물건을 탐내거나, 자기보다 나은 처지에 있는 사람이나 적수를 미워하다. 시새우다. 시샘하다. 시기하다. ¶ 동생을 샘하는 언니가 어디 있니?

▶ '샘'과 '시샘'에 관해서는 올림말 '시샘' 참고.

샘3 명사 [샘:]

몸속에서 호르몬이나 특별한 종류의 물질을 분비하거나 배설하는 세포 조직을 가리키는 말.
¶ 눈물샘, 땀샘, 갑상샘, 림프샘

샛-[1] 접사

접두사
빛깔이 선명하면서 짙음을 나타내는 말.

복합어
- **샛노랗다**[샌-] (형용사) 매우 노랗다.
- **샛노래지다**[샌-] (자동사) 매우 노랗게 되다.
- **샛말갛다**[샌-] (형용사) 매우 말갛다.
- **샛말개지다**[샌-] (자동사) 매우 말갛게 되다.

▶ 접두사 '샛-'과 '새-'의 차이는 올림말 '새-[2]' 참고.

샛-[2] 접사 [샏:]

접두사
일부 명사에 붙어서 '사이사이에 비공식적으로 이용하거나 작용하는'의 뜻을 나타내는 말.

복합어
- **샛강**(-江)[샏:-] (명사) 큰 강의 강줄기 일부가 갈라져 중간에 섬을 이루고 하류에서 다시 강줄기에 합류하는 강.
- **샛길**[샏:-] (명사) 한길에서 갈라졌다가 다시 한길로 합해지는 작은 길. 무엇의 사이로 난 길.
- **샛문**(-門)[샌:-] (명사) ① 정문(正門) 외에, 따로 드나들도록 만든 작은 문. ② 방과 방 사이에 있는 문.
- **샛서방**[샏:-] (명사) 남편이 있는 여자가 남편 몰래 관계하는 남자. 간부(間夫).

'샛-'의 품사
'샛-'은 '사이의'를 나타내는 말이어서 명사 '사이'와 뒤에 오는 명사와 합성어를 이루는 과정에서 사이시옷이 나타난 형태로 생각할 수도 있다. 예를 들면 '샛방'은 방과 방 사이에 있는 작은 방을 가리키고, '샛벽'은 방과 방 사이를 막는 벽을 가리키는 경우가 '사이'와 그 뒤의 명사가 합성한 것이다. '샛기둥'도 그렇게 만들어진 합성어이다. 그런데 '샛강', '샛문', '샛길', '샛서방'에서 사용된 '샛'은 '사이'의 의미에서 멀어져 '정식의 것이 아닌'의 의미이다. 이런 경우에 '샛-'을 접두사로 본 것이다.

'샛길'과 '샛강'의 개념

글자대로 풀이한다면 '샛길'은 길 사이로 난 길을 뜻하고, '샛강'은 강 사이로 흐르는 강이라고 말할 수 있는데 이는 정확한 풀이가 아니다. 본래의 한길에서 벗어나 어느 지점까지 한길과 같은 방향으로 달리다가 다시 한길에 연결되는 길을 '샛길'이라고 한다. 한길로 가는 것보다 샛길로 가는 것이 더 빠르거나 편할 때에 샛길이 도움이 된다.

샛강은 강의 원줄기에서 벗어나 따로 흐르다가 어느 지점에서 다시 원래의 강줄기와 합해지는 강을 가리킨다. '샛길'과 '샛강'은 원줄기에서 벗어났다가 결국은 원줄기로 들어간다.

생각 명사

① 머리를 써서 사물을 헤아리고 판단하는 작용.

¶ 누구나 자기 나름의 생각이 있게 마련이다.

¶ 너처럼 생각이 깊은 사람은 처음 보았다.

② 어떤 사람이나 일 따위에 대한 기억.

¶ 돌아가신 어머니 생각에 잠을 이룰 수 없다.

¶ 문득 네 생각이 나서 전화했다.

③ 하고 싶어 하거나 하려고 하는 마음.

¶ 언제나 술 생각만 하니?

¶ 그 여자에게 청혼할 생각을 하고 있다.

¶ 거짓말할 생각은 아예 마라.

④ 의견이나 느낌.

¶ 가을이 되니 쓸쓸한 생각이 든다.

¶ 이번 사건에 대한 네 생각을 말해 보아라.

⑤ 어떤 사람이나 일에 대하여 보이는 성의나 정성.

¶ 우리 생각도 좀 해 주시오.

복합어

- **생각나**다 자동사 ① 어떤 의견이나 느낌이 떠오르다. ② 어떤 사람이나 일 따위에 관한 기억이 떠오르다. ③ 어떤 일을 하고 싶은 마음이 생기다.
- **생각하**다 자동사 타동사 올림말 '생각하다' 참고.

ㅅ

관용 표현

- **생각이 없다** 미리 계획하거나 조심하여 하지 않는다. ¶ 너는 생각이 없이 일을 하더라.
- **생각이 돌다** 때맞춰 생각이 잘 되거나 잘 떠오르다. ¶ 요즘 좀처럼 생각이 돌지 않는다.
- **생각이 꿀떡 같다** 무엇을 하고 싶은 생각이 매우 간절하다. ¶ 고향 생각이 꿀떡 같다.

속담

- **생각이 팔자**(八字) 늘 원하고 골똘히 생각하는 대로 운명이 결정된다는 말. ¶ 생각이 팔자라고 만사는 생각하기 나름이다.

'생각보다'의 의미

'생각보다 크다' 또는 '생각보다 잘한다'처럼 '생각보다'를 쓰는 경우에는 '생각으로 정도를 가늠한 것보다'의 의미를 나타낸다. 비교 대상이 '생각'이 아니라 '생각으로 짐작한 정도'가 된다는 말이다. '보다'는 '이것이 저것보다 크다'처럼 이것과 저것을 비교하는 기능을 하는 조사이지만 '생각' 뒤에서는 '생각'이 비교 대상이 되지 않고 보이지 않는 생각의 내용이 비교 대상이 된다. 모국어 화자에게는 매우 자연스러운 표현이지만 외국인에게는 조금 낯선 표현일 수 있다. '생각보다'는 고도로 압축된 표현이라고 할 수 있다.

¶ 방이 **생각보다** 넓다. (방의 실제 넓이가 생각한 넓이보다 크다.)
¶ 그는 **생각보다** 유능하다. (실제 유능한 정도가 짐작한 정도보다 더 높다.)
¶ **생각보다** 훨씬 예쁘다. (이 정도 예쁘다고 생각했는데 그보다 훨씬 예쁘다.)

'생각되다'와 '생각하다'

'생각되다'는 '생각하다'의 피동형이다. 주체가 스스로 생각하는 것이 아니라 다른 것으로 말미암아 생각을 하게 되는 것이기 때문이다. 그러나 비록 '생각'이 대상에 따라서 일어난다 해도 결국은 자기의 인식 작용을 거쳐 나오는 것이기 때문에 '생각되기'보다는 '생각하는' 행위로 귀착되는 것이 보통이다. 아래 예문에서 '생각되다'를 보면 결국 주체가 생각한 것으로 보는 편이 더 맞는 것 같다.

¶ 저는 이것이 더 좋다고 **생각됩니다.** → 생각합니다
¶ 이 방법이 옳다고 **생각되어** 추진하기로 했다. → 생각하여
¶ 옳다고 **생각되는** 일은 강력하게 밀고 나가라. → 생각하는

위의 세 문장에서 '생각되다'는 모두 자신이 직접 생각하지 않고 다른 대상이 나로 하여금 생각하게 만들어서 생각하게 되었다는 의미를 나타낸다. 그러나 주어가 그렇게 생각하도록 한 주체가 확실하지 않다. 오히려 대상을 주어가 판단하여 주체적으로 생각한 결과라고 보아야 한다. 그렇다면 위 세 문장에서 사용한 '생각되다'는 모두 '생각하다'로 바꿔야 옳다. '생각되다'를 쓸 경우가 없지 않으므로 이 낱말을 절대 쓰지 말라는 것은 아니고 주어가 주체적으로 생각하는 경우까지 무분별하게 '생각되

다'를 쓰지 말자는 뜻이다.
요즘은 '생각되다'보다 더욱 심한 피동 표현으로 '생각되어지다'를 쓰는 경우가 자주 나타나는 것을 볼 수 있는데 이는 중복 표현이므로 절대로 쓰면 안 된다. 이와 마찬가지로 '판단되어지다'도 중복 피동이다. 아예 '되어지다'라는 표현은 쓰면 안 된다.

생각하다 동사

불10-9 생각하고, 생각하여/생각해, 생각하는, 생각한, 생각합니다, 생각하였다/생각했다

자동사

① 헤아리고 판단하다.
¶ 사람만 **생각하는** 것이 아니다.
¶ 미처 **생각하지** 못한 일이 일어났다.
② 의견이나 느낌을 가지다.
¶ 나는 그가 잘못했다고 **생각한다**.
¶ 어머니는 아들을 자랑스럽게 **생각한다**.

타동사

① (방법 따위를) 고안하거나 찾다.
¶ 이 경기에서 이길 방법을 **생각하고** 있다.
② 어떤 사람이나 일 따위를 기억하다.
¶ 사고로 죽은 아이를 **생각하면** 가슴이 미어진다.
③ 어떤 일을 하려 하거나 하고 싶어 하다.
¶ 그는 오로지 돈 벌 일만 **생각한다**.
¶ 국회의원 출마를 **생각하고** 있다.
④ 성의를 보이거나 마음을 쓰다.
¶ 건강을 **생각해서** 무리하지 마세요.
¶ 고생하시는 어머니를 **생각해서라도** 열심히 공부해야겠다.

'생각하다' 활용형의 준말 표기

'생각하다'에 '-지', '-건대', '-다' 같은 어미가 붙는 경우에 아래와 같이 준말 표기를 한다.

¶ 생각하지/**생각지** 않은 돈을 벌었다.
¶ 생각하건대/**생각건대** 당신 말이 맞는 것 같다.
¶ 생각하다/**생각다** 못해 내가 나섰다.
¶ 깊이 생각하도록/**생각도록** 해라.
이렇게 준말 표기를 할 수 있는 낱말로 '깨끗하다', '거북하다', '넉넉하다', '섭섭하다', '익숙하다', '못하다', '마뜩하다', '떳떳하다' 따위가 있다.
거북하지 않다/**거북지** 않다, 깨끗하지 않다/**깨끗지** 않다
넉넉하지 않다/**넉넉지** 않다, 떳떳하지 않다/**떳떳지** 않다
마뜩하지 않다/**마뜩지** 않다, 못하지 않다/**못지않다**
섭섭하지 않다/**섭섭지** 않다, 익숙하지 않다/**익숙지** 않다

생기다[1] 동사

규11-0 생기고, 생기어/생겨, 생기는, 생긴, 생길, 생깁니다, 생기었다/생겼다

자동사
① 없던 것이 새로 있게 되다.
¶ 성형을 잘못해서 얼굴에 흉터가 **생겼다.**
¶ 우리에게도 아이가 **생겼어요.**
¶ 새로 친구가 **생겼다.**
② 자기 것이 아니던 것이 자기 것이 되다.
¶ 어디서 돈이 **생겼지?**
③ 어떤 일이 일어나다.
¶ 선생님, 우리에게 문제가 **생길** 것 같아요.
¶ 비가 내린다면 우리 계획에 지장이 **생길** 수 있다.
④ ('어떻게 생기다' 또는 '무엇처럼 생기다'의 형태로 쓰이어) 그런 모양이다.
¶ 아이가 아주 남자답게 **생겼군.**
¶ 한국에는 상자처럼 **생긴** 아파트가 많이 있다.

복합어
- **데생기다** 형용사 ① 생김새나 됨됨이가 완전하게 이루어지지 못하여 못나게 생기다. ② 농작물이 제대로 여물지 않다. ¶ 가뭄으로 농작물이 **데생겨** 상품성이 떨어진다.

• **못생기다**[몯:-] 형용사 생김새가 보통보다 못하다. ¶ 못생긴 며느리 제삿날에 병난다고 하더니 네가 딱 그 모양이구나.
• **생겨나다** 자동사 태어나거나 새로 있게 되다.
• **생겨먹다** 형용사 (생김새나 상황이) 좋지 않거나 바람직하지 않게 생기다.
• **생김새** 명사 생긴 모양새.
• **생김생김** 명사 =생김새
• **잘생기다** 형용사 생김새가 보통보다 낫다. 생김새가 훌륭하다. ¶ 과일도 잘생겨야 제값을 받는다.

생기다[2] 형용사

규11-0 생기었다/생겼다

보조 형용사

어떤 지경에 이르게 되어 있음을 나타내는 말.
¶ 지금 구호하지 않으면 당장 굶어 죽게 생겼더라.
¶ 이러다가 결국 우리가 지게 생겼다.
¶ 잘못하면 우리 계획이 드러나게 생겼는데 어쩌지?

'-게 생기다'의 문법

① 그 아이는 예쁘게 생겼다.
② 그 아이는 울게 생겼다.

예문①은 '그 아이는 생겼다'의 기본 구조에 부사어 '예쁘게'가 서술어 '생겼다'를 꾸민다. '어떻게 생겼는지'에 대한 답이 '예쁘게'인 것이다. 따라서 '예쁘게'는 부사어이고, 어미 '-게'는 전성 어미이다. 이에 비해서 예문②는 '그 아이는 운다'의 기본 구조에 보조 형용사 '생겼다'가 서술어 '울다'를 보조한다. '곧 울 것 같다'의 뜻을 나타내는 표현이다. 그래서 '울다'가 기본 서술어이고, '생기다'가 보조 서술어인 것이다. 따라서 '울게'는 본용언이고, 어미 '-게'는 연결 어미이다.

생사여탈 (生死與奪)

= 생살여탈(生殺與奪)

생살여탈 명사 (生殺與奪)

① 살리는 것, 죽이는 것, 주는 것, 빼앗는 것의 넷을 아울러 이르는 말.

¶ 전쟁 중에는 군인이 **생살여탈**의 권한을 잡게 된다.

¶ 임금은 백성의 **생살여탈**을 말 한마디로 좌우하였다.

② 어떤 사람이나 사물을 마음대로 쥐고 흔듦을 비유하여 이르는 말.

¶ 그가 마치 우리의 **생살여탈**을 마음대로 할 수 있는 것처럼 말한다.

복합어

- **생살여탈권**(生殺與奪權) 명사 살리고 죽이는 것, 주는 것과 빼앗는 것을 마음대로 할 수 있는 권리.
- **생살여탈하다**(生殺與奪－) 자동사 ① 살리고 죽이는 일과 주고 빼앗는 일을 하다. ② (비유하여) 어떤 사람이나 사물을 마음대로 쥐고 흔들다.

'생살여탈(生殺與奪)'과 '생사여탈(生死與奪)'

두 낱말 중에서 보통 '생사여탈'을 많이 쓰는 것 같다. 발음이 편해서 그럴 수도 있겠지만 엄밀히 말하면 '생사여탈'은 틀린 말이다. '생사'는 삶과 죽음을 뜻하고, '여탈'은 주는 것과 빼앗는다는 뜻이므로 '생사'와 '여탈'이 어울리지 않는다.

'생살여탈'은 '살림', '죽임', '줌', '빼앗음'의 네 가지 행위로, 살릴 수도 있고 죽일 수도 있고 줄 수도 있고 빼앗을 수도 있음을 뜻한다. '생살여탈권'이라는 말이 여기서 나온 것이다.

그런데 《표준국어대사전》이 '생사여탈'을 올림말로 올렸기 때문에 이 낱말을 틀린 말로 규정할 수 없게 되었다. 따라서 생살여탈과 같은 말로 이 사전에 올렸다.

생신 명사 (生辰)

'생일(生日)'의 높임말.

¶ 이번 어머니 **생신**에는 식구들이 모두 모여 저녁을 먹기로 했다.

복합어

- **생신날**(生辰－) 명사 '생일날'의 높임말.

'생신', '생일', '생신날', '생일날'

위의 네 단어는 모두 사람이 태어난 날을 가리키는 말로 사용한다. 아주 훌륭한 사람이 태어난 날은 특별히 '탄신(誕辰)' 또는 '탄일(誕日)'이라고 한다. 영어로 'birthday'를 국어에서는 무려 여섯 가지로 쓰는 셈이다.

우리는 어른의 생일을 '생신'이라고 해야 격에 맞는다고 본다. 높임법이 있기 때문이다. 그런데 '생신날'이나 '생일날'도 쓴다. '생신'이나 '생일'이 이미 '난 날'이므로 '생신날', '생일날'은 의미가 중복된다. 우리가 한자어를 그 의미대로 명료하게 인식하여 사용하지 않고 대충 사용하기 때문에 의미 중복을 쉽게 허용하고 오히려 의미 중복을 더 선호하는 것 같다. 생일은 추상적으로 느껴지고 생일날이라고 해야 구체적으로 그날을 인식할 수 있다고 생각하는 사람도 있다. 그래서 '이번 생일에 무슨 선물을 받았어?'라고 하면 생일을 전후하여 무슨 선물을 받았는지 묻는 것 같고, '이번 생일날에 무슨 선물을 받았어?'라고 해야 그날 무슨 선물을 받았는지 묻는 것 같다는 것이다. 이런 인식이 바로 '생일'이 '난 날'이라는 개념을 심어 주지 못하고 있음을 증명하는 현상이기도 하고 한자어가 우리 관념에 직접적으로 의미를 심어 주지 못하는 증거이기도 하다. '생일' 대신에 토박이말로 '난날'이라고 하면 이런 문제는 단번에 해소된다.

생일 명사 (生日)

태어난 날. 해마다, 태어난 날에 해당하는 날.

¶ 생일을 '귀빠진 날'이라고도 한다.

복합어

- **생일날**(生日－) 명사 =생일(生日)
- **생일빔**(生日－) 명사 생일에 새로 갖추는 옷이나 신발 따위.
- **생일상**(生日床) 명사 생일을 축하하기 위해 음식을 차려 놓은 상.
- **생일잔치**(生日－) 명사 생일에 베푸는 잔치.
- **생일풀이**(生日－) 명사 아이 생일에 그 아이를 해치는 잡귀를 몰아내고 오래 살기를 비는 일. 생일맞이.

관용 표현

- **생일을 쇠다** ① 생일날 특별한 음식을 먹거나 잔치를 하여 기념을 하다. ② 뜻밖에 맛있는 음식이나 술을 잘 먹게 되다.

속담

- **생일날 잘 먹자고 이레를 굶을까** ① 잠깐의 기쁨을 위해 길고 무리한 희생을 감수할 수 없다는 뜻. ② 어떻게 될지 모를 앞일을 지나치게 기대하지 말라는 말.

생전 명사 (生前)

① 살아 있는 동안. 죽기 전. 살아생전.

¶ 내 생전에 북녘에 계시는 어머니를 한 번만이라도 만날 수 있기 바란다.

② (부사처럼 쓰이어) 전혀. 결코. 아무리 해도.

¶ 생전 해 보지 않은 일을 하려니 힘이 든다.

¶ 그것은 생전 모르는 일이다.

복합어

- **생전 행위**(生前行爲) 명사 법률 행위의 효력이 행위자가 살아 있는 시기에 발생하는 행위. 대부분의 법률 행위는 생전 행위이다.

생채기 명사

손톱이나 날카로운 것으로 할퀴이거나 긁히어서 생긴 작은 상처. ×상채기

¶ 가시덤불을 지나왔더니 팔 여기저기에 **생채기**가 났다.

¶ 얼굴의 생채기보다 마음의 **생채기**가 더 아프다.

▶ '생채기'를 '상채기'로 잘못 표기하는 경우가 있다. '상처'에서 잘못 이끌리어 이렇게 표기하는 경우가 있는데 '생채기'가 맞는 표기이다.

× 생키다

'삼키다'의 틀린 말.

¶ 침을 생키면서(×)/삼키면서(○) 불고기 이야기를 한다.

서[1] 관형사
[서:]

'셋'을 뜻하는 말. 주로 '돈, 말, 발, 푼'의 앞에 쓴다.
¶ 서 돈, 서 말, 서 발, 서 푼

속담
- **서 발 막대 거칠 것 없다** ① 서 발이나 되는 긴 막대를 휘둘러도 아무것도 거칠 것이 없을 만큼 세간이 없다는 뜻으로 몹시 가난한 형상을 나타내는 말. ② 조심하거나 거리낄 것이 없다는 말.

'서', '석', '세'

'셋'을 나타내는 관형사로 '세'가 있는데, 전통적인 길이, 무게, 화폐 단위를 쓸 때에 '세'를 쓰지 않고, '서'나 '석'을 쓴다. 표준어 규정에는 '서'와 '석'을 쓸 자리에는 '세'를 쓰지 않도록 규정하였다.

단위	서	석
돈, 말, 발, 푼	서 돈, 서 말, 서 발, 서 푼	
냥, 되, 섬, 자		석 냥, 석 되, 석 섬, 석 자

'세 돈, 세 말, 세 발, 세 푼'이나 '세 냥, 세 되, 세 섬, 세 자'를 쓰는 것은 잘못으로 되었다. 대체로 전통적인 길이, 무게, 화폐 단위를 세는 경우에 '서'나 '석'을 쓰게 한 것이다. 그렇다면 그 외에는 '세'를 쓸 것인가? 자동차를 세는 '대', 집을 세는 '채', 윷놀이에서 말을 세는 '동', 되의 10분의 1인 '홉' 같은 것을 셀 때에 '세'만 써야 하는가? 이 문제는 앞으로 계속 일어날 수 있으므로 '셋'의 관형사로 '세'를 쓰는 것을 원칙으로 하고, 경우에 따라서 '서'와 '석'을 허용하는 규정으로 바꾸는 것이 좋겠다.

서[2] 조사

주격 조사
사람의 수효를 나타내는 말 뒤에 쓰며, 그 말이 주어임을 강조하는 말.
¶ 혼자서 하는 것보다 둘이서 하는 것이 낫다.

'혼자서', '둘이서', '셋이서'

'혼자', '둘', '셋' 뒤에 붙은 '서'와 '이서'는 모두 조사로 주어임을 강조하는 말이다. 받침이 없는 '혼자'

ㅅ

에는 '서'가 붙고, 받침이 있는 '둘'과 '셋'에는 '이서'가 붙는다. '이'만으로도 주격을 나타낼 수 있기 때문에 '이서'는 중복이라고 할 수 있다. '우리 둘이 이 일을 하였다'에서 '이'가 주격 조사이다. 이것을 '우리 둘이서 이 일을 하였다'라고 하는 것은 주격 조사의 기능을 더 명료하게 강조하는 것이기도 하지만 주격을 드러내는 데에 두 가지를 한꺼번에 쓴 것이다.
이런 용법은 다음 경우에도 나타난다. '영준이가 나에게 말해 주었다'에서 '이가'가 주격 조사 두 개를 한꺼번에 쓴 예이다. '이서'나 '이가'의 '이'를 소리 고름 요소로 볼 수도 있다. 왜냐하면 '이'가 주격이 아닌 곳에서도 나타나기 때문이다. '영준이에게 말해 주어라'나 '영준이를 불러라'에서 '이'는 소리 고름 요소가 분명하다. 국어 문법에 아직 해결해야 할 점이 있음을 알 수 있다.

서3 조사

부사격 조사
'에서'의 준말.
¶ 여기서 쉬었다 가자.
¶ 이번 행사는 대전서 치르기로 하였다.

서4

동사 '서다'의 연결형. '서다'에 붙는 연결 어미 '-어'가 생략된 형태.
¶ 어머니는 혼자 마당에 서 계셨다.
¶ 보증을 서 달라기에 할 수 없이 서 주었다.

서글프다 형용사

불21-8 서글프고, 서글퍼, 서글퍼서, 서글픈, 서글픕니다, 서글퍼요, 서글펐다

① 슬프고도 허전하다.
¶ 가을은 사람들을 서글프게 만든다.
¶ 그가 내 곁을 떠났다는 사실이 무척 서글펐다.

② 섭섭하고 언짢다.
¶ 우리가 서로 미워하고 싸우는 것은 서글픈 일이다.
③ 외로워 불쌍하거나 슬프다.
¶ 내 신세가 서글퍼 한탄을 했을 따름이다.

복합어

- **서글피** 부사 서글프게. ¶ 소쩍새가 서글피 운다.

> **'서글프다'와 '구슬프다'**
> 두 말 다 슬픈 감정을 나타내지만 '서글프다'는 안타까운 마음이 강하고, '구슬프다'는 처량한 느낌이 강하다. '서글프다'에는 감성적인 느낌에 이성적인 판단이 들어 있고, '구슬프다'에는 감성적인 느낌만 차 있다. 잘되어야 할 사람이 안 된 경우나 사람으로서 하면 안 되는 막된 행동을 하는 사람을 보면 서글픈 감정이 솟고, 외롭게 우는 새소리를 들으면 구슬픈 감정이 솟는다.

ㅅ

서다 동사

규11-0 서고, 서면, 서니, 서므로, 서, 선다, 선, 설, 섭니다, 서오, 섰다

자동사

① (사람이나 동물이 발을 땅에 디디고) 위를 향하여 똑바로 곧게 하다.
¶ 사람들이 우리 집 앞에 서서 이야기를 나누고 있다.
② (계획, 결심, 자신감 따위가 마음속에) 이루어지다.
¶ 나도 이제 어느 정도 결심이 **섰으니** 밀고 나아가자.
¶ 계획이 **서면** 알려라.
③ (질서나 체계, 규율 따위가) 올바르게 되거나 짜이다.
¶ 논리가 **서야** 남을 설득할 수 있다.
④ (건물이나 기관 따위가) 처음으로 이루어지다.
¶ 1919년에 대한민국 임시정부가 상해에 **선** 뒤 독립운동은 이곳을 중심으로 펼쳐졌다.
⑤ 움직임을 멈추다.
¶ 갑자기 발전기가 **서는** 바람에 온 동네가 정전이 되었다.
¶ 가다가 **서면** 안 가는 것보다 못하다.

⑥ 어떤 입장이나 위치에 있다.

¶ 나는 네 편에 **서겠다**.

¶ 그 변호사는 늘 약자의 편에 **서서** 변호를 했다.

⑦ 장이나 씨름판 따위가 열리다.

¶ 우리 마을에는 닷새마다 장이 **선다**.

⑧ 구겨진 것, 무딘 것이 곧고 날카롭게 되다.

¶ 얼마나 잘 갈았는지 칼날이 시퍼렇게 **섰다**.

¶ 젊은이가 주름이 잘 **선** 바지를 입고 힘차게 걸어간다.

⑨ 아이가 뱃속에 생기다.

¶ 아이가 **서면서** 잠을 많이 잔다.

⑩ 어떤 모양이나 현상이 나타나다.

¶ 그의 두 눈에는 시뻘겋게 핏발이 **서** 있었다.

¶ 비가 개니 서쪽 하늘에 무지개가 **서더라**.

⑪ 체면 따위가 바로 유지되다.

¶ 이 일이 성사되지 않으면 직장에서 제 체면이 **서지** 않습니다.

타동사

① 어떤 역할을 맡아서 하다.

¶ 선생님께서 내 결혼식에 주례를 **서시기로** 했다.

¶ 요즘은 아무도 보증을 **서려** 하지 않는다.

② 줄을 맞추어 몸을 두다.

¶ 키가 큰 차례로 줄을 **서세요**.

관용 표현

- **설 땅을(/자리를) 잃다** 존재 기반이 없어지다. ¶ 전통 음악이나 놀이는 모두 설 자리를 잃었다.
- **설 땅이(/자리가) 없다** 존재 근거가 없다. ¶ 건물 안에서는 흡연을 할 수 없게 되어 흡연자들이 설 땅이 없다.

속담

- **설 때 궂긴 아이가 날 때도 궂긴다** 뱃속에 처음 생길 때부터 힘들게 한 아이는 태어날 때도 힘들게 한다는 뜻으로, 시작이 순조롭지 못하면 내내 순조롭지 못함을 이르는 말.
- **설 자리 앉을 자리 모른다** 자기가 서야 할 자리와 앉아야 할 자리도 분간하지 못한다는 뜻으로, 환경이나 조건에 맞게 처신하지 못함을 이르는 말.

서두르다 동사 ㉾ 서둘다

불21-6 서두르고, 서둘러, 서둘러서, 서두른, 서두릅니다, 서둘러요, 서둘렀다

자동사

일을 빨리 해내려고 바삐 움직이다.

¶ 지금 **서두르지** 않으면 기차를 놓친다.

¶ 비가 내릴지 모르니 **서둘러** 떠나자.

타동사

어떤 일을 예정보다 빠르게 또는 급하게 처리하려고 하다.

¶ 소나기가 내릴지 모르니 출발을 **서둘러** 주십시오.

¶ 어서 준비를 **서두르라고** 말해라.

▶ '서두르다'와 '서둘다'의 활용형은 올림말 '서둘다' 참고.

ㅅ

서둘다 동사

불11-2 서둘고, 서둘므로, 서두니, 서두는, 서두네, 서두오, 서둔다, 서둡니다

'서두르다'의 준말.

¶ 너무 **서둘지** 말고 천천히 운전해라.

¶ 아이가 아프다는 전화를 받고 퇴근을 **서둘렀다.**

'서두르다'와 '서둘다'의 활용형

'서두르다'는 '르' 불규칙 활용을 하고 '서둘다'는 'ㄹ' 불규칙 활용을 한다. 연결 어미 '-어'나 과거를 나타내는 선어말 어미 '-었-'이 붙어 활용하는 경우에는 '서두르다'의 활용형은 '서둘러', '서둘렀다'가 되는데 '서둘다'의 활용형은 '서둘어', '서둘었다'가 되어 혼란스럽다. 그래서 '서둘어'나 '서둘었다'을 쓰지 않도록 하고 '서둘러', '서둘렀다'만 쓰게 하고 있다.

	서두르다	**서둘다**
자음으로 시작하는 어미	서두르고, 서두르면, 서두르지	서둘고, 서둘면, 서둘지
-는, -ㄴ, -니, -네	서두르는, 서두른, 서두르니	서두는, 서둔, 서두니
-오, -ㅂ니다	서두르오, 서두릅니다	서두오, 서둡니다

-어, -었-	서둘러, 서둘렀습니다	서둘러(○), 서둘렀습니다(○) 서둘어(×), 서둘었습니다(×)

서럽다 형용사 [서ː-]

불21-3 서럽고, 서럽지, 서러워, 서러운, 서럽소, 서럽습니다, 서러웠다

원통하고 슬프다. 섧다.

¶ 혼자 사는 사람들이 가장 서러울 때는 몸이 아플 때이다.

¶ 큰집에서 더부살이하면서 온갖 푸대접을 받으며 서럽게 자랐다.

¶ 의지가지없는 내 처지가 서러워서 눈물이 났다.

복합어

- **서러움**[서ː-] 명사 서럽게 느껴지는 마음.
- **서러이**[서ː-] 부사 원통하고 슬프게.

'서럽다'와 '섧다'의 활용형

두 낱말의 의미나 용법은 같다. 어느 말을 써도 문장의 의미는 달라지지 않는다. 그러나 두 낱말의 활용형이 달라서 자칫 표기를 잘못한 것처럼 보일 수 있다. 예를 들면 '서러워'를 쓸 자리에 '설워'라고 썼다면 표기를 잘못한 것으로 생각할 수 있다. 그러나 '서러워'는 '서럽다'의 활용형이고, '설워'는 '섧다'의 활용형이므로 둘 다 맞는 표기이다. 헷갈리기 쉬운 두 낱말의 활용형은 아래 표와 같다.

	서럽다	섧다
-ㅁ, -음, -ㄴ, -ㄹ	서러움, 서러운, 서러울	설움, 설운, 설울
-으니, -어, -은데	서러우니, 서러워, 서러운데	설우니, 설워, 설운데
-습니다, -소, -오, -어라	서럽습니다, 서럽소, 서러우오, 서러워라	섧습니다, 섧소, 설우오, 설워라
-니, -냐	서럽니? 서럽냐?	섧니? 섧냐?
-구나, -도다	서럽구나, 서럽도다	섧구나, 섧도다

이 표를 보면 주로 '섧다'의 활용형 가운데 낯선 형태가 많다. '섧다'를 폭넓게 쓰지 않기 때문에 그 활용형도 낯설어 보이는 것이다.

서리[1] 명사

예전에 아이들이 떼를 지어 과일이나 곡식, 닭 따위를 훔쳐 먹는 장난.
¶ 어렸을 때 친구들하고 여름에 수박 서리를 해서 먹던 생각이 난다.

복합어

- **서리꾼** 명사 서리하는 장난꾼.
- **서리하다** 타동사 떼를 지어 남의 과일, 곡식, 가축 따위를 훔쳐 먹는 장난을 하다.

서리[2] 명사

대기 중의 수증기가 지상의 물체 표면에 얼어붙은 것.
¶ 올 들어 처음 서리가 내렸다.
¶ 홍시는 서리를 맞아야 제대로 단맛이 난다.

복합어

- **끝서리** 명사 그해 겨울에 마지막으로 내린 서리.
- **늦서리** 명사 제철보다 늦게 내리는 서리.
- **된서리**[된:-] 명사 ① 늦가을에 아주 되게 내리는 서리. ② 모진 재앙이나 타격을 비유하여 이르는 말.
  ¶ 부정을 일삼던 관리들에게 된서리가 내렸다.
- **서리꽃** 명사 유리창 따위에 서린 김이 얼어서 꽃처럼 엉긴 무늬.
- **서리병아리** 명사 ① 이른 가을에 알에서 깬 병아리. ② 힘이 없고 추레한 사람을 비유하여 이르는 말.
- **서리유리**(-琉璃) 명사 한 면을 서리가 낀 것처럼 뿌옇게 만든 유리.
- **서리털** 명사 서리가 내린 듯 하얗게 센 털.
- **올서리**[올:-] 명사 제철보다 일찍 내리는 서리.
- **첫서리** 명사 그해 가을에 처음으로 내리는 서리.
- **흰서리**[힌-] 명사 늙어서 하얗게 센 머리카락을 비유하여 이르는 말.

관용 표현

- **서리 같은 칼(/칼날)** 찬 서리같이 희게 번뜩이는 날카로운 칼.

- **서리(가) 내리다(/앉다)** 머리카락이 하얗게 세다. ¶ 벌써 내 머리에도 서리가 내리기 시작했다.
- **서리(를) 맞다** 권력이나 난폭한 힘 따위에 큰 타격이나 피해를 입다. 된서리를 맞다.
- **서리(를) 이다** 머리카락이 하얗게 세다.

속담

- **서리 맞은 구렁이** ① 행동이 굼뜨고 힘이 없는 사람을 비유하여 이르는 말. ② 세력이 다하여 모든 희망이 좌절된 사람을 비유하여 이르는 말.

서리[3] 명사

무엇이 많이 모여 있는 무더기의 가운데.

¶ 나무들 서리에 멧돼지 한 마리가 쉬고 있었다.

▶ '서리'와 '사이'의 차이는 올림말 '사이' 참고.

서리다[1] 동사

규11-0 서리고, 서리어/서려, 서린, 서립니다, 서리었다/서렸다

자동사

① 수증기가 찬 기운을 받아 물방울을 지어 엉기다.

¶ 차창에 김이 **서려** 밖이 잘 안 보인다.

¶ 산 중턱에 안개가 자욱하게 **서리어** 산이 신비롭게 보였다.

② 어떤 기운이 어리어 나타나다.

¶ 여기는 조상들의 숨결이 **서린** 문화재가 전시되어 있는 곳이다.

¶ 아이 눈빛에는 장난기가 가득 **서리어** 있었다.

③ 어떤 생각이 마음속 깊이 자리 잡아 간직되다.

¶ 어머니는 흩어진 가족을 만나 마음에 **서린** 한을 푸셨다.

④ 냄새 따위가 흠뻑 풍기다.

¶ 아침 숲에는 흙이며 나무, 풀들 향이 **서려** 있어 무척 상쾌했다.

서리다[2] 동사

규11-0 서리고, 서리어/서려, 서린, 서립니다, 서리었다/서렸다

타동사

① 국수, 새끼, 실 따위를 헝클어지지 아니하도록 둥그렇게 포개어 감다.

¶ 아버지는 뜰에서 새끼줄을 서리고 계셨다.

② 뱀 따위가 몸을 똬리처럼 둥그렇게 감다.

¶ 뱀이 몸을 서리고 혀를 날름거리면서 이쪽을 노려본다.

서슴다 동사

규11-1 서슴지

자동사

('서슴지 않다'나 '서슴지 말고'의 형태로 쓰이어) 결단이나 행동을 선뜻 하지 못하고 망설이다.

¶ 네가 생각한 대로 서슴지 말고 대답해라.

¶ 그는 불쌍한 사람을 보면 서슴지 않고 도왔다.

타동사

(말이나 행동을) 머뭇거리며 망설이다.

¶ 그는 차마 입에 담지 못할 말을 서슴지 않고 했다.

'서슴지'와 '서슴치'

'서슴다'를 쓸 때에 '서슴치 않고', '서슴치 말고'처럼 '서슴치'를 쓰는 것은 잘못이다. '서슴다'를 부정하려면 '서슴지 않다'라고 해야 한다.

'-하다'가 붙은 용언을 부정할 때에 '-하지 않고'를 쓰는데 '-하지'가 줄면 '-치'가 된다. '고려하다'를 부정하면 '고려하지 않겠다'가 되고 이를 줄이면 '고려치 않겠다'가 되는 것이다. 그러나 '-하다'가 붙지 않은 용언을 부정할 때에는 '-지 않다'를 써야 한다. '많다'의 부정은 '많지 않다', '까맣다'의 부정은 '까맣지 않다'라고 쓴다. '-하다'가 붙은 용언을 부정할 때에도 '-하지'의 준말로 '-치'를 쓰지 않고 '-지'를 쓰는 경우가 있다. (이에 관한 설명은 올림말 '생각하다' 참고.)

서투르다 형용사 [서:-] ㊟ 서툴다

불11-6 서투르고, 서투른, 서툴러, 서툴러요, 서투릅니다, 서툴렀다

① 익숙하지 못하다.

¶ 나는 자전거 타기에 서툴러서 걸어가겠다.

¶ 나는 남 앞에서 내 생각을 발표하는 일에 무척 서툴렀다.

② (낯이 익지 못하여) 어색하고 서먹하다.

¶ 처음 가는 곳이라 길이 서툴러서 잠깐 헤매기까지 했다.

복합어

• **서툴리**[서:-] 부사 서투르게. ¶ 서툴리 다루어서는 안 된다.

속담

• **서투른 무당이 장구만 나무란다** 능력이 부족한 사람이 자기 능력 부족은 생각하지 아니하고 연장만 탓한다는 말.

▶ '서투르다'와 '섣부르다'의 차이는 올림말 '섣부르다' 참고.

서툴다 형용사 [서:-]

불11-2 서툴고, 서툴면, 서투니, 서툰, 서툴므로, 서투오, 서투네, 서툽니다

'서투르다'의 준말.

¶ 아이가 서툰 바느질 솜씨로 뜯어진 치맛단을 꿰매었다.

'서투르다'와 '서툴다'의 활용형

'서투르다'는 '르' 불규칙 활용을 하고, '서툴다'는 'ㄹ' 불규칙 활용을 한다. 연결 어미 '-어'나 과거를 나타내는 선어말 어미 '-었-'이 붙어 활용하는 경우에는 '서투르다'의 활용형만 사용한다. 따라서 '서툴어'나 '서툴었다'는 쓸 수 없고 '서툴러', '서툴렀다'만 쓴다.

	서투르다	서툴다
자음으로 시작하는 어미	서투르고, 서투르면, 서투르지	서툴고, 서툴면, 서툴지
-는, -ㄴ, -니, -네	서투른, 서투르니, 서투르네	서툰, 서투니, 서투네

-오, -ㅂ니다	서투르오, 서투릅니다	서투오, 서툽니다
-어, -었	서툴러, 서툴렀습니다	

¶ 그는 운전이 서툴어(×) 자주 사고를 낸다. → 서툴러
¶ 서툴은(×) 영어로 외국인에게 길을 알려 주었다. → 서투른, 서툰
¶ 너는 젓가락질이 서툴으니(×) 대신에 포크를 써라. → 서투르니, 서투니

석 관형사 [석:]

'셋'을 뜻하는 말. 주로 '냥, 되, 섬, 자, 장' 따위의 단위에 사용한다.
¶ 석 냥, 석 되, 석 섬, 석 자

속담

- **석 장의 베를 짜도 베틀 벌이기는 매일반** 일이 많으나 적으나 한 번 일을 준비하는 데 드는 수고는 마찬가지라는 말.

▶ '셋'의 뜻을 가진 관형사 '서[1]', '석', '세[1]'의 용법은 올림말 '서[1]' 참고.

× 석박지

'섞박지'의 틀린 표기.

섞다 동사

규11-1 섞고, 섞으면, 섞으니, 섞어서, 섞은, 섞으오, 섞네, 섞는다, 섞습니다, 섞었다

타동사

① (두 가지 이상의 물건을) 한데 합치다.
¶ 파랑과 노랑을 섞어 초록을 만든다.
② 어떤 말이나 행동에 다른 말이나 행동을 함께 하다.

¶ 우스개를 섞어 가면서 강의를 진행하였다.
¶ 그는 불만도 섞어서 하소연을 하고 있었다.

복합어

- **뒤섞다** 타동사 마구 섞다.
- **뒤섞이다** 피동사 '뒤섞다'의 피동형.
- **섞갈리다** 자동사 갈피를 잡기 어렵도록 한데 뒤섞이다.
- **섞바꾸다** 타동사 서로 번갈아 차례를 바꾸다.
- **섞바뀌다** 피동사 '섞바꾸다'의 피동형.
- **섞박지** 명사 올림말 '섞박지' 참고.
- **섞사귀다** 자동사 지위나 신분이 다른 사람들끼리 잘 어울려 사귀다.
- **섞어짓기** 명사 한곳에 두 가지 이상의 작물을 심는 일. 혼작(混作).
- **섞어짓기하다** 타동사 한곳에 두 가지 이상의 작물을 심다.
- **섞어찌개** 명사 고기와 여러 가지 야채를 섞어서 끓인 찌개.
- **섞이다** 피동사 올림말 '섞이다' 참고.
- **엇섞다** 타동사 서로 어긋매끼어 섞다.
- **엇섞이다** 피동사 올림말 '엇섞다'의 피동형.

'섞다', '뒤섞다', '엇섞다'

세 낱말 모두 서로 다른 물건을 한데 합한다는 뜻이지만, 섞는 방법에 따라서 '뒤섞기'와 '엇섞기'를 구별한다. '뒤섞다'는 무질서하게 마구 섞는 행위를 가리킨다. 대체로 물건을 섞을 때에는 뒤섞는 경우가 많다. '엇섞다'는 질서 있게 섞는 행위로, 섞인 각 물건이 질서 있게 보이도록 섞는 행위이다. 흙과 모래를 섞을 때에 먼저 흙을 넣고 다음에 모래를 넣는 방식으로 섞어 나가면 엇섞기가 된다. 시루떡을 찌기 위해서 쌀과 팥을 섞어 안치는 것도 엇섞는 것이다.

섞박지 명사

배추, 무, 오이를 절여 넓적하게 썬 다음, 여러 가지 고명에 젓국을 쳐서 한데 버무린 뒤 젓국을 약간 부어서 익힌 김치. ×석박지

▶ '섞박지'를 '석박지'로 적지 않도록 조심해야 한다.

섞이다 동사

규11-0 섞이고, 섞이어/섞여, 섞인, 섞입니다, 섞이었다/섞였다

피동사

'섞다'의 피동형.

① 합쳐지다.

¶ 그의 말에는 장난기가 섞여 있었다.

¶ 물과 기름은 섞이지 않는다.

② 함께 자리하거나 어울리다.

¶ 우리도 과감하게 해병대에 섞여 훈련을 받았다.

선[1] 명사 (線)

① 그어 놓은 금이나 줄.

¶ 똑바로 선을 그으려면 자를 사용해야 한다.

② 실처럼 가늘게 생긴 줄.

¶ 선이 짧아서 이어야겠다.

③ 기차나 전화 따위가 통하는 길을 이르는 말.

¶ 선이 없는 전화기를 써보니 편리한 점도 있다.

④ 물체의 윤곽을 이루는 부분.

¶ 선이 매우 부드러운 것이 이 작품의 특징이다.

¶ 날이 밝아오자 살짝 쳐들린 처마의 선이 드러났다.

⑤ 다른 것과 구별되는 일정한 한계나 그 한계를 나타내는 기준.

¶ 주가가 2000포인트 선을 넘어섰다.

¶ 친구로 사귀는 것일 뿐 결혼 상대는 아니라고 단호히 선을 그었다.

⑥ 어떤 인물이나 단체와 맺고 있는 관계.

¶ 그는 최고 권력층과 선이 닿는 사람이다.

관용 표현

- **선을 긋다** 어떤 행동을 할 때 한계나 기준을 정하다.

- **선을 넘다** 정도가 지나치다.
- **선을 대다** 어떤 인물이나 단체와 관계를 가지다.
- **선이 가늘다** ① 생김새가 연약하고 섬세하다. ② 성격이 잘고 꼼꼼하다.
- **선이 굵다** ① 생김새가 크고 튼튼하다. ② 성격이나 행동 따위가 대범하거나 통이 크다. ¶ 그는 선이 굵은 사람이라 사소한 일에는 별로 신경을 쓰지 않는다.

선[2] 명사 [선:]

① 사람의 좋고 나쁨과 마땅하고 마땅하지 않음을 가리는 일. 주로 결혼할 상대를 정하기 위하여 만나 보는 일.

¶ 아버지는 선을 보는 자리에서 어머니를 보고 한눈에 반했다고 한다.

② 물건의 좋고 나쁨을 가려보는 일.

¶ 가게를 처음 선 보이는 날 다행히 손님들이 많이 왔다.

복합어

- **맞선** 명사 결혼할 당사자들이 직접 만나서 보는 선.
- **선보다**[선:-] 타동사 올림말 '선보다' 참고.
- **첫선** 명사 (물건 따위를) 세상에 처음 내놓음.

관용 표현

- **선을 보다** 결혼할 당사자들이 처음으로 직접 만나 보다.
- **선을 보이다** ㉾ 선을 뵈다 ① 결혼할 당사자에게 직접 상대를 만나도록 하다. ② 처음으로 상품이나 작품을 사람들에게 보이다. ¶ 이번에 새로 선을 보일 자동차는 물로 가는 자동차입니다.
- **선을 뵈다** '선을 보이다'의 준말. ¶ 아이 선을 뵈러 갔다가 은사를 만났다.

선[3]

동사 '서다'의 관형사형. '서다'에 관형사형 어미 '-ㄴ'이 붙은 형태.

¶ 그들 앞에 선 사람은 머지않아 그들을 지휘할 장교였다.

¶ 아이가 늦었다며 선 채로 밥을 몇 숟갈 먹고 나갔다.

선[4]

형용사 '설다[1, 2]'의 관형사형. '설다'에 관형사형 어미 '-ㄴ'이 붙어 불규칙 활용을 한 형태.

¶ 이곳은 처음이라 많은 것이 낯이 선 느낌을 지울 수 없었다.

¶ 호미질이 선 것을 보니, 농사일을 해 보지 않은 것 같다.

선-[1] 접사 [선:-]

접두사

'서툰' 또는 '충분치 않은'의 뜻을 더하는 말.

¶ 선머슴, 선소리, 선웃음, 선잠

복합어

- **선똥**[선:-] 명사 너무 많이 먹어서 완전히 삭지 못하고 나오는 똥.
- **선머슴**[선:-] 명사 차분하지 못하고 몹시 덜렁거리는 사내아이.
- **선무당**[선:-] 명사 서투르고 미숙하여 굿을 제대로 하지 못하는 무당.
- **선소리**[선:-] 명사 이치에 맞지 않은 서툰 말.
- **선웃음**[선:-] 명사 우습지도 않은데 꾸며서 웃는 웃음.
- **선잠**[선:-] 명사 깊이 들지 못하거나 흡족하게 이루지 못한 잠.

선-[2] 접사 (先)

접두사

① (일부 명사 앞에 붙어) '앞선'의 뜻을 더하는 말.

¶ 요즘은 은행에서 선이자를 떼는 일은 드물다.

¶ 공사 대금을 선지급하는 문제는 다시 검토해 보겠다.

② (일부 명사 앞에 붙어) '이미 죽은'의 뜻을 더하는 말.

¶ 이 법은 선대왕께서 정한 것이므로 섣불리 고칠 수 없다.

¶ 선대인께서는 자네를 끔찍이 생각하셨지.

ㅅ

복합어

- **선결제**(先決濟) 명사 결제할 날짜보다 앞서 결제하는 일.
- **선대왕**(先大王) 명사 죽은 전왕(前王)을 높여 이르는 말.
- **선대인**(先大人) 명사 죽은 남의 아버지를 높여 이르는 말.
- **선보름**(先-) 명사 한 달을 둘로 나누었을 때 앞의 보름. 곧 1일부터 15일까지를 말한다.
- **선이자**(先利子) 명사 빚을 쓸 때에 본전에서 먼저 떼어 내는 이자.
- **선지급**(先支給) 명사 지급할 날짜보다 앞서 지급하는 일.

선뜩하다 형용사

불20-9 선뜩하고, 선뜩하여/선뜩해, 선뜩한, 선뜩합니다, 선뜩하였다/선뜩했다

① 갑자기 서늘한 느낌이 있다.

¶ 방바닥이 선뜩하니 요를 깔고 자라.

② 갑자기 놀라서 마음에 서늘한 느낌이 있다.

¶ 한밤중에 들려오는 비명에 등골이 선뜩하고 오싹하였다.

복합어

- **선뜩거리다** 자동사 ① 갑자기 서늘한 느낌이 자꾸 들다. ② 갑자기 놀라서 마음에 서늘한 느낌이 자꾸 들다.
- **선뜩대다** 자동사 =선뜩거리다
- **선뜩선뜩** 부사 ① 갑자기 서늘한 느낌이 자꾸 드는 모양. ② 갑자기 놀라서 마음에 서늘한 느낌이 자꾸 드는 모양.
- **선뜩선뜩하다** 형용사 ① 갑자기 서늘한 느낌이 계속 있다. ② 갑자기 놀라서 마음에 서늘한 느낌이 계속 있다. 자동사 ① 갑자기 서늘한 느낌이 잇따라 들다. ② 갑자기 놀라서 마음에 서늘한 느낌이 잇따라 들다.

'선뜩하다', '섬뜩하다', '선뜻하다'의 차이

소리와 형태가 비슷한 위 세 낱말의 차이를 알아두자. 특히 '선뜩하다②'와 '섬뜩하다'는 거의 비슷하여 구별하기 어렵다. '선뜩하다'는 갑자기 차가운 것이 몸에 닿았을 때 드는 느낌에서 온 말이다. 갑자기 놀라거나 두려운 일이 닥쳐 간담이 서늘해지는 경우에 '선뜩하다'를 쓴다. 이에 비해서 끔찍하여 진저리를 칠 만큼 두려움을 느끼는 경우에 '섬뜩하다'를 쓴다. '섬뜩하다'가 자기에게 어떤 위험이 올 것을 느낄 때 감정이라면 '선뜩하다'는 단순히 두렵거나 무서워서 느끼는 감정이다. '선뜻하

다'는 '산뜻하다'의 큰말이어서 '선뜩하다'나 '섬뜩하다'와는 전혀 다른 느낌을 나타낸다. 그런데 '선뜻하다'가 '산뜻하다'의 큰말로서 의미가 뚜렷하지 않으므로 '선뜻하다' 대신에 '산뜻하다'를 쓰는 것이 좋겠다.

¶ 갑자기 차가운 물체가 몸에 닿으니 선뜩한(○)/섬뜩한(×) 느낌이 들었다.

¶ '귀신이야!' 하는 소리에 등골이 선뜩한(○)/섬뜩한(○) 느낌이 들었다.

¶ 공포 영화를 보면 사람을 죽이는 선뜩한(×)/섬뜩한(○) 장면이 너무 많다.

¶ 한겨울에 머리를 짧게 잘랐더니 뒤통수가 선뜻하다(×)/선뜩하다(○)

선뜻 부사

동작이 망설임 없이 시원스럽고 날렵한 모양.

¶ 젊은이가 노인에게 선뜻 자리를 양보해 주었다.

¶ 그는 내 부탁을 선뜻 들어주더라.

ㅅ

선뜻하다[1] 형용사

불20-9 선뜻하고, 선뜻하여/선뜻해, 선뜻한, 선뜻합니다, 선뜻하였다/선뜻했다

① 기분이나 느낌이 깨끗하고 시원하다. '산뜻하다'의 큰말.

¶ 야외에 나오니 기분이 선뜻하다.

② 보기에 시원스럽고 멀쑥하다. '산뜻하다'의 큰말.

¶ 머리를 짧게 자르니 보기에도 선뜻하다.

¶ 옷을 선뜻하게 차려입었더니 기분이 한결 좋다.

× 선뜻하다[2]

'선뜩하다'의 틀린 말.

¶ 새벽바람이 차니 선뜻한(×)/선뜩한(○) 느낌이 든다.

선보다 동사 [선:-]

규10-0 선보고, 선보아/선봐, 선보아서/선봐서, 선봅니다, 선보았다/선봤다

타동사

① (결혼 상대자, 사윗감, 며느릿감으로 좋은지 알아보기 위하여) 만나서 살펴보다.

¶ 사윗감을 선볼 때에는 나도 모르게 긴장하는 것 같다.

¶ 그동안 선본 여자만 해도 수십 명일 거다.

② 물건의 좋고 나쁨을 가려보다.

¶ 이 자리는 소비자들이 새로운 상품을 **선보고** 평가하는 자리이다.

선보이다 동사 [선:-] ㊜ 선뵈다

규11-0 선보이고, 선보이어/선보여, 선보인, 선보입니다, 선보인다, 선보이었다/선보였다

사동사

서로 결혼할 만한 상대나 결혼할 사람을 소개하여 만나게 하다. '선보다'의 사동형.

¶ 사돈 될 사람에게 아들을 **선보이고** 오는 길이다.

¶ 지금 사귀는 사람을 부모님께 **선보이려고** 한다.

타동사

(사람이나 물건을) 남 앞에 처음 내놓아 보이다.

¶ 이번 해양 박람회에서 가장 인기를 끈 행사는 우리나라에서 처음 **선보인** 돌고래 쇼였다.

선뵈다 동사 [선:-]

규11-0 선뵈고, 선뵈어/선봬, 선뵌, 선뵐, 선뵙니다, 선뵌다, 선뵈었다/선뵀다

'선보이다'의 준말.

¶ 사귀어 온 사람을 부모님에게 오늘 **선뵈었다.**

¶ 오늘 아버지가 식구들에게 **선뵌** 요리는 꽁치 통조림으로 만든 것이다.

'선을 보다'와 '선보다'의 띄어쓰기

'선을 보다'에서 목적격 조사 '을'을 생략하면 '선 보다'가 된다. 그런데 복합어로 '선보다'라는 낱말이 있다. 띄어쓰기와 관련하여 생각한다면 '선 보다'와 '선보다'가 다 옳다. 그러나 목적격 조사를 생략하여 띄어 쓰는 것보다는 한 단어로 붙여 쓰는 것이 바람직하다. 따라서 '선 보다'로 쓰지 말고 '선보다'로 쓰기 바란다.

¶ 신랑감을 선 보러 간다. → 선보러

¶ 꿈 꾸는 사람이 꿈을 이룬다. → 꿈꾸는

¶ 춤 추기 좋아하는 사람이 많다. → 춤추기

¶ 뜀 뛰기를 너무 많이 하면 무릎에 안 좋다. → 뜀뛰기

선열 명사 (先烈)

나라를 위하여 싸우다가 죽은 열사(烈士).

¶ 이번 기념식에서는 독립을 위해 애쓴 선열들의 뜻을 기렸다.

'선열'의 소리내기

흔히 '선열'을 '선녈'로 발음한다. 그러나 '서녈'로 발음해야 한다. 'ㄴ'을 첨가하여 발음할 이유가 없기 때문이다. '일요일', '금요일'은 '이료일', '그묘일'로 발음하고, '일료일', '금뇨일'처럼 발음하지 않는다. '송별연'도 '송:벼련'으로 발음하고 '송:별련'으로는 발음하지 않는다. '검열'은 '거:멸'과 '검:녈' 두 가지 발음을 다 허용한다.

'선열'의 의미

'선열(先烈)'의 '선(先)'은 이미 죽은 사람을 가리키는 말이고, '열(烈)'은 '열사(烈士)'를 뜻하는데 이는 '나라를 위하여 절의를 굳게 지킨 사람'을 가리킨다. 열사에는 군인과 공무원이 포함되지 않는다. 결국 '선열'은 국록을 받지 않은 사람으로서 나라를 위하여 절의를 지키며 싸운 사람을 가리키고, '순국선열(殉國先烈)'이라고 하면 나라를 위하여 절의를 지키며 싸우다가 죽은 선열을 가리킨다. 선열 중에는 순국하지 않은 사람도 포함된다. 군인이나 공무원으로 순국한 사람은 '선열' 대신에 '국가 유공자'로 일컫는다.

선친 명사 (先親)

남에게 '돌아가신 자기 아버지'를 이르는 말.

¶ 오늘은 선친의 제삿날이라 조금 일찍 퇴근하겠습니다.

'선친' 유감

이 말은 돌아가신 나의 아버지를 다른 사람에게 말할 때에 쓴다. 이에 대하여 상대방이 나에게 '돌아가신 네 아버지'의 뜻으로 쓰는 말은 '선대인(先大人)'이다. "제 선친께서 선생님을 꼭 뵈라고 하셨습니다"라고 말하면 "그래, 자네 선대인께서 그렇게 가셨다니 참으로 안타까운 일이네" 이런 식으로 말하는 것이다. 만일 돌아가신 어머니를 남에게 이를 때에는 '선자(先慈)'라 하고, 남이 돌아가신 어머니를 그 아들에게 말할 때에는 '선대부인(先大夫人)'이라고 해야 한다. 이런 표현은 매우 복고적이다.

《표준 언어 예절》(국립국어원 간행)에는 이 문제를 매우 현명하게 해결해 놓았다. "돌아가신 아버지를 어머니와 조부모에게 지칭할 때에는 살아 계실 때와 마찬가지로 '아버지'로 지칭하고, 그 외의 사람에게는 '아버님'으로 지칭한다"라고 설명했다. 굳이 '선친'이라는 말을 쓰지 말라는 뜻이다.

이와 마찬가지로 돌아가신 어머니도 '어머니' 또는 '어머님'이면 충분하다. 더러 상대방의 돌아가신 아버지를 일컬으면서 '선친'을 쓰는 경우가 있는데 앞에서 말한 바와 같이 '선대인'을 써야 한다. 어려운 낱말을 부정확하게 쓸 바에는 《표준 언어 예절》에서 가르치는 대로 '아버지', '아버님'으로 쓰는 것이 바람직하다.

선하다[1] 형용사 [선:-]

불20-9 선하고, 선하여/선해, 선한, 선합니다, 선하였다/선했다

잊히지 않고 눈앞에 생생하게 보이는 듯하다.

¶ 어머니의 뒷모습이 아직도 눈에 선하다.

¶ 퇴근 무렵이면 집에서 혼자 있을 아이가 눈에 선하여 마음이 바빠진다.

¶ 고향 마을 느티나무가 눈에 선하게 떠오른다.

복합어

- **선히**[선:-] 부사 잊히지 않고 눈앞에 생생히 보이는 듯이.

선하다[2] 형용사
(善-)[선:-]

불20-9 선하고, 선하여/선해, 선한, 선합니다, 선하였다/선했다

올바르고 착하다.

¶ 그분은 참 선한 분이셨다.

¶ 사람은 모름지기 선하게 살아야 한다.

섣달 명사
[섣:-]

음력으로 한 해의 마지막 달.

속담

- **섣달 그믐날 개밥 퍼 주듯** 결혼 적령기를 넘긴 여자가 홧김에 개밥을 푹푹 퍼 준다는 뜻으로, 무엇을 너무 많이 헤프게 퍼 주는 경우를 비유하여 이르는 말.
- **섣달 그믐날 시루 얻으러 가다니** 어느 집이나 다 시루를 쓰는 섣달 그믐날에 남의 집에 시루를 얻으러 다닌다는 뜻으로, 되지도 않을 일에 애를 쓰는 미련한 짓을 비유하여 이르는 말.
- **섣달 그믐날 흰떡 맞듯** 섣달 그믐날에 흰떡이 떡메에 맞는다는 뜻으로, 몹시 두들겨 맞는 모습을 비유하여 이르는 말.
- **섣달에 들어온 머슴이 주인마누라 속곳 걱정한다** 머슴이 주제넘게 주인집 일을 걱정한다는 뜻으로, 저와는 아무 상관도 없는 일을 지나치게 걱정하는 경우를 비유하여 이르는 말.

섣부르다 형용사
[섣:-]

불21-6 섣부르게, 섣부르니, 섣부른, 섣부릅니다, 섣불러, 섣불렀다

(일처리 솜씨가) 어설프고 탐탁하지 못하다.

¶ 섣부르게 세운 정책이 주민에게 큰 피해를 입힌다.

¶ 공연히 섣부른 제안을 했다가 망신만 당하지 않았나?

¶ 섣부른 판단으로 일을 망쳤다.

복합어

- **섣불리**[섣:-] 부사 어설프고 탐탁하지 못하게. ¶ 사람을 겪어 보지 않고 섣불리 판단하지 않는 게 좋다.

> **'섣부르다'와 '서투르다'**
>
> 두 낱말 모두 '설다[1]'에서 파생하였다. '섣부르다'는 기회가 무르익지 않은 상태이거나, 방법이 완벽하지 않음에 주안점을 두는데, '서투르다'는 손이나 눈에 익지 않음에 주안점을 둔다. 아래 예문으로 두 낱말의 같고 다름을 판단할 수 있다.
>
> ① 그렇게 섣부르게(○)/서투르게(○) 장사해서 어찌 돈을 벌겠는가?
>
> ② 나는 이 일에 섣부르게(○)/서투르게(×) 나서지 않겠다.
>
> ③ 인형을 만드는 솜씨가 그렇게 섣불러서야(×)/서툴러서야(○) 일을 맡길 수 있겠니?
>
> 예문①은 장사하는 솜씨가 어설프다는 뜻이어서 두 낱말 모두 쓸 수 있다.
>
> 예문②는 시기나 방법을 제대로 알지 못하는 상태를 의미하므로 '서투르다'는 부적절하다.
>
> 예문③은 무엇을 만드는 솜씨가 서툰 상태를 의미하므로 '섣부르다'는 부적절하다.

설[1] 명사 [설:]

① (음력으로) 새해 첫날을 명절로 이르는 말. 설날.

¶ 설은 우리나라 사람들이 매우 중요하게 여기는 명절이다.

② 새해 첫머리.

¶ 설에 고향에 내려오거든 한번 만나자.

③ 양력 1월 1일과 음력 1월 1일을 통틀어 이르는 말.

관용 표현

- **설을 쇠다** 설을 맞아 지내다. ¶ 고향으로 설을 쇠러 가는 사람들이 한꺼번에 몰려 역 앞이 몹시 붐빈다.

> **'설'과 '설날'**
>
> 두 낱말이 가리키는 날짜는 같다. 음력으로 새해가 시작하는 첫날을 명절로 쇠는데 이날을 '설날'이라고 한다. 달력으로는 이날이 정월 초하룻날이다. 그냥 '설'이라고 해도 '설날'을 가리킨다.

설[2] [설:]

형용사 '설다[1,2]'의 관형사형. '설다'에 붙는 관형사형 어미 '-ㄹ'이 생략된 형태.

¶ 너에게는 이곳이 낯이 설 수밖에 없겠지.

¶ 산에서 짓는 밥이라 좀 설 거야.

설[3]

동사 '서다'의 관형사형. '서다'에 관형사형 어미 '-ㄹ'을 붙인 형태.

¶ 여러 사람 앞에 설 때에는 매무새를 단정하게 해야 한다.

설- 접사

접두사

동사나 동사에서 바뀐 말 앞에 쓰이어, '불충분함', '불완전함'을 뜻하는 말.

¶ 설구이, 설익다, 설잡다

복합어

- **설건드리다** 타동사 정면으로 건드리지 못하고 어설프게 건드리다.
- **설구이** 명사 ① 잿물을 바르지 아니하고 낮은 열로 구운 질그릇. ② 마침구이를 하기 전에 슬쩍 구워 굳히는 공정. 애벌구이. 초벌구이.
- **설굳다** 자동사 불완전하게 굳다. 덜 굳다.
- **설굳히다**[-구치-] 사동사 '설굳다'의 사동형. ① 불완전하게 굳히다. ¶ 시멘트를 설굳혀서 발자국이 찍혔다. ② (마음을) 걷잡을 수 없게 설레게 하다. ¶ 남의 속을 설굳혀 놓고는 다른 여자를 기웃거리고 다니더라.
- **설깨다** 타동사 (잠을) 어설프게 깨다.
- **설늙은이** 명사 나이는 많지 않으나 기질이 늙은 사람.
- **설다듬이** 명사 대강대강 하는 다듬이질.
- **설다루다** 타동사 ① 섣불리 다루다. ② 불충분하게 처리하다.
- **설데치다** 타동사 조금 설익게 슬쩍 데치다.

ㅅ

- **설듣**다 [타동사] 불충분하게 듣다. 어설프게 듣다.
- **설마르**다 [자동사] 덜 마르다. 잘 마르지 아니하다.
- **설맞**다 [자동사] 부정확하게 맞다. 어설프게 맞다.
- **설미지근하**다 [형용사] ① 음식이 설고 미지근하다. ② (일을 하는 태도가) 맺고 끊는 야무진 맛이 없다.
- **설보**다 [타동사] 건성으로 보다. 바로 보지 못하다. 잘못 보다.
- **설삶**다[-삼-] [타동사] 푹 익히지 않고 덜 익게 삶다.
- **설익**다 [자동사] 덜 익다.
- **설자**다 [자동사] 잠을 어설프게 자다. 잠을 설치다.
- **설잡**다 [타동사] 어설프게 잡다.
- **설잡도리** [명사] 어설픈 잡도리. ¶ 순 깡패인데 설잡도리를 해 놓으니 난리가 난 거지.
- **설잡죄**다 [타동사] 어설프게 잡죄다.
- **설죽**다 [자동사] 덜 죽다. 아주 죽지 않다.
- **설취하**다(-醉-) [자동사] 덜 취하다.

설거지 명사

음식을 먹은 뒤 그릇을 씻고 챙기는 일. ×설겆이
¶ 음식 솜씨는 상차림에 나타나지만 사람 됨됨이는 설거지에 나타난다.

복합어

- **뒷설거지**[뒫:-] [명사] ① =설거지 ¶ 저녁은 당신이 준비했으니 뒷설거지는 내 몫이야. ② 큰일을 치른 다음에 하는 설거지나 뒤처리. 뒤치다꺼리. ¶ 남이 하다 만 일의 뒷설거지를 하게 되었다.
- **비설거지** [명사] 비가 오려고 하거나 올 때, 비를 맞으면 안 되는 물건을 치우거나 덮는 일.
- **설거지물** [명사] 그릇을 씻은 물. 개숫물.
- **설거지통**(-桶) [명사] 그릇을 씻을 때 쓰는, 물을 담는 통. 개수통(-桶).
- **설거지하**다 [타동사] ① (먹고 난 뒤의 그릇을) 씻어 챙기다. ② 비가 오기 전에 미리 (널려 있는 물건을) 거두어 치우다. 비설거지하다.
- **잔치설거지** [명사] 잔치를 끝내고 남은 음식을 먹어 치우는 일.

'설거지'와 '설겆이'

전에는 설거지하는 일을 '설겆다'라고 하거나 '설겆이하다'라고 썼다. '설겆이하다'가 '설겆다'보다 많이 쓰였기 때문에 표준어 규정에서 '설겆다'를 표준어에서 제외하였다. 그러다 보니 '설겆다'에서 전성한 명사를 '설겆이'라고 할 수 없어서 '설거지'라는 새로운 행태를 만들어 내었고, '설겆이하다'도 '설거지하다'로 적게 되었다. '설겆다'를 서둘러 죽은말로 규정할 필요가 있었는지 의문이다.

설날 명사 [설:랄]

정월 초하룻날을 명절로 일컫는 말. =설[1]

설다[1] 동사 [설:-]

불11-2 설고, 설지, 설어, 서니, 서네, 서오, 선, 섭니다, 설었다

자동사

① 안 익다.

¶ 보름 전에 담근 술이 여태 설었느냐?

② (잠이) 깊이 들지 아니하다.

¶ 간밤에 잠이 설었던 탓으로 종일 피곤하다.

설다[2] 형용사 [설:-]

불21-2 설고, 설지, 설어, 서니, 서네, 서오, 선, 섭니다, 설었다

① 서투르다.

¶ 일이 손에 설어 무척 더디다.

¶ 호미질이 설어 고구마를 캐다가 손을 다쳤다.

② 낯이 익지 않아 서먹서먹하다.

¶ 그의 저런 모습이 내 눈에는 무척 설게 느껴진다.

¶ 낯이 선 사람이 몇 보이더라.

설레 명사

의존 명사

가만히 있지 아니하고 자꾸 움직이는 행동이나 현상.

¶ 아이들 설레에 도무지 정신을 차릴 수가 없다.

설레다 동사

규11-0 설레고, 설레니, 설레면, 설레어, 설렙니다, 설레오, 설렜다

자동사

① (마음이) 가라앉지 아니하고 들떠서 두근거리다.

¶ 내일 여행 떠날 생각에 마음이 설레어서 잠이 안 온다.

② 공연히 이리저리 움직이다.

¶ 행여 집 나간 아들이 돌아오지 않을까 어머니는 오늘도 마을 어귀에서 설레신다.

③ 물결이나 불길 따위가 일렁거리다.

> **'설레'와 '설레다'**
>
> 이 두 낱말은 명사와 동사인데, 명사에 곧바로 어미가 붙어 동사가 된 것이 특이하다. 명사에 어미가 붙어 동사가 된 것인지 동사의 어간이 명사화한 것인지 단언할 수는 없지만, 적어도 동사의 어간 형태와 명사의 형태가 같다는 것은 동사와 명사의 전성법 또는 조어법에 시사하는 바가 크다. 국어에서 이처럼 명사에 곧바로 어미를 붙인 동사가 있는데, 그 종류를 올림말 '사리다'에 열거하였다.

설레발 명사

몹시 서두르며 부산을 떠는 짓.

¶ 남의 집 잔치에 손님이 설레발을 치는 격이다.

¶ 마을 이장이 빨리 투표장에 나오라고 새벽부터 설레발을 치고 다닌다.

복합어

- **설레발놓다** [자동사] =설레발치다
- **설레발치다** [자동사] 몹시 서둘러대며 부산을 피우다.

× 설레이다

'설레다'의 틀린 말.

> **'설레다'와 '설레이다'**
>
> '설레다'는 자동사로서 주로 '마음'이나 '가슴'이 주어가 되어 '마음/가슴이 설레다'처럼 쓰는데 일부에서는 이를 '설레이다'로 쓰기도 한다. '설레다'가 의지로 하는 행동이라면 피동형 '설레이다'를 쓸 수 있지만 '설레다'는 의지와 상관없이 우러나는 감정이어서 피동형으로 쓰지 않는다. 따라서 '설레이다'를 쓰는 것은 잘못이다.
>
> ¶ 설레이는(×) 기대를 안고 발표장에 들어섰다. → 설레는
>
> ¶ 너를 볼 생각에 가슴이 설레여서(×) 잠을 이룰 수 없다. → 설레어서
>
> ¶ 오랜만에 여행을 하려니 몹시 설레입니다(×). → 설렙니다
>
> ¶ 이 설레임(×)은 어디서 오는 감정인가? → 설렘

ㅅ

설마 부사

아무리 그러하기로.

¶ 설마 목사가 거짓말을 하였을라고.

¶ 그가 설마 나를 속이지는 않겠지?

복합어

- **설마하면** [부사] '설마'를 강조하는 말. ¶ 설마하면 그런 일이 벌어졌겠어?

속담

- **설마가 사람 죽인다(/잡는다)** 그럴 리 없을 것이라고 마음을 놓았다가 큰 화를 입을 수 있다는 말.

× 설비음

'설빔'의 틀린 말.

설빔 명사 [설: -]

설을 맞아 새로 차려 입은 옷.

¶ 설날에는 아이들이 저마다 설빔을 갖춰 입고 동네 어른들에게 세배를 드리러 다녔다.

복합어

- **설빔하**다[설: -] (자동사) 설을 맞아 새 옷을 차려입다.

설움 명사 [설: -]

서럽게 느껴지는 마음. '섧다'의 명사형.

¶ 뭐니 뭐니 해도 배고픈 설움이 가장 크다.

¶ 아이는 엄마를 보자 설움이 복받쳐 소리 내어 울었다.

설치다[1] 동사

규11-0 설치고, 설치는, 설친, 설치어/설쳐, 설친다, 설칩니다, 설치었다/설쳤다

자동사

① 마구 날뛰다.

¶ 아무것도 모르는 주제에 완장 차고 설치는 꼴이라니.

¶ 뭘 믿고 저리 설치는지 알 수가 없다.

② 찬찬하지 못하고 조급하게 행동하다.

¶ 준비할 시간은 충분하니 그렇게 설치지 마라.

¶ 늦었다고 설치다 보면 꼭 뭔가를 하나씩 빠뜨린다.

설치다[2] 동사

규11-0 설치고, 설치는, 설친, 설치어/설쳐, 설친다, 설칩니다, 설치었다/설쳤다

타동사

필요한 정도에 미치지 못한 채로 그만두다.

¶ 요즘은 잠을 설치는 날이 많다.

섧다 형용사 [설:따]

불21-1 섧고, 섧지, 설우니, 섧니, 설운, 설운데, 설워, 섧네, 섧소, 섧습니다

=서럽다

¶ 움치고 뛸 수 없이 막막한 내 처지가 너무 섧고 불쌍하다.

복합어

- **설움**[설: -] (명사) 올림말 '설움' 참고.

'섧다'의 활용형과 발음

① '섧다'는 'ㄼ' 받침 때문에 규칙 활용을 할 것으로 보이지만 모음으로 시작하는 어미 앞에서는 'ㅂ' 불규칙 활용을 한다.

- 섧다 + -어 = 설워 / 섧다 + -어라 = 설워라

② '섧다'에 어미 '-니', '-ㄴ데'가 붙는 경우에는 매개 모음 '으'가 '-으니', '-은데' 형태로 붙는데, 이때에도 어미가 모음으로 시작하므로 'ㅂ' 불규칙 활용을 한다.

- 섧다 + -니 = 설우니 / 섧다 + -ㄴ데 = 설운데

③ '섧다'의 발음은 [설:따]로 난다. 표준발음법에 따르면 'ㄼ', 'ㄾ' 받침 뒤에 오는 어미의 첫소리 'ㄱ, ㄷ, ㅅ, ㅈ'은 된소리로 난다. 따라서 '섧고, 섧지, 섧다, 섧소'는 각각 '설:꼬, 설:찌, 설:따, 설:쏘'로 소리 난다. 또 '섧네, 섧니'는 '설:레, 설:리'로 소리 난다.

④ '섧다'에 어미 '-니'가 붙을 때에 연결형과 종결형에 따라서 다른 형태가 된다. 연결형으로는 '설우니'가 되지만 종결형(의문을 나타냄)으로는 '섧니'가 된다.

¶ 자기 처지가 **설우니**(=서러우니) 더 서럽게 울었을 거다.

¶ 무슨 일이 있기에 마음이 그리 **섧니**(=서럽니)?

섬뜩하다 형용사

불20-9 섬뜩하고, 섬뜩하여/섬뜩해, 섬뜩한, 섬뜩합니다, 섬뜩하였다/섬뜩했다

갑자기 소름이 끼치도록 무섭고 끔찍하다. 섬찟하다.

¶ 귀신이 나오는 영화는 섬뜩해서 볼 수 없다.

¶ 밤중에 어두운 산길을 걷자니 바스락 소리에도 섬뜩했다.

▶ '섬뜩하다', '선뜩하다', '선뜻하다'의 차이는 올림말 '선뜩하다' 참고.

섬찟하다 형용사

불20-9 섬찟하고, 섬찟하지, 섬찟하여/섬찟해, 섬찟한, 섬찟합니다, 섬찟하였다/섬찟했다

갑자기 소름이 끼치도록 무시무시하고 끔찍하다. 섬뜩하다.

¶ 밤늦게 귀가하는데 뒤에서 발소리가 들려 순간 섬찟했다.

▶ '섬찟하다'와 '섬뜩하다'는 거의 같은 뜻으로 쓰인다.

× 섬칫하다

'섬찟하다'의 틀린 말.

¶ 그 영화는 섬칫한(×)/섬찟한(○) 장면이 많아서 아이와 보기 안 좋다.

성가시다 형용사

규21-0 성가시고, 성가시어/성가셔, 성가신, 성가실, 성가십니다, 성가시었다/성가셨다

자꾸 들볶거나 번거롭게 굴어 괴롭거나 귀찮다.

¶ 몸이 아프면 만사가 귀찮고 성가시다.

¶ 동생이 가까이 이사 오니 성가신 일이 자주 생긴다.

¶ 책을 읽고 있는데 언니가 자꾸 말을 시켜서 성가셨다.

성패 명사 (成敗)

성공과 실패를 아울러 이르는 말.

¶ 이번 계획이 우리 사업의 성패를 좌우할 것이다.

'성패'와 '승패'

일이 이루어지고 안 이루어지는 것을 가리키는 말이 '성패(成敗)'이다. 이에 비해서 이기고 짐을 나타내는 말은 '승패(勝敗)'이다. '성패'를 말할 자리에서 '승패'라고 하는 경우가 많다. 한자어를 정확하게 인식하지 않고 쓰면 이런 잘못을 범하기 쉽다.

¶ 일의 승패(×)는 하늘에 맡기고 우리는 최선을 다 하자. → 성패

¶ 경기의 승패(○)는 하늘에 맡기고 우리는 최선을 다 하자.

ㅅ

세[1] 관형사 [세:]

단위 명사 앞에서 '셋'을 나타내는 말.

¶ 세 사람, 세 마리, 세 개

속담

- **세 닢 주고 집 사고 천 냥 주고 이웃 산다** 이웃의 중요함을 일깨우는 말.
- **세 사람이 우겨 대면 없는 호랑이도 만들어 낸다** 여럿이 퍼뜨린 말이나 소문은 결국 참말로 믿게 된다는 말.
- **세 살 적 버릇 여든까지 간다** 어릴 때 몸에 젖은 나쁜 버릇은 늙도록 고치기 어렵다는 말.

▶ '셋'의 뜻을 가진 관형사 '서[1]', '석', '세[1]'에 관해서는 올림말 '서[1]' 참고.

세[2] 명사 (貰)[세:]

돈을 받고 집이나 방, 가게 따위를 빌려주는 일, 또는 그렇게 받는 돈.

¶ 집 없는 설움은 세를 살면서 다 겪는 일이다.
¶ 주인이 세를 올리겠다고 하네요.

복합어

- **세내다**(貰－)[세:－] 타동사 일정한 삯을 내고 남의 집이나 물건 따위를 빌려 쓰다. ¶ 아는 사람에게서 방 두 칸을 세내어 살고 있다. / 관광버스를 세내어 여행을 다녀왔다.
- **세놓다**(貰－)[세:－] 타동사 일정한 삯을 받고 자기 집이나 물건 따위를 남에게 빌려주다. ¶ 신혼부부에게만 집을 세놓으려고 하는 집이 있다.
- **세주다**(貰－)[세:－] 타동사 남에게 일정한 세를 받기로 하고 집이나 물건 따위를 빌려주다. ¶ 남편이 지방으로 발령이 나서 살던 집을 세주고 이사를 했다.

관용 표현

- **세(를) 들다** 삯을 내고 남의 집이나 방, 가게 따위를 사용하다. ¶ 남의 집에 세 들어 사는 사람이 웬 자동차는 그리 큰 것을 몰고 다니는지.
- **세(를) 놓다** 집이나 방, 가게 따위를 삯을 받고 빌려주려고 내놓다. ¶ 빚을 내느니 차라리 방 한 칸 세 놓는 것이 더 낫겠다.

세[3] 명사
(稅)[세:]

국가나 지방 공공 단체가 필요한 경비를 마련하기 위하여 국민이나 주민에게 강제로 거두어들이는 금전. 세금(稅金). 조세(租稅).
¶ 국가는 국민에게서 세를 받아 운영한다.

세간 명사
[세:－]

집안 살림에 쓰이는 모든 물품이나 기구 따위. 세간살이.

복합어

- **세간 밑천**[세:－] 명사 '첫아들'을 우스개로 이르는 말. 맏딸은 '살림 밑천'이라고 한다.
- **세간붙이**[세:－] 명사 =세간

• **세간살이**[세: –] 명사 =세간
• **세간짐**[세: –] 명사 세간을 묶은 짐.
• **세간차지**(–次知)[세: –] 명사 일정한 삯을 받고 남의 집 세간을 맡아보는 사람.
• **세간치장**(–治粧)[세: –] 명사 세간을 매만지고 가꿈. 또는 세간으로 집 안을 꾸밈.

관용 표현
• **세간을 나다** 같이 살던 사람이 독립하여 따로 살림을 차리다.
• **세간을 내다** 같이 살던 사람을 따로 살 수 있도록 살림을 차려주다.

세간살이 명사 [세: –]

=세간

'세간', '세간살이', '가재도구'
① '세간'과 '세간살이'는 복수 표준어이다.
② '세간'을 주로 '가재도구(家財道具)'라고 하는데, '세간'을 '가재도구'로 대체하여 쓰는 것은 부적절하다. '가재도구'란 '가재(家財)'와 '도구(道具)'를 합친 말인데, '가재'는 집안의 재물이나 재산이니 살림 도구에 돈까지를 아우르는 개념이고, '도구'는 일을 할 때 쓰는 연장을 통틀어 이르는 말이다. 그렇다면 '가재도구'의 '도구'는 군더더기이다. 만일 '가재도구'를 '가재인 도구'로 국한하여 이해한다면 굳이 이런 낱말을 만들어 사용할 필요가 없다. 그런 의미의 '세간'이라는 낱말이 이미 있기 때문이다. 그래서 '세간'을 '가재도구'라 하는 것은 바람직하지 않다.

–세요/–으세요 어미

종결 어미
('–세요'는 '이다'의 어간, 받침 없는 용언의 어간 또는 'ㄹ' 받침인 용언의 어간 뒤에 붙고, '으세요'는 받침 있는 용언의 어간 뒤에 붙어)
상대에게 정중하게 어떤 사실을 알리거나 묻거나 권하거나 명하는 뜻을 나타내는 말. = –셔요
¶ 선생님, 안녕하세요?

¶ 계속 말씀하세요.
¶ 이거 받으세요.
¶ 내 손을 잡으세요.

-셔요/-으셔요 어미

종결 어미
('-셔요'는 '이다'의 어간, 받침 없는 용언의 어간 또는 'ㄹ' 받침인 용언의 어간 뒤에 붙고, '-으셔요'는 받침 있는 용언의 어간 뒤에 붙어)
정중하게 어떤 사실을 알리거나 묻거나 권하거나 명하는 뜻을 나타내는 말. '-시어요'의 준말.
¶ 어서 오셔요.
¶ 그런 말씀은 하지 마셔요.
¶ 이거 받으셔요.
¶ 내 손을 잡으셔요.

'-셔요'와 '-세요'
두 어미는 종결 어미이며 기능이 같다. 둘 다 높임을 나타내고, 평서문이나 의문문 또는 청유문에 두루 쓴다. 높임의 선어말 어미 '-시-'를 빼면 '-에요'와 '-어요'의 관계와 같다. 아주 작은 차이지만 '-셔요'가 '-세요'에 비해서 좀 더 정중한 느낌을 준다.
'-세요'는 '-셔요'보다 어감이 더 강하여 청하거나 지시하는 느낌을 상대에게 강하게 준다. 인사말로는 '안녕하세요'를 쓰지 '안녕하셔요'는 쓰지 않는다.
나이가 어린 사람이 여럿인 경우에는 '여기 보세요'처럼 '-세요'를 쓰는 것이 자연스럽고, '여기 보셔요'는 어색하다.

소가지 명사 [소:-]

타고난 마음씨, 곧 심성(心性)을 속되게 이르는 말. ×속아지
¶ 소가지를 곱게 써야 복을 받지.
¶ 그런 사소한 일로 소가지를 내니?

소경 명사 [소:-]

눈이 멀거나 어두워 보지 못하는 사람. 장님. 요즘은 '시각 장애인'의 낮은말로 본다.

속담

- **소경 단청 구경** 보아도 이해하지 못할 것을 본다는 말.
- **소경 문고리 잡기** 재주 없는 이가 대중없이 한 일이 바로 들어맞았을 때 이르는 말.

▶ '소경', '장님', '시각 장애인'의 차이는 올림말 '장님' 참고.

소곤거리다 동사

규11-0 소곤거리고, 소곤거리어/소곤거려, 소곤거린다, 소곤거립니다, 소곤거리었다/소곤거렸다

자동사

남이 알아듣지 못하도록 작은 목소리로 자꾸 가만가만 이야기하다.

¶ 지하철에서 여학생 둘이 소곤거리다가 킥킥 웃는다.

복합어

- **소곤대다** 자동사 =소곤거리다
- **소곤소곤** 부사 남이 알아듣지 못하도록 작은 소리로 자꾸 이야기하는 모양.

'소곤거리다'와 '수군거리다'의 표기

'소곤거리다'와 '수군거리다'를 '소근거리다'와 '수근거리다'로 쓰는 경우가 많은데 조심해야 한다.

¶ 아이들이 소근거리는(×) 소리가 들렸다. → 소곤거리는

¶ 뒤에서 수근거리지(×) 마라. → 수군거리지

× 소근거리다

'소곤거리다'의 틀린 말.

소용없다 형용사 (所用－)

규21-1 소용없고, 소용없는, 소용없어, 소용없습니다

=쓸데없다

¶ 이제는 네가 아무리 애를 써도 소용없다.

복합어

- **소용없이**(所用－) [부사] =쓸데없이

소지 명사 (素地)

어떤 결과를 낳게 되는 빌미.

¶ 처음부터 오해의 소지를 없애라.

¶ 이 법은 다음에 악용될 소지가 많다.

소쩍새 명사

부엉이처럼 귀깃을 가진 여름 철새로 밤에 활동한다.

'소쩍새'와 '두견이'

이 두 새는 전혀 다른 새인데 그 울음소리가 슬프다고 해서 슬픔을 상징하는 새로 인식되어 같은 새처럼 오해를 받게 되었다. 엄밀하게 말하면 소쩍새는 한국인에게 슬픔을 상징하는 새이고, 두견이는 중국인에게 슬픔을 상징하는 새이다. 중국의 시문에 두견이가 슬픔을 상징하는 새로 자주 등장하기 때문에 우리나라 사람도 이에 동화되어 소쩍새와 두견이를 혼동하게 된 것 같다.

소쩍새는 밤에 활동하고 두견이는 낮에 활동한다. 소쩍새는 밤에 우는 새이고, 두견이는 낮에 우는 새이다. 소쩍새는 부엉이처럼 생겼고, 두견이는 뻐꾸기처럼 생겼다. 소쩍새는 자기 알을 자기 스스로 깨워 키우지만, 두견이는 휘파람새나 산솔새 둥지에 알을 낳아 다른 새가 품어 깨우고 키우게 한다. 또 접동새도 우리 시문에 나타나는데, 접동새는 소쩍새의 다른 이름이다.

속 명사 [속:]

① 거죽이나 껍질의 안쪽 부분.
¶ 잘 익은 수박은 속이 빨갛다.
¶ 나무좀은 나무 속에서 살며 나무를 갉아먹고 산다.
② 일정하게 둘러싸인 것의 안쪽 부분.
¶ 추워서 이불 속에 발을 넣었다.
¶ 아무리 추워도 군인은 주머니 속에 손을 넣고 걷지 않는다.
③ 사람의 몸에서 배의 안 또는 위장.
¶ 술을 많이 마셨더니 속이 쓰리다.
¶ 소화가 안 되는지 속이 더부룩하고 거북하다.
④ 사람의 마음 씀씀이.
¶ 그처럼 속이 넓은 사람은 처음 보았다.
¶ 대체로 속이 좁은 사람들이 남을 비난하기 좋아한다.
⑤ 품은 생각.
¶ 그가 자기 속을 털어놓자 사람들이 모두 고개를 끄덕였다.
¶ 네가 그렇게 말을 안 하면 누가 네 속을 알겠니?
⑥ 상황이나 일의 가운데.
¶ 모든 국민을 충격 속으로 몰아넣은 사건이다.
¶ 이야기 속에서나 있을 법한 일이 실제로 벌어졌다.
⑦ 보이지 않는 곳. 감추인 부분.
¶ 다른 사람은 잘 사는 것 같아도 그 속을 들여다보면 저마다 힘든 일이 있다.

복합어

- **속길**[속:-] 명사 큰길에서 떨어져 있거나 건물 안쪽에 있어 큰길에서는 보이지 않는 골목길. 이면도로(裏面道路).
- **속내**[송:-] 명사 겉으로 드러나지 아니한 속마음이나 일의 내막. ¶ 그는 속내를 좀처럼 털어놓지 않았다.
- **속눈**[송:-] 명사 올림말 '속눈[1,2]' 참고.
- **속도랑**[속:-] 명사 위를 덮은 도랑. 덮개를 씌운 도랑.
- **속마음**[송:-] 명사 겉으로 드러나지 아니한 실제의 마음.
- **속멋**[송:-] 명사 밖으로는 드러나지 않고 속에 차 있는 멋. 속에서 우러나는 멋.

- **속병**(－病)[속:－] 명사 올림말 '속병' 참고.
- **속사랑**[속:－] 명사 겉으로 드러내지 않고 속으로 하는 사랑.
- **속사정**(－事情)[속:－] 명사 겉으로 드러나지 않은 내막.
- **속살**[속:－] 명사 ① 옷에 가린 살. ② 겉으로는 보이지 않아도 속으로 실속 있게 찬 살. ③ =속내
- **속앓이**[속:－] 명사 올림말 '속앓이' 참고.
- **속옷**[속:－] 명사 맨 속에 껴입는 옷.
- **속치마**[속:－] 명사 속에 입는 치마.

관용 표현

- **속을 긁다** 남의 비위를 살살 건드리다.
- **속을 끓이다** 귀찮은 일로 자꾸 마음을 태우다.
- **속을 떠보다(/뜨다)** 남의 마음을 알아내려고 넘겨짚다.
- **속을 빼놓다** 줏대나 감정을 억제하다. ¶ 속을 빼놓지 않으면 남의 밑에서 일하기 어렵다.
- **속을 빼다** ① 한 논을 두 번째 갈다. ② =속을 뽑다
- **속을 뽑다** 일부러 남의 마음을 어떤 수단으로 떠보고 그 속내를 드러내 놓다. 속뽑이하다.
- **속을 뽑히다** 실수를 하여 다른 사람에게 자기 속내를 드러내다.
- **속을 썩이다** ① 몹시 마음이 상하게 되다. ② 남의 마음을 몹시 괴롭고 상하게 하다.
- **속을 주다** 남에게 자기가 마음먹은 바를 숨김없이 드러내어 보이다.
- **속을 차리다** ① 자기 실속을 차리다. ② 철이 들어 지각 있게 처신하다.
- **속을 태우다** ① 걱정이 되어 마음을 몹시 졸이다. ② 남의 마음을 몹시 안타깝게 하다.
- **속을 터놓다** =속을 주다 ¶ 우리 서로 속을 터놓고 이야기해 봅시다.
- **속이 달다** 애를 쓰느라고 마음이 죄고 안타까워지다.
- **속이 뒤집히다** ① 비위가 상하여 구역이 날 것 같이 되다. ② 몹시 아니꼽게 느껴지다.
- **속이 보이다** 엉큼한 마음이 들여다보이다. ¶ 속 보이는 말은 하지 마라.
- **속이 뵈다** '속이 보이다'의 준말.
- **속이 시원하다** (애태우며 속으로 바라던 일이 뜻대로 되어) 마음이 후련하다.
- **속이 썩다** 마음이 몹시 상하다.
- **속이 차다** ① 배추 같은 것이 속이 제대로 들다. ② 사람이 허황됨이 없이 지각이 들어차다.
- **속이 타다** 걱정이 되어서 마음이 몹시 달다.

속담

- **속 빈 강정** 실속은 없고 겉만 그럴 듯한 사물이나 일을 두고 하는 말.
- **속으로 기역자를 긋는다** 안 될 것으로 알고 마음속으로 꺾자를 친다는 말.

> **'속'과 '안'**
> 입체로 된 물건은 겉과 속으로 구분된다. '겉'은 보이는 부분이고 '속'은 보이지 않는 부분이다. 이에 비해서 경계가 있고 드나드는 문 같은 것이 있는 경우에는 들어가서 있을 공간을 '안'이라고 하고, 나와서 있을 공간을 '밖'이라고 한다.
> ¶ 주머니 속(○)/안(×)까지 샅샅이 뒤져라.
> ¶ 수많은 사람 속(○)/안(×)에서 그 사람을 찾아냈다.
> ¶ 오래 보관할 포도주는 굴을 파고 그 속(○)/안(×)에 저장한다.
> ¶ 그의 말 속(○)/안(×)에는 뼈가 있다.
> ¶ 아버지께서 방 안(○)/속(×)으로 들어가셨다.

속눈[1] 명사
[송:-]

겉보기에는 감은 듯하나 조금 뜬 눈.
¶ 선생님이 속눈을 떠서 시험 보는 아이들을 감시하듯 바라보고 있다.

속눈[2] 명사
[송:-]

곱자의 안쪽에 새긴 눈금.
¶ 곱자의 바깥 부분에는 겉눈이, 안쪽 부분에는 속눈이 새겨져 있다.

속다 동사

규10-1 속고, 속는, 속으니, 속아서, 속습니다, 속네, 속았다

자동사
① (남의 거짓이나 꾀에) 넘어가다.
¶ 사기꾼에 속아서 전 재산을 날렸다.

② 사실이 아닌 것을 사실로 잘못 알거나, 어떤 것을 다른 것으로 잘못 알다.

복합어

- **눈속임** 명사 남의 눈을 속이는 일. ¶ 마술사의 솜씨는 어디까지나 눈속임에 지나지 않는다.
- **눈속임하다** 자동사 타동사 남의 눈을 속이다. ¶ 고기 무게를 눈속임하여 팔다가 걸렸다.
- **속이다** 타동사 남을 속게 만들다. ¶ 사람을 속이려 드는 사람에게는 안 속을 방법이 없다.
- **속임수**(-數) 명사 남을 속이는 짓. 또는 그런 술수. ¶ 그렇게 간교한 속임수를 나에게 쓰다니.

속병 명사 (-病)[속:-]

① 몸속의 병을 통틀어 이르는 말.

② '위장병(胃腸病)'을 일상에서 이르는 말.

③ 화가 나거나 속이 상하여 생긴 마음의 심한 아픔.

¶ 네 걱정하다가 내가 속병이 다 생겼다.

속앓이 명사 [속:-]

① 속이 아픈 병. 또는 속에 병이 생겨 아파하는 일.

② 겉으로 드러내지 못하고 속으로 걱정하거나 괴로워하는 일.

¶ 혼자 그렇게 속앓이를 하지 말고 가서 말씀을 드려라.

솎다 동사

규10-1 솎고, 솎는, 솎으니, 솎아서, 솎으므로, 솎은, 솎습니다, 솎았다

타동사

(촘촘한 것을) 드문드문 뽑아내어 성기게 하다.

¶ 텃밭에서 솎아 낸 상추로 겉절이를 했다.

복합어

- **솎아베기** [명사] 배게 난 나무를 솎기 위해 베는 일.
- **솎음** [명사] 촘촘히 난 푸성귀 따위를 솎아 내는 일.
- **솎음질** [명사] 솎아 내는 일.
- **솎음질하다** [타동사] 솎아 내는 일을 하다.

손수 부사

남의 힘을 빌리지 아니하고 제 손으로 직접.

¶ 이 편지는 아버지께서 손수 써서 부치신 것이다.

'손수', '몸소', '친히'

① 위 세 낱말은 남에게 시키지 않고 또는 남의 손을 빌리지 않고 제 손으로 직접 하는 것을 나타내는 부사이다. '몸소'는 직접 제 몸으로 무엇을 함을 나타내는 말이다. 다시 말하면 손으로 간단히 할 수 있는 일에는 '손수'를 사용하고, 온몸으로 해야 하는 일에는 '몸소'를 사용한다. '친히'는 경우에 따라서 '몸소'와 '손수'를 아우를 수 있는 말이다.

¶ 이 채소는 어머님께서 손수/몸소/친히 재배하신 것이다.

¶ 어머니께서 손수/친히 뜨신 장갑을 끼고 다닌다.

¶ 음식을 손수/친히 장만하셔서 우리에게 먹이셨다.

¶ 우리를 마중하러 몸소/친히 역까지 나오셨다.

¶ 이분은 몸소 사랑을 실천하신 분이다.

② 위 세 단어는 모두 높임말을 써야 할 자리에만 쓴다. 낮은말을 쓸 사람에게는 쓸 수 없다.

¶ 우리 애가 이 작품을 손수(×)/몸소(×) 만들었다. → 혼자서, 직접

¶ 너희가 손수(×)/몸소(×) 숙제를 해야 한다. → 스스로, 직접

손자 명사 (孫子)

아들이나 딸의 아들. 딸의 아들을 특별히 '외손자'라고 부르기도 한다.

¶ 나는 손자 셋과 손녀 둘을 두었다.

손주 명사 (孫-)

손자와 손녀를 아울러 이르는 말.
¶ 다섯이나 되는 손주가 한꺼번에 몰려오면 정신이 하나도 없다.

속담

- **손주 밥 떠먹고 천장 쳐다본다** 겸연쩍은 일을 해 놓고 모른 척하고 시치미를 떼는 경우를 이르는 말.

송장[1] 명사 [송:-]

죽은 사람의 몸. 주검. 시체(屍體).
¶ 나이 먹었다고 송장 취급하지 마라.

속담

- **송장 빼 놓고 장사 지낸다** 가장 긴요한 것을 잊어버리고 일을 치름을 이르는 말.

'송장', '주검', '시체'

세 낱말 모두 죽은 사람의 몸을 가리키는 말이다. '송장'은 사람에게만 쓰는데 주로 대상을 낮추어 말할 때에 쓴다. '송장'보다 조금 격식을 갖춘 표현이 '주검'이다. '시체(屍體)'는 사람뿐 아니라 동물에게도 쓴다. 특별히 죽은 사람의 몸을 점잖게 가리킬 때는 '시신(屍身)'을 쓴다. '주검'은 동사 '죽다'의 명사형 '죽음'이 변한 형태이다.

송장[2] 명사 (送狀)[송:짱]

① 보내는 짐의 내용을 적은 문서.
② 매매 상품을 멀리 떨어진 곳으로 발송할 때 짐을 받을 사람에게 보내는 상품의 명세서.
¶ 수출을 하면 송장을 은행에 제출하고 물건 값을 은행에서 받는다.

'송장[1]'과 '송장[2]'의 구분

송장[1]과 송장[2]는 소리로 구별한다. 송장[1]은 예사소리로 발음하지만 송장[2]는 '장'을 된소리로 발음해야 한다.

쇠- 접사

접두사

소의 부위이거나 소의 특성이 있음을 나타내는 말.

복합어

- **쇠고기**[쇠:-] 명사 소의 고기. =소고기
- **쇠고집**(-固執)[쇠:-] 명사 몹시 센 고집. 또는 고집이 몹시 센 사람. 황소고집. =소고집
- **쇠귀**[쇠:-] 명사 소의 귀. =소귀 ¶ 쇠귀에 한 말은 아니 나도 어머니 귀에 한 말은 난다는 말이 있으니 말을 조심해야 한다.
- **쇠귀신**(-鬼神)[쇠:-] 명사 ① 소가 죽어서 된다는 귀신. ② 성질이 몹시 끈기가 있고 억센 사람을 비유하는 말. =소귀신
- **쇠꼬리**[쇠:-] 명사 소의 꼬리. =소꼬리
- **쇠똥구리**[쇠:-] 명사 쇠똥구릿과의 곤충. =소똥구리
- **쇠백정**(-白丁)[쇠:-] 명사 고기 따위를 얻기 위해 소를 잡는 일을 직업으로 하는 사람. =소백정
- **쇠뼈**[쇠:-] 명사 소의 뼈. =소뼈
- **쇠뿔**[쇠:-] 명사 소의 뿔. =소뿔 ¶ 쇠뿔도 단김에 빼라고 했듯이 망설이지 말고 생각대로 하게.
- **쇠옹두리**[쇠:-] 명사 소의 옹두리뼈. ¶ 그는 10년 전 강의 교재를 쇠옹두리 우리듯 계속 쓴다.
- **쇠전**(-廛)[쇠:-] 명사 소를 팔고 사는 장. 쇠장. =소전(-廛)
- **쇠죽**(-粥)[쇠:-] 명사 소의 먹이로 주기 위해서 여물로 쑨 죽. =소죽(-粥)
- **쇠코뚜레**[쇠:-] 명사 소의 코청을 뚫어 낀 둥근 나무. 이것에 고삐를 맨다. =소코뚜레 ¶ 쇠코뚜레 공사란 당사자가 희생과 고통을 감수해야 하는 일을 가리키는 말이다.
- **쇠털**[쇠:-] 명사 소의 털. 수량이 몹시 많음을 비유할 때에 쓴다. =소털 ¶ 쇠털같이 많은 날 무슨 일을 하면서 지낸담?

▶ 접사로 쓰는 '쇠-'와 '소-'는 모두 널리 쓰이므로 둘 다 표준어로 인정한다.

쇠다[1] 동사

규11-0 쇠고, 쇠어/쇄, 쇠어서/쇄서, 쇤, 쇠는, 쇱니다, 쇠었다/쇘다

자동사

① (푸성귀의 잎이) 뻣뻣해지다.

¶ 나물은 잎이 **쇠면** 먹을 수 없다.

② 한도를 지나쳐 심해지다.

¶ 의사는 감기가 **쇠어서** 기관지가 나빠졌다고 했다.

¶ 미움이 **쇠면** 원한이 된다.

③ (성질이) 나쁘다. 비뚤어지다.

¶ 그사람은 성질이 너무 **쇠어서** 사귀기 어렵다.

쇠다[2] 동사 [쇠: -]

규11-0 쇠고, 쇠니, 쇠면, 쇠어/쇄, 쇠어서/쇄서, 쇤, 쇠는, 쇱니다, 쇠었다/쇘다

타동사

(명절이나 생일을) 기념하여 지내다.

¶ 경호는 추석을 **쇠러** 시골집으로 내려왔다.

¶ 올해 설은 고향집에 가서 **쇘다**.

¶ 아버지 칠순을 **쇠려고** 온식구들이 다 모였다.

'쇠어라'와 '쇄라'

'쇠다'의 활용형에 '쇠어, 쇠어라, 쇠어서, 쇠었다'처럼 '어'로 시작하는 어미가 오면 각각 '쇄, 쇄라, 쇄서, 쇘다'처럼 줄여 쓸 수 있다. 이때 '쇄'는 모두 긴소리이다. '되다', '괴다', '쬐다' 등도 이처럼 활용한다.

¶ 고사리가 너무 **쇄서**/**쇠어서**(○) 먹을 수 없게 되었다.

¶ 이번에는 고향에서 명절을 **쇄라**/**쇠어라**(○).

¶ 이번 추석은 어떻게 **쇘는지**/**쇠었는지**(○) 모르게 지나갔다.

¶ 이번 설은 처가에 가서 **쇠려**(○)/**쇄려**(×) 합니다.

수[1] 명사

생물에서 새끼를 배지 않거나 열매를 맺지 않는 쪽의 성(性).
¶ 이 동물은 눈으로 보아서는 암인지 수인지 구별하기 어렵다.

수[2] 명사

일을 처리하는 방법이나 수완.
¶ 저 사람들을 즐겁게 해줄 무슨 좋은 수가 없을까?
¶ 이제는 그런 얄팍한 수에는 넘어가지 않겠어.

의존 명사
(주로 '있다', '없다' 따위와 함께 쓰이어) 어떤 일을 할 만한 능력이나 어떤 일이 일어날 가능성.
¶ 살다 보면 그럴 수도 있는 거야.
¶ 너무 빛이 강해서 눈을 뜰 수가 없다.

관용 표현
- **뾰족한 수** 아주 좋은 방법.

수[3] 명사 (手)

바둑이나 장기 따위를 두는 기술. 또는 그 기술 수준.
¶ 네가 나보다 한 수 위인 것 같다.
¶ 너는 수를 읽는 눈이 보통이 아니구나.

의존 명사
바둑이나 장기 따위에서, 한 번씩 번갈아 두는 횟수를 세는 단위.
¶ 한 수만 물리자.

관용 표현

- **수(가) 달리다** 말이나 행동에서 상대편에게 약점을 잡히거나 상대편보다 못하다.
- **수(가) 세다** 남을 휘어잡거나 다루는 힘이 매우 세차다.
- **수(가) 좋다** 수단이 매우 뛰어나다.

수4 명사
(數)[수:]

① 사물을 세어서 나타낸 값.

¶ 참가한 사람의 수가 줄었다.

② (관형사처럼 쓰이어) 여럿 또는 약간을 나타내는 말.

¶ 행렬이 수 킬로미터에 이르는 것 같았다.

복합어

- **수적**(數的)[-쩍] 명사 관형사 수를 기준으로 하는. 또는 그런 것. ¶ 수적으로는 결코 그들에게 뒤지지 않는다. / 상대 팀 선수가 한 명 퇴장하여 우리 팀이 수적으로 우세하였다.

수- 접사

접두사

① 수컷을 뜻하는 말.

② (짝이 있는 사물 이름 앞에 붙어) 길게 튀어나온 짝에 붙이는 말.

¶ 수키와, 수나사, 수톨쩌귀

'수-'와 '숫-'

수컷을 나타내는 접두사로 '수-'와 '숫-[2]'을 쓴다. '양, 염소, 쥐'의 수컷만 '숫-'을 써서 '숫양, 숫염소, 숫쥐'라고 적는다. 그 밖에 모든 동식물에는 '수-'를 붙여 수컷을 나타낸다.

- 글: 수글(암글)
- 노루: 수노루(암노루)
- 놈: 수놈(암놈)

• 말: 수말(암말)
• 새: 수새(암새)
• 소: 수소(암소)
• 여우: 수여우(암여우)
• 은행나무: 수은행나무(암은행나무)
• 짐승: 수짐승(암짐승)

'수－'와 거센소리

① 수컷을 나타내는 접두사 '수－' 뒤에 특정한 명사가 오면 그 명사의 첫소리가 거센소리로 바뀌는데 아래 아홉 가지뿐이다.

• 강아지: 수캉아지, 암캉아지
• 개: 수캐, 암캐
• 것: 수컷, 암컷
• 기와: 수키와, 암키와
• 닭: 수탉, 암탉
• 당나귀: 수탕나귀, 암탕나귀
• 돌쩌귀: 수톨쩌귀, 암톨쩌귀
• 돼지: 수퇘지, 암퇘지
• 병아리: 수평아리, 암평아리

② 이 밖의 것들은 모두 예사소리로 적는다. 곧 '개'의 수컷은 '수캐'이고 '게'의 수컷은 '수게'이다.

• 곰: 수곰, 암곰
• 담비: 수담비, 암담비
• 돌고래: 수돌고래, 암돌고래
• 벌: 수벌, 암벌
• 범: 수범, 암범
• 비둘기: 수비둘기, 암비둘기

수고 명사 [수:－]

애를 쓰고 힘을 들이어 일을 함. 또는 그런 노력.

¶ 경제 발전은 많은 사람의 땀과 수고로 이루어졌다.

복합어

- **수고로이**[수:-] 부사 수고롭게.
- **수고롭다**[수:-] 형용사 일을 처리하기가 힘들다. ¶ 그 일은 혼자서 하기에는 너무 수고로울 것 같다.
- **수고비**(-費)[수:-] 명사 일을 한 수고에 대한 보수. 일에 대해 제대로 주는 삯은 아니다.
- **수고스럽다**[수:-] 형용사 일을 하기에 힘들고 고됨이 있다.
- **수고스레**[수:-] 부사 수고스럽게.
- **수고하다**[수:-] 자동사 애를 쓰고 힘을 들이다. ¶ 수고하고 무거운 짐 진 자들아, 다 내게로 오라.

'수고'의 사용법

① 일을 하는 데에 들인, 고되거나 애쓴 노력을 '수고'라고 하지만 실제 말할 때에는 이 말을 조심스럽게 써야 한다. '수고'는 아랫사람이 윗사람에게 쓰지 않는 말이기 때문이다.

¶ 여러분, 청소하느라고 **수고했습니다.**(선생이 학생에게, 또는 학생이 학생에게)

¶ 선생님, **수고하셨습니다.**(×)(윗사람에게 쓰면 안 됨)

② 윗사람에게는 '노고(勞苦)'나 '고생(苦生)'을 써서 아래와 같이 쓰면 된다.

¶ 선생님, 노고가 크셨습니다. / 선생님, 고생하셨습니다.

③ '수고'와 '수고하다'는 윗사람에게 쓸 수 없지만, '수고비', '수고롭다', '수고스럽다'는 높임법과 관계없이 쓸 수 있다.

¶ 청소해 주신 데에 대한 수고비입니다.

¶ 너무 수고로운 일을 부탁해서 염치가 없습니다.

× 수구리다

'수그리다'의 틀린 말.

수그리다 동사

규11-0 수그리고, 수그리어/수그려, 수그린, 수그립니다, 수그리었다/수그렸다

타동사

① 푹 숙이다.

¶ 고개를 수그리고 지나가지 않으면 머리를 다치기 쉽다.

② (기세나 형세를) 굽히거나 줄이다.
¶ 자존심을 내세울 때와 수그릴 때를 알아야 한다.

복합어

- **수그러들다** 자동사 (기운이나 형세 따위가) 수그러지고 약해지다. ×수구러들다 ¶ 불볕더위가 말복이 지나면 조금씩 수그러들 것이라고 한다.
- **수그러지다** 자동사 ① (형세, 기세가) 점차 줄어들다. ¶ 들끓던 여론이 차츰 수그러지고 있었다. ② 깊이 숙어지거나 굽어들다. ×수구러지다 ¶ 아이 고개가 점점 수그러지더니 금방 잠이 들었다.

> **'수구리다', '수구러들다', '수구러지다'의 표기**
> 흔히 '수구리다, 수구러들다, 수구러지다'로 적기도 하는데 이는 잘못이다. '수그리다', '수그러들다, 수그러지다'로 써야 한다.

수렴 명사 (收斂)

① 여러 생각이나 주장 따위가 한군데로 모아짐. 또는 그것들을 한군데로 모음.
¶ 정책을 결정하기 전에 여론 수렴은 필수다.
② 변수(變數)가 어떤 일정한 값에 한없이 가까워지는 일.
③ 광선 따위가 한 점으로 모이는 일.

복합어

- **수렴하다**(收斂-) 자동사 ① 변수(變數)가 어떤 일정한 값에 한없이 가까워지다. ¶ 수식의 값이 0으로 수렴하는 경우와 무한대로 발산하는 조건을 설명하라. ② 광선, 유체, 전류 따위가 한 점에 모이다. 타동사 ① 여러 의견이나 생각, 주장 따위를 하나로 모아 정리하다. ¶ 정부에서는 각계의 의견을 수렴하여 정책을 세우기로 하였다. ② 광선, 유체(流體), 전류 따위를 한 점에 모으다.

> **'수렴하다'의 잘못 사용**
> '수렴하다'는 마치 볼록렌즈를 통과한 빛이 초점에 모이는 것처럼 각기 다른 의견이나 생각을 조금씩 아울러서 결국 하나로 정리하는 행위를 가리킨다. 단순히 다른 의견을 덧붙이거나 들어 주는 행위와는 사뭇 다르다. 수렴하려면 서로 다른 생각을 토론과 의논을 거쳐 정리하는 과정이 필요하다. 따라

서 아래와 같은 용법은 '수렴하다'를 잘못 쓴 예이다.
¶ 반대 의견도 수렴하여(×) 최선의 정책을 제시하겠습니다. → 참고하여, 받아들여
¶ 급식에 대한 학생들 의견을 수렴하기로(×) 하였다. → 듣기로, 받아들이기로

수발 명사

옆에서 직접 보살피거나 심부름을 함. 시중들며 보살피는 일.

복합어

- **수발하다** 타동사 옆에서 여러 가지 시중을 들다. ¶ 치매 노인을 수발하기는 무척 힘들다.

관용 표현

- **수발을 들다** 옆에서 시중들며 보살피다. ¶ 어머니는 중풍으로 쓰러지신 할머니 수발을 드느라 힘들어 하신다.

수수[1] 명사 (授受)

주고받음.
¶ 검찰은 이번 선거 기간에 금품 수수 행위를 강력하게 단속하겠다고 한다.

복합어

- **수수하다**(授受-) 타동사 주고받다. ¶ 계약 쌍방이 계약이 성립되는 날 계약금을 수수하기로 하였다.

수수[2] 명사 (收受)

거두어 받음.

복합어

• **수수하다**(收受－) 타동사 거두어 받다. ¶ 고위 공무원이 업무와 관련하여 금품을 **수수하**면 뇌물죄로 처벌된다.

'수수[1]'과 '수수[2]'의 차이

'수수(授受)[1]'은 주고받음을 의미한다. 따라서 주는 사람과 받는 사람이 함께 주어인 경우에만 이 말을 쓸 수 있다. '공무원과 업자 사이에는 뇌물 수수 관행이 있다'라고 하면 이 말을 정확하게 쓴 것이다. 그러나 주거나 받는 어느 한쪽만 주어가 된 상태에서 이 말을 쓰면 잘못 쓴 말이 된다. '공무원이 업자에게서 뇌물을 수수하였다'라고 할 때는 '수수(授受)'를 쓰면 안 된다.

'수수(收受)[2]'는 거두어 받음을 의미한다. 거둠을 전제로 하는 행위인 것이다. 그런데 곡식을 거두는 일이나 세금을 거두는 일이나 모두 그럴 권리가 있는 사람이 하는 행위이다. 뇌물을 거둘 권리가 있는 사람은 없다. 즉, 거둘 권리가 없는 사람이 거두는 것이므로 뇌물을 받는 행위를 '수수(收受)하다'라고 말할 수 없다. 따라서 '공무원이 업자에게서 뇌물을 수수(收受)하였다'라고 쓰는 것도 정확한 표현이 아니다. 이 경우에는 그냥 '받았다'라고 해야 한다. 즉, '공무원이 업자에게서 뇌물을 받았다'라고 하여야 정확한 표현이다. 형법상의 뇌물수수죄(賂物授受罪)는 뇌물을 주는 쪽과 받는 쪽 모두를 죄로 보는 용어일 뿐이므로 각자의 행위를 논할 때에는 '뇌물을 수수(收受)했다'라고 하지 말아야 한다.

¶ 허가권을 가진 공무원이 뇌물을 **수수한**(×) 죄로 붙잡혔다. →받은, 먹은

¶ 업자도 공무원에게 뇌물을 **수수한**(×) 죄로 수배하였다. →준, 제공한

¶ 업자와 공무원 모두 **뇌물수수죄**(○)로 처벌을 받게 되었다.

수순 명사 (手順)

① 일을 해 나가는 차례. 순서.

② 바둑에서, 수(手)를 두는 차례.

관용 표현

• **수순을 밟다** 계획된 차례대로 일을 진행하다.

'수순', '순서', '차례'

'수순(手順)'은 바둑 용어가 일상어로 확장되어 사용된 말로서 일본인들이 주로 쓰던 말이다. 따라서 바둑 용어가 아닌 일상어로 쓰는 '수순'은 '순서'나 '차례'로 바꿔 쓰는 것이 바람직하다. 경우에 따라

서는 '절차'로 바꿔 써도 좋다.
¶ 다음 수순을 진행하세요. → 순서/차례
¶ 정한 수순에 따라서 일을 진행하였다. → 순서
¶ 수순을 밟으세요. → 절차

수줍다 형용사

규21-1 수줍고, 수줍으니, 수줍으면, 수줍어, 수줍소, 수줍습니다, 수줍었다

어려워하거나 부끄러워하는 태도가 있다.
¶ 우리 오빠는 여자가 많은 자리에서는 수줍어서 얼굴도 못 든다.

복합어

- **수줍어하다** 자동사 부끄러워하는 기색을 하다.
- **수줍음** 명사 수줍어하는 일.

수채 명사

집 안에서 버린 물이 집 밖으로 흘러 나가도록 만든 시설. 하수도.
¶ 설거지한 물이나 빨래한 물은 수채를 거쳐서 집 밖으로 흘러나갔다.

복합어

- **수채통**(-筒) 명사 수채에 버린 물이 흘러가도록 땅속에 묻은 통.
- **수챗구멍** 명사 수채로 허드렛물이 빠져나가는 구멍.

'수채', '수채통', '하수관'
전통적으로 집에서 쓴 허드렛물은 '수채(수챗구멍)'에 버리는데, 수채는 마당 한쪽 가장자리에 파서 만들고 그 위를 돌 따위로 덮었다(덮지 않고 두기도 한다). 수채에서 흐르는 구정물은 집 밖으로 나가 다른 집의 수채에서 흘러나온 물과 합쳐져 도랑을 이루게 된다.

그런데 수채가 보기에 좋지 않고 자주 막히므로 통(筒, 대롱)을 묻어 땅속으로 개숫물이 흐르게 만든 것이 '수채통'이다. 수채통은 대체로 마당에만 묻어 놓기 때문에 집 밖으로 나가면 도랑으로 흐르게 된다. 집집에서 흘러나온 구정물이 도랑에서 합쳐지므로 매우 불결하다. 그래서 더러워진 도랑을 '도랑창'이라고 한다.
우리말에는 이 도랑을 땅속으로 흐르게 만든 시설을 일컫는 낱말이 없다. '도랑통' 같은 말이 없는 것이다. 그래서 수채통에서 땅속 도랑으로 흐르도록 하는 시설을 '하수관'이나 '하수관거'(下水管渠)라는 한자어로 쓰게 되었다. '통(筒)'이 '관(管)'으로, '도랑'이 '거(渠)'로 바뀐 것이다. 이 한자어는 일본에서 쓰는 용어이다. 우리가 스스로 도랑에 통을 묻어 땅속으로 하수를 흘려보내게 되었다면 '도랑통'이라는 말이 생겼을 것이다. 기술의 발달이 언어의 발달을 이끈다는 점을 알게 해 주는 낱말이다.

숟가락 명사 ㊜ 숟갈

밥이나 국을 떠먹는 도구.

복합어

- **숟가락질** 명사 숟가락으로 밥을 떠먹는 짓.
- **숟가락질하다** 자동사 숟가락으로 밥을 떠먹다.
- **숟가락총** 명사 숟가락의 자루.

숟갈 명사

'숟가락'의 준말.

'숟가락'의 표기

'젓가락'은 'ㅅ' 받침인데 왜 '숟가락'은 'ㄷ' 받침일까? 젓가락은 '저+가락'의 합성어이고, 숟가락은 '술+가락'의 합성어이다. '저+가락'은 자연스럽게 '젓가락'으로 표기하게 되지만 '술+가락'은 받침이 있으므로 사이시옷을 붙이지 않고 대신에 'ㄹ'이 급박하게 바뀌어 'ㄷ'이 되었다. '설+달'이 '섣달'로, '이틀+날'이 '이튿날'로 바뀌는 것도 같은 현상이다.

숨기다 동사

규11-0 숨기고, 숨기어/숨겨, 숨긴다, 숨깁니다, 숨기었다/숨겼다

사동사

'숨다'의 사동형.

¶ 나무꾼이 사냥꾼에게 쫓기던 사슴을 숨겨 주었다.

¶ 경찰의 추적을 피해 집으로 들어온 학생을 방 안에 숨겼다.

타동사

어떤 사물을 남이 보이지 않는 곳에 두다. 또는 어떤 사실이나 행동을 남이 모르게 감추다.

¶ 자기 잘못을 아무리 숨기려 해도 결국 드러나게 된다.

¶ 다 알고 있는 일을 굳이 그에게만 숨기는 이유가 뭐냐?

▶ '숨기다'와 '감추다'의 차이는 올림말 '감추다' 참고.

숨다 동사 [숨:따]

규11-1 숨고, 숨지, 숨:는, 숨어, 숨습니다, 숨으오, 숨었다

자동사

① 보이지 않게 몸을 감추다.

¶ 꼭꼭 숨어라 머리카락 보일라.

② (주로 '숨은' 형태로 쓰이어) 겉으로 드러나지 아니하다. 보이지 않게 잠겨 있다.

¶ 나라가 발전하려면 숨은 인재를 찾아 공무를 맡겨야 한다.

¶ 그의 성공 뒤에는 어머니의 숨은 노력이 있었다.

복합어

- **숨어들다**[숨:-] 자동사 몰래 들어가거나 들어오다. ¶ 농민군들은 지리산으로 숨어들어갔다.

속담

- **숨다 보니 포도청 집이라** 피하여 숨는다고 하필 포도청으로 들어갔다는 뜻으로, 어떤 일이 뜻밖에 낭패를 보았다는 말.

숫-[1] 접사

접두사

아직 손이 닿지 않았거나, 본디 그대로의 것임을 나타내는 말.

¶ 숫눈길, 숫보기, 숫음식, 숫되다

복합어

- **숫구멍** 명사 갓난아기의 정수리가 아직 덜 굳어서 숨 쉴 때마다 팔딱팔딱 뛰는 곳.
- **숫국** 명사 숫보기로 있는 사람이나 진솔 그대로 있는 물건.
- **숫눈**[순 -] 명사 내린 뒤 아무도 밟거나 더럽히지 않은 깨끗한 눈.
- **숫눈길**[순 - 낄] 명사 눈이 내린 뒤 아무도 가지 않은 길.
- **숫되**다 형용사 약빠르지 않고 순진하다.
- **숫보기** 명사 ① 숫된 사람. 어리숙한 사람. ¶ 숫보기인 줄 알았는데 뜻밖에 야무진 데가 있구나. ② 숫처녀나 숫총각.
- **숫사람** 명사 꾸밈이 없고 숫된 사람. ¶ 숫사람을 속이기야 손바닥 뒤집기지.
- **숫색시** 명사 남자와 성관계를 한 적이 없는 여자. 숫처녀.
- **숫스럽**다 형용사 순진하고 어수룩한 티가 있다.
- **숫스레** 부사 순진하고 어수룩하게.
- **숫음식**(-飮食) 명사 만든 후 아직 입에 대지 않은 음식.
- **숫접**다 형용사 순박하고 진실하다.
- **숫지**다 형용사 순박하고 인정이 두텁다.
- **숫처녀**(-處女) 명사 =숫색시
- **숫총각**(-總角) 명사 여자와 성관계를 한 적이 없는 남자.
- **숫티** 명사 숫된 몸가짐이나 모양. ¶ 딸아이가 어느새 숫티를 벗고 어엿한 숙녀가 되었다.
- **숫하**다 형용사 순박하고 진실하다.

숫-[2] 접사

접두사

'수컷'을 나타내는 말.

복합어

- **숫양**(-羊)[순냥] 명사 양의 수놈.
- **숫염소**[순념-] 명사 염소의 수놈.
- **숫쥐** 명사 쥐의 수컷.

> **수컷 표기**
>
> 수컷을 나타내는 접두사는 '수-'이다. 명사 앞에 '수-'를 붙이면 수컷을 나타낸다. '숫-'을 붙이는 경우는 '양, 염소, 쥐'의 세 동물뿐이다. 그 외의 명사 앞에 '숫-'을 붙이는 것은 잘못이다.
>
> - 숫놈(×)→수놈 / 숫사슴(×)→수사슴
> - 숫줄(×)→수줄 / 숫짐승(×)→수짐승

▶ 접두사 '수-'와 '숫-'의 차이는 올림말 '수-' 참고.

숫기 명사 (-氣)

(수컷의 기운이나 기질의 뜻에서) 활발하고 쾌활한 기질. 남성다운 기질.

¶ 그는 워낙 숫기가 없는 사람이라 조금만 꾸중해도 얼굴이 벌게진다.

¶ 숫기 좋은 사람은 아무에게라도 제 할 말은 다 한다.

관용 표현

- **숫기가 없다** 부끄럼이 많다.
- **숫기가 좋다** 수줍어하지 않고 쾌활하다.

숫자 명사 (數字)[숟:짜]

① 수를 적은 글자.

¶ 유치원에서 아이들에게 숫자를 가르친다.

② 숫자로 표시되는 사항. 또는 수량적인 사항.

¶ 그 사람은 숫자에 밝다.

③ 사람이나 사물의 수.
¶ 사람 숫자에 맞추어 음식을 준비한다.

'숫자'의 표기

'숫자'는 한자어 '수자(數字)'에 'ㅅ'을 덧붙인 표기이다. 발음이 [수짜]로 나는 현상(된소리로 발음되는 현상)을 표시하기 위해서 한글맞춤법에 따라 'ㅅ'을 덧붙인 것이다. 한자어 가운데에서 아래 여섯 낱말에는 'ㅅ'을 덧붙인다.

- 곳간(庫間), 셋방(貰房), 숫자(數字), 찻간(車間), 툇간(退間), 횟수(回數)

다음 경우에는 된소리로 발음되지만 'ㅅ'을 덧붙이지 않는다. 한글맞춤법에서 'ㅅ'을 덧붙이도록 허용하지 않았기 때문이다.

- 개수(個數), 고가(高價), 대가(代價), 도수(度數), 소수점(小數點), 수적(數的), 시가(市價), 시구(詩句), 시점(時點), 이과(理科), 이점(利點), 저가(低價), 전세방(傳貰房), 치과(齒科), 호수(戶數), 화병(火病), 화증(火症)

'숫자'에 덧붙인 'ㅅ'을 사이시옷이라고 한다. 원래 사이시옷은 낱말과 낱말을 합성하여 하나의 단어(합성어)를 만들 때에 두 단어 사이에서 덧나는 소리를 표시하기 위해서 사용하는 글자이다. '내+가=냇가, 배+길=뱃길, 비+방울=빗방울, 나무+잎=나뭇잎, 이+몸=잇몸'의 'ㅅ'이 그것이다. 한글맞춤법은 낱말과 낱말 사이가 아니라도 위에 제시한 여섯 한자어에는 사이시옷을 붙이도록 하였다.

× 숫적

'수적(數的)'의 틀린 표기.
¶ 우리 축구 선수들이 숫적(×)/수적(○) 열세를 만회하지 못하고 패하였다.

쉬다[1] **동사** [쉬:-]

규11-0 쉬고, 쉬며, 쉬어, 쉰, 쉴, 쉽니다, 쉬었다

자동사

음식 따위가 상하여 먹을 수 없을 정도가 되다.
¶ 나물이 쉬어서 먹을 수 없다.
¶ 쉰 음식은 아깝더라도 바로 버려야 한다.

ㅅ

복합어

- **쉰내**[쉰ː-] 명사 음식 따위가 쉬어서 나는 시큼한 냄새.
- **쉰밥**[쉰ː-] 명사 쉬어서 쉰내가 나고 시큼한 맛이 나는 밥.

쉬다[2] 동사 [쉬ː-]

규11-0 쉬고, 쉬며, 쉬어, 쉰, 쉴, 쉽니다, 쉬었다

자동사

목청에 탈이 나서 목소리가 거칠거나 잘 나지 않게 되다.

¶ 쉰 목소리 때문에 말을 알아듣기 어려웠다.

복합어

- **목쉬**다 자동사 목이 잠겨 소리가 제대로 나지 아니하다.

쉬다[3] 동사 [쉬ː-]

규11-0 쉬고, 쉬며, 쉬어, 쉰, 쉴, 쉽니다, 쉬었다

자동사

① 피로를 풀려고 몸을 편안히 두다.

¶ 조금도 쉬지 못하고 일을 했다.

¶ 전혀 쉴 틈을 주지 않고 일을 시킨다.

② 잠시 머무르다.

¶ 어머니는 딸네 집에 잠시 쉬러 가셨다.

¶ 시골집에 가서 푹 쉬고 왔다.

③ 움직임을 멈추다.

¶ 올해는 우리 공장이 쉬지 않고 가동했다.

¶ 오늘은 개교 기념일이어서 학교가 쉰다.

④ 일터에 나가지 않다.

¶ 당분간 쉬면서 새로운 일을 알아볼 생각이다.

타동사

① (일을) 잠시 그치다.

¶ 하는 일을 쉬고 새참을 먹자.

¶ 오랫동안 일을 쉬었더니 손이 서투르다.

② (손이나 다리를) 잠시 쓰지 않다.

¶ 너무 다리가 아프니 다리를 좀 쉬어야겠다.

¶ 손을 쉴 틈이 없이 일했다.

③ (회사나 학교를) 안 가다.

¶ 몸이 아파서 어제 회사를 쉬었다.

복합어

- **쉬엄쉬엄** 부사 ① 쉬어 가며 천천히 길을 가거나 일을 하는 모양. ¶ 바쁜 일이 없으니 쉬엄쉬엄 가자. ② 그쳤다 계속되었다 하는 모양. ¶ 비도 쉬엄쉬엄 내리고 있다.
- **쉬엄쉬엄하다** 타동사 ① 쉬어 가며 천천히 길을 가거나 일을 하다. ¶ 아무리 일을 쉬엄쉬엄해도 기한보다 훨씬 일찍 끝날 것 같다. ② 그쳤다 계속되었다 하다.
- **쉼터**[쉼:-] 명사 쉬는 장소.
- **쉼표**(-標)[쉼:-] 명사 ① 문장 부호의 하나. 쉼표에는 반점(,), 모점(、), 가운뎃점(·), 쌍점(:), 빗금(/)이 있는데, 이 가운데에서 흔히 반점만을 이르기도 한다. ② 악보에서, 쉼을 나타내는 기호. 온쉼표, 이분쉼표, 사분쉼표, 팔분쉼표, 십육분쉼표 따위가 있다.

관용 표현

- **쉬었다 가다** 쉬고 나서 가다. ¶ 다리가 아프니 여기서 조금 쉬었다 갑시다.

속담

- **쉬려던 차에 넘어진다** 쉬려고 하던 차에 넘어지게 되었다는 뜻으로, 속으로 바라던 일을 할 수 있는 조건이나 핑계가 생김을 이르는 말.

'쉬엄쉬엄'의 형태

'쉬다'의 명사형은 '쉼'이다. '쉬엄쉬엄'은 다른 명사형 '쉬엄'을 두 번 반복한 형태이다. 이처럼 특별한 명사형으로 새로운 말을 만들어 내는 경우가 종종 있다.

- 기다: 기엄기엄
- 띄다: 띄엄띄엄
- 밟다: 발맘발맘

• 밟다: 발밤발밤
• 보다: 보암보암
• 쉬다: 쉬엄쉬엄
• 알다: 알음알음, 알음알이
• 잇다: 이엄이엄
• 죄다: 죄암죄암
• 쥐다: 쥐엄쥐엄

쉬다[4] 동사 [쉬:-]

규11-0 쉬고, 쉬는, 쉬며, 쉬어, 쉰, 쉴, 쉽니다, 쉬었습니다

타동사

① 입이나 코로 공기를 들이마셨다 내보냈다 하다.
¶ 숨을 쉬는 동안은 살아 있는 것이다.
② (괴로움이나 긴장감 때문에) 크게 숨을 쉬다.
¶ 어머니가 무슨 걱정이 있는지 한숨을 쉬신다.

복합어

• **내리쉬**다 타동사 크게 들이마신 숨을 길게 내뱉다.
• **내쉬**다[내:-] 타동사 숨을 밖으로 내보내다.
• **들이쉬**다 타동사 숨을 몸 안으로 들여보내다.
• **몰아쉬**다 타동사 숨 따위를 한꺼번에 모아 쉬다.
• **숨쉬기** 명사 공기를 마시고 내보내는 일.
• **치쉬**다 타동사 숨을 크게 들이마시다.

'쉬었다'와 '셨다'
'쉬었다'를 빨리 발음하면 '셨다'처럼 들려서 이를 '쉬었다'의 준말로 보거나 심지어 그렇게 적기도 하는데, 이는 잘못이다. '쉬었다'를 '쉬였다'처럼 발음할 수도 있는데, 현행 표기법에서는 이를 '셨다'로 줄여 표기하도록 허용하지 않는다. '셨다'는 '시다'의 과거형인 '시었다'의 준말이다.

쉽사리 부사 [쉽:-]

아주 쉽게. 또는 순조롭게.

¶ 일이 **쉽사리** 해결될 것 같지 않다.

¶ 여러 해 동안 한문 공부를 하고 있어서 중국어를 **쉽사리** 익혔다.

▶ '쉽사리'와 '어렵사리'의 용법은 올림말 '어렵사리' 참고.

× 스다

'시다'의 틀린 말.

¶ 이렇게 슨(×)/신(○) 사과는 처음 먹어 보는 것 같다.

¶ 이 과일은 너무 서서(×)/시어서(○) 못 먹겠다.

ㅅ

-스럽다 접사

-스럽고, -스럽지, -스럽네, -스러운, -스러워, -스럽습니다, -스러웠다

접미사

'그러한 특성과 비슷한 성질이 있음'의 뜻을 더하여 형용사를 만드는 말.

¶ 그렇게 밉살스러운 사람은 처음 보았다.

¶ 그 사람은 고집스럽게 원칙을 지킨다.

¶ 모란꽃이 탐스럽게 피었다.

¶ 아이 거짓말이 어찌나 능청스럽던지 하마터면 속을 뻔했다.

'-스럽다'가 붙은 형용사

가증스럽다, 간사스럽다, 감격스럽다, 감탄스럽다, 갑작스럽다, 개탄스럽다, 거북스럽다, 거짓스럽다, 거추장스럽다, 걱정스럽다, 경사스럽다, 고급스럽다, 고생스럽다, 고집스럽다, 고통스럽다, 곤혹스럽다, 교만스럽다, 그악스럽다, 극성스럽다, 근심스럽다, 급작스럽다, 깜찍스럽다, 끔찍스럽다, 남우세스럽다, 능청스럽다, 다행스럽다, 당혹스럽다, 당황스럽다, 덕스럽다, 만족스럽다, 맛깔스럽다, 망신스럽다, 멋스럽다, 미련스럽다, 미안스럽다, 민

망스럽다, 믿음직스럽다, 밉살스럽다, 번잡스럽다, 변덕스럽다, 별스럽다, 복스럽다, 부잡스럽다, 불경스럽다, 불량스럽다, 불만스럽다, 불명예스럽다, 비밀스럽다, 상스럽다, 새삼스럽다, 성스럽다, 소란스럽다, 송구스럽다, 수다스럽다, 수선스럽다, 수치스럽다, 시골스럽다, 시원스럽다, 신비스럽다, 실망스럽다, 쑥스럽다, 야만스럽다, 어른스럽다, 억지스럽다, 여성스럽다, 염려스럽다, 영광스럽다, 예쁘장스럽다, 예스럽다, 요란스럽다, 용맹스럽다, 우려스럽다, 우스꽝스럽다, 우악스럽다, 위험스럽다, 유감스럽다, 유난스럽다, 을씨년스럽다, 의문스럽다, 의심스럽다, 익살스럽다, 자랑스럽다, 자연스럽다, 잡스럽다, 정성스럽다, 조심스럽다, 좀스럽다, 죄송스럽다, 지성스럽다, 짐스럽다, 창피스럽다, 천연덕스럽다, 청승스럽다, 촌스럽다, 추잡스럽다, 충성스럽다, 치욕스럽다, 탐스럽다, 태연스럽다, 태평스럽다, 평화스럽다, 한스럽다, 한심스럽다, 허접스럽다, 험상스럽다, 험악스럽다, 혐오스럽다, 호들갑스럽다, 호사스럽다, 혼란스럽다, 혼잡스럽다, 후회스럽다, 흉물스럽다, 흔연스럽다

'-스러운'과 '-스런'

'-스러운'을 줄여서 '-스런'으로 표기하는 경우가 있다. 그러나 '-스러운'을 '-스런'으로 줄인 형태는 바른 표기로 보지 않는다. 따라서 '-스런'으로 표기하는 것은 잘못이다.

¶ 지도자가 그렇게 거짓말하는 것은 수치스런(×) 일이다. → 수치스러운

¶ 이렇게 경사스런(×) 날에 놀지 않을 수 있겠소? → 경사스러운

¶ 이 사고는 참으로 유감스런(×) 일입니다. → 유감스러운

▶ '-스럽다'와 '-답다'의 차이는 올림말 '-답다' 참고.

슬겁다 형용사

불21-3 슬겁고, 슬겁지, 슬거운, 슬거워, 슬겁습니다, 슬거웠다

① (집이나 세간 따위가) 겉보기보다 속이 꽤 너르다.

¶ 작은 집이지만 겉보기보다 꽤 슬거워서 지내는 데에 불편은 없었다.

② (마음씨가) 너그럽고 미덥다.

¶ 그 사람은 마음씨가 슬거워서 동기들끼리 화목하게 잘 지내도록 이끈다.

¶ 저렇게 속이 슬거운 사람은 만나기 어려울 거야.

× -슴

명사형 어미 '-음'의 틀린 표기.

> **'-음'과 '-슴'**
> 지금 한글맞춤법에서는 '있습니다', '갔습니다', '좋습니다'처럼 '-습니다'를 어미로 인정하고 있기 때문에 이에 영향을 받아 이들의 명사형을 '있슴', '없슴', '갔슴', '좋슴'처럼 사용하여 마치 '-슴'을 명사형 어미로 오해하기 쉬운데 이는 잘못이다. '-슴'이라는 어미는 없고, 명사형을 만드는 어미로는, 받침이 없는 용언의 경우에는 '-ㅁ'을, 받침이 있는 용언의 경우에는 '-음'을 사용한다. 따라서 '있음', '없음', '갔음', '좋음'처럼 써야 한다.
> ¶ 오늘은 비가 내렸슴(×). → 내렸음
> ¶ 그는 집으로 돌아갔슴(×). → 돌아갔음
> ¶ 나는 그가 이미 나가고 없슴(×)을 알았다. → 없음

ㅅ

-습니까 어미 [슴-]

종결 어미

(받침이 있는 어간에 붙어) 높임과 의문을 나타내는 말.

¶ 누가 왔습니까?
¶ 어제 어디 갔습니까?
¶ 기분이 어떻습니까?
¶ 아이들이 밥을 먹었습니까?

-습니다 어미 [슴-]

종결 어미

(받침이 있는 어간에 붙어) 높임과 서술을 나타내는 말.

¶ 다람쥐는 도토리를 잘 먹습니다.

¶ 오늘 날씨가 매우 좋습니다.
¶ 그렇습니다. 제가 그 일을 했습니다.
¶ 오늘 사고가 일어났습니다.
¶ 잘 다녀왔습니다.

'-습니다'와 '-습니까'의 용법

평서문에는 '-ㅂ니다'를 쓰고, 의문문에는 '-ㅂ니까'를 쓴다. 용언의 어간 끝음절이 모음인 경우에 그렇다('ㄹ' 받침인 경우에는 'ㄹ'이 탈락한다). 용언의 어간 끝음절이 'ㄹ' 외의 자음이면 '-습니다', '-습니까'를 쓴다. 어간과 이들의 관계는 아래 표와 같다.

		용언의 어간 끝음절이 모음인 경우 ('ㄹ'인 경우 포함)	용언의 어간 끝음절이 자음인 경우 ('ㄹ'인 경우 제외)
평서형		갑니다, 합니다, 줍니다	막습니다, 집습니다
의문형		갑니까, 합니까, 줍니까	막습니까, 집습니까
-시-	평서형	가십니다, 하십니다, 주십니다	막으십니다, 집으십니다
	의문형	가십니까, 하십니까, 주십니까	막으십니까, 집으십니까
-었- -였-	평서형	갔습니다, 하였습니다, 주었습니다	막았습니다, 집었습니다
	의문형	갔습니까, 하였습니까, 주었습니까	막았습니까, 집었습니까

어간 끝음절이 자음인 경우에는 어간에 '-읍니다', '-읍니까'를 붙이지 않는다.
¶ 우리는 과일을 먹읍니다(×). → 먹습니다
¶ 강에서 물고기를 잡읍니까(×)? → 잡습니까

승부 **명사** (勝負)

이김과 짐. 승패(勝敗).

복합어

- **명승부**(名勝負) 명사 경기나 경쟁 따위에서 이기고 지는 것이 멋지게 이루어지는 일. ¶ 이 두 팀은 언제나 명승부를 펼쳐 관중을 즐겁게 해 준다.
- **무승부**(無勝負) 명사 내기나 경기 따위에서 이기고 짐이 없이 비김.
- **승부사**(勝負師) 명사 승부수를 잘 사용하여 이기기를 잘 하는 사람.

- **승부수**(勝負手) 명사 승패를 좌우하는 중요한 수. 주로 지고 있는 편이 상황을 뒤바꾸기 위하여 마지막 결단으로 쓰는 수를 일컫는다.
- **승부욕**(勝負慾) 명사 이길 욕심. 기어이 이기려 하는 욕심.
- **승부차기**(勝負 -) 명사 축구에서, 무승부인 경우 승패를 결정짓기 위하여 페널티킥처럼 차는 방식.
- **승부처**(勝負處) 명사 이기고 지는 것이 결정되는 상황이나 시점.

관용 표현

- **승부를 가르다** 이기고 지는 갈림길이 되다. ¶ 체력이 경기의 승부를 가르는 중요한 변수이다.
- **승부를 겨루다** 누가 이기고 누가 지는지 겨루다.
- **승부를 내다** 이기거나 지거나 결판을 내다.
- **승부수를 던지다(/띄우다)** 승리를 확실하게 잡기 위하여 결정적인 수를 쓰다.

'승부'와 '승패'

두 낱말 다 '이기고 짐'을 가리킨다. 의미는 같지만 실제로는 다르게 사용하고 있다. '승부(勝負)'가 다른 낱말과 어우러져 여러 가지 관용 표현을 만들어 냈는데(위의 복합어와 관용 표현 참고), '승패(勝敗)'는 오로지 '이기고 짐'이라는 본래 의미에 한정하여 독립적으로 쓴다. 그렇게 된 까닭은 '승부'가 일본에서 들어온 말로서 일본인이 여러 관용어를 만들어 사용한 것을 그대로 받아들여 쓰게 된 데 있다. '승패'는 우리가 사용법을 확장하지 못해서 제한적으로 쓰게 된 것으로 보인다.

ㅅ

-시- 어미

선어말 어미

높임의 뜻을 더하는 말.

¶ 지금 보시는 책이 바로 제 책입니다.

¶ 언제 오려고 하십니까?

¶ 이분이 바로 네 고모님이시고 저분은 네 이모님이시다.

'-시-'의 용법

① '-시-'는 어간 바로 뒤, 어말 어미 앞에 둔다. 다른 어떤 선어말 어미보다도 더 앞에 둔다.
'보시면(보+시+면), 가시었다(가+시+었+다)

② 용언의 어간 끝음절에 받침이 있으면('ㄹ' 받침 제외) '-으시-'를 쓴다.

• 받침이 없는 경우

¶ 가슴이 뿌듯하시죠? (뿌듯하+시+죠)

¶ 할아버지께서 오신다. (오+시+ㄴ다)

• 받침이 'ㄹ'인 경우

¶ 천천히 미시오. (밀+시+오)

¶ 천천히 미셔야 합니다. (밀+시+어야)

• 받침이 있는 경우 ('ㄹ' 받침 제외)

¶ 기분이 좋으시겠습니다. (좋+으시+다)

¶ 앉으실 곳이 없습니다. (앉+으시+ㄹ)

③ '이다'가 붙는 경우, 명사의 끝음절에 받침이 있으면 '-이시-'를 붙인다.

• 받침이 없는 경우

¶ 그분이 신부시다. (신부+시+다)

¶ 이분은 목사십니다. (목사+시+ㅂ니다)

• 받침이 있는 경우

¶ 이분이 그 선생님이시다. (선생님+이+시+다)

¶ 이분이 그 선생님이십니까? (선생님+이+시+ㅂ니까)

④ '-시-'는 자기가 높이려는 사람의 자녀나 친척, 공식적인 자리에서는 나이가 어린 사람에게도 붙인다.

¶ 아드님은 요즘 무슨 일을 **하시나요**? (상관의 아들이 자기보다 나이가 어리더라도)

¶ 어린이 여러분, 제 말 **들리세요**? (많은 어린이들에게 공개적으로 말할 때)

'-시-'의 잘못 사용

① '-시-'는 문장의 주어를 높이는 데에 쓴다. 높임의 대상이 되는 주어는 자기보다 나이가 많은 사람이나 지위가 높은 사람이다. 사물은 높임의 대상이 아니므로 사물이 주어인 경우에 '-시-'를 쓰지 않는다.

¶ 커피 **나오셨습니다**(×). → 커피 나왔습니다

¶ 이 옷은 10만 **원이십니다**(×). → 10만 원입니다

¶ 카드 결제 **가능하시고요**(×), 환불도 **가능하십니다**(×). → 가능하고요, 가능합니다

¶ 혹시 고장 **나시면**(×) 애프터서비스도 **보장되십니다**(×). → 고장 나면, 보장됩니다

② 서술어로 '되다'를 쓸 수 없는데 '되다'를 써서 '-시-'를 쓴 아래와 같은 경우는 잘못된 표현이다. '좋은 하루', '즐거운 여행', '즐거운 명절', '즐거운 쇼핑' 따위는 '되다'를 서술어로 쓸 수 없다. 따라서 '되다' 대신에 '보내다', '하다', '쇠다'를 쓰거나, '되기 바랍니다'처럼 표현을 바꿔야 한다.

¶ 좋은 하루 **되십시오**(×). → 보내십시오

¶ 즐거운 여행 되세요(×). → 하세요, 즐겁게 여행하세요
¶ 즐거운 명절 되세요(×). → 보내세요, 명절 즐겁게 쇠세요
③ 사물이라도 상대와 인격적으로 밀착된 사물인 경우에는 상대를 높이는 의미에서 높임의 대상이 될 수 있다. 상대의 몸의 일부, 상대와 매우 가까운 사물이 이에 해당한다.
¶ 오늘 기분이 좋아 보이십니다.
¶ 얼굴이 무척 고우세요.
¶ 옷이 참 잘 어울리십니다.

시가[1] 명사
(市價)[시:까]

시장에서 거래되는 가격. ×싯가
¶ 이 땅은 현재 시가로 10억 원이 넘을 거다.

ㅅ

시가[2] 명사
(時價)[- 까]

일정한 시기의 가격. 시세(時勢). ×싯가
¶ 정부가 고시한 오늘의 시가를 알려 주세요.

시구 명사
(詩句)[시:꾸]

시(詩)의 구절. ×시귀, 싯구
¶ 시집을 펴서 시구들을 나직이 읊어 보았다.

× 시귀

'시구(詩句)'의 틀린 표기.

시나브로 부사

① 모르는 사이에 조금씩.

¶ 밤에 시나브로 눈이 내리더니 지금은 다닐 수 없을 정도로 쌓였다.

¶ 한 잎 또 한 잎 시나브로 잎이 지면서 가을도 저물어 간다.

② 다른 일을 하는 사이에 틈틈이.

¶ 그동안 시나브로 익혀 왔던 기타 실력을 뽐낼 수 있는 기회가 왔다.

'시나브로'와 '야금야금'

'시나브로'는 어떤 일이 아주 느리게 진행되어 쉽게 눈치 채지 못할 정도임을 나타내는 말이다. 주로 자연의 변화나 오래 진행하는 일에 쓴다. '야금야금'은 남이 눈치 채지 못하게 조금씩 행동하는 모양을 나타낸다. 주로 무엇을 축내는 행위에 쓴다.

시늉 명사

(어떤 일을) 정말로 하는 것처럼 그럴 듯하게 꾸미어 거짓으로 하는 행동.

¶ 때리는 시늉하면 우는 시늉부터 한다는 말은 서로 손이 잘 맞는다는 말이다.

¶ 네 방 좀 치우랬더니, 시늉만 내는구나.

복합어

- **겉시늉** 명사 겉으로만 하는 체하는 짓. ¶ 공부 좀 하랬더니 마지못해 겉시늉만 내고 있구나.
- **눈시늉** 명사 눈으로 하는 시늉.
- **손시늉** 명사 손으로 하는 시늉.
- **시늉말** 명사 소리나 모양, 동작 따위를 흉내 내는 말. ¶ 웃는 모습을 나타내는 시늉말로, 생긋, 빙그레, 생글생글, 방실방실, 씩 따위가 있다.
- **시늉하**다 타동사 어떤 모양이나 움직임을 정말로 하는 것처럼 그럴 듯하게 꾸미다.
- **죽는시늉** 명사 변변찮은 고통이나 곤란에 대하여 엄살을 부리며 하는 몸짓. ¶ 요즘 장사가 안 된다고 죽는시늉을 하면서 물건을 좀 팔아 달라고 한다.
- **죽는시늉하**다 자동사 엄살을 부리는 몸짓을 하다.

'시늉'과 '흉내'

두 낱말은 비슷한 것 같으면서도 다른 점이 있다. 비슷한 점은 두 낱말 다 원래 행위와 닮은 행위를 한다는 점이다. '죽은 시늉'은 마치 죽은 사람처럼 가만히 있는 몸짓을 의미하지만 실제로는 죽지 않았다. '죽은 흉내'도 마찬가지로 실제는 죽지 않았지만 죽은 것처럼 가만히 있는 것이다. 둘 다 죽음 그 자체의 행위가 아니고 거짓으로 하는 '죽음과 닮은' 행위이다. 두 낱말의 차이는 그 행위를 어떻게 보는가에 있다.

'시늉'은 상대를 속이기 위해서 하는 경우가 많다. '죽은 시늉'은 상대가 죽은 것으로 오해하도록 하기 위해서 하는 행위이다. 반면에 '죽은 흉내'는 어떻게 하면 죽은 것처럼 보이게 할까 생각하며 하는 행위이다. 상대는 그가 죽지 않았음을 알고 다만 그 행위가 얼마나 죽은 행위와 닮았는지를 평가하는 위치에 선다. 따라서 죽은 흉내에는 우스개가 섞일 수 있고, 정말로 죽은 흉내를 잘 낸다면 칭찬도 받을 수 있다.

이에 비해서 '죽은 시늉'을 잘 하면 정말 죽은 사람으로 인식되어 거기서 오는 이익을 그 사람만 차지하고 이에 속은 사람은 화가 난다. 이런 차이를 이해한다면 상황에 따라서 '시늉'을 쓸 것인지 '흉내'를 쓸 것인지 판단할 수 있다. 한 가지 덧붙일 것은 '시늉'은 '하다' 동사와 어울리고, '흉내'는 '내다' 동사와 어울린다는 것이다.

┌ 나는 선생님께 배가 아픈 **흉내**(×)를 내서 조퇴 허가를 받았다. → 시늉을 해서
└ 그가 갑자기 배가 아픈 **시늉**(○)을 해서 모두 속아 넘어갔지.

┌ 그가 원숭이 **흉내**(○)를 내는 바람에 모두가 웃었다.
└ 내가 원숭이 **시늉**(×)을 하니 모두가 배꼽을 쥐었다. → 흉내를 내니

시다 형용사

규21-0 시고, 시니, 시어/셔, 신, 십니다, 시었다/셨다

① 맛이 식초나 설익은 살구와 같다.
¶ 포도가 너무 **시다**.
¶ 임신부는 **신** 과일을 좋아하는 경우가 많다.
② 관절 따위가 삐었을 때처럼 거북하게 저리다.
¶ 발목이 **시어서** 걷기가 거북하다.
③ 강한 빛을 받아 눈이 부시어 슴벅슴벅 찔리는 듯하다. 시리다.
¶ 빛이 강하여 눈이 **시다**.

속담

- **시거든 떫지나 말고 얽거든 검지나 말지** 사람이 못났으면 착실하기나 하거나 재주가 없으면 소박하기라도 했으면 좋겠다는 뜻으로, 아무짝에도 쓸모가 없는 경우를 비유하여 이르는 말.
- **시다는데 초를 친다** 가뜩이나 신 데다 초까지 또 친다는 뜻으로, 일이 엎친 데 덮친 경우를 비유하여 이르는 말.

시답잖다 형용사

규20-1 시답잖고, 시답잖으니, 시답잖네, 시답잖아, 시답잖아서, 시답잖습니다, 시답잖았다

볼품이 없어 만족스럽지 못하다.

¶ 그는 내 제안을 시답잖게 여기는 듯했다.

¶ 그는 음식을 맛보고는 시답잖은 표정으로 수저를 놓았다.

'시답잖다'와 '실답지 않다'

'시답잖다'의 본딧말은 '실(實)답지 않다'이다. '실'의 'ㄹ'이 'ㄷ' 앞에서 탈락하였다. 이처럼 'ㄹ'이 'ㄷ' 앞에서 탈락하는 현상이 몇몇 단어에서 나타난다. '다디달다', '자디잘다'는 각각 '달디달다', '잘디잘다'가 본딧말인데 'ㄹ'이 탈락한 것이다. 한 가지 중요한 것은 '실답다'의 'ㄹ'은 탈락하지 않는다는 점이다.

시래기 명사

배춧잎이나 무청을 말린 것. 흔히 푸른 무청을 새끼 따위로 엮어 말린다.

¶ 남은 것이라고는 시래기 두어 타래뿐 먹거리는 아무것도 없었다.

복합어

- **시래기나물** 명사 시래기를 볶아 무친 것.
- **시래기떡** 명사 쌀가루에 시래기를 섞어 찐 떡.
- **시래기죽**(-粥) 명사 시래기를 넣어 쑨 죽.
- **시래깃국** 명사 시래기를 넣어 끓인 국.

× 시렵다

'시리다'의 틀린 말.

¶ 손이 시려워(×)/시려(○) 장갑을 끼었다.

시름 명사

마음에 늘 걸리어 사라지지 않는 근심이나 걱정.

¶ 사업이 부도가 나서 쫓기고 있는 아들 때문에 그들은 늘 **시름**에 잠겨 있다.

¶ 이번에 네가 취직한 덕에 큰 **시름**을 덜었다.

복합어

- **된시름**[된:－] 명사 몹시 심한 시름.
- **만시름**(萬－)[만:－] 명사 온갖 시름.
- **시름겹다** 형용사 감당하지 못할 만큼 시름이 많다.
- **시름맞다** 형용사 매우 시름에 겹다. ¶ 시름맞을 때나 속이 상할 때면 고향을 찾아간다.
- **시름없다** 형용사 ① 근심이나 걱정으로 맥이 없다. ② 아무 생각이 없다.
- **시름없이** 부사 ① 근심이나 걱정으로 맥이 없이. ② 아무 생각이 없이. ¶ 봄비 내리는 창밖을 시름없이 보고 있다. / 옥이는 한구석에 시름없이 서 있었다.
- **시름하다** 타동사 근심하다. 걱정하다.
- **한시름** 명사 큰 시름. ¶ 네가 아이를 건강하게 낳아서 한시름 놓았다.

시리다 형용사

규21-0 시리고, 시리니, 시리면, 시리어/시려, 시린, 시립니다, 시리었다/시렸다

① 찬 기운이 몸에 닿아 추위를 느낄 정도이다. ×시렵다

¶ 이 개울에 발을 담그면 여름에도 발이 **시려서** 오래 있을 수 없다.

¶ 옷을 얇게 입었더니 등이 **시려** 견딜 수가 없다.

② 찬 것 따위가 닿아 통증이 있다.

ㅅ

¶ 찬물을 마셨더니 이가 시리다.
③ (주로 '눈'과 함께 쓰이어) 빛이 강하여 바로 보기 어렵다. 시다.
¶ 눈이 시리도록 푸른 하늘에 실구름이 한 줄 걸려 있다.

시비 명사 (是非)[시: -]

① 옳음과 그름.
¶ 내 말이 맞는지 틀리는지 시비를 가리자.
② 옳고 그름을 따지며 다툼. 시시비비(是是非非).
¶ 자잘한 일로 시비가 붙어서 결국 큰 싸움이 되고 말았다.

복합어

- **시비하다**(是非-)[시: -] 자동사 타동사 옳고 그름을 따지는 말다툼을 하다. ¶ 그는 툭하면 나에게 시비하려 든다. / 그들은 누구와도 시비하고 싶어 하지 않았다.

관용 표현

- **시비를 걸다** 일부러 시비를 하다. ¶ 그는 아무에게나 치근대면서 시비를 건다.

시새다 동사

규11-0 시새고, 시새니, 시새면, 시새어/시새, 시샌, 시샐, 시샙니다, 시새었다/시샜다

타동사
'시새우다'의 준말.
¶ 너보다 더 유능한 사람을 시새지 마라.

시새우다 동사

규11-0 시새우고, 시새우니, 시새우면, 시새우어/시새워, 시새웁니다, 시새우었다/시새웠다

타동사

① (자기보다 나은 이를) 괜히 미워하고 싫어하다.

¶ 친구가 잘되는 것을 시새우면 사이가 멀어진다.

② (자기보다 나은 이를) 부러워하고 지지 않으려고 하다.

¶ 공부 잘하는 동생을 시새워 밤을 새며 공부를 했다.

복합어

- **시새움** 명사 시새우는 마음이나 짓. 질투. 시기(猜忌).
- **시샘** 명사 올림말 '시샘' 참고.

시샘 명사

시새우는 마음. '시새움'의 준말.

¶ 동생은 시샘이 많아 형한테도 지지 않으려고 한다.

복합어

- **시샘하**다 타동사 (자기보다 나은 이를) ① 괜히 미워하고 싫어하다. ② 부러워하고 지지 않으려고 하다.

> **'샘'과 '시샘'**
>
> '시샘'은 '샘'에 한자어 '시(猜)'를 덧붙여서 '샘'을 강조하고 의미를 확실하게 한다. 국어에는 이처럼 고유어에 한자어를 덧붙여 의미를 확실하게 만드는 조어법이 발달했다.
>
> - 기틀 = 기(機)+틀
> - 담장 = 담+장(牆)
> - 뒷배 = 뒤+배(背)
> - 바람벽 = 바람+벽(壁)
> - 시샘 = 시(猜)+샘
> - 족발 = 족(足)+발
> - 팻말 = 패(牌)+말
> - 고되다 = 고(苦)+되다
> - 억누르다 = 억(抑)+누르다
> - 온전하다 = 온+전(全)+하다

ㅅ

시시비비 명사 (是是非非)[시: -]

① 옳고 그름을 따지며 다툼. 시비.

② 옳은 것은 옳다고 하고 그른 것은 그르다고 함.

'시비'와 '시시비비'

두 낱말을 거의 같은 용도로 사용하는 경향이 있고, 어떤 사전은 '시비'를 '시시비비'의 준말로 풀이하기도 하는데 '시시비비'의 본래 뜻을 생각하여 신중히 사용해야 한다. '시비'는 '옳음과 그름'을 뜻하고 '옳고 그름을 따짐'의 뜻으로 확대하여 쓴다. 그러나 '시시비비'는 그 자체가 시비를 가리는 일을 뜻한다. 따라서 '옳고 그름' 또는 '잘잘못'을 가리키는 말은 '시비'이고 '옳고 그름을 따짐'을 뜻하는 경우에만 '시비'와 '시시비비'를 함께 쓸 수 있다. 중국의 고전 《순자》에 "옳은 것은 옳다고 하고 그른 것은 그르다고 하는 것(是是非非)을 '지(知)'라 하고, 그른 것을 옳다고 하고 옳은 것을 그르다고 하는 것(非是是非)을 '우(愚)'라고 한다"라고 했다. '시시비비'와 '비시시비'가 한 짝이 되는 말이다. 그렇다면 '시시비비'를 그대로 '시비'의 뜻으로 쓰는 것은 바람직하지 않다. '시비'에는 '옳고 그름' 또는 '잘잘못'의 뜻이 있으므로 '시비를 가리다'라는 말은 쓸 수 있지만, '시시비비'는 그 자체가 시비를 가리는 뜻이 있으므로 '시시비비를 가리다'라는 말은 쓸 수 없다. 대신 '시시비비를 하다'라고 하면 된다.

¶ 사고가 나면 현장에서 시시비비(×)를 가리다가 2차 사고를 당하게 된다. → 시비

¶ 무책임한 발언에 대해 법원이 시시비비(×)를 가려 줄 것이다. → 시비

¶ 청문회에서 시시비비(×)를 가려야 한다는 게 당의 입장이다. → 시비

¶ 언론은 시시비비(○)를 하는 것이 본래의 사명이다.

¶ 시시비비(○)를 제대로 하지 못하는 사람이 공무원이 되어서는 안 된다.

다만 '옳고 그름을 따지는 행위'를 가리킬 때에는 '시시비비'와 '시비'를 함께 써도 무방하다. 왜냐하면 '시시비비'도 시비를 가리는 행위이기 때문이다.

¶ 새삼스럽게 이에 관한 시시비비(○)/시비(○)로 시끄럽게 할 것 없지 않습니까?

¶ 이런 일로 시시비비(○)/시비(○)를 하는 것은 바람직하지 않은 것 같다.

시장기 명사 [-끼]

시장한 느낌. 배가 고픈 느낌.

¶ 일꾼들은 막걸리 한 사발로 시장기를 면하고 일을 했다.

시점[1] 명사
(時點)[－쩜]

흐르는 시간의 어느 한 순간. ×싯점

¶ 이 시점에서 우리가 해야 할 일을 생각해 보자.

▶ '시점[1]'을 '싯점'으로 적는 것은 잘못이다. 한자어인 경우, 낱자 사이에서 된소리로 나더라도 사이시옷을 붙이지 않는다. (이에 관해서는 올림말 '싯점[2]' 참고.)

시점[2] 명사
(視點)[시:쩜]

① 사물을 보는 관점

¶ 이번 일은 어떤 시점으로 보느냐에 따라 해결 방법이 달라진다.

② 소설에서, 이야기를 서술하여 나가는 방식이나 관점. 작중 화자가 '나'인 '일인칭 시점'과 '그'인 '삼인칭 시점'이 있다.

③ 화가의 시각과 같은 위치에서 화면을 대할 때에, 화면과 시선이 직각으로 만나는 가상점.

¶ 민화는 원근법 같은 시점에 얽매이지 않고 자유롭게 표현한다.

④ 시력의 중심이 대상에 가 닿는 점.

¶ 난시는 시점을 제대로 맞추기 어렵다.

시키다 동사

규11-0 시키고, 시키어/시켜, 시키는, 시킨, 시킨다, 시킵니다, 시키었다/시켰다

타동사

① 어떤 일이나 행동을 하게 하다.

¶ 내가 동생에게 심부름을 시켰다.

¶ 왜 자꾸 나한테만 일을 시키는지 모르겠다.

② 음식 따위를 만들어 오거나 가지고 오도록 주문하다.

¶ 한참 전에 커피를 시켰으나 아직 나오지 않았다.

¶ 자장면 한 그릇 시켜 놓고 그렇게 오래 앉아 있다니!

-시키다 접사

-시키고, -시키어/-시켜, -시키는, -시킨, -시킨다, -시킵니다, -시키었다/-시켰다

접미사

(서술성이 있는 일부 명사 뒤에 붙어) '사동'의 뜻을 더하고 동사를 만드는 말. '-하게 하다'로 풀어 말할 수 있다.

¶ 그들을 화해시킬 방법이 없을까요?

¶ 환경을 오염시키는 일을 하지 마세요.

¶ 아이를 입원시키고 오는 길이다.

> **'-시키다'의 잘못 사용**
>
> '-시키다'는 대상으로 하여금 그렇게 하게(또는 되게) 하는 행위를 나타내기 위하여 쓰는 말이다. 따라서 시키는 행위가 아니라 '주어가 하는 행위'에는 붙일 수 없다.
>
> ¶ 선생님, 우리 아이를 잘 교육시켜(×) 주세요. → 교육해
>
> ¶ 좋은 사람을 내게 소개시켜(×) 다오. → 소개해
>
> ¶ 제가 이곳을 안내시켜(×) 드리겠습니다. → 안내해

시험 명사 (試驗)

① 일정한 절차에 따라 검사하여 평가하는 일.

¶ 운전면허 시험을 통과하여야 운전을 할 수 있다.

② 사물의 성질이나 기능을 실지로 검사하고 평가하는 일.

¶ 발전소가 시험 가동에 들어갔다.

¶ 전기 자동차를 시험 생산하게 되자 회사에 대한 관심도가 무척 높아졌다.

③ 사람의 됨됨이를 알기 위하여 떠보는 일. 또는 그런 상황.

¶ 기독교인들은 죄를 짓거나 고통에 빠질 때에 시험에 들었다고 말한다.

복합어

- **시험공부**(試驗工夫) 명사 시험을 치르기 위해서 하는 공부.

- **시험관**[1](試驗管) 명사 실험할 때 사용하는 유리관.
- **시험관**[2](試驗官) 명사 시험을 관리하는 사람.
- **시험대**(試驗臺) 명사 ① 자연 과학에 관한 시험이나 실험을 하려고 차려 놓은 대. ② 능력이나 재주를 시험하는 자리를 비유하여 이르는 말.
- **시험장**(試驗場) 명사 시험을 보는 곳.
- **시험지**(試驗紙) 명사 ① 시험 문제가 적힌 종이. ② 시약(試藥)을 바른 종이.
- **시험하다**(試驗－) 타동사 ① (재능이나 실력 따위를) 일정한 절차에 따라 검사하고 평가하다. ② 사물의 성질이나 기능을 실지로 확인해 보다. ③ 사람의 됨됨이를 알기 위하여 떠보다.

관용 표현

- **시험을 보다** 재능이나 실력의 정도를 평가하는 절차를 거치다. 시험을 치다.
- **시험에 들다** 뜻하지 않게 시험을 보게 되는 것처럼 어려운 상황에 빠지다.
- **시험을 치다** =시험을 보다
- **시험을 치르다** (일에 관한) 능력이나 실력의 검사나 평가를 받다.

▶ '시험'과 '실험'의 차이는 올림말 '실험' 참고.

신문 명사 (訊問)[신: －]

① 알고 있는 사실을 캐어물음.
② (주로 법관이나 경찰 또는 조사관이) 어떤 사건에 관하여 증인, 당사자, 피고인 등에게 말로 물어 조사하는 일.

복합어

- **신문하다**(訊問－)[신: －] 타동사 ① 알고 있는 사실을 캐어묻다. ② (주로 법관이나 경찰 또는 조사관이) 어떤 사건에 관하여 증인, 당사자, 피고인 등에게 말로 물어 조사하다. ¶ 검찰이 피의자를 신문하는 과정에서 새로운 사실이 드러났다.
- **증인 신문**(證人訊問) 명사 법관이 증인에게 직접 질문하여 증거를 얻는 증거 조사.

'신문'과 '심문'

법률 용어로서 이 두 용어를 혼란스럽게 사용하고 있다. '신문'은 당사자에게 직접 묻는 행위를 가리킨다. 검찰이나 경찰 조사관이 피의자를 조사하면서 묻는 행위는 모두 '신문'이다. 재판에서 판사가 피고에게 직접 묻는 행위도 '신문'이다.
'심문(審問)'은 좀 더 넓은 뜻을 포함하고 있다. '신문'을 거쳐 얻은 정보가 사실인지 아닌지 확인하기 위해서 여러 가지 방법으로 하는 조사도 '심문'에 포함한다. 예를 들면 피고인에게 직접 물어서 확인한 사실을 증인에게 물어 보는 것을 '증인 신문(證人訊問)'이라고 하는데 '증인 신문'도 당사자 '신문'에서 얻은 정보를 확인하는 데에 유용한 '심문' 행위이다.
'심문'은 대체로 재판관이 피의 사실을 좀 더 정확하게 확인하기 위해서 피의자, 증인, 사건 관계인 등에게 글로 적어서 제출하게 하는 방법을 사용한다. 각자가 안정된 상태에서 자기 생각을 펼 수 있도록 하려는 취지이다.

싣다 동사 [싣:-]

불11-1 싣고, 싣지, 실으니, 실어, 실어라, 싣습니다, 실었다

타동사

① 탈것에 사람을 태우거나 물건을 올려놓다.
¶ 짐을 잔뜩 실은 오토바이가 거리를 위태롭게 달린다.
② (보나 논바닥에 물을) 담아 놓다.
¶ 가뭄에 대비해서 저수지에 물을 많이 실어 놓았다.
¶ 아름다운 호수가 달빛을 싣고 있는 모습을 보라.
③ (출판물에 글이나 그림을) 올리다.
¶ 신문에 실으려면 사건을 정확하게 취재해야 한다.
¶ 이번 달 잡지에 실을 기사를 뽑아 보자.
④ (생각이나 느낌 따위를) 품거나 띠다.
¶ 이 노래는 임을 여읜 여인의 애절한 마음을 실었다.

복합어

- **덧싣다** 타동사 실은 위에 더 싣다. ¶ 이삿짐으로 꽉 찬 트럭 위에 남은 짐을 덧실었다.
- **덧실리다** 피동사 '덧싣다'의 피동형.
- **떠싣다** 타동사 떠밀거나 들어서 싣다. ¶ 병원에 가지 않으려는 아이를 차에 떠실었다.
- **떠실리다** 피동사 '떠싣다'의 피동형. ¶ 출근길에는 사람들에게 떠실리다시피 해서 전철을 타게 된다.
- **실리다** 피동사 올림말 '실리다' 참고.

실답다 형용사 (實-)

불20-3 실답고, 실다우니, 실다우면, 실다운, 실다워, 실답네, 실답습니다, 실다웠다

꾸밈이나 거짓이 없이 참되고 미더운 데가 있다.

¶ 그 친구는 실다운 데가 있어서 좋다.

¶ 사람은 실답게 행동해야 한다.

복합어

- **실답잖다**(實-) 형용사 '시답잖다'의 본딧말. 올림말 '시답잖다' 참고.

> **'실답다'와 '시답잖다'**
> 원래 '실답다'의 반대말은 '실답잖다'인데 '실답잖다'에서 'ㄹ'이 탈락한 형태로 널리 쓰이어 '시답잖다'가 표준어로 인정되었다. '시답잖다'가 표준어라고 해서 반대말인 '시답다'가 표준어가 되는 것은 아니다. 언어의 음운 변화를 인정한 결과로 'ㄹ'이 탈락한 '시답잖다'와 'ㄹ'이 탈락하지 않은 '실답다'가 표준어이다.

실리다 동사

규11-0 실리고, 실리어/실려, 실린, 실립니다, 실리었다/실렸다

피동사

'싣다'의 피동형.

¶ 짐이 잔뜩 실린 트럭이 앞에서 아슬아슬하게 가고 있다.

¶ 논고랑마다 빗물이 가뜩 실렸다.

¶ 신문에 실린 그의 기사를 보았다.

¶ 나의 노래가 바람에 실려 네 귀에까지 들릴 수 있다면 좋겠다.

사동사

싣게 하다. '싣다'의 사동형.

¶ 짐은 짐꾼에게 실리고 가방은 네가 들어라.

타동사

(몸을) 실어 기대다.

¶ 아이가 나에게 몸을 실리고 잠을 잔다.

¶ 얼마나 피곤했는지 버스에 몸을 실리자마자 잠이 들었다.

실험 명사 (實驗)

① 실제로 해 봄. 또는 그렇게 하는 일.

¶ 체세포에서 줄기세포를 배양하는 실험이 진행되고 있다.

② 과학에서, 이론이나 현상을 관찰하고 측정함.

¶ 실험실에서는 약의 효능을 확인하기 위하여 쥐에게 투약하는 실험을 시작하였다.

③ 새로운 방법이나 형식을 사용해 봄.

¶ 이 작품은 컴퓨터 그래픽을 이용해 만든 실험 영화이다.

복합어

- **모의실험**(模擬實驗) 명사 해당 모형을 만들어 놓고 계산하거나 실험을 하는 방법.
- **실험실**(實驗室) 명사 실험을 하는 데에 필요한 장치와 설비를 갖춘 방.
- **실험적**(實驗的) 관형사 명사 ① 과정이나 결과를 실제로 관찰하고 기록하는 방법에 따른. 또는 그런 것. ② 새로운 방법이나 형식을 시험 삼아 해 보는. 또는 그런 것.
- **실험하다**(實驗-) 타동사 ① 실제로 해 보다. ② 과학에서, 이론이나 현상을 관찰하고 측정하다. ¶ 추위가 부패를 방지할 수 있는지 과학적으로 실험하기 위하여 죽은 닭을 눈 속에 묻었다. ③ 새로운 방법이나 형식을 사용해 보다.
- **핵실험**(核實驗) 명사 핵분열이나 핵융합에 관한 실험.

'실험'과 '시험'

'실험(實驗)'은 실제처럼 해 보는 것이고, '시험(試驗)'은 직접 시도해 보는 것이다. 어떤 약이 사람에게 유용할지 직접 사람에게 약을 사용해 보는 것은 '시험'이고, 사람이 아닌 동물에게 사용해 보고 그 효과를 측정하여 사람에게 사용할 수 있을지 판단해 보는 것을 '실험'이라고 한다. 아래 예문을 보면 이 두 낱말의 차이를 이해할 수 있을 것이다.

¶ 신약 효과를 증명하기 위한 동물 실험을 마치고 임상 시험을 시작했다.

싯- 접사

접두사

빛깔이 매우 짙음을 나타내는 말.

복합어

- **싯누렇다**[신-] 형용사 올림말 '싯누렇다' 참고.
- **싯누레지다**[신-] 자동사 싯누렇게 되다.
- **싯멀겋다**[신-] 형용사 올림말 '싯멀겋다' 참고.
- **싯멀게지다**[신-] 자동사 싯멀겋게 되다.

> **'싯-'과 '시-'**
>
> 빛깔이 매우 짙음을 나타내기 위해서 접두사 '싯-' 또는 '시-'를 쓰는데, 용언의 첫소리가 'ㄴ', 'ㅁ'인 경우에는 '싯-'을 붙이고, 그 밖의 경우에는 '시-'를 붙인다.
>
> - 시꺼멓다(새까맣다) / 시꺼메지다(새까매지다)
> - 시뻘겋다(새빨갛다) / 시뻘게지다(새빨개지다)
> - 시커멓다(새카맣다) / 시커메지다(새카매지다)
> - 시퍼렇다(새파랗다) / 시퍼레지다(새파래지다)
> - 시허옇다(새하얗다) / 시허예지다(새하얘지다)
> - 싯누렇다(샛노랗다) / 싯누레지다(샛노래지다)
> - 싯멀겋다(샛말갛다) / 싯멀게지다(샛말개지다)

× 싯가

'시가(市價)'의 틀린 표기.

¶ 이 건물은 싯가(×)/시가(○)로 10억 원이 넘는다고 한다.

× 싯구

'시구(詩句)'의 틀린 표기.

× 싯꺼멓다/싯꺼메지다

'시꺼멓다'와 '시꺼메지다'의 틀린 표기.

싯누렇다 형용사 [신-]

불21-5 싯누렇고, 싯누레, 싯누런, 싯누러네, 싯누렇소, 싯누렇습니다, 싯누렜다

몹시 누렇다.

¶ 들판에는 싯누런 벼 이삭이 고개를 숙이고 있다.

싯멀겋다 형용사 [신-]

불21-5 싯멀겋고, 싯멀게, 싯멀건, 싯멀거네, 싯멀겋소, 싯멀겋습니다, 싯멀겠다

몹시 멀겋다.

¶ 건더기라고는 찾아볼 수 없을 만큼 싯멀건 국을 준다.

× 싯뻘겋다/싯뻘게지다

'시뻘겋다'와 '시뻘게지다'의 틀린 표기.

× 싯점[1]

'시점[1](時點)'의 틀린 표기.

× 싯점[2]

'시점[2](視點)'의 틀린 표기.

'싯점'과 '시점'

한자어는 두 음절 사이에서 덧나는 소리가 있어도 사이시옷을 붙이지 않는다. 한자어 가운데에서 사이시옷을 붙이는 낱말은 '곳간, 셋방, 숫자, 찻간, 툇간, 횟수' 여섯 낱말뿐이다. 따라서 '시점(時點, 視點), 개수(個數), 화병(火病), 시가(市價), 이과(理科), 치과(齒科), 제상(祭床)' 따위는 뒷소리가 된소리로 나지만 사이시옷을 붙일 수 없다.

어느 하나가 고유어이면 사이시옷을 붙일 수 있다. '훗날(後-), 예삿일(例事-), 횟배(蛔-), 햇수(-數), 샛강(-江), 자릿세(-貰)' 등에 사이시옷을 붙인 것이 그 예이다.

✕ 싯퍼렇다/싯퍼레지다

'시퍼렇다'와 '시퍼레지다'의 틀린 표기.

ㅅ

✕ 싸가지

'싹수'의 비표준어.

'싸가지'의 의미 변화

'싸가지'는 '싹수'의 비표준어 곧 사투리로 알려져 있다. 사람이 앞으로 잘될 기미가 없는 경우에 '싹수'가 없다고 말하는데 일부 지역에서는 '싸가지'가 없다고 말한다. 그러나 요즘은 이 '싸가지'가 이른바 공통어의 지위에 오른 것 같다. '싸가지 없는 진보'라는 책까지 나오는 것으로 보아서 그렇다.

문제는 이 말의 의미가 '앞으로 잘될 기미나 징조' 곧 보추가 없음을 뜻하지 않고 사람의 언행이 예의나 도덕에 합당하지 않음을 뜻하고 있다는 점이다. '싸가지'의 의미에 '예의나 도덕적 판단'을 보탤 수 없지만 현실에서는 이미 이런 의미로 폭넓게 쓰고 있다는 점에 유념할 필요가 있다.

싸다[1] 동사

규10-0 싸고, 싸는, 싸, 싸야, 싼, 쌉니다, 쌌다

타동사

① 천이나 종이로 겉을 둘러서 말다.

¶ 선물은 예쁜 포장지에 **싸야** 제격이다.

¶ 아기를 포대기로 **싸서** 업었다.

② 어떤 사물이나 대상의 둘레를 가리거나 막다.

¶ 눈을 떠 보니 사람들이 내 주변을 겹겹이 **싸고** 있었다.

¶ 사고 현장을 가림막으로 **싸고** 사람들 출입을 막았다.

③ 음식이나 짐 따위를 그릇 등에 담거나 끈으로 묶어서 꾸리다.

¶ 책가방을 미리 **싸** 두어라.

¶ 이사하면서 **싸** 놓은 짐을 아직도 다 못 풀었어.

복합어

- **감싸**다[감:-] 타동사 ① 전체를 둘러서 싸다. ¶ 그는 상처를 붕대로 **감쌌다**. / 두 손으로 얼굴을 **감싸**고 울기 시작했다. ② 흉이나 허물을 덮어 주다. ¶ 남의 약점을 **감싸** 주는 것도 미덕이다. ③ 편을 들어서 두둔하다. ¶ 자기편이라고 무조건 **감싸**면 안 된다.
- **덧싸**다 타동사 싼 위에 겹쳐 싸다.
- **덮싸**다 타동사 덮어 싸다.
- **둘러싸**다 타동사 ① 둘레를 감싸다. ¶ 깨지지 않도록 도자기를 천으로 **둘러싼다**. ② 둥그렇게 에워싸다. ¶ 아이들이 마술사를 **둘러싸**고 서서 열심히 마술을 구경하고 있다.
- **싸매**다 타동사 무엇을 싸서 풀어지지 아니하게 꼭 매다. ¶ 수도가 얼지 않게 헌 옷가지로 수도꼭지를 꽁꽁 **싸맸다**.
- **싸안**다 타동사 ① 두 팔로 감싸 안다. ② 넓은 천 따위로 싸서 품에 안다. ¶ 갑자기 소나기가 쏟아져 겉옷으로 아이를 **싸안**고 뛰었다.
- **싸이**다 피동사 '싸다1'의 피동형. ¶ 보자기에 **싸인** 것이 무엇이지?
- **에워싸**다 타동사 ① 둘레를 에워서 싸다. ¶ 사람들이 아이를 **에워싸**고 무언가 묻고 있었다. ② (무엇을) 논쟁이나 관심의 중심에 놓다. ¶ 이 문제를 **에워싸**고 의견이 분분하다.
- **휩싸**다 타동사 ① 휘휘 둘러 감아서 싸다. ¶ 커다란 파도가 조그만 배를 순식간에 **휩싸** 버렸다. ② 무엇이 온통 뒤덮다. ¶ 불길이 건물 전체를 **휩싸**기 시작했다. ③ 어떠한 감정이 가득하여 마음을 뒤덮다. ¶ 며칠째 우울한 생각이 마음을 **휩싸**고 있다. ④ 분위기, 침묵 따위가 둘레를 감돌다.

속담

- **싸고 싼 사향도 냄새 난다** ① 아무리 숨기려 하여도 결국에는 드러나고야 만다. ② 재주와 덕망을 겸비한 사람은 알리지 아니하려고 하여도 저절로 알려진다.

- **싸고 싼 향내도 난다** =싸고 싼 사향도 냄새 난다

싸다[2] 동사

규10-0 싸고, 싸는, 싸므로, 싸, 싸야, 싼, 싼다, 쌉니다, 쌌다

타동사

① (주로 어린아이나 노인이) 똥이나 오줌을 참지 못하고 누다.

¶ 아이가 잠결에 이부자리에 오줌을 쌌다.

② (속되게) 똥이나 오줌을 누다.

¶ 똥을 잘 싸야 건강하다.

③ (속되게) 화투에서 맞춘 짝과 같은 짝을 뒤집다.

ㅅ

싸다[3] 형용사

규20-0 싸고, 싸, 싸야, 싼, 쌉니다, 쌌다

① 걸음이 재빠르다.

¶ 싸게 걸읍시다.

¶ 네 발걸음이 너무 싸서 따라가기 힘들구나.

② ('입이 싸다'의 꼴로 쓰이어) 들은 말을 곧잘 떠벌리다.

¶ 그는 입이 너무 싸서 무슨 말을 하기가 겁난다.

③ 불기운이 세다.

¶ 불이 싸니 어서 고기를 굽자.

¶ 버섯은 싼 불에 구워야 맛있다.

④ 비탈진 정도가 급하다.

¶ 종묘는 지붕이 크고 물매가 싸서 엄숙한 느낌을 준다.

복합어

- **걸싸다** 형용사 일이나 동작 따위가 매우 날쌔다. ¶ 일을 걸싸게 잘한다.
- **잽싸다** 형용사 동작이 매우 빠르고 날래다. ¶ 잽싼 걸음으로 현장에 달려갔다.

싸다[4] 형용사

규20-0 싸고, 싸니, 싸, 싸야, 싼, 쌉니다, 쌌다

① 값이 보통보다 낮다. 값싸다.
¶ 떨이라 싸게 파는 겁니다.
¶ 집값이 싸니 집을 마련할 좋은 기회이다.
② ('-어/-어도 싸다'의 형태로 쓰이어) 저지른 잘못에 비추어서 벌이 오히려 가볍다.
¶ 너는 그런 욕을 먹어 싸다.
¶ 그런 대접을 받아도 싸지 뭐.

복합어

- **값비싸다**[갑-] 형용사 ① 물건 따위의 값이 높다. ② 들이는 노력이나 공이 적지 아니하다.
- **값싸다**[갑-] 형용사 값이 싸다.
- **비싸다** 형용사 ① 물건 값이나 무엇에 드는 비용이 보통보다 높다. ② 다른 사람의 요구에 쉽게 응하지 아니하고 태도가 도도하다. ③ 어떤 일에 대한 대가가 보통을 넘는 상태에 있다.

속담

- **싼 것이 비지떡** 값싼 물건은 품질도 그만큼 나쁘게 마련이라는 말.

싹 명사

① 씨, 줄기, 뿌리 따위에서 처음 돋아나는 어린잎이나 줄기.
¶ 텃밭에 뿌린 상추 씨앗에서 싹이 나기 시작한다.
¶ 겨울이 물러가는 듯 산과 들에 푸릇푸릇 싹이 돋고 있다.
② 움트기 시작하는 현상 따위의 시초를 비유하여 이르는 말.
¶ 그 두 사람 사이에는 사랑의 싹이 돋고 있었다.
③ =싹수

복합어

- **새싹** 명사 ① 새로 돋아나는 싹. ② 사물의 시초를 비유로 이르는 말.

• **싹눈**[싹-] 명사 =싹
• **싹트다** 자동사 올림말 '싹트다' 참고.

관용 표현
• **싹도 없다** 전혀 흔적이 보이지 아니하다. ¶ 형편이 나아지려는 싹도 없이 세월만 흐른다.
• **싹을 밟다** ① 새로 시작하는 것을 처음부터 막거나 아예 없애다. ② 무슨 낌새를 알아차리다.
• **싹이 노랗다** =싹수(가) 노랗다 ¶ 벌써부터 거짓말을 하는 걸 보니 아예 싹이 노란 것 같다.

싹수 명사

어떤 일이나 사람이 앞으로 잘될 것 같은 낌새나 징조. ×싸가지
¶ 이 사업은 성공할 싹수가 보인다.
¶ 녀석이 게으르고 공부도 하지 않으려 하니 싹수는 없어 보인다.

관용 표현
• **싹수(가) 노랗다** 잘될 가능성이나 희망이 애초부터 보이지 아니하다. 싹이 노랗다. ¶ 그렇게 게으르다니, 싹수가 노란 녀석이군.

싹트다 동사

불11-8 싹트고, 싹트니, 싹트면, 싹튼, 싹틉니다, 싹터, 싹텄다

자동사
어떤 생각이나 감정, 현상 따위가 처음 생겨나다.
¶ 사회가 급격하게 변하면서 자연과 환경에 대한 새로운 인식이 싹트기 시작했다.
¶ 일본의 침략과 압박은 한국인에게 민족주의 감정을 싹트게 한 요인이 되었다.

'싹트다'와 '싹 트다'
'싹트다'는 생각이나 감정 또는 어떤 현상 따위가 처음 생겨남을 비유적으로 나타낼 때 쓰는 말이다. 실제로 초목의 싹이 트는 것은, '봄은 온갖 초목이 싹 트는 계절이다'처럼 띄어 쓴다. 이 경우 주격 조

사 '이'를 붙여 '싹이 트는'이라고 하면 더 확실해진다.
생각이나 감정 따위를 생겨나게 하는 행위는 '싹틔우다'라고 쓰고, 실제로 초목의 싹을 트게 하는 행위는 '싹 틔우다' 또는 '싹을 틔우다'라고 쓴다.

'싹트다'와 '움트다'

비유로 쓰는 경우에는 두 낱말의 의미와 용법에 차이가 없다. '사회 개혁의 기운이 싹트기 시작한다'와 '사회 개혁의 기운이 움트기 시작한다'의 의미가 다르지 않다. 두 낱말의 차이는 '움트다'가 싹이 트는 것을 비유하는 데도 쓸 수 있다는 점이다. '봄이 되니 가지에서 싹이 움트기 시작한다'처럼 쓴다. 초목의 싹이 트는 것을 '싹 트다'라고 띄어 쓰는 것처럼 실제로 움이 트는 것은 '움 트다'라고 띄어 써야 한다. (올림말 '움트다' 참고.)

쌉싸래하다 형용사

불20-9 쌉싸래하고, 쌉싸래하니, 쌉싸래하여/쌉싸래해, 쌉싸래한, 쌉싸래하였다/쌉싸래했다

조금 쓴 맛이 있는 듯하다. 쌉싸름하다.
¶ 씀바귀 맛이 쌉싸래한 게 입맛을 돋운다.
¶ 쌉싸래한 맛을 즐길 줄 알면 어른이 되는 거라고 했다.

쌉싸름하다 형용사

불20-9 쌉싸름하고, 쌉싸름하니, 쌉싸름하여/쌉싸름해, 쌉싸름한, 쌉싸름하였다/쌉싸름했다

=쌉싸래하다
¶ 갓김치가 맛있게 익어서 **쌉싸름하면서도** 감칠맛이 난다.

'쌉싸래하다'와 '쌉싸름하다'

'쌉싸래하다'와 '쌉싸름하다'는 복수 표준어이다. '쌉싸래하다'는 '씁쓰레하다'의 작은말에 해당한다. 모음 조화에 따라서 표기하는 점에 주의해야 한다.

씁쓸하다 형용사

불20-9 씁쓸하고, 씁쓸하여/씁쓸해, 씁쓸합니다, 씁쓸하였다/씁쓸했다

조금 쓴 맛이 있다.
¶ 국화차가 **씁쓸하면서도** 향긋했다.

쌍동딸 명사 (雙童-)

쌍둥이로 낳은 딸.

쌍동밤 명사 (雙童-)

한 껍데기 안에 두 쪽이 들어 있는 밤.
¶ 올해는 밤이 풍년이 들어 **쌍동밤**도 하나 없이 알들이 모두 굵다.

쌍동아들 명사 (雙童-)

쌍둥이로 낳은 아들.

× 쌍동이

'쌍둥이'의 틀린 말.

× 쌍둥딸/쌍둥아들

'쌍동딸'과 '쌍동아들'의 틀린 말.

ㅅ

쌍둥이 명사 (雙－)

① 한 태에서 한꺼번에 둘 이상이 함께 나온 아이. ×쌍동이

② '꼭 같이 생긴 두 개의 물건'을 비유하는 말.

¶ 여의도에는 쌍둥이 빌딩이 있다.

복합어

- **네쌍둥이**(－雙－)[네:－] 명사 한 어머니에게서 한꺼번에 태어난 네 아이.
- **세쌍둥이**(－雙－)[세:－] 명사 한 어머니에게서 한꺼번에 태어난 세 아이.
- **쌍둥이강**(雙－江) 명사 한곳에서 발원하여 중류에서 서로 갈라져 흐르다가 하류에서 다시 합류하는 강. 갈라져 흐르는 강의 길이와 폭이 비슷하여야 한다. 어느 한쪽이 심하게 짧으면 짧은 쪽의 강을 샛강이라고 한다.
- **쌍둥이 도시**(雙－都市) 명사 규모가 같은 두 도시가 이웃에 발달하여 마치 한 도시처럼 된 도시.

'쌍동'과 '쌍둥'의 구별

한자어이므로 '쌍동(雙童)'으로 표기하고 발음해야 한다. 다만 '쌍둥이'를 '쌍동이'보다 압도적으로 많이 사용하므로 '쌍둥이'를 표준어로 본다. '쌍둥이' 말고는 '쌍동'을 표준어로 본다. 그래서 '쌍동아들, 쌍동딸, 쌍동밤'처럼 쓰는 것이다.

'세쌍둥이'와 '세 쌍둥이'

한 태에서 동시에 태어난 세 아이를 일컬을 때에 흔히 '세쌍둥이'라고 한다. 쌍둥이가 함께 태어난 두 아이를 가리키므로 '세쌍둥이'라는 말은 논리적으로 맞지 않지만 사람들이 그렇게 쓰기 때문에 하나의 단어로 보게 되었다. 그런데 '세 쌍둥이'처럼 띄어쓰기를 하면 의미가 아주 달라진다. 이 경우는 쌍둥이가 셋이라는 뜻이 되기 때문에 '세쌍둥이'와 '세 쌍둥이'는 의미가 전혀 다른 것이다.

¶ 그 집에는 세쌍둥이가 있다.

¶ 텔레비전에 세 쌍둥이가 나와서 쌍둥이끼리 노래 실력을 겨루고 있다.

쌍둥이가 다섯 쌍이 나왔다면 '다섯 쌍둥이'가 될 것이다. 그렇다면 한 어머니에게서 한꺼번에 다섯 아이가 태어난 경우에는 '다섯쌍둥이'라고 할 수 있을까? 그런 경우가 흔하지 않지만 이 경우도 붙여서 한 낱말처럼 쓰는 것이 옳다. 한 어머니에게서 네 명의 아이가 한꺼번에 태어나는 경우는 가끔 있기 때문에 '네쌍둥이'라는 낱말은 이미 국어사전에 올라 있다. '세쌍둥이'를 '삼둥이'라고 일컫는 사람이 있으나 '삼둥이'는 표준어가 아니다.

쌓다 동사

규10-1 쌓고, 쌓지, 쌓는, 쌓아서, 쌓은, 쌓는다, 쌓았다

타동사

① (지식, 경험, 업적 따위를) 거듭하여 닦거나 이루다.

¶ 젊은이는 사회 경험을 차곡차곡 쌓아 나가야 한다.

② 겹겹이 포개어 얹다. 차곡차곡 얹어 올리다.

¶ 돌을 겹겹이 쌓아서 성곽을 만들었다.

보조 동사

('-어 쌓다'의 형태로 쓰이어) 무엇을 거듭함을 나타내는 말.

¶ 아이가 줄곧 울어 쌓더니 결국 기진하고 말았다.

¶ 무척 먹어 쌓더니만 결국 탈이 나고 말았구나.

복합어

- **쌓이다** [자동사] (눈이) 내려 차곡차곡 포개지다. [피동사] '쌓다'의 피동형.

> **'쌓다'와 '싸다', '쌓이다'와 '싸이다'**
> '쌓다', '쌓이다'는 아래에서 위로 차곡차곡 쟁임을 의미한다. 이에 비해서 '싸다', '싸이다'는 둘레를 막아서 안팎을 구분하는 것을 의미한다.

쌔다 동사 [쌔: -]

규11-0 쌔고, 쌔어, 쌘, 쌔었다/쌨다

자동사

(주로 '쌔고 쌘', '쌔고 쌨다' 형태로 쓰이어) 아주 흔하게 있다. '쌓이다'가 줄어든 말.

¶ 시장에 가면 그만한 물건은 쌨다.

¶ 여기에도 술집이 쌔고 쌨는데 굳이 멀리 가니?

ㅅ

관용 표현

- **쌔고 쌨다** 몹시 흔하다. 여기저기에 쌓여 있다. ¶ 이만한 술집은 우리 동네에도 쌔고 쌨다.

▶ '쌔다'는 '쌔고 쌨다'의 형태로 많이 쓰고 '쌔다' 단독으로는 잘 쓰지 않는다.

썩다 동사

규11-1 썩고, 썩으니, 썩어, 썩는다, 썩네, 썩습니다, 썩었다

자동사

① 유기물이 원래의 성질을 잃어 나쁜 냄새가 나고 형체가 뭉개져서 못 쓰게 되다.
¶ 여름에는 생선이나 고기가 쉽게 **썩는다**.
¶ 두엄은 풀이나 짚, 가축의 배설물이 **썩어서** 만들어지는 천연 거름이다.
② 몸의 일부가 물리적으로 변하여 기능을 잃고 회복할 수 없게 되다.
¶ 상처를 제대로 치료하지 않으면 살이 **썩고** 심하면 뼈까지 **썩기도** 한다.
③ 쇠붙이 따위가 녹이 심하게 슬어 부스러지기 쉬운 상태가 되다.
¶ 오래된 철문이 비바람에 **썩어서** 너덜거린다.
④ 물건이나 사람이 쓰여야 할 곳에 제대로 쓰이지 못하고 내버려져 있다.
¶ 그는 이 좁은 바닥에서 **썩기에는** 아까운 인물이다.
¶ 일거리가 없어서 값비싼 기계가 그냥 **썩고** 있다.
⑤ 사회의 조직이나 기관, 또는 사람의 사고방식이나 생각 따위가 건전하지 못하고 부정이나 비리를 저지르는 상태가 되다.
¶ 그런 **썩어** 빠진 정신 상태로 무얼 할 수 있겠니?
¶ 오래 지속되어온 **썩은** 관습은 이제 과감히 버려야 합니다.
⑥ 사람의 얼굴이 윤기가 없이 검고 꺼칠한 상태가 되다.
¶ 고생을 많이 한 탓인지 얼굴도 **썩어** 보였다.
⑦ 걱정이나 근심 따위로 마음이 몹시 괴로운 상태가 되다.
¶ 너 때문에 내 속이 **썩는다**.
¶ 요즘 집값이 많이 올라 이사할 때마다 골머리가 **썩는다**.

복합어

- **썩이다** 사동사 올림말 '썩이다' 참고.
- **썩히다** 사동사 올림말 '썩히다' 참고.

관용 표현

- **썩어 나다** 물건이 너무 많아서 제때 쓰지 못해서 썩을 지경이다. ¶ 돈이 썩어 나더라도 네게는 한 푼도 줄 수 없다. / 우리 마을에는 그런 정도의 인물은 썩어 날 만큼 많다.

속담

- **썩어도 준치** 본래 좋은 것은 비록 상해도 그 본질이 변하지 않는다는 말.
- **썩은 고기에 벌레 난다** 좋지 못한 일에서 좋지 못한 결과가 생긴다는 말.
- **썩은 동아줄 같다** 힘없이 뚝뚝 끊어지거나 맥없이 쓰러지는 모양을 이르는 말.
- **썩은 새끼 잡아당기다간 끊어진다** ① 몸이 쇠약한 사람에게 고된 일을 시키면 죽을 수 있다는 말. ② 낡아서 거의 못 쓰게 된 것을 잘못 건드리면 아주 못 쓰게 될 수 있다는 말.
- **썩은 새끼도 쓸 데가 있다** 아무 데도 소용없을 것 같은 폐물도 다 쓸 데가 있다는 말.
- **썩은 새끼로 범(/호랑이) 잡기** ① 어수룩한 방법과 허술한 준비로 큰일을 하겠다고 덤빈다는 말. ② 허술한 방법으로 큰일에 성공하였다는 말.
- **썩은 새끼에 목을 맨다** 다른 수단이 없어 억지로 하게 되는 일을 빗대는 말.
- **썩은 생선에 쉬파리 끓듯** 먹을 것이나 이익이 생기는 곳에 어중이떠중이가 자꾸 모이는 모양.

ㅅ

> **'썩다'와 '삭다'**
> '썩다'와 '삭다'는 사람의 몸이나 얼굴이 몹시 상했을 때 쓰지만, 일반적으로 '썩다'는 느낌이 너무 강하여 사람에게는 잘 쓰지 않는 대신 '삭다'를 쓴다.
> ¶ 얼굴이 몹시 삭았더라, 그에게 무슨 문제가 있었대?

▶ '썩다', '삭다' '뜨다'의 차이는 올림말 '뜨다2' 참고.

썩이다 동사

규11-0 썩이고, 썩이어/썩여, 썩이는, 썩인다, 썩입니다, 썩이었다/썩였다

사동사

(걱정이나 괴로움으로 속을) 썩게 하다. '썩다'의 사동형.

¶ 어미 속을 그렇게 썩이고 네가 잘되기를 바라니?

¶ 아이들이 크게 속 썩이지 않고 건강하게 자라 주어 고맙다.

▶ '썩이다', '썩히다'의 차이는 올림말 '썩히다' 참고.

썩히다 동사

규11-0 썩히고, 썩히어/썩혀, 썩히는, 썩힌다, 썩힙니다, 썩히었다/썩혔다

사동사

썩어서 상하게 하다. '썩다'의 사동형.

¶ 음식물 쓰레기를 썩혀 거름으로 썼다.

¶ 자칫하면 냉장고에서도 음식을 썩혀서 버리게 된다.

타동사

사용하지 않고 묵혀 두다.

¶ 자기 재능을 썩히지 마세요.

¶ 고가의 장비를 사 놓고도 줄곧 썩히는 이유가 무언가?

'썩이다'와 '썩히다'

둘 다 '썩다'의 사동형인데 '속을 썩이다'처럼 마음을 썩게 하는 경우에만 '썩이다'를 쓴다. 동사의 사동형을 만드는 접사로 '-이'와 '-히'가 있는데, 이 중에서 어느 하나를 선택하여 사동형을 만든다. '숙다-숙이다', '녹다-녹이다', '식다-식히다', '묵다-묵히다'처럼 낱말에 따라서 '-이'나 '-히'를 배타적으로 사용한다(형용사의 사동형에는 '-히'만 사용한다). 그런데 어떤 낱말은 '-이'와 '-히'를 모두 사용하는데 '썩이다'와 '썩히다'가 대표적인 예이다. 이 외에도 '눕다'의 사동형으로 '누이다'와 '눕히다'를 함께 쓴다.

썰다 동사 [썰:-]

불11-2 썰고, 써니, 썰어, 썬, 썹니다, 써오, 썰었다

타동사

어떤 물체를 아래로 누르면서 잘라 내거나 토막을 내다.

¶ 무를 썰어 깍두기를 담근다.

¶ 톱으로 나무를 썰었다.

▶ '베다'와 '썰다'의 차이는 올림말 '베다2' 참고.

쏘다 동사 [쏘: -]

규10-0 쏘고, 쏘아/쏴, 쏜, 쏩니다, 쏘았다/쐈다

타동사

① 화살이나 총알 따위를 일정한 목표를 맞히기 위하여 내보내다.

¶ 총을 쏘고 활을 쏘아도 적은 한 걸음도 물러서지 않았다.

② 말이나 시선으로 상대편을 매섭게 공격하다.

¶ 그에게 따끔한 충고를 한마디 쏘고 그만 밖으로 나갔다.

¶ 매서운 눈으로 나를 쏘는 듯 바라보는 그가 무척 무서웠다.

③ 벌레가 침과 같은 것으로 살을 찌르다.

¶ 모기가 쏘는 바람에 잠을 잘 수 없었다.

④ 매운맛이나 강한 냄새가 사람의 입 안이나 코를 강하게 자극하다.

¶ 마늘 냄새가 코를 쏘는 통에 기침을 하고 말았다.

¶ 겨자 맛이 혀를 톡 쏘았다.

ㅅ

복합어

- **내리쏘**다 타동사 활이나 총 따위를 위에서 아래로 쏘다.
- **내쏘**다[내: -] 타동사 ① 총, 화살 따위를 안에서 밖을 향하여 쏘다. ② 총, 화살 따위를 마구 쏘다. ③ 불빛 따위를 앞이나 밖을 향하여 내보내다. ④ 남의 감정을 찌르는 말로 쏘아붙이다.
- **되쏘**다 타동사 ① 총알이나 화살 따위를 날아오던 방향으로 쏘다. ② 빛을 받아 도로 쏘다. ¶ 먼 거리에 있는 사람끼리 거울로 빛을 되쏘아 통신을 하기도 한다. ③ 상대편의 말을 받아 이쪽에서 공격하듯 말하다. ¶ 사정도 모르면서 엉뚱한 소리를 해서 되쏘아 주었다.
- **들이쏘**다[1] 타동사 마구 쏘다. ¶ 우리는 보이지 않는 적을 향해 총을 들이쏘기 시작했다.
- **들이쏘**다[2] 타동사 밖에서 안을 향하여 쏘다.
- **쏘아보**다 타동사 날카롭게 노려보다. ㊈ 쏴보다
- **쏘아붙이**다 타동사 날카로운 말투로 상대를 몰아붙이듯이 공격하다. ㊈ 쏴붙이다 ¶ "마음대로 해!"라고 언니는 쏘아붙인 뒤 방을 나가 버렸다.
- **치쏘**다 타동사 활이나 총을 위로 향하여 쏘다.

속담

- **쏘아 놓은 살이요 엎지른(/엎질러진) 물이다** 한번 저지른 일을 다시 고치거나 중지할 수 없음을 비유하여 이르는 말.

쏘이다[1] 동사

㊟ 쐬다[1]

규11-0 쏘이고, 쏘이어/쏘여, 쏘인, 쏘입니다, 쏘이었다/쏘였다

타동사

바람이나 햇볕 따위를 직접 받다.

¶ 한데서 찬바람을 쏘였더니 감기에 걸렸다.

쏘이다[2] 동사

㊟ 쐬다[2]

규11-0 쏘이고, 쏘이어/쏘여, 쏘인, 쏘입니다, 쏘이었다/쏘였다

피동사

벌레에게 침 따위로 찔리다. '쏘다'의 피동형.

¶ 벌통에 가까이 가면 벌에 쏘이기 쉽다.

타동사

벌레에게 침 따위로 몸의 일부를 찔리다.

¶ 땅벌에 발등을 쏘여서 화끈거린다.

쐈다 [쏻:-]

쐈고, 쐈지, 쐈으니, 쐈어, 쐈네, 쐈습니다

'쏘다'의 과거형. '쏘았다'가 줄어든 말.

¶ 어제는 활을 쐈고, 오늘은 골프를 쳤다.

쐤다 [쐔:-]

쐤고, 쐤지, 쐤네, 쐤으니, 쐤어, 쐤습니다

'쐬다[1, 2]'의 과거형. '쐬었다'가 줄어든 형태.
¶ 밖에 나가서 바람을 쐤더니 더위가 좀 가신다.
¶ 말벌에 쐤던 곳이 며칠째 벌겋게 부었다.

쐬다[1] 동사 [쐬:-]

규11-0 쐬고, 쐬어/쐐, 쐬어요/쐐요, 쐰다, 쐽니다, 쐬었다/쐤다

타동사

① (바람이나 햇빛, 연기 따위를) 몸에 받다. 쏘이다.
¶ 머리가 아파서 바람을 쐬러 밖에 나갔다 왔다.
② 새로운 문물을 보고 듣다.
¶ 외국에 나가서 선진 문화를 쐬고 나면 생각이 달라질 것이다.
③ 남에게 평가를 받기 위해 (작품을) 내보이다.
¶ 전람회에 작품을 내놓고 전문가에게 직접 쐬어 평가를 받으려 한다.

쐬다[2] 동사 [쐬:-]

규11-0 쐬고, 쐬어/쐐, 쐬어요/쐐요, 쐰다, 쐽니다, 쐬었다/쐤다

피동사

'쏘이다[2]'의 준말.
¶ 벌초를 하러 갔다가 벌에 쐤다.

'쏘이다'와 '쐬다'의 활용형

'쏘이다'에 연결 어미 '-어'가 붙으면 '쏘이어'가 되고 이를 줄이면 '쏘여'가 된다. '쏘이다'의 준말 '쐬다'에 연결 어미 '-어'가 붙으면 '쐬어'가 된다. 그런데 더러 '쐬어'를 '쐬여'로 적기도 하는데 이는 잘못이다. '쏘이다'의 연결형은 '쏘여'이고, '쐬다'의 연결형은 '쐬어'라는 점을 잊지 말아야 한다.
¶ 나는 벌에 쐬여(×) 죽을 뻔했다. → 쐬어/쏘여
¶ 나무 밑에서 놀다가 쐐기에 쐬였다(×). → 쐬었다/쏘였다

× 쑥쓰럽다

'쑥스럽다'의 틀린 표기.

쑥스럽다 형용사

불21-3 쑥스럽고, 쑥스러워, 쑥스러운, 쑥스럽습니다, 쑥스러웠다

자연스럽지 못하게 부끄럽고 어색하다.
¶ 나는 쑥스러워 그녀가 내민 손을 잡지 못했다.
¶ 여러 사람 앞에서 내 이야기를 하는 것은 너무 쑥스러운 일이다.
¶ 이런 일로 상을 받기가 퍽 쑥스럽습니다.

복합어

- **쑥스레** 부사 자연스럽지 못하고 부끄럽고 어색하게. ¶ 아내가 옆에서 핀잔을 주자 그는 쑥스레 웃으며 뒷머리를 긁었다.

'쑥쓰럽다'와 '쑥스럽다'

소리는 된소리 발음으로 '쑥쓰럽다'로 나지만 'ㄱ'과 'ㅂ' 받침 뒤에서 나는 된소리는 된소리 표기를 하지 않고 예삿소리 표기를 한다는 한글맞춤법 규정에 따라서 '쑥스럽다'로 적는다. 어근에 접미사 '-스럽다'가 붙은 경우에는 '복스럽다', '잡스럽다'처럼 쓴다. 그러나 어근과 접미사의 결합으로 볼 수 없는 경우에는 '안쓰럽다'처럼 소리대로 된소리 표기를 한다.

쓰다[1] 동사

불11-8 쓰고, 쓰는, 써, 쓴다, 씁니다, 썼다

타동사

① 획을 그어서 일정한 글자의 모양이 이루어지게 하다.
¶ 어린애가 공책에 글자를 또박또박 쓴다.

② 생각을 글로 나타내다.
¶ 나는 날마다 일기를 쓰고 있다.
③ 서류를 작성하다.
¶ 빨리 계약서를 써라.

쓰다2 동사

불11-8 쓰고, 쓰는, 써, 쓴다, 씁니다, 썼다

타동사

① 모자 따위를 머리에 얹어 덮다.
¶ 요즘은 실내에서도 모자를 쓰고 있는 사람들이 꽤 있다.
② 어떤 물건을 걸어 얼굴의 전부 또는 일부를 가리다.
¶ 먼지가 많아 마스크를 썼다.
③ 먼지나 가루 따위가 덮은 상태가 되다.
¶ 가뭄에 길가의 풀들이 흙먼지를 쓴 채 시들어 가고 있다.
④ 우산이나 양산 따위를 머리 위에 펴 들다.
¶ 비가 오니 우산을 쓰고 가거라.
⑤ 죄나 누명 따위를 입게 되다.
¶ 그는 억울하게 누명을 쓰고 옥에 갇히게 되었다.

쓰다3 동사

불11-8 쓰고, 쓰는, 써, 쓴다, 씁니다, 썼다

타동사

① 일을 하는 데에 재료나 도구, 수단을 이용하다.
¶ 요즘은 누구나 손전화기를 써서 전화를 한다.
¶ 아이들이 **쓰다** 남은 연필을 버리지 않고 모아 두었다.
② 사람을 부리다.
¶ 그 사람을 회사 경리로 **쓰려** 한다.

③ (흔히, '한턱', '턱' 따위와 함께 쓰이어) 다른 사람에게 음식을 베풀거나 내다.
¶ 우리 아이가 시험에 붙은 기념으로 내가 한턱 쓰겠다.
④ 어떤 일에 마음이나 관심을 기울이다.
¶ 나는 괜찮으니 너무 신경 쓰지 마라.
⑤ 합당치 못하게 요구하다.
¶ 그렇게 억지를 쓰지 마세요.
¶ 아이들이 떼를 쓸 때에 엄히 다스리지 않으면 버릇이 된다.
⑥ 시간이나 돈을 들이다.
¶ 너나없이 사교육비로 돈을 너무 많이 쓴다.
⑦ 힘이나 노력 따위를 들이다.
¶ 그동안 애를 쓴 보람도 없이 승진에서 탈락했다.
¶ 이 경기에서는 우리 선수들이 힘 한번 제대로 써 보지 못하고 패하고 말았다.
⑧ 몸의 일부분을 제대로 놀리거나 움직이다.
¶ 그는 교통사고를 당해서 한쪽 다리를 쓰지 못하게 되었다.
⑨ 어떤 말이나 언어를 사용하다.
¶ 어른에게는 존댓말을 쓰는 것이 한국어의 특징이다.
⑩ (주로 반어적인 표현에 쓰이어) 도리에 맞는 바른 상태가 되다.
¶ 어른에게 대들면 쓰니?
¶ 욕을 그렇게 심하게 해서 쓰겠니?

복합어

- **쓸데**[-떼] 명사 올림말 '쓸데' 참고.
- **쓸데없다**[-떼-] 형용사 올림말 '쓸데없다' 참고.
- **쓸모** 명사 올림말 '쓸모' 참고.
- **쓸모없다** 형용사 올림말 '쓸모없다' 참고.

▶ '쓸데없다'와 '쓸 데 없다'의 차이는 올림말 '쓸데없다' 참고.

쓰다[4] 형용사

불21-8 쓰고, 쓴, 써, 쓴다, 씁니다, 썼다

① 한약이나 소태, 씀바귀의 맛과 같다.

¶ 약은 써야 효험이 있다.
¶ 봄에는 두릅이나 곰취처럼 쓴 나물이 입맛을 돌게 한다.
② 달갑지 않고 싫거나 괴롭다.
¶ 친구는 내 충고에 **쓰다** 달다 아무런 말도 없이 듣고만 있었다.
¶ 훈련은 쓰지만 그 열매는 달다.
③ 몸이 좋지 않아서 입맛이 없다.
¶ 며칠 앓았더니 입맛이 써서 먹고 싶은 것이 없다.

속담
- **쓰다 달다 말이 없다** 어떤 문제에 대하여 아무런 반응이나 의사 표시가 없음을 비유하여 이르는 말.
- **쓴 약이 더 좋다** 비판이나 꾸지람이 당장에 듣기에는 좋지 아니하지만 잘 받아들이면 본인에게 이로움을 이르는 말.

쓰이다[1] 동사
㉾ 씌다[1]

규11-0 쓰이고, 쓰이어/쓰여, 쓰인, 쓰입니다, 쓰이었다/쓰였다

피동사
'쓰다[1]'의 피동형.
¶ 공책에 쓰인 글자를 읽을 수가 없다.
¶ 칠판에 뭐라고 쓰여 있는지 좀 읽어 다오.

쓰이다[2] 동사

규11-0 쓰이고, 쓰이어/쓰여, 쓰인, 쓰입니다, 쓰이었다/쓰였다

사동사
'쓰다[1]'의 사동형.
¶ 아이들에게 붓글씨를 **쓰였는데** 꽤 잘 썼다.
¶ 아이들에게 글을 자주 **쓰이면** 아이들이 글을 잘 쓰게 된다.

쓰이다[3] 동사

㊟ 씌다[1]

규11-0 쓰이고, 쓰이어/쓰여, 쓰인, 쓰입니다, 쓰이었다/쓰였다

피동사

모자 따위가 머리에 얹히거나 덮이다. '쓰다[2]'의 피동형.

¶ 모자가 너무 작아서 잘 쓰이지 않는다.

쓰이다[4] 동사

㊟ 씌다[1]

규11-0 쓰이고, 쓰이어/쓰여, 쓰인, 쓰입니다, 쓰이었다/쓰였다

피동사

'쓰다[3]'의 피동형.

¶ 요즘은 상품을 만드는 데에도 컴퓨터가 쓰인다.

¶ 신경 쓰이는 일이 왜 이리 많은지 모르겠다.

¶ 우리가 낸 세금이 어떻게 쓰이는지 모르겠다.

쓸데 명사

쓰일 자리. 또는 써야 할 곳.

¶ 이 그릇은 쓸데가 있으니 내가 가져가겠다.

¶ 별로 쓸데도 없으면서 어째서 돈을 그리 악착같이 모으려 하는지 모르겠다.

'쓸데'와 '쓸 데'

띄어 쓰나 붙여 쓰나 의미 차이는 없다. 명사로 써야 할 경우에 붙여서 '쓸데'를 쓰고, '어떻게'와 같은 부사어가 앞에 있을 때에는 '쓸 데'로 띄어서, 부사어와 '쓰다'가 호응하도록 한다.

¶ 이 물건은 어디서 온 것인지 쓸데를 모르겠다.

¶ 이것을 의미 있게 쓸 데를 찾아보자.

¶ 달리 쓸 데 없으면 나에게 다오.

쓸데없다 형용사

규21-1 쓸데없고, 쓸데없어, 쓸데없는, 쓸데없습니다, 쓸데없었다

아무런 쓸모나 득이 될 것이 없다. 소용없다.

¶ 너는 쓸데없는 일에 시간과 돈을 들이는구나.

¶ 이제는 아무리 노력해도 쓸데없다.

복합어

- **쓸데없이**[-떼업씨] 부사 아무런 쓸모나 득이 될 것이 없게. 소용없이. ¶ 앉아서 쓸데없이 걱정만 하지 말고 책이라도 읽어라.

'쓸데없다'와 '쓸 데 없다'

'쓸데없다'는 어떤 행위를 하여 얻을 이익이 없거나 그런 일을 할 가치가 없음을 뜻한다. '쓸 데 없다'는 어떤 사물을 사용할 적절한 곳이 없다는 뜻이다.

¶ 여기 있는 그릇은 쓸 데 없으면 버려라. (용도가 없음)

¶ 공부할 때에는 쓸데없는 데에 신경을 쓰지 마라. (공부에 도움이 되지 않음)

¶ 그 사람은 쓸데없는 일만 한다. (가치 없음)

쓸모 명사

① 쓸 만한 가치.

¶ 부디 우리 사회에 쓸모가 있는 사람이 되어라.

② 쓰이게 될 분야나 부분.

¶ 연장을 쓸모에 따라서 구별해서 넣어 두어라.

¶ 이 그릇은 여러모로 쓸모가 많다.

복합어

- **쓸모없다** 형용사 쓸 만한 가치가 없다.
- **쓸모없이** 부사 쓸 만한 가치가 없이.

씌다[1] 동사
[씌 -]

규11-0 씌고, 씌어, 씐, 씐다, 씌었다

피동사

'쓰이다[1,3,4]'의 준말.

¶ 이 책에 씌어 있는 요리법대로 갈비찜을 만들었다.

¶ 내 모자가 반듯하게 씌어 있는지 봐 주세요.

¶ 눈에 콩깍지가 씌었던지 그의 얼굴만 보이고 다른 것은 조금도 보이지 않았어.

¶ 신경 씌는 일이 있어서 마음이 무겁다.

씌다[2] 동사
[씌 -]

규11-0 씌고, 씌어, 씐, 씐다, 씌었다

자동사

귀신 따위에 접하여 홀리다.

¶ 그때는 내가 귀신에 씌었나 보다.

씌우다 동사
[씌 -]

규11-0 씌우고, 씌워, 씌운다, 씌웁니다, 씌웠다

사동사

'쓰다[2]'의 사동형.

① 모자 따위를 쓰게 하다.

¶ 아이에게 모자를 씌우고 신을 신겼다.

② 잘못이나 책임을 남한테 떠넘기다.

¶ 애먼 사람에게 누명을 씌워서 벌을 받게 하지 마라.

③ 우산을 머리 위에 펴 들어 주다.

¶ 할머니에게 양산을 씌워 드렸다.

씨[1] 명사

① 싹이 터서 자라게 될 물질.
¶ 과꽃이며 채송화 씨를 심었다.
② 동물이 번식하는 근원이 되는 것.
③ 앞으로 커질 수 있는 근원을 비유하여 이르는 말.
¶ 말이 씨가 되었다.
④ 어떤 가문의 혈통이나 근원을 낮잡아 이르는 말.
¶ 상놈의 씨가 따로 있더냐?
¶ 너는 이 집 씨가 아닌 것 같다.

관용 표현

- **씨(가) 먹다(/박히다)** 말이나 행동이 조리에 맞고 실속이 있다.
- **씨가 마르다** 어떤 종류의 것이 모조리 없어지다. ¶ 돈이 씨가 말랐는지 돈 구경하기가 어렵다.
- **씨도 남기지 않다** 아무것도 남기지 아니하다.
- **씨도 먹히지 않다** 제기한 방법이나 의견이 받아들여지지 않다. ¶ 사장한테 내 말은 씨도 먹히지 않았습니다.
- **씨도 없이** 아무것도 남기지 아니하고 모조리. ¶ 일제 강점기에 왜놈들이 곡식을 씨도 없이 다 가져갔다.
- **씨를 말리다** 아무것도 남기지 아니하고 모조리 없애다.
- **씨를 붙이다** 땅에 씨를 심어 싹을 틔우다.

속담

- **씨 바른 고양이다** 눈치 빠르고 잇속을 잘 차리는 사람임을 비유하여 이르는 말.
- **씨는 속일 수 없다** 내림으로 이어받는 집안 내력은 숨기려 해도 숨길 수 없음을 이르는 말.
- **씨를 뿌리면 거두게 마련이다** 일한 보람이나 결과는 꼭 나타나게 된다는 말.

씨[2] 명사

문법에서 낱말을 특성별로 나눈 갈래. 품사.

씨³ 명사 (氏)

(주로 문집이나 비문 따위의 글말에 쓰이어) 같은 성(姓)의 계통을 표시하는 말.
¶ 씨는 김이고, 본관은 김해이다.

의존 명사
(성년이 된 사람의 성이나 이름 아래에 쓰이어) 그 사람을 높이거나 대접하여 부르거나 이르는 말.
¶ 그 일은 김 씨가 맡기로 했네.

씨⁴ 대명사 (氏)

인칭 대명사
'그 사람'을 높여 이르는 말.
¶ 씨는 이미 문단에 잘 알려진 분이다.

-씨 접사 (氏)

접미사
(사람의 성을 나타내는 명사 뒤에 붙어) '그 성씨 자체', '그 성씨의 가문이나 문중'의 뜻을 더하는 말.
¶ 우리 회원 중에는 김씨가 가장 많다.
¶ 그는 밀양 박씨이다.

'씨'의 높임과 낮춤

① '씨'를 성이나 이름 뒤에 붙이는 것은 그 사람을 대접하기 위해서이다. 그러나 상대나 상황에 따라서 상대를 소홀히 대하는 느낌을 주기도 한다. 몇 가지 경우로 나눈 '씨'의 사용법은 아래와 같다. 첫째, 글에서는 모든 사람의 성이나 이름에 '씨'를 붙일 수 있다. 그러나 역사 인물에는 '씨'를 붙이지 않는다. 현대 인물이라도 높여야 할 인물에 '씨'를 붙이는 것은 결례가 될 수 있다. '씨' 대신에 '님'을 써서 높일 수 있지만, '님'도 조심스럽게 써야 한다. 국어의 호칭과 지칭이 복잡하고 까다롭

기 때문에 단순화할 필요가 있다.

둘째, 대중에게 말할 때에는 모든 사람의 성이나 이름에 '씨'를 붙일 수 있다. 그러나 직접 만나서 부를 때에는 자기보다 어린 사람을 대접하기 위해서 '씨'를 쓸 뿐, 어른에게는 쓰면 안 된다. 어른에게 쓰면 어른을 소홀히 대접하는 느낌을 준다. 높여야 할 사람에게는 '씨' 대신에 '선생'을 붙이는 것이 좋다.

셋째, 성과 이름을 함께 말할 때에 '씨'를 붙이는 것이 자연스럽다. 동년배나 가까운 사이라면 이름에 '씨'를 붙여도 괜찮다.

¶ 김사랑 씨, 안녕하세요.

¶ 사랑 씨, 어서 오세요.

넷째, 성에 '씨'를 붙여 가리키거나 부르면 상대를 소홀히 대접하는 느낌을 준다.

¶ 이 일은 김 씨에게 부탁하면 된다.

¶ 박 씨, 이리 좀 와 보세요.

② 대명사로 '씨'를 쓰려면 앞에 그 사람 이름이 나와 있어야 한다. 이 경우 '씨'는 이름 뒤에 의존 명사 '씨'를 붙인 형태가 줄어든 것과 같은 의미가 있다.

¶ 김수근 씨는 근대 미술에서 빼놓을 수 없는 작가이다. 씨는 수많은 작품을 남겼다.

③ 접미사로 쓰는 '씨'는 성씨에 붙는다. 상대나 제삼자의 성씨를 말할 때에 '씨'를 쓰고, 자기 성씨를 상대에게 말할 때에는 '씨'를 쓰지 않고 '가(哥)'를 쓴다.

¶ 이 사람은 최씨이고, 저는 김가입니다.

ㅅ

씨실 명사

피륙이나 그물을 짤 때, 가로 방향으로 놓인 실. 씨줄.

¶ 베를 짤 때 북에 감겨 있는 실이 씨실이 된다.

씨줄 명사

① 피륙이나 그물을 짤 때, 가로 방향으로 놓인 실. 씨실.

② 지구를 적도와 평행하게 동서로 잇는 가상의 선. 적도를 0도로 하고 남극과 북극을 90도로 하여 지구의 표면을 나눈다. 위선(緯線).

씻가시다 동사

규11-0 씻가시고, 씻가시어/씻가셔, 씻가신, 씻가십니다, 씻가시었다/씻가셨다

타동사

물로 씻어서 깨끗하게 하다.

¶ 소금물로 입을 씻가시니 입안이 개운하다.

¶ 쓰레기통을 깨끗이 씻가셔 놓았다.

▶ '씻가시다'와 '씻부시다' 차이는 올림말 '씻부시다' 참고.

씻기다[1] 동사

규11-0 씻기고, 씻기어/씻겨, 씻기는, 씻긴, 씻깁니다, 씻기었다

타동사

씻어 주다.

¶ 아이 얼굴을 씻긴 뒤에 재워라.

'씻기다'의 품사

'씻기다'는 '씻다'에 접미사 '-기'가 붙어서 된 동사인데 '-기'는 사동사를 만드는 접미사이다. 그런 점에서 보면 '씻기다'는 당연히 사동사가 된다. 그래서 보통 사전에서는 '씻기다'를 '씻게 하다'로 풀이한다. 그러나 '씻기다'를 단순히 '씻다'의 사동사로 보기 곤란한 점이 있다. 실제로 '씻기다'가 사용되는 환경을 보면 '씻게 하다'의 의미로 사용되지 않기 때문이다.

¶ 아이 손을 씻기고 밥을 먹였다.

¶ 할머니 얼굴 좀 씻겨 드려라.

위 예문에서 '씻기고'는 '씻게 하고'의 뜻이 아니라 '씻어 주고'의 뜻을 나타낸다. 이는 '씻기다'가 사동사가 아니라 타동사라는 말이 된다. 만일 '씻기고'가 사동사라면 '씻는' 행위는 아이나 할머니가 해야 한다. 그러나 위의 예문은 스스로 씻을 수 없는 아이와 할머니를 씻어 주는 뜻으로 쓴 것이므로 타동사로 보지 않을 수 없다.

'신다', '먹다', '입다' 같은 동작은 남의 도움을 받아 당사자가 할 수 있는 동작이므로 '신기다', '먹이다', '입히다'를 사동사로 보는 것이 당연한데, '씻기다'는 당사자가 '씻는' 동작을 할 수 없다는 점에서 사동사가 아닌 타동사로 보아야 한다는 말이다.

씻기다[2] 동사

규11-0 씻기고, 씻기어/씻겨, 씻기는, 씻긴, 씻깁니다/씻기었다

피동사

'씻다'의 피동형.

① 더러운 것이 물에 닦여 깨끗하게 되다.

¶ 자동차에 쌓인 먼지가 비에 씻겨 내려갔다.

② 현재의 좋지 않은 상태에서 벗어나게 되다

¶ 잠을 많이 잤는데도 피로가 좀처럼 씻기지 않는다.

씻김굿 명사

죽은 이의 부정을 깨끗이 씻어 주어 극락왕생하기를 비는 굿.

¶ 전라남도 진도 지방에서는 지금도 사람이 죽으면 씻김굿을 한다.

씻다 동사

규11-1 씻고, 씻으니, 씻어, 씻는, 씻습니다, 씻었다

타동사

① 물이나 휴지 따위로 때나 더러운 것을 없게 하다.

¶ 외출에서 돌아오면 손을 씻어라.

¶ 농약이 묻어 있을지 모르니 과일을 깨끗이 씻어 먹어라.

② 누명, 죄과 따위를 벗어나다.

¶ 죄를 씻으려면 그에 합당한 벌을 받아야 한다.

¶ 영원히 씻지 못할 과오를 범했다.

③ 원한 따위를 풀다.

¶ 가슴에 맺힌 원한을 씻지 않고 너희 집안과 왕래할 수 없다.

④ (주로 '걱정', '부진' 따위와 함께 쓰이어) 현재의 좋지 않은 상태에서 벗어나다.

¶ 하루의 피로를 씻어 줄 멋진 음악과 다과가 준비되어 있다.

복합어

- **씻가시다** (타동사) 올림말 '씻가시다' 참고.
- **씻기다**[1] (타동사) 올림말 '씻기다[1]' 참고.
- **씻기다**[2] (피동사) 올림말 '씻기다[2]' 참고.
- **씻부시다** (타동사) 올림말 '씻부시다' 참고.

관용 표현

- **씻은 듯 부신 듯** 아무것도 남지 아니하고 아주 깨끗하게 없어진 모양을 이르는 말.
- **씻은 듯이** 아주 깨끗하게. ¶ 병이 씻은 듯이 나았다.

씻부시다 동사

규11-0 씻부시고, 씻부시어/씻부셔, 씻부신, 씻부십니다, 씻부시었다/씻부셨다

타동사

물로 씻어서 깨끗하게 하다.

¶ 밥을 먹었으면 그릇을 씻부셔 살강에 올려놓아라.

> **'씻부시다'와 '씻가시다'**
>
> 두 낱말은 뜻이 거의 같지만 미세한 차이가 있다. '씻부시다'는 주로 설거지할 그릇이나 솥을 깨끗하게 하는 경우에 쓰고, '씻가시다'는 주로 입 안을 헹구는 등 몸을 깨끗하게 씻거나 더러워진 물건을 깨끗하게 하는 경우에 쓴다.

ㅇ

아 조사

호격 조사

(사람이나 동물 따위를 나타내는 받침 있는 체언 뒤에 붙어) 같은 또래나 손아랫사람 또는 짐승 따위를 부를 때 쓰는 말.

¶ 영숙아, 너 어제 저녁에 어디 갔었니?

¶ 바둑아, 이리 오너라.

조사 '아'와 '야'

받침이 있는 말 뒤에는 '아'를 붙이고, 받침이 없는 말 뒤에는 '야'를 붙인다.

¶ 영숙아/영희야, 너 어제 저녁에 어디 갔었니?

¶ 구름아/바다야, 너는 우리 엄마 계신 곳을 알고 있겠지?

¶ 바둑아/파랑새야, 안녕!

조사 '아'와 '여', '이여'

받침이 있는 체언으로서 정중하게 불러야 할 사람에게는 '이여'를 붙이고, 높여야 할 사람에게는 '이시여'를 붙인다. 받침이 없는 체언으로서 정중하게 부를 때에는 '여'를 붙이고, 높여야 할 사람에게는 '시여'를 붙인다.

¶ 벗이여, 부디 나를 잊지 말기를!

¶ 하늘이시여, 나를 도우소서.

¶ 친구여, 우리 서로 잊지 말자.

¶ 우리의 보호자시여, 지금 어디 계십니까?

-아 어미

연결 어미

(어간 끝음절 모음이 'ㅏ, ㅗ'인 용언 뒤에 쓰이어)

① 두 절을 연결하여 두 행동의 앞뒤 관계 또는 인과 관계를 나타내는 말.

¶ 아이들은 개를 좇아 아주 멀리까지 갔다.

¶ 물이 너무 많아 밥이 질게 되었다.

¶ 산이 높아 언제나 눈이 덮여 있다.

② 본용언과 보조 용언을 연결하는 말.

¶ 여기를 막아 놓아라.

¶ 산이 높이 솟아 있다.

¶ 이 꽃이 더 좋아 보인다.

종결 어미

(어간 끝음절 모음이 'ㅏ, ㅗ'인 용언 뒤에 쓰이어) 문장 끝에서 서술, 의문, 청유, 명령의 뜻을 나타내는 말.

¶ 그는 머리가 참 좋아.

¶ 강아지가 자꾸 내 얼굴을 핥아.

¶ 그 산이 그렇게 높아?

¶ 여기에 같이 앉아.

¶ 주는 것이니 빨리 받아!

어미 '-아'의 생략과 바뀜

① 어미 '-아'는 용언의 어간 끝음절 모음이 'ㅏ'인 경우에 생략된다. 과거를 나타내는 선어말 어미 '-았-'을 붙일 때에도 '아'가 생략된다.

¶ 여기를 좀 깊게 파 놓아라.(파다+아)

¶ 값이 너무 비싸 살 수 없었다.(비싸다+아)

¶ 간신히 전차를 탔는데 반대 방향으로 가는 것을 탔다.(타다+았)

¶ 나는 어제 늦게 잤다.(자다+았)

¶ 저리 가!(가다+아)

¶ 내가 하기를 바라?(바라다+아)

② '하다'는 어간 끝음절이 '아'이지만 어미가 생략되는 것이 아니라 바뀐 어미를 붙인다. '하다'는 '여' 불규칙 활용을 하므로 '-아'를 붙이지 않고 '-여'를 붙여 '하여'가 된다. 그리고 '하여'는

'해'로 줄여 쓴다. 과거를 나타내는 선어말 어미로는 '-였-'을 쓰고, '하였'은 보통 '했'으로 줄여 쓴다.

¶ 학생 때 공부를 열심히 하여/해 두면 어른이 되어서 반드시 써먹게 된다.
¶ 빨리 일을 해!(이 경우에는 '하여'를 쓰지 않는다.)
¶ 어서 일을 시작하여라/시작해라.
¶ 사랑하였으므로 나는 행복했다.

③ 'ㅎ' 불규칙 활용을 하는 형용사에 연결 어미 '-아'를 붙이면 아래와 같이 바뀐다.

¶ 얼굴이 너무 까매/빨개/하얘/노래/파래 알아보지 못했다.
(까맣+아=까매, 빨갛+아=빨개, 하얗+아=하얘, 노랗+아=노래, 파랗+아=파래)

④ 어간 끝음절의 모음이 'ㅗ'로 끝나는 용언에 연결 어미 '-아'가 붙거나 '아'로 시작하는 어미가 오면 '오'와 '아'가 합하여 '와'로 줄기도 한다. 이 경우 '오아'를 쓰지 않고 '와'만 쓴다.

¶ 이리 와!
¶ 여기를 보아/봐.
¶ 새끼를 꼬아/꽈 뭇줄을 만들었다.
¶ 어미닭이 모이를 쪼아/쫘 병아리에게 준다.
¶ 저 과녁을 향하여 화살을 쏘아라/쏴라.
¶ 어머니는 구멍 난 바지를 호아/화 아들에게 입혔다.

위의 예문에 쓴 '꽈, 쫘, 화'는 표기로는 틀리지 않지만 잘 쓰지 않는다. 따라서 줄지 않은 상태로 쓰는 것이 바람직하다.

ㅇ

× 아구[1]

물고기 '아귀'의 잘못.

¶ 오늘 아구(×)/아귀(○)가 물이 좋아서 아귀찜 하려고 사 왔어.

'아구찜'과 '아귀찜'

'아구찜'이라는 음식이 있다. 얼큰하게 맛이 있어서 사랑을 받는데 이 음식의 표준어 이름이 '아귀찜'이다. 물고기 이름이 '아귀'이고 이것을 요리한 것이므로 '아귀찜'이 분명히 맞는 말이다. 그렇다고 거의 정착된 '아구'와 '아구찜'을 '아귀'와 '아귀찜'으로 바꾸라고 하기는 쉽지 않다. 표준어가 언어 현실을 반영하여 바뀌는 것이라면 이 말도 다시 검토를 하면 좋겠다. 예전에 비표준어였던 '아지랑이', '허우대', '상추'가 표준어였던 '아지랭이', '허위대', '상치'를 밀어내고 표준어가 된 경우를 보면, '아구', '아구찜'도 '아귀', '아귀찜'을 밀어내고 있다고 보아야 한다.

×아구[2]

'아가리'의 비표준어.

> **'아구'와 '아구통'**
>
> 전라도와 경상도 일부 지역에서는 입의 낮은말로 '아구' 또는 '아구통'을 쓴다. 표준어로 낮은말인 '아가리'와 같은 말이다. 낮은말은 되도록 쓰지 말도록 권장하므로 굳이 '아구', '아구통'까지 입의 낮은말로 사용할 필요는 없다. 그렇다고 '아가리'가 표준어이니 써도 좋다는 말은 아니다.

아귀[1] 명사

바닷물고기의 하나. ×아구

복합어

- **아귀찜** 명사 아귀에 콩나물, 미나리, 미더덕 따위를 넣어 찐 음식. ×아구찜
- **아귀탕**(-湯) 명사 아귀에 미나리, 쑥갓, 파, 고춧가루 따위를 넣어 끓인 음식. ×아구탕

아귀[2] 명사

① 물건의 갈라진 곳, 또는 그 틈.
¶ 문짝이 **아귀**가 잘 맞지 않아 삐걱거린다.
② 두루마기나 속곳의 옆에 터놓은 구멍.
¶ 두루마기는 따로 주머니가 없어 **아귀**에 손을 넣는다.
③ 씨의 껍데기가 트면서 싹이 나오는 자리.
¶ 씨앗을 심고 물을 뿌려 주니 곧바로 **아귀**가 트기 시작한다.
④ 활의 줌통과 오금이 닿은 부분.
⑤ =손아귀
¶ 언니는 **아귀** 힘이 좋아서 팔씨름을 하면 번번이 이긴다.

관용 표현

• **아귀가 맞다** ① 앞뒤가 빈틈없이 들어맞다. ¶ 이야기를 아귀가 맞게 해야지. ② 일정한 수량 따위가 들어맞다. ¶ 지출 내용과 잔금을 계산해 보니 아귀가 맞더라.
• **아귀가 무르다** 마음이 굳세지 못하여 남에게 잘 굽히다.
• **아귀가 세다** ① 마음이 굳세어 남에게 잘 휘어들지 아니하다. ② 손으로 쥐는 힘이 세다.
• **아귀가 차다** ① 굳세어 야무지다. ② 당하기 어렵게 힘겹다.
• **아귀가 트다** 씨의 싹이 나올 자리가 벌어지다.
• **아귀를 맞추다** 아귀가 맞게 만들다.
• **아귀를 트다** ① 두루마기나 속곳의 옆을 트다. ② 싹이 나오면서 벌어지다. 아귀가 트다.

▶ '아귀[2]'와 '아퀴[2]'의 차이는 올림말 '아퀴[2]' 참고.

아귀다툼 명사

자기 욕심을 채우려고 서로 헐뜯고 기를 쓰며 다투는 일.
¶ 부모 유산을 더 많이 차지하려고 형제끼리 **아귀다툼**을 벌이더라.

ㅇ

아기 명사

① 뱃속에서 자라고 있거나 태어난 지 얼마 안 되는 젖먹이 아이를 귀엽게 이르는 말. ×애기
② 시부모가 갓 시집온 며느리를 귀엽게 이르는 말.

복합어

• **갓난아기** 명사 '갓난아이'를 귀엽게 이르는 말.
• **당금아기**(唐錦-) 명사 중국에서 만든 귀한 비단과 같이 아주 귀하게 여기며 키우는 아기.
• **딸아기** 명사 남의 딸을 귀엽게 이르는 말.
• **며늘아기** 명사 '며느리'를 귀엽게 이르는 말.
• **새아기** 명사 시부모가 새 며느리를 친근하게 이르는 말.
• **시험관 아기**(試驗管-) 명사 시험관에서 수정하여 생긴 아기.
• **아기씨** 명사 시집갈 나이의 처녀나 새색시를 높여 이르는 말.

- **아기장수** 명사 나이는 많지 않으나 기개가 있고 정신이 굳센 사람.
- **아기집** 명사 수정한 난자를 기르는 방. 자궁(子宮).
- **얼뚱아기** 명사 둥둥 얼러 주고 싶은 사랑스러운 아기.
- **작은아기** 명사 막내딸이나 막내며느리를 정답게 이르는 말.
- **첫아기** 명사 처음 낳은 아기. 첫아이.
- **큰아기** 명사 ① 다 자란 계집아이. 또는 다 큰 처녀. ② 맏딸이나 맏며느리를 정답게 부르는 말. 큰아이.

속담

- **아기 밸 때 덧궂으면 나올 때도 덧궂다** 처음 시작이 좋지 않으면 끝까지 좋지 않게 된다는 말.

'아기'와 '애기'

'애기'는 '아기'가 '이' 모음 역행동화를 일으켜 된 말인데, 표준어에서는 '이' 모음 역행동화를 인정하지 않는다. 아래 몇 낱말도 같은 경우이다.

- 애기 → 아기 / 애비 → 아비 / 에미 → 어미 / 아지랭이 → 아지랑이

한편, '이' 모음 역행동화를 일으킨 형태를 표준어로 인정한 것에는 아래 네 낱말이 있다.

- 남비 → 냄비 / 동당이치다 → 동댕이치다 / 신출나기 → 신출내기 / 풋나기 → 풋내기

'아기'와 '아이'

① '아기'는 '갓난아이'의 범주에 드는 어린것을 가리킨다. '아기'는 '아이'에 비해서 더 어린아이에게 쓰거나 '아이'를 귀엽게 또는 정답게 부를 때 쓴다. '아이'는 '아기'를 포괄하는 말인데, 실제로는 갓난아이에서부터 미성년 상태인 사람까지를 아우른다. 경우에 따라서는 성년이 되었지만 아직 혼인하지 않은 사람도 '아이'라고 부르기도 한다. 노인이 다른 노인에게 '우리 집 아이가 이번에 내 생일 선물로 사 준 거야'라고 말한다면 이 '아이'는 혼인한 아들이나 딸일 수도 있다. 따라서 '아이'의 범위는 상황에 따라서 여러 가지로 바뀐다. '새아기', '아기씨'에서 보듯이 '아기'도 '아이' 대신에 상대를 친근하게 부르는 데에 사용한다. 따라서 '아기'와 '아이'가 맥락에 따라서 확연히 구별되는 경우가 있다.

¶ 우리 큰아기/큰아이가 이번에 좋은 회사에 취직했다네.

¶ 우리 새아이(×)가 사 준 목걸이야. → 새아기

¶ 동네 큰아이(×)들이 모여서 그네뛰기를 하고 논다. → 큰아기

② '작은아기'와 '작은아이'는 쓰임새가 다르다. '작은아기'는 막내딸이나 막내며느리처럼 집에서 가장 나이 어린 여자를 가리키는 데 반해서 '작은아이'는 둘째 아들이나 둘째 딸을 가리킨다. 여기에서도 '아기'에는 '아이'보다 더 귀엽고 정다운 느낌이 있음을 알 수 있다.

아까 부사

① 조금 전에.

¶ 아까 내가 한 말 잊지 말게.

② (명사처럼 쓰이어) 조금 전.

¶ 아까는 내가 미안했다.

× 아까와하다

'아까워하다'의 틀린 말.

아깝다 형용사

불20-3 아깝고, 아깝지, 아까워, 아까우니, 아까우면, 아까운, 아깝습니다, 아까웠다

① (소중히 여기는 것을 잃어) 섭섭하거나 서운한 느낌이 있다.

¶ 그는 우리가 놓치기 아까운 사람이다.

② 어떤 대상이 가치 있는 것이어서 버리거나 내놓기가 싫다.

¶ 아까운 시간을 여기서 이렇게 허비하다니!

¶ 누군들 자기 목숨이 아깝지 않겠는가?

③ 가치 있는 대상이 제대로 쓰이거나 다루어지지 못하여 안타깝다.

¶ 이 경치는 나 혼자 보기에 아깝기 짝이 없다.

복합어

- **아까워하다** 타동사 아까운 생각을 가지다. ×아까와하다

'아까워하다'와 '아까와하다'

'아깝다'에는 연결 어미 '-어'를 붙여 '아까워'로 활용한다. '-아'를 붙여 '아까와'로 활용하지 않는다는 것을 잊지 말아야 한다. 이와 같은 원리로 '아깝다'를 동사로 만들려면 '-어 하다'를 붙여 '아까워하다'라고 해야 한다. '-아 하다'를 붙여 '아까와하다'를 쓰면 안 된다.

형용사에 '-어 하다'를 붙여 동사를 만드는 경우를 몇 개 더 예를 들면 다음과 같다.
- 고맙다 – 고마워하다 / 놀랍다 – 놀라워하다 / 반갑다 – 반가워하다 / 안타깝다 – 안타까워하다

아끼다 동사

규11–0 아끼고, 아끼니, 아낀, 아낄, 아끼어/아껴, 아낍니다, 아끼었다/아꼈다

타동사

① 귀하게 여겨 버리거나 내놓기 싫어하다.
¶ 내가 몹시 **아끼던** 스웨터를 동생에게 빼앗겼다.
② 함부로 쓰지 아니하다. 절약하다.
¶ 여기는 물이 귀한 곳이니 **아껴** 써라.
¶ 돈을 **아끼지** 않는 사람은 결국 돈 때문에 고생을 하게 된다.
③ 귀중하게 여겨 상하지 않게 하다.
¶ 사람을 **아낄** 줄 아는 사회가 사람 사는 사회이다.

복합어

- **아낌** [명사] 소중하게 여기는 마음.
- **아낌없다** [형용사] 아끼는 마음이 없다. 아까워하는 기색이 없다. ¶ 사람들은 그의 수고에 대하여 아낌없는 찬사를 보냈다.
- **아낌없이** [부사] 아끼지 않고.

아니[1] 부사

① 용언 앞에서 그 용언을 부정하거나 반대하는 뜻을 나타내는 말. ㉾ 안
¶ 네 칭찬을 들으면서도 내 마음은 **아니** 기쁘다.
¶ 네 말이 내 귀에는 **아니** 들리는 이유가 뭘까?
② (명사와 명사 사이에 쓰이거나, 문장과 문장 사이에 쓰이어) 강조할 때 쓰는 말.

¶ 네가 수고비로 백만 원, **아니** 천만 원을 준다고 해도 그런 일은 하지 않겠다.
¶ 비가 온다 해도, **아니** 태풍이 몰아친다 해도 나는 내일 떠나겠다.

속담

- **아니 드는 칼로 목 베기** 일을 저질러 놓고 질질 끄는 행태를 비유하여 이르는 말.
- **아니 때린 장구 북소리 날까** =아니 땐 굴뚝에 연기 날까
- **아니 땐 굴뚝에 연기 날까** ① 원인이 없으면 결과가 있을 수 없음을 비유하여 이르는 말. ② 실제 어떤 일이 있기 때문에 그런 말이 나옴을 이르는 말.
- **아니 먹는 씨아가 소리만 난다** 쓸모없는 사람일수록 공연히 떠벌리며 돌아다니기만 함을 이르는 말.
- **아니 무너진 하늘에 작대기 받치자 한다** 공연히 쓸데없는 짓을 하자고 함을 비유하여 이르는 말.
- **아니 밴 아이를 자꾸 낳으란다** 무리한 요구를 함을 이르는 말. =배지 아니한 아이를 낳으라 한다

'아니'와 '안'

부사 '아니[1]'은 '안'으로 줄여서 쓰는 경우가 많다. '일을 아니 한다'를 '일을 안 한다'처럼 쓰는 것이다. 입말에서는 '아니'를 거의 쓰지 않고 '안'을 쓴다. 감탄사로 쓰는 '아니[2]'는 '안'으로 줄여 쓰지 않는다.

아니[2] 감탄사

① 아랫사람이나 대등한 관계에 있는 사람이 묻는 말에 부정하여 대답할 때 쓰는 말.
¶ "너 지금 자니?" "**아니**, 안 자."
¶ "무슨 일 있니?" "**아니**, 아무 일도 없어."
② 놀라거나 감탄스러울 때, 또는 의아스러울 때 하는 말.
¶ **아니**, 어떻게 사람으로서 그런 말을 할 수가 있니?
¶ **아니**, 벌써 도착했다고?
¶ **아니**, 이게 어떻게 된 일이냐.

'아니'와 '아니요'

감탄사 '아니[2]'와 '아니요'는 낮춤말과 높임말 관계이다. 보통 '아니'는 '응'에 대하는 대답으로서 자기와 같은 지위나 아랫사람에게 쓰는 말이다. 긍정에는 '응', 부정에는 '아니'를 쓴다. 손윗사람에게는 '아니' 대신에 '아니요'를, '응' 대신에 '예'를 쓴다.

¶ "야, 오늘 야구 구경하러 갈래?" "응, 그래 함께 가자." "아니, 너 혼자 가."
¶ "너 지금 돌아가려 하느냐?" "예, 그렇습니다." "아니요, 조금 있다가 돌아가겠습니다."

아니꼽다 형용사

불20-3 아니꼽고, 아니꼬우니, 아니꼬운, 아니꼬워, 아니꼬우면, 아니꼽습니다, 아니꼬웠다

① (말이나 행동이) 눈에 거슬리고 불쾌하다.
¶ 시누이 하는 짓이 어찌나 아니꼽던지 무척 화가 났다.
¶ 사촌이 땅을 사서 아니꼬운 것이 아니라, 거들먹거리는 꼴이 아니꼽다.
② 비위가 뒤집혀 메스껍다.
¶ 비린 냄새를 맡으니 갑자기 속이 아니꼬워 꼭 토할 것 같다.

아니다 형용사

규21-0 아니고, 아니므로, 아닌, 아니야, 아니오, 아니어요, 아닙니다, 아니었다

① 어떤 사실을 부정하는 뜻을 나타내는 말.
¶ 그는 학생이 아니다.
¶ 별것도 아닌 일로 화를 낸다.
¶ 그런 말을 함부로 지껄이는 것을 보니 그는 사람도 아니야.
② ('의문형'으로 쓰이어) 물음이나 짐작의 뜻을 나타내는 말. 어떤 사실을 강하게 긍정하는 효과가 있다.
¶ 너 철수 아니냐?
¶ 괴로울 때 함께 아파하고 힘들 때 도와주는 것이 진정한 사랑이 아닐까?

관용 표현

- **아니나 다를까** 과연 예측한 바와 같다는 말.
- **아닌 게 아니라** 어떤 사실이 정말 그러하다는 말. ¶ 그의 말을 들어보니 아닌 게 아니라 참 똑똑하더라.
- **아닌 때 아닌 곳** 뜻하지 아니한 엉뚱한 때나 곳.

- **아닌 말로** 말하기는 좀 무엇하나. 그렇게는 차마 말할 수 없는 말이나. 아니할 말로.
- **아닌 밤중에** ① 뜻하지 않은 밤중에. ¶ 아닌 밤중에 네가 무슨 일로 이 먼 곳까지 왔느냐? ② 뜻밖의 때에. ¶ 아닌 밤중에 무슨 뚱딴지같은 소리야?
- **(무엇이) 아닐 수 없다** 앞에서 말한 사실을 긍정하여 강조하는 말.
- **아닌 보살 하다** 시치미를 떼고 모르는 척한다는 말.

속담

- **아닌 밤중에 남의 칼을(/칼에) 맞다** 천만뜻밖의 불행한 일을 당함을 비유하여 이르는 말.
- **아닌 밤중에 찰시루떡** 뜻하지 않게 이익을 얻게 되었음을 비유하여 이르는 말.
- **아닌 밤중에 홍두깨 (내밀 듯)** 별안간 엉뚱한 말이나 행동을 함을 비유하여 이르는 말.

'아니오'와 '아니요'

① '아니오'는 '아니다'의 활용형이고, '아니요'는 감탄사 '아니[2]'의 높임말이다. '아니다'의 활용형이라는 말은 '아니다'를 서술어로 쓰면서 활용한 것이라는 말이다. '아니다'는 아래와 같이 활용한다.

¶ 이것은 책이 아니오.

¶ 여기는 노는 곳이 아니란다.

¶ 여기는 해수욕장이 아닙니다.

¶ 오늘은 휴일이 아닌데요.

② '아니요'는 감탄사 '아니'의 높임말인데, 아래와 같이 사용한다.

¶ "어제 극장에 갔었니?" "아니, 극장에 안 갔어."

¶ "어제 집에 있었니?" "아니요, 친구들과 시내 구경 갔어요."

'아니어요', '아니에요', '아니예요'

'아니다'에 종결 어미를 붙일 때에 어려움을 느끼는 사람이 있다. '아니다'의 어미로 '-어요'와 '-에요'를 붙이고 '-여요'나 '-예요'를 붙이면 안 된다.

¶ 나는 학생이 **아니어요**(○)/**아니에요**(○).

¶ 그는 유능한 지도자가 **아니여요**(×)/**아니예요**(×). → 아니어요/아니에요

'여요'와 '예요'는 서술격 조사 '이다'의 활용형인 '이어요'와 '이에요'가 줄어든 말이므로 받침 없는 체언 뒤에서만 나타난다. (올림말 '이다[3]' 참고.)

¶ 그는 참 유능한 **친구여요**(○)/**친구예요**(○).

¶ 남산에 가장 많이 있는 나무가 **소나무여요**(○)/**소나무예요**(○).

아니면 부사

그렇지 않으면.

¶ 이번 휴가엔 제주도 갈까? **아니면** 아예 나라 밖으로 가든지.

아니야 감탄사

㊟ 아냐

'아니[2]'의 힘줌말.

¶ **아니야**, 그게 아니라고.

¶ "내가 잘못했어. 미안해." "**아니야**, 내가 미안하지."

아니요 감탄사

㊟ 아뇨

'아니[2]'의 높임말.

¶ **아니요**, 제가 그러지 않았습니다.

> **'아니면', '아니야', '아니요'의 품사**
>
> ① 세 낱말은 모두 형용사 '아니다'에서 파생하였는데, '아니면'은 어간 '아니'에 어미 '-면'이 붙은 형태이고, '아니'는 감탄사로서 '아니다'의 어간이 바로 낱말이 되었다. '아니야'는 감탄사 '아니[2]'에 강조 기능을 가진 조사 '야'가 붙은 형태이다. '아니요'는 감탄사 '아니[2]'에 높이는 기능을 가진 조사 '요'가 붙은 형태이다. '아니면'은 '아니다'의 활용형으로 볼 수 있는데 이런 경우에는 '아니다' 앞에 보어가 와야 한다.
>
> ¶ 너 **아니면** 누가 이 일을 하겠니?
>
> ¶ 죽기 **아니면** 까무러치기로 한번 끝까지 해 보자
>
> '아니면'을 단독으로 쓰면 부사로 본다. 이는 '따라서'를 부사로 인정하는 논리와 같다.
>
> ¶ 네가 하든가, **아니면** 누구를 대신 시키든가.
>
> ② '아니'에 조사가 붙은 '아니야'와 '아니요'는 모두 감탄사로 인정한다. '아니야' 대신에 '아니다', '아니지', '아닙니다'처럼 '아니다'의 활용형을 쓸 수도 있다.

¶ "어제 네가 나에게 전화했니?" "**아니야**, 내가 왜 너에게 전화하니?"
¶ "어제 네가 내게 전화했니?" "**아닙니다/아니요**, 저는 전화하지 않았습니다."
¶ "아버지께서 저에게 전화하셨어요?" "**아니다**, 어제는 무척 바빠서 전화할 틈도 없었어."
¶ "우리 영화 보러 가자. **아니지**, 지금 영화 볼 때가 아니지."

아니하다[1] 동사

㊟ 않다

불10-9 아니하고, 아니하는, 아니하여/아니해, 아니한, 아니합니다, 아니하였다/아니했다

타동사

(어떤 행동을) 안 하다.

¶ 그는 아무 말도 **아니하고** 떠나 버렸다.
¶ 나무를 **아니하면** 무엇으로 불을 때겠니?

보조 동사

(동사 뒤에서 '-지 아니하다'로 쓰이어) 본동사의 의미를 부정하는 말.

¶ 여행을 떠나지 **아니하기로** 결정했다.
¶ 그는 입사한 지 얼마 되지 **아니하여서** 사표를 냈다.

관용 표현

• **아니할 말로** 그렇게 말하기는 좀 지나칠 수도 있지만. 아닌 말로.

아니하다[2] 형용사

㊟ 않다

불20-9 아니하고, 아니하여/아니해, 아니한, 아니합니다, 아니하였다/아니했다

보조 형용사

(형용사 뒤에서 '-지 아니하다'로 쓰이어) 본 형용사의 의미를 부정하는 말.

¶ 그 여자는 얼굴이 예쁘지 **아니하여** 면접에서 떨어졌다고 생각한다.
¶ 날씨가 따뜻하지 **아니하면** 외출하기가 싫다.

× 아둥바둥

'아등바등'의 틀린 말.

아등바등 부사

무엇을 이루려고 애를 쓰거나 우기는 모양.
¶ 우리가 왜 이렇게 아등바등 돈을 벌어야 하지?

복합어

- **아등바등하다** 자동사 무엇을 이루려고 애를 쓰거나 우겨 대다. ¶ 이 좁은 땅에서 아등바등하면서 살지 말고 드넓은 세계로 나가라.

아마 부사

(뒤에 추측하는 말과 어울리어) 확실히 단정하기는 어렵지만, 짐작하건대.
¶ 아마 그때 너는 열 살쯤 되었지?
¶ 그는 아마 지금도 죽은 아들을 생각하고 있을 거다.
¶ 아마 그에게 좋은 일이 생겼나 보다.

복합어

- **아마도** 부사 '아마'의 힘줌말. ¶ 아마도 우리가 이기지 않을까?

'아마'의 용법

이 말은 추측하는 의미를 나타내기 위해서 쓴다. 실제 이 말을 쓰지 않더라도 추측하는 것임을 짐작할 수 있지만 명확하게 추측이라고 단정할 수 없는 상황에서 이 말이 있으면 확실히 추측임을 확인할 수 있다. 그래서 말 앞에 '아마'를 먼저 씀으로써 추측임을 미리 상대에게 알려 주는 효과가 있다. '그때 너는 열 살쯤 되었지?'라고 하면 추측의 의미도 있고 확신의 의미도 있는 것으로 판단할 수 있다. 그런데 '아마 그때 너는 열 살쯤 되었지?'라고 하면 추측임이 명확해진다.

여기서 조심해야 할 것은 '아마' 뒤에 확실한 사실을 말하면 안 된다는 것이다. '추측'과 '확신'은 어울리지 않기 때문이다. 아래 예문은 '아마'를 쓰지 말아야 할 자리에 쓴 것들이다.

¶ 그때 너는 아마 여기에 서 있었다. → 그때 너는 여기에 서 있었다.

¶ 아마 그들은 줄곧 너를 기다렸음이 틀림없다. → 그들은 줄곧 너를 기다렸음이 틀림없다.

아무[1] 대명사 [아ː-]

인칭 대명사

① 어떤 사람을 특별히 정하지 않고 이르는 말.

¶ 아직 아무도 안 왔다.

¶ 그때는 아무나 붙들고 울고 싶은 심정이었다.

¶ 이 일은 아무라도 할 수 있어.

② (성 다음에 쓰이어) 어떤 사람을 구체적인 이름 대신 이르는 말. 아무개.

¶ 김 아무가 나에게 찾아왔다.

복합어

- **아무개**[아ː-] 인칭 대명사 어떤 사람을 구체적인 이름 대신 이르는 말. '아무'에 비해서 낮추는 느낌이 있다. ¶ 이 동네에서 아무개라면 모르는 사람이 없다.

'아무'의 용법

'아무'에 어떤 조사가 붙느냐에 따라서 '아무'의 용법이 사뭇 달라진다.

① '아무도'는 흔히 부정의 뜻이 있는 서술어와 호응한다. 서술어에 긍정의 뜻이 있으면 부정 부사나 부정을 나타내는 보조 서술어를 붙인다.

¶ 아무도 모른다.

¶ 이번에는 아무도 가지 않기로 했다.

¶ 아무도 안 간다는데 어떻게 하지?

¶ 아무도 오지 마.

② '아무나'는 긍정 서술어와도 호응하고 부정 서술어와도 호응한다. 긍정 서술어와 어울리는 '아무나'는 '누구나'와 같은 뜻이 된다. 그래서 예외 없이 모든 사람을 다 포괄한다. 부정 서술어와 어울리면 '몇몇 사람만'의 의미가 된다.

이 일은 아무나 할 수 있다.
이 일은 아무나 할 수 없다.
아무나 데리고 와라.
아무나 데려가지 않겠다.

아무[2] 관형사 [아:-]

① 특별히 정해 놓지 않은 어떤 일, 때, 물건 따위를 이르는 말.
¶ 아이들은 아무 때, 아무 곳에서도 뛰어노는 것을 좋아한다.
¶ 아무 이야기나 하나 해 주세요.
② (주로 부정 서술어와 어울리어) 뒤에 오는 명사가 포함되지 않음을 나타내는 말. 아무런.
¶ 나와는 아무 상관이 없다.
¶ 아무 걱정도 말아라.

복합어

- **아무것**[아:-] 명사 ① 특별히 정해지지 않은 어떤 것. ¶ 나는 가진 것이 아무것도 없다. ② (주로 '아니다'와 함께 쓰이어) 대단하거나 특별한 어떤 것. ¶ 아무것도 아닌 일로 그렇게 싸우다니.
- **아무아무**[1][아:-] 인칭 대명사 여러 사람을 특별히 지정하지 않고 이를 때 쓰는 말.
- **아무아무**[2][아:-] 관형사 어떤 사물을 한정하지 않고 이를 때 쓰는 말.
- **아무짝**[아:-] 명사 ('아무짝에도' 꼴로 부정 표현과 호응하여) '아무 데'를 낮추어 이르는 말. ¶ 게으르고 놀기만 좋아해서 아무짝에도 쓸모없는 사람이 될까 걱정이다.

속담

- **아무 때 먹어도 김가가 먹을 것이다** 자기가 취할 이익은 언제나 자기가 차지하게 된다는 말.

아무래도 부사 [아:-]

① '아무러하여도'가 줄어서 된 말. 어떠해도. 아무리 생각해 보아도.

¶ 네 요구는 아무래도 지금 받아들이기 어렵다.
¶ 아무래도 이 방법은 좋을 것 같지 않다.
② '아무리 하여도'의 준말. 아무리 이리저리 애써 보아도.
¶ 길이 막혀서 아무래도 늦을 것 같다.

× 아무러나

'아무려나'의 틀린 말.

아무러면 부사 [아:-]

(주로 의문문에 쓰이어) 아무리 그렇다 해도. 어떤 사실에 대한 확신을 반어 의문문으로 나타낼 때 쓴다.
¶ 아무러면 그 애가 정말 그런 말을 했을까?
¶ 아무러면 굶어 죽기야 하겠소?

ㅇ

아무러하다 형용사 [아:-] ㉠아무렇다

불20-9 아무러하게, 아무러한, 아무러하든, 아무러하여도/아무러해도, 아무러하여서/아무러해서, 아무러하였다/아무러했다

① 구체적으로 정하지 않은 어떤 상태나 조건에 놓여 있다.
¶ 사람만 진실하다면 집안 형편이 아무러하든 상관없다.
¶ 아무러한 위기가 닥쳐도 흔들리지 말자.
② (주로 부정 서술어와 함께 어울리어) 뒤에 오는 명사가 포함되지 않음을 나타내는 말. =아무[2]
¶ 그는 꿀 먹은 벙어리처럼 아무러한 대답도 못 하고 있었다.
¶ 내가 책임을 질 아무러한 까닭도 없다.
③ ('아무러하게나' 꼴로 쓰이어) 되는대로 막 하는 상태에 있다.
¶ 너는 일을 아무러하게나 하는 습관이 있어.
¶ 그 사람은 옷을 너무 아무러하게나 입고 다닌다.

아무런 관형사 [아:-]

'아무러하다'의 관형사형 '아무러한'이 줄어들어 관형사가 된 말.

¶ 너는 아무런 걱정도 말아라.

¶ 아무런 대꾸도 하지 않고 잠자코 듣고만 있다.

아무런들 [아:-]

'아무러하다'에 어미 '-ㄴ들'이 붙은 '아무러한들'이 줄어든 형태.

¶ 방법이야 아무런들 어떤가? 결과만 좋게 나오면 되는 거지.

아무렇다 형용사 [아:-]

불21-5 아무렇게, 아무렇거나, 아무렇든, 아무렇지

'아무러하다'의 준말.

¶ 참여하는 것이 중요하지 성적은 아무렇든 관심 없다.

¶ 말을 그렇게 아무렇게나 하면 안 되지.

관용 표현

- **아무렇지 않다** 아무런 변화 없이 먼저 모양 그대로 있다. ¶ 싸운 뒤에 금방 아무렇지 않게 웃으며 얘기하는 사람들이 많이 있다. / 세수도 하지 않고 아무렇지 않게 밖에 나다닌다.

아무려나 감탄사 [아:-]

① '아무렇게나 하려면 하라'라고 승낙하면서 하는 말.

¶ 아무려나, 자네 뜻대로 하게.

¶ 아무려나, 너 좋을 대로 해라. 난 아무래도 상관없다.

② 아무튼.

¶ 아무려나 어머니는 교회에 있으면 마음이 평안해진다고 한다.

▶ '아무려나'의 뜻으로 '아무러나', '아무리나'를 쓰기도 하는데, '아무려나'만 표준어이다.

아무려면 **감탄사** [아:-]

'아무렴'의 본딧말.

¶ 아무려면, 네 말이 맞고말고.

아무렴 **감탄사** [아:-]

말할 나위 없이 그렇다는 뜻으로, 상대편 말을 강하게 긍정할 때 하는 말.

¶ 아무렴, 그렇고말고, 네 말이 옳다.

ㅇ

아무리[1] **부사** [아:-]

① 정도가 심함을 나타내는 말.

¶ **아무리** 추워도 보리는 자란다.

¶ 시험 공부를 **아무리** 열심히 해도 성적이 오르지 않는다.

② 비록 그렇다 하더라도.

¶ **아무리** 내가 이런 장사를 해도 양심을 속인 일은 없다.

¶ 아들이 **아무리** 집을 팔아먹었다 하더라도 부모가 자식을 어쩌겠는가?

관용 표현

- **아무리 하여도(/해도)** 아무리 이리저리 애써 보아도. 아무래도. 암만해도. ¶ 아무리 해도 시동이 걸리지 않아서 차를 두고 왔다.
- **아무리 그래도 그렇지** (상대를 나무라는 뜻으로 쓰이어) 상대 주장이나 의견을 받아들이더라도 여전히

문제가 있음을 나타내는 말. ¶ 아무리 그래도 그렇지, 사람이 할 일이 있는 게 아니오?

속담

- **아무리 바빠도 바늘허리에 매어 쓰지는 못한다** 아무리 바쁘더라도 갖추어야 할 격식은 갖추고 해야 한다는 말.

아무리[2] 감탄사 [아:-]

결코 그럴 리가 없다는 뜻으로 하는 말.

¶ 아무리, 그 사람이 그런 말을 했을까.

¶ 아무리, 죽은 사람이 다시 살아날까.

부사 '아무리'와 감탄사 '아무리'

부사 '아무리'는 뒤에 형용사나 동사 또는 부사가 와서 '아무리'의 수식을 받아야 한다. '아무리 열심히 해도'처럼 '아무리'가 부사 '열심히'를 꾸미기도 하고, '아무리 아파도'처럼 형용사 '아파도'를 꾸미기도 하고, '아무리 일해도'처럼 '일하다'를 꾸미기도 하듯이 부사 '아무리'는 반드시 뒤에 형용사나 동사 또는 부사가 와야 한다. 이와 달리 감탄사 '아무리'는 홀로 쓰며, 뒤에 오는 문장을 부정한다.

× 아무리나

'아무려나'의 틀린 말.

아무쪼록 부사 [아:-]

될 수 있는 대로. =모쪼록

¶ 우리가 할 수 있는 일이 없어서 아무쪼록 일이 잘되기만 빌었다.

¶ 아무쪼록 몸 건강히 잘 다녀오너라.

아무튼 부사 [아:-] ㊜ 암튼

어떻게 되어 있든. 어떻든.

¶ 아무튼 그는 말이 너무 많다.

¶ 새빨간 입술에 현란한 옷에 아무튼 요란한 모습이었다.

'아무튼'과 '어떻든'의 표기

'아무튼'은 '아무러하든'이 '아무렇든'으로, 다시 '아무튼'으로 줄어든 말이다. '-렇든'이 '튼'으로 줄어든 것인데 예전에는 '아뭏든'으로 줄여서 쓴 일이 있다. 그러나 '아뭏든'은 '아무'의 형태를 깨뜨려 바람직하지 않아서 '아무튼'으로 표기한다.

'어떻든'은 '어떠하다'의 활용형인 '어떠하든'이 줄어든 것이다. '어떠하다'가 '어떻다'로 줄어들기도 하므로 '어떠하든'이 '어떻든'으로 줄어드는 것은 자연스럽다. '아무튼'과 '어떻든' 두 형식으로 줄어드는 예를 들면 아래와 같다.

	'아무튼' 계열	'어떻든' 계열
하여하다/여하하다	하여튼/여하튼	
그러하다/이러하다/저러하다		그렇든/이렇든/저렇든 그렇듯이/이렇듯이/저렇듯이
어찌하다		어쨌든

아범 명사

'아비'를 조금 대접하여 이르는 말.

아비 명사

① '아버지'의 낮춤말.

¶ 너는 아비도 없느냐, 이놈!

¶ 철수야, **아비** 집에 있더냐?

② 결혼하여 자식을 둔 아들을 이르는 말.

¶ **아비** 이리 좀 들어오너라.

③ 부모가 아들을 며느리에게, 또는 사위를 딸에게 이르는 말.

¶ 어미야, 오늘은 **아비**가 늦는구나.

¶ 당분간 이 일을 **아비**에게는 알리지 마라.

④ 자녀를 둔 여자가 시부모, 친정 부모, 웃어른 앞에서 자기 남편을 낮추어 이르는 말.

¶ **아비**는 오늘 못 올 것 같답니다.

¶ **아비**는 내일 중국으로 출장을 간답니다.

⑤ 아버지가 자식들에게 자기 자신을 낮추어 이르는 말.

¶ 이놈이 **아비** 말을 허술하게 듣다니!

관용 표현

- **아비 없는 후레자식** 아버지 없이 제멋대로 자라 버릇없는 사람이라는 뜻으로, 남을 욕하여 이르는 말.

'아범'과 '아비', '어멈'과 '어미'

'아버지'와 '어머니'를 낮추어 각각 '아비', '어미'라고 하는데, '아범'은 '아비'를 그리고 '어멈'은 '어미'를 대접하는 뜻으로 쓴다. 친족 사이에서 누가 누구를 가리킬 때에 '아범/아비' 또는 '어멈/어미'라고 하는지 국립국어원이 '표준 언어 예절'로 아래와 같이 제시하였다.

① 부부끼리 혼인한 자녀를 부르거나 가리키는 말로 쓴다. 자녀를 낳은 뒤에 이렇게 부르는데, 자녀가 여럿인 경우에는 자녀 이름을 앞에 붙여 쓰기도 한다.

¶ **아범아/어멈아**, 이 화분 좀 들어 다오.(호칭)

¶ **아범/어멈**은 어디 가고 아이들만 있지? (지칭)

¶ 영수 **아비/어미**는 오늘 못 온다고 하네요.(지칭)

② 자녀를 둔 부부가 웃어른 앞에서 자기 남편 또는 아내를 낮추어 이르는 말로 쓴다. 며느리가 시부모에게 자기 남편을 가리키는 말로 쓰기도 하고, 딸이 친정 부모에게 자기 남편을 가리키는 말로 쓰기도 한다. 딸이 친정 부모에게 자기 남편을 가리키는 말로는 남편의 성을 붙여 '무슨 서방'이라고 주로 쓰지만, 아이 이름을 붙여 '아무개 아범/아비'를 쓰기도 한다.

¶ 어머님, **아범**과 함께 아버님 생신 선물을 사러 가려는데요.

¶ 어머니, **어멈**과 함께 외출을 좀 하고 오겠습니다.

¶ 엄마, 영수 **아범**이 엄마 드리라고 선물 보냈어요.

③ 사돈에게 아들이나 사위를 가리킬 때에 쓴다.

¶ 영수 **아범/어멈**이 처리한다고 했으니 사돈께서는 마음을 놓으십시오.

-아서 어미

연결 어미

① 먼저 한 행동을 뒤의 행동과 연결하는 말.

¶ 아이가 공을 잡**아서** 나에게 주었다.

¶ 책장에서 책을 뽑**아서** 가방에 넣었다.

② 뒤에 이어지는 행동의 이유나 근거를 나타내는 말.

¶ 마당이 좁**아서** 아이들이 마음껏 뛰어놀지 못한다.

¶ 그를 오래 보**아서** 사정을 속속들이 알고 있다.

③ 수단이나 방법을 나타내는 말.

¶ 밥을 물에 말**아서** 먹었다.

¶ 여기 사람들은 폐지를 팔**아서** 근근이 살아간다.

'-아서'의 용법

① '-아서'는 끝음절 모음이 'ㅏ', 'ㅗ'인 어간 뒤에 붙는다. 그 밖의 용언이나 '이다'와 '아니다'의 어간 뒤에는 '-어서'가 붙는다. (올림말 '-어서' 참고.)

② 끝음절의 끝소리가 'ㅏ'인 어간(받침이 없는 어간) 뒤에는 '-서'만 붙는다.

¶ 우리 직접 만나서 이야기하자.(만나다+아서)

¶ 학교에 가서 공부한다.(가다+아서)

③ '하다' 뒤에서는 '-여서'로 바뀐다.

¶ 그가 거짓말을 하**여서** 선생님이 꾸중을 하셨다.

④ 어간 끝음절이 'ㅗ'로 끝나는 경우에는 'ㅗ'와 '-아서'가 결합하여 '-와서'로 줄어든다.

¶ 활을 신중하게 **쏴서** 과녁을 맞혀라.(쏘다+아서)

¶ 그가 뛰어**와서** 나에게 알려 주었다.(뛰어오다+아서)

⑤ 'ㅂ' 불규칙 활용을 하는 용언의 경우는 끝음절 모음이 'ㅗ'이면 '-와서'로 줄어든다. 다만, 어간이 두 음절 이상이면 '-워서'로 바뀐다.

┌ 색깔이 매우 고**와서** 하나 사 왔다.(곱다+아서)
└ 너도 형을 도**와서** 청소를 해라.(돕다+아서)

┌ 그가 너무 반가**워서** 와락 껴안았다.(반갑다+어서)
└ 그의 행동이 너무 아니꼬**워서** 외면했을 따름이다.(아니꼽다+어서)

⑥ '르' 불규칙 활용을 하는 용언의 경우에는 '-라서'로 바뀐다.

¶ 누가 내 파트너인지 몰**라서** 당황하였다.(모르다+아서)

¶ 이처럼 긴 물건은 잘**라서** 써야 한다.(자르다+아서)

⑦ '하얗다'에 '-아서'가 결합하면 '-얘서'로 바뀐다.
¶ 빛깔이 하얘서 쉽게 더러워질 것 같다.(하얗다+아서)
⑧ '까맣다', '파랗다', '노랗다' 같은 형용사에 '-아서'가 결합하면 '-애서'로 바뀐다.
¶ 아주 까매서/파래서/노래서 보기 좋다.

아쉽다 형용사

불21-3 아쉽고, 아쉽지, 아쉬우니, 아쉬우면, 아쉬워, 아쉬운, 아쉽습니다, 아쉬웠다

① 필요한데 없거나 모자라서 안타깝고 불만이다.
¶ 한 푼이 아쉬운데 자꾸 돈 쓸 일이 생긴다.
¶ 어렸을 때에는 아쉬운 게 없이 살았는데 요즘은 모든 것이 **아쉽다**.
② 미련이 남아 서운하다.
¶ 그와 작별하기 아쉬워 발길을 떼지 못하겠더라.
¶ 대대로 살아온 집을 팔려니 너무 **아쉬웠다**.

복합어

- **아쉬움** 명사 아쉬워하는 마음. 또는 그런 상태. ¶ 부모님 살아생전에 아무리 잘해 드려도 돌아가시고 나면 아쉬움이 남게 마련이다.
- **아쉬워하다** 타동사 ① 미련이 남아 서운하게 여기다. ¶ 일찍 지는 봄꽃들을 **아쉬워하**면서 숲길을 걸었다. ② 필요한데 없거나 모자라서 안타깝고 만족스럽지 못하게 여기다. ¶ 부모를 일찍 여읜 아이들은 부모의 정을 아쉬워한다.

관용 표현

- **아쉬운 대로** 부족하나마 그냥 그대로. 불만스럽지만 그냥. ¶ 아쉬운 대로 빵으로 끼니를 때웠다.
- **아쉬운 소리** 없거나 부족하여 남에게 빌거나 꾸려고 구차하게 사정하는 말. ¶ 남에게 아쉬운 소리 해 가며 사는 것이 얼마나 자존심 상하는 일인지 아느냐?

속담

- **아쉬운 감 장수 유월부터 한다** ① 돈이 아쉬워서 물건답지 못한 것을 미리 내다 팖을 비유하여 이르는 말. ② 변변치 못한 상태로 서둘러 남보다 먼저 함을 비유하여 이르는 말.

• **아쉬워 엄나무 방석이라** 아쉬운 대로 엄나무 방석에 앉았다는 뜻으로, 마음에 들지는 않지만 어쩔 수 없어서 하게 됨을 비유하여 이르는 말.

아스라이 부사

① 보기에 아슬아슬할 만큼 높거나 까마득할 정도로 멀게.
¶ 비행기가 하늘 높이 **아스라이** 멀어져 간다.
¶ 바다 끝 수평선에 **아스라이** 배 한 척이 보인다.
② 기억이 분명하게 나지 않고 가물가물하게.
¶ 여기에 오니 남편과 신혼여행 왔던 기억이 **아스라이** 떠오른다.
③ 먼 곳에서 들려오는 소리가 분명하지 아니하고 희미하게.
¶ 숲에서 새소리가 **아스라이** 들려왔다.

'아스라이'와 '아스라히'

접미사 '-하다'가 붙은 형용사를 부사로 바꾸는 경우에 어근에 '-히'를 붙일 것인지 '-이'를 붙일 것인지 헷갈리는 경우가 많다. 이에 대해서 한글맞춤법에 "부사의 끝음절이 분명히 '이'로만 나는 것은 '이'로 적고, '히'로만 나거나 '이'나 '히'로 나는 것은 '히'로 적는다"라고 규정하여 이 문제를 해결하려고 하였다.

그런데 '아스라하다'는 전성 부사의 끝음절이 '이'로 소리 난다고 보아 모든 사전에 '아스라이'로 올라 있다. 그런데 이 점이 분명하지 않다. '이'로 소리 나는지 '히'로도 소리 나는지 확인해 줄 기관이나 사람이 없기 때문이다.

예를 들면 '초라하다, 적나라하다'의 전성 부사가 '초라히, 적나라히'인지 '초라이, 적나라이'인지 알 수 없다. '아스라하다'의 부사가 '아스라이'라면 '초라하다, 적나라하다'의 부사도 각각 '초라이, 적나라이'가 되어야 하는데 실제로는 그렇게 쓰지 않는다. '아스라이'는 예외적으로 '이'를 쓰는 경우라고 보아야 한다.

¶ 국회의원을 했던 사람도 물러나면 저렇게 **초라이**(×) 살게 되나 보다. → 초라히
¶ 그렇게 옷을 **추레이**(×) 입고 다니니 거지 취급을 받지. → 추레히
¶ 그가 무슨 짓을 했는지 시시티브이 화면이 **적나라이**(×) 밝혀 주었다. → 적나라히
¶ 아이들이 마당에서 **나란이**(×) 줄을 섰다. → 나란히
¶ 분명 할 말이 있으련만 그이는 **고요이**(×) 눈을 감고 앉아 있었다. → 고요히
¶ 말을 아주 **차근이**(×) 잘 한다. → 차근히

ㅇ

아스라하다 형용사 ㊥ 아스랗다

불20-9 아스라하고, 아스라하여/아스라해, 아스라한, 아스라합니다, 아스라하였다/아스라했다

① 보기에 아슬아슬할 만큼 높거나 까마득하게 멀다.
¶ 연은 어느새 **아스라하게** 하늘 높이 올라가서 꼬리를 치고 있다.
¶ 그는 **아스라하게** 높은 절벽 꼭대기에서 바다를 향해 뛰어내렸다.
② 기억이 분명하지 않고 가물가물하다.
¶ 제주도에 오니 오래전에 온 가족이 여행했던 기억이 **아스라하게** 떠올랐다.
③ 먼 곳에서 들려오는 소리가 분명하지 않고 희미하다.
¶ 어디선가 큰비가 내리는지 **아스라하게** 천둥소리가 들려왔다.

아이 명사

① 나이가 어린 사람.
② 자기 아들이나 딸을 남에게 이르는 말.

복합어

- **아이낳이** 명사 여자가 아이를 낳는 일.
- **아이보개** 명사 ① 아이를 돌보는 일. 애보개 ¶ 어머니는 남의 집 **아이보개**를 하면서 우리 삼남매를 키우셨다. ② 아이를 돌보는 사람.
- **아이시중** 명사 아이를 돌보고 보살피는 일.

관용 표현

- **아이가 서다** 아이가 태 안에 생기기 시작하다.
- **아이가 지다** 태아가 유산이 되다.
- **아이를 보다** 어린아이를 돌보다.
- **아이를 지우다** 유산(流産)하다. 아이를 일부러 유산하다.

속담

- **아이도 낳기 전에 포대기 장만한다** 너무 일찍 서두른다는 말.

- **아이도 사랑하는 데로 붙는다** 사람은 누구나 정이 많은 데로 따라간다는 말.
- **아이들 보는 데서는 찬물도 못 마신다** ① 아이들은 모든 것을 본 대로 따라 하니 아이들 앞에서는 행동을 조심해야 한다는 말. ② 남이 하는 대로만 따라 하는 사람에게 핀잔으로 하는 말.
- **아이를 사르고 태를 길렀나** 사람이 둔하고 어리석음을 조롱할 때 하는 말.
- **아이 싸움이 어른 싸움 된다** 작은 일이 커져서 큰 사건이 된다.
- **아이 자라 어른 된다** ① 불완전한 것이 점점 발전하여 완전한 것이 된다는 말. ② 어린이도 크면 어른이 되니 너무 구박하지 말라는 말.

▶ '아이'와 '아기'의 차이는 올림말 '아기' 참고.

아저씨 명사

① 아버지의 남동생을 일컫는 말. '작은아버지'나 '삼촌'을 달리 이르는 말이다.

② 아버지와 같은 항렬로, 5촌 이상인 남자를 이르는 말.

¶ 저분은 우리 집 오촌 당숙이시니 너는 아저씨라고 불러야 한다.

③ 성인 남자를 예사롭게 이르거나 부르는 말.

¶ 요즘은 젊은 남자에게 '아저씨'라고 부르면 싫어한다.

속담

- **아저씨 못난 것 조카 장짐 지운다** 조금 높은 자리에 있다고 아랫사람을 마구 부리는 경우를 이르는 말.
- **아저씨 아니어도 망건이 동난다** 특정한 사람이 아니라도 도와줄 사람은 얼마든지 있음을 이르는 말.
- **아저씨 아저씨 하고 길짐만 지운다** 겉으로는 존경하는 척하면서 부담되는 일을 시키거나 이용하기만 한다는 말.

'아저씨'의 사용법

아저씨는 자기와 3촌, 5촌, 7촌이 되는 남자 어른을 가리키는 말이다. 국립국어원이 펴낸 '표준 언어 예절'에 따르면 가족 간에 '아저씨'를 호칭이나 지칭으로 쓸 수 있는 경우는 아래와 같다.

① 아버지의 남동생(작은아버지, 숙부, 삼촌)을 부르거나 가리킬 때.

② 어머니의 남자 형제(외삼촌)를 부르거나 가리킬 때.

③ 아버지 누이(고모)의 남편, 곧 '고모부'를 부르거나 가리킬 때.

④ 어머니 자매(이모)의 남편, 곧 '이모부'를 부르거나 가리킬 때.

아주머니 명사

① 아버지의 누이나 어머니의 동기를 부르거나 가리키는 말.

② 남자가 같은 항렬의 형뻘이 되는 남자의 아내를 이르거나 부르는 말.

¶ 형과 아주머니가 말다툼하는 것을 들었다.

③ 손위 처남의 아내를 이르거나 부르는 말.

④ 혼인한 여자를 예사롭게 이르거나 부르는 말.

¶ 우리 하숙집 아주머니는 매우 친절하다.

¶ 엘리베이터에서 10층에 사는 아주머니를 만났다.

속담

- **아주머니 떡(/술)도 싸야 사 먹지** 아무리 가까운 사이라도 잇속을 따짐을 비유하여 이르는 말.
- **아주머니 떡도 커야 사 먹는다** =아주머니 떡(/술)도 싸야 사 먹지

'아주머니'의 사용법

아주머니는 자기와 3촌, 5촌, 7촌이 되는 여자 어른을 가리키는 말인데 '아저씨'에 대칭된다. 국립국어원이 펴낸 '표준 언어 예절'에 따르면 가족 간에 '아주머니'를 호칭이나 지칭으로 쓸 수 있는 경우는 아래와 같다.

① 아버지의 누이(고모)를 부르거나 가리킬 때.

② 어머니의 자매(이모)를 부르거나 가리킬 때.

③ 어머니 남자 형제(외삼촌)의 아내를 부르거나 가리킬 때.

④ 형의 아내(형수)를 부르거나 가리킬 때.

⑤ 손위 처남의 배우자를 부르거나 가리킬 때.

위 ①~③은 3촌이 되는 관계이지만 ④와 ⑤의 경우는 2촌간이다. '아주머니'는 2촌, 4촌 사이에서도 쓰는 경우가 있음을 알 수 있다.

아주버니 명사

남편과 항렬이 같은 사람 가운데 남편보다 나이가 많은 사람을 이르거나 부르는 말.

아줌마 명사

'아주머니'를 정답게 또는 홀하게 이르는 말.

아퀴1 명사

① 일을 마무르는 끝매듭.
¶ 그 일은 오늘까지 아퀴를 지어야 한다.
② 일이나 정황 따위가 빈틈없이 들어맞음을 이르는 말.
¶ 거짓말도 아퀴가 맞게 꾸며 내야지 그러지 않으면 금방 드러난다.

관용 표현
- **아퀴(를) 짓다** 일이나 말을 끝마무리하다. ¶ 내가 시작한 일이니 내가 아퀴를 지어 마무리하겠소.
- **아퀴가 나다** 일이나 말이 마무리되어 마감이 되다.
- **아퀴를 내다** 일이나 말을 마무리하여 마감 짓다.

아퀴2 명사

한쪽 끝이 둘로 갈라지게 다듬은 기둥.

복합어
- **아퀴쟁이** 명사 가장귀가 진 나뭇가지.

'아퀴'와 '아귀'
'아퀴2'는 끝이 둘로 갈라진 나무나 그렇게 다듬은 나무를 가리킨다. 허술한 집의 보를 받치는 데에 쓰거나 바지랑대 대신 쓴다. 가장귀가 진 나뭇가지를 '아퀴쟁이'라고 하는데 이것을 기둥으로 다듬은 것이 '아퀴'이다.
'아귀2'는 사물이 갈라진 부분을 가리키는 말이다. 가장귀가 진 나뭇가지처럼 갈라질 수도 있고, 면이 두 부분으로 갈라질 수도 있다. 손바닥을 오므리고 펼 때에 손바닥이 두 부분으로 나뉘어 겹치는데 이 부분을 '손아귀'라고 한다. 또 입을 벌리고 다물 때에 입 끝이 겹치는 부분을 '입아귀'라고 한다.

× 아퀴

'아귀[2]'의 틀린 말.

¶ 옷장 문이 아퀴(×)/아귀(○)가 맞지 않는다.

아파하다 동사

불10-9 아파하고, 아파하여/아파해, 아파하는, 아파한, 아파합니다, 아파하였다/아파했다

타동사

괴로워하다. 아프게 생각하다.

¶ 친일파는 나라를 빼앗기고 아파하기는커녕 오히려 반겼다.

¶ 국민의 슬픔과 어려움을 함께 아파하지 않는 사람은 지도자 자격이 없는 사람이다.

아프다 형용사

불20-8 아프고, 아프니, 아프지, 아파서, 아픕니다, 아팠다

① (몸에 이상이 생겨) 아픔을 느끼다.

¶ 바늘에 찔린 손가락이 아프다.

② (마음이) 쓰리고 괴롭다.

¶ 빈손으로 집을 떠난 동생을 생각하면 마음이 아프다.

복합어

- **아파하다** 타동사 올림말 '아파하다' 참고.
- **아픔** 명사 육체적으로나 정신적으로 괴로운 느낌.

악[1] 명사

있는 힘을 다하여 모질게 마구 쓰는 기운.
¶ 이 어려운 세상을 악 하나로 버텨 왔다.
¶ 무조건 악을 쓰며 살려고 하면 세상이 살벌해진다.

복합어

- **악다구니** 명사 기를 써서 다투며 욕설을 함. 또는 그런 사람이나 행동.
- **악다구니질** 명사 악다구니하는 짓.
- **악다구니판** 명사 악다구니하며 싸우는 판.
- **악다구니하다** 자동사 기를 써서 다투며 욕설을 하다.
- **악다물다** 타동사 단단히 결심하거나 무엇을 참아 견딜 때에 힘주어 입을 꼭 다물다. ¶ 상처를 꿰맬 때 신음을 내지 않으려고 입을 악다물었다.
- **악돌이** 명사 올림말 '악돌이' 참고.
- **악머구리**[앙-] 명사 잘 우는 개구리라는 뜻으로 '참개구리'를 일컫는 말.
- **악물다**[앙-] 타동사 (흔히 '이', '입술', '입'과 함께 쓰이어) 단단히 결심하거나 무엇을 참아 견딜 때에 힘주어 이를 꼭 마주 물다. ¶ 시험에 합격하기 위하여 이를 악물고 공부하였다.
- **악물리다**[앙-] 피동사 '악물다'의 피동형.
- **악바리** 명사 올림말 '악바리' 참고.
- **악수** 명사 물을 퍼붓듯이 세차게 내리는 비.
- **악쓰다** 자동사 악을 내어 소리를 지르거나 행동하다. ¶ 우리는 왜 만날 이렇게 악쓰면서 살아야 하나.
- **악장치다** 자동사 악을 쓰며 소동을 일으키다. ¶ 노파는 죽은 아들을 살려 내라고 의사에게 악장쳤다.

관용 표현

- **악에 받치다** 궁지를 벗어나기 위해서 모질게 마음을 먹다. ¶ 하루아침에 길에 나앉게 된 철거민들은 악에 받쳐 당국에 항의하였다.
- **악을 쓰다** 있는 힘을 다 내어 힘을 쓰다. ¶ 그렇게 악을 써 가면서 돈을 벌어 무엇을 하려는가?

'악'과 '악(惡)'

두 낱말은 한글로는 같은 글자를 쓰기 때문에 의미를 혼동하기 쉽다. '악[1]'이 모질게 마구 쓰는 기운을 뜻하기 때문에 자칫 나쁜 것으로 생각하는 것이다. 그래서 '악[3](惡)'과 혼동하여 쓰기도 한다. 특히 '발악(發惡)'에 '악[1]'과 비슷한 의미가 있어서 더욱 그렇다. 그러나 '악[1]'은 있는 힘을 다 해서 모질게 쓰는 기운이나 힘을 나타낼 뿐 거기에는 도덕적으로 나쁜 의미는 없다. '악바리'나 '악돌이'에서 '악(惡)'을 떠올리면 안 된다.

악² 감탄사

① 놀랐을 때 자신도 모르게 지르는 외마디소리.
¶ 뭔가에 놀랐는지 갑자기 그녀가 "악!" 하고 비명을 질렀다.
② 남을 놀라게 하려고 갑자기 지르는 소리.
¶ 아이가 몰래 다가와 "악!" 하고 소리를 질렀다.

악³ 명사 (惡)

① 도덕 기준에 어긋나 나쁨. 또는 그런 것.
¶ 사람이 악에 물들기는 쉬우나 선을 행하기는 어렵다.
② 도덕률이나 양심을 어기거나 남에게 피해를 주는 일.
¶ 사람들에게 악을 행하지 맙시다.

복합어

- **선악**(善惡) 명사 착함과 악함.
- **악감정**(惡感情) 명사 남에게 품는 나쁜 감정.
- **악하**다(惡－) 형용사 도덕 기준에 어긋나 나쁘다. ¶ 악한 마음을 버리고 선한 마음을 갖기를 소망하라. / 악한 사람을 멀리하고 선한 사람을 가까이하라.
- **필요악**(必要惡) 명사 없는 것이 바람직하지만 사회적으로 어쩔 수 없이 필요한 것. ¶ 군대나 정치는 인간 세상의 필요악이다.

속담

- **악으로 모은 살림 악으로 망한다** 나쁜 짓을 하여 모은 재산은 오래가지도 못할 뿐 아니라 도리어 해롭게 된다는 말.

악돌이 명사

악을 쓰며 모질게 덤비는 사람.

¶ 무슨 일에나 악돌이처럼 덤비는 사람한테는 당할 수 없다.

악돌이, 베돌이, 감돌이

흔히 '삼돌이'라고 하면 '악돌이', '베돌이', '감돌이' 셋을 일컫는다. 셋 모두 이익을 얻기 위하여 모질게 애쓰는 사람을 가리킨다.

- 악돌이: (자기 잇속을 챙기려고) 모질게 덤비기를 잘하는 사람.
- 베돌이: (자기 잇속을 차리려고) 다른 사람과 어울리지 않고 베도는 사람.
- 감돌이: 사소한 이익을 탐내어 덤비는 사람.

× 악바르다

'약빠르다'의 틀린 말.

악바리 명사

① 고집이 세고 모질어 어떤 일이든 악착같이 해내려는 사람.

¶ 우리 반에는 악바리들이 많아서 체육대회 때마다 1등을 한다.

② 지나치게 똑똑하고 영악한 사람.

¶ 요즘 같은 세상에서는 손해보지 않으려면 악바리가 되어야 한다.

속담

- **악바리 악돌이 악쓴다** 무슨 일에나 악착같이 자기 고집을 내세우고 물러설 줄 모른다는 말.

'악바리'의 조어법

'악바리'는 '악'과 '바리'가 합해진 낱말인데, 국어에는 이런 조어법으로 된 낱말이 몇 개 있다. '꼼바리', '발바리', '벗바리', '샘바리' 따위인데 앞의 말(어근)이 가지는 인상을 지닌 사람을 가리킨다.
'꼼바리'는 꼼꼼한 사람, '발바리'는 이리저리 발발거리고 돌아다니는 사람, '벗바리'는 뒷배를 보아 주는 사람, '샘바리'는 샘이 많은 사람을 가리킨다.
이 밖에도 '감바리', '데퉁바리', '뒤듬바리', '뒤틈바리' 따위가 있다.

안[1] 명사

① 어떤 물체나 공간의 둘레에서 가운데로 향한 쪽. 또는 그런 곳이나 부분.
¶ 공원 안에서 가수들의 공연이 벌어지고 있다.
¶ 극장 안에서는 전화기를 꺼 놓으세요.
② 일정한 표준이나 한계를 넘지 않은 정도.
¶ 한 시간 안에 문제를 다 풀어야 한다.
¶ 성적이 10등 안에 든다.
③ =안방
¶ 아버지께서 안으로 들어가실 때는 기척을 했다.
④ =안감
¶ 흰 바지가 천도 얇은데 안을 받치지 않아 속이 비친다.
¶ 이 저고리는 명주로 안을 넣어 지었다.
⑤ '아내'를 이르는 말.
¶ 제 안이 정성껏 마련한 음식이니 맛있게 드시기 바랍니다.
⑥ 조직이나 나라 따위를 벗어나지 않은 영역.
¶ 집 안에서 일어난 일은 바깥에 소문나지 않게 해라.

관용 표현

- **안으로 들어가다** 실속 있게 내용을 파고들다.

복합어

- **안감**[-깜] 명사 ① 옷 안에 받치는 감. ② 물건의 안에 대는 감.
- **안주인**(-主人)[-쭈-] 명사 여자 주인. 주인의 아내. 주인댁(主人宅).
- **안주장**(-主張)[-쭈-] 명사 아내가 집안일에 관하여 자기 생각을 내세움. 내주장(內主張).

• **안지름**[-찌-] 명사 두께가 있는 상자 따위의 안쪽 지름. 내경(內徑).
• **안집**[-찝] 명사 ① 안채. ② 주인의 집.
• **안쪽** 명사 ① 안이나 복판으로 향한 쪽. ② 안으로 향한 부분. ③ 어떤 수효에 미치지 못한 수.
• **안찝** 명사 ① =안감 ¶ 안찝을 대다. ② 소나 돼지의 내장.
• **안창** 명사 신 안에 까는 가죽이나 헝겊.
• **안채** 명사 안쪽의 집채.
• **안통** 명사 ① 그릇 같은 것의 안쪽 넓이. ② '속마음'의 속된 말.
• **안편지**(-便紙)[-편:-] 명사 여자끼리 서로 주고받는 편지. 내간(內簡).
▶ '안'과 '속'의 차이는 올림말 '속' 참고.

안[2] 부사

'아니'의 준말.
¶ 나는 이제부터 안 벌고 안 쓰겠다.
¶ 요즘 날씨는 옛날만큼 안 추운 것 같다.

복합어

• **안되다**[1] 자동사 올림말 '안되다[1]' 참고.
• **안되다**[2] 형용사 올림말 '안되다[2]' 참고.

속담

• **안 먹겠다 침 뱉은 물 돌아서서 다시 먹는다** 두 번 다시 안 볼 것처럼 모질게 대한 사람에게 나중에 도움을 청할 일이 생긴다는 뜻으로, 누구에게나 좋게 대하여야 함을 이르는 말.
• **안 먹고 사는 장사가 없다** 누구나 먹어야 힘을 쓰고 일을 할 수 있음을 이르는 말.
• **안 본 용은 그려도 본 뱀은 못 그린다** ① 눈앞에 있는 사실을 실제 그대로 파악하기는 어려움을 이르는 말. ② 어떤 일에 대하여 말하기는 쉬우나 실제로 하기는 어려움을 이르는 말.
• **안 주어서 못 받지 손 작아서 못 받으랴** 주면 주는 대로 얼마든지 받을 수 있다는 말.

부사 '안'의 띄어쓰기

'안'은 부사이므로 뒤에 오는 동사나 형용사와 띄어 써야 한다. 붙여 쓰는 경우는 '안되다'라는 복합어 말고는 없다. 따라서 '안되다'에 대해서 정확하게 알면 띄어쓰기가 어렵지 않다.

ㅇ

'안되다'는 좋은 상태나 바람직한 상태로 되지 않음을 나타내므로 이에 대응하는 말은 '잘되다'이다. 즉, '안되다'의 반대말이 '되다'가 아니라 '잘되다'라는 점을 알아두면 '안'의 띄어쓰기가 쉽다. 정리하면 동사 '되다'의 부정어는 '안 되다'이고, '잘되다'의 부정어는 '안되다'이다. 형용사로 쓰는 '안되다'는 '되다'와 관계가 없음도 기억해야 한다.

¶ 지금 몇 시인가요? 아직 열시가 **안 되었나요**?(되다↔안 되다)

¶ 일이 생각대로 되었나요, **안 되었나요**?(되다↔안 되다)

¶ 몇 가지 일만 서둘러 하고 나머지는 **안 했어요**.(하다↔안 하다)

¶ 아직 은퇴할 나이가 **안 된** 것 같은데.(되다↔안 되다)

¶ 올 농사는 작년에 비해 **안된** 편입니다. 작년은 올해보다 잘됐지요.(잘되다↔안되다)

¶ 네 얼굴이 참 **안돼** 보인다. 무슨 일이 있었니?(좋다/밝다↔안되다)

'안'과 '않'의 차이

'안'은 부사이고, '않'은 용언 '않다'의 어간이다. 따라서 '안' 뒤에는 동사나 형용사가 오고, '않' 뒤에는 어미가 붙는다. 특히 '않다'는 보조 용언으로 '-지 않다'의 형태로 쓴다는 점도 알아둘 필요가 있다.

¶ 오늘은 비가 안 온다고 했다.

¶ 나는 과자를 안 먹겠다.

¶ 그러면 안 된다.

¶ 건강이 좋지 않다.

¶ 나는 거기에 가지 않겠다.

¶ 내가 그 일을 하지 않았다.

▶ '안[2]'와 '아니[1]'의 차이는 올림말 '아니[1]' 참고.

안녕[1] 명사 (安寧)

① 걱정이나 탈이 없이 평안함.

¶ 새해를 맞아 가족의 안녕을 빌었다.

¶ 대보름날에는 마을 사람들이 달집을 태우면서 마을의 안녕을 기원했다.

② 사회가 불안이나 무질서가 없이 평화로운 상태.

¶ 사회의 안녕과 국민의 평안을 지키는 것이 정치가 해야 하는 일이다.

복합어

- **안녕하다**(安寧-) [형용사] ① 아무 탈 없이 편안하다. ¶ 나라가 안녕해야 국민도 편안하다. ② 몸이 건강하고 마음이 편안하다. 안부를 전하거나 물을 때에 쓴다. ¶ 그동안 안녕하셨어요?
- **안녕히**(安寧-) [부사] 몸이 건강하고 마음이 편안하게. 안부를 전하거나 물을 때에 쓴다.

관용 표현

- **안녕하세요** '안녕하십니까'보다는 조금 정답게 하는 인사말.
- **안녕하십니까** (합쇼체를 쓸 자리에 쓰는 인사말로) 윗사람이나 어려운 사람과 만났을 때, 또는 많은 사람을 한꺼번에 만났을 때 하는 인사말.

안녕[2] 감탄사 (安寧)

(친구나 아랫사람과) 만나거나 헤어질 때 하는 인사말.

¶ 여러분, 안녕!

¶ 안녕! 다음에 또 만나.

안되다[1] 동사

규11-0 안되고, 안되니, 안되어/안돼, 안됩니다, 안된다, 안되었다/안됐다

자동사

① (일 따위가) 제대로 또는 좋게 이루어지지 않다.

¶ 아버지 사업이 **안되어**/**안돼** 큰 빚을 지게 되었다.

¶ 올해는 비가 너무 많이 와서 과일 농사가 **안되어**/**안돼** 큰일이다.

¶ 아이들이 시끄럽게 하는 바람에 공부가 **안되어서**/**안돼서** 잠깐 쉬고 있다.

② (사람이) 훌륭하게 되지 못하다.

¶ 세상에 자기 자식이 **안되기**를 바라는 사람이 있겠느냐.

③ 일정한 수준이나 정도에 이르지 못하다.

¶ 이번에는 우리 반에서 **안되어도**/**안돼도** 열 명은 뽑힐 것이다.

속담

- **안되는 놈은 뒤로 넘어져도 코가 깨진다** 운수가 사나운 사람은 무슨 일을 하여도 되는 일이 없다는 말.
- **안되려니까 자빠져도 코가 깨진다** 일이 안되려면 엉뚱한 재앙이 나타난다는 말.
- **안되면 조상 탓** 자기 실패를 남의 탓으로 돌린다는 말.

'안되다'와 '안 되다'

띄어쓰기에서 가장 까다롭고 헷갈리는 것이 '안'의 띄어쓰기이다. '안되다[2]'는 특별한 의미를 나타내는 형용사이므로 '안'을 띄어 쓰지 않는 것은 쉽게 짐작할 수 있지만 '안되다[1]'의 경우는 '안'을 붙여서 한 낱말로 사용하는 까닭이 그리 명확하지 않다.

'안'은 언제 붙여 쓸까? 바로 '안되다[1]'의 용법만 잘 알면 된다. 이것 말고는 '안'을 동사에 붙여 쓰는 경우가 없기 때문이다. '안되다[1]'을 한 단어로 인정하여 '안'을 '되다'에 붙이는 까닭은 아래와 같다(이 설명은 '못되다'나 '잘되다'를 한 단어로 인정하여 '못', '잘'과 '되다'를 붙여 쓰는 까닭을 설명하는 논리와 같다).

'되다'는 보어를 가지는 동사이고 보어는 주어와 위상이 같아야 한다. 예를 들면 '그 사람이 학자가 되었다'에서 주어 '그 사람'과 보어 '학자'는 위상이 같은 낱말이어서 '되다'가 적용될 수 있다. 이때 '되다'를 부정하면 "그 사람은 학자가 안 되었다"가 된다. 이런 경우에 '안'은 반드시 띄어 써야 한다. '안'이 '되다'를 부정하기 때문이다. '안' 대신에 '못'을 쓰더라도 '못'을 띄어 써야 한다. 이처럼 주어와 보어를 갖춘 상태에서 '되다'를 부정하는 경우에 '안'은 띄어 쓴다. 보어가 생략된 경우에도 마찬가지이다. "이번에 그가 장관이 되었니?"라는 물음에 "그는 안 되었어. 다른 사람이 됐대"라고 대답하면 보어가 생략된 것이다. 이 경우에도 마땅히 '안 되었어'처럼 띄어 써야 한다.

그런데 애초에 보어가 필요하지 않은 문장에 사용하는 '되다'가 있다. 성공하기를 바라는 마음으로 말하는 "나는 네가 잘되기를 빈다"나, 다른 사람을 해코지하는 뜻에서 말하는 "나는 그가 못되기를 빈다"처럼 보어가 필요하지 않은 구문에는 '되다'를 독립해서 쓰지 않는다. 반드시 '잘되다, 안되다, 못되다'처럼 '잘, 안, 못'을 '되다'와 합쳐서 한 낱말로 보는 것이다. 그러면 어떤 문장에서 주어와 보어가 갖추어지지 않는 상태로 '되다'를 쓰는지 살펴보자.

1. 나는 요즘 사업이 (안) 되어서 힘들다.
   (1 - 1) 나는 요즘 사업이 죽이 되어서 힘들다. ↔ 사업이 죽이 안 되도록 노력해야겠다.
   (1 - 2) 나는 요즘 사업이 망하게 되어서 힘들다.↔ 사업이 망하게 안 되어야지.
2. 나는 아들이 (잘) 되기를 바랄 뿐이다.
   (2 - 1) 나는 아들이 훌륭하게 되기를 바랄 뿐이다. ↔ 아들이 형편없게 안 되기를 바란다.
   (2 - 2) 나는 아들이 대통령이 되기를 바랄 뿐이다. ↔ 아들이 대통령이 안 되기를 바란다.

위 '예문1'과 '예문2'는 모두 '되다'가 보어를 갖추지 않은 문장이다.

'문장 1'은 '나는'이 주어이고, '사업이 되다'가 서술절인데 서술절의 주어는 '사업이'이고 서술어는 '되다'이다. 결국 '되다'에는 주어만 있고 보어는 없다. 따라서 이 '되다'는 잘못 쓴 것이다. 잘못 쓴 '되다'를 부정하는 부사 '안'을 쓴다고 해서 이미 잘못 쓴 문장이 바로 잡히지 않는다. 그래서 '되다'를 서술어로 삼지 않고 '안되다'를 서술어로 쓰면 주어가 '사업이'이고 서술어가 '안되다'가 되어 바른 문장이 된다. '문장 1-1'과 '문장 1-2'는 '되다'를 문법에 맞게 쓴 경우와 그것을 부정하는 '안'을 띄어 쓰는 것이 옳은 경우를 비교하여 본 것이다.
'문장 2'는 주어가 '나는'이고 서술어가 '바랄 뿐이다'이며, '아들이 (잘) 되기를'은 명사절로 목적어이다. 명사절의 주어는 '아들이'이고 서술어는 '(잘) 되기를'이다. 이 명사절의 '되다'에도 보어가 없다. 그래서 '되다'만을 서술어로 사용하면 문법에 어긋난다. '잘되다'라는 동사를 서술어로 써야 한다. '문장 2-1'과 '문장 2-2'는 '되다'를 서술어로 제대로 쓴 예와 이것을 부정하기 위하여 '안'을 띄어 쓰는 것이 옳은 경우를 비교해 본 것이다.

안되다 2 형용사

규21-0 안되고, 안되니, 안되어/안돼, 안되었다/안됐다

① (섭섭하거나 가엾어) 마음이 언짢다.
¶ 젊은 나이에 남편을 잃고 고생하는 것을 보니 마음이 안되었다/안됐다.
¶ 혼자 보내기가 안되어서/안돼서 역까지 배웅했다.
¶ 네가 시험에 떨어졌다니, 정말 안됐구나.
¶ 너에게는 좀 안된 말이다마는 내 집에 그만 와라.
② (근심이나 병 따위로) 얼굴이 많이 상하다.
¶ 몸살을 앓더니 얼굴이 많이 안되었구나/안됐구나.
¶ 집에 무슨 일이 있는지 친구 얼굴이 며칠째 안돼 보였다.

× 안스럽다

'안쓰럽다'의 틀린 말.
¶ 어미 잃은 새끼 강아지가 안스러웠다(×)/안쓰러웠다(○).
▶ '안스럽다'는 '안+스럽다'로 분리되는 형태가 아니라 통째로 한 낱말이다. 이런 경우에는 소리 나는대로 된소리 표기를 한다.

안쓰럽다 형용사

불21-3 안쓰럽고, 안쓰러우니, 안쓰러우면, 안쓰러운, 안쓰러워, 안쓰럽습니다, 안쓰러웠다

① (아랫사람이나 약자에게) 도움을 받거나 폐를 끼쳐 퍽 미안하고 딱하다.
¶ 한창 공부할 나이에 내 병 수발을 드는 아들 모습이 무척 안쓰럽다.
② (아랫사람이나 약자가) 형편이 딱하여 가엾다.
¶ 구걸하는 어린 소녀의 모습이 안쓰럽다.
¶ 아내의 거칠어진 손을 보니 안쓰러운 마음이 든다.

× 안쓰런

'안쓰럽다'의 관형사형 '안쓰러운'의 틀린 표기.

> **'안쓰런'과 '안쓰러운'**
> 형용사 '안쓰럽다'의 관형사형으로는 '안쓰러운'이 표준어이다. 이것을 줄여서 '안쓰런'이라고 말로는 할 수 있지만 글자로 그대로 적으면 안 된다. 접미사 '-스럽다'는 아직 '-스런'으로 줄여서 쓰는 것을 허용하지 않으므로 '-스러운'을 써야 한다.
> ¶ 그가 무척 조심스런(×) 태도를 하고 있음을 읽을 수 있다. → 조심스러운
> ¶ 자랑스런(×) 태극기 앞에서 조국을 위하여 헌신할 것을 맹세하였다. → 자랑스러운
> ¶ 그가 근심스런(×) 눈빛으로 나를 바라보았다. → 근심스러운

안절부절 부사

안절부절못하는 모양.
¶ 나의 반론에 그는 안절부절 어찌할 바를 몰라 했다.

복합어

• **안절부절못하다** 자동사 올림말 '안절부절못하다' 참고.

안절부절못하다 동사

불10-9 안절부절못하여/안절부절못해, 안절부절못한다, 안절부절못하였다/안절부절못했다

자동사

마음이 초조해서 일어섰다 앉았다 하며 어쩔 줄 모르다.

¶ 아이가 다쳤다는 소식을 듣고 병원까지 가는 내내 안절부절못했다.

×안절부절하다

'안절부절못하다'의 틀린 말.

> **'안절부절하다'와 '안절부절못하다'**
>
> 부사인 의태어나 의성어는 접미사 '-하다'를 붙여 동사를 만들 수 있다.
>
> - 덜컹덜컹 – 덜컹덜컹하다
> - 번쩍번쩍 – 번쩍번쩍하다
> - 아장아장 – 아장아장하다
> - 엉금엉금 – 엉금엉금하다
> - 오락가락 – 오락가락하다
>
> 이런 원리에 따라서 '안절부절'도 아래와 같이 동사를 만들 수 있을까?
>
> - 안절부절 – 안절부절하다
>
> 그런데 이렇게 쓰면 안 된다. '안절부절'은 하나의 동작을 나타내는 말이 아니고 '이러지도 저러지도'를 뜻한다. 다시 말하면 두 가지 서로 다른 것을 선택해야 한다는 말인데 접미사 '-하다'를 붙이면 '이러기도 하고 저러기도 하다'라는 뜻이 된다. 그래서 '-하다'를 붙이지 않고 '-못하다'를 붙여서 의미가 정확하게 드러나도록 한 것이다.

안짝 명사

① 일정한 거리나 수효에 미치지 못하는 수준.

¶ 여기서 십 리 안짝에 그 마을이 있다.

② 안과 밖의 두 짝으로 이루어진 물건의 안쪽에 있는 짝.
¶ 문의 안짝에 페인트를 칠해라.
③ 한시에서, 한 구를 이루는 두 짝 가운데 앞에 있는 짝.

안쪽 명사

① 안으로 향한 부분이나 안에 있는 부분.
¶ 기차를 탈 때 사람들은 안쪽보다 창 쪽 자리를 더 좋아하는 것 같다.
¶ 문 앞이 혼잡하니 안쪽으로 들어가 주세요.
② 어떤 수효나 기준에 미치지 못함을 이르는 말.
¶ 그의 월급은 아마 3백만 원 안쪽일 거다.
¶ 아이가 집에서 공부하는 시간은 하루에 한 시간 안쪽이다.

'안쪽'과 '안짝'

이 두 낱말은 서로 매우 비슷하지만 미묘한 차이가 있다. 그 차이는 '쪽'과 '짝'의 차이에서 온다. 방향으로 안과 바깥을 나눌 수 있는 경우에는 '안쪽' 또는 '바깥쪽'이라 하고 이 경우에는 '짝'을 쓸 수 없다. 이와 달리 두 사물의 안쪽에 있는 것과 바깥쪽에 있는 것을 말할 때에는 '안짝 또는 바깥짝'이라고 하고 이때는 '쪽'을 쓸 수 없다. 사물의 안쪽 면과 바깥쪽 면을 말할 때에도 '짝'을 쓰고 '쪽'을 쓰면 안 된다. 즉, '안쪽 사물=안짝'이나 '경계의 안쪽=안짝'의 관계가 성립하는 것이다.
¶ 사람들이 안쪽(○)/안짝(×)에 많이 앉아 있다.
¶ 광화문 광장 안쪽(○)/안짝(×)에서 만나는 것이 좋겠다.
¶ 수원은 서울에서 100리 안짝(○)/안쪽(×)에 있다.
¶ 한글은 일곱 살 안짝(○)/안쪽(×)에 익히는 것이 좋다.
¶ 장지문의 안짝(○)/안쪽(×)에는 그림이 그려져 있다.
경계를 기준으로 막연하게 안쪽인 경우에는 안쪽과 안짝을 다 쓸 수 있다.
¶ 그의 나이는 아마 마흔 안짝(○)/안쪽(○)일 것이다.

안치다 동사

규11-0 안치고, 안치니, 안치어/안쳐, 안친, 안칩니다, 안치었다/안쳤다

타동사

끓이거나 삶거나 찌기 위하여 솥에 넣다.

¶ 솥에 밥을 안친 뒤에 반찬을 만들기 시작하였다.

> **'안치다'와 '앉히다'**
>
> 두 낱말의 소리가 같아서 표기에 어려움을 겪기 쉽다. '안치다'는 밥을 하기 위해서 곡식을 솥에 넣는 행위에 쓰고, '앉히다'는 '앉다'의 사동형으로서 자리 잡게 하는 의미로 쓴다.
>
> ¶ 오늘은 손님이 오니 쌀을 많이 안쳐라.
>
> ¶ 기계를 공장에 새로 앉혀 생산을 시작하였다.

안팎 명사

① 사물이나 영역의 안과 밖.

¶ 집 **안팎**을 다 깨끗이 청소했다.

¶ 여당이 **안팎**에서 비난을 받고 있다.

② 마음속 생각과 겉으로 드러나는 행동. 또는 말과 행동.

¶ 사람의 **안팎**을 속속들이 알 수는 없다.

¶ 이제 보니 그는 **안팎**이 다른 사람이었다.

③ 남편과 아내. 부부(夫婦).

¶ 그 집은 **안팎**이 모두 부지런하다.

④ 어떤 수량이나 기준에 조금 모자라거나 넘치는 정도.

¶ 청중은 100명 **안팎**이 되는 것 같더라.

¶ 100만 원 **안팎**으로 유럽 여행을 할 수 있는 기회가 생겼다.

¶ 중년을 국어사전에서는 마흔 **안팎**의 나이대로 본다.

관용 표현

- **안팎으로 꼭 맞다** 여러 가지 점으로 완전히 맞거나 서로 어울리다. ¶ 그 일에는 **안팎으로 꼭 맞는** 사람이 있다.
- **안팎을 싸 오다** 결혼할 때 주로 신부 쪽이 몹시 가난하여 신랑 쪽에서 신부 쪽의 혼수 비용까지 모두 들여 신부를 데려온다는 말. ¶ 지금도 더러 여자를 **안팎을 싸 오기**도 하는 집안이 있다.

앉히다 동사 [안치 –]

규11–0 앉히고, 앉히어/앉혀, 앉힌다, 앉힙니다, 앉히었다/앉혔다

타동사

① (무엇을) 설치하거나 올려놓다.

¶ 공장에 새로운 생산 시설을 앉혔다.

② 문서에 (줄거리 따위를) 따로 잡아 적다.

사동사

① '앉다'의 사동형.

¶ 아이를 의자에 앉혀라.

¶ 비둘기를 손바닥에 앉히고 모이를 먹게 했다.

② 어떤 자리를 차지하게 하다.

¶ 동생을 사장 자리에 앉히고 자기는 뒤로 물러났다.

③ 속이 들게 하다.

¶ 배춧속을 알차게 앉히기 위해 거름을 많이 주었다.

④ 일하지 않고 놀게 하다.

¶ 다 큰 아들은 가만히 앉혀 놓고 늙은 부모가 일하러 다닌다.

복합어

- **앉힐낚시**[안칠 –] 명사 물 밑바닥에 사는 물고기를 노려 미끼를 가라앉혀 고기를 낚는 낚시질. 깔낚시.

▶ '앉히다'와 '안치다'의 차이는 올림말 '안치다' 참고.

않다[1] 동사

규10–1 않고, 않지, 않는, 않은, 않아, 않는다, 않습니다, 않았다

타동사

어떤 행동을 안 하다. '아니하다'의 준말.

¶ 그는 아무 말도 않고 떠났다.

¶ 오늘부터 야간 근무를 않기로 결정했다.

보조 동사

'아니하다[1]'의 준말.

¶ 나는 바로 집에 가지 않았다.

¶ 울지 않는 새를 어떻게 울게 할까.

¶ 밥을 먹지 않은 사람은 와서 빵이라도 먹어라.

않다[2] 형용사

규20-1 않고, 않지, 않은, 않아, 않다, 않습니다, 않았다

보조 형용사

'아니하다[2]'의 준말.

¶ 오늘 날씨는 맑지 않다.

¶ 기쁘지 않은 사람은 스스로 기쁨을 만들어라.

'않다'의 품사에 따른 활용형

'않다'는 동사와 형용사로 쓰기 때문에 동사와 형용사에 따른 활용형이 다른 경우가 있으므로 이를 잘 이해하여야 한다.

활용 어미	동사	형용사
종결형	않는다(울지 않는다)	않다(예쁘지 않다)
현재 시제 관형사형	않는(울지 않는 새)	시제에 관계없이 '않은'(예쁘지 않은 그림)
과거 시제 관형사형	않은(그때 오지 않은 사람)	

▶ '않'과 '안'의 표기는 올림말 '안[2]' 참고.

알다 동사 [알:-]

불10-2 알고, 알지, 아니, 아는, 알면, 알므로, 알아, 압니다, 아오, 아네, 알았다

타동사

① 사물이나 상황에 대한 정보나 지식을 갖추다.

¶ 수학 공식을 알아야 문제를 풀 수 있지.
¶ 그는 내가 누구라는 것을 이미 알고 있었다.
② 의식이나 감각으로 깨닫거나 느끼다.
¶ 몸이 아프니 도무지 음식 맛을 알 수가 없다.
¶ 책을 읽느라고 사람이 들어오는 것도 알지 못했다.
③ 심리 상태를 마음속으로 느끼거나 깨닫다.
¶ 사람이 부끄러움을 알지 못한다면 짐승과 다를 것이 없다.
¶ 그가 보낸 선물로 그의 마음을 어느 정도 알 수 있었다.
④ (주로 '알아서'의 형태로 쓰이어) 어떤 일을 어떻게 할지 스스로 정하거나 판단하다.
¶ 이 일은 김 과장이 알아서 처리하시오.
¶ 혹 당사자에게 손해가 갈지 모를 일이니 알아서 신중하게 처리해라.
⑤ 대상을 인식하고 관심을 가지다.
¶ 음악을 알면 시대를 알 수 있다고 한다.
¶ 그 일은 내가 알 바 아니다.
⑥ 어떻다고 인식하거나 여기다.
¶ 당신은 친구를 적으로 아는 잘못을 저지르고 있어요.
¶ 부모는 자식을 전부로 알고 키운다.
⑦ 어떤 일을 할 능력이나 기술을 갖추다.
¶ 나는 기타를 칠 줄 아는데 피아노는 못 친다.
¶ 운전은 할 줄 알지만 자동차에 관해서는 잘 모른다.

자동사

① 어떠한 사실에 대하여 그러하다고 믿거나 생각하다.
¶ 당신들은 당신들이 최고인 줄 알지만 이는 착각이다.
¶ 나는 내일 개학하는 줄 알았는데 오늘이래.
② 얼굴을 알고 지내다.
¶ 그 사람과 아는 사이인가?
¶ 우리 서로 알고 지냅시다.

관용 표현

- **내가 알 게 뭐야(/뭐예요/뭡니까)** 어떻게 되든 나와 상관이 없다는 뜻으로 이르는 말. ¶ 네가 중학생인지 고등학생인지 내가 알 게 뭐냐. / 그게 어떻게 우리 집에 들어와 있는지 내가 알 게 뭡니까?
- **(무엇)만 알다** (무엇)만 소중히 생각하고 관심을 가지다. ¶ 그는 돈만 아는 구두쇠였다. / 그 사람은

공부만 알지 세상 물정을 통 모른다. / 제 자식 귀한 줄만 알지 부모 소중한 줄 모른다.

- **아는 사이** 평소에 알고 지내는 사이. ¶ 우리는 서로 아는 사이이다.
- **알게 모르게** 자신도 모르는 사이에. ¶ 취미 생활을 하느라 알게 모르게 돈이 많이 들었다.
- **알겠습니다** 윗사람의 명령이나 지시, 설명에 대하여 아랫사람이 그 내용을 알았다는 뜻으로 하는 말. ¶ "이 일은 네가 해야 한다." "네, 알겠습니다."
- **알다가도 모를 일(/사람)** 어떤 일(/사람)을 선뜻 이해하기 어렵다는 말. ¶ 역시, 그는 알다가도 모를 사람이야.
- **알았습니다** 윗사람의 다짐에 대하여 아랫사람이 그 내용을 알고 이해하였음을 나타내는 말. ¶ "내일은 야외 학습이 있는 날이다." "예, 알았습니다."
- **알았다(/알았어/알았네)** 아랫사람의 요청이나 다짐에 대하여 아랫사람이 그대로 하겠다는 뜻을 나타내는 말. ¶ "선생님, 다시 설명해 주세요." "알았다." / "아빠, 이것 좀 들어 주세요." "그래, 알았어." / "선배님, 오늘이 모임이 있는 날입니다." "응, 알았네."
- **알았어요** ① '알았습니다'를 써야 할 자리에 조금 가볍게 사용하는 말. ¶ "영수야, 어서 일어나라." "엄마, 알았어요. 곧 일어날게요." ② '알았어'보다는 조금 높이고, '알았습니다'보다는 조금 낮추어 이르는 말. ¶ "여보, 오늘 일찍 들어오세요." "알았어요."
- **저만(/자기만) 알다** 자기만 소중히 생각하고 다른 사람에 대해서는 전혀 배려하지 않는다. ¶ 막내라고 오냐오냐 하며 키웠더니 저만 알아서 걱정이다.

ㅇ

속담

- **아는 것이 병(/탈)** 정확하지 못하거나 분명하지 않은 지식은 오히려 걱정거리가 될 수 있음을 이르는 말.
- **아는 것이 힘** 지식이 있어야 어떤 일을 이룰 수 있다는 말.
- **아는 길도 물어 가랬다** 일을 확인하면서 신중하게 처리하라는 말. = 돌다리도 두들겨 보고 건너라
- **아는 놈 당하지 못한다** 내막을 잘 알고 덤비는 상대는 이길 수 없음을 이르는 말.
- **아는 놈 붙들어 매듯** 물건을 느슨하게 묶어 두는 모양을 비유하여 이르는 말.
- **아는 놈이 도둑놈** ① 도적질도 그 형편을 잘 아는 사람이 한다는 뜻으로, 잘 아는 사람이 속임수를 써서 이쪽 편을 해롭게 함을 비유하여 이르는 말. ② 잘 아는 사람이 물건 값을 더 비싸게 매겨 팖을 비유하여 이르는 말.
- **알기는 칠월 귀뚜라미** 온갖 일을 다 아는 체하는 사람을 빗대어 이르는 말.
- **알고도 속고 모르고도 속는다** 이렇게도 속고 저렇게도 속는다는 말.
- **알던 정 모르던 정 없다** 공적인 일을 할 때에는 사사로운 정이 없이 엄정하게 처리하여야 함을 이르는 말.
- **알아야 면장을 하지** 어떤 일이든 그 일을 하려면 그것에 관하여 학식이나 실력을 갖추고 있어야 함을 비유하여 이르는 말.

× 알맞는

'알맞은'의 틀린 표기.

알맞다 형용사 [알:-]

규20-1 알맞고, 알맞으니, 알맞은, 알맞아서, 알맞네, 알맞습니다, 알맞았다

일정한 기준, 조건, 정도 따위에 넘치거나 모자라지 아니하다. 적당하다. 적절하다.

¶ 알맞은 온도만 유지해 주면 어미 없이도 알을 깰 수 있다.

'알맞은'과 '알맞는'

'알맞다'가 형용사이므로 '알맞는'처럼 쓰면 안 된다. 형용사는 어미 '-는'을 쓰지 않는다. '-는'은 동사의 현재 시제를 나타낼 때에 쓴다.

¶ 이곳은 내가 지내기에 알맞은 환경이다. (형용사)

¶ 몸에 맞는 옷을 입어야 한다. (동사)

× 알아맞추다

'알아맞히다'의 틀린 말.

알아맞히다 동사

규11-0 알아맞히고, 알아맞히니, 알아맞히어/알아맞혀, 알아맞힙니다, 알아맞히었다/알아맞혔다

타동사

요구하거나 기대하는 답을 알아서 맞게 대다.

¶ 내가 무슨 생각을 하는지 알아맞혀 보세요.

¶ 내일 비가 올지 안 올지 알아맞히면 맛있는 것 사주겠다.

알은척 명사

=알은체

복합어

- **알은척하다** 자동사 타동사 =알은체하다 ¶ 우리 건물 관리원은 나를 보면 먼저 알은척한다.

알은체 명사

=알은척

① 어떤 일에 관심을 가지는 듯한 태도를 보임.

¶ 내 말에는 알은체도 않다가 여자가 물으니 얼른 대답을 하는구나.

¶ 오지랖이 넓어서인지 사사건건 알은체를 한다.

② 사람을 보고 인사하는 표정을 지음.

¶ 사람을 보면 알은체라도 해야지.

¶ 서로 알은체도 안 한 지 오래되었다.

복합어

- **알은체하다** 자동사 타동사 =알은척하다 ① 어떤 일에 관심을 가지는 듯한 태도를 보이다. ¶ 남의 일에 섣불리 알은체하다가 잘못하면 낭패를 당한다. ② 사람을 보고 인사하는 표정을 짓다. ¶ 길을 가는데 가게 주인이 나를 보고 알은체한다.

'아는 체'와 '알은체'

이 낱말은 동사 '알다'에 의존 명사인 '체'와 '척'이 붙은 형태이다. 문법적으로는 이런 경우 '아는 체', '아는 척'으로 쓰는 것이 옳다. '알다'의 관형사형은 '아는'이지 '알은'이 아니기 때문이다. '아는 체', '아는 척'은 '지식이나 정보를 가지고 있는 것처럼'을 뜻한다. 그런데 사람이나 사물에 관심을 보이는 의미로 쓸 때는 특별히 '알은체'나 '알은척'을 쓰는데 이는 독립한 낱말로 본다.

¶ 그는 조금 배웠다고 무척 아는 척한다/아는 체한다.

¶ 전에 그를 본 일이 있어서 내가 먼저 알은척했다/알은체했다.

알음 명사

① 사람끼리 서로 아는 일. 서로 얼굴을 알 정도의 친분이 있거나 그 정도의 사귐이 있음.
¶ 그와는 알음이 있는 사이이다.
② 지식이나 지혜가 있음.
¶ 그는 술 빚는 일에 관해서는 알음이 꽤 있는 사람이다.
③ 신의 가호(加護). 신이 보호하여 준 덕.
④ 어떤 사정이나 수고에 대하여 알아주는 것.
¶ 다른 사람의 알음을 바라고 봉사하는 것은 진정한 봉사가 아니다.

복합어

- **알음알음** 명사 서로 아는 관계. 서로의 친분. ¶ 사람은 결국 알음알음으로 살아가기 마련이다.
- **알음알음하**다 타동사 친분이 있는 사람을 통해 여러 방면으로 알아보다. ¶ 좁은 바닥이라 서로 알음알음해서 찾아보면 금방 찾을 수 있을 것이다.
- **알음알이** 명사 ① 서로 가까이 아는 사람. ¶ 아버지는 알음알이가 매우 넓어서 집에 사람의 발길이 끊이지를 않는다. / 영수는 알음알이로 찾아오는 손님에게 물건을 팔아서 겨우 연명하고 있다. ② 꾀바른 수단.
- **알음장**[-짱] 명사 눈치로 은밀히 알려 주는 일.
- **알음장하**다[-짱-] 타동사 눈치로 은밀히 알려 주다.
- **알음하**다 타동사 어떤 일을 알아보거나 맡아보다. ¶ 아버지가 편찮아서 일을 못 하게 되자 아들이 나서서 아버지 일을 알음하기 시작했다.

'알음'과 '앎'

'앎'은 아는 것, 곧 지식을 가리키며, '알음'은 사귐이 있는 상태를 가리킨다. '알다'의 명사형은 '앎'이다. 즉, '아는 것', '아는 일'을 뜻하는 것이 '알다'의 명사형 '앎'이다. '아는 사이', '배워 아는 바가 있는 상태', '사귀어 아는 바가 있음'을 뜻하는 낱말로는 '알음'을 사용한다. 이로써 '알다'의 명사형은 '앎'과 '알음' 두 가지가 되었다. 이처럼 'ㄹ' 불규칙 활용을 하는 동사나 형용사 가운데에는 '-음'을 붙여 명사를 만드는 예가 몇 있다.

- 갈다-갈음 ¶ 이것을 갈음할 물건이 없다.
- 그을다-그을음 ¶ 부엌에는 여기저기 그을음이 앉아 있었다.
- 깔다-깔음 ¶ 무늬를 어금깔음으로 넣었다.
- 놀다-놀음 ¶ 어른들의 팔자 놀음에 아이들 마음이 멍든다.

• 떨다 – 떨음 ¶ 오랜만에 먼지떨음을 할 기회가 왔구나.
• 모질다 – 모질음 ¶ 기도를 받은 사형수는 죽으면서 모질음을 쓰지 않았다.
• 보풀다 – 보풀음 ¶ 이 스웨터는 보풀음이 너무 심하게 일어난다.
• 알다 – 알음 ¶ 그와 알음이 있어서 도움을 받은 것은 아니다.
• 얼다 – 얼음 ¶ 얼음이 녹았다.
• 울다 – 울음 ¶ 아이의 울음을 운다.
• 졸다 – 졸음 ¶ 봄에는 졸음 때문에 운전하기 어려워진다.

앎 명사 [암:]

아는 일. 지식.

¶ 앎이 힘이다.

¶ 힘은 있으나 앎이 부족하여 일을 그르친 사람이 많다.

'앎'의 소리내기

'앎'을 독립적으로 사용할 때는 '암:'으로 발음하지만, 조사가 붙으면 달라지기도 한다. 모음으로 시작하는 조사가 오면 겹받침이 모두 소리가 나게 된다.

앎과 – [암:과] / 앎도 – [암:도] / 앎만 – [암:만] / 앎에 – [알:메(○)] [아:메(×)]

앎은 – [알:믄(○)] [아:믄(×)] / 앎이 – [알:미(○)] [아:미(×)] / 앎을 – [알:믈(○)] [아:믈(×)]

암– 접사

접두사

암컷을 나타내는 말.

복합어

• **암개미** 명사 개미의 암컷. ×암캐미
• **암거미** 명사 거미의 암컷. ×암커미

- **암게** 명사 게의 암컷. ×암케
- **암고양이** 명사 고양이의 암컷. ×암코양이
- **암곰** 명사 곰의 암컷. ×암콤
- **암구렁이** 명사 구렁이의 암컷. ×암쿠렁이
- **암글** 명사 ① 여자들이나 쓸 글이란 뜻으로, 지난날 '한글'을 낮잡아 이르던 말. ② 배워서 알기는 하나 실제로는 활용할 수 없는 지식을 얕잡아 이르는 말. ×암클
- **암꽃** 명사 암꽃술만 있는 꽃.
- **암꽃술** 명사 암술머리, 암술대, 씨방으로 이루어진 기관.
- **암꿩** 명사 꿩의 암컷.
- **암나귀** 명사 나귀의 암컷.
- **암나무** 명사 은행나무나 뽕나무처럼 암수딴그루로 된 나무에서 열매가 열리는 나무.
- **암나사**(-螺絲) 명사 수나사를 끼울 수 있도록 구멍에 나선형의 골이 파진 나사.
- **암놈** 명사 동물의 암컷.
- **암다람쥐** 명사 다람쥐의 암컷. ×암타람쥐
- **암돌고래** 명사 돌고래의 암컷. ×암톨고래
- **암두꺼비** 명사 두꺼비의 암컷. ×암투꺼비
- **암벌** 명사 벌의 암컷. ×암펄
- **암범** 명사 범의 암컷. ×암펌
- **암비둘기** 명사 비둘기의 암컷. ×암피둘기
- **암캉아지** 명사 강아지의 암컷. ×암강아지
- **암캐** 명사 개의 암컷. ×암개
- **암컷** 명사 암수가 따로 있는 동물에서 알을 낳거나 새끼를 배는 쪽. ×암것
- **암키와** 명사 지붕의 고랑이 되게 젖혀 놓는 기와. ×암기와
- **암탉** 명사 닭의 암컷. ×암닭
- **암탕나귀** 명사 당나귀의 암컷. ×암당나귀
- **암톨쩌귀** 명사 수톨쩌귀의 뾰족한 부분이 끼워지도록 구멍이 뚫린 돌쩌귀. ×암돌쩌귀
- **암퇘지** 명사 돼지의 암컷. ×암돼지
- **암평아리** 명사 병아리의 암컷. ×암병아리

'암-'과 거센소리

'암-' 뒤에 오는 명사의 첫소리 자음이 거센소리로 바뀐 형태를 표준어로 삼는 경우가 있다. 접두사 '수-'의 쓰임과 같다. (이에 관해서는 올림말 '수-' 참고.)

암만[1] 명사 [암: -]

밝힐 필요 없는 값이나 돈머리를 대신하는 말.

¶ 값은 암만이라도 좋으니 팔아만 주시오.

¶ 그가 돈이 암만 있는데 그것으로 사업을 하면 어떻겠느냐고 나에게 묻더라.

¶ 재산이 암만인데 그렇게 구두쇠 노릇을 하다니!

'암만'과 '얼마'

① 두 낱말 모두 값이나 돈머리를 확정해서 말하지 않는 경우에 쓰는데, 값을 몰라서 물을 때는 '얼마'를 쓰고, '암만[1]'은 쓰지 않는다. 부정 표현인 경우에도 '얼마'를 쓰고 '암만[1]'은 쓰지 않는다.

¶ 이 물건 값이 얼마(○)/암만(×)입니까?

¶ 이거 얼마(○)/암만(×) 안 되지만 여비에 보태 써라.

② 속으로 값이나 돈머리를 짐작하는 경우에는 '암만[1]'을 쓰고 '얼마'를 쓰지 않는다.

¶ 물건 값이 암만(○)/얼마(×)이면 내 능력으로는 살 수 없지.

¶ 내 재산이 암만(○)/얼마(×)이라니까 다 놀라더라.

③ 값이나 돈머리와 관련이 없는 경우에는 '암만[1]'을 쓰지 않고 '얼마'를 쓴다.

¶ 나를 욕하는 것은 얼마든지(○)/암만이든지(×) 참을 수 있다.

¶ 이것은 얼마를(○)/암만을(×) 먹든지 괜찮다.

¶ 일이 얼마나(○)/암만이나(×) 힘든지 몰라.

암만[2] 부사

=아무리

¶ 나는 암만 공부를 하려 해도 안 된다.

¶ 이제 암만 그래도 소용없어!

복합어

• **암만하다** 자동사 (흔히 '암만해도' 형태로 쓰이어) ① 이러저러하게 애를 쓰거나 노력을 들이다. ¶ 이 글은 암만해도 이해하기 어렵다. ② 이리저리 생각하여 보다. ¶ 암만해도 집에 무슨 일이 생긴 것 같다.

ㅇ

앙상하다 형용사

불20-9 앙상하고, 앙상하니, 앙상하여/앙상해, 앙상합니다, 앙상하였다/앙상했다

① 살이 빠져서 뼈만 남을 만큼 바짝 마른 듯하다.
¶ 그 남자는 살이 없어서 앙상하게 뼈만 남은 것 같았다.
② 나뭇잎이 지고 가지만 남아서 스산하다.
¶ 나무는 잎이 다 떨어지고 앙상한 상태로 서 있다.
¶ 새로 심은 나무들이 아직은 앙상하기만 하다.
③ 꼭 짜이지 아니하여 어울리지 아니하고 어설프다.
¶ 세간이 앙상하게 놓여 있다.
▶ '앙상하다'와 '엉성하다'의 차이는 올림말 '엉성하다' 참고.

앙증맞다 형용사

규20-1 앙증맞고, 앙증맞아, 앙증맞으니, 앙증맞은, 앙증맞습니다, 앙증맞네, 앙증맞았다

작으면서도 갖출 것은 다 갖추어 아주 깜찍하다.
¶ 아이가 춤을 추는 모습이 무척 앙증맞다.
¶ 아기 신발이 어찌나 앙증맞은지 자꾸 눈이 간다.

× 앙징맞다

'앙증맞다'의 틀린 말.

× 앞문장

'앞 문장'의 잘못. 한 단어로 보지 않기 때문에 띄어 써야 한다. '뒤 문장'도 '뒷문장'처럼 붙여 쓰면 안 된다.
¶ 앞문장(×)/앞 문장(○)과 뒤 문장이 자연스럽게 이어진다.

앞엣것 명사

앞에 오는 것. 또는 앞에 있는 것.

¶ 앞엣것은 누나 가방이고, 뒤엣것은 내 가방이다.

¶ 앞엣것부터 차근차근 풀어 보자.

애달다 동사

불10-2 애달아, 애다니, 애다오

자동사

마음이 몹시 쓰여 속이 달아오르는 듯하게 되다.

¶ 엄마가 **애다는** 줄도 모르고 연락도 없이 이렇게 늦으면 어떡하니?

¶ 곧 소식이 올 테니 너무 **애달지** 마세요

'애달다'와 '애달아하다'

'애달다'의 뜻으로 '애달아하다'를 쓰는 것은 잘못이다. '애달다'는 '애가 달다'가 줄어들어 복합어가 된 말로 동사이고, 동사에는 '–아 하다'가 붙지 않기 때문이다. '–아 하다'는 형용사에 붙어 형용사를 동사로 만든다.

× 애달아하다

① '애달다'의 비표준어.

② '애달파하다'의 비표준어.

'애닯다', '애달프다', '애달아하다'

'애달아하다'는 형용사 '애닯다'에 '–아 하다'를 붙여 만든 동사인데, '애닯다'를 '애달프다'의 비표준어로 보기 때문에, '애달아하다'도 '애달파하다'의 비표준어로 본다.

애달프다 형용사

불20-8 애달프고, 애달프지, 애달프니, 애달파, 애달파서, 애달픈, 애달픕니다, 애달팠다

① 마음이 안타깝고 서글프다.

¶ 부모를 잃은 아이의 **애달픈** 사연이 소개되자 많은 사람이 아이를 도와주었다.

¶ 남과 북이 갈라져 가족이 만날 수 없게 되어 참으로 **애달팠다**.

② 애처롭고 쓸쓸하다.

¶ 애달픈 배따라기 노랫가락이 포구에서 들려온다.

복합어

- **애달피** 부사 ① 마음이 안타깝고 서글프게. ② 애처롭고 쓸쓸하게.

× 애닯다

'애달프다'의 틀린 말.

¶ 가을 풀벌레 소리가 애닯다(×)/애달프다(○).

▶ '애닯다'는 표준어 규정에 따라서 사어(死語, 안 쓰이는 말)로 본다. 따라서 지금은 '애닯다'를 쓰면 틀린 글이 된다.

애로 명사 (隘路)

일을 진행하는 데에 장애가 되는 것.

¶ 처음에 이 사업을 시작할 때에는 애로가 많았다.

'애로'의 순화어

'애로(隘路)'의 한자 의미는 '좁고 험한 길'이다. 한 곳에서 다른 곳으로 가는 중에 일시적으로 나타나는 좁고 험한 길을 가리키는 말이다. 여기에서 의미가 확장하여 일을 진행하는 데에 걸림돌이 되는 것을 가리키게 되었다. 어려운 한자말이기도 하지만 일본어에서 온 한자말이므로 '고충(苦衷)', '걸림돌' 따위로 바꿔 쓰는 것이 바람직하다.

애매하다[1] 형용사 [애ː-]

불20-9 애매하고, 애매하여/애매해, 애매한, 애매합니다, 애매하였다/애매했다

아무 잘못 없이 추궁을 당하거나 벌을 받아 억울하다.
¶ 조선시대에는 죄 없는 백성이 애매하게 볼기를 맞거나 주리를 틀리는 일이 많았다.
¶ 그 사람은 애매하게 도둑 누명을 썼다.

복합어

- **애매히**[애ː-] 부사 아무 잘못 없이 추궁을 당하거나 벌을 받아 억울하게. ¶ 죄 없는 사람을 어찌 애매히 죽일 수가 있습니까?

애매하다[2] 형용사 (曖昧-)[애ː-]

불20-9 애매하고, 애매하여/애매해, 애매한, 애매합니다, 애매하였다/애매했다

확실하지 아니하다. 명확하지 아니하다. 모호(模糊)하다.
¶ 그렇게 애매하게 대답하지 말고 '가면 간다, 안 가면 안 간다'고 확실하게 말해라.
¶ 지금 시간은 밥을 먹기도 애매하고, 안 먹기도 애매하다.

복합어

- **애매모호하다**(曖昧模糊-)[애ː-] 형용사 말이나 태도 따위가 희미하고 흐려 분명하지 아니하다. ¶ 그의 태도가 애매모호하여 어찌 판단해야 할지 모르겠다.
- **애매성**(曖昧性)[애ː-] 명사 ① (사용한 낱말이) 풍부한 암시를 나타내거나 동시에 둘 이상의 뜻을 나타내는 성질. ② 말이 가지는 불확실한 특성.
- **애매히**(曖昧-)[애ː-] 부사 불확실하게. 모호하게. ¶ 말을 그렇게 애매히 하지 마라.

'애매하다'의 문제

'애매하다'는 아주 다른 두 가지 뜻으로 쓴다. 하나는 토박이말로 '애꿎고 억울함'을 기본으로 하는 뜻이고, 다른 하나는 한자말로서 '분명하지 않음'을 기본으로 하는 뜻이다.
우리가 흔히 불분명한 태도를 가리킬 때에 '애매모호하다'라는 말을 쓰는데 이는 '애매하다[2]'와 '모호하다'를 합한 말이다. 그런데 이 두 말은 뜻이 같다. 그렇다면 '애매하다'는 '애꿎고 억울하다'의 뜻으

ㅇ

로 쓰고, '분명하지 않음'을 나타내는 말로는 '모호하다'를 쓰면 언어의 확실성을 높이는 데에 도움이 될 것이다.

이처럼 같은 형태의 낱말이 전혀 다른 두 가지 뜻을 가지는 경우에는 둘 중 하나를 다른 낱말로 갈음하여 쓰는 것이 좋겠다. 아래 낱말도 형태가 같지만 토박이말과 한자말의 차이 때문에 다른 뜻으로 사용한다. 따라서 어느 하나를 다른 낱말로 갈음하여 쓰는 것이 바람직하다.(→바꿔 쓸 만한 낱말)

- 강추위: 눈이 내리지 않고 매서운 추위
- 강추위(强-): 눈이 내리면서 매서운 추위→센 추위

- 구실: 마땅히 해야 할 책임
- 구실(口實): 변명할 재료→핑계

- 대접: 그릇의 하나
- 대접(待接): 손님을 상대함→손겪이/접대

- 마수: 그날 물건을 처음으로 파는 일
- 마수(魔手): 악마의 손→검은손

- 방자하다: 남이 못되기를 빌다
- 방자하다(放恣-): 교만하고 제멋대로이다→건방지다

- 애매하다: 애꿎고 억울하다
- 애매하다(曖昧-): 명확하지 않다→모호하다

- 여우: 개와 비슷한 동물 이름
- 여우(女優): →여자 배우

- 연장: 일을 쉽게 하는 데에 사용하는 물건
- 연장(延長): 길게 늘임→늘임

- 우수: 일정한 수량에 더 얹어 받는 것→우수리
- 우수(優秀): 여럿 가운데 뛰어남
- 우수(右手): →오른손
- 우수(憂愁): →시름
- 우수(偶數): →짝수
- 우수(雨水): →빗물

애먼 관형사 [애:-]

'애매한'이 변형된 말.

① 엉뚱하게 잘못된.

¶ 이야기가 애먼 데로 흘러가 버렸다.
¶ 정치하는 사람들의 잘못으로 애먼 백성들만 고생하게 되었다.
② 잘못이 없이 추궁을 받아 억울한.
¶ 시위를 주도한 학생들이 애먼 징역살이를 하게 되었다.
¶ 그는 애먼 누명을 쓰고 욕까지 먹었다.

× 애비

'아비'의 틀린 말.

애송이 명사

애티가 나는 사람이나 사물. ×애숭이
¶ 저런 젖비린내 나는 애송이가 나에게 덤비다니.
¶ 애송이라고 얕보다가 큰코다친다.
¶ 산자락에는 애송이 나무들을 듬성듬성 심어 놓았다.

× 애숭이

'애송이'의 틀린 말.

'-송이'와 '-숭이'

'애송이'를 '애숭이'로 쓰는 경향이 있다. 국어에 '-숭이' 또는 '-송이'가 붙은 말을 찾아 보면 '-숭이'가 '-송이'에 비해서 훨씬 많다. '-송이'가 붙은 말은 '애송이' 하나뿐이다. 이에 비해서 '-숭이'가 붙은 말은 아래와 같이 많다.

- 발가숭이, 벌거숭이, 빨가숭이, 뻘거숭이.
- 깨보숭이, 원숭이, 코숭이, 털북숭이, 허릅숭이

이렇게 보면 '애송이'를 '애숭이'로 바꿔야 되지 않을까 하는 생각이 든다. 참고로, 북한에서는 '애숭이'가 표준어이다.

애쓰다 동사

불11-8 애쓰고, 애쓰는, 애써, 애쓴다, 애씁니다, 애썼다

자동사

마음과 힘을 다하여 무엇을 이루려고 힘쓰다.

¶ 아침에 애써 밥상을 차렸는데 식구들이 바쁘다며 모두 그냥 나갔다.

¶ 이번 행사 치르느라 모두 애썼습니다.

애오라지 부사

① '겨우'를 강조하여 이르는 말.

¶ 내게는 애오라지 천 원밖에 없다.

¶ 지금 집에 남아 있는 식량이라고는 애오라지 쌀 한 됫박뿐이다.

② '오로지'를 강조하여 이르는 말.

¶ 할아버지는 애오라지 북에 두고 온 식구들을 만날 날만 고대하며 평생을 사셨다.

¶ 부모님은 애오라지 오빠가 합격하기만을 바라고 있었다.

애환 명사 (哀歡)

슬픔과 기쁨을 아울러 이르는 말.

¶ 농민들의 애환이 이 소설의 뼈대를 이루고 있다.

'애환'의 잘못 사용

'애환'은 슬픔과 기쁨을 아우르는 말이다. 그런데 이 말을 오로지 슬픔의 뜻으로만 쓰는 경우가 있는데 이는 잘못이다.

¶ 서민들은 소주 한 잔으로 삶의 애환(×)/고단함(○)/괴로움(○)을 달랬다.

¶ 이 영화는 70년대 서민들의 애환을 사실감 있게 재현하고 있다.

야[1] 감탄사
[야:]

① 매우 놀라거나 반가울 때 내는 소리.
¶ 야, 눈이 온다!
② 어른이 아이를 부르거나 같은 또래끼리 서로 부르는 말.
¶ 야, 나 좀 보자.
¶ 야, 같이 가자.

야[2] 조사

보조사

(받침 없는 체언, 부사어, 어미, 조사 뒤에 붙어) 강조의 뜻을 나타내는 말.
¶ 너야 공부를 잘하니 걱정이 없겠지.
¶ 이제야 몸이 조금 가벼워지는 것 같다.
¶ 사고가 나고 한 달이 지나서야 사건의 전모가 드러났다.
¶ 그래도 너보다야 내가 낫지.

호격 조사

(사람이나 사물 따위를 나타내는 받침 없는 체언 뒤에 붙어) 손아랫사람이나 짐승 따위를 부를 때 쓰는 말.
¶ 철수야, 어디 가니?
¶ 파랑새야, 녹두밭에 앉지 마라.

조사 '야'와 '여'

손아랫사람이나 같은 또래, 짐승을 부를 때에는 '야'를, 좀 정중하게 부를 때에는 '여'를 붙이고, 높여 부를 때에는 '시여'를 붙인다. '여'나 '시여'는 주로 글말에서 쓴다.
¶ 친구야, 다시 보자.
¶ 친구여, 우리 서로 잊지 말자.
¶ 예수시여, 우리를 불쌍히 여기소서.

▶ 받침이 있는 체언에는 '아'를 붙인다. (이에 관한 설명은 올림말 '아' 참고.)

–야 어미

종결 어미

① ('이다', '아니다'의 어간에 붙어) 해할 자리에 쓰이어, 어떤 사실을 서술하거나 물을 때 쓰는 말.

¶ 저분이 우리 선생님이야.

¶ 그건 사실이 아니야.

¶ 이게 네가 말한 그 책이야?

② (받침 없는 체언 뒤에서 '이다'의 어간이 생략된 형태로) 해할 자리에 쓰이어, 어떤 사실을 서술하거나 물을 때 쓰는 말.

¶ 저게 바로 코끼리야.

¶ 일은 이렇게 하는 거야.

¶ 이게 뭐야?

연결 어미

(끝음절 모음이 'ㅏ, ㅓ, ㅐ, ㅔ'인 용언의 어간 뒤에 붙어) '-아야', '-어야'의 '아', '어'가 탈락한 형태.

¶ 재래시장에 가서 물건을 사야 싸게 살 수 있다.

¶ 시댁에 선물을 보내야 해.

¶ 알맞은 베개를 베야 잠자리가 편하다.

종결 어미 '-야'와 서술격 조사 '이다'의 활용형

'이게 그 책이야'에서 '이야'는 서술격 조사의 활용형이다. 조사 '이야'의 구조가 어간과 어미로 되어 있는 것이다. '이게 코끼리야'에서 '야'는 '이야'의 준말이다. 어간이 생략되고 어미만 남은 형태이다.

약 명사

① 어떤 식물이 성숙하면 생기게 되는 맵거나 쓴 성분.

¶ 여름 햇볕에 고추가 바짝 약이 올라 무척 맵다.

② 비위가 몹시 상할 때 일어나는 감정.

¶ 남동생이 짓궂게 자꾸 놀려서 누나는 약이 오를 대로 올랐다.

관용 표현

- **약(을) 올리다** 비위가 상하여 언짢거나 은근히 화가 나게 하다. ¶ 지금 누구 약 올리는 겁니까? / 조카 녀석은 나를 볼 때마다 뚱보라며 약을 올렸다.
- **약(이) 오르다** ① 고추나 담배 따위가 잘 자라 자극적인 성분이 많아지다. ② 비위가 상하여 언짢거나 은근히 화가 나다.

약빠르다 형용사

불20-6 약빠르게, 약빠르지, 약빨라, 약빨라서, 약빠릅니다, 약빨랐다

약아서 눈치나 행동 따위가 재빠르다.
¶ 그들은 자기 잇속 챙기는 데에는 약빠르니 조심해야 한다.
¶ 친일파들은 약빠르게 일본에 붙어서 이권을 챙겼다.

복합어

- **약빠리** (명사) 약빠른 사람을 낮잡아 이르는 말.
- **약빨리** (부사) 약아서 눈치나 행동 따위가 재빠르게.

속담

- **약빠른 고양이 밤눈이 어둡다** 약빨라 실수가 없을 듯한 사람도 부족한 점은 있음을 비유하여 이르는 말. =약은 쥐가 밤눈 어둡다
- **약빠른 고양이 앞을 못 본다** 지나치게 영리한 사람이 도리어 판단을 잘못하여 기회를 놓치는 수가 있음을 이르는 말.

얇다 형용사 [얄따]

규20-1 얇고, 얇으니, 얇아, 얇아서, 얇네, 얇습니다, 얇았다

① 두껍지 아니하다.
¶ 날씨가 더우니 얇은 옷으로 갈아입어야겠다.
¶ 책이 얇아서 금방 읽었다.

② 층을 이루는 사물의 높이나 집단의 규모가 보통의 정도에 미치지 못하다.
¶ 우리 편은 선수층이 **얇아서** 불리한 경기를 펼쳤다.
③ 빛깔이 연하다.

> **'얇다'의 잘못 사용**
> 두께가 두꺼운지 얇은지와 굵기가 굵은지 가는지는 다른 상황이다. 그래서 두께는 '얇다'고 하지만 굵기는 '가늘다'고 한다. 팔이나 다리통이 가는 사람에게 팔이 얇다거나 다리가 얇다고 하면 안 된다.
> ¶ 그 여자의 팔뚝이 너무 **얇아서**(×)/**가늘어서**(○) 보기에 안쓰러울 지경이다.

▶ '얇다'와 '엷다'의 차이는 올림말 '엷다' 참고.

양념 명사

① 음식 맛을 돋우기 위해 넣는 재료. 맛난이.
¶ **양념**을 너무 많이 넣으면 식품 본래의 맛을 떨어뜨릴 수 있다.
② 재미를 돕기 위하여 덧붙이는 것을 이르는 말.
¶ 전쟁 영화도 사랑 이야기로 **양념**을 해야 볼 맛이 난다.

복합어

- **양념간장**(-醬) 명사 =양념장
- **양념감**[-깜] 명사 양념으로 쓰는 음식 재료. 양념거리.
- **양념거리**[-꺼-] 명사 =양념감
- **양념장**(-醬) 명사 양념을 넣은 간장.
- **양념절구** 명사 고추나 깨소금 등의 양념감을 빻는 작은 절구.
- **양념하다** 자동사 타동사 ① 양념을 넣거나 치다. ② (이야기에) 살을 붙여 재미있고 다채롭게 꾸미다.

관용 표현

- **양념을 치다** ① 재미있고 다채롭게 꾸미다. ② 호감을 사려 하다.

> **'양념'과 '고명'**
> 양념은 맛을 내기 위하여 음식에 섞는 것이다. 따라서 양념은 일단 음식이 만들어지면 양념이 들어갔

는지 안 들어갔는지 맛을 보지 않고 눈으로 보아서는 알기 어려운 경우가 많다.
'고명'은 음식에 멋을 내기 위하여 음식 위에 올리는 것이다. 음식을 먹을 때 음식과 섞어 먹는 경우에 고명도 음식 맛을 좋게 해 줄 수는 있다.
양념으로는 소금, 기름, 마늘, 간장, 된장, 설탕, 파 따위를 쓴다. 고명으로는 버섯, 실고추, 지단, 대추, 밤, 호두, 은행, 잣가루, 깨소금, 미나리, 당근, 파 따위를 색깔을 맞추어 쓴다.

× 양념딸

'고명딸'의 비표준어.

'양념딸'과 '고명딸'

아들이 많고 딸 하나가 있는 경우에 그 딸을 일컫는 말로 보통 '고명딸'이나 '양념딸'을 쓰는데, '고명딸'만 표준어이다. 그러나 두 낱말은 의미가 조금 다를 수 있다. '양념딸'이라고 하면 덤덤한 집안 분위기에 즐거움을 더하는 딸이라는 뜻이 있고, '고명딸'이라고 하면 어두운 집안 분위기를 화사하게 만들어 주는 딸이라는 뜻이 있다. 따라서 '양념딸'을 '고명딸'의 비표준어로 보지 말고 쓰임새를 차별화하여 둘 다 표준어로 삼을 필요가 있다.

얕다 형용사

규20-1 얕고, 얕지, 얕아, 얕으니, 얕은, 얕습니다, 얕네, 얕았다

① 위에서 밑바닥까지, 겉에서 속까지의 길이가 짧다.
¶ 바다가 **얕아서** 누구나 헤엄을 치며 놀기 좋다.
¶ 선선하고 그늘진 곳에 구덩이를 **얕게** 파고 무를 묻어 두어라.
② (생각, 연구, 심지 따위가) 깊지 않다.
¶ 제 생각이 **얕아서** 선생님 말씀을 제대로 이해하지 못했습니다.
¶ 그런 **얕은** 연구로 학위를 받으려 하는가?
③ 정도가 약하다.
¶ **얕은** 잠이 들었는데 부스럭거리는 소리에 깼다.
¶ 내 말에 어머니는 한숨을 **얕게** 내쉬었다.

④ (기간이) 얼마 되지 않다.

¶ 우리 회사는 아직 역사가 얕은 편이다.

¶ 우리의 사귐은 아직 세월이 얕은 편이다.

복합어

- **야트막하**다 [형용사] 조금 얕은 듯하다. ¶ 야트막한 지붕이 이마를 맞대고 오순도순 모여 있다.
- **얕디얕**다 [형용사] 매우 얕다.
- **얕보**다 [타동사] 실제보다 얕잡아 보다. 업신여겨 깔보다. ¶ 어린애라고 얕보았다가는 큰코다친다.
- **얕보이**다 [피동사] '얕보다'의 피동형. ¶ 교사가 학생에게 얕보이지 않으려면 수업 준비를 잘해야 한다.
- **얕은꾀** [명사] 속이 환히 들여다보이는 꾀. ¶ 그런 얕은꾀로 우리를 속이려 하다니.
- **얕은맛** [명사] 진하지 않고 산뜻하고 부드러운 맛. ¶ 요즘은 음식을 얕은맛으로 먹는 것 같아.
- **얕은수** [명사] 속이 훤히 들여다보이는 수. ¶ 네 얕은수에 넘어갈 사람은 없을걸.
- **얕잡**다 [타동사] (사람의 능력을) 실제보다 낮추어 보고 아무렇게나 대접하다.
- **얕추** [부사] 너무 깊지 않고 얕게.

관용 표현

- **얕은 웃음** 살짝 웃는 웃음. ¶ 마음이 담기지 않은 그런 얕은 웃음에 넘어가지는 않을 것이다.
- **얕은 잠** 살짝 든 잠.
- **얕은 정**(－情) 살짝 든 정. 잠깐 만나 든 정.
- **얕잡아 보다** 실제보다 낮추어 대접하거나 다루다. 깔보다.

속담

- **얕은 내도 깊게 건너라** 작은 일이라도 가벼이 생각해서는 안 된다는 말.

'얕다'와 '낮다'

《표준국어대사전》에는 '얕다'의 의미로 '밑에서 위까지의 길이가 짧다'를 포함하였다. 그래서 예문으로 '얕은 산', '천장이 얕다'를 제시하여 '얕다'와 '낮다'가 같은 상황에서 쓸 수 있음을 보여 주고 있다. 그러나 '얕다'와 '낮다'의 의미를 가리어 사용하는 것이 좋겠다.

기준면 아래쪽으로 거리가 짧으면 '얕다', 거리가 길면 '깊다'를 쓰고, 기준면 위쪽으로 거리가 짧으면 '낮다', 거리가 길면 '높다'를 쓰는 것이 합리적이다. 그렇게 해야 '얕다'의 반대말은 '깊다'로, '낮다'의 반대말은 '높다'로 확정할 수 있다.

▶ '얕다'와 '옅다'의 차이는 올림말 '옅다' 참고.

-어 어미

연결 어미

(어간 끝음절 모음이 'ㅏ, ㅗ'가 아닌 용언 뒤에 쓰이어)

① 두 절을 연결하여 두 행동의 앞뒤 관계 또는 인과 관계를 나타내는 말.

¶ 아이들은 고개를 넘어 학교에 간다.

¶ 옆 친구가 내 팔을 꼬집어 화가 났다.

② 본용언과 보조 용언을 연결하는 말.

¶ 이곳을 힘껏 붙들어 다오.

¶ 주먹을 가만히 쥐어 보았다.

종결 어미

(어간 끝음절 모음이 'ㅏ, ㅗ'가 아닌 용언 뒤나 선어말 어미 '-았-', '-시-' 뒤에 쓰이어) 문장 끝에서 서술, 의문, 청유, 명령의 뜻을 나타내는 말.

¶ 너는 생각이 너무 깊어.

¶ 내가 그렇게 싫어?

¶ 누나 같이 밥 먹어!

¶ 나도 그가 들어오는 것을 보았어.

어미 '-어'의 생략과 바뀜

① 어미 '-어'는 용언의 어간 끝음절 모음이 'ㅓ'인 경우에 생략한다. 과거를 나타내는 선어말 어미 '-었-'을 붙일 때에도 '어'를 생략한다. 여기에 해당하는 용언은 '서다'와 '건너다'가 있다.

¶ 여기에 서 있어라.(서다+어)

¶ 이 강을 건너 마을로 가려면 배가 있어야 한다.(건너다+어)

¶ 이쪽으로 건넜니?(건너다+었)

② 'ㅎ' 불규칙 활용을 하는 형용사에 연결 어미 '-어'를 붙이면 아래와 같이 바뀐다.

¶ 얼굴이 너무 꺼메/뻘게/허예/누레/퍼레 알아보지 못했다.

(꺼멓다+어=꺼메/뻘겋다+어=뻘게/허옇다+어=허예/누렇다+어=누레/퍼렇다+어=퍼레)

③ 어간 끝음절 모음이 'ㅣ'로 끝나는 용언에 연결 어미 '-어'나 '어'로 시작하는 어미가 오면 'ㅣ'와 '어'가 섞여 'ㅕ'로 줄어든다. 특히 어간 끝음절이 '지'나 '치'인 경우에는 줄어든 형태만 쓴다.

¶ 아이가 안 보이어/보여 찾는 중이다.

¶ 사람들이 지게로 물건을 져 날랐다.

¶ 오랜만에 전을 부쳐 먹었다.

④ 어간 끝음절 모음이 'ㅜ'로 끝나는 용언에 연결 어미 '-어'가 붙거나 '어'로 시작하는 어미가 오면 'ㅜ'와 '어'가 합해져 '워'로 줄기도 한다. 과거를 나타내는 선어말 어미 '-었-'이 붙으면 '웠'으로 줄어들기도 한다.

¶ 그 선물 나에게도 주어/줘!

¶ 빨리 오줌을 누어라/눠라!

¶ 밀가루로 죽을 쑤었다/쒔다.

⑤ '푸다'는 어간 끝음절 모음이 'ㅜ'로 끝나는 용언이지만 연결 어미 '-어'가 붙거나 '어'로 시작하는 어미가 오면 'ㅜ'와 '어'가 합해져 '워'로 줄지 않고 'ㅜ'가 줄어든다. 과거를 나타내는 선어말 어미 '-었-'이 붙을 때에도 마찬가지이다.

¶ 그렇게 남에게 푸어/풔(×)/퍼(○) 주기만 하면 되니?

¶ 물이 넘치니 빨리 푸어라/풔라(×)/퍼라(○).

¶ 항아리에서 간장을 푸었다/풨다(×)/펐다(○).

⑥ 어간 끝음절 모음이 'ㅐ'나 'ㅔ'인 경우 어미 '-어'를 생략할 수 있다. 과거를 나타내는 선어말 어미 '-었-'을 붙일 때에도 '어'를 생략할 수 있다.

¶ 책상은 벽에서 떼어/떼 놓으세요.

¶ 남은 돈을 세어/세 보아라.

¶ 모처럼 날씨가 개었다/갰다.

⑦ 어간 끝음절 모음이 'ㅚ'인 경우 어미 '-어'가 오면 'ㅚ'와 '어'가 합해 'ㅙ'로 줄어든다. 과거를 나타내는 선어말 어미 '-었-'이 오면 'ㅚ'와 '었'이 합해 'ㅙㅆ'으로 줄어든다.

¶ 일이 잘되어/잘돼 다행이다.

¶ 오랜만에 은사님을 뵈었다/뵀다.

¶ 금년 설은 고향에서 부모님과 함께 쇠었다/쇘다.

¶ 운동화 끈이 풀어지지 않게 단단히 죄어라/좨라.

어디[1] 대명사

지시 대명사

① (의문문에 쓰이어) 잘 모르는 어느 곳을 가리키는 말.

¶ 여기가 어디예요?

¶ 어디가 네 집이니?

¶ 이 시원한 바람은 어디에서 불어오나.

② 가리키는 곳을 밝히지 아니할 때 쓰는 말.
¶ 어머니는 **어디** 가셔서 집에 안 계십니다.
③ 일정하게 정해져 있지 아니하거나 꼭 집어 말할 수 없는 곳을 가리키는 말.
¶ 그 사람은 성실하니 **어디**를 가서도 인정받을 거야.
¶ **어디**나 다 정들면 고향이다.
④ ('어딘가', '어딘지' 형태로 쓰이어) 무엇이라 말하기 어려운 점을 가리키는 말.
¶ 그에게는 **어딘가** 범접하기 어려운 데가 있다.
¶ 잘 꾸미기는 했지만 **어딘지** 모르게 촌스러웠다.
⑤ (반어적 의문문에 쓰이어) 수량, 범위, 장소 따위가 무시할 수 없는 정도임을 가리키는 말.
¶ 이 불황기에 손해가 안 난 것만 해도 **어디**야.
¶ 여기가 **어디**라고 감히 소란을 피워!
⑥ ('어디까지나' 형태로 쓰이어) 다른 방법이나 달리 생각할 여지가 없음을 이르는 말.
¶ 이 일은 **어디까지나** 네가 결정해야 한다.

어디 2 감탄사

① 벼르거나 다짐할 때 쓰는 말.
¶ **어디**, 누가 이기나 보자.
② 되물어 강조할 때 쓰는 말.
¶ 친구가 많다 해도 **어디** 형제만 할까?
③ 남의 관심을 끌 때 쓰는 말.
¶ **어디**, 네가 이번 시험에서 일등을 한 학생이냐?
¶ **어디** 보자, 이것이 네가 만든 물건이구나.
④ 마음대로 되지 아니하여 딱한 사정이 있는 형편을 강조할 때 쓰는 말.
¶ 이렇게 집이 더워서야 **어디** 잠이나 제대로 자겠어?
¶ 빚을 갚기 싫어서가 아니라 **어디** 돈이 있어야 갚지요.

관용 표현

- **어디 (두고) 보자** 앞으로 결과가 좋지 아니할 것이라고 벼르거나 앙갚음을 하겠다고 할 때 하는 말.
- **어디라 없이** ① 꼭 어디라고 일정하게 정함이 없이. ② 빠진 곳이 없이 모두. ¶ 나는 우리나라에 있는 산이란 산은 어디라 없이 다 가 보았다.

어떠하다 형용사

불20-9 어떠하고, 어떠한, 어떠하면, 어떠하여/어떠해, 어떠합니다, 어떠하였다/어떠했다

무슨 상태로 있다. 어찌 되어 있다.

¶ 그곳의 지금 상황은 어떠합니까?

¶ 어떠한 상황에서도 흔들리지 말고 맡은 일을 수행해 주기 바란다.

¶ 요즘 부모님 건강은 어떠하시니?

어떡하다

불10-9 어떡하고, 어떡하느냐, 어떡할, 어떡하면, 어떡하여/어떡해, 어떡합니다, 어떡하였다/어떡했다

'어떻게 하다'가 줄어든 말.

¶ 이 일을 어떡하면 좋으냐.

¶ 앞으로 어떡할 작정이냐?

¶ 어떡해야 내 마음을 알까?

¶ 아버지는 어떡해서든지 가난에서 벗어나려고 했다.

'어떡하다'와 '어떠하다'의 활용형

'어떡하다'는 타동사이므로 동사의 어미 활용을 하고, '어떠하다'는 형용사이므로 형용사의 어미 활용을 한다는 점을 기억해야 한다.

활용 어미	어떡하다	어떠하다/어떻다	주의할 점
-는	어떡하는	(없음)	동사만 해당(현재 시제)
-냐?	어떡하냐?	어떠하냐?/어떻냐?	
-니?	어떡하니?	어떠하니?/어떻니?	
-느냐?	어떡하느냐?	(없음)	동사만 해당(현재 시제)
-ㄴ	어떡한	어떠한/어떤	동사는 과거 시제, 형용사는 관형사형
-ㄴ들	어떡한들	어떠한들/어떤들	
-ㄹ까?	어떡할까?	어떠할까?/어떨까?	

▶ '어떡해'와 '어떻게'의 차이는 올림말 '어떻다' 참고.

어떻다 형용사 [-떠타]

불21-5 어떻고, 어떻든, 어떠면, 어떠니, 어때, 어떤, 어떻니, 어떻소, 어떻습니까, 어땠다

'어떠하다'의 준말.

¶ 기분이 어떠니 몸이 어떠니 하지 말고 함께 가자.

¶ 이 옷은 어때?

'어떠하다'와 '어떻다'의 활용형

두 낱말은 준말과 본딧말 관계이므로 의미와 용법은 차이가 없지만 활용형에서 주의할 점이 있다.

활용 어미	어떠하다	어떻다	주의할 점
-ㄴ	어떠한	어떤	형용사이므로 '-는'이 붙지 않는다.
-니	어떠하니	어떠니	'어떻다'의 'ㅎ'이 탈락하기도 하고 탈락하지 않기도 한다.
		어떻니	
-냐	어떠하냐	어떠냐	'어떻다'의 'ㅎ'이 탈락하기도 하고 탈락하지 않기도 한다.
		어떻냐	
-든	어떠하든	어떻든	
-ㄹ까	어떠할까	어떨까	'어떻다'의 'ㅎ'이 탈락한다.
-면	어떠하면	어떠면	
-오/-소	어떠하오	어떻소	
-아/-어	어떠하여/어떠해	어때	'어떻다'의 'ㅎ'이 탈락하여 형태가 바뀐다.
-아서/-어서	어떠하여서/어떠해서	어때서	
-였-	어떠하였/어떠했	어땠	
-였니	어떠하였니/어떠했니	어땠니	
-였다	어떠하였다/어떠했다	어땠다	

'어떻게'와 '어떡해'

두 말이 소리가 같아서 표기할 때 헷갈리기 쉽다. 품사로 구별하면 헷갈리지 않을 수 있다. '어떻게'는 형용사 '어떻다'의 연결형이므로 뒤에 동사나 형용사가 와야 한다. '어떡해'는 동사 '어떡하다'의 종결형이므로 뒤에 아무 말도 오지 않는다.

¶ 이 일을 어떻게 하지?

¶ 이 일을 어떡해?

어뜩 부사

획 지나가는 결에.
¶ 어뜩 비쳤기 때문에 분명히 보지 못했다.
¶ 그 친구가 이사 간다는 말을 어뜩 들은 것 같다.

복합어

- **어뜩어뜩** 부사 ① 그림자가 어른거리는 모양. ¶ 창 밖에는 나무 그림자가 바람에 어뜩어뜩 흔들린다. ② 정신이 어지럽고 까무러칠 듯한 모양.
- **어뜩어뜩하**다[1] 동사 그림자가 어른거리다.
- **어뜩어뜩하**다[2] 형용사 머리가 몹시 어지러워 자꾸 정신을 잃고 까무러칠 듯하다. ¶ 어지럼증이 생겼는지 정신이 어뜩어뜩하면서 자꾸 어지럽다.
- **어뜩하**다 형용사 갑자기 몹시 어지러워 정신을 잃고 까무러칠 듯하다. ¶ 오래 앉았다 일어서니 머리가 어뜩하다.

어렵사리 부사

매우 어렵게.
¶ 어렵사리 구한 일자리를 마음에 안 든다고 그만두겠단다.
¶ 은행에서 빚을 얻어 집 한 채를 어렵사리 마련했다.

'어렵사리'와 '쉽사리'

보통의 노력으로 결과를 얻었다면 '쉽사리' 얻은 것이다. 만일 저축한 돈 얼마와 부모님이 보태어 준 돈 얼마를 합하여 집을 마련하였다면 '어렵사리' 마련한 것이 아니라 '쉽사리' 마련한 것이다. 저축한 돈 얼마와 누구나 얻을 수 있는 은행 융자금으로 집을 산 경우도 마찬가지이다. 만일 부모님을 설득하느라 공을 많이 들였다면 '어렵사리'라는 표현을 쓸 수 있고, 은행 융자가 보통의 노력으로 될 수 있는 경우가 아니었다면 '어렵사리'를 쓸 수 있다. 오랫동안 먹을 것을 줄이고 쓸 돈 안 쓰고 저축하여 겨우 집을 마련해야 '어렵사리' 집을 마련했다고 할 수 있다.
어느 정도 노력을 했는지, 얼마나 오래 노력을 했는지, 일반적으로 그렇게 하여 필요한 성과를 내는 것이 쉬운 일인지에 따라서 '어렵사리'를 쓸 것인지 '쉽사리'를 쓸 것인지 결정해야 한다.

어루꾀다 동사

규11-0 어루꾀고, 어루꾀어/어루꽤, 어루꾀어서/어루꽤서, 어루꾑니다, 어루꾀었다/어루꽸다

타동사

① 얼렁거리어 꾀다.

¶ 동네 아이들을 어루꾀어서 참외 서리를 했다.

② 속이다.

¶ 누구를 감히 어루꾀려 드는 거야!

× 어루다

'어르다[2]'의 틀린 말.

¶ 마당에서 강아지를 어루며(×)/어르며(○) 시간을 보냈다.

× 어루대다

'어리대다'의 틀린 말.

어루더듬다 동사

규11-1 어루더듬고, 어루더듬지, 어루더듬는, 어루더듬어, 어루더듬습니다, 어루더듬었다

타동사

① 마음속으로 짐작하여 헤아리다.

¶ 발표할 내용을 어루더듬으면서 회의장에 들어갔다.

¶ 낙엽이 수북이 쌓인 산길을 어루더듬으며 올라갔다.

② 어루만지며 여기저기 더듬다.

¶ 아기는 눈을 감은 채 엄마 젖을 어루더듬는다.

¶ 개펄을 어루더듬어 조개를 캤다.

어루만지다 동사

규11-0 어루만지고, 어루만지어/어루만져, 어루만집니다, 어루만지었다/어루만졌다

타동사

① 가볍게 살살 만지다.

¶ 아이가 강아지를 어루만지면서 귀여워한다.

② 위로하여 마음을 풀어 주다.

¶ 이웃들은 유가족을 어루만지며 슬픔을 나누려 애쓴다.

③ (빛이나 모습 같은 것이) 사람이나 물체를 정답고 가볍게 비치다.

¶ 따뜻한 햇볕이 나의 뺨을 부드럽게 어루만진다.

× 어르다[1]

'으르다'의 틀린 말.

어르다[2] 동사 [어:-]

불11-6 어르고, 어르니, 어르면, 얼러, 어릅니다, 어른다, 얼렀다

타동사

① 놀려 주며 장난하다.

¶ 고양이가 생쥐를 앞발로 어른다.

¶ 마당에서 아이가 강아지를 어르며 논다.

② 달래어 기쁘게 하여 주다.

¶ 엄마가 아이를 어르니 아이가 깔깔대며 웃는다.

¶ 우는 아이를 울지 않게 잘 얼러 보아라.

③ 어떤 일을 하도록 구슬리다.

¶ 학교에 가기 싫다는 아이를 어르고 달래 겨우 학교에 보냈다.

¶ 그가 우리 마을 일을 맡도록 잘 얼러 보아라.

④ '으르다'의 잘못.

복합어

- **얼러맞추다**[얼:-] 타동사 그럴듯한 말로 둘러대어 남의 비위를 맞추다.

속담

- **어르고 등골 뺀다** =어르고 뺨 치기
- **어르고 뺨 치기** 그럴듯한 말로 꾀어서 은근히 남을 해롭게 함을 이르는 말.
- **얼러 키운 후레자식** 버릇없이 제 욕심만 내세우고 아무 데도 쓸모없는 사람을 이르는 말.

> **'어르다'와 '으르다'**
> 두 낱말 모두 다른 사람을 내 뜻대로 행동하게 만드는 행위를 나타낼 때 쓰는데, '어르다'는 상대를 잘 구슬려서 상대가 스스로 행동하게 만드는 방법이고, '으르다'는 위협하여 상대가 겁을 먹게 해서 강제로 행동하게 만드는 방법이다. '어르다'는 '달래다'와 함께 쓰지만 '으르다'는 '달래다'와 함께 쓸 수 없다.

어르다3 동사

불11-6 어르고, 어르니, 어르면, 얼러, 어릅니다, 어른다, 얼렀다

타동사

여럿을 한데 모아 합하다. '어우르다'의 준말.

¶ 이것저것을 모두 얼러서 한데 놓아라.

¶ 이웃집에서 텃밭에서 땄다며 토마토며 오이, 고추를 얼러서 한 바구니 주었다.

복합어

- **얼러먹다**[얼:-] 타동사 서로 어울려서 함께 먹다. ¶ 밥은 여럿이서 얼러먹으면 더 맛이 있다.
- **얼러방치다**[얼:-] 타동사 ① 두 가지 이상의 일을 한꺼번에 하다. ¶ 청소며 빨래를 얼러방치어서 후딱 해치웠다 ② 일을 얼렁뚱땅하여 넘기다.
- **얼러붙다**[얼:-] 자동사 여럿이 어우러져 한데 붙다. ¶ 시장 한복판에서 아저씨들이 멱살을 움켜잡고 얼러붙어 싸우고 있다.
- **얼러치다**[얼:-] 타동사 ① 둘 이상의 것을 한꺼번에 때리다. ¶ 그는 흥이 나서 머리를 흔들면서 북과 장구를 얼러쳤다. ② 둘 이상의 물건 값을 함께 셈하다. ¶ 조기와 갈치를 얼러쳐서 싸게 샀다.

어른답다 형용사 [어:-]

불20-3 어른답고, 어른답지, 어른다운, 어른다워, 어른답습니다, 어른다웠다

(어른이) 어른으로서 말이나 행동을 하는 모습이다.

어른스럽다 형용사 [어:-]

불21-3 어른스럽고, 어른스럽지, 어른스러운, 어른스러워, 어른스럽습니다, 어른스러웠다

(어린아이의 말이나 행동이) 의젓하여 어른 같은 데가 있다.

복합어

• **어른스레**[어:-] (부사) 어른스러운 데가 있게.

'어른답다'와 '어른스럽다'

'어른답다'는 어른이 어른으로서 말이나 행동을 할 때에 또는 어른에게 어른처럼 행동하라고 말할 때에 쓰는 말이다. 이에 비해서 '어른스럽다'는 아이가 어른처럼 말하거나 행동을 할 때에 쓰는 말이다. 따라서 '어른답다'를 어린이에게 하거나, '어른스럽다'를 어른에게 하면 안 된다.

¶ 이 아이는 정말 어른스럽고 의젓하게 말하는구나.

¶ 요즘에는 진정 어른다운 어른이 드물다.

어리대다 동사

규11-0 어리대고, 어리대어/어리대, 어리댑니다, 어리대었다/어리댔다

자동사

① 눈앞에서 귀찮게 왔다 갔다 하다.

¶ 일하는데 앞에서 **어리대지** 말고 다른 데에 가서 놀아라.

¶ 날파리 한 마리가 눈앞에서 **어리대며** 날아다닌다.

② 말이나 행동을 제대로 하지 못하여 서성거리거나 우물거리다.
¶ 그렇게 문 앞에서 **어리대지** 말고 들어오너라.
¶ 무슨 말을 해야 할지 몰라 **어리대고** 있는데 선생님께서 내 머리를 쓰다듬으신다.

어림 명사

대강 짐작으로 헤아림. 또는 그런 셈이나 짐작.
¶ 참가자는 **어림**으로 헤아려도 만 명은 넘을 것 같다.
¶ 네 **어림**은 믿을 수 없어.

복합어

- **겉어림** 명사 겉으로만 보고 하는 어림.
- **눈어림** 명사 눈으로 헤아려 보는 어림. ¶ 눈어림으로만 봐도 이 옷은 네게 작겠다.
- **속어림**[속:-] 명사 마음속으로 짐작하여 헤아려 보는 어림.
- **손어림** 명사 손으로 만지거나 들어 보아 대강 헤아림. 또는 그런 분량. 손짐작.
- **손짐작**(-斟酌) 명사 =손어림
- **어림값** 명사 대강 짐작으로 헤아려 보는 수치나 정도. 또는 참값에 가까운 값. 어림치.
- **어림셈** 명사 어림으로 셈함. 또는 그런 셈.
- **어림수**(-數) 명사 대강 짐작으로 잡은 수.
- **어림없**다 형용사 올림말 '어림없다' 참고.
- **어림잡**다 타동사 어림으로 헤아려 보다. 어림치다.
- **어림재기** 명사 길이, 무게, 들이, 부피 따위를 대강 짐작으로 재는 일.
- **어림쟁이** 명사 자기 생각이 뚜렷하지 않은 사람을 낮잡아 이르는 말.
- **어림짐작**(-斟酌) 명사 대강 헤아리는 짐작.
- **어림치**(-値) 명사 =어림값
- **어림치**다 타동사 =어림잡다
- **어림하**다 타동사 대강 짐작으로 헤아리다. ¶ 송아지를 팔아 쌀을 얼마나 살 수 있을지 어림해 본다.

관용 표현

- **어림 반 푼어치도 없다** 몹시 부당하거나 터무니없는 말을 함을 이르는 말. ¶ 예전에는 예사로 학생들에게 매질을 했지만 지금은 어림 반 푼어치도 없는 일이다.

ㅇ

어림없다 형용사

규21-1 어림없고, 어림없는, 어림없어, 어림없네, 어림없습니다, 어림없었다

① 도저히 될 가망이 없다.

¶ 이 돈으로 집을 사겠다는 것은 어림없는 생각이다.

② 사물을 분별할 만한 지혜가 없다. 분수없다.

¶ 그렇게 어림없는 애는 아니니까 일을 해내기는 할 겁니다.

③ 너무 많거나 커서 대강 짐작조차 할 수 없다.

복합어

- **어림없이** 부사 ① 도저히 될 가망이 없이. ② 분수가 없이. ③ 너무 많거나 커서 대강 짐작조차 할 수 없이.

어멈 명사

'어미[1]'을 대접하여 이르는 말.

▶ '어멈'과 '어미'의 용법에 관해서는 올림말 '아비' 참고.

어미[1] 명사

① '어머니'의 낮춤말.

¶ 아이가 밤에 일어나 제 어미를 찾는다.

¶ 영희야, 네 어미 좀 불러 오너라.

② 결혼하여 자식을 둔 딸을 이르는 말.

¶ 어미야, 아이 좀 봐라.

③ 시부모가 아들에게 아내인 며느리를 이르는 말.

¶ 왜 어미는 함께 오지 않았니?

¶ 아범아, 내일은 어미와 처가에 다녀오너라.

④ 부모나 장인, 장모 또는 웃어른 앞에서 자기 아내를 낮추어 이르는 말.

¶ 어머니, 어미가 몸이 아파서 함께 오지 못했습니다.
⑤ 어머니가 자식에게 자기 자신을 낮추어 이르는 말.
¶ 넌 도대체 왜 이리 어미 속을 썩이느냐?
⑥ 새끼를 낳은 동물의 암컷.
¶ 어미 개가 자꾸 새끼를 물어서 걱정이다.
▶ 입말에서 흔히 쓰는 '에미'는 '어미'의 비표준어이다. '애비'도 마찬가지로 비표준어이다.

어미[2] 명사 (語尾)[어:-]

동사와 형용사, 서술격 조사가 활용하여 바뀌는 부분. '점잖다', '점잖으며', '점잖고'에서 '-다', '-으며', '-고' 따위.

'어미'의 종류

① 어미는 크게 두 종류로 나눈다. '어말 어미'와 '선어말 어미'가 그것인데 어말 어미는 용언의 맨 끝에 붙이는 어미이고, 선어말 어미는 어말 어미 앞에 붙인다.
¶ 하늘이 파랗구나. ('-구나'가 어말 어미)
¶ 내일은 비가 오겠구나. ('-겠-'은 선어말 어미, '-구나'는 어말 어미)
¶ 그날은 마침 아이가 늦게 오더구나. ('-더-'는 선어말 어미, '-구나'는 어말 어미)
¶ 그날은 우리가 좀 늦겠더라. ('-겠-'과 '-더-'는 선어말 어미, '-라'는 어말 어미)
¶ 퍽 기쁘시겠습니다. ('-시-', '-겠-'은 선어말 어미, '-습니다'는 어말 어미)
¶ 우리는 충분히 쉬었어요. ('-었-'은 선어말 어미, '-어요'는 어말 어미)
② 어말 어미는 크게 세 가지로 나눈다. '종결 어미', '연결 어미', '전성 어미'가 그것이다. '종결 어미'는 문장의 마지막을 나타내는 어미, '연결 어미'는 단어나 어구 또는 어절을 서로 연결하는 어미, '전성 어미'는 다른 품사의 기능을 하게 만드는 어미이다.
¶ 날씨가 무척 좋다/좋지/좋니? ('-다', '-지', '-니'는 종결 어미)
¶ 날씨가 맑고 따뜻하네/따뜻하구나. ('-고'는 연결 어미, '-네'와 '-구나'는 종결 어미)
¶ 바람이 불지만 그리 춥지 않다. ('-지만'과 '-지'는 연결 어미, '-다'는 종결 어미)
¶ 밥을 먹을 사람은 여기서 앉아서 먹어라. ('-을'은 전성 어미, '-아서'는 연결 어미, '-어라'는 종결 어미)
¶ 가는 세월을 누가 붙들어 매랴. ('-는'은 전성 어미, '-어'는 연결 어미, '-랴'는 종결 어미)
¶ 우리가 여기서 죽음은 그들이 바라던 바가 아니냐? ('-음', '-던'은 전성 어미, '-냐'는 종결 어미)

¶ 말하기는 쉽지만 행동하기는 어렵더라. ('-기'는 전성 어미, '-지만'은 연결 어미, '-더라'는 종결 어미)

어서 부사

① 지체 없이 빨리.

¶ 어머니가 기다리시겠다. 어서 집으로 가자.

¶ 그만 일어나라. 어서!

② 반갑게 맞아들이거나 간절히 권하는 말.

¶ 어서 오십시오/오세요/오게/오너라/와라/와.

¶ 시장하실 텐데, 어서 드십시오.

'어서'와 '얼른'

① 두 말이 다 재촉을 뜻하는 말이다. 상대에게 어떤 행동을 요구하거나 권하는 문장에서는 '얼른'이나 '어서'나 특별한 의미 차이가 없어서 '얼른' 대신에 '어서'를 써도 괜찮다.

¶ 어머니가 기다리시니 어서/얼른 집에 가자.

¶ 기차 시간에 늦겠다, 어서/얼른 서둘러라.

② 평서문에서는 '어서'가 부적절하다. 이때는 '얼른'을 쓰는 것이 더 적절하다.

¶ 졸음이 찾아오면 나는 얼른(○)/어서(×) 찬물로 세수를 하고 옵니다.

¶ 얼른(○)/어서(×) 시작하면 제 시간에 끝낼 수 있을 것 같다.

-어서 어미

연결 어미

① 먼저 한 행동을 뒤의 행동과 연결하는 말.

¶ 아이가 공을 집어서 던졌다.

¶ 나는 쌀을 씻어서 밥을 안쳤다.

¶ 책꽂이에서 책을 빼어서 가방에 넣었다.
② 뒤 행동의 이유나 근거를 나타내는 말.
¶ 마당이 넓어서 아이들이 마음껏 뛰어놀 수 있었다.
¶ 그는 워낙 착한 사람이어서 사람들이 좋아한다.
③ 수단이나 방법을 나타내는 말.
¶ 그는 걸어서 학교에 다닌다.
¶ 그 사람은 그림을 그리어서/그려서 먹고살았다.

'-어서'의 용법

① '-어서'는 끝음절 모음이 'ㅏ', 'ㅗ'가 아닌 용언의 어간 뒤나, '이다'와 '아니다'의 어간 뒤에 붙는다. 끝음절 모음이 'ㅏ', 'ㅗ'인 어간 뒤에서는 '-아서'가 붙는다. (올림말 '-아서' 참고.)
② 끝음절이 'ㅓ'로 끝나는 어간(받침이 없는 어간) 뒤에서는 '-서'만 붙인다.
¶ 여기 서서 기다려라.(서다+어서)
¶ 강을 건너서 소풍을 갔다.(건너다+어서)
③ 끝음절 모음이 'ㅣ'인 경우에는 'ㅣ'와 '-어서'가 결합하여 '-여서'로 줄어든다.
¶ 그림을 그려서 벽에 붙여 놓았다.(그리다+어서)
④ '이다'의 '이'가 생략되는 경우에는 '-여서'로 바뀐다.
¶ 여기는 도시여서 사람들이 매우 북적거린다.(도시다+어서)
¶ 그곳은 바다여서 바람이 불어 시원했다.(바다다+어서)
⑤ '이다'의 '이'가 생략되지 않는 경우에는 '이'와 '어서'가 결합해도 '여서'로 줄어들지 않는다.
¶ 그는 선생이어서(○)/선생여서(×) 가르치는 것을 좋아하는 것 같다.(선생이다+어서)
⑥ 'ㅜ'로 끝나는 어간 뒤에는 'ㅜ'와 '-어서'가 결합하여 '-워서'로 바뀐다.
¶ 회사를 세워서 사업을 시작했다.(세우다+어서)
¶ 돌을 잘게 부숴서 건축 소재로 쓴다.(부수다+어서)
⑦ 'ㅂ' 불규칙 활용을 하는 용언의 경우는 '-워서'로 바뀐다.
¶ 매우 즐거워서 시간 가는 줄 몰랐다.(즐겁다+어서)
¶ 그를 만나니 반가워서 와락 껴안았다.(반갑다+어서)
⑧ '르' 불규칙 활용을 하는 용언의 경우는 '-ㄹ러/-ㄹ러서'로 바뀐다.
¶ 그는 강아지를 길러서 분양하는 일을 한다.(기르다+어서)
¶ 반죽이 너무 물러서 이길 수 없다.(무르다+어서)
⑨ '허옇다'에 '-어서'가 결합하면 '-예서'로 바뀐다.
¶ 빛깔이 허예서 쉽게 더러워질 것 같다.
⑩ '꺼멓다', '퍼렇다', '누렇다' 같은 형용사에 '-어서'가 결합하면 '-에서'로 바뀐다.
¶ 너무 꺼메서/퍼레서/누레서 보기 싫다.

어여

'어서'의 비표준어.

어여쁘다 형용사

불21-8 어여쁘고, 어여쁘니, 어여쁜, 어여뻐, 어여쁩니다, 어여뻤다

보기에 좋고 사랑스럽다. '예쁘다'의 예스러운 말이다.
¶ 신붓감이 생김새보다 마음씨가 더 **어여뻐서** 마음에 들었다.

복합어

- **어여삐** 부사 어여쁘게. ¶ 우리는 그를 어여삐 여겨 도왔거늘 도리어 화를 내다니!

-어요 어미

종결 어미

① (끝음절 모음이 'ㅏ, ㅗ'가 아닌 용언의 어간 뒤에 붙어) 설명, 의문, 명령, 청유의 뜻을 나타내는 말. 어미 '-어'와 보조사 '요'가 결합한 말이다.
¶ 차를 타지 말고 걸**어요**.
¶ 아드님이 취직을 해서 좋으시겠**어요**.
¶ 여기서 같이 밥 먹**어요**.
② (형용사 '아니다'와 서술격 조사 '이다'의 어간에 붙어) 설명, 의문의 뜻을 나타내는 말.
¶ 여기는 사람이 살 만한 곳이 아니**어요**.
¶ 여기가 바로 은사님이 사시던 집이**어요**?

> **'-어요'와 '-에요'**
>
> '이다'와 '아니다'의 활용형에 쓰는 '-어요'는 '-에요'로 바꿔 쓸 수 있다.
> ¶ 여기는 살 만한 곳이 **아니어요**(○)/**아니에요**(○).
> ¶ 이게 세상에서 가장 큰 다이아몬드 보석**이어요**(○)/보석**이에요**(○).

어우러지다 동사

규11-0 어우러지고, 어우러지니, 어우러지는, 어우러져, 어우러진다, 어우러집니다, 어우러졌다

자동사

여럿이 모여 하나의 큰 덩어리나 판을 이루거나 조화를 이루다.

¶ 온 마을 사람들이 어우러져 대동놀이를 했다.

¶ 갈대며 억새가 어우러진 강둑길을 걸었다.

어우르다 동사 ㊅ 어르다

불11-6 어우르고, 어우르는, 어울러, 어우릅니다, 어울러서, 어울렀다

타동사

① 여럿을 한데 모아서 합하다.

¶ 여기 있는 사람까지 모두 어울러도 열 명은 되지 않는다.

② 윷놀이에서 말 두 마리 이상을 한데 합치다.

¶ 도에 말 둘을 어울러 써라.

복합어

- **어우러지다** [자동사] 올림말 '어우러지다' 참고.
- **어울리다** [자동사] 올림말 '어울리다' 참고.

어울리다 동사

규11-0 어울리고, 어울리는, 어울리어/어울려, 어울립니다, 어울리었다/어울렸다

자동사

① 여럿이 서로 잘 조화되어 자연스럽게 보이다.

¶ 어머니는 한복이 잘 어울리신다.

¶ 나이에 어울리게 옷을 입으세요.

② 함께 사귀어 잘 지내거나 일정한 분위기에 끼어들어 같이 휩싸이다.
¶ 그는 사귐성이 좋아서 처음 보는 사람들과 잘 어울린다.
¶ 동생은 친구들과 어울려 다니며 밖에서 노는 것을 좋아한다.

어줍다 형용사 [어:-]

규21-1 어줍고, 어줍지, 어줍으니, 어줍으면, 어줍어, 어줍은, 어줍었다

① 말이나 행동이 익숙지 않아 서투르고 어설프다.
¶ 신랑이 아이를 어줍게 안고 서 있다.
¶ 처음 시댁에서 제사 준비를 하는데 낯설고 어줍기만 했다.
② 말이나 행동이 둔하고 자연스럽지 않다.
¶ 찬바람을 쏘였더니 입이 얼어 발음이 어줍다.
③ 어쩔 줄을 몰라 겸연쩍거나 어색하다.
¶ 거짓말을 들킨 아이는 어줍은 듯 손으로 얼굴을 가린다.

복합어

- **어줍대다**[어:-] 자동사 자꾸 어줍게 굴다.
- **어줍살스럽다**[어:-] 형용사 보기에 어줍은 태도가 있다.
- **어줍살스레**[어:-] 부사 보기에 어줍은 태도로.

'어줍다'의 용법

'어줍다'는 두 가지 점이 다른 형용사와 다르다.
첫째는 형용사를 동사로 만드는 구문인 '-어 하다'를 붙여 '어줍어하다'라고 쓰지 않는다. 보통 형용사는 '-어 하다'를 붙여 타동사를 만들 수 있다. 즉, '부끄럽다', '수줍다' 같은 형용사는 '부끄러워하다', '수줍어하다'처럼 타동사를 만들지만 '어줍다'는 타동사로 만들어 쓰지 않는다.
둘째로, 형용사를 부정하는 구문인 '-지 않다'를 붙여 '어줍지 않다'로 쓰지 않는다. 보통 형용사는 '-지 않다'를 붙여 부정할 수 있다. 즉, '크다', '예쁘다' 같은 형용사는 '크지 않다', '예쁘지 않다'라고 부정하고 이를 '크잖다', '예쁘잖다'로 줄여 쓸 수 있지만, '어줍다'는 그렇게 부정하거나 줄이지 않는다. '어줍다'를 부정하는 표현이 없는 셈이다.
《표준국어대사전》은 '어줍잖다'를 '어쭙잖다'의 잘못으로 설명한다. 그리고 '어쭙잖다'를 '어줍다'와 같은 뜻으로 설명하였다. '어줍다'는 참 조심해서 사용해야 하는 낱말이다.

✕ 어줍잖다

'어쭙잖다'의 틀린 말.

▶ '어줍잖다'가 인정되지 않는 점은 올림말 '어줍다' 참고.

어지간하다 형용사

불20-9 어지간하고, 어지간하여/어지간해, 어지간한, 어지간합니다, 어지간하였다/어지간했다

① 수준이 보통에 가깝거나 그보다 약간 더 하다.

¶ 성품도 **어지간하고**, 직장도 **어지간하니** 그를 사귀어 보아라.

¶ **어지간한** 영어는 알아들을 수 있다.

② 기준에 크게 벗어나지 아니한 상태에 있다.

¶ 화가 나겠지만 그래도 **어지간하면** 네가 참아라.

¶ 사람이 **어지간해야** 타협을 하든지 양보를 하든지 하지.

③ 생각보다 꽤 무던하다.

¶ 그런 걸 참다니 그 사람도 **어지간하군**.

¶ 그렇게 몰아세우면 **어지간한** 사람도 받아들이기 어려울 거요.

④ 성격 따위가 생각보다 심하다.

¶ 우리 선생님 성격이 **어지간하셨거든**.

¶ 그런 사람에게 대들다니 너도 **어지간한** 녀석이다.

복합어

- **어지간히** 부사 ① 보통이나 보통보다 조금 더. ② 정도나 형편이 기준에 어느 정도 맞게. ③ 무던하게. ④ 생각보다 심하게. ¶ 사람을 어지간히 볶는다.

어지럽다 형용사

불21-3 어지럽고, 어지럽지, 어지러워, 어지러우니, 어지러운, 어지럽습니다, 어지러웠다

① 몸을 가누기 힘들 정도로 정신이 흐리고 얼떨떨하다.

¶ 기둥에 머리를 부딪치니 어지러워서 걸을 수 없었다.
② 이런저런 것이 뒤섞이거나 뒤얽혀 갈피를 잡을 수 없다.
¶ 지금은 마음이 어지러워 일이 손에 잡히지 않는다.
③ (사회가) 혼란스럽고 질서가 없다.
¶ 나라가 어지러울 때에 독재자가 나타나는 법이다.
④ 물건들이 제자리에 있지 못하고 널려 있어 너저분하다.
¶ 가을이 되니 길 위에 낙엽이 어지럽게 굴러다닌다.
¶ 책상 위에 서류들이 어지럽게 널려 있다.

복합어

- **어지러이** 부사 어지럽게.
- **어지럼** 명사 어지러운 상태.
- **어지럼병**(-病) 명사 머리가 빙글빙글 도는 것 같고 아프면서 어지러운 병.
- **어지럼증**(-症) 명사 아찔하고 어지러운 증상. 현기증(眩氣症). ㊥ 어질증
- **어질병**(-病) 명사 올림말 '어질병' 참고.
- **어질어질** 부사 ① 어지럼증이 나서 자꾸 어지러운 모양. ② 어지럼증이 날 정도로 여러 가지 생각이 갈피를 잡을 수 없게 일어나는 모양.
- **어질어질하**다 형용사 올림말 '어질어질하다' 참고.
- **어질증**(-症) 명사 올림말 '어질증' 참고.
- **어질하**다 형용사 올림말 '어질하다' 참고.

어지르다 동사

불11-6 어지르고, 어지르는, 어질러, 어질러서, 어지릅니다, 어질렀다

타동사

(정돈되어 있는 것을) 마구 늘어놓아 흐트러트리다.
¶ 아이들이 방을 어질러 놓아 혼자 치우고 있다.

복합어

- **어질더분하**다 형용사 어질러 놓아 지저분하다. ¶ 책이며 옷가지가 아무렇게나 널려 있어 방이 무척 어질더분하다.

'어지르다'를 잘못 쓰는 예

동사 '어지르다'를 '어질다'로 줄이어 아래와 같이 쓰는 것은 허용되지 않는다. 형용사 '어질다'와 혼동하지 않도록 하기 위해서이다.

¶ 마당을 **어질지**(×) 마라. → 어지르지

¶ 그렇게 방을 **어질려면**(×) 들어 오지 마라. → 어지르려면

¶ 만날 책상을 이렇게 **어질면**(×) 누가 다 치우니? → 어지르면

¶ 네가 방을 **어지니**(×) 엄마가 화를 내셨지. → 어지르니

¶ 여기 마루를 **어진**(×) 사람이 누구야? → 어지른

¶ 아이들이 내 방에 들어와 **어질었다**(×). → 어질렀다

어질다 형용사

불21-2 어질고, 어질므로, 어지니, 어진, 어질어, 어지오, 어집니다, 어질었다

마음이 너그럽고 인정이 두터우며 슬기롭고 착하다.

¶ 그는 어딘지 위엄을 풍기면서도 **어질어** 보였다.

¶ **어진** 사람은 외롭지 않다.

× 어질머리

'어질병'의 틀린 말.

어질병 명사 (-病)

머리가 어지럽고 눈앞이 캄캄해지는 병. ×어질머리

속담

• **어질병이 지랄병 된다** 대단하지 않은 병통이 점점 커져서 다스리기 어려운 큰 병통이 된다는 말.

어질어질하다 형용사

불20-9 어질어질하고, 어질어질하니, 어질어질하여/어질어질해, 어질어질합니다, 어질어질했다

자꾸 정신이 아득하고 어지럽다.
¶ 너무 배가 고프니 머리가 **어질어질하**더라.
¶ 열 번 맴을 돌고 나니 **어질어질해서** 서 있을 수 없었다.

어질증 명사 (-症)

어지러운 기운이 나는 증세. '어지럼증'의 준말. =현기증(眩氣症)
¶ 길을 가는데 갑자기 **어질증**이 나서 그 자리에서 주저앉았다.

'어질병'과 '어질증'
'어질병'은 늘 몸이 어지럼을 느끼는 상태이다. 이것은 병의 일종이므로 어지럼을 일으키는 원인을 찾아서 치료하지 않으면 이 병에서 벗어날 수 없다. '어질증'은 잠깐 몸이 어지럼을 느끼는 증상이다. 그 증상이 사라지면 어지럼증도 사라진다.

어질하다 형용사

불20-9 어질하고, 어질하니, 어질하여/어질해, 어질한, 어질합니다, 어질하였다/어질했다

갑자기 정신이 아득하고 어지럽다.
¶ 갑자기 일어서니 머리가 **어질해서** 하마터면 쓰러질 뻔했다.

어째

'어찌하여'가 줄어든 말.
¶ 일이 **어째** 이렇게 되었나?

¶ 어째 그러오. 무슨 일이 있었소?
¶ 어째 밥맛이 없구나.
¶ 어째 회사 분위기가 심상치가 않네.

어째서

'어찌하여서'가 줄어든 말.

¶ 어째서 너는 나를 싫어하니?
¶ 너를 만나면 **어째서** 아무 말도 못 하게 되는지 모르겠다.
¶ 그 사람은 **어째서** 우리를 만나자는 거니?

어쨌든 부사

(사정이나 형편, 조건 따위가) 어찌 되었든 그에 얽매이지 않고. 아무튼.

¶ 어쨌든 오늘은 여기서 그치고 그만 돌아가자.
¶ 어쨌든 오늘은 아무것도 하고 싶지 않아.

어쨌든지 부사 ㊟ 어쨌든

(사정이나 형편, 조건 따위가) 어찌 되었든지 그에 얽매이지 않고. 아무튼지.

¶ 결과야 **어쨌든지** 내가 할 일은 열심히 한다.

'어쨌든'과 '어쨌든지'의 품사

'어쨌든'과 '어쨌든지'는 '아무튼'과 같은 뜻으로 쓰는 부사이다. 그런데 아래 경우는 '어찌하였든'이 줄어든 것으로 부사가 아니라 동사이다.

¶ 그가 일을 **어쨌든** 내가 상관할 바는 아닌 것 같다.
¶ 너야 **어쨌든지** 나는 상관하지 않겠다.
¶ 저번 일이야 **어쨌든지** 이번 일은 안 된다.

어쩌다[1] 동사

불10-9 어쩌고, 어쩌면, 어쩌니, 어쩐, 어쩐다, 어쩔, 어째, 어쩝니까, 어쨌다

자동사

'어찌하다'의 준말.

¶ 아이가 지금은 **어쩌고** 있는지 살펴보아라.

¶ 그는 앞으로 **어쩐다는** 말도 없이 떠나 버렸다.

타동사

'어찌하다'의 준말.

¶ 그래서 나더러 뭘 **어쩌라고**?

관용 표현

- **어쩔 수 없다** 달리 어떻게 할 방법이 없다. ¶ 이 방안은 내가 어쩔 수 없어서 승낙한 거다.
- **어쩔 줄 모르다** 어떻게 할 바를 모르고 쩔쩔매다.

어쩌다[2] 부사

'어쩌다가'의 준말.

¶ **어쩌다** 길에서 그와 마주칠 때도 있다.

¶ 요즘 그가 무척 바빠서 나도 **어쩌다** 한번 얼굴을 볼 뿐이다.

동사 '어쩌다'와 부사 '어쩌다'

'어쩌다[1]'은 '어찌하다'의 준말로서, 동사로 활용을 한다.

¶ 아이가 **어쩌다** 다쳤는지 물어 보아라.

¶ 이 일을 **어쩌면** 좋겠니?"

'어쩌다[2]'는 '뜻밖에', '우연히'라는 뜻으로 쓰는 부사이다.

¶ 길에서 **어쩌다** 만나더라도 알은체하지 마라.

¶ 운이 좋아서 **어쩌다** 상을 타게 되었을 뿐이야.

어쩌다가 부사

㉾ 어쩌다

① 뜻밖에. 우연히.

¶ 그 사람은 **어쩌다가** 길에서 만나면 알은체나 하는 사이이다.

¶ **어쩌다가** 만난 사람과 친구가 되었다.

② 이따금. 가끔.

¶ 우리 집에는 **어쩌다가** 한 번씩 온다.

¶ **어쩌다가** 한 번씩 늦잠을 잔다.

부사 '어쩌다'와 '어쩌다가'

준말과 본딧말의 관계에 있을 뿐 용법이나 의미 차이는 없다.

¶ 그와는 어쩌다/어쩌다가 한 번씩 통화를 할 뿐이다.

¶ 그날 어쩌다/어쩌다가 길에서 그를 만나서 네 이야기를 들었다.

'어쩌다가'의 품사

'어쩌다가'를 고유한 뜻으로 쓸 때에는 부사로 본다. '뜻밖에', '우연히', '이따금'의 뜻으로 쓰이는 경우이다. 그런데 '어찌하다가'의 준말로 '어쩌다가'를 쓰는 경우가 있다. 아래 예문의 '어쩌다가'는 부사가 아니라 '어찌하다가'의 준말로 '동사'이다.

¶ 그 사람이 어쩌다가 사고를 냈을까?

¶ 우리가 어쩌다가 그런 꼴을 당했지?

어쩌면[1] 부사

① 혹시.

¶ **어쩌면** 그가 오늘 올지 모른다.

② 어떻게 해서. ㉾ 어쩜

¶ 너는 **어쩌면** 피아노를 그렇게 잘 치니?

¶ **어쩌면** 얼굴이 저렇게 예쁠까!

어쩌면[2] 감탄사

무엇에 놀라거나 어떤 일을 따지거나 할 때 하는 말.

¶ 어쩌면, 내가 보아도 놀라운 기술이네.

¶ 어쩌면, 그런 일이 있었는데도 나한테 전화 한 통화 안 하니?

어쩌면[3]

동사 '어쩌다'의 연결형.

¶ 이제 우리는 어쩌면 좋니?

> **'어쩌면'의 형태**
>
> '어쩌면[3]'은 동사 '어쩌다'의 활용형이며, 서술어 구실을 한다. "우리가 무엇을 어쩌면 네가 마음이 풀리겠니?"라고 하면 '우리가 무엇을 어찌하면 되겠니?'라는 뜻이 된다. '우리'가 주어이고 '무엇을 어쩌다'가 서술절이다.

어쩐 관형사

어찌 된. 어찌한.

¶ 이렇게 이른 시각에 어쩐 일이냐?

어쩐지 부사

어찌 된 까닭인지. 무슨 까닭인지.

¶ 내가 그 이야기를 하니 어쩐지 안 들으려고 하더라.

¶ 여기 오니 어쩐지 좀 으스스한 느낌이 든다.

어쩔

동사 '어쩌다'의 관형사형. '어쩌다'에 관형사형 어미 '-ㄹ'이 붙은 형태.

¶ 그러면 네가 **어쩔** 건데?

어쩜[1] 부사

부사 '어쩌면[1]'의 준말.

¶ 나한테는 작은데 너한테는 **어쩜** 맞을 것도 같다.

¶ 아이가 **어쩜** 집에 있을지도 몰라.

어쩜[2] 감탄사

감탄사 '어쩌면[2]'의 준말.

¶ 어쩜, 놀라운 기술이네.

어쩜[3]

동사 '어쩌다'의 연결형 '어쩌면'의 준말.

¶ 우리 이제 **어쩜** 좋아?

어쭙잖다 형용사

규20-1 어쭙잖고, 어쭙잖으니, 어쭙잖아, 어쭙잖습니다, 어쭙잖았다

① 비웃음을 살 만큼 말이나 행동이 분수에 넘치는 데가 있다.

¶ 제가 **어쭙잖게** 누구를 가르칠 수 있겠습니까?

② 아주 서투르고 어설프다. 또는 아주 시시하고 보잘것없다.
¶ 일을 그렇게 **어쭙잖게** 하니 만날 타박을 맞지.

× 어쭙지않다

'어쭙잖다'의 틀린 말.

어찌 부사

① 어떻게. 어떠한 방법으로.
¶ 이 일을 **어찌** 감당해야 할지 모르겠구려.
② 어떠한 까닭으로. 왜.
¶ **어찌** 그리 생각하시는지 말씀해 주십시오.
¶ 자식의 일인데 **어찌** 걱정이 안 되겠습니까?
③ 어떤 관점 또는 처지에서
¶ **어찌** 보면 이 섬 전체가 거북 같다.
¶ **어찌** 생각하면 네 말도 일리가 있다.
④ (감탄 표현의 '–ㄴ지', '–는지' 따위와 호응하여 독립절처럼 쓰이어) 그 정도가 대단함을 나타낸다.
¶ 그 꽃을 보는 순간 **어찌** 예쁘던지 넋을 잃고 바라보았다.
¶ 그 모습이 **어찌** 그리 눈부신지 말로 다 표현할 수 없구나.

어찌하다 동사

㉾ 어쩌다

불10–9 어찌하고, 어찌하여/어찌해, 어찌합니까, 어찌하였다/어찌했다

자동사

(주로 '어찌하여'의 꼴로 쓰이어) 어떻게 하다. 어떤 방법으로 하다.
¶ **어찌하여** 내 마음을 그리도 몰라줍니까?
¶ 너는 **어찌해서** 만날 맞고만 다니느냐?

타동사

(무엇을) 어떻게 하다. 어떤 방법으로 하다.

¶ 이 일을 **어찌하여야** 좋을지 모르겠소.

¶ 섭섭한 마음을 **어찌하지** 못하여 갈림길까지 배웅을 나갔다.

'어찌하다'의 활용형과 준말

'어찌하다'의 활용형은 여느 동사나 형용사의 활용형과 같이 어미를 기능에 맞게 붙이면 되는데 사용 빈도가 높아서 준말이 많이 발달했다. 그리고 일부 준말은 독립해서 하나의 품사로 전성되기도 했다.

	본딧말	준말	전성 부사, 전성 관형사
-여	어찌하여/어찌해	어째	어째(부사)
-여서	어찌하여서/어찌해서	어째서	어째서(부사)
-ㄴ	어찌한	어쩐	어쩐(관형사)
-ㄹ	어찌할	어쩔	
-면	어찌하면	어쩌면/어쩜	어쩌면/어쩜(부사)
-다/-다가	어찌하다/어찌하다가	어쩌다/어쩌다가	어쩌다/어쩌다가(부사)
-든/-든지	어찌하든/어찌하든지	어쩌든/어쩌든지	
-였든	어찌하였든/어찌했든	어쨌든	어쨌든(부사)
-거나	어찌하거나	어쩌거나	

억하심정 **명사** (抑何心情)

'대체 무슨 생각인지 그 마음을 알기 어렵다'는 뜻으로 쓰는 한문투로서, '무슨 생각' 또는 '무슨 심사'를 뜻하는 말로 쓰기도 한다.

'억하심정'의 잘못 사용

① '억하심정'을 '억눌린 심정' 또는 '억울한 심정'으로 쓰는 것은 잘못이다. 한문에서 '억하심정(抑何心情)'의 '억(抑)'은 '억눌린'이나 '억울한'의 뜻이 아닌 단순한 어조사이다. 한문에서는 이 경우 '억'을 '대체로'나 '문득'과 같은 의미로 쓴다.

¶ 사람들의 피맺힌 **억하심정(×)**이 세상에 알려질 수 있을까? → 억울함, 원한, 울분

¶ 의문사 유가족이 정부에서 받은 **억하심정(×)**은 이루 말할 수 없다. → 억울함

¶ 제가 무슨 억하심정(×)이 있어서 그랬겠습니까? → 악감정

¶ 억하심정(○)으로 나에게 그런 말을 하는 거요?

② 《표준국어대사전》을 비롯한 많은 국어사전은 '억하심정'을 명사로 보아 '마음속 깊이 맺힌 마음'으로 풀이하고 예문으로 "억하심정을 품다", "제가 무슨 억하심정이 있겠습니까?"라는 표현을 제시하고 있는데 이는 잘못 쓴 대표 사례라고 할 만하다. 이처럼 잘못 쓸 염려가 있는 한문 표현은 처음부터 쓰지 말고 쉬운 말로 바꾸어 쓰는 것이 바람직하다.

언 [언:-]

동사 '얼다'의 관형사형. 과거 시제를 나타낸다.

¶ 남자는 난로 가에서 언 손을 녹이고 있다.

¶ 빚을 내서 빚을 갚는 것은 언 발에 오줌 누기나 다름없다.

언덕배기 명사

언덕의 꼭대기.

¶ 마을 뒤 언덕배기에는 커다란 나무가 서 있었다.

¶ 언덕배기에 올라서니 마을이 한눈에 내려다 보였다.

× 언덕빼기

'언덕배기'의 틀린 표기.

'-배기'와 '-빼기'

어떤 명사를 낮추어 이르기 위해서 그 명사 뒤에 붙이는 접미사로 '-빼기'를 쓴다. '코빼기', '이마빼기', '과녁빼기', '그루빼기', '낯빼기', '대갈빼기' 따위가 그것이다. '언덕'에도 이 접미사가 붙으면 '언덕빼기'가 되는 것이 맞겠지만 표준어 규정에는 '언덕배기'만 표준어로 인정한다. '언덕배기'와 함께 '언덕바지'도 표준어이다.

언뜻 부사

① 생각이나 기억 따위가 문득 떠오르는 모양. 순간적으로.
¶ 그와 함께 여행하던 생각이 언뜻 떠올랐다.
② 지나는 결에 잠깐 나타나는 모양.
¶ 차창으로 언뜻 그의 모습이 보였다.

복합어

- **언뜻거리다** [자동사] ① 지나가는 결에 잠깐씩 잇따라 나타나다. ② 생각이나 기억 따위가 잇따라 문득문득 떠오르다.
- **언뜻대다** [자동사] =언뜻거리다
- **언뜻언뜻하다** [자동사] 여기저기서 또는 여럿이 언뜻거리다.

> **'언뜻'과 '얼핏'**
> 두 낱말은 거의 같은 용법으로 쓴다. 다만, '언뜻'은 수동적인 경우에 많이 쓰고, '얼핏'은 능동적인 경우에 많이 쓰는 경향이 있다.
> ¶ 그가 거짓말을 하고 있다는 생각이 언뜻 들더라.
> ¶ 내가 얼핏 보니 여자가 우는 것 같더라.

얼개 명사

틀로 된 사물의 짜임새.
¶ 글을 쓰기 전에 먼저 얼개를 짜는 것이 좋다.

✕ 얼구다

사동사 '얼리다[2]'의 틀린 말.
▶ '얼구다'는 북한에서 '얼다'의 사동사로 인정하지만 남한에서는 '얼리다'만 '얼다'의 사동사로 인정한다.

얼루기[1] 명사

① 얼룩얼룩한 점, 또는 그런 사물.
② 털빛이 얼룩진 동물.
¶ 우리집 개가 얼루기와 검둥이를 한 마리씩 낳았다.

> **'얼루기'와 '얼룩이'**
> 털빛이 얼룩얼룩한 짐승을 '얼루기'라고 한다. '얼룩송아지'도 얼루기의 하나이다. 전에는 '얼룩이'라고 표기했는데 한글맞춤법에 따라서 '얼루기'로 표기하게 되었다.
> 한글맞춤법(제23항)에 따르면 '-하다'나 '-거리다'를 붙일 수 있는 어근에 '-이'가 붙어서 명사가 되는 경우에는 그 어근의 원형에 '-이'를 붙인다. '삐죽+하다→삐죽이', '쌕쌕+거리다→쌕쌕이'처럼 된다. 그러나 '얼룩'은 뒤에 '-하다'나 '-거리다'가 붙지 않으므로 어근을 밝혀 적을 필요가 없다. 그래서 '얼룩+이→얼루기', '뻐꾹+이→뻐꾸기', '개굴+이→개구리'처럼 쓴다.

얼루기[2] 명사

작대기 일고여덟 개를 위는 묶고 아래는 둥그렇게 벌려 놓으며, 테를 서너 단 둘러놓아 여기에 곡식을 올려놓고 말리는 것.

얼룩 명사

① 본바탕에 점이나 둥근 모양 따위가 뚜렷하게 섞인 자국.
¶ 이 개는 강아지 때부터 털에 얼룩이 많이 있었다.
¶ 골목길에서 커다란 얼룩 고양이 한 마리를 보았다.
② 액체 따위가 묻어 더러워진 자국.
¶ 물이 책에 쏟아져 책장에 얼룩이 생겼다.
¶ 옷에 묻은 얼룩을 빼려고 세탁을 맡겼다.

복합어

- **얼룩덜룩** 부사 어두운 빛깔의 점이나 줄 따위가 고르지 아니하게 무늬를 이룬 모양.
- **얼룩덜룩하다**[-카-] 형용사 어두운 빛깔의 점이나 줄 따위가 고르지 아니하게 무늬를 이룬 상태이다.
- **얼룩말**[-룽-] 명사 털빛이 얼룩얼룩한 말.
- **얼룩무늬**[-룽-니] 명사} 본바탕에 점, 줄, 동그라미 따위가 뚜렷하게 섞인 무늬.

✕ 얼룩배기

'얼룩빼기'의 틀린 표기.

얼룩빼기 명사

겉이 얼룩얼룩한 물건. 털빛이 얼룩얼룩한 짐승. 얼루기를 낮추어 이르는 말.

ㅇ

✕ 얼룩이

'얼루기1'의 틀린 표기.

▶ '얼룩이'와 '얼루기'에 관해서는 올림말 '얼루기1' 참고.

얼른 부사

시간을 끌지 아니하고 바로.

¶ 식기 전에 얼른 먹어라.

¶ 묻는 말에 얼른 대답하지 않는다고 야단을 맞았다.

¶ 요즘은 사람 이름이 얼른 생각이 나지 않는다.

'얼른'과 '빨리'

'얼른'은 시작을 곧 하라고 말할 때에 쓰는 말이고, '빨리'는 행동을 속도감 있게 하라는 뜻으로 쓰는 말이다. 그래도 실제 용법은 거의 비슷하다. 시작을 재촉하는 사람이 행동을 천천히 하라고 할 리 없고, 행동을 빠르게 하라고 할 경우에 시작은 천천히 시간을 끌면서 하는 것을 원하지 않을 것이기 때문이다. 그래서 이 두 말은 같은 상황에서 사용하는 경우가 많다.

¶ 밥을 얼른/빨리 먹고 일을 시작하자.

¶ 얼른/빨리 이리 와서 나를 좀 도와라.

¶ 가져온 것을 얼른/빨리 방에 들여 넣어라.

▶ '얼른'과 '어서'의 차이는 올림말 '어서' 참고.

얼리다[1] 동사 [얼:-]

규11-0 얼리고, 얼리어/얼려, 얼립니다, 얼리었다/얼렸다

자동사

① '어울리다'의 준말.

¶ 학교가 끝나면 아이들끼리 자주 얼려 다니는 것 같았다.

② (연이) 한데 얽히다.

¶ 내 연과 동생 연이 얼려서 땅으로 떨어지고 말았다.

얼리다[2] 동사

규11-0 얼리고, 얼리어/얼려, 얼립니다, 얼리었다/얼렸다

사동사

얼게 하다.

¶ 더울 때에 쓸 수 있도록 물을 얼려서 저장해 두어라.

¶ 홍시를 얼려 두었다가 먹었다.

'얼다'와 '얼리다'의 소리내기

'얼다'는 긴소리로 발음하는데, '얼리다'는 짧은소리로 발음한다. 이처럼 원래의 긴소리가 피동형이나 사동형에서는 짧은소리로 바뀌는 경우가 있다. 예를 들면 아래와 같다.

긴소리	짧은소리	긴소리	짧은소리	긴소리	짧은소리
갈다	갈리다	걸다	걸리다	널다	널리다
깔다	깔리다	놀다	놀리다	달다	달리다
돌다	돌리다	덜다	덜리다	말다(止)	말리다
몰다	몰리다	밀다	밀리다	불다	불리다
살다	살리다	알다	알리다	얼다	얼리다
열다	열리다	울다	울리다	털다	털리다

피동형이나 사동형에서도 그대로 긴소리로 나는 낱말은 아래와 같다.

긴소리	긴소리	긴소리	긴소리	긴소리	긴소리
끌다	끌리다	(돈을) 벌다	(돈이) 벌리다	(사이가) 벌다	(사이를) 벌리다
썰다	썰리다	없다	없애다	뺏다	뺏기다

얼마 명사

① (의문문에 쓰이어) 잘 모르는 수량이나 정도를 나타내는 말.

¶ 이 옷은 얼마죠?

¶ 하루에 얼마 받고 일해요?

¶ 컴퓨터 수리하는 데에 비용이 얼마 드나요?

② 정하지 아니한 수량이나 정도.

¶ 치료비가 얼마 나오든 모두 내가 책임지겠다.

¶ 이제 월급을 받으면 얼마라도 부모님께 드려야겠다.

③ 뚜렷이 밝힐 필요가 없는 적은 수량이나 값 또는 정도.

¶ 이제 나는 얼마 못 살 것 같으니 너희들끼리 우애하며 살아야 한다.

¶ 얼마 안 되지만 여비에 보태 써라.

¶ 받은 돈 중에서 얼마를 동생에게 주고 나머지를 내가 가졌다.

관용 표현

- **얼마 상관 아니다** 차이가 얼마 나지 아니하다.

▶ '얼마'와 '암만[1]'의 차이는 올림말 '암만' 참고.

얼마나 부사

주로 정도의 대단함을 나타내기 위하여 쓰는 말.
¶ 이번 일로 아빠가 나를 얼마나 사랑하시는지 알았다.
¶ 몸이 얼마나 아픈지 차라리 죽는 편이 낫겠다고 생각했다.

얼추 부사

① 어지간한 정도로 대충.
¶ 네 말 뜻을 얼추 알 수 있을 것 같다.
¶ 입장객이 얼추 천 명은 되겠다.
¶ 이익을 얼추 계산해도 백억 원은 넘을 것 같다.
② 거의 다.
¶ 공장은 얼추 지어 가는데 일감은 아직 없다.
¶ 정해진 시간에 얼추 맞출 수 있을 것 같다.
¶ 집에 얼추 다 와 가요.

복합어

- **얼추잡다** 타동사 ('얼추잡아'의 형태로 쓰이어) 대강 짐작하여 정하다. ¶ 참석하겠다는 사람이 얼추잡아도 스무 명은 될 듯하다.

얼토당토아니하다 형용사 ㊜ 얼토당토않다

불20-9 얼토당토아니한, 얼토당토아니합니다, 얼토당토아니하였다/얼토당토아니했다

① 전혀 합당하지 아니하다.
¶ 얼토당토아니한 변명을 늘어놓지 마라.
② 전혀 관계가 없다.
¶ 일이 얼토당토아니하게 진행되고 있다.

얼핏 부사

① 지날결에 잠깐. 언뜻.

¶ 얼핏 보면 보잘것없는 꽃이라도 찬찬히 들여다보면 제 나름의 아름다움이 있다.

¶ 그가 얼핏 하던 말이 내 귀에 맴돌고 있다.

② 깊이 생각함이 없이 문득. 언뜻.

¶ 어머니 얼굴을 보니 얼핏 이상한 생각이 들었으나 내색을 하지 못했다.

¶ 네 부탁을 듣고 방법을 찾다가 얼핏 네 누나를 떠올렸다.

복합어

- **얼핏얼핏** 부사 잇달아 얼핏 생각나거나 나타나는 모양. 언뜻언뜻.

▶ '얼핏'과 '언뜻'의 차이는 올림말 '언뜻' 참고.

얽히고설키다 동사 [얼키-]

규11-0 얽히고설키고, 얽히고설키어/얽히고설켜, 얽히고설킨, 얽히고설키었다/얽히고설켰다

자동사

① 줄이나 끈 같은 것이 이리저리 뒤섞이다.

¶ 숲은 잡목이 우거지고 덩굴들이 얽히고설켜 있었다.

② 관계, 일, 감정 따위가 이리저리 복잡하게 되다.

¶ 이번 일은 너무 여러 가지가 얽히고설켜서 풀기가 어렵다.

'얽히고설키다'와 '얽히고 설키다'

'얽히고설키다'는 분명히 어미 '-고'를 중심으로 앞뒤에 '얽히다'와 '설키다'가 연결된 구조이지만 '설키다'라는 동사가 없기 때문에 한 낱말로 본다. 이 말은 부사 '얼기설기'와 '얼키설키'를 연상하면 어떻게 만들어진 말인지 짐작할 수 있다.

비슷한 구조로 '어쩌고저쩌고', '함부로덤부로', '흥청망청', '어중이떠중이'가 있다. 이 낱말들은 이미 형성된 낱말이나 형태소('어쩌고', '함부로', '흥청', '어중이')와 대응되는 형태를 덧붙여 새로운 낱말을 만들어 낸 것이다. 이런 낱말의 경우 뒤에 붙은 말('저쩌고', '덤부로', '망청', '떠중이')은 독립된 의미는 없고 앞 말에 붙어서 앞 말의 의미를 더 강하게 하는 구실을 한다.

엄폐 명사 (掩蔽)[엄:-]

(상대에게 드러나지 않게 하려고) 가리거나 숨김.

복합어

- **엄폐물**(掩蔽物)[엄:-] 명사 적의 감시나 포탄의 공격에 드러나지 않게 숨을 수 있는, 지상에 있는 모든 물건.
- **엄폐하다**(掩蔽-)[엄:-] 타동사 가리거나 숨기다.
- **엄폐호**(掩蔽壕)[엄:-] 명사 적에게 보이지 않도록 위를 덮어 만든 참호(塹壕). 벙커.

'엄폐'와 '은폐'

'엄폐(掩蔽)'는 사람이 눈이나 귀로 대상을 직접 접촉할 수 없도록 사이에 가림막을 세우는 행위를 가리킨다. 건물 뒤에 숨는 것이나 몸이 보이지 않게 휘장을 치는 행위는 '엄폐'에 속한다. '은폐(隱蔽)'는 더 적극적이고 지능적으로 대상을 보고 들을 수 없게 하거나 보고 들어도 그것이 무엇인지 알 수 없게 만드는 행위를 가리킨다. 땅 속에 묻는 행위, 주위를 어둡게 하여 상대가 전혀 알아볼 수 없게 하는 행위, 같은 것을 여럿 만들거나 다른 모습으로 변장하게 하여 눈을 속이는 행위 등이 '은폐'에 속한다.

¶ 적이 우리를 사격할 수 없도록 엄폐하라.
¶ 우리의 정체를 알 수 없게 신분을 은폐하라.
¶ 사실을 알 수 없게 사건을 은폐하였다.

× 업동이

'업둥이'의 틀린 표기.

업둥이 명사

자기 집 문 앞에 버려져 있거나 우연히 얻거나 하여 기른 아이나 짐승.
¶ 우리 집에 업둥이가 들어왔어요.

'업둥이'의 표기

'업둥이'는 아이를 가리키는 '동(童)'을 사용하여 한자어로 '업동이'라고 쓰기도 하는데 표준어 규정에서 '업둥이'로 쓰도록 했다. '쌍둥이'도 마찬가지이다. 이처럼 '동'을 '둥'으로 쓰도록 한 낱말은 다음과 같다.

¶ 검둥이, 귀둥이, 근원둥이, 금자둥이, 꼬마둥이, 날파람둥이, 늦둥이, 늦바람둥이, 막내둥이, 막둥이, 바람둥이, 선둥이, 순둥이, 쉰둥이, 쌍둥이, 약둥이, 얼바람둥이, 업둥이, 옥자둥이, 외둥이, 응석둥이, 이쁘둥이, 재간둥이, 재롱둥이, 칠삭둥이, 팔삭둥이, 해방둥이, 후둥이, 흰둥이

업신여기다 동사 [업:-]

규11-0 업신여기고, 업신여기어/업신여겨, 업신여긴다, 업신여기었다/업신여겼다

타동사

(남을) 낮추보거나 하찮게 여기다.

¶ 사람이 자신을 **업신여기면** 남에게서도 **업신여김**을 당하는 법이다.

¶ 겉모습이 초라하다고 그 사람을 **업신여겨서는** 안 된다.

복합어

- **업신여김**[업:-] 명사 교만한 마음에서 남을 낮추어 보거나 하찮게 여기는 일. ㊟ 업심
- **업심**[업:-] 명사 '업신여김'의 준말. ¶ 너에게 업심 받으면서 일하기 싫다.

없다 형용사 [업:따]

규21-1 없고, 없으니, 없는, 없어, 없네, 없소, 없습니다, 없었다

① 존재하지 아니하다.

¶ 봉황은 전설에 나오는 새로, 이 세상에는 **없는** 새이다.

¶ 놀이터에 아이들이 하나도 **없다**.

¶ 우리나라에 정치군인이 **없다고** 할 수 있을까?

② 많지 못하다.
¶ 반찬은 없지만 많이 드세요.
③ 경제적으로 가난하다.
¶ 없는 살림에 아이들 키우느라 어려움이 많았다.
④ 어떤 일이 일어나지 않은 상태이다.
¶ 여기는 아직 그런 사고가 없는 지역이다.
¶ 오늘 별일 없으면 우리 집에 놀러 와.
⑤ 살아 있지 아니하다.
¶ 그는 이미 없는 사람이야.
⑥ 가지거나 갖추고 있지 아니하다.
¶ 순수한 물은 색도 없고 맛도 없다.
¶ 돈이 없어서 오늘은 밥도 못 먹었다.
¶ 제가 경험이 없어서 일을 잘할 수 있을지 걱정입니다.
⑦ ('-ㄹ 수 없다' 또는 '-ㄹ 리 없다'처럼 쓰이어) 앞말을 부정하는 말.
¶ 그렇게 놀기만 하고는 대학에 들어갈 수 없어.
¶ 그가 그런 말을 했을 리 없어. 네가 잘못 들었을 거야.

복합어

- **없애다**[업:쌔-] 타동사 없게 만들다. 없이하다.
- **없어지다**[업:써-] 자동사 ① 없게 되다. 사라지다. ② 줄어들다.
- **없음**[업:씀] 명사 '없다'의 명사형. ×없슴 ¶ 돈이 있고 없음은 일시적인 문제이고, 양심이 있고 없음은 본질적인 문제이다. / 볼일 없는 사람은 들어올 수 없음.
- **없이**[업:씨] 부사 가난하게. ¶ 너무 없이 살면 도덕을 지키기 어렵다.
- **없이하다**[업:씨-] 타동사 없어지게 하다.

관용 표현

- **없는 것이 없다** 모든 것이 다 갖추어져 있다는 말.
- **없이 살다** 가난하게 살다. 어렵게 살다.
- **없이 지내다** =없이 살다
- **천하에 없는** 매우 귀하거나 드물어 유례가 없는. ¶ 천하에 없는 사람이 와도 줄 수 없네.

속담

- **없는 꼬리를 흔들까** 아무리 뜻이 있어도 그것을 해낼 만한 뒷받침이 없으면 안 된다는 말.

- **없는 놈이 찬밥 더운밥 가리랴** 급하고 아쉬울 때는 좋고 나쁨을 가리지 않고 무엇이나 고마워한다는 말.
- **없어 비단** 알맞은 것이 없어서 할 수 없이 아끼던 것을 쓰게 된다는 말.
- **없어 일곱 버릇, 있어 마흔여덟 버릇** ① 있는 사람이나 없는 사람이나 정도의 차이는 있지만 좋고 나쁜 버릇이 다 있다는 말. ② 있는 사람이 없는 사람보다 여러 가지 버릇이 더 많다는 말.
- **없으면 제 아비 제사도 못 지낸다** 꼭 해야 할 일이라도 가난해서 할 수 없는 일이 있는 법이니 어쩔 도리가 없다는 말.

'없이'의 기능

'없이'는 '없다'에서 전성한 부사이다. 그런데 '없이'가 부사보다는 서술어로 쓰는 경우가 훨씬 더 많다. 부사로 보든 형용사로 보든 의미는 같지만 문법적인 기능은 다르다.

대부분의 국어사전에서는 '없이'를 부사로 풀이하고 아래와 같은 예문을 든다.

¶ 사고 없이 공사를 끝내게 되어 다행이다.
¶ 특정한 징후도 없이 우리 사회가 병들고 있다.
¶ 초대를 해 놓고 찬 없이 밥상을 차려 정말 죄송합니다.
¶ 그가 살아 있다니 더할 수 없이 기뻤다.
¶ 설움이 걷잡을 수 없이 밀려왔다.
¶ 사람들의 행렬이 끝이 없이 계속되고 있었다.
¶ 나는 너 없이 못 살겠다.
¶ 방 안은 먼지 하나 없이 깨끗했다.
¶ 구름 한 점 없이 파랗던 하늘에 먹구름이 끼었다.
¶ 눈물 없이는 못 볼 슬픈 영화였다.
¶ 그는 실력도 없이 자기 자랑만 한다.
¶ 모아 둔 돈도 없이 어떻게 결혼하겠다는 거냐?
¶ 처음 보는 사람에게 버릇이 없이 굴면 안 된다.
¶ 그는 태어난 그 순간부터 부모 없이 자랐다.
¶ 아무 일도 없이 그저 세월만 흘러가고 있었다.
¶ 아무 근거도 없이 남을 모함하지 마십시오.
¶ 그는 아무 이유도 없이 학교에 오지 않았다.
¶ 그는 위아래도 없이 아무에게나 반말을 한다.

위에서 사용한 '없이'는 모두 주어의 상태를 서술하는 형용사의 활용형이지 부사가 아니다. 그리고 '사고 없이', '징후도 없이' 따위는 부사절이다. '없이'를 부사로 쓰는 경우는 아래 예문에서 볼 수 있다.

¶ 우리가 비록 지금은 없이 지내지만 곧 사정이 좋아질 거야.
¶ 없이 사는 설움은 겪지 않으면 모른다.

-없다 접사 [업따]

-없고, -없으니, -없는, -없어, -없네, -없소, -없습니다, -없었다

접미사

무엇이 없거나 없는 상태임을 나타내는 말.

¶ 가없다, 가뭇없다, 간곳없다, 갈데없다, 값없다, 거침없다, 경황없다, 관계없다, 구성없다, 그지없다, 기탄없다, 꾸밈없다, 끄떡없다, 끊임없다, 끝없다, 난데없다, 낯없다, 느닷없다, 다름없다, 다시없다, 다함없다, 대중없다, 더없다, 덧없다, 두말없다, 두서없다, 뜬금없다, 막힘없다, 맛없다, 멋없다, 문제없다, 물샐틈없다, 밥맛없다, 버릇없다, 변함없다, 보잘것없다, 볼품없다, 부질없다, 분별없다, 분수없다, 빈틈없다, 빛없다, 빠짐없다, 사정없다, 상관없다, 서슴없다, 세상없다, 세월없다, 소용없다, 속없다, 속절없다, 손색없다, 수없다, 숨김없다, 스스럼없다, 시름없다, 실없다, 싹수없다, 쓸데없다, 쓸모없다, 아낌없다, 아랑곳없다, 어김없다, 어림없다, 어이없다, 어처구니없다, 얼없다, 엉터리없다, 여부없다, 여지없다, 열없다, 염치없다, 영락없다, 온데간데없다, 외상없다, 유례없다, 의지가지없다, 인정사정없다, 일없다, 자발없다, 재미없다, 정신없다, 주책없다, 진배없다, 채신없다, 철없다, 터무니없다, 틀림없다, 하릴없다, 하염없다, 하잘것없다, 한량없다, 한없다, 허물없다, 형편없다, 힘없다

'없다'의 관형사형은 '없은'이 아니라 '없는'

'없다'는 형용사이므로 형용사 활용 방식에 따라서 관형사형 어미로 '-은'을 써야 하지만 동사처럼 '-는'을 쓰는 점이 특이하다. '돈이 없는 사람은 좁은 방에서 자라'에서 '없다'와 '좁다'는 다 형용사이지만 '없다'에는 어미 '-는'이 붙고, '좁다'에는 어미 '-은'이 붙은 것을 볼 수 있다.

¶ 이번 사고에 따른 사상자는 없은(×)/없는(○) 것으로 파악됐다.

¶ 차별 없은(×)/없는(○) 세상을 만들자.

¶ 날개 없은(×)/없는(○) 천사

'없다'의 명사형은 '없슴'이 아니라 '없음'

'없다'의 명사형은 '없음'이다. 더러는 '없슴'으로 쓰는데 이는 잘못이다. '없슴'이라는 명사형은 없다. 종결 어미로 '-습니다'를 쓰는 것에 이끌리어 '-슴'을 쓰는 잘못을 저지르는 경우가 있다.

¶ 뒷문으로는 들어갈 수 없슴(×)/없음(○)/없습니다(○)/없읍니다(×).

¶ 2시에 회의를 시작했슴(×)/시작했음(○)/시작했습니다(○)/시작했읍니다(×).

✕ 없슴

'없음'의 틀린 표기.

엉덩이 명사

볼기의 윗부분.

¶ 엉덩이에 주사를 맞았다.

복합어

- **엉덩받이** 명사 엉덩이를 대고 앉을 만한 자리.
- **엉덩방아** 명사 넘어지거나 하여 엉덩이로 바닥을 쾅 구르는 짓.
- **엉덩뼈** 명사 엉치뼈의 두 끝과 볼기뼈의 뒤쪽 위에 있으며 부채 모양으로 퍼진 편평한 뼈.
- **엉덩이걸음** 명사 엉덩이를 땅에 대고 끌면서 앉은걸음으로 걷는 걸음.
- **엉덩이뼈** 명사 =엉덩뼈
- **엉덩잇짓** 명사 ① 엉덩이를 흔들거나 움직이는 짓. ② 엉덩이를 흔들어 추는 춤.
- **엉덩짝** 명사 ① 엉덩이의 좌우 두 짝을 이르는 말. ② '엉덩이'를 속되게 이르는 말.
- **엉덩춤** 명사 (매우 기쁘거나 신이 나서) 엉덩이를 들먹거리는 짓.
- **엉덩판** 명사 엉덩이의 살이 두둑하고 넓적한 곳.

관용 표현

- **엉덩이가 가볍다** 어느 한자리에 오래 머물지 못하고 바로 자리를 뜨다.
- **엉덩이가 구리다** 부정이나 잘못을 저질렀다는 의심을 받을 만하다. ¶ 대체로 엉덩이가 구린 사람이 먼저 성을 내게 된다.
- **엉덩이가 근질근질하다** 한군데 가만히 앉아 있지 못하고 자꾸 일어나 움직이고 싶어 하다.
- **엉덩이가 무겁다(/질기다)** 한번 자리를 잡고 앉으면 좀처럼 일어나지 아니하다.
- **엉덩이를 붙이다** 자리를 잡고 앉다. ¶ 좁은 계단에 엉덩이를 붙이고 앉아서 다리를 쉬는 중이다.

속담

- **엉덩이로 밤송이를 까라면 깠지** 대들지 말고 시키는 대로 하라는 말.
- **엉덩이에 뿔이 났다** 어린 사람이 옳은 가르침을 듣지 않고 엇나가다.

'엉덩이', '궁둥이', '볼기'

신체 일부를 가리키는 말로 자주 쓰지만 실제로 어디를 가리키는지 헷갈리는 말이다. 사람 몸을 뒤에서 보았을 때에 허리 아래 허벅다리 위쪽에 살이 볼록한 부분을 '볼기'라고 한다. 볼기를 반으로 나누어 위쪽을 '엉덩이', 아래쪽을 '궁둥이'라고 한다. 그러나 이 구분이 명확하지 않기도 하고 실제로 그렇게 철저하게 구별되지 않는다.

그래서인지 젊은이들의 볼기는 '엉덩이'라고 하고 나이 든 사람의 볼기는 '궁둥이'라고 하는 경향이 있다. 즉, 젊은 사람에게는 궁둥이라는 말을 잘 쓰지 않고, 나이 든 사람에게는 궁둥이를 상대적으로 더 많이 쓴다. '엉덩방아'와 '궁둥방아', '엉덩잇짓'과 '궁둥잇짓' 같은 말도 사람에 따라서 달리 쓰는 경향이 있다. 따라서 '처녀의 엉덩이가 아름답다'라는 표현이나 '나이 든 부인의 궁둥이가 무겁다'라는 표현은 제격이나, '처녀의 궁둥이가 무겁다'라거나 '중년 부인의 엉덩이가 예쁘다' 같은 표현은 제격이라고 하기 어렵다.

엉성하다 형용사

불20-9 엉성하고, 엉성하니, 엉성하여/엉성해, 엉성한, 엉성합니다, 엉성하였다/엉성했다

① 잘 짜이지 아니하여 어울리는 맛이 없고 빈틈이 있다.
¶ 사회자가 진행을 엉성하게 해서 행사가 느슨하고 지루했다.
¶ 집의 짜임이 야물지 못하고 엉성하여 곧 무너질 것 같다.
② 빽빽하지 못하고 성기다.
¶ 머리카락이 많이 빠져서 엉성하게 보인다.
¶ 넓은 정원에 여기저기 나무를 엉성하게 심어 놓았다.
③ 사물의 형태나 내용이 부실하다.
¶ 문장은 화려하지만 내용은 엉성하기 짝이 없다.
¶ 슬레이트로 엉성하게 지은 집이라 태풍이 한번 불면 쓰러질 것 같다.
④ 살이 빠져서 뼈만 남을 만큼 버쩍 마른 듯하다. '앙상하다'의 큰말.
¶ 병을 오래 앓아 야윈 어깻죽지가 몹시 엉성하게 보였다.
¶ 강아지가 제대로 못 먹어서 뼈만 엉성하다.

복합어

- **엉성히** 부사 ① 잘 짜이지 못하고 빈틈이 있게. ② 빽빽하지 못하고 성기게. ③ 내용이 부실하게.

'엉성하다'와 '앙상하다'

'엉성하다'와 '앙상하다'는 큰말과 작은말 관계이지만 쓰임이 달라지고 있다. '엉성하다'는 주로 얼개가 잘 짜이지 않은 상태를 뜻하는 말로 쓰고, '앙상하다'는 살이 빠지거나 나뭇잎이 떨어져 뼈나 가지만 남아 보기 흉함을 가리키는 말로 많이 쓰고 있다. 이를테면 겨울 나뭇가지는 '앙상하고', 사람이 살이 빠져 뼈만 남으면 '앙상한' 모습이 된다.

이에 비해 균형이 맞지 않는 건물은 '엉성하게' 보이고, 책의 내용이 허술하면 '엉성하다'고 말할 수 있으며, 이야기의 체계나 구조가 완전하지 않으면 '엉성하다'고 말한다.

에 조사

부사격 조사

① 행위의 대상이 되는 장소임을 나타내는 말.
¶ 옷에 먼지가 묻었다.
¶ 집안에 경사가 났다.
¶ 기둥과 기둥 사이에 줄을 매고 빨래를 널었다.

② 있는 곳임을 나타내는 말.
¶ 부모님은 집에 계신다.
¶ 거리에 사람들이 많다.
¶ 산에 꽃이 핀다.

③ 행위 시간임을 나타내는 말.
¶ 나는 아침에 운동을 한다.
¶ 진달래는 이른 봄에 핀다.

④ 목적지 또는 대상을 나타내는 말.
¶ 동생은 방금 학교에 갔다.
¶ 나는 화분에 물을 주었다.
¶ 나는 그의 의견에 찬성한다.

⑤ 원인을 나타내는 말.
¶ 바람에 나뭇잎이 우수수 떨어진다.
¶ 나는 요란한 소리에 잠을 깼다.
¶ 그까짓 일에 너무 마음 상하지 마라.

ㅇ

⑥ 수단, 방법임을 나타내는 말.
¶ 배추는 소금에 절여야 한다.
¶ 우리는 햇볕에 옷을 말렸다.
⑦ 기준이나 단위를 나타내는 말.
¶ 나는 하루에 두 번씩 세수를 한다.
¶ 쌀 한 말에 얼마지요?
¶ 두 사람에 하나씩 나눠 가져라.
⑧ 무엇을 더하는 말.
¶ 우리나라 사람들은 국에 밥을 말아 먹는 걸 좋아한다.
¶ 나는 커피에 크림이나 설탕을 타지 않는다.
⑨ 맡는 자리나 노릇임을 나타내는 말.
¶ 이 오페라의 주인공에 누가 뽑힐지 궁금하다.
⑩ 조건이나 환경임을 나타내는 말.
¶ 이 무더위에 어떻게 지냈니?
¶ 하루하루 기쁨에 겨운 날들을 보냈다.
⑪ 용도를 나타내는 말.
¶ 독감에 좋은 약이 무엇인가요?
¶ 이 물건은 어디에 쓰나요?
¶ 이 칼은 고기를 썰기에 적당하지 않아요.
⑫ 속하거나 포함됨을 나타내는 말.
¶ 연습을 하는 방법에 여러 가지가 있다.
¶ 우리 고장에서 생산하는 농산물에 전국적으로 유명한 것이 많이 있다.
¶ 포유류에 어떤 동물이 있는지 말해 보세요.
⑬ 서로 짝이 됨을 나타내는 말.
¶ 그 아버지에 그 아들이로구나.
⑭ ('에 관하여', '에 대하여', '에 의하여'의 형태로 쓰이어) 관계되는 것임을 나타내는 말.
¶ 공동체의 발전에 대하여 생각해 본 적 있는가?
¶ 욕설에 관한 조사를 실시하려 한다.

접속 조사

여럿을 나열하는 노릇을 하는 말.
¶ 우리는 빵에 우유에 떡에 별의별 것을 다 먹었다.
¶ 아버지가 책에 연필에 장난감에 이것저것 많이 사 주셨다.

'에 있어서'의 문제점

조사 '에'와 '있어서'가 결합한 관용 표현으로 이 구문은 비생산적이기도 하고 문법적으로 그리 정확하지도 않고 의미가 잘 드러나지도 않는 매우 독특한 표현이다. '에 있다'와 어떤 관련도 없고, 어미 '-어서'의 쓰임새와도 관련이 없어서 과연 이 표현이 유용한지 살펴보아야 한다.

① 이 사실을 조사함에 있어서 특히 유념해야 할 것을 알려 주겠다.
② 해외 진출에 있어서도 맞춤형 해외 진출 전략에 따라서 콘텐츠 개발과 수출을 추진한다.
③ 시험 위원 선임에 있어서는 채용 예정 직위별로 5~7명을 위촉할 예정이다.
④ 이번 참사를 계기로 조달 관련 물품 구매 등에 있어서 안전관리를 대폭 강화하였다.
⑤ 장기계약에 있어서 매년 수정계약 동의서를 받는 불합리한 관행을 없앴다.
⑥ 한국에 있어서의 민주주의 발전 단계 연구

위의 예문 모두에서 '있어서'가 실제로 어떤 의미를 나타내거나 문법적 구실을 하지 않는다. 단순히 '을 할 때' 또는 '의 경우'와 같은 뜻을 나타낼 뿐이다. 이처럼 실제 '있다'와 관련이 없으면 군더더기이므로 사용하지 않는 것이 좋다. '있어서'는 아래와 같이 사용하는 것이 국어 문법을 지키는 길이다.

¶ 사람이 방에 있어서 인기척을 하고 들어갔다.
¶ 그가 마당에 있어서 쉽게 불러낼 수 있었다.
¶ 우리도 어려운 환경에 있어서 그를 도울 수 없었다.

다시 강조하면 '-에 있어서'는 별로 효용성이 없는 군더더기 표현이므로 사용하지 말기를 권한다. 일본어를 번역할 때에 이 표현을 쓰고 싶더라도 다른 표현으로 바꿔서 번역하면 좋겠다. (어미 '-어서'의 용법에 관해서는 올림말 '-어서' 참고.)

'에'와 '에서'의 구별

조사 '에'와 '에서'는 명확히 구별하여 사용하여야 한다. 요즘 '에서'를 사용해야 할 곳에서 '에'를 사용하는 예가 늘고 있다.

¶ 올해는 대천 해수욕장에(×) 휴가를 지냈다. → 에서
¶ 오늘 회사에(×) 해고 통보를 받았다. → 에서
¶ 운동선수들이 운동장에(×) 쉬는 중이다. → 에서
¶ 동생과 나는 집에(○) 있다.
¶ 나는 지금 호텔에(○) 머물고 있다.
¶ 이번 경기에(○) 나설 사람을 우리 중에(×)/중에서(○) 뽑기로 했다.

이처럼 활동하는 곳에는 '에서'를 붙이고, 그냥 있는 곳에는 '에'를 붙인다. 또, 다음과 같이 출발지에는 '에서'를 붙이고, 도착지에는 '에'를 붙인다.

┌ 지금 제1진이 운동장에(×) 출발하고 있습니다. → 에서
└ 지금 제1진이 운동장에(○) 도착하고 있다.

빨리 자리에(×) 일어서세요. → 에서
빨리 자리에(○) 앉으세요.

죽음에(×) 벗어나는 방법은 없다. → 에서
스트레스는 사람을 죽음에(○) 이르게 한다.

'에'와 '에게'

대상이 사람이나 고양이 같은 동물이면 '에게'를 붙이고, 돌 같은 사물이나 식물이면 '에'를 붙인다. 무정물이나 식물이라도 의인화를 하는 경우에는 '에게'를 붙인다.

¶ 집에 있는 자전거를 너에게 줄게.
¶ 회사에 둔 컴퓨터를 나에게 가져왔다.
¶ 나에게 있는 모든 재산을 사회에 내놓겠다.
¶ 학교에 가다가 친구에게 들렀다.
¶ 난초에 물을 주지 말고 고양이에게 밥을 주어라.
¶ 잘못하여 가시에 찔리고 개에게 물렸다.
¶ 우리는 달에게 소원을 비는데 달에 인공위성을 보낸다고 한다.

▶ '에'와 '로'의 차이는 올림말 '로' 참고.

에게 조사

부사격 조사

① 행동이 미치는 상대를 나타내는 말.
¶ 누구에게 줄까?
¶ 엄마에게 합격 사실을 알렸다.
¶ 고양이에게 생선 가게를 맡긴 격이다.

② 당하게 하는 상대임을 나타내는 말.
¶ 개에게 물렸다.
¶ 주인에게 들켰다.

③ 소속이나 처소를 가리키는 말.
¶ 나에게 버섯에 관한 책이 많이 있다.
¶ 동물에게 감정이 있을까?

④ 어떤 상태나 동작의 대상임을 나타내는 말.
¶ 아이들에게 인기가 높다.
¶ 우리에게 필요한 일은 무엇일까?

'에게'의 높임말 '께'
높임말을 써야 할 사람한테는 '께'를 쓴다.
¶ 동생에게/어머님께 전화를 했다.
¶ 사장님 지시 사항을 부하 직원에게/부장님께 전달했다.

'에게'와 '한테'
두 낱말은 기능이 같다. 다만 '에게'는 입말과 글말로 두루 쓰고 '한테'는 입말로 주로 쓴다.
¶ 국가가 국민에게 해 주어야 할 일이 무엇인지 말해 보세요.
¶ 기슭에 이르자 기호는 영수에게/한테 배낭을 맡기고 곧장 골짜기로 내려갔다.
¶ 이 경우에는 누구한테/에게 물어야 되죠?
¶ 그런 부탁을 왜 나한테/에게 하는 거야?

에게로 조사

부사격 조사
'에게'의 힘줌말.
¶ 돈이 필요한 사람은 모두 나에게로 와라.

에게서 조사

부사격 조사
무엇이 비롯하는 대상을 나타내는 말.
¶ 용돈을 언니에게서 받았다.
¶ 이건 그에게서 나온 정보이다.

'에게'와 '에게서'

① 두 낱말 다 사람이나 동물을 가리키는 말 뒤에 붙는다. 그러나 기능은 정반대이다. '에게'는 받을 사람에 붙이고, '에게서'는 주는 사람에 붙인다.

¶ 돈을 영호에게 주고 그만큼을 성호에게서 받았다.

¶ 내가 경수에게 한 말을 너에게서 듣다니!

¶ 교사는 학생에게 지식을 가르치지만 때로는 학생에게서 배우기도 한다.

② 행위의 근원이나 출처를 나타내는 경우에는 '에게서'를 쓴다.

¶ 그 이야기를 친구에게서 들었다.

¶ 동생에게서 편지가 왔다.

'에게서'와 '한테서'

두 낱말은 다 장소를 나타내는 부사격 조사로서 기능이 같다. 다만 '에게서'는 입말과 글말로 두루 쓰고 '한테서'는 주로 입말로 쓴다.

¶ 경비에게서 확인증을 받아 오너라.

¶ 나는 전문가에게서 조사 결과를 들었다.

¶ 이 경우에는 누구한테서/에게서 보상을 받아야 하나요?

에누리 명사

① 물건 값을 깎는 일.

¶ 에누리 없는 장사가 어디 있소.

② 물건 값을 더 높이 부르는 일.

¶ 요즘 과자 값은 에누리가 너무 심하다.

¶ 우리 가게는 에누리가 없이 받을 값만 받습니다.

③ 실제보다 더 보태거나 깎아서 말하는 일. 실제와 다른 내용.

¶ 그의 말에는 에누리도 섞여 있다.

복합어

• **에누리하다** 타동사 ① (팔 사람이) 실제보다 값을 더 많이 부르다. ② (살 사람이) 물건 값을 깎다. ¶ 정치

인의 말은 에누리해서 들어야 한다.

- **에누릿속** 명사 에누리하는 마음 자세. ¶ 말이란 갈수록 보태지는 것이니까 세상에 떠도는 말은 에누릿속으로 들어야 한다.

'에누리'의 독특한 용법

'에누리'는 상인이 정상 가격에 조금 보태어 가격을 더 높이 매기는 행위를 가리키는 데에서 비롯하였는데 물건을 사는 사람이 값을 깎으려 하는 행위를 가리키는 말로도 쓴다. 한국인의 언어 의식을 엿볼 수 있는 좋은 예라고 볼 수 있다. 어느 일방이 상대에게 더 요구하는 행위와 상대가 그것을 제거하려는 행위를 같은 말로 표현하는 것이다. 더 늘려서 이익을 얻으려는 사람과 그것을 허용하지 않음으로써 자기 이익을 지키려는 사람이 각자의 행위를 같은 언어로 표현한다는 점이 재미있다. 아래 대화에서 에누리의 용법을 이해할 수 있다.

대화 1

상인: 이 물건은 1200원입니다.(실은 1000원이 정상이지만 200원을 에누리한 것임)

손님: 값이 너무 비싸요. 800원에 주세요.(400원을 에누리하려 함.)

상인: 너무 에누리하지 마십시오. 1000원에 드리겠소.

대화 2

정치인: 제가 대통령이 되면 모든 어르신들께 매월 20만원씩 생활비를 지원해 드리겠습니다.

유권자1: 정치인은 에누릿속이 가득한 사람들이니 저 말은 최소한 50%는 에누리해서 들어야 한다.

유권자2: 아무려면, 나랏일을 할 사람이 국민을 상대로 에누리하는 짓을 할까?

유권자3: 상인과 정치인이 하는 말은 에누릿속으로 들어야 해.

에다[1] 동사

규11-0 에고, 에니, 에어/에, 엔다, 엡니다, 에었다/엤다

타동사

① 칼 따위로 도려내듯 베다.

¶ 바람이 코끝을 엘 것처럼 휘몰아친다.

② 마음을 몹시 아프게 하다.

¶ 그의 죽음으로 나는 가슴을 에는 아픔을 느꼈다.

'에다'와 '베다'

두 낱말이 비슷한 동작을 가리키는데 실제로 칼로 자르는 행동을 나타낼 때는 '베다'를 쓰고, 칼로 자르지는 아니하고 그런 행위를 가정하는 경우에 '에다'를 쓴다.

'에다'와 '에이다'

'살을 에는 추위'를 '살을 에이는 추위'라고 하여 '에다'를 써야 할 자리에 '에이다'를 쓰는 것은 잘못이다. '에이다'는 '에다'의 피동형이다. 이와 같이 불필요하게 '이'를 넣어 사용하는 단어가 몇 있다.

¶ 우리는 설레이는(×)/설레는(○) 마음으로 공연장에 들어섰다.
¶ 여행 떠날 일을 생각하니 무척 설레인다(×)/설렌다(○).
¶ 맑게 개인(×)/갠(○) 하늘을 보니 마음이 한결 상쾌해진다.
¶ 우리가 도착하니 날이 활짝 개인다(×)/갠다(○).
¶ 길바닥이 깊게 패인(×)/팬(○) 곳에서 사고가 자주 일어난다.
¶ 칼바람이 살을 에이는(×)/에는(○) 듯하다.

에다[2] 조사

부사격 조사

'에다가'의 준말.

¶ 책을 가방에다 넣어 두고는 줄곧 책꽂이에서만 찾았다.
¶ 국에다 밥을 말아서 먹어라.
¶ 종이에다 그림을 그린다.

에다가 조사 ㉾ 에다

부사격 조사

① 일정한 위치를 나타내는 조사. 조사 '에'에 보조사 '다가'가 결합한 말이다.

¶ 그건 창고에다가 넣어 두어라.

¶ 시골에다가 집을 짓고 살 계획이다.

② (무엇에) 다른 것을 더함을 나타내는 조사. 조사 '에'에 보조사 '다가'가 결합한 말이다.

¶ 커피에다가 설탕을 타면 커피 향이 죽는다.

¶ 그는 장님에다가 벙어리이기도 했다.

에로 조사

부사격 조사

위치를 나타내는 부사격 조사 '에'에 방향을 나타내는 조사 '로'를 붙인 말.

¶ 기둥을 한복판에로 운반해 오라고 지시했다.

> **'에로', '에', '로'**
>
> '에로'는 '에'와 '로'를 합한 말이다. 목적지를 나타내는 말 '에'와 방향을 나타내는 말 '로'가 합했다고 해서 결과가 달라질 것이 없다. 여전히 목적지에는 '에', 방향에는 '로'를 쓰면 되므로 굳이 '에로'를 쓸 필요가 없다. 굳이 '에로'를 쓰지 말고 '에'나 '로'를 쓰도록 권한다.

ㅇ

✕ 에미

'어미[1]'의 틀린 말.

에서 조사

부사격 조사

① 주어가 동작을 하는 장소에 붙이는 말.

¶ 도서관에서 공부한다.

¶ 어제 모임에서 논의한 내용을 설명해 드리겠습니다.

¶ 한강은 강원도 태백의 검룡소에서 시작한다.

② 어떤 행위의 출발점을 나타내는 말.
¶ 학교에서 집까지 걸었다.
¶ 중국에서 편지가 왔다.
③ 어떤 사실이나 사물의 출처임을 나타내는 말.
¶ 그는 기업에서 돈을 받은 혐의로 조사를 받고 있다.
¶ 이 이야기는 책에서 읽은 것입니다.
④ 행위의 이유임을 나타내는 말.
¶ 보탬이 되고자 하는 마음에서 드리는 말씀입니다.
⑤ ('이에서'의 형태로 쓰이어) 비교의 기준임을 나타내는 말.
¶ 아무리 좋은들 이에서 더 좋을 수 있겠습니까?

주격 조사

(단체를 나타내는 명사 뒤에 붙어) 주어임을 나타내는 말.
¶ 정부에서 발표한 것을 보면 이제 우리나라도 선진국 대열에 선 것 같다.
¶ 이번 행사는 우리 학교에서 주최하기로 했다.

'에서'와 '에'

주어를 기준으로 보면 '에서'는 주어가 행동하는 장소임을 나타내고, '에'는 주어가 행동하는 대상이 되는 장소임을 나타낸다. (구체적인 용법 차이는 올림말 '에' 참고.)

-에요 어미

종결 어미

=-어요
▶ '-에요'와 '-어요'는 서로 바꿔 쓸 수 있다. (올림말 '-어요' 참고.)

에이다 동사

규11-0 에이고, 에이어/에여, 에인다, 에입니다, 에이었다/에였다

피동사

'에다[1]'의 피동형.

¶ 찬바람이 세차게 부니 뺨이 에이는 것 같다.

▶ '에이다'를 '에다'와 같은 뜻으로 쓰는 것은 잘못이다. (올림말 '에다[1]' 참고.)

여 조사

호격 조사

(사람이나 동물 따위의 받침 없는 체언에 붙어) 정중하게 부르는 뜻을 나타내는 말. 감탄이나 호소의 뜻이 포함된다.

¶ 겨레여, 일어나라.

¶ 주여, 용서하여 주소서.

조사 '여'와 '시여'

정중한 표현으로 '여'를, 높이는 표현으로 '시여'를 붙이고, 낮추어 부를 때는 '야'를 쓴다.

¶ 주여, 용서하여 주소서. (정중한 표현)

¶ 우리의 보호자시여, 우리를 보호하여 주소서. (높임 표현)

¶ 영희야, 이리 와 보아라. (낮춤 표현)

받침이 있는 체언 뒤에서는 각각 '이여', '이시여', '아'를 붙인다.

¶ 벗이여, 고이 가시오. (정중한 표현)

¶ 하늘이시여, 이 나라를 도우소서. (높임 표현)

¶ 바둑아, 이리 오너라. (낮춤 표현)

-여[1] 어미

연결 어미

('하다'나 '하다'가 붙은 용언의 어간 뒤에 붙어)

① 시간의 선후 관계를 나타내거나 방법 따위를 나타내는 말.

¶ 열심히 노력하여 성공하여라.

② 까닭이나 근거 따위를 나타내는 말.
¶ 그가 아파하여 일찍 집에 들어가게 했다.
③ 본용언과 보조 용언을 연결할 때 쓰는 말.
¶ 내일까지 수리하여 주세요.

종결 어미

('하다'나 '하다'가 붙은 용언의 어간 뒤에 붙어) 해할 자리에 쓰이어, 어떤 사실을 서술하거나 의문, 명령, 청유를 나타내는 말. 이 경우 '하여'를 보통 '해'로 줄여 쓴다.
¶ 우리는 참 행복하여/행복해.
¶ 이번에는 이 일을 너희가 하여/해.
¶ 혼자 하지 말고 이따가 나하고 같이 하여/해.

–여2 접사 (餘)

접미사

① (한자로 된 수 뒤에 붙어) 어떤 수에 자투리가 더 붙어 있음을 나타내는 말. –남은.
¶ 십여 가구, 천여 명, 백여 년 전, 80여 세
② (주로 기간을 나타내는 단위 뒤에 붙어) 자투리 기간이 더 붙어 있음을 나타내는 말.
¶ 3년여에 걸친 공사가 이제 막 끝났다.

'–여'의 용법

① 주로 십진법에 따라서 10단위 이상을 나타내는 수 뒤에 붙어서 그 수에 자투리가 조금 더 있음을 나타내는 경우에 쓴다. 수 바로 뒤에 쓰고 단위 뒤에는 쓰지 않는다.
¶ 유류품 천여 개가 무더기로 발견되었다.(○)
¶ 유류품 천 개여가 무더기로 발견되었다.(×)
② 기간을 나타내는 경우에는 수 뒤에 붙을 수도 있고, 단위 뒤에 붙을 수도 있다.
¶ 이것은 십여 년 전에 시작한 큰 공사이다.(○)
¶ 이것은 십 년여에 걸쳐 진행한 큰 공사이다.(○)

'–여'가 단위 뒤에 붙으면 그 단위보다 아래 단위로 된 자투리를 의미하게 된다. '십 년여'는 10년에 몇 달이 더 있음을 나타내고, '십여 년'은 11년이나 12년을 나타낸다.

‘-여’와 ‘-남은’, ‘남짓’

‘-여’는 한자어에 붙고, ‘-남은’은 토박이말에 붙는 특징이 있다. 특히 ‘-남은’은 토박이말 가운데 특별히 몇 개의 수에만 붙는다. 《표준국어대사전》에 따르면 ‘-남은’이 붙은 낱말로는 ‘여남은, 스무남은, 예수남은’의 셋이 있다. ‘열, 스물, 예순’의 받침이 탈락하는 것도 특징이다.

‘서른, 마흔, 쉰, 일흔, 여든, 아흔’ 뒤에 ‘-남은’을 붙이는 경우도 있겠지만 그 형태를 정확하게 제시할 수 없다. ‘30여’를 ‘서르남은’, ‘40여’를 ‘마흐남은’처럼 쓸 수 있을지 의문이라는 말이다. 사전에 특별히 올림말로 제시되지 않았다면 규칙적으로 ‘서른남은’, ‘마흔남은’, ‘쉰남은’, ‘일흔남은’, ‘여든남은’, ‘아흔남은’처럼 써야 할 것 같다.

‘남짓’은 의존 명사이므로 앞말과 띄어 써야 한다. ‘열 개 남짓’, ‘서른 살 남짓’, ‘6개월 남짓 걸릴 것이다’처럼 쓴다.

여건 명사 (與件)[여:껀]

① 어떤 일을 하는 데에, 외부에서 주어지는 여러 항목.

¶ 여건이 좋아지기를 기다려 보자.

¶ 일할 수 있는 여건을 마련해 주어야지.

② 추리나 연구의 출발점으로서 주어지거나 가정된 항목.

‘여건’과 ‘조건’

‘여건(與件)’의 본뜻은 ‘주어진 조건(條件)’이다. 처음부터 있는 조건이 아니라 특정한 환경이나 경우에 주어지는 조건을 가리킨다. 그래서 ‘여건’과 ‘주다’를 함께 쓰면 의미가 중복된다. 대체로 ‘여건’은 새로 마련하는 대상에 적용하고, ‘조건’은 이미 제시되었거나 마땅히 필요한 대상에 적용하는 점으로 구별할 수 있다.

¶ 그런 조건(○)/여건(×)을 요구하면 계약이 성사되기 어렵다.

¶ 이런 여건(○)/조건(○)으로는 계약을 추진하기 어렵다.

¶ 우리가 제시하는 조건(○)/여건(×)을 충족하는 회사에 사업을 맡기겠다.

¶ 여건(○)/조건(×)이 허락하면 사업을 시작하겠다.

¶ 주어진 조건(○)/여건(×)에서 최선을 다 해 주기 바랍니다.

¶ 정삼각형이 될 조건(○)/여건(×)을 말하시오.

¶ 요즘은 정보를 얻을 수 있는 여건(○)/조건(×)이 매우 좋아졌다.

여느 관형사

보통의. 예사로운. 그 밖의 다른.

¶ 여느 때 같으면 그가 버럭 화를 냈을 터인데 오늘은 웬일인지 웃고 넘긴다.

¶ 그들은 여느 부부보다 금실이 좋다.

관용 표현

- **여느 때 없다** ① 보통 때와는 다르다. ¶ 오늘은 여느 때 없이 상쾌하고 기분이 좋다. ② 따로 정해진 때가 없다.

-여도 어미

연결 어미

('하다'나 '하다'가 붙은 용언의 어간 뒤에 붙어) 가정이나 양보의 뜻을 나타내는 말.

¶ 너무 칭찬을 많이 하여도 역효과가 나기 쉽다.

¶ 아무리 생각하여도 알 수 없다.

▶ 연결 어미 '-어도'가 '-하다'의 뒤에 붙어 바뀐 형태이다.

-여라 어미

종결 어미

('하다'나 '하다'가 붙은 용언의 어간 뒤에 붙어)

① 명령의 뜻을 나타내는 말.

¶ 열심히 공부하여라.

② 감탄의 뜻을 나타내는 말.

¶ 참 높기도 하여라.

¶ 무척 착하기도 하여라.

▶ 종결 어미 '-어라'가 '-하다'의 뒤에 붙어 바뀐 형태이다.

여러 관형사

수가 한둘보다 많은.
¶ 여러 개, 여러 동네, 여러 명, 여러 방향, 여러 번, 여러 사람, 여러 해
¶ 여러 해 동안 마을 사람들하고 같이 텃밭을 일구고 있다.

복합어

- **여러모꼴** 명사 모와 변이 각각 셋 이상인 도형. 다변형(多邊形).
- **여러모로** 부사 여러 방면으로. 여러 가지로. ¶ 이번에 여러모로 도와 주셔서 고맙습니다.
- **여러분** 대명사 올림말 '여러분' 참고.
- **여러해살이** 명사 식물이 2년 이상 사는 일, 또는 그런 식물.
- **여럿** 명사 많은 수의 사람이나 물건. ¶ 여럿이 말하면 쇠도 녹인다는데 이 이야기가 잘못 알려지면 곤욕을 치르기 쉽다. / 친구들 여럿이 모여 연극을 보러 갔다.

여러분 대명사

인칭 대명사

① 자기 말을 듣는 '여러 사람'을 높이어 가리킬 때 쓰는 이인칭 대명사.
¶ 여기에 모인 여러분께서 도와주신 덕으로 일을 무사히 마쳤습니다.
② 여러 사람을 부르는 말.
¶ 여러분, 이제 우리는 어려움을 이겨냈습니다.
¶ 어린이 여러분, 안녕하세요?

'여러분'과 '여러 분'

둘 이상을 나타내는 관형사 '여러'와 사람을 가리키는 의존 명사 '분'을 합하여 쓰는 말인데 붙여 쓰는 경우와 띄어 쓰는 경우의 의미가 다르다. 붙여 쓰는 '여러분'은 많은 사람을 하나로 묶어서 가리킬 때에 쓴다. 그러나 띄어 쓰는 '여러 분'은 글자 뜻대로 한둘보다 더 많은 사람을 가리킨다.
¶ 여러분이 걱정해 주신 덕에 제가 무사히 도착하였습니다. ('너희들'의 높임말)
¶ 그날 오신 여러 분께서 저를 도와 주셨습니다. ('여러 사람'의 높임말)

여론 명사 (輿論)[여: -]

사회 대중의 공통된 의견.
¶ 시에서는 시민 여론을 따라서 도서관을 건립하기로 결정했다.

복합어

- **여론전**(輿論戰)[여: -] 명사 목적을 이루기 위하여 여론을 크게 일으키는 일.

'여론', '중론', '공론'

'여론(輿論)'의 한자 '輿'는 '많음'을 뜻한다. 따라서 '여론'은 '중론(衆論)'과 같이 대중(大衆)의 의견을 가리키는 말이다. 다만, '여론'은 정치적 의미로 많이 쓰는 특징이 있다. '공론(公論)'도 여러 사람의 의견을 가리키는 말로서 여론처럼 정치적 의미로 많이 쓰지만 단순히 '여러 사람의 의견'보다는 '여러 사람의 논의'의 뜻으로 더 많이 쓴다. 그래서 아래와 같은 용도의 차이를 생각해 볼 수 있다.

- 여론(輿論) ¶ 어떤 방법이 좋을지 여론을 살피기로 했다.
- 중론(衆論) ¶ 어떤 방법을 택할 것인지 중론을 모아 보기로 했다.
- 공론(公論) ¶ 어떤 방법을 택할 것인지 공론에 부치기로 했다.

여백 명사 (餘白)

글씨나 그림이 있는 종이 따위에서 채우지 않고 비워 놓은 부분.
¶ 이 화가의 그림은 여백이 돋보인다.

'여백'과 '공백'

'여백(餘白)'은 '채우지 않고 남긴 공간'을 뜻하고, '공백(空白)'은 '차지 않고 비어 있는 공간'을 뜻한다. '여백'은 적극적으로 비워둔 긍정적인 부분인 반면에 '공백'은 '차 있어야 할 것이 차지 않아 앞으로 채울 부분'임을 암시하는 말이다. 특히 '여백'은 그림이나 글씨가 있는 종이에 남아 있는 공간이라는 거의 한정된 이미지를 가지고 있으나, '공백'은 '여백'이 아닌 모든 공간과 함께 '시간의 빈틈'까지를 포함한다.

여성 명사 (女性)

성년이 된 여자를 일컫는 말.

¶ 여성 유권자가 남성 유권자보다 조금 더 많다.

복합어

- **여성답다**(女性-) 형용사 여성의 특징을 잘 갖추고 있다.
- **여성미**(女性美) 명사 여자다운 아름다움.
- **여성상**(女性像) 명사 여자로서 갖추어야 할 모습.
- **여성스럽다**(女性-) 형용사 (남자가) 여성처럼 여리고 섬세하고 부드럽다.
- **여성스레**(女性-) 부사 (남자가) 여성처럼.
- **여성적**(女性的) 명사 관형사 여자다운 모습이나 성질. 여성답게 여리고 섬세하며 부드러운 상태.
- **여성화**(女性化) 명사 (남성이) 여성스러워짐. 여성적이 됨.

'여성'의 용법

'여성'을 독립적으로 쓸 때에는 주로 여자의 지위나 여자의 권리와 관련해서 많이 쓴다. 이는 '여성'이 성년인 여자를 주로 가리키는 것과도 맥락이 닿아 있다. 그러나 복합어를 이룰 때에는 여자나 여인의 의미와 같아진다.

ㅇ

여요

서술격 조사 '이다'의 활용형 '이어요'가 받침 없는 체언 뒤에서 줄어든 형태.

¶ 여기가 우리 회사여요.

¶ 이 영화도 바로 그 감독이 만든 영화여요.

'여요'와 '예요'

서술격 조사 '이어요'와 '이에요'는 받침 없는 체언 뒤에서 각각 '여요'와 '예요'로 줄어든다. 어느 것을 써도 문제가 없고 기능이 똑같다. '이어요'와 '이에요'도 기능이 같다. 굳이 구별한다면 '여요'에 비해서 '예요'는 입말에서 많이 쓰고 친근하게 들린다고 말할 수 있다.

-여요 어미

종결 어미

('하다'나 '하다'가 붙은 용언의 어간 뒤에 붙어) 설명, 의문, 명령, 청유의 뜻을 나타내는 말. 어미 '-여'와 보조사 '요'가 결합한 말이다.

¶ 배추를 잘 절이는 게 중요하여요/중요해요.

¶ 당신은 신이 있다고 생각하여요/생각해요?

¶ 집에 가면 전화하여요/전화해요.

¶ 저하고 차 한잔 하여요/해요.

여울 명사

강이나 바다에 바닥이 얕아 물살이 빠르게 흐르는 곳.

복합어

- **살여울** 명사 물살이 급하게 흐르는 여울.
- **여울머리** 명사 여울의 맨 위쪽.
- **여울목** 명사 여울이 비교적 좁은 곳.
- **여울물** 명사 여울에 흐르는 물.
- **여울지다** 자동사 ① 여울이 되다. ¶ 물이 여울져 흐르는 곳은 물살이 빠르다. ② (생각이나 감정 따위가) 여울처럼 세차게 일다.

속담

- **여울로 소금 섬을 끌래도 끌지** 무슨 일이든 시키는 대로 하겠다는 말.

'여울'과 '돌'

일정하게 흐르던 물의 흐름이 갑자기 빨라지는 두 곳이 있다. 하나는 바닥의 깊이가 깊은 곳에서 얕은 곳을 지나 다시 깊은 곳으로 갈 때에 얕은 곳에서 물살이 매우 빨라지고, 다른 하나는 물길이 좁아졌다 다시 넓어질 때 좁은 곳에서 물살이 매우 빨라진다. 물살이 빨리 흐르는 얕은 곳을 '여울'이라고 하는데 특별히 더 빨리 흐르는 여울을 '살여울'이라고 한다.

'돌'은 물살이 빠르게 흐르는 좁은 곳을 가리킨다. 진도와 해남 사이에 있는 좁은 물목을 '울돌'이라고 하는 이유는 좁은 물길을 흐르는 물의 속도가 빠르고 거칠어서 마치 바다가 우는 것처럼 들리기 때문이다. 강화도와 김포 사이의 좁은 물길을 '손돌'이라고 하고, 용산과 노량진 사이의 좁은 물길을 '노돌'이라고 하는 것은 이곳이 다른 곳에 비해서 물길이 좁아서 물이 빠르게 흐르기 때문이다.

여위다 동사

규11-0 여위고, 여위면, 여위니, 여위어, 여윈, 여윕니다, 여위었다

자동사

① 살이 빠져 몸이 마르다.

¶ 며칠 굶은 사람처럼 몹시 여위었다.

② 살림살이가 매우 가난해지다.

¶ 그렇게 여윈 살림을 하다 보니 사람 구실을 못 했다.

③ 빛이나 소리 따위가 점점 작아지거나 어렴풋해지다.

¶ 가을이 되니 햇빛도 여위고 마음도 쓸쓸해진다.

④ 산에 나무가 없거나 나무에 잎이 없다.

¶ 겨울나무의 여윈 가지에 눈이 쌓여 탐스럽게 눈꽃이 피었다.

⑤ 땅이나 강 따위가 부피가 줄어들고 메말라지다.

¶ 가뭄이 계속되니 계곡의 물줄기가 점점 여위어 간다.

복합어

- **여윈잠** 명사 깊이 들지 못하는 잠.

여의다 동사

규11-0 여의고, 여의면, 여의니, 여의어, 여읜, 여윕니다, 여의었다

타동사

① (부모나 사랑하는 사람을) 사별(死別)하다.

¶ 부모를 여의고 동생들을 보살피며 살고 있다.

ㅇ

② (딸을) 시집보내다.
¶ 올해 막내딸을 여의고 나니 허전한 마음을 가누기 어렵다.
③ (질병 따위를) 멀리 보내다.
¶ 올해는 감기 여읠 새도 없이 일을 많이 하였다.
④ 멀리 떠나보내다. 이별하다.
¶ 임을 여의고 슬픔에 잠겼다.

여인 명사 (女人)

어른이 된 여자.
¶ 그 귀엽던 소녀가 어느새 중년 여인이 되어 있었다.

복합어

- **여인네** 명사 여인 일반을 두루 이르는 말.
- **여인상**(女人像) 명사 ① 여인의 모습. 여인의 그림이나 조각. ② =여성상(女性像)

여자 명사 (女子)

① 여성(女性)으로 태어난 사람. 계집.
¶ 요즘 세상에도 여자 무시하는 남자가 있나?
② 남자의 아내나 애인을 이르는 말.
¶ 자기 여자라고 함부로 말하면 안 된다.

복합어

- **여자답다**(女子－) 형용사 여성스러운 성질이나 특성을 가진 데가 있다.

'여자', '여인', '여성'

'여자'는 나이가 어리건 많건 상관없이 성적으로 '암[女]'인 사람을 두루 이르는 말이다. '여성'은 여자 가운데 스스로 자신을 자각할 수 있는 사람에 대하여 성별로 구분하여 이르는 말이다. 따라서 일정한 나이(성년)에 이른 여자를 구별하여 부를 때 쓴다. '여인'은 어른인 여자를 가리키는 말이다. 아래와 같이 용법에 차이가 있다.
¶ 여자 아이, 이 여자를 보라, 여자 화장실, 나이 든 여자
¶ 여성 유권자, 여성 정치인, 여성의 사회 참여, 여성 상위 시대
¶ 성숙한 여인, 아름다운 여인, 바느질하는 여인, 해변을 거니는 여인

여지껏

'여태껏'의 비표준어.

여쭈다 동사 [여:-]

규11-0 여쭈고, 여쭈니, 여쭈면, 여쭈어/여쭤, 여쭙니다, 여쭈었다/여쭸다

타동사

① 웃어른에게 아뢰다.
¶ 유학을 가는 일은 아버님께 여쭌 뒤에 결정해라.
② (인사를) 드리다.
¶ 할아버지께 문안 인사 여쭈고 떠나거라.

여쭙다 동사 [여:-]

불11-3 여쭙고, 여쭙는, 여쭈우니, 여쭈우면, 여쭈워, 여쭙습니다

타동사

'여쭈다'보다 더 공손한 말.

'여쭈다'와 '여쭙다'의 활용형

① '여쭙다'와 '여쭈다'는 의미 차이가 없으나, '여쭙다'가 '여쭈다'에 비해서 더 공손한 느낌을 준다. 그런데 활용형이 서로 헷갈릴 수 있다.

¶ 아버님께 여쭈웠더니/여쭈었더니(=여쭸더니) 흔쾌히 허락하셨습니다.

¶ 할아버지께 인사 여쭈워라/여쭈어라(=여쭤라).

위 문장에서 '여쭈웠더니/여쭈워라'는 '여쭙다'의 활용형이고, '여쭈었더니/여쭈어라'는 '여쭈다'의 활용형이므로 다 맞는 형태이다.

② 그런데 '여쭙다'에 어미 '-니, -면, -므로'가 붙으면 '여쭈다'의 활용형을 잘못 쓴 것으로 보기 쉽다.

¶ 아버지께 여쭈우면(=여쭙다+면) 허락해 주실까?

위의 '여쭈우면'은 '여쭈면'의 잘못으로 오해하기 쉽다. 그러나 이는 잘못이 아니다. 즉, '여쭈우면'과 '여쭈면' 모두 바른 표기이다.

③ '여쭈다'와 '여쭙다'에 겸양을 나타내는 선어말 어미 '-오-'가 붙을 때는 어떻게 활용할까? '여쭈다'는 '여쭈오니/여쭈옵니다'처럼 활용한다. 그렇다면 '여쭙다'는 어떻게 활용할까? 마찬가지로 '여쭈오니/여쭈옵니다'로 활용한다. 따라서 이 경우에는 활용 형태가 같다.

여태 부사

(주로 불만을 나타내거나 나무라는 의미로) 지금까지. 아직까지.

¶ 여태 그것밖에 못 했니?

¶ 해가 중천에 떴는데 여태 자고 있니?

복합어

- **여태까지** 부사 '여태'를 강조하는 말. 여태껏. ¶ 어제 집을 나간 뒤 여태까지 들어오지 않는다.
- **여태껏** 부사 올림말 '여태껏' 참고.

여태껏 부사

'여태'를 강조하는 말. ×여지껏

¶ 여태껏 무얼 하다가 이제야 서두르는가?

¶ 아이가 좋아하는 걸 여태껏 몰랐구나.

역할 명사 (役割)

자기가 마땅히 하여야 할 바. 자기의 직책이나 임무. =구실[1]

¶ 사람마다 맡은 역할이 다르다.

> **'역'과 '역할'**
>
> '역(役)'은 배우에게 맡겨진 일, 곧 배역(配役)을 뜻한다. 배우가 아닌 사람이라도 그 사람에게 어떤 구체적인 임무를 주는 경우에 그 임무를 '역'이라고 한다. '주인공 역은 누가 맡게 되었나?', '그에게 상담하는 역을 맡겼다'처럼 쓴다. '역할'은 그 사람이 할 일, 곧 임무나 구실을 나타낼 때에 쓴다.
>
> ¶ 이번 사업을 평가하는 역은 감사부에서 맡기로 했다.
>
> ¶ 그가 이번에 지도자 역할을 잘 해야 할 텐데.

> **'역할'과 '구실'**
>
> '역할'은 일본 한자어에서 온 말로서 우리 한자 뜻풀이로는 이 말을 이해하기 어렵다. 그런데 토박이말 '구실'과 거의 같은 용법으로 '구실' 대신에 쓰고 있다. 그러나 '역할'과 '구실'은 조금 다르다. 예를 들면 '사람 구실을 못 한다'에는 '역할'을 쓰기 어렵고, '맡은 역할을 잘 해주기 바랍니다'라고 할 때에는 '역할' 대신에 '구실'을 쓰면 어색하다. 따라서 '역할'의 의미 영역을 넓혀서 '구실'을 대체하는 데까지 쓰는 것은 바람직하지 않다.

연 명사 (年)

한 해를 나타내는 말.

¶ 이자율은 연 3%이고, 신용에 따른 가산 금리가 연 2% 붙습니다.

¶ 연 평균 기온이 10도를 넘는다.

¶ 그의 연 수입이 내 10년 치를 합한 것과 맞먹는다.

복합어

- **연간**(年間) 명사 ① 한 해 동안. ② 임금의 재위 기간. ¶ 조선의 문물제도는 세종 연간에 대부분 완성되었다.
- **연도**(年度) 명사 한 해를 한 단위로 하여 한 해를 가리키는 말.

'연'과 '년'

한자 '年'을 한글로 적으면 '연' 또는 '년'이 된다. '연'은 두음 법칙을 적용한 표기이고, '년'은 원음대로 쓴 표기이다. 한 해를 나타내는 명사로 쓸 때에는 두음 법칙을 적용하여 '연'으로 적고, 햇수를 세는 단위(의존 명사)로 쓸 때에는 본음대로 '년'으로 적는다.

¶ 한국의 강수량은 연 평균 3,000밀리미터이다. (명사로 쓴 경우)

¶ 그와 만난 지 벌써 10년이 되었다. (단위를 나타내는 의존 명사로 쓴 경우)

¶ 삼 년 전에 이 자리에서 큰 사고가 일어났다. (의존 명사로 쓴 경우)

¶ 오늘은 2015년 10월 9일 한글날이다. (의존 명사로 쓴 경우)

'연간'과 '년간'

한자 '年間'을 한글로 적으면 '연간' 또는 '년간'이 된다. 명사로 쓸 때에는 두음 법칙을 적용하여 '연간'으로 쓰고, 햇수를 나타내는 단위로 쓸 때에는 본음대로 '년간'으로 적는다.

¶ 우리 회사의 연간 수출량은 10억 달러쯤 된다.

¶ 최근 십 년간 우리 회사는 비약적인 발전을 이룩했다.

'연도'와 '년도'

한자 '年度'를 한글로 적으면 '연도' 또는 '년도'가 된다. 명사로 쓸 때에는 두음 법칙을 적용하여 '연도'로 쓰고, 햇수를 나타내는 단위로 쓸 때에는 본음대로 '년도'로 적는다.

¶ 최근 10년간 물가 상승률을 연도에 따라 분석해서 보고하시오.

¶ 세계 금융 위기가 터졌던 연도에 그는 큰돈을 벌었다.

¶ 수출 실적을 해당 연도에 따라서 보고하라.

¶ 우리 회사의 회계 연도는 3월 1일에 시작한다.

¶ 한일 월드컵은 2002년도에 한국과 일본에서 동시에 진행되었다.

¶ 2014년도의 사회 지표를 발표하겠습니다.

열사 명사 (烈士)

나라와 겨레를 위하여 절개를 굽히지 않고 충성을 다하여 싸우다 죽은 사람.

'열사', '의사', '지사'의 구별

나라와 겨레 또는 사회 발전을 위하여 높은 뜻을 품고 이를 위하여 애쓰는 사람을 '지사(志士)'라고 한다. '지사'는 책을 쓰거나 강연을 하는 방식으로 뜻을 펴는 활동을 한다.

이에 비해서 '열사'는 가진 뜻을 펴기 위하여 실제로 어떤 희생을 무릅쓰고 활동하는 사람을 가리킨다. 독립 자금을 모으고 민주화 운동을 위해서 시위를 주도하는 등 실제로 행동하는 사람을 '열사'라고 한다.

'의사(義士)'는 '열사' 가운데에서 가장 의로운 사람을 가리킨다. 여기서 '의롭다'는 나라를 위해서 적극적으로 적을 무찌르거나 암살하는 행동을 하고(꼭 성공을 해야 하는 것은 아니다) 그로 말미암아서 목숨을 잃었다는 뜻이다.

'선열'은 특히 민족의 자유와 나라의 독립을 위해서 '열사'로서의 삶을 살다 죽은 사람을 기리는 말이다. '선열'에는 '의사'와 '열사'가 다 포함된다.

이렇게 보면 '지사'가 '열사'를 낳고 '열사'가 '의사'를 낳는다고 볼 수 있다.

열없다 형용사

규21-1 열없고, 열없는 열없어, 열없네, 열없습니다, 열없었다

① 겸연쩍고 부끄럽다. 조금 멋쩍다.

¶ 사람들 칭찬에 열없어 얼굴만 붉혔다.

② 어설프고 짜임새가 없다.

¶ 내가 묻는 말에 남편은 무슨 생각을 하는지 열없이 대답을 했다.

▶ '열없다'는 뜻으로 '열쩍다'를 쓰기도 하는데, '열없다'만 표준어로 인정한다.

엷다 형용사 [열:따]

규21-1 엷고, 엷지, 엷어, 엷으니, 엷으면, 엷습니다, 엷었다

① (빛깔이) 진하지 않고 연하다.

¶ 주인공은 엷은 화장에 수수한 옷차림으로 나타났다.

② 밀도가 빽빽하지 않다. 성기다.
¶ 안개가 엷게 끼어 있다.
③ (잠, 웃음이) 드러나지 않게 다소곳하다.
¶ 어머니는 엷은 한숨을 내쉬고 조용히 나를 바라보았다.
④ 두께가 적다.

복합어

- **엷붉다**[열:북따] 형용사 엷게 붉다.
- **엷어지다**[열:버-] 자동사 엷게 되다.
- **엷파랗다**[열:파라타] 형용사 엷게 파랗다.
- **엷푸르다**[열:-] 형용사 엷게 푸르다.

'엷다'와 '얇다'

두 낱말은 원래 큰말과 작은말 관계이다. 즉, '엷다'가 '얇다'보다 느낌이 강한 말이어서 큰말이고, '얇다'가 느낌이 상대적으로 약해서 작은말로 본다. 그러나 큰말은 큰말에 맞는 상황에 자주 쓰고 작은말은 작은말에 맞는 상황에 쓰다 보니 말을 쓰는 환경이 분화되고 있다. 그래서 '엷다'를 주로 쓰는 경우와 '얇다'를 주로 쓰는 경우가 달라지고 있다.
¶ 여자가 입가에 엷게(○)/얇게(?) 웃음을 띠었다.
¶ 아침에 안개가 엷게(○)/얇게(?) 끼어 있다.
¶ 여기는 엷게(○)/얇게(?) 칠하고 저기는 짙게 칠해라.
¶ 종이가 너무 얇아서(○)/엷어서(?) 그림을 그리기 어렵다.
¶ 옷감이 얇으면(○)/엷으면(?) 가벼워서 좋다.
위 예문에서 물음표로 표시한 단어를 사용하면 조금 어색해진다. 두 낱말이 큰말과 작은말 관계에서 의미가 분화하고 있음을 볼 수 있다.

-였-[1] 어미

선어말 어미

('-하다'나 '-하다'가 붙은 용언의 어간 뒤에 붙어) 어떤 행동이 이미 일어났음을 나타내는 말.
¶ 일을 열심히 하였다/했다.
¶ 친구와 함께 공부하였다/공부했다.

-였[2]-

접미사 '-이'와 선어말 어미 '-었-'이 합쳐 된 말.

¶ 선생님께 그림을 보이었다/보였다.

였다[1]

동사 '이다[1]'의 과거형 '이었다'가 줄어든 말.

¶ 할머니는 보퉁이를 머리에 였다.

였다[2]

동사 '이다[2]'의 과거형 '이었다'가 줄어든 말.

¶ 볏짚으로 이엉을 엮어 지붕을 였던 때가 엊그제 같은데 지금은 초가를 보기 어렵다.

였다[3]

서술격 조사 '이다[3]'의 과거형 '이었다'가 받침이 없는 체언 뒤에서 줄어든 말.

¶ 그는 고등학교 국어 교사였다.

¶ 그렇게 주장한 사람은 바로 나였다.

옅다 형용사

규21-1 옅고, 옅네, 옅은, 옅어, 옅습니다, 옅었다

① (수면이) 겉에서 속까지, 또는 거죽에서 바닥까지의 길이가 꽤 짧다.

¶ 우리는 물이 옅은 곳에서 조개를 잡았다.

② 빛이나 맛의 농도가 묽다.

¶ 커피를 옅게 타서 자주 마신다.

¶ 입술에 엷은 분홍빛 립스틱을 발랐다.
¶ 비행기에서 보니 엷은 구름 사이로 파란 바다가 보인다.
③ 지식, 교양, 경험, 연구 따위가 부족하다.
¶ 토론자 가운데에는 지식이 엷은 사람도 있었던 듯하다.
¶ 꾀를 그렇게 엷게 써서 누구를 속일 수 있겠니?
⑤ (잠이) 깊지 아니하다.
¶ 잠이 엷게 든 때라 바스락거리는 소리에도 눈이 떠졌다.

복합어

• **엷디엷다** 형용사 매우 엷다.

'엷다'와 '얇다'

두 말은 큰말과 작은말 관계이다. '엷다'가 '얇다'에 비해서 어감이 강해서 큰말이 되고, '얇다'가 작은말이 된다. 그러나 요즘은 이 두 낱말이 느낌의 강약으로 구별해서 쓰기보다 쓰임새가 분화하는 추세를 보이고 있다. '얇다'는 '깊다'의 상대어로 깊이에, '엷다'는 '짙다'의 상대어로 농도에 쓴다.
¶ 나는 커피를 엷게(○)/얇게(?) 타서 마시는 편이다.
¶ 화장을 엷게(○)/얇게(?) 하니 훨씬 예뻐 보인다.
¶ 이쪽이 비교적 얇아서(○)/엷어서(?) 건너기 좋다.
¶ 지식이 얇으니(○)/엷으니(?) 내 말을 이해하기 어렵겠지.
¶ 그런 얇은꾀(○)/엷은꾀(?)로는 그들을 속일 수 없지.
위 예문에서 물음표로 표시한 표현을 쓰면 어색해진다. 이는 '엷다'와 '얇다'가 의미 분화를 시작했음을 의미한다.

'엷다'와 '옅다'

① '짙다'의 반대 개념으로 '엷다'와 '옅다'를 쓴다. 이 경우 '엷다'와 '옅다'에 미세한 말맛 차이가 있지만 주관적인 느낌의 차이로 볼 수 있을 정도이다.
¶ 화장을 너무 짙게 하면 갑갑해 보인다. 그래서 화장을 엷게/옅게 했다.
¶ 짙은 빨강은 사람을 흥분시킨다. 그래서 좀 엷은/옅은 빨강으로 바꿨다.
¶ 안개가 짙어서 앞을 분간할 수 없다. 안개가 조금 엷어질/옅어질 때까지 기다리자.
② 정도가 심하지 않음을 나타내는 경우에는 그것이 무엇이냐에 따라서 '엷다'와 '옅다' 중에서 어울리는 말이 각각 다르다.
¶ 주인공이 옅은(○)/엷은(?) 미소를 띠며 나타났다.
¶ 길에는 엷은(○)/옅은(?) 안개가 끼어 있다.

예요

서술격 조사 '이예요'가 받침 없는 체언 뒤에서 줄어든 형태.

¶ 그는 참 좋은 친구예요.

¶ 서울은 참 살기 좋은 도시예요.

▶ '예요'와 '여요'에 관한 설명은 올림말 '여요' 참고.

-오[1]- 어미

선어말 어미

(받침 없는 용언의 어간, 'ㄹ' 받침인 용언의 어간 또는 어미 '-으시-' 뒤에 붙어) 서술이나 의문에 예스럽게 공손함을 더하여 주는 말.

¶ 아이를 지금 보내오니 잘 보살펴 주시기 바랍니다.

¶ 저는 지금 서울에서 사오니 서울에 오시면 꼭 연락해 주시기 바랍니다.

¶ 지금 가시오면 언제 다시 뵈올 수 있을까요?

'-오-'의 변형

공손함을 더하는 선어말 어미 '-오-'는 어미의 형태에 따라서 달라진다. 어미 '-ㄹ'이 붙어 있는 경우에는 '-올-'이 되고, '-ㅂ니다'가 붙으면 '-옵니다'가 된다.

¶ 지금 떠납니다/떠나옵니다.

¶ 내일 선생님을 뵐/뵈올 수 있을지 걱정을 하던 중이었습니다.

¶ 선생님을 뵌/뵈온 지 벌써 한 해가 되었습니다.

-오[2] 어미

종결 어미

('이다', '아니다'의 어간, 받침 없는 용언의 어간, 'ㄹ' 받침인 용언의 어간 또는 어미 '-시-/-으시-' 뒤에 붙어) 설명, 의문, 명령의 뜻으로 문장을 맺는 말.

¶ 나는 이 나라를 한없이 사랑하오.
¶ 부디 건강하게 잘 사시오.
¶ 키가 얼마나 되오?
¶ 여기가 옛날에 마을 잔치를 벌이던 곳이 아니오?

어미 '-오'와 조사 '요'

① '-오'는 '-ㅂ니다'나 '-ㅂ니까'보다 낮추는 표현에 쓰는 종결 어미이다.
¶ 나는 한국을 사랑합니다/사랑하오.
¶ 당신은 한국을 좋아합니까/좋아하오?
¶ 여기는 당신 집이 아닙니다/아니오.
¶ 여기가 도서관 아닙니까/아니오?
② 조사 '요'는 종결 어미 '-어'나 '-아' 뒤에 높임을 나타내기 위하여 붙는 보조사이다.
¶ 강아지가 밥을 먹어요.(먹어+요)
¶ 내 손을 잡아요.(잡아+요)
¶ 저리 가요!(가+요)
¶ 이쪽으로 서요!(서+요)
¶ 아이가 맨바닥에서 자요.(자+요)

'-오'의 높임 표현

'-오'의 높임말로 '-시오'를 쓴다. 자칫 '-시요'를 쓰지 않도록 조심해야 한다.
¶ 어서 오시요(×). → 오시오
¶ 여기 앉으시요(×). → 앉으시오

× 오곡백화 (五穀百花)

'오곡백과(五穀百果)'의 틀린 말.

'오곡백화'와 '오곡백과'

어릴 때에 많이 불렀던 미국의 민요 '내 고향으로 날 보내 주'의 한국어 가사에 아래와 같은 내용이 있다.
"내 고향으로 날 보내 주. 오곡백화가 만발하게 피었고, 종달새 높이 떠 지저귀는 곳, 이

늙은 흑인의 고향이로다."

이 가사에는 치명적인 잘못이 두 가지 있다. 하나는, 원어 가사는 흑인의 고향을 '목화, 옥수수, 토마토가 자라는 곳'으로 묘사했는데 번역문에는 '오곡백화가 만발하게 핀 곳'으로 되어 있다. 그러나 오곡백화는 만발할 수 있는 것이 아니다. '백화'는 만발할 수 있지만 '오곡'은 그렇지 못하다. 특히 원어 가사에는 꽃 이야기가 전혀 나오지 않는다. 흑인의 마음에 꽃보다는 농사지으며 살던 생각이 떠올랐을 터이니 농장의 목화와 옥수수 그리고 토마토를 떠올리는 것이 마땅한 일이다. 그렇다면 농사와 관련해서 '오곡백과'라는 말을 쓰는 것이 옳다고 본다. '오곡백과'는 가을을 풍성하게 만드는 여러 곡식과 과일을 통틀어 일컫는 말이다.

또 하나 문제가 되는 표현은 '만발하게 피었다'라는 표현이다. '만발하게'는 동사에 어미 '-게'를 붙인 형태이다. '만발하다'가 형용사라면 '만발하게'가 '피었다'를 자연스럽게 꾸밀 수 있지만 동사이기 때문에 '피었다'를 수식할 수도 없고, '피었다'와 연결할 수도 없다. 운율을 맞추기 위해서 음절을 늘리다 보니 그렇게 되었는지 모르지만 어법에 어긋나는 표현이다. '백화'를 그대로 쓴다면 '만발하였다'라고 해야 한다. 그런데 '백화'가 '백과'의 잘못이니 '오곡백과가 풍성하게 자라고' 정도로 표현할 수 있을 것 같다.

오뉴월 명사 (五六月)[오:-]

'오월과 유월'을 아울러 이르는 말.

관용 표현

- **오뉴월 두룽다리** 제철을 놓쳐 쓸데없이 된 물건을 빗대어 이르는 말.
- **오뉴월 똥파리** 몹시 귀찮게 구는 사람을 가리키는 말.
- **오뉴월 송장** 대접하기 귀찮은 윗사람을 욕으로 이르는 말.
- **오뉴월 염천**(-炎天) 오뉴월의 더위가 한창 심한 때.

속담

- **오뉴월 감기는 개도 아니 앓는다** 여름에 감기 앓는 사람을 못났다고 놀릴 때 쓰는 말.
- **오뉴월 개 팔자** 하는 일 없이 놀고먹는 편안한 팔자를 이르는 말.
- **오뉴월 겻불도 쬐다 나면 서운하다** 당장에 필요하지 않는 것도 없어지거나 잃어버리면 아쉬워진다는 말.
- **오뉴월 닭이 오죽하여 지붕에 올라가랴** 오뉴월에 곡식이 없어 배고픈 닭이 혹시나 하여 초가지붕에 낟알을 주우려고 올라간다는 말로, 아쉬운 때에 행여나 하고 여기저기서 무엇을 찾거나 구함을 빗대어

이르는 말.

- **오뉴월 더부살이 환자(還子) 걱정한다** 제가 상관할 일이 아닌 일에 상관함을 아니꼽게 여겨 하는 말.
- **오뉴월 하루볕도 무섭다** 오뉴월은 만물이 부쩍부쩍 빨리 자란다는 말.
- **오뉴월 소나기는 쇠등을 두고 다툰다** 여름 소나기는 부분적으로 내리니, 여기 안 온다고 저기도 오지 않는다고 생각하지 말라는 말.
- **오뉴월 쇠불알 늘어지듯** 축 늘어져 행동이 활발하지 못함. 또는 그런 사물이나 사람.
- **오뉴월 쇠불알 떨어지기를 기다리지** 가망 없는 일을 헛되이 바라는 것을 경계하는 말.
- **오뉴월 품앗이도 진작 갚으랬다** 갚을 것은 서둘러서 갚으라는 말.

오다 동사

규10-0 오고, 오니, 오면, 와, 온, 올, 온다, 옵니다, 오오, 오너라, 왔다

자동사

① (사물이) 말하는 사람 쪽으로 움직이다.

¶ 비가 올 것 같다.

¶ 언니가 내일 온다고 하더라.

¶ 어서 나에게 오너라.

② (시간이나 상황이) 현재 시점으로 닥치다.

¶ 봄이 오면 나뭇가지에 싹이 틀 것이다.

¶ 나에게도 꼭 한 번 기회가 오리라.

③ (소식이) 이르다. 전하여지다.

¶ 너에게 전화가 왔다.

¶ 군대에 간 아들에게서 안부 편지가 와 있었다.

④ (모임에) 참석하다.

¶ 회의에 오신 여러분을 환영합니다.

⑤ ('-어/-아 오다'의 형태로 쓰이어) 행위를 하다.

¶ 그가 나에게 물어 오지 않았다면 그 일을 나는 전혀 몰랐을 것이다.

타동사

(목적어가 의미하는 바를 하러) 말하는 이가 있는 곳으로 움직이다.

¶ 친구가 우리 마을로 이사를 오겠다고 했다.

¶ 한 아이가 우리 학교로 전학을 왔다.
¶ 우리는 연수를 왔지 쉬러 온 게 아니다.

보조 동사

('-어/-아 오다'의 형태로 쓰이어) 말하는 이가 정하는 기준점으로 가까워지면서 계속 진행됨을 나타내는 말.

¶ 동이 터 온다.
¶ 이제까지 살아 온 세월이 얼마이냐?
¶ 우리는 이제까지 많은 어려움을 잘 견디어 왔다.

'오다'의 명령형 '와라'와 '오너라'

동사의 명령형 종결 어미로 '-어라/-아라'를 쓴다. '먹다-먹어라', '받다-받아라'의 활용형이 그 예이다. '오다'도 '-아라'를 붙여서 '와라(=오+아라)'를 쓴다. 다만, 특별히 '오다'에 '-너라'를 붙여 명령형을 만들 수 있다. '와라'와 '오너라'의 기능은 같지만 말맛이 조금 다르다. '와라'에 비해서 '오너라'가 예스러운 느낌을 준다. '오너라'는 보통 어른이 어린아이에게 쓴다. '가다'의 명령형으로 '가라' 대신에 특별히 '가거라'를 쓰는 것과 비교할 만하다.

ㅇ

오돌오돌 부사

① 작고 여린뼈나 날밤처럼 깨물기에 조금 단단한 상태.
¶ 날밤은 오돌오돌 씹는 맛이 좋다.
¶ 다시마나 톳 무침은 오돌오돌 씹히는 맛이 좋다.
② 작은 것이 잘 삶아지지 아니한 모양.
¶ 콩이 오돌오돌 덜 삶아졌다.
③ 오동통하고 보드라운 모양.
¶ 오돌오돌 살진 아기.

복합어

- **오돌오돌하다** 형용사 ① 깨물기에 조금 단단하다. ② 잘 삶아지지 아니한 상태이다. ③ 오동통하고 보드랍다.

오돌토돌 부사

거죽이나 바닥이 고르지 아니하게 군데군데 도드라져 있는 모양. =오톨도톨
¶ 날씨가 추우니 오돌토돌 소름이 돋는다.

복합어

- **오돌토돌하다** 형용사 거죽이나 바닥이 고르지 아니하게 군데군데 도드라져 있다.

오들오들 부사

춥거나 무서워서 몸을 잇따라 심하게 떠는 모양.

'오돌오돌'과 '오들오들'
형태가 비슷해서 용법을 헷갈리기 쉬우므로 조심해야 한다. 추워서 몸을 떠는 것을 묘사할 때에는 '오들오들 떤다'라고 해야지 '오돌오돌 떤다'라고 하면 안 된다.

× 오똑

'오뚝'의 비표준어.

× 오똑하다

'오뚝하다'의 비표준어.

× 오뚜기

'오뚝이'의 비표준어.

오뚝 부사

① 도드라지게 솟아 있는 모양. 오뚝이.
¶ 콧날이 오뚝 서고 눈은 작지만 빛이 났다.
② 갑자기 발딱 일어서는 모양. 오뚝이.
¶ 엄마를 보자 아이가 오뚝 일어서서 걸어온다.
③ 움직이다가 딱 멎는 모양.
¶ 무심코 걸어가는데 앞에 무언가 있는 것 같아서 오뚝 섰다.

복합어

- **오뚝오뚝** 부사 ① 군데군데 아주 도드라지게 솟아 있는 모양. ② 여럿이 다 또는 잇따라 발딱발딱 일어서는 모양.
- **오뚝하다** 형용사 올림말 '오뚝하다' 참고.

'오똑', '오뚝', '우뚝'

'오뚝'과 '우뚝'만 표준어로 인정하고, '오똑'은 '오뚝'의 비표준어로 본다. '오뚝'은 '우뚝'의 작은말이다. 작은 것이 도드라지게 솟은 모양을 묘사할 때에 '오뚝'을 쓰고, 그보다 큰 것이 두드러지게 솟은 모양을 묘사할 때에 '우뚝'을 쓴다.
¶ 코가 오뚝 서 있다.
¶ 건물이 우뚝 서 있다.

오뚝이[1] 명사

아무렇게나 굴려도 오뚝오뚝 일어서는 장난감.

오뚝이[2] 부사

=오뚝

오뚝하다 형용사

불20-9 오뚝하고, 오뚝하여/오뚝해, 오뚝한, 오뚝합니다, 오뚝하였다/오뚝했다

작은 물건이 도드라지게 높이 솟아 있는 상태이다.
¶ 서양 사람은 대체로 코가 오뚝하고 크다.

오래간만 명사 ㊢ 오랜만

어떤 일이 있은 때부터 긴 시간이 지난 뒤.
¶ 초등학교 동창 중 한 친구를 오래간만에 우연히 만났다.
¶ 참 오래간만에 고향에 가는 것 같다.

오랜만 명사

'오래간만'의 준말
¶ 정말 오랜만에 이런 이야기를 들어본다.
¶ 너 참 오랜만이다.

× 오륙월

'오뉴월(五六月)'의 틀린 말.

× 오무리다

'오므리다'의 틀린 말.
¶ 다리를 오무려서(×)/오므려서(○) 무릎을 가슴까지 올렸다.

오므리다 동사

규11-0 오므리고, 오므리어/오므려, 오므린다, 오므립니다, 오므리었다/오므렸다

타동사

(펴거나 벌린 것을) 안으로 모으거나 말다. ×오무리다

¶ 자루의 아가리를 바싹 오므리고 단단히 동여맸다.

¶ 아이가 고사리 같은 손을 오므렸다 폈다 하며 재롱을 떤다.

복합어

- **오므라들다** 자동사 점점 오므라져 들어가다. ¶ 나팔꽃은 저녁이 되면 오므라든다.
- **오므라뜨리다** 타동사 오므라지게 하다. '오므리다'의 힘줌말.
- **오므라지다** 자동사 (펴지거나 벌려진 것이) 한곳으로 모이어 오목하게 되거나 줄어들다.
- **오므라트리다** 타동사 =오므라뜨리다

'오므리다'와 '오무리다'

'오무리다'는 '오므리다'의 틀린 말이다. '오물오물', '오물거리다'처럼 '오물'을 형태소로 쓰는 낱말이 있지만 '오므리다'와는 관련이 없다. '오므리다'의 큰말은 '우므리다'이다.

× 오육월

'오뉴월(五六月)'의 틀린 말.

오톨도톨 부사

물건의 거죽이나 바닥이 여기저기 잘게 부풀어 올라 고르지 못한 모양. 오돌토돌.

¶ 조금 가려워서 긁었더니 살갗에 좁쌀 같은 것이 오톨도톨 돋았다.

복합어

- **오톨도톨하다** 형용사 물건의 거죽이나 바닥이 여기저기 잘게 부풀어 올라 고르지 못한 데가 있다.

'오톨도톨'과 '오돌토돌'

두 낱말 모두 표준어이다. 같은 뜻으로 '도톨도톨'도 쓴다. '우툴두툴', '우둘투둘', '두툴두툴'은 모두 이들의 큰말이다.

와[1] 조사

부사격 조사

① 다른 것과 비교하거나 기준으로 삼는 대상임을 나타내는 말.

¶ 우리는 너희와 다르다.

¶ 기차가 번개와 같이 빠른 속도로 달렸다.

② 함께함을 나타내는 말.

¶ 나는 오랜만에 아내와 영화를 보았다.

¶ 언니와 함께 차를 마시면서 이야기를 나눴다.

③ 상대하는 대상임을 나타내는 말.

¶ 나와 싸울 사람 나서라.

¶ 지금 너와 헤어지면 다시 만날 수 없을 것 같아.

접속 조사

둘 이상의 사물을 같은 자격으로 이어 주는 말.

¶ 우리 집에는 개와 고양이가 함께 산다.

¶ 우리는 자유와 평등 그리고 정의를 위해 싸워 왔다.

'와'의 용법

두 낱말 사이에서 앞뒤 낱말을 연결하는 구실을 하는데, 연속해서 세 낱말 이상을 연결할 때에는 쉼표로 이 말을 대체할 수 있다.

사과와 배와 복숭아를 먹었다.
사과, 배, 복숭아를 먹었다.

놀이터에는 영희와 철수와 서우와 수지가 있었다.
놀이터에는 영희와 철수, 서우, 수지가 있었다.

'와', '과'

둘 다 같은 기능을 하는 조사인데, 앞의 낱말이 모음으로 끝나면(받침이 없으면) '와'가 붙고, 자음으로 끝나면(받침이 있으면) '과'가 붙는다.

¶ 너와 나, 집과 나무

¶ 소리와 모양, 전쟁과 평화

¶ 국가와 사회, 한국과 일본

와2

동사 '오다'의 연결형. '오다'에 연결 어미 '-아'가 붙어서 줄어든 형태.

¶ 이리 와 보아라.

와서

동사 '오다'의 연결형. '오다'에 연결 어미 '-아서'가 붙어서 줄어든 형태.

¶ 이리 와서 나를 좀 도와라.

와중 명사 (渦中)

(주로 '와중에'의 형태로 쓰이어) 복잡한 일이 벌어진 가운데. 어수선한 가운데.

'와중'을 잘못 사용한 예

'와중'은 사고가 나거나 예상 밖의 일이 생겨 상황이 복잡하고 어수선한 가운데를 뜻하는 말이다. 따라서 상황이 어수선하지 않은 경우에는 '와중'이 어울리지 않는다.

¶ 전란의 **와중**(○)에도 이승만은 개헌을 추진하여 권력을 장악하였다.

¶ 태풍 피해 복구로 애쓰는 **와중**(○)에 장성들은 골프를 즐겼다고 한다.

¶ 비가 오는 **와중**(×)에도 참석해 주신 여러분께 감사 인사를 드립니다. →중

왔다

왔고, 왔지, 왔어, 왔네, 왔습니다

동사 '오다'의 과거형. '오다'에 과거 시제를 나타내는 선어말 어미 '-았-'이 붙어 줄어든 형태.
¶ 밖에 누가 왔니?
¶ 벌써 가을이 왔구나!
¶ 네 친구한테서 전화가 왔다.
▶ '왔다'는 '오다'에 과거 선어말 어미 '-았-'이 붙은 형태인 '오았다'가 줄어든 말인데 본딧말인 '오았다' 형태는 거의 쓰지 않는다.

왠지 부사

왜 그런지 모르게. 또는 뚜렷한 이유도 없이. ×웬지
¶ 오늘은 왠지 잠이 오지 않는다.
¶ 그를 보니 왠지 가슴이 울렁거린다.
¶ 그 이야기를 듣자 왠지 불길한 예감이 들었다.

▶ **'왠지'와 '웬지'**
'왠지'는 '왜인지'가 줄어든 말로 본다. 그래서 '웬지'로 쓰지 않는다. 그런데 '왠지'를 쓰다 보니 관형사 '웬'까지 '왠'으로 쓰는 경향이 나타나고 있다. 한국어에서 '왠'으로 쓰는 경우는 오직 '왠지'뿐이다. 그 외에는 '웬'을 쓴다. '웬일, 웬걸, 웬 말씀, 웬 선물' 따위 모든 경우에 '웬'을 쓴다.

왰다 [왠:-]

왰고, 왰지, 왰으니, 왰으며, 왰네, 왰다

'외다'의 과거형. '외었다'가 줄어든 형태.
¶ 나는 우리 반 아이 이름을 다 왰어요.

외다 동사
[외:-]

규11-0 외고, 외니, 외어/왜, 외어라/왜라 외는, 욉니다, 외었다/왰다

타동사

① 잊지 않고 기억하다. 외우다.

¶ 선생님은 학급 학생의 이름을 전부 외고 계셨다.

② (말이나 글을) 잊지 않고 그대로 말하다. 외우다.

¶ 우리나라 헌법 전문을 모두 욀 수 있는 사람 있어요?

▶ '외다'와 '외우다'는 의미가 같은 말이다. 두 낱말의 활용형 비교는 올림말 '외우다' 참고.

외딸다 형용사

불20-2 외딸아, 외딸고, 외딴, 외따니, 외따오, 외땁니다, 외딸았다

다른 곳과 동떨어져 홀로 있다.

¶ 외딸고 구석진 곳에서 살다 보니 사람을 보면 반갑구나.

¶ 울릉도 동쪽에 있는 외딴 섬의 이름이 독도이다.

외래어 명사
(外來語)[외:-]

다른 언어에서 빌려 마치 국어처럼 쓰는 낱말.

'외래어'와 '외국어'

국어 속에 있는 낱말 가운데에서 다른 언어에서 들어온 말을 '외래어'라고 한다. 국어에는 몽골이나 여진 또는 중국과 일본에서 들어온 말이 있다. 아주 오래 전에 들어온 말은 토박이말로 인식할 정도로 국어화한 것들이 많이 있는데 이들 말을 구태여 어원을 따진다면 외래어에 속하는 것이다.

'외국어'는 많이 쓰는 말이라도 아직 국어에 동화하지 못한 말을 가리킨다. 그런데 외국어에서 온 말이 국어에 동화하였는지 아직 그런 상태까지 이르지 못했는지 판단하는 기준이 모호하다. 예컨대 텔레비전이나 컴퓨터 같은 외국어는 이미 국어 어휘에 속한다고 보아야 하므로 외래어라고 할 수 있

ㅇ

다. 그러나 프로젝트, 컨벤션 같은 말은 일부에서 자주 쓰고는 있지만 외래어라고 하기는 아직 이르다. 이런 말은 외국어에 속한다.

외래어와 외국어를 구별하는 실익은 그리 분명하지 않다. 외국어를 필요에 따라서 사용하는 중에 외래어로 지위가 바뀌는 것이므로 얼마나 널리 그리고 자연스럽게 사용하느냐의 차이가 있을 뿐 굳이 외래어와 외국어를 구별할 필요는 없다.

외래어는 국어사전에 오르지만 외국어는 국어사전에 오를 수 없다는 차이가 있다. 이 경우에도 국어사전에 오를 수 있는 외래어와 오를 수 없는 외국어의 경계가 분명하지 않다는 문제가 남는다. 이런 점을 생각한다면 국어에서 사용하는 외국어를 정리하여 일정한 심사를 거친 뒤에 외래어 지위를 주고 국어사전에 올리는 절차가 필요해 보인다. 표준어를 사정하는 것처럼 외국어를 사정하여 외래어로 지위를 바꿔 주는 절차가 있어야 한다는 말이다. 이 절차를 사전 편찬자를 포함한 민간 기구에 맡길 수도 있고, 국어심의회의 심사에 맡길 수도 있다.

외래어를 심의하려면 일상에서 자주 쓰는 외국어를 정리한 외국어 사전을 먼저 만들어야 할 것이다. 외국어 사전에 올릴 외국어 표기는 현행 '외래어 표기법'에 따르면 된다. 외래어 표기법에 예시된 많은 낱말들을 외래어로 보기보다는 외국어로 보아야 하는 것들이 대부분이므로 자연스럽게 외국어 표기법으로 받아들여도 문제가 없을 듯하다. 현행 외국어 표기법에 따라서 외국어 표기와 낱말 풀이를 한 외국어 사전이 편찬되기를 기대한다. 그렇게 되면 외래어와 외국어를 구별하는 경계가 눈에 보이게 될 것이다.

외우다 동사

규11-0 외우고, 외우지, 외우니, 외우며, 외워, 외운, 외웁니다, 외웠다

타동사

① (글이나 말을) 잊지 않고 기억하다.

¶ 우리 시 열 편을 외웁시다.

¶ 영어 공부는 글을 통째로 외우는 방법으로 하면 효과가 있다고 한다.

② 기억한 것을 틀리지 않게 그대로 말하다.

¶ 헌법 전문을 외울 수 있는 사람은 손을 드세요.

'외다'와 '외우다'의 활용형

두 낱말은 뜻이나 용법이 같다. 따라서 서로 대체하여 쓸 수 있다. 다만 활용형이 다르다는 점을 알아야 한다.

	외다	외우다
-ㄴ, -ㄹ, -ㅂ니다	왼, 욀, 욉니다	외운, 외울, 외웁니다
-어, -어서, -어라	외어/왜, 외어서/왜서, 외어라/왜라	외워, 외워서, 외워라
-었다, -었소	외었다/왰다, 외었소/왰소	외웠다, 외웠소

외치다 동사

규11-0 외치고, 외치니, 외치어/외쳐, 외친, 외칩니다, 외치었다/외쳤다

자동사

① 남의 관심을 끌거나 다른 사람에게 어떤 뜻을 알리기 위하여 큰 소리로 말하다.

¶ "도둑이야!" 하고 **외치는** 소리를 듣고 밖으로 뛰어나가 보았다.

¶ 시위대가 독재자는 물러나라고 **외치면서** 행진하고 있다.

② 강하게 주장하다.

¶ 선생이 평소 **외친** 것은 의롭게 사는 것만이 옳은 길이라는 것이다.

타동사

의견이나 요구 따위를 강하게 주장하다.

¶ 학생들이 독재 타도 구호를 **외치면서** 행진하였다.

¶ 대한 독립을 **외치다가** 일제에 학살된 사람이 얼마나 많았는가?

요[1] 관형사

① 말하는 이에 가까이 있거나, 말하는 이가 생각하고 있는 대상을 조금 낮잡아 가리키거나, 귀엽게 가리킬 때 쓰는 말.

¶ **요** 근방에 약국이 있는 것 같은데…….

¶ **요** 녀석이 이제는 제법 말을 잘하는구나.

② 바로 앞에서 이야기한 대상을 낮잡아 이르거나 귀엽게 이르는 말.

¶ 내일 일찍 오라는 **요** 말을 네게 전하라고 하셨어.

복합어

• **요것** 대명사 ① '이것'을 낮잡아 이르거나 귀엽게 이르는 말. ② '요 사람'을 낮잡아 이르는 삼인칭 대명사. ③ '요 아이'를 귀엽게 이르는 삼인칭 대명사.

관용 표현

• **요 모양 요 꼴** 좋지 않은 처지나 형편. ¶ 우리는 왜 만날 요 모양 요 꼴로 살아야 합니까?

요[2]

서술격 조사 '이다'의 활용형 '이오'가 받침 없는 체언 뒤에서 줄어든 말. 예요.

¶ 여기가 민주 항쟁의 성지인 광주요/광주여요/광주예요.

¶ 여기가 어디요/어디여요/어디예요?

¶ 어디가 경찰서요/경찰서여요/경찰서예요?

요[3] 조사

보조사

① 종결 어미 뒤에 붙어 존대의 뜻을 나타내는 말.

¶ 그 애는 벌써 갔는걸요.

¶ 비가 조금씩 오는군요.

¶ 거기에 서요.

② (체언이나 부사어, 연결 어미 따위의 뒤에 붙어) 듣는 사람에게 존대의 뜻을 나타내는 말.

¶ 그렇게 해 주시기만 하면요 더 바랄 것이 없겠습니다.

¶ 엄마, 저는요?

¶ 이리 주세요, 빨리요!

¶ 지금 갑니다요.

▶ 조사 '요'와 어미 '-오'의 차이는 올림말 '-오[2]' 참고.

▶ 존대를 나타내는 보조사 '요'가 '이다', '아니다'와 붙은 형태는 '이에요', '아니에요'이다. (올림말 '이다[3]' 참고.)

-요 어미

연결 어미

('이다', '아니다'의 어간과 받침 없는 체언 뒤에 붙어서) 어떤 사물이나 사실을 나열할 때에 쓰는 말.

¶ 우리는 적이 아니요, 친구랍니다.

¶ 냉장고에 사과요, 배요, 포도 같은 과일을 많이 넣어 두었다.

> **연결 어미 '요'와 '이요', 서술격 조사 '요'와 '이오'**
>
> ① 나열하는 뜻으로 쓰는 연결 어미 '요'는 받침 있는 체언 뒤에서는 '이요'를 쓴다.
>
> ¶ 사과요, 복숭아요, 딸기요, 감이요, 밤이요, 잣까지 모두 샀다.
>
> ② 서술격 조사 '이다'의 활용형 '이오'는 받침이 없는 체언 뒤에서 '요'로 줄여서 쓴다.
>
> ┌ 여기는 대구요.
> └ 여기는 부산이오.
>
> ┌ 이 물고기 이름은 낙지요.
> └ 이 동물 이름은 사슴이오.

용의[1] 명사 (用意)[용: -]

어떤 일을 하려고 마음을 먹음. 또는 그 마음.

¶ 이번 사안에 대해 회사의 제안을 받아들일 용의가 있다.

용의[2] 명사 (容疑)

범죄를 저질렀다고 의심할 만함. 혐의(嫌疑)로 순화.

복합어

- **용의자**(容疑者) 명사 올림말 '용의자' 참고.

▶ '용의'와 '혐의'에 관해서는 올림말 '혐의(嫌疑)' 참고.

용의자 명사 (容疑者)

범죄의 혐의가 뚜렷하지 않아 정식으로 입건되지는 않았으나, 조사 대상이 된 사람. '혐의자(嫌疑者)'로 순화.

> **'용의자'와 '피의자'**
> 경찰이 범죄를 수사할 때에 처음에는 의심이 가는 사람을 중심으로 수사를 한다. 경찰이 의심하는 사람, 미심쩍게 생각하는 사람을 '용의자'라고 한다. '용의자'는 아직 범죄 사실을 구체적으로 의심할 정도에 이르지 않은 사람이다. 경찰이 어느 정도 수사를 하여 그 사람 행적에 여러 이상한 점이 나타나면 정식으로 그 사람을 입건하게 된다. 이때부터 이 사람은 '용의자'에서 '피의자'로 바뀐다.
> 그런데 '용의자'는 일본식 낱말이다. '용의자' 대신 '혐의자'로 바꿔 쓰는 것이 바람직하다.

▶ '용의자'와 '혐의자'에 관해서는 올림말 '혐의(嫌疑)' 참고.

용케 [용:-]

형용사 '용하다[1]'의 부사형 '용하게'가 줄어든 형태.

¶ 사고에서 용케 살아났다.

¶ 체육대회를 하는 아이들 속에서 언니는 용케도 동생을 찾아냈다.

용하다[1] 형용사 [용:-]

불20-9 용하고, 용하니, 용하여/용해, 용한, 용합니다, 용하였다/용했다

① (재주가) 뛰어나고 특별하다.

¶ 진도에서 가장 용하다는 무당이 이번에 풍어제를 한다.

¶ 아이 병을 낫게 하려고 용하다는 병원은 다 찾아다녔다.

② 기특하고 장하다.

¶ 한밤중까지 용하게도 졸음을 참으며 공부를 하는구나.

¶ 네가 이 일을 해냈다니 참으로 용하구나.

③ (주로 '용하게도' 또는 '용케도' 형태로 쓰이어) 매우 다행스럽다.
¶ 사고를 당했지만 용하게도 다치지 않았다.

복합어

- **용히**[용:-] 부사 ① (재주가) 뛰어나고 특별하게 ② 기특하고 장하게. ③ 다행스럽게. 용하게.

용하다[2] 형용사 (庸-)

불20-9 용하고, 용하니, 용하여/용해, 용한, 용합니다, 용하였다/용했다

(성질이) 어리석고 온순하다.
¶ 사람이 너무 용해서 제 주장을 하지 못한다.

우거지 명사

① 푸성귀의 맨 겉잎.
② 김장한 김치를 항아리에 담고 그 김치를 덮는 겉잎.

복합어

- **우거지김치** 명사 배추의 우거지로 담근 김치.
- **우거지상**(-相) 명사 잔뜩 찌푸린 얼굴 모습을 속되게 이르는 말.
- **우거짓국** 명사 우거지로 끓인 국.

'우거지'와 '시래기'

'우거지'는 배추의 가장 겉에 있는 잎을 가리키는데, 배추를 다듬을 때에 떼어내기 때문에 김치 재료로는 잘 쓰지 않고 주로 국을 끓일 때에 넣는다. '시래기'는 그늘에 말린 배춧잎이나 무청을 이르는 말이다. 무와 무청을 함께 김치로 담그기도 하지만 대체로 무만 쓰고 무청은 따로 말려서 국을 끓이거나 죽을 쑤거나 나물로 먹는다. 다시 말해서, '시래기'는 무든 배추든 잎을 버리지 않고 말려 놓은 것을 말한다.

우거지다 동사

규11-0 우거지고, 우거지지, 우거지어/우거져, 우거진, 우거집니다, 우거지었다/우거졌다

자동사

(식물의 가지와 잎이) 푸르싱싱하게 많이 자라고 퍼지다. 무성(茂盛)하다. ×욱어지다

¶ 고향 선산에 풀이 너무 우거져서 길을 찾기가 어려웠다.

'우거지다'와 '욱어지다'

'우거지다'는 형용사 '욱다'에 '-어 지다'가 붙어서 만들어진 복합어이다. '욱다'는 나무나 풀이 몹시 배게 난 상태를 가리키는 형용사이지만 지금은 사어가 되어서 독립된 형태소로 다루지 않으므로 '욱어지다'처럼 어원을 밝히지 않고 소리 나는 대로 '우거지다'로 표기한다.

×우겨넣다

'욱여넣다'의 틀린 표기.

우그리다 동사

규11-0 우그리고, 우그리어/우그려, 우그린다, 우그립니다, 우그리었다/우그렸다

타동사

① 물체를 안쪽으로 우묵하게 휘어지게 하다. 욱게 만들다.

¶ 이 파이프를 조금 우그려 다오.

② 물체의 거죽을 우글쭈글하게 주름져 줄어지게 하다.

¶ 빈 깡통을 밟아 우그려서 자루에 넣었다.

복합어

- **우그러뜨리다** 타동사 ① 물체를 안쪽으로 우묵하게 휘어져 들어가게 하다. ② 물체의 거죽을 우글쭈글하게 쭈그러뜨리다. ¶ 아이가 무슨 일로 심통이 났는지 길에 있던 깡통을 밟아 우그러뜨렸다.

- **우그러지다** 자동사 ① 물체가 안쪽으로 우묵하게 휘어지다. ② 물체의 거죽이 우글쭈글하게 주름이 잡히며 줄어들다. ③ 형세나 형편 따위가 전보다 아주 못하여지다.
- **우그러트리다** 타동사 =우그러뜨리다

> **'우그리다'와 '으그리다'**
> 물체의 거죽을 우글쭈글하게 만드는 행위를 가리키는 말로 두 낱말이 다 쓰이는데, '으그리다'가 '우그리다'보다 어감이 크다.

우기다 동사

규11-0 우기고, 우기어/우겨, 우기는, 우깁니다, 우긴다, 우기었다/우겼다

자동사

억지를 부려 제 의견을 고집스럽게 내세우다.

¶ 그는 언제나 자기가 옳다고 우기는 사람이다.

▶ '우기다'와 '욱이다'는 두 낱말이 발음은 같지만 형태만큼이나 뜻도 다르다. '우기다'는 제 뜻을 고집스럽게 내세우는 행위에 쓰는 말이고, '욱이다'는 안쪽으로 조금 우그러뜨림을 뜻한다.

우는 [우:-]

동사 '울다'의 관형사형.

¶ 그 영화를 보고 우는 사람이 많았다.

우는소리 명사 [우:-]

엄살을 부리며 곤란한 사정을 늘어놓는 말.

¶ 너는 왜 엄마만 보면 우는소리를 하지?

¶ 그가 나더러 돈 좀 빌려 달라고 우는소리를 하더라.

ㅇ

우닐다 동사 [우:-]

불11-2 우닐고, 우니는, 우닌, 우닐어, 우닙니다, 우니오, 우니네, 우닐었다

자동사

① 시끄럽게 울다.

¶ 아침부터 까치가 우니는 것을 보니 오늘 손님이 오시려나 보다.

② 울며 다니다. 울며 지내다.

우뚝 부사

① 두드러지게 높이 솟아 있는 모양. 우뚝이.

¶ 집 앞에 산이 우뚝 솟아 있다.

② 남보다 뛰어난 모양. 우뚝이.

¶ 그는 피겨스케이팅에서 세계를 제패하고 정상에 우뚝 섰다.

③ 움직이던 것이 갑자기 멈추는 모양. 우뚝이.

¶ 오르막길을 달리던 차가 갑자기 우뚝 멈추어 섰다.

복합어

- **우뚝우뚝** 부사 ① 군데군데 아주 두드러지게 높이 솟아 있는 모양. ② 여럿이 다 또는 매우 뛰어난 모양. ③ 움직이던 것이 여럿이 다 또는 잇따라 갑자기 멈추는 모양.
- **우뚝하다** 형용사 올림말 '우뚝하다' 참고.

▶ '우뚝'과 '오뚝'의 차이는 올림말 '오뚝' 참고.

우뚝하다 형용사

불20-9 우뚝하고, 우뚝하여/우뚝해, 우뚝한, 우뚝합니다, 우뚝하였다/우뚝했다

① 두드러지게 높이 솟아 있는 상태이다.

¶ 그의 우뚝한 콧날에는 강한 의지가 엿보인다.

② 남보다 뛰어나다.
¶ 그분은 과학계에서 세계적으로 우뚝한 인물이다.

우러나다 동사

규10-0 우러나고, 우러나니, 우러나, 우러난, 우러납니다, 우러났다

자동사

① (물체의 빛, 맛 따위가) 풀려 물에 배어나다.
¶ 녹차의 구수한 맛이 잘 우러난 것 같다.
② 마음속에서 저절로 생기다. 우러나오다.
¶ 그 영화를 보고 군인이 되고 싶은 마음이 우러나서 곧바로 입대하였다.

복합어

- **우러나오다** 자동사 (생각, 감정 따위가) 저절로 생겨 나오다. ¶ 겸손은 사람을 존중히 여기는 마음에서 우러나오는 것이다. / 그런 지혜는 오랜 경험에서 우러나온다.

ㅇ

우러르다 동사

불11-7 우러르고, 우러르지, 우러러, 우러릅니다, 우러렀다

타동사

① 고개를 쳐들어 (무엇을) 보다.
¶ 산꼭대기를 우러르며 한 걸음씩 올라갔다.
¶ 하늘을 우러러 한 점 부끄럼이 없다.
② 마음속으로 공경하다.
¶ 마을 사람들은 모두 그를 우러러 부처님처럼 모신다.

복합어

- **우러러보다** 타동사 ① 진심으로 공경하다. ② 높은 곳을 쳐다보다.
- **우러러보이다** 자동사 높이 공경할 만하게 보이다. ¶ 그 일이 있은 뒤로 그가 부쩍 우러러보인다.

속담

- **우러러 하늘에도 부끄럽지 않고 굽어 땅에도 부끄럽지 않다** 양심에 거리끼는 것이 조금도 없고 아주 떳떳함을 비유하여 이르는 말.

우레[1] 명사

구름과 구름 사이나 구름과 땅 위의 물체 사이에 방전이 일어나 하늘이 흔들리듯 우렁차게 울리는 소리. 천둥. ×우뢰

¶ 하늘에 먹구름이 잔뜩 끼더니 먼 하늘에서 우레가 울려왔다.

¶ 한밤중에 우레가 치는 소리에 잠이 깼다.

복합어

- **우렛소리** 명사 우레가 울리는 소리.

우레[2] 명사 [우:-]

꿩 사냥을 할 때 입에 넣고 부는 물건. 그 소리가 마치 장끼가 까투리를 부르는 소리 같다.

우련하다 형용사

불20-9 우련하고, 우련하여/우련해, 우련한, 우련합니다, 우련하였다/우련했다

① 형태가 조금 나타나 보일 정도로 희미하다.

¶ 창호지를 바른 창문에 비치는 달빛 덕에 우련하게나마 물건을 구별할 수 있었다.

② 빛깔이 엷고 희미하다.

¶ 동이 트는지 하늘이 우련하게 밝아 오고 있다.

복합어

- **우련히** 부사 ① 형태가 조금 나타나 보일 정도로 희미하게. ② 빛깔이 엷고 희미하게.

× 우뢰

'우레[1]'의 틀린 표기.

우리[1] 명사

① 짐승을 가두어 두는 곳.

¶ 우리에 돼지 두 마리가 있을 뿐이다.

② (문이나 창의) 테. 틀.

복합어

- **돼지우리** 명사 돼지를 기르는 우리. ¶ 방청소 좀 해라! 방이 아니라 돼지우리 같다.
- **우릿간**(-間) 명사 우리로 쓰는 칸.

> **'우리'와 '외양간'**
>
> 짐승을 가두어 놓는 곳을 '우리'라고 한다. '우리'는 나뭇개비나 나뭇가지를 엮어서 만드는데, 집처럼 튼튼하게 만들어 그 안에서 밥도 먹이고 잠을 재우기도 한다. 집처럼 튼튼하게 만든 것은 축사(畜舍)라는 이름을 붙이기도 한다. '우리' 가운데에서 특별히 소나 말을 기르기 위하여 집의 문간채에 만들어 놓은 곳을 '외양간'이라고 한다.

우리[2] 대명사

① 말하는 사람이 자기와 자기 동아리를 함께 일컫는 말.

¶ 모든 일은 우리가 직접 결정하고 추진하여야 한다.

¶ 우리 회사에는 직원들이 편히 쉴 수 있는 곳이 여러 군데 있다.

② '나의'의 뜻으로 두루 쓰는 말.

¶ 우리 마누라는 노래를 잘 부른다.

¶ 우리 아버지는 여행가이신데, 세계에서 안 가보신 곳이 없다.

복합어

- **우리글** 명사 '한글'을 한국인끼리 이르는 말.
- **우리나라** 명사 '대한민국'을 한국인끼리 이르는 말.
- **우리네** 대명사 자기와 관계되는 무리. ¶ 우리네 형편이 좋지 않다.
- **우리들** 대명사 자기와 관계되는 모든 사람들.
- **우리말** 명사 한국어를 한국인끼리 이르는 말.

'우리'와 '저희'

① '우리'에는 너와 나를 아우르는 의미와 너를 배제하는 의미가 함께 들어 있다. '우리 회사가 네 회사보다 더 크다'라고 말할 때에는 '우리'에 상대가 포함되지 않는다. 그러나 '우리가 함께 이 어려움을 극복하여 나가자'라고 할 때에는 '우리'가 상대를 포함한다.

② '우리' 속에 상대방이 포함된 경우에는 '우리'를 '저희'로 낮추어 말하면 안 된다. 예를 들어 부서원이 부장에게 "부장님, 이 사업을 저희 부서가 하면 좋겠습니다"라고 하면 안 된다. 이때는 '우리 부서'라고 해야 한다.

③ '우리' 안에 상대방을 높이지 않아도 되는 사람이 포함되어 있으면 '우리'를 '저희'로 낮추어 말할 수 없다. 예를 들면 부서원이 부장과 함께 있는 자리에서 다른 부서의 과장에게 "이 기획안은 저희 부서에서 마련한 것입니다"라고 하면 안 된다. 이때도 '우리 부서'라고 해야 한다.

④ '국가'나 공공기관에는 '저희'를 쓰지 않는다.

¶ 저희(×)/우리(○) 나라는 2000년대 초에 몇몇 분야에서 일본을 앞지르게 되었어요.

¶ 오늘 국무총리께서 저희(×)/우리(○) 시를 찾아오셨다.

시장이 '우리 시'라고 하면 시민을 대접하는 것으로 볼 수 있고, '저희 시'라고 하면 시민을 국무총리 아래로 보는 것으로 볼 수 있다. 시청 공무원은 대통령에게든 국무총리에게든 절대로 '저희 시'라는 말을 해서는 안 된다.

'우리말'과 '우리 말'

한국어를 우리(한국인)끼리 일컬을 때에는 '우리말'이라고 한다. 한국인이 외국인에게 '우리말'이라고 하면 외국인은 어리둥절할 것이다. 그와 한국인이 같은 말을 쓰는 것이 아니기 때문이다. '우리말'은 한국인끼리 한국어를 가리킬 뿐 외국인에게는 쓰일 수 없다. 외국인이 자기 모국어를 가리킬 때에는 '우리 말'이라고 띄어 써야 한다. 외국인이 한국어를 가리킬 때에는 '우리말'이라고 하지 않고 '한국어'라 할 것이다. 한국인에게는 '우리말'과 '한국어'가 동의어이지만 외국인에게는 그렇게 받아들여지기 어렵다.

이와 마찬가지로 '우리나라'도 한국인끼리 한국을 가리키는 말이지만, 외국인에게는 쓸 수 없다. 외국인이 자기 나라를 가리키려면 '우리 나라'라고 띄어 써야 한다.

우리다[1] 동사

규11-0 우리고, 우리면, 우리는, 우린, 우리어/우려, 우립니다, 우리었다/우렸다

자동사

① 약하게 볕이 들다.

¶ 동쪽 창으로 햇볕이 **우리면** 방 안이 더워지기 시작한다.

¶ 오후가 되면 마루와 방 안까지 햇볕이 **우린다**.

② 빛이 희미하게 비치다.

¶ 하늘에서 빛이 **우리기** 시작하여 어둠이 사라지고 있었다.

우리다[2] 동사

규11-0 우리고, 우리면, 우리는, 우린, 우리어/우려, 우립니다, 우리었다/우렸다

타동사

① 어떤 물건을 액체에 담가 맛이나 빛깔이 액체 속으로 빠져나오게 하다.

¶ 멸치를 **우려서** 국물을 만들면 감칠맛이 난다.

② 위협하거나 달래어 물건을 취하다.

¶ 사기꾼들이 건설 회사를 상대로 돈을 **우려** 도망갔다.

복합어

- **우려내다** 타동사 ① 물체를 액체에 담가 성분, 맛, 빛깔 따위가 액체로 빠져나오게 하다. ¶ 찻잎에서 맛과 향을 우려내다. ② 생각이나 감정을 끄집어내다. ③ 꾀거나 위협하여서 자기에게 필요한 돈이나 물품을 빼내다. ¶ 손님의 돈을 우려내려는 수작을 하지 마시오.
- **우려먹다** 타동사 ① 음식 따위를 우려서 먹다. ¶ 소뼈를 여러 번 우려먹었다. ② 이미 썼던 내용을 다시 써먹다. ¶ 그는 자기가 나를 딱 한번 도와준 일을 두고두고 우려먹었다.

× 우무리다

'우므리다'의 틀린 표기.

우물 명사

땅을 파서 지하수를 괴게 하여 가두어 놓은 곳.

복합어

- **우물가** [명사] 우물의 언저리.

관용 표현

- **우물을 치다** 우물 안의 더러운 것을 청소하다.
- **우물가에 보낸 것 같다** 몹시 걱정이 된다.
- **우물가 공론**(公論) 여자들이 우물가에서 주고받는, 세상 돌아가는 이야기나 남에 관한 소문.

속담

- **우물 밑에 똥 누어 놓기** 심술궂고 고약한 짓을 이르는 말.
- **우물 안 개구리** ① 넓은 세상의 형편을 모르는 사람. ② 견식이 좁아 저만 잘난 줄 아는 사람.
- **우물에 가 숭늉을 찾는다** 일의 순서도 모르고 성급히 군다는 뜻.
- **우물에 든 고기** 어쩔 수 없이 운명을 따를 수밖에 없는 처지를 이르는 말.
- **우물 옆에서 말라 죽겠다** 무슨 일에나 도무지 주변성이 없음을 이르는 말.
- **우물을 파도 한 우물을 파라** 어떤 일이나 끝까지 철저하게 해야 함을 이르는 말.

▶ '우물'과 '샘'의 차이는 올림말 '샘[1]' 참고.

우므리다 동사

규11-0 우므리고, 우므리어/우므려, 우므린다, 우므립니다, 우므리었다/우므렸다

타동사

(펴거나 벌린 것을) 안으로 말거나 모으다. ×우무리다

¶ 아이는 입술을 우므리고 아무 말도 하지 않았다.

복합어

- **우므러들다** [자동사] 점점 우므러져 들어가다.

• **우므러뜨리**다 [타동사] 우므러지게 하다. '우므리다'의 힘줌말.
• **우므러지**다 [자동사] (펴지거나 벌려진 것이) 한곳으로 모이어 우묵하게 되거나 줄어들다.
• **우므러트리**다 [타동사] =우므러뜨리다

우수리 명사

① 일정한 수나 수량에 차고 남은 수, 또는 수량.
¶ 전부 만 이천 원인데 우수리는 떼고 만 원만 주세요.
¶ 사과 열 개를 일곱 명에게 나눠 주니 우수리가 세 개 남았다.
② 거슬러 받는 잔돈. 거스름돈.
¶ 1만 원 가져가서 볼펜 다섯 자루를 사오고 우수리는 네가 가져라.

우쩍 부사

① 단번에 거침없이 나아가는 모양.
¶ 그는 자리에서 우쩍 일어서더니 밖으로 나가 버렸다.
¶ 동호는 주인아주머니 말에 우쩍 반대하고 나섰다.
② 갑자기 많이 늘거나 줄어드는 모양.
¶ 요즘 운동을 자주 안 했더니 몸무게가 우쩍 늘었다.
③ 갑자기 힘을 쓰거나 기세나 기운 따위가 갑자기 솟아나는 모양.
¶ 엄마를 떠올리는 순간 기운이 우쩍 솟아 상대를 넘어뜨릴 수 있었다.

욱다 형용사

규21-1 욱고, 욱으니, 욱은, 욱어, 욱었다

안쪽으로 조금 휘거나 쭈그러진 상태이다.
¶ 욱은 앞니를 교정하러 치과에 갔다.

ㅇ

욱보 명사 (-補)

약을 먹어 몸을 단번에 좋게 하는 일.

복합어

- **욱보하다**(-補-) 타동사 약을 먹어 몸을 단번에 좋게 보하다. ¶ 약으로 욱보하는 것은 그리 좋은 방법이 아니다.

욱여넣다 동사

규11-1 욱여넣고, 욱여넣는다, 욱여넣어, 욱여넣습니다, 욱여넣었다

타동사

억지로 안쪽으로 밀어 넣다. ×우겨넣다

¶ 옷을 그렇게 욱여넣으면 옷이 구겨지지 않을까?

¶ 아이가 배가 얼마나 고팠는지 밥을 한 입 가득 욱여넣듯 하며 먹어 치웠다.

욱이다 동사

규11-0 욱이고, 욱이어/욱여, 욱이는, 욱인, 욱입니다, 욱이었다/욱였다

타동사

(물체를) 안쪽으로 조금 우그러뜨리다.

¶ 마개가 헐거우니 조금만 욱여 보아라.

복합어

- **욱여넣다** 타동사 올림말 '욱여넣다' 참고.
- **욱여들다** 자동사 주위에서 중심을 향해 모여들다. ¶ 아이가 무슨 일이 있는지 어깨가 잔뜩 욱여든 채 쪼그리고 앉아 있다.
- **욱여싸다** 타동사 ① 한가운데로 모아들여 싸다. ②가의 것을 욱여 속의 것을 싸다.

움[1] 명사 [움:]

① 땅을 파서 공간을 만들고 위에 거적을 씌운 곳.
¶ 가을철에 김장을 하면 움을 만들어 김치를 묻어 둔다.
② 땅속에 만든 방이나 광. 지하실.
¶ 요즘도 더러 산속에 움을 만들어 사는 사람이 있다.

복합어

- **움막**(-幕)[움:-] 명사 올림말 '움막' 참고.
- **움집**[움:-] 명사 올림말 '움집' 참고.

관용 표현

- **움을 묻다** 움을 만들다. ¶ 초겨울에 움을 묻어 채소를 넣어 두었다.

속담

- **움 안에 간장** 겉보기에는 좋지 않으나 내용은 훌륭함을 이르는 말.
- **움 안에서 떡 받는다** 자기가 구하지도 않았는데 뜻밖에 좋은 물건이 자기 손에 들어옴을 이르는 말.

ㅇ

움[2] 명사 [움:]

새로 돋는 어린 싹.
¶ 봄철에 묵은 뿌리에서 움이 돋는 것을 보면 새삼 생명의 신비가 느껴진다.

복합어

- **움누이**[움:-] 명사 시집간 누나가 죽은 뒤에 매부에게 시집온 여자.
- **움돋이**[움:-] 명사 풀이나 나무의 뿌리나, 베어 낸 데서 다시 돋는 움. 또는 그렇게 움이 돋는 일.
- **움따기**[움:-] 명사 새 움을 솎아 내는 일.
- **움딸**[움:-] 명사 시집간 딸이 죽은 뒤에 사위와 혼인한 여자.
- **움트다**[움:-] 자동사 올림말 '움트다' 참고.
- **움파**[움:-] 명사 ① 겨울에 움 속에서 자란, 빛이 누런 파. ② 베어 낸 줄기에서 다시 줄기가 나온 파.

관용 표현

- **움을 지르다** 사람의 힘이나 세력 따위가 자라기 시작하는 것을 꺾어 버리다. ¶ 지금 막 생겨나는 폭력 조직들의 움을 지르지 않으면 나중에 손을 쓸 수 없게 될 것이다.

속담

- **움도 싹도 없다** ① 감쪽같이 없어져 간 곳을 알 수 없다. ② 장래성이 전혀 없다.

> **'움'과 '싹'**
> 씨나 줄기 또는 가지에서 새로 돋는 잎이나 줄기를 '싹'이라고 한다. 싹 가운데에서 특별히 베어낸 줄기나 가지가 있던 자리에 새로 나오는 싹을 '움'이라고 한다. 줄기나 잎이 죽고 뿌리만 살아 있다가 그 뿌리에서 새롭게 돋는 싹도 '움'이라고 한다. 이렇게 보면 '싹'이 '움'보다 넓은 개념임을 알 수 있다.

움막 명사

(-幕)[움:-]

① 움으로 지은 막. 움처럼 지은 허술한 막.
¶ 옛날에는 아버지가 돌아가시면 사랑마루에다, 가마만 한 움막을 짚으로 엮어서 쳤다.
② 땅을 파고 떼나 짚 따위로 둥글게 덮어 지붕을 만들고 지붕에 문을 낸 원시 시대의 집. 움집보다 규모가 작고 드나드는 문도 낮다.

복합어

- **움막살이**(-幕-)[움:-] 명사 움막에서 사는 생활.
- **움막집**(-幕-)[움:-] 명사 ① 움막처럼 지은 허술한 집. 사람이 사는 움막. ¶ 옛날에는 청계천 가에 움막집과 판잣집이 많이 있었다. ② =움막

움집 명사

[움:찝]

움을 파고 지은 집으로, 움막집보다 조금 큰 규모로 지은 것을 가리킨다. 토굴집.
¶ 얼기설기 지은 움집일망정 내 집이 있으면 좋겠다.

움츠러들다 동사

불11-2 움츠러들고, 움츠러드니, 움츠러드오, 움츠러듭니다, 움츠러들었다

자동사

① 몸의 일부가 몹시 오그라져 들어가거나 작아지다.

¶ 추우니 저절로 목이 움츠러든다.

② 겁을 먹거나 위압감 때문에 기를 펴지 못하고 몹시 주눅이 들다.

¶ 선생님이 야단치는 서슬에 그만 온몸이 움츠러들었다.

복합어

• **움츠러들이다** 사동사 '움츠러들다'의 사동형. ¶ 그의 위압적인 태도는 나를 움츠러들이기에 충분했다.

움츠러지다 동사

규11-0 움츠러지고, 움츠러지어/움츠러져, 움츠러집니다, 움츠러지었다/움츠러졌다

자동사

① 몸이 몹시 오그라지거나 작아지다.

¶ 추우면 아무래도 몸이 움츠러지기 마련이다.

② 기가 꺾이거나 풀이 죽게 되다.

¶ 젊은이는 어떤 일에도 움츠러지지 말고 당당하게 나서야 한다.

× 움츠려들다

'움츠러들다'의 틀린 말.

× 움츠려지다

'움츠러지다'의 틀린 말.

움츠리다 동사

규11-0 움츠리고, 움츠리어/움츠려, 움츠립니다, 움츠리었다/움츠렸다

타동사

① 몸이나 몸의 일부를 몹시 오그리어 작아지게 하다.

¶ 아이가 몸을 잔뜩 **움츠리고** 잠을 자고 있었다.

¶ 새끼 고양이 한 마리가 놀이터 한 구석에서 몸을 **움츠리고** 숨어 있다.

② 겁을 먹거나 위압감 때문에 몹시 기가 꺾이거나 풀이 죽다.

¶ 그렇게 죄인처럼 **움츠리지** 마라.

¶ 어머니는 자식들에게 미안한 마음에 평생을 **움츠리며** 살아오셨다.

복합어

- **움츠러뜨리다** 타동사 ① 몸이나 몸의 일부를 몹시 힘 있게 오그리어 작아지게 하다. ¶ 춥다고 몸을 움츠러뜨리지만 말고 가슴을 활짝 펴라. ② 소리 따위를 몹시 잦아지게 하다. ③ 내었던 마음이나 하려던 행동 따위를 몹시 누그러뜨리거나 주춤하다. ¶ 한 번 실수했다고 뜻을 움츠러뜨리지 말고 배짱을 두둑하게 가져라.
- **움츠러트리다** 타동사 =움츠러뜨리다

'움츠리다', '움츠러들다', '움츠러지다'

'움츠리다'는 스스로 몸을 오그리는 동작을 가리키고, '움츠러들다'와 '움츠러지다'는 자기도 모르게 몸이 오그라지는 동작을 가리킨다. '움치러들다'나 '움츠려들다'는 다 '움츠러들다'를 잘못 쓴 것이고, '움츠려지다'와 '움치러지다'는 '움츠러지다'를 잘못 쓴 것이다.

¶ 많은 사람 앞에서는 마음이 **움치러들어서**(×) 말을 제대로 못 한다. → 움츠러들어서

¶ 사나운 개를 만나면 나도 모르게 몸이 **움츠려든다**(×). → 움츠러든다

¶ 날씨가 추우니 자연히 몸이 **움츠려진다**(×). → 움츠러진다

¶ 너는 어떤 일에도 당당하게 맞서고 결코 **움치러지지**(×) 마라. → 움츠러지지

✕ 움추리다

'움츠리다'의 틀린 말.

움치다 동사

규11-0 움치고, 움치지, 움치니, 움치어/움쳐, 움칩니다, 움치었다/움쳤다

타동사

'움츠리다'의 준말.

¶ 그렇게 몸을 움치면서 떨 필요는 없다.

움치러들다

'움츠러들다'의 틀린 말.

움치러지다

'움츠러지다'의 틀린 말.

ㅇ

움칠 부사

깜짝 놀라서 몸을 갑자기 가볍게 움직이는 모양.

복합어

- **움칠하다** 자동사 타동사 깜짝 놀라서 몸을 갑자기 가볍게 움직이다.

움칫 부사

=움칠

복합어

- **움칫하다** 자동사 타동사 =움칠하다

×움크리다

'웅크리다'의 틀린 표기.

움키다 동사

규11-0 움키고, 움키어/움켜, 움킨다, 움킵니다, 움키었다/움켰다

타동사

① 손가락을 오그리어 물건 따위를 힘 있게 잡다.

¶ 보퉁이를 놓치지 않으려고 두 손으로 움키고 앉아 있었다.

② (새나 짐승 따위가) 발가락으로 무엇을 꽉 잡다.

¶ 솔개가 병아리를 움키고 하늘로 날아갔다.

복합어

- **움켜잡다** 타동사 손가락을 오그려 힘 있게 꽉 잡다.
- **움켜쥐다** 타동사 ① 손가락을 오그리어 손안에 꽉 잡고 놓지 아니하다. ② 일이나 물건을 수중에 넣고 마음대로 다루다.

움트다 동사 [움:-]

불11-8 움트고, 움트니, 움트며, 움터, 움튼, 움틉니다, 움텄다

자동사

① 나무나 풀 따위의 싹이 새로 돋아 나오기 시작하다.

¶ 봄이 되면 땅속에서 싹들이 파릇파릇 움터 나온다.

② 기운이나 생각 따위가 새로이 일어나다.

¶ 그들 사이에 사랑이 움트기 시작했다.

'움트다'와 '움 트다'

'움트다'는 '움'이 트는 것을 뜻할 때에는 '움 트다'처럼 띄어 쓰고 새싹이나 기운, 생각 따위가 새로

> 돋음을 나타낼 때에는 '움트다'처럼 붙여 쓴다. (올림말 '움' 참고.) '싹트다'도 싹이 트는 것을 뜻할 때에는 '싹 트다'처럼 띄어 쓰고, 생각이나 감정, 현상 따위가 처음 생겨남을 뜻하는 경우는 복합어이므로 붙여서 '싹트다'로 쓴다.

웃- 접사

접두사

일부 명사나 동사 앞에 붙어 '(본디 것에) 더 얹은', '(보통보다) 넘치는', '(액체 따위의) 위쪽에 고인'의 뜻을 보태는 말.

¶ 웃거름, 웃국, 웃돌다, 웃돈, 웃어른, 웃자라다, 웃짐

> **'웃'과 '윗'**
>
> '웃-'은 위아래의 개념을 분명하게 드러내지 않는 데 견주어, '윗-'은, '위'와 다른 명사가 합성할 때에 사이시옷이 덧붙은 형태이다. 따라서 '윗-'을 쓸 때에는 반드시 위아래 개념이 분명한 낱말이어야 한다. '사람'은 위아래가 있으므로 '윗사람/아랫사람'처럼 써야 하지만, '어른'은 위아래로 구별할 수 없기 때문에 '웃어른'이라고 해야 한다. 아래 낱말은 모두 위아래가 구별되는 낱말이다.
>
> ¶ 윗길/아랫길, 윗니/아랫니, 윗도리/아랫도리, 윗물/아랫물, 윗집/아랫집

× 웃마을

'윗마을'의 비표준어.

× 웃목

'윗목'의 비표준어.

× 웃몸

'윗몸'의 비표준어.

웃물[1] 명사 [운-]

① 무엇을 우리거나 고거나 죽 따위를 쑬 때, 위에 뜨는 국물.
¶ 웃물을 걷어 내야 국물이 깔끔하다.
② 잘 섞이지 못하고 위로 떠서 따로 도는 물. 겉물.

관용 표현

- **웃물이 돌다** 웃물이 뜨기 시작하다. ¶ 뼈를 우린 뒤에 식히면 곧바로 웃물이 돌기 시작한다.

×웃물[2]

'윗물'의 비표준어.

▶ '웃물'은 액체의 위쪽에 뜨는 물을 가리킨다. '윗물'은 흐르는 물의 위쪽(상류)에서 흐르는 물이고, 이에 대응하여 아래쪽(하류)에서 흐르는 물을 '아랫물'이라고 한다.

웃바람 명사

① 겨울에 방 안에서 위쪽 공기가 싸늘하게 느껴지는 찬 기운. 웃풍.
¶ 옛날 집은 웃바람이 심해서 방 안에 있는 물이 얼 지경이었다.
② '윗바람'의 비표준어.

'웃바람'과 '윗바람'

'웃바람'은 밖에서 부는 바람과 달리 방 안에서 차게 느껴지는 기운을 가리키는 말이다. 주로 겨울에 방 안에 있어도 벽을 통해서 들어오는 찬 기운이 심하면 마치 찬바람이 이는 것처럼 추위를 느끼게 된다. 이런 찬 기운을 '웃바람' 또는 '웃풍'이라고 한다.

'윗바람'은 하천의 상류에서 불어오는 바람을 가리키는 말이다. 반대로 하천의 하류에서 불어오는 바람은 '아랫바람'이라고 한다.

웃비 명사

좍좍 내리다가 잠깐 그치는 비.

관용 표현

- **웃비 걷히다** 오던 비가 잠깐 그치다. ¶ 다행히 웃비가 걷히는 바람에 산길을 무사히 내려왔다.

웃자라다 동사

규10-0 웃자라고, 웃자라면, 웃자라니, 웃자라, 웃자란다, 웃자랍니다, 웃자랐다

자동사

식물의 잎이나 줄기가 지나치게 많이 자라 약하다.

¶ 날씨가 일찍 더워지는 바람에 보리가 웃자라서 소출이 줄어들 것 같다.

ㅇ

웃통 명사

① 사람 몸의 윗부분. 배와 가슴을 합한 부분. 몸통.

¶ 덥다고 아무 데서나 웃통을 드러내면 안 된다.

② 웃통에 걸치는 저고리.

¶ 그들은 일을 하다 말고 웃통을 벗어부치고 싸우기 시작하였다.

웅크리다 동사

규11-0 웅크리고, 웅크리어/웅크려, 웅크린, 웅크립니다, 웅크리었다/웅크렸다

타동사

(몸을) 움츠려 작게 하다. ×움크리다

¶ 칼바람이 매섭게 불어 어깨를 웅크리고 빠른 걸음으로 걸었다.

워낙 부사

① 본디부터. 원래.
¶ 그는 워낙 천성이 못된 놈이니 신경을 쓰지 말게.
¶ 그 여자는 워낙 눈이 나빴어요.
② 두드러지게 아주.
¶ 일이 워낙 힘들어서 도저히 계속할 수 없었다.
¶ 집이 워낙 오래되어서 여기저기 손볼 데가 많다.

워낙에 부사

=워낙.

월 명사 (月)

(주로 일부 명사나 수관형사 앞에 쓰이어) 한 달 동안.
¶ 요즘은 월 생활비가 수백만 원이 넘게 든다.
¶ 올해는 월 생산량을 10% 늘리기로 한다.

의존 명사
① (1부터 12까지 수와 함께 쓰이어) 그 달을 가리키는 말.
¶ 오는 7월에 휴가를 갈 예정이다.
② 달의 수를 가리키는 말. 개월(個月).
¶ 재판장은 그에게 징역 5월을 선고했다.

'월'과 '월 달'
달을 가리키는 말로 '5월', '6월'처럼 쓰기도 하지만 사람에 따라서는 여기에 '달'을 덧붙여 '5월 달', '6월 달'처럼 쓰기도 한다. '올해는 2월 달에 눈이 많이 내렸다'처럼 쓰는 경우에 '달'을 띄어 쓴다. 이

때 '달'을 군더더기로 보고 덧붙이지 않는 것이 좋지만 덧붙이더라도 띄어쓰기는 제대로 하여야 한다. '일'에 '날'을 덧붙이는 경우에도 마찬가지이다. '4월 5일 날이 식목일이지.'처럼 '일'과 '날'을 띄어 써야 한다.

웬 관형사 [웬: –]

① 어찌 된.

¶ 언제나 당당하던 사람이 웬 엄살을 그렇게 부렸을까?

¶ 4월에 웬 눈이 내린단 말이냐!

② 어떠한.

¶ 골목에서 웬 아이가 울고 있더라.

¶ 웬 남자가 너를 만나겠다고 찾아왔다.

복합어

- **웬셈**[웬: –] 명사 어찌 된 셈.
- **웬일**[웬:닐] 명사 (뜻밖임을 나타내어) 어찌된 일. 어떻게 된 일. ¶ 오늘 밤에는 웬일인지 잠이 오지 않는다.

관용 표현

- **웬 떡이냐** 뜻밖의 행운을 만났을 때 하는 말. ¶ 내가 웬 떡이냐 싶어서 덥석 집어오려 하는 순간에 웬 손이 내 손을 잡았다.

속담

- **웬 불똥이 튀어 박혔나** 무슨 일을 당하였기에 그토록 찡그린 얼굴을 하고 있느냐는 말.

'웬'과 '왠'

'왠'을 단독으로 쓰는 경우는 없다. 오직 '왠지'라는 부사어를 만드는 경우에만 쓴다. 이는 '왜'와 '인지'의 결합을 '왠지'로 표기하는 과정에서 생긴 형태일 따름이다. 관형사나 복합어로 쓸 수 있는 말은 '웬'뿐이다. '웬일', '웬 말', '웬 떡'처럼 언제나 '웬'을 쓴다.

웬걸 감탄사 [웬:-]

의심이나 의외 또는 부정을 나타내는 말.

¶ 사실을 알아보았더니 웬걸 헛소문이었지.

¶ 부자처럼 행세해서 부자인 줄 알았는데 웬걸 겉모습만 부자더라고.

'웬걸'과 '웬 걸'

감탄사로 쓰는 '웬걸'은 예상과 사뭇 다른 일이 일어났을 때에 쓰는 말이다. 이는 '웬 것을'을 줄인 '웬 걸'과 다르다. 물건을 가리키는 '웬 걸'을 '웬걸'로 붙여 쓰면 안 된다. 의존 명사 '것'을 관형사 '웬'에 붙여 쓰면 안 되기 때문이다. 《표준국어대사전》에는 '웬걸'의 둘째 풀이로 '웬 것을'의 준말로 설명해 놓아서 '웬 것을'을 줄여서 '웬걸'로 쓸 수 있는 것처럼 풀어 놓았는데 이는 좀 문제가 있는 풀이이다. 관형사 '웬'이 명사와 붙어서 복합어를 만든 것은 '웬일'이나 '웬셈'이 있을 뿐이다. 이 밖에 '웬'은 뒤에 오는 명사와 붙여 쓰면 안 된다. '웬 말', '웬 소식', '웬 생각', '웬 것/거/걸'처럼 써야 한다.

¶ 이 정도는 내가 해낼 수 있다고 보았는데 웬걸 그렇게 간단히 되지 않더라고.

¶ 너희 쓰기도 모자를 텐데 웬 걸 이렇게 많이 가지고 왔느냐?

¶ 사람 다니는 길에 웬 것이 이렇게 많이 널려 있지?

¶ 벽에 웬 게 아주 멋지게 장식되어 있더라?

웬만큼 부사 [웬:-]

그저 그만하게. 어지간히.

¶ 이제 웬만큼 먹었으니 가자.

¶ 웬만큼 사는 집들도 요즘 같아서는 살기가 어렵다고 한다.

¶ 시험공부를 웬만큼 했으니 오늘은 일찍 자야겠다.

¶ 웬만큼 잘 해서는 그의 엄격한 심사를 통과하지 못한다.

웬만하다 형용사 [웬:-]

불20-9 웬만하고, 웬만하여서/웬만해서, 웬만한, 웬만합니다, 웬만하였다/웬만했다

① 기준에 가깝거나 그보다 약간 낫다.
¶ 먹고살기가 **웬만하면** 내 빚부터 갚아라.
¶ 성격도 **웬만하고** 직장도 **웬만하니** 결혼을 해도 되겠더라.
② 허용되는 범위에서 크게 벗어나지 아니한 상태에 있다.
¶ 내가 사정이 **웬만했으면** 너에게까지 부탁하겠느냐?
¶ **웬만하면** 네가 참아라.
¶ 그는 **웬만해서는** 남에게 아쉬운 소리를 하지 않는 사람이다.

복합어

- **웬만히**[웬:-] 부사 웬만하게. ¶ 웬만히 하라고 하시지만 대충 할 수는 없다.

웬지 [웬:-]

'왠지'의 틀린 표기.

위임 명사 (委任)

일 처리를 하도록 책임을 지워 맡김. 또는 그 책임.
¶ 나는 사장에게서 이 회사를 운영하도록 **위임을** 받았다.

복합어

- **위임하다**(委任-) 타동사 어떤 일을 책임 지워 맡기다.

위탁 명사 (委託)

① (남에게 일이나 사물의 처리를) 맡김.
¶ 우리는 모든 상품을 대리점에 **위탁을** 하여 판매한다.
② (행정 기관이 민간 기관에게 관리를) 맡김.
¶ 서울시는 대부분의 주차장을 민간 회사에 넘겨 **위탁** 관리하고 있다.

복합어

- **위탁하다**(委託-) [타동사] ① 남에게 사물이나 사람을 맡기다. ② 법률 행위나 사무 처리를 다른 사람에게 맡기다. .

'위탁'과 '부탁'

둘 다 자기 일을 남에게 해 달라고 말하는 것인데, '부탁'은 일상적으로 그런 부탁을 들어 주어야 할 근거가 없는 상대에게 요청하는 행위로서 상대가 그 부탁을 들어 주든 안 들어 주든 관계없는 일방적 행위이다. '위탁'은 상대가 이를 승낙함을 전제로 하여 성립하는 계약 행위이다. 위탁하고 위탁을 받는 사람은 어떤 경우든 법적으로 책임과 권한을 주고받게 된다.

¶ 친구에게 아이를 **부탁했다**. (그 사람은 처음부터 아이를 봐 줄 의무는 없지만 요청했더니 그가 이를 승낙했거나 거절했다.)

¶ 어린이집에 아이를 **위탁했다**. (아이를 보는 자격이 있는 사람에게 요청하여 그가 이를 승낙하였다. 그래서 아이를 맡기고 있다.)

'위탁'과 '위임'

두 낱말 다 기본 뜻은 '맡김'이다. '위탁'은 맡기는 대상을 어떻게 해 달라는 취지로('돌봐 달라', '관리해 달라', '팔아 달라', '보관해 달라', '이용해서 이익을 남겨 달라' 따위) 맡기는 것이고, '위임'은 법률적인 권리와 의무에 해당하는 '행위'를 대신 해 달라고 맡기는 것이다. 공장 운영을 회사 밖의 사람이나 기관에 맡기는 것은 '위탁'이고, 회사 안의 어떤 사람(부사장이나 전무 따위)에게 맡기는 것은 '위임'이다. 돈이나 물건을 남에게 맡기는 것은 '위탁'이고, 소송 행위를 남에게 맡기는 것은 '위임'이다.

위태롭다 형용사 (危殆-)

불20-3 위태롭고, 위태롭지, 위태로워, 위태로운, 위태롭네, 위태롭습니다, 위태로웠다

무슨 일이 벌어질 것 같아 마음을 놓을 수 없는 느낌이다.

¶ 암자가 천길 바위 위에 **위태롭게** 서 있다.

¶ 교통사고를 당해서 목숨이 **위태롭다고** 한다.

복합어

- **위태로이**(危殆-) [부사] 위태롭게.

위태하다 형용사 (危殆-)

불20-9 위태하고, 위태하여/위태해, 위태한, 위태합니다, 위태하였다/위태했다

무슨 일이 벌어질 것 같아 아슬아슬하여 마음을 놓을 수 없다.

복합어

- **위태위태하다**(危殆危殆-) 형용사 매우 위태하다.

> **'위태롭다'와 '위태하다'**
>
> '위태하다'는 사실적인 판단이고, '위태롭다'는 주관적인 느낌이 강조되는 말이다. 그러나 둘의 구별이 그리 명확하지 않아서 서로 갈음하여 사용할 수 있다.
>
> ¶ 벼랑 끝에 서 있는 집이 곧 넘어질 듯 **위태롭게/위태하게** 보인다.
>
> ¶ 아이가 막 배운 실력으로 자전거를 타는 모습이 **위태롭게/위태하게** 보인다.
>
> ¶ 남북 관계가 금방이라도 전쟁에 들어갈 것 같이 **위태롭게/위태하게** 전개되고 있다.

ㅇ

위험 명사 (危險)

안전하지 못하여 해를 입거나 손실이 생길 우려가 있음. 또는 그런 상태.

¶ 투자에는 당연히 **위험**이 따르는 법이다.

¶ 물에 빠진 아이를 구하기 위하여 **위험**을 무릅쓰고 물속으로 뛰어들었다.

복합어

- **위험하다**(危險-) 형용사 해를 당하거나 손실이 생길 우려가 있다. ¶ 요즘은 사람들이 **위험한** 일을 기피하는 경향이 있다. / 길에서 놀면 **위험하니** 집 안에서 놀아라.

> **'위험하다'와 '위태하다'**
>
> '위험하다'는 그것으로 말미암아 해나 손실이 생길지 모를 때에 쓰는 말이고, '위태하다'는 그것 자체가 바람직하지 않은 상태로 떨어질 것 같은 느낌이 들 때 쓰는 말이다. 구별하기 위해서 예를 들면 아래와 같다.

¶ 사람이 벼랑 끝에 서 있는 것이 위태하게 보이는 것은 그곳이 사람이 서 있기에는 위험한 곳이기 때문이다.
¶ 우리 눈에는 공중에서 매달려 일하는 모습이 위태하지만 정작 일하는 사람들은 위험한 일이라고 느끼지 않는다.

위협 명사 (威脅)

말이나 행동으로 위세(威勢)를 보이며 으르는 일.

복합어

- **위협적**(威脅的) 명사 관형사 위협이 되는 것.
- **위협하다**(威脅－) 타동사 말이나 행동으로 위세를 보이며 으르다.

'위협'과 '협박'

'위협(威脅)'은 위세를 보이면서 상대를 두렵게 만드는 행위이고, '협박(脅迫)'은 위세를 보이지 않더라도 심리적으로 두려움이나 압박을 받도록 궁지로 모는 행위이다. '돈을 주지 않으면 아들에게 해를 끼치겠다'라는 글을 보내는 것은 돈을 달라고 '협박'하는 행위이다. 실제로 눈앞에서 아이에게 칼을 들이대며 죽이겠다고 하는 것은 '위협'하는 행위이다.

윗－

'위의'의 뜻을 나타내는 말.
¶ 윗사람, 윗물, 윗눈썹

'윗－'과 '웃－'

'윗'은 '위'의 뒤에 위아래가 분명한 명사가 와서 합성명사를 만들 때에 사이시옷 규정에 따라서 사이시옷이 덧붙은 형태이다. '웃－'은 위의 뜻과 다르게 일부 명사나 동사 앞에서 그것의 '위에 더 얹은' 또는 '겉에 덧입은', '위에 고인' 따위의 의미가 있다.

┌ 윗옷: 윗도리에 걸치는 옷. 상의. ↔아래옷
└ 웃옷: 몸의 맨 겉에 입는 옷. 외투. ↔속옷
┌ 윗물: 상류 쪽의 물. ↔아랫물
└ 웃물: 액체의 위쪽에 생기는 헛물. 겉물.

유학 명사 (遊學/留學)

(다른 고장이나 나라에) 머물러 살며 학문이나 예술 따위를 배움.
¶ 요즘은 중국으로 유학을 가는 사람이 많다.

복합어

- **유학길**(遊學-/留學-) 명사 (다른 고장이나 나라에) 공부하러 나가는 길.
- **유학생**(遊學生/留學生) 명사 (다른 고장이나 나라에) 나가 공부하는 학생.
- **유학하다**(遊學-/留學-) 자동사 (다른 고장이나 나라에) 나가서 공부하다.

관용 표현

- **유학길에 오르다** 유학을 위해 외국으로 떠나다.

'유학(留學)'과 '유학(遊學)'

한글로는 같은 유학인데 한자로는 구별된다. 본래의 뜻으로는, '유학(留學)'은 국외에 머물면서 공부를 하는 것을 의미하고, '유학(遊學)'은 타향에 나가서 공부한다는 뜻이다. 그러나 한자에 따라서 그렇게 뜻풀이를 나눌 근거는 없다. 따라서 한자에 얽매이지 않고 유학에 두 가지 의미가 다 있는 것으로 이해하는 것이 좋겠다.

유회 명사 (流會)

예정된 회의가 어떤 사정이 생겨 이루어지지 않거나, 정족수(定足數)가 모자라 열리지 못함.
¶ 이번 총회가 유회가 되지 않도록 조합원들은 모두 참석해 주세요.

복합어

• **유회하다**(流會－) 타동사 예정된 회의가 어떤 사정으로 이루어지지 않거나, 정족수가 모자라 열리지 못하다.

> **'유회'와 '개회'**
>
> '유회(流會)'는 회의가 이러저러한 이유로 성립하지 않은 상태를 가리킨다. 회의가 성립하면 '개회(開會)'하여 논의를 시작한다. ('개회'한 다음에 있을 수 있는 여러 형태, 예컨대 '정회(停會)', '산회(散會)', '폐회(閉會)', '개의(開議)', '속개(續開)' 같은 낱말에 대해서는 올림말 '산회(散會)' 참고.)

－율 접사 (率)

접미사

명사 뒤에 붙어 그 비율을 나타내는 말.

¶ 백분율. 치사율. 투표율

> **한자 '율(率, 律, 慄)'의 표기**
>
> 한자 '率, 律, 栗, 慄'은 원음이 '률'이지만 '모음'이나 'ㄴ' 받침 뒤에 오는 경우에는 '율'로 적는다(한글 맞춤법 제11항). 이 맞춤법 규칙은 '率, 律'이 접미사이건 아니건 상관없이 적용된다. 이렇게 해서 표기한 단어의 예를 들면 아래와 같다.
>
> • 率
>
> ① 모음이나 'ㄴ' 받침 뒤에: 세율(稅率), 감소율(減少率), 임신율(姙娠率), 환율(換率)
>
> ② 'ㄴ' 받침 외의 받침 뒤에: 승률(勝率), 확률(確率), 성공률(成功率), 결실률(結實率), 배합률(配合率), 불임률(不姙率)
>
> • 律
>
> ① 모음이나 'ㄴ' 받침 뒤에: 규율(規律), 불문율(不文律), 운율(韻律), 선율(旋律), 계율(戒律)
>
> ② 'ㄴ' 받침 외의 받침 뒤에: 일률적(一律的), 형률(刑律), 황금률(黃金律)
>
> • 慄
>
> 모음이나 'ㄴ' 받침 뒤에: 전율(戰慄)

▶ '－율(率)'과 '－률(率)'의 표기는 올림말 '－률(率)' 참고.

으그리다 동사

규11-0 으그리고, 으그리어/으그려, 으그립니다, 으그리었다/으그렸다

타동사

(물건의 거죽을) 찌그러지게 하다.

¶ 빈 깡통을 발로 으그려서 납작하게 했다.

복합어

- **으그러뜨리다** 타동사 (물건의 거죽을) 으그러지게 하다. '으그리다'를 강조하는 말.
- **으그러지다** 자동사 ① (물건의 거죽이) 찌그러지다. ② (사개가) 무너져 찌그러지다.
- **으그러트리다** 타동사 =으그러뜨리다

▶ '으그리다'와 '우그리다'에 관해서는 올림말 '우그리다' 참고.

-으라는

'-으라고 하는'이 줄어든 말.

¶ 물품을 받으라는 말을 듣지 못했다.

¶ 군복을 빨리 갖춰 입으라는 지시를 내렸다.

▶ '-으라는'은 'ㄹ' 받침을 제외한 받침 있는 동사 어간에 붙고, 받침 없는 동사 어간, 'ㄹ' 받침인 동사 어간 또는 어미 '-으시-' 뒤에는 '-라는'이 붙는다.

-으락 어미

연결 어미

(주로 '-으락-으락하다' 형태로 쓰이어) 뜻이 상대되는 두 동작이나 상태가 번갈아 되풀이됨을 나타내는 말.

¶ 높으락낮으락하다, 붉으락푸르락하다

▶ ' -으락'은 'ㄹ' 받침을 제외한 받침 있는 용언의 어간에 붙고, 'ㄹ' 받침이나 받침이 없는 용언의 어간에는 '-락'이 붙는다. ('-으락/-락'과 '-ㄹ락'의 차이는 올림말 '-락' 참고.)

-으란

'-으라는' 또는 '-으라고 하는'이 줄어든 말. 받침 있는 동사의 어간에 붙는다.

¶ 어머니께서 저에게 여기에서 묵으란 말씀을 하셨습니다.

¶ 나더러 이걸 다 먹으란 말이야?

▶ 'ㄹ' 받침인 동사의 어간과 받침 없는 동사의 어간에는 '-란'이 붙는다. (올림말 '-란' 참고.)

-으러 어미

연결 어미

가거나 오는 동작의 목적을 나타내는 말. 'ㄹ' 받침을 제외한 받침 있는 동사 어간에 붙는다.

¶ 나무를 심으러 가자.

¶ 물고기 낚으러 어디로 갈까?

▶ '-으러'와 '-러'의 용법은 올림말 '-러' 참고.

-으려 어미

연결 어미

① 어떤 일이나 행동을 하려는 의도가 있음을 나타내는 말.

¶ 이렇게 나를 잡으려 들지 않았어?

¶ 그들을 믿으려 했지만 믿을 수 없었다.

② 곧 일어날 움직임이나 상태의 변화를 나타내는 말.

¶ 바닷물이 둑을 넘으려 해서 모래포대를 쌓기 시작했다.

'-으러'와 '-으려'

두 어미의 형태가 비슷하여 헷갈리기 쉽다. 목적을 이루려고 하는 경우에는 '-(으)러'를, 의도나 생각을 나타낼 때는 '-(으)려'를 쓴다. '-(으)려'는 주로 '-(으)려 하다'의 형태로 쓴다. (올림말 '-려' 참고.)

┌ 집에 밥을 먹으러 간다.(가는 목적이 밥 먹는 것임)
└ 지금 밥을 먹으려 한다.(밥 먹을 의도가 있음)

┌ 아버지는 고기를 잡으러 바다로 가셨다.(바다로 간 목적이 고기 잡는 것임)
└ 아버지는 고기를 많이 잡으려 하셨지만 그러지 못하셨다.(잡을 의도가 있음)

-으려고 어미

연결 어미

① 어떤 일이나 행동을 하려는 의도가 있음을 나타내는 말.

¶ 이 옷은 너무 낡아 안 입으려고 한다.

¶ 하룻밤 묵으려고 여관에 들었다.

② 곧 일어날 것 같은 상태임을 나타내는 말.

¶ 밥을 막 먹으려고 하는데 전화가 왔다.

¶ 문을 닫으려고 하자 사람들이 마구 몰려들었다.

종결 어미

주어진 사태에 대하여 의심과 반문을 나타내는 말.

¶ 아무려면 속옷까지 벗으려고?

¶ 점잖은 분이 설마 욕까지 하셨으려고?

▶ '-으려고'는 'ㄹ'을 제외한 받침 있는 동사의 어간에 붙는다. (올림말 '-려고' 참고.)

-으려야

'-으려고 하여야'가 줄어든 말. 'ㄹ'을 제외한 받침 있는 동사 어간에 붙는다. × -을래야

¶ 네 말은 믿으려야 믿을 수가 없다.

-으련다

'-으려고 한다'가 줄어든 말. 자신이 앞으로 그렇게 하겠다는 의지를 나타낸다.

¶ 나는 사과를 먹으련다.

¶ 나는 결코 이곳을 떠나지 않으련다.
¶ 나는 거기에 가지 않으련다.

으로 조사

부사격 조사

① 움직임의 방향을 나타내는 말.
¶ 오늘 부산으로 가려 한다.
¶ 풍선이 공중으로 날아갔다.
② 움직임의 경로를 나타내는 말.
¶ 바람이 문틈으로 솔솔 들어온다.
¶ 중국으로 해서 러시아에 다녀올 계획이다.
¶ 사람들을 피해서 뒷문으로 나갔다.
③ 변화의 결과를 나타내는 말.
¶ 아이가 어른으로 자란다.
¶ 그는 이번 일을 계기로 새사람으로 거듭났다.
④ 물건의 재료나 원료를 나타내는 말.
¶ 옛날에는 나무와 흙으로 집을 지었다.
¶ 콩으로 메주를 쑨다.
⑤ 일에 사용하는 수단이나 연장을 나타내는 말.
¶ 무엇으로 사회 통합을 이룰 것인가?
¶ 돈으로 사람을 사려 하지 마라.
⑥ 일의 방법이나 방식을 나타내는 말.
¶ 나는 계약직으로 일을 시작했다.
¶ 이 일은 이 방법으로 추진해 보자.
¶ 그런 생각으로 일을 하면 반드시 망한다.
⑦ 원인이나 이유를 나타내는 말. '때문에' 또는 '덕택에'의 뜻을 갖는다.
¶ 지난번 태풍으로 농작물 피해가 컸다.
¶ 그 사람은 심장병으로 평생 고생했다.
¶ 그의 도움으로 일을 잘 마칠 수 있었다.
¶ 전쟁으로 말미암아 온 가족이 뿔뿔이 헤어졌다.

⑧ 지위나 신분 또는 자격을 나타내는 말.

¶ 그를 우리 회사의 임원으로 영입했다.

¶ 이번에 부장으로 승진하였다.

⑨ 시간을 나타내는 말.

¶ 벌써 아침저녁으로 서늘한 바람이 분다.

¶ 잔칫날을 다음 달 상순으로 미루었다.

⑩ ('으로 하여금'의 형태로 쓰이어) 행위의 주체가 되게 하는 말.

¶ 사람으로 하여금 동물과 다르게 만드는 것이 이성이다.

¶ 어머니가 동생으로 하여금 마중 나가게 하였다.

⑪ 생각하는 바를 나타내는 말.

¶ 주말에 한 번씩 산에 가는 것을 즐거움으로 여겼다.

'으로'와 '로'

'으로'는 'ㄹ' 받침을 제외한 받침이 있는 체언 뒤에 붙고, 받침이 없는 체언 뒤, 'ㄹ' 받침이 있는 체언 뒤에는 '로'가 붙는다. (올림말 '로' 참고.)

¶ 부산으로/광주로/서울로 가기로 했다.

¶ 책상 밑에 끼어 있는 종이를 젓가락으로/대자로/연필로 꺼냈다.

¶ 그의 말이 거짓으로/허위로/진실로 밝혀졌다.

'으로'와 '-므로'

'으로'는 조사이고, '-므로'는 어미이므로 둘의 기능이 전혀 다르다. 그런데 용언의 명사형에 조사 '으로'를 붙이는 경우와 용언의 어간에 어미 '-므로'를 붙이는 경우가 있어 헷갈리기 쉽다. 예를 들면 '감으로/가므로', '함으로/하므로', '내림으로/내리므로', '죽음으로/죽으므로'를 구별하기가 쉽지 않다. '으로'가 붙으면 앞말이 체언이고, '-므로'가 붙으면 어간이다. 문장에서 명사로 썼는지 용언으로 썼는지 구별하면 헷갈리지 않을 것이다.

선생님은 종을 침으로(침+으로) 시작을 알리셨다.
선생님이 종을 치므로(치+므로) 우리는 교실로 들어갔다.

많은 사람들이 함께 외침으로(외침+으로) 그들의 요구를 관철하였다.
많은 사람들이 함께 외치므로(외치+므로) 그 요구를 들어주지 않을 수 없었다.

하나님의 부르심으로(부르심+으로) 내가 목사가 되었다.
하나님이 부르시므로(부르시+므로) 내가 응답하였다.

▶ 조사 '으로'와 어미 '-므로'에 관해서는 올림말 '-므로' 참고.

으로서 조사

부사격 조사

'지위나 신분 또는 자격을 가지고'의 뜻을 나타내는 말.

¶ 벗으로서 충고를 하겠다.

¶ 나는 책임 있는 사람으로서 그 일을 허락할 수 없다.

'으로서'와 '로서'

'으로서'는 'ㄹ' 받침을 제외한 받침이 있는 체언 뒤에 붙고, 받침이 없는 체언 뒤, 'ㄹ' 받침이 있는 체언 뒤에는 '로서'가 붙는다. (올림말 '로서' 참고.)

¶ 사람으로서 해서는 안 될 일이 있다.

¶ 친구로서 한마디 충고를 하겠다.

¶ 경찰로서는 그렇게 말할 수밖에 없겠지.

으로써 조사

부사격 조사

① 재료나 원료임을 나타내는 말.

¶ 여러 곡식으로써 술을 빚는다.

② 도구나 수단임을 나타내는 말.

¶ 톱으로써 나무를 켠다.

¶ 권력과 돈으로써 사람을 회유한다.

③ 특정한 시점을 나타내는 말.

¶ 지금으로써 할 수 있는 일은 아무것도 없다.

'으로써'와 '로써'

'ㄹ' 받침을 제외한 받침이 있는 체언 뒤에는 '으로써'가 붙고, 받침이 없는 체언 뒤, 'ㄹ' 받침이 있는 체언 뒤에는 '로써'가 붙는다. (올림말 '로써' 참고.)

¶ 그들을 도움으로써 우리 목적을 이룰 수도 있다.

¶ 손님을 극진한 예로써 맞이했다.

¶ 신의와 성실로써 계약을 이행해야 한다.

으르다 동사

불11-6 으르고, 으르니, 을러, 을러서, 으른다, 으릅니다, 을렀다

타동사

상대편이 겁을 먹도록 무서운 말이나 행동으로 위협하다. ×어르다

¶ 내가 눈을 부릅뜨고 으르자 그가 순순히 내 지시를 따랐다.

¶ 아이를 을러서 일을 시키지 말고 잘 설득하여 시켜라.

복합어

- **을러대다** 타동사 위협적인 말이나 행동으로 을러서 남을 억누르다. 을러메다. ¶ 빨리 빚을 갚으라고 아무리 을러대어도 그는 눈 한번 깜빡하지 않고 버틴다.
- **을러메다** 타동사 =을러대다 ¶ 책임자를 처벌하겠다고 을러메니 조금 열심히 하는 것 같다.
- **을러방망이** 명사 때릴 것처럼 태도를 보이며 겁을 주는 짓. ¶ 깡패들이 사람들에게 을러방망이를 치니 모두 도망가고 말았다.
- **을러방망이하다** 자동사 때릴 것처럼 자세를 취하며 겁을 주려다.

▶ '으르다'와 '어르다'의 차이는 올림말 '어르다[2]' 참고.

-으므로 어미

연결 어미

뒷말의 이유나 근거를 제시하는 데에 사용하는 말. -기 때문에.

¶ 감기가 걸렸으므로 오늘은 출근하지 않겠다.

¶ 위 사람은 다른 사람의 모범이 되었으므로 이에 표창한다.

> **'-으므로'와 '-므로'**
>
> '-으므로'는 어간이나 선어말 어미의 끝음절이 받침이 있는 경우에 그 어간이나 선어말 어미 뒤에 붙고, '-므로'는 어간이나 선어말 어미의 끝음절에 받침이 없거나 'ㄹ' 받침이 있는 경우에 붙는다. ('-(으)므로'의 자세한 용법에 관해서는 올림말 '-므로' 참고.)
>
> ¶ 올 영업 이익이 많으므로 상여금을 지급한다./ 올 영업 손실이 크므로 대책을 마련했다.

으스대다 동사

규11-0 으스대고, 으스대어/으스대, 으스댄다, 으스댑니다, 으스대었다/으스댔다

자동사

어울리지 아니하게 우쭐거리며 뽐내다. ×으시대다

¶ 철수는 이번에 자기가 반에서 일등을 했다고 으스대고 다닌다.

으스스 부사

차고 싫은 기운이 몸에 스르르 돌면서 소름이 끼치는 듯한 모양. ×으시시

복합어

- **으스스하다** 형용사 차고 싫은 기운이 몸에 스르르 돌면서 소름이 끼치는 듯하다. ×으시시하다

'으스스'와 '으시시'

국어에서는 '으'와 '이'가 넘나들어 쓰이는 경우가 많다. 주로 '으'를 '이'로 발음하고 쓰는 경우가 대부분인데, '으스스, 부스스'를 '으시시, 부시시'로, '으슬으슬하다'를 '으실으실하다'로, '으스대다'는 '으시대다'로 쓰는 것이 그 예이다. 그러나 현재 표준어는 '부스스, 으스스, 으슬으슬하다, 으스대다'이므로 표기에 조심해야 한다.

× 으시대다

'으스대다'의 틀린 말.

× 으시시

'으스스'의 틀린 말.

은[1] 조사

보조사

① (받침 있는 체언이나 부사어 따위의 뒤에 붙어) 어떤 대상이 다른 것과 대조됨을 나타내는 말.

¶ 산은 높고, 물은 깊다.

¶ 다른 사람은 몰라도 형은 꼭 와야 해.

¶ 내가 그림을 잘은 못 그리지만 보통은 그린다.

¶ 이 방이 깨끗은 하지만 좁아서 불편하다.

② (받침 있는 체언 뒤에 붙어) 문장 속에서 어떤 대상이 화제임을 나타내는 말.

¶ 오늘은 날씨가 좋다.

¶ 이 책은 글 잘 쓰는 방법을 가르치기 위해서 썼다.

¶ 내가 그를 만난 것은 그에게 전해야 할 말이 있어서였다.

③ (받침 있는 체언이나 부사어, 일부 연결 어미 뒤에 붙어) 강조의 뜻을 나타내는 말.

¶ 우리에게도 희망은 있다.

¶ 무엇이든 열심히 하면은 좋은 일이 있을 것이다.

보조사 '은'과 '는'

'은'과 '는'은 같은 기능을 하는 보조사로서, 앞말의 끝소리에 받침이 있고 없음에 따라서 구별하여 쓴다. 받침이 있는 말 뒤에는 '은', 받침이 없는 말 뒤에는 '는'을 쓴다. (이에 관한 설명은 올림말 '는[1]' 참고.)

보조사 '은'과 주격 조사 '이'

'은'은 보조사이고, '이'는 주격 조사이다. 둘 다 받침이 있는 체언 뒤에 붙는다. (보조사 '은/는'과 주격 조사 '이/가'의 쓰임에 대해서는 올림말 '는[1]'과 '가[1]' 참고.)

-은[2] 어미

관형사형 어미

① (받침 있는 동사 어간에 붙어) 관형어가 되게 하는 말. 동작이 과거의 일임을 나타낸다.

¶ 행운을 잡은 사람 없소?
¶ 어제 먹은 배는 맛있었다.
② (받침이 있는 형용사 어간에 붙어) 관형어가 되게 하는 말. 현재의 상태임을 나타낸다.
¶ 좋은 사람만 골랐다.
¶ 밝은 해가 떠오른다.

어미 '-은'과 '-는'

이 어미가 동사의 어간에 붙는 경우에는 동작이 언제 행해지는지에 따라서 구별하여 붙는다. 동작이 과거에 행해진 것이면 '-은'을, 지금 행해지거나 동작이 행해지는 시점과 상관없이 사실이나 진리를 말하는 경우에는 '-는'을 쓴다.
¶ 점심을 다 먹은 사람은 운동장으로 모여라.('먹다'의 행위가 끝났음.)
¶ 점심을 먹는 사람이 많이 있다.('먹다'의 행위가 진행 중임.)
¶ 점심을 먹는 사람에게는 점심을, 안 먹는 사람에게는 돈을 준다.('먹다'의 행위가 없음.)

어미 '-은'과 '-ㄴ'

① 동사 어간에 붙이는 경우: 과거의 동작임을 나타내는 데에 쓰는 어미로, 받침이 있는 어간 뒤에는 '-은', 받침이 없는 어간 뒤에는 '-ㄴ'이 붙는다. 'ㄹ' 받침인 어간은 'ㄹ'이 탈락하고 '-ㄴ'이 붙어 어간의 받침이 된다.
¶ 고기를 잡은(잡다+은) 사람이 누구냐?
¶ 고기를 잡으러 간(가다+ㄴ) 사람이 누구냐?
¶ 이 밭을 간(갈다+ㄴ) 사람이 누구냐.
¶ 여기에서 산(살다+ㄴ) 사람은 모두 피해를 당했다.
② 형용사 어간에 붙이는 경우: 상태를 나타내는 어미로, 받침이 있는 어간 뒤에는 '-은'이 붙고, 받침이 없는 어간 뒤에 '-ㄴ'이 붙는다. 'ㄹ' 받침인 어간은 'ㄹ'이 탈락하고 '-ㄴ'이 붙어 어간의 받침이 된다.
¶ 보기 좋은(좋다+은) 떡이 먹기도 좋다.
¶ 먹기 나쁜(나쁘다+ㄴ) 떡은 보기도 나쁘다.
¶ 사람을 구하려면 긴(길다+ㄴ) 밧줄이 필요하다.
③ '이다'에 붙이는 경우: 언제나 '-ㄴ'이 붙는다.
¶ 부자인(부자이다+ㄴ) 경우와 가난뱅이인(가난뱅이이다+ㄴ) 경우에 따라 대접이 다르다.
¶ 무슨 일에나 적극적인(적극적이다+ㄴ) 사람이 있다.

-은걸 어미

종결 어미

① ('ㄹ' 받침을 제외한 받침 있는 동사 어간에 붙어) 현재 사실이 이미 알고 있는 바나 기대와는 다른 것임을 나타내는 말. 가벼운 반박이나 감탄 또는 지나간 일에 대한 후회를 드러낸다. 주로 입말에서 해라체로 쓴다.

¶ 나는 점심을 먹은걸.

¶ 그때는 우리가 그의 도움을 받은걸.

② ('ㄹ' 받침을 제외한 형용사 어간에 붙어) 현재 사실로 가벼운 반박을 하는 경우에 쓰는 말. 주로 입말에서 해라체로 쓴다.

¶ 나는 이게 더 좋은걸.

> **'-은걸'과 '-은 걸'**
>
> '-은걸'은 어미이고, '-은 걸'은 관형사형 어미 '-은'에 의존 명사 '거'와 목적격 조사 'ㄹ'이 결합한 형태이다. 곧, '-은 걸'은 '-은 거를', '-은 것을'과 같은 말이다.
>
> ┌ 행사를 치르기엔 장소가 너무 좁은걸.
> └ 장소가 그 행사를 치르기에 턱없이 좁은 걸 미처 파악하지 못했다.

▶ '-은걸'과 '-ㄴ걸'의 용법은 올림말 '-ㄴ걸' 참고.

-은지 어미

연결 어미

('ㄹ' 받침을 제외한 받침이 있는 형용사 어간에 붙어) 가벼운 의문이나 추측을 나타내는 말. 감탄하거나 강조하는 뜻이 있다.

¶ 돈이 얼마나 많은지 최고급 옷만 입고 다닌다.

¶ 지금 날씨가 좋은지 이 안에서는 도무지 알 수 없다.

¶ 하늘이 얼마나 맑은지 먼 산까지 또렷이 보였다.

▶ '-은지'의 용법은 올림말 '-ㄴ지' 참고.

을 조사

목적격 조사

(받침이 있는 체언 뒤에 붙어) 체언이 동사의 목적이나 대상임을 나타내는 말.

¶ 자기 이익을 위하여 사람을 이용하면 안 된다.

¶ 동생은 학원을 다니지 않아요.

¶ 며칠 여행을 다녀오려고 한다.

▶ 받침이 없는 체언 뒤에는 '를'이 붙는다.(올림말 '를' 참고.)

-을 어미

관형사형 어미

(받침 있는 용언의 어간, 과거형 어미 '-었-/-았-' 뒤에 붙어)

① 앞말이 관형어 구실을 하게 하는 말.

¶ 네가 늦게까지 회사에 있을 줄은 몰랐다.

¶ 이렇게 좋을 수 있을까?

¶ 보려고 본 것이 아니라 보여서 보았을 뿐이야.

② 관형어를 만들어 추측, 예정 등 확정된 현실이 아님을 나타내는 말.

¶ 지금쯤은 도착해 있을 거다.

¶ 오늘은 도서관에서 책을 읽을 생각이야.

▶ '이다'의 어간, 받침 없는 용언의 어간, 'ㄹ' 받침이 있는 용언의 어간, 또는 어미 '-으시-' '-시오-' 따위에는 '-ㄹ'을 쓴다. (올림말 '-ㄹ' 참고.)

-을 거다

'-을 것이다'의 준말. 단정하여 추측함을 나타낸다.

¶ 오후에 비가 멎을 거다.

¶ 사람들이 너의 행동을 비웃을 거다.

¶ 그렇게 먹을 거면서 안 먹겠다고 해?

▶ '-을 거다'와 '-ㄹ 거다'의 용법은 올림말 '-ㄹ 거다' 참고.

-을걸 어미

종결 어미

① 상대의 물음이나 의심에 대하여 가볍게 자기 생각을 말할 때에 쓰는 말.

¶ 내일은 비가 멎을걸.

¶ 우리 아파트보다 이 건물이 더 높을걸.

② 그렇게 하지 않은 일에 대해 가볍게 뉘우치거나 아쉬워함을 나타내는 말.

¶ 있으라고 할 때에 못 이기는 척하고 남아 있을걸.

▶ '-을걸'과 '-ㄹ걸'의 용법은 올림말 '-ㄹ걸' 참고.

-을게 어미

종결 어미

가볍게 말할 상대에게 어떤 행동을 하겠다고 약속하는 뜻을 나타내는 말.

¶ 내가 전화를 받을게.

¶ 네가 믿으라면 믿을게.

▶ '-을게'와 '-ㄹ게'의 용법은 올림말 '-ㄹ게' 참고.

× -을 꺼다/-을 꺼야

'-을 거다'와 '-을 거야'의 틀린 표기.

¶ 나는 기어이 빚을 받을 꺼다(×)/거다(○).

¶ 나는 밥을 먹을 꺼야(×)/거야(○).

× -을껄/-을께

'-을걸'과 '-을게'의 틀린 표기.

¶ 그 선물을 내가 받을껄(×)/받을걸(○).

¶ 이 옷을 입을께(×)/입을게(○).

-을는지 어미

연결 어미

제삼자 또는 주체의 행동에 대해서 추측이나 의문의 뜻을 나타내는 말. '-는지'의 미래 시제에 해당한다. × -을른지

¶ 그가 내일까지 빚을 갚을는지 알 수 없다.

¶ 누가 지금 집에 있을는지 모르겠다.

종결 어미

어떤 일의 실현 가능성에 대해 의문의 뜻을 나타내는 말.

¶ 비가 온다는데 누가 빨래를 걷을는지.

▶ '-을는지'와 '-ㄹ는지'의 용법은 올림말 '-ㄹ는지' 참고.

-을라고 어미

종결 어미

① 어떤 사실을 의심하면서 상대에게 되묻는 뜻을 나타내는 말.

¶ 아무렴 그가 벌써 왔을라고?

② (상대편을 안심시키기 위하여) 그럴 리가 없음을 강조 하는 말.

¶ 그만 걱정하게. 설마 이보다 더 고약한 일이 있을라고?

③ 어떤 사실이나 상황을 감탄조로 인정하는 말.

¶ 네가 어련히 알아서 했을라고.

▶ '-을라고'는 'ㄹ' 받침을 제외한 받침이 있는 용언의 어간에 붙여 쓰고, '이다', 받침이 없는 용언의 어간, 'ㄹ' 받침이 있는 용언의 어간에는 '-ㄹ라고'를 쓴다. (올림말 '-ㄹ라고' 참고.)

-을락 어미

연결 어미

(보통 '-을락 말락'의 형태로 쓰이어) 거의 그렇게 되는 모양을 나타내는 말.

¶ 그렇게 먹을락 말락 하지 말고 먹어라.

▶ '-을락'은 'ㄹ' 받침을 제외한 받침이 있는 동사 어간에 붙여 쓴다. 받침 없는 동사 어간이나 'ㄹ' 받침이 있는 동사 어간에는 '-ㄹ락'을 쓴다. (올림말 '-ㄹ락' 참고.)

× -을래야

'-으려야'의 틀린 말.

¶ 찾을래야(×)/찾으려야(○) 찾을 수 없게 깊숙이 감추었다.

> **'-을래야'와 '-으려야'**
>
> '-을래야'는 '-으려야'의 틀린 말이다. 그러나 많은 사람이 '-으려야'보다는 '-을래야'를 즐겨 쓰는 것 같다. 특히 입말에서 '-을래야' 사용이 두드러진다. 이 두 어미의 사용 실태를 조사하여 '-을래야'를 표준어로 인정하는 것을 검토할 필요가 있다. 이와 비슷한 예로 '-길래'를 '-기에'와 함께 표준어로 인정한 전례가 있다는 점도 고려해 봄직하다.

× -을러

'-으러'의 틀린 말.

¶ 산에 나무를 심을러(×)/심으러(○) 간다.

× -을려고

'-으려고'의 틀린 말.

¶ 그 알량한 선물을 받을려고(×)/받으려고(○) 줄을 서서 기다렸구나?

× -을련다

'-으련다'의 틀린 말.

¶ 오늘은 이곳에서 묵을련다(×)/묵으련다(○).

✕ -을른지

'-을는지'의 틀린 표기.

¶ 이래도 좋을른지(×)/좋을는지(○) 모르겠다.

-을망정 어미

연결 어미

앞 절의 사실을 인정하고 뒤 절에서 그와 대립되는 다른 사실을 이어 말할 때에 쓰는 말. '비록 그러하지만 그러나' 또는 '비록 그러하다 하여도 그러나'에 가까운 뜻을 나타낸다.

¶ 비록 몸은 죽을망정 내 뜻은 많은 사람에게 계승될 것이다.

▶ '-을망정'과 '-ㄹ망정'의 용법은 올림말 '-ㄹ망정' 참고.

-을밖에 어미

종결 어미

그러는 것 외에 다른 수가 없음을 나타내는 말.

¶ 잘못을 했으니 벌을 받을밖에.

¶ 아들이 취직을 했으니 기분이 좋을밖에.

▶ '-을밖에'와 '-ㄹ밖에'의 용법은 올림말 '-ㄹ밖에' 참고.

-을뿐더러 어미

연결 어미

그것만으로 그치지 않고 나아가 다른 것이 더 있음을 나타내는 말.

¶ 영화가 재미있을뿐더러 유익하기도 하다.

▶ '-을뿐더러'와 '-ㄹ뿐더러'의 용법은 올림말 '-ㄹ뿐더러' 참고.

-을지 어미

연결 어미

추측에 대해 막연히 의문을 나타내는 말.

¶ 무엇을 먹을지 아무 생각도 나지 않는다.

종결 어미

추측에 대해 막연히 의문을 나타내는 말.

¶ 그분이 우리가 기다리던 분이 맞을지?

▶ '-을지'와 '-ㄹ지'의 용법은 올림말 '-ㄹ지' 참고.

× -을찌/-을찌라도

'-을지'와 '-을지라도'의 틀린 표기.

¶ 어떻게 해야 새를 잡을찌(×)/잡을지(○) 모르겠다.

¶ 새를 잡을찌라도(×)/잡을지라도(○) 죽이지는 말아라.

ㅇ

-음 어미

명사형 어미

동사나 형용사를 명사처럼 기능하도록 만드는 말.

¶ 우리가 거기에 가기로 하였음.

'-음'과 '-슴'

동사나 형용사를 명사처럼 기능하도록 만드는 어미로는 '-음'과 '-ㅁ'뿐이다. '-슴'은 '-음'의 틀린 말이다. '-음'은 받침이 있는 동사나 형용사의 어간 뒤에 붙고, 받침이 없는 경우에는 '-ㅁ'이 붙는다.

¶ 아침에는 빵을 먹습니다. → 빵을 먹음 (먹다+음)

¶ 이것을 축제라고 일컫습니다. → 축제라고 일컬음 (일컫다+음)

¶ 즐겁게 놀았습니다. → 즐겁게 놀았음 (놀았다+음)

¶ 낮에는 죽을 마십니다. → 죽을 **마심** (마시다+ㅁ)
¶ 무척 기쁩니다. → 무척 **기쁨** (기쁘다+ㅁ)
¶ 오전에는 밭을 갑니다. → 밭을 **갊** (갈다+ㅁ)
¶ 불쌍한 아이를 돕습니다. → 아이를 **도움** (돕다+음)
¶ 줄을 길게 잇습니다. → 길게 **이음** (잇다+음)

✕ -읍니다

'-습니다'의 틀린 표기.
¶ 아이가 밥을 먹**읍니다**(×)/먹**습니다**(○)
¶ 기분이 무척 좋**읍니다**(×)/좋**습니다**(○)

의논 명사 (議論)

어떤 사안에 대하여 서로 의견을 주고받는 일.
¶ 내일 할 일에 대하여 **의논**을 해 봅시다.

의론 명사 (議論)

어떤 사안에 대하여 각자 의견을 제기함. 또는 그 의견.
¶ 이러자 저러자 **의론**이 부산하여 결론을 내지 못했다.

'의논'과 '의론'
한자어 '議論'은 두 가지로 소리 내고 표기한다. '의론'으로 소리 내고 표기하면 '어떤 사안에 대하여 의견을 제기함. 또는 그 의견'의 뜻을 나타내고, '의논'으로 소리 내고 표기하면 '어떤 사안에 대하여 의견을 주고받음'을 뜻한다. 뜻에 따라서 발음과 철자가 다름을 기억하자.

의사 명사 (義士)

의로운 지사(志士).

▶ '의사', '열사', '지사'의 차이는 올림말 '열사(烈士)' 참고.

이 조사

주격 조사

① 앞말을 서술어의 주어가 되게 하는 말.

¶ 사람이 달려온다.

¶ 빛이 비친다.

② 서술절에서 앞말을 서술어의 주어가 되게 하는 말.

¶ 나는 지금 동생이 보고 싶다.

¶ 나는 이곳이 좋다.

③ 수량과 함께 써서 그 정도에 이름을 나타내는 말.

¶ 아들이 한 섬이 넘는 쌀을 가져왔다.

¶ 1년이 다 되도록 그에게서 연락이 오지 않았다.

보격 조사

① '되다'의 보어가 되게 하는 말.

¶ 얼음이 녹으면 물이 된다.

¶ 검던 머리가 백발이 되었다.

② '아니다'의 보어가 되게 하는 말.

¶ 이것은 단순한 협박이 아니다.

¶ 너는 내 동생이 아니다.

조사 '이'와 '가'

두 조사는 모두 주격 조사로서 기능이 완전히 일치한다. 체언의 끝음절에 받침이 있으면 '이'를 쓰고 받침이 없으면 '가'를 쓴다. (좀 더 자세한 설명은 올림말 '가[1]' 참고.)

-이[1] 접사

접미사

① 일부 명사를 부사로 만드는 말.

¶ 곳곳이, 나날이, 낱낱이, 집집이

② 형용사를 부사로 만드는 말.

¶ 높이, 많이, 슬피

접미사 '-이'와 '-히'의 선택

한글맞춤법 제51항에서 "부사의 끝음절이 분명히 '이'로만 나는 것은 '-이'로 적고, '히'로만 나거나 '이'나 '히'로 나는 것은 '-히'로 적는다"라고 규정하고 그 예를 아래와 같이 들었다.

1. '이'로 나는 것
   ¶ 가붓이, 깨끗이, 느긋이, 가까이, 고이, 날카로이, 많이, 적이, 헛되이, 겹겹이, …
2. '히'로만 나는 것
   ¶ 극히, 급히, 딱히, 속히, 작히, 족히, 특히, 엄격히, 정확히
3. '이, 히'로 나는 것
   ¶ 가만히, 간편히, 공평히, 과감히, 도저히, 무단히, 섭섭히, 솔직히, 심히, 조용히, …

그런데 위 규정에는 문제가 있다. 부사의 끝음절이 '이'로 소리 나는지 '히'로 소리 나는지 또는 '이'와 '히'로 소리 나는지 확실하게 제시하지 않았기 때문이다. 제시한 예가 수많은 부사 가운데 일부에 지나지 않으므로 여기에 제시하지 않은 부사는 일일이 그 소리를 감별해야 하는 부담이 있다.

특히, 위 규정은 '-하다'가 붙은 형용사 가운데 어근 끝음절이 'ㄱ'인 경우가 문제이다. 아래 경우는 '이'로 적을지, '히'로 적을지 몹시 헷갈린다. 국어사전을 찾아서 해결하면 되겠지만 어떤 경우에는 국어사전으로도 해결되지 않는다.

- 깊숙하다 - 깊숙히/깊숙이
- 넉넉하다 - 넉넉히/넉넉이
- 빼곡하다 - 빼곡히/빼곡이
- 수북하다 - 수북히/수북이

《표준국어대사전》에서는 위의 표기 중에서 '깊숙이/넉넉히/빼곡히/수북이'로 표기하고 있지만 사람에 따라서는 '깊숙히', '수북히'가 왜 틀리는지 의문을 품을 수 있다. 규정에 따르면 '이'나 '히'로 소리 나는 것은 '히'로 적게 되어 있으므로 이들은 모두 '히'로 적는 것이 옳다고 생각할 수 있기 때문이다. 매우 아쉬운 규정이고, 하루빨리 보완해야 할 규정이다.

▶ 형용사를 부사로 만드는 '-이'와 '-히'의 용법은 올림말 '-히' 참고.

–이² 접사

접미사

(일부 동사 어간 뒤에 붙어) 사동 또는 피동의 뜻을 더하는 말.

¶ 끓다 – 끓이다, 늘다 – 늘이다, 들다 – 들이다, 보다 – 보이다, 붙다 – 붙이다, 줄다 – 줄이다, 훑다 – 훑이다

접미사 '–이'와 '–히'의 선택

사동과 피동의 의미를 보태는 접미사 '–이'와 '–히'는 대체로 단어에 따라서 '이'나 '히'를 선택적으로 쓴다. 그런데 몇몇 단어는 '이'와 '히'를 함께 써서 의미나 용법을 달리하는 경우가 있다.

① 박이다 – 박히다: 둘 다 피동사이다. (용법은 올림말 '박이다¹' 참고.)

② 삭이다 – 삭히다: 둘 다 사동사이다. (용법은 올림말 '삭이다²' 참고.)

③ 썩이다 – 썩히다: 둘 다 사동사이다. (용법은 올림말 '썩히다' 참고.)

④ 먹이다 – 먹히다: '먹이다'는 사동사, '먹히다'는 피동사이다.

이고 조사

접속 조사

둘 이상의 사물을 같은 자격으로 이어 주는 말. 바로 뒤에 '간에'가 오기도 한다.

¶ 옷이고 책이고 다 버리고 몸만 왔다.

¶ 이제는 좋은 사람이고 나쁜 사람이고 간에 아무도 믿을 수 없는 세상이다.

▶ '이고'는 받침 있는 체언에 붙고, 받침 없는 체언 또는 조사 '에, 에게, 서, 에서, 께, 께서' 따위에는 '고'가 붙는다.

이나 조사

보조사

① 마음에 차지 아니하는 선택, 또는 최소한 허용되어야 할 선택임을 나타내는 말.

¶ 나는 여기서 잠이나 자겠다.
¶ 지금 갈 테니 선물이나 내놓아라.

② 강조나 양보의 뜻을 나타내는 말.
¶ 부모님이나 만난 듯이 좋아한다.
¶ 자기가 안 가려면 남이나 가게 해야지.
¶ 취직이나 해야 장가를 가지.

③ 상당한 정도의 수량을 나타내는 말.
¶ 이 식구가 다 먹으려면 쌀말이나 들겠군.
¶ 몇 시간이나 기다리면 되겠니?

④ 비교의 뜻을 나타내는 말. 뒤에는 결국 같다는 뜻을 가진 말이 온다.
¶ 아들에게서 직접 전화를 받았으니 만난 것이나 다름없다.
¶ 능력 있는 의사를 만났으니 나은 것이나 진배없다.

⑤ ('-이나 -이나' 형태로 쓰이어) 나열하는 두 가지에 다 적용함을 나타내는 말.
¶ 옛날이나 지금이나 이곳은 도무지 변하지 않은 것 같다.

접속 조사

둘 이상의 사물을 같은 자격으로 이어 주는 말.
¶ 시장할 때는 밤이나 감자를 먹으면 좋다.
¶ 말하는 것으로 보아 그는 시인이나 소설가일 것이다.

'이나'의 용법

'이나'는 두 낱말을 같은 자격으로 이어 주는 기능을 하는데, 조심할 것은 두 낱말을 잇되 둘 가운데에서 어느 하나를 선택하여 잇는다는 점이다. 이는 '과'가 둘을 모두 아울러서 연결하는 것과 다르다. '이나'는 하나를 선택하면 다른 하나가 배제되는 특징이 있고, '과'는 모두 포함하는 특징이 있다.
¶ 운동장은 학생이나 학부형으로 채워졌다. → 학생과 학부형
¶ 법안을 반대하는 상인이나 건물주들이 항의 집회를 열었다. → 상인과 건물주들이
¶ 우리 결혼식은 예식장과 교회에서 할 예정이다. → 예식장이나 교회에서

'이나'와 '나'

체언이나 앞말의 끝음절에 받침이 있으면 '이나'를 쓰고, 받침이 없으면 '나'를 쓴다.
┌ 사람이나 동물이나 다 같다.
└ 물고기나 뭍고기나 다 같다.

이다[1] 동사

규11-0 이고, 이지, 이어/여, 이어서/여서, 인다, 입니다, 이었다/였다

타동사

① 물건을 머리 위에 얹다.

¶ 남자는 짐을 등에 지고, 여자는 보따리를 머리에 이고 피난길을 나섰다.

¶ 광주리를 머리에 이고 다니며 장사를 했다.

② (비유적으로) 머리 위쪽에 지니거나 두다.

¶ 히말라야는 과거부터 지금까지 죽 머리에 눈을 이고 서 있었다.

¶ 하늘을 이고 서 있는 웅장한 산을 보라.

속담

- **이고 지고 가도 제 복 없으면 못산다** 친정이 부유하여 혼수를 많이 가져가도 그것만으로 잘 살 수 있는 것은 아니라는 말.

ㅇ

이다[2] 동사 [이:-]

규11-0 이고, 이니, 이지, 이어/여, 이어서/여서, 인, 입니다, 이었다/였다

타동사

(지붕을) 기와나 볏짚 따위로 덮다.

¶ 동네 모든 집이 지붕을 새로 이니 동네가 산뜻해졌다.

¶ 요즘 새로 지은 집들 중에도 기와로 지붕을 인 집이 있다.

'이다'의 활용형

'이다[2]'의 활용형으로 '이은, 이으니, 이으면, 이을'을 쓰는 사람이 있는데 이는 '이다[2]'를 '잇다'로 생각해서 활용한 것으로, 잘못이다. 이 경우에는 마땅히 '인, 이니, 일'처럼 활용형을 써야 한다.

¶ 지붕이 비가 새니 새로 이으면(×) 좋겠다. → 이면

¶ 지붕을 이을(×) 짚을 마련해야겠다. → 일

¶ 마을에 새로 지붕을 이은(×) 집이 많이 있다. → 인

이다[3] 조사

이고, 이어, 이어서, 이어요/여요, 이에요/예요, 인, 인가, 입니다, 이었다/였다

서술격 조사

① (체언 뒤에 붙어) 주어가 지시하는 대상의 이름이나 속성을 지정하는 뜻을 나타내는 말.
¶ 이것은 책이다.
¶ 침묵은 금이지.
¶ 방 안이 엉망이에요.
② (접미사 '-적'이 붙은 명사 뒤에 붙어) 주어의 특징을 나타내는 말.
¶ 그는 양심적입니다.
¶ 그는 매사에 적극적이더라.
③ (일부 명사 뒤에 붙어) 용언처럼 주체의 행동이나 상태를 나타내는 말.
¶ 너는 어째서 매사에 불평인가?
¶ 여행을 떠난 형이 걱정이다.
④ (부사 뒤에 붙어) 주체의 행동이나 상태를 나타내는 말.
¶ 일하는 솜씨가 제법이네요.
¶ 여기에 온 건 내가 처음이어요.
⑤ (연결 어미 '-어서' 뒤에 붙어) 주체의 행동에 관여하는 상황을 나타내는 말.
¶ 그가 잠을 깬 것은 9시가 넘어서이다.
¶ 내가 오늘 남편에게 한마디도 하지 않은 것은 너무 화가 나서이다.

접속 조사

(주로 '-이다 -이다' 형태로 쓰이어) 둘 이상의 사물을 같은 자격으로 이어 주는 말.
¶ 연습이다 레슨이다 아이들을 지나치게 많이 가르치려 하는 것이 우리 교육의 문제이다.

'이다'의 품사

'이다'는 학자에 따라서 형용사의 하나로 보거나 '지정사'로 보기도 하고, 조사로 보기도 하는데, 현행 학교 문법(표준 문법)에서는 서술격 조사로 본다. 다만, 용언처럼 활용을 하는 조사이다. 그런데 형태는 '이다'의 활용형과 같지만 문법적 성격은 서술격 조사와 상관없는 조사가 있다. 접속 조사, 인용 조사, 보조사로 쓰이는 것들이 '이다'의 활용형과 같아서 헷갈리기 쉽다.

① 서술격 조사

문장의 끝에서 서술어를 만드는 기능을 하는 형태로, '이다', '입니다', '이군', '이네', '이오' 따위의

활용형이 있다.

¶ 그분은 우리의 자랑입니다.
¶ 여기가 서울이군.
¶ 여기가 우리가 찾던 낙원이오.
¶ 지금이 가장 좋은 시간이에요.

② **접속 조사**

연속되는 두 체언을 잇기 위해서 쓰는 형태로, '이다', '이고', '이며', '이나', '이니' 따위가 있다.

¶ 서울이다 부산이다 다 가 봤다.
¶ 집이고 절이고 다 소용없다.
¶ 연필이나 볼펜이나 하나 가져와라.
¶ 떡이니 과일이니 잔뜩 먹었다.

③ **인용 조사**

인용한 내용을 가리키기 위해서 쓰는 형태로, '이라고', '이라며', '이라는', '이라면서' 따위가 있다.

¶ 거기에 "조심"이라고 팻말을 하나 세워라.
¶ "더 열심히 노력하겠음"이라는 문구가 적혀 있었다.

④ **보조사**

주어나 목적어 따위의 기능을 하기 위해서 쓰는 형태로, '이야', '이라도', '이라면' 따위가 있다.

¶ 그런 사람이야 어디에나 있는 법이다.
¶ 옷이라도 제대로 입고 와야지.
¶ 운동이라면 내가 싫어할 이유가 없지.

서술격 조사 '이다'와 '다'

서술격 조사 '이다'는 '이-'와 '다'가 나뉘는데, '다'는 어미가 활용하는 방식으로 바뀌는 특징이 있다.

- 이것은 책이다.
- 이것은 나무다.
- 이것은 붓꽃이야.
- 이것은 봉숭아야.

'다'가 이렇게 어미가 바뀌듯이 바뀌기 때문에 '이다'를 조사로 보면서도 '다'는 어미로 본다. 따라서 예문의 '다', '야'는 모두 어미이다.

서술격 조사 '이다'의 활용형 '이어요'와 '이에요'

'이다'의 활용형으로 '이어요'와 '이에요'를 다 표준어로 인정한다.

① 받침이 없는 체언에는 '이어요'가 줄어든 '-여요', '이에요'가 줄어든 '-예요'를 붙인다.
¶ 이것은 지우개이어요(○)지우개이에요(○)/지우개여요(○)/지우개예요(○).
¶ 여기는 광주이어요(○)/광주이에요(○)/광주여요(○)/광주예요(○).
그러나 자음 뒤에서는 '예요', '여요'로 줄어들지 않는다.
¶ 이것은 책상이에요(○)/책상이어요(○)/책상예요(×)/책상여요(×).
¶ 참 좋은 생각이에요(○)/생각이어요(○)/생각예요(×)/생각여요(×).
② 활용형 '이어', '이어서', '이었다'는 받침이 없는 말에 붙을 때에만 '여', '여서', '였다'로 줄여 쓸 수 있다.
¶ 여기는 바다여서(○)/산이어서(○)/산여서(×) 공기가 맑다.
¶ 그때 시간이 5시였다(○)/5시 10분이었다(○)/5시 10분였다(×).
③ 받침이 있는 이름 끝에 '이'를 덧붙여 말하는 경우가 있는데 이때는 '이에요', '이어요'를 '예요', '여요'로 줄여 쓸 수 있다.
¶ 제가 영숙이이어요(○)/영숙이이에요(○)/영숙이예요(○)/영숙이여요(○).
¶ 이 애 이름은 경식이이고, 저 애 이름은 영식이이에요(○)/이어요(○)/예요(○)/여요(○).

이따 부사

'이따가'의 준말.
¶ 이따 보자.

이따가 부사 ㉾ 이따

조금 지난 뒤에.
¶ 이따가 말해 줄게.

'이따가'와 '있다가'

'이따가'는 부사이고, '있다가'는 동사 '있다'에 어미 '-다가'가 붙어 활용한 형태이다. 따라서 부사와 동사라는 특성에 따라서 달리 쓴다. '이따가'는 부사이므로 언제나 동사 앞에서 그 동사를 꾸민다. 그러나 '있다가'는 어미 '-다가'가 연결 어미의 기능을 하므로 앞의 절을 뒤의 절과 연결한다. '이따가'

가 '있다가'에서 전성한 것이어서 이 두 말이 매우 비슷한 기능을 하므로 헷갈리기 쉬운데, '이따가' 속에는 '조금 지난 뒤'라는 시간이 들어 있으므로 그 앞에 '조금'이나 '오래' 같은 시간을 나타내는 수식어가 붙을 수 없다는 특징이 있음을 이해하면 헷갈리지 않는다.

¶ 이따가 그를 만나서 의논하기로 했다.

¶ 그걸 곧바로 하지 않고 이따가 하겠다니 걱정이 된다.

¶ 우리는 잠시 여기 있다가 시간이 되면 그곳으로 가자.

¶ 조금 있다가 갈게.

¶ 오래 있다가 그가 나타났다.

이따금 부사

얼마쯤 있다가 가끔.

¶ 내가 여기 살 때는 그가 이따금 놀러 오곤 했다.

'이따금'과 '가끔'

'이따금'은 '잊을 만큼 오랜 뒤에'의 뜻이 있고, '가끔'은 '잊을 만하면'의 뜻이 있다. 다시 말하면 '이따금'이 '가끔'보다 더 간격이 길다는 말이다. '이따금'은 횟수가 적음을 암시하고, '가끔'은 자주는 아니지만 그래도 횟수가 어느 정도 있음을 암시한다.

¶ 나는 이따금 기회가 되면 여행을 할 뿐 자주 하지 않는 편이다.(어쩌다 한 번)

¶ 당시는 가끔 외국 여행을 할 기회가 있었다.(자주는 아니더라도 몇 번)

이라고[1] 조사

부사격 조사

앞말이 직접 인용하는 말임을 나타내는 말. 큰따옴표 뒤에 붙인다.

¶ 사무실 문에 "회의 중"이라고 써서 붙였다.

▶ 직접 인용문의 종결 어미에 받침이 있으면 '이라고'를, 받침이 없으면 '라고'를 쓴다. ('이라고'와 '라고'의 용법은 올림말 '라고' 참고.)

이라고[2] 조사

보조사

① 마음에 탐탁지 않게 생각하는 대상임을 나타내는 말.

¶ 이걸 텃밭이라고 가꾼단 말이오?

¶ 그런 사람을 벗이라고 사귄다니.

② 보통 부정적인 판단의 원인이나 이유를 나타내는 말.

¶ 사슴이라고 다 녹용을 얻을 수 있는 건 아니다.

¶ 선생이라고 아이들을 함부로 대할 권리는 없다.

③ ('이라고는'이나 '이라곤' 형태로 쓰이어) 강조하여 지정하는 뜻을 나타내는 말.

¶ 반 년 동안 사람이라고는 아무도 찾아오지 않았다.

¶ 어제오늘 밥이라곤 한 술도 뜨지 않았다.

▶ 받침 있는 체언에는 '이라고'가, 받침이 없으면 '라고'가 붙는다.

이란 조사

보조사

어떤 대상을 특별히 집어서 화제로 삼을 때에 쓰는 말.

¶ 사람이란 생각하는 갈대다.

¶ 죽음이란 아무도 피할 수 없는 과정이다.

▶ 받침 있는 체언에는 '이란'이 붙고, 받침이 없으면 '란'이 붙는다.

-이란

'이라고 하는'의 준말. 이라는.

¶ 그는 오늘 연구부장이란 직함을 받았다.

¶ 이게 거짓이란 증거가 어디 있소?

▶ 받침 있는 체언에는 '-이란'이 붙고, '이다', '아니다'의 어간과 받침 없는 체언에는 '-란'이 붙는다. (올림말 '-란' 참고.)

이러다 동사

불10-9 이러고, 이러면, 이래, 이래서, 이러는, 이런다, 이럽니다, 이랬다

자동사

① 이렇게 행동하다. '이리하다'의 준말.

¶ 내가 왜 자꾸 이러는지 모르겠어.

¶ 내가 지금 이러고 있을 때가 아니야.

¶ 이 사람은 술만 마시면 언제나 이랬어.

② 이렇게 말하다.

¶ 이 사람 지금은 모른다고 이러지만 잘 달래면 금방 알려 줄 거야.

¶ 아이가 자꾸 학교 가기 싫다고 이러는데 어떡하지?

'이러다', '저러다', '그러다'

말하는 사람이 자기 말이나 행동을 가리키는 경우에는 '이러다', 말하는 사람과 듣는 사람이 제삼자의 말이나 행동을 가리키는 경우에는 '저러다', 말하는 사람이 상대의 말이나 행동을 가리키는 경우에는 '그러다'를 쓴다. 상대의 말이나 행동 가운데서 지금 당장 말하는 이의 눈앞에서 하는 말이나 행동이라면 '이러다'를 쓰기도 한다. 말하는 사람이나 듣는 사람의 눈에 보이지 않지만 서로 아는 말이나 행동 또는 앞에서 말한 말이나 행동을 가리킬 때는 '그러다'를 쓴다.

¶ 내가 이러다 망하게 될지 모르겠네.

¶ 너 그러다/이러다 낭패를 당할지 몰라.

¶ 저 사람 저러다 넘어지겠어.

¶ 함께 재미있게 놀기도 하고 그러다가 싸우기도 하더라.

이러하다 형용사

불20-9 이러하고, 이러하여/이러해, 이러한, 이러합니다, 이러하였다/이러했다

'이렇다'의 본딧말.

¶ 이러한 일은 생전 처음 본다.

¶ 네 형편이 이러한데 일을 재촉해서 미안하다.

이렇다 형용사

불21-5 이렇고, 이러니, 이러면, 이러나, 이래, 이런, 이렇소, 이렇습니다, 이랬다

(성질, 모양, 상태 따위가) 이와 같다.

¶ 꼴은 이러나 마음은 비단결 같다.

¶ 이런 일로 이렇게 시간을 빼앗겨서는 안 되겠다.

'이렇다'와 '이러하다', '이러다'

'이러하다'가 본딧말이고 '이렇다'가 준말인데 준말을 더 널리 사용한다. 사용법에 차이는 없지만, 형태가 다르므로 활용하는 형태도 다르다. 또 '이렇다'와 '이러하다'는 형용사이지만 '이러다'는 동사이다. 따라서 활용형을 구별하여 잘 써야 한다.

기본형/어미	품사	-여	-ㄴ	-ㅂ니다	-였-
이러하다	형용사	이러하여/이러해	이러한	이러합니다	이러하였다/이러했다
이렇다	형용사	이래	이런	이렇습니다	이랬다
이러다	동사	이래	이러는/이런	이럽니다	이랬다

이루 부사

① (주로 뒤에 부정하는 말과 함께 쓰이어) 도저히. 아무리 하여도.

¶ 내가 고생한 것은 이루 말할 수 없다.

② 있는 것 모두. 있는 대로 다.

¶ 세상 사람을 이루 구제하는 방법이 있겠느냐?

¶ 이루 불평을 하자면 끝이 없다.

'이루'와 '이루 다'

흔히 "내가 한 고생을 이루 다 말하려면 평생을 해도 못 한다"처럼 '이루'에 '다'를 덧붙여 강조하는데, 여기서 사용한 '다'는 군더더기이다. '이루②'에는 이미 '다'의 의미가 포함되어 있기 때문이다. 이를 강조하는 방법으로 받아들일 수도 있지만 '이루'의 뜻을 정확하게 알지 못한다고 할 수 있다.

이루다 동사

규11-0 이루고, 이루어/이뤄, 이룬, 이룹니다, 이루었다/이뤘다

타동사

① 어떤 결과나 상태로 되게 하다.

¶ 화목한 가정을 **이루려면** 무엇보다도 사랑과 감사가 넘쳐야 한다.

¶ 오늘은 어쩐 일로 잠을 **이루지** 못하는지 알 수 없다.

② (뜻한 바를) 그대로 되게 하다. 성취하다.

¶ 자기 목적을 **이루기** 위해서 남을 희생시켜서는 안 된다.

¶ 뜻을 **이루려면** 자신감을 가지고 도전해야 한다.

¶ 우리가 열심히 노력하여 아버지 소원을 **이루어** 드리자.

③ 조직하다. 구성하다.

¶ 물을 **이루고** 있는 요소는 무엇 무엇인지 알아봅시다.

¶ 국민과 국토와 주권이 국가를 **이루는** 삼대 요소이다.

복합어

- **이루어지다** 자동사 ① 일정한 상태나 결과가 생기거나 만들어지다. ¶ 여야 합의가 이루어지지 않아 법안이 통과되지 않고 있다. ② 뜻한 대로 되다. ¶ 당신의 뜻이 이루어지기를 바랍니다. ③ 몇 가지 성분이 모여 일정한 존재가 되다. ¶ 물은 산소와 수소로 이루어졌다.

이룩하다 동사

불10-9 이룩하고, 이룩하여/이룩해, 이룩한다, 이룩합니다, 이룩하였다/이룩했다

타동사

① (큰 사업이나 뜻을) 이루다.

¶ 통일을 **이룩하는** 날까지 남북이 협력해야 합니다.

¶ 회장님께서는 큰 뜻을 품고 노력하신 끝에 이처럼 큰 기업을 **이룩하셨습니다**.

② (나라, 집 같은 것을) 새로 세우다.

¶ 이성계가 **이룩한** 조선은 기틀이 잡히기도 전에 왕자의 난으로 소용돌이치게 되었다.

¶ 우리가 어떤 사회를 **이룩할** 것인지 공론에 부칠 필요가 있다.

'이룩하다'와 '이루다'

많은 노력을 기울여 기어이 큰일을 해내는 경우, 특히 웬만한 사람은 할 수 없는 노력을 기울여 성취한 커다란 업적에 대하여 '이룩하다'를 쓴다. 강력한 노력이나 커다란 업적이 어느 수준인지 정해진 바는 없다. 나라나 사회 또는 공동체를 아우르는 큰 일, 수많은 어려움을 이기고 기울인 노력 따위를 평가하여 특별히 '이룩하다'를 쓰는 것이 좋을 것 같다.

¶ 친구들끼리 조그만 모임 하나를 이루어 냈다.

¶ 그는 정의로운 사회를 이룩하는 데에 온 힘을 쏟았다.

'이룩하다'가 '이루다'에 비해서 더 적극적인 노력을 하는 경우에 쓰기 때문에 피동형인 '이룩되다'는 잘 쓰지 않는다. 반면에 '이루다'는 조그만 노력으로도 성취할 수 있는 일이 대상이므로 피동형인 '이루어지다'를 매우 폭넓게 쓴다. 웬만하면 다 이루어질 수 있기 때문이다.

이르다[1] 동사

불11-7 이르고, 이르러, 이르러서, 이릅니다, 이르렀다

자동사

① (어떤 장소나 시각에) 다다르다. 도착하다.

¶ 답사대는 400킬로미터가 넘는 길을 걸어 14일 만에 목적지에 **이르렀다**.

¶ 10시에 **이르러서야** 공연이 끝났다.

② (어떤 정도나 범위에) 미치다.

¶ 국민소득이 4만 달러에 **이르면** 선진국이라고 말해도 좋을 것이다.

¶ 그의 음악이 신의 경지에 **이른** 것 같다.

'이르다'의 활용형

'이르다[1]'에 어미 '-어', '-어서', '-어라'나 선어말 어미 '-었-'이 붙는 경우에는 각각 '-러', '-러서', '-러라', '-렀-'으로 바뀌어 '이르러', '이르러서', '이르러라', '이르렀다'가 된다. 이렇게 활용하는 것을 '르' 불규칙 활용이라고 한다. 그 밖의 어미가 붙는 경우에는 규칙적으로 활용한다. 아래 경우에는 규칙 활용 형태를 써야 한다.

¶ 10월 말에 **이르르면**(×) 온 산이 붉게 물든다. → 이르면

¶ 기어이 우리는 산 정상에 **이르르고**(×) 말았다. → 이르고

¶ 빨리 목적지에 **이르르라고**(×) 명령했다. → 이르라고

¶ 지금 막 회담 장소에 이르르는(×) 중입니다. → 이르는
¶ 방금 문 앞에 이르른(×) 사람이 아까 말한 그 사람이다. → 이른

이르다[2] 동사

불11-6 이르고, 일러, 일러서, 이른, 이릅니다, 일렀다

자동사

① ('누구에게 무어라고', '누구에게 어떻다고') 말하다.
¶ 선생님께서 지금 오신다고 일러 주어라.
¶ 즉시 떠나라고 일러라.
② 잘 깨닫도록 일의 이치를 밝혀 말해 주다. 타이르다.
¶ 다음부터는 그러지 말라고 일렀다.
③ ('이르기를' 또는 '이르되', '일렀으되'의 형태로 쓰이어) 책이나 속담에 말하여지다.
¶ 옛 사람이 이르기를 사람은 열 번 된다고 했다.
¶ 논어에 일렀으되 제 몸을 닦은 후에 집안을 다스리라 했다.

타동사

① 미리 알려 주다.
¶ 약속 시간을 미리 일러 주지 않아서 혼선이 빚어졌다.
② 어떤 사람의 잘못을 윗사람에게 말하여 알게 하다. 고자질하다.
¶ 친구의 실수를 선생님에게 이르는 녀석이 가장 얄밉다.
③ (무엇을 무엇이라고) 이름을 붙여 부르다.
¶ 이 생선을 도루묵이라고 이른다.
¶ 그 회사를 앞으로 '대박'이라고 이르기로 했다.

복합어

- **일러바치다** 타동사 남의 잘못 따위를 윗사람에게 알리다. ¶ 누나가 어머니에게 내 잘못을 일러바쳤다.

관용 표현

- **이를 데 없다** ① 정도가 굉장하여 이루 다 말할 수 없다. ¶ 네 소식을 들으니 기쁘기 이를 데 없다.

ㅇ

② 생각 따위가 아주 옳거나 마땅하여 더 말할 필요가 없다. ¶ 말씀은 이를 데 없이 옳습니다만 그렇게 하기는 쉽지 않아 보입니다.

타동사 '이르다', '일컫다', '부르다'

원래의 이름을 말하는 경우에는 '부르다'를 쓴다. '선생님께서 모든 아이들 이름을 하나하나 부르셨다'처럼 이름을 말하는 경우에 쓴다. '일컫다'나 '이르다'는 원래의 이름 대신에 다른 이름으로 부르거나 이름이 없는 사물에 이름을 붙이는 경우에 쓴다.

¶ 내 이름을 함부로 부르지(○)/이르지(×)/일컫지(×) 마라.
¶ 저를 영수라고 불러(○)/일러(×)/일컬어(×) 주세요.
¶ 이 식물은 맨드라미라고 부릅니다(○)/이릅니다(○)/일컫습니다(×).
¶ 백두산을 민족의 영산이라고 부릅니다(×)/이릅니다(○)/일컫습니다(○).
¶ 백의민족은 우리 민족을 부르는(×)/이르는(○)/일컫는(○) 말이다.
¶ 사람을 일컬어(○)/일러(○)/불러(×) 만물의 영장이라고 한다.

이르다[3] 형용사

불21-6 이르고, 이르니, 이르면, 이른, 이릅니다, 일러, 일러서, 일렀다

① (기준이나 표준보다) 앞서다.
¶ 출근하기에는 시간이 일러서 책을 읽었다.
¶ 오후 5시는 저녁을 먹기에 이른 시간이다.
② 죽 이어지는 시간 가운데 앞쪽이다.
¶ 이른 봄이라 그런지 꽤 쌀쌀했다.
③ 어떤 일이 있기까지는 아직 시간이 있다. 아직 때가 되지 아니한 상태이다.
¶ 겉모양이 바뀌었다고 속마음까지 바뀐 것으로 보기는 아직 이르다.

속담

- **이른 새끼가 살 안 찐다** ① 일된 사람은 크게 되기 어렵다는 말. ② 처음에 잘되는 일은 나중이 시원치 않다는 말.

'이르다'와 '빠르다'

'이르다[3]'은 기준이나 평균보다 앞선 것을 가리킨다. 따라서 기준이나 평균이 일반적으로 인정되는

상태가 아닌 막연한 경우에는 잘 쓰지 않는다. '교통 대책을 이른 시일 안에 내놓겠습니다' 하는 표현이 어색하게 느껴지는 것은 이 때문이다(시일은 이르거나 늦거나 하는 것이 아니다). 이때는 '이른' 대신에 '가까운'을 쓰면 자연스럽다. 이에 비해 '빠르다'는 무엇을 하는 동작에 속도가 붙어 있음을 뜻한다. 따라서 속도와 관계없는 데서 이 말을 쓰면 어색하다. '일을 빠른 시간 안에 마치겠습니다' 하는 표현은 좋지 않다. '시간'에는 빠른 시간도 느린 시간도 없기 때문이다. 이런 경우에는 '빠른' 대신에 '짧은'을 쓰는 것이 좋다.

'이르면'과 '빠르면'에도 의미 차이가 있다. '이르면 오늘 발표할 것 같다'와 '빠르면 오늘 끝낼 수 있을 것 같다'에서 '이르면'과 '빠르면'에 대해 살펴 보자. '이르면 오늘 발표할 것 같다'에는 오늘 발표하는 시점이 기대보다 이른 것이라는 공감대가 있으면 이렇게 말하고, '늦어도 내일 아침까지는 발표할 것입니다'라고 덧붙일 수 있다. 이때 '빠르면'을 쓰는 것은 부적절하다. '빠르면 오늘 끝낼 수 있을 것 같다'는 어떤 일을 지금 진행하고 있는데 일을 빨리 한다면 오늘 끝낼 수 있을 것이라는 의미이다. 여기서는 '이르면'을 쓰는 것이 부적절하다.

이렇게 볼 때, 계속되는 행위를 끝내는 시점을 표현할 때는 '빠르면'이 적합하고, 계속되는 행위가 아니라 어느 시점에서 한 번 하게 되는 행위라면 '이르면'이 적합함을 알 수 있다. (올림말 '빠르다' 참고.)

이르렀다

이르렀고, 이르렀으며, 이르렀는데, 이르렀지, 이르렀네

'이르다[1]'의 과거형.

¶ 이제 겨우 목표 지점에 이르렀다.

¶ 일이 이 지경에 이르렀으니 어떻게든 책임을 지겠다.

이리[1] 부사

이곳으로. 이쪽으로.

¶ 너는 이리 와 앉아라.

¶ 줄을 이리 당겨라.

¶ 지금 이리 오면 친구들을 만날 수 있다.

이리[2] 부사

(모양, 성질 따위가) 이렇게.

¶ 무슨 일로 이리 슬퍼하시는지 모르겠다.

¶ 일을 이리 거칠게 하면 안됩니다.

복합어

- **이리하다** 자동사 이렇게 하다. ¶ 이리하여 모두 여행을 가게 되었다.

> **'이리', '저리', '그리'**
>
> 지시 대명사 '이', '저', '그'에 상응하는 의미로 장소나 모양, 상태 따위를 구별하여 가리킬 때 쓴다.
>
> 지금 이리 올 수 있니?
> 지금 그리 갈께.
> 저리 가면 학교가 있어.
>
> 이리 좋아할 줄 몰랐구나.
> 그리 좋으니?
> 저리 좋을까?

× 이만때

'이맘때'의 틀린 말.

이맘때 명사

꼭 이만큼 된 때. ×이만때

¶ 작년 이맘때에 우리 가족이 모두 함께 유럽 여행을 하였지.

▶ '이맘때', '저맘때', '그맘때'는 각각 '이만큼 된 때', '저만큼 된 때', '그만큼 된 때'를 가리키는 말이다. 이를 '이만때', '저만때', '그만때'라고 하면 안 된다.

이쁘다 형용사 [이:-]

불21-8 이쁘고, 이쁘니, 이뻐서, 이뻐, 이쁩니다, 이뻤다

① 눈에 보기에 좋고 귀엽다
¶ 아기 신발이 앙증맞게 이쁘다.
¶ 너는 손이 참 이쁘구나.
② 사람의 말이나 행동이 귀엽게 여길 만하다.
¶ 새댁 말하는 게 참 이뻐서 사과 하나 더 줄게요.
¶ 요즘 아이가 부쩍 이쁜 짓을 하네요.
▶ '이쁘다'와 '예쁘다'는 둘다 표준어이다.

이쁘둥이 명사 [이:-]

① 보기에 귀엽고 이쁜 어린아이.
¶ 우리 유치원 이쁘둥이들이 연극을 준비했습니다.
② '어린아이'를 귀엽게 부르는 말.
¶ 우리 이쁘둥이, 어서 옷 갈아입자.

이슥하다 형용사

불20-9 이슥하고, 이슥하니, 이슥하여/이슥해, 이슥한, 이슥합니다, 이슥하였다/이슥했다

(밤이) 꽤 깊다.
¶ 그날 어머니는 밤이 이슥해서야 돌아오셨다.
¶ 밤이 이슥하도록 이 생각 저 생각에 잠을 이루지 못했다.

복합어

- **이슥히** 부사 밤이 꽤 깊게. ¶ 서둘러서 돌아왔지만 날은 이미 이슥히 저물고 있었다.

ㅇ

이어요

서술격 조사 '이다'의 종결형.

¶ 좋은 고장**이어요**.

¶ 여기가 서울**이어요**?

이에요

=이어요

¶ 여기가 서울**이에요**.

> **'이어요'와 '이에요'**
>
> ① 서술격 조사 '이다'의 활용형으로 쓰는 '이어요'와 '이에요'는 모두 표준어이다. '이에요'가 여성적이고 젊은 사람들이 입말로 많이 쓰는 데에 비해서, '이어요'는 글말로 많이 쓴다. (좀 더 자세한 설명은 올림말 '이다[3]' 참고.)
>
> ② 받침이 없는 체언 뒤에서는 '이에요'와 '이어요'가 각각 '예요', '여요'로 줄어든다.
>
> ¶ 여기가 우리 마을에서 바라다보이던 그 바다**예요**/바다**이에요**.
>
> ¶ 이 계약은 우리가 손해**여요**./손해**이어요**.

이오

서술격 조사 '이다'의 종결형. 받침 있는 체언에 붙는다.

¶ 오늘은 어린이날**이오**.

▶ 서술격 조사 '이다'의 활용형 '이오'는 '요'로 줄여 쓸 수 있다. (올림말 '요[2]' 참고.)

이윽고 부사

얼마 있다가. 얼마쯤 시간이 흐른 뒤에.

¶ 하늘이 흐려지고 바람이 불더니 **이윽고** 비가 내리기 시작했다.

× 이윽하다

'이슥하다'의 틀린 말.

× 이윽히

'이슥히'의 틀린 말.

이전 명사 (以前)[이:-]

① 기준이 되는 때를 포함하여 그 앞.
¶ 그날 **이전**엔 우리 가족도 남부러울 것 없이 살았어요.
② 오래전. 옛날.
¶ **이전**에는 여기도 농토였지요.

이후 명사 (以後)[이:-]

① 기준이 되는 때를 포함하여 그 뒤.
¶ 10시 **이후**에는 외출할 수 없다.
② 이제부터 뒤.
¶ **이후**부터는 건강에 각별히 조심하겠습니다.

'이전'과 '전', '이후'와 '후'

날짜나 시간을 이야기할 때에 '이전'과 '전'을 혼용하는데 엄밀하게 말하면 두 낱말은 일치하지 않는다. 따라서 두 낱말을 법률 문장에서 혼용한다면 법률관계에서 낭패를 당할 수 있다. '이전'은 그 날짜나 시각을 포함한다. 이에 비해서 '전'은 그 날짜나 시각을 뺀다.
¶ 1월 10일 **이전**에 도착하는 것만 받습니다. → 10일에 도착하는 것까지 받습니다.
¶ 1월 10일 **전**에 도착하는 것만 받습니다. → 10일에 도착하는 것은 받지 않습니다.

마찬가지로 '이후'와 '후'도 구별해서 써야 한다.
¶ 1월 10일 이후에 교환 가능 → 1월 10일부터 교환해 줌
¶ 1월 10일 후에 교환 가능 → 1월 10일까지는 교환 불가
국어에 이런 단어가 꽤 많이 있다. '이상(以上), 이하(以下), 이북(以北), 이남(以南), 이원권(以遠權)' 따위에 사용하는 '이(以)'는 모두 그것을 포함함을 의미한다.

인도[1] 명사 (人道)

사람이 다니는 길.
¶ 인도와 차도가 분리되지 않아 무척 위험하다.

인도[2] 명사 (人道)

사람이 마땅히 지켜야 할 도리.
¶ 인도에서 벗어나는 행동을 하지 마라.

인도[3] 명사 (引導)

① 이끌어 지도함.
¶ 스승의 인도로 대학원에 진학했다.
② 길이나 장소를 안내함.
¶ 안내자의 인도로 도시 곳곳을 살펴보았다.

복합어

- **인도자**(引導者) 명사 이끌어 지도해 주는 사람.
- **인도하다**(引導－) 타동사 ① 이끌어 지도하다. ¶ 교사는 학생을 인도하는 사람이다. ② 길이나 장소를 안내하다. ¶ 우리는 손님을 음식 맛이 좋다는 식당으로 인도했다.

인도[4] 명사 (引渡)

사물이나 권리 따위를 넘겨줌. 건넴. 건네줌.

¶ 아파트의 소유권 인도 절차를 밟고 있다.

복합어

- **인도하다**(引渡－) 타동사 사물이나 권리를 넘겨주다.

'인도'의 순화어

한자어인 '인도(引渡)'는 일본 고유어인 '히키와타시(ひきわたし)'를 한자로 표기한 것인데, 우리가 그 말을 한자음으로 받아들여 사용하게 된 것이다. 사물이나 권리를 남에게 넘겨주는 행위에 한자 '인(引, 끎)'이 들어간 것은 일본인의 언어 관습에 따른 것이다.

현재 한국어에서 쓰고 있는 한자어 가운데 특별한 이유 없이 '引'자가 들어가 있는 것이 꽤 있다. '引受(넘겨받음), 引繼(넘겨줌), 引渡(건네줌), 引出(꺼냄), 引入(끌어들임), 引上(올림), 引下(내림), 引揚(건짐)' 따위인데 이것들은 일본어 '히키(ひき, 引)'가 합성된 말이다. 한자는 뜻글자라는 점을 생각할 때 한자의 뜻과 어울리지도 않고 또 우리 어법에도 맞지 않는다. 그런 의미에서 '인도[3]'은 '넘겨줌'이나 '건네줌'으로 바꿔 쓰면 좋겠다.

인마

'이놈아'가 줄어든 말. 상대에게 욕으로 하는 말. ×임마

¶ 야 인마, 너 말조심해!

인물 명사 (人物)

① 생김새나 됨됨이로 본 사람.

¶ 인물이 좋으면 사람들이 호감을 갖는다.

¶ 그 작가는 인물 묘사 능력이 탁월하다.
¶ 나는 인물 사진을 전문으로 찍는다.
② 일정한 상황에서 어떤 구실을 하는 사람.
¶ 그 영화에는 악하고 무례한 인물이 많이 나온다.
③ 뛰어난 사람.
¶ 우리 고장에서 수많은 인물을 배출했다.
¶ 여야가 선거에서 이기기 위해 참신한 인물을 끌어들이려고 한다.

인사[1] 명사 (人士)

① 사회적으로 약간의 지위나 이름을 얻은 사람.
¶ 오늘 행사에는 이 지역의 유력한 인사들이 다 나왔더구나.
② (부정적인 말과 함께 쓰이어) '사람'을 낮잡아 이르는 말.
¶ 저런 고약한 인사를 보았나.

'인물'과 '인사'

'인물'은 주로 긍정적인 말과 함께 쓰고, '인사[1]'은 부정적인 말과 함께 쓰면 '사람'을 낮잡아 이르는 말이 된다.
¶ 우리 마을에서 큰 인물이 났다.
¶ 오늘 참 고약한 인사를 만났다.

인사[2] 명사 (人事)

① 사람들이 만나거나 헤어질 때 예의를 갖추는 일. 또는 그런 말이나 행동.
¶ 어른을 보면 먼저 인사를 해야지.
¶ 선생님께서 바삐 지나가셔서 인사를 못 드렸다.
¶ 교장 선생님이 아침마다 교문 앞에서 학생들하고 아침 인사를 나누었다.
② 처음 만난 사람들끼리 서로 이름을 알려 주며 자기를 소개하는 일.
¶ 처음 나간 모임에서 사람들과 인사를 나눌 때에는 늘 쑥스러웠다.

③ 은혜를 갚거나 치하할 일에 대하여 예의를 차리는 일. 또는 예의를 지키기 위한 말이나 행동.
¶ 나를 많이 도와 준 선배에게 **인사**를 가야 한다.
¶ 후배가 승진을 해서 전화로 축하 **인사**를 했다.

복합어

- **인사말**(人事－) 명사 인사로 하는 말. 인사를 차려 하는 말.
- **인사성**(人事性) 명사 인사를 차리는 습성. ¶ 그 아이는 인사성이 참 밝더라.
- **인사조**(人事調)[－쪼] 명사 ① 인사하는 모양이나 태도. ② 인사하는 시늉만 내는 인사.
- **인사치레**(人事－) 명사 성의 없이 겉으로만 하는 인사. 또는 그런 인사를 함.
- **인사하다**(人事－) 자동사 ① 만나거나 헤어질 때에 예를 차리다. ② 처음 만나는 사람끼리 서로 이름을 알려주며 자기를 소개하다. ¶ 그와는 교회에서 처음 만나 인사하였다. ③ 은혜를 갚거나 치하할 일에 대하여 예의를 차리다. ¶ 도와주신 분들께 일일이 인사하려 한다.

관용 표현

- **인사를 붙이다** 처음 만나는 사람끼리 이름을 말하며 자기를 소개하다.
- **인사를 차리다** 마땅히 표해야 할 예를 표하다.

ㅇ

인사말

국어에는 인사말이 그리 잘 확립되지 않았다. 영어의 '하이'에 대응하는 인사말이 없을 뿐 아니라, '굿모닝'처럼 날마다 만나는 사람끼리 하는 인사말도 통일되어 있지 않다.

예를 들면 일본인들이 사용하는 '오하요오'나 '곤니치와' 같은 인사말에 대응하는 한국어 인사말이 없다. 옛날에는 '밤새 안녕히 주무셨습니까?'라거나 '진지 잡수셨습니까?', '안녕하셨습니까?' 같은 인사말을 어른에게 하였고, 손아랫사람에게는 '잘 잤니?', '잘 있었니?', '밥 먹었니?' 같은 인사말을 하였다.

근래에 서양인의 인사말에 영향을 받아서 '좋은 아침!'이라는 인사말을 쓰다가 주춤해진 요즘에는 '좋은 하루 되세요!'가 유행하고 있다. '좋은 하루 되세요'는 '좋은 여행 되세요', '좋은 쇼핑 되세요', '좋은 강의 되세요', '좋은 방송 되세요' 같은 인사말을 만들어 내는 실마리가 되었다. 이런 인사말은 모두 어법에 맞지 않는 말인데, 어법에 맞지 않더라도 여러 사람이 쓰니 문제될 게 없다고 주장하는 사람들도 있다. 제 나라 말로 인사를 하면서 제 나라 문법을 어기는 인사말을 만들어 쓰고 있으니, 우리 언어 인식이 참으로 딱하다.

이런 인사를 어법에 맞지 않는다고 책망하면 으레 '좋은 하루 되기 바랍니다'라거나 '좋은 하루 보내시기 바랍니다'처럼 바꿔 말하면 되느냐고 묻는다. 이렇게 하면 어법에는 맞지만 인사말로는 그리 바람직해 보이지 않는다. 너무 길고 늘어지는 느낌이 들기 때문이다.

친구 간에 '안녕!'이라는 인사가 보편화하고 있는 것은 다행스러운 일이다. 이 인사말은 짧고 단순해서 두루 씀직하다. '안녕하니?'라는 뜻도 있고, '안녕히 지내라'라는 뜻도 있으므로 함축적이어서 좋다. 만날 때도 '안녕', 헤어질 때도 '안녕'이니 얼마나 단순하고 간편한가? 그런데 이 인사말은 손윗사람에게는 쓸 수 없다. 사실 국어에는 모든 사람이 두루 쓸 수 있는 표현이 거의 없다. 반드시 높임법이 적용되기 때문이다. 인사말만이라도 높임법에서 벗어나면 좋겠다. 그래서 모든 사람이 모든 사람에게 '안녕'이라고 인사를 주고받을 수 있게 되면 좋겠다.

인사3 명사 (人事)

① 사람이 하는 일 또는 해야 할 일.
¶ 인사를 다하고 하늘의 처분을 기다리는 것이 도리일 것이다.
② 사람에게 각자의 업무를 주어 여기저기에 배치하는 일.
¶ 이번 정부 인사는 편파적이라는 평가를 받았다.
¶ 이번 인사 개편으로 회사가 어수선하다.

인상1 명사 (人相)

사람의 얼굴 생김새와 골격.
¶ 그렇게 인상을 찌푸리면 미간에 주름이 잡힌다.
¶ 그 사람은 참 인상이 좋아.

복합어

- **인상착의**(人相着衣) 명사 얼굴 생김새와 옷차림. ¶ 범인과 인상착의가 같은 사람을 보면 즉시 경찰서에 신고해 주세요.

관용 표현

- **인상을 쓰다** 얼굴 표정을 찡그리거나 일그러뜨리어 좋지 않게 만들다. ¶ 아무리 기분이 나쁘더라도 그렇게 인상을 쓰고 있으면 사람들이 싫어한다.
- **인상을 짓다** (어떤) 표정을 나타내다. ¶ 고객에게 싫은 인상을 짓는 것은 삼가라.

인상² 명사 (印象)

① 사람이 사물에서 받는 느낌.

¶ 그 사람은 처음 본 인상과는 다르게 서글서글했다.

② 마음에 깊이 새겨져 잊히지 않는 자취.

복합어

- **인상 비평**(印象批評) 명사 예술 작품에 대하여 개인이 받은 인상(印象)에 따라 주관적으로 하는 비평.
- **인상적**(印象的) 명사 관형사 뚜렷이 기억에 남음. 또는 남는.
- **인상주의**(印象主義) 명사 빛의 변화에 따라 시시각각 달리 보이는 자연을 그 순간에 받은 인상 그대로 묘사하고 표현하려는 미술 운동.
- **인상파**(印象派) 명사 인상주의를 좇는 갈래, 또는 그런 사람들.

관용 표현

- **인상이 깊다** 마음속에 강렬하게 새겨져 잊히지 않는다. ¶ 이번 여행은 아주 인상 깊었다.
- **인상이 짙다** ① (주로 부정적인 의미에서) 꼭 그럴 것 같은 기분이 들다. ¶ 그의 말은 거짓이라는 인상이 짙다. ② =인상이 깊다

ㅇ

인상³ 명사 (引上)

① (물건 값을) 올림.

¶ 담뱃값 인상으로 금연하는 사람들이 늘었다.

② =들어올리기

¶ 우리 선수가 역도 경기에서 인상 부문 신기록을 세웠다.

복합어

- **인상하다**(引上－) 타동사 (물건 값을) 올리다.

'인상'의 순화

'인상(引上)'은 '올림'을 뜻하는 말이다. 그런데 한자 '引'을 사용하게 된 것은 이 낱말이 일본식 한자

사용법에 따라 일본인들이 만들어 쓴 것이기 때문이다. 이런 말을 사용하면 한자 '引'과 관련한 일본식 한자 사용법을 이해해야 한다. 따라서 이런 한자어는 쓰지 말고 바꿔 쓰면 좋겠다. '인상'은 단순히 '올림'으로 '인상하다'는 '올리다'로 바꿀 수 있다. (더 자세한 설명은 올림말 '인도(引渡)' 참고.)

인제 부사 명사

부사

① 지금에 이르러. 지금에 와서야.

¶ 인제 말해 무엇 하겠니?

¶ 인제 와서 못 주겠다고 하면 어떻게 해!

¶ 인제 아버지를 이해할 수 있을 것 같다.

② 지금부터. 이제부터 곧.

¶ 인제 다시는 그런 짓 안 하겠으니 용서해 주세요.

¶ 추위도 인제 고비를 넘겼다.

③ 이번의 차례나 경우, 또는 시간.

¶ 인제는 정신을 차려야지.

¶ 일은 인제부터 시작이다.

명사

바로 이때.

¶ 인제라도 그만두는 것이 어때?

¶ 인제는 날씨가 따뜻해져서 등산할 만하다.

¶ 인제부터 가까운 곳은 걸어서 다니기로 마음먹었다.

속담

• **인제 보니 수원 나그네** 모르고 있는데 본인이 깨우쳐 주어서 다시 생각해 보니 아는 사람이라는 뜻.

'인제'와 '이제'

두 낱말의 의미는 같다. 다만, '인제'가 '이제'에 견주어 입말에 가깝고, 조금 강조하는 느낌을 준다.

일 명사 (日)

하루 동안.

¶ 이 영화는 일 5회 상영합니다.

의존 명사

(한자어 수 뒤에 쓰이어) 날을 세는 단위.

¶ 비가 오 일이나 계속 내렸다.

¶ 내 생일은 2월 26일이다.

> **'일'과 '일 날'**
>
> 날을 나타내는 말을 겹쳐서 '2일 날에 만나기로 했다'처럼 쓰는 경우에 '일'과 '날'은 띄어 쓴다. '2일에 만나기로 했다'라고 하는 것이 좋지만 '날'을 붙이려면 '일'과 '날'을 띄어 써야 한다. '공휴일 날', '당일 날', '기념일 날'도 마찬가지이다.

ㅇ

일다[1] 동사 [일ː-]

불11-2 일고, 일지, 일며, 이니, 이는, 이오, 일어, 입니다, 인, 일었다

자동사

① (무엇이) 생기다.

¶ 창 너머로 호수에 물결이 이는 것을 보니 바람이 부나 보다.

¶ 그의 주장으로 사회에 큰 파문이 일었다.

② 왕성하여지다.

¶ 네 말을 들으니 나에게 강렬한 의지가 이는 것 같다.

¶ 새 며느리가 들어오면서부터 살림이 일었다.

¶ 꺼져가는 아궁이에 마른 장작을 더 넣었더니 금방 불길이 일었다.

③ 솟아오르거나 부풀어 오르다.

¶ 빨래를 할 때에는 거품이 더 많이 이는 비누를 쓰게 된다.

¶ 옷에 보풀이 일어 보기가 싫다.

'일다'와 '이루다'

'이루다'는 '일다'의 사동형에서 온 말로, '일우다'로 표기해야 하나 어원이 희미해졌다고 보고 소리대로 '이루다'로 표기하게 되었다.

일다2 동사 [일:-]

불11-2 일고, 일지, 일며, 이니, 이는, 이오, 일어, 입니다, 인, 일었다

타동사

① (쌀이나 사금을) 물로 가려내다.

¶ 밥을 지으려고 쌀을 일고 있다.

② 쓸 것만 가려내다.

¶ 참깨를 일려면 키나 체가 있어야 한다.

일껏 부사

① 애써서.

¶ 일껏 양말을 기워 주니 안 신겠다고 한다.

¶ 일껏 밥상을 차렸더니 입맛이 없단다.

② 모처럼.

¶ 공연한 말을 해서 일껏 잘되어 가는 일을 망치느냐?

▶ '일껏'을 써야 할 자리에 '내나'를 잘못 쓰는 예는 올림말 '내나' 참고.

일절 부사 (一切)

아주. 도무지. 결코. 전혀. 통.

¶ 할아버지는 북에 두고 온 가족 이야기를 일절 하지 않으셨다.

¶ 고향을 떠난 뒤로 발길을 일절 끊었다.

한자 '一切'의 읽기

'一切'은 뜻에 따라서 '일절'과 '일체'로 달리 읽는다. '일절'은 부정하거나 금지하는 말과 함께 부사로 쓴다. '일체'는 '모든', '전부'의 뜻으로 명사나 부사로 쓴다.

¶ 회의장 안에 음식을 일절 들여올 수 없다.
¶ 회의장 안에는 일체의 음식을 들여올 수 없다.
¶ 그날 이후 나는 담배를 일절 피우지 않는다.
¶ 서류 일체를 보내 주시오.

▶ '일절'과 '일체'의 차이는 올림말 '일체(一切)' 참고.

× 일찌기

'일찍이'의 틀린 표기

일찍 부사

(보통 시간이나 기준 시간보다) 이르게. 늦지 않게. 일찍이.

¶ 일찍 자고 일찍 일어나라.

복합어

- **일찌감치** 부사 좀 더 일찍이. 일찌거니. ¶ 일찌감치 나서라.
- **일찌거니** 부사 =일찌감치 ¶ 내일 하루에 다 끝내려면 일찌거니 시작해라.
- **일찍이** 부사 ① =일찍 ¶ 내일은 좀 일찍이 오너라. ② 예전에. 이때까지. ¶ 일찍이 이런 일은 없었다. / 나는 일찍이 그런 사람을 본 적이 없다.

'일찍', '일찍이', '일찌감치', '일찌거니'

'일찌감치'와 '일찌거니'는 다 표준어이고, '일찌감치'와 '일찌거니'에 상대되는 '느지감치'와 '느지거니'도 표준어이다. 또, '일찍이'는 '일찍'에 '이'가 덧붙은 형태인데 대체로 '일찍'을 강조하는 의미로 쓴다. '일찌기'는 '일찍이'의 잘못으로 본다.

'일찍이'에 상대되는 말은 '느직이'이다. 그러면 '일찍'에 상대되는 낱말만 없는 셈이다. 그래서 '늦다'의 부사형인 '늦게'가 대응하게 된다. 경우에 따라서는 '늦게' 대신에 '늦추'를 쓸 수 있다. 그러면 아래와 같은 대응쌍이 이루어진다.

- 이르다 – 늦다, 일찍 – 늦게/늦추, 일찍이 – 느직이
  일찌감치 – 느지감치, 일찌거니 – 느지거니

이와 비슷한 조어 형태가 '멀다'에도 나타난다. 여기서는 '멀찌거니'가 아니라 '멀찌가니'인 점이 특별하다.

- 멀다, 멀찍이, 멀찌감치, 멀찌가니

일체 명사 부사 (一切)

명사

모든 것.

¶ 도난에 대한 **일체**의 책임을 지기로 했다.
¶ 그는 재산 **일체**를 학교에 기부하였다.
¶ 해외로 발령이 나서 살림살이 **일체**를 처분해야 한다.

부사

모든 것을 다.

¶ 이후로는 이 사안에 대해 **일체** 비밀에 부칩시다.
¶ 걱정 근심일랑 **일체** 털어 버리고 즐겁게 술이나 마시자.
¶ 이번 여름 휴가 비용은 회사가 **일체** 부담하기로 했다.

'일체'와 '일절'

'일체'는 '모든 것을 다'의 의미가 있어서 구체적인 사물이나 대상을 염두에 두고 그것 모두를 의미한다. '가진 것을 일체 내놓아라'라는 말은 '가진 것 일체를 내놓아라'라고 하는 것과 같은 말이다. '일체'가 명사와 부사를 넘나드는 낱말인 점을 볼 수 있다.

'일체'는 뒤에 오는 서술어를 긍정하는 의미로 쓰고, '일절'은 뒤에 오는 서술어를 부정하기 위하여 쓴다. '일절 손대지 마라'라고 하면 손대는 행위를 절대 하지 마라는 뜻이다. 이것을 '일체 손대지 마라'라고 하면 안 된다. ('一切'의 읽기에 대해서는 올림말 '일절' 참고.)

일컫다 동사

불11-1 일컫고, 일컫는, 일컬어, 일컫습니다, 일컫네, 일컫소/일컬으오, 일컬었다

타동사

① (무엇이라고) 가리켜 말하다.

¶ 사람들은 그를 사랑의 전도사라고 **일컬었다**.

¶ 한국 사람을 **일컫는** 말로 무엇이 좋을까?

② 특별히 이름 지어 부르다.

¶ 우리는 백두산을 민족의 영산이라고 **일컫는다**.

③ 칭찬하여 말하다. 기리어 말하다.

¶ 누구나 그의 총명함을 **일컫지** 않을 수 없다.

▶ '일컫다', '이르다'의 차이는 올림말 '이르다[2]' 참고.

잃다 동사 [일타]

규11-0 잃고, 잃으니, 잃으면, 잃는, 잃어, 잃으오, 잃습니다, 잃었다

타동사

① (지닌 것을) 모르게 놓치거나 떨어뜨리다.

¶ 출근길에 지하철 안에서 지갑을 **잃었다**.

¶ 놀이공원에서 아이를 **잃어** 허둥지둥 찾아다녔다.

② (정신 따위를) 차리지 못하다.

¶ 화가 나면 이성을 **잃기** 쉽다.

¶ 너무 놀라서 정신을 **잃는** 바람에 사고가 커지고 말았다.

③ (있던 자리나 가진 땅, 권리, 재산 따위를) 빼앗기거나 넘겨주어 이용하지 못하게 되다.

¶ 사업이 망해서 그는 모든 재산을 다 **잃었다**.

¶ 그는 최근 직장을 **잃고** 집에서 놀고 있다.

¶ 나라를 **잃은** 설움이 얼마나 큰지 모르는 사람이 많다.

④ (죽음으로 사람을) 다시 볼 수 없게 되다.

¶ 그는 일찍 아내를 **잃고** 혼자 아이들을 키워 냈다.

¶ 사고 현장에서 아이를 **잃은** 부모들이 땅을 치며 울고 있었다.

⑤ 사람과의 관계가 끊어지다.
¶ 친구에게 돈을 빌려주면 친구까지 잃게 된다.
¶ 그 가게는 종업원이 불친절해서 손님을 많이 잃었다.
¶ 고향을 떠나면서 어렸을 적 친구들을 모두 잃었다.
⑥ 기회 따위가 사라지다.
¶ 준비하지 않으면 기회를 잃기 쉽다.
¶ 너무 망설이다가 사랑을 고백할 때를 잃었다.
⑦ 몸의 일부가 떨어져 나가다.
¶ 사고로 두 다리를 잃어 휠체어를 사용하고 있다.
⑧ 몸의 기능을 상실하다.
¶ 여름이 되면 입맛을 잃는 경우가 많다.
¶ 해가 갈수록 기력을 잃어 가는 아버지를 보기가 안타깝다.
¶ 한번 건강을 잃고 나서 건강의 중요성을 새삼스레 깨달았다.
⑨ 본디 지녔던 모습이나 상태를 유지하지 못하게 되다.
¶ 이 도시는 화려했던 옛 명성을 잃은 지 오래되었다.
⑩ 길을 못 찾거나 방향을 분간 못 하게 되다.
¶ 나는 길눈이 어두워 자주 길을 잃고 헤맨다.
¶ 처음 간 산에서 방향을 잃어 한참을 헤맸다.
⑪ 다른 사람에게 신용이나 점수를 깎이다.
¶ 거짓말을 하면 믿음을 잃게 마련이다.
¶ 사장에게 겨우 딴 점수를 잃지 않으려면 새롭게 성과를 보여야 한다.

속담

- **잃은 도끼나 얻은 도끼나 일반** 잃은 물건이나 얻은 물건이나 별 차이가 없음을 이르는 말.
- **잃은 도끼는 쇠가 좋거니** 새로운 사람이 먼저 사람보다 못하여 아쉬움을 나타내는 말.
- **잃은 사람이 죄가 많다** 잃은 사람이 애매한 여러 사람을 의심하게 됨을 이르는 말.

'잃다'와 '잊다'

기억하지 못하게 되는 경우에 '잊다'를 쓴다. 잊으면 잃게 된다. 그래서 우산을 차에 둔 사실을 잊고 차에서 내리면 우산을 잃게 된다. 이에 비해서 '잃다'는 가진 것을 놓치거나 있던 것이 사라지게 하는 경우에 쓴다. '잊은 것'은 기억을 되살려야 잊기 전의 상태로 되돌릴 수 있고, '잃은 것'은 어디에서 찾아 와야 이전 상태로 되살릴 수 있다. '잊다'는 기억, 생각이 작동하지 않음을 가리키고, '잃다'는 사물, 정신, 기회가 사라짐을 가리킨다.

임 명사

사랑하는 사람. 애인(愛人).

속담

• **임도 보고 뽕도 딴다** 좋은 일을 한꺼번에 겸하여 한다.

'임'과 '님'

사랑하는 사람을 가리키는 말로 '임' 대신 '님'을 쓰는 경우가 많다. '님'은 '임'의 옛말이기도 하고, 두음법칙을 적용하기 전의 말이기도 하다. 현대 한국어에서는 맞춤법 규정에 따라서 두음법칙이 적용되므로 '님'을 '임'이라고 하여야 한다. '님'은 높임의 뜻으로 사람의 이름 뒤에 의존 명사로 쓰거나(김영희 님), 직업이나 직위 뒤에 접미사로 사용한다(선생님, 과장님). (올림말 '-님' 참고.)

× 임마

'인마'의 틀린 말.

임산부 명사 (姙産婦)

아이를 밴 여자와 아이를 갓 낳은 여자. '임부(姙婦)'와 '산부(産婦)'를 아울러 이르는 말.

임신부 명사 (姙娠婦)

아이를 밴 여자.

'임신부'와 '임산부'

두 낱말을 혼동하여 사용하는 경향이 있다. 지하철이나 공공장소에서 아이를 밴 여자를 배려하기 위하여 특별히 자리를 양보하도록 부탁할 때에 '임산부 배려석' 또는 '임산부에게 자리를 양보합시다' 같은 문구를 붙이는데, 이는 잘못이다. 자리를 양보해야 할 대상이 아이를 밴 여자이지 아이를 이미 낳은 여자는 아니기 때문이다. 이 경우에는 꼭 '임신부 배려석', '임신부에게 자리를 양보합시다'처럼 제대로 적어야 한다. 아이를 갓 낳은 사람도 배려해야 한다는 의견이 있지만 임신한 여자를 상징하는 그림까지 붙여 놓은 것을 보면 임신부라고 바르게 적어야 할 것이다.

입바르다 형용사

불20-6 입바르고, 입바르지, 입바르니, 입발라, 입바른, 입바릅니다, 입발랐다

(주로 관형사형으로 쓰이어) 바른말을 하는 데 거침이 없다. ×입빠르다

¶ 그는 자주 입바른 소리를 하다가 곤란을 당했다.

속담

- **문 바른 집은 써도 입바른 집은 못쓴다.** 너무 바른말만 하여도 남의 미움을 산다는 말.

× 입빠르다

'입바르다'의 틀린 표기.

입장[1] 명사 (入場)

회의장이나 식장, 경기장 따위의 안으로 들어감.

¶ 신랑신부 입장 시간을 알려 주세요.

복합어

- **입장권**(入場券) 명사 입장(入場)을 허가하는 표.
- **입장료**(入場料) 명사 입장하기 위해 내는 요금.
- **입장식**(入場式) 명사 입장할 때 행하는 의식.
- **입장하다**(入場－) 자동사 일정한 장소 안으로 들어가다.

입장[2] 명사 (立場)

① 당면하고 있는 상황.
¶ 우리 입장이 매우 난처하게 되었소.
¶ 며느리인 내 입장에서는 반대할 수 없었다.
② 각자의 상황에 따라서 가지는 생각이나 세우는 주장.
¶ 먼저 회의에 나온 대표들이 저마다 자기 입장을 밝혔다.
¶ 노동자는 노동자대로 사용자는 사용자대로 자기 입장만 내세우고 있다.
¶ 불법 집회를 용납할 수 없다는 것이 검찰의 입장이라고 한다.
▶ '입장'과 '처지'의 차이는 올림말 '처지' 참고.

잇다 동사 [읻:-]

불11-4 잇고, 이으니, 이으면, 이어, 이어서, 잇습니다, 잇소/이으오, 이었다

타동사

① 끝과 끝을 서로 맞대어 붙이다.
¶ 끈을 이어서 여기에 묶으세요.
② 계승하다.
¶ 태종의 뒤를 이어서 세종이 나라를 다스렸다.
③ 잇달다.
¶ 400미터를 100미터씩 네 명이 이어 달렸다.
④ (바둑에서) 돌의 연결이 끊어질 수 있는 곳에 돌을 놓아 하나로 만들다.
¶ 이쪽 대마를 살리려면 왼쪽 말과 잇는 방법을 찾아야 한다.

복합어

- **잇달**다[읻:-] 자동사 타동사 올림말 '잇달다' 참고.
- **잇닿**다[읻:-] 자동사 뒤를 이어 닿다.
- **잇대**다[읻:-] 타동사 ① 서로 마주 닿게 하다. ② 끊이지 않게 뒤를 이어 계속하다. ③ 계속 걸어서 어디에 닿다.
- **잇따르**다[읻:-] 자동사 올림말 '잇따르다' 참고.

잇달다 동사 [읻:-]

불10-2 잇달고, 잇달아, 잇다니, 잇단, 잇달았다

자동사

어떤 물체가 다른 물체의 뒤를 이어 따르다. 잇따르다.

¶ 상여 뒤로 추모 행렬이 잇달았다.

¶ 버스가 한동안 오지 않더니 여러 대가 잇달아 왔다.

타동사

끊이지 않게 뒤를 이어 달다. 연달다. 연잇다.

¶ 줄을 몇 개 잇달아 이으니 긴 줄이 만들어졌다.

¶ 거실 벽에 책장을 잇달아 세웠다.

복합어

- **잇단음표**(-音標)[읻:-] 명사 같은 음표 몇 개를 이어서 본디의 박자 수보다 길거나 짧게 연주하는 표.
- **잇달리**다[읻:-] 피동사 '잇달다'의 피동형.

> **'잇달아'와 '잇따라'**
> 하나의 뒤로 여럿이 따르는 경우에 '잇달아'와 '잇따라' 둘 다 쓸 수 있다. 다만, '무엇에 이어서 달다'의 뜻으로는 '잇달아'만 쓸 수 있다.
> ¶ 요즘 좋지 않은 사건이 잇달아(○)/잇따라(○) 일어났다.
> ¶ 많은 사람들이 잇달아(○)/잇따라(○) 식장에 들어온다.
> ¶ 이 줄에 노끈을 잇달아(○)/잇따라(×) 이어라.

잇따르다 동사 [읻:-]

불10-8 잇따르고, 잇따라, 잇따른, 잇따릅니다, 잇따른다, 잇따랐다

자동사

① 움직이는 물체가 다른 물체의 뒤를 이어 따르다.

¶ 남자 무용수 뒤에 잇따라서 여자 무용수가 나왔다.
② 어떤 사건이 이어 일어나거나 행동 따위를 계속하다.
¶ 전시회가 끝나고 만찬이 잇따랐다.
¶ 최근에 큰 사고가 잇따라 일어났다

× 있슴

'있음'의 틀린 표기.

있음

'있다'의 명사형. ×있슴
¶ 이 경우에만 그렇게 할 수 있음을 밝힌다.
¶ 여기는 볼일이 있는 사람만 들어올 수 있음.

'있음'과 '있슴'

'있습니다'를 명사형으로 줄이면 '있슴'이 될 것 같아서 이렇게 쓰는 사람이 많이 있다. 그러나 명사형을 만드는 어미에는 '-ㅁ'과 '-음'이 있을 뿐 '-슴'은 없다. '먹습니다'의 명사형도 '먹음'이고, '믿습니다'의 명사형도 '믿음'이다.
¶ 여기에는 아무것도 없습니다. → 여기에는 아무것도 없슴(×)/없음(○)
¶ 아주 유용한 정보가 있습니다. → 아주 유용한 정보가 있슴(×)/있음(○)
¶ 우리는 이것이 좋을 것으로 믿습니다. → 우리는 이것이 좋을 것으로 믿슴(×)/믿음(○)
¶ 우리 회사를 도깨비 회사라고 일컫습니다. → 도깨비 회사라고 일컫슴(×)/일컬음(○)

잎사귀 명사

낱낱의 잎. 주로 넓적한 잎을 이른다.
¶ 단풍나무 **잎사귀**마다 이슬이 맺혔다.
¶ 봄비가 내리고 나니 **잎사귀** 색깔이 더욱 짙어졌다.

잎새 명사

나무의 잎사귀. 주로 문학적 표현에 쓴다.
¶ 바람에 버드나무 잎새가 한들한들 흔들린다.
¶ 잎새에 이는 바람에도 나는 괴로워했다.

잎샘 명사

봄에 잎이 나올 무렵에 갑자기 추워지는 현상, 또는 그런 추위. 잎이 나는 것을 시새워하는 자연 현상을 뜻하는 말이다.
¶ 올봄은 유난히 잎샘이 잦다.

복합어

- **잎샘추위** 명사 =잎샘
- **잎샘하**다 동사 봄에 잎이 나올 무렵에 갑자기 날씨가 추워지다.

'잎샘'과 '꽃샘', '잎샘추위'와 '꽃샘추위'
이른 봄, 나무에 잎이 나고 꽃이 필 무렵에 갑자기 닥치는 추위를 '잎샘' 또는 '꽃샘'이라고 한다. '잎샘'과 '꽃샘'은 은유적인 표현이어서 쉽게 뜻이 전달되지 않아 '잎샘추위'나 '꽃샘추위'를 쓰는데, 이는 동어반복이다.

자국 명사

① 다른 물건이 닿거나 묻어서 생긴 자리.
¶ 얼굴에는 아직 눈물 자국이 남아 있었다.
¶ 새 옷에 흙이 묻은 자국이 빨아도 지워지지 않았다.
¶ 벽에 쓴 낙서를 잘 지운다고 지웠지만 글자 자국이 보였다.
② 부스럼이나 상처가 생겼다가 아문 자리.
¶ 얼굴에 수술 자국이 남으면 안 된다.
¶ 어렸을 때 손가락을 다쳐서 생긴 자국이 흉하게 남아 있다.
③ 발을 디디어 생긴 자리. 발자국.
¶ 눈길에 자국을 내며 학교에 갔다.
④ 어떤 사고가 남긴 결과를 가리키는 말.
¶ 전쟁은 우리 사회에 커다란 자국을 남겼다.

관용 표현

- **자국을 밟다** 사람이나 동물이 남긴 발자국을 따라 뒤쫓다. ¶ 눈이 온 뒤에는 짐승이 지나간 자국을 밟아서 쉽게 사냥할 수 있다.

자그마치 부사

(생각보다 훨씬 많음을 반어적으로 표현하는 말로) 예상보다 많이. 적지 않게.
¶ 5인승 승용차에 자그마치 열 명이 타고 있었다.
¶ 집을 나간 지 자그마치 십 년이 지났다.

'자그마치', '조그마치', '자그만치'

'자그마치'를 '조그마치'나 '자그만치'로 쓰면 안 된다.

¶ 그 차에는 조그마치(×) 열 명이나 타고 있었대. → 자그마치

¶ 그의 집은 우리 집에서 조그마치(×) 떨어져 있다. → 조그만큼

¶ 이번 일로 자그만치(×) 일억 원이나 손해를 보았다네. → 자그마치

자그마하다 형용사

㊟ 자그맣다

불20-9 자그마하게, 자그마하니, 자그마하여/자그마해, 자그마한, 자그마합니다, 자그마하였다/자그마했다

① 좀 작다. 조그마하다.

¶ 언덕을 넘으면 자그마한 집이 한 채 보이는데 거기가 우리 집이다.

¶ 토마토가 자그마해도 싱싱하고 맛있다.

② 대수롭지 않다.

¶ 아이가 자그마한 상처에도 호들갑을 떤다.

¶ 자그마한 다툼이 큰 싸움으로 번지기도 한다.

복합어

- **자그마해지다** 자동사 자그마하게 되다.

자그만

형용사 '자그맣다'의 관형사형. '자그맣다'에 관형사형 어미 '-ㄴ'이 붙으면서 불규칙 활용을 한 형태.

¶ 씨름에서는 자그만 사람이 커다란 사람을 들어 메어치기도 한다.

× 자그만치

'자그마치'의 틀린 말.

¶ 우리 집에는 책이 자그만치(×)/자그마치(○) 3천 권이 넘게 있다.

자그맣다 형용사

불20-5 자그맣게, 자그마니, 자그마면, 자그맣지, 자그만, 자그매서, 자그맣소, 자그맣습니다, 자그맸다

'자그마하다'의 준말. 조그맣다

¶ 자그만 일에 너무 속상해 하지 말아라.

¶ 눈이 자그매서 뜬 건지 감은 건지 모르겠더라.

복합어

- **자그매지다** 자동사 자그맣게 되다.

자기 명사 대명사 (自己)

명사

① 말이나 행동의 주체인 그 사람. 자신(自身).

¶ 누구나 자기 일을 스스로 해결하려고 노력해야 한다.

② 말하는 사람의 대상이 되는 그 사람.

¶ 자기만 사람인가? 일하는 사람 어려움을 너무 모른다.

대명사

① 앞에서 말한 사람을 가리키는 말.

¶ 영희는 자기가 공주인 걸로 착각하는 것 같다.

② '너', '당신'의 뜻으로 완곡하게 쓰는 말.

¶ 자기가 어제 그렇게 말했잖아요?

복합어

- **자기모순**(自己矛盾) 명사 자신의 생각이나 주장이 앞뒤가 맞지 아니함. 자가당착(自家撞着).
- **자기비판**(自己批判) 명사 자기 사상이나 행동의 잘못을 스스로 인정하고 반성하는 일.
- **자기주장**(自己主張) 명사 자기 생각이나 방식, 또는 그것을 내세움. ¶ 어려도 자기주장이 분명하다.
- **자기중심주의**(自己中心主義) 명사 자기 처지만 생각하고 남의 처지는 이해하지 않으려는 태도.
- **자기편**(自己便) 명사 자기와 같은 처지에 있는 사람이나 무리.

ㅈ

관용 표현

- **자기도 모르게** 깨닫지 못한 사이에 저절로. ¶ 잠결에 자기도 모르게 중얼거린다.
- **자기를 잃어버리다** ① 자기 처지나 존재를 깨닫지 못하다. ② 제정신이 아닐 정도로 생각을 제대로 하지 못하다.
- **자기 앞가림을 하다** 제 앞에 닥친 일을 처리하다.

속담

- **자기 늙은 것은 몰라도 남 자라는 것은 안다** ① 자기는 나이를 먹은 것 같지 아니하나 아이가 자라는 모습이나 남이 늙는 것을 보면 세월이 흐름을 새삼스럽게 확인한다는 말. ② 자기 결함은 잘 깨닫지 못하면서 남의 흠에는 밝음을 이르는 말.
- **자기 배부르면 남의 배고픈 줄 모른다** 환경이나 조건이 다른 사람의 사정을 이해하기가 어려움을 비유하여 이르는 말.
- **자기 얼굴에 침 뱉기** 남을 해치려고 하다가 도리어 자기가 해를 입게 됨을 비유하여 이르는 말.

> **호칭으로 쓰는 '자기'**
>
> 젊은 연인이나 부부 사이에서 상대를 부르는 말로 '자기'를 쓰기도 한다. 연인들끼리 "자기야, 나 배고파"라고 하거나, "우리 자기, 뭐 사 줄까?"라고 하는 경우의 '자기'는 잘못 쓰는 것이다.

자네 대명사

① 아랫사람을 조금 예의를 차리어 가리키는 말.
¶ 부친께서는 늘 자네를 걱정하셨네.
¶ 나는 자네 능력을 믿네.
② 같은 또래끼리 상대방을 높이어 부르는 말.
¶ 자네가 어제 그렇게 말하지 않았는가?

> **'자네'를 쓰는 경우**
>
> 친구끼리 또는 윗사람이 아랫사람에게 '자네'를 쓰는 경우는 그를 존중하는 의미가 있다. 보통은 아내의 부모가 사위에게 '자네'를 쓴다. 일부 지역에서 후배가 선배에게 '자네'라는 말을 쓰기도 하고, 남편이 아내에게 '자네'라는 말을 쓰는데 이는 표준 화법에 어긋난다.

자다 동사

규10-0 자고, 자니, 자면, 자, 자서, 잔다, 잡니다, 잤다

자동사

① (눈을 감고) 한동안 몸과 정신이 쉬는 상태가 되다.
¶ 아이가 자니 시끄럽게 떠들지 마라.
¶ 어젯밤에는 꿈도 꾸지 않고 잘 잤다.
② (바람이나 물결 따위가) 잠잠해지다.
¶ 바람이 자면 파도도 잘 테니 그때 배를 띄우자.
③ (기계가) 멈추다.
¶ 시계가 자는 바람에 약속 시간에 늦었다.
¶ 요즘은 주문이 없어서 공장 기계가 자고 있다.
④ 소란하거나 설레던 분위기가 가라앉아 조용해지다.
¶ 소란스러운 분위기가 자면 그때 이야기를 꺼내자.
⑤ 부풀었던 것이 무엇에 눌린 상태가 되다.
¶ 이불 위에 무거운 것을 올려놓으니 솜이 자서 이불이 얄팍해졌다.
⑥ 물건이 용도대로 쓰이지 못하고 묻혀 있다.
¶ 창고에서 자고 있는 상품이 얼마나 되는지 알 수 없다.
¶ 내 운전면허증은 10년 동안 장롱 속에서 자고 있다.
⑦ (화투에서) 여러 장 가운데에서 맨 밑에 깔리다.
¶ 오동 껍질이 맨 밑에서 자고 있나 보다.
⑧ 성관계를 하다.
¶ 그 여자와 잔 일이 있니?

타동사

① (주로 '잠'을 목적어로 삼아) 눈을 감고 무의식 상태에서 한동안 정신을 쉬게 하다.
¶ 일하는 사람들은 막사에서 낮잠을 자고 있다.
② (물건이) 쓰이지 않고 묵혀 있다.
¶ 상품이 팔리지 않아 창고에서 잠을 자고 있다.

복합어

- **눌러자다**[눌:-] 자동사 계속 머물러 자다. ¶ 친구네 놀러 갔다가 그대로 눌러잤다.

ㅈ

- **되자다** 자동사 다시 자다. 도로 자다.
- **사로자다** 자동사 걱정이 되어 마음을 놓지 못하고 조바심하며 자다. ¶ 아이가 밤새 열이 올라 자다 깨다 하며 사로잤더니 몹시 피곤하다.
- **사로잠** 명사 걱정이 되어 마음을 놓지 못하고 조바심하며 자는 잠.
- **새우잠** 명사 새우처럼 몸을 구부리고 불편하게 자는 잠.
- **설자다** 자동사 충분히 못 자다. 푹 자지 못하다.
- **안잠자다** 자동사 남의 집에서 먹고 자면서 그 집의 일을 도와주다.
- **잔눈** 명사 잠에서 막 깬 눈. ¶ 한밤중 "불이야!" 소리에 마을 사람들이 잔눈으로 뛰어나왔다.
- **잔입** 명사 자고 일어나서 아직 아무것도 먹지 아니한 입. ¶ 늦게 일어나서 잔입으로 출근하였다.
- **잠** 명사 ① 자는 상태. ② 정신이 아직 각성되지 못한 상태를 이르는 말. ¶ 동포여, 깊은 잠에서 깨어나라. ③ 누에가 허물을 벗기 전에 뽕잎을 먹지 않고 잠시 쉬는 상태. 또는 그 횟수.
- **잠자다** 자동사 ① 잠을 자는 상태에 있다. ② 기계 따위가 가동하지 않다. ③ 물건이 제 용도로 쓰이지 않고 방치되다.

관용 표현

- **자나 깨나** 잠들어 있거나 깨어 있거나 늘. ¶ 부모는 자나 깨나 자식 걱정을 한다.

속담

- **자는 범(/호랑이) 코침 주기** 그대로 가만히 두었으면 아무 탈이 없을 것을 공연히 건드려 문제를 일으킴을 비유하여 이르는 말.
- **자는 입에 콩가루 떨어 넣기** ① 좋은 일을 하는 듯하나 실제로는 상대를 곤란한 지경에 빠뜨리는 행위를 비유하여 이르는 말. ② 옳지 못한 처사를 이르는 말.
- **자다가 벼락을 맞는다** 급작스럽게 뜻하지 아니한 변을 당함을 비유하여 이르는 말.
- **자다가 봉창 두드린다** 자다가 일어나 남의 집 봉창을 두드려 잠을 깨운다는 뜻으로, 뜻밖의 일이나 말을 갑자기 불쑥 내미는 행동을 이르는 말.

자라다[1] 동사

규10-0 자라고, 자라니, 자라면, 자라, 자란다, 자랍니다, 자랐다

자동사

① 생물체가 부분적으로 또는 전체적으로 점점 커지다.

¶ 아이가 어느덧 엄마 키만큼 자랐다.
¶ 소나무는 산에서 잘 자란다.
② 어떤 환경에서 성장하다.
¶ 나는 외할머니 집에서 자랐다.
¶ 고생을 모르고 자란 사람은 어려운 사람을 이해하지 못한다.
③ 세력이나 역량 따위가 커지거나 확장되다.
¶ 민주주의는 피를 먹고 자란다고 한다.
¶ 아이의 그림 실력이 하루하루 자라고 있다.

복합어

- **낫자라다** 자동사 더 잘 자라다. ¶ 아이가 낫자라서 또래보다 덩치가 크다.
- **늦자라다** 자동사 조금 늦게 자라다. ¶ 막내가 유독 늦자라 은근히 걱정이 된다.
- **맞자라다** 자동사 서로 같이 자라다. ¶ 두 사람은 한마을에서 맞자라 서로 속내를 잘 안다.
- **웃자라다** 자동사 지나치게 많이 자라다. ¶ 우리 집 화초들이 웃자라기만 하고 꽃이 피지 않는다.
- **졸자라다** 자동사 키 따위가 기준에 못 미치게 자라다.

자라다[2] 동사

규10-0 자라고, 자라니, 자라면, 자라, 자란다, 자랍니다, 자랐다

자동사

힘이나 능력이 일정한 정도에 이르다.
¶ 내 힘이 자라는 데까지 힘껏 도와 줄 테니 열심히 해 보아라.

복합어

- **모자라다** 자동사 ① 기준이 되는 양이나 정도에 미치지 못하다. ② 지능이 보통에 미치지 못하다.
- **힘자라다** 자동사 힘이 미치다.

> **'자라다'와 '모자라다'**
>
> '자라다[2]'의 부정 표현은 '자라지 못하다'인데 이 표현을 쓰지 않고 '모자라다'를 쓴다. '가지 못하다'는 '못 가다'가 되고, '하지 못하다'는 '못 하다'가 되는 것에 비하면 '모자라다'는 특별한 형태이다. 이 경우에 '자라지 못하다'를 '못 자라다'라고 하면 안 된다.

ㅈ

¶ 아빠의 힘이 자라는 데까지 너를 돕겠다.
¶ 아빠의 힘이 자라지 못해서 너를 도울 수 없구나.
¶ 아빠의 힘이 못 자라서(×) 너를 도울 수 없구나. → 모자라서

자르다 동사

불10–6 자르고, 자르지, 자르니, 자르면, 잘라, 자릅니다, 잘랐다

타동사

① (길게 생긴 물건을) 동강을 내거나 끊어 내다.
¶ 머리를 짧게 자르니 훨씬 더 어려 보인다.
② (요구를) 야무지게 거절하다.
¶ 자를 때는 잘라야지 계속 요구를 들어 주면 끝이 없다.
③ 남의 말을 끊고 자기 말을 하다.
¶ 어른의 말을 자르고 나서다니, 고약한 녀석이군.
④ 달리 생각할 여지가 없이 명확하게 말하다.
¶ "그건 옳지 않아"라고 엄마가 잘라 말했다.
⑤ (속된 표현으로) 직장에서 해고하다.
¶ 회사 사정은 어렵지만 직원은 자르지 않겠다.

복합어

- **잘라먹다** 타동사 ① 남에게 갚거나 돌려주어야 할 것을 그렇게 하지 아니하고 자기 것으로 하다. ② 어떤 재물이나 남에게 전해 주어야 할 것을 전해 주지 않고 중간에서 자기 것으로 하다. ③ 다른 사람의 의견을 무시하거나 중간에서 끊어서 전하지 아니하다.
- **잘리다** 피동사 '자르다'의 피동형. ¶ 그 공사로 많은 나무들이 잘렸다.

관용 표현

- **잘라 말하다** 길게 말을 끌지 않고 단정해서 말하다.

'자르다'와 '끊다'

'자르다'는 넓이가 있는 물건을 가위 같은 연장을 사용해서 동강을 내는 행위를 가리키고, '끊다'는 너비가 거의 없이 긴 물건을 연장이 아닌 손이나 다른 물건으로 동강을 내는 행위를 가리킨다.

¶ 손을 묶은 노끈을 잘랐다(○)/끊었다(×).
¶ 그와의 관계를 잘랐다(×)/끊었다(○).
¶ 성수대교 사고는 마치 두부를 자른 듯 다리 상판이 끊어져서 일어났다.
¶ 실을 가위로 자르든지 이로 끊든지 해라.
¶ 남의 말을 자르지 마라.
¶ 글을 알맞게 끊어 읽어야 이해하기 쉽다.

자리[1] 명사

① 사람이나 물체가 차지하고 있는 공간.
¶ 우리 집이 있던 자리에 공장이 들어섰다.
¶ 아주 좋은 자리에 도서관을 지었다.
② 어떤 일이 있음을 보이는 흔적.
¶ 불에 덴 자리에 물집이 생겼다.
③ 앉을 수 있도록 만들어 놓은 물건이나 장소.
¶ 내 자리는 어디 있나요?
¶ 모두 자리에 앉아 주세요.
④ 조직체에서 직위나 지위.
¶ 높은 자리에 있을 때에 많이 베풀어라.
¶ 과장 자리가 아직 비어 있다.
⑤ 일할 곳이나 혼처.
¶ 일할 사람은 많고 자리는 부족하다.
¶ 혼처로 그만한 자리가 흔치 않을 겁니다.
⑥ 모임 같은 곳에서 말을 할 기회.
¶ 이렇게 영광스러운 자리를 마련해 주셔서 고맙습니다.
¶ 이 자리를 빌려 사죄하겠습니다.
⑦ 숫자의 위치. 자릿수.
¶ 다음의 수를 소수점 세 자리에서 반올림하세요.

복합어

- **가장자리** 명사 둘레나 끝에 해당되는 부분.

ㅈ

- **개자리**[개:-] 명사 ① 강이나 내의 바닥이 패어 깊어진 곳. ② 온돌을 만들 때에, 불기운을 빨아들여 오래 머무르게 하려고 윗목 밑에 방고래보다 더 깊이 파 놓은 고랑. ③ 활터에서, 사람이 들어가 화살이 맞았는지 안 맞았는지 살피도록 과녁 앞에 파 놓은 구덩이.
- **겉자리** 명사 대강 잡은 자리.
- **곁자리** 명사 중심이 되는 자리의 옆자리.
- **꿈자리** 명사 꿈에 나타난 일이나 내용.
- **끝자리** 명사 ① 맨 밑의 지위. ¶ 끝자리라도 서로 차지하려고 싸운다. ② 맨 끝의 좌석. ¶ 나는 가장 끝자리에 앉아 잠자코 다른 사람의 말을 듣기만 했다. ③ 수의 마지막 자리. ¶ 123의 끝자리는 3이다.
- **눈물자리** 명사 눈물이 흐른 자리.
- **눈자리**[-짜-] 명사 뚫어지게 바라본 곳의 자취를 비유하여 이르는 말.
- **두엄자리**[-짜-] 명사 두엄을 쌓아 두는 자리.
- **뒷자리**[뒫-] 명사 ① 뒤쪽에 있는 자리. ② 경쟁이나 학습에서 남에게 뒤떨어진 자리. ¶ 아이 성적은 뒷자리를 맴돌았다. ③ 어떤 일을 한 뒤의 흔적. ¶ 행사를 마치고 뒷자리를 정리했다.
- **뜸자리** 명사 뜸을 뜬 자리나 그 흔적.
- **마른자리** 명사 물기가 없는 자리. 젖지 않은 자리.
- **마음자리**[-짜-] 명사 마음의 본바탕. 준 맘자리
- **명당자리**(明堂-)[-짜-] 명사 어떤 일에 썩 좋은 자리. 풍수지리에서 아주 좋은 묏자리나 집터. 명당(明堂).
- **명자리**(命-)[명:짜-] 명사 조금만 다쳐도 목숨이 위험해질 수 있는 자리. 급소(急所).
- **못자리** 명사 볍씨를 뿌리어 모를 기르는 곳.
- **묏자리**[묃-] 명사 뫼를 쓸 자리. 또는 쓴 자리.
- **묫자리**(墓-)[묟-] 명사 =묏자리
- **밑자리** 명사 ① 여러 자리 가운데 아래쪽에 있는 자리. ② 맷방석이나 바구니 따위를 겯기 위하여 미리 짜놓은 밑바닥.
- **바늘자리** 명사 바늘이나 바늘처럼 끝이 가늘고 뾰족한 것으로 찔러서 낸 자리. ¶ 단추 달 곳을 바늘자리를 내어 표시하였다
- **밥자리** 명사 '일자리'를 낮잡아 이르는 말.
- **벼슬자리**[-짜-] 명사 벼슬의 직위.
- **별자리**[-짜-] 명사 별의 위치를 정하기 위하여 밝은 별을 중심으로 천구(天球)를 몇 부분으로 나눈 것.
- **보금자리** 명사 ① 새가 알을 낳거나 깃들이는 곳. 둥지. ② 지내기에 매우 포근하고 아늑한 곳을 비유하여 이르는 말.
- **술자리**[-짜-] 명사 술을 마시는 자리. 또는 술상을 베푼 자리.
- **아랫자리** 명사 ① 아랫사람이 앉는 자리. ② 낮은 지위나 순위. ③ 여러 자리 중에서 낮은 쪽에 있는 자리. ④ 십진법에서, 어느 자리보다 낮은 자리.

- **앉은자리** 명사 어떤 일이 벌어진 바로 그 자리. ¶ 그는 앉은자리에서 막걸리 한 말을 마신다.
- **앞자리** 명사 앞쪽에 있는 자리.
- **옆자리**[-짜-] 명사 옆쪽에 있는 자리.
- **월급자리**(月給-)[-짜-] 명사 월급을 받는 일자리. 또는 월급을 받고 일하는 사람.
- **윗자리** 명사 ① 윗사람이 앉는 자리. 상석(上席). ② 높은 지위나 순위. ③ 여러 자리 중에서 높은 곳에 위치한 자리. ④ 십진법에서 어느 자리보다 높은 자리.
- **일자리**[일:짜-] 명사 ① 생계를 꾸려 나갈 수 있는 수단으로서 직업. 직장. ② 일을 한 흔적. 또는 일한 결과.
- **자리그물** 명사 한곳에 쳐 놓고 고기 떼가 지나가다가 걸리도록 하는 그물.
- **자리낚시** 명사 한곳에 자리를 잡고 고기를 낚는 일.
- **자리다툼** 명사 좋은 지위나 자리를 차지하려고 다투는 일.
- **자리매김하다** 자동사 타동사 사회나 사람들의 인식 따위에 어느 정도 고정된 위치를 차지하다. ¶ 공공언어 쉽게 쓰기가 언어 운동의 한 부문으로 자리매김하였다.
- **자리바꿈** 명사 자리를 서로 바꿈.
- **자리싸움** 명사 =자리다툼 ㊅ 자리쌈
- **자리하다** 자동사 올림말 '자리하다' 참고.
- **자릿삯** 명사 =자릿세
- **자릿세**(-貰) 명사 터나 자리를 빌려 쓰는 대가로 주는 돈이나 물품. ¶ 휴가철에 바닷가나 계곡 같은 공유지에서 자릿세를 받는 것은 불법이다.
- **자릿수**(-數) 명사 ① '일, 십, 백, 천, 만'처럼 자리를 가리키는 수. ¶ 만의 자릿수가 다섯이면 5만이다. ② 자리의 개수. ¶ 올해 한국의 수출 증가율은 한 자릿수에 머물렀다.
- **자릿점**(-點) 명사 ① 수판에 수의 자리를 표시하려고 찍어 놓은 점. ② 수를 나타낼 때 천 단위마다 찍는 점.

관용 표현

- **자리(가) 나다** 일한 성과가 확연히 나타나다. ¶ 아무리 열심히 해도 일한 자리가 나지 않는다.
- **자리(가) 잡히다** ① 서투르던 것이 익숙해지다. ② 규율이나 질서 따위가 정착되다. ③ 생활이 제대로 꾸려져 안정되다. ¶ 서울에서 자리가 잡힐 때까지는 고향에 내려가지 않겠다.
- **자리(를) 잡다** ① 일정한 지위나 공간을 차지하다. ¶ 이제 배우로서 자리를 잡았다. ② 생각이 마음속에 뿌리를 박은 듯 계속 남아 있다. ¶ 깊이 자리 잡은 원한이 쉽게 사라지겠느냐?
- **자리가 길어지다** 벌여 놓은 판이 오랜 시간 계속되다. ¶ 모처럼 친구들을 만나 자리가 길어지는 바람에 늦었어.
- **자리를 차고 일어나다** 기세 좋게 세차게 일어서다. ¶ 나는 너무 화가 나서 자리를 차고 일어났다.

ㅈ

자리[2] 명사

① 앉거나 누울 수 있도록 바닥에 까는 물건.
¶ 풀밭에 자리를 깔고 앉자.
② =이부자리
¶ 손님이 편히 쉬시도록 사랑방에 자리를 펴 놓으세요.
③ =잠자리[1]
¶ 오늘은 피곤하여 일찍 자리에 들었다.

복합어

- **거적자리** 명사 깔개로 쓰는 거적. 또는 거적을 깐 자리.
- **대자리** 명사 대오리로 짠 자리.
- **돗자리** 명사 왕골이나 골풀의 줄기로 짠 자리.
- **멍석자리** 명사 자리로 쓰는 멍석. 또는 멍석을 깔아 놓은 자리.
- **밑자리** 명사 깔고 앉는 자리.
- **부들자리**[-짜-] 명사 부들의 잎이나 줄기로 엮은 자리.
- **삿자리** 명사 갈대를 엮어 만든 자리.
- **이부자리** 명사 이불과 요를 통틀어 이르는 말.
- **자리끼** 명사 밤에 자다가 마시려고 잠자리 머리맡에 준비하여 두는 물.
- **자리맡** 명사 잠자리의 곁.
- **자리보기** 명사 신혼부부가 첫날밤을 지낸 다음 날 친척이나 친구가 모여 음식을 함께 먹으며 즐기는 일.
- **자리보전**(-保全) 명사 병이 들어서 자리를 깔고 몸져누움.
- **자리옷** 명사 잠잘 때에 입는 옷. 잠옷.
- **자릿저고리** 명사 잠잘 때에 입는 저고리.
- **잠자리**[-짜-] 명사 올림말 '잠자리[1]' 참고.

관용 표현

- **자리(를) 보다** ① 잠을 잘 수 있도록 이부자리를 펴거나 깔다. ② 잠을 자려고 이부자리에 드러눕다. ¶ 일찍 자리를 보았지만 이런저런 생각에 늦게야 잠이 들었다.
- **자리를 걷고(/털고) 일어나다** ① 있던 곳에서 다른 곳으로 옮기려고 움직이다. ¶ 먼 산을 바라보던 영감은 이윽고 자리를 털고 일어났다. ② 아파서 누워 있던 사람이 일어나서 활동하다. ¶ 어서 자리를 걷고 일어나셔야지요.
- **자리에 눕다** 누워서 앓다. ¶ 어머님께서 자리에 누우신 지 벌써 한 달이 되었다.

자리개 명사

옭아매거나 묶는 데에 쓰는, 짚으로 만든 굵은 줄.

'자리개', '조르개', '조리개'

《표준국어대사전》에 따르면 '자리개'는 짚으로 만든 굵은 줄이고, '조르개'는 졸라매는 데 쓰는 가는 줄이다. 예전에 자리개를 짚으로 꼬아서 만들었기 때문에 굳이 '짚으로 만든' 줄이라고 했고 여기에 굵다는 설명을 덧붙인 것으로 보인다. 요즘은 짚으로 꼰 자리개를 쓰는 일이 없기 때문에 '조르개'를 쓰는 것이 좋을 것 같다. 끈이 굵든 가늘든 상관없이 졸라매는 데에 쓰는 끈이나 줄이면 다 '조르개'라고 하면 될 것이다.

그런데 조르는 기능을 하는 것 중에 '조리개'라는 것이 있다. 사진기 속에 있는 장치인데, 렌즈를 통과하는 빛의 양을 조절하는 기능을 하도록 구멍을 넓히거나 좁힐 수 있게 만든 장치이다. (이에 관한 설명은 올림말 '조리개' 참고.)

자리하다 동사

불10-9 자리하고, 자리하는, 자리하여/자리해, 자리합니다, 자리하였다/자리했다

자동사

① 일정한 공간이나 위치를 차지한 상태로 있다.

¶ 당시 우리 회사는 이 건물의 2층에 자리했다.

② 특정 지위에 있다.

¶ 요직에 자리한 사람일수록 언행을 조심해야 한다.

③ 여러 사람이 일정한 곳에 모이다.

¶ 오늘 여기에 자리해 주신 분들께 감사 인사를 올립니다.

'자리하다'와 '위치하다'

어떤 건물이나 시설이 일정한 장소를 차지한 상태를 '무엇이 어디에 자리하다/위치하다'라고 하는 것은 '무엇이 어디에 있다'를 표현한 것이다. 그러나 '무엇이 어디에 자리하고/위치하고 있다'처럼 쓰는 것은 불필요한 중복이므로 쓰지 말아야 한다.

자문[1] 명사 (自問)

스스로 자신에게 물음.

¶ 몇 번이고 자문을 해 보았지만 내가 무얼 잘못했는지 모르겠다.

복합어

- **자문자답**(自問自答) 명사 스스로 묻고 스스로 답함.
- **자문하다**(自問－) 자동사 스스로 자신에게 묻다.

자문[2] 명사 (諮問)[자:－]

(정부 기관이나 기업체가) 전문가에게 의견을 물음.

복합어

- **자문하다**(諮問－)[자:－] 자동사 타동사 (정부 기관이나 기업체가) 전문가에게 의견을 묻다.

> **'자문[2]'의 용법**
>
> '자문(諮問)'은 '질문'처럼 다른 사람에게 묻는 행위이나, 묻는 사람과 답하는 사람의 관계가 특별하다. 왕조 시대 같으면 임금이 신하에게, 근대 국가에서는 국가 기관이 전문가에게 묻는 행위를 '자문'이라고 한다. 흔히 '자문을 구한다'는 말을 많이 쓰는데 이 말도 잘못이다. 그래서 '자문'을 다음과 같이 사용하는 것은 옳지 않다.
>
> ¶ 자문위원들에게 자문을 구했다(×). → 자문하였다.
>
> ¶ 정부는 전문가의 자문을 받아(×) 정책을 결정했다. → 전문가에게 자문하여
>
> ¶ 교수님께서 저희 정책을 자문해(×) 주시기 바랍니다. → 정책 자문에 응해
>
> ¶ 내가 지금 시의 교통 정책에 자문하고(×) 오는 길이다. → 교통 정책 자문에 응하고

자시다 동사 [자:－]

규11－0 자시고, 자시니, 자시어/자셔, 자신다, 자십니다, 자시었다/자셨다

타동사

① '먹다'의 높임말.

¶ 아저씨는 식사 때에 반주로 약주를 한 잔씩 자시곤 했다.

¶ 아버지는 저녁밥을 밖에서 사 자시는 경우가 거의 없으셨다.

② (주로 '-고 자시고' 형태로 쓰이어) 앞에 나온 말을 부정하는 뜻으로 이르는 말.

¶ 이것을 먹고 자시고 할 시간이 어디 있니?

¶ 경황이 없었을 텐데 우리에게 인사하고 자시고 할 여유가 있었겠는가?

'자시다', '드시다', '잡수다', '잡수시다'

'먹다'의 높임말은 매우 다양하다. 가장 흔히 쓰는 높임말로 '드시다'가 있고, 높임의 정도가 높은 것으로 '잡수다', 더 높이는 말로 '잡수시다'가 있다. '드시다'와 거의 격이 같은 용도로 쓰는 말이 '자시다'인데, 이 말은 주로 나이가 든 사람들이 쓴다. 예를 들면 나이가 좀 많은 어른이 자기보다 나이가 적은 어른을 존중하여 말하는 경우에 "이거 좀 자시게"라고 한다. "이거 좀 드시게"라고 해도 상관없지만 어른들은 '드시다'보다는 '자시다'를 더 많이 사용하는 경향이 있다.

나이가 많지 않은 사람들은 '자시다'보다 '드시다'를 쓴다. "어르신, 이걸 좀 드십시오"라고 하지, "어르신, 이걸 좀 자십시오"라고 하지 않는다. '자시다'는 명령문에 쓰지 않는다. '잡수다'와 '잡수시다'는 가장 예의를 차리는 표현이다. (이 두 낱말에 관해서는 올림말 '잡수다' 참고.)

'자시다'와 '주무시다'

'자시다'는 '먹다'의 높임말이고, '주무시다'는 '자다'의 높임말이다. 잠을 자는 행위의 높임말이 '자시다'가 아니고 '주무시다'라는 점을 조심해야 한다.

자신 명사 (自身)

① 그 사람의 몸 또는 바로 그 사람을 이르는 말. 자기(自己).

¶ 그는 무슨 일이나 다른 사람을 시키지 않고 자신이 직접 해결한다.

¶ 그렇게 되면 자신에게도 손해가 된다는 점을 알아야 한다.

② (사람을 가리키는 말 뒤에 쓰이어) 앞에서 가리킨 바로 그 사람임을 강조하여 이르는 말.

¶ 내가 어떻게 그런 말을 했는지 나 자신도 믿을 수 없다.

¶ 일을 망친 것은 사장 자신이었다.

자아내다 동사

규11-0 자아내고, 자아내니, 자아내면, 자아내어/자아내, 자아냅니다, 자아냈다

타동사

① (무자위로 물을) 높이 빨아올리다.

¶ 가뭄이 들어 펌프로 지하수를 자아내어 논으로 흘려보냈다.

② (섬유나 실을) 뽑아내다.

¶ 고치에서 명주실을 자아낸다.

③ (웃음이나 눈물, 또는 느낌 따위를) 이끌어 내다.

¶ 이 영화는 관객의 눈물을 자아낸다.

¶ 아이가 어설픈 춤 솜씨로 웃음을 자아냈다.

> **'자아내다'와 '잣다'**
>
> '자아내다'는 '잣다'에 '-아 내다'가 붙어서 이루어진 동사이다. '잣다'와 의미는 크게 차이가 없으나 '자은 결과물이 눈에 보이도록 내놓다'의 의미가 보태어졌다고 보면 된다. 그러기 위해서 노력을 더 들인 말맛이 느껴진다.

자아올리다 동사

규11-0 자아올리고, 자아올리어/자아올려, 자아올립니다, 자아올리었다/자아올렸다

타동사

(기계로 밑에 있는 물을) 빨아 위로 흘러나오게 하다.

¶ 양수기로 지하수를 자아올렸다.

¶ 무자위는 '물을 자아올린다' 하여 붙여진 이름이다.

× 자욱

'자국'의 틀린 말.

'자국'과 '자욱'

표준어 규정에서는 '자욱'을 '자국'의 비표준어로 본다. 이와 마찬가지로 '발자욱'도 '발자국'의 비표준어로 본다. 그러나 '자욱'은 '자국'의 'ㄱ'을 탈락시킨 형태로서 '자국'을 가볍게 또는 문학적으로 표현하는 말이기도 하다. 마치 '냄새'를 '내음'으로, '날개'를 '나래'로 표현하는 것과 비슷하다. '자욱'을 '자국'과 함께 표준어로 인정하는 문제를 검토할 필요가 있다.

자위[1] 명사

눈알이나, 새나 짐승의 알에서 빛깔로 나뉘는 부분. 눈의 '검은자위'와 '흰자위', 달걀의 '노른자위'와 '흰자위' 따위.

¶ 자위가 구별이 되지 않을 정도로 눈이 탁해졌다.

자위[2] 명사

① 무거운 물건이 놓였던 자리.

② 뱃속의 아이가 놀기 전까지 차지하고 있던 자리.

¶ 뱃속에서 아기가 자위를 뜨는 것이 느껴진다.

③ 밤톨이 익기까지 밤송이에 붙어 있던 자리.

¶ 밤이 익기 시작하면 자위가 떠서 머지않아 땅에 떨어지게 된다.

④ 운동 경기에서 선수가 상대에게 틈을 보이지 않기 위해서 지키고 있어야 하는 자리.

¶ 수비수가 자위를 뜨는 바람에 상대에게 허를 찔리게 되었다.

관용 표현

- **자위가 돌다** 먹은 것이 삭기 시작하다. ¶ 체한 듯해서 약을 먹었더니 겨우 자위가 도는 것 같다.
- **자위가 뜨다** (밤톨이 익어서) 밤송이 안에서 조금 틈이 생기다.
- **자위를 뜨다** ① (무거운 물건이) 자리에서 조금 떨어지기 시작하다. ¶ 수십 명이 달려들어 옮기려 해도 그 바위는 자위 뜰 가망이 보이지 않는다. ② (운동 경기에서) 지켜야 할 자리에서 벗어나 있어 틈이 생기다. ③ (태아가) 자리를 바꾸어 놀기 시작하다.

ㅈ

자위[3] 명사 (自慰)

스스로 자신을 위로함. 스스로 자기 마음을 달램.

복합어

- **자위책**(自慰策) 명사 자신을 스스로 위로하는 방책.
- **자위하다**(自慰－) 자동사 자신을 위로하다. 자기 마음을 스스로 달래다.

자위[4] 명사 (自衛)

자기 몸이나 나라 따위를 자기 힘으로 지킴.

복합어

- **자위권**(自衛權)[－꿘] 명사 ① 다른 사람에게서 위해(危害)를 받았을 때 실력으로 막아낼 수 있는 권리. ② 다른 나라의 침략을 받았을 때 자기 나라의 안전을 지키기 위하여 무력을 행사할 수 있는 권리.
- **자위대**(自衛隊) 명사 ① 자기 나라를 스스로 지키기 위하여 조직한 군대나 단체. ② 제2차 세계대전에 패전한 뒤 헌법에 따라서 군대를 보유할 수 없게 된 일본이 군대 대신 만든 방위 조직.
- **자위책**(自衛策) 명사 자신을 지키는 방책.
- **자위하다**(自衛－) 자동사 자기 힘으로 자기를 지키다.

자진가락 명사

빠르고 잦게 넘어가는 가락. ×잦은가락

¶ 농악을 자진가락으로 볶아치자 구경꾼들이 덩달아 소리를 지르며 몸을 흔들었다.

'자진가락'과 '잦은가락'

농악에서 북이나 장구 또는 꽹과리를 칠 때에 빠르고 잦게 치는 가락으로, '늦은가락'에 견주어 빠르다는 뜻으로 부르는 이름이다. '자진모리장단'이 공식 이름이다. 이보다 더 급하고 빠르게 치는 장단을 '휘모리장단'이라고 하고 조금 느리게 치는 장단을 '중중모리장단', '중모리장단'이라고 한다. '자진가락'은 '잦은가락'에서 왔지만, 농악의 전문용어로 '자진가락'을 사용하기 때문에 '자진가락'을 표준어로 본다.

자취 명사

무엇이 지나가거나 남긴 자국.

¶ 우리 아이들이 지나간 자취를 더듬어 보려 한다.

¶ 역사 유적지 답사는 선조들이 남긴 자취를 찾는 일이다.

관용 표현

• **자취 없다** 아무 흔적이나 소리도 없다. ¶ 세 사람이 방금 전까지 여기 있었는데 어느 순간에 자취 없이 사라졌다.

'자취'와 '자국'

어떤 일을 하여 남은 흔적을 '자국'이라고 한다. 어떤 사물이 있다가 사라진 경우에 있던 자리에 생긴 흔적은 '자국'이지만, 있던 사물이 만든 공간의 모습은 자국이 아니라 '자취'이다. '자국'은 물리적 흔적만 가리키지만 '자취'는 자국을 남기게 된 배경, 자국을 남기면서 행한 일, 자국과 관련한 삶을 가리킨다.

¶ 백련사 가는 길에서 나는 다산 선생의 자국을 직접 밟을 수는 없었지만 선생의 자취가 느껴졌다.

¶ 태풍이 할퀴고 간 자국이 여기저기 보인다.

자칫 부사

조금이라도 어긋나서. 실수하여. 자칫하면.

¶ 자칫 발을 헛디디면 큰일 난다.

¶ 그러다가 자칫 일이 안 되는 수도 있다.

복합어

• **자칫하다** 자동사 어쩌다 조금 어긋나서 잘못되다. ¶ 자칫하다 일을 그르치게 되면 큰일이다. / 선반 작업은 자칫하면 사고가 나기 쉽다.

관용 표현

• **자칫 잘못하면** 조금이라도 어긋나게 잘못하면 ¶ 이러다가 자칫 잘못하면 회사가 망할 수도 있다.

'자칫하면'과 '자칫 잘못하면'

'자칫'에 이미 '잘못'이나 '실수'의 뜻이 들어 있어 '자칫하면'은 '조금이라도 어긋나 잘못하면'을 뜻한다. 그런데 '자칫 잘못하면'이라고 하면 '조금이라도 어긋나 잘못하여 잘못하면'이 되어 의미 중복이 된다. 습관적으로 또는 강조 용법으로 '자칫 잘못하면'이라는 표현을 많이 써서 이를 관용 표현으로 보았다.

자투리 명사

① 자풀이로 팔고 남은 피륙의 조각. 또는 잘라 쓰고 남은 천 조각.
¶ 옷을 짓고 남은 자투리를 모아서 조각보를 만들었다.
② 어떤 단위나 기준으로 사용하거나 계산하고 남은 부분.
¶ 행사 장면을 찍고 남은 자투리 필름으로 가족사진을 찍었다.

복합어

• **자투리땅** 명사 어떤 용도로 사용하고 남은 좁은 땅.
• **자투리 시간**(-時間) 명사 ① 계획이나 규정에 따라 일을 하는 중간에 조금 남은 시간. ¶ 일과 중에 자투리 시간을 이용하여 책을 읽었다. ② 어떤 일을 제대로 하기에는 부족하여 아무 일도 하지 않게 되는 짧은 시간.

작다 형용사 [작:-]

규20-1 작고, 작으니, 작으면, 작은, 작아, 작습니다, 작네, 작소/작으오, 작았다

① (부피, 넓이, 길이, 크기가) 보통에 미치지 아니하다.
¶ 그렇게 작은 몸으로 그렇게 큰 사람을 어떻게 이길 수 있었을까?
¶ 수첩에 하루하루 할 일들을 깨알같이 작게 써 놓았다.
¶ 요즘 새로 지은 학교들은 예전보다 운동장이 작다.
② (키가) 낮다.
¶ 그 아이는 키가 작고 어깨가 딱 벌어져서 보기에도 매우 야무지게 생겼다.
¶ 숲에 큰 나무와 작은 나무가 잘 어우러져 자란다.
③ (소리가) 약하다.
¶ 라디오 소리를 작게 틀어 놓고 책을 읽었다.
¶ 너무 작은 소리로 말하니 내가 알아들을 수 없다.
④ (도량이나 인품이) 잘다.
¶ 나는 통이 작아서 비싼 물건은 못 산다.
¶ 작은 사람들이 모인 자리에서 큰 사람이 배겨내기 어렵다.
⑤ 정하여지거나 필요한 크기에 모자라다.
¶ 옷이 내 몸에는 좀 작은 듯하다.
¶ 신발이 너무 작아 신을 수 없다.
⑥ (규모, 중요도, 영향력, 미치는 범위 따위가) 보잘것없다. 시시하다.
¶ 그렇게 작은 일까지 간섭을 하니 아랫사람이 일하기 얼마나 어려울까?
¶ 비록 작은 사건일지라도 거기에 한 사람의 삶 전체가 관계될 수 있다.
¶ 우리 단체가 규모는 작지만 영향력은 매우 크다.

ㅈ

복합어

- **작은골** 명사 큰골의 아래, 숨골 뒤에 있는 골. 몸 각 부분의 운동을 조절하는 구실을 한다. 소뇌(小腦).
- **작은누나** 명사 '작은누이'를 친근하게 이르는 말.
- **작은누이** 명사 둘 이상의 누이 가운데 맏누이가 아닌 누이.
- **작은달** 명사 다른 달보다 날수가 덜 있는 달. 2월, 4월, 6월, 9월, 11월이 이에 해당한다.
- **작은댁**(-宅) 명사 =작은집
- **작은동서**(-同壻) 명사 남편 아우의 아내.
- **작은따님** 명사 남의 맏딸이 아닌 딸을 정중하게 이르는 말.
- **작은따옴표**(-標) 명사 ① 따온 말 안에 다시 따온 말이 있는 경우, 마음속으로 한 말을 적을 경우, 문장에서 중요한 부분을 드러낼 경우에 쓰는 부호. ② 가로쓰기에 쓰는 부호 ' '의 이름. 세로쓰기에는 「 」(낫표)를 쓴다.
- **작은딸** 명사 맏딸이 아닌 딸.

- **작은말** 명사 뜻은 같으나 느낌이 작고 밝게 들리는 말. 양성 모음으로 된 말이 이에 해당한다. '벙글벙글, 덜렁덜렁, 설설, 중얼중얼'에 대하여 '방글방글, 달랑달랑, 살살, 종알종알'을 작은말이라고 한다.
- **작은며느리** 명사 작은아들의 아내.
- **작은방**(-房) 명사 큰방에 나란히 딸려 있는 방.
- **작은설** 명사 '섣달그믐'을 이르는 말. 까치설날.
- **작은아들** 명사 큰아들이 아닌 아들.
- **작은아버지** 명사 아버지의 아우로서 결혼한 사람. 숙부(叔父).
- **작은어머니**[1] 명사 작은아버지의 아내. 숙모(叔母).
- **작은어머니**[2] 명사 '첩'을 본처의 자식이 이르는 말. 서모(庶母).
- **작은언니** 명사 맏언니가 아닌 언니.
- **작은오빠** 명사 맏오빠가 아닌 오빠.
- **작은집** 명사 ① 따로 살림하는 아우의 집. ② '첩'이나 '첩의 집'을 일컫는 말. 소실(小室). 별실(別室). ③ '변소'를 에둘러 이르는 말.
- **작은창자** 명사 샘창자에서 시작하여 큰창자에 이르는 창자. 소장(小腸).
- **작은할머니** 명사 작은할아버지의 아내.
- **작은할아버지** 명사 할아버지의 아우.
- **작은형**(-兄) 명사 맏형이 아닌 형.
- **작은형수**(-兄嫂) 명사 작은형의 아내.

속담

- **작게 먹고 가는 똥 누어라** 지나친 욕심을 내지 말고 분수에 맞게 생활하는 것이 좋다는 말.
- **작아도 콩 싸라기 커도 콩 싸라기** 큰 것이나 작은 것이나 큰 차이가 없다는 말.
- **작은 고추가 더 맵다** 겉으로 보기에는 몸집이 작고 대수롭지 않게 보여도 하는 일은 맵짜고 옹골차게 잘 한다는 말.
- **작은 나무는 큰 나무 덕을 못 입어도 사람은 큰집 덕을 입는다** ① 작은 나무는 큰 나무의 그늘에 가려 잘 자라지 못하지만 사람은 아랫사람이 윗사람의 돌봄을 받을 수 있다는 말. ② 권세나 재물이 있는 사람의 혜택을 받을 수 있음을 비유하여 이르는 말.
- **작은 부자는 노력이 만들고 큰 부자는 하늘이 만든다** 돈을 벌어 작은 부자가 되는 것은 노력으로 가능하지만 큰 부자는 시대와 여건에 맞아야 가능하다는 뜻으로, 개인의 노력만으로는 한계가 있다는 말.
- **작은 일이 끝 못 맺는다** 작은 일이라고 가볍게 생각하면 흐지부지되어 끝을 맺지 못하게 된다는 말.

'작은'의 소리내기

'작다'의 소리가 길므로 '작은'도 길게 소리를 내야 한다. '작은 일', '작은 사람', '작은 나무' 따위에서

'작은'은 모두 길게 소리를 낸다. 그러나 복합어 '작은집', '작은아버지', '작은창자' 따위의 '작은'은 짧게 소리 내야 한다. 복합어에서 '작은'은 '작다' 개념에서 조금 벗어나서 '맏이'나 '첫째'가 아닌 사람을 의미하는 것처럼 특별히 한정된 의미를 나타내기 때문이다.

┌ 여기에 키가 작은[작:-] 할아버지 한 분이 서 계신다.
└ 여기에 우리 작은할아버지가 서 계신다.

┌ 그렇게 작은[작:-] 집에서 우리 식구가 다 살 수는 없다.
└ 갑자기 부모님이 돌아가시고 나서 우리는 작은집에서 살게 되었다.

┌ 나는 이렇게 작은[작:-] 방에서는 답답해서 못 산다.
└ 부모님에게 안방을 내 드리고 우리는 작은방에서 자기로 했다.

작다리 명사

키가 작은 사람을 놀림조로 이르는 말.

¶ 어렸을 때 키가 작아 친구들이 '작다리'라고 놀렸다.

작달막하다 형용사

불20-9 작달막하고, 작말막하여/작달막해, 작달막한, 작달막합니다, 작달막하였다/작달막했다

키가 몸피에 비하여 꽤 작다.

¶ 그는 작달막한 키에 얼굴은 동그스름하다.

¶ 그 사람은 작달막하면서도 어깨가 딱 벌어져 아주 다부져 보였다.

'작달막하다'와 '자그마하다'

'작달막하다'는 주로 키가 보통보다 꽤 작은 경우에 쓰고, '자그마하다'는 키를 포함하여 부피, 규모 따위에도 쓴다.

¶ 작달막한 키에 다부지게 생긴 몸에서 강한 인상을 받았다.

¶ 봉우리에서 보니 깊은 산속에 자그마한 마을이 하나 있었다.

ㅈ

작히 부사

여북, 오죽. 얼마나.

¶ 아닌 밤중에 사내들이 집 안으로 뛰어들어 왔으니 작히 놀라셨겠습니까?

작히나 부사

'작히'의 힘줌말.

¶ 아이가 취직을 한다면 작히나 기쁘겠는가?

잔[1] 명사 (盞)

① 차나 술 또는 음료를 마시는 데에 쓰는 작은 그릇.

¶ 우유를 잔에 따라 마신다.

② 음료나 술을 담아 마시는 분량을 세는 단위.

¶ 커피 한 잔만 주세요.

¶ 아저씨는 식사 때 반주로 한 잔씩 마신다.

관용 표현

- **잔(을) 드리다** 축하나 축수를 하는 마음으로 윗사람에게 술을 따르다.
- **잔(을) 올리다** ① 제사 때에 잔에 술을 부어 올리다. ② =잔(을) 드리다
- **잔을 기울이다** 술잔에 부어 놓은 술을 마시다.
- **잔을 비우다** 잔에 부어 놓은 술을 말끔히 마시다.

속담

- **잔 잡은 팔 밖으로 펴지 못한다** 사람은 자기와 조금이라도 더 가까운 사람에게 정이 가기 마련임을 비유하여 이르는 말.
- **잔 잡은 팔이 안으로 굽는다** =잔 잡은 팔 밖으로 펴지 못한다

잔[2]

동사 '자다'의 관형사형. '자다'에 관형사형 어미 '-ㄴ'이 붙어 활용한 형태.

¶ 누구나 근무 시간에 잔 경험이 한 번쯤 있을 거다.

잔[3]

형용사 '잘다'의 관형사형. '잘다'에 관형사형 어미 '-ㄴ'이 붙어 불규칙 활용을 한 형태.

¶ 알이 굵은 것은 내어다 팔고 잔 것은 우리가 먹자.

잔- 접사

접두사

(일부 명사 앞에서) '자잘함', '가늚', '사소함'의 뜻을 더하는 말.

복합어

- **잔걱정** 명사 자질구레한 걱정.
- **잔걸음** 명사 ① 집에서 이리저리 왔다 갔다 하거나, 가까운 곳을 자주 왔다 갔다 하는 걸음. ② 걸음발을 작게 떼어 재게 걷는 걸음. 종종걸음.
- **잔고기** 명사 자질구레한 물고기.
- **잔글씨** 명사 잘고 가늘게 쓴 글씨.
- **잔기술**(-技術) 명사 운동 경기에서, 볼 수 있는 자잘한 기술. 세기(細技).
- **잔기침** 명사 작은 소리로 잇달아 하는 기침.
- **잔꾀** 명사 약고도 작은 꾀. 좀스런 꾀.
- **잔누비** 명사 발을 잘게 누빈 누비.
- **잔달음질** 명사 걸음나비를 좁게 떼어 달리는 일.
- **잔돈** 명사 돈의 액수가 많지 않은 푼돈.
- **잔돌** 명사 작고 자질구레한 돌.
- **잔말** 명사 쓸데없이 자질구레하게 늘어놓는 말. ¶ 시키면 잔말 말고 그대로 해라.
- **잔머리** 명사 ① 머리에서 빠져나온 짧고 가는 머리카락. ② '잔꾀'의 낮은말.

- **잔모래** 명사 잘고 고운 모래.
- **잔무늬** 명사 자잘한 무늬.
- **잔물결** 명사 잘게 이는 물결.
- **잔바느질** 명사 자질구레한 것을 바늘로 깁거나 꿰매는 일.
- **잔별** 명사 매우 작게 반짝이는 별.
- **잔병**(-病) 명사 자주 앓는 작은 병.
- **잔병치레**(-病-) 명사 잔병을 자주 앓음.
- **잔부끄러움** 명사 대수롭지 않은 일에도 쉽게 부끄러워함. ㉾ 잔부끄럼
- **잔불** 명사 화력이 약한 총알. 작은 짐승을 잡는 데 쓴다.
- **잔뼈** 명사 ① 꽤 가늘고 약한 뼈. ② 어려서 다 자라지 않은 뼈.
- **잔뿌리** 명사 굵은 뿌리에서 돋은 가는 뿌리.
- **잔사설**(-辭說) 명사 쓸데없이 번거롭게 늘어놓는 이야기.
- **잔살림** 명사 자질구레한 세간.
- **잔셈** 명사 자질구레한 것을 셈함.
- **잔소리** 명사 듣기 싫게 자꾸 늘어놓는 잔말.
- **잔손** 명사 자질구레한 일에 가는 손 또는 그런 일의 품.
- **잔손질** 명사 ① 자질구레한 손질. ② 무슨 일에 소소하게 여러 번 하는 손질.
- **잔솔** 명사 어린 소나무.
- **잔솔밭** 명사 잔솔이 많은 곳.
- **잔시중** 명사 자질구레한 시중.
- **잔심부름** 명사 자질구레한 심부름.
- **잔일** 명사 잔손이 많이 가는 자질구레한 일.
- **잔재미** 명사 아기자기한 재미.
- **잔재주** 명사 대단치 않은 재주. 속이 들여다보이는 얕은 재주.
- **잔정**(-情) 명사 자상하고 다정한 정.
- **잔주름** 명사 잘게 잡힌 주름.
- **잔털** 명사 썩 보드랍고 짧은 털.

관용 표현

- **잔머리를 굴리다** 자질구레한 일을 해결하기 위해 잔재주를 잘 쓰다.
- **잔머리를 돌리다** =잔머리를 굴리다
- **잔부끄럼을 타다** 예사로운 일에도 부끄러워하다.
- **잔불을 놓다** 작은 짐승을 잡으려고 작은 총을 쏘다.

- **잔뼈가 굵다(/굵어지다)** 어떤 환경에서 오래 자라 그 환경이 몸에 배다. ¶ 물질로 잔뼈가 굵은 사람이 헤엄을 못 친다면 누가 믿겠는가?

속담

- **잔고기 가시 세다** 몸은 작아도 속은 올차다는 말. 작은 고추가 더 맵다.

잔고 명사 (殘高)

'나머지' 또는 '잔액(殘額)'으로 순화.

'잔고(殘高)'의 '高'의 의미

'잔고'의 '高'는 일본어 '다카(たか)'를 한자로 표기한 것으로, '양이나 액수', '양이나 액수의 정도', '높음, 오름' 따위를 뜻하는 말이다. 참고로 '엔고[円高]'는 일본의 화폐인 엔[円]이 미국의 달러화에 비해 값이 높아진다는 의미이다.

국어사전에 올라 있는 판매고(販賣高), 생산고(生産高), 예금고(預金高), 수출고(輸出高) 따위에 쓴 '高'도 마찬가지이다. 이들은 모두 일본어를 한자어로 표기한 것이어서 그대로 쓰기는 곤란하다. 판매량(판매액), 생산량(생산액), 예금액, 수출량(수출액) 따위로 쓴다.

ㅈ

잔다

동사 '자다'의 종결형. '자다'에 종결 어미 '-ㄴ다'가 붙은 형태.

¶ 아이가 쌕쌕거리며 곤히 잠을 잔다.

잔생이 부사

① (말을 잘 듣지 않는 모양을 나타내어) 지긋지긋하게. 매우.

¶ 아무리 타일러도 잔생이 말을 듣지 않는다.

② 몹시 애걸복걸하는 모양.
¶ 제발 용서해 달라고 잔생이 빌었다.

속담

• **잔생이 보배라** 못난 체하는 것이 처세에 이롭다는 말.

'잔생이'와 '지지리'

'잔생이'와 '지지리'는 '매우'의 뜻을 공유하고 있지만 그 의미는 사뭇 다르다. '잔생이'는 무척 화를 나게 만들거나 귀찮게 구는 행동이 참을 수 없을 정도가 되어 '매우'에 해당하는 것이고, '지지리'는 어떤 특정한 상태나 상황이 마음에 안 드는 정도가 심하여 '매우'에 해당한다. 아래 예문을 비교하면 이 두 낱말의 용법을 이해하기 쉽다.

¶ 이 아이는 잔생이(○)/지지리(×) 말을 듣지 않는다.
¶ 이 아이는 잔생이(×)/지지리(○) 못생겼구나.
¶ 오늘은 지지리(○)/잔생이(×) 재수가 없는 날이다.
¶ 지지리도(○)/잔생이도(×) 가난하게 살더니 이제야 좀 형편이 펴인 모양이다.
¶ 아이가 잔생이(○)/지지리(×) 고집을 피웠다.

-잖다

'-지 아니하다'가 줄어든 형태.

① 용언의 어간에 붙어서 그 용언을 부정하는 말.
¶ 그 정도는 두렵잖으니 걱정 마라.
¶ 넉넉잖은 돈으로 일을 하려니 무리가 따르지.
¶ 수고비는 섭섭잖게 줄 테니 일이나 잘 해 다오.

② 앞의 풀이말을 강조하면서 상대의 동의를 구할 때에 쓰는 말. 뒤에 반드시 종결 어미가 따른다.
¶ 지금 가잖아요!
¶ 그렇게 하는 것이 좋잖아요?
¶ 네가 어제 그렇게 말했잖아.
¶ 우리가 거기서 만났잖소.
¶ 지금 가겠다고 하잖습니까.
¶ 이 정도면 좋잖은가요?

'-잖다'의 두 가지 유형

'-잖다'는 어근에 붙는 유형과 어간에 붙는 유형으로 나눌 수 있다.

① **'-하지 아니하다'에서 '-하지'의 '하'가 탈락하여 '-잖다'로 줄어든 유형:** 어근에 접미사 '-하다'가 붙어 파생된 용언인 경우가 여기에 해당한다.

용언	부정 표현	1차 줄임	2차 줄임
생각+하다	생각하지 아니하다	생각지 않다	생각잖다
넉넉+하다	넉넉하지 아니하다	넉넉지 않다	넉넉잖다
익숙+하다	익숙하지 아니하다	익숙지 않다	익숙잖다
거북+하다	거북하지 아니하다	거북지 않다	거북잖다
못+하다	못하지 아니하다	못지않다	못잖다
깨끗+하다	깨끗하지 아니하다	깨끗지 않다	깨끗잖다
의젓+하다	의젓하지 아니하다	의젓지 않다	의젓잖다
비슷+하다	비슷하지 아니하다	비슷지 않다	비슷잖다
갑갑+하다	갑갑하지 아니하다	갑갑지 않다	갑갑잖다
답답+하다	답답하지 아니하다	답답지 않다	답답잖다
섭섭+하다	섭섭하지 아니하다	섭섭지 않다	섭섭잖다
날렵+하다	날렵하지 아니하다	날렵지 않다	날렵잖다

이들은 모두 어근의 끝소리가 안울림소리인 'ㄱ, ㅂ, ㅅ'으로 되어 있다. 이런 어근에 '-하다'가 붙은 용언이 줄어든 경우에는 '-하지 않다'가 '-잖다'로 줄어든다. 그 밖의 어근으로 된 용언은 '-하지 않다'가 '-찮다'로 줄어든다.

② **어간에 '-지 아니하다'가 붙어 줄어든 유형:** '-하다'가 붙지 않은 용언은 어간에 곧바로 '-지 아니하다'가 붙게 되므로 자연스럽게 '-잖다'로 줄어든다.

용언	부정 표현	1차 줄임	2차 줄임
막다	막지 아니하다	막지 않다	막잖다
닫다	닫지 아니하다	닫지 않다	닫잖다
품다	품지 아니하다	품지 않다	품잖다
돕다	돕지 아니하다	돕지 않다	돕잖다
씻다	씻지 아니하다	씻지 않다	씻잖다
짖다	짖지 아니하다	짖지 않다	짖잖다
갚다	갚지 아니하다	갚지 않다	갚잖다
많다	많지 아니하다	많지 않다	많잖다
싫다	싫지 아니하다	싫지 않다	싫잖다

'-잖다'와 '-찮다'

'-잖다'는 '-하지 않다'의 '하'가 탈락하면서 줄어든 말이고, '-찮다'는 '-하지 않다'가 'ㅎ'이 그대로 살아서 '-지 않다'에 영향을 주어 '-치 않다'가 되고 이것이 줄어 '-찮다'가 된 것이다.

어간이 모음으로 끝나거나, 울림소리(ㄴ, ㅁ, ㅇ)로 끝나는 경우에는 '-찮다'로 줄어든다. ('-하지 아니하다'가 '-잖다'로 줄어든 예는 앞의 ①에 적었으므로 여기서는 '-찮다'로 줄어든 예만 든다.) 아래 표에서 어떤 단어는 1차 줄임이나 2차 줄임을 별로 쓰지 않는 것도 있다. 그러나 줄인다면 이렇게 줄여야 한다.

용언	부정 표현	1차 줄임	2차 줄임
귀+하다	귀하지 아니하다	(귀치 않다)	귀찮다
고요+하다	고요하지 아니하다	고요치 않다	고요찮다
대단+하다	대단하지 아니하다	대단치 않다	대단찮다
만만+하다	만만하지 아니하다	만만치 않다	만만찮다
쓸쓸+하다	쓸쓸하지 아니하다	쓸쓸치 않다	쓸쓸찮다
조촐+하다	조촐하지 아니하다	조촐치 않다	조촐찮다
한가+하다	한가하지 아니하다	한가치 않다	한가찮다

잘[1] 부사

① 반듯하고 훌륭하게.
¶ 동생은 자식들을 잘 키웠다.
¶ 몸을 잘 쓰는 것도 중요하지만 마음을 잘 쓰는 게 더 중요하다.
② 익숙하고 능란하게.
¶ 노래를 잘 부르면 가수로 키우고, 그림을 잘 그리면 화가로 키운다.
③ 자세하고 정확하게. 또는 분명하고 또렷이.
¶ 그 사건에 관해서는 내가 잘 안다.
¶ 도시에서는 별이 잘 보이지 않는다.
④ 아주 적절하게. 또는 아주 알맞게.
¶ 마침 네가 때맞추어 잘 왔구나.
¶ 역경을 잘 극복하고 성공한 사람이 많다.
⑤ 아무 탈 없이 편하고 순조롭게.

¶ 우리는 잘 지내고 있다.
¶ 잘 가세요.
⑥ 버릇으로 자주.
¶ 비 오는 날에는 극장에 잘 갔다.
¶ 아이가 조그만 소리에도 잘 놀란다.
⑦ 유감없이 충분하게.
¶ 이번 일은 잘 생각해서 결정해야 하네.
¶ 땅을 잘 다진 뒤에 집을 지어야 한다.
⑧ 아주 만족스럽게.
¶ 맛있게 잘 먹었습니다.
¶ 잘 놀고 갑니다.
⑨ 예사롭거나 쉽게.
¶ 이 식물은 아무 데서나 잘 자란다.
¶ 기억이 잘 나지 않아서 대답할 수 없었다.
⑩ 기능 면에서 아주 만족스럽게.
¶ 칼이 잘 든다.
¶ 이 약이 감기에 잘 듣는 약이다.
⑪ 친절하게 성의껏.
¶ 손님에게 잘 대접하는 것이 우리 마을의 미덕이다.
¶ 이 아이를 좀 잘 봐주세요.
⑫ 아주 멋지게. 또는 아름답고 예쁘게.
¶ 옷을 잘 차려입고 모임에 나갔다.
¶ 사진이 실물보다 잘 나왔다.

복합어

- **잘나가다** 자동사 하는 일이 잘되어 계속 성공하거나 인기가 많아지다.
- **잘나다** 자동사 ① 얼굴이 잘생기거나 예쁘다. ② 똑똑하고 뛰어나다. ¶ 못난 사람이 있어야 잘난 사람도 있는 법이야. ③ (반어적으로) 변변치 못하거나 대수롭지 아니하다. ¶ 우리가 잘난 네놈 하나만 바라보고 산 것이 잘못이지. / 어디 그 잘난 얼굴 좀 보자.
- **잘되다** 자동사 올림말 '잘되다' 참고.
- **잘못** 명사 부사 올림말 '잘못' 참고.
- **잘빠지다** 형용사 올림말 '잘빠지다' 참고.
- **잘살다** 자동사 올림말 '잘살다' 참고.

ㅈ

• **잘생기**다 (형용사) 올림말 '잘생기다' 참고.
• **잘하**다 (타동사) 올림말 '잘하다' 참고.

관용 표현

• **잘 가다가(/나가다) 삼천포(三千浦)로 빠진다** 진주로 가야 하는데 길을 잘못 들어 삼천포로 갔다는 데서, 어떤 일이나 이야기 따위가 도중에 엉뚱한 방향으로 진행됨을 이르는 말.
• **잘 자랄 나무는 떡잎부터 안다(/알아본다)** 잘될 사람은 어려서부터 남달리 장래성이 엿보인다는 말.
• **잘 헤는 놈 빠져 죽고 잘 오르는 놈 떨어져 죽는다** 사람은 흔히 자기가 지닌 재주 때문에 실수하거나 죽게 됨을 비유하여 이르는 말.

'잘'의 띄어쓰기

'잘'이 부사이므로 뒤에 오는 동사나 형용사와 띄어 써야 한다. 그런데 어떤 동사나 형용사와는 복합어를 이루어 붙여 쓴다. 그래서 복합어로 붙여 쓰는 경우와 어구로 띄어 쓰는 경우를 구별하기가 쉽지 않아서 어려움을 겪는다.

① **'잘나가다'와 '잘 나가다'** 복합어 '잘나가다'는 사회적으로 성공한 경우를 가리킨다. '잘 나가다'처럼 띄어 쓰면 '나가는' 행위에 어려움이 없다는 뜻이다.

¶ 그는 요즘 아주 잘나가고 있어.
¶ 마지막 문을 잘 나가야 탈출에 성공할 수 있다.

② **'잘나다'와 '잘 나다'** 복합어 '잘나다'는 얼굴이 예쁘거나 능력이 있음을 가리킨다. '잘 나다'는 '나는' 행위에 어려움 없음을 의미한다.

¶ 꼭 잘난 사람만 성공하라는 법이 있나요?
¶ 요즘은 어디나 길이 잘 나서 다니기 편하다.

③ **'잘되다'와 '잘 되다'** 복합어 '잘되다'는 바람직한 성과를 거둠을 가리킨다. '잘 되다'는 '되는' 행위에 어려움이 없음을 의미한다.

¶ 네가 잘되기를 빌겠다.
¶ 압력밥솥으로 밥을 했더니 밥이 잘 되었다.

④ **'잘빠지다'와 '잘 빠지다'** 복합어 '잘빠지다'는 빼어나게 생겼다는 뜻이고, '잘 빠지다'는 '빠지는' 행위를 어려움 없이 했다는 뜻이다.

¶ 이 사람 몸매 참 잘빠졌다.
¶ 문을 여니 방 안의 연기가 잘 빠졌다.

⑤ **'잘살다'와 '잘 살다'** 복합어 '잘살다'는 쪼들리지 않고 탈 없이 사는 것을 의미한다. '잘 살다'는 '사는' 행위를 제대로 함을 나타낸다.

¶ 우리도 노력하면 잘살게 됩니다.
¶ 시든 나무에 물을 주니 잘 살아났다.

⑥ **'잘생기다'와 '잘 생기다'** 복합어 '잘생기다'는 용모가 훌륭하다는 뜻이고, '잘 생기다'는 '생기는' 행위가 별 문제없이 되었다는 뜻이다.

¶ 얼굴만 잘생기면 합격을 시켜 주나?

¶ 그 부부에게는 아이가 어찌나 잘 생기는지 벌써 아이가 열 명이야.

⑦ **'잘하다'와 '잘 하다'** 복합어 '잘하다'는 훌륭하게 또는 익숙하게 함을 나타낸다. '잘 하다'는 '하는' 행위를 문제없이 함을 나타낸다.

¶ 영희는 공부를 잘한다.

¶ 행사 준비는 잘 하고 있지?

⑧ **'잘못하다'와 '잘못 하다'** 이에 관해서는 올림말 '잘못하다' 참고.

잘다 형용사

불20-2 잘고, 잘지, 자니, 잘며, 잘아, 잔, 잡니다, 자오, 잘았다

① 가늘고 작다.

¶ 마당에 있는 잔 돌멩이를 다 주워 바깥에 쌓아 두자.

¶ 이 사과는 선물로 쓰기에는 알이 너무 **잡니다**.

② 너그럽지 못하고 좀스럽다.

¶ 그는 사람이 너무 **잘아서** 큰 것을 생각하지 못한다.

¶ 아비 생각이 그리 **자니** 아들이 무얼 보고 배우겠소?

잘되다 동사

규11-0 잘되고, 잘되어/잘돼, 잘됩니다, 잘된다, 잘되었다/잘됐다

① 일, 현상, 물건 따위가 썩 좋게 이루어지다.

¶ 올해는 농사가 **잘되었으니/잘됐으니** 살림이 조금 좋아지겠군.

¶ 사업이 그럭저럭 **잘되어서/잘돼서** 집을 마련하게 되었다.

② 사람이 훌륭하게 되다.

¶ 그 집 자식들은 모두 **잘되었어/잘됐어**.

③ 일정한 수준이나 정도에 이르다.
¶ 올 농사는 잘되어야/잘돼야 평년작이다.
④ (반어적으로) 결과가 좋지 아니하게 되다.
¶ 내 말을 안 듣더니 결국 크게 낭패를 보았다고? 거 참 잘됐다.

속담

- **잘되면 제 탓(/복) 못되면 조상(/남) 탓** 일이 안될 때 그 책임을 남에게 돌리는 태도를 비유하여 이르는 말.
- **잘되면 충신 못되면 역적이라** 무슨 일이나 성공하면 칭송하고 실패하면 멸시한다는 말로, 강한 것이 정의(正義)가 된다는 말.

잘라

동사 '자르다'의 연결형. '자르다'에 연결 어미 '-아'가 붙어 불규칙 활용을 한 형태.
¶ 짧으면 잇고 길면 잘라 길이를 맞추어라.

잘리다 동사

규11-0 잘리고, 잘리니, 잘리어/잘려, 잘립니다, 잘린다, 잘리었다/잘렸다

피동사

'자르다'의 피동형.
¶ 새로 길을 내는 바람에 산허리가 잘렸다.
¶ 그는 최근에 회사에서 잘렸다.

잘못 명사 부사

명사

잘하지 못한 짓. 나쁜 짓. 잘못한 것.
¶ 그 사건이 일어난 데에는 내 잘못도 있다.

부사

① 그릇되게. 틀리게. 부적절하게.

¶ 내 말을 잘못 이해하고 있다.

¶ 생선을 잘못 보관하여 모두 상했다.

② 앞뒤를 살피지 않고. 깊이 생각함이 없이.

¶ 발을 잘못 디뎌 흙탕물에 빠졌다.

¶ 내가 잘못 생각하여 진로가 바뀌었다.

③ 불행하게. 재수 없게.

¶ 소녀 둘이 밤길을 가다가 깡패들에게 잘못 걸려들었다.

¶ 개가 주인을 잘못 만나서 고생한다.

복합어

- **잘못되다** 자동사 올림말 '잘못되다' 참고.
- **잘못짚다** 자동사 타동사 짐작이나 예상이 빗나가다. 헛다리짚다. 틀리게 예상하다.
- **잘못하다** 자동사 타동사 올림말 '잘못하다' 참고.
- **잘잘못** 명사 잘함과 잘못함. 옳음과 그름.
- **잘잘못간에**(-間-) 부사 잘하였거나 잘못하였거나 따질 것 없이. ¶ 잘잘못간에 우선 다친 사람을 병원으로 실어다 주는 일이 먼저다.

ㅈ

잘못되다 동사

규11-0 잘못되고, 잘못되어/잘못돼, 잘못된다, 잘못됩니다, 잘못되었다/잘못됐다

자동사

① 어떤 일이 그릇되거나 실패로 돌아가다.

¶ 수술이 **잘못되어** 다시 수술을 해야 한단다.

¶ 번역이 **잘못된** 부분이 많아서 처음부터 새로 번역하기로 했다.

② 사람이 어려움을 겪거나 나쁜 길로 빠지다.

¶ 사람은 누구나 한순간의 실수로 **잘못될** 수가 있다.

¶ 자식이 **잘못되기**를 바라는 부모는 없다.

③ (완곡한 표현으로) 사람이 사고나 병 따위로 불행하게 죽다.

¶ 내가 암으로 **잘못되기라도** 하면 내 재산을 모두 사회에 환원하겠다.

잘못하다 동사

불10-9 잘못하고, 잘못하여/잘못해, 잘못한다, 잘못합니다, 잘못하였다/잘못했다

자동사

① 비난의 대상이 되는 그릇된 일을 하다.

¶ 이야기를 들어보니 누가 잘못했는지 알겠다. 잘못한 사람이 먼저 사과해라.

¶ 제가 잘못했으니 처벌을 달게 받겠습니다.

② 조심하지 않거나 실수하다.

¶ 내가 잘못하여 컵을 깨뜨리고 말았다.

¶ 장난을 치다가 잘못하여 다리를 다쳤다.

¶ 잘못하다가는 아무 일도 못하고 해가 지게 생겼다.

타동사

① (일을) 잘못 처리하다. 틀리게 하다.

¶ 계산을 잘못해서 손해를 보았다.

¶ 의사가 치료를 잘못하는 바람에 고생을 많이 했다.

② 부적절하게 하다. 제대로 하지 아니하다.

¶ 말을 잘못하여 욕을 먹었다.

¶ 수사를 잘못하는 바람에 엉뚱한 피해자가 생겼다.

'잘못하다'와 '잘못 하다'

도덕적으로 옳지 않게 행동하는 것, 규칙에 맞지 않게 행동하는 것, 능력이 없어서 제대로 못하는 것은 '잘못하다'이다. '잘못 하다'는 '잘못을 하다'에서 목적격 조사 '을'이 생략된 형태라고 말할 수 있지만 의미로 보면 '잘못하다'와 같다. 따라서 '잘못 하다'처럼 띄어 쓰면 안 된다.

잘빠지다 형용사

규21-0 잘빠지고, 잘빠지어/잘빠져, 잘빠진, 잘빠지었다/잘빠졌다

① 매우 미끈하고 빼어나게 생기다.

¶ 우리 반에서 너만큼 잘빠진 애는 없는 것 같구나.
② 작품이 잘 만들어졌다.
¶ 이번 가마에서는 이 항아리가 제일 잘빠졌다.

잘살다 동사

불10-2 잘살고, 잘사니, 잘사는, 잘살면, 잘살아, 잘삽니다, 잘사오, 잘살았다

자동사

쪼들리지 않고 넉넉하게 살다.
¶ 잘사는 것은 모든 사람이 바라는 바이다.

> **'잘살다'와 '잘 살다'**
>
> '잘살다'는 생활 상태가 좋다는 말로, 주로 사람이 쪼들리지 않고 넉넉하게 삶을 의미한다. 반대로 여유가 없이 고단하게 사는 것을 '못살다'라고 한다. 두 말은 각기 부사 '잘'과 '못'을 동사에 붙여서 씀으로써 띄어 쓰는 경우와 다른 특별한 의미를 갖게 되었다. '잘 살다'는 동식물이 좋은 환경에서 잘 자라거나 생활하는 상황을 의미한다. 기름진 논에서는 벼가 잘 살고, 먹이가 많은 곳에서는 동물이 잘 살 수 있다. 사람이 가치 있는 활동을 하며 사는 것도 '잘 살다'에 속하는 행위이다.
> ¶ 잘사는 아이와 못사는 아이를 차별하는 학교 교육은 반드시 바로잡아야 한다.
> ¶ 다른 사람을 돕고 여러 사람과 어울리면서 사는 것이 잘 사는 거야.
> ¶ 사람이 죽고 나서 받는 평판으로 그가 잘 살았는지, 잘못 살았는지 알 수 있다.

잘생기다 형용사

규21-0 잘생기고, 잘생기니, 잘생기어/잘생겨, 잘생긴, 잘생기었다/잘생겼다

훌륭하게 생기다. 예쁘게 생기다.
¶ 저렇게 잘생긴 남자가 어쩌면 저렇게 고약한 욕을 할 수 있지?

> **'잘생기다'와 '잘 생기다'**
>
> '잘생기다'는 사람이나 동물의 모습이 예쁘거나 멋지다는 의미이다. 이에 비해서 '잘 생기다'는 생기

는 일이 자주 또는 쉽게 일어난다는 의미이다. '잘생기다'의 반대는 '못생기다'이고, '잘 생기다'의 반대는 '안 생기다' 또는 '잘 안 생기다'이다.

¶ 누구 아이인지 아이가 참 잘생겼다.
¶ 아이를 잘생겼는지 못생겼는지에 따라서 판단하면 안 된다.
¶ 어떤 부부에게는 아이가 안 생기고, 어떤 부부에게는 아이가 잘 생기고 참 불공평하다.
¶ 결혼한 지 5년이 넘도록 아이가 안 생겨서 입양을 하기로 하였다.

잘하다 동사

불10-9 잘하고, 잘하니, 잘하여/잘해, 잘한, 잘합니다, 잘하였다/잘했다

타동사

① 익숙하고 능란하게 하다.
¶ 그는 노래를 참 **잘하는** 가수야.
¶ 어려서부터 축구를 **잘하는** 아이는 축구를 가르치면 좋다.
② 버릇으로 자주 하다.
¶ 그때 우리는 함께 외식을 **잘했었지**.
¶ 너는 조금만 우스운 이야기에도 웃기를 **잘해**.
③ 만족스럽게 하다.
¶ 결과를 보니 준비를 **잘했구나**.
¶ 공부를 **잘한다고** 다 성공하는 것은 아니다.
¶ 여행 **잘하고** 와.
¶ 아침부터 날씨가 뜨거우니 새벽에 집을 나서기를 **잘했다**.
④ 올바르고 훌륭하게 하다.
¶ 누가 **잘하고** 잘못했는지 분간하기 어렵다.
¶ 앞으로 처신을 **잘해라**.

자동사

정성을 들이거나 친절하게 대하다.
¶ 부모가 살았을 때 **잘해** 드려야 한다.
¶ 남에게 **잘하면** 내게도 도움이 된다.

복합어

- **잘해야** 부사 넉넉히 잡아야 고작. 기껏해야. 크게 잡아야. 많이 잡아야. ¶ 잘해야 하루에 만 원쯤 번다.

관용 표현

- **잘하면** ① (반어적으로) 여차하면. ¶ 잘하면 네가 나를 치겠구나. ② 운이 좋으면. 일이 제대로 된다면. 어쩌면. ¶ 잘하면 우리가 이길 수도 있겠다.
- **잘하는 짓이다** (반어적으로) 잘못하였다는 뜻을 나타내는 말. ¶ 잘하는 짓이다. 언제까지 잠만 잘래?
- **잘한다** (반어적으로) 잘못하였다는 뜻을 나타내는 말. ¶ 아주 잘하는구나! 여태 여기서 놀고 있었어?

속담

- **잘해도 한 꾸중 못해도 한 꾸중** ① 일을 잘하고 못하고를 떠나 결점을 찾아내려고 하면 얼마든지 찾아낼 수 있음을 이르는 말. ② 일을 잘하고 못하고와 관계없이 덮어놓고 꾸중하는 경우를 이르는 말.

'잘하다'와 '잘 하다'

'잘 하다'의 뜻에 '잘하다'로는 표현할 수 없는 내용이 없지만, '잘하다'의 뜻에 '잘 하다'로는 나타낼 수 없는 내용이 있다. 그래서 '잘하다'를 쓰면 틀리지 않지만 '잘 하다'를 쓰면 틀릴 경우가 있다. '잘' 하는 것이 옳지 않은 경우에는 '잘 하다'는 쓸 수 없다. '잘' 하면 안 되기 때문이다.

¶ 이번 발표는 정말 잘해야(○)/잘 해야(○) 하는데 걱정이다.

¶ 서로 잘했다고(○)/잘 했다고(×) 싸운다.

¶ 학교 다닐 때 나는 지각을 잘했어(○)/잘 했어(×). (잘 하는 것이 미덕이 아님.)

× 잠구다

'잠그다[1, 2]'의 틀린 표기.

¶ 물속에 발을 잠구고(×)/잠그고(○) 쉬었다.

× 잠궈

'잠그다[1, 2]'의 활용형인 '잠가'의 틀린 표기.

¶ 가스 밸브를 잘 잠궈(×)/잠가(○) 놓아라.

잠그다[1] 동사

불10-8 잠그고, 잠그니, 잠가, 잠가서, 잠근, 잠급니다, 잠갔다

타동사

① 열지 못하도록 자물쇠를 채우거나 빗장을 걸다. ×잠구다

¶ 동생이 들어오지 못하게 문을 잠갔다.

¶ 물을 쓰고 나면 수도꼭지를 잘 잠가라.

② 단추를 끼우다.

¶ 사진을 찍을 때에는 양복 단추를 잠가야 보기 좋다.

복합어

- **잠금** 명사 '잠그다'의 명사형.
- **잠금장치**(-裝置) 명사 문, 수돗물, 가스 따위를 잠그는 장치.

잠그다[2] 동사

불10-8 잠그고, 잠그니, 잠가, 잠가서, 잠근, 잠급니다, 잠갔다

타동사

① 물속에 넣거나 물속에 완전히 들어가 있게 하다.

¶ 추운 날 따뜻한 욕조에 몸을 깊이 잠그면 세상 근심이 다 날아가 버리는 듯하다.

② (앞날을 바라고 어떤 일에 돈을) 들여 넣다.

¶ 인플레이션이 있을 때는 돈을 통장에 잠가 놓고 있으면 손해가 나기 쉽다.

'잠그다'의 활용형 '잠가'

'잠그다[1, 2]'에 연결 어미 '-어'를 붙이면 '잠거'나 '잠궈'가 되지 않고 '잠가'가 된다. 이 낱말은 '으' 변칙 활용을 하는 낱말이다. 과거형도 '잠겄다'나 '잠궜다'가 아니라 '잠갔다'이다.

¶ 아이는 집으로 들어가서 곧바로 문을 잠궜다(×). → 잠갔다

¶ 우리는 냇물에 발을 잠구고(×) 즐겁게 놀았다. → 잠그고

¶ 비상시에 쓰기 위해서 돈을 통장에 잠궈(×) 두었다. → 잠가

잠기다[1] 동사

규11-0 잠기고, 잠기니, 잠기어/잠겨, 잠긴, 잠깁니다, 잠기었다/잠겼다

피동사

'잠그다[1]'의 피동형.

¶ 문이 잠겨서 들어갈 수 없다.

¶ 가스 밸브가 잘 잠겼는지 살펴보아라.

¶ 잠긴 단추가 잘 빠지지 않는다.

자동사

(목이) 쉬거나 막히어 소리가 제대로 나지 아니하다.

¶ 감기로 목이 많이 잠겨 소리가 제대로 나오지 않는다.

잠기다[2] 동사

규11-0 잠기고, 잠기니, 잠기어/잠겨, 잠긴, 잠깁니다, 잠기었다/잠겼다

피동사

'잠그다[2]'의 피동형.

¶ 물에 잠긴 통발을 꺼내니 물고기가 많이 들어 있었다.

¶ 홍수로 길이 모두 물에 잠겼다.

¶ 장기 불황으로 창고에 물건이 잠겨 있다.

¶ 그의 돈은 대부분 부동산에 잠겨서 당장 쓸 수가 없다.

자동사

① (정신이나 신경이) 한데로 집중되다.

¶ 그는 무언가 생각에 잠겨 있는 듯했다.

¶ 자식을 잃은 슬픔에 잠긴 사람을 어떻게 위로해야 할까?

② 위로 뒤덮이거나 휩싸이다.

¶ 폭설로 마을이 온통 눈에 잠겼다.

¶ 도시 전체가 빠르게 어둠에 잠겨 갔다.

잠자리[1] 명사 [-짜-]

① 잠을 자기 위해 사용하는 이부자리나 침대보 따위를 통틀어 이르는 말.
¶ 나는 일찌감치 잠자리를 펴고 잠을 청했다.
② 누워서 잠을 자는 곳.
¶ 나는 잠자리를 바꾸면 잠을 못 잔다.
③ 남녀의 성적 관계를 완곡하게 이르는 말.

관용 표현

• **잠자리를 보다** 잠을 잘 수 있게 이부자리를 펴다. ¶ 아내가 손님의 잠자리를 보아 놓고 나온다.

잠자리[2] 명사

날개가 있는 곤충 이름.

잡니다[1] [잠-]

동사 '자다'의 종결형. '잔다', '자오'보다 높임의 의미가 있다.
¶ 아이는 엄마 무릎에서 잡니다.

잡니다[2] [잠-]

형용사 '잘다'의 종결형. '잘다', '자오'보다 높임의 의미가 있다.
¶ 요즘 나오는 사과는 알이 잡니다.

잡수다 동사

규11-0 잡수고, 잡수니, 잡수어/잡숴, 잡순다, 잡숩니다, 잡수었다/잡쉈다

타동사

'먹다'의 높임말.

¶ 아버지, 진지 잡수세요.

¶ 형님, 우리 집에서 밥 한 그릇 잡숴요.

¶ 점심을 안 잡순 분들에게 이 떡을 드리세요.

> **'잡수다', '잡수시다', '잡숫다'**
>
> 세 낱말 다 '먹다'의 높임말이다. '먹다'의 높임말에 '자시다'와 '드시다'가 있는데 '잡수다'와 '잡수시다'는 이들보다 더 높이는 말이다. '잡수시다'가 '잡수다'보다 더 높이는 말이므로 가장 어른이나 나이가 많은 분에게 쓰면 된다. '잡수시다'의 '-시-'는 주체 높임에 쓰는 선어말 어미이다. '잡수시다'를 줄여서 '잡숫다'를 쓰기도 한다. 다만, 뒤에 오는 어미가 'ㄱ, ㄴ, ㄷ, ㅈ'으로 시작하는 때에만 '잡숫다'로 줄여 쓸 수 있다.
>
> ¶ 진지를 잡숫고 계신다.
>
> ¶ 진지를 잡숫는 중이시다.
>
> ¶ 진지를 잡숫더니 이내 누우셨다.
>
> ¶ 진지를 잡숫지 못하셨다.

장님 명사 [장:-]

① 소경을 높이어 이르는 말. 시각 장애인을 낮잡아 이르는 말. 맹인(盲人).

② 사리에 어둡고 세상 돌아가는 형편에 깜깜한 사람.

복합어

- **장님걸음**[장:-] 명사 ① 장님의 걸음걸이. ② 더듬어서 걷는 걸음걸이.
- **장님술래**[장:-] 명사 술래는 수건으로 눈을 가리고, 다른 사람들은 손뼉을 쳐서 위치를 알리면 술래가 쫓아가 잡는데, 이렇게 해서 잡힌 사람이 술래가 되는 놀이.
- **장님총**(-銃)[장:-] 명사 겨냥을 바로 못 하고 함부로 쏘는 총.

속담

- **장님 문고리 잡듯** ① 능력이 없는 사람이 어쩌다가 요행수로 어떤 일을 이룬 경우를 이르는 말. ② 가까이 두고도 찾지 못하고 헤맴을 이르는 말.

- **장님 손 보듯 한다** 도무지 친절한 맛이 없다는 뜻.
- **장님으로 삼 년**(三年) 여자가 처음 시집살이를 할 때는 보고도 못 본 체해야 무난하다는 말.
- **장님 은빛 보기** 보는 시늉은 하여도 무엇을 보는지 모르는 경우를 가리키는 말.
- **장님이 더듬어 봐도 알 노릇** 너무나 뻔하여 짐작으로도 알 수 있는 일이라는 말.
- **장님 잠자나 마나** 하는 일이 겉으로 드러나지 않는다는 말.
- **장님 지팡이 짚는 격** 확실하게 알지 못하고 대충 어림하여 어떤 일을 함을 이르는 말.
- **장님 코끼리 말하듯** ① 부분만 알고 그것이 전체인 것처럼 여긴다는 말. ② 못난 사람이 격에 맞지 않게 큰일을 이야기한다는 말.
- **장님 파밭 들어가듯** 무엇인지도 모르고 한 행동이 그만 일을 망쳐 버리게 되었음을 이르는 말.

'장님'의 높임법

눈이 먼 사람을 '소경'이라고 하는데 '소경'을 높이어 '장님'이라고 한다. 그러니까 눈 먼 사람을 '장님'이라고 하면 그를 높이는 표현이었다. 그러나 요즘은 '소경'을 '장님'이라고 불러도 실례가 된다. 《심청전》에 나오는 '심 봉사'도 장님인데 장님에게 주던 관직을 이용해서 '심 봉사'라고 부르는 것을 보면 당시에도 '장님'이라는 말이 상대를 부르거나 가리키는 말로는 거북한 점이 있었던 것 같다. 요즘은 인권 개념이 좀 더 크게 부각되어 눈 먼 사람을 '소경'이나 '장님'이라고 부르면 차별적 표현으로 본다. 그래서 이들 낱말 대신에 '시각 장애인'이라는 표현을 쓴다. 이 말도 어떤 경우에는 차별적 언어로 비난을 받을 수가 있다. 도무지 '장애인'이라는 말 자체가 정상적인 사람을 중심으로 하는 언어이기 때문이다.

국어에는 눈이 먼 사람을 가리켜서 만든 많은 관용 표현과 속담이 있다. 대체로 부정적인 상황을 표현할 때에 사용한다. 그래서 앞에 든 관용 표현과 속담을 쓰지 말아야 한다는 주장도 나오고 있다. 이런 말을 쓰지 않으려면 바꾸어 쓸 표현을 만들어야 하는 어려움이 있다. 예컨대 '장님 코끼리 말하듯'이라고 하면 의미가 쉽게 와 닿지만 여기에서 '장님'을 쓰지 않고 다른 말로 바꾼다면 이 뜻을 전달하기 쉽지 않다. 쉽지 않은 일이지만 여러 사람이 노력한다면 좋은 표현을 만들어낼 수 있다.

장만 명사

① 필요한 것을 갖추거나 준비함.

¶ 이번 추석 음식 **장만**은 모처럼 나와 아내가 직접 했다.

② (자기 것으로) 마련하여 갖춤.

¶ 신혼부부에게는 집 **장만**이 가장 어려운 일이다.

복합어

- **장만하다** 타동사 ① 필요한 것을 준비하다. ¶ 누가 음식을 장만할 건가? ② (자기 것으로) 마련하여 갖추다. ¶ 어렵사리 내 집을 장만할 수 있었다.

'장만'과 '마련'

'장만'과 '마련'은 모두 '준비'의 뜻을 가지고 있으나 쓰임새가 조금 다르다. '장만'은 구체적인 물건을 사거나 만들거나 하여 준비하는 경우에 쓴다.

¶ 잔치에 쓸 음식을 **장만하고** 있다.

¶ 이제 겨우 집 한 채 **장만하였다**.

이에 비해 '마련'은 추상적인 계획이나 방법 따위를 만들어 내는 데에 쓴다.

¶ 정부는 아직도 금년 수해 대책을 **마련하지** 못하고 있다.

¶ 적군을 일시에 무너뜨릴 방안을 **마련하시오**.

또, '장만'은 준비한 것이 자기 것이 되는 경우에 쓴다. 자기가 직접 만들 수도 있고, 돈을 내어 살 수도 있다.

¶ 결혼식에 대비하여 한복을 한 벌 **장만하였다**.

'마련'은 빌리거나 꾸거나 하여 필요할 때 쓸 수 있도록 준비하여 놓는 경우에 쓴다. 직접 만들거나 다른 어떤 방법으로든 준비가 되면 '마련'한 것이 된다.

¶ 농협에서 급히 융자를 받아 겨우 아들 학자금을 **마련하였다**.

¶ 아직 신부 드레스가 **마련되지** 않은 모양인데요.

장본인 명사 (張本人)

(주로 나쁜 일을) 꾀하여 일으킨 사람.

¶ 이완용과 이용구는 조선을 일본에 바친 **장본인**들이다.

¶ 일을 이렇게 만든 **장본인**은 어디를 가서 소식이 없는가?

'장본인'의 잘못 사용

'장본인'은 어떤 '장본(張本)' 곧 '사건의 발단'이 된 사람을 가리킨다. 싸움을 벌이거나 분란을 일으키거나 문제를 끌어낸 사람이 '장본인'이다. '장본인'과 같은 뜻으로 쓸 수 있는 말로 '주모자(主謀者)'가 있다. '주모자'가 적극적으로 일을 일으키고 지휘한 사람이라면 '장본인'은 일으키거나 발단을 제공했지만 지휘하고 이끌 정도로 적극적인 역할을 하지 않아도 된다.

문제는 이 말을 좋은 뜻으로도 쓸 수 있는가에 있다. 예를 들면 일제 강점기에 삼일 독립 만세 운동을 주도한 사람을 만세 운동의 '장본인'이라고 할 수 있는지, 4·19혁명의 발단이 된 학생 시위 주동자를 4·19혁명의 '장본인'이라고 할 수 있는지 의문이다. '장본인'을 긍정적인 역할을 한 사람에게는 쓰지 않는다는 것이다. 이와 마찬가지로 주모자도 긍정적인 역할을 한 사람에게는 쓰지 않는다.

¶ 헐버트 박사는 한글의 가치를 처음으로 서양에 알린 장본인(×)이다. → 주인공

¶ 유관순 열사는 아우내 장터에서 있었던 만세 운동의 장본인(×)이다. → 주동자

장성[1] 명사 (長成)[장: -]

(아이가) 자라 어른이 됨.

¶ 이제 자식들도 다 장성을 하여 혼인시킬 일만 남았다.

¶ 아이들 장성 후에 귀향할 생각이다.

복합어

- **장성하다**(長成-)[장: -] 자동사 자라서 어른이 되다. ¶ 그에게는 장성한 아들이 둘이나 있다.

장성[2] 명사 (長城)

① 길게 둘러쌓은 성.

¶ 옛말에, 장성이 있다 해도 정치가 바르지 못하면 재앙을 면치 못할 것이라고 했다.

② 중국 북방에 쌓은 아주 긴 성. 만리장성(萬里長城).

¶ 중국 북쪽에 있는 장성은 세계에서 가장 긴 성벽이다.

'장(長)'의 소리내기

'장성(長成)'의 '長'은 긴소리이고, '장성(長城)'의 '長'은 짧은소리이다. '長'이 '길이(長短, 長音), 오램(長服, 長壽), 잘함(長點, 長技)' 따위를 뜻할 때는 짧은소리로 내고, 사람의 성장이나 나이와 관계되는 경우 곧, '자람(長成), 어른(長老, 長幼), 맏이(長男, 長孫)' 따위의 뜻으로 쓸 때는 긴소리로 낸다.

–장이 접사 (匠–)

접미사

'수공업적인 기술로 물건을 만들거나 수리하는 전문가'의 뜻을 더하는 말.

¶ 대장장이, 미장이, 옹기장이

> **'–장이'와 '–쟁이'**
>
> '–장이'가 'ㅣ 모음 역행 동화'로 '–쟁이'로 발음하기도 하나 표준 발음법에서는 'ㅣ 모음 역행 동화'를 인정하지 않고, 맞춤법에서도 이를 '–장이'로 쓰도록 했다. 그런데 뜻과 쓰임새가 다른 접미사 '–쟁이'와는 구별할 필요가 있다. '–쟁이'는 어떤 일(물건을 만들거나 수리하는 일이 아닌 일)을 잘하거나 자주 하거나 어떤 습관을 가지고 있거나 하는 사람을 가리킬 때 쓰는 접미사이다. '노래쟁이, 춤쟁이, 멋쟁이, 허풍쟁이, 거짓말쟁이' 따위에 쓰인 '–쟁이'가 그 예이다.
>
> - 전문 수공업자: 옹기장이, 미장이, 대장장이, 양복장이, 갓장이, 유기장이
> - 무엇을 잘하거나 그것에 익숙한 사람: 노래쟁이, 멋쟁이, 거짓말쟁이, 수다쟁이, 허풍쟁이
> - 어떤 특성이 있는 사람을 낮추어 이르는 말: 예수쟁이, 감투쟁이, 고지식쟁이, 고집쟁이, 미련쟁이

ㅈ

잦다[1] 동사

규10–1 잦고, 잦으니, 잦으며, 잦아, 잦는, 잦은, 잦습니다, 잦았다

자동사

① (기운이) 가라앉다. 조용해지다.

¶ 세차게 내리던 비가 잦는 듯하더니 다시 거세게 내린다.

¶ 밤이 되어 장마당의 소란이 잦아 가니 슬그머니 집 생각이 난다.

② (액체가) 증발하거나 스며들어 차차 졸아 없어지다.

¶ 밥을 지을 때에 뜸을 잘 들여야 밥물이 잦아 먹기 좋게 된다.

¶ 가뭄으로 저수지 물도 잦아 바닥이 드러났다.

③ 깊숙이 스미거나 배어들다.

¶ 소주를 마시면 바로 술기운이 온몸으로 잦는 기분을 느낄 수 있다.

복합어
- **잦아들**다 (자동사) 올림말 '잦아들다' 참고.
- **잦아지**다 (자동사) 올림말 '잦아지다[1]' 참고.
- **잦히**다[자치-] (타동사) 올림말 '잦히다[1]' 참고.

잦다[2] 동사

규10-1 잦고, 잦으니, 잦으며, 잦아, 잦는, 잦은, 잦습니다, 잦았다

자동사

뒤로 기울어지다.

¶ 아가야, 네가 자꾸 뒤로 잦으니까 엄마가 걷기 힘들구나.

복합어
- **잦뜨리**다 (타동사) 힘을 들이어 뒤로 잔뜩 잦히다.
- **잦바듬하**다 (형용사) 올림말 '잦바듬하다' 참고.
- **잦트리**다 (타동사) =잦뜨리다
- **잦히**다[자치-] (타동사) 올림말 '잦히다[2]' 참고.

잦다[3] 형용사

규20-1 잦고, 잦으니, 잦으며, 잦아, 잦은, 잦습니다, 잦았다

① 거듭되는 동안이 몹시 짧다.

¶ 아이의 잦은 기침 소리에 잠을 이루지 못했다

② 빈번하다. 자주 있다.

¶ 번개가 잦더니 비가 쏟아졌다.

¶ 그 회사는 야근이 너무 잦다.

복합어
- **자주** (부사) 여러 번. 잇달아 잦게.

• **잦아지다** (자동사) 올림말 '잦아지다[2]' 참고.
• **잦추** (부사) 올림말 '잦추' 참고.
• **잦추다** (타동사) (어떤 일이나 동작을) 자꾸 재촉하여 빨리 하도록 하다. ¶ 닭이 새벽을 잦추며 울고 있다.
• **잦추르다** (타동사) 잇달아 재촉하여 몰아치다.

잦바듬하다 형용사

불20-9 잦바듬하고, 잦바듬하여/잦바듬해, 잦바듬합니다, 잦바듬하였다/잦바듬했다

① 뒤로 넘어질 듯이 비스듬하다.
¶ 사장이 의자에 **잦바듬하게** 앉아서 손님을 맞았다.
¶ 기둥을 그렇게 **잦바듬하게** 세우면 무너지기 쉽다.
② 어떤 일에 대하여 탐탁해하거나 즐겨 하는 빛이 없다.
¶ 어머니는 음식이 입에 안 맞으셨는지 **잦바듬한** 표정을 지으셨다.
¶ 사장은 회의 시간 내내 **잦바듬한** 표정으로 직원들 이야기만 듣고 있었다.

복합어
• **잦바듬히** (부사) 잦바듬하게. ¶ 기둥을 그렇게 잦바듬히 세우면 안 된다.

ㅈ

잦아들다 동사

불11-2 잦아들고, 잦아드는, 잦아들어, 잦아든다, 잦아드네, 잦아듭니다, 잦아들었다

자동사
① 괴었던 물이 차차 말라 들어가다.
¶ 가뭄이 계속되자 저수지 물이 점점 **잦아들고** 있다.
② 속으로 깊이 스며들거나 배어들다.
¶ 선주는 무엇인지 모르게 포근한 행복감에 **잦아들었다**.
③ (어떤 기운이) 차차 줄어들거나 작아지거나 가라앉아 조용해지다.
¶ 자정을 지나자 떠들던 사람들 소리가 점차 **잦아들기** 시작했다.
¶ 아이 울음소리가 **잦아든** 걸 보니 잠이 든 것 같다.

잦아지다[1] 동사

규11-0 잦아지고, 잦아지어/잦아져, 잦아진다, 잦아집니다, 잦아지었다/잦아졌다

자동사

① 고여 있던 액체가 점점 말라 없어지게 되다.

¶ 오랜 가뭄으로 물웅덩이의 물까지 잦아졌다.

② 거칠거나 들뜬 기운이 가라앉아 잠잠하게 되다.

¶ 거세게 불던 바람이 잦아지고 사방이 조용해졌다.

③ 느낌이나 기운 따위가 깊숙이 배어들다.

¶ 긴장이 풀어지자 피로감이 온몸에 잦아졌다.

잦아지다[2] 동사

규11-0 잦아지고, 잦아지어/잦아져, 잦아진다, 잦아집니다, 잦아지었다/잦아졌다

자동사

어떤 일이나 행위 따위가 자주 있게 되다.

¶ 사회가 혼란스러워지자 사건과 사고가 잦아지는 것 같다.

¶ 요즘 회의가 잦아져 늦게 퇴근하는 날이 많다.

✕ 잦은가락

'자진가락'의 틀린 표기.

잦추 부사

재촉하듯이 재게.

¶ 뛰듯이 발을 잦추 놀려 걸었다.

잦히다[1] 동사

규11-0 잦히고, 잦히니, 잦히면, 잦히어/잦혀, 잦힌다, 잦힙니다, 잦히었다/잦혔다

타동사

밥물이 끓으면 불을 잠깐 약하게 했다가 다시 조금 세게 해서 밥물이 잦아지게 하다.

¶ 밥을 제때에 잦히지 않으면 진밥이 되거나 고두밥이 된다.

¶ 지금 밥을 잦히고 있으니 금방 뜸이 들 거야.

속담

- **잦힌 밥에 흙 퍼붓기** 매우 심술궂은 행동을 이르는 말.
- **잦힌 밥이 멀랴 말 탄 서방이 멀랴** 조금만 기다리면 될 일이니 너무 조바심을 내지 말라는 말.

잦히다[2] 동사

규11-0 잦히고, 잦히니, 잦히면, 잦히어/잦혀, 잦힌다, 잦힙니다, 잦히었다/잦혔다

타동사

① 뒤로 기울다.

¶ 몸을 뒤로 잦히고 팔자걸음을 걸으면 거만하게 보인다.

¶ 고개를 한껏 잦히고 하늘을 보았다.

¶ 우리는 문에 드리워진 발을 잦히고 안으로 들어가 보았다.

② 속을 겉으로 드러나게 하다. '젖히다[1]'의 작은말.

¶ 속에 입은 옷을 볼 수 있도록 옷자락을 잦혀 보아라.

¶ 화투짝을 살짝 잦혀서 무슨 패인지 보았다.

③ (문짝 따위를) 안쪽이 겉으로 드러나도록 열다.

¶ 제사 지낼 때면 어머니는 대문을 조금 잦혀 놓으신다.

복합어

- **잦혀놓다** 타동사 ① 뒤집어 놓다. ② (바닥이나 속이) 드러나게 놓다. ③ 한쪽으로 밀어 놓다. 뒤로 미루어 놓다.
- **잦혀지다** 자동사 ① 뒤로 기울어지다. ② 뒤집어지거나 속이 겉으로 바뀌다.

ㅈ

재[1] 명사

길이 나 있어 넘어 다닐 수 있는, 높은 산의 고개.
¶ 높은 재에 올라 지나온 도시의 모습을 돌아본다.
¶ 이 재만 넘으면 전라도 땅이다.

복합어

- **재빼기** 명사 =잿마루
- **잿마루**[잰–] 명사 재의 맨 꼭대기.

재[2] 명사

불에 타고 남는 가루.
¶ 아궁이에서 쳐낸 재를 밭에 뿌렸다.

관용 표현

- **재를 뿌리다** (타는 불에 재를 뿌리면 불이 금방 꺼지는 현상을 빗대어) 잘 되어 가는 일에 헤살을 놓다.

재[3] 명사 (齋)

죽은 이의 명복을 빌기 위해서 부처에게 음식을 바치는 일.

관용 표현

- **재를 올리다** 죽은 이의 명복(冥福)을 빌기 위하여 부처 앞에 음식을 올리다.

속담

- **재 들은 중** 매우 좋아하거나 잘하는 일을 하게 되어서 신바람이 난 사람. =굿 들은 무당
- **재에 호춤** 절에서 엄숙하게 재를 올리면서 오랑캐 춤을 춘다는 말로, 격에 맞지 않은 호사를 하는 것은 도리어 흉한 꼴임을 가리키는 말.

재다[1] 동사
[재:-]

규11-0 재고, 재니, 재어/재, 잰, 잽니다, 재었다/쟀다

자동사

잘난 척하며 으스대거나 뽐내다. 뻐기다.

¶ 일을 좀 잘 한다고 너무 재고 다니지 마라.

¶ 재산이 좀 있다고 그리 재느냐?

재다[2] 동사
[재:-]

규11-0 재고, 재니, 재어/재, 잰, 잽니다, 재었다/쟀다

타동사

① 자, 저울, 온도계 따위로 길이, 무게, 온도, 속도 따위의 정도를 알아보다.

¶ 자로 키를 재어 보았다.

¶ 서울 성곽의 길이를 재려면 특별한 기구가 필요하다.

② 따져 보고 헤아리다.

¶ 너무 재다가는 좋은 사람 다 놓친다.

재다[3] 동사
[재:-]

규11-0 재고, 재니, 재어/재, 잰, 잽니다, 재었다/쟀다

타동사

① 고기 따위를 양념하여 차곡차곡 담아 두다.

¶ 갖은 양념을 하여 소고기를 재어 놓았다.

¶ 인삼을 꿀에 재어 두고 먹으면 건강에 좋다.

② 물건을 차곡차곡 포개어 쌓아 두다.

¶ 창고에 밀가루 부대를 차곡차곡 재어라.

¶ 옷장에 잔뜩 재어 놓은 옷들은 언제 입을 거니?

복합어

- **재우다** 타동사 (양념한 고기 따위를) 양념 맛이 배어들도록 한동안 재어 놓다. =재다[3] ¶ 고기를 양념에 재워 두면 고기가 맛이 좋아진다.

재다[4] 동사 [재: -]

규11-0 재고, 재니, 재어/재, 잰, 잽니다, 재었다/쟀다

타동사

① 총, 포 따위에 화약이나 탄환을 넣어 끼우다.

¶ 총에 실탄을 재어 놓으면 사고가 나기 쉽다.

② 담뱃대에 연초를 넣다.

¶ 곰방대에 담배를 재어 넣고 불을 붙여서 한 모금 깊숙하게 들이빤다.

재다[5] 형용사 [재: -]

규21-0 재고, 재니, 재어/재, 잰, 잽니다, 재었다/쟀다

① 동작이 재빠르다.

¶ 더 재게 걷지 않으면 차 시간에 늦겠다.

¶ 언니는 손놀림이 재서 무슨 일이든 금방 해치운다.

② 참을성이 모자라 입놀림이 가볍다.

¶ 너는 입을 너무 재게 놀리는 것이 흠이다.

복합어

- **재빠르다** 형용사 동작이 재고 빠르다. ¶ 선생님이 오시자 우리는 모두 재빠르게 자리에 앉았다.
- **재빨리** 부사 재빠르게. ¶ 부장이 지시하자마자 재빨리 서류를 작성하였다.
- **잽싸다** 형용사 올림말 '잽싸다' 참고.

속담

- **잰 놈 뜬 놈만 못하다** 일은 빨리 마구 하는 것보다 천천히 성실하게 하는 것이 더 낫다는 말.

재우치다 동사

규11-0 재우치고, 재우치니, 재우치어/재우쳐, 재우칩니다, 재우치었다/재우쳤다

타동사

(주로 '재우쳐'의 형태로 쓰이어) 빨리 몰아치거나 재촉하다.

¶ 시원하게 대답을 하지 않는 아들에게 어머니는 무슨 일이냐고 재우쳐 물었다.

¶ 비가 내릴 것 같아서 우리는 걸음을 재우쳐 산을 내려왔다.

'재우쳐'와 '재처'

'재우쳐'는 '재우치다'에 연결 어미 '-어'를 연결한 활용형 '재우치어'가 준 형태이다. '재처'는 '재우치다'에서 파생한 부사인데 '재'의 발음이 긴소리로 바뀌었고, '쳐'가 '처'로 바뀌었다.

국어에는 용언의 연결형이 다른 품사로 바뀔 때에 이처럼 형태도 바뀌는 경우가 있다. 몇 가지 예를 들면 아래와 같다.

용언	활용형	활용형의 준말	전성 형태
미치다	미치어	미쳐	미처(전성 부사)
뒤미치다	뒤미치어	뒤미쳐	뒤미처(전성 부사)
못미치다	못미치어	못미쳐	못미처(전성 명사)
내치다	내치어/내치어서	내쳐/내쳐서	내처/내처서(전성 부사)
넘다	넘어		너머(전성 명사), 너무(전성 부사)
돋다	돋아		도두(전성 부사)
맞다	맞아		마주(전성 부사)
모르다	몰라		몰래(전성 부사)
바르다	발라		바로(전성 부사)
밭다	밭아		바투(전성 부사)
잦다	잦아		자주(전성 부사)
재우치다	재우치어	재우쳐	재처(전성 부사)

재채기 명사

코 안의 점막이 자극을 받아 기침을 하듯 숨을 내뿜는 현상.

'재채기'와 '기침'

코가 간질거려서 갑작스럽게 '에취!' 하고 숨을 급하게 내뿜는 행위는 '재채기'이고, 감기에 걸리거나 하여 목이나 기관지 같은 호흡기에 문제가 있어서 숨을 크게 내뿜는 행위가 '기침'이다. 기침 소리는 대체로 '콜록콜록'이라고 표현한다. 기침을 하면 가래 같은 이물질이 함께 나온다. 기침은 인기척을 하려고 일부러 낼 수도 있다. 그런 기침을 '헛기침'이라고 한다.

재처 부사 [재: -]

이내 몰아쳐. 재우치듯이.

¶ 그가 나에게 곧바로 일을 끝내라고 재처 지시했다.

'재처'와 '재차' 그리고 '잼처'

'재처'는 숨 돌릴 새도 없이 재촉하는 행위에 쓰고, '재차(再次)'는 이미 요구한 사항을 다시 요구할 때에 쓴다. '잼처'는 재차 하는 행위가 앞서 한 행위를 바로 이어서 하는 경우에 쓴다. 예를 들면 상대에게 인사를 했는데 상대가 모르고 인사를 받지 않으면 곧바로 다시 하는 경우에 '재차' 인사를 했다는 것보다 '잼처' 인사를 했다고 하는 편이 더 정확하다.

¶ 그가 재차 요구하면 그때 해도 늦지 않아.

¶ 그가 재처 요구하는 바람에 하지 않을 수 없었다.

¶ 바람이 재처 불어 숨을 쉬기도 어려웠다.

¶ 어머니는 나에게 무슨 일이 있었느냐고 잼처 물으셨다.

재촉 명사

어서 하거나 빨리 하도록 죄어치는 일. 독촉(督促).

¶ 김 작가는 원고 재촉에 시달렸다.

¶ 동생은 누나의 재촉에 투덜거리며 컴퓨터 앞에서 일어섰다.

복합어

• **재촉하다** 타동사 어서 하거나 빨리 하도록 죄어치다. ¶ 봄을 재촉하는 비가 내린다.

> **'재촉'과 '독촉'**
> 두 말은 의미 차이가 거의 없다. 선호도에 따라서 어느 하나를 선택하여 쓰면 된다. 사람에 따라서는 '독촉'이 '재촉'보다 더 강한 느낌을 받기도 한다.

잰걸음 명사 [잰:-]

걸음나비가 짧고 빠른 걸음.

¶ 옆집 아저씨가 무슨 바쁜 일이 있는지 **잰걸음**으로 가게 앞을 지나갔다.

× 잼잼

'죔죔'의 틀린 말.

¶ 도리도리, **잼잼**(×)/**죔죔**(○), 곤지곤지, 짝짜꿍.

ㅈ

잼처 부사

바로 뒤이어 다시.

¶ 선생님이 내 인사를 못 들으신 것 같아서 "선생님, 안녕하세요" 하고 **잼처** 인사를 했다.

▶ '잼처'와 '재처' 그리고 '재차'의 의미 차이는 올림말 '재처' 참고.

잽싸다 형용사

규20-0 잽싸고, 잽싸니, 잽싸, 잽싼, 잽쌉니다, 잽쌌다 매우 재고 날쌔다.
¶ 그가 내 모자를 잽싸게 채 갔다.
¶ 몸놀림이 그렇게 잽싼 사람은 처음 보았다.

> **'잽싸다'와 '날렵하다'**
> '잽싸다'는 '재다'와 '싸다'의 복합어이다. '재다'나 '싸다' 모두 동작이 빠름을 나타내는 형용사이다. 따라서 '잽싸다'는 동작이 아주 빠름을 나타낼 때 쓴다. 다만, '잽싸다'는 남의 물건을 빼앗거나 감추거나 하는 동작에 쓰는 경향이 있다. 눈 깜작할 사이에 해치워야 할 일에 쓰는 것이다. 비슷하게 동작이 빠름을 나타내는 말로 '날렵하다'가 있는데 이 낱말은 동작을 능숙하고 경쾌하고 빠르게 진행하는 경우에 쓴다. 요리하는 솜씨가 능숙하거나, 춤을 추는 동작이 빠르고 경쾌하거나, 날씬한 형태에서 느끼는 멋을 표현하는 경우에 쓴다. (올림말 '날렵하다' 참고.)
> ¶ 춤동작이 잽싸고(×) 멋스러웠다. → 날렵하고
> ¶ 소매치기가 날렵하게(×) 손님의 지갑을 훔쳐 달아났다. → 잽싸게

–쟁이 접사

접미사
사람의 성질, 독특한 습관, 행동, 모양 등의 뜻을 더하는 말.
¶ 고집쟁이, 미련쟁이, 수다쟁이, 허풍쟁이
▶ '–쟁이'와 '–장이'의 용법에 관해서는 올림말 '–장이' 참고.

쟁이다 동사

규11–0 쟁이고, 쟁이니, 쟁이어/쟁여, 쟁입니다, 쟁이었다/쟁였다

타동사
① 차곡차곡 가리거나 쌓다.
¶ 갓 캔 고구마를 자루에 넣어 창고에 차곡차곡 쟁이어/쟁여 놓았다.
② 고기 따위의 음식을 양념하여 그릇에 차곡차곡 담아 두다.
¶ 김을 참기름을 발라 쟁여 놓고 그때그때 구워 먹었다.

걔

'저 아이'가 줄어든 형태.

¶ 너는 걔 옆에 서라.

¶ 걔가 내게 그리 말했어요.

'걔'와 '제'

제삼자를 가리킬 때에 '저 아이'를 줄여 '걔'라는 말을 쓰고, 자신을 낮추어 가리킬 때에는 '제'를 쓴다. '제'는 '저의'가 줄어든 말이다.

¶ 이 물건은 걔(저 아이)한테 주세요.

¶ 이 물건은 제게(저에게) 주세요.

¶ 필요하면 제(저의) 물건을 쓰세요.

¶ 사람은 제(저의, 자기의) 허물을 알지 못하는 경우가 많다.

¶ 혹시 걔(저 아이의) 사정을 알고 계세요?

¶ 나는 걔(저 아이)만 보면 기분이 좋아진다.

'걔'와 '걔네' 그리고 '저네'

'걔'에 접미사 '-네'를 붙여 '걔네'라고 하면 '저 아이네'의 준말이 된다. 이 말과 비슷한 말로 '저네'가 있다. '저네'는 '저쪽에 보이는 사람의 무리'를 가리키는 말이다. 저쪽에 있는 사람이 아이면 '걔네'나 '저네'나 모두 쓸 수 있지만 아이가 아니라면 '저네'를 써야 한다. 복수일 때에도 전부 아이들이면 '걔네'를 쓸 수 있고, 어른만 있거나 어른과 아이가 섞여 있으면 '저네'라고 해야 한다.

¶ 우리 반에서 걔(○)가 가장 공부를 잘한다.

¶ 걔네(○)/저네(○) 집이 우리 마을에서 가장 크다.

¶ 이번 축구 경기에서 걔네들(○)/저네들(○)이 우승을 했다.

¶ 걔네(×)/저네(○)가 평화적으로 시위를 하는데 어떻게 강경하게 진압하겠는가?

저[1] 대명사

인칭 대명사

① '나[2]'의 낮춤말. 윗사람에게 자기를 가리킬 때 쓰는 말.

ㅈ

¶ 저로서는 할 만큼 했습니다.
¶ 저는 모르는 일입니다.
② 앞에서 말한 사람을 가리키는 말. 자기. 이녁.
¶ 누가 저더러 그렇게 하라고 했나?

'저'에 조사 붙이기

대명사 '저'에 주격 조사 '가'를 붙이면 '제가'로 형태가 바뀐다. 또 '저'에 관형격 조사 '의'를 붙인 '저의'는 줄여서 '제'가 된다. '저'에 부사격 조사 '에게'가 붙은 형태인 '저에게'가 줄어드는 경우에도 '제게'처럼 '제'로 바뀐다.
¶ 저가(×) 해 보겠습니다. → 제가
¶ 저의(○) 생각 = 제(○) 생각
¶ 저에게(○) 주신 선물 = 제게(○) 주신 선물

저[2] 대명사 관형사

지시 대명사

① 말하는 이와 듣는 이에게서 멀리 있는 대상을 가리키는 말.
¶ 이도 저도 아니라면 어떻게 하자는 거야?
② (주로 복수의 뜻을 더하는 접미사 '-들' 앞에 붙어) '저 사람'을 가리키는 삼인칭 대명사.
¶ 저들처럼 우리도 보란 듯이 만들어 보자.
¶ 저들이 하는데 왜 우리가 못 하겠니?

관형사

말하는 이와 듣는 이에게서 멀리 있는 대상을 가리킬 때 쓰는 말.
¶ 저 사람은 내가 언젠가 만난 적이 있다.
¶ 저 길에서 그와 마주쳤다.
¶ 저 멀리서 뻐꾸기 소리가 들려온다.

'이', '그', '저'

이 셋은 모두 지시 대명사와 관형사로 쓸 수 있다. 말하는 사람과 듣는 사람의 눈에 보이는 것을 가리키는 경우에 그것이 두 사람 모두에게서 멀리 있으면 '저', 그것이 말하는 사람에게 가까이 있으면

'이', 듣는 사람에게 가까이 있으면 '그'를 쓴다. 두 사람에게 보이지 않지만 이미 듣는 사람도 짐작할 수 있는 것을 가리킬 때에는 '그'를 쓴다.
'이', '그', '저'에 조사가 붙으면 대명사로 쓴 것이고, 그 뒤에 명사가 오면 관형사로 쓴 것이다. 아래 예는 모두 관형사로 쓴 것이다.
¶ 저 사람을 너도 아느냐? (두 사람에게서 멀리 떨어져 있는 사람)
¶ 이 사람을 너도 아느냐? (말하는 사람과 가까이 있는 사람)
¶ 그 물건을 이리 가져오너라. (듣는 사람과 가까이 있는 물건)
¶ 그 상품을 너도 샀느냐? (두 사람이 아는 상품 또는 앞에서 이야기한 상품. 현재 두 사람에게 보이지 않는다.)

저[3] 감탄사 [저:]

미처 생각이 나지 않거나, 꺼내기 거북한 말을 하게 될 때 금방 말하지 못해서 내는 군소리.
¶ 저, 소방서가 어디에 있는지 아십니까?
¶ 저, 자리 좀 양보해 주실 수 있나요?

ㅈ

저까짓 관형사

겨우 저만한 정도의.
¶ 저까짓 것을 가지고 야단이냐?
¶ 저까짓 장난감 같은 무기로 우리를 위협하겠다고?

'저까짓'과 '제까짓'
'저까짓'은 구체적으로 '저것'을 소홀히 가리키는 말이고, '제까짓'은 막연히 대상을 떠올려 그 사람을 낮추어 이르는 말이다.
¶ 저까짓 것을 가지고 나를 속이려고 해? ('저것'을 가리킨다.)
¶ 저까짓 녀석에게 지다니! ('저 사람'을 가리킨다.)
¶ 제까짓 게 나를 속이려고 해? (상대를 직접 가리켜 말하지 않고 혼잣말처럼 말한다.)

저깟 관형사

'저까짓'의 준말.

¶ 저깟 놈을 누가 무서워해?

¶ 저깟 게 뭐 별거라고 야단들이람.

> **'저깟'과 '제깟'**
>
> '저까짓'과 '제까짓'의 차이가 이 두 말에도 그대로 적용된다.
>
> ¶ 나는 저깟 녀석과 만나지 않겠다. ('저 사람'을 가리킨다.)
>
> ¶ 제깟 게 뭘 안다고 그런 소리를 했는지. (상대를 직접 가리키지 않고 마음속에 떠올린다.)

저네 대명사

인칭 대명사

말하는 이나 듣는 이가 볼 수 있는 곳에서 멀리 있는 사람들을 가리키는 말.

¶ 언제 저네와 함께 여행을 해 보자.

¶ 우리도 언젠가 저네처럼 떵떵거리고 살 수 있게 될 거다.

> **'저네'와 '저네들'**
>
> '저네'는 '저[2]'에 접미사 '-네'가 붙어 된 말이다. '저네'는 '저'가 속한 부류의 사람을 아울러 가리키므로 이미 복수를 나타낸다. 여기에 다시 '-들'을 붙이는 것은 불필요한 일이지만 흔히 '저네들'이라고 복수 접미사 둘을 한꺼번에 붙이는 경우가 많다. 이는 '우리'나 '너희' 같은 복수 대명사에 '들'을 붙이는 것과 비슷한 현상이다.

저러다 동사

불10-9 저러고, 저러니, 저러면, 저래, 저래서, 저러는, 저런다, 저럽니다, 저랬다

자동사

① 저렇게 행동하다. '저리하다'의 준말.

¶ 저러다가 몸살이라도 날까 걱정이야.

¶ 그 사람은 술만 마시면 언제나 저랬어.

¶ 강아지를 씻겨 주겠다고 저럽니다.

② 저렇게 말하다.

¶ 저 사람이 지금은 싫다고 저러지만 속마음은 그렇지 않을 거야.

> **'저러다', '이러다', '그러다'**
>
> 지시 대명사 '저', '이', '그'와 어울리는 동사이다. 말하는 사람과 듣는 사람이 눈에 보이는 제삼자의 언행을 가리키는 경우에는 '저러다', 말하는 사람이 자기 언행을 가리키는 경우에는 '이러다', 말하는 사람이 상대의 언행을 가리키는 경우에는 '그러다'를 쓴다. 상대의 언행 가운데서 지금 당장 말하는 이의 눈앞에서 하는 언행이라면 '이러다'를 쓰기도 한다. 말하는 사람이나 듣는 사람의 눈에 보이지 않지만 서로 아는 언행 또는 앞에서 말한 언행을 가리킬 때는 '그러다'를 쓴다.
>
> ¶ 저 사람 **저러다** 넘어지겠어.
>
> ¶ 내가 **이러다** 망하게 될지 모르겠네.
>
> ¶ 너 **그러다/이러다** 낭패를 당할지 몰라.
>
> ¶ 함께 재미있게 놀기도 하고 **그러다가** 싸우기도 하더라.

ㅈ

저러하다 형용사

불20-9 저러하고, 저러하니, 저러하여/저러해, 저러한, 저러합니다, 저러하였다/저러했다

'저렇다'의 본딧말.

¶ 그 사람 인상은 **저러해도** 점잖은 사람이야.

¶ 아이가 노는 모습을 보자니 나도 어려서 **저러했나** 싶다.

¶ 아이 말이 **저러하니** 이번에는 아이 말을 들어 줍시다.

> **'저렇다'와 '저러하다', '저러다'**
>
> '저러하다'가 본딧말이고 '저렇다'가 준말인데 준말을 더 많이 쓴다. 뜻에는 차이가 없지만, 형태가 다르므로 활용형도 다르다. 또 '저렇다'와 '저러하다'는 형용사이지만 '저러다'는 동사이다. 따라서 활용형을 구별하여 잘 써야 한다.

기본형/어미	품사	-여	-ㄴ	-ㅂ니다	-였-
저러하다	형용사	저러하여/저러해	저러한	저러합니다	저러하였다/저러했다
저렇다	형용사	저래	저런	저렇습니다	저랬다
저러다	동사	저래	저러는/저런	저럽니다	저랬다

저렇다 형용사

불21-5 저렇고, 저렇지, 저러니, 저러면, 저러나, 저래, 저런, 저렇소, 저렇습니다, 저랬다

(성질, 모양, 상태 따위가) 저와 같다.
¶ 생긴 꼴은 저러나 마음은 비단결 같다.
¶ 저런 일이 우리에게는 안 일어나면 좋겠다.

저리 부사

① 저곳으로. 저쪽으로.
¶ 너는 저리 가 있어라.
¶ 자전거가 오니 저리 비켜라.
② (모양, 성질 따위가) 저렇게.
¶ 무슨 일로 저리 슬퍼하시는지 모르겠다.
¶ 겨울에 안개가 저리 자욱한 걸 보니 오늘은 포근하겠다.

복합어

- **저리되다** 자동사 저렇게 되다. ¶ 일이 저리되면 안 되는데.
- **저리하다** 자동사 저렇게 하다. ¶ 사람들이 왜 저리하는지 난 모르겠다.

관용 표현

- **저리 가라** 비교하거나 비교할 수 없을 정도임을 속되게 표현하는 말. ¶ 그의 얼굴은 연예인 저리 가라던데. / 그건 저리 가라야. 상대가 안 된다니까.

'저리', '이리', '그리'
지시 대명사 '저', '이', '그'와 어울리는 의미로 장소나 모양, 상태 따위를 구별하여 가리킬 때 사용한다.

저마다 부사 명사

부사

각각의 사람이나 사물마다.

¶ 번화가에는 저마다 한껏 멋을 낸 여인들이 오간다.

¶ 모든 생물은 저마다 살아가는 방식이 따로 있는 법이다.

명사

각각의 사람이나 사물.

¶ 절에 와서 기도를 하는 사람들은 저마다의 바람을 부처님께 아뢰는 듯했다.

¶ 저마다가 하고 싶은 일을 하면서 살 수 있으면 좋겠다.

ㅈ

저만때

'저맘때'의 틀린 말.

저만하다 형용사

불20-9 저만하고, 저만하니, 저만하여/저만해, 저만한, 저만합니다, 저만하였다/저만했다

상태, 모양, 성질 따위의 정도가 저러하다.

¶ 나도 **저만한** 때는 부모님 속을 좀 썩였지.

¶ 나무 크기가 **저만하면** 기둥으로 쓸 수 있겠다.

저맘때 명사

꼭 저만큼 된 때. ×저만때

'저맘때', '이맘때', '그맘때'
각각 '저만큼 된 때', '이만큼 된 때', '그만큼 된 때'를 가리키는 말이다. 이것을 '저만때', '이만때', '그만때'라고 쓰면 안 된다.

저문

동사 '저물다'의 관형사형. '저물다'에 관형사형 어미 '-ㄴ'이 붙어 불규칙 활용을 한 형태.
¶ 하필 날이 다 저문 때 나가려 하니?

저물다 동사

불11-2 저물고, 저무니, 저물어, 저물면, 저문, 저뭅니다, 저무오, 저물었다

자동사
① (한 해가) 거의 다 지나게 되다
¶ 또 한 해가 저무는 구나.
② 해가 져서 어두워지다.
¶ 날이 저물기 전에 마을에 도착해야 한다.
③ (나이의 일정한 시기가) 다 지나 늙어가다.
¶ 나이가 예순을 넘어서고 보니 이제 인생도 저물어 가는 것 같다.

저미다 동사

규11-0 저미고, 저미니, 저미어/저며, 저민다, 저밉니다, 저미었다/저몄다

타동사

① 얇게 베어 내다.

¶ 생선은 얇게 저며서 회로 먹을 때 가장 맛이 있다.

¶ 쇠고기는 결의 반대로 저며야 부드럽다.

② 칼로 도려내듯이 매우 아프게 함을 비겨 이르는 말.

¶ 북쪽에서 몰아치는 바람이 뺨을 저미는 듯하다.

¶ 사고로 자식을 잃은 부부는 가슴을 저미는 슬픔을 견딜 수 없었다.

× 저으기/저윽이 ·

부사 '적이'의 틀린 말.

× 저의

'저희'의 틀린 말.

¶ 이 일은 저의(×)/저희(○)가 하겠습니다.

ㅈ

저지난달 명사

두세 달 전의 달.

저지난밤 명사

엊그제 밤. 이삼 일 전의 밤.

'저지난밤'과 '지지난밤'

'지난밤'은 어젯밤을 의미한다. '간밤'이라고도 한다. 지난밤의 바로 앞 밤은 '지지난밤'이다. '지난해'의 앞 해는 '지지난해'이다. 그런데 '저지난밤'이나 '저지난해'라는 말도 쓴다. 이 말은 지지난밤(또는 지지난해)보다 앞의 시점을 가리킨다. 대체로 이삼 일 전의 밤(또는 이삼 년 전의 해)을 의미한다. 따라서 아래 문장처럼 어느 것을 선택하는지에 따라서 시각이 달라짐을 유념해야 한다.
¶ 지지난밤에 아버지께서 왜놈 순경 몰래 집에 오셨다 가셨다.(정확하게 그젯밤)
¶ 저지난밤에 아버지께서 왜놈 순경 몰래 집에 오셨다 가셨다.(흐릿하게 이삼 일 전의 밤)

저지난해 명사

두세 해 전의 해.
▶ '저지난해', '저지난밤'의 의미와 '지지난해', '지지난밤'의 의미 차이는 올림말 '저지난밤' 참고.

저희 대명사

인칭 대명사
① '우리[2]'의 낮춤말.
¶ 그 일은 저희가 알아서 처리하겠습니다.
¶ 언제라도 저희 집에 놀러 오세요.
② 앞에서 이미 말하였거나 나온 바 있는 사람을 도로 가리키는 말. 저 사람들. 저이들.
¶ 그들은 언제나 저희가 한 일에 책임을 졌다.
¶ 그 집 아이들은 부모가 집에 늦게 오는 날에는 저희끼리 밥도 해 먹는다더라.

'저희'의 용법
'우리'의 낮춤말로 '저희'를 사용할 때 조심해야 한다. '저희'가 우리에 속한 사람 전체를 낮추는 기능을 하기 때문이다.
첫째, 일정한 조직 안에 있는 구성원 사이에서 그 조직체를 가리킬 때 '저희'라는 말을 사용할 수 없다. 어떤 회사의 사원이 그 사장에게 '저희 회사'라는 표현을 쓰는 일이나, 학생이 담임선생에게 '저희 학교'라는 말을 사용하는 것이나, 국민들 사이에서 '저희 나라'라는 말을 쓰는 것은 잘못이다. 이때 사용하는 '저희'는 말하는 사람과 듣는 사람 모두를 포괄하기 때문에 '우리'를 쓰는 것이 옳고, 상대를 높이고 나를 낮추는 '저희'를 쓰는 것은 옳지 않다. 따라서 이 경우에는 '우리 회사', '우리 학교', '우리나라'라고 해야 한다.

둘째, 일정한 조직 밖에 있는 사람에게 자기 조직체를 가리킬 때에는 상대를 높이기 위하여 '저희'를 쓸 수 있는데 이때 자칫 자기 조직 전체를 낮추는 의미로 받아들여질 수 있으므로 무조건 '저희'를 쓰면 안 된다. 사사로운 관계에서 말하는 경우에 '저희 집', '저희 회사', '저희 학교', '저희 동네' 같은 말은 쓸 수 있지만, 공식적인 경우에는 이를 조심해서 사용해야 한다. 대등하게 대접해야 하는 기관 앞에 '우리' 대신에 '저희'를 쓰면 자기 기관의 지위를 낮추는 느낌을 주기 때문이다. '저희 단체는 귀 단체의 뜻에 동의합니다'라고 했을 때는 '저희'보다는 '우리'가 더 적절하다.

적 명사

의존 명사

(관형사형 어미 '-ㄴ/-ㄹ' 다음에 쓰이어) 때를 나타내는 말.

¶ 그를 언젠가 본 적이 있다.

¶ 네가 울 적에 내 마음이 얼마나 아팠는지 알겠니?

¶ 내가 아이 적에 입었던 옷을 어머니는 아직도 간직하고 있다.

-적 접사 (的)

접미사

(일부 명사 또는 명사구 뒤에 붙어) '그 성격을 띠는', '그에 관계된', '그 상태로 된'의 뜻을 더하는 말.

¶ 국가적, 기술적, 문화적, 비교적, 사교적, 일반적, 전국적

'-적'의 과도한 사용

접미사 '-적(的)'을 필요 이상으로 사용하는 것은 바람직하지 않다. '무조건적으로', '폭력적으로' 같은 경우에는 '적'을 쓰지 않고 그냥 '무조건', '폭력으로'를 쓰는 편이 더 바람직하다. '실천적 과제'나 '민족적 정서' 같은 표현에서도 '실천 과제', '민족 정서'처럼 '적'을 쓰지 않는 편이 더 좋다. 그렇지만 '적'을 무조건 거부할 필요는 없다고 본다. 어느 정도 유용하게 쓸 수 있기 때문이다. '객관적인 근거'나 '조직적인 활동'에서 '적'을 쓰지 않고 이것을 다른 말로 바꾸어 표현하려고 애쓸 필요는 없다.

적다[1] 동사

규11-1 적고, 적는, 적어, 적으니, 적습니다, 적으오, 적었다

타동사

글로 쓰다.

¶ 자기 생각을 적어서 가져 오세요.

¶ 역사가는 사실을 바탕으로 진실을 적는 사람이다.

¶ 나는 작은 수첩에 전화번호를 적어 놓는다.

적다[2] 형용사

[적: -]

규21-1 적고, 적은, 적어, 적으니, 적습니다, 적으오, 적었다

① 어느 기준에 미치지 아니하다. 많지 아니하다.

¶ 들어오는 일거리가 적어서 수입도 줄어들었다.

¶ 경험이 적어서 그 일을 맡기 겁난다.

② 말수가 얼마 안 되다.

¶ 예부터 남자는 말수가 적은 것을 미덕으로 생각해 왔다.

-적다 접사

-적고, -적은, -적어, -적으니, -적습니다, -적으오, -적었다

접미사

무엇이 적음의 뜻을 더하는 말.

¶ 괘다리적다, 딴기적다, 맛적다, 열통적다, 재미적다, 퉁어리적다

'-적다'와 '-쩍다'

접미사 '-적다'는 무엇이 적음의 의미를 덧붙이는 경우에 쓴다. 즉, '적다[2]'의 뜻이 단어에 추가되는 경우에 사용한다. 이에 비해서 '-쩍다'는 '적다[2]'의 뜻을 전혀 보태지 않는다. '맛적다'는 맛이 적음을

나타내는 말이지만, '멋쩍다'는 멋이 적음을 뜻하는 말이 아니고 단지 격에 어울리지 않거나 어색하고 쑥스럽다는 뜻을 나타내는 말이다. 접미사 '-적다'가 붙은 단어는 앞에 예시한 6개 정도이고, 접미사 '-쩍다'가 붙은 단어는 이보다 훨씬 더 많다.

×적으나하면 [적:-]

'적이나하면'의 틀린 말.

적이 부사 [적:-]

약간. 다소. 얼마간. 조금. ×저으기

¶ 소식이라도 들으니 적이 안심이 되는구나.

¶ 빈손으로 집에 들어가니 아이들이 적이 실망한 눈치였다.

¶ 이번 모임에 네가 안 와서 적이 서운했어.

'적이'와 '저으기'

'적이'의 '적'을 길게 소리 낸다. 그래서 '저어기'처럼 내는데 이것이 '저으기'처럼 들리어 '저으기'로 표기하기도 하는데 정확한 표기는 '적이'이다. '저윽이'도 틀린 표기이다.

적이나 부사 [적:-]

① 다소라도. 조금이나마. 그나마도. '적이'의 힘줌말.

¶ 조금 늦었지만 도착했다니 적이나 안심이 된다.

② 꽤나. 무척이나. 반어적 용법으로 부정하는 뜻을 나타낸다.

¶ 칼을 들고 대들어? 흥, 적이나 겁날 일이군.

¶ 맨날 펀펀히 놀더니 적이나 성적이 잘 나오겠다.

적이나하면 부사 [적:-]

형편이 어지간하면. 웬만하면. 어느 정도나마 될 수 있다면.

¶ 적이나하면 딸자식을 떼어 놓고 가겠습니까.

¶ 적이나하면 쌀가마라도 보태 주었으면 좋으련만 여의치 않구나.

적잖다 형용사 [적:-]

규20-1 적잖고, 적잖아, 적잖은, 적잖습니다, 적잖았다

① 적은 수나 양이 아니다.

¶ 아이들을 공부시키려고 적잖게 돈을 들이지만 그 결과는 신통치 않다.

¶ 강연장에는 적잖은 사람들이 기다리고 있었다.

¶ 이제 나이도 적잖아서 직장 구하기가 더 어렵다.

② 소홀히 여기거나 대수롭지 않게 여길 수 없다.

¶ 우리는 그에게 적잖게 신세를 지며 살았다.

¶ 남편의 성공 뒤에는 아내의 내조가 적잖았다.

복합어

- **적잖이**[적:짜니] 부사 ① 적지 않은 수나 양으로. ¶ 사업으로 적잖이 돈을 벌었다. ② 소홀히 하거나 대수롭게 여길 만하지 아니하게. ¶ 그 선생님께서 적잖이 나를 사랑해 주셨다.

전혀[1] 부사 (全-)

(주로 부정하는 뜻을 나타내는 낱말과 함께 쓰이어) '도무지', '아주', '완전히'의 뜻을 나타낸다. 전연(全然).

¶ 그는 성공한 뒤에 전혀 다른 사람이 되어 있었다.

¶ 이 일은 나와 전혀 관계가 없다.

¶ 사건의 실마리를 전혀 찾지 못했다.

전혀[2] 부사
(專-)

오로지.

¶ 이 일은 전혀 내 소관이니 다른 사람은 관계하지 마라.

¶ 나의 성공은 전혀 어머니의 희생 덕이었습니다.

절대 명사 부사
(絕對)[-때]

명사

① (주로 일부 명사 앞에 쓰이어) 아무런 조건이나 제약이 붙지 아니한 상태.

¶ 인간에게 절대 자유가 있다고 말할 수 없다.

¶ 절대 반대나 절대 찬성은 바람직한 말이 아니다.

¶ 이 환자에게는 절대 안정이 필요합니다.

② (주로 일부 명사 앞에 쓰이어) 비교하거나 맞설 만한 것이 없음.

¶ 그는 권좌에서 절대 권력을 휘둘렀다.

¶ 그 분야에서 그는 절대 강자였다.

③ 어떤 대상과 비교하지 아니하고 그 자체만으로 존재함.

¶ 인간이 절대 진리를 찾으려 하는 것은 욕심에 지나지 않는다.

¶ 식민지 농업 정책은 농민들을 절대 빈곤에 빠지게 했다.

부사

=절대로

¶ 이 말은 남에게 절대 하지 마라.

¶ 나는 절대 그 일에 관여하지 않겠다.

복합어

- **절대로**(絕對-)[-때-] 부사 올림말 '절대로' 참고.
- **절대적**(絕對的)[-때-] 명사 관형사 ① 아무런 조건이나 제약이 붙지 아니하는. 또는 그런 것. ¶ 그의 명령은 절대적이었다. ② 비교하거나 상대될 만한 것이 없는. 또는 그런 것. ¶ 수비하는 팀이 절대적으로 불리하다.

ㅈ

절대로 부사 (絕對-)[-때-]

어떠한 경우에도 반드시.

¶ 나는 절대로 너의 의견에 동의할 수 없다.

¶ 선생님 도움이 절대로 필요합니다.

정나미 명사 (情-)

사람이나 사물에 대하여 애착을 느끼는 마음.

¶ 그의 말에 정나미가 뚝 떨어져서 두 번 다시 만나고 싶지 않아졌다.

관용 표현

- **정나미가 떨어지다** 애착이 없어져 다시 대하기 싫어지다.

정지 명사 (停止)

움직이고 있던 것이 멎거나 그침. 또는 중도에서 멎거나 그치게 함.

¶ 그 식당은 청소년에게 술을 팔아 영업 정지 처분을 받았다.

복합어

- **정지하다**(停止-) 자동사 움직이고 있던 것이 멎거나 그치다. 또는 중도에서 멎거나 그치게 하다. ¶ 자동차가 보행선 바로 앞에서 정지했다. 타동사 하고 있던 일을 그만두다. ¶ 검찰은 항소심 선고가 날 때까지 구속 집행을 정지한다고 밝혔다.

정찰 명사 (正札)[정:-]

'정가표(正價票)' 또는 '가격표(價格票)'로 순화.

복합어

- **정찰제**(正札制)[정:-] 명사 '정가제(正價制)'로 순화. 정해진 가격을 붙여 놓고 그 값에만 파는 제도. 에누리를 하지 않는 제도를 가리킨다.

> **'정찰'의 어원**
>
> 정찰(正札)의 '札'은 얇고 작은 나뭇조각을 가리키는 말로서, 옛날엔 이런 것에 글씨를 써서 보관했던 것인데 이것이 뒤에 '편지'의 뜻을 가지게 되었다. 그런데 일본인들은 이 글자를 '이름표, 짐표, 차표' 따위를 뜻하는 말로 폭넓게 사용하고 있다.
>
> 우리 식으로 '札'은 '표(票)'로 바꾸어 써야 한다. 그래서 정찰을 '정가표' 또는 '가격표'로 순화하였다.

정체[1] 명사 (正體)[정:-]

① 본디의 참모습. 사물의 본 모습.

¶ 너의 정체가 무엇인지 밝혀라.

¶ 이 일로 그의 정체가 드러났다.

② 반듯반듯하게 쓰는 글씨의 모양.

¶ 시험을 볼 때 글자는 정체로 또박또박 쓰는 게 좋다.

복합어

- **정체불명**(正體不明)[정:-] 명사 정체가 분명하지 아니한 것.
- **정체성**(正體性)[정:-] 명사 자기 본디의 성질. 본디의 성질이나 모양. ¶ 청소년기는 정체성을 확립하는 시기이다.

정체[2] 명사 (停滯)

더 나아가지 못하고 막힘.

¶ 월요일 아침 출근길 차량들로 정체 구간이 빠르게 늘고 있습니다.

¶ 최근 한국의 경제 지표를 보면 정체 또는 둔화 조짐을 보이고 있다.

¶ 수출은 늘어도 경제 성장 정체는 해소되지 않는다.

ㅈ

복합어

- **정체기**(停滯期) 명사 발전하거나 나아가지 못하고 머물러 그쳐 있는 시기.
- **정체하다**(停滯－) 자동사 사물이 발전하거나 나아가지 못하고 한자리에 머물러 있다.

'정체(正體)'와 '정체(停滯)'의 소리내기

'정체(正體)'의 '정'은 긴소리이고, '정체(停滯)'의 '정'은 짧은소리이다. 따라서 '정체성(正體性)'의 '정'도 긴소리이다. 그런데 '정'을 짧게 발음하면 '정체성(停滯性)'이 되어 전혀 다른 낱말을 의미하게 된다.

① 정체성(正體性)[정:－]

¶ 우리 문화의 정체성을 회복해야 한다.

② 정체성(停滯性)

¶ 일본 제국주의는 우리 민족을 열등한 민족으로 규정하기 위하여 우리 문화의 정체성을 강조했다.

위 ①과 ②의 '정체성'은 한글로는 표기가 같지만 의미는 아주 반대이다. 따라서 정확하게 소리를 내지 않으면 오해를 일으킬 수가 있다.

젖다 동사

규11－1 젖고, 젖는, 젖어, 젖습니다, 젖었다

자동사

① (옷 따위가) 물이 배어 축축하게 되다.

¶ 비를 맞아 옷이 흠뻑 젖었다.

¶ 가랑비에 옷이 젖는 줄도 모르고 걸었다.

② (주로 부정적인 뜻으로 쓰이어) 어떤 영향을 받아 그것에 빠지다.

¶ 아직도 권위주의에 젖어 있는 공무원이 있다.

¶ 그렇게 낡은 습관에 젖은 사람과 함께 일할 수 없다.

③ 어떤 심정에 잠기다.

¶ 고향을 떠난 사람은 곧잘 향수에 젖는다.

¶ 언니는 어머니를 여의고 한동안 슬픔에 젖어 있었다.

④ (비유로) 어떤 빛깔을 띤 상태가 되다.

¶ 하늘은 온통 빨갛게 노을에 젖어 있다.

젖히다[1] 동사

규11-0 젖히고, 젖히어/젖혀, 젖힌다, 젖힙니다, 젖히었다/젖혔다

타동사

① 몸이나 의자 따위를 뒤로 기울이다.

¶ 전철 안에서 고개를 뒤로 젖히다가 뒷사람 얼굴을 받았다.

¶ 나무가 우거진 길을 나뭇가지를 뒤로 젖히면서 천천히 앞으로 나아갔다.

¶ 달리는 자동차 좌석을 뒤로 젖히고 자면 위험하다.

¶ 꼬마가 모자를 살짝 젖혀 쓴 모습이 귀엽다.

② 안쪽이 겉으로 나오게 하다.

¶ 이불을 젖히니 아이가 그 속에 웅크리고 누워 있었다.

¶ 책장을 젖히니 저자 친필 서명이 있었다.

¶ 커튼을 젖혀 아침 햇살이 들어오도록 했다.

보조 동사

('-어/-아 젖히다'의 형태로 쓰이어) 앞말의 행위를 막힘없이 해치움을 나타내는 말.

¶ 그가 멋지게 노래 한 곡조 불러 젖히는 동안 우리는 연방 손뼉을 치며 장단을 맞추었다.

¶ 동생은 윗옷 단추를 끌러 젖히고 가슴을 내밀면서 대들었다.

¶ 장군은 큰 소리로 웃어 젖힌 뒤 적장에게 소리쳤다.

복합어

- **뒤젖히다**[뒤:-] 타동사 뒤쪽으로 젖히다.
- **밀어젖히다** 타동사 ① 밀문을 힘껏 밀어서 열다. ② 사람이나 물건 따위를 힘껏 한쪽으로 밀다.
- **벗어젖히다** 타동사 옷 따위를 힘차게 벗다.
- **열어젖히다** 타동사 문이나 창문 따위를 갑자기 벌컥 열다.
- **젖혀뛰기** 명사 멀리뛰기를 할 때, 공중에서 윗몸을 뒤로 젖힌 다음 그 반동으로 몸을 앞으로 숙이면서 뛰는 기법.

'젖히다', '제치다', '제끼다'

'젖히다[1]'과 '제치다'는 소리가 비슷하지만 전혀 다른 의미로 쓴다. '젖히다'는 몸이나 사물을 뒤쪽이나 옆으로 움직이는 행위에 쓴다. 이에 비해서 '제치다'는 앞에 있는 걸림돌을 피하거나 앞에 가는 것을 따라잡아 뒤로 밀치는 행위에 쓴다. '제끼다'는 '젖히다'와 '제치다'를 틀리게 쓴 말이다.

¶ 어머니는 저고리를 풀어 제치고(×) 아기에게 젖을 물렸다. → 젖히고
¶ 그가 1등으로 달려가던 선수를 젖히고(×) 결승선을 통과했다. → 제치고
¶ 앞에 가는 사람을 모조리 제끼고(×) 일등으로 들어왔다. → 제치고
¶ 창문을 활짝 열어제꼈다(×). → 열어젖혔다

젖히다[2] 동사

규11-0 젖히고, 젖히어/젖혀, 젖힌다, 젖힙니다, 젖히었다/젖혔다

자동사

(입맛이) 없어지다.

¶ 금세 입맛이 싹 젖히고 밥알이 모래알 같아서 도무지 먹을 수가 없었다.
¶ 60평생을 먹어온 밥도 입맛이 젖히고, 좋아하던 술 역시 약 삼아 먹게 되었으니, 세상 이치가 모두 그런 거라.

제[1] 대명사

지시 대명사

'저기'의 준말.

¶ 할아버지께서 제 오신다.
¶ 봄이 오면 예서 제서 꽃들이 피어난다.

제[2] 명사

'자기(自己)'의 준말.

¶ 제 스스로 노력하지 않고는 성공할 수 없다.
¶ 사람은 제 잘난 멋에 사는 법이다.

속담

- **제가 기른 개에게 발꿈치 물린다** 자기가 은혜를 베푼 사람에게 도리어 해를 당하게 됨을 이르는 말.
  ¶ 제가 기른 개에게도 발꿈치를 물리는 법이야. 사람 조심하라고.
- **제가 제 뺨을 친다** 남을 해롭게 하려다가 도리어 자기가 손해를 보게 됨을 이르는 말.
- **제 것 주고 뺨 맞는다** 남에게 잘 해주고 도리어 해를 입는다는 말.
- **제 꾀에 제가 넘어간다** 남을 속이려다가 오히려 그 꾀에 자기가 속는다는 말.
- **제 낯에 침 뱉기** 자기가 한 짓으로 자기가 욕을 보게 됨을 이르는 말.
- **제 논에 물 대기** 자기에게만 이롭게 되도록 일함을 빗대는 말.
- **제 눈에 안경이다** 제 마음에 들면 된다는 말.
- **제 똥 구린 줄 모른다** 자기 잘못은 잘 깨닫지 못한다는 말.
- **제 밑 들어 남 보이기** 방법이 졸렬해서 자기 결점을 스스로 남 앞에 드러낸다는 말.
- **제 발등에 오줌 누기** 자기가 한 행동이 자기를 모욕하는 결과가 되는 경우를 비유하여 이르는 말.
- **제 발이 저리다** 자기의 잘못이 드러날까 염려되어 스스로 마음을 졸인다는 말.
- **제 방귀에 놀란다** 자기가 한 일을 자기가 뜻밖으로 생각하고 놀란다는 말.
- **제 버릇 개 못 준다** 한번 젖어 버린 나쁜 버릇은 좀처럼 고치기 어렵다는 말.

제[3]

① 인칭 대명사 '저'가 조사 '가' 앞에서 바뀐 형태.
¶ 이 일은 제가 하겠습니다.
¶ 그는 제가 제일 잘난 줄만 알아.
② 인칭 대명사 '저'에 조사 '의'가 붙어 줄어든 형태.
¶ 제 말씀 좀 들어 보세요.
¶ 신랑감이야 제 마음에 들면 되는 거지.
¶ 그 책은 제 책입니다.

제[4]

명사 '적'에 조사 '에'가 붙어 줄어든 말.
¶ 어버이 살아 계실 제 섬기기를 다하여라.
¶ 함께 있을 제는 모르겠더니 떨어져 있으니 보고 싶다.

제가끔 부사

=제각기
¶ 제가끔 볼일을 보고 4시까지 이곳에 모여라.

제각각 부사 (-各各)

① 여럿이 다 따로따로.
¶ 우리는 네거리에서 제각각 흩어졌다.
② (명사처럼 쓰이어) 모두 각각.
¶ 거기 모인 사람은 차림이나 성격이 모두 제각각이었다.

제각기 부사 (-各其)

여럿이 다 저마다. 여럿이 따로따로. 제가끔.
¶ 사람은 제각기 할 일이 있는 법이다.
¶ 제각기 한 마디씩만 해도 몇 시간이 걸릴 것이다.

'제각각'과 '제각기' 그리고 '각각'과 '각기'

'각각'과 '제각각', '각기'와 '제각기'는 서로 어느 정도 다를까?

'각기'는 '각자'와 비슷한 말이다. '각기'는 여러 사람이 자기 방식대로 일을 처리하는 경우에 사용한다. '각기 준비한 것을 내놓고 함께 나눠 먹었다'처럼 '여러 사람이 한 사람씩 따로따로' 어떤 일을 함을 나타낼 때에 쓴다. 이에 비해서 '각각'은 각 사람에게 따로따로 배정하거나 따로 구별함을 나타낼 때에 쓴다. '생각하는 것이 각각 다 달라서 의견을 한데 모으기 쉽지 않다'처럼 서로 독립적으로 구별하는 의도를 나타내는 경우에 '각각'을 쓴다.

이런 '각기'와 '각각'에 '제'를 붙여 '제각기'와 '제각각'을 만들었다. '제각기'와 '각기'의 의미와 용법은 같고, '각각'과 '제각각'도 의미와 용법이 같다. 여기서 '제'는 '저마다'의 뜻을 보태는 기능을 한다. 결국 '제각기'와 '제각각'은 '각기'와 '각각'에 '저마다'의 뜻을 보태어 강조한 말이라고 보면 된다.

제격 명사 (-格)

제 신분이나 정도에 맞는 격식. 자기에게 딱 맞는 격식.
¶ 설날에는 한복을 입어야 제격이지.
¶ 이번 일에는 그 사람이 제격이야.

제고장 명사

① 태어나서 자란 고장. 본디부터 살아온 고장. 본고장.
¶ 사람들이 제고장을 떠나는 이유가 무엇일까?
② 어떤 활동이나 생산의 중심지. 본고장.
¶ 남원을 판소리의 제고장이라 할 만하다.

제곱 명사

① 같은 두 수를 서로 곱함.
② 길이의 단위 어깨에 붙어서 넓이의 단위임을 나타내는 말. '$10m^2$'의 2가 제곱을 나타내는 단위이다.

복합어
- **제곱하다** 타동사 같은 수를 서로 곱하다.

제구실 명사

① 제가 마땅히 해야 할 일이나 책임.
¶ 그는 4번 타자로서 제구실을 완벽하게 해냈다.
¶ 여러분은 우리 학교 학생회 임원으로서 제구실을 잘 해 주기 바란다.
② 어린아이가 으레 치러야 할 홍역 같은 병.

복합어

- **제구실하다** 자동사 ① 마땅히 해야 할 일이나 책임을 하다. ¶ 남자들은 아버지로서, 남편으로서 그리고 회사의 직원으로서 제구실해야 하니 몹시 힘이 든다. ② 어린아이가 으레 치러야 할 병을 앓다. ¶ 아이가 제구실하느라고 수두를 심하게 앓았다.

제까짓 관형사

(낮잡는 뜻으로) 겨우 저만한 정도의.

¶ 제까짓 게 무얼 안다고 큰소리를 치나.

▶ '제까짓'과 '저까짓'의 차이는 올림말 '저까짓' 참고.

× 제깐에

'제 깐에'의 틀린 표기.

¶ 거짓말을 해놓고 제깐에도(×)/제 깐에도(○) 좀 쑥스러웠던지 슬그머니 자리를 뜨더라.

▶ '제 깐에'는 '제'와 의존 명사 '깐'을 띄어 쓴다.

제깟 관형사

'제까짓'의 준말.

¶ 제깟 놈이 나에 대해 뭘 안다고 그런 말을 해.

▶ '제깟'과 '저깟'의 차이는 올림말 '저깟' 참고.

× 제끼다

① '젖히다[1]'의 비표준어.

② '제치다'의 비표준어.

비표준어 '제끼다'

국어에서는 이 말을 비표준어로 다룬다. 따라서 아래 문장에서 '제끼다'는 모두 표준어가 아니다.

¶ 남이는 가무잡잡한 얼굴을 제껴(×) 들고 커다란 눈을 흘겼다. → 젖혀

¶ 이틀 동안이나 직장 일을 제끼고(×) 다른 일을 보았다. → 제치고

¶ 사람을 무릎을 꿇리고 몽둥이로 두드려 제낀다(×). → 젖히다

'제끼다'가 비표준어이므로 표준어 사용 환경에서 쓰면 안 된다는 뜻일 뿐 절대로 써서는 안 된다는 뜻은 아니다. 비표준어를 쓰는 환경(특정 지역의 언어 환경)에서는 당연히 쓸 수 있는 말이다. 더 나아가 언어 환경의 변화가 진행되어 비표준어를 표준어로 인정하는 경우가 있기 때문에 '제끼다'도 표준어로 인정할 수 있는지 검토할 필요가 있다.

제날 명사

=제날짜

¶ 공사를 제날에 마치는 경우가 거의 없다.

제날짜 명사

미리 정했거나 마치기로 한 날짜. 제날.

¶ 완공은 꼭 제날짜를 지켜 주시기 바랍니다.

¶ 3년 동안 제날짜에 꼬박꼬박 적금을 부었다.

제대로 부사

① 제 격식이나 규격대로.

¶ 제대로 된 물건이 하나도 없다.

¶ 딸아이 결혼식은 제대로 격식을 갖추어 치르고 싶다.

② 마음먹은 대로.

¶ 힘이 빠져서 그런지 공을 아무리 잘 차도 제대로 나가지 않는다.

¶ 손이 떨려서 물그릇도 제대로 받아 들 수 없었다.

③ 마땅한 정도로.

¶ 지금이라도 비가 제대로 오면 해갈이 되겠는데.

¶ 공부를 하려면 제대로 해라.

× 제딴에

'제 딴에'의 틀린 표기.

¶ 제딴에(×)/제 딴에(○) 한다고 했는데 핀잔을 주니 몹시 실망한 듯했다.

▶ '제 딴에'는 '제'와 의존 명사 '딴'을 띄어 쓴다.

제맛 명사

① 어떤 음식이 가지는 고유한 맛.

¶ 비빔밥은 씹을 때에 각 재료의 제맛을 느낄 수 있다.

¶ 된장찌개는 뚝배기에 끓여 먹어야 제맛이죠.

② 어떤 사물이나 현상의 본래 느낌.

¶ 고궁에서 그림을 그리니 제맛이 난다.

¶ 겨울은 추워야 제맛이다.

제멋 명사

자기 나름으로 느끼고 생각하는 멋.

복합어

- **제멋대로** 부사 제 마음대로. 사날 좋게. 제 하고 싶은 대로. ¶ 일을 제멋대로 하지 마라.

관용 표현

- **제멋에 살다** 자기가 느끼고 생각하는 바에 따라서 그것이 좋다고 생각하며 살다. ¶ 맹물에 조약돌을 삶아 먹더라도 제멋에 산다는 말이 있다.
- **제멋에 겨워** 스스로 기분에 취하여. ¶ 풍물 소리에 구경꾼들은 제멋에 겨워 어깨를 들썩거렸다.

제명 명사 (-命)

타고난 자기의 목숨.

¶ 날마다 밤 늦게까지 일만 하다가는 **제명**을 다하지 못할 거야.

제물로 부사

그 자체가 스스로.

¶ 아무도 닫지 않았는데 문이 **제물로** 닫혔다.

¶ 울던 아이가 지쳐 **제물로** 잠이 들었다.

제물에 부사

그 자체가 스스로. 제바람에. 제풀에.

¶ 날씨가 너무 더웠던지 무와 배추가 **제물에** 시들어 버렸다.

¶ 가을에 이곳에 오면 **제물에** 떨어진 밤이 지천이다.

제바닥 명사

① 자기가 본래 살던 고장.

¶ 사람은 제바닥에서는 인정을 받기 어렵다.
② 물건 자체의 본바닥.
¶ 칠을 벗기니 나무의 제바닥이 고스란히 드러났다.

제바람 명사

스스로 움직이는 기세나 영향.

관용 표현

• **제바람에** 제 스스로의 동작으로 말미암아. 제물에. 제풀에. ¶ 토끼가 제바람에 놀라 달아났다.

제법 명사 부사

명사
상당한 정도에 이른 수준.
¶ 네가 인제는 집안일을 거들어 줄 줄 아니 제법이로구나.
¶ 아직 어린애인데 일솜씨가 제법이다.

부사
보통 수준에 가깝게. 꽤.
¶ 노래를 제법 잘 부른다.
¶ 방이 제법 넓어서 대여섯 명은 넉넉하게 누울 수 있겠다.

제사날로 부사

제 생각으로. 남의 시킴을 받지 않고 제 스스로.
¶ 제가 사또에게 제사날로 몸을 바친 것이 아니라 사또의 위협을 이기지 못해서 그런 겁니다.
¶ 날씨가 따뜻해지면 꽃들이 제사날로 피어난다.

제살붙이 명사 [-부치]

같은 피를 받은 가까운 겨레붙이.
¶ 김 영감은 평생 혼자 일만 하다가 제살붙이 하나 없이 쓸쓸하게 세상을 떴다.

제살이 명사

남에게 기대지 않고 스스로 살아가는 생활. 자생(自生).

복합어

- **제살이하다** 자동사 남에게 기대지 않고 스스로 살아가다.

관용 표현

- **제살이를 가다** 시부모 등 어른이 없는 집으로 시집을 가다. ¶ 영희는 혈혈단신으로 자랐는데 시집이라고 간 것도 제살이를 가서 주위가 좀 허전하다.

ㅈ

제소리[1] 명사

① 글자가 나타내는 자기 소리. 글자의 바른 소리.
¶ 한글에도 제소리가 나지 않는 글자가 많이 있다.
② 본래 가진 소리.
¶ 줄이 느슨해서 거문고가 제소리를 내지 못하는 것 같다.

제소리[2] 명사

본심에서 하는 말.
¶ 이렇게 험악한 분위기에서 어떻게 제소리를 낼 수 있겠소?

제자리 명사

① 본래 있던 자리.

¶ 물건을 쓴 뒤에는 **제자리**에 갖다 놓아라.

¶ 모든 사물은 **제자리**에 있으려는 성질이 있다.

② 위치의 변화가 없는 같은 자리.

¶ 아이들은 **제자리**에서 펄쩍펄쩍 뛰며 기뻐했다.

¶ 생각이 풀리지 않아 **제자리**만 맴돌고 있다.

¶ 북극성은 시간이 아무리 흘러도 언제나 **제자리**에서 빛난다.

③ 마땅히 있어야 할 자리.

¶ 곧 공연이 시작되니 모두 **제자리**에 앉아 주시기 바랍니다.

¶ **제자리**에서 묵묵히 일하는 사람들이 소중하다.

복합어

- **제자리걸음** 명사 ① 앞으로 나아가지 않고 제자리에서만 걷는 일, 또는 그 걸음. ② 일의 진행이 앞으로 나아감이 없이 제자리에 그대로 머물러 있음, 또는 그런 상태. ¶ 한국 경제는 2007년 이후 몇 년째 제자리걸음을 하고 있다.
- **제자리걸음하**다 자동사 ① 앞으로 나아가지 않고 제자리에서만 걷다. ② 일이 앞으로 나아감이 없이 제자리에 그대로 머물러 있다.
- **제자리표**(–標) 명사 높이거나 낮춘 음을 다시 제자리로 돌리는 부호. 본위기호(本位記號).

관용 표현

- **제자리에 머물다** 발전이 없다. ¶ 복지 정책이 몇 년째 제자리에 머물고 있다.

제정신 명사 (–精神)

자기 본래의 정신. 본정신.

¶ 눈을 뜨는 것을 보니 이제야 **제정신**이 드는 모양이다.

¶ 그는 요즘 너무 바빠서 **제정신**이 아니야.

¶ 그가 **제정신**으로 그런 말을 하였을 리가 없다.

제집 명사

자기 집.

¶ 그는 결혼 10년 만에 **제집**을 장만하였다.

¶ 동네 마당에서 놀던 아이들이 모두 **제집**으로 돌아갔다.

관용 표현

- **제집 드나들 듯** 마치 자기 집을 드나들 듯이 아무렇지 않게 또는 자주 드나들다. ¶ 그는 미국을 제집 드나들 듯 다닌다. / 그는 감옥을 제집 드나들 듯 하는 사람이다.

속담

- **제집 어른 섬기면 남의 어른도 섬긴다** 제집에서 잘하는 이는 밖에 나가서도 잘한다는 말.
- **제집 연기가 남의 집 연기보다 낫다** 대수롭지 아니한 것이라도 정든 것이 좋다는 말.
- **제집 제사는 모르면서 남의 집 제사는 알까** 자기네 집의 일을 모르면서 남의 집의 일을 잘 알 까닭이 없다는 말.

제짝 명사

한 쌍이나 한 벌을 이루는 그 짝.

¶ 아직도 **제짝**을 찾지 못해서 결혼을 못 하고 있단다.

¶ 양말이 모두 **제짝**에 맞게 정돈되어 있었다.

제치다 동사

규11-0 제치고, 제치니, 제치어/제쳐, 제친다, 제칩니다, 제치었다/제쳤다

타동사

① 거치적거리지 않게 처리하다.

¶ 공격수가 수비수 두 명을 **제치고** 슛을 하였다.

② 일정한 대상이나 범위에서 빼다.

¶ 나를 제치고 저 혼자 하려고 하는 것 같다.

③ 경쟁 상대보다 앞에 서다.

¶ 우리 선수가 선두를 제치고 일등으로 들어왔다.

④ 당장 할 일을 다음으로 미루다.

¶ 그는 제집 일을 제쳐 두고 남의 집 일에 발 벗고 나선다.

'제치다'와 '제끼다'

'제끼다'는 '제치다'의 비표준어이다. 비표준어는 표준어 환경에서 사용할 수 없는 말이다. (이에 관해서는 올림말 '제끼다' 참고.)

¶ 결국 우리나라가 일본을 제끼고(×) 우승을 했다. → 제치고

¶ 공격수가 수비수 세 명을 연달아 제낀(×) 뒤 슛을 하였다. → 제친

¶ 우리 모임에서 그를 제껴(×) 놓기로 했다. → 제쳐

¶ 다음에 쓰게 이 돈은 한쪽으로 제껴(×) 두어라. → 제쳐

¶ 만사를 제껴(×) 놓고 이 일부터 해라. → 제쳐

제풀에 부사

① 내버려 두어도 저 혼자 스스로 또는 저절로.

¶ 장난하다 싫증이 나면 제풀에 그칠 거다.

¶ 책상에 종이를 두었는데 제풀에 사라졌는지 안 보인다.

② 제 행동으로 생긴 영향에.

¶ 강아지가 물속에 있는 제 모습을 보고 제풀에 놀라서 마구 짖는다.

③ 자기도 모르게.

¶ 골목길 여기저기에 쌓인 쓰레기를 보니 제풀에 눈살이 찌푸려졌다.

제힘 명사

스스로의 힘. 자력(自力).

¶ 당시는 누구나 제힘으로 학비를 벌어서 공부를 했다.

조가비 명사

조개의 껍데기.

> **조개의 껍데기**
> 조개는 속살과 그것을 둘러싸고 있는 껍데기로 이루어졌다. 속살을 '조갯살'이라고 하고 이것을 말린 먹거리도 '조갯살'이라고 한다. 껍데기는 '조가비'라고 부른다. '조가비'를 '조개껍데기'라는 복합어로 부르기도 한다. 조가비라는 단어를 모르는 사람은 주로 '조개껍데기'라는 말을 사용하고 일부에서는 '조개껍질'이라는 말도 쓴다. 《표준국어대사전》도 '조개껍질'을 '조개껍데기'와 함께 쓸 수 있도록 올림말로 삼았다. 조개의 껍데기를 가리키는 말이 '조가비', '조개껍데기', '조개껍질' 세 가지가 있는 셈이다.

× 조고마하다

'조그마하다'의 틀린 말.

× 조고맣다

'조그맣다'의 틀린 말.

조곤조곤 부사

성질이나 태도가 조금 은근하고 끈덕진 모양. 조곤조곤히. ×조근조근

¶ 화를 내지 않고 조곤조곤 잘 설명한다.

¶ 누가 잘못을 저질렀는지 조곤조곤 따져 보자.

복합어

- **조곤조곤하다** 형용사 성질이나 태도가 조금 은근하고 끈덕지다.
- **조곤조곤히** 부사 =조곤조곤

× 조그마치

① '조그만큼'의 틀린 말.

¶ 저쪽으로 조그마치(×)/조그만큼(○) 떨어져 있어라.

② '자그마치'의 틀린 말.

¶ 대구 한 마리가 조그마치(×)/자그마치(○) 5만 원이나 한다.

조그마하다 형용사

㊟ 조그맣다

불20-9 조그마하고, 조그마한, 조그마하여/조그마해, 조그마합니다, 조그마하였다/조그마했다

좀 작거나 적다.

¶ 우는 아이에게 조그마하고 예쁜 인형을 주니 울음을 뚝 그쳤다.

¶ 그의 집은 우리 동네에서 흔히 볼 수 있는 집처럼 조그마했다.

'자그마하다'와 '조그마하다', '자그맣다'와 '조그맣다'

'자그마하다'는 '조그마하다'의 작은말이고, '자그맣다'는 '조그맣다'의 작은말이다. 큰말 작은말 관계인 말은 어감이 센지, 약한지, 어두운지, 밝은지를 고려하여 사용한다.

조그만

형용사 '조그맣다'의 관형사형. '조그맣다'에 관형사형 어미 '-ㄴ'이 붙어 활용한 형태.

¶ 조그만 집에 삼대가 북적거리며 살고 있다.

조그만큼 부사

아주 작거나 적게.

¶ 여기서 조그만큼 더 가면 학교가 나옵니다.

'조그만큼'과 '자그마치'

'조그만큼'은 조금인 상태를 가리키고, '자그마치'는 적지 않음을 반어법으로 나타내는 말이다.

× 조그만하다

'조그마하다'의 틀린 말.

조그맣다 형용사

불20-5 조그맣고, 조그맣지, 조그매, 조그만, 조그말, 조그맣습니다, 조그맣소, 조그맸다

'조그마하다'의 준말.

¶ 산에서 내려다 보니 사람과 자동차들이 개미처럼 조그맣게 보인다.

¶ 직장을 그만두고 조그만 가게를 하나 차렸다.

¶ 내 것이 네 것보다 더 조그말 거야.

복합어

- **조그매지다** 자동사 조그맣게 되다. ¶ 빵을 조금씩 나누어 주다 보니 너무 조그매졌다.

× 조근조근

'조곤조곤'의 틀린 말.

¶ 들은 대로 조근조근(×)/조곤조곤(○) 말해 보아라.

조는 [조:-]

동사 '졸다'의 관형사형. '졸다'에 관형사형 어미 '-는'이 붙어 불규칙 활용을 한 형태.

조르개 명사

① 물건을 졸라매는 데 쓰는 줄.

② 옷의 소매나 밑단에 사용하는 신축성 있는 편직물.

¶ 점퍼 소매가 짧아서 조르개를 달아 입었다.

¶ 바지가 길어도 밑단을 조르개로 처리해 끌리지 않는다.

▶ '조르개'와 '조리개'의 차이는 올림말 '조리개' 참고.

조르다[1] 동사

불10-6 조르고, 조르지, 조르니, 졸라, 조릅니다, 졸랐다

타동사

끈덕지게 요구하다.

¶ 아이가 과자를 사 달라고 엄마를 졸랐다.

¶ 막내가 며칠 전부터 새 자전거를 사 달라고 조른다.

조르다[2] 동사

불10-6 조르고, 조르지, 조르니, 졸라, 조릅니다, 졸랐다

타동사

동이거나 감은 것을 단단히 죄다.

¶ 그렇게 목을 조르면 숨을 못 쉰다.

¶ 허리띠로 그렇게 조르지 않아도 네 허리는 날씬해.

복합어

- **조르개** 명사 올림말 '조르개' 참고. ×조리개
- **조르기** 명사 유도에서 상대의 목을 조르는 기술.
- **졸라매다** 타동사 끈 따위로 단단히 동여매다. ¶ 신발끈을 바짝 졸라매고 걸었다.

'조르다[1]'과 '조르다[2]'의 소리내기

'조르다'를 '졸르다'로 소리 내는 사람이 많다. 이는 '조르다'가 '졸라, 졸랐다'처럼 활용하기 때문에 일어난 현상이기도 하고, 어쩌면 원래 '졸르다'로 소리 내었기 때문일 수도 있다. 그러나 현행 표준 발음법에 따라서 '조르다'로 소리 내고 소리대로 써야 한다.

조리개 명사

사진기 따위에서, 렌즈로 들어가는 빛의 양을 조절하는 장치.

'조리개'와 '조르개'

어떤 국어사전에는 '조르개'를 '조리개'의 잘못으로 설명하기도 할 정도로 이 두 낱말을 잘못 알고 있다. 사진의 빛을 조절하는 장치를 '조리개'라고 하고, 물건을 조르는 데 사용하는 줄을 '조르개'라고 한다. '조르개'는 '조르다'에서 온 파생어이고, '조리개'는 '졸이다'('줄이다'의 작은말)에서 온 파생어이다. 즉, '조리개'는 줄이어 조절하는 장치를 가리키는 말이다.

ㅈ

조리다 동사

규11-0 조리고, 조리는, 조리어/조려, 조린다, 조립니다, 조리었다/조렸다

타동사

① (고기, 생선, 채소 따위를) 양념한 국물에 넣고 바짝 끓여서 양념이 배어들게 하다.

② (열매, 뿌리, 줄기 따위를) 설탕 따위를 넣고 끓여서 단맛이 배어들게 하다.

복합어

- **조림** 명사 조리어 만든 음식. 갈치 조림, 장조림, 통조림 따위가 있다.

'조리다'와 '졸이다'

두 낱말의 가장 큰 차이는 목적어(대상물)가 변하는 상태에 있다. '조리다'는 목적어가 줄어들지 않고

국물에 있는 성분이 스며들어 맛이 나는 것이다. 이때 국물만 줄어든다. 특히 '조리다'에는 보통 '무엇에'라는 부사어가 들어 있다. 이에 비해서 '졸이다'는 목적어가 줄어들거나 바특하게 된다. 곧 양념이 목적어에 배어들게 하는 것은 '조리다'이고 목적어(국물)의 양을 줄이는 것은 '졸이다'이다. 무엇을 목적으로 삼느냐에 따라서 '조리다'와 '졸이다'를 구별하여 쓴다.

¶ 어머니께서 소고기를 간장에 조리셨다.

¶ 찌개는 국물을 바특하게 졸여야 제맛이 난다.

조맘때 명사

조만큼 된 때.

¶ 돌이켜 생각하면 조맘때는 참 겁이 없었다.

조븟하다 형용사

불20-9 조븟하고, 조븟하여/조븟해, 조븟합니다, 조븟하였다/조븟했다

조금 좁은 듯하다.

¶ 집 뒤로 조븟한 골목이 나 있다.

복합어

- **조븟이** 부사 조금 좁은 듯이. ¶ 한 방에 어른 대여섯 명이 조븟이 앉아서 무언가 열심히 만들고 있다.

조이다 동사

㊟ 죄다[1]

규11-0 조이고, 조이어/조여, 조인, 조인다, 조입니다, 조이었다/조였다

자동사

① (느슨하거나 헐거운 것이) 단단하거나 팽팽하게 되다.

¶ 새 구두가 너무 조여서 발이 아프다.
¶ 그새 살이 쪘는지 헐렁하던 바지가 꽉 조여서 숨도 못 쉬겠다.
② (자리나 공간이) 비좁아지다.
¶ 앞뒤가 꽉 조여 옴짝달싹도 못 하겠더라.
③ 마음이 긴장되다.
¶ 걱정으로 마음이 조여 어쩔 줄을 몰랐다.
¶ 휴가 동안 느슨해진 마음을 단단히 조이고 출근을 했다.

타동사

① (느슨하거나 헐거운 것을) 단단하거나 팽팽하게 하다.
¶ 헐거워진 나사를 조이고 기름을 발라 놓았다.
¶ 물이 너무 세게 나오니 수도꼭지를 조여야 한다고 일렀다.
② (차지하고 있는 자리나 공간을) 비좁게 만들다.
¶ 적은 서서히 우리를 조여 왔다.
③ (마음을) 긴장시키다.
¶ 가슴을 조이며 경기 결과를 지켜보았다.
④ (노름 따위에서) 마음을 졸이며 패를 젖혀 보다.
¶ 손끝에 힘을 모아 힘껏 패를 조이어 보았으나 필요한 패는 나오지 않았다.
⑤ (목, 손목 따위를) 힘으로 압박하다.
¶ 상대를 쓰러뜨려 목을 조이는 기술을 쓰자 상대가 기권을 하고 말았다.

ㅈ

조잡스럽다 형용사 (粗雜－)

불21－3 조잡스럽고, 조잡스러운, 조잡스러워, 조잡스럽네, 조잡스럽습니다, 조잡스러웠다

표현이나 솜씨 따위가 보기에 거칠다.
¶ 물건이 너무 조잡스러워서 돈을 주고 사고 싶지 않다.
¶ 글이 조잡스러워서 읽을 만하지 않다.

복합어

- **조잡스레**(粗雜－) 부사 보기에 표현이나 솜씨 따위가 거칠어 품위가 없이. ¶ 말을 그리 조잡스레 하니 능력만큼 인정을 못 받는 거야.

조잡하다 형용사 (粗雜-)

불20-9 조잡하고, 조잡한, 조잡하여/조잡해, 조잡합니다, 조잡하였다/조잡했다

표현이나 솜씨 따위가 거칠다.

¶ 장난감이 조잡하더니 금방 망가졌다.

조촐하다 형용사

불20-9 조촐하고, 조촐하여/조촐해, 조촐한, 조촐합니다, 조촐하였다/조촐했다

① 아담하고 깨끗하다.

¶ 집은 오래되었지만 손질이 잘 되고 세간도 잘 정돈되어 조촐해 보였다.

② 호젓하고 단출하다.

¶ 요즘은 환갑잔치나 돌잔치를 가족끼리 조촐하게 치른다.

③ (모습이) 말쑥하고 맵시 있다.

¶ 그녀는 아주 조촐하게 차려 입고 회의장에 들어왔다.

복합어

- **조촐히** 부사 조촐하게. ¶ 연말연시를 조촐히 보냈다.

족집게 명사

① 주로 털이나 가시를 뽑을 때 쓰는, 쇠로 만든 작은 연장.

② 문제나 알짬이 되는 부분을 정확하게 찾아내거나 알아맞히는 사람, 또는 그런 일을 빗대어 이르는 말.

¶ 그는 범인 잡는 데는 족집게야. 조그만 실마리로도 사건을 해결하고 말거든.

¶ 대학 입시 때면 이른바 족집게 강사에게 수험생이 몰린다.

관용 표현

- **족집게 같다** 일의 속내나 비밀을 귀신같이 잘 알아맞히다.

졸깃하다 형용사

불20-9 졸깃하고, 졸깃하여/졸깃해, 졸깃한, 졸깃합니다, 졸깃하였다/졸깃했다

조금 질긴 듯하다.
¶ 면발이 졸깃하니 맛이 있다.

복합어
- **졸깃이** 부사 조금 질긴 듯하게.
- **졸깃졸깃** 부사 (씹는 맛이) 매우 질긴 듯한 모양.
- **졸깃졸깃하다** 형용사 (씹는 맛이) 매우 차지고 질긴 듯하다.

> **'졸깃하다', '질깃하다', '쫄깃하다'**
> '졸깃하다'는 주로 음식이 푸석하지 않고 질긴 느낌을 주어 감각적으로 좋을 때 쓴다. '질깃하다'는 물체가 질긴 성질이 있음을 나타내는데 질긴 것이 탐탁하지 않음을 나타낼 때 쓴다. '쫄깃하다'는 '졸깃하다'를 세게 말하는 경우에 쓴다. 어감이 강할 뿐 '졸깃하다'와 의미는 같다.

졸다[1] 동사 [졸:-]

불10-2 졸고, 졸지, 조니, 조는, 졸아, 조오, 좁니다, 졸았다

자동사
저절로 잠이 드는 상태로 자꾸 들어가다.
¶ 수업 시간에 조는 사람이 있다.

졸다[2] 동사 [졸:-]

불10-2 졸고, 졸지, 조니, 조는, 졸아, 조오, 좁니다, 졸았다

자동사
① 찌개, 국, 한약 따위의 물이 증발하여 바특해지다.

¶ 찌개가 너무 졸아서 짜다.
¶ 오래 끓이면 국물이 조니 불을 약하게 줄여라.
② (위협적이거나 압도하는 대상 앞에서) 심리적으로 위축되다.
¶ 사장 앞에서 졸지 말고 네 생각을 당당하게 이야기해라.

복합어

- **졸아들**다 자동사 올림말 '졸아들다' 참고.
- **졸아붙**다 자동사 올림말 '졸아붙다' 참고.
- **졸아지**다 자동사 올림말 '졸아지다' 참고.

> **'졸다'와 '줄다'**
>
> '졸다[2]'와 '줄다'는 작은말 큰말 관계이다. 즉, '졸다'는 '줄다'의 작은말이고, '줄다'는 '졸다'의 큰말이다. 느낌이 더 크고 작음을 나타내기 위해서 양성모음과 음성모음을 번갈아 쓰는 것이 국어의 특징 중 하나이다. 그런데 일부 낱말에서는 느낌의 크고 작음을 넘어서 용법 차이가 심해져서 서로 대체하여 사용하기 어려운 경우도 있다. '졸다'와 '줄다'도 그 중의 하나이다. 수량이 적어지는 경우에는 '줄다'를 쓰고 '졸다'를 쓰지 않으며, 국물이 바특해지는 경우에는 '졸다'를 쓰고 '줄다'를 쓰지 않는다.
>
> ¶ 초등학교 학생 수가 요즘 부쩍 줄었다(○)/졸았다(×).
> ¶ 가뭄으로 저수지 물이 상당히 줄었다(○)/졸았다(○).
> ¶ 조림은 국물이 줄어야(×)/졸아야(○) 맛이 제대로 난다.

▶ '졸다[2]'의 느낌을 강하게 하기 위하여 된소리로 '쫄다'를 많이 쓴다. 그러나 '쫄다'는 아직 표준어의 자격을 얻지 못했다. 따라서 이 말을 입말로는 쓸 수 있지만 글자로 쓰는 것은 삼가야 한다.

졸로 부사

조 곳으로. '조리로'의 준말.
¶ 여기서 얼씬거리지 말고 졸로 가 있어라.

> **'졸로', '절로', '일로', '골로', '글로', '욜로'**
>
> '졸로'가 '조리로'의 준말인 것처럼 '절로'는 '저리로'의 준말이고, '일로'는 '이리로'의 준말이다. 또 '골로'는 '고리로'의 준말이고, '글로'는 '그리로'의 준말이며, '욜로'는 '요리로'의 준말이다.

졸리다[1] 동사 [졸:-]

규11-0 졸리고, 졸리어/졸려, 졸린다, 졸립니다, 졸리었다/졸렸다

자동사

졸음이 오다. ×졸립다

> **'졸다'와 '졸리다'**
>
> '졸다'는 스스로 조는 것을 나타내고, '졸리다'는 졸 것 같은 상태가 됨을 의미한다. 먼저 졸려야 졸게 되는 것이다. 엄밀하게 보면 '졸리다'는 '졸다'의 피동형이어서 '졸게 되다'의 뜻이지만 피동형으로 보지 않고 자동사로 주체가 졸 것 같은 상황을 깨닫는 것을 의미한다. 따라서 '졸리다'를 '졸립다'로 쓰면 안 된다.
>
> ¶ 그렇게 졸지 말고 졸리면 자라.
>
> ¶ 오후가 되니 무척 졸린다(○)/졸립다(×).

졸리다[2] 동사

규11-0 졸리고, 졸리는, 졸리어/졸려, 졸립니다, 졸린다, 졸리었다/졸렸다

피동사

'조르다[1]'의 피동형.

¶ 평생 빚쟁이에게 졸리면서 살아 왔다.

¶ 아이들에게 졸리어 놀이공원에 나들이 갔다.

졸리다[3] 동사

규11-0 졸리고, 졸리는, 졸리어/졸려, 졸립니다, 졸린다, 졸리었다/졸렸다

피동사

'조르다[2]'의 피동형.

¶ 꿈에서 누군가에게 목이 졸리어 몸을 뒤틀다가 깨었다.

졸아들다 동사

불11-2 졸아들고, 졸아드니, 졸아들어, 졸아든, 졸아드오, 졸아듭니다, 졸아들었다

자동사

① 액체가 증발하여 그 분량이 적어지다.

¶ 새벽이 되니 등잔 기름이 거의 졸아들어 불이 꺼지려 한다.

¶ 잠시 한눈파는 사이에 주전자 물이 졸아들어 다시 끓여야 했다.

② 부피나 분량이 작게 되거나 적어지다.

¶ 가뭄이 계속되어 저수지 물이 많이 졸아들었다.

③ 심리적으로 위축되다.

¶ 가슴이 졸아들어 경기를 볼 수 없다.

¶ 무서워서 심장이 졸아드는 것 같았다.

> **'졸아들다'와 '줄어들다'**
>
> 두 낱말은 작은말과 큰말 관계이다. 즉, '졸아들다'가 작은말, '줄어들다'가 큰말이다. 그러나 이 두 낱말은 용법에서 차별화하는 추세에 있다. 분량이나 부피가 적어지는 것은 '졸아들다', 개수가 적어지는 것은 '줄어들다'를 사용하여 차별화하고 있는 것이다. (올림말 '졸다[2]' 참고.)
>
> ¶ 구도심의 초등학교 학생 수는 점점 줄어들고(○)/졸아들고(×), 신도시의 초등학생 수는 점점 늘어나는 추세이다.
>
> ¶ 구멍이 너무 졸아들어(○)/줄어들어(○) 바람이 잘 통하지 않는다.
>
> ¶ 국물이 너무 졸아들지(○)/줄어들지(×) 않도록 옆에서 지켜보아라.

졸아붙다 동사

규11-1 졸아붙고, 졸아붙으니, 졸아붙어, 졸아붙는다, 졸아붙습니다, 졸아붙었다

자동사

바짝 졸아서 물기가 거의 없게 되다.

¶ 가뭄이 너무 심해서 저수지 물이 완전히 졸아붙었다.

¶ 친구와 통화를 하느라 찌개가 졸아붙는 줄도 몰랐다.

졸아지다 동사

규11-0 졸아지고, 졸아지어/졸아져, 졸아집니다, 졸아지었다/졸아졌다

자동사

차차 졸아들다.

¶ 국물이 다 졸아져서 물을 조금 더 부었다.

▶ '졸아지다'와 '줄어지다'의 차이는 '졸아들다'와 '줄어들다'의 차이와 같다.

졸이다 동사

규11-0 졸이고, 졸이니, 졸이는, 졸이어/졸여, 졸입니다, 졸이었다/졸였다

타동사

① 졸아들게 하다.

¶ 찌개는 국물을 바특하게 졸여야 제맛이 난다.

¶ 감자며 당근, 돼지고기를 볶고 카레를 풀어 넣어 졸이듯 끓였다.

② 몹시 초조해하다.

¶ 어머니는 자식들이 행여나 잘못될까 늘 마음을 졸이셨다.

¶ 그는 제 마누라가 사고를 당하지 않았나 가슴을 졸이고 있었다.

'졸이다'와 '줄이다'

두 말은 작은말과 큰말 관계이다. 즉, '졸이다'는 '줄이다'의 작은말이다. 따라서 어감을 약하게 하려면 '졸이다'를 쓰고 어감을 강하게 하려면 '줄이다'를 쓸 수 있다. 그런데 단순히 어감 차이로 이 낱말을 구별하기보다는 용법에 차이가 생기고 있다. 물을 증발시켜 적어지게 하는 경우에는 '졸이다'를 쓰고, 개수를 적어지게 하는 경우는 '줄이다'를 쓴다. (올림말 '졸다[2]' 참고.)

¶ 학급당 학생 수를 줄이지 않으면 수업하기가 힘들다.

¶ 생활비가 너무 많이 들어 아파트 평수를 줄여서 이사를 하기로 했다.

¶ 국물을 조금 더 졸여야 맛이 날 것 같다.

¶ 네가 이번 시험에 잘못될까 봐 얼마나 가슴을 졸였는지 아니?

▶ '졸이다'와 '조리다'의 차이는 올림말 '조리다' 참고.

좀처럼 부사 [좀:-]

(주로 부정적인 의미를 가진 단어와 호응하여) 여간하여서는. 좀체.
¶ 감기가 좀처럼 낫지 않는다.
¶ 어찌 된 영문인지 그가 요즘은 좀처럼 모임에 나오지 않는다.

좀체 부사 [좀:-]

=좀처럼

복합어

- **좀쳇것**[좀:-] 명사 웬만한 물건. ¶ 좀쳇것으로는 그의 환심을 살 수 없을 거야.
- **좀쳇놈**[좀:-] 명사 웬만한 놈.
- **좀쳇일**[좀:첸닐] 명사 웬만한 일. ¶ 그 사람은 워낙 대범해서 좀쳇일에는 눈물을 안 보인다.

× 좀체로 [좀:-]

'좀체'의 틀린 말.
¶ 버스가 좀체로(×)/좀체(○)/좀처럼(○) 오지 않는군.

× 좀한 [좀:-]

'어지간한', '웬만한'의 비표준어.

× 좀해/좀해서 [좀:-]

'좀처럼'의 비표준어.
▶ '좀한', '좀해', '좀해서'는 모두 비표준어이다. 비표준어는 표준어 사용 환경에서는 쓸 수 없다.

좁다랗다 형용사

불20-5 좁다랗고, 좁다라므로, 좁다라니, 좁다래, 좁다래서, 좁다란, 좁다랗습니다, 좁다랬다

무던히 좁다.

¶ 좁다란 골목길에 그렇게 큰 차를 몰고 들어오다니.

복합어

- **좁다래지다** 자동사 좁다랗게 되다.

▶ '좁다랗다'의 본딧말이 '좁다라하다'이지만 본딧말은 사용하지 않는다. 따라서 '좁다라하다'의 활용형 '좁다라한', '좁다라하게' 같은 말은 '좁다란', '좁다랗게'로 써야 한다.

종작 명사

대중으로 헤아려 잡은 예측이나 의견.

¶ 그가 하는 말은 도무지 종작을 할 수가 없다.

복합어

- **종작없다** 형용사 ① (어떤 일의 사정이나 형편 따위를 헤아리는) 요량이 아주 없다. ② 말하는 것이 똑똑하지 못하여 종잡을 수 없다. ¶ 세상이 어수선하여 종작없는 소문에도 가슴이 철렁 내려앉는다.
- **종작없이** 부사 말이나 태도가 종잡을 수 없게. ¶ 종작없이 지껄이지 말고 차분히 말해 보아라.

종잡다 동사

규10-1 종잡고, 종잡으니, 종잡으면, 종잡아, 종잡을, 종잡습니다, 종잡았다

자동사

대중으로 헤아려 잡다.

¶ 당신이 지금 무슨 말을 하는지 종잡을 수 없소.

¶ 세상이 어수선하니 종잡을 수 없는 소문만 무성하다.

좇다 동사

규10-1 좇고, 좇으니, 좇아, 좇는, 좇습니다, 좇았다

타동사

① 뒤를 밟아 따르다.

¶ 사냥꾼은 짐승 발자국을 좇아서 짐승이 있는 곳을 알아낸다.

② 관례, 규칙, 남의 뜻을 따라 그대로 하다.

¶ 선생님의 가르침을 좇아 착한 일을 하기로 마음먹었다.

¶ 우리 마을의 관습을 좇아 장례 절차를 진행하였다.

③ 추구(追求)하다.

¶ 사람은 자기 이익을 좇게 마련이다.

¶ 권력만 좇는 사람은 권력으로 망하고 물질만 좇는 사람은 물질로 망한다.

④ 대세(大勢)나 시류(時流)를 따르다.

¶ 평범한 사람은 대세를 좇지만 위대한 사람은 대세를 바꾼다.

¶ 개성 없이 유행만 좇는다.

⑤ 순서에 따라 하나하나 더듬거나 밟아 가다.

¶ 어머니의 눈길은 아들이 대문을 나가는 뒷모습을 좇고 있었다.

복합어

- **좇아가**다 타동사 ① 시선으로 따라가다. ¶ 포수의 시선을 좇아가니 거기에 멧돼지 한 마리가 땅을 파고 있었다. ② 남의 뜻을 그대로 따르다. ¶ 어머니는 이제 아들의 뜻을 좇아가는 것이 맞는 일이라고 생각했다.
- **좇아오**다 타동사 ① 시선으로 따라오다. ¶ 내 뒤를 좇아오는 눈길이 있음을 알고 얼른 방향을 바꿨다. ② 남의 뜻을 그대로 따르다. ¶ 내 말을 좇아오면 자다가도 떡을 얻어먹는 일이 생길 것이다.

'좇다'와 '쫓다'

'좇다'와 '쫓다'는 의미가 겹치는 부분이 있어서 헷갈리는 경우가 있다. '좇다'는 이미 있는 것(자국이나 흔적)을 따라서 감을 의미한다. 발자취를 따라가는 것이 '좇는' 것이다. '좇다'에는 움직이는 대상을 잡기 위한 목적이 없다. 추상적인 생각이나 의견을 따르는 것도 '좇는' 행위이다.

'쫓다'는 움직이는 대상을 잡거나 놓치지 않기 위해서 급하게 따르는 행위를 가리킨다. 앞에 가는 사람을 따라가는 것이나 경찰이 범인을 잡기 위해서 그의 뒤를 따르는 것은 '쫓는' 행위이다.

죄다[1] 동사

규11-0 죄고, 죄면, 죄니, 죄어/좨, 죈다, 죕니다, 죄었다/좼다

자동사

'조이다'의 준말.

¶ 어린 아이에게 너무 꽉 죄는 옷은 안 입히는 게 좋다.

¶ 자리가 너무 죄어서 움직일 수가 없다.

¶ 이 영화를 보는 내내 가슴이 죄었다.

타동사

'조이다'의 준말.

¶ 나사를 바짝 죄었다.

¶ 온종일 합격자 발표를 기다리며 가슴을 죄고 있다.

¶ 친구가 갑자기 내 팔목을 죄어 잡았다.

¶ 이번 정책은 농어민들의 숨통을 죄는 정책이다.

죄다[2] 부사

남김없이 모조리.

¶ 군대 생활에 불만이 있으면 죄다 털어놓아라.

죄암죄암 감탄사 명사

㊟ 죔죔

감탄사

젖먹이에게 죄암질을 하라는 뜻으로 내는 소리.

명사

젖먹이가 두 손을 쥐었다 폈다 하는 동작.

ㅈ

쥐암질 명사

젖먹이가 두 손을 쥐었다 폈다 하며 재롱을 부리는 일.

복합어

- **죄암질하다** (자동사) 젖먹이가 두 손을 쥐었다 폈다 하며 재롱을 부리다.

> **'죄암죄암'과 '죄암질', '쥐엄쥐엄'과 '쥐엄질'**
> '죄암죄암'은 '쥐엄쥐엄'의 작은말이고, '죄암질'은 '쥐엄질'의 작은말이다. 갓난아이가 고사리 같은 손을 폈다 쥐었다 하는 동작을 가리키는 말이므로 '쥐엄쥐엄'이나 '쥐엄질'보다는 '죄암죄암'과 '죄암질'이 더 잘 어울리는 말이다.

죔죔 감탄사 명사

'죄암죄암'의 준말. ×잼잼

> **'죔죔'과 '잼잼'**
> '죔죔'은 '죄암죄암'의 준말로 아이에게 손가락을 쥐었다 폈다 하는 동작을 하라는 뜻으로 쓰는 말이다. 그런데 '죔죔'을 '잼잼'으로 쓰는 사람이 많다. '죔죔'이 소리 내기 어렵기 때문일 것이다. 그러나 '잼잼'은 틀린 말이므로 '죔죔'을 써야 한다.

주검 명사

죽은 사람의 몸뚱이. 시신(屍身). 시체(屍體).

¶ 싸움터에는 주검이 널려 있고 온갖 동물들이 어슬렁거리고 있었다.

¶ 길거리에서 죽은 사람의 주검을 수습하여 병원에 안치하였다.

주관[1] 명사 (主管)

책임지고 맡아봄. 주장(主掌)하여 관리함.

복합어

- **주관하다**(主管－) 타동사 책임지고 맡아서 처리하다. 주장하여 관리하다. ¶ 그 행사는 우리 과에서 주관하고 있다.

'주관'과 '주최'

회사 차원에서 어떤 행사를 할 때에 '주최자'는 회사이고, '주관자'는 '행사를 기획하고 추진하여 진행하는 일을 맡은 주무 부서이다. 그러나 같은 조직이 아닌 경우에는 '주최'와 '주관'을 잘 구별해야 한다. 재정 지원을 하여 행사를 추진하도록 한 기관과 돈을 받아서 행사를 기획하고 실제로 행사와 관련한 모든 사무를 처리하는 기관이 다를 때는 전자가 '주최자'가 되고 후자가 '주관자'가 된다.
재정 지원을 하여 행사를 추진하도록 한 기관의 주무 부서가 '주관자'가 되는 것으로 오해하는 경우가 있다. '주최자'에 속하는 주무 부서는 '주최자'를 대리하여 '주최자'의 자격으로 '주관자'를 감독하는 것이지 직접 행사를 주관하는 것이 아니므로 '주관자'가 될 수 없다. '주관자'는 '주최자'에게서 돈을 받아 행사를 진행하면서 자금을 집행하는 일을 하는 측을 가리키는 말이다.

ㅈ

주관[2] 명사 (主觀)

① 자기대로의 생각. 자기의 관점.
¶ 사람은 일을 시작하기 전에 자기의 주관을 뚜렷하게 정립하여야 한다.
② 외부 세계나 현실 따위를 인식하고 평가하는 의식을 가진 존재.

주꾸미 명사

낙지와 비슷하게 생겼지만 낙지보다는 몸이 더 짧고 둥글게 생긴 연체동물. ×쭈꾸미

'주꾸미'와 '쭈꾸미'

'쭈꾸미'는 '주꾸미'를 세게 발음한 것을 그대로 표기한 것이다. 표준 발음으로 인정하지 않으므로 된소리 발음을 하지 않는 것이 바람직하다.

주다 동사

규11-0 주고, 주어/줘, 주는, 준, 줄, 줍니다, 주었다/줬다

타동사

① 무엇을 남에게 건네어 가지거나 누리게 하다.

¶ 아이에게 용돈을 주었다.

¶ 나에게 한 끼 음식을 준 분에게 감사한다.

② 어떤 자격이나 권리, 점수 따위를 가지게 하다.

¶ 모든 회원에게 투표권을 주기로 했다.

③ 좋지 아니한 영향을 미치게 하다.

¶ 시끄러운 소리는 사람들에게 고통을 준다.

¶ 내 이익을 위하여 다른 사람에게 피해를 줘서는 안 된다.

④ 시선이나 몸짓 따위를 어떤 곳으로 향하다.

¶ 선생님은 좀처럼 나에게 눈길을 주지 않으셨다.

¶ 그는 길 건너에 눈길을 준 채 꼼짝 않고 서 있었다.

⑤ 속력이나 힘 따위를 가하다.

¶ 손에 힘을 더 줘라.

¶ 발에 힘을 주어 계단을 올라갔다.

⑥ 다른 사람에게 정이나 마음을 베풀거나 터놓다.

¶ 내게는 마음을 주고 사귀는 친구가 별로 없다.

¶ 그녀의 따뜻한 말 한마디가 나에게 용기를 주었다.

보조 동사

(동사 뒤에서 '-어 주다'로 쓰이어) 다른 사람을 위하여 어떤 행동을 함을 나타내는 말.

¶ 제발 이 소원만은 꼭 들어 주세요.

¶ 제 말을 믿어 주시기 바랍니다.

¶ 내 심부름을 좀 해 주면 좋겠다.

관용 표현

- **주거니 받거니** 물건이나 말을 서로 계속하여 주고받는 모양을 이르는 말.

속담

- **주는 떡도 못 받아먹는다** 제가 받을 수 있는 복도 멍청하게 놓친다는 말.
- **주러 와도 미운 놈 있고 받으러 와도 고운 놈 있다** 사람을 좋아하고 미워하는 감정은 이치를 따져서는 알 수 없다는 말.
- **줄 듯 줄 듯 하면서 안 준다** 애당초 줄 생각이 없으면서 말로만 준다고 하고 실행은 안 한다는 말.
- **줄수록 양양(/냥냥)** 주면 줄수록 부족하게 여기고 더 달라고 한다는 말.

'주다'의 보조 동사 용법

보조 동사로 쓰는 '주다'는 두 가지 보조 기능을 가지고 있다. 첫째는 상대의 행위가 나를 위하여(또는 제삼자를 위하여) 하는 것임을 나타내는 기능이고, 둘째는 상대의 행위를 부드럽게 요구하여 상대가 기분이 나쁘지 않도록 하는 기능이다.

① 그 사람을 용서해 주세요.

② 다리를 벌렸다 오므리기를 10번 반복해 주세요.

위 예문 ①은 용서하는 행위가 '그 사람'을 위한 것이다. 예문 ②는 반복하는 행위가 누구를 위한 것이 아니라 '반복하세요'라는 지시나 권유를 부드럽게 만들어 주는 기능을 한다. 그러나 이런 두 가지 기능이 없는데도 습관적으로 사용하는 경우가 있다. 아래 예문에 쓴 '주다'가 불필요하게 쓴 예이다.

¶ 빠른 회복을 위해서 운동을 열심히 해 주시기 바랍니다. → 하시기

¶ 지금은 물자를 아껴 주시는 것이 중요합니다. → 아끼시는

¶ 그러면 안 된다는 뜻으로 이해해 주시면 되겠습니다. → 이해하시면

주리다 동사 [주:-]

규11-0 주리고, 주리어/주려, 주린, 주립니다, 주리었다/주렸다

자동사

원하는 것을 얻지 못하고 아쉬워하다.

¶ 아이들은 언제나 사랑에 주린 것처럼 행동했다.

¶ 우리는 인정에 주린 사람들이어서 우리에게 조금만 따뜻하게 대해 주면 감동한다.

ㅈ

타동사

먹을 만큼 먹지 못하여 배가 곯다.

¶ 어렸을 때에 배를 주리며 공부하던 생각이 난다.

속담

- **주린 고양이가 쥐를 만났다** 놓칠 수 없는 좋은 기회를 만났다는 말.

> **'주리다'와 '곯다'**
>
> '주리다'는 만족스럽게 먹지 못해서 아쉽거나 거의 먹지 못한 경우에 쓴다. 음식 말고도 필요한 것을 얻지 못한 경우에 쓸 수 있다. 이와 달리 '곯다'는 배가 차지 않고 비어 있음을 의미한다. 음식을 먹지 않아서 비어 있고 그래서 배가 고프게 된 상황을 가리킨다. '주리다'는 먹는 행위나 얻으려는 의욕에 초점이 있다면 '곯다'는 배가 비어 있는지 차 있는지에 초점이 있다.

주요하다 **형용사** (主要-)

불20-9 주요하고, 주요하여/주요해, 주요한, 주요합니다, 주요하였다/주요했다

(주로 '주요한' 꼴로 쓰이어) 주되고 중요하다.

¶ 이곳에 국가의 주요한 시설이 밀집해 있다.

¶ 당시 정부의 주요한 과업은 오로지 경제 발전이었다.

¶ 임진란 때 조령은 왜군을 방어할 수 있는 주요한 지점이었다.

> **'주요하다'와 '중요하다'**
>
> '주요하다'는 중요한 것 가운데에서 주된 것을 가리키는 경우에 쓴다. 국가 시설이 다 중요하지만 그 가운데에서 발전 시설, 석유 비축 시설, 군수 물자 생산 시설 따위를 주요한 시설이라고 할 수 있다.

주워

동사 '줍다'의 연결형. '줍다'에 연결 어미 '-어'가 붙어 불규칙 활용을 한 형태.

¶ 길에 떨어진 종이를 주워 쓰레기통에 넣었다.

주접떨다 동사

불11-2 주접떨고, 주접떨어, 주접떠니, 주접떠는, 주접떱니다, 주접떨었다

자동사

① 음식 따위에 지나치게 욕심을 부리다.

¶ 며칠을 굶은 사람처럼 잔치 음식을 이것저것 집어 먹으며 **주접떨었다.**

② 욕심을 부리며 염치없게 행동하다.

¶ 그가 술 마시고 이 사람 저 사람 붙잡고 **주접떠는** 모습이 밉살스러웠다.

▶ 흔히 '주접을 떤다'라고 말하는데 '주접떨다'가 한 낱말이어서 붙여 써야 한다.

주접스럽다 형용사

불21-3 주접스럽고, 주접스러워, 주접스러운, 주접스럽습니다, 주접스러웠다

① 음식 따위에 지나치게 욕심을 부리는 태도가 있다.

¶ 잔칫집에 와서 **주접스럽게** 음식을 이것저것 싸가지고 가지 마라.

② 모습이 몹시 볼품이 없거나 어수선한 데가 있다.

¶ 그 친구는 행색이 **주접스러워** 함께 다니기 불편했다.

복합어

- **주접스레** 부사 ① 음식 따위에 대하여 지나치게 욕심을 부리는 태도로. ② 모습이 몹시 볼품이 없거나 어수선한 데가 있게.

주최 명사 (主催)

행사나 회의 따위를 주도하여 기획하고 엶.

¶ 우리 아이가 교육청 **주최** 과학경시대회에 나갔다.

¶ 마을 주민회 **주최로** 노래자랑대회가 열렸다.

▶ '주최'와 '주관'의 차이는 올림말 '주관(主管)' 참고.

ㅈ

준다[1]/줍니다[1]

동사 '주다'의 종결형. '주다'에 종결 어미 '-ㄴ다'와 '-ㅂ니다'가 붙은 형태.

¶ 아버지가 아들에게 용돈을 준다.

¶ 선생님께서 아이들에게 이야기를 해 줍니다.

준다[2] [준:-] /줍니다[2] [줍:-]

동사 '줄다'의 종결형. '줄다'에 종결 어미 '-ㄴ다'와 '-ㅂ니다'가 붙어 불규칙 활용을 한 형태.

¶ 하루하루 몸무게가 준다.

¶ 벌지 않고 쓰기만 하니 돈이 눈에 띄게 줍니다.

줄다 동사 [줄:-]

불11-2 줄고, 줄어, 주는, 주니, 주네, 주오, 준, 줄, 줍니다, 줄었다

자동사

① 물체의 길이나 넓이, 부피 따위가 본디보다 작아지다.

¶ 요즘 몸무게가 무척 줄었다.

¶ 이 옷은 물빨래를 하면 주니 세탁소에 맡겨라.

② 수나 분량이 본디보다 적어지다.

¶ 요즘 서울의 인구가 주는 추세라고 한다.

¶ 요즘 불경기라 손님이 많이 줄었어요.

③ 힘이나 세력 따위가 본디보다 못하게 되다.

¶ 나이가 들면 기력도 주나 보다.

¶ 앓고 난 뒤 운전 실력도 준 것 같다.

④ 재주나 능력, 실력 따위가 본디보다 못하게 되다.

¶ 연습을 하지 않으면 경기력이 줄기 마련이다.

⑤ 살림이 어려워지거나 본디보다 못하여지다.

¶ 살림살이는 줄고 빚은 늘어간다.

⑥ 시간이나 기간이 짧아지다.

¶ 고속철도 개통으로 부산 가는 시간이 무척 준 것 같다.

복합어

- **줄어들다** 자동사 부피나 분량 따위가 본디보다 작아지거나 짧아지거나 적어지다.
- **줄어지다** 자동사 점점 줄게 되다.
- **줄이다** 사동사 '줄다'의 사동형. ¶ 근무시간을 줄입시다. 타동사 (편지의 끝에 붙이어) 끝을 맺다.
- **줄잡다** 타동사 ① 어느 표준보다 줄여서 헤아려 보다. ② (흔히 '줄잡아' 형태로 쓰이어) 대강 짐작으로 헤아려 보다. ¶ 참가한 사람이 줄잡아 백 명은 될 것 같다.

줍다

동사
[줍:-]

불11-3 줍고, 주우니, 주우면, 주워, 주운, 줍는, 줍습니다, 주웠다

타동사

① 바닥에 떨어지거나 흩어져 있는 것을 집다.
¶ 나뭇가지를 주워 모닥불을 피운다.
② 남이 잃은 물건을 집어 지니다.
¶ 길에서 지갑을 주웠다.
③ 버려진 아이나 동물을 키우기 위하여 데려오다.
¶ 이 강아지는 길에서 주워 왔다.
④ (주로 '주워'의 꼴로 다른 동사 앞에 쓰이어) 이것저것 되는대로 취하거나 가져오다.
¶ 이것저것 주워 먹었더니 배가 부르다.
¶ 아무 책이나 닥치는 대로 주워 읽었다.

복합어

- **주워대다** 타동사 생각이나 논리가 없이 제멋대로 이 말 저 말을 하다.
- **주워듣다** 타동사 귀결에 한마디씩 얻어듣다.
- **주워섬기다** 타동사 들은 대로 본 대로 이러저러한 말을 아무렇게나 늘어놓다.

× 줏다

'줍다'의 틀린 말.
¶ 쓰레기를 줏는다(×)/줍는다(○).
¶ 길에서 주어(×)/주워(○) 가져왔다.

ㅈ

중요하다 형용사 (重要 -)

불20-9 중요하고, 중요하여/중요해, 중요합니다, 중요하였다/중요했다

귀중하고 요긴하다.

¶ 선거는 민주 정치에 매우 **중요한** 제도이다.

¶ 그에게는 무엇보다 자식의 안부가 더 **중요하였다**.

▶ '중요하다'와 '주요하다'의 차이는 올림말 '주요하다(主要 -)' 참고.

쥐다 동사 [쥐: -]

규11-0 쥐고, 쥐니, 쥐어, 쥘, 쥔다, 쥡니다, 쥐었다

타동사

① 힘을 주어 손가락을 오므려 손바닥이 보이지 않게 만들다.

¶ 주먹을 **쥐고** 책상을 치니 쿵 소리가 방 안에 울렸다.

② 주먹을 쥐듯이 손가락을 오므려 (물건을) 힘 있게 잡다.

¶ 함부로 남의 멱살을 **쥐는** 법이 어디 있소?

③ 제 뜻대로 다루거나 움직일 수 있는 상태에 두다.

¶ 권력을 **쥐면** 세상을 다 거머쥔 것으로 착각을 하는 것 같다.

¶ 그가 너의 밥줄을 **쥐고** 있는 사람이다.

④ (증거 따위를) 얻거나 가지다.

¶ 내가 이 문제를 해결할 열쇠를 **쥐고** 있다.

⑤ (재물 따위를) 벌거나 가지다.

¶ 집을 팔아서 목돈을 손에 **쥐고** 고향을 떠났다.

¶ 손에 **쥔** 것이라고는 겨우 천 원짜리 몇 장이 전부였다.

복합어

- **쥐어뜯기다** [피동사] '쥐어뜯다'의 피동형.
- **쥐어뜯다** [타동사] ① 단단히 잡고 뜯어내다. ② 마음이 답답하거나 괴로울 때에 자기의 가슴을 함부로 꼬집거나 잡아당기다.
- **쥐어바르다** [타동사] 손으로 함부로 펴 바르거나 비비다.
- **쥐어박다** [타동사] ① 주먹으로 함부로 내지르듯 때리다. ② 면박 따위를 주어 상대를 주눅 들게 하다.

- **쥐어박히다** 피동사 '쥐어박다'의 피동형.
- **쥐어뿌리다** 타동사 ① 아무 데나 흘리거나 뿌리다. ② 일 따위를 되는대로 팽개치다.
- **쥐어지르다** 타동사 주먹으로 힘껏 내지르다.
- **쥐어질리다** 피동사 '쥐어지르다'의 피동형.
- **쥐어짜다** 타동사 ① 억지로 쥐어서 비틀거나 눌러 액체 따위를 꼭 짜내다. ② 눈물을 찔끔찔끔 흘리다. ③ 어떤 행동을 하도록 오기 있게 떼를 쓰며 조르거나 괴롭히다. ④ 안 나오는 목소리를 억지로 내다. ⑤ 이리저리 궁리하여 골똘히 생각하다. ¶ 아무리 머리를 쥐어짜도 좋은 방안이 떠오르지 않는다. ⑥ 억지로 받아 내다. ¶ 정부가 서민들 호주머니를 쥐어짜는 정책만 만들고 있다.
- **쥐어틀다** 타동사 단단히 잡고 비틀다.
- **쥐어흔들다** 타동사 ① 단단히 잡고 흔들다. ② 마음대로 휘두르다.
- **쥐이다** 피동사 사동사 올림말 '쥐이다' 참고.

관용 표현

- **쥐고 흔들다** 어떤 일이나 사람을 자기 마음대로 하다. =쥐었다 폈다 하다
- **쥐었다 폈다 하다** =쥐고 흔들다

속담

- **쥐고 펼 줄을 모른다** ① 돈을 모으기만 하고 쓸 줄을 모른다는 말. ② 옹졸하여 풀쳐서 생각할 줄 모른다는 말.
- **쥐면 꺼질까 불면 날까** 매우 아끼며 조심스럽게 다루는 모양을 일컫는 말.
- **쥐었다 놓은 개떡 같다** 얼굴이 매우 못생겼다는 말.

'쥐어'와 '쥐여'와 '쥐이여'

'쥐다'에 연결 어미 '-어'를 붙이면 '쥐어'가 되고, '나는 멧돼지를 향해 돌멩이 하나를 쥐어 던졌다'처럼 사용한다. '쥐여'는 '쥐이어'의 준말이다. '쥐이다'는 '쥐다'에 접미사 '-이'가 붙은 파생어이다. '쥐이다'에 연결 어미 '-어'를 붙이면 '쥐이어'가 되는데 이를 줄이면 '쥐여'가 된다. 따라서 '쥐어'와 '쥐여'는 문법적으로 기능과 의미가 아주 다른 말이다. '쥐이여'는 '쥐이어'를 소리대로 적은 것이어서 틀린 표기이다. 같은 원리로 '쥐었다'와 '쥐였다'를 구별해서 써야 하고, '쥐이였다'는 '쥐이었다'의 틀린 표기이다.

¶ 나는 돌멩이를 하나 쥐었다(○).
¶ 아이에게 천 원짜리 한 장을 **쥐이었다**(○)/**쥐였다**(○)/**쥐이였다**(×).
¶ 어머니는 나에게 만 원짜리 한 장을 **쥐이어**(○)/**쥐여**(○)/**쥐이여**(×) 주신다.
¶ 아이에게 편지를 **쥐이어**(○)/**쥐여**(○)/**쥐이여**(×) 보냈다.

쥐엄쥐엄 감탄사 명사

감탄사

젖먹이에게 쥐엄질을 하라는 뜻으로 내는 소리.

명사

젖먹이가 두 손을 폈다 쥐었다 하는 동작.

▶ '쥐엄쥐엄'과 '죄암죄암'은 큰말과 작은말 관계이다. (이에 관해서는 올림말 '죄암죄암' 참고.)

쥐이다 동사

규11-0 쥐이고, 쥐이니, 쥐이어/쥐여, 쥐인다, 쥐입니다, 쥐이었다/쥐였다

피동사

'쥐다'의 피동형.

¶ 당시 나는 손에 돈만 쥐이면 무조건 만화 가게로 달려갔다.

¶ 그는 아내에게 꽉 쥐이어/쥐여 사는 통에 집안에서 기를 펴지 못한다.

사동사

'쥐다'의 사동형.

¶ 아이에게 손전화기를 쥐이어/쥐여 주고 일을 보는 엄마들이 있다.

¶ 어머니는 손님에게 밥을 먹이고 차비를 쥐이어/쥐여 보낸다.

× 즈려밟다

'지르밟다'의 비표준어.

즐겁다 형용사

불21-3 즐겁고, 즐거워, 즐거운, 즐겁습니다, 즐겁소, 즐거웠다

마음에 맞아 기쁨이 있고 흡족하다.
¶ 이번 여행은 무척 즐거웠다.

'즐겁다'와 '기쁘다'
'즐겁다'는 즐기는 일, 좋아하는 일을 하게 되어서 그 일을 하는 동안 스스로 흐뭇하고 만족스러움을 느끼는 경우에 쓴다. '기쁘다'는 자기 마음 상태와 관계없이 무엇인가가 잠깐 제 마음을 흐뭇하게 해 주는 경우에 쓴다. 낚시를 좋아하는 사람이 낚시하는 것은 즐거운 일이지 기쁜 일은 아니다.
¶ 친구들과 함께 즐거운(○)/기쁜(×) 시간을 보냈다.
¶ 우리는 그를 즐겁게(×)/기쁘게(○) 맞이했다.
¶ 우리가 일등을 하게 되어 무척 기쁘다(○)/즐겁다(×).

지 명사

의존 명사
(어미 '-ㄴ', '-은' 뒤에 쓰이어) 어떤 일이 있은 때부터 지금까지의 동안을 이르는 말.
¶ 그 친구를 만난 지 몇 년 된 것 같다.
¶ 밥을 먹은 지 한 시간도 안 되었다.
▶ '-ㄴ 지'와 '-ㄴ지'의 용법 차이는 올림말 '-ㄴ지' 참고.

ㅈ

지나다 동사

규10-0 지나고, 지나니, 지나면, 지나, 지난, 지납니다, 지났다

자동사
① 시간이 흘러 그 시기에서 벗어나다.
¶ 벌써 한 해가 다 지나는구나.
② 한도나 정도를 벗어나거나 넘다.
¶ 모든 식품에는 유통 기한이 있으므로 그 기한이 지나면 팔아서는 안 된다.
③ ('지난'의 형태로 쓰이어) 일정한 시간이나 일 따위가 과거가 되다.
¶ 다 지난 일이니 그만 잊어 버려라.

타동사

① 거치어 가거나 오거나 하다.

¶ 개성을 **지나** 의주까지 가 보고 싶다.

② 어떤 시기나 한도를 넘다.

¶ 요즘 수업 시작 시간을 **지나서** 오는 학생은 없다.

③ (주로 '지나' 꼴로 쓰이어) 어떠한 상태나 정도를 넘어서다.

¶ 지금은 어려운 상태를 **지나** 거의 포기해야 하는 상황까지 왔다.

관용 표현

- **지나는 말로** 무심히 다른 말을 하는 결에. ¶ 지나는 말로 한 이야기를 그렇게 마음에 두었구나.
- **지나지 아니하다(/않다)** 바로 그것밖에 달리 되지 아니하다. ¶ 네 말은 변명에 지나지 않아. / 그는 심부름꾼에 지나지 아니한 사람이었어.

지나치다[1] 동사

규11-0 지나치고, 지나치니, 지나치는, 지나치어/지나쳐, 지나칩니다, 지나치었다/지나쳤다

타동사

① 어떤 곳을 머무르거나 들르지 않고 그냥 지나가거나 지나오다.

¶ 졸다가 내릴 역을 **지나쳐** 버렸다.

② 문제 삼지 않고 그냥 넘기다.

¶ 그는 성격이 매우 꼼꼼하여 사소한 일도 그냥 **지나치는** 법이 없다.

지나치다[2] 형용사

규21-0 지나치고, 지나치니, 지나친, 지나치어/지나쳐, 지나칩니다, 지나치었다/지나쳤다

정도가 보통의 수준을 넘어 심하다.

¶ 무슨 일이나 **지나치면** 좋지 않다.

¶ 그는 남의 시선을 **지나치게** 의식한다.

지난날 명사

① 지나온 과거의 날. 또는 그런 날의 행적.

¶ 사람은 여유가 생기면 **지난날**을 돌아보게 된다.

② 역사상의 한 시대.

¶ 나라를 빼앗겼던 **지난날**을 생각하며 우리가 앞으로 무엇을 어떻게 해야 하는지 생각하자.

> **'지난'의 의미**
>
> '지난' 뒤에 시기를 나타내는 명사가 오면 최근의 시기를 가리킨다. '지난봄'은 최근 지나간 봄을 가리키고, '지난여름'은 최근에 지나간 여름을 가리킨다. 그러나 '지난날'만은 어제를 뜻하지 않고 불특정한 과거의 어느 날을 가리킨다.

지난달 명사

이달의 바로 앞 달.

¶ 지난달 월급을 주지 못했는데 벌써 이달 월급날이 다가오는구나.

지난밤 명사

어젯밤. 간밤.

¶ 지난밤 꿈속에서 어머니를 뵈었더니 오늘 좋은 일이 생겼다.

▶ '지난밤', '지지난밤', '저지난밤'의 차이는 올림말 '저지난밤' 참고.

지난해 명사

이해의 바로 앞 해.

¶ 지난해에는 풍년이 들었는데 올해는 가뭄이 심해서 흉년이 들 것 같다.
¶ 지지난해부터 지난해까지 경기가 좋지 않았지만 올해는 많이 좋아지고 있다.

지내다 동사 [지:-]

규11-0 지내고, 지내면, 지내어/지내, 지낸다, 지냅니다, 지내었다/지냈다

자동사

① 사람이 어떤 장소에서 생활을 하면서 시간을 보내다.
¶ 요즘은 조용히 책을 읽으며 지내고 있습니다.
② 서로 사귀어 오다.
¶ 그들은 중학교 때부터 친구여서 매우 다정하게 지낸다.

타동사

① 과거에 어떤 직책을 맡아 일하다.
¶ 그분은 우리나라 초대 대법원장을 지낸 분이다.
② 제사 같은 어떤 의식을 치르다.
¶ 우리는 한식에 제사를 지낸다.
¶ 비가 오지 않아서 기우제를 지낸다고 한다.
③ 계절, 절기, 방학, 휴가 따위의 일정한 시간을 보내다.
¶ 제주도에서 겨울을 지내야겠다.

지라시 명사

선전지 또는 전단지의 속된 말. 일반에서는 주로 '찌라시'라고 적고 발음한다.
▶ '지라시'는 일본어에서 유래한 말이다. (올림말 '찌라시' 참고.)

지루하다 형용사

불20-9 지루하고, 지루하여/지루해, 지루합니다, 지루하였다/지루했다

시간이 오래 걸리거나 같은 상태가 오래 계속되어 따분하고 싫증이 나다.
¶ 기다리기가 너무 지루하여 신문을 펴 들었다.
¶ 영화가 재미없어 지루하였다.

지르밟다 동사 [-밥따]

규10-1 지르밟고, 지르밟아, 지르밟으니, 지르밟습니다, 지르밟았다

타동사

위에서 내리눌러 밟다. ×즈려밟다
¶ 언니는 내가 얄미웠는지 내 엉덩이를 지르밟고 지나갔다.

× 지리하다

'지루하다'의 틀린 말.

지사 명사 (志士)

나라와 민족을 위하여 제 몸을 바쳐 일하려는 뜻을 가진 사람.
¶ 나라가 망할 때에는 나라를 팔아먹는 매국노도 있고, 나라를 근심하는 지사도 있다.

복합어

- **애국지사**(愛國志士) 명사 나라가 위태로울 때에 나라를 위하여 자기의 몸과 마음을 다 바쳐 이바지하는 사람. ¶ 일제 강점기에 수많은 애국지사가 나라의 독립을 위하여 싸웠다.

▶ '지사', '의사', '열사'의 차이는 올림말 '열사(烈士)' 참고.

지지다 동사

규11-1 지지고, 지지어/지져, 지진, 지진다, 지집니다, 지지었다/지졌다

타동사

① 불에 달군 판에 기름을 바르고 전 따위를 부쳐 익히다.
¶ 비가 오는 날에는 빈대떡을 지져서 먹는다.
② 불에 달군 물건을 다른 물체에 대어 약간 태우거나 눋게 하다.
¶ 옛날에는 죄인을 잡아다가 인두로 살을 지지는 형을 가했다.
③ 열을 내는 것에 대어 찜질을 하다.
¶ 뜨거운 방바닥에 지지고 나면 무거웠던 몸이 풀린다.
④ 국물을 조금 붓고 끓여서 익히다.
¶ 쌀뜨물에 된장을 풀고 호박과 두부 따위를 썰어 넣고 지졌더니 맛있는 된장찌개가 되었다.

복합어

• **지짐이** 명사 국보다 국물을 적게 잡아 짭짤하게 끓인 음식. 기름에 지진 음식물을 통틀어 이르는 말.

관용 표현

• **지지고 볶다** ① (속되게) 사람을 들볶다. ② (속되게) 머리털을 곱슬곱슬하게 만들다. ③ 희로애락을 서로 나누며 한데 어우러져 요란하게 살아가다. ¶ 우리는 이렇게 함께 어울려서 지지고 볶으며 산다.

'지지다'와 '부치다'

요리 행위로 '지지다'와 '부치다[5]'는 미세한 차이가 있다. '지지다'는 미리 모양을 갖춘 것을 뜨거운 번철에 익히는 행위라면, '부치다[5]'는 모양을 갖추지 않은 상태로 뜨거운 번철에 부어서 익히는 행위에 쓴다. 두부, 동그랑땡은 미리 모양을 만든 뒤에 번철에 익히는 것이 보통이므로 '지지다'와 함께 쓰고, 달걀이나 전은 액체 상태로 풀어진 것을 번철에 부어서 익히는 것이 보통이므로 '부치다'와 함께 쓴다. 빈대떡은 떡이라는 관점에서 보아 '지지다'와 함께 쓰지만, 요리 과정으로 보면 전과 같은 것이어서 '부치다'와 함께 쓰기도 한다.

지지리 부사

(주로 부정적인 뜻을 나타내는 말과 함께 쓰이어) 아주 몹시 또는 지긋지긋하게.
¶ 그때는 우리 모두가 지지리 가난하게 살았지.
¶ 오늘은 지지리도 재수가 없는 날이다.

직하다 형용사

불20-9 직하고, 직하니, 직하면, 직하여/직해, 직한, 직합니다, 직하였다/직했다

보조 형용사

('-ㅁ 직하다'의 형태로 쓰이어) 앞말의 뜻대로 하거나 그럴 것 같다.

¶ 그가 서 있던 곳은 내가 한달음에 달려감 직한 거리였다.

¶ 아이들이 좋아함 직한 선물을 샀다.

¶ 그렇게 하는 것이 좋음 직하다.

¶ 그의 말이 사실임 직하다.

복합어

- **그럼직하다** 형용사 꽤 그럴 만하다. ¶ 생각해 보면 그의 변명도 그럼직한 구석이 있다.
- **들음직하다** 형용사 흥미가 있어 들을 만하다.
- **먹음직하다** 형용사 먹고 싶을 정도로 맛있을 듯하다.
- **믿음직하다** 형용사 매우 믿을 만하다.
- **바람직하다** 형용사 바랄 가치가 있다. .
- **보암직하다** 형용사 눈여겨 볼 가치가 있다.
- **하염직하다** 형용사 할 가치가 있다.

ㅈ

-직하다 접사

-직하고, -직하니, -직하면, -직하여/-직해, -직한, -직합니다, -직하였다/-직했다

접미사

형용사의 어간에 붙어 어간의 뜻에 상당함을 나타내는 말.

> **'-직하다'와 '-찍하다'**
>
> 접미사 '-직하다'는 형용사의 어간에 붙는다. 형용사 어간의 끝소리가 'ㄹ'인 경우에는 '-직하다'가 '-찍하다'로 변한다. 이때 어간의 일부가 달라지는 경우도 있다.
>
> - 굵직하다(=굵+직하다), 높직하다(=높+직하다), 늙직하다(=늙+직하다)
>   되직하다(=되+직하다)

• 길찍하다(←길+직하다), 널찍하다(←넓+직하다), 멀찍하다(←멀+직하다)
얄찍하다(←얇+직하다)

어간의 일부가 생략되거나 변형된 상태로 '-직하다'가 붙은 경우도 있다.

• 가직하다(←가깝+직하다), 나직하다(←낮+직하다), 높나직하다(←높낮+직하다)
묵직하다(←무겁+직하다), 지직하다(←질+직하다)

짜[1]

① 동사 '짜다[1]'의 연결형. '짜다'에 연결 어미 '-아'가 붙은 '짜아'가 줄어든 형태.

¶ 책상을 하나 짜 보려 한다.

¶ 모임을 하나 새로 짜 보자.

② 동사 '짜다[1]'의 종결형.

¶ 어서 여행 계획을 짜!

¶ 어서 편을 짜!

짜[2]

① 동사 '짜다[2]'의 연결형. '짜다'에 연결 어미 '-아'가 붙은 '짜아'가 줄어든 형태.

¶ 참깨로 기름을 짜 놓았다.

¶ 여러 사람이 머리를 짜 새로운 방법을 찾았다.

② 동사 '짜다[2]'의 종결형.

¶ 여기서 걸레를 짜.

짜[3]

① 형용사 '짜다[3]'의 연결형. '짜다'에 연결 어미 '-아'가 붙은 '짜아'가 줄어든 형태.

¶ 음식이 너무 짜 먹을 수 없다.

② 형용사 '짜다[3]'의 종결형.

¶ 이건 맛이 너무 짜.

짜깁기 명사

① 직물의 찢어진 곳을 그 감의 올을 살려 본디대로 흠집 없이 짜서 깁는 일. ×짜집기
¶ 윗옷 팔꿈치가 해어져 짜깁기를 했더니 감쪽같이 새것처럼 되었다.
② 기존의 글이나 영화 따위를 편집하여 하나의 완성품으로 만드는 일. ×짜집기
¶ 그의 연애 편지는 유명한 사랑 시 짜깁기였다.
¶ 그 장관 후보자는 박사 논문 짜깁기 의혹을 받고 있다.

짜다1 동사

규10-0 짜고, 짜니, 짜는, 짜, 짜서, 짠, 짠다, 짭니다, 짰다

타동사
① 사개를 맞추어 가구를 만들다.
¶ 오동나무를 베어 장롱을 짜려고 한다.
¶ 아버지가 손수 짠 책상을 물려받았다.
② 끈 따위를 결어서 천 따위를 만들다.
¶ 삼베를 짜려고 삼실을 고르고 있다.
¶ 이 털실로 목도리를 짜려고 한다.
③ 사람을 모아 무리를 만들다.
¶ 다섯 사람씩 편을 짜서 경기를 하자.
¶ 그 학교는 반마다 조를 짜서 수학여행을 준비한다.
④ 계획이나 일정 따위를 세우다.
¶ 하루 일과표를 짜서 그에 맞춰 생활해라.
¶ 반드시 이길 수 있는 작전을 짜서 경기에 들어가라.
⑤ (특히 부정적인 일을 하려고) 은밀하게 의논하여 약속하다.
¶ 경리 직원과 짜고 공금을 횡령한 회사 대표가 구속되었다.
¶ 자기들끼리 미리 짜고 이겨 주기도 하고 져 주기도 했다.

관용 표현
- **짜도 흩어진다** 자꾸 없어져 달아나기만 함을 이르는 말.

ㅈ

짜다[2] 동사

규10-0 짜고, 짜니, 짜는, 짜, 짜서, 짠, 짠다, 짭니다, 짰다

타동사

① 물기나 기름 따위를 빼내려고 누르거나 비틀다.

¶ 참기름은 참깨로 들기름은 들깨로 짠다.

¶ 빨래를 제대로 짜지 않아서 물기가 너무 많다.

② 남의 재물 따위를 빼앗으려고 갖은 수단을 쓰다.

¶ 고을 원이 백성의 재물을 지나치게 짠다고 원성이 자자하였다.

③ 생각해 내기 위하여 노력하다.

¶ 아무리 머리를 짜 보아도 뾰족한 대책이 나오지 않았다.

¶ 이 위기를 넘길 묘안을 짜 보아라.

짜다[3] 형용사

규20-0 짜고, 짜니, 짜, 짜서, 짠, 짭니다, 짰다

① 소금과 같은 맛이다.

¶ 혈압이 높은 사람은 짜게 먹으면 안 된다.

¶ 이번 김장김치는 너무 짜서 걱정이다.

② (속되게) 인색하다.

¶ 회사 월급이 그렇게 짤 줄은 몰랐다.

¶ 그렇게 짠 사람은 처음 보았다.

속담

- **짜지 않은 놈 짜게 먹고 맵지 않은 놈 맵게 먹는다** 야무지지 못한 이가 짜게 먹고 싱거운 이가 맵게 먹는다는 뜻으로 아이들이 너무 짜고 맵게 먹는 것을 말리는 말.

× 짜집기

'짜깁기'의 틀린 말.

짤막하다 형용사

불20-9 짤막하고, 짤막하니, 짤막하여/짤막해, 짤막한, 짤막합니다, 짤막하였다/짤막했다

조금 짧은 듯하다.
¶ 인사말을 짤막하게 해 주시면 고맙겠습니다.
¶ 치마가 너무 짤막하지 않니?

짧다 형용사 [짤따]

규10-1 짧고, 짧아, 짧지, 짧은, 짧습니다, 짧네, 짧소/짧으오, 짧았다

① (물체의 양 끝이나 두 지점 사이가) 가깝다.
¶ 요즘 여자들은 짧은 치마를 즐겨 입는다.
¶ 머리를 짧게 깎으니 시원해서 좋다.
② (두 시점 사이의) 동안이 오래지 않다.
¶ 겨울이 되니 낮이 짧아서 일을 서두르지 않으면 해 지기 전에 못 끝낸다.
¶ 여기에서 산 기간이 짧은 탓에 이곳 지리에 익숙하지 않다.
③ (말이나 글의 길이가) 얼마 안 되다.
¶ 글이든 연설이든 짧고 명료해야 사람들이 좋아한다.
¶ 내 부탁에 그는 짧게 웃어 보일 뿐 대답을 하지 않았다.
④ 어느 정도나 수준에 미치지 못한 상태이다.
¶ 나는 그 일에 경험이 짧아서 제대로 못 할 것 같습니다.
¶ 제 짧은 생각으로는 우리가 이번에 양보하면 안 된다고 봅니다.
¶ 영어 실력이 짧아도 자신 있게 말하면 상대가 열심히 들어 준다.

짤따랗다 형용사

불20-5 짤따랗고, 짤따랗지, 짤따라니, 짤따라며, 짤따래서, 짤따란, 짤따랗소/짤따랗습니다, 짤따랬다

매우 짧다. 생각보다 더 짧다.

¶ 아이가 짤따란 작대기로 감을 따려 한다.
¶ 여자아이가 댕기를 짤따랗게 드리고 무대 위로 올라왔다.

> **'짤따랗다'의 표기**
> '짤따랗다'는 '짧다'에 접미사 '-다랗다'가 붙어 된 말인데, '짧다랗다'라고 표기하지 않고 '짤따랗다' 라고 쓰는 이유는 한글맞춤법 규정에 따른 것이다. (이에 관해서는 올림말 '널따랗다' 참고.)

-쩍다 접사

-쩍고, -쩍으니, -쩍어서, -쩍습니다, -쩍었다

접미사

어떤 것이 보잘것없거나 어떤 느낌을 느끼게 하는 데가 있다는 의미를 더하고 형용사를 만드는 말.
¶ 객쩍다, 겸연쩍다, 괴란쩍다, 괴이쩍다, 구살머리쩍다, 궤란쩍다, 귀살쩍다, 맥쩍다, 멋쩍다, 면구쩍다, 무안쩍다, 미심쩍다, 미안쩍다, 별미쩍다, 수상쩍다, 의심쩍다, 짓쩍다, 행망쩍다, 혐의쩍다, 황송쩍다
▶ '-쩍다'와 '-적다'의 차이는 올림말 '-적다' 참고.

쫓기다 동사

규11-0 쫓기고, 쫓기니, 쫓기어/쫓겨, 쫓긴다, 쫓깁니다, 쫓기었다/쫓겼다

피동사

'쫓다'의 피동형.
¶ 경찰에 쫓기는 몸이 되었으니 나를 좀 숨겨 주세요.
¶ 밤새 늑대에게 쫓기는 꿈을 꾸었다.

자동사

① 일이나 기한에 몹시 몰리다.
¶ 날짜에 너무 쫓기어 일을 하면 거칠게 할 우려가 있다.
¶ 나는 만날 마감에 쫓기며 산다.

② 두려움으로 마음에 불안함을 느끼다.

¶ 그는 빚에 쫓기어 불안하게 살고 있다.

¶ 강박관념에 쫓겨 살지 않으려면 마음의 여유를 되찾아야 한다.

복합어

- **쫓겨나다** 자동사 어떤 장소나 일터에서 강제로 떠나게 되다.

속담

- **쫓겨 가다가 경치 보랴** 절박한 경우를 당하여 딴생각을 할 여유가 없음을 이르는 말.

쫓다 동사

규10-1 쫓고, 쫓으니, 쫓아, 쫓습니다, 쫓는다, 쫓았다

타동사

① 어떤 대상을 잡거나 만나기 위하여 뒤를 급히 따르다.

¶ 어머니 뒤를 쫓아 서둘러 나갔다.

¶ 집에서 패물을 훔친 도둑을 쫓아서 한길로 달려 나갔다.

② 어떤 곳에서 떠나도록 만들다.

¶ 들끓는 파리를 쫓으면서 잠을 자는 것은 엄청난 고역이었다.

¶ 밭에서 오이서리를 하는 녀석들을 쫓느라고 잠을 잘 수 없다.

③ 밀려드는 졸음이나 잡념 따위를 물리치다.

¶ 졸음을 쫓을 겸 손자와 바둑을 두고 있다.

¶ 사고를 당했을지 모른다는 걱정을 쫓기가 너무 힘들었다.

복합어

- **내리쫓다** 타동사 ① 위에서 아래로 쫓다. ② 서울에서 지방으로 쫓다.
- **내쫓다**[내:-] 타동사 ① 밖으로 몰아내다. ¶ 아내는 방에 들어온 사람을 모조리 내쫓고 문을 닫아걸었다. ② 있던 자리에서 강제로 나가게 하다. ¶ 구조조정이란 직원을 직장에서 내쫓는 일을 에둘러 표현하는 말이다. / 부정한 공무원은 그 자리에서 내쫓아야 한다.
- **되쫓다** 타동사 다시 쫓다.
- **뒤쫓다**[뒤:-] 타동사 ① 뒤를 따라 쫓다. ② 마구 쫓다.

ㅈ

• **들쫓다** 타동사 마구 쫓다.
• **쫓아가다** 타동사 급히 따라가다. ¶ 엄마는 울며 달아나는 아이를 부르며 쫓아갔다. 자동사 따지거나 이르기 위하여 급히 어디에(누구에게) 가다. ¶ 아이 이야기를 들은 아버지는 곧바로 학교로 쫓아가서 항의하였다.
• **쫓아내다** 타동사 ① 강제로 어떤 곳에서 밖으로 내보내다. ¶ 길고양이가 자꾸 집 안으로 들어와 쫓아냈다. ② 직장이나 학교 따위를 그만두게 하다. ¶ 요즘은 조금만 일을 잘못하면 회사에서 쫓아내니까 정신 차려야 한다. ③ 졸음 따위를 아주 물리치다. ¶ 시원한 아이스크림으로 졸음을 쫓아내자.
• **쫓아다니다** 타동사 ① 누구를 졸졸 따라다니다. ¶ 우리 집 강아지는 맨 나만 쫓아다닌다. ② 부지런히 찾아다니다. ¶ 그렇게 돈벌이할 곳을 쫓아다녔지만 아무것도 얻지 못했다.
• **쫓아오다** 타동사 어떤 사람이나 물체의 뒤를 급히 따라오다. ¶ 개가 줄곧 짖으며 나를 쫓아와서 얼마나 겁이 났는지 모른다. 자동사 따지거나 이르기 위하여 급히 어디에(/누구에게) 오다. ¶ 그들은 날마다 우리 가게에 쫓아와서 행패를 부렸다.

▶ '쫓다'와 '좇다'의 차이는 올림말 '좇다' 참고.

찌개 명사

뚝배기나 작은 냄비에 고기, 채소, 두부 따위를 넣고 갖은 양념을 하여 바특하게 끓인 반찬. ×찌게
¶ 오늘 점심에는 돼지고기로 찌개를 끓여 먹자.

복합어

• **김치찌개** 명사 묵은 김치를 넣고 끓인 찌개.
• **동태찌개**(凍太-)[동:-] 명사 동태와 무 따위를 넣고 얼큰하게 끓인 찌개.
• **된장찌개**[된:-] 명사 된장을 풀어 넣고 끓인 찌개.
• **두부찌개**(豆腐-) 명사 두부를 주재료로 하여 고추장이나 새우젓국을 넣고 끓인 찌개.
• **부대찌개**(部隊-) 명사 햄, 소시지 따위를 넣어 끓인 찌개. 예전에, 미군 부대에서 나온 고기로 찌개를 끓였던 데에서 유래한다.
• **섞어찌개** 명사 고기나 해물에 여러 가지 야채를 섞어서 끓인 찌개.
• **순두부찌개**(-豆腐-) 명사 순두부를 넣어 끓인 찌개. 젓국물에 달걀을 풀고 고기와 파를 이겨 넣은 다음 후춧가루를 치고 순두부를 넣어 끓인다.

▶ '찌개'는 '찌다'에 접미사 '-개'를 붙인 형태여서 마치 찐 음식으로 오해하기 쉬운데 실제로는 찐 음식이 아니라 국물을 바특하게 끓인 음식이다.

× 찌게

'찌개'의 틀린 표기.

> **'찌개'와 '찌게'**
>
> '찌게'는 '찌개'의 틀린 표기이다. 보통 동사의 어간에 접미사 '-개'나 '-게'를 붙여 명사를 만드는데 '-개'와 '-게'를 구별하여 붙이는 기준은 없다. '날개, 끌개, 깔개, 뜨개, 마개, 쓰개, 베개, 병따개' 따위는 모두 어간에 '-개'가 붙은 말이고, '집게, 지게, 뜯게'는 어간에 '-게'가 붙은 말이다.

찌다[1] 동사

규11-0 찌고, 찌니, 찌어/쪄, 찔, 찐다, 찝니다, 찌었다/쪘다

자동사

살이 올라서 뚱뚱해지다.

¶ 맨날 놀고먹었더니 살만 피둥피둥 쪘다.

복합어

- **살찌다** 자동사 ① 몸에 살이 많아지다. ② 힘이 강하게 되거나 생활이 풍요로워지다.

찌다[2] 동사

규11-0 찌고, 찌니, 찌어/쪄, 찔, 찐다, 찝니다, 찌었다/쪘다

자동사

흙탕물 따위가 논이나 밭 따위에 넘쳐흐를 정도로 괴다.

¶ 조그만 비에도 강이 넘쳐 우리 논은 물이 찐다.

찌다[3] 동사

규11-0 찌고, 찌니, 찌어/쪄, 찔, 찐다, 찝니다, 찌었다/쪘다

자동사

① 들어온 밀물이 나가다.

¶ 밀물이 쪄서 우리는 갯벌로 나가 조개를 캤다.

② 고인 물이 없어지거나 줄어들다.

¶ 가뭄으로 저수지 물이 찌더니 이제 바닥이 다 드러났다.

> **'찌다[2]'와 '찌다[3]'**
>
> '찌다[2]'는 강물이 흘러넘쳐 흙탕물이 논밭을 뒤덮은 상태를 두고 하는 말이다. '찌다[3]'은 이미 있는(고인) 물이 빠져나가서 물이 현저히 줄어든 상태를 두고 하는 말이다. 형태와 소리가 같은 말이 정반대의 뜻을 가지고 있음을 알 수 있다. 상당히 난감하지만 이 낱말이 어떤 뜻으로 썼는지는 맥락에 따라서 파악할 수밖에 없다.

찌다[4] 동사

규11-0 찌고, 찌니, 찌어/쪄, 찔, 찐다, 찝니다, 찌었다/쪘다

자동사

뜨거운 김을 쐬는 것같이 더워지다.

¶ 할머니는 날씨가 푹푹 찌는데도 밭일을 하셨다.

¶ 올여름은 유난히 푹푹 찐다.

타동사

뜨거운 김으로 익히거나 데우다.

¶ 점심으로 고구마를 쪄서 먹었다.

¶ 제사에 쓸 떡을 시루에 쪘다.

복합어

- **찜질** (명사) 올림말 '찜질' 참고.

관용 표현

- **찐 붕어가 되었다** 기세가 꺾여 형편없이 되었음을 비유하여 이르는 말.

찌다[5] 동사

규11-0 찌고, 찌니, 찌어/쪄, 찔, 찐다, 찝니다, 찌었다/쪘다

타동사

① 촘촘하게 난 풀이나 나무를 성기게 베어 내다.

¶ 우거진 나무를 쪄서 정리하여야 소나무가 튼튼하게 자란다.

② 나무나 풀 따위를 베어 내다.

¶ 우거진 풀을 쪄서 산소 가는 길을 냈다.

③ 모판에서 모를 한 모숨씩 뽑아내다.

¶ 모내기를 하려고 모판에서 모를 찌기 시작했다.

찌다[6] 동사

규11-0 찌고, 찌니, 찌어/쪄, 찔, 찐다, 찝니다, 찌었다/쪘다

타동사

머리카락을 뒤통수 아래에 틀어 올리고 비녀를 꽂다.

¶ 할머니는 평생 머리를 곱게 빗어 쪽을 찌셨다.

ㅈ

× 찌라시

'지라시'의 틀린 표기.

'찌라시'와 '지라시'

국립국어원의 《표준국어대사전》에는 '찌라시' 대신에 '지라시'가 올라 있다. 이 말은 일본어로 '흩어 뿌림'을 의미하는 '지라시(chirashi, 散)'를 그대로 쓴 것이다. 그래서 국립국어원은 이 말을 '선전지(宣傳紙)' 또는 '낱장 광고'라는 말로 바꿔 쓰도록 순화하였다. 일반에서는 '전단지(傳單紙)'라고 부르기도 한다.

'선전지'이든 '전단지'이든 '찌라시'가 주는 어감을 살리지 못하는 것은 사실이다. '찌라시'는 내용물이 하찮고 때로는 근거 없음까지 암시해 주지만, '전단지'나 '선전지'는 이에 비해서 너무 점잖은 말이기

때문이다. 그렇다면 '찌라시'를 '선전지'나 '전단지'로 대체할 것이 아니라 이들 말의 저속한 말로 규정하는 것이 좋을 것 같다. 저속한 말도 표준어로 인정되므로 '찌라시'를 저속한 표준어로 규정하는 것은 문제되지 않을 것 같다.
일반에서 쓰고 있는 '찌라시'라는 말 대신에 외래어 표기법을 근거로 '지라시'라고 적게 한 것은 언어 현실을 무시하는 것이므로 '찌라시'로 적을 수 있게 해야 한다. '짜장면'을 '자장면'으로 고집했다가 물러섰던 전례를 생각하면 좋겠다.

찜 명사

① 여러 가지 양념을 한 고기나 채소를 찌거나 국물을 넣고 바특하게 삶은 음식.
¶ 돼지고기에 김치를 넣고 찜을 했다.
② (일부 명사 뒤에 붙어) 찌거나 국물이 바특하게 삶은 음식을 나타내는 말.
③ =찜질
¶ 여름이면 강가 모래톱에서 달궈진 모래로 찜을 하는 사람이 많이 있다.

복합어

- **가지찜** 명사 가지를 쪼개어 그 속에 소를 넣고 찐 반찬.
- **갈비찜** 명사 소나 돼지 따위의 갈비를 양념과 간을 하여 국물이 바특하게 푹 삶은 음식.
- **계란찜**(鷄卵－) 명사 =달걀찜
- **달걀찜** 명사 달걀을 풀어 새우젓이나 명란젓, 파, 깨 따위를 넣고 찐 음식.
- **몽둥이찜** 명사 찜질을 하듯 온몸을 몽둥이로 마구 때리는 짓.
- **몽둥이찜질** 명사 =몽둥이찜
- **배추찜** 명사 데친 통배추 속에 쇠고기 따위 소를 넣고 찐 음식.
- **얼음찜** 명사 =얼음찜질
- **얼음찜질** 명사 비닐봉지 따위에 얼음을 넣고 천 등으로 싸서 몸의 한 부분에 대어 열을 내리게 하는 일.
- **찜질** 명사 올림말 '찜질' 참고.

관용 표현

- **찜 쪄 먹다** ① (주로 '누구 찜 쪄 먹게'의 형태로 쓰이어) 꾀, 재주, 수단 따위가 다른 사람에 견주어 비교가 안 될 만큼 뛰어나다. ¶ 우리 엄마는 귀신 찜 쪄 먹게 바느질 솜씨가 좋다. ② 남을 해치거나 꼼짝 못하게 하다. ¶ 너희가 감히 나를 찜 쪄 먹으려고 하다니!

찜질 명사

① 약물이나 더운물에 적신 헝겊, 또는 얼음주머니를 아픈 곳에 대어 낫게 하는 일.
¶ 뭉친 근육을 푸는 데는 뜨거운 물수건으로 찜질을 하는 것이 좋다.
② 온천이나 뜨거운 물에 몸을 담그거나 더운 모래밭에 몸을 묻어서 땀을 흘려 병을 고치는 일.
¶ 운동한 뒤에는 찜질방에 가서 찜질을 하면 몸이 풀린다.
③ 몹시 매를 때리는 일을 속되게 이르는 말.
¶ 몽둥이로 찜질을 당하지 않으려면 조용히 있어라.

복합어

- **찜질방**(-房) 명사 높은 온도로 찜질을 하며 땀을 내도록 만든 방.
- **찜질하다** 타동사 ① 약물이나 더운물에 적신 헝겊, 또는 얼음덩이를 넣은 주머니를 아픈 곳에 대어 낫게 하다. ¶ 얼음으로 머리를 찜질하여 열을 식혀라. ② 온천이나 뜨거운 물에 몸을 담그거나 더운 모래밭에 몸을 묻어서 땀을 흘려 병을 고치다. ¶ 온천에서 더운 물로 찜질하고 나면 몸이 나을 것이다.

찜하다 동사

불10-9 찜하고, 찜하여/찜해, 찜한다, 찜합니다, 찜하였다/찜했다

타동사

(속되게) 어떤 물건이나 사람을 자기의 것으로 하다.
¶ 그 물건은 먼저 찜한 사람이 임자가 된다.
¶ 아이들은 음식에 침을 발라서 찜하는 장난을 한다.

찡하다[1] 동사

불10-9 찡하고, 찡하여/찡해, 찡하는, 찡한, 찡합니다, 찡하였다/찡했다

자동사

① 얼음장이나 굳은 물질 따위가 갑작스럽게 갈라지는 소리가 나다.
¶ 날씨가 풀리니 강에서 얼음이 찡하며 깨지는 소리가 들린다.

② 감동을 받아 가슴 따위가 뻐근해지는 느낌이 들다.
¶ 할머니 살아오신 이야기에 가슴이 찡하는 아픔을 느꼈다.

찡하다² 형용사

불20-9 찡하고, 찡하여/찡해, 찡한, 찡합니다, 찡하였다/찡했다

감동을 받아 가슴 따위가 뻐근한 데가 있다.
¶ 나를 기다리는 아이 모습에 괜스레 코끝이 찡했다.

찧다 동사

규11-1 찧고, 찧어, 찧으니, 찧는, 찧습니다, 찧었다

타동사

① 곡식 따위를 쓿거나 빻으려고 절구에 담고 공이로 내리치다.
¶ 쌀을 찧어서 풀을 쑤었다.
② 무거운 물건을 들어서 아래 있는 물체를 내리치다.
¶ 제 도끼에 발등을 찧은 격이다.
③ (무엇에) 마주 부딪다.
¶ 손전화기를 보며 걷다가 전봇대에 이마를 찧고 말았다.

관용 표현

- **찧고 까불다** 되지도 않는 소리로 이랬다저랬다 하며 몹시 경망스럽게 굴다.

ㅊ

차[1] 명사 (車)

① 바퀴가 굴러서 나아가게 만든 탈것. 자동차, 기차, 전차, 우차, 마차 따위를 통틀어 이른다.

¶ 내 차는 고장이 나서 정비소에 맡겼다.

② (수량을 나타내는 말 뒤에 쓰이어) 차에 실을 수 있는 분량을 세는 단위.

¶ 길을 까는 데 모래 세 차가 필요하다.

③ '車' 자를 새긴 장기짝.

관용 표현

- **차 (떼고) 포 떼다** 귀중하고 요긴한 것을 다 빼다. ¶ 우리 팀은 차 포 뗀 거나 마찬가지로 경기를 하게 되었다.
- **차 치고 포 친다** ① 무슨 일에나 당당하게 덤비어 잘 해결함을 비유하여 이르는 말. ② 지나치게 제 마음대로 이리저리 마구 휘두름을 빗대는 말.

차[2] 명사 (茶)

① 차나무의 어린잎을 달이거나 우린 물.

¶ 차는 찻잎을 따는 시기에 따라 품질이 달라지기도 한다.

② 식물의 잎이나 뿌리, 과실 따위를 달이거나 우리거나 하여 만든 마실 것을 통틀어 이르는 말. 인삼차, 생강차, 칡차 따위가 있다.

¶ 차 한 잔 내오세요.

¶ 너는 무슨 차 마실래?

차[3] 명사 (次)

의존 명사

① (주로 한자어 수 뒤에 쓰이어) '번', '차례'의 뜻을 나타내는 말.

¶ 제3 차 회의를 시작하겠습니다.

② ('-던 차에', '-던 차이다' 구성으로 쓰이어) 어떠한 일을 하던 기회나 순간.

¶ 막 잠이 들려던 차에 전화가 왔다.

¶ 그렇지 않아도 전화하려 하던 차였는데 전화해 줘서 고맙다.

③ 방정식 따위의 차수를 이르는 말.

④ (일정한 기간을 나타내는 명사구 뒤에 쓰이어) 주기나 경과의 해당 시기를 나타내는 말.

¶ 임기 3년 차에 들어서면 할 수 있는 일이 거의 없어진다.

¶ 임신 6주 차에 임신 사실을 알았다.

차[4] 명사 (差)

① 둘 이상의 사물을 견주었을 때에, 서로 다르게 나타나는 수준이나 정도.

¶ 두 사람의 실력 차를 금방 확인할 수 있다.

¶ 환절기에는 낮과 밤의 기온 차가 크다.

② 어떤 수나 식에서 다른 수나 식을 뺀 나머지.

복합어

• **견해차**(見解差) 명사 둘 이상의 사람 사이에서 나타나는 생각의 차이.

차[5]

① 동사 '차다'의 연결형. '차다'에 연결 어미 '-아'가 붙어 줄어든 형태.

¶ 그가 상자를 차 넘어뜨렸다.

② 동사 '차다'의 종결형.

¶ 공을 빨리 이쪽으로 차.

차[6]

① 형용사 '차다'의 연결형. '차다'에 연결 어미 '-아'가 붙어 줄어든 형태.

¶ 음식이 너무 차 먹을 수가 없다.

② 형용사 '차다'의 종결형.

¶ 물이 너무 차.

✕ 차가와

'차가워'의 틀린 표기.

차가운

형용사 '차갑다'의 관형사형. '차갑다'에 관형사형 어미 '-ㄴ'이 붙어 'ㅂ' 불규칙 활용을 한 형태.

¶ 몹시 차가운 바람이 강하게 분다.

차가워

형용사 '차갑다'의 연결형. '차갑다'에 연결 어미 '-어'가 붙어 줄어든 형태.

¶ 수영장 물이 너무 차가워 들어갈 수 없겠다.

차갑다 형용사

불20-3 차갑고, 차가우니, 차가우면, 차가워, 차가운, 차갑소, 차갑습니다, 차가웠다

① 살갗에 닿는 느낌이 싸늘하게 차다.

¶ 네 손이 차가운 것을 보니 밖이 몹시 추운 모양이구나.

② (마음이나 태도가) 정이 없이 쌀쌀하다.

¶ 그 사람이 나를 바라보는 눈빛이 무척 **차가웠다**.

ㅊ

복합어

- **차가이** 부사 ① 싸늘하고 차게. ② 냉정하게. (마음씨나 태도가) 쌀쌀하게.

차곡차곡 부사

① 물건을 가지런하게 자꾸 포개거나 쌓는 모양.

¶ 옷가지를 차곡차곡 개서 옷장에 넣었다.

② 절차를 순서대로 하나씩 밟아가는 모양.

¶ 계획대로 일을 차곡차곡 진행하였다.

차근차근 부사

(말이나 행동이) 조리 있고 자세하며 서두르지 않는 모양.

¶ 네가 친구와 다툰 일을 차근차근 이야기해 보아라.

차다[1] 동사

규10-0 차고, 차니, 차, 찬, 차는, 찹니다, 찼다

자동사

① 공간에 물질이 가득하게 되다.

¶ 비가 온 뒤라 저수지에 물이 가득 찼다.

¶ 회의실에 담배 연기가 꽉 차 있었다.

② 감정이나 기운 따위가 가득한 빛을 띠다.

¶ 그는 만날 때마다 활기에 차 있었다.

¶ 친구는 나를 기쁨에 찬 눈빛으로 맞아 주었다.

③ 흡족하게 마음에 들다.

¶ 내 눈에 차는 물건이 없어서 가게를 그냥 나왔다.

④ 어떤 높이나 한도에 이르는 상태가 되다.

¶ 개울물이 허리까지 차서 건너기가 어렵다.

¶ 좀 달렸더니 숨이 턱에 차는 것 같다.

⑤ 정한 수량, 나이, 기간 따위가 다 되다.

¶ 이번 강좌는 정원이 다 차서 신청하실 수 없습니다.

복합어

- **기운차**다 형용사 기운이 가득하고 넘치는 듯하다. 힘차다 ¶ 산봉우리에서 기운찬 함성이 들린다.
- **깍차**다 자동사 음식을 많이 먹어서 목까지 꽉 차다. ¶ 오랜만에 뷔페에 가서 이것저것 깍차게 먹었다.
- **들어차**다 자동사 많이 들어서 가득 차다. ¶ 버스에 사람들이 꽉 들어차서 움직일 수 없다.
- **숨차**다[숨:-] 형용사 ① 숨이 가빠서 숨쉬기 어렵다. ② (비유적으로) 매우 힘겹거나 급박하다.
- **알차**다 형용사 내용이 아주 실속이 있다. ¶ 아주 알찬 여행이었네. / 휴가를 알차게 보내세요.
- **채우**다 타동사 올림말 '채우다[3]' 참고.
- **활기차**다(活氣-) 형용사 힘이 넘치고 생기가 가득하다.
- **희망차**다(希望-)[히-] 형용사 희망이 가득하다.
- **힘차**다 형용사 힘이 있고 씩씩하다.

속담

- **차면 기운다** 성하고 쇠함이 반복한다는 말.
- **차면 넘친다** 정도에 지나치면 도리어 안 좋게 된다는 말.

ㅊ

차다[2] 동사

규10-0 차고, 차니, 차, 찬, 차는, 찹니다, 찼다

타동사

① 발로 내어 지르다.

¶ 축구는 공을 발로 차서 골대에 넣는 경기이다.

② 발로 힘 있게 밀어젖히다.

¶ 우주선이 굉음과 함께 땅을 차고 공중으로 올라갔다.

¶ 새들이 한꺼번에 물을 차고 날아오르는 모습이 장관이다.

③ 혀끝을 입천장 앞쪽에 붙였다가 떼어 소리를 내다.

¶ 아버지는 뉴스를 보다가 혀를 끌끌 차면서 고개를 흔드셨다.
④ (비유로) 자기에게 베풀어지거나 차례가 오는 것을 받아들이지 않다.
¶ 들어오는 복을 차는 사람도 있다.
⑤ (속되게) 주로 남녀 관계에서 일방적으로 관계를 끊다.
¶ 요즘 혼자 다니는 걸 보니 이번에 만난 남자도 찼거나 차인 모양이다.

복합어

- **걷어차**다 타동사 ① 발을 들어서 세게 차다. ② 내치다.
- **내차**다[내:-] 타동사 ① 앞이나 밖으로 향하여 차다. ② 냅다 차다.
- **들고차**다 타동사 마구 차다.
- **들이차**다 타동사 들입다 차다.
- **박차**다 타동사 ① 냅다 차다. 힘껏 차다. ¶ 회의 도중에 문을 박차고 나갔다. ② 관계를 일방적으로 끊어 버리다. ¶ 고생한 아내를 박차면 벌 받는다. ③ 어려움 따위를 강하게 물리치다.
- **엇차**다 타동사 ① 비스듬하게 옆으로 차다. ¶ 공을 엇차는 바람에 공이 엉뚱한 곳으로 날아갔다. ② 서로 엇바꾸어 차다.
- **차이**다 피동사 올림말 '차이다' 참고.

'차다', '치다', '받다'의 차이

'차다2'는 발로 때리는 행위이다. 차는 행위의 결과는 대체로 차인 물건이나 사람이 그 자리에서 이동한다. 공은 멀리 날아가고, 사람은 쓰러진다. '치다2'는 손으로 때리는 행위이다. 손에 연장을 들고 때려도 치는 행위에 속한다. 무릎이나 어깨로 때려도 치는 행위이다. '받다2'는 머리로 때리는 행위이다. 이마로 때리는 행위도 받는 행위이다.

차다3 동사

규10-0 차고, 차니, 차, 찬, 차는, 찹니다, 찼다

타동사

① 물건을 몸의 한 부분에 달아매거나 끼워서 지니다.
¶ 장군은 허리에 긴 칼을 차고 늠름하게 서 있었다.
¶ 주장은 팔에 노란 완장을 차고 경기를 한다.

② 수갑이나 차꼬 따위를 팔목이나 발목에 끼우다.
¶ 죄인은 손목에 수갑을 차고 구치소로 보내졌다.
③ (속되게) 애인으로 삼아 데리고 다니다.
¶ 아들이 느닷없이 계집 하나를 차고 돌아와서 장가를 보내 달란다.

복합어

- **꿰차다**[꿰:-] 타동사 (속되게) 자기 것으로 만들어 가지다. ¶ 이번에 그가 주인공 자리를 꿰찼다.
- **차고앉다** 타동사 무슨 일을 맡아서 자리를 잡다. ¶ 며느리가 집안 살림을 차고앉아 하고 있다.
- **채우다** 사동사 올림말 '채우다[4]' 참고.

'차다'와 '달다'

'차다[3]'은 물건이 움직이지 않게 붙이는 행위라면, '달다[1]'은 다른 물건에 이어 붙이는 행위를 기본으로 하고(동정을 달다. 끝단을 달다) 붙이는 물건의 한 부분만 다른 물건에 붙여 나머지 부분은 나부끼거나 움직일 수 있도록 붙이는 행위이다. '꼬리표를 달다'가 '달다'와 가장 어울리는 행위이다. 이런 행위에는 '차다'를 쓰기 어렵다. 학생들이 가슴에 붙이고 다니는 이름표와 어울리는 단어는 '차다'이다. 이름표에 '달다'를 쓴다면 금방 떼어낼 수 있게 임시로 붙이는 이름표라고 보면 된다.
¶ 선생님이 한 아이 한 아이에게 이름표를 달아 주었다.(우선 구별하기 위해서)
¶ 선생님이 이름표를 차지 않은 아이에게 이름표를 차고 오라고 집으로 돌려보냈다.(정식으로 붙이고 와야 한다.)

'차다'와 '패용하다'

'패용(佩用)'은 훈장이나 이름표를 차는 행위를 일컫는 말이다. 따라서 '차다[3]'과 '패용하다'는 쉽고 어려운 차이가 있을 뿐 의미상 차이가 없다.
¶ 옛날에는 남자들이 귀고리를 많이 차고/패용하고 다녔다.
¶ 회의장에 오실 때는 꼭 이름표를 차시기/패용하시기 바랍니다.
다만, 헝겊으로 된 물건인 경우에는 '패용하다'를 쓰지 않는다.
¶ 아이가 기저귀를 패용하지(×) 않아서 옷에 오줌을 쌌다. → 차지

차다[4] 형용사

규20-0 차고, 차니, 차서, 찬, 찹니다, 찼다

① 온도가 낮다.
¶ 겨울 날씨가 이 정도 찬 것은 예사지.
② 인정이 없고 쌀쌀하다.
¶ 그는 성격이 차고 까다롭다.

복합어

• **차디차다** 형용사 매우 차다. ¶ 차디찬 물로 세수를 했더니 정신이 들었다.

차로 명사 (車路)

① 자동차가 다니는 길. 찻길. 차도(車道).
② 자동차가 안전하게 달릴 수 있도록 차선(車線)으로 구별하여 놓은 찻길.

'차로'와 '차선'

'왕복 4차선 도로'라고 하거나 '좌회전 차선에서 기다리고 있는 차를 들이받았다'에서 '차선(車線)'은 바른 말이 아니다. '차선'은 차로를 구별하기 위하여 그어 놓은 선일 뿐 그 선으로 자동차가 다니는 것이 아니다. 길에 차로가 네 개 있으면 '4차로'이고 차로가 두 개 있으면 '2차로'이다. 좌회전을 위하여 기다리도록 만들어 놓은 차로는 '좌회전 차로'라고 해야 한다. '차로'는 중앙에 있는 차로에서부터 가장자리 차로까지 순서대로 제1 차로, 제2 차로라고 부른다.

차리다 동사

규11-0 차리고, 차리어/차려, 차리는, 차린, 차립니다, 차리었다/차렸다

타동사

① 음식 따위를 장만하여 갖추다.
¶ 한 상 걸게 밥상을 차려 놓았다.
¶ 저녁밥을 다 차릴 때까지 식구들이 하나도 오지 않았다.
② (태도나 격식을) 갖추다.

¶ 어른에게는 예의를 차려서 말해야 한다.
¶ 제가 경황이 없어서 인사를 차리지 못했습니다.
③ 새로 벌이거나 마련하다.
¶ 이번에 새로 회사를 차렸습니다.
¶ 딴살림을 차리려고 궁리가 한창이다.
④ 눈치나 짐작으로 깨닫다.
¶ 엄마가 외출하려 하자 아이가 금방 낌새를 차리고 울기 시작한다.
⑤ 자기 이익만 챙기다.
¶ 제 욕심만 차리는 사람은 받아들일 수 없다.
¶ 자기 잇속만 차리려 드니 같이 일하기가 힘들다.
⑥ (정신이나 기운을) 모아 가다듬다.
¶ 아무리 어려운 경우라도 정신을 차리면 극복할 방도를 찾을 수 있다.
¶ 아이들을 생각해서라도 어서 기운을 차리시게.

복합어

- **알아차리다** 타동사 ① 미리 알고 정신을 차려 깨닫다. ¶ 내가 말하지 않아도 그녀는 모든 걸 알아차렸다. ② 낌새를 미리 알다. 알아채다. ¶ 적의 동태를 벌써 알아차리고 대비하여 놓았다.
- **차림** 명사 ① 옷, 음식, 정신 따위를 차리는 일. ② 채비. 필요한 바대로 갖추는 일. ③ (정신이나 기운을) 모아 가다듬음.
- **차림새** 명사 옷이나 음식을 차린 모양새.
- **차림차림** 명사 ① 이모저모의 차림새. ② 이런저런 준비.
- **차림표**(-表) 명사 ① 주로 밥집에서 먹거리를 주문하기 쉽게 하기 위하여 적어 놓은 표. 메뉴(menu). 식단(食單). ② 전산기 화면에 나타낼 내용의 목록을 보여주는 표.

차마 부사

① 의문문에서 '가엾고 애틋하여 어찌'의 뜻을 나타내는 말.
¶ 그 불쌍한 아이에게서 차마 돈을 빼앗을 수 있겠니?
② 부정문 앞에 쓰여 '가엾고 애틋하여'의 뜻을 나타내는 말.
¶ 눈 뜨고는 차마 볼 수 없는 광경이었다.
¶ 너를 보내고 차마 발걸음을 돌릴 수 없었다.

차선[1] 명사 (車線)

찻길에 자동차가 한 대씩 달릴 수 있도록 자동차 폭에 맞추어 그어 놓은 선.

¶ 비가 오는 날에는 차선이 잘 보이지 않아 운전할 때 애를 먹는다.

▶ '차선'과 '차로'의 차이는 올림말 '차로(車路)' 참고.

차선[2] 명사 (次善)

최선(最善)의 다음.

¶ 내일 일을 끝내는 것이 최선이고, 모레 끝내는 것이 차선이다.

복합어

- **차선책**(次善策) 명사 최선책(最善策)에 다음가는 방책. ¶ 부모님을 모시고 오지 못한다면 차선책으로 부모님의 편지를 가져와라.

차압 명사 (差押)

'압류(押留)'로 순화. '압류'의 일본식 한자어로 빚이나 벌금을 받아내기 위하여 당사자가 재산을 마음대로 처분하지 못하도록 통제하는 일을 가리키는 말.

'차압'과 '압류'

'차압'과 '압류'는 같은 의미로 쓰는 말인데, '차압(差押)'은 일본에서 쓰는 한자어로서 국어의 의미와 맞지 않으므로 '압류'로 바꿔 쓰기를 권한다. 우리가 쓰는 한자어 가운데에는 일본의 토박이말을 한자로 의역하여 표기한 것을 직수입한 것이 많이 있다. '차감(差減), 차입(差入), 차출(差出)'처럼 한자 '差'를 동사를 나타내는 한자 앞에 쓴 한자어는 모두 일본식 한자 사용법이다. 일본어에서는 '差 '를 강조 용법으로 사용한다. '차감, 차입, 차출'을 국어로 바꾸면 '빼기, 넣기, 보내기' 정도를 의미하는 말이다.

차이다 동사 ㊟ 채다

규11-0 차이고, 차이니, 차이어/차여, 차인, 차입니다, 차이었다/차였다

피동사

'차다[2]'의 피동형.

¶ 발길에 차이어/차여 넘어졌다.

¶ 애인에게 차인 아픔으로 병이 들었다.

> **'차이어/차여/채어'**
>
> '차이다'에 연결 어미 '-어'가 붙은 활용형 '차이어'는 두 가지로 줄여 쓸 수 있다. 하나는 '차여'이고 다른 하나는 '채어'이다. '차여'는 '차이어'의 뒤쪽 두 음이(어간과 어미가 합해서) 줄어든 것이고 '채어'는 앞쪽 두 음이(어근과 접미사가 합해서) 줄어든 것이다. 원래 '차다'의 피동형인 '차이다'가 '채다'로 줄어들기 때문에 이런 현상이 나타난다. 국어에는 준말의 형태가 두 가지인 것이 몇 개 더 있다.
>
> - 싸다 – 싸이다 – 싸여, 싸다 – 쌔다 – 쌔어
> - 눕다 – 누이다 – 누여, 눕다 – 뉘다 – 뉘어
> - 보다 – 보이다 – 보여, 보다 – 뵈다 – 뵈어
> - 쓰다 – 쓰이다 – 쓰여, 쓰다 – 씌다 – 씌어
> - 쏘다 – 쏘이다 – 쏘여, 쏘다 – 쐬다 – 쐬어
>
> 예외적으로 '뜨이다/띄다'의 연결형은 '띄어'만 인정하고 '뜨여'는 인정하지 않는다.
>
> - 뜨다 – 뜨이다 – 뜨여(×), 뜨다 – 띄다 – 띄어

ㅊ

차입[1] 명사 (差入)

'넣어줌'으로 순화.

> **일본식 한자어 '차입'**
>
> 일본식 한자어라 우리 한자 새김으로는 맞지 않으니 사용하지 않는 것이 바람직하다. '差入'은 일본어로 '넣음'을 의미하는 말인데, '수감되어 있는 사람에게 밖에서 음식이나 물건을 들여보내는 일, 또는 그 물건'의 뜻으로 쓰고 있다. 국립국어원의 《국어 순화 자료집》(1992년)에는 이 말을 '넣어줌'으로 순화하여 쓸 것을 권하고 있다.(올림말 '차압(差押)' 참고.)

차입[2] 명사 (借入)

뒤에 갚을 것을 약속하고 돈이나 물건을 꿈.
¶ 계속되는 불황으로 차입 경영을 하는 기업이 늘고 있다.

복합어

- **차입하다**(借入－) 타동사 돈이나 물건을 꾸다. ¶ 필요한 자금을 은행에서 차입하기로 하였다.

차지다 형용사

규21-0 차지고, 차지니, 차져, 차진, 차집니다, 차졌다

① (반죽이나 밥, 떡 따위가) 푸슬푸슬하지 않고 끈기가 많다.
¶ 진흙은 차진 성질이 있는 흙을 가리킨다.
¶ 인절미는 가래떡이나 무리떡에 견주어 훨씬 더 차지다.
② (성질이) 야무지고 까다로우며 빈틈이 없다.
¶ 그 사람은 성격이 차지고 단단해서 무슨 일을 시켜도 야무지게 한다.
▶ '차지다'는 '찰지다'의 'ㄹ'이 탈락한 형태이다. 이에 관해서는 올림말 '찰지다' 참고.

차출 명사 (差出)

'뽑음' 또는 '뽑아 보냄'으로 순화.

복합어

- **차출하다**(差出－) 타동사 뽑아 보내다.

'차출'의 용법

일본식 한자어라 사용하지 않는 것이 바람직하다. '差出'은 일본어로 '보냄'을 뜻하는 말이다. '급하거나 일시적인 일을 시키려고 사람을 뽑아서 보내는 것'의 뜻으로 쓰는 말이다. 보통 '열 명을 차출하여

현장에 보내세요'라고 하는데 이를 '열 명을 뽑아 현장에 보내세요'라고 하는 것이 좋다.(올림말 '차압(差押)' 참고.)

착하다 형용사

불20-9 착하고, 착하여/착해, 착한, 착합니다, 착하였다/착했다

마음씨가 곱고 어질며 말이나 행동이 바르고 상냥하다.
¶ 아이가 착해서 어려운 심부름도 마다하지 않고 잘 한다.

'착하다'의 용법 확대

'착하다'는 사람의 마음씨가 곱고 어질거나 행동이 바름을 이르는 말로 이러한 사람을 착한 사람이라고 한다. 그런데 요즘 바람직한 상황을 착하다고 표현하는 사람이 많아졌다.

- 착한 가격: 품질이 괜찮으면서 값이 싼 경우
- 착한 몸매: 몸매가 아름다운 경우

이런 용법이 널리 쓰이고는 있지만 이를 표준 어법으로 인정하기는 어렵다. 일부에서는 이를 인정하는 것도 검토해야 한다고 하지만 지나친 주장이라고 생각한다.

찰- 접사

접두사

① '끈기가 있고 차진'의 뜻을 더하는 말.
¶ 찰것, 찰고무, 찰곡식, 찰기, 찰떡, 찰밥, 찰벼, 찰수수, 찰시루떡, 찰옥수수, 찰흙
② (부정적인 뜻을 가진 몇몇 명사 앞에 붙어) '매우 심한' 또는 '지독한'의 뜻을 더하는 말.
¶ 찰가난, 찰거머리, 찰깍쟁이, 찰완고(-頑固), 찰원수(-怨讐), 찰짜
③ (긍정적인 뜻을 가진 몇몇 낱말 앞에 붙어) '제대로 된' 또는 '충실한'의 뜻을 더하는 말.
¶ 찰개화(-開化), 찰교인(-敎人), 찰구식(-舊式)
④ (먹거리 앞에 붙어) '품질이 좋은'의 뜻을 더하는 말.
¶ 찰가자미, 찰감, 찰복숭아, 찰옥수수, 찰젓

찰지다 형용사

규21-0 찰지고, 찰지니, 찰지어/찰져, 찰집니다, 찰지었다. 찰졌다

=차지다

¶ 쌀이 좋아서 밥이 찰지고 밥맛이 좋다.

¶ 그 영화는 배우들 연기가 **찰져서** 재미있게 보았다.

> **접두사 '찰-'의 형태 변화**
>
> '찰-'이 'ㅈ'으로 시작하는 말 앞에서 '차-'로 바뀌는 것을 표준어로 삼아 왔다. '차지다, 차조, 차전병' 따위를 표준어로 인정한 것이 그 예이다. 다만, 최근 '찰지다'도 '차지다'와 함께 표준어로 인정하였고, '찰젖'이 표준어로 쓰이는 것을 생각한다면 굳이 'ㄹ'이 탈락한 형태를 고집할 필요는 없을 것 같다. '찰조', '찰전병'도 표준어로 받아들이면 좋겠다.

참가 명사 (參加)

(어떤 행사나 모임에) 함께하거나 들어감.

¶ 다리를 다쳐 뛸 수 없는 상태인데도 **참가** 의지가 워낙 강하여 허락했다.

복합어

- **참가국**(參加國) 명사 참가한 나라.
- **참가율**(參加率) 명사 참가한 비율.
- **참가인**(參加人) 명사 참가한 사람.
- **참가자**(參加者) 명사 =참가인
- **참가증**(參加證) 명사 참가한 것을 증명하는 서류.
- **참가하다**(參加-) 자동사 어떤 행사나 모임에 함께하거나 들어가다. ¶ 미술 대회에 **참가하여** 우수상을 받았다. / 세계 여러 나라가 영화제에 **참가하겠다는** 의사를 보내 왔다.

> **'참가', '가입', '참석', '참관'**
>
> '참가'는 어떤 행사에 손님으로 들어가서 함께하는 행위를 가리킨다. 행사를 진행하고 운영하는 사람

은 따로 있다. '가입'은 조직을 갖춘 회의체의 구성원 자격을 얻는 행위이다. 구성원으로 가입하고도 그 조직체가 진행하는 행사에 참가하지 않을 수 있고, 행사에는 참가하면서도 조직체의 구성원으로 가입하지 않을 수 있다.
'참가'는 그 모임이나 행사의 취지에 동의하여 뜻을 같이 하는 것만으로도 가능하지만, '참석'은 특정한 행사장에 몸이 들어와 있어야 되는 일이다. 그 행사에 초대되어 행사를 지켜보는 것은 '참관(參觀)'이다.

▶ '참가'와 '참여'의 차이는 올림말 '참여(參與)' 참고.

참견 명사 (參見)

(남의 일에) 끼어들어 아는 체하거나 이래라저래라 간섭함.
¶ 그는 쓸데없는 참견을 너무 자주 한다.

복합어

- **말참견**(-參見) 명사 다른 사람이 말하는 데에 끼어들어 말하는 짓. 말참례.
- **참견하다**(參見-) 자동사 (남의 일에) 끼어들어 아는 체하거나 이래라저래라 간섭하다.

관용 표현

- **참견을 들다** 남의 일이나 말에 간섭하여 나서다.

ㅊ

참관 명사 (參觀)

모임이나 회의에 나아가서 지켜보는 일.
¶ 내일은 학부모 참관 수업을 하는 날이다.

복합어

- **참관인**(參觀人) 명사 ① 참관하는 사람. ② 선거에서 투표나 개표가 법에 따라 제대로 진행되고 있는지를 지켜보는 사람.
- **참관하다**(參觀-) 자동사 (당사자가 아닌 제삼자로서) 모임이나 회의에 나아가서 지켜보다.

참석 명사 (參席)

어떤 자리나 모임에 나와 참여함.

복합어

- **참석시키다**(參席－) 타동사 참석하게 하다.
- **참석자**(參席者) 명사 참석한 사람.
- **참석하다**(參席－) 자동사 어떤 자리나 모임에 참여하다.

참여 명사 (參與)

어떤 일에 힘을 보태고 함께함. 참예(參預).

¶ 이번 지방선거 참여 유권자 수가 지난번 선거에 비하여 줄었다.

¶ 지식인이나 종교인의 현실 참여는 사회 발전에 도움이 된다.

복합어

- **참여 의식**(參與意識) 명사 (정치 또는 사회 문제에) 뛰어들어 함께 생각하고 고민하고 문제를 해결하려는 적극적인 의식.
- **참여하다**(參與－) 자동사 어떤 모임에 힘을 보태고 함께하다. ¶ 이 사건의 진실을 밝히는 모임에 나도 적극 참여하려 한다.

채다[1] 동사 [채:－]

규11-0 채고, 채니, 채어/채, 챈다, 챕니다, 채었다/챘다

피동사

'차이다'의 준말. ×채이다

¶ 사람이 말발굽에 채면 죽을 수도 있다.

¶ 그는 애인에게 채어 기가 죽어 있다.

'채다'의 활용형

'채다'에 연결 어미 '-어'가 붙으면 '채어'가 된다. 이때 '채여'라고 쓰지 않도록 조심해야 한다. 과거 시제도 '채었다'이지 '채였다'가 아니다. '차이다'에 연결 어미 '-어'가 붙으면 '차이어'가 되고 이를 줄여서 '차여'라고 써도 괜찮다. 즉, '차여'는 쓸 수 있지만 '채여'는 쓸 수 없고, '차였다'는 쓸 수 있지만 '채였다'는 쓸 수 없다.

또, '채다'가 '차이다'의 준말이며 '차다'의 피동형인데 다시 피동형으로 '채이다'를 쓰는 것은 잘못이다. '채이다'는 '채다[2]/채다[3]'의 피동형이다. 따라서 '차이다'라고 할 자리에 '채이다'라고 하는 것도 잘못이다.

¶ 그는 깡패 발에 채이어(×)/채여(×) 나가넘어졌다. → 차여/채어

¶ 길을 가는데 자꾸 돌이 발에 채인다(×). → 차인다/챈다

채다[2] 동사

규11-0 채고, 채니, 채어/채, 챈다, 챕니다, 채었다/챘다

타동사

① 재빠르게 빼앗거나 훔치다.

¶ 소매치기가 내 가방을 채어 갔다.

¶ 매가 병아리를 채려고 공중에서 빙빙 돈다.

② 갑자기 세게 잡아당기다.

¶ 그가 내 손을 채는 바람에 하마터면 넘어질 뻔했다.

ㅊ

채다[3] 동사

규11-0 채고, 채니, 채어/채, 챈다, 챕니다, 채었다/챘다

타동사

어떤 사정이나 형편을 재빨리 미루어 헤아리거나 깨닫다.

¶ 남편이 실직한 낌새를 전혀 못 채고 남편을 닦달한 것이 몹시 후회되었다.

채신머리 명사 [채:-]

'처신(處身)'을 속되게 이르는 말.

복합어

- **채신머리없다**[채:-] (형용사) '채신없다'를 속되게 이르는 말.
- **채신머리없이**[채:-] (부사) '채신없이'를 속되게 이르는 말.

채신없다 형용사 [채:-]

규21-1 채신없고, 채신없어, 채신없는, 채신없습니다

말이나 행동이 경솔하여 위엄이나 신망이 없다. 처신없다.
¶ 아이들 앞에서 채신없게 거짓말을 하실 작정이십니까?

복합어

- **채신없이**[채:-] (부사) 말이나 행동이 경솔하여 위엄이나 신망이 없이. ¶ 여러 사람이 보는 앞에서 채신없이 껌을 짝짝 씹는다.

채우다[1] 동사

규11-0 채우고, 채우니, 채워, 채웁니다, 채웠다

타동사

① 자물쇠로 잠그다.
¶ 오랫동안 집을 비워야 해서 방문마다 자물쇠를 채웠다.
② 틀어서 꽉 막다.
¶ 물을 안 쓸 때는 수도꼭지를 꼭 채워라.
③ (단추를) 잠그다.
¶ 늦게 일어나서 단추도 제대로 못 채우고 급히 나왔다.

사동사

(물건을) 몸이나 옷의 한 부분에 달거나 매어 떨어지지 않게 하다. '차다[3]'의 사동형.

¶ 어머니는 아기에게 기저귀를 채웠다.

¶ 나들이 나가시는 어머니 저고리 고름에 노리개를 채워 드렸다.

¶ 형사는 범인을 잡자마자 수갑을 채웠다.

채우다[2] 동사

규11-0 채우고, 채우니, 채워, 채웁니다, 채웠다

타동사

(식히거나 상하지 않게 하려고) 찬물이나 얼음 속에 담그다.

¶ 참외와 수박을 개울물에 채웠다가 먹었다.

¶ 여름철에 술항아리를 찬물에 채워서 익히는 방법으로 술을 빚기도 한다.

¶ 냉장고에서 시든 채소를 얼음물에 채우니 금방 싱싱해졌다.

채우다[3] 동사

규11-0 채우고, 채우니, 채워, 채웁니다, 채웠다

타동사

① 가득하게 넣거나 담다.

¶ 배가 너무 고파서 물로라도 배를 채워야겠다.

¶ 쌀통이 비면 왠지 불안해서 월급을 받으면 쌀통부터 채웠다.

② 가득 메우다.

¶ 객석을 가득 채운 학생들은 연주가 끝날 때마다 모두 일어서서 박수를 쳤다.

③ (욕구 따위를) 만족하게 하다.

¶ 잠언에 외톨이는 제 욕심만 채우려 한다는 말이 있다.

④ 정해진 기한이나 일정한 기준에 이르게 하다.

¶ 이번 시장은 임기를 채우지 못하고 사퇴했다.

¶ 이번 달 영업 실적을 채우지 못했다.

채이다[1] 동사

규11-0 채이고, 채이니, 채이어/채여, 채인, 채입니다, 채이었다/채였다

피동사

'채다[2]'의 피동형.

¶ 소매치기에게 가방을 채이기 쉬우니 조심하세요.

¶ 청소 시간에 도망치다가 선생님께 뒷덜미를 채이었다.

채이다[2] 동사

규11-0 채이고, 채이니, 채이어/채여, 채인, 채입니다, 채이었다/채였다

피동사

'채다[3]'의 피동형.

¶ 네 오빠에게 눈치 채이지 않게 조용히 나와라.

¶ 공격의 낌새를 채이지 않게 아주 조심해야 한다.

▶ '채이다'에 연결 어미 '-어'가 붙으면 '채이어'로 활용하고, '채여'로 줄여 쓸 수 있다. 그러니까 '채이어'나 '채여'는 '채이다'의 연결형으로 피동사이다. 그런데 '채이어'를 소리대로 적겠다고 생각하여 '채이여'로 적으면 안 된다. 반드시 '채이어'로 적어야 한다.

✕ 채이다[3]

'차이다'의 틀린 말.

책거리[1] 명사 (冊-)

책을 한 권을 다 떼거나, 베끼거나 쓰는 일이 끝날 때 내는 턱. 책씻이.

¶ 이번 학기에 국어책 공부를 마쳤으니 책거리를 할 수 있게 준비하여라.

복합어

- **책거리하다**(冊－) [자동사] 책을 한 권 끝낸 기념으로 한턱을 내다.

책거리² 명사 (冊－)

서책이나 문방구를 그린 그림.

¶ 과거 문인들은 사군자를 그리거나 책거리 그림을 곧잘 그렸다.

책씻이 명사 (冊－)

=책거리¹

복합어

- **책씻이하다**(冊－) [자동사] =책거리하다

챙기다 동사

규11-0 챙기고, 챙기어/챙겨, 챙기는, 챙긴다, 챙깁니다, 챙기었다/챙겼다

타동사

① 필요한 물건을 찾아서 갖추어 놓거나 무엇을 빠뜨리지 않았는지 살피다.

¶ 이 서류 잘 챙겨서 사장님께 갖다 드려라.

¶ 여행할 때에는 구급약을 꼭 챙겨야 한다.

② 거르지 않고 잘 거두다.

¶ 하루 세 끼는 꼭 챙겨 먹어라.

¶ 아내는 제사를 잘 챙겨 시집 식구들의 신뢰를 얻었다.

③ 자기 것으로 취하다.

¶ 모두 제 몫 챙기기에 정신이 없더라.

¶ 회사 공금을 부당하게 챙긴 혐의로 검찰에 붙들려 갔다.

ㅊ

처- 접사

접두사

'마구', '많이', '함부로' 따위의 뜻을 나타내는 말.

복합어

- **처걸**다 [타동사] 굳게 닫아걸다.
- **처내**다 [자동사] (불길이나 연기가) 아궁이로 쏟아져 나오다.
- **처넣**다 [타동사] 마구 몰아 집어넣다.
- **처담**다 [타동사] 아무렇게나 잔뜩 담다.
- **처대**다[1] [타동사] 함부로 불에 대어서 살라 버리다.
- **처대**다[2] [타동사] 함부로 마구 대 주다.
- **처들이**다 [타동사] 마구 들이다.
- **처때**다 [타동사] (불을) 함부로 마구 때다.
- **처맡기**다 [타동사] 억지로 마구 맡기다.
- **처매**다 [타동사] (다친 곳을) 약을 바르고 붕대 따위로 감아 매다. 칭칭 감아서 매다.
- **처먹**다 [타동사] (음식을) 욕심 사납게 함부로 마구 먹다.
- **처먹이**다 [사동사] 마구 함부로 먹이다. '처먹다'의 사동형.
- **처박**다 [타동사] ① 다른 곳으로 가지 못하도록 한곳에 있게 하다. ② 마구 또는 매우 세게 박다. ③ 마구 쑤셔 넣거나 밀어 넣다.
- **처박지르**다 [타동사] =처박다
- **처박히**다 [자동사] ① 다른 곳에 나가지 않고 한곳에 머물러 있다. ② (사이나 틈에) 끼어서 있다. (구석진 곳에) 눈에 잘 띄지 않게 있다.
- **처싣**다 [타동사] ① 잔뜩 싣다.
- **처엎**다 [타동사] 마구 뒤엎다.
- **처쟁이**다 [타동사] 잔뜩 눌러서 마구 쌓다.
- **처지르**다 [타동사] ① 아궁이 따위에 나무를 마구 몰아넣다. ② 함부로 불에 대어서 살라 버리다. =처대다[1]

'처-'와 '쳐'

'처-'는 접두사로서 '마구', '많이', '함부로'의 뜻을 보태는 구실을 한다. 이에 비해서 '쳐'는 '치어'의 준말로 동사 '치다'의 연결형이다. '처-'는 다른 동사 앞에 붙어 동사의 파생어를 만들고, '쳐'는 동사 '치다'와 다른 동사를 연결하여 합성어를 만든다. ('처-'를 사용하여 만든 파생어는 복합어 참고.) 아래는 '쳐'와 다른 동사가 결합하여 생긴 합성어이다.

• 쳐내다 = 치다+어+내다: 깨끗하지 못한 것을 쓸어 모아서 일정한 곳으로 가져가다.
• 쳐내려오다 = 치다+어+내려오다: 적이 위쪽이나 북쪽에서 공격해 오다.
• 쳐들어가다 = 치다+어+들어가다: 적을 무찔러 들어가다.
• 쳐들어오다 = 치다+어+들어오다: 적이 무력으로 침입하여 들어오다.
• 쳐부수다 = 치다+어+부수다: 공격하여 무찌르다.
• 쳐주다 = 치다+어+주다: 셈을 맞추어 주다. 인정하여 주다.

한편, '쳐'는 '위쪽으로'의 뜻을 보태는 접두사 '치어-'가 줄어든 형태로 쓰기도 한다. 이 경우 '쳐'는 길게 소리 내야 한다.

• 쳐다보다 = 치어다+보다: 위쪽으로 올려 보다.
• 쳐들다 = 치어+들다: 위로 들어 올리다.

처녀 명사 (處女)[처:-]

① 결혼하지 아니한 성년 여자. 처자(處子).
¶ 처녀가 혼자 밤길을 돌아다니면 위험하다.
② =숫처녀
¶ 숫총각이라고 꼭 처녀에게 장가들겠다고 한다.
③ 일이나 행동을 처음으로 하는 것을 가리키는 말.
¶ 이번에 우리 학교는 전국 체전에 처녀 출전을 하게 되었다.
¶ 나에게는 이 책 출판이 처녀 출판인 셈이다.
④ (몇몇 명사와 함께 쓰이어) 아무도 손대지 아니하고 그대로임의 뜻을 보태는 말.
¶ 처녀림(處女林), 처녀지(處女地)

복합어

• **처녀비행**(處女飛行)[처:-] 명사 새로 만든 비행기를 처음으로 조종하는 비행. 또는 처음으로 비행기를 조종하는 비행사가 하는 비행.
• **처녀 우승**(處女優勝)[처:-] 명사 '처음으로 한 우승'을 이르는 말.
• **처녀작**(處女作)[처:-] 명사 처음 지었거나 발표한 작품.
• **처녀장가**(處女-)[처:-] 명사 (주로 재혼하는 남자에게 쓰이어) 처녀에게 가는 장가.
• **처녀지**(處女地)[처:-] 명사 ① 사람이 살거나 이용하지 않고 있는 자연 그대로의 땅. ② 아직 개척되지 않았거나 밝혀지지 않은 분야.

ㅊ

- **처녀티**(處女－)[처:－] 명사 처녀다운 티.
- **처녀항해**(處女航海)[처:－] 명사 새로 만든 배나 새로 된 항해사가 처음으로 하는 항해.

속담

- **처녀가 아이를 낳아도 할 말이 있다** 아무리 큰 잘못을 저지른 사람도 그것을 변명하고 이유를 붙일 수 있다는 말.
- **처녀가 아이를 낳았나** 조그만 실수를 하고 크게 책망을 받을 때 처녀가 아이를 낳은 것도 아닌데 뭘 그리 심하게 하느냐고 이르는 말.
- **처녀가 한증을 해도 제 마련은 있다** 제 딴에는 정당한 이유도 있고 뜻도 있음을 이르는 말.
- **처녀들은 말 방귀만 뀌어도 웃는다** 어린 여자애들은 매우 잘 웃는다는 말.

'처녀'에 대한 차별적 표현

낱말 풀이 ③과 ④의 뜻으로 '처녀'를 사용하려면 신중해야 한다. 여성에게만 순결을 강요하는 의미가 담겨 있거나 여성을 정복의 대상으로 삼는 듯한 생각이 들어 있어 여성에 대한 성적 차별이나 편견을 조장할 수 있기 때문이다. 같은 이유로 '처녀비행, 처녀우승, 처녀작, 처녀지, 처녀항해' 같은 말도 조심해서 사용해야 한다.

처뜨리다 동사 [처:－]

규11-0 처뜨리고, 처뜨리어/처뜨려, 처뜨린다, 처뜨립니다, 처뜨리었다/처뜨렸다

타동사

① (고개, 팔다리 따위를) 맥없이 늘어뜨리다.

¶ 함박눈을 뒤집어쓴 나무가 무거워진 가지를 처뜨리고 서 있다.

¶ 불합격 사실을 알고 나는 어깨를 처뜨리고 힘없이 돌아서야 했다.

② 뒤처지게 하다.

¶ 앞서 가던 선수가 속력을 늦추는 사이에 그를 처뜨리고 내가 우승할 수 있었다.

'처뜨리다'에서 '처'의 어원

접미사 '－뜨리다/－트리다'는 몇몇 동사의 어간에 '－아/－어'를 연결한 활용형 뒤에 붙어 동사를 강조하는 뜻을 더한다. 동사의 어간에 직접 붙기도 하고, 어간의 변형 뒤에 붙기도 한다. '떨어뜨리다'

는 동사 '떨다'의 연결형에 붙은 형태이고, '무너뜨리다'는 동사 '무느다'의 연결형에 붙은 형태이다. '밀뜨리다'는 동사 '밀다'의 어간에 직접 붙은 형태이며, '부딪뜨리다'는 동사 '부딪다'의 어간에 직접 붙은 형태이다. '빠뜨리다'는 동사 '빼다'의 변형에 붙은 형태이고, '퍼뜨리다'는 동사 '푸다'의 변형에 붙은 형태이다.

이처럼 '-뜨리다/-트리다' 앞에 나오는 말은 동사의 연결형이거나, 동사의 어간이거나, 동사의 변형이어야 한다. 그렇다면 '처뜨리다'의 '처'도 어떤 동사의 연결형이거나 어간이거나 그것의 변형이어야 한다. 아니면 '치뜨리다'의 '치'처럼 최소한 의미를 가진 형태소여야 한다.

이런 점에서 '처'의 정체가 궁금해진다. 조금 더 깊이 연구해야 하는 낱말이다.

처럼 조사

부사격 조사

모양이 서로 비슷하거나 같음을 나타내는 말.

¶ 설탕처럼 달다.

¶ 너처럼 마음씨 좋은 사람은 본 적이 없다.

¶ 연습은 실전처럼, 실전은 연습처럼 하라고 했다.

처리 명사 (處理)[처:-]

① (일을) 다루어서 마무리를 지음.

¶ 이 일의 처리 기간이 얼마나 되겠습니까?

② (특정한 방법이나 물질을 사용하여) 어떤 작용을 일으킴.

¶ 약품 처리를 하지 않은 먹거리를 찾는 사람들이 늘고 있다.

¶ 짐승 가죽을 특수 물질로 처리를 하여 옷을 만들었다.

복합어

- **뒤처리**(-處理)[뒤:-] 명사 일이 벌어진 뒤나 끝난 뒤끝을 처리하는 일.
- **처리하다**(處理-)[처:-] 타동사 ① (일을) 다루어 절차에 따라 마무리하다. ② 일정한 결과를 얻기 위하여 화학적 또는 물리적 작용을 일으키다.

처분 명사 (處分)[처:-]

① (재산을) 팔거나 하여 정리함.

¶ 주식과 재산의 처분은 변호사에게 위임했다.

② (일을) 분별하여 처리함.

¶ 관대한 처분을 바랍니다.

③ 법이나 규정에 따라 처리함.

¶ 곧 행정 처분이 내려질 모양이다.

복합어

- **처분하다**(處分-)[처:-] 타동사 ① (재산을) 팔거나 하여 정리함. ¶ 집 한 채 있는 것을 처분하여 아이 결혼 자금으로 썼다. ② (일을) 분별하여 처리하다. ¶ 선생님께서 처분하시는 대로 따르겠습니다. ③ 법에 따라 처리하다. ¶ 불구속 수사를 하는 것으로 처분하였다.

> **'처분', '처리', '처치'**
> 모두 일이나 사물을 일정한 방법으로 다루어 어떤 상태로 변화를 일으키는 일을 가리키는데, '처리(處理)'는 주로 일이나 사물을 이치에 맞게 다루는 일을 가리키고(사무 처리. 화학 처리), '처분(處分)'은 권리나 의무에 따라서 일이나 사물을 다루는 일을 가리키고(행정 처분. 보호 관리 처분. 관대한 처분), '처치(處置)'는 처리하여 문제를 해결하는 행위까지를 포함한다(응급 처치).

처신 명사 (處身)[처:-]

세상을 살아가는 데에 가져야 할 몸가짐이나 행동.

¶ 단체 생활을 할 때에는 처신을 잘해야 인정을 받는다.

복합어

- **처신술**(處身術)[처:-] 명사 세상살이나 인간 관계에서 적절하게 대처하여 행동하는 방법이나 수단.
- **처신하다**(處身-)[처:-] 자동사 세상을 살아가면서 가져야 할 몸가짐이나 행동을 하다. ¶ 네가 올바르게 처신해야 부모가 욕을 먹지 않는다.

처신없다 형용사 (處身－)[처ː－]

규21－1 처신없고, 처신없어, 처신없는, 처신없습니다

=채신없다
¶ 아이들 앞에서 처신없게 컴퓨터 게임 좀 하지 마세요.
¶ 이제 손주도 보았으니 처신없는 말 좀 그만하세요.

복합어

• **처신없이**[처ː－] 부사 =채신없이

처지 명사 (處地)[처ː－]

처하여 있는 사정이나 형편.
¶ 지금 제가 웃고 있을 처지가 아닙니다.
¶ 그와 나는 처지가 같아서 쉽게 친해졌다.
¶ 지금 그 사람 처지가 딱해서 도와주었을 뿐이다.

'처지'와 '입장'

'처지'는 한국식 한자어이고 '입장(立場)'은 일본식 한자어이다. 의미는 둘 다 '처한 상황'이나 '놓인 자리'를 뜻한다. 그래서 국립국어원은 일본식 한자어 '입장' 대신에 '처지'를 쓸 것을 권해 왔다. 그런데 '입장'을 폭넓게 써온 결과 '입장'이 '처지'와는 다른 의미가 생겼다. 그래서 지금은 '입장'을 '처지'로 바꾸면 매우 어색한 경우가 많다.

¶ 여야 입장 차이가 워낙 커서 협의가 되지 않고 있다. =견해
¶ 검찰은 수사에 성역이 없다는 입장을 거듭 밝혔다. =뜻
¶ 이 문제와 관련하여 우리 단체의 입장을 밝히겠다. =견해, 생각
¶ 그렇게 되면 우리 입장이 매우 난처하게 된다. =처지

위의 예문에서 '입장' 대신에 '처지'를 써서 무리가 없는 것은 마지막 문장뿐이다. 사정이 이렇다고 해서 '입장'을 그대로 쓰기보다는 문맥에 따라 '견해', '뜻', '생각', '처지' 따위로 적확하게 바꿔 쓰는 것이 바람직하다.

처지다 동사 [처: -]

규11-0 처지고, 처지어/처져, 처진, 처진다, 치집니다, 처지었다/처졌다

자동사

① 위에서 아래로 늘어지다.

¶ 줄이 너무 처지지 않도록 조금 더 당겨서 매야 한다.

② 감정이나 기분이 잠기어 가라앉다.

¶ 이렇게 기분이 처지면 무엇을 해도 흥이 나지 않는다.

③ 뒤에 남거나 뒤떨어지다.

¶ 다른 것은 몰라도 수학만큼은 결코 처지지 않는다.

⑤ 다른 것보다 못하다.

¶ 여러 면에서 아내보다 남편이 처진다.

⑥ (장기에서 궁이) 면줄로 내려가다.

¶ 궁이 아래에 처져 있으면 수비하기는 좋지만 공격하기는 불리하다.

처치 명사 (處置)[처: -]

① 일이나 물건을 다루어 치움.

¶ 홍수로 떠내려 온 수많은 쓰레기 처치가 가장 시급한 일이다.

¶ 처치가 곤란할 정도로 책이 많았다.

② 치료하기 위한 조처를 취함.

¶ 의사는 응급 처치에 꼭 필요한 도구만을 가지고 급히 출발했다.

¶ 상처가 눈에 띄지 않아 처치가 늦어졌다.

③ 죽여 없앰.

복합어

- **처치하다**(處置-)[처: -] 타동사 ① 일을 감당하여 처리하다. ¶ 이 쓰레기는 처치하기 참 곤란하다. ② 처리하여 없애거나 죽여 버리다. ¶ 그 많은 포로를 끌고 다닐 수 없어서 부득이 처치할 수밖에 없었다고 실토했다. ③ 상처나 헌데 따위를 치료하다. ¶ 상처를 빨리 처치하지 않으면 생명이 위험해질 수 있다.

▶ '처치'와 '처리', '처분'의 용법은 올림말 '처분' 참고.

처하다 동사 (處-)[처:-]

불10-9 처하고, 처하여/처해, 처한, 처할, 처하였다/처했다

자동사

어떤 처지에 놓이다.

¶ 사람은 자기가 처한 상황에 따라 생각하게 마련이다.

타동사

('누구를 어떤 벌에 처하다'의 형태로 쓰이어) 형벌이나 책벌에 부치다.

¶ 탈세를 한 사람을 엄벌에 처했다.

¶ 사람을 죽인 사람은 10년 이상의 형에 처한다.

척 명사

의존 명사

=체[2]

¶ 아무것이나 아는 척을 하고 나선다.

복합어

- **척하다** 보조 동사 거짓으로 그럴듯하게 꾸밈을 나타내는 말. =체하다 ¶ 그렇게 잘난 척하지 마시오.

척수 명사 (脊髓)

척추뼈 속에 들어 있는 신경 중추(中樞). =등골[2]

복합어

- **척수 신경**(脊髓神經) 명사 척수에서 갈라져 몸통과 팔다리 곳곳에 퍼져 있는 신경. 운동과 지각을 전달하는 신경.

ㅊ

척추 명사 (脊椎)

① =척추뼈, 등골뼈

② 척추뼈로 말미암아 두둑하게 줄기가 선 부분. 등마루.

복합어

- **척추동물**(脊椎動物) 명사 척추뼈를 가진 동물. 등뼈동물.

천년 명사 (千年)

오랜 세월.

¶ 우리는 천년의 사랑을 꿈꿨지만 백일몽에 지나지 않았다.

복합어

- **천년만년**(千年萬年) 명사 아주 오랜 세월. 천만년. ¶ 양친 부모 모셔다가 천년만년 살고 지고.

천둥 명사

번개가 친 뒤에 하늘이 커다랗게 울리는 소리. 또는 그 현상. 우레.

¶ 멀리서 천둥 치는 소리가 들리더니 소나기가 쏟아졌다.

복합어

- **천둥소리** 명사 =우렛소리
- **천둥치**다 자동사 천둥이 울리다. 우렛소리가 나다.

속담

- **천둥에 개 뛰어들듯** 놀라서 어찌할 바를 모르는 행동을 이르는 말.
- **천둥인지 지둥인지 모르겠다** 뭐가 뭔지 모르겠다는 말.

▶ '천둥'과 '우레'는 하늘에서 벼락이 칠 때 나는 소리를 가리키는 말이다. '천둥'은 한자어 '천동(天動)'이 변한 말이고, '우레'는 토박이말인데 이 두 말을 다 표준어로 인정하고 있다.

천둥벌거숭이 명사

두려운 줄 모르고 철없이 덤벙거리거나 날뛰는 사람.
¶ 그렇게 천둥벌거숭이처럼 행동하니 사람들이 너를 무시하지.

천둥지기 명사

물이 공급되는 곳이 없어 비가 와야 모를 심을 수 있는 논. 하늘바라기. 천수답(天水畓).

천만 수사 명사 관형사 부사 (千萬)

수사
수 '천만'을 가리키는 말. 만의 천 배가 되는 수.
¶ 서울 인구가 천만을 넘었다.

명사
많은 수를 이르는 말.
¶ 군사가 천만이 온다 해도 두렵지 않다.

관형사
천만이 되는.
¶ 천만 서울 시민이 나서면 안 될 것이 없다.

부사
'아주', '전혀'의 뜻을 나타내는 말.
¶ 그런 일이 천만 없기를 기대합니다.

복합어
- **천만금**(千萬金) 명사 아주 많은 돈이나 값어치.

ㅊ

- **천만년**(千萬年) 명사 아주 오랜 세월.
- **천만다행**(千萬多幸) 명사 어떤 일이 뜻밖에 잘 풀려 몹시 좋음.
- **천만뜻밖**(千萬－) 명사 전혀 생각하지 아니한 상태.
- **천만에**(千萬－) 감탄사 전혀 그렇지 아니하다는 뜻으로, 남의 말을 부정하거나 남이 한 말에 대하여 겸양의 뜻을 나타낼 때 하는 말.

×천상

부사 '천생[1]'의 틀린 말.

천생 명사 부사 (天生)

명사

타고난 본바탕.

¶ 그는 천생이 백면서생이다.

부사

① 타고나기를. 본바탕이. 운명적으로. ×천상

¶ 누나는 천생 여자이다.

¶ 너와 나는 천생 함께 살아야 할 운명인 모양이다.

② 아무래도. 도리 없이. 어쩔 수 없이. ×천상

¶ 배운 게 없으니 천생 나가서 막일이라도 해야 밥을 먹지.

¶ 버스가 끊겼으니 천생 택시를 탈 수밖에.

복합어

- **천생배필**(天生配匹) 명사 하늘이 맺어 준 부부로서의 짝.
- **천생연분**(天生緣分) 명사 하늘이 미리 정하여 준 연분.

속담

- **천생 버릇은 임을 봐도 못 고친다** 타고난 버릇은 고치기 어렵다는 말.

▶ 입말로는 '천생'을 '천상'으로 쓰는 경향이 있지만 '천상'은 비표준어이다.

천장 명사 (天障)

① 반자 겉면. 방의 보온과 미관을 위해 보꾹의 아래를 널이나 종이로 가린 것의 아래쪽 면.
¶ 침대에 드러누워 멍하니 천장만 바라보았다.
② =보꾹
¶ 옛날 집에서는 쥐들이 천장에서 기어 다니는 소리가 다 들리기도 했다.
③ 물건의 가장 높이 올라간 시세.
¶ 주가의 오름세가 천장을 뚫을 기세다.

관용 표현

- **천장을 모르다** 한계를 알 수 없다. ¶ 아파트 값이 천장을 모르고 뛰고 있다.

속담

- **천장을 보고 서까래 헤아린다** 속마음을 감추려고 딴청을 부린다는 뜻.

✕ 천정 (天井)

'천장(天障)'의 틀린 말.

> **'천장'과 '천정'**
> '천장(天障)'은 표준어이고, '천정(天井)'은 비표준어이다. 관용 표현으로 '천정부지(天井不知)'를 쓰는 경우에만 '천정'을 쓸 수 있다. 방의 위쪽 공간을 가리키는 말로는 '천정'을 쓰지 않고 '천장'을 쓴다.

천정부지 명사 (天井不知)

(주로 '천정부지로'의 형태로 쓰이어) 물가나 주가 따위가 크게 뛰어 오름을 뜻하는 말. '하늘 높은 줄 모르고'로 바꿔 쓰는 것이 좋다.
¶ 요즘은 전셋값이 천정부지로 뛰고 있어서 집 없는 사람들은 불안감이 커지고 있다.

천지 명사 (天地)

① 하늘과 땅을 아울러 이르는 말.

¶ 눈이 내리어 천지가 하얗게 변했다.

¶ 안개가 자욱하여 천지를 분간할 수 없다.

② '세상(世上)'의 뜻으로 하는 말. 때로는 '세상천지에'로 쓰기도 한다.

¶ 이런 어처구니없는 일이 천지에 어떻게 일어날 수 있겠니?

¶ 천지에 그런 경우는 없다.

③ ('무엇이 천지다' 또는 '무엇 천지다'의 형태로 쓰이어) '무엇이 많음'을 뜻하는 말.

¶ 서울은 이리 가도 사람 천지요 저리 가도 사람 천지다.

¶ 가게에는 먹을 것이 천지다.

¶ 공연이 끝나고 사람들이 떠난 광장은 쓰레기 천지로 변해 있었다.

복합어

- **세상천지**(世上天地) 명사 (주로 '세상천지에' 형태로 쓰이어) '세상'을 강조하는 말. ¶ "세상천지에 그런 일이 어디 있어요!"
- **천지간**(天地間) 명사 이 세상. 지구상. ¶ 천지간에 혈육은 너와 나뿐이다.
- **천지개벽**(天地開闢) 명사 ① 하늘과 땅이 처음으로 생겨남. ② 자연이나 사회가 크게 변화함.
- **천지신명**(天地神明) 명사 ① 천지의 여러 신령. ② 우주를 주관하는 신령.

관용 표현

- **천지가 진동하다** 천지가 울리듯 소리가 매우 크다. ¶ 공사장에서 천지가 진동하는 소리가 들리더니 건물이 무너져 내렸다.
- **천지 차이** 하늘과 땅이 다른 것처럼 차이가 크거나 확실하다. 아주 딴판이다. ¶ 그들은 쌍둥이지만 성격은 천지 차이이다.
- **천지를 분간하다** (주로 부정적인 말과 함께 쓰이어) 분별력이 없이 행동하다. ¶ 너는 어떻게 그렇게 천지를 분간하지 못하고 행동하니?

속담

- **천지가 개벽할 판이다** 사물이나 형편이 아주 딴판으로 바뀔 판이다.
- **천지 분간 못하고 누워 도리질한다** 제 주제를 모르거나 분별력이 없어 제멋대로 행동한다는 뜻으로 이르는 말.

천하 명사 (天下)

① 온 세상.

¶ 우리는 천하 만민이 평화롭게 공존하기를 바랍니다.

¶ 천하를 호령하던 영웅도 죽으면 한줌 흙으로 돌아간다.

② 한 나라. 나라 전체.

¶ 왕건이 천하를 통일하고 나라 이름을 고려라고 지었다.

③ (주로 명사 뒤에 붙어서) 그것이 지배하는 세상을 뜻함.

¶ 러일전쟁에서 일본이 승리하자 조선은 친일파 천하로 바뀌었다.

④ (주로 명사나 이름 앞에서 '천하의' 형태로 쓰이어) 대단한 사람이라는 뜻으로 쓰거나 비꼬아서 표현하는 말.

¶ 그는 천하의 독설가로 이름을 날렸다.

¶ 천하의 명사수들이 다 모였다.

¶ 천하의 김 장수가 계집애처럼 무서움을 타다니!

⑤ (주로 '천하에' 형태로 쓰이어) 세상 어디에도 없을 정도임을 강조하는 말.

¶ 천하에 그런 불효자는 다시없을 거다.

복합어

- **천하만국**(天下萬國) 명사 세상의 모든 나라.
- **천하만사**(天下萬事) 명사 세상의 온갖 일.
- **천하 명창**(天下名唱) 명사 세상에 드문 명창.
- **천하무적**(天下無敵) 명사 천하에 대적할 만한 적이 없음.
- **천하없어도**(天下-) 부사 무슨 일이 있더라도 절대로. 세상없어도.
- **천하일색**(天下一色) 명사 세상에 하나뿐인 미인.
- **천하장사**(天下壯士) 명사 ① 세상에 보기 드문 장사. ② 민속 씨름에서, 최고의 선수권.
- **천하제일**(天下第一) 명사 세상에서 견줄 만한 것이 없음.
- **천하태평**(天下太平) 명사 ① 세상이 태평함. ② 아무 걱정도 없이 편안함.

관용 표현

- **천하를 얻은 듯** 매우 만족해함을 이르는 말. ¶ 첫 월급을 받은 영수는 마치 천하를 얻은 듯 어깨에 힘을 주며 집으로 갔다.
- **천하(에) 없다** 이 세상에 다시없다. ¶ 천하 없는 사람이 와서 부탁해도 못 하는 일은 못 하는 거야.

ㅊ

철[1] 명사

① 봄, 여름, 가을, 겨울의 네 시기. 계절(季節).

¶ 우리나라는 철에 따라서 날씨가 매우 다르다.

¶ 철 따라 집안 실내 장식을 바꾼다.

② 한 해의 일정한 때. 어떤 일을 하기 가장 좋은 때.

¶ 모심기 철에 모심기를 하지 못할 만큼 가뭄이 들었다.

¶ 요즘은 이사 철이 따로 없다.

③ 제철.

¶ 그는 철이 지난 옷을 입고 다닌다.

¶ 철 이르게 국화가 피었다.

복합어

- **제철** 명사 알맞은 철. ¶ 눈이 오자 강아지들이 제철을 만난 듯 눈밭을 헤집고 다닌다. / 제철 과일이 몸에 좋다고 한다.
- **철겹**다 형용사 제철에 맞지 않고 뒤지다. ¶ 시월에 철겨운 개나리가 피었다.
- **철새** 명사 철을 따라 멀리 떨어져 있는 번식지를 해마다 정기적으로 오고가는 새 무리. 우리나라에 머무는 철에 따라 겨울새, 여름새가 있고 이동 도중에 잠깐씩 머물다 가는 나그네새가 있다.
- **철새족**(-族) 명사 한곳에 머물지 못하고 철새처럼 이리저리 옮아 다니는 족속.
- **철수** 명사 철의 이르고 늦음, 좋고 나쁨 따위의 상태. ¶ 올해는 10월에 윤달이 들어서 철수가 매우 이른 편이다.

관용 표현

- **철을 만나다** ① 제철이 되어 한창 무르익다. ② 무엇을 할 수 있는 가장 적절한 때를 만나 한껏 능력을 발휘할 수 있게 되다.
- **철이 이르다** 나거나 나타나는 것이 제철보다 앞당겨지다.

속담

- **철 그른 동남풍** 정작 필요할 때는 없다가 이미 소용없게 된 때에 생기는 사물이나 그런 사람.
- **철 묵은 색시** 혼인만 하고 오랫동안 신랑 집에 가지 않고 있는 신부.
- **철 묵은 색시 가마 안에서 장옷 고름 단다** 준비할 시간이 충분히 있었음에도 미리 준비하지 않고 있다가 정작 일이 닥쳐서야 다급하게 서두른다는 말.

철^2 명사

사리를 분별하는 슬기.
¶ 아무리 어리다 해도 철이 너무 없구나.

복합어

- **철나**다 (자동사) 사리를 분별할 수 있는 힘이 생기다. 철들다.
- **철들**다 (자동사) =철나다
- **철따구니** (명사) '철[2]'의 낮은말.
- **철딱서니** (명사) '철[2]'의 낮은말.
- **철딱지** (명사) '철[2]'의 낮은말.
- **철모르**다 (자동사) 아직 어려서 사물을 분간하지 못하다.
- **철부지**(-不知) (명사) ① 철없는 아이. ② 철없는 어리석은 사람.
- **철없**다 (형용사) 사리를 분간할 능력이 없다.
- **철없이** (부사) 사리를 분간할 능력이 없는 상태로. ¶ 철없이 까불기만 한다.

관용 표현

- **철을 모르다** 세상 물정을 알지 못하다.
- **철이 없다** 사리를 분간할 힘이 없다. 철없다.

속담

- **철나자 망령 난다** ① 일이란 제때에 해야지 너무 늦으면 다른 문제가 생긴다는 말. ② 나이 든 사람이 상식 밖의 일을 함을 비웃는 말.
- **철들자 망령 난다** =철나자 망령 난다

-철 접사 (綴)

접미사

여러 장의 서류나 문서 따위를 하나로 묶은 것임을 나타내는 말. -묶음.
¶ 문서철. 서류철. 신문철

첫 관형사

처음의.

¶ 우리는 첫 사업으로 주택 건축을 시작했다.

¶ 우리나라에서 열리는 첫 국제행사이다.

첫- 접사

접두사

'처음'의 뜻을 보태는 말.

¶ 첫걸음, 첫사랑, 첫서리

복합어

- **첫걸음** 명사 ① 맨 처음 내디디는 걸음. ② 어떤 일을 처음 시작한 단계. 초보(初步).
- **첫길** 명사 ① 처음으로 가는 길. ② 장가들러 가거나 시집가는 처음 길.
- **첫날**[천-] 명사 어떤 일을 처음 시작하는 날.
- **첫날밤**[천-] 명사 결혼한 신랑과 신부가 처음 함께 자는 밤. 초야(初夜).
- **첫낯**[천-] 명사 처음으로 마주 보는 얼굴.
- **첫닭** 명사 새벽에 처음으로 홰를 치며 우는 닭.
- **첫더위** 명사 그해 여름 처음으로 맞는 더위.
- **첫돌** 명사 처음 맞는 돌.
- **첫딸** 명사 처음 낳은 딸. 큰딸. 맏딸.
- **첫마디**[천-] 명사 ① 처음 하는 말. ② 말의 첫머리.
- **첫말**[천-] 명사 첫마디의 말.
- **첫머리**[천-] 명사 처음 시작하는 부분.
- **첫모**[천-] 명사 윷놀이에서 그 판에 처음 나오는 모.
- **첫발** 명사 ① 처음 떼는 발. ② 어떤 일이나 사업의 시작을 이르는 말.
- **첫사랑** 명사 처음으로 느끼거나 맺은 사랑. 또는 그 사람.
- **첫새벽** 명사 날이 밝기 시작하는 이른 새벽.
- **첫서리** 명사 그해 가을에 처음 내리는 서리.

- **첫소리** 명사 한 소리마디에서 처음 나는 소리. 초성(初聲).
- **첫손**[첟쏜] 명사 ('꼽다' 따위의 동사와 함께 쓰이어) 여럿 중 가장 뛰어난 것.
- **첫손가락**[첟쏜까-] 명사 ① '엄지손가락'을 달리 이르는 말. ② =첫손
- **첫수**(-手) 명사 장기나 바둑에서, 맨 처음 두는 수.
- **첫술** 명사 맨 처음 떠먹는 밥술.
- **첫아들**[처다들] 명사 처음 낳은 아들.
- **첫아이**[처다-] 명사 처음 낳은 아이.
- **첫얼음**[처더름] 명사 처음 어는 얼음.
- **첫인사**(-人事)[처딘사] 명사 ① 처음 교제를 트는 인사. ② 모임 따위에서, 처음으로 자기를 알리는 인사. ③ 모임 따위에서 주최자가 청중들에게 처음 하는 인사.
- **첫인상**(-印象)[처딘상] 명사 첫눈에 느끼는 인상. 처음 보았을 때 느끼는 인상.
- **첫차**(-車) 명사 그날 맨 처음 떠나거나 도착하는 차.
- **첫추위** 명사 그해 겨울 처음으로 닥친 추위.
- **첫출발**(-出發) 명사 (어떤 일에) 첫걸음을 내어 디디는 일.
- **첫판** 명사 어떤 일을 시작하는 첫머리.
- **첫해** 명사 어떤 일을 시작하는 처음 해.

속담

- **첫딸은 살림 밑천이다** 첫딸은 집안 일에 도움이 된다는 말로, 첫딸을 낳은 서운함을 위로하는 말.
- **첫모 방정에 새 까먹는다** 윷놀이에서 처음에 모가 나오면 들떠서 느슨하게 말을 쓰다가 결국 그 판을 지게 될 수 있다는 말로 첫모쯤은 문제도 아니라고 비꼬는 말.
- **첫술에 배부르랴** 처음부터 자기가 바라는 대로 되는 일은 없다는 말.

ㅊ

첫눈[1] 명사 [천-]

처음으로 본 느낌이나 인상.

¶ 나는 그 아이가 나를 찾고 있다는 것을 첫눈에 알 수 있었다.

관용 표현

- **첫눈에 들다** 처음 보는 즉시 마음에 들다.
- **첫눈에 반하다** 처음 보는 즉시 반하다.

첫눈[2] 명사 [천-]

그해 겨울 처음 내리는 눈.

¶ 첫눈이 내리던 날 친구와 덕수궁 돌담길을 거닐던 추억이 새롭다.

'첫눈[1]'과 '첫눈[2]'의 소리

두 낱말의 소리는 같다. 원래 사람 얼굴에 있는 '눈'은 짧은소리로 내기 때문에 '첫눈[1]'은 '천눈'으로 짧게 소리 내는 것이 당연하다. 그러나 하늘에서 내리는 '눈'은 긴소리로 내기 때문에 '첫눈[2]'의 '눈'을 긴소리로 내지 않는다면 이 두 낱말은 발음이나 형태로는 전혀 구별할 수 없게 된다. 이런 문제가 있지만 표준발음법은 첫소리에서 나는 긴소리만 인정하고 둘째 음절 이하에서 나는 긴소리는 인정하지 않는다. 따라서 '첫눈[2]'도 '첫눈[1]'과 똑같이 발음하게 된 것이다. 원래 긴소리 발음을 하던 말이 다른 말의 뒤에 붙었다는 이유로 짧은소리로 바뀐 경우는 매우 많다. 대표적인 낱말을 몇 개 적으면 아래와 같다.

긴소리	짧은소리	긴소리	짧은소리
눈밭, 눈사람, 눈싸움	가루눈, 도둑눈, 봄눈, 싸라기눈, 소나기눈, 첫눈, 함박눈	일꾼, 일머리, 일손, 일자리, 일하다	가욋일, 나랏일, 밤일, 밭일, 집안일, 헛일
밤고구마, 밤나무, 밤송이, 밤톨	군밤, 생밤, 송이밤, 쌍동밤, 알밤, 외톨밤	내놓다, 내다, 내비치다, 내세우다	끌어내다, 떠내다, 빼내다, 파내다, 해내다
실가지, 실개천, 실눈썹, 실뜨기, 실바람	감침실, 바느실, 뜨개실, 오색실	벌다, 벌어먹다, 벌어지다, 벌이다	막벌다, 줌벌다

첫째 명사 수사 관형사

명사

① '첫째 아이'의 뜻으로 맏아들이나 맏딸을 이르는 말.

¶ 이번에 우리 첫째를 여의게 되었습니다.

② 으뜸. 제일(第一).

¶ 나는 첫째로 그의 능력을 높이 평가했고, 둘째로 그의 마음가짐을 높이 평가했다.

¶ 나에게는 부모가 첫째요 자식은 둘째다.

수사

맨 처음의 차례.

¶ 아마 그가 우리 마을에서 첫째 아니면 둘째로 부자일 거다.

관형사

맨 처음 차례의.

¶ 이 소설은 첫째 권이 가장 재미있다.

복합어

- **첫째가다** (자동사) 으뜸가다. 여럿 가운데서 가장 낫다.

> **'첫째'와 '첫 번째'**
>
> 여럿을 차례로 일컬을 때에 첫째, 둘째, 셋째, 넷째처럼 헤아린다. 어떤 일을 여러 번 하는 경우에 몇 번째로 하는지 순서를 헤아릴 때는 첫 번째, 두 번째, 세 번째, 네 번째처럼 쓴다. 같은 일을 여러 번 하는 경우에 순서대로 일컬을 때만 '첫 번째'를 쓰고 일반적으로 순서를 나타낼 때는 '첫째'를 쓴다. 사람들이 자주 잘못 사용하는 경우는 '첫째'를 써야 할 경우에 '첫 번째'를 쓰는 것이다.
>
> ¶ 두 가지 두려움 가운데에 첫 번째(×) 두려움은 독서의 의무라고 할 수 있다. → 첫째
>
> ¶ 이 시점에서 우리가 해야 할 첫 번째(×) 일은 우리의 의사를 밝히는 것이다. → 첫째
>
> ¶ 옥에 갇힌 그에게 세 가지 형벌 중에 하나를 고를 권리가 주어졌다. 첫째 법에 따라 주살될 것, 둘째 돈 50만 전을 내고 죽음을 면할 것, 셋째 궁형을 감수할 것이었다. 사마천은 두 번째(×) 방법을 취하고 싶었으나 귀족이 아닌 그가 그런 거액을 낼 수 없어서 결국 셋째를 선택하게 되었다. → 둘째

ㅊ

청탁 명사 (請託)

청하여 남에게 부탁함.

¶ 출판사에서 원고 청탁을 해왔다.

¶ 청탁을 받아 공무를 처리하는 것은 불법이다.

복합어

- **청탁하다**(請託-) (타동사) 남에게 요청하여 부탁하다. ¶ 그는 담당 공무원에게 빨리 처리해 달라고 청

탁했다. / 요즘은 나에게 그림을 그려 달라고 청탁하는 사람이 늘고 있다.
▶ '청탁'과 '부탁'의 차이는 올림말 '부탁' 참고.

체[1] 명사

가루를 곱게 치거나 액체를 밭거나 거르는 데 쓰는 기구.
¶ 떡을 하려면 쌀가루를 빻아 체로 쳐서 고운 가루를 내야 한다.

복합어

- **가는체** 명사 =고운체
- **겹체** 명사 두 올씩으로 짠 쳇불로 메운 체.
- **고운체** 명사 올이 가늘고 구멍이 잔 체.
- **굵은체**[굴:근-] 명사 올이 굵고 구멍이 큰 체.

체[2] 명사

그럴듯하게 꾸미는 거짓 태도임을 나타내는 말. =척
¶ 아이가 엄마 목소리를 듣더니 자는 체를 한다.

복합어

- **체하다** 보조 동사 그럴듯하게 꾸미는 태도를 나타내다. 척하다. ¶ 너무 아픈 체하지 않는 것이 좋겠다. / 조금 아는 것으로 아는 체하다가는 오히려 무시당할 수 있다.

쳐

동사 '치다'의 연결형. '치다'에 연결 어미 '-어'가 붙은 형태인 '치어'가 줄어든 형태.
¶ 여기에 텐트를 쳐 놓고 물가로 나가자.
¶ 배게 난 가지를 쳐 나무가 잘 자라게 해야 한다.

¶ 양념을 너무 많이 쳐 요리를 하면 제 맛이 죽는다.
¶ 하나에 만 원씩만 쳐 주세요.

> **'쳐'의 띄어쓰기**
> '쳐'를 '치다'의 활용형으로 쓸 때에는 다음에 오는 동사와 띄어 써야 한다. '커튼을 쳐 놓으니 분위기가 아늑하다' '하나에 만 원씩 쳐 산 물건이 전부 가짜라니!'처럼 '쳐'는 뒤에 오는 동사와 띄어 쓴다. 다만, 몇몇 동사와 어울려 복합어를 이룰 경우에는 '쳐부수다', '쳐들어오다'처럼 붙여 쓴다.

쳐가다 동사

규10-0 쳐가고, 쳐가, 쳐간다, 쳐갑니다, 쳐갔다

타동사

바닥에 있는 더러운 것을 파내어 가져가다.

쳐내다[1] 동사

규11-0 쳐내고, 쳐내어/쳐내, 쳐낸다, 쳐냅니다, 쳐내었다/쳐냈다

타동사

바닥에 있는 더러운 것을 쓸어 모아서 다른 곳으로 가져가다.
¶ 우리는 양계장에서 쳐낸 닭똥을 거름으로 사용한다.

쳐내다[2] 동사

규11-0 쳐내고, 쳐내어/쳐내, 쳐낸다, 쳐냅니다, 쳐내었다/쳐냈다

타동사

체를 흔들어서 고운 가루를 뽑아내다.
¶ 밀가루를 고운체로 쳐내어 반죽해야 반죽이 부드럽게 된다.

쳐다보다 동사 [쳐:-]

규10-0 쳐다보고, 쳐다보아/쳐다봐, 쳐다본다, 쳐다봅니다, 쳐다보았다/쳐다봤다

타동사

① 위를 향하여 올려다보다.

¶ 하늘을 쳐다보니 서쪽에서 먹구름이 몰려오고 있다.

¶ 닭 쫓던 개 지붕 쳐다보듯 한다는 말이 있다.

② 얼굴을 들어 바로 보다.

¶ 어린아이가 나를 말똥말똥 쳐다본다.

¶ 그 사람은 사람들 얼굴을 하나하나 쳐다보면서 이야기했다.

③ 존경하는 마음으로 보다.

¶ 제가 쳐다볼 수 있는 선배가 있다는 것은 고마운 일입니다.

④ 눈을 치뜨고 바라보다. 불쾌한 감정을 느끼는 경우에 쓰는 말이다.

¶ 넌 왜 남의 얼굴을 그렇게 빤히 쳐다보고 있니?

⑤ 어떤 대상을 전적으로 의지하며 바라보다.

¶ 요즘은 생활비가 많이 들어서 남편만 쳐다보고 살 수 없다.

복합어

- **쳐다보이다**[쳐:-] 자동사 훌륭하게 여겨지다. 존경할 만하게 보이다. ¶ 어려운 중에도 남을 돕고 있는 그가 쳐다보인다.

'쳐다보다'의 높이

'쳐다보다'는 자기 눈높이보다 높이 있는 대상을 보는 경우에 쓴다. 자기 눈높이보다 아래 있는 사물을 볼 때는 이 말을 쓰기 곤란하다. 서 있는 사람이 앉은 사람을 보는 것처럼 눈 아래 있는 사물을 볼 때에는 '내려다보다', '바라보다', '눈여겨보다'를 쓴다.

¶ 엄마는 침대에 누워 자고 있는 아이를 쳐다본다(×). → 내려다본다, 바라본다

쳐들다 동사 [쳐:-]

불11-2 쳐들고, 쳐드니, 쳐듭니다, 쳐들었다

타동사

① 위로 들어 올리다.

¶ 선생님 질문에 아이들이 손을 번쩍 쳐들면서 “저요, 저요” 한다.

¶ 그 선수는 단상에서 금메달을 높이 쳐들고 흔들었다.

¶ 고개를 쳐들어 나를 보고 이야기해라.

② 어떤 사실을 입에 올려서 말하다. 초들다.

¶ 이미 지난 일을 자꾸 쳐들어서 좋을 게 무어 있겠느냐.

초들다 동사

불11-2 초들고, 초드니, 초들어, 초든다, 초듭니다, 초드오, 초들었다

타동사

어떤 사실을 입에 올려서 말하다. 쳐들다.

¶ 왜 남의 이름을 자꾸 초들어 사람들 입질에 오르게 하느냐?

초롱1 명사

석유나 물 따위를 담는, 함석으로 만든 통.

¶ 아버지가 막걸리를 한 초롱 받아와서 집안에서 잔치를 벌였다.

¶ 물이 가득한 초롱을 양손에 들고 언덕을 올랐다.

▶ ‘초롱’과 ‘호롱’의 차이는 올림말 ‘호롱’ 참고.

초롱2 명사 (-籠)

촛불을 넣어 달아 두거나 들고 다니는 등(燈).

¶ 행사를 알리는 파랗고 빨간 초롱이 골목 곳곳에 걸렸다.

¶ 예전에는 아이들이 호박꽃 속에 반딧불이를 넣고 묶어 만든 초롱을 들고 놀았다.

복합어

- **초롱같다**(-籠-) 형용사 눈이나 귀, 정신 따위가 환하게 밝다.
- **초롱꾼**(-籠-) 명사 초롱으로 밤길을 밝혀주는 사람.
- **초롱불**(-籠-) 명사 초롱에 켠 불.
- **초롱이**(-籠-) 명사 눈이나 정신이 정기가 있고 맑은 사람.

초롱초롱 부사

① 눈이 정기가 돌고 맑은 모양.
¶ 아이 눈이 초롱초롱 빛이 난다.
② 별빛이나 불빛이 밝고 또렷또렷한 모양.
¶ 하늘에는 별들이 초롱초롱 빛나고 있다.
③ 목소리가 맑고 또렷한 모양.
¶ 책 읽는 아이의 목소리가 초롱초롱 울린다.

복합어

- **초롱초롱하다** 형용사 ① 눈에 정기가 있고 맑다. ② 별빛이나 불빛 따위가 밝고 또렷하다. ③ 정신이 맑고 또렷하다. ¶ 어머님은 아직 정신은 초롱초롱하신데 무릎이 아프셔서 거동을 못 하신다. ④ 목소리가 맑고 또렷하다.
- **초롱초롱히** 부사 초롱초롱하게.

초벌 명사 (初-)

같은 일을 여러 차례 거듭하여야 할 때에 맨 처음 대강 하여 낸 차례. 애벌.
¶ 벽을 피지로 초벌 바른 뒤에 벽지를 발라야 흙물이 배어 나오지 않는다.

복합어

- **초벌구이**(初-) 명사 애벌 구운 도자기. 또는 애벌 굽는 일. 애벌구이. 설구이.
- **초벌죽음**(初-) 명사 거의 죽게 됨. 반죽음.

초주검 명사 (初-)

① 몹시 다치거나 맞아 거의 죽게 된 상태.

¶ 김 이병은 내무반에서 구타를 당하여 거의 **초주검**이 되어 병원에 실려 왔다.

② 몹시 피곤하여 몸을 거의 움직일 수 없는 상태.

¶ 잠시도 쉬지 않고 달려 목적지에 도착할 즈음에는 일행 모두 **초주검**이 되어 있었다.

> **'초주검'과 '초죽음'**
>
> '어떤 일이나 기간이 시작하는 첫머리'를 나타내는 말로 '초(初)'를 사용한다. '초겨울', '초하루'의 '초'가 그 예이다. '초주검'의 '초'도 이와 같은 뜻을 나타낸다. 그렇다면 '초주검' 대신에 '초죽음'도 쓸 수 있을까? '초죽음'은 인정하지 않으므로 '초주검'만 쓸 수 있다. 거의 '주검'이 된 상태를 나타내기 때문이다.

× 초죽음

'초주검'의 틀린 말.

최선 명사 (最善)[최: -]

① 가장 좋고 훌륭함. 또는 그런 일.

¶ 감기에 걸리면 푹 쉬는 게 **최선**이다.

¶ 싸우지 않고 이기는 것이 **최선**이다.

② 온 정성과 힘.

¶ 이 일이 성공할 수 있도록 **최선**을 다해 주기 바랍니다.

¶ 우리 사회가 지금 가장 **최선**을 기울여서 해야 할 일은 무엇인가?.

복합어

- **최선책**(最善策)[최: -] 명사 가장 좋고 훌륭한 방책. 차선책(次善策).

ㅊ

추기다 동사

규11-0 추기고, 추기니, 추기어/추겨, 추기는, 추긴다, 추깁니다, 추기었다/추겼다

타동사

(사람을) 살살 꾀어서 무엇을 하도록 마음을 흔들다. 부추기다. 선동하다.

¶ 할머니는 손주들한테 학교에서 배운 노래를 불러 보라고 자꾸 추겼다.

¶ 사람을 죽이라고 추기는 행위는 형법상 범죄 행위이다.

> **'추기다'와 '축이다'**
>
> '추기다'는 부추기는 행위를 가리키고, '축이다'는 축축하게 만드는 행위를 가리킨다. 남에게 나쁜 일을 하게 만드는 것은 '추기는' 행위이고, 목이 마를 때 물을 마셔 목을 축축하게 만드는 행위는 '축이는' 행위이다.

추다[1] 동사

규11-0 추고, 추니, 추어/춰, 춘다, 춥니다, 추었다/췄다

타동사

① 업거나 지거나 한 것을 치밀어서 올리다.

¶ 업은 아이가 자꾸 처져서 아이를 추어서 다시 업었다.

② 어깨를 위로 올리다.

¶ 그 남자는 어깨를 으쓱 추는 버릇이 있다.

③ 몸을 똑바로 가누다.

¶ 날이 너무 더우니 선수들도 몸을 못 추는 것 같다.

④ 어떤 사람을 정도 이상으로 크게 칭찬하여 말하다.

¶ 아이를 추어 가며 가르쳐야 아이가 열심히 따라 한다.

복합어

- **추어올리다** [타동사] 올림말 '추어올리다' 참고.
- **추어주다** [타동사] 올림말 '추어주다' 참고.

'추다'와 '추키다'

'추키다'는 '추다[1]'의 힘줌말로, 물건을 아래쪽에서 위쪽으로 밀어 올리는 동작을 가리킨다. 그러나 '추키다'는 '추다[1]'의 뜻 가운데에서 ①과 ②의 의미를 강조할 때에만 쓸 뿐 ③과 ④의 뜻으로 쓰는 '추다'를 강조할 때에는 쓰지 않는다.

¶ 엄마가 아이를 추어(○)/추켜(○) 업고 간다.

¶ 내 말에 동생은 어깨를 조금 추어(○)/추켜(○) 보이면서 나를 바라본다.

¶ 아이를 추어(○)/추켜(×) 가며 가르쳐라.

¶ 약을 먹었더니 나른해져서 도무지 몸을 추어(○)/추켜(×) 걸을 수 없었다.

추다^{2} 동사

규11-0 추고, 추니, 추어/춰, 춘다, 춥니다, 추었다/췄다

자동사

('춤을 추다'의 구문으로 쓰이어) 춤 동작을 보이다. 장단에 맞추어 몸을 움직이다.

¶ 사람들이 길거리에서 기타를 치며 노래도 부르고 춤도 춘다.

¶ 바람이 일자 물결이 춤을 춘다.

복합어

- **춤** 명사 장단에 맞추거나 흥에 겨워 팔다리와 몸을 움직여 뛰노는 동작.
- **춤추다** 자동사 ① 장단에 맞추거나 흥에 겨워 팔다리와 몸을 율동적으로 움직여 뛰놀다. ② (비유하여) 몹시 기뻐 날뛰다. ③ 남의 말을 좇아 줏대 없이 앞에 나서서 설치다.

추돌 명사 (追突)

뒤에서 달려와 들이받음.

¶ 출근길에 버스가 앞에 있던 자동차를 들이받은 추돌 사고를 목격했다.

¶ 고속도로에서 삼중 추돌 사고가 나 한 명이 크게 다쳤다고 한다.

ㅊ

복합어

- **추돌하다**(追突－) [자동사] [타동사] 뒤에서 달려들어 들이받다.

> **'추돌'과 '충돌'**
> '추돌'은 같은 방향으로 가고 있는 앞의 차나 사람을, 뒤따르는 차나 사람이 가서 부딪는 것이고, '충돌'은 방향이 다른 자동차나 열차 따위가 맞부딪치는 것을 말한다. 마주보고 달리던 자동차가 부딪친다거나, 건널목을 건너던 자동차와 기차가 부딪치는 것 따위는 '충돌'이라고 한다.

추렴 명사

여러 사람이 돈을 내서 무엇을 사 먹거나, 무슨 일을 하기 위해서 일정하게 나누어 내는 일.
¶ 동네잔치는 집집이 추렴으로 준비하였다.

복합어

- **추렴새** [명사] 추렴하는 돈이나 물건, 또는 추렴하는 일.
- **추렴하다** [타동사] 여러 사람이 무슨 일을 하기 위해서 필요한 돈을 일정하게 나누어 내다.

관용 표현

- **추렴을 들다** ① 추렴하는 데에 끼다. ② 다른 사람들이 말하는 데에 끼어 말을 하다.

> **'추렴'과 '걸립'**
> 여러 사람이 함께 무엇을 사 먹거나, 무슨 일을 하기 위해서 돈을 거두는 방법에는 두 가지 있다. 하나는 총액을 정하여 놓고 여러 사람에게 일정하게 나누어 거두는 방법이고, 다른 하나는 내는 사람이 자율적으로 액수를 정하여 내는 방법이다.
> 전자는 여러 사람이 모여서 얼마씩 내기로 결정하면 된다. 이 방법으로 돈을 마련하는 것을 '추렴'이라고 한다. 후자는 돈을 내는 사람에게 돈을 낼 마음을 가지도록 유도하여야 하는데 돈이 필요한 조직(예를 들면 절이나 공공기관)이 농악대나 공연단을 조직하여 마을과 가정을 돌아다니면서 굿 따위를 해 주고 기금을 거두는데 이 방식을 '걸립(乞粒)'이라고 한다.
> '걸립'이 공적인 일을 추진하기 위하여 기금을 마련하는 방식으로 썼다면 '추렴'은 사적인 모임 비용을 마련하는 방식으로 많이 썼다.

추리다 동사

규11-0 추리고, 추리어/추려, 추린다, 추립니다, 추리었다/추렸다

타동사

여럿 중에서 좋은 것이나 필요한 것을 가려내거나 뽑아내다. 선택하다. 선정하다.

¶ 먹을 만한 것만 추려서 그릇에 담고 나머지는 버려라.

> **'추리다', '가리다', '뽑다'**
>
> 여럿 가운데에서 선택하는 행위를 나타내는 말로 '추리다', '가리다', '뽑다' 세 가지가 있다.
>
> '추리다'는 여러 가지가 섞인 상태에서 어떤 조건에 맞는 것을 골라내는 행위이다. 고구마 가운데에서 씨알이 굵은 것만 추리고, 쓸 만한 옷만 추리는 등 물건의 상태에 따라서 조건에 맞는 것을 고르는 행위를 추린다고 한다.
>
> '가리다'는 사람이나 동물을 포함한 모든 사물 가운데에서 어떤 것이 조건에 더 맞는지 변별해 내는 일을 가리킨다. 둘 중에서 하나를 고르거나, 여럿 중에서 하나를 고르는 행위이다. 거짓말을 한 사람을 가리고, 내 몸에 더 어울리는 옷을 가리고, 맞는 답을 가리고, 우승팀을 가린다고 한다. 추리는 결과물은 수십 개가 되거나 수백 개가 될 수 있지만 가리는 결과물은 한두 개에 지나지 않는다. 사람을 대상으로 하여 '추리다'는 쓸 수 없지만 '가리다'는 쓸 수 있다.
>
> '뽑다'는 여러 사람 중에서 한두 사람을 골라내는 일을 가리킨다. '가리다'에는 대표성이 없지만 '뽑다'에는 대표성이 있다. 그래서 '그 사람을 대표로 뽑았다'는 말이 되지만 '그 사람을 대표로 가렸다'는 말이 되지 않는다.

추스르다 동사

불11-6 추스르고, 추슬러, 추스른다, 추스릅니다, 추슬렀다

타동사

① (물건을) 추어올려 잘 다루다.

¶ 자루를 추슬러 다시 메는 서슬에 돈 소리가 철커덕 난다.

¶ 업은 아이를 추스른 뒤에 아낙은 바삐 아래로 내려갔다.

② 얼크러진 일이나 생각 따위를 잘 간추리다.

¶ 이번 사고를 잘 추스르지 못하면 엄청난 문제가 생길 수 있다.

¶ 잠시 생각을 좀 추슬러 보아야겠습니다.

③ (몸을) 가누어 움직이다.

¶ 나이가 들면 한 몸 추스르기도 겨워서 집 앞도 나다니기 어렵다.

¶ 병으로 누운 지 한 달 만에 겨우 몸을 추슬러서 외출을 하였다.

× 추슬리다

'추스르다'의 틀린 말.

> **'추스르다'와 '추슬리다'**
>
> 북한에서는 '추스르다'의 피동형과 사동형으로 '추슬리다'를 쓴다. 그러나 남한의 표준어에는 '추슬리다'를 쓰지 않는다. '추스르다'를 쓰면 그만이기 때문이다.
>
> ¶ 영호는 가까스로 정신을 추슬리고(×) 주위를 둘러보았다. → 추스르고
>
> ¶ 빨리 사건을 추슬려서(×) 기자들이 엉뚱한 기사를 쓰지 않게 해라. → 추슬러서

추어올리다 동사

규11-0 추어올리고, 추어올리어/추어올려, 추어올린다, 추어올립니다, 추어올리었다/추어올렸다

타동사

① (옷이나 물건, 신체 일부를) 위로 가뜬하게 올리다.

¶ 아이가 흘러내리는 바지를 추어올리면서 달려간다.

② 실제보다 부풀려서 칭찬하다.

¶ 사람들이 나를 자꾸 추어올리니 무척 쑥스러웠다.

¶ 그 애는 조금만 추어올려도 우쭐댄다.

> **'추어올리다'와 '추켜올리다'**
>
> 그동안 '칭찬하다'의 뜻으로는 '추어올리다'를 쓰고, '바지를 위로 올리다'의 뜻으로는 '추켜올리다'를 쓰던 것을 두 가지 뜻 모두 표준어로 인정하였다. (올림말 '추켜올리다' 참고.)

추어주다 동사

규11-0 추어주고, 추어주어/추어줘, 추어준다, 추어줍니다, 추어주었다/추어줬다

타동사

실제보다 부풀려서 칭찬하다.

¶ 아이들은 조금만 추어주면 신이 나서 뭐라도 열심히 한다.

> **'추어주다'와 '추어올리다', '추켜올리다', '치켜올리다'**
>
> '추어주다'와 같은 뜻으로 '추어올리다', '추켜올리다', '치켜올리다'를 모두 쓸 수 있다. 어감으로는 아주 조금씩 다른 점이 있지만 확실하게 구별할 수 있을 만큼 다르지 않다.

추월 명사 (追越)

'앞지르기'로 순화.

복합어

- **추월선**(追越線) 명사 (주로 고속도로에서) 앞지르기를 허용하는 차로. 앞지르기 차로.
- **추월하다**(追越－) 타동사 '앞지르다'로 순화.

> **'추월'과 '앞지르기'**
>
> '추월(追越)'은 일본어 '오이코시[追越]'의 일본식 한자 표기를 우리말로 읽은 것이다. 그래서 '앞지르기'를 쓰도록 권한다. 앞서 가는 사람이나 차를 뒤에서 따라잡아 앞서는 행위를 가리킨다.

추인 명사 (追認)

① 이미 시행된 일을 나중에 인정함.

¶ 이 사안은 이사회의 추인을 받아야 한다.

② 결점이 있는 법률 행위를 뒤에 가서 완전하게 보충하는 의사 표시. 미성년자가 단독으로 한 상행위, 대리권이 없는 사람이 한 대리 행위 같은 것이 추인의 대상이 된다.

복합어

- **추인하다**(追認－) 타동사 과거의 행위를 추후에 소급하여 인정하다. ¶ 이사회에서 결정한 사항을 총회에서 추인하였다. / 어린이가 물건을 사는 행위는 부모가 추인해야 유효하다.

추켜들다 동사

불11-2 추켜들고, 추켜드니, 추켜들어, 추켜든, 추켜듭니다, 추켜들었다

타동사

치올려 들다.

¶ 선수들은 금메달을 높이 추켜들고 흔들었다.

¶ 시민들은 횃불을 추켜들고 만세를 불렀다.

'추켜들다'와 '치켜들다'

'추키다'와 '치키다'의 차이에서 오는 의미 차이로 그동안 두 낱말을 구분해서 써 오던 것을 이제는 같은 의미로 두 낱말 모두 쓴다.

¶ 어머니는 빈 택시가 보이자 바로 손을 추켜들었다/치켜들었다.

¶ 영호가 갓 낚아 올린 참돔을 추켜들고/치켜들고 "월척이다!"라고 소리쳤다.

¶ 아이가 얼굴을 추켜들고/치켜들고 나에게 대들었다.

추켜세우다 동사

규11-0 추켜세우고, 추켜세워, 추켜세운다, 추켜세웁니다, 추켜세웠다

타동사

① (옷깃이나 신체 일부를) 위로 가뜬하게 올려 세우다.

¶ 고양이가 낯선 사람을 보자 꼬리를 한껏 추켜세웠다.

¶ 태풍으로 넘어진 나무를 추켜세우는 데에 여러 사람이 동원되었다.
② 실제보다 부풀려서 칭찬하다.

> **'추켜세우다'와 '치켜세우다'**
> '추키다'와 '치키다'의 차이에서 오는 의미 차이로 그동안 두 낱말을 구분해서 써 오던 것을 이제는 같은 의미로 두 낱말 모두 쓴다.
> ¶ 찬바람이 불어 사람들이 모두 옷깃을 추켜세웠다/치켜세웠다.
> ¶ 무너진 기강을 추켜세워야/치켜세워야 한다.
> ¶ 우리가 잘한다고 추켜세우니까/치켜세우니까 선생님은 신이 나서 노래를 불렀다.

추켜올리다 동사

규11-0 추켜올리고, 추켜올리어/추켜올려, 추켜올린다, 추켜올립니다, 추켜올리었다/추켜올렸다

타동사

① (옷이나 물건, 신체 일부를) 위로 가뜬하게 올리다.
② 실제보다 부풀려서 칭찬하다.

복합어

• **추켜올리기** 명사 역도에서, 바벨을 손으로 잡아 한 동작으로 가슴 높이까지 올린 다음 그 반동을 이용해서 다시 추켜서 머리 위까지 밀어 올리는 종목. 용상(聳上).

추켜잡다 동사

규10-1 추켜잡고, 추켜잡으니, 추켜잡아, 추켜잡으오, 추켜잡습니다, 추켜잡았다

타동사

치올려 잡다. ×치켜잡다
¶ 도둑의 멱살을 추켜잡고 을러대었다.

추키다 동사

규11-0 추키고, 추키어/추켜, 추킨다, 추킵니다, 추키었다/추켰다

타동사

① 위쪽으로 가뜬하게 밀어 올리다.

¶ 엄마가 포대기 밑으로 자꾸만 내려가는 아이를 다시 추켜 업고 간다.

② 힘 있게 위로 끌어올리거나 채어 올리다.

¶ 싸우다 상대의 멱살을 추켜 쥔 일로 고소를 당하게 되었다.

③ 실제보다 좋게 보고 칭찬하다.

¶ 솜씨가 참 좋다고 추켜 주는 통에 신바람이 나서 일했다.

④ 남을 들쑤셔 무슨 행동을 하게 만들다. 부추기다.

¶ 가만히 있는 사람을 추켜 놀러 가자더니 이제 와서 자기는 못 간대.

▶ '추키다'는 '추기다'의 힘줌말이다. (올림말 '추기다' 참고)

축이다 동사

규11-0 축이고, 축이어/축여, 축입니다, 축이었다/축였다

타동사

(마른 것을) 물 따위로 적시어 축축하게 하다.

¶ 날씨가 더우니 목을 좀 축이고 일을 하세요.

¶ 마른 걸레에 물을 축여서 닦아라.

충돌 명사 (衝突)

① 서로 맞부딪침.

¶ 오늘 아침 버스 충돌 사고로 서른 명이 부상당했다.

② (의견이) 서로 달라 맞서거나 다툼.

¶ 국회에서는 여야의 의견 충돌로 회의가 제대로 진행되지 않았다.

복합어

- **충돌하**다(衝突-) [자동사] ① 서로 맞부딪치거나 맞서다. ② 움직이는 두 물체가 접촉하여 짧은 시간 내에 서로 힘을 미치다.

▶ '충돌'과 '추돌'의 차이는 올림말 '추돌' 참고.

취조 (取調)[취:-]

'조사(調査)'로 순화.

> **'취조'와 '조사'**
>
> '취조'는 일본어 '도리시라베(取り調べ)'의 한자말을 그대로 적은 것인데, 국어에 같은 뜻의 '조사(調査)'가 있으므로 '취조'는 사용하지 않기로 하였다. '취조'가 관례적으로 경찰관이 하는 조사를 주로 가리킨다는 점 때문에 법원이 조사하는 '신문(訊問)'이나 '심문(審問)'과 구별하기 위하여 사용하는 경우가 있는데 그럴 필요가 없다. '취조'는 사용하지 않는 것이 바람직하다.

치- 접사

접두사

'위로'의 뜻을 나타내는 말.

¶ 치뜨다, 치밀다, 치받다

복합어

- **치긋**다 [타동사] ① 아래에서 위쪽으로 향하여 올려 긋다. ② 눈초리나 입꼬리 따위를 위로 비쭉 올리다.
- **치닫**다 [자동사] ① 위로 향하여 달리다. ② 중심지나 도회지로 달려가다. ③ 힘차게 냅다 달리다. ④ (생각 따위가) 치밀어 오르다.
- **치달리**다 [자동사] =치닫다
- **치덮**다 [타동사] 아래에서 위로 향하여 덮다. ¶ 성난 파도가 조그만 알섬을 순식간에 치덮어 버렸다.
- **치떨**다 [타동사] 울분을 이기지 못하여 (몸을) 몹시 떨다.
- **치뜨**다 [타동사] 올림말 '치뜨다' 참고.

- **치매기**다 [타동사] (번호나 순서를) 아래에서 위로 올라가면서 매기다.
- **치밀**다[1] [자동사] ① (감정이) 세차게 복받쳐 오르다. ¶ 인생사가 그렇게 공평하지 않다는 생각이 불쑥 치민다. ② (불길 따위가) 맹렬히 뻗쳐오르거나 일어나다. ③ 오래 된 체증으로 생긴 덩이 따위가 위로 올라오다.
- **치밀**다[2] [타동사] 위쪽으로 밀다.
- **치받**다[1] [자동사] [타동사] ① 몹시 세게 받다. ② '치받치다'의 준말. ¶ 화가 치받아 아무 일도 못했다. ③ 위를 향하여 떠받다. ¶ 나무들이 하늘을 치받으며 버티고 서 있다. ④ (윗사람이나 상급 기관에) 맞서다.
- **치받**다[2] [타동사] (우산 따위를) 위로 썩 올려서 받다.
- **치받이**[-바지] [명사] 비탈진 땅의 올라가는 쪽.
- **치받치**다 [자동사] ① (슬픔 따위의 감정이) 속에서 세게 북받쳐 오르다. ¶ 욕심이 치받쳐 엉뚱한 사고를 저질렀다. ② (불길이나 연기 따위가) 많이 나 세차게 오르다. ③ 아래에서 위로 받쳐 오르다. [타동사] ① 밑을 버티어 위로 치밀다. ② 아래에서 위로 향하여 받치다.
- **치보**다 [타동사] 아래에서 위를 향하여 보다.
- **치불**다 [자동사] (바람이) 아래에서 위를 향하여 불다.
- **치붙**다 [자동사] 위로 향하여 붙다.
- **치뻗**다 [자동사] 줄기 따위가 위로 뻗다. ¶ 박 넝쿨이 지붕으로 치뻗어 올라갔다. [타동사] (무엇을) 위로 뻗다. ¶ 오빠는 팔을 치뻗어 시렁에 있는 감을 내려 왔다.
- **치사랑** [명사] 손윗사람에 대한 사랑.
- **치살리**다 [타동사] 지나치게 추어주다. ¶ 아이를 너무 치살렸더니 버릇이 없어졌다.
- **치세우**다 [타동사] 위를 향하여 세우다.
- **치솟**다 [자동사] ① 위를 향하여 힘차게 솟다. ② 세차게 북받치어 오르다. ③ (값이) 급격히 오르다.
- **치오르**다 [자동사] 아래에서 위로 향하여 오르다.
- **치올리**다 [타동사] 치오르게 하다.

관용 표현

- **치감고 내리감는다** (몸의 위아래를 비단으로 감는다는 말로) 몸치레를 지나치게 한다. 사치(奢侈)한다.

-치

'-하지'가 줄어든 형태.

¶ 태도가 성실치 않은 사람은 떨어뜨리겠다.

¶ 몸이 정결치 않은 사람은 제사에 참여하면 안 된다.

치고 조사

보조사

① '모두 예외 없이'의 뜻을 나타내는 말. 흔히 부정을 뜻하는 말이 뒤따른다.

¶ 부정하게 권력을 쥐려는 사람치고 권력으로 돈을 모으려 하지 않는 사람이 없다.

¶ 한국인치고 스마트폰을 사용하지 않는 사람이 없다고 해도 지나치지 않는다.

¶ 꽃치고 아름답지 않은 꽃이 어디 있느냐.

② '그중에서는 예외적으로'의 뜻을 나타내는 말. 이 경우에는 긍정적인 말이 뒤따른다.

¶ 오늘은 겨울 날씨치고 따뜻한 편이다.

¶ 그는 외국인치고는 한국말을 잘하는 편이다.

¶ 부자치고는 꽤 검소한 사람이다.

'치고'와 '쳐 놓고'

조사 '치고'는 '치다[9]'에서 전성한 조사이다. '한국인 쳐 놓고 세종대왕을 모르는 사람은 없다'에서 '쳐 놓고'는 '치고'가 '치다[9]'에서 전성되었음을 알려 주는 보기이다. '쳐 놓고'는 '한국인치고'와 같은 기능을 한다. 그런데 '쳐 놓고'의 '치다'는 '치다[9]'의 의미가 뚜렷이 약화되었기 때문에 이 표현을 쓰기보다 조사 '치고'로 바꿔 쓰는 것이 좋겠다.

× 치껴올리다

'치켜올리다'의 틀린 말.

치다[1] 동사

규11-0 치고, 치니, 치어/쳐, 친다, 칩니다, 치었다/쳤다

타동사

① 손이나 물건으로 세게 때리다.

¶ 누가 내 어깨를 툭 쳐서 돌아보니 친구였다.

¶ 방망이로 공을 치니 공이 날아가 앞집 유리창을 깼다.
¶ 사람을 함부로 치지 마라.
② 누르거나 부딪쳐 소리가 나게 하다.
¶ 응원하느라고 손뼉을 세게 쳤더니 손바닥이 아프다.
¶ 북도 치고 장구도 치면서 춤을 추었다..
③ 공을 때리거나 물건을 부딪게 하는 운동이나 놀이를 하다.
¶ 테니스를 치러 운동장에 나갔다.
¶ 우리는 동네 아이들과 팽이를 치면서 놀았다.
¶ 화투를 치는 사람, 트럼프를 치는 사람이 여기저기 보인다.
④ 일정한 장치를 손으로 눌러 글자를 찍거나 신호를 보내다.
¶ 요즘은 타자를 쳐서 문서를 만드는 일은 거의 없다.
¶ 전보를 쳐서 긴급한 상황을 주고받던 때가 그립다.
⑤ 시계나 종 따위가 일정한 시각을 소리를 내어 알리다.
¶ 수업 시작종을 치자 운동장에서 놀던 아이들이 교실로 뛰어 들어갔다.
¶ 괘종시계가 열두 시를 치자 모두 일어나 잠자리로 들어갔다.
⑥ 날개나 꼬리 따위를 세차게 흔들다.
¶ 개는 주인을 보자 반갑게 꼬리를 쳤다.
¶ 새들이 날개를 치며 하늘을 향해 날아갔다.
⑦ 팔이나 다리를 힘 있게 저어서 움직이다.
¶ 물장구를 치며 노느라고 시간 가는 줄 몰랐다.
⑧ 날이 있는 도구를 사용하여 물체를 자르다.
¶ 농부가 낫으로 잔가지를 쳐 냈다.
¶ 머리를 짧게 치니 시원스럽게 보인다.
⑨ 칼로 밤 따위의 속껍질을 벗기다.
¶ 제상에 올리려고 날밤을 친다.
⑩ 웃음이나 소리를 적극적으로 또는 크게 드러내다.
¶ 그녀는 눈웃음을 치며 인사했다.
¶ 너무 크게 소리를 치지 마라.
⑪ 시험을 보다.
¶ 오늘 운전면허 필기시험을 친다.
⑫ 속이는 짓이나 짓궂은 짓, 또는 좋지 못한 행동을 하다.
¶ 너는 나가기만 하면 사고를 치고 들어오니?
¶ 그는 사기를 치는 데는 도가 튼 사람이야.

⑬ (점괘로) 길흉을 알아보다.
¶ 입시철이면 점을 치러 가는 사람들이 부쩍 많아진다.

복합어

- **메아리치**다 자동사 메아리가 울려 퍼지거나 어떤 소리가 메아리처럼 울려 퍼지다.
- **소리치**다 자동사 소리를 크게 지르다. ¶ '도둑이야!' 소리치는 것을 듣고 달려가 보았다.
- **맞장구치**다 자동사 남의 말에 서로 호응하거나 동의하다.
- **장난치**다 자동사 장난을 하다.
- **쳐내**다 타동사 (공을) 힘껏 쳐서 멀리 보내다.
- **쳐내기** 명사 ① 쓸모없는 나무나 잡목을 쳐 없애는 일. ② 야구에서, 타자가 투수의 공을 파울선 밖으로 쳐내는 일.
- **쳐들어오**다 자동사 무찔러 들어오다.
- **쳐부수**다 타동사 ① 세차게 때려 부수다. ② (적을) 무찔러 부수다.
- **쳐올리**다 타동사 머리털을 늘어지지 않게 아주 짧게 깎거나 자르다.
- **치고받**다 자동사 서로 말로 다투거나 실제로 때리면서 싸우다. ×치고박다

> **'치고받고'와 '치고박고'**
> 손으로 치고 머리로 받는 행위를 함께 일컬어 '치고받고'라고 한다. 따라서 '치고박고'는 틀린 말이다.
> ¶ 아이들이 치고받으며(○) / 치고박으며(×) 싸운다.

- **치이**다 피동사 올림말 '치이다[1]' 참고.
- **큰소리치**다 자동사 ① 큰소리로 야단을 치다. ¶ 집에 돌아오면 아이들에게 큰소리치는 게 일이다. ② 으스대며 당당하게 말하다. ¶ 아내한테 큰소리치는 놈치고 변변한 놈 없다. ③ 잘난 체하며 장담하거나 과장하다. ¶ 이길 것이라고 큰소리치더니 꼴좋게 지고 말았구나.

속담

- **치고 보니 삼촌이라** 사람을 잘못 보고 매우 실례되는 일을 하였음을 이르는 말.
- **치러 갔다가 맞기도(/맞기는) 예사** 요구하러 갔다가 도리어 당하는 때도 있다는 말.
- **친 사람은 다리 오그리고 자도 맞은 사람은 다리 펴고 잔다** 손해를 입힌 사람은 불안하게 살지만 손해를 입은 사람은 편하게 살 수 있다는 말.

> **'치다'와 '치르다'**
> '시험을 치다'와 '시험을 치르다'는 거의 같은 뜻을 나타내는 것 같은데 작은 차이가 있다. '시험을 치

ㅊ

다'는 '응시하다'와 같은 의미로, 시험에 응해서 능력을 평가 받는다는 의미가 있다. 그러려면 시험장에 가서 시험지에 답안을 적는 일을 해야 한다. 주로 수험생에게 해당하는 표현이다.
'시험을 치르다'는 시험을 치는 행위를 포함해서 그것을 준비하고 시행하는 모든 과정이 포함된다. 그러므로 시험과 관련한 모든 사람에게 이 표현을 쓸 수 있다. '시험 치러 간다'는 말은 수험생만 할 수 있는 표현이라면 '시험 치르러 간다'는 말은 수험생을 포함해서 감독자, 준비하는 사람도 쓸 수 있는 표현이다.

치다2 동사

규11-0 치고, 치니, 치어/쳐, 친다, 칩니다, 치었다/쳤다

자동사

① (눈보라, 폭풍우, 비바람 따위가) 세차게 일다.
¶ 눈보라 치는 벌판에 나 혼자 남겨진 것처럼 외롭다.
¶ 폭풍우가 치는 날 항해를 하다가 사고를 당했다.
② (천둥이나 번개 따위가) 일어나다.
¶ 번개가 친 뒤에 곧 이어서 벼락이 치는 소리가 들렸다.
③ (물결이나 파도 따위가) 일어 움직이다.
¶ 오늘처럼 심하게 파도가 치는 날에 무슨 배짱으로 바다에 나갔단 말이냐?

복합어

- **소용돌이치다** 자동사 ① (물이) 거세게 빙빙 돌면서 흐르다. ② (바람이나 눈보라, 불길 따위가) 세차게 휘돌며 치솟다. ③ (사상, 감정 따위가) 서로 뒤엉켜 강하게 움직이다.

치다3 동사

규11-0 치고, 치니, 치어/쳐, 친다, 칩니다, 치었다/쳤다

타동사

① (막이나 그물, 발 따위를) 펴서 벌이거나 늘어뜨리다.

¶ 저녁에 일찍 모기장을 치고 안에 들어가서 책을 읽는다.
¶ 햇볕이 뜨겁게 들어와 창문에 발을 쳤다.
¶ 거미가 거미줄을 쳐 놓았다.
② (벽 따위를) 둘러서 세우거나 쌓다.
¶ 방에 칸막이를 치기로 했다.
¶ 밭 가장자리에 울타리를 쳐서 야생동물의 침입을 막으려 한다.
③ (붕대나 대님 따위를) 감아 매거나 두르다.
¶ 요즘 개량 한복은 대님을 치지 않아도 되도록 편리하게 짓는다.

치다4 동사

규11-0 치고, 치니, 치어/쳐, 친다, 칩니다, 치었다/쳤다

타동사

붓이나 연필 따위로 점을 찍거나 선이나 그림을 그리다.
¶ 중요한 부분에 밑줄을 쳐 놓으면 쉽게 찾을 수 있다.
¶ 틀린 것에 가위표를 치세요.
¶ 당시 문인들은 사군자를 치는 걸 기본 교양으로 여겼다.

치다5 동사

규11-0 치고, 치니, 치어/쳐, 친다, 칩니다, 치었다/쳤다

타동사

① 적은 분량의 액체를 따르거나 가루 따위를 뿌려서 넣다.
¶ 맛이 짠 것이 소금을 너무 많이 친 모양이다.
¶ 내 국에는 고춧가루를 치지 마세요.
② (기름이나 약을) 바르거나 뿌리다.
¶ 엔진에 기름을 치면 소리가 덜 날 것이다.
¶ 오늘 밭에 농약을 쳐야 한다.
¶ 장마철이라 집 안팎에 소독약을 쳤다.

치다[6] 동사

규11-0 치고, 치니, 치어/쳐, 친다, 칩니다, 치었다/쳤다

타동사

① (가축이나 가금 따위를) 기르다.

¶ 우리 동네는 돼지를 치는 집이 많다.

② (동물이 새끼를) 낳거나 까다.

¶ 어젯밤 돼지가 새끼를 열 마리나 쳤다고 아버지께서 기뻐하셨다.

③ (식물이 가지나 뿌리를) 뻗다.

¶ 사과나무가 가지를 많이 쳐서 솎아 냈다.

④ (영업을 목적으로) 묵게 하다.

¶ 학교 주변에는 하숙을 치는 집이 많다.

'치다'와 '기르다'

'기르다'는 어린 상태에서 자라게 하는 행위이다. 즉, 개체가 잘 자라도록 돕는 행위이다. 개체가 자라서 이익을 줄지는 모르지만 기본적으로는 이익을 위해서 기르기보다는 그 개체의 성장을 위해서 기르는 것이다.

'치다'는 이익을 얻을 목적으로 자라게 하거나 번식시키는 행위이다. 길러서 수를 불려 나가 이익을 얻거나, 수가 늘지 않더라도 기르는 동안에 이익을 얻을 것을 목적으로 하면 '치다'를 쓴다.

치다[7] 동사

규11-0 치고, 치니, 치어/쳐, 친다, 칩니다, 치었다/쳤다

타동사

① 불필요하게 쌓인 물건을 파내거나 옮기어 깨끗이 하다.

¶ 손님이 오시니 방을 깨끗이 치어 놓아라.

¶ 쓰레기로 막힌 도랑을 쳐서 물이 잘 흐르도록 했다.

② 논이나 물길 따위를 만들기 위하여 땅을 파내거나 고르다.

¶ 개숫물이 흘러 나가도록 마당 한쪽으로 도랑을 치자.

복합어

- **쳐가다** 타동사 올림말 '쳐가다' 참고.
- **쳐내다** 타동사 올림말 '쳐내다' 참고.

> **'치다'와 '치우다'**
>
> 도랑을 치고, 우물을 치는 것은 거기에 섞인 더러운 것을 치움으로써 물을 잘 흐르게 하거나 물을 깨끗하게 하는 행위이다. 즉 지저분한 것 때문에 막히거나 더러워진 장소가 '치는 대상'이 된다. 부엌이나 방에 더러운 것이 쌓여 있으면 이를 치워야 하는데 이것이 방이나 부엌을 치는 행위이다. '치다'의 목적어로는 주로 장소를 나타내는 말을 쓴다.
>
> '치우다'는 물건을 다른 데로 옮김으로써 그곳을 정리하는 행위이다. 쓰레기를 쓰레기통에 버리는 행위도 쓰레기를 치우는 행위에 속한다. 방을 치울 때에는 쓰레기는 쓰레기통으로, 안 쓰는 물건은 창고로 보내게 된다. 지저분한 것을 치우는 것은 지저분한 것이 보이지 않도록 다른 곳에 넣는 행위를 가리킨다. 어수선하게 널려 있는 물건을 제자리로 옮겨 정리하는 일도 치우는 행위이다. '치우다'의 목적어로 장소와 물건을 모두 쓸 수 있다.

치다8 동사

규11-0 치고, 치니, 치어/쳐, 친다, 칩니다, 치었다/쳤다

타동사

차나 수레 따위가 사람을 강한 힘으로 부딪고 지나가다.

¶ 자동차가 사람을 치고 그대로 도망갔다.

치다9 동사

규11-0 치고, 치니, 치어/쳐, 친다, 칩니다, 치었다/쳤다

타동사

① 셈을 맞추다. 셈하다.

¶ 그 땅은 요즘 값으로 치면 100억 원이 넘을 것이다.

¶ 남은 물건은 하나에 천 원으로 쳐서 모두 내가 사기로 했다.

ㅊ

¶ 너까지 쳐야 열 명이 된다.
② 어떠한 상태라고 인정하거나 사실인 듯 받아들이다.
¶ 우리는 이 선수를 최고로 친다.
¶ 네 말대로 내가 잘못했다고 치면 나는 어떻게 되는데?
③ ('치면', '친다면'의 형태로 쓰이어) 무엇으로 말하거나 생각하다.
¶ 그 분은 촌수로 치면 팔촌 형님이다.
¶ 그 음악은 그림으로 친다면 추상화라 할 수 있다.

복합어

• **쳐주다** 타동사 ① (셈을) 맞추어 주다. ② 인정하여 주다. ¶ 이런 그림은 별로 쳐주지 않는다.
• **치고** 보조사 올림말 '치고' 참고.

관용 표현

• **-ㄴ다손 치다** -ㄴ다고 인정하다. ¶ 지금 간다손 쳐도 내일 안에는 도착하기 어렵다.
• **-다손 치다** -다고 인정하다. ¶ 네가 힘들었다손 치더라도 그래서는 안 되지.

치다[10] 동사

규11-0 치고, 치니, 치어/쳐, 친다, 칩니다, 치었다/쳤다

타동사

체를 사용하여 분리하다.
¶ 쌀을 빻은 뒤에 체로 치면 고운 쌀가루를 얻을 수 있다.
¶ 자갈이 섞인 모래를 체로 쳐서 자갈만 골라낸다.

복합어

• **쳐내다** 타동사 올림말 '쳐내다[2]' 참고.

> **'치다'의 활용형**
> '치다'에 연결 어미 '-어', '-어서', '-어라'를 붙여 활용하거나 과거를 나타내는 선어말 어미 '-었-'을 붙이는 경우에는 '치어, 치어서, 치어라, 치었어'처럼 되는데, 보통 이를 줄여서 '쳐, 쳐서, 쳐라, 쳤어'처럼 쓴다.

× 치다[11]

'치이다[1]'의 준말로 쓰는 '치다'를 쓰는 것은 허용하지 않는다.

¶ 아이가 차에 치어(×)/치이어(○) 다쳤다

> **'치다'와 '치이다'**
>
> '치이다'의 준말로 '치다[11]'을 쓰지 않는다. '치이다'의 '-이-'는 피동을 나타내는 중요한 문법 요소인데 이것을 빼면 능동의 의미로 바뀌기 때문이다. 만일 '-이-'를 생략한 형태의 표기를 인정하면 능동인지 피동인지 구별할 수 없게 된다. 현실적인 문제로 '자동차 사고에서 친 사람과 치인 사람'이 구별되지 않으면 책임을 따지는 데 어려움을 겪을 수 있다.

× 치다[12]

'치우다'의 준말로 '치다[12]'를 쓰는 것은 허용하지 않는다.

¶ 그는 앉은자리에서 불고기 10인분을 먹어 치는(×)/치우는(○) 대식가로 유명하다.

> **'치다'와 '치우다'**
>
> 사동을 나타내는 접사 '-우-'를 사용한 동사에서 '-우-'를 생략하는 표기는 허용하지 않는다. 예를 들면 '키우다, 배우다, 태우다, 피우다'를 '키다, 배다, 태다, 피다'로 쓰면 안 된다는 것이다. 사동을 나타내는 접사 '-우-'가 단어를 구성하는 매우 중요한 문법 요소이기 때문이다. 같은 의미에서 '치우다'도 '치다'로 줄여 쓸 수 없다.

치다꺼리 명사

① 남을 도와서 자잘한 일을 해 주는 것. 또는 그 일. ×치닥꺼리, 치닥거리

¶ 식구들 **치다꺼리**로 좋은 시절 다 갔다.

② 일을 치름.

¶ 그는 행사 때마다 온갖 **치다꺼리**를 아무 말 없이 해냈다.

ㅊ

복합어

• **뒤치다꺼리** 명사 일을 마친 뒤를 정리하는 것. ¶ 내가 이런 뒤치다꺼리나 하려고 여기 온 줄 아세요?

'치다꺼리'의 용법

'치다꺼리'는 대체로 부정적인 상황에서 사용한다. 일이 자잘한 것이어서 할 만한 것이 아니거나, 맛있는 음식을 다 먹고 남은 설거지를 해야 하는 상황에서 사용한다. 긍정적인 상황에서는 '바라지'를 사용한다. 아래 몇 가지 예문을 보면 알 수 있다.

¶ 부모는 자식 치다꺼리(×)를 보람으로 삼는다. → 바라지

¶ 그 사람이 다 해 먹고 나는 그 사람 치다꺼리(○)만 한 셈이다.

치들다 동사

불11-2 치들고, 치든, 치드니, 치든다, 치듭니다, 치들었다

타동사

위로 올려 들다. 쳐들다. 치켜들다. 쳐들다.

¶ 기수가 깃발을 높이 치들고 행진한다.

× 치떠보다

'칩떠보다'의 틀린 말.

치뜨다 동사

불11-8 치뜨고, 치뜨면, 치떠, 치뜬, 치뜬다, 치뜹니다, 치떴다

타동사

눈을 위쪽으로 뜨다.

¶ 화가 잔뜩 난 동생이 눈을 치뜨고 형에게 달려든다.

¶ 피해자의 주검은 눈이 치떠 있고, 입이 조금 벌려져 있었다.

치러

동사 '치르다'의 연결형. '치다'에 연결 어미 '-어'가 붙어 활용한 형태.

¶ 친구가 내 밥값을 치러 주었다.

× 치루다

'치르다'의 틀린 말.

× 치뤄

'치르다'의 연결형 '치러'의 틀린 말.

치르다 동사

불11-8 치르고, 치르니, 치러, 치른다, 치릅니다, 치렀다

타동사

① (마땅히 주어야 할 돈이나 대금을) 내어 주다.

¶ 내가 밥값을 치르기로 했다.

② (무슨 일을) 당하여 겪어 내다.

¶ 아이가 홍역을 치르고 나더니 부쩍 큰 것 같다.

¶ 큰 행사를 하나 치렀더니 몸살이 났다.

③ (끼니나 새참을 나타내는 단어와 함께 쓰이어) 먹거나 요기를 하다.

¶ 우리는 아직 아침을 치르기도 전인데 곧장 일터로 나오라고 야단이다.

'치르다'와 '치루다'

'치루다'라는 말은 없다. '치르다'를 잘못 사용하는 것이다. 따라서 활용형인 '치뤄', '치뤘다'도 틀린 말이다. 비슷한 잘못은 '담그다', '잠그다'에서도 나타난다.

¶ 선생은 독립운동을 하다가 일본 헌병에 붙들려 5년간 옥고를 치루셨다(×). → 치르셨다

¶ 이번에 행사를 잘 치뤘다고(×) 사장님께서 크게 칭찬하셨다. → 치렀다고

ㅊ

치우다 동사

규11-0 치우고, 치워, 치운다, 치웁니다, 치웠다

타동사

① 도중에 그만두거나 멈추다.

¶ 하던 일 치우고 바람이나 쐬러 가요.

② 거두어 다른 데로 옮기다.

¶ 아이들 손 닿지 않게 이 물건들을 치워라.

③ 청소하거나 정리하다. (안에 든 것을) 꺼내고 깨끗이 청소하다.

¶ 손님 오시기 전에 집 안이나 깨끗이 치워야겠다.

④ (속된 표현으로) 시집보내다.

¶ 작년에 큰딸 치우고 올해 작은 딸마저 치웠다.

관용 표현

• **-아(/-어) 치우다** (무슨 일을) 여지없이 끝내다. ¶ 빨리 먹어 치워라. / "벌써 해 치웠니?"

치이다[1] 동사

규11-0 치이고, 치이어/치여, 치인다, 치입니다, 치이었다/치였다

피동사

(무엇에) 받히다.

¶ 자전거를 타고 가다가 자동차에 치이어 사고를 당했다.

자동사

① (어떤 힘에) 구속이나 방해를 받다.

¶ 만날 일에 치이어/치여 사느라고 피서 한번 못 갔다.

② (다른 힘에) 억눌리거나 해를 입다.

¶ 우리가 언제부터 중국에 치이고, 일본에 치이고, 소련에 치이며 살게 되었는가?

③ (덫 따위에) 걸리다.

¶ 등산을 갔다가 덫에 치인 토끼를 봤다

'치이다'의 품사

'치이다'를 피동사로 분류하기도 하고 자동사로 분류하기도 하여 이상하게 여길 수 있겠다. 피동사는 형태로는 능동사에 피동 접사가 붙은 것을 가리킨다. '치이다'는 '치다'에 피동 접사 '-이-'가 붙은 형태이므로 형태로는 피동사이다. 그런데 이를 쓴 환경에 따라서 자동사로 분류하는 이유는 문법적으로 피동의 기능이 없다고 보기 때문이다.

예를 들면 '일에 치이어 산다'라고 한 경우 '치이다'는 '치는' 행위자가 없이 주어가 스스로 그런 상황에 이르는 것이므로 형태는 피동이지만 행위는 능동이다. 이런 경우에 사용한 '치이다'는 자동사로 다루는 것이다.

치이다² 동사

규11-0 치이고, 치이어/치여, 치인다, 치입니다, 치이었다/치였다

피동사

(값이) 얼마씩 먹히다. '치다⁹'의 피동형.

¶ 계산해 보니 하나에 100원씩 **치인** 것 같다.

치이다³ 동사

규11-0 치이고, 치이어/치여, 치인다, 치입니다, 치이었다/치였다

사동사

치우게 하다. '치다⁷'의 사동형.

¶ 방은 동생에게 **치이고** 너는 심부름을 좀 갔다 오너라.

¶ 마당에 쌓인 눈은 형에게 **치이고** 너는 대문 밖을 치워라.

치켜들다 동사

불11-2 치켜들고, 치켜드니, 치켜들어, 치켜든, 치켜듭니다, 치켜드오, 치켜들었다

타동사

위로 올려 들다.

¶ 동생은 두 팔을 치켜들고 뛰어왔다.

¶ 사람들은 너도 나도 태극기를 치켜들고 만세를 불렀다.

치켜뜨다 동사

불11-8 치켜뜨고, 치켜뜨니, 치켜떠, 치켜뜬, 치켜뜹니다, 치켜떴다

타동사

(화가 나서) 눈을 아래에서 위로 향하여 뜨다.

> **'치켜뜨다'와 '치뜨다'**
>
> 두 낱말은 모두 눈을 위쪽으로 뜨는 행위를 가리킨다. 아주 세밀하게 관찰한다면 '치켜뜨다'는 눈동자를 아래에서 위로 올리는 동작일 수 있고, '치뜨다'는 처음부터 눈동자가 위쪽으로 올라가 있는 상태라는 차이가 있다고 하겠으나 그 정도로는 뚜렷한 차이라고 할 수 없으므로 같은 말로 다루어도 좋다.

치켜세우다 동사

규11-0 치켜세우고, 치켜세우면, 치켜세워, 치켜세운다, 치켜세웁니다, 치켜세웠다

타동사

① (옷깃이나 신체 일부를) 위로 가뜬하게 올려 세우다.

¶ 강추위에 사람들은 옷깃을 치켜세우고 종종걸음을 쳤다.

¶ 어른에게 눈초리를 치켜세우고 말대꾸를 하다니 말이 되느냐.

② 실제보다 부풀려서 칭찬하다.

¶ 사람을 지나치게 치켜세우면 우쭐해하기 쉽다.

¶ 언제는 애국자라고 치켜세우더니 이제는 매국노라고 비난한다.

▶ '치켜세우다'와 '추켜세우다'는 구별하지 않고 서로 갈음하여 쓸 수 있다.

치켜올리다 동사

규11-0 치켜올리고, 치켜올리면, 치켜올려, 치켜올립니다, 치켜올렸다

타동사

① (옷이나 물건, 신체 일부를) 위로 가뜬하게 올리다.

② 실제보다 부풀려서 칭찬하다.

▶ '치켜올리다'와 '추켜올리다'는 구별하지 않고 서로 갈음하여 쓸 수 있다.

치켜잡다

'추켜잡다'의 틀린 말.

치키다 동사

규11-0 치키고, 치키어/치켜, 치킨다, 치킵니다, 치키었다/치켰다

타동사

위로 향하여 끌어 올리다.

¶ 화가 났는지 동생은 눈초리를 치키고 나를 보았다.

¶ 선수는 공을 공중으로 치켰다가 떨어지는 순간에 라켓으로 쳐서 서브를 넣었다.

친히 부사 (親-)

몸소.

¶ 왕이 친히 이곳까지 납셔서 제사를 주관하셨다.

'친히', '몸소', '손수'

세 말 모두 윗사람의 행위를 가리킬 때에 사용하는 말인데, '손수'는 손이 들어가는 일을 할 때에, '몸

소'는 몸으로 하거나 몸과 손을 모두 사용해서 일을 할 때에 쓴다. '친히'는 '몸소'와 '손수'를 아우르는 용도로 사용한다.
¶ 아버지는 아흔이 넘은 연세에 아직도 농사를 **친히**(○)/**몸소**(○)/**손수**(○) 지으신다.
¶ 사장님이 사원들을 **친히**(○)/**몸소**(○)/**손수**(×) 찾아다니면서 인사를 했다.
¶ 그 친구는 솜씨가 좋아서 웬만한 물건은 **손수**(○)/**몸소**(×)/**친히**(×) 만들어 쓴다.

칩떠보다 동사

규10-0 칩떠보고, 칩떠보아/칩떠봐, 칩떠본다, 칩떠봅니다, 칩떠보았다/칩떠봤다

타동사

눈을 치뜨고 보다. ×치떠보다
¶ 사람이나 물건을 **칩떠보는** 태도는 좋지 않다.

'칩떠보다'와 '치떠보다'

눈을 위쪽으로 향하여 뜨는 행위를 '치뜨다'라고 한다. 그런데 그렇게 해서 보는 행위를 '치떠보다'라고 하지 않고 '칩떠보다'라고 한다. 그런데 '칩뜨다'는 눈을 뜨는 행위와 관련이 없고 위쪽으로 솟구치는 행위를 가리킨다. 이런 차이는 언어 사용 전통에서 온 것이다. 현재는 '치떠보다'가 비표준어이고 '칩떠보다'만 표준어이지만, 이런 문제를 해결하기 위해서 '치떠보다'도 표준어로 인정함이 바람직하다.

칩뜨다 동사

불11-8 칩뜨고, 칩떠, 칩뜬다, 칩뜹니다, 칩떴다

자동사

몸을 힘차게 솟구치어 높이 떠오르다.
¶ 선수는 달려오던 힘으로 순식간에 높이 **칩떠** 여유 있게 가로대를 넘었다.

ㅋ

칸 명사

① 건물, 기차 안, 책장 따위에서 일정한 규격으로 둘러막아 생긴 공간.
¶ 열차에 여자들만 타는 칸을 따로 만든다고 한다.
¶ 2층은 전체를 한 사람이 쓰게 하려고 칸으로 막지 않았다.
② 사방을 둘러막은 그 선의 안.
¶ 빈 칸에 답을 적어 넣는 방식으로 시험을 치렀다.
③ (수량을 나타내는 말 뒤에 쓰이어) 집의 칸살을 세는 단위.
¶ 우리는 이 건물의 세 칸을 빌려서 쓰고 있다.

복합어

- **빈칸**[빈ː-] 명사 ① 비어 있는 칸. ② 비어 있는 부분.
- **짐칸** 명사 짐을 싣는 칸.
- **집칸** 명사 ① 집을 이루는 칸살. 집의 각 칸. ② 몇 칸 안 되는 변변치 못한 집. ¶ 어렵게 일해서 집칸이나 마련해 놓았더니 이번에 불에 타고 말았다.
- **침대칸**(寢臺-) 명사 열차에서 침대를 마련하여 놓은 칸.
- **칸막이** 명사 칸과 칸 사이를 막는 물건. 또는 칸을 막는 일.
- **칸막이하**다 자동사 타동사 살이나 벽으로 칸을 막다.
- **칸살** 명사 ① 일정한 간격으로 어떤 건물이나 물건에 사이를 갈라서 나누는 살. ¶ 1층은 십자형으로 칸살을 질러서 네 칸으로 나눴다. ② 사이를 띄운 거리.
- **칸수**(-數) 명사 (방이나 기차 따위의) 칸의 수.
- **칸잡이** 명사 지을 건물의 칸의 크기를 정하거나 배치를 하는 일.
- **칸잡이그림** 명사 건물을 설계한 그림. 설계도(設計圖).
- **화물칸**(貨物-) 명사 =짐칸

'칸'과 '간'

'칸'은 한자어 '간(間)'이 거센소리로 바뀐 것이다. 현실음을 존중하여 '칸'을 표준어로 인정하고, '간'은 접미사와 의존 명사로만 쓴다.

① 접미사로 쓰는 경우 '동안'이나 '장소'의 뜻을 더한다.

¶ 이 일은 이틀간이면 될 것 같다.

¶ 기간을 얼마간 주면 되겠니?

¶ 가부간에 결과를 알려 다오.

¶ 고기는 푸줏간에 가서 사야 한다.

② 의존 명사로 쓰는 경우 단위로 쓰거나 '사이'나 '관계'의 뜻을 가진다.

¶ 사방 여섯 자 되는 공간을 한 간으로 본다.

¶ 서울과 부산 간의 거리가 600킬로미터를 넘을 거야.

¶ 무얼 하든지 간에 열심히 하면 된다.

¶ 가족 간에도 지켜야 할 예의가 있다.

캐다 동사

규11-0 캐고, 캐어/캐, 캔, 캡니다, 캐었다/캤다

타동사

① (자연히 땅속에 묻힌 생산물을) 파서 꺼내다.

¶ 봄이면 쑥을 캐러 다니는 아낙네들을 볼 수 있다.

¶ 밭에서 고구마를 캐는 재미가 쏠쏠하다.

② (드러나지 아니한 사실을) 밝혀내다.

¶ 사건의 원인을 캐어 보아라.

복합어

- **캐묻다**[캐:-] 타동사 자세히 파고들어 묻다. ¶ 선생님께서 결석한 이유를 캐물으셔서 사실대로 말씀드렸다. / 경찰은 목격자에게 이것저것 캐물었다.

관용 표현

- **뒤를 캐다** 드러나지 않은 속이나 행동을 알아내려고 은밀히 뒷조사를 하다.

× 캥기다

'켕기다'의 틀린 표기.

커닝 명사 (cunning)

시험 칠 때 하는 수험자의 부정행위. 남의 것을 훔쳐보거나 미리 준비한 쪽지를 보고 답안을 작성하는 행위. ×컨닝

> **외국어의 토착화**
>
> '커닝'의 본뜻은 '교활함, 간사함'이다. 영어 단어가 토착화하는 과정에서 한국 사회 환경에 따라서 의미가 바뀐 것이다. 이 말처럼 외국어의 본래 의미와는 다르게 바꾸어 쓰는 말들이 있다. 예를 들면 '터치(toutch)'를 '간섭(干涉)'의 뜻으로, '가든(garden)'을 '불고기집'으로 사용하는 것과 같은 것이다.

커다랗다 형용사 [커: -]

불20-5 커다랗게, 커다랗지, 커다래야, 커다란, 커다랗습니다, 커다랗소, 커다랬다

썩 크다. 매우 큼직하다. ×크다랗다

¶ 눈이 커다래서 겁이 많아 보였다.

복합어

- **커다래지다**[커: -] 자동사 커다랗게 되다.

> **'커다랗다'의 형태**
>
> '커다랗다'는 형용사 '크다'에 접미사 '-다랗다'가 붙어서 파생된 말이다. '-다랗다'는 '높다랗다, 좁다랗다'처럼 형용사 어간에 붙어 파생어를 만드는데, '길다'에 붙으면 '기다랗다'가 되고, '넓다'에 붙으면 '널따랗다'가 되는 것처럼 붙는 과정에서 음운 변화가 일어나면 변한 대로 표기한다.

ㅋ

커트 명사 (cut)

(주로 여자의) 머리칼을 짧게 치는 일.

복합어

- **커트라인**(cutline) 명사 ('잘라내는 선'의 뜻으로) 합격자와 불합격자가 갈리게 되는 선. 합격자의 최저선.
- **커트하**다(cut-) 타동사 (주로 여자의) 머리칼을 짧게 치다.

✕ 컨닝

'커닝(cunning)'의 틀린 표기.

컷 명사 (cut)

① 삽화(揷畵), 또는 삽화를 세는 단위.

② 영화에서 필요에 따라 필름을 잘라내는 일, 또는 그 필름.

③ 영화를 촬영할 때 카메라의 회전을 멈추는 일, 또는 멈추라는 지시.

> **'커트'와 '컷'**
> 두 낱말 다 영어 'cut'에서 유래한 말이다. 영어로는 하나의 낱말인데 국어에서는 '커트'와 '컷' 두 가지 소리로 나며 소리에 따라서 용도가 다른 것이 특징이다.

-컷 접사

접미사

'것'이 'ㅎ' 뒤에서 거센소리로 변한 말.

¶ 암컷, 수컷

'암', '수'와 거센소리

'암'과 '수'는 원래 끝에 'ㅎ'이 붙어 있던 말인데 'ㅎ'이 떨어져 나가서 지금은 나타나지 않지만, '것'과 함께 쓸 때에는 'ㅎ' 소리가 영향을 주어 '것'이 거센소리로 바뀐다. 표준어규정에는 '암'과 '수' 뒤에 붙는 명사 중에서 '개, 것, 고양이, 기와, 닭, 당나귀, 돌쩌귀, 돼지, 병아리' 아홉 명사는 첫소리가 거센소리로 나는 것을 표준어로 삼는다고 했다. (올림말 '수-' 참고.)

-케

'-하게'가 줄어든 말.

¶ 마음과 몸을 정결케 해라.

케케묵다 형용사

규21-1 케케묵고, 케케묵지, 케케묵으니, 케케묵어, 케케묵은, 케케묵었다

① 쓸모가 없을 만큼 낡거나 오래 묵다.

¶ 물건이 너무 **케케묵어**서 내놓기가 부끄럽다.

② (생각이나 습관 따위가) 새로워지지 않고 매우 낡다.

¶ **케케묵은** 생각으로 아이들을 가르치면 아이들이 힘들어진다.

켕기다 동사

규11-0 켕기고, 켕기니, 켕기어/켕겨, 켕깁니다, 켕기었다/켕겼다

자동사

① 속으로 슬그머니 겁이 나거나 거리끼다.

¶ 서둘러 도망가는 것을 보니 뭐 **켕기**는 것이 있는 모양인데.

② 팽팽하게 되다.

¶ 바람이 부니 연줄이 너무 팽팽하게 **켕기어** 곧 끊어질 것 같다.

③ 마주 버티다.
¶ 두 사람은 서로 켕길 줄만 알지 져 주는 법을 모른다.

타동사
마주 당기어 팽팽하게 하다.
¶ 줄을 팽팽하게 켕긴 뒤에 줄 가운데를 묶어서 힘껏 당기면 줄이 극도로 팽팽해진다.

켜 명사

① 포개진 물건의 한 층.
¶ 시루떡은 쌀가루와 팥고물로 켜를 지어 만든다.
② 포개진 물건 하나하나의 층을 세는 단위.
¶ 지층이 시대별로 여러 켜로 쌓여 있다.

복합어
• **켜켜이** 부사 올림말 '켜켜이' 참고.

켜다[1] 동사

규11-0 켜고, 켜니, 켜, 켠다, 켭니다, 켰다

타동사
① 톱으로 썰다. 톱으로 결을 따라 썰다.
¶ 제재소에서 나무를 켜는 소리가 끊이지 않았다.
¶ 흥부가 박을 켜자 금은보화가 쏟아져 나왔다.
② (현악기를) 연주하다.
¶ 그가 해금 켜는 법을 배워 우리에게 들려주었다.
③ (우레를) 불어 암컷의 소리를 내다.
¶ 우레 켜는 소리에 어디서인가 매가 득달같이 날아왔다.
④ (누에고치에서) 실을 뽑아내다.

¶ 고치를 켜서 명주실을 만든다.
⑤ (엿을) 다루어서 희게 만들다.
¶ 가락엿을 만들려면 엿을 잘 켜야 한다.

켜다[2] 동사

규11-0 켜고, 켜니, 켜, 켠다, 켭니다, 켰다

타동사
('기지개'와 함께 쓰이어) 팔다리를 쭉 뻗으며 몸을 펴다.
¶ 아이가 기지개를 켜는 모습이 참으로 귀여웠다.

켜다[3] 동사

규11-0 켜고, 켜니, 켜, 켠다, 켭니다, 켰다

타동사
① 불을 붙이거나 일으키다.
¶ 불을 켜니 방 안이 순식간에 밝아졌다.
¶ 촛불을 켜고 기도를 드렸다.
② 전기 제품 따위를 작동하다.
¶ 스위치를 올려 전등을 켰다.
¶ 텔레비전을 켜고 올림픽 중계를 보았다.

켜다[4] 동사

규11-0 켜고, 켜니, 켜, 켠다, 켭니다, 켰다

타동사
① (술, 물 따위를) 한숨에 들이마시다.
¶ 막걸리 한 사발을 단숨에 켜고 일어섰다.

② 갈증이 나서 물을 자주 마시다.
¶ 땀을 많이 흘려서인지 물을 많이 켰다.

복합어

• **켜이다** 피동사 갈증 따위로 물을 자꾸 켜게 되다. ¶ 짠 것을 먹었더니 하루 종일 물이 켜인다.

켜켜이 부사

켜마다.
¶ 책장에 먼지가 켜켜이 쌓여 있었다.

× 켸켸묵다

'케케묵다'의 틀린 표기.

코배기 명사

코가 유난히 큰 사람, 특히 서양 사람을 놀림조로 이르는 말.
¶ 예전에는 서양 사람들을 '코배기'라며 신기한 듯이 구경하기도 하였다.

복합어

• **양코배기**(洋-) 명사 코가 큰 서양 사람을 놀림조로 가리키는 말.

코빼기 명사

'코'를 속되게 이르는 말.
¶ 회장이라는 사람이 모임이 있어도 코빼기도 비치지 않았다.

관용 표현

- **코빼기도 내밀지 않다** 도무지 모습을 나타내지 아니함을 속되게 이르는 말. ¶ 사고를 내고도 배상은 커녕 코빼기도 내밀지 않았다.
- **코빼기도 못 보다** 도무지 나타나지 않아 전혀 볼 수 없음을 속되게 이르는 말. ¶ 국회의원에 당선된 뒤부터는 코빼기도 못 보았다.

> **'코배기'와 '코빼기'**
> 두 낱말 모두 '코'를 어근으로 삼아 여기에 접미사 '-배기'와 '-빼기'를 붙여 만든 말이다. '-배기'와 '-빼기'의 기능에 따라서 두 낱말의 의미 차이가 생겼다. ('-배기'와 '-빼기'의 기능에 관해서는 올림말 '-배기'와 '-빼기' 참고.)

크다[1] 형용사

불21-8 크고, 크니, 커, 커서, 큽니다, 컸다

형용사

① 사물의 길이, 넓이, 높이, 부피 따위가 보통 정도나 기준을 넘다.
¶ 그 사람은 키가 장대처럼 크다.
¶ 옷이 너무 커서 입고 다닐 수 없다.
② 대단하거나 강하다.
¶ 잔치를 크게 벌여서 온 동네가 다 같이 즐겼다.
¶ 이 결과에 관해서는 내 책임이 크다.
¶ 요즘에는 왜 이리 큰 사고가 자주 나는지 모르겠다.
③ 사람의 됨됨이가 뛰어나고 훌륭하다.
¶ 머지않아 이 마을에 큰 인물이 날 것이다.
④ 돈의 액수나 단위가 높다.
¶ 그가 도박으로 잃은 액수가 얼마나 큰지 알 수 없다.
⑤ 일의 영향, 충격 따위가 보통 정도를 넘다.
¶ 네 말에 나는 크게 실망했다.
¶ 그가 일으킨 잔인한 살인 사건이 우리 사회에 큰 충격을 주었다.

⑥ 생각의 범위나 도량이 넓다.
¶ 그 사람은 통이 커서 큰일을 해낼 것이다.
¶ 남자는 저렇게 배포가 커야 한다.
⑦ 가능성 따위가 많다.
¶ 이런 상황에서는 조금만 건드리면 폭발할 위험이 크다.
⑧ 중요하다. 의의가 있다.
¶ 오늘 큰 결심을 하나 했다. 오늘부터 담배를 끊기로 했다
⑨ 뛰어나다. 훌륭하다.
¶ 대통령으로서 큰 업적을 남기기 바란다.
⑩ ('크게' 꼴로 쓰이어) '대강', '대충'의 뜻을 나타내는 말.
¶ 생물을 크게 나누면 두 종류로 나눌 수 있다.

크다[2] 동사

불11-8 크고, 크니, 커, 커서, 큽니다, 컸다

자동사

① 길이가 자라다.
¶ 네가 어느새 이렇게 컸구나.
¶ 날씨가 너무 건조하면 나무가 크지 못한다.
② 사람이 자라서 어른이 되다.
¶ 나는 커서 장군이 되고 싶다.
¶ 아이들이 좋은 환경에서 크면 성격도 좋아진다.
③ 수준이나 지위 따위가 높은 상태가 되다.
¶ 네가 나에게 대들다니, 많이 컸구나.

관용 표현

- **크나 작으나** 크기에 관계없이 어쨌든. ¶ 사내들은 크나 작으나 다 예쁜 여자를 좋아한다.
- **큰 걸음을 내디디다(/떼다)** 매우 중대하고 의미 있는 일을 시작하다.

속담

- **크고 단 참외** 겉보기도 좋고 실속도 있어 마음에 드는 물건을 비유하여 이르는 말.

• **큰 고기는 깊은 물속에 있다** 훌륭한 인물은 많은 사람들 속에 섞여 있어 잘 드러나지 아니함을 비유하여 이르는 말.

• **큰 도적이 좀도적 잡는 시늉 한다** 권력을 가진 사람이 자기는 닥치는 대로 재물을 긁어모으면서도 아랫사람들의 부정행위는 엄격히 다스림을 비유하여 이르는 말.

• **큰 둑(/방죽)도 개미구멍으로 무너진다** ① 작은 실수가 큰 사고를 일으킨다는 말. ② 작은 힘으로도 큰일을 이룰 수 있음을 비유하여 이르는 말.

× 크다랗다

'커다랗다'의 틀린 말.

키다[1] 동사 [키:-]

불11-0 키고, 키니, 키어/켜, 킨다, 킵니다, 키었다/켰다

피동사

갈증 따위로 물을 자꾸 켜게 되다. '켜이다'의 준말.

¶ 자꾸 물이 키니 오줌도 자주 누게 된다.

× 키다[2]

'키우다'의 틀린 말.

¶ 부모들은 아이를 키느라고(×)/키우느라고(○) 자신을 돌보지 못하는 경우가 많다.

'키다'와 '키우다'

'키우다'는 동사 '크다'의 사동형이다. 보통 사동사는 어근에 접미사 '-우'나 '-이우'를 붙여서 만드는데 '크다'는 어근에 있는 모음 '으'를 빼고 '-이우'를 붙인 점이 특이하다. '뜨다', '쓰다'의 경우는 모음 '으'를 빼지 않고 '띄우다', '씌우다'로 쓴다. 문제는 사동을 나타내는 접미사 '-우'나 '-이우'가 빠지면 사동의 기능이 사라지므로 이 문법 요소를 빼지 말아야 한다는 점이다. 따라서 '키우다'에서 '-우'를 빼고 '키다'를 쓰는 것은 안 된다.

키우다 동사

불11-0 키우고, 키워, 키운다, 키웁니다, 키웠다

타동사

① (사람이나 동식물을) 자라게 돌보다.

¶ 자식을 잘 키우는 일은 부모가 할 일이다.

¶ 그 집은 화초도 많이 키우는데 고양이도 여러 마리 키운다.

② (소리를) 크게 하다.

¶ 라디오 소리를 좀 키워라.

③ 규모를 크게 하다.

¶ 사업을 두 배로 키우려면 자금이 네 배는 더 필요하다.

④ 악화시키거나 심하게 하다.

¶ 공연히 사건을 더 키우지 마라.

¶ 그러다가 병만 더 키우게 생겼다.

'키우다'의 활용형

'키우다'에 연결형 어미 '-어'를 붙이거나 선어말 어미 '-었-'을 연결할 때에는 '키우어', '키우었다'로 쓰는 것이 원칙이지만, 실제로 이렇게 발음하는 경우가 거의 없고 이를 줄여 '키워', '키웠다'처럼 발음하기 때문에 이 형태만 제시했다.

'키우어', '키우었다' 같은 표기를 틀렸다고 할 수는 없다. 같은 경우로 '가다'의 활용형에 '가아, 가았다'나 '서다'의 활용형에 '서어', '서었다'도 있다. 워낙 '가았다', '서었다', '키우었다' 같은 말을 쓰지 않으므로 스스로 도태되고 있다고 보면 좋을 것 같다.

ㅌ

타고나다 동사

규10-0 타고나고, 타고나니, 타고난, 타고납니다, 타고났다

타동사

(어떤 성품이나 능력, 운명 따위를) 태어날 때부터 가지고 태어나다.

¶ 좋은 목소리는 타고난다.

¶ 나는 일복을 타고났는지 늘 일이 많다.

타내다[1] 동사

규11-0 타내고, 타내어/타내, 타낸다, 타냅니다, 타내었다/타냈다

타동사

(돈이나 물건을) 얻어내다.

¶ 아들은 누구에게 얼마를 타내야 장난감을 살 수 있을지 헤아리고 있다.

타내다[2] 동사

규11-0 타내고, 타내어/타내, 타낸다, 타냅니다, 타내었다/타냈다

타동사

① 남의 잘못이나 결함을 드러내어 탓하다. 탄하다.

¶ 아내 말을 **타내다가는** 일이 커질 것 같아 가만히 듣고만 있었다.
② 남에게서 꾸중을 듣거나 모욕 또는 아니꼬운 일을 당할 때 언짢고 창피하게 여기다.
¶ 친구들이 아무리 놀려대도 **타내지** 않는 것 같았다.

타다[1] 동사

규10-0 타고, 타니, 타, 타서, 타는, 탄다, 탑니다, 탔다

자동사

① (불이) 붙다. 불붙어 불꽃이 일어나거나 벌겋게 바뀌다. 연소(燃燒)하다.
¶ 이 나무는 잘 **타는** 성질이 있어서 땔감으로 널리 쓰인다.
② (누렇게 또는 까맣게 되도록) 몹시 눋다.
¶ 밥이 다 **타서** 먹을 수 없게 되었다.
③ (살갗이 햇볕에) 그을다.
¶ 가을볕보다 봄볕에 얼굴이 더 잘 **탄다고** 한다.
④ (식물이) 바싹 마르게 되다.
¶ 가뭄으로 잎이 다 **타** 버렸다.
⑤ (걱정이 되어 마음이나 속이) 몹시 달다.
¶ 네 일로 내 속이 **탄다**.

속담

- **타는 불에 부채질한다** ① 화가 나 있는 사람에게 더욱 화를 돋우거나 부아가 나게 하는 말이나 행동을 한다. ② 남의 재난에 도움을 주지 않고 오히려 해코지를 한다.

타다[2] 동사

규10-0 타고, 타니, 타, 타서, 타는, 탄다, 탑니다, 탔다

자동사

(탈것에) 몸을 싣다.
¶ 나는 버스에 **타자마자** 잠이 들었다.

타동사

① (그네, 썰매 따위를) 이용하다.

¶ 눈이 오면 우리는 썰매를 **타기** 위하여 그 언덕으로 모여들었다.

② (탈것을) 이용하여 이동하다.

¶ 나는 버스를 **타고** 출근한다.

③ (산이나 강, 길을) 밟아 다니거나 오르내리다.

¶ 그는 암벽을 **타는** 재미에 푹 빠져 있다.

¶ 봄이 되면 연어가 이 강을 **타고** 올라온다.

④ (어떤 기회를) 잡아 이용하다.

¶ 잠시 한가해진 틈을 **타서** 눈을 붙였다.

⑤ 줄에 올라서 걷거나 뛰다.

¶ 외줄 위에서 줄을 **타는** 모습이 아슬아슬하였다.

관용 표현

- **한배를 타다** 운명을 같이하다.

타다[3] 동사

규10-0 타고, 타니, 타, 타서, 타는, 탄다, 탑니다, 탔다

타동사

(액체에다 무엇을) 넣어 섞다.

¶ 물에 꿀을 **타서** 마시면 피로를 푸는 데에 도움이 된다.

ㅌ

타다[4] 동사

규10-0 타고, 타니, 타, 타서, 타는, 탄다, 탑니다, 탔다

타동사

① (기운이나 힘을) 받아 지니다.

¶ 가까스로 생생한 기운을 **타기** 시작하던 벼 포기가 또 물에 잠겼다.

② (곗돈이나 상을) 받다.
¶ 그때는 아직 돈을 벌지 않을 때라 어머니한테서 용돈을 **타서** 썼다.
¶ 그 대회에서 내가 우승을 하여 상금으로 100만 원을 **탄** 일이 있다.
¶ 이번에 적금을 **타서** 빚을 갚았다.
③ (복이나 운명을) 선천적으로 지니다.
¶ 그는 식복을 **타고** 태어난 것 같다.

복합어
- **타고나**다 타동사 올림말 '타고나다' 참고.

타다[5] 동사

규10-0 타고, 타니, 타, 타서, 타는, 탄다, 탑니다, 탔다

타동사
① (가르마를) 만들다.
¶ 소녀는 가르마를 반듯하게 **타고** 머리를 양옆으로 묶었다.
② 양쪽으로 갈라서 (줄이나 골을) 내다.
¶ 한평생 흙고물 뒤집어쓰고 밭고랑을 **타며** 살다가 가는 것이 농부가 아닌가.
③ (박 따위를) 톱 같은 기구를 써서 밀었다 당겼다 하여 갈라지게 하다.
¶ 톱으로 박을 **타니** 속에서 금은보화가 쏟아져 나왔다.
④ (낟알 따위를 맷돌로) 부서뜨리다.
¶ 맷돌에 콩을 **타서** 만든 콩국수라서 그런지 맛이 일품이다.

타다[6] 동사

규10-0 타고, 타니, 타, 타서, 타는, 탄다, 탑니다, 탔다

타동사
(현악기를) 다루어 소리를 내다.
¶ 거문고 **타는** 솜씨가 대단했다.

'타다'와 '켜다'

현악기를 연주하는 방법에는 줄을 문질러서 소리를 내는 방법과 줄을 튕겨서 소리를 내는 두 가지 방법이 있다. 줄을 문질러 소리를 내는 악기에는 바이올린, 비올라, 해금 따위가 있고, 줄을 튕겨 소리를 내는 악기에는 가야금, 거문고 따위가 있다. 줄을 문질러 소리 내는 것을 '켜다'라고 하고, 줄을 튕겨 소리 내는 것을 '타다'라고 한다. 그래서 바이올린, 비올라, 해금은 켜는 악기이고, 거문고, 가야금은 타는 악기라고 말할 수 있다.

타다[7] 동사

규10-0 타고, 타니, 타, 타서, 타는, 탄다, 탑니다, 탔다

타동사

(솜을) 튀기거나 쳐서 피우다.

¶ 헌솜을 탔더니 새 솜처럼 푹신푹신해졌다.

타다[8] 동사

규10-0 타고, 타니, 타, 타서, 타는, 탄다, 탑니다, 탔다

타동사

① (간지럼, 부끄럼, 무서움 따위를) 쉽게 느끼다.

¶ 나는 간지럼을 많이 **타는** 편이다.

¶ 언니는 부끄러움을 많이 **타서** 사람들 앞에 잘 나서지 않는다.

② (독한 기운을 몸에) 쉽게 받다.

¶ 나는 옻을 잘 **타는** 체질이다.

③ (상황이나 기후의 영향을) 쉽게 받다.

¶ 나는 유난히 봄을 **타기** 때문에 봄이 되면 입맛도 떨어지고 피부도 까칠해진다.

관용 표현

- **손을 타다** (누군가의) 손에 닿아 (물건이) 없어지거나 달라지거나 옮겨지거나 더러워지다.

ㅌ

타들다 동사

불11-2 타들고, 타드니, 타들면, 타들어, 타든다, 타듭니다, 타드오, 타들었다

자동사

① 점점 타 들어가다.

¶ 담뱃불이 점점 **타들어** 손가락이 뜨거워져서야 꽁초를 버렸다.

¶ 촛불이 다 **타들어** 심지만 남아 너울거린다.

② 일정한 한계를 넘어 넓게 또는 깊이 번져가며 타다.

¶ 산기슭에서 시작한 불이 점점 산꼭대기를 향하여 **타들어** 가고 있다.

¶ 가물이 심하여 논밭이 **타들고** 샘물까지 말라버렸다.

③ (입술이) 바싹 말라들다.

¶ 긴장이 되니 입이 바싹 **타들더라**.

타성바지 명사 (他姓-)

자기와 다른 성(姓)을 가진 사람.

¶ 우리 마을에는 **타성바지**가 들어와서 뿌리를 내린 적이 없다.

× 타성받이

'타성바지'의 틀린 표기.

타오르다 동사

불10-6 타오르고, 타오르니, 타올라, 타오릅니다, 타올랐다

자동사

① (불이) 타기 시작하다.

¶ 창고에서 일어난 불이 금세 안채까지 번져 맹렬한 기세로 **타올랐다**.
② 마음이 후끈 달아오르다.
¶ 문득 그를 향한 복수심이 불같이 **타올랐다**.

타이르다 동사

불11-6 타이르고, 타이르니, 타일러, 타이르는, 타이릅니다, 타일렀다

자동사
깨닫도록 사리를 밝혀 말해 주다.
¶ 내가 네 동생에게 잘 알아듣도록 **타일렀으니** 아무 걱정 하지 마라.
¶ 어머니는 우리에게 거짓말을 하지 말라고 **타이르셨다**.

타동사
사리를 밝혀 말하여 깨닫게 하다.
¶ 선생님께서 아이들을 잘 **타일러** 집으로 돌아가게 했다.
¶ 치과에 가기만 하면 우는 아이를 **타일러서** 치료받게 했다.

탄신 명사 (誕辰)[탄:-]

임금이나 성인이 태어난 날. 탄일(誕日).
¶ 해마다 5월 15일에 여주에서 세종대왕 **탄신**을 기념하는 행사가 열린다.

'탄신'과 '생신'
사람이 태어난 날을 높여 이르는 말로 '생신(生辰)'과 '탄신'이 있다. '생신'은 '생일'의 높임말이고, '탄신'은 '탄일'의 높임말이다. 손아랫사람이 태어난 날은 생일이지만, 손윗사람이나 높여야 할 사람이 태어난 날은 '생신'이고, 그보다 더 지위가 높은 임금이나 성인이 태어난 날은 '탄신'이다. '생신'이나 '탄신'에 '일(日)'이나 '날'을 붙여서 '생신일', '생신날', '탄신일', '탄신날'이라고 쓰지 말아야 한다. '신(辰)'이 '날'을 가리키는 말이므로 그냥 '생신', '탄신'이라고 해야 한다.

탄하다 동사 [탄:-]

불10-9 탄하고, 탄하여/탄해, 탄한다, 탄합니다, 탄하였다/탄했다

① 남의 일을 아랑곳하여 시비하다.

¶ 어째서 내가 하는 일마다 **탄하려** 하는가?

② 남의 말을 탓하여 나무라다.

¶ 망령된 늙은이들의 말을 **탄할** 것 없다.

✕ 탐탁치

'탐탁지'의 틀린 표기. 'ㄱ' 받침 뒤에서는 '-하지'가 '지'로 줄어든다.

탐탁지

'탐탁하지'의 준말.

¶ 그의 제안은 **탐탁지** 않아서 검토하지 않았다.

탐탁하다 형용사

불20-9 탐탁하고, 탐탁하지, 탐탁하여/탐탁해, 탐탁한, 탐탁하였다/탐탁했다

(주로 부정하는 구문과 함께 쓰이어) 모양이나 태도, 또는 어떤 일 따위가 마음에 들어 만족하다.

¶ 나는 그의 일솜씨가 그리 **탐탁하지/탐탁지** 않았다.

¶ 김 부장은 그 기획안을 그다지 **탐탁하게** 생각하지 않는 것 같았다.

탓 명사

① 나쁜 결과가 생기게 된 그 원인이나 까닭.

¶ 공간이 밀폐된 탓에 숨을 쉬기가 어려웠다.
¶ 개는 길들일 탓이니 처음부터 길을 잘 들여야 한다.
② 구실이나 핑계로 삼아 원망하거나 나무라는 일.
¶ 일이 안 되면 남 탓만 하는 사람에게 발전은 없다.
¶ 잘되면 제 덕 못되면 조상 탓.

복합어

- **탓잡다** 타동사 핑계나 구실로 삼다. ¶ 사소한 일을 탓잡아 비난하면 관계만 나빠진다.
- **탓하다** 타동사 핑계나 구실로 삼아 나무라거나 원망하다. ¶ 내가 잘못해서 벌어진 일인데 누구를 탓하겠는가?

태[1] 명사

그릇의 깨진 금.
¶ 질시루의 **태**를 메워 콩나물을 길렀다.

관용 표현

- **태가 가다** 물체가 깨어져 금이 가다.
- **태가 먹다** 그릇이 깨어져 금이 생기다.
- **태를 먹다** =태가 먹다

태[2] 명사
(態)[태:]

① =맵시
¶ 예쁜 옷을 걸친다고 아무나 **태**가 나는 것은 아니다.
¶ 그 사람은 무얼 입어도 수수하면서도 자연스러운 **태**가 났다.
② 겉으로 보이는 모양새.
¶ 그녀에게서는 어딘지 모르게 귀부인 **태**가 나는 것 같다.
¶ 도시로 나온 지 얼마 되지 않아서 촌사람 **태**를 말끔히 벗었다.

ㅌ

③ 일부러 꾸며 드러내려는 태도.
¶ 동기들보다 한 살 더 많다고 나이 먹은 태를 내려 한다.
¶ 멋부린 태가 나지 않아야 자연스럽고 멋이 있다.

복합어

- **뒤태**(−態)[뒤:−] 명사 뒤쪽에서 본 몸매나 모양.
- **앞태**(−態) 명사 앞쪽에서 본 몸매나 모양.
- **옆태**(−態) 명사 옆에서 본 몸매나 모양.
- **태깔**(態−)[태:−] 명사 ① 모양과 빛깔. ② 교만한 태도. ¶ 어른 앞에서 함부로 태깔을 부리지 마라.
- **태깔스럽다**(態−)[태:−] 형용사 교만한 태도가 있다.

태나다 동사 [태:−]

규10−0 태나고, 태나, 태나는, 태난, 태납니다, 태났다

자동사

'태어나다'의 준말.

× 태다 [태:−]

'태우다[1, 2, 3, 4]'의 틀린 말.

▶ '태우다'를 '태다'로 줄여 쓸 수 없다. '피우다, 키우다, 치우다, 채우다, 새우다, 배우다' 따위를 '피다, 키다, 치다, 채다, 새다, 배다'로 줄이지 않는 것과 같은 이치이다.

태어나다 동사 준 태나다

규10−0 태어나고, 태어나, 태어나는, 태어난, 태어납니다, 태어났다

자동사

사람이나 동물이 형태를 갖추어 어미의 태(胎)에서 세상으로 나오다.

¶ 아버지는 우리 집안의 종손으로 태어났다.
¶ 나는 나주에서 태어나서 광주에서 학교에 다녔다.

태우다[1] 동사

규11-0 태우고, 태워, 태운다, 태웁니다, 태웠다

사동사

'타다[1]'의 사동형.

¶ 화마가 마을 전체를 태워 잿더미로 만들고 말았다.
¶ 가뭄이 농작물을 모조리 태워 버렸다.
¶ 나는 엄마 속을 무던히도 태우며 자랐다.

태우다[2] 동사

규11-0 태우고, 태워, 태운다, 태웁니다, 태웠다

사동사

'타다[2]'의 사동형.

¶ 그네를 태워 주니 아이가 무척 좋아한다.
¶ 아이들을 기차에 태워서 시골로 보냈다.

태우다[3] 동사

규11-0 태우고, 태워, 태운다, 태웁니다, 태웠다

사동사

'타다[4]'의 사동형.

¶ 회사를 차리면 월급날 직원들에게 월급을 태우는 일이 가장 힘든 일이다.
¶ 계주가 곗돈을 태우지 않고 도망쳤다.

ㅌ

타동사

노름이나 내기에 돈이나 물건을 걸다.

¶ 돈을 따려면 부지런히 판돈을 **태워라**.

태우다[4] 동사

규11-0 태우고, 태워, 태운다, 태웁니다, 태웠다

사동사

'타다[8]'의 사동형.

¶ 옆 친구하고 간지럼을 **태우면서** 장난을 쳤다.

터[1] 명사

① 집이나 건물을 지었거나 지을 자리.

¶ 집을 지을 **터**를 닦고 있다.

② 활동의 토대나 일이 이루어지는 밑바탕.

¶ 선생은 예술적 상상력으로 비디오 예술의 **터**를 닦으셨다.

③ (일부 명사 뒤에 붙어) '자리'나 '장소'의 뜻을 나타내는 말.

¶ 낚시터, 놀이터, 사냥터, 싸움터, 일터, 흉터

속담

- **터를 닦아야 집을 짓지** 기초 작업을 해야 그다음 일을 할 수 있음을 비유하여 이르는 말.

터[2] 명사

의존 명사

① (어미 '-ㄹ' 뒤에 쓰이어) '예정'이나 '추측', '의지'의 뜻을 나타내는 말.

¶ 내일 갈 **터**이니 잘 준비해 두어라.
¶ 시장할 **터**인데 먹을 것이 없어서 어쩌나?
¶ 이제 나는 이 일에서 손을 뗄 **테**야.
② (어미 '-은/-는', '-던' 뒤에 쓰이어) '처지'나 '형편'의 뜻을 나타내는 말. =터수[2]
¶ 알 만한 사람은 다 알고 있는 **터**에 거짓말을 할 필요가 있니.
¶ 내가 마침 그쪽을 보고 있던 **터**라 쉽게 구해 낼 수 있었다.

'터[2]'의 표기

'터'는 서술격 조사 '이다'를 데리고 다녀 '터이다, 터이니, 터인데, 터이야'처럼 쓴다. 이때 '터'와 '이다'의 어간 '이'가 합해져서 '테'로 바뀐 상태로 쓰는 것이 보통이다.
¶ 나는 지금 갈 **테야**(← 터이야).
¶ 곧 비가 내릴 **텐데**(← 터인데) 굳이 나가려 하니?.
¶ 내일 갈 **테니**(← 터이니) 거기서 만나자.
¶ 나는 산에 가지 않을 **테다**(← 터이다).

터수[1] 명사

① 살림살이의 형편이나 정도.
¶ **터수**가 좀 나아지니 이런저런 일에 신경을 쓰게 되더라.
② 서로 사귀는 사이.
¶ 그와 나는 술잔을 나눌 만한 **터수**이지만 이런 부탁을 하기는 어렵다.

ㅌ

터수[2] 명사

의존 명사
(어미 '-은/-는', '-던', '-을' 뒤에 쓰이어) '처지'나 '형편'의 뜻을 나타내는 말. =터[2]
¶ 점잖은 **터수**에 차마 욕을 할 수는 없고 어찌 해야 좋을지 모르겠다.
¶ 지금 우리가 이렇게 넋을 놓고 있을 **터수**가 아니다.

터지다[1] 동사
[터:-]

규11-0 터지고, 터지면, 터지어/터져, 터진다, 터집니다, 터졌다

자동사

① (거죽이) 갈라지다.

¶ 실내가 건조해서인지 입술이 터졌다.

② (막혔던 것이) 갈라져 무너지다.

¶ 갑자기 불어난 물로 둑이 터져서 많은 논밭이 못쓰게 되었다.

③ (쌓인 감정이) 갑자기 쏟아져 나오다.

¶ 그의 엉뚱한 말에 그만 쌓인 분노가 터지고 말았다.

④ (소리나 노래가) 갑자기 울려 나오다.

¶ 학교 옆을 지나는데 갑자기 함성이 터져 나왔다.

⑤ 갑자기 드러나다.

¶ 전쟁이 터지기 전에는 우리 집도 꽤 잘 살았다고 한다.

⑥ 한꺼번에 생기다.

¶ 나는 복이 터진 사람이다.

⑦ (사건이) 일어나다. 벌어지다.

¶ 사건이 터지면 경찰들이 바빠진다.

⑧ 광맥이 나타나다.

¶ 동네 뒷산에서 금줄이 터졌다는 소식으로 온 동네가 한바탕 소용돌이쳤다.

⑨ 전화 통화가 이루어지다.

¶ 이 무선 전화는 어디서나 잘 터진다.

⑩ (속된말로) 얻어맞다. 매를 맞다. 얻어터지다.

¶ 너는 왜 만날 그렇게 터지고만 다니니?

복합어

- **미어터지다** 자동사 ① 공간이 꽉 차 터지거나 터질 듯한 상태가 되다. ¶ 사람이 너무 많이 타서 전철이 미어터지게 생겼다. ② (비유적으로) 심한 고통이나 슬픔으로 가슴이 터질 듯이 몹시 괴롭다.
- **부어터지다** 자동사 ① 부풀어서 터지다. ② (속되게) 잔뜩 화가 나다. ¶ 아이는 부어터진 얼굴로 엄마를 쳐다본다.
- **얻어터지다** 자동사 '얻어맞다'를 속되게 이르는 말.
- **통터지다** 자동사 여럿이 한꺼번에 쏟아져 나오다.

속담

• **터진 팥 자루 같다** 팥 자루는 한 번 터지면 팥이 줄곧 흘러나오므로 쉽게 오므릴 수 없다는 뜻에서, '벌어진 채 다물어지지 않는 입'을 가리키는 말.

터지다² 형용사 [터:-]

규21-0 터지고, 터지면, 터지어/터져, 터진다, 터집니다, 터졌다

보조 형용사

(형용사 뒤에 쓰이어) 그 정도가 심하거나 못쓰게 됨을 나타내는 말.

¶ 사람이 물러 터져서 성가신 부탁을 해도 거절을 못한다.

¶ 어찌 그리 게을러 터졌는지.

털이 명사

남의 집이나 몸에서 재물을 몰래 가져가는 짓. 또는 그 사람.

복합어

• **빈집털이** 명사 빈집만 골라 들어가 금품을 훔침. 또는 그 사람.

• **털이범**(-犯) 명사 남의 재물을 털어 가는 범죄. 또는 그런 범인. ¶ 은행의 현금 수송 시간에 맞추어 돈을 털어 간 것으로 보아 경찰은 은행 전문 털이범의 소행이라고 생각하고 수사를 펴고 있다.

▶ '털이'와 '떨이'의 차이는 올림말 '떨이' 참고.

털터리 명사

① 가진 것이 아무것도 없는 사람. 빈털터리.

¶ 한 푼도 없는 털터리가 멋만 잔뜩 들었다.

② '털털이'의 잘못.

털털거리다 동사

규11-0 털털거리고, 털털거리어/털털거려, 털털거립니다, 털털거리었다/털털거렸다

자동사

① 나른한 걸음걸이로 자꾸 걷다.

¶ 우리는 밤늦게까지 일을 한 뒤 **털털거리며** 각자 집으로 돌아갔다.

② 낡은 자동차 따위가 흔들리며 힘들게 가다.

¶ 자동차가 어찌나 **털털거리며** 달리든지 귀가 먹먹할 지경이다.

털털이 명사

① 하는 짓이나 성격이 까다롭지 않고 소탈한 사람.

¶ 평소 수염도 잘 안 깎던 **털털이**가 웬일로 오늘은 말쑥하게 차려입었네.

② 털털거리는 수레나 자동차.

¶ 이십 년을 탄 우리 집 **털털이**가 고장 한 번 안 나고 잘 달린다.

'털터리'와 '털털이'

두 낱말은 뜻이 아주 다르다. '털털한 사람', '털털거리는 물건'은 어원을 밝혀 '털털이'라고 적고, '가진 것이 아무것도 없는 사람'을 뜻하는 '털터리'는 어원을 밝히지 않고 소리 나는 대로 적는다.

털털하다[1] 동사

불10-9 털털하고, 털털하여/털털해, 털털한, 털털합니다, 털털하였다/털털했다

자동사

① 자꾸 털털 소리가 나거나 나게 하다.

¶ 자동차가 오래되어 시동을 걸면 **털털하는** 소리가 요란하다.

② 피곤해서 나른한 걸음으로 겨우 걷다.

털털하다[2] 형용사

불20-9 털털하고, 털털하여/털털해, 털털한, 털털합니다, 털털하였다/털털했다

① (성격이) 까다롭지 않고 소탈하다.
¶ 그는 워낙 털털해서 누구하고나 잘 어울린다.
② (품질이나 꾸밈이) 요란스럽지 않고 수수하다.
¶ 오래된 라디오가 보기에는 털털한데 소리는 잘 난다.

복합어

- **털털히** 부사 까다롭지 않게. 소탈하게. ¶ 무슨 음식이나 털털히 먹어 주니 고맙다.

× 테레비/테레비전/테레비젼

'텔레비전(television)'의 틀린 말.

× 텔레비젼

'텔레비전(television)'의 틀린 표기. '젼'을 홑모음인 '전'으로 써야 한다.

토담 명사 (土-)

흙을 다져서 쌓은 담. 흙담.
¶ 우리 동네 집들은 대부분 토담이나 나무 울타리를 나지막하게 둘렀다.

복합어

- **토담장이**(土-) 명사 흙으로 담을 쌓는 일을 직업으로 하는 사람.
- **토담집**(土-) 명사 토담으로 둘러싸인 집.

▶ '토담'과 '흙담'은 모두 같은 뜻을 가진 표준어이다.

ㅌ

토록 조사

보조사

(일부 명사, 대명사에 붙어서) '그러한 정도까지 이르도록'의 뜻을 보태는 말.

¶ 그토록, 이토록, 일생토록, 저토록, 종신토록, 평생토록

-토록

'-하도록'이 줄어든 형태.

¶ 모두 기록토록 하라.

¶ 즉시 소환토록 하라.

¶ 빨리 집합토록 하라.

'-토록'으로 줄어들지 않는 '-하도록'

① 동작을 포함하지 않은 명사에 '-하'가 붙어 동사가 된 낱말들, 예컨대 '일하도록, 말하도록, 나무하도록, 밥하도록' 같은 낱말의 경우에는 '-하도록'이 '-토록'으로 줄어들지 않는다.

② '-하'가 윗말의 받침으로 올라붙는 낱말, 예컨대 '그러하도록, 이러하도록, 저러하도록' 같은 낱말의 경우에는 '그렇도록, 이렇도록, 저렇도록'처럼 줄어들기 때문에 '-토록'으로 줄어들지 않는다.

③ '생각하도록'은 '생각도록'으로 줄어들고 '-토록'으로 줄어들지 않는다.

× 톡톡이

'톡톡히'의 틀린 표기.

톡톡히 부사

① 재산이나 살림살이 따위가 실속 있고 넉넉하게.

¶ 이번에 도와주시면 사례를 톡톡히 하겠습니다.

② 비판이나 망신, 꾸중 따위의 정도가 심하게.
¶ 막내가 집안 망신을 톡톡히 시키고 다녔다.
③ 구실이나 역할 따위가 제대로 되어 충분하게.
¶ 이 마을 도서관은 마을 사람들의 사랑방 역할을 톡톡히 하고 있다.
¶ 나도 이제 아들 노릇을 톡톡히 하려 한다.

× 통털어

부사 '통틀어'의 틀린 말.

통틀다 동사

불11-2 통틀고, 통틀어, 통틀어서, 통트니, 통틀었다

타동사
있는 대로 모두 다 한데 합하다.
¶ 이사 비용으로 이것저것 통틀어서 백만 원이 들었다.
¶ 선인들의 훌륭한 작품을 통틀어서 고전이라고 한다.

복합어
- **통틀어** 부사 올림말 '통틀어' 참고.

통틀어 부사

있는 대로 다 합하여. ×통털어
¶ 내가 가진 돈은 통틀어 오천 원뿐이다

'통틀어'의 품사
'통틀어'는 타동사 '통틀다'의 활용형과 부사의 형태가 같아서 형태만으로는 품사를 구별하기 어렵다.

목적어가 있는 문장이면 타동사로 쓴 것이고, 목적어가 없는 문장이면 부사로 썼다고 보면 된다.
¶ 남은 것을 **통틀어** 만 원에 팔겠다. (타동사)
¶ 모인 사람은 남녀를 **통틀어** 20명 정도 된다. (타동사)
¶ 이 큰 공장에도 **통틀어** 10명도 안 되는 사람이 일하고 있을 뿐이다. (부사)
¶ 그가 남긴 재산은 **통틀어** 천만 원뿐이었다. (부사)

퇴짜 명사 (退字)[퇴: -]

바치는 물건을 물리치는 일. 또는 그 물건.

관용 표현

- **퇴짜(를) 놓다** 물건이나 의견 따위를 받아들이지 아니하고 물리치다. ¶ 맞선을 본 사람이 마음에 들지 않아 **퇴짜를** 놓았다.
- **퇴짜(를) 맞다** 바치는 물건이나 제기하는 의견 따위가 거절을 당하다. ¶ 회사에 사업 계획서를 제출했는데 **퇴짜를** 맞았다.

▶ '퇴짜'는 품질 심사에서 '퇴(退)'라는 글자가 찍힌 결과를 받은 것에서 유래한 말인데 '자'가 된소리 발음으로 바뀌어 '퇴짜'가 되었다.

퉁어리적다 형용사

규21-1 퉁어리적고, 퉁어리적은, 퉁어리적어, 퉁어리적네, 퉁어리적습니다, 퉁어리적었다

옳은지 그른지도 모르고 아무 생각 없이 행동하는 데가 있다.
¶ 말은 옳게 행동한다고 하면서도 실제로는 **퉁어리적게** 행동하는 사람이 있다.

× 퉁어리쩍다

'퉁어리적다'의 틀린 말.

튀기 명사 [튀:-]

① 종(種)이 다른 두 동물 사이에서 태어난 새끼.

¶ 노새는 말과 당나귀 사이에서 난 **튀기**이다.

¶ 이 강아지는 진돗개와 풍산개 사이에서 태어난 **튀기**야.

② 인종이 다른 부모에게서 태어난 자식을 낮잡아 이르는 말. 혼혈아(混血兒).

튀기다[1] 동사

규11-0 튀기고, 튀기니, 튀기어/튀겨, 튀긴다, 튀깁니다, 튀기었다/튀겼다

타동사

① 힘을 모았다가 갑자기 탁 놓아서 튀게 하거나 내뻗치게 하다.

¶ 아이들이 손가락으로 돌을 **튀겨서** 땅따먹기를 하고 있다.

② 거세게 흩어지게 하다.

¶ 버스가 흙탕물을 **튀기며** 지나갔다.

③ 건드리어 갑자기 튀게 하다.

¶ 토끼를 잡는다고 살금살금 다가가다가 오히려 **튀기고** 말았다.

④ (손가락으로 주판알을) 올리거나 내리거나 하다.

¶ 주판알을 **튀기며** 그날 번 돈을 계산하던 할아버지 모습이 눈에 선하다.

⑤ 거문고나 가야금을 연주하다.

¶ 한 곡조 **튀겨** 내고 줄을 다시 고르고 있다.

사동사

튀게 하다.

¶ 도둑을 잡지 않고 슬그머니 도둑을 **튀겨서** 말썽을 없애려고 했다.

튀기다[2] 동사

규11-0 튀기고, 튀기니, 튀기어/튀겨, 튀긴다, 튀깁니다, 튀기었다/튀겼다

ㅌ

타동사

① 끓는 기름에 넣어서 익으며 부풀게 하다.

¶ 생선을 튀기는 냄새가 집 안에 진동했다.

② (쌀이나 옥수수 따위를) 열을 가해서 부풀어 퍼지게 하다.

¶ 쌀이나 보리를 튀긴 것이 '튀밥'이다.

복합어

- **튀김** 명사 고기나 생선 따위에 반죽 따위를 입혀 기름에 튀긴 것.
- **튀김옷** 명사 튀김의 거죽에 입히거나 바르는, 밀가루나 녹말의 반죽, 빵가루 따위.

튀다 동사

규11-0 튀고, 튀어, 튀는, 튄다, 튑니다, 튀었다

자동사

① 탄력 있는 물체가 솟아오르다.

¶ 공이 잘 튀지 않아서 농구를 하기 힘들다.

¶ 몸이 마치 용수철처럼 튀어 공중으로 떠올랐다.

② 어떤 힘을 받아 위나 옆으로 세게 흩어지다.

¶ 얼굴에 끓는 기름이 튀어 화상을 입었다.

③ 어떤 행동이나 말 따위가 다른 사람의 시선을 끌다.

¶ 이 옷은 색깔이 화려해서 너무 튀는 것 같다.

④ '달아나다'를 속되게 이르는 말.

¶ 그는 부도가 나자 외국으로 튀어 버렸다.

트다[1] 동사

불11-8 트고, 트니, 터, 터서, 튼다, 틉니다, 텄다

자동사

① 틈이 생기다. 사이가 벌어지다.

¶ 오랜 가뭄으로 논바닥이 텄다.
¶ 이 나무판은 너무 터서 쓸모가 없다.
② (추위 따위로) 살갗이 벌어지다.
¶ 이번 추위로 손발이 트고 입술도 텄다.
③ 새로 (눈이나 싹이) 나오다.
¶ 죽은 줄 알았는데 고목에서 움이 트기 시작했다.
④ 날이 새느라고 동쪽이 환해지다.
¶ 동이 트기 전에 집을 나섰다.

트다[2] 동사

불11-8 트고, 트니, 터, 터서, 튼다, 틉니다, 텄다

타동사

① (막힌 것을) 통하게 하다.
¶ 벽을 터서 방을 합치려 한다.
② (장을) 벌이다.
¶ 난장을 트면 여러 장사치들이 다 모여든다.
③ 서로 거래하는 관계를 맺다.
¶ 아저씨는 장사 수완이 좋아 낯선 사람들과도 쉽게 거래를 텄다.
④ 해라나 반말을 하는 사이가 되다.
¶ 우리 나이도 같으니 서로 말을 트면 어떨까?

-트리다 접사

-트리고, -트리어/-트려, -트린다, -트립니다, -트리었다/-트렸다

접미사

=-뜨리다
¶ 깨트리다, 넘어트리다, 늘어트리다, 떨어트리다, 부닥트리다, 부딪트리다, 부러트리다, 우그러트리다, 우므러트리다, 움츠러트리다, 으그러트리다, 잦트리다, 해어트리다, 해트리다, 허물어트리다, 흐트러트리다, 흩트리다

ㅌ

트이다 동사
㊟ 틔다

규11-0 트이고, 트이어/트여, 트인, 트입니다, 트이었다/트였다

피동사

'트다[2]'의 피동형.

¶ 북한과 왕래가 **트이면** 금강산 구경을 할 수 있을 것이다.

¶ 시야가 탁 **트인** 곳에 집을 지었다.

자동사

① 막혀 있던 운 따위가 열려 좋은 상태가 되다.

¶ 이제 서서히 운이 **트이기** 시작하나 보다.

② 마음이나 가슴이 답답한 상태에서 벗어나게 되다.

¶ 한바탕 울고 나니 속이 **트이는** 것 같더란다.

③ 생각이나 지적 능력이 낮은 수준에서 상당한 수준에 이르게 되다.

¶ 생각이 **트인** 분은 젊은이들 생각을 잘 이해한다.

¶ 이제야 조금 문리가 **트이는** 것 같다.

④ 막혀 제대로 나오지 아니하던 목소리가 나오다.

¶ 목이 **트이지** 않아 높은 소리를 내기 어렵다.

틀다 동사

불11-2 틀고, 트니, 틀어, 틉니다, 틀었다

타동사

① 자세를 돌리다.

¶ 사진사가 나더러 몸을 조금만 오른쪽으로 **틀라고** 한다.

¶ 날아오는 공을 피하려고 몸을 살짝 **틀었다**.

② 나사나 열쇠 따위를 돌리다.

¶ 수도꼭지를 **틀어도** 물이 나오지 않았다.

③ (라디오나 텔레비전 따위를) 작동시키다.

¶ 야구 중계를 보려고 텔레비전을 **틀었다**.

④ 일을 꼬이게 하거나 거부하다.
¶ 담당자가 일을 틀면 안 되니 잘 설득해라.
⑤ 상투나 쪽을 만들기 위해서 머리털을 올려붙이다.
¶ 조선시대에는 어른이라도 혼인을 해야 상투를 틀었다.
⑥ 짚이나 대 따위로 엮어서 가마니나 보금자리를 만들다.
¶ 예전에는 집에서 광주리며 가마니를 틀어 사용하였다.
⑦ 솜틀로 솜을 만들다.
¶ 뭉친 헌솜을 틀어 새로 이불을 만들었다.
⑧ 뱀 따위가 몸을 둥글게 말아 똬리처럼 만들다.
¶ 뱀이 똬리를 틀고 혀를 날름거린다.
⑨ 일정한 방향으로 나가는 물체를 돌려 다른 방향이 되게 하다.
¶ 자동차는 오른쪽으로 방향을 틀어 달렸다.

틀려먹다 동사

규11-1 틀려먹고, 틀려먹은, 틀려먹었다

자동사

'틀리다'를 속되게 이르는 말.
¶ 어른에게 함부로 대하다니, 네 행동이 틀려먹은 것이다.
¶ 사람 구실을 하기는 애당초 틀려먹은 것 같다.

틀리다[1] 동사

규11-0 틀리고, 틀리어/틀려, 틀리는, 틀린, 틀립니다, 틀리었다/틀렸다

자동사

① (셈, 답, 사실 따위가) 어긋나다.
¶ 계산할 때마다 숫자가 틀려서 몇 번을 다시 계산했다.
¶ 그렇게 쓰면 답이 틀린다.
¶ 그는 경우에 틀리는 말을 하지 않는 사람이야.

ㅌ

② (사이가) 나쁘게 되다. 틀어지다.
¶ 그와 사이가 틀려서 요즘은 말도 건네지 않는다.
③ (어떤 일이) 어그러지다. 실패하다.
¶ 비가 오니 들놀이 가기는 다 틀렸다.
④ 비뚤어지다.
¶ 그는 성격이 틀렸다.
¶ 그는 마음 씀씀이가 틀렸어.

타동사

(사람이 답을) 실제와 다르게 하다.
¶ 이번 시험에서 사회 문제를 많이 틀렸다.

피동사

'틀다'의 피동형.
¶ 수도꼭지가 얼었는지 아무리 힘을 줘도 틀리지 않는다.
¶ 온종일 집에만 있었더니 몸이 비비 틀린다.

복합어

- **틀림** 명사 일이 어그러져 맞지 않음. 사실, 이치, 기준 따위에 맞지 않음.
- **틀림없다** 형용사 정확하다. 확실하다. 어긋남이 없다. 꼭 맞다.

틀리다[2] 형용사

규21-0 틀리고, 틀리어/틀려, 틀린, 틀립니다, 틀리었다/틀렸다

① 옳지 않다. 그르다.
¶ 네 말도 틀린 말이 아니다.
② (기분이나 건강 따위가) 좋지 않다.
¶ 그는 꼭 중병 치르고 난 것처럼 얼굴빛이 틀렸더라.
¶ 무엇 때문에 기분이 틀렸는지 입을 꾹 다물고 있다.

'틀리다'와 '다르다'

'다르다'를 쓸 자리에 많은 사람들이 '틀리다'를 쓴다. 아래 보기는 모두 잘못 쓴 경우이다.

¶ 이 옷은 어제 보았던 옷과 틀린데(×). → 다른데
¶ 어제 그 사람과 틀린(×) 사람이야. → 다른
¶ 이 사람은 아까 그 사람과 틀려(×). → 달라
¶ 그 사람은 여느 사람과 틀린(×) 데가 있어. → 다른

'틀리다'와 '맞다'의 품사 구별

'틀리다'와 '맞다'는 일반적으로 동사로 다룬다. 그러나 활용을 할 때에는 형용사처럼 어미를 붙이기도 한다. 그래서 이 두 동사의 품사 구별이 논란을 일으킨다. 몇 가지 경우를 검토하여 보면 다음과 같다.

① 일반적으로 동사와 형용사는 관형사형 어미를 붙이는 방식에 따라서 구별한다. 동사에는 관형사형 어미 '-는'(현재 시제)을 쓰고, 형용사에는 '-ㄴ'(받침 없는 어간에)과 '-은'(받침 있는 어간에)을 쓴다.

¶ 일기예보가 틀리는 일이 자주 있다.
¶ 활을 짐작으로 쏴도 과녁에 맞는 경우가 있다.

위 예문으로 보아 '틀리다'와 '맞다'는 동사임을 알 수 있다.

② 종결 어미 형태로 동사와 형용사를 구별할 수도 있다. 동사에는 종결 어미 '-ㄴ다'(받침 없는 어간에)와 '-는다'(받침 있는 어간에)를 쓰고, 형용사에는 '-다'를 쓴다.

¶ 요즘은 일기예보가 자주 틀린다.
¶ 네 바지가 내게도 맞는다.

위 예문으로 보아 역시 '틀리다'와 '맞다'가 동사임을 알 수 있다.

③ 아래 예문의 '틀리다'와 '맞다'는 동사로 볼 수 없다.

¶ 그 사람은 외모는 괜찮은데 성격이 틀렸어.
¶ 네 말이 맞다.

위 예문의 '틀리다'와 '맞다'는 동사가 아니라 형용사이다. '틀렸어'가 동사가 된다면 '괜찮은데'도 동사가 되어야 하는데 '괜찮다'는 명백하게 형용사이다. 그러니 '틀렸어'도 형용사일 수밖에 없다. '네 말이 맞는다'라고 할 수 없다면 이 용례의 '맞다'를 형용사로 다루어야 할 필요가 있다. 그래서 '틀리다'와 '맞다'를 동사로만 다룰 수 없는 것이다. 그러나 '틀리다'와 '맞다'를 형용사로 쓰는 경우라도 형용사에 붙는 어미가 붙지 않고 동사에 붙는 어미가 붙는 경우가 있다.

④ '틀리다'를 형용사로 쓰는 경우라도 현재 시제를 나타내는 종결 어미 '-다'가 붙지 않고 언제나 과거형 종결 어미가 붙는 제약이 있다.

¶ 네 주장은 맞고 그의 주장은 틀리다(×)/틀렸다(○).

⑤ '맞다'를 형용사로 쓰더라도 관형사형 어미를 붙일 때에 제약이 있다. 형용사는 관형사형 어미로 '-ㄴ'(받침이 없는 경우)과 '-은'(받침이 있는 경우)을 붙이는데, '맞다'에는 '-은'을 붙이지 않고 동사에 쓰이는 어미 '-는'을 붙인다.

¶ 자기 몸에 맞은(×)/맞는(○) 옷을 입어야 맵시가 난다.
이처럼 '틀리다'와 '맞다'를 형용사로 보는 경우에도 활용에 제약이 있음을 생각하여 문법적으로 완전하게 설명할 수 있는 논리가 필요해 보인다.

틀어지다 동사

규11-0 틀어지고, 틀어지어/틀어져, 틀어진, 틀어지었다/틀어졌다

자동사

① (감정이 서로) 벌어지다.
¶ 그는 또 무슨 일로 틀어졌는지 몹시 기분이 안 좋은 눈치이다.
¶ 그와 사이가 틀어져서 말을 섞지 않은 지 오래 되었어.
② 제 갈 자리에서 옆으로 굽어 나가다.
¶ 공이 똑바로 오지 않고 오른쪽으로 틀어졌다.
③ (물체가) 곧지 않고 휘거나 꼬이다.
¶ 문틀이 틀어져서 잘 닫히지 않는다.
④ (꾀하는 일이) 어그러져 잘못 되다.
¶ 하려던 일이 틀어져서 잠시 쉬고 있다.

틈틈이 부사

① 겨를이 있을 때마다.
¶ 아무리 바빠도 운동은 틈틈이 해라.
② 틈이 난 곳마다.
¶ 벽돌 틈틈이 시멘트로 메워라.

틔다 동사 [티:-]

규11-0 틔고, 틔니, 틔어, 틘다, 틥니다, 틔었다

자동사

'트이다'의 준말.

¶ 앞이 탁 틘 집에서 살아 보고 싶다.

¶ 이제 운이 틔기 시작하는 것 같다.

¶ 그 회사와 거래가 틔면 우리 회사도 성장할 것 같다.

¶ 아이가 말하는 걸 보니 소견이 틔었다.

¶ 자전거를 타고 힘껏 달리다 보니 답답하던 가슴이 틔는 것 같다.

¶ 이 치마는 짧으면서도 많이 틔어서 움직이기가 조심스럽다.

틔우다[1] 동사 [티-]

규11-0 틔우고, 틔워, 틔운다, 틔웁니다, 틔웠다

타동사

(싹이나 움 따위를) 트게 하다.

¶ 봄은 온갖 풀과 나무의 싹을 틔운다.

¶ 강둑에는 봄물 오른 버드나무가 눈을 틔우고 있다.

틔우다[2] 동사 [티-]

규11-0 틔우고, 틔워, 틔운다, 틔웁니다, 틔웠다

사동사

'틔다'의 사동형.

¶ 그는 남북 간 거래를 틔운 공이 있는 사람이다.

¶ 그의 말문을 틔운 것은 한마디 격려였다.

¶ 답답한 가슴을 틔우려고 강가로 나갔다.

✕ 티각태각

'티격태격'의 틀린 말.

티격 명사

서로 뜻이 맞지 아니하여 이러니저러니 따지고 사이가 벌어짐.
¶ 우리 부부는 신혼 때부터 한 번씩 티격을 벌이면서 살고 있다.

복합어

- **티격나다** 자동사 서로 뜻이 맞지 않아 사이가 벌어지다. ¶ 형제가 어려서부터 툭하면 싸우더니 지금은 티격나서 서로 만나지도 않는단다.
- **티격태격** 부사 올림말 '티격태격' 참고.

티격태격 부사

서로 뜻이 맞지 아니하여 이러니저러니 시비를 따지며 다투는 모양.
¶ 서로 잘했느니 못했느니 하면서 티격태격 싸우고 있다.

복합어

- **티격태격하다** 자동사 서로 뜻이 맞지 아니하여 이러니저러니 시비를 따지며 다투다. ¶ 가끔 견해차로 티격태격하지만 그래도 우리는 서로 존중한다. / 아이들끼리 티격태격할 때 어른이 끼어들면 안 된다.

ㅍ

파다 동사

규10-0 파고, 파니, 파므로, 파, 판, 팔, 팝니다, 팠습니다

타동사

① 구멍이나 구덩이를 만들다.
¶ 마당에 우물을 파기로 하였다.
¶ 구덩이를 파고 김칫독을 묻었다.
② 그림이나 글씨를 새기다.
¶ 오늘 여권을 만들기 위해서 도장을 팠다.
③ 천이나 종이 따위의 한 부분을 도리다.
¶ 목둘레선을 깊이 파는 것이 요즘 유행인가 보다.
④ 문서나 서류 따위에서 삭제하다.
¶ 정 그렇게 말을 안 들으면 호적에서 네 이름을 파 버리겠다.
⑤ 알아내거나 밝히기 위하여 자세히 알아보다.
¶ 이 사건은 파면 팔수록 새로운 의문이 나타난다.
⑥ 깊이 공부하거나 연구하다.
¶ 그는 책만 파는 백면서생이다.

복합어

- **곰파**다[곰ː-] 타동사 속내를 알려고 자세히 따지고 찾아보다.
- **들고파**다 타동사 한 가지만을 열심히 공부하거나 연구하다.
- **들이파**다[1] 타동사 세게 파다.
- **들이파**다[2] 타동사 ① 안쪽으로 또는 밑으로 파다. ② 깊이 몰두하여 연구하거나 궁리하다.
- **옴파**다 타동사 속을 오목하게 파다.

- **움파**다 타동사 속을 우묵하게 파다.
- **파이**다 피동사 올림말 '파이다' 참고.
- **파헤치**다 타동사 ① 속에 있는 것이 드러나도록 파서 젖히다. ¶ 개발을 한다고 산자락을 마구 **파헤쳐** 버렸다. ② 감추어진 사실이나 실체 따위를 드러내어 밝히다. ¶ 공무원의 부정을 낱낱이 **파헤쳐** 처벌하지 않으면 기강이 바로 서지 않는다.
- **홈파**다 타동사 속을 오목하게 호비어 파다.
- **훔파**다 타동사 속을 우묵하게 후비어 파다.

관용 표현

- **자기 무덤을 파다** 꾀를 부리다가 도리어 자기가 손해를 본다는 말.
- **한 우물을 파다** (여러 일을 벌이지 않고) 한 가지 일을 끝까지 한다는 말.

속담

- **파고 세운 장나무** 사람이나 일이 든든하여 믿음직스러운 경우를 비유하여 이르는 말.

파동 명사 (波動)

① 물결이나 전자파의 움직임.
¶ 호수에 돌을 던지면 수면에 **파동**이 일어나서 파문이 사방으로 퍼진다.
② 사회적으로 어떤 현상이 퍼져 커다란 영향을 미침.
¶ 전쟁 중에 개헌 **파동**을 일으켜서 정권을 잡으려고 했다.

'파동'과 '파문'

'파문(波紋)'은 '파동(波動)'이 만들어내는 무늬, 곧 우리 눈에 보이는 물결을 가리킨다. 먼저 파동이 일어나야 그 결과로 파문이 일어나는 것이다. 그러나 이런 차례는 큰 의미가 없다. 파동이 생기는 즉시 파문이 생기므로 두 현상은 거의 동시에 일어난다고 볼 수 있다. 그래서 파동을 일으키는 것과 파문을 일으키는 것을 같은 의미로 받아들인다. 다만 일반에서는 파동을 큰 사건에 적용하는 경향이 있고, 파문은 그보다 작은 사건에 적용하는 경향이 있다. 또 파동은 일어난 사건 자체에 관심이 있다면 파문은 그것이 미치는 영향에 관심이 있다는 특징이 있다.

¶ 최근에 있었던 비선 실세의 국정 개입 **파동**은 대통령의 인사 잘못을 다시 생각하게 했다.
¶ 대변인의 발언 **파문**이 좀처럼 가라앉지 않고 있다.

파란빛 명사

=파란색

파란색 명사 (-色)

맑은 가을 하늘과 같이 밝고 뚜렷한 색. 파란빛.

'파란색'과 '푸른색'

우리는 전통적으로 풀빛과 하늘빛을 구별하지 않은 것 같다. '파란 하늘'과 '푸른 하늘', '파란 새싹'과 '푸른 새싹', '파란 바다'와 '푸른 바다'가 모두 같은 대상을 가리키는 것으로 보아 그렇게 짐작하는 것이다. 그러나 지금은 색상 차이가 중요한 시대인 만큼 이제는 구별해서 쓰는 것이 좋겠다. 이 사전에서는 '파랑, 파란빛, 파란색'은 '맑은 하늘의 빛깔'로, '푸렁, 풀빛, 푸른빛, 푸른색'은 '살아 있는 나뭇잎이나 풀잎의 빛깔'로 사용한다. 따라서 파란색과 푸른색은 서로 다른 색을 가리키는 것으로 본다.

¶ 바닷물의 색깔은 지역에 따라서 파란색일 수도 있고, 푸른색일 수도 있다.

¶ 요즘 거리 신호등은 파란색이지만 어떤 지역에서는 여전히 푸른색 신호등을 쓰기도 한다.

¶ 태극기의 동그라미를 위아래로 나눠, 위에는 빨간색을 아래에는 파란색을 칠한다.

¶ 중앙아시아에는 푸른 초원이 끝없이 펼쳐진 곳이 많이 있다.

파랑 명사

① 파란 빛깔이나 물감. 파란빛.

¶ 파랑은 물, 차가움, 신선함, 상쾌함, 냉정함 따위의 느낌을 준다.

¶ 파랑 바탕에 흰 물방울 무늬가 있어서 시원해 보인다.

② 기본색의 하나로 빨강, 노랑과 함께 삼원색을 이루는 색깔.

¶ 미술에서 삼원색은 파랑, 빨강, 노랑이다.

파랗다 형용사 [파:-]

불20-5 파랗고, 파랗지, 파라면, 파라니, 파란, 파래, 파래서, 파랗네, 파랗소, 파랗습니다, 파랬다

① 맑은 하늘의 빛과 같다.
¶ 오늘은 하늘이 정말 파랗고 맑다.
¶ 할머니는 하얀 모시 저고리에 파란 치마를 입었다.
② 춥거나 무섭거나 하여 얼굴이나 입술 색깔이 어둡다.
¶ "강도야!" 소리가 들리자 부녀자들 얼굴이 파랗게 질렸다.
③ 언짢거나 성이 나서 냉랭하거나 사나운 기색이 있다.
¶ 너무 화가 나서 얼굴이 파랗게 변했다.
④ '푸르다'의 뜻으로 쓰는 경우가 있다.
¶ 봄이 되니 여기저기서 새싹이 파랗게 돋아난다.

복합어
- **새파랗다**[-파:-] 형용사 ① 매우 파랗다. ② 춥거나 겁에 질려 얼굴이나 입술 따위가 매우 파르께하다. ③ 매우 젊다. ④ 칼날 따위가 매우 날카롭다.
- **파래지다**[파:-] 자동사 파랗게 되다.
- **파르께하다** 형용사 엷지도 짙지도 않게 파랗다.
- **파르스레하다** 형용사 =파르스름하다
- **파르스름하다** 형용사 조금 파랗다.
- **파릇파릇** 부사 ① 군데군데 파르스름한 모양. ② 매우 파르스름한 모양.
- **파릇하다** 형용사 =파르스름하다

▶ 대체로 '파랗다'와 '푸르다'를 같은 색깔로 여기는 경향이 있는데 이 사전에서는 이를 구별한다. (이에 관한 설명은 올림말 '파란색' 참고.)

파래[1] 명사

해조류의 하나. 길이는 18cm 정도이며, 가장자리는 물결 모양을 이루고 빛깔은 광택이 있는 푸른빛이다. 많이 먹는 바닷말 가운데 하나이다.
¶ 파래에 무를 채 썰어 식초를 치고 새콤달콤하게 무쳐 먹었다.

파래[2] [파: -]

형용사 '파랗다'의 연결형. '파랗다'에 부사형 어미 '-어/-아'가 붙어 줄어든 말.

¶ 비가 그친 뒤라 하늘이 유난히 파래 보였다.

파래지다 동사

규11-0 파래지고, 파레지어/파래져, 파래진, 파래집니다, 파래지었다/파래졌다

자동사

① 사물의 빛이 파랗게 되다.

¶ 며칠 동안 황사로 뿌옇던 하늘이 비가 내리고 난 뒤 파래졌다.

¶ 오랜 가뭄 끝에 비가 내리니 나무며 풀들이 금세 파래진다.

② 춥거나 무섭거나 하여 얼굴이나 입술 색깔이 창백해지다.

¶ 바깥이 얼마나 추운지 아이가 입술이 파래져서 들어왔다.

③ 언짢거나 성이 나서 차가워지다.

¶ 아주머니 기색이 파래지더니 그만 악다구니를 쏟아 놓는다.

¶ 화가 나서 파래진 얼굴이 더욱 쌀쌀맞아 보였다.

파문 명사 (波紋)

① 물위에 이는 잔물결, 또는 그 무늬.

② 둘레에 동요를 일으킬 만한 영향.

¶ 이번 파문은 쉽게 가라앉을 것 같지 않다.

관용 표현

- **파문(波紋)을 던지다** 어떤 영향을 미치다.

▶ '파문'과 '파동'의 차이는 올림말 '파동' 참고.

▶ '파문'과 '파장'의 차이는 올림말 '파장' 참고.

ㅍ

파묻다[1] 동사

규11-1 파묻고, 파묻으니, 파묻어서, 파묻은, 파묻습니다, 파묻었다

타동사

① 땅을 파서 그 속에 묻다.

¶ 뒤뜰에 김장독을 파묻었다.

② (어떤 일이나 감정 따위를 남이 모르게) 숨기어 감추다.

¶ 어머니는 깊이 파묻어 두었던 속내를 털어 놓으셨다.

③ 깊숙이 대거나 기대다.

¶ 소파에 깊숙이 몸을 파묻고 잠이 들었다.

복합어

- **파묻히다**[-무치-] 피동사 ① '파묻다'의 피동형. ② 다른 일에는 관심을 돌리지 않고 어떤 일에만 파고 들면서 골몰하거나 거기에만 빠져 있다. ¶ 그는 요즘 여행기 쓰기에 파묻혀 지낸다.

파묻다[2] 동사

불11-1 파묻고, 파물으니, 파물으면, 파물어, 파묻습니다, 파묻소, 파물었다

타동사

자세히 따지면서 묻다. 캐묻다.

¶ 경찰이 집에 와서 오늘 다녀간 사람이 누구누구냐고 파물었다.

파이다 동사

㊟ 패다[5]

규11-0 파이고, 파이어/파여, 파인, 파입니다, 파이었다/파였다

피동사

'파다'의 피동형.

¶ 비가 오고 나니 길에 구덩이가 많이 파이었다/파였다.

¶ 옷의 목둘레선이 너무 깊이 파인/팬 것 같다.

파장 명사 (波長)

① 파동에서, 위상이 같은 서로 이웃한 두 점 사이의 거리. 물결의 너비.

¶ 단파 방송은 **파장**이 10미터에서 100미터 사이의 전자파를 사용하는 방송을 가리킨다.

② 충격적인 일이 끼치는 영향 또는 그 영향이 미치는 정도.

¶ 이 사건은 정치적으로 엄청난 **파장**을 몰고 왔다.

'파장'과 '파문'

흔히 '파장을 일으키다', '파장을 미치다', '파장을 몰고 오다', '엄청난/미묘한 파장을 불러일으키다'처럼 사용하는데 이 표현은 조심해서 써야 한다.

'파장'은 물결이나 전자파의 마루에서 마루까지(또는 골에서 골까지)의 길이를 가리킨다. 따라서 '파장'은 그 길이가 긴지 짧은지를 말하는 경우에 '파장이 길다', '파장이 짧다'처럼 사용한다. 그렇다면 어떤 사건의 영향이 오래 가는 경우에 그 사건의 '파장이 길었다'고 표현하거나 '긴 파장'을 일으켰다고 말할 수 있다. 그러므로 '파장을 미치다'나 '파장을 몰고 오다'라는 표현은 삼가야 한다. '미치다'나 '몰고 오다'의 대상으로 파장을 사용하는 것은 파장의 원래 뜻과 너무 다르기 때문이다. 조금 더 확대하여 쓴다면 '큰 파장'을 일으켰다고 할 수 있겠으나 그리 권할 만한 표현은 아니다.

'파문'은 '미치다'나 '몰고 오다'의 목적어가 되는 것이 자연스럽고 '크고 작은 파문' 같은 표현도 자유롭게 쓸 수 있다. 즉, '큰 파문'이나 '엄청난 파문' 같은 표현은 무리 없이 사용할 수 있다. 미치는 영향을 고려하지 않고 단순히 큰 사건을 가리킬 때에는 '파동'이라는 강한 의미를 가진 낱말을 사용하는 것이 좋다.

¶ 그 사건의 **파장**(?)/**파문**(○)이 어디까지 미칠지 가늠하기 어렵다.

¶ 그로 말미암아서 사회에 엄청난 **파장**(?)/**파문**(○)/**파동**(○)이 일었다.

¶ 그들이 대중문화계에 일으킨 **파장**(○)/**파문**(○)이 어느 정도였을까?

판박이 명사 (版-)

① 판에 박은 듯이 똑같아 새로운 점이나 변화가 없는 것.

¶ 그의 이번 연설은 지난번에 한 연설의 **판박이**였다.

¶ 이 거리는 서울 명동의 **판박이** 같다.

② 판에 박은 듯이 매우 비슷하게 닮은 사람.
¶ 그는 자기 아버지의 판박이이다.
③ 바탕 종이에 어떤 형상을 인쇄하여, 물을 묻히거나 문지른 뒤에 바탕 종이를 떼어 내면 인쇄한 형상만 따로 남도록 만든 것.
¶ 판박이 스티커

'판박이'와 '판에 박히다'

'판박이'는 '판으로 박는 일'에서 온 말이다. 판으로 박는 일은 똑같은 일을 반복한다는 의미가 있으므로 '판박이'라는 말이 생긴 것이다.
'판에 박히다'는 '판으로 박다'의 피동 표현이다. 판으로 박은 듯이 똑같은 말을 하는 것을 '판에 박힌 듯이 똑같은 말을 한다'고 말할 수 있다. 능동으로 말하는 것과 피동으로 말하는 것의 차이이다.
'판에 박힌 말'은 판에 박은 듯이 같은 말을 하는 경우를 가리킨다. '판에 박힌'을 '판에 박인'이라고 하면 안 된다. 박는 행위를 피동으로 바꾸려면 '박힌'으로 해야 하기 때문이다.

판잣집 명사 (板子-)

판자로 허술하게 지은 집. ×판자집
¶ 산등성이에 얼기설기 지은 판잣집들이 빼곡했다.

판판하다 형용사

불20-9 판판하고, 판판하여/판판해, 판판한, 판판합니다, 판판하였다/판판했다

높낮이가 없이 평평하고 너르다. '펀펀하다'의 작은말.
¶ 여기서부터는 길이 판판하니 걷기 수월할 것이다.
¶ 산꼭대기에 제법 판판한 곳이 있었다.

복합어
- **판판히** 부사 물건 표면이 높낮이가 없이 평평하고 너르게.

팔목 명사

팔과 손이 잇닿은 팔 쪽 부분.

> **'팔목'과 '손목'**
> 두 낱말은 팔과 손이 연결되는 잘록한 부위를 가리킨다. '팔목'은 팔의 위치에서 표현하는 말이고, '손목'은 손의 위치에서 표현하는 말일 따름이다. 손을 써서 어떤 행위를 할 때에는 '손목'을 쓰는 편이 자연스럽고, 팔을 움직여 행위를 한다면 '팔목'을 쓰는 편이 자연스럽다. 팔의 아픔이 팔목까지 이르렀다고 말하는 것이 자연스럽고, 손을 거쳐 차는 시계는 손목시계라고 말하는 것이 자연스럽다. 이와 마찬가지로 '팔목'을 비튼다고 하는 것보다는 '손목'을 비튼다고 하는 편이 더 자연스럽다. 표준어 규정에는 '팔목시계'를 비표준어로, '손목시계'를 표준어로 삼고 있다.

× 팔삭동이

'팔삭둥이'의 틀린 말.

팔삭둥이 명사 (八朔-)

① 제달(10달 안팎)을 다 채우지 못하고 여덟 달 만에 태어난 아이.
¶ 아이가 팔삭둥이로 태어나 어려서는 몸이 약하더니 자라면서 튼튼해졌다.
② 똑똑하지 못한 사람을 놀림조로 이르는 말.

> **'팔삭둥이'와 '팔삭동'**
> '팔삭동(八朔童)'은 '팔삭둥이'의 본말이며 의미도 같다. 그런데 '팔삭동이'는 틀린 말로, '쌍동(雙童)'과 '쌍둥이'의 관계와 같다. 일반적으로 사람(아이)을 가리킬 때에 '-둥이'라는 접미사를 쓰기로 하였다. '막둥이, 막내둥이, 해방둥이, 귀염둥이'처럼 쓴다. '팔삭둥이'나 '쌍둥이'도 이런 논리에 따라서 '-둥이'를 표준어로 삼고 있다.

ㅍ

패다[1] 동사

규11-0 패고, 패어/패,팬다, 팹니다, 패었다/팼다

자동사

(이삭이) 생겨 나오다. ×피다

¶ 보리가 패기 시작할 무렵이 가장 심한 보릿고개이다.

속담

- **패는 곡식 이삭 뽑기** 잘되어 가는 일을 심술궂은 행동으로 망치는 경우를 비유하여 이르는 말.

> **'패다'와 '피다'**
> '패다'는 줄기 속에 있던 이삭이 나오는 동작을 일컫는 말이고, '피다'는 꽃망울이 벌어지는 동작을 일컫는 말이다. 따라서 '이삭이 피다'라고 하면 안 된다.

패다[2] 동사

규11-0 패고, 패어/패, 팬다, 팹니다, 패었다/팼다

타동사

사정없이 마구 때리다.

¶ 아무리 제 자식이라도 함부로 패지 마라.

패다[3] 동사

규11-0 패고, 패어/패, 팬다, 팹니다, 패었다/팼다

자동사

머리 따위가 몹시 아프고 쑤시다.

¶ 술을 섞어 마셨더니 머리가 몹시 팬다.

¶ 골치 패는 소리 그만하고 오늘 할 일이나 이야기하자.

패다[4] 동사
[패:-]

규11-0 패고, 패어/패, 팬다, 팹니다, 패었다/팼다

타동사

(도끼로 나무를) 찍어 쪼개다.

¶ 도끼로 장작을 패다가 도끼 자루가 부러졌다.

패다[5] 동사
[패:-]

규11-0 패고, 패니, 패면, 패어/패, 팬, 팰, 팹니다, 패었다/팼다

피동사

'파다'의 피동형 '파이다'의 준말.

¶ 비가 오니 도로 곳곳에 웅덩이가 패었다.

¶ 영희는 목선이 깊게 팬 옷을 입고 나왔다.

자동사

(보조개나 주름이) 살에 오목하게 들어가다.

¶ 이마에 주름이 깊게 팬 노인이 얼굴을 찡그리고 서 있다.

'패다'와 '파이다'의 활용형

'파이다'는 '파다'의 피동형으로서 '파지다'의 사촌쯤 되는 낱말이다. '구덩이를 파는' 행위는 구덩이를 주체로 보면 '구덩이가 파이는' 행위이다. 이미 파인 구덩이를 본 사람들은 "눈 깜짝할 사이에 구덩이가 파졌네"라고 말할 것이다. 그런데 피동사 '파이다'는 '패다'로 줄어든다. '차이다'가 '채다'로 줄어드는 것과 같은 현상이다. 이 경우에 '패다'의 활용형에 주의하여야 한다. '파이어, 파이었다'가 '파여/패어, 파였다/패었다'로 줄어들므로 이에 맞추어 활용형을 써야 한다.

¶ 비가 오니 길에 웅덩이가 파였다. = 비가 오니 길에 웅덩이가 패었다.

¶ 웅덩이가 파여 있어서 걷기 참 불편하다. = 웅덩이가 패어 있어서 걷기 참 불편하다.

¶ 얼굴에 주름이 깊게 파여 있다. = 얼굴에 주름이 깊게 패어 있다.

'패어', '패었다'를 쓸 경우에, '패여', '패였다'로 쓰지 않도록 조심해야 한다.

× 패이다

'패다[5]', '파이다'의 틀린 말.

¶ 비가 온 뒤에 땅이 여기저기 패이었다(×)/패였다(×)/패었다(○)/파이었다(○)/파였다(○).

¶ 움푹 패인(×)/팬(○)/파인(○) 눈에서 강렬한 빛이 뿜어 나왔다.

퍼

동사 '푸다'의 연결형. '푸다'에 연결 어미 '-어'가 붙어서 불규칙 활용을 한 형태.

¶ 밥을 여기에 퍼 놓아라.

¶ 우물에서 물을 퍼 왔다.

× 퍼그나

'퍽'의 틀린 말.

퍼니 부사 [퍼:-]

하는 일 없이 빈둥거리며 노는 모양. =펀펀히[2]

¶ 남들은 바삐 일하고 있는데 혼자만 퍼니 놀고 있다.

퍼더버리다 동사

규11-0 퍼더버리고, 퍼더버리어/퍼더버려, 퍼더버린다, 퍼더버립니다, 퍼더버리었다/퍼더버렸다

타동사

(팔다리를) 아무렇게나 편하게 뻗다.

¶ 고개를 힘겹게 올라온 할머니는 길바닥에 퍼더버리고 앉는다.

관용 표현

- **퍼더버리고 앉다** 팔다리를 아무렇게나 편하게 뻗고 앉다.

퍼드러지다 동사

규11-0 퍼드러지고, 퍼드러지어/퍼드러져, 퍼드러진다, 퍼드러지었다/퍼드러졌다

자동사

① 아무렇게나 쭉 뻗고 앉거나 눕다.

¶ 산에서 내려온 일행은 쉼터에 이르러 모두 퍼드러지고 말았다.

② 죽거나 까무러쳐서 보기 흉하게 쭉 늘어지다.

¶ 길에 너구리 한 마리가 퍼드러져 있었다.

퍼뜩 부사

① 어떤 생각이 갑자기 아주 순간적으로 떠오르는 모양.

¶ 지난 일이 퍼뜩 떠올랐다.

② 어떤 물체가 갑자기 아주 순간적으로 나타나는 모양.

¶ 골목 안 한구석에 웅크리고 있던 개 한 마리가 퍼뜩 일어나 달려나갔다.

③ 갑자기 정신이 드는 모양.

¶ 찬물로 세수를 하고 나니 퍼뜩 정신이 들었다.

복합어

- **퍼뜩퍼뜩** 부사 매우 퍼뜩. ¶ 뛰노는 아이들을 볼 때마다 어린 시절이 퍼뜩퍼뜩 생각이 난다.
- **퍼뜩하다** 자동사 ① 어떤 생각이 아주 순간적으로 갑자기 떠오르다. ② 어떤 물체나 빛 따위가 아주 순간적으로 갑자기 나타나다.

'퍼뜩'과 '얼른'

'퍼뜩'을 '얼른'과 같은 뜻으로 쓰는 것은 안 된다.

¶ 퍼뜩(×) 가져와라. → 얼른 / 퍼뜩(×) 가자. → 얼른

ㅍ

× 퍼래지다

'퍼레지다'의 틀린 표기.

퍼런 [퍼:-]

형용사 '퍼렇다'의 관형사형. '퍼렇다'에 관형사형 어미 '-ㄴ'이 붙어 불규칙 활용을 한 형태.

¶ 무엇에 부딪혔는지 종아리에 퍼런 멍이 들었다.

퍼렇다 형용사 [퍼:-]

불21-5 퍼렇고, 퍼러면, 퍼러니, 퍼레, 퍼레서, 퍼렇네, 퍼렇습니다, 퍼렜다

① '파랗다'의 큰말.

¶ 작은방 천정 구석에 퍼렇게 곰팡이가 피었다.

¶ 계곡물에서 노는 아이들 입술이 퍼렜다.

② 매우 젊다.

¶ 퍼렇게 젊은 나이에 세상을 떠나다니.

복합어

- **시퍼렇다** 형용사 ① 매우 퍼렇다. ② 춥거나 겁에 질려 얼굴이나 입술 따위가 몹시 푸르께하다. ③ 날 따위가 몹시 날카롭다. ¶ 날이 시퍼렇게 서 있다. ④ (비유적으로) 기세가 등등하고 무서운 기운이 몹시 서려 있다. ⑤ (주로 '시퍼렇게' 꼴로 쓰이어) 몹시 싱싱하거나 생생하다.

> **'파랗다'와 '퍼렇다'**
>
> '파랗다'는 '퍼렇다'의 작은말이다. 마찬가지로 '새파랗다'와 '시퍼렇다'는 작은말 큰말 관계이다. 그런데 두 말의 쓰임새에 미묘한 차이가 있다. 나이가 젊은 사람을 말할 때에 '새파랗게 젊은 사람'이라고 하지 '시퍼렇게 젊은 사람'이라고 하지는 않는다. 그런데 '파랗게 젊은 사람'이라고는 하지 않지만 '퍼렇게 젊은 사람'이라는 표현은 사용한다. 이렇게 보면 젊음이나 나이를 표현하는 형용사로 '퍼렇다'와 '새파랗다'를 사용하고 '파랗다'와 '시퍼렇다'를 쓰지 않는 것은 특이한 현상이다.

퍼레지다 동사 [퍼: -]

규11-0 퍼레지고, 퍼레지어/퍼레져, 퍼레진, 퍼레집니다, 퍼레지었다/퍼레졌다

자동사

퍼렇게 되다. '파래지다'의 큰말.

¶ 밭두둑에 앉았다가 쑥물이 들어 바지 엉덩이가 **퍼레졌다**.

¶ 바다에서 입술이 **퍼레지도록** 물놀이를 했다.

¶ 아이가 밤길에 무엇에 놀랐는지 얼굴이 **퍼레져서** 들어왔다.

> **'퍼레지다'와 '파래지다'**
>
> '퍼레지다'는 '파래지다'의 큰말이다. '퍼렇다'에 '-어 지다'가 붙어서 된 말이다. '꺼메지다', '누레지다', '허예지다'도 같은 원리로 '꺼멓다', '누렇다', '허옇다'에 '-어 지다'가 붙어서 된 말이다. 이들의 작은말은 각각 '까매지다', '노래지다', '하얘지다'이다.

퍼먹다 동사

규11-1 퍼먹고, 퍼먹으니, 퍼먹어서, 퍼먹는다, 퍼먹습니다, 퍼먹소, 퍼먹었다

타동사

욕심 사납게 마구 먹다.

¶ 배가 얼마나 고프던지 밥솥째 놓고 밥을 **퍼먹었다**.

¶ 어제 술을 얼마나 **퍼먹었는지** 아직도 정신을 못차리고 있다.

복합어

- **퍼먹이다** [타동사] 마구 먹이다.

> **'퍼먹다'와 '처먹다'**
>
> 이 두 낱말은 다 '먹는' 행위를 속되게 표현하는 말이다. 상대를 욕하거나 무시하는 말로 쓰므로 되도록 남에게는 사용하지 않는 것이 바람직하다.

퍼붓다 동사

불11-4 퍼붓고, 퍼부으니, 퍼부으면, 퍼부어, 퍼붓네, 퍼붓습니다, 퍼부었다

자동사

① (비나 눈이) 몹시 심하게 쏟아지다.

¶ 하루 종일 눈이 퍼부으니 길이 막혀 도저히 출발할 수 없었다.

¶ 소나기가 무섭게 퍼부어서 나갈 수 없었다.

② (잠이나 졸음이) 심하게 밀려오다.

¶ 강의 시간에 졸음이 퍼부어 정신을 차릴 수 없었다.

타동사

① 퍼서 붓다.

¶ 간장을 담그려고 항아리에 물을 퍼부었다.

② (욕, 비난 따위를) 마구 하다.

¶ 욕이라도 실컷 퍼붓고 나니 가슴이 좀 뚫리는 것 같다.

③ (술 따위를) 매우 많이 마시다.

¶ 오랜만에 친구들과 어울려 술을 퍼부었더니 정신을 못 차리겠다.

④ (총이나 포 따위를) 집중적으로 맹렬하게 쏘다.

¶ 적을 향하여 포탄을 퍼부었다.

퍼지르다[1] 동사

불11-6 퍼지르고, 퍼질러, 퍼지른다, 퍼지릅니다, 퍼질렀다

자동사

('퍼질러 앉다/눕다'의 형태로 쓰이어) 팔다리를 아무렇게나 편하게 뻗다. 퍼더버리다.

¶ 아이는 장난감을 사 달라며 바닥에 퍼질러 앉아 울기 시작했다.

퍼지르다[2] 동사

불11-6 퍼지르고, 퍼질러, 퍼지른다, 퍼지릅니다, 퍼질렀다

타동사

① 욕을 마구 하다.

¶ 화가 난다고 그렇게 상스런 욕을 퍼질러야 되겠니?

② 함부로 먹어대다.

¶ 하고많은 날 그저 술만 퍼지르고 있으니 큰일이다.

③ (똥이나 오줌을) 마구 싸다.

¶ 그렇게 먹어 대더니 똥을 잔뜩 퍼질러 쌌구나.

퍽 부사

보통 정도를 훨씬 넘게. ×퍼그나, 퍽으나, 퍽이나

¶ 계획이 퍽 잘 짜여졌다.

¶ 나는 떡을 퍽 좋아한다.

¶ 사람들이 퍽 많이 왔더라.

> **'퍽', '꽤', '상당히', '무척', '매우', '몹시', '아주'**
>
> 정도를 나타내는 부사로 이 말들이 어느 정도를 나타내는지 분간하기는 쉽지 않다. 일반적으로 보통의 정도를 넘어섰을 때에 '꽤'를 사용하고, 그 정도를 더 넘어선 경우에는 '퍽' 또는 '상당히'를 사용한다. '퍽'이나 '상당히'보다 더 높은 정도를 나타내는 말로 '무척', '매우', '몹시', '아주'를 쓴다. 일부에서는 '너무'를 사용하여 가장 높은 정도를 나타내기도 한다.

× 퍽으나/퍽이나

'퍽'의 틀린 말.

ㅍ

펀펀 부사

=펀펀히[2]

편편하다 형용사

불20-9 편편하고, 편편하여/편편해, 편편한, 편편합니다, 편편하였다/편편했다

① 높낮이가 없이 매우 평평하고 너르다. '판판하다'의 큰말.

¶ 우리는 편편한 바위 위에 둘러앉아 점심을 먹었다.

¶ 두메산골에 이런 편편한 들이 있다니 놀랍다.

② 얼굴이나 몸이 살이 올라 넓적하다.

¶ 며칠 푹 쉬었더니 얼굴에 편편하게 살이 올랐다.

복합어

- **편편히** 부사 올림말 '편편히[1]' 참고.

편편히[1] 부사

① 높낮이가 없이 매우 평평하게.

② 얼굴이나 몸이 살이 올라 넓적하게.

편편히[2] 부사

아무 일도 하지 아니하고 빈둥거리며 노는 모양. 퍼니.

¶ 남들 보기에는 편편히 노는 것 같아도 하는 일이 많았다.

펑크 명사 (puncture)

① 튜브나 공이 터져 구멍이 나는 일. ×빵꾸

¶ 자전거 타이어가 펑크가 나서 탈 수 없었다.

② 의복이나 양말 따위가 해져서 구멍이 뚫리는 일. 또는 그 구멍.
¶ 펑크가 난 양말을 신고 다닌다.
③ 계획이 틀어지거나 잘못되는 것. 차질(蹉跌).
¶ 강의를 펑크 내고 회의에 참석했다.

관용 표현

- **펑크가 나다** 일이 어그러지다. ¶ 예산 부족으로 이번 촬영은 펑크가 났다.
- **펑크를 내다** 참석해야 할 자리에 나오지 않아 일을 어그러뜨리다. ¶ 신인 배우가 펑크를 내고 촬영장에 나타나지 않았다.

▶ '빵꾸'는 '펑크'의 일본식 용어로 비표준어이다. '펑크'는 영어 '펑크처(puncture)'의 앞부분만 떼어서 만든 말이다.

펴내다 동사

규11-0 펴내고, 펴내어/펴내, 펴낸, 펴냅니다, 펴내었다/펴냈다

타동사

① 널리 퍼뜨리다. (책을) 발행하다.
¶ 오랜 고민 끝에 회고록을 펴내었다.
② (개킨 것을) 넓게 펴 내어놓다.
¶ 손님이 오셔서 새 이불을 펴내어 잠자리를 보아 드렸다.

복합어

- **펴낸이** 명사 신문이나 책을 만들어 낸 사람. 발행인(發行人).

펴놓다 동사

규10-1 펴놓고, 펴놓아/펴놔, 펴놓은, 펴놓으면, 펴놓네, 펴놓습니다, 펴놓았다/펴놨다

타동사

① 펴서 벌리어 놓다.
¶ 지도를 펴놓고 다음 여행지를 찾아본다.

② (속마음을) 숨김없이 나타내다.

¶ 자, 이제 자네 속뜻을 펴놓아 보게.

펴다 동사

규11-0 펴고, 펴니, 펴, 편다, 폅니다, 폈다

타동사

① (덮인 것, 개킨 것, 접힌 것을) 젖히어 벌리어 놓다.

¶ 요를 펴서 바닥에 깔아 놓았다.

¶ 날개를 펴고 하늘 높이 날아간다.

② (굽은 것을) 곧게 하다.

¶ 허리를 굽혔다 폈다 하면서 운동을 한다.

③ (구김이나 주름을) 없애어 반반하게 만들다.

¶ 화가 나더라도 얼굴을 펴고 말해라.

¶ 옷의 주름은 다리미로 펴지만 마음의 주름은 무엇으로 펴리.

④ 널리 실시하다.

¶ 세종은 애민 정책을 널리 펴서 백성을 보살폈다.

⑤ (기세, 감정, 뜻을) 자유롭게 나타내거나 실현하다.

¶ 누구나 제 뜻을 펴고 살 수 있는 사회를 만들어야 한다.

¶ 확실한 근거를 가지고 반론을 펴세요.

⑥ 세력이나 작전, 정책 따위를 벌이거나 그 범위를 넓히다.

¶ 수사망을 전국에 펴서 범인을 잡아야 한다.

⑦ 골고루 넓게 퍼지게 하다.

¶ 마당에 고추를 펴서 말린다.

복합어

- **펴내다** 타동사 올림말 '펴내다' 참고.
- **펴놓다** 타동사 올림말 '펴놓다' 참고.
- **펴이다**[1] 자동사 올림말 '펴이다[1]' 참고.
- **펴이다**[2] 피동사 올림말 '펴이다[2]' 참고.
- **펴지다** 자동사 올림말 '펴지다' 참고.

× 펴락쥐락

'쥐락펴락'의 틀린 말.

'펴락쥐락'과 '쥐락펴락'

같은 말인 것 같은데 표준어 규정은 '쥐락펴락'만 표준어로 인정하고 '펴락쥐락'은 표준어로 인정하지 않는다. '쥐락펴락'을 좀 더 많이 쓰고 있으며 순서로 보아 쥐어야 편다고 할 수 있기 때문이다. 이처럼 상대적인 의미가 있는 낱말의 어느 하나만을 표준어로 보는 경우가 몇 개 더 있다. 괄호 속에 ○표를 한 것이 표준어이다.

- 아래 ×를 한 낱말은 《표준국어대사전》에 틀린 말로 올라 있는 것이다.
  들락날락(○) 날락들락(×) / 붉으락푸르락(○) 푸르락붉으락(×)
  쥐락펴락(○) 펴락쥐락(×)
- 아래 낱말은 순서를 바꿔도 다 표준어로 인정하고 있다.
  누르락푸르락(○) 푸르락누르락(○)
  미주알고주알(○) 고주알미주알(○)
  물덤벙술덤벙(○) 술덤벙물덤벙(○)
  오나가나(○) 가나오나(○) / 오다가다(○) 가다오다(○)
  엎치락뒤치락(○) 뒤치락엎치락(○)

이런 구별은 언중의 사용 빈도나 습관에 따른 것이어서 개인차가 있기 마련이다. 비표준어로 규정한 것이나 표준어로 허용된 것이나 대체로 어느 한쪽을 많은 사람이 사용하는 경향이 있으므로 굳이 다른 쪽을 비표준어로 규정하지 않아도 되지 않을까 생각한다. 틀린 표현이 아니라면 둘 다 인정하는 편이 더 좋을 것 같다고 생각한다.

펴이다[1] 동사

규11-0 펴이고, 펴이어/펴여, 펴인, 펴입니다, 펴이었다/펴였다

자동사

① (순조롭지 못한 일이) 제대로 잘 되어 가다.

¶ 올해부터는 내 운이 펴이기 시작하는 것 같다.

② 옹색함에서 풀려 넉넉해지다.

¶ 형이 사업에 성공하면서 우리 가정 형편도 펴이기 시작했다.

ㅍ

펴이다[2] 동사

규11-0 펴이고, 펴이어/펴여, 펴인, 펴입니다, 펴이었다/펴였다

피동사

'펴다'의 피동형.

¶ 이 옷은 아무리 다리미질을 해도 **펴이지** 않는다.

> **피동사 '펴이다'와 '펴지다'**
>
> 피동문을 만드는 방법에는 두 가지가 있다. 하나는 피동 접사를 사용하여 피동사를 만드는 방법이고 다른 하나는 피동 구문을 사용하여 피동문을 만드는 방법이다. 피동 접사 '-이', '-리', '-히', '-기' 따위를 어간에 붙여 '보이다, 물리다, 먹히다, 안기다' 같은 피동사를 만든다. '펴이다'도 피동 접사 '-이'를 붙여 만든 피동사이다.
>
> 피동 구문은 능동사 어간에 '-어지다'를 붙여 만든다. 그런데 '-어지다'를 붙여 만든 피동 구문은 엄밀하게 말하면 피동문이 아니다. 의미상으로는 피동문으로 인식하지만 문법적으로 주어와 서술어의 관계에서 피동이 아닌 것이다.
>
> ¶ 다리미로 다리니 옷의 구김살이 펴이었다. (주어와 피동사)
>
> ¶ 입고 다니다 보니 어느새 옷의 구김살이 펴졌다. (주어와 능동사)
>
> ¶ 간짓대로 때리니 겨우 감이 떨리더라. (주어와 피동사)
>
> ¶ 문득 밖을 내다보니 저절로 감이 떨어지더라. (주어와 능동사)
>
> '펴이다'나 '떨리다'는 펴는 동작이나 떠는 동작이 필요하지만, '펴지다'와 '떨어지다'는 펴는 동작이나 떠는 동작이 없어도 된다. 이런 점에서 피동문을 만들려면 피동 접사를 사용하는 것이 정석이다.

펴지다 동사

규11-0 펴지고, 펴지어/펴져, 펴진, 펴집니다, 펴지었다/펴졌다

자동사

① (굽은 것이) 곧게 되다.

¶ 나이를 먹으면 허리가 잘 **펴지지** 않으므로 허리 펴는 운동을 열심히 해야 한다.

② (구김살이) 없어지다.

¶ 구김살이 **펴지게** 잘 다려라.

③ 젖혀지거나 벌어지다.
¶ 갑자기 쥐가 나서 손가락이 **펴지지** 않더라.
¶ 우산이 잘 **펴지지** 않았다.
¶ 이부자리가 **펴져** 있었다.
④ 순조롭지 못하던 일이 잘 되어 형편이 좋아지다. 펴이다.
¶ 새 며느리가 들어와서 우리집 형편(살림)이 **펴지기** 시작했다.

평상시 명사 (平常時)

특별한 일이 없는 보통 때.
¶ 그는 **평상시**에는 보이지 않다가 먹을 때에는 어디선가 나타난다.
¶ 그는 술을 마시면 **평상시**와는 아주 다르게 명랑해진다.

평소 명사 (平素)

=평상시

평시 명사 (平時)

=평상시

ㅍ

폐사 명사 (弊社)

말하는 이가 자기 회사를 낮추어 이르는 말. '우리 회사'로 바꿔 쓰면 좋다.
¶ 귀사는 남성 용품을 팔고 **폐사**는 여성 용품을 파니 같이 영업을 하면 좋겠습니다.

표[1] 명사 (票)

① 증거가 되도록 일정한 형식을 갖추어 만든 쪽지.
¶ 연극을 보기 위해서 표를 샀다.
¶ 지하철이나 버스를 탈 때에 표를 사는 대신에 교통카드를 사용한다.
② 선거를 할 때에, 유권자가 출마자를 선택할 수 있도록 만든 쪽지.
¶ 선거 때만 되면 표를 얻기 위해서 공약을 남발한다.
③ 선거를 할 때에, 유권자가 투표한 쪽지를 세는 단위.
¶ 네가 출마한다면 내가 백 표는 몰아줄 수 있을 것 같다.

복합어

- **고정표**(固定票) 명사 선거 때에 일정한 정당이나 후보를 지지하는 태도가 확실한 표. 붙박이표. ¶ 선거에서 의롭지 못한 고정표가 결과를 좌우하는 것은 불행한 일이다.
- **동정표**(同情票)[동:-] 명사 선거에서, 유권자가 후보를 동정하여 주는 표.
- **몰표**(-票) 명사 한 출마자에게 무더기로 쏠린 표. ¶ 그는 자기 고향에서 몰표를 얻어 당선되었다.
- **무효표**(無效票) 명사 효력을 잃은 표.
- **표밭**(票-) 명사 올림말 '표밭' 참고.

관용 표현

- **표를 던지다** 표로써 선거권을 행사하다. ¶ 가장 진보적인 후보에게 한 표를 던졌다.

표[2] 명사 (標)

① 증거나 준거가 되도록 적어 놓는 글이나 그림. 또는 그런 내용을 적은 물건.
¶ 자기가 간첩이라고 이마에 표를 붙이고 다니는 사람이 어디 있어?
¶ 마당에 묻어 두고 그 지점에 표를 해 두어라.
② 다른 것과 분간할 수 있도록 하는 그 사물만의 두드러진 특징.
¶ 부자라고 표를 내고 다니는 사람은 싫다.
¶ 옷은 초라하게 입었지만 얼굴에서 귀인의 표가 보이더라.
③ 상표(商標)의 뜻을 나타내는 말.

¶ 사람들은 대체로 표를 보고 물건을 고른다.
④ (일부 명사 뒤에 붙어) '그 사람이 만든 물건'의 뜻을 더하는 말.
¶ 엄마표 도시락이 가장 맛있지.

복합어

- **가새표**(-標) 명사 =가위표
- **가위표**(-標) 명사 틀렸다는 표시를 하거나 문장에서 내용을 감추기 위하여 쓰는 표 '×'의 이름. 가새표.
- **거리표**(距離標)[거:-] 명사 길에 세워, 한 지점에서 다른 지점까지의 거리를 나타내는 표.
- **경계표**(境界標) 명사 경계를 나타내기 위하여 세우는 표. ¶ 백두산에는 중국과 북한의 경계표가 세워져 있다.
- **느낌표**(-標) 명사 문장에서 감탄이나 놀람, 부르짖음, 명령 등 강한 느낌을 나타낼 때에 쓰는 표 '!'의 이름.
- **도돌이표**(-標) 명사 악보에서, 악곡의 어느 부분을 되풀이하여 연주하거나 노래하도록 지시하는 표. 되돌이표.
- **되돌이표**(-標) 명사 =도돌이표
- **마침표**(-標) 명사 ① 문장을 마치는 뜻을 나타낼 때에 쓰는 부호. 온점, 물음표, 느낌표가 있다. 온점을 마침표라고 부르기도 한다. ② 악보에서 악장이나 악곡의 끝을 나타내는 기호.
- **묶음표**(-標) 명사 문장에서 다른 것과 구별하기 위해서 여럿을 한데 묶는 기능을 하는 부호. 대괄호, 소괄호, 중괄호가 있다.
- **물음표**(-標) 명사 문장에서 물음을 나타내는 문장 부호 '?'의 이름.
- **붙임표**(-標)[부침-] 명사 문장 부호 '-'의 이름.
- **쉼표**(-標)[쉼:-] 명사 ① 문장에서 앞부분과 연결되지 않게 하거나 같은 자격의 여러 가지를 구분지어 나열할 때에 사용하는 문장 부호. 반점, 가운뎃점, 쌍점, 빗금이 있다. 반점을 쉼표라고 부르기도 한다. ② 악보에서 소리를 내지 않고 쉬도록 하는 기호. 온쉼표, 이분쉼표, 사분쉼표, 팔분쉼표, 십육분쉼표 따위가 있다.
- **이름표**(-標) 명사 이름을 적어 놓은 표. ¶ 모두 이름표를 가슴에 달고 서 있다.
- **표하다**(標-) 자동사 구별하기 위하여 표를 남기다. ¶ 중요한 부분에 밑줄을 그어 표해 놓았다.

ㅍ

표[3] 명사 (表)

① 어떤 내용을 일정한 형식과 순서에 따라 보기 쉽게 나타낸 것.
¶ 생산량의 변화를 알기 쉽게 표를 작성했다.

¶ 오늘 일정을 여러 사람이 볼 수 있도록 표로 만들어 붙여 놓아라.
② 자취나 흔적.
¶ 집안일은 아무리 일을 해도 표가 나지 않는다.
¶ 다른 사람이 알면 궁금해하니까 눈물 흘린 표가 안 나게 해라.

복합어

- **가격표**(價格表) 명사 ① 가격을 보이는 그래프나 그림. ② 가격을 적어 상품에 붙여 놓은 것.
- **그림표**(-表)[그:-] 명사 여러 가지 자료를 분석하여 그 관계를 일정한 양식의 그림으로 나타낸 표. 도표(圖表).
- **표하**다(表-) 타동사 태도나 의견 따위를 나타내다. ¶ 삼가 조의를 표합니다.

'표(標)'와 '표(表)'

한글로는 같은 글자이지만 한자로는 다른 글자이며 의미도 다르다. 따라서 한자로 적지 않는다면 굳이 구별할 필요가 없다. '이름표'의 '표'와 '그림표'의 '표'를 구별해야 할 필요가 없기 때문이다. '표(標)하다'와 '표(表)하다', '표(標)가 나지 않는다'와 '표(表)가 나지 않는다'는 구별할 실익이 없으므로 '표(標/表)'를, 하나의 낱말로 설명하는 것이 좋겠다. 아래 문장에서 '표'의 한자를 구별하는 것이 얼마나 무의미한지 알 수 있다.
¶ 모든 상품에 원산지를 알 수 있도록 표를 붙이세요./하세요.
¶ 그는 지금 기분이 몹시 나쁘니 그 앞에서 기쁜 표를 내서는/해서는 안 된다.
¶ 다음에 볼 때 놓치지 않게 이곳에 표를 해/넣어 두어라.

표밭 명사 (票-)

① '표를 얻는 밭'이라는 뜻으로, 선거구의 유권자들이나 그 선거구를 가리키는 말.
¶ 열성적으로 표밭을 누비고 다니더니 국회의원에 당선되었다.
② 어떤 특정 정당이나 후보를 지지하는 유권자가 두드러지게 많은 선거 지역.
¶ 이곳은 야당의 표밭인데 여당으로 입후보해서 당선되겠는가?

복합어

- **표밭갈이**(票-) 명사 표밭을 돌아다니며 선거 운동을 하는 일.

관용 표현

- **표밭을 갈다** 유권자들을 만나서 표를 달라고 호소하고 다니다. ¶ 국회의원에 출마하려는 사람은 일찍부터 자기 표밭을 갈고 지키는 일에 열중한다.

표시[1] 명사 (表示)

① 겉으로 드러내 보임.

¶ 사랑의 표시로 장미 백 송이를 선물했다.

② 말하거나 발표하여 다른 사람이 알게 함.

¶ 적극적으로 반대 의사 표시를 하지 않으면 찬성한 것으로 오해를 받는다.

복합어

- **표시하다**(表示-) 타동사 겉으로 드러내다. ¶ 아기들은 자기 뜻을 울음으로 표시한다.

표시[2] 명사 (標示)

표(標)를 세우거나 붙여 나타냄. 또는 그 표지(標識). 보람.

복합어

- **표시하다**(標示-) 타동사 표(標)로 드러내 보이다. 표(標)에 적어 볼 수 있게 하다. ¶ 올해부터 모든 농산품에는 생산과 유통의 경로를 표시하기로 했다.

'표시(表示)'와 '표시(標示)'

이 두 말은 한자가 다르기 때문에 구별하고 있지만 한글로 쓰는 경우에는 구태여 구별할 실익이 없다. 행위로 자기 뜻을 드러내는 것을 '표시(表示)'라고 한다면, 글이나 그림 따위를 종이나 천 또는 막대기에 그리거나 적어서 드러내는 것을 '표시(標示)'라고 한다.

'표시(標示)'는 공적으로 많은 사람이 볼 수 있도록 표에 '표시(表示)'한 것을 가리킨다. 따라서 사적인 관계에서는 사용하지 않는다. '표(標)'와 '표(表)'의 설명처럼 이것도 '표시(表示/標示)'라는 하나의 낱말로 설명할 수 있다.

표지[1] 명사 (表紙)

책의 맨 앞과 뒤에 붙은 겉장.
¶ 책을 사면 표지 안쪽에 날짜와 이름을 적어 둔다.

복합어

- **겉표지**(-表紙) 명사 책의 겉을 싼 표지.
- **속표지**(-表紙)[속:-] 명사 책의 겉표지 안쪽의 얇은 종이로 된 표지.

표지[2] 명사 (標識)

① 표시나 특징으로 어떤 사물을 다른 것과 구별하게 함. 또는 그 표시. ×표식
¶ 일방통행 표지는 운전자 눈에 잘 띄게 설치해야 한다.
¶ 통행금지 표지를 못 보고 들어갔다가 길이 막혀 돌아 나왔다.
② 다른 대상과 구별하여 어떤 대상을 확정하고, 그것을 인식할 수 있게 하는 표상적(表象的) 또는 개념적 특성.

복합어

- **표지판**(標識板) 명사 어떠한 사실을 알리기 위하여 일정한 표시를 해 놓은 판. ¶ 차를 몰고 산길을 가다 보면 '낙석 위험 지역'이라는 표지판이 붙어 있는 곳을 지나게 된다.

'표지(標識)'의 한자 읽기

이 낱말을 한글로 적으면 문제가 없는데 한자로 적어 놓으면 '標識'를 '표식'으로 읽는 경우가 많다. '識'이 '知識'에서는 '지식'으로 읽는 글자이므로 보통은 '표식'으로 읽기 쉽다. '識'을 '기록함'이나 '나타냄'을 뜻할 때에는 '지'로 읽어야 한다는 것은 매우 전문적이기도 하고 이례적이기도 하다. 그래서 한자를 적지 않고 한글로 '표지'라고 쓰거나, '나타냄'을 뜻하는 경우에는 '標識'라는 말을 쓰지 말고 '표시'를 쓰는 것이 좋겠다. 그리고 '표지(標識)'는 전문가들이 전문 분야에서 ②의 뜻으로만 사용하게 하면 좋겠다. 그러면 '표지판'도 '표시판'으로 읽게 되어 언어생활이 한결 쉬워지지 않을까 생각한다.

푸다 동사

불11-10 푸고, 푸니, 퍼, 퍼서, 푼다, 풉니다, 푸오, 펐네

타동사

① 속에 들어 있는 액체, 가루, 낟알 따위를 떠내다.

¶ 새벽마다 우물에서 물을 퍼 왔다.

¶ 밥통에서 밥을 푼 다음에 국을 떴다.

② 내기 따위에서 져서 돈 따위를 잃다.

¶ 노름에서는 돈을 딴 사람은 없고 언제나 푼 사람만 있게 된다.

복합어

- **퍼주기** (명사) 퍼서 남에게 주는 행위. 특히 대책 없이 물건을 마구 남에게 주는 행위를 가리킨다.

'푸다'의 활용형

'푸다'는 '주다', '꾸다', '쑤다', '가두다', '바꾸다', '지우다'처럼 어간 끝음절이 'ㅜ(우)'로 되어 있으나 이들과는 다른 형태로 활용하는 특별한 단어이다. 일반적으로 어간 끝음절이 'ㅜ(우)'인 동사나 형용사는 '-어', '-어서', '-었-'처럼 'ㅓ(어)'로 시작하는 어미가 붙을 때에 규칙적으로 활용하되 대체로 어간의 'ㅜ(우)'와 어미의 'ㅓ(어)'가 합하여 'ㅝ(워)'의 형태로 줄어든다. 그러나 '푸다'만은 어간의 'ㅜ(우)'가 탈락하고 곧바로 어미가 붙는다. 아래 활용표를 참고하기 바란다.

낱말 / 어미	-어	-어라	-어서	-었다	-었네
푸다	퍼	퍼라	퍼서	펐다	펐네
주다	주어/줘	주어라/줘라	주어서/줘서	주었다/줬다	주었네/줬네
꾸다	꾸어/꿔	꾸어라/꿔라	꾸어서/꿔서	꾸었다/꿨다	꾸었네/꿨네
쑤다	쑤어/쒀	쑤어라/쒀라	쑤어서/쒀서	쑤었다/쒔다	쑤었네/쒔네
추다	추어/춰	추어라/춰라	추어서/춰서	추었다/췄다	추었네/췄네

푸렁 명사

푸른 빛깔.

푸르다 형용사

불21-7 푸르고, 푸르니, 푸르러, 푸른, 푸릅니다, 푸르렀다

① 싱싱한 풀빛이다.
¶ 그의 집 뜰에는 푸른 잔디가 넓게 깔려 있다.
¶ 봄비가 내린 뒤라 산이 더 푸르게 보인다.
② (과일 따위가) 아직 덜 익은 상태이다.
¶ 아직 푸른 토마토나 바나나는 며칠 놔두면 익는다.
¶ 푸른 보리밭을 지나 낮은 언덕을 넘으면 고향 땅이다.
③ (세력이) 당당하다.
¶ 서슬이 푸른 영감이 지키고 앉아 있으니 감히 허리를 펴고 지나갈 수 없다.
④ (비유적으로) 젊음과 생기가 왕성하다.
¶ 그 푸르던 학창 시절이 그립다.
⑤ (비유적으로) 희망이나 포부 따위가 크고 아름답다.
¶ 우리는 모두 푸른 꿈을 안고 서울로 오지 않았나?
⑥ 공기 따위가 맑고 신선하다.
¶ 새벽에 한강으로 나아가 푸른 공기를 마시자.
⑦ 서늘한 느낌이 있다.
¶ 그의 눈에서 푸른 기운이 도는 것 같더라.
⑧ '파랗다'의 뜻으로 쓰는 경우가 있다.
¶ 푸른 하늘 은하수 하얀 쪽배에 계수나무 한 나무 토끼 한 마리.

복합어

- **푸르대콩** 명사 콩의 한 가지. 열매의 껍질과 속살이 다 푸르다.
- **푸르디푸르다** 형용사 더없이 매우 푸르다. ¶ 짙은 안개가 걷히자 푸르디푸른 산들이 보였다.
- **푸르락누르락** 부사 성이 나거나 흥분하여 얼굴빛이 푸르렀다 누르렀다 하는 모양. =누르락푸르락
- **푸르러가다** 자동사 푸른빛으로 변해 가다.
- **푸르러지다** 자동사 (화가 나서 얼굴빛이) 푸르게 되다.
- **푸른나물** 명사 통배추의 푸르고 연한 잎을 데쳐서 무친 것. 청채(靑菜).

관용 표현

- **서슬이 푸르다** 권세나 기세 따위가 아주 대단하다.

- **푸른 꿈** 젊은 사람이 갖는 크고 아름다운 희망이나 포부.
- **푸른 바람** 초여름에, 푸른 잎을 스치며 불어오는 싱그럽고 시원한 바람.
- **푸른 밤** 젊음의 신비를 간직한 싱싱하고 정열적인 밤.

> **'푸르다'와 '파랗다'**
> '푸르다'를 '파랗다'의 뜻으로 쓰는 경우가 있는데 이 사전에서는 이를 구별한다. '푸르다'는 풀이나 나뭇잎의 색과 같음을 의미하고, '파랗다'는 맑은 가을 하늘의 색과 같음을 의미하는 것으로 구별하여 사용한다. (이에 관해서는 올림말 '파란색' 참고.)

푸르러

형용사 '푸르다'의 연결형. '푸르다'에 연결 어미 '-어'가 붙어 불규칙 활용을 한 형태.
¶ 산과 들이 푸르러 이제 봄이 무르익고 있음을 알겠다.

푸르렀다

푸르렀고, 푸르렀으니, 푸르렀습니다, 푸르렀네, 푸르렀소

형용사 '푸르다'의 과거형. '푸르다'에 '-었-'이 붙어 불규칙 활용을 한 형태.
¶ 여름이 깊어지니 온 산하가 다 푸르렀다.

푸르르다 형용사

불21-8 푸르르고, 푸르른, 푸르러, 푸르렀다

맑은 가을 하늘이나 깊은 바다 또는 풀의 빛깔과 같다. '푸르다'를 강조하기 위해서 쓴다.
¶ 하늘이 무척 푸르러서 기분이 상쾌했다.
▶ '푸르르다'는 '푸르다'의 틀린 말로 간주되어 오다가 최근에 표준어로 인정하였다. '푸르다'를 강조하는 말로 본다. 그러나 '누르르다'는 표준어로 인정하지 않는다.

ㅍ

푸시시 부사

① 털 같은 것이 몹시 어지럽게 흩어졌거나 마구 거칠게 난 모양.
¶ 머리털이 푸시시 일어나 있다.
② 물건이 갑자기 부스러져 허물어지거나 해어지는 모양.
¶ 흙더미가 푸시시 무너져 내렸다.
③ 미닫이나 장지문 따위를 느리게 슬그머니 여닫는 소리. 또는 그 모양.
¶ 자다 말고 일어나 푸시시 장지를 열고 나가더라.
④ 잠에 슬그머니 빠지는 모양.
¶ 아이가 무어라고 중얼거리더니 푸시시 잠이 들었다.
⑤ 슬그머니 웃는 모양.
¶ 그는 멋쩍은 듯 푸시시 웃으며 돌아보았다.

복합어

• **푸시시하**다 형용사 =부스스하다 ¶ 그 여자는 검불처럼 푸시시한 머리칼을 산발하고 나타났다.

'푸시시'와 '부스스'

'부스스'의 거센말로 '푸스스'를 쓰지 않고 '푸시시'를 쓰는 것은 이례적이다. '푸시시'를 표준어로 본다면 그 예삿말은 '부시시'가 되는 것이 자연스러울 텐데 '부스스'를 표준어로 보고 '부시시'를 비표준어로 보는 것도 이상하다. 그런데 북한에서도 같은 규정을 두고 있다. 다만 남한과 반대로 북한은 '부시시'와 '푸스스'를 표준어로 보고 '부스스'와 '푸시시'는 비표준어로 본다. 그러니까 남과 북의 규정이 반대인 것이다. 어찌 보면 상대의 표준어를 인정하지 않으려고 이런 규정을 두었다고 할수 있다. 남북이 이렇게 반대되는 규정을 사용하는 경우가 여럿 있지만 이 경우는 조금 심하다. 이럴 바에야 차라리 서로 '부스스'와 '부시시', '푸스스'와 '푸시시'를 다 표준어로 인정하는 것이 바람직하다. 사실 '부스스'가 맞는지 '부시시'가 맞는지는 우리가 정하기 나름이다. 그렇게 되면 '으스스하다'를 '으시시하다'로 써도 되므로 우리 언어생활이 조금은 편해질 수 있다.

품[1] 명사

① (윗도리에서) 앞쪽 겨드랑이 밑으로 가슴과 등을 두르는 부분의 넓이.

¶ 윗도리는 품이 좀 넉넉해야 입기 편하다.
¶ 품이 작아 못 입는 옷은 동생에게 주었다.
② 윗도리 옷을 입었을 때에 가슴과 옷과의 사이에 있는 틈.
¶ 그 사람은 품에서 사진 한 장을 꺼내 보여 주었다.
③ 두 팔을 벌려서 안는 가슴.
¶ 아이를 품에 꼭 안아 주었다.
④ '따뜻한 보호를 받는 환경'을 빗대어 이르는 말.
¶ 넋이 되어 돌아오신 선열들, 이제 고국의 품에서 고이 잠드시기 바랍니다.

복합어

- **품속** 명사 품의 안. ¶ 아이가 어머니 품속에서 자고 있다.

'품'과 '품다'

'품'은 명사이지만 어미를 붙여 동사로도 쓰는 몇 안 되는 낱말이다. 명사로 쓸 때에는 짧은소리이지만 동사로 쓸 때에는 긴소리로 바뀐다. '아이를 품에 품는다'에서 '품'을 그렇게 쓴다.

이처럼 명사와 동사로 번갈아 쓰는 낱말은 아래와 같다.

가물 – 가물다 / 갈래 – 갈래다 / 건너 – 건너다 / 굽 – 굽다
누비 – 누비다 / 돌 – 돌다 / 띠 – 띠다 / 마디 – 마디다
매 – 매다 / 뭇 – 뭇다 / 배 – 배다 / 버무리 – 버무리다
보풀 – 보풀다 / 부풀 – 부풀다 / 빗 – 빗다 / 뼘 – 뼘다
사리 – 사리다 / 살 – 살다 / 살피 – 살피다 / 설레 – 설레다
솔 – 솔다 / 신 – 신다 / 일 – 일다 / 짓 – 짓다 / 짜개 – 짜개다
통짜 – 통짜다 / 품 – 품다 / 후리 – 후리다

아래 예는 부사와 동사로 번갈아 쓰는 낱말이다.

거루 – 거루다 / 곧추 – 곧추다 / 끝내 – 끝내다
낮추 – 낮추다 / 늦추 – 늦추다 / 덜 – 덜다
막 – 막다 / 비비 – 비비다 / 삼가 – 삼가다 / 갖추 – 갖추다

품[2] 명사

① 일을 하는 데에 드는 힘이나 수고. 노동력.

¶ 그 일은 보기보다 품이 많이 든다.
¶ 아버지는 젊었을 때 사흘 품 들일 일을 하루에 해냈다고 한다.
② 삯을 받고 하는 일.
¶ 그 부부는 하루하루 품을 팔아 살고 있다.

복합어

- **품값** 명사 품을 들이고 받는 돈. 품의 값. 품삯. 노임(勞賃).
- **품꾼** 명사 품을 팔아서 일을 하는 사람. 삯일꾼.
- **품돈** 명사 품삯으로 받는 돈. 급료(給料).
- **품삯** 명사 품팔이에 대한 삯. 품값.
- **품셈** 명사 품이 얼마나 드는지, 또는 품값이 얼마나 되는지 셈하는 일.
- **품셈하**다 자동사 품이 얼마나 드는지, 또는 품값이 얼마나 되는지 셈하다.
- **품앗이** 명사 어려운 일을 하기 위해 여럿이 서로 품을 빌리고 갚음. ¶ 우리 마을은 모내기같이 큰일은 마을 사람들끼리 품앗이로 한다.
- **품앗이하**다 자동사 서로 품을 빌리고 갚다. ¶ 모내기는 마을 사람들끼리 서로 품앗이하여 마쳤다.
- **품팔이** 명사 품삯을 받고 남의 일을 하여 주는 행위.
- **품팔이꾼** 명사 품을 팔아 생계를 유지하는 사람.
- **품팔이하**다 자동사 품삯을 받고 일을 하다.

관용 표현

- **품을 갚다** 남에게서 받은 품을 갚기 위해 상대에게 품을 주다.
- **품을 메다** 어떤 사정으로 하던 일을 도중에 그만두다.
- **품을 팔다** 품삯을 받고 일하다.

품[3] 명사

의존 명사

동작이나 모양의 됨됨이를 나타내는 말. =품새[2]
¶ 말하는 품이 정치인 빰치겠다.
¶ 옷을 입은 품을 보면 그 사람이 하는 일을 어느 정도 짐작할 수 있다.
¶ 바람이 부는 품이 곧 비가 내릴 것 같다.

품다[1] 동사 [품:따]

규11-1 품고, 품지, 품으니, 품어, 품은, 품습니다, 품네, 품었소

타동사

① 안거나 지니다.

¶ 어미 고양이가 새끼들을 **품고** 있다.

¶ 엄마와 나는 보따리 하나씩을 가슴에 **품고** 고향을 떠났다.

② 마음속에 가지다.

¶ 네가 그런 생각을 **품었다니** 놀랍다.

¶ 그가 나에게 앙심을 **품고** 있는 것을 나는 전혀 몰랐다.

③ 아우르다.

¶ 앞으로 우리 사회는 소수자를 **품는** 공동체로 나아가야 한다.

품다[2] 동사 [−따]

규11-1 품고, 품지, 품으니, 품어, 품은, 품습니다, 품네, 품었소

타동사

① 괴어 있는 물을 계속해서 많이 푸다.

¶ 강물을 논으로 **품으려면** 두레가 있어야 한다.

¶ 가뭄이 들어 양수기로 물을 **품어** 논에 대었다.

② 입이나 용기 속에 든 액체를 내뿜다.

¶ 사레가 들려 밥알을 **품었다**.

품다[3] 동사 [−따]

규11-1 품고, 품지, 품으니, 품어, 품은, 품습니다, 품네, 품었소

타동사

(모시풀의 껍질을) 품칼로 벗기다.

품새[1] 명사

(옷 같은 것의) 품의 크고 작음, 또는 품이 몸에 맞는 모양새.

¶ 옷을 입어 보니 옷감도 고울 뿐더러 품새도 잘 들어맞는다.

품새[2] 명사

의존 명사

=품[3]

¶ 허겁지겁 밥 먹는 품새가 누가 빼앗아 먹기라도 할 것처럼 먹는구나.

¶ 그가 걸어가는 품새를 보니 술이 취한 것 같다.

× 풋나기

'풋내기'의 틀린 표기.

풋내기 명사 [푼-]

① 경험이 없어서 일에 서투른 사람.

¶ 이 일에는 우리 모두 풋내기에 지나지 않는다.

② 차분하지 못하여 객기를 잘 부리는 사람.

¶ 이런 풋내기들이 어디서 감히 소란을 피워!

× 프랑카드

'플래카드(placard)'의 틀린 표기.

✕ 플라타나스

'플라타너스(platanus)'의 틀린 표기.

플라타너스 명사 (platanus)

큰키나무의 하나로서 줄기가 버짐이 생긴 것처럼 겉이 군데군데 벗겨지는 나무. 버즘나무.
¶ 길을 따라 플라타너스가 줄지어 서 있다.

✕ 플랑카드

'플래카드(placard)'의 틀린 표기.

플래카드 명사 (placard)

기다란 천에 표어 따위를 써서 걸어 두는 광고물. 현수막(懸垂幕)으로 순화.

▶ '플래카드'는 '프랑카드' '플랑카드' '플랭카드' 따위로 흔히 잘못 적는데, '현수막'이나 '펼침막'으로 고쳐 쓰는 것이 좋다.

피[1] 명사

논이나 밭에 자라는 한해살이풀의 이름, 또는 그 이삭에서 얻는 낟알. 농작물의 성장을 방해한다고 해서 뽑아내지만 먹을 것이 부족하던 때에는 낟알을 갈아 죽을 쑤어 먹기도 했다.

복합어

- **피죽**(-粥) 명사 피로 쑨 죽. ¶ 사흘 동안 피죽도 못 얻어먹은 얼굴을 하고 다닌다.

ㅍ

피[2] 명사

사람이나 동물 몸 안의 핏줄을 돌며 산소와 영양분을 공급하는 붉은 액체.

복합어

- **피맺히**다 자동사 가슴에 피가 맺힐 정도로 한이 사무치다. ¶ 그의 피맺힌 사연을 들어보세요.
- **피비리**다 형용사 ① (맛이나 냄새가) 피처럼 비리다. ② (주로 '피비린'의 형태로 쓰이어) 전쟁이나 살상 따위로 매우 살벌하다. ¶ 그들은 형제간의 피비린 재산권 다툼으로 세상 사람들의 손가락질을 받았다.
- **피비린내** 명사 선지피에서 나는 비린내.

관용 표현

- **피를 말리다** 몸의 피가 다 마를 정도로 몹시 긴장시키고 애를 태우다. ¶ 아이가 무사한지 몰라 피를 말리며 소식을 기다리고 있다.

피[3] 명사 (皮)

① 물건을 담거나 싸는 가마니, 마대, 상자 따위를 통틀어 이르는 말.
¶ 쌀 한 가마라고 해도 피를 빼고 나면 80킬로그램이 못 된다.
② 화투에서, 끗수가 없는 패. 껍데기.
¶ 고스톱에서는 피 10장을 1점으로 친다.

피난 명사

재난을 피함. 재난을 피하여 다른 곳으로 옮김.
¶ 마을회관은 집이 물에 잠겨 **피난**을 온 주민들로 북적였다.

복합어

- **피난 계단**(避難階段)[피ː-] 명사 재난이 일어날 때 피난할 수 있도록 특별히 마련한 계단.

- **피난길**(避難－)[피:－] 명사 재난을 피하여 가는 길. 또는 그런 도중.
- **피난민**(避難民)[피:－] 명사 피난하여 가거나 온 사람. 난민(難民).
- **피난살이**(避難－)[피:－] 명사 피난을 가서 하는 살림살이.
- **피난시키다**(避難－)[피:－] 타동사 재난을 피하여 옮겨가게 하다.
- **피난처**(避難處)[피:－] 명사 피난할 곳. 피난한 곳.
- **피난하다**(避難－)[피:－] 자동사 재난을 피하여 다른 곳으로 옮기다.

피다[1] 동사

규11-0 피고, 피니, 피어, 핀, 핍니다. 피었네, 피었다/폈다

자동사

① 꽃봉오리 따위가 벌어지다.

¶ 봄이 오면 산과 들에 여기저기 꽃이 **핀다**.

¶ 꽃이 진 자리에 새잎이 **피었다**.

② 불이 일어나 스스로 타다.

¶ 참숯은 잘 **피기**도 하지만 오래 **피기**도 한다.

¶ 모닥불이 꺼질 듯하더니 다시 환하게 **피었다**.

③ 사람이 살이 오르고 혈색이 좋아지다.

¶ 돈을 벌기 시작하더니 얼굴이 **피고** 살도 통통하게 올랐다.

¶ 시집갈 나이가 되니 얼굴이 **피고** 예뻐지더라.

④ 구름이나 연기 솜 따위가 부풀다.

¶ 헌솜을 틀었더니 새 솜처럼 부풀부풀 **피었다**.

¶ 밤이 깊어지자 안개가 **피기** 시작했다.

¶ 서쪽 하늘에 흰 구름이 뭉게뭉게 **피기** 시작했다.

⑤ 가정에 수입이 늘어 형편이 나아지다.

¶ 살림 형편이 **피니** 사람들도 모여들었다.

⑥ 냄새나 먼지 따위가 퍼지거나 일어나다.

¶ 어디선가 구수한 냄새가 **피는** 것 같다.

¶ 먼지가 **피지** 않게 살살 쓸어라.

⑦ 천에 보풀이 일어나다.

¶ 스웨터에 보푸라기가 **피어서** 보기 흉하다.

ㅍ

⑧ 웃음 따위가 겉으로 나타나다.

¶ 교실 안에서는 아이들의 웃음꽃이 피었다.

¶ 선생님은 웃음이 핀 얼굴로 아이들을 맞이했다.

⑨ 곰팡이, 버짐, 검버섯 따위가 나타나다.

¶ 식빵에는 곰팡이가 피어 있고, 걸레에서는 역한 냄새가 코를 찔렀다.

¶ 아이 얼굴에 버짐이 허옇게 피었다.

복합어

- **피어나다** 자동사 ① 꽃 따위가 피게 되다. ② 꺼져 가던 불이나 연기 따위가 일어나다. ③ 곤란한 형편이 차츰 풀리게 되다. ¶ 이제 형편이 조금씩 피어나기 시작한다. ④ 성하여지거나 좋아지다. ¶ 한글, 세계인의 글자로 피어나라. ⑤ 어떤 느낌이나 생각 따위가 일어나다. ⑥ 웃음 따위가 나타나다.
- **피어오르다** 자동사 ① (김, 내, 구름 같은 것이) 계속 위로 날아오르다. ¶ 저녁이 되자 집집마다 굴뚝에서 연기가 피어올랐다. ② (꽃이나 잎 같은 것이) 자라서 한창 물이 오르다. ③ (마음속에서 어떤 희망이나 염원, 꿈 따위가) 간절하게 솟아나다. ④ (어떤 이야기가) 이야깃거리가 되어 흥성거리다. ¶ 오랜만에 고향 친구들이 모이자 어린 시절 이야기가 피어오르기 시작하였다.

'피어'와 '펴'

모음 '이어'는 '여'로 줄어드는 것이 보통이다. '먹이어=먹여', '보이어=보여', '가지어=가져' 같은 형태를 보면 알 수 있다. 그러나 '피어'를 '펴'로 줄이면 부자연스럽다. 대체로 한 음절로 된 어간인 경우에 이런 느낌이 든다.

¶ 꽃이 피었다/폈다.

¶ 만산에 꽃이 피어/펴 마치 비단을 펼쳐 놓은 것 같다.

¶ 머리에 물동이를 이었다/였다.

¶ 벌레가 기어/겨 간다.

《표준국어대사전》에서는 이 두 형태를 모두 인정한다. 그러나 권장할 만한 것은 아니다. 왜냐하면 '피어'를 '펴'로 줄이면 형태로는 '펴다'의 연결형과 같아지고, '이어'를 '여'로 줄인 형태도 낯설다. 어간이 한 음절인 경우에는 줄이지 않는 형태를 쓰기 바란다.

그런데 '지다'와 '치다'는 각각 '져'와 '쳐'로 줄인 형태가 더 자연스럽다.

¶ 잎이 다 지어/져 나뭇가지가 앙상하게 보인다.

¶ 우리가 경기에서 지었다/졌다.

¶ 사람을 마구 치었다/쳤다.

복합어를 만드는 경우에는 줄어드는 것을 인정하지 않는다. '피어나다'를 '펴나다'로 줄이거나 '기어가다'를 '겨가다'라고 쓰면 안 된다. 다만 '지다'와 '치다'는 예외여서 '져주다', '쳐주다'처럼 쓴다.

× 피다[2] (避難)[피:-]

'패다[1]'의 잘못.

▶ '패다'를 '피다'로 쓰면 안 된다는 설명은 올림말 '패다[1]' 참고.

× 피다[3]

'피우다'의 잘못.

▶ '피우다'를 '피다'로 줄여 쓰면 안 된다는 설명은 올림말 '피우다' 참고.

피란 명사 (避亂)[피:-]

난리를 피함.

복합어

- **피란길**(避亂-)[피:-] 명사 난리를 피하여 가는 길. 또는 그런 도중.
- **피란민**(避亂民)[피:-] 명사 피란하여 가거나 온 사람.
- **피란살이**(避亂-)[피:-] 명사 난리를 피하여 살던 곳을 떠나 가서 삶.
- **피란시키다**(避亂-)[피:-] 타동사 난리를 피하여 옮겨가게 하다.
- **피란처**(避亂處)[피:-] 명사 피란할 곳. 피란한 곳.
- **피란하다**(避亂-)[피:-] 자동사 난리를 피하여 옮기다.

'피란'과 '피난'

두 낱말은 사실 비슷한 내용을 가리킨다. 글자로는 '피란'이 '란(亂)'을 피하는 것이고, '피난'은 '난(難)'을 피하는 것이지만, 따지고 보면 '란(亂)'도 '난(難)'의 일부이기 때문이다. 굳이 따진다면 '란(亂)'은 군사적이거나 무력 행위로 나타나는 것이므로 '피란'은 전쟁이나 이와 비슷한 난리를 피해 다른 곳으로 가는 것이고, '피난'은 그 밖의 재난을 피해 다른 곳으로 옮기는 것이다. 한국전쟁 때에 전쟁을 피해서 살던 곳을 떠나 다른 고장으로 옮겨간 사람은 '피란민'이고, 홍수나 가뭄 또는 방사선 피폭 따위를 피해 다른 지역으로 옮긴 사람은 '피난민'이다.

피우다 동사

규11-0 피우고, 피우어/피워, 피운, 피웁니다, 피우었네/피웠네

타동사

① 피게 하다. 피어나게 하다. '피다[1]'의 사동형.

¶ 할머니가 방에 앉아 헌솜을 **피우고** 있다.

② 어떤 상태나 태도를 나타내다.

¶ 곰이 재주를 **피운다**.

¶ 여기서 그렇게 소란을 **피우면** 안 된다.

③ 태워 연기가 나게 하다.

¶ 담배를 **피우면** 건강에 해롭다.

④ 먼지나 냄새를 일으키거나 풍기다.

¶ 지저분한 냄새를 **피우고** 다니지 마라.

'피우다'와 '피다'

'피우다'는 '피다'에 사동의 의미를 보태는 접미사 '-우-'를 붙여 만든 말이다. 그런데 일부 사람들이 '피우다'를 줄여서 '피다[3]'('피'를 길게 발음)으로 쓰기도 하는데 이는 잘못이다. 말을 할 때에는 긴소리로 발음하기 때문에 짧은소리로 내는 '피다'와 구별되지만 글자로 적으면 구별되지 않는다. 그래서 '피우다'를 '피다'로 적지 않아야 하는 것이다. 특히, '피우다'의 활용형으로 '피워, 피웠다'를 써야 하는데 '피다'를 허용하면 활용할 때에 '피어', '피었다'처럼 활용하게 되어 '피우다'와 '피다'의 의미 구별이 안 되는 문제가 생긴다. 따라서 '피우다'의 뜻으로 '피다'를 쓰면 안 된다.

핀잔 명사

맞대어 놓고 언짢게 또는 비꼬아 꾸짖는 일.

¶ 모처럼 집안일을 거들다가 아내에게 **핀잔**만 들었다.

복합어

- **핀잔스럽다** 형용사 보기에 핀잔하는 태도가 있다.

- **핀잔하다** [타동사] 맞대어 놓고 언짢게 또는 비꼬아 꾸짖다. ¶ 그렇게 대놓고 핀잔하면 무안할 터이니 조용히 타일러라.

관용 표현
- **핀잔을 맞다** 면전에서 비웃음이나 꾸짖음을 당하다.
- **핀잔을 먹다** 핀잔을 맞다. 핀잔을 듣다.
- **핀잔을 주다** 핀잔하다.

핑계 명사

① 내키지 아니하는 사태를 피하거나 사실을 감추려고 다른 일을 방패막이로 내세움. 또는 그런 내용. 구실(口實).

¶ 그는 바쁘다는 핑계로 모임에 참석하지 않았다.

② 잘못한 일에 대하여 이리저리 돌려 말하는 구차한 변명.

¶ 자꾸 핑계만 대지 말고 묻는 말에나 대답해.

복합어
- **핑계하다** [자동사] ① 내키지 아니하는 사태를 피하거나 사실을 감추려고 다른 일을 방패막이로 내세우다. ¶ 비 오는 날씨를 핑계하고 온종일 집에만 틀어박혔다. ② 잘못한 일에 대하여 이리저리 돌려 구차하게 변명하다. ¶ 자기 잘못을 인정하지 않으려고 남을 핑계하는 사람은 비겁한 사람이다.

속담
- **핑계 없는 무덤이 없다** 어떤 큰 잘못을 한 사람이라도 핑계를 댈 거리가 있다는 말. =처녀가 아이를 낳아도 할 말이 있다
- **핑계가 좋아서 사돈네 집에 간다** 속으로는 어떤 일을 좋아하면서 겉으로는 다른 일이 좋은 듯이 둘러댐을 비유하여 이르는 말.

ㅍ

핑크 명사 (pink)

① 분홍빛.

② '색정적(色情的)인 것'을 나타내는 말.

¶ 요즘은 따로 핑크 영화라는 말을 쓰지 않는 것 같다.

복합어

- **핑크빛**(pink－) 명사 =핑크

✕ 핑큿빛

'핑크빛'의 틀린 표기.

'핑크빛'과 '핑큿빛'

사이시옷 규정에 따르면 '핑큿빛'으로 쓰는 것이 맞지만 외래어에는 사이시옷을 붙이지 않기로 하였기 때문에 '핑크빛'으로 적어야 한다.

ㅎ

하게[1] 명사

=하게체

복합어

• **하게하다** 자동사 하게체의 말씨를 쓰다. '어서 오게', '이리 앉게' 따위의 말씨를 씀을 이르는 말. ¶ 아버지께서는 내 친구들에게 하게하는 말씨를 쓰셨다.

하게[2]

① 동사 '하다'의 연결형.
¶ 이 일은 저희가 하게 해 주십시오.
② 동사 '하다'의 종결형.
¶ 이 일은 자네가 하게.

하게체 명사 (-體)

상대 높임법의 하나. 보통으로 낮추면서 약간 대우하여 주는 방법인데, 어느 정도 나이가 든 사람이 비슷한 연배의 손아랫사람이나 같은 연배의 친숙한 사람에게 쓴다.

'하게체' 표현

'하게체'의 예를 들면 아래와 같다.

¶ 어서 오게.
¶ 자네 혼자 할 수 있겠는가?
¶ 이 아이는 내가 돌보겠네.
¶ 시간이 없네, 어서 가세.

상대 높임법

높임법에는 크게 주체 높임법과 상대 높임법이 있다. 주체 높임법은 주어가 되는 사람을 높이는 방법으로 선어말 어미 '-시-'를 사용한다.(올림말 '-시-' 참고)

상대 높임법은 말을 듣는 상대를 높이는 방법으로 종결 어미에 높임의 기능을 하는 어미를 사용한다. 높임의 정도에 따라서 어미를 달리 쓰는데 내용은 아래 표와 같다.

상대 높임의 종류	높임의 수준	예 시
해라체	아주 낮춤	이것 먹어라/어서 가자/언제 가느냐?
하게체	대우하여 낮춤	이것 먹게/어서 가세/언제 가는가?
하오체	보통 높임	이것 드시오/어서 갑시다/언제 가시오?
하십시오(합쇼)체	아주 높임	이것 드십시오/어서 가십시다/가십니까?
해체(비격식체)	높이지 않음	이것 먹어/빨리 와/언제 가?
해요체(비격식체)	높임	이것 먹어요/빨리 와요/언제 가요? 이것 드세요/빨리 오세요/언제 가세요?

하고[1] 조사

부사격 조사

① ('누구하고 같다/다르다'의 형태로 쓰이어) 다른 것과 비교하거나 기준으로 삼는 대상임을 나타내는 말.

¶ 나는 너하고 달라.
¶ 그는 생일이 나하고 같다.

② 무슨 일을 함께함을 나타내는 말.

¶ 여행을 누구하고 가니?
¶ 친구하고 놀면 재미있어.

③ 행위의 대상임을 나타내는 말.
¶ 그 사람하고 헤어진 지 오래되었어.
¶ 친구하고 싸우면 안 된다.

접속 조사

둘 이상의 사물을 같은 자격으로 이어 주는 말.
¶ 엄마하고 언니가 시장에 갔다.
¶ 과자하고 떡을 사 오너라.

'하고'와 '와/과'

'하고'와 '와/과'는 기능이 같다. 다만 '하고'는 입말에만 쓰고, '와/과'는 입말과 글말에 두루 쓴다. '하고' 대신에 '랑'을 쓰기도 한다.
¶ 나는 너하고/너랑 있고 싶다.
¶ 그이하고/그이랑 안 만난 지 오래되었다.
¶ 너하고 나하고/너랑 나랑 함께 가자.

하고2

동사 '하다'의 연결형.
¶ 동생은 "큰일 났다!" 하면서 뛰어나갔다.
¶ 새벽에 잠이 깨어 "어서 일어나야지" 하고 벌떡 일어났다.

'하고'와 '라고'

'라고'는 다른 사람이 한 말을 그대로 인용할 때 쓰는 조사이다. 그래서 '라고'의 뒤에는 '라고 말하다', '라고 외치다', '라고 지시하다', '라고 부르다'처럼 동사가 온다. 이에 비해서 '하고2'는 동사 '하다'의 활용형이어서 '말하다', '외치다', '지시하다' 같은 행위가 포함되어 있으므로 '하고' 뒤에 동사를 쓸 필요가 없다. '하고 말했다', '하고 외쳤다'처럼 쓰는 것은 동사를 불필요하게 이중으로 쓰는 표현이다.
¶ 옆에 앉은 친구가 갑자기 "저기 좀 봐!" 하고 내 옆구리를 찔렀다.
¶ 우리는 "어서 가야 한다" 하고 그들은 "조금 쉬었다 가자" 하니, 안내자는 이러지도 저러지도 못했다.

× 하고한

'허구한(許久-)'의 틀린 말.

하다[1] 동사

불10-9 하고, 하니, 하는, 하면, 하여서/해서, 한, 합니다, 하였다/했다

타동사

① 움직여 (어떤 동작이나 활동을) 일으키다.

¶ 수영을 하기 전에 준비 운동을 해라.

¶ 숙제부터 하고 놀아라.

② 만들거나 장만하다.

¶ 산에 가서 나무를 하였다.

¶ 오늘 저녁에는 김치찜을 해서 먹을까?

③ (무엇을) 처리하다.

¶ 적금 탄 돈을 어떻게 할지 결정하지 못하였다.

¶ 저 사람을 어떻게 할까요?

④ (표정이나 태도를) 짓거나 취하다.

¶ 그런 모습을 하고 부모님을 뵐 수는 없지 않겠니?

¶ 좋은 일이 있었는지 밝은 얼굴을 하고 있다.

⑤ (얼마로) 팔거나 값을 매기다.

¶ 네 자동차를 얼마로 해서 팔려고 하니?

¶ 이 책상은 얼마 합니까?

⑥ (무엇으로) 삼다. (무엇으로) 쓰다.

¶ 찻상 하라고 장인께서 통영 소반 하나를 사오셨다.

¶ 심심할 때 벗 하라고 강아지를 보내 주었다.

⑦ 어떻다고 말을 건네다.

¶ 무슨 말씀을 그렇게 하십니까?

⑧ 소식을 전하다.

¶ 자주 전화도 하고 편지도 해라.

⑨ (아무를) 가리어 말하다.

¶ 누구누구 할 것 없이 모두 나서야지.
¶ 어른이다 아이다 할 것 없이 그 가수는 모두들 좋아했다.
⑩ (어떤 일을) 직업으로 삼다.
¶ 그 사람은 모교에서 선생을 한다.
¶ 식당을 하려면 부지런해야 한다.
⑪ (어느 수준이나 결과를) 이루다.
¶ 올해는 이 논에서 벼 열 섬을 하였다.
¶ 어머니가 마을 노래 자랑 대회에서 1등을 하였다.
⑫ (옷이나 장신구 따위를) 갖추거나 차리다.
¶ 황사가 심하니 마스크를 하고 다녀라.
¶ 멋진 목걸이를 하니 한결 돋보인다.
⑬ 음식을 먹거나 담배 따위를 피우다.
¶ 함께 점심을 합시다.
¶ 담배를 하면 몸에 좋지 않을걸.
¶ 다음에는 술 한잔 하자.
⑭ (어디를) 거치거나 향하여 움직이다.
¶ 김포로 해서 강화도에 다녀왔다.
¶ 어깨가 아파서 손을 뒤로 하기도 어려웠다.
⑮ 무엇에 걸맞게 행동하다.
¶ 제발 밥값을 좀 하세요.
¶ 그 사람은 역시 이름값을 하더라.

타동사 '하다'의 띄어쓰기

'하다' 앞에 목적어가 있는 경우에 목적격 조사 '를'을 생략하면 목적어와 '하다'를 띄어 써야 한다. 그런데 그렇지 않은 경우가 많이 있다. 그래서 띄어쓰기가 더 어려워진다.

① 나에게 전화를 해 다오.
② 나에게 전화 해 다오.
③ 나에게 전화해 다오.

예문①은 주어, 목적어, 동사가 제대로 자리를 잡아 문법적으로 아무 문제가 없는 문장이다. 예문② 도 목적격 조사 '를'이 생략된 것이므로 아무 문제가 없다. 그런데 예문③처럼 '전화하다'라는 동사를 사용하여 문장을 만들 수 있다.

다시 말하면 예문②처럼 목적격 조사를 생략한 타동사 구문을 쓸 수도 있고, '전화하다'라는 자동사 구문을 쓸 수도 있는 셈이다. 그런데 띄어쓰기 규칙을 적용하면 '전화하다'는 한 단어여서 '전화'와

'하다'를 띄어 쓰는 것이 부자연스럽다. 그래서 예문②는 띄어쓰기를 제대로 하지 않은 문장으로 보기 쉽다. 이런 예는 헤아릴 수 없이 많다.

'조사를 하다/조사 하다/조사하다', '건설을 하다/건설 하다/건설하다', '충고를 하다/충고 하다/충고하다' 같은 경우도 마찬가지이다. 이런 경우 모두 가능한 표기이다. 다만, 한 낱말로 이미 쓰이고 있는 형태를 무시할 수 없으므로 조사를 생략한 형태보다는 한 낱말로 보고 붙여 쓰는 것이 좋다.

이런 문제는 '하다'가 접미사로서 명사에 붙어 동사를 만드는 기능이 광범위하게 나타나기 때문인데(올림말 '-하다' 참고), 이런 미묘한 띄어쓰기 문제는 '되다', '받다'에서도 상당히 많이 일어난다.

자동사

① 행동하다.

¶ 언제까지 네 마음대로 할 작정이니?

② 값이 나가다.

¶ 이 상품은 얼마 하지요?

¶ 그 선수의 몸값은 얼마나 할까?

③ 내리다.

¶ 음산한 검은 구름이 금세라도 비 한 줄기 할 것 같다.

④ 어떤 역할을 받아들이다.

¶ 네가 회장 하고 내가 총무 하면 제격일 것 같다.

⑤ (농사를) 어느 정도 짓다.

¶ 예전에는 볏섬이나 한다는 집들도 보릿고개를 넘기기 어려웠다고 한다.

⑥ ('하면'의 형태로 쓰이어) 그것에 대해서 말하다.

¶ 텔레비전 하면 한국산이 최고지.

⑦ ('하고'의 형태로 쓰이어) 그것에 그치지 않고 그것에 더함을 뜻하는 말.

¶ 그 일을 마치는 데는 일 년 하고도 두 달이 더 걸렸다.

⑧ ('-쯤 하여서'의 형태로 쓰이어) 그 시각에 이름을 나타내는 말.

¶ 그는 10시쯤 하여서/해서 도착하였다.

⑨ ('만 한'의 형태로 쓰이어) 능력, 품질, 정도가 비슷함을 나타내는 말.

¶ 우리 회사에는 그 사람만 한 전문가가 없다.

보조 동사

① 그렇게 말하다. 그렇게 생각하다.

¶ 천지에 괴물이 산다고 한다.

¶ 물에 빠져 허우적거리면서 나는 이렇게 죽게 되나 **했다**.

② 그렇게 애쓰다.

¶ 아무리 소리치려고 **했으나** 입이 벌어지지 않았다.

¶ 악착같이 일어나려고 **하였지만** 점점 다리에서 힘이 빠져나갔다.

③ 그렇게 바라다.

¶ 어서 이 시련이 끝났으면 **합니다**.

¶ 네가 꼭 와 주었으면 **한다**.

④ 그렇게 하는 것이 옳다. 그렇게 하지 않으면 안 된다.

¶ 빨리 가야 **하니** 도와주세요.

¶ 내일 떠나야 **하니** 일찍 자거라.

⑤ 그렇게 시키거나 그렇게 되게 만들다.

¶ 그를 빨리 떠나게 **하여라**.

⑥ 그런 행동을 하다.

¶ 이 길로 사람들이 오기도 **하고** 가기도 **했다**.

⑦ 그렇게 마음을 먹다.

¶ 아침밥을 꼭 챙겨 먹기로 **했다**.

⑧ 그런 태도를 나타내다.

¶ 이렇게 모르는 체, 못 본 체, 못 들은 체만 **하고** 있을 것인가?

⑨ (의성어와 함께 쓰이어) 그런 소리가 나다.

¶ 쿵 **하는** 소리와 함께 몸이 하늘로 치솟아 올랐다.

관용 표현

- **(무엇)만 하더라도(/하여도/해도)** (무엇)만 고려하더라도. (무엇)만 판단하더라도. ¶ 너만 **해도** 그렇게 하면 안 되지. / 그는 논밭만 **하더라도** 십만 평 넘게 가지고 있다.
- **-었다 하면** ① 어떤 일을 하기만 하면 특별한 결과에 이름을 나타내는 말. ¶ 그는 말을 **했다 하면** 실언을 한다. / 내가 고추를 샀다 **하면** 비가 내리더라.
- **하여 오다** 습관적으로 죽 (그렇게) 하다. ¶ 늘 **하여 오던** 대로 하면 된다.
- **할 수 없다** 어쩔 수 없다. 어찌할 길이 없다. ¶ **할 수 없이** 내가 직접 설명했다.

속담

- **하던 지랄도 멍석 펴 놓으면 안 한다** 평소에는 시키지 않아도 곧잘 하던 일을 정작 남이 하라고 권하면 하지 않는다는 말. 무엇을 권하는데 하지 않는 사람의 행동을 비웃을 때 쓰는 말.
- **할 일 없으면 낮잠이나 자라** 쓸데없는 참견이나 간섭을 하지 말라고 할 때 쓰는 말.

하다² 형용사

불20-9 하고, 하니, 하면, 하여서/해서, 한, 합니다, 하였다/했다

보조 형용사

① (형용사의 명사형 어미 '-기' 뒤에 보조사 '는', '도', '만', '까지', '조차' 따위가 붙은 말에 쓰이어) 그러함을 나타내기 위해서 강조하는 말.

¶ 우습기도 하고 아쉽기도 한 순간들이다.

¶ 내 눈에는 예쁘기만 한데.

② (형용사의 부사형 어미 '-고' 뒤에 '하니', '하여', '한데' 따위 형태로 쓰이어) '그러한 상태에 있으므로'의 뜻을 나타내는 말.

¶ 날씨도 좋고 하니 바람 쐬러 가자.

관용 표현

- **-기도 하다** 무척 그런 상태이다. ¶ 여긴 참 춥기도 하다.
- **-어야(/-아야) 하다** 당연히 그래야 한다. ¶ 집은 볕이 잘 들어야 하고, 또 아늑하여야 하지.

'하다'의 활용형

'하다'에 '어'로 시작하는 어미 '-어, -어도, -어야, -어서, -었다' 따위가 붙으면 '어'가 '여'로 바뀌어 '하여, 하여도, 하여야, 하여서, 하였다'가 된다(이런 현상을 '여' 불규칙 활용이라고 한다). 이때 '하여' 부분이 '해'로 줄어 '해, 해도, 해야, 해서, 했다'로 줄어든다.

-하다 접사

-하고, -하니, -하면, -하여서/-해서, -한, -합니다, -하였다/-했다

접미사

① 동작을 나타내는 일부 명사나 어근에 붙어 그 말을 동사로 바꾸는 구실을 하는 말.

¶ 노래하다, 사랑하다, 일하다

② 상태를 나타내는 일부 명사나 어근에 붙어 그 말을 형용사로 바꾸는 구실을 하는 말.

¶ 갸륵하다, 착하다, 참하다, 행복하다, 훌륭하다

③ 일부 부사에 붙어 형용사로 바꾸는 구실을 하는 말.
¶ 가득하다, 시끌벅적하다, 조마조마하다
④ 일부 부사에 붙어 동사로 바꾸는 구실을 하는 말.
¶ 같이하다, 거듭하다, 달리하다, 덜컹하다, 빨리하다, 함께하다
⑤ 의존 명사 '체, 듯, 양' 따위에 붙어 의존 명사를 보조 동사로 바꾸는 구실을 하는 말.
¶ 모른 체하다
¶ 비가 오는 듯하다.
¶ 어린 양하다.

접미사 '-하다'의 생산성

접미사 '-하다'는 국어에서 생산성이 가장 뛰어난 말이다. 명사, 부사는 물론이고 여러 어근에 붙어서 동사나 형용사를 만든다.

가장 보편적인 기능은 한자어 가운데에서 움직임이나 상태를 나타내는 명사에 붙어서 동사나 형용사를 만드는 기능이다. 그래서 한자어 수만큼 '-하다'가 붙은 동사와 형용사가 생긴다.

¶ 공개-하다, 동원-하다, 만발-하다, 발전-하다, 성공-하다, 운동-하다, 행진-하다
¶ 간결-하다, 당연-하다, 무능-하다, 불편-하다, 순수-하다, 완전-하다, 확실-하다

고유어에도 '-하다'가 광범위하게 붙는다. 한자어와 마찬가지로 고유어에서도 움직임의 뜻을 품은 명사 뒤에 붙어 동사를 만든다. 움직임을 품지 않은 몇몇 명사에도 '-하다'가 붙어 동사를 만든다.

¶ 갈무리-하다, 마무리-하다, 부채질-하다, 설거지-하다, 알은척-하다, 하품-하다
¶ 밥-하다, 나무-하다, 동무-하다, 뜻-하다, 멀미-하다, 일-하다, 허물-하다

또 대부분의 의성어나 의태어에 붙어서 동사나 형용사를 만든다.

¶ 꼴깍-하다, 댕그랑-하다, 바스락-하다, 아삭-하다, 찰칵-하다, 헐레벌떡-하다
¶ 간질간질-하다, 머뭇머뭇-하다, 반드르르-하다, 엉금엉금-하다, 흘끔흘끔-하다

혼자서 쓰이지 못하는 어근에 '-하다'가 붙으면 동사나 형용사가 된다.

¶ 깔끔-하다, 두툼-하다, 비슷-하다, 빠듯-하다, 상큼-하다, 엉뚱-하다, 호젓-하다
¶ 괄-하다, 딱-하다, 뜸-하다, 선-하다, 짠-하다, 착-하다, 환-하다, 흔-하다

그런데 '-하다'를 붙여서 쓸 수 없는 부사가 있다.

부사 '안절부절'은 '마음이 초조하고 불안하여 어찌할 바를 모르는 모양'의 뜻으로 쓰인다. 이 말은 본디 '안절부절못하다'에서 온 것이어서 뒤에 부정적인 어구와 함께 쓴다. 그런데 여기에 '-하다'를 붙여 '안절부절못하다'의 뜻으로 '안절부절하다'를 쓰는 경향이 생겼다. 그러나 '안절부절'에 '-하다'를 붙여 '안절부절하다'라고 쓰는 것은 틀린 말이다.

¶ 그때는 너무 걱정이 되어 안절부절했었지(×)/안절부절못했었지(○).
¶ 안절부절+하다(×) → 안절부절못하다

하도 부사

지나칠 만큼 매우.

¶ 할 일이 하도 많아서 무엇부터 해야 할지 모르겠다.

¶ 날씨가 하도 더워서 꼼짝도 못 하겠다.

하도급 명사 (下都給)[하: -]

도급(都給) 받은 일의 전부나 일부를 다른 사람에게 재차 도급 주는 일, 또는 그렇게 도급을 맡는 일.

×하청(下請)

¶ 우리 회사는 지금까지 대기업에서 하도급을 받아 일을 해왔다.

'하도급'과 '하청'

두 낱말 모두 주로 건설 공사나 물품 생산에 자주 쓰는 말인데, '하청(下請)'은 일본식 한자어로, '청부(請負)'를 다른 사람에게 내린다는 뜻이다. '청부'는 '도급(都給)'으로 순화하였고, '하청'은 '하도급'으로 순화하였다. 따라서 일본식 한자어 '청부'나 '하청'은 이제 쓰지 않는 것이 바람직하다.

하등[1] 명사 (下等)[하: -]

등급이나 계급이 낮은 것.

¶ 하등 생물이 어떻게 고등 생물로 바뀌었는지 밝히는 것이 진화론이다.

하등[2] 명사 (何等)

① (주로 '하등의' 꼴로 쓰이어) '아무런', '아무' 또는 '얼마만큼'의 뜻을 나타내는 말.

¶ 내가 그에게 용서를 빌어야 할 하등의 이유가 없다.
¶ 그와는 하등의 관계도 없는 일이다.

② (부사처럼 쓰이어) '조금도', '전혀'의 뜻을 나타내는 말.
¶ 나와는 하등 상관없는 일이다.
¶ 나는 그에게 하등 미움도 가지고 있지 않다.

'하등의'와 '하등에'

'하등'은 명사이기 때문에 관형격 조사 '의'나 부사격 조사 '에'를 붙여 쓸 수 있다. '의'를 붙이면 관형어가 되어 '아무런'의 뜻이 되고, '에'를 붙이면 부사어가 되어 '전혀'의 뜻이 된다. '하등에'는 '에'를 생략하고 '하등'만 쓰기도 한다. ②번 뜻풀이는 '하등에'의 '에'가 생략된 경우를 설명한 것이다.

하락 명사 (下落)[하: -]

① 값이나 등급 따위가 떨어짐.
¶ 이번 사건이 주가 하락에 크게 영향을 미쳤다는 분석이 나왔다.
¶ 경제 정책의 실패는 현 정부의 지지도 하락을 불러왔다.

② 아래로 떨어짐. 낙하(落下).

복합어

- **하락률**(下落率)[하:랑뉼] 명사 값이나 등급이 내린 비율.
- **하락폭**(下落幅)[하: -] 명사 값이나 등급이 내린 폭.
- **하락하다**(下落 -)[하: -] 자동사 값이나 등급이 떨어지다.

'하락'과 '낙하'

같은 한자로 되어 있으나 앞뒤가 다른 두 낱말의 경우에 뜻이 같기도 하고 다르기도 하다. '방향(方向)'과 '향방(向方)', '하강(下降)'과 '강하(降下)', '하여튼(何如 -)'과 '여하튼(如何 -)'은 뜻이 서로 같은 경우이고, '자손(子孫)'과 '손자(孫子)', '자녀(子女)'와 '여자(女子)'는 뜻이 다른 경우이다.
'하락(下落)'과 '낙하(落下)'는 뜻은 같지만 용법이 달라지고 있다. '하락'은 값이나 등급이 떨어지는 경우에 쓰고, '낙하'는 물건이 위에서 아래로 떨어지는 경우에 쓴다.

ㅎ

하루 명사

① 한 밤과 한 낮이 지나는 동안.
¶ 하루 벌어 하루 먹고 산다.
② 아침부터 저녁까지의 동안.
¶ 오늘은 하루 종일 앉아서 일만 하였다.
¶ 벌써 하루가 다 갔구나.
③ 특정하지 않은 어느 날. 어느 한 날.
¶ 하루는 집에 가니 시골에서 할머니가 와 계셨다.

복합어

- **초하루**(初－) 명사 =초하룻날
- **초하룻날**(初－) 명사 그 달의 첫째 날.
- **하루같이** 부사 오랜 세월을 변함없이. ¶ 그는 10년을 하루같이 치매에 걸린 어머니를 보살폈다.
- **하루건너** 부사 =하루걸러
- **하루걸러** 부사 하루씩 건너서. 하루건너.
- **하루돌이** 명사 하루걸러 한 번. ¶ 장마철이어서 하루돌이로 비가 내려 빨래를 할 수 없었다.
- **하루바삐** 부사 =하루빨리
- **하루빨리** 부사 하루라도 빨리. ¶ 하루빨리 일을 마무리해야 한다.
- **하루속히**(－速－) 부사 =하루빨리
- **하루아침에** 부사 몹시 짧은 동안에. ¶ 아버지 사업이 망하여 우리 식구는 하루아침에 거리에 나앉았다.
- **하루치** 명사 하루의 몫이나 분량.
- **하루하루** 부사 ① 하루가 지날 때마다. ¶ 아이들은 하루하루 몰라보게 자란다. ② (명사처럼 쓰이어) 그날그날. ¶ 하루하루를 열심히 살고 있다.
- **하루해** 명사 해가 떠서 질 때까지의 동안. ¶ 하는 일 없이 보내는 하루해가 이렇게 길 줄 몰랐다.
- **하룻강아지** 명사 난 지 얼마 안 되는 어린 강아지. '하릅강아지'가 바뀐 말임.
- **하룻길** 명사 하루 걸려서 갈 수 있는 거리. ¶ 걸어서 하룻길이다. / 자동차로 하룻길이다.
- **하룻날** 명사 그 달의 첫째 날. 초하루. 초하룻날.
- **하룻낮** 명사 하루의 낮 동안. ¶ 하룻낮 하룻밤을 꼬박 자고 났더니 몸이 개운하다.
- **하룻밤** 명사 ① 한 밤. 한 번의 밤. ¶ 황토방에서 하룻밤 자고 났더니 피로가 싹 풀렸다. ② 어느 날의 밤. ¶ 하룻밤은 우리 집에 모여서 이런저런 이야기를 하게 되었다.

관용 표현

- **하루가 다르다** =하루가 새롭다 ¶ 첨단 과학은 하루가 다르게 발전하고 있다.
- **하루가 멀다고** 거의 날마다. ¶ 하루가 멀다고 오던 사람이 요즘은 소식이 없다.
- **하루가 새롭다** ① 시간이 긴요하여 그 시간이 지나가는 것이 아쉽다. ¶ 농사철에는 하루가 새로운 법이다. ② 짧은 시간이 괴롭고 길게 느껴지다. ③ 사물의 변화가 두드러지다. ¶ 봄 경치가 하루가 새롭게 바뀌었다.
- **하루에도 열두 번** 매우 자주.

속담

- **하루 세 끼 밥 먹듯** 아주 예사로운 일이라는 말. ¶ 그는 하루 세 끼 밥을 먹듯 조깅을 했다.
- **하루 물림이 열흘 간다** 한번 뒤로 미루기 시작하면 자꾸 더 미루게 된다는 뜻으로, 무슨 일이나 뒤로 미루지 말라고 경계하여 이르는 말.
- **하룻강아지 범 무서운 줄 모른다** 철모르고 함부로 덤빈다는 말.
- **하룻밤을 자도 만리성을 쌓아라** 잠시 만난 사람이라도 정의를 깊이 맺어 두라는 말.

'하루'와 '일일' 또는 '1일'

'일일(一日)'이나 '1일'은 모두 '하루'를 가리키는 말이다. 기간을 나타낼 때나 한 날을 나타낼 때나 똑같이 쓴다. 다만 매달 1일부터 9일까지를 음력으로 말할 때에 특별히 '초하루'처럼 '초(初)'를 붙여 말한다. 11일은 '열하루', 21일은 '스무하루'라고 하지만 31일은 음력에는 없는 날이어서 이를 부르는 말도 없다. 음력으로 날짜를 부르는 이름은 아래와 같다.

날짜	이름	날짜	이름	날짜	이름
1일	초하루	11일	열하루	21일	스무하루
2일	초이틀	12일	열이틀	22일	스무이틀
3일	초사흘	13일	열사흘	23일	스무사흘
4일	초나흘	14일	열나흘	24일	스무나흘
5일	초닷새	15일	열닷새(보름)	25일	스무닷새
6일	초엿새	16일	열엿새	26일	스무엿새
7일	초이레	17일	열이레	27일	스무이레
8일	초여드레	18일	열여드레	28일	스무여드레
9일	초아흐레	19일	열아흐레	29일	스무아흐레(그믐)
10일	열흘	20일	스무날	30일	그믐

× 하루종일

'하루 종일'처럼 띄어 써야 한다. '온종일' 또는 '종일'과 같은 뜻이다.

하릴없다 형용사 [하:-]

규21-1 하릴없고, 하릴없는, 하릴없으면, 하릴없어, 하릴없습니다, 하릴없었다

① 어찌 할 도리가 없다. ×할일없이

¶ 준비를 하지 않아서 그리된 것이니 꾸중 들어도 **하릴없는** 일이지.

② 조금도 틀림이 없다. 영락없다.

¶ 십 년 만에 만난 친구는 **하릴없는** 거지꼴을 하고 있었다.

복합어

- **하릴없이**[하:-] 부사 ① 달리 어찌할 도리 없이. ¶ 힘이 없으니 **하릴없이** 맞기만 했다. ② 조금도 틀림 없이. ¶ 단식 농성을 시작한 그의 모습은 **하릴없이** 투사였어요.

'하릴없다'와 '할 일 없다'

'하릴없다'의 '하'는 긴소리이고, '할 일 없다'의 '하'는 짧은소리이다. '하릴없다'는 한 낱말이고, '할 일 없다'는 어구이다. '하릴없다'는 어쩔 수 없음을 나타내는 말이지만 '할 일 없다'는 일거리가 없음을 나타내는 말이다.

¶ 상대가 욕을 한다 해도 **하릴없지**.

¶ 지금은 **할 일 없어** 쉬고 있는 참이다.

하마[1] 부사

① 바라건대. 행여나. 어쩌면.

¶ 떠난 사람이 **하마** 돌아올까 기다려 보았지만 끝내 오지 않았다.

② 어쩌다가 혹시.

¶ 아이는 엄마 손을 **하마** 놓칠세라 꼭 붙잡고 놓지 않았다.

× 하마[2]

'벌써'의 비표준어.

하마터면 부사

자칫 잘못하였더라면.

¶ 하마터면 큰일 날 뻔했다.

× 하마트면

'하마터면'의 틀린 표기.

¶ 하마트면(×)/하마터면(○) 넘어질 뻔했다.

하마평 명사 (下馬評)[하:-]

관직에 임명될 후보자에 관하여 세상에 떠도는 소문 또는 이야기.

¶ 이번 정부 인사를 두고 온갖 하마평이 무성했다.

'하마평'과 '물망'

'하마평'은 '세상 사람들의 평판'을 뜻하는 일본 한자어이다. 국어의 '물망(物望)'에 해당한다. '하마평'은 일본에서 '주인이 집에 돌아와 말에서 내릴 때 그곳에서 기다리고 있던 사람들이 주인에게서 들은 이야기를 주고받는 과정에서 생긴 세론(世論)'에서 유래한 말이다. 일본 문화가 만들어 낸 단어를 우리가 받아쓰면서 주로 고위 관직에 오를 사람에 대한 평판의 의미로만 쓰고 있다.

'하마평' 대신 쓸 수 있는 말이 '물망(物望)'이다. 인재를 고를 때 그 대상이 되는 사람을 이르는 말이다. 국립 국어 연구원의 순화 자료집에도 '하마평'의 순화어로 '물망'이 올라 있다.

하마하마 부사

① 어떤 기회를 마음 조이며 기다리는 모양.
¶ 어머니가 오시나 하마하마 대문 밖만 쳐다보는데 어느새 날이 저물었다.
② 어떤 기회가 계속 닥쳐오거나 조금씩 가까워 오는 모양.
¶ 나에게도 그런 좋은 일이 하마하마 가까이 이르고 있는지 모른다.

하물며 부사

(흔히 -거든, -ㄴ데, -은데, -는데 따위와 함께 쓰이어) 그도 그러한데 더욱이. 앞의 사실이 그러하다면 뒤의 사실은 말할 것도 없다는 말.
¶ 짐승도 제 주인을 알아보거든 하물며 사람이랴.

하소연 명사 [하:-]

동정이나 도움을 받기 위해 간절히 호소함.
¶ 울며불며 아무리 하소연을 해도 소용이 없었다.

복합어

- **하소연하다**[하:-] 타동사 억울한 일이나 잘못된 일, 딱한 사정 따위를 간곡히 호소하다.

하십시오체 명사 (-體)

상대 높임법의 하나. 상대편을 아주 높이는 표현법이다. 합쇼체.

'하십시오체'의 표현

'하십시오체'의 예를 들면 아래와 같다.

¶ 어서 오십시오.
¶ 안녕하십니까? 어떻게 지내셨습니까?
¶ 오래간만입니다.

하야말갛다 형용사

불20-5 하야말갛고, 하야말간, 하야말가니, 하야말개, 하야말가네, 하야말갛습니다, 하야말가오, 하야말갰다

① (살결이) 탐스럽게 맑고 희다.
② 흰빛을 띠면서 말갛다.
¶ 하야말갛게 잘 익은 참외 속살을 보니 군침이 돈다.

복합어
• **하야말개지다** 자동사 하야말갛게 되다.

하얗다 형용사

불20-5 하얗고, 하얗지, 하야니, 하얀, 하얘, 하얗습니다, 하얗소, 하얬다

① 새뜻하고 깨끗하게 희다.
¶ 밤새 눈이 내려 천지가 하얗게 변했다.
¶ 아이 얼굴이 눈에 띄게 하얬다.
② (하얗게의 꼴로 쓰여) 잠들지 않은 채로 밤을 보내다.
¶ 뜬눈으로 하얗게 밤을 지새웠다.

복합어
• **하야말갛다** 형용사 하얀빛을 띠며 말갛다.
• **하야말쑥하다** 형용사 살빛이 하야면서 맑고 깨끗하다.
• **하야스레하다** 형용사 =하야스름하다
• **하야스름하다** 형용사 조금 하얗다.

ㅎ

• **하얗**[하:-] 명사 하얀 빛깔이나 물감.

• **하얘지다**[하:-] 자동사 하얗게 되다.

'하얘지다'와 '허예지다'

'하얗다'와 '허옇다'는 작은말 큰말 관계이다. 이와 마찬가지로 '하얘지다'와 '허예지다'도 작은말 큰말 관계이다. '하얘지다'의 큰말이 '허예지다'로 바뀌는 것은 모음조화가 작용했기 때문이다. 아래 낱말도 모음조화에 따라서 작은말과 큰말의 형태가 결정되었다.

까매지다-꺼메지다 / 노래지다-누레지다 / 빨개지다-뻘게지다

파래지다-퍼레지다 / 하얘지다-허예지다

'하얗다'의 활용형

'하얗다'는 'ㅎ' 불규칙 활용을 하는 형용사인데, 연결 어미 '-니'와 종결 어미 '-니'를 붙일 경우의 활용형과 종결 어미 '-오', '-소', '-니'를 붙일 경우의 활용형이 헷갈리는 경우가 있다. 각 경우의 활용형을 제시하면 아래와 같다. ('허옇다', '까맣다/꺼멓다', '노랗다/누렇다', '파랗다/퍼렇다', '빨갛다/뻘겋다', '뽀얗다/뿌옇다', '말갛다/멀겋다'의 활용형도 마찬가지이다.)

① 연결 어미 '-니', '-면', '-므로'를 붙인 활용형에는 'ㅎ'을 탈락시킨다.

¶ 벽이 온통 하야니 방이 퍽 밝게 보인다.

¶ 너무 하야면 눈이 부셔서 보기 어렵다.

② '-오'를 붙인 활용형에는 'ㅎ'을 탈락시키고, '-소'를 붙이는 활용형에는 'ㅎ'을 탈락시키지 않는다.

¶ 빛이 너무 하야오.

¶ 빛이 너무 하얗소.

③ 종결 어미 '-니'를 붙일 때에는 'ㅎ'을 탈락시키는 경우와 탈락시키지 않는 경우가 모두 쓰인다. 다만 'ㅎ'을 탈락시키는 경우가 더 많이 쓰이는 것 같다. '-냐'를 붙일 때에는 'ㅎ'을 탈락시킨다.

¶ 어느 것이 더 하야니?

¶ 어느 것이 더 하얗니?

¶ 어느 것이 더 하야냐?

하얬다 [하:-]

형용사 '하얗다'의 과거형. '허옇다'의 과거형은 '허옜다'이다.

¶ 밤새 눈이 많이 내려 세상이 온통 하얬다.

하여간 부사 (何如間)

어쨌든. 하여튼. 어찌하든지 간에.
¶ 비가 오든 안 오든 하여간 내일 산행은 한다.
¶ 하여간 이번에는 내가 한턱내겠네.

하여금 부사

(격조사 '로/으로' 뒤에 쓰이어) 누구를 시키어.
¶ 무엇이 나로 하여금 이곳에 오도록 이끌었을까?
¶ 그로 하여금 준비하게 해라.

하여튼 부사 (何如-)

어쨌든. 좌우간. 아무튼. ×하옇든
¶ 하여튼 가 보기나 하자.
¶ 결과가 어찌 될지 모르지만 하여튼 나는 홀가분하다.

하여튼지 부사 (何如-)

=하여튼, 아무튼

하염없다 형용사

규21-1 하염없고, 하염없는, 하염없어, 하염없네, 하염없습니다, 하염없었다

ㅎ

① 멍하니 아무 생각이 없다.
¶ 여인은 하염없는 눈빛으로 허공을 바라보고 있다.
② 의지와 상관없이 마냥 계속되는 상태이다.
¶ 무심코 사진첩을 보다가 하염없는 생각에 잠겼다.

복합어

• **하염없이** 부사 ① 그저 멍하게 아무 생각 없이. ¶ 그는 생각에 잠긴 채 하염없이 먼 산만 보고 있었다. ② 끝맺을 데가 없이 아득하게. ¶ 하염없이 눈물만 흐른다.

'하염없다'의 어원

'하염없다'의 '하염'은 '하다'의 명사형 '함' 또는 '함'의 사동형인 '하임'의 변형이다. 스스로 '함'이 없음을 의미하기도 하고 남에게 하게 함이 없음을 의미하기도 한다. 그래서 '하염없다'는 적극적으로 어떤 행위를 하지 않는 경우나 억제할 수 없이 계속되는 경우를 나타내는 말이다.

하염직하다 형용사

불20-9 하염직하고, 하염직하여/하염직해, 하염직한, 하염직합니다, 하염직하였다/하염직했다

할 만하다. 할 가치가 있다.
¶ 이번 울력에서 하염직한 일은 감 따기이다.
¶ 그 일은 네가 하염직한 일이 아니다.

× 하옇든

'하여튼'의 틀린 표기.

하오 명사

=하오체

하오체 명사 (-體)

상대 높임법의 하나. 상대편을 보통으로 높이는 표현법이다. 예사높임.

> **'하오체' 표현**
> '하오체'의 예를 들면 아래와 같다.
> ¶ 실내에서는 조용히 하시오.
> ¶ 나는 지금 몸이 좀 아프오.
> ¶ 먼저 가오.
> ¶ 잘 있으시오.
> ¶ 내가 그 일을 하겠소.

하이라이트 명사 (high-light)

① (방송, 연극, 스포츠 따위에서) 가장 흥미 있고 중심이 되는 부분이나 장면.
¶ 그날 스포츠 경기의 **하이라이트**를 모아서 늦은 시간에 방송한다.
¶ 올림픽 경기의 **하이라이트**는 육상 경기이다.
② (그림이나 사진에서) 빛을 가장 많이 받아 희게 보이는 부분.
¶ 렘브란트가 그린 '돌아온 탕자'의 **하이라이트**는 아버지 얼굴 부분이다.

× 하일라이트

'하이라이트(high-light)'의 틀린 표기.

ㅎ

하잘것없다 형용사

규21-1 하잘것없고, 하잘것없는, 하잘것없어, 하잘것없습니다시시해서 해 볼 만한 것이 없다. 대수롭지 아니하다.
¶ 하잘것없어 보이는 길가의 풀도 다 쓸모가 있다.
¶ 이런 하잘것없는 일로 형제끼리 다투어서야 되겠소?

복합어

- **하잘것없이** 부사 시시해서 상대할 것 없이. 대수롭지 않게. 보잘것없이. ¶ 후줄근한 내 꼴이 그의 눈에는 하잘것없이 보였을 것이다.

하지만 부사

그러나. 그렇지만. 앞 문장과 다르거나 반대되는 내용을 말할 때 앞뒤 문장을 이어 주는 말.
¶ 초대해 주어서 고맙다. 하지만 선약이 있어 못 가겠다.
¶ 그 친구는 공부를 잘했다. 하지만 집안 형편이 어려워서 진학을 하지 못했다.
¶ 내가 잘못했어. 하지만 어쩔 수 없었어.
¶ 동생은 키가 크다. 하지만 나는 키가 작다.
¶ 이제 좀 쉬도록 해. 하지만 자지는 마.

하찮다 형용사

규20-1 하찮고, 하찮은, 하찮아, 하찮습니다, 하찮소, 하찮았다

① 그다지 훌륭하지 않다.
¶ 아내는 하찮은 물건도 버리지 않고 용도에 맞게 쓴다.
¶ 나처럼 하찮은 사람에게 이런 기회를 주니 고마울 따름이지.
② 대수롭지 않다.
¶ 네가 하찮게 여기는 일이 다른 사람에게는 중요한 일일 수도 있다.
¶ 하찮은 일에 그렇게 화를 내지 마오.

복합어

- **하찮이** 부사 ① 그다지 훌륭하지 아니하게. ② 대수롭지 아니하게.

하청 명사 (下請)[하: -]

'하도급(下都給)'으로 순화.

하치않다 형용사

규20-1 하치않고, 하치않은, 하치않아, 하치않습니다, 하치않소, 하치않았다

'하찮다'의 본말.

하품[1] 명사

졸리거나 고단할 때 입을 벌려 숨을 깊이 내쉬는 일.
¶ 아이가 하품을 늘어지게 하더니 이내 잠들었다.
¶ 지루한 이야기를 들으니 하품만 나온다.

복합어

- **선하품**[선: -] 명사 몸에 이상이 있거나 흥미 없는 일을 할 때에 나오는 하품.
- **하품하다** 자동사 졸리거나 고단하거나 배부르거나 할 때, 절로 입이 벌어지면서 깊은 호흡을 하다. ¶ 무심코 하품하다가 아버지에게 단단히 꾸중을 들었다.

관용 표현

- **하품만 나오다** ① (상대의 말이) 어처구니가 없다. ¶ 그렇게 하품만 나오는 소리 작작 해라. ② 분위기가 따분하다. ¶ 강의가 지루하니 하품만 나온다.
- **하품만 하다** 경기(景氣)가 없거나 할 일이 없다. ¶ 손님이 너무 없어서 하품만 하고 있다.

속담

- **하품에 딸꾹질** ① 어려운 일이 겹친다는 말. ¶ 하품에 딸꾹질이라고 비가 내리더니 날씨까지 추워진다. ② 공교롭게도 일이 잘 안 된다는 말.

하품 2 명사
(下品)[하: -]

① 질이 나쁜 물품. 하치.
¶ 비록 옷은 하품을 입었을망정 사람은 하품이 아니다.
② 낮은 품위.
¶ 품계를 따질 때 종3품은 정3품보다는 하품이다.

하필 부사
(何必)

다른 방도를 취하지 아니하고 어찌하여 꼭.
¶ 수많은 선수 중에서 하필 가장 강한 사람이 내 상대가 되었어.
¶ 하필 소풍가는 날 비가 오네.

복합어
- **하필이면**(何必-) 부사 '하필'의 힘줌말.

한 1 명사
(恨)[한:]

① 하려고 하는 것을 하지 못하여 안으로 맺힌 간절한 감정.
¶ 전쟁에 나간 아들이 돌아오는 모습을 보고 죽는다면 한이 없겠다.
¶ 겉으로는 행복해 보여도 나는 한이 많은 사람이다.
② 남에게서 받은 피해 따위로 생긴 몹시 억울한 감정. 원한(怨恨).
¶ 어떻게 해야 억울하게 돌아가신 부모님의 한을 풀어 드릴까?
¶ 여자가 한을 품으면 오뉴월에도 서리가 내린다는 말이 있다.

복합어
- **한스럽**다(恨-)[한:-] 타동사 올림말 '한스럽다1' 참고.
- **한하**다(恨-)[한:-] 형용사 올림말 '한하다' 참고.

관용 표현

- **한을 풀다** 마음에서 한을 사라지게 하여 시원한 감정을 가지다. ¶ 예순이 넘은 나이에 한글을 깨치면서 못 배운 한을 풀었다.
- **한이 풀리다** 마음에서 한이 사라져 가슴이 시원해지다. ¶ 전쟁 때 헤어진 동생을 50년 만에 만나 평생 마음에 쌓였던 한이 풀렸다.

한[2] 명사

(限)[한: -]

① 범위의 끝.
¶ 사람의 능력에는 한이 없는 법이다.
¶ 한도 끝도 없는 게 사람의 욕심이다.
② 앞에서 쓴 형용사의 정도가 매우 심함을 나타내는 말.
¶ 기쁘기가 한이 없다.
③ ('-는 한이 있더라도'의 형태로 쓰이어) 극단적인 상황의 뜻을 나타내는 말.
¶ 굶어죽는 한이 있더라도 그 일은 하지 않겠다.
④ 조건이나 제한된 범위를 나타내는 말.
¶ 여기에 머물러 있는 한에는 안심해도 된다.
¶ 내가 아는 한에는 그런 일을 할 사람이 아니다.

복합어

- **한없다**(限-)[하:넙따] 형용사 올림말 '한없다' 참고.
- **한하다**(限-)[한: -] 자동사 타동사 올림말 '한하다[2]' 참고.

'가능한 한'과 '가능한'

'가능한 한'은 '가능한 범위라면'의 뜻을 나타낸다. '가능한'은 형용사 '가능하다'의 관형사형이다. 따라서 '가능한 한'을 '가능한'으로 줄여서 쓰면 안 된다. (더 자세한 설명은 올림말 '가능' 참고)

가능한 한 메일을 보내 주시기 바랍니다. (○)
가능한 메일을 보내 주시기 바랍니다. (×)

가능한 한 식사를 거르지 마십시오. (○)
가능한 식사를 거르지 마십시오. (×)

한[3] 관형사

① '하나'를 뜻하는 말.

¶ 한 사람씩 들어오시오.

¶ 운동을 시작한 지 한 달이 넘었다.

② '대략', '어림잡아서'의 뜻을 나타내는 말.

¶ 아마도 한 열흘 걸릴 것 같다.

③ '어느' 또는 '어떤'의 뜻을 나타내는 말.

¶ 옛날에 한 농부가 살았지.

¶ 서울의 한 마을에서 있었던 일이야.

④ '같은'의 뜻을 나타내는 말.

¶ 그 사람과 나는 한 직장에 다닌다.

관용 표현

- **한 건(을) 올리다** =한 건 하다 ¶ 이 계약을 성사시켜서 드디어 오늘 한 건 올렸다.
- **한 건 하다** 어떤 일을 한 뒤에 성과를 내다. ¶ 내가 한 건 하는 날에 술을 사지.
- **한 귀로 듣고 한 귀로 흘리다** 귀여겨듣지 않고 흘려듣다.
- **한 귀로 흘리다** 듣고도 마음에 두지 아니하고 무시하다.
- **한 다리가 뜨다** 직접 연결되지 않고 중간에 다른 것이 끼어 있거나 좀 멀다.
- **한 다리 걸치다(/끼다)** 이익을 보려고 어떤 일에 넌지시 관계를 하다.
- **한 달 서른 날** 한 달 전체를 이르는 말. ¶ 한 달 서른 날 일만 했다.
- **한 몸이 되다** ① 조직적으로나 사상적으로 단합하여 하나의 몸처럼 행동할 수 있게 되다. ¶ 사장과 직원들이 한 몸이 되어 위기를 극복했다. ② 부부가 되다.
- **한 바리에 싣다** 모두 같은 것이어서 구분 없이 같이 처리하다.
- **한 방 먹이다** (속되게) ① 세게 한 번 때리다. ② 말 따위로 상대방에게 충격을 주다.
- **한 방(을) 먹다** (속되게) ① 세게 한 번 맞다. ② 말 따위로 상대방에게서 충격을 받다.
- **한 손 놓다** ① 일의 어려운 고비를 넘기고 나서 여유가 생기다. ② 쉬운 일이라고 생각하여 한 손만 쓴다는 뜻으로, 상대편을 얕보는 행위를 이르는 말.
- **한 손(을) 떼다** 하던 일에서 좀 물러앉다. 또는 소홀히 하다.
- **한 손 접다** 나은 편이 스스로 자기 실력을 낮추다.
- **한 술 더 뜨다** 정도나 강도가 더 심하다.
- **한 우물(을) 파다** 한 가지 일에 몰두하여 끝까지 하다.

- **한 줌도 못 되다** 한 줌 안에도 채 차지 못할 정도로 매우 적다.
- **한 줌밖에 안 되다** 양이 조금이다.
- **한 치 앞을 못 보다** ① 가까이 있는 것도 보지 못하다. ② 식견이 얕다.
- **한 팔을 잃다** 도움이 되는 가장 중요한 사람을 잃다.

속담

- **한 다리가 천 리** 촌수나 친분은 멀어질수록 더욱 사이가 벌어진다는 말.
- **한 말에 두 안장이 없다** 한 남편에게는 한 지어미만 있어야 한다는 말.
- **한 몸에(/어깨에) 두 지게를 질까** 한 몸에 지게 둘을 동시에 질 수 없는 것처럼, 한 사람에게 두 가지 일을 시키거나, 한 사람이 두 가지 일을 할 수 없다는 말.
- **한 밥그릇에 두 술이 없다** =한 말에 두 안장이 없다
- **한 밥에 오르고 한 밥에 내린다** 젊은 사람은 먹는 대로 살로 가고, 굶으면 곧 살이 축난다는 말.
- **한 번 검으면 흴 줄을 모른다** 한 번 나쁜 버릇이 들면 좀처럼 고치기 어렵다는 말.
- **한 일을 보면 열 일을 안다** 한 가지 일을 보아 그 사람의 여러 일솜씨를 짐작할 수 있다.
- **한 잔 술에 눈물 난다** 사소한 일이라도 잘못하여 오해를 사게 되니 사람을 대접할 때는 고루 잘 대접하라는 말.
- **한 치 벌레에도 닷 푼 결기는 있다** 아무리 보잘것없는 사람이라도 다 제 속힘이 있어서 무시를 당하면 대항한다는 말.
- **한 치 앞이 어둠** 사람의 앞날은 도무지 예상할 수 없다는 말.

한4

동사 '하다'의 관형사형. 과거 시제를 나타낸다.

¶ 어제 나에게 전화를 한 사람이 누구지?

¶ 숲에서 산책을 한 시간이 오후 4시쯤이었다.

한-1 접사

접두사

① '큰'의 뜻을 더하는 말.

¶ 한길, 한사리

② '정확한' 또는 '한창인'의 뜻을 더하는 말.

¶ 한가운데, 한밤중

③ '같은' 또는 '일정한/특정한'의 뜻을 더하는 말.

¶ 한곳, 한군데, 한동네, 한뜻, 한마을, 한마음

복합어

- **한가운데** 명사 복판.
- **한걱정** 명사 매우 큰 걱정.
- **한걱정하다** 자동사 크게 걱정을 하다.
- **한겨울** 명사 올림말 '한겨울' 참고.
- **한근심** 명사 매우 큰 근심. ¶ 마침 네가 와 주어서 한근심 덜었다.
- **한길** 명사 올림말 '한길1' 참고.
- **한낮** 명사 낮은 한가운데. 정오(正午).
- **한더위** 명사 한창 심한 더위. ¶ 서둘지 말고 한더위 가시거든 오너라.
- **한동네**(-洞-) 명사 같은 동네.
- **한뜻** 명사 같은 뜻. ¶ 아무리 금실 좋은 부부라도 평생 한뜻으로만 살기는 쉽지 않다.
- **한마을** 명사 같은 마을. ¶ 우리는 한마을에서 산다.
- **한마음** 명사 ① 여러 마음이 하나로 합한 마음. 일심(一心). ② 우주는 오직 마음 하나로 되었다는 뜻.
- **한밤** 명사 =한밤중
- **한밤중**(-中)[-쭝] 명사 ① 깊은 밤중. ② 어떤 일에 대하여 전혀 모르고 있는 상태를 비유하여 이르는 말. ¶ 소문이 벌써 났는데 너만 아직 한밤중이구나.
- **한복판** 명사 '복판'을 강조하는 말.
- **한사리** 명사 음력 보름과 그믐 무렵에 밀물이 가장 높은 때.
- **한시름** 명사 큰 걱정.
- **한여름** 명사 올림말 '한여름' 참고.
- **한잠** 명사 깊이 든 잠.
- **한집안** 명사 올림말 '한집안' 참고.
- **한추위** 명사 한창 심한 추위.
- **한패**(-牌) 명사 같은 동아리. 같은 패.

관용 표현

- **한마음 한뜻** 모든 사람이 똑같이 갖는 생각.

관형사 '한'과 접두사 '한-[1]'의 띄어쓰기

관형사로 쓰는 '한'은 다음에 오는 말과 띄어 써야 하지만, 접두사로 쓰는 '한[1]'은 뒤에 오는 말과 붙여 쓴다. 관형사 '한'은 '하나', '어림잡아서', '어느/어떤'의 뜻을 나타낸다. 이런 의미로 쓴 '한'은 뒤의 체언과 띄어 쓴다. 이에 비해서 접두사 '한'은 '큰', '정확한/한창인', '같은/일정한'의 뜻을 더한다. 이런 의미가 덧붙은 경우에는 접두사로 붙여 쓴다.

- 철수와 영희는 한마을에서 살았다. (같은 마을, 접두사)
- 회의에는 한 마을에서 한 사람씩 대표로 참석했다. (마을 하나)
- 옛날 한 마을에 예쁜 아이가 살았다. (어떤 마을)

- 그와 나는 한곳에서 근무한 적 있다. (같은 곳, 접두사)
- 그 동상은 서울 한 곳에만 세우기로 했다. (장소 하나)

- 사람들의 시선이 한군데로 쏠렸다. (일정한 곳, 접두사)
- 준비를 제대로 한 곳은 한 군데도 없었다. (군데 하나)

한-[2] 접사 [한:-]

접두사

(일부 명사 앞에 붙어)

① '바깥'의 뜻을 더하는 말.

¶ 추울 때 한데에서 자면 안 된다.

② '다른' 또는 '엉뚱한'의 뜻을 더하는 말.

¶ 운전하면서 한눈을 팔다가는 사고를 내기 쉽다.

③ '끼니때 밖'의 뜻을 더하는 말.

¶ 늦게 손님이 와서 한저녁을 준비해야 했다.

복합어

- **한눈**[한:-] 명사 올림말 '한눈[3]' 참고.
- **한데**[한:-] 명사 올림말 '한데[1]' 참고.
- **한동자**[한:-] 명사 밥 짓는 일.
- **한밥**[한:-] 명사 끼니때가 지난 뒤에 차리는 밥.

- **한음식**(-飮食)[한:-] 명사 끼니때가 아닌 때에 차린 음식.
- **한저녁**[한:-] 명사 끼니때가 지난 뒤에 간단하게 차리는 저녁.

관형사 '한'과 접두사 '한-[2]'의 띄어쓰기

접두사 '한-[2]'는 '집의 바깥', '엉뚱한'의 의미를 나타내기 위해서 그 명사 앞에 붙인다. 이 경우 '한-'은 긴소리로 발음한다.

┌ 그는 오랫동안 한 데를 바라보고 서 있었다. (장소 한 곳)
└ 가을에 한데에서 자면 감기 걸리기 쉽다. (집 바깥)

┌ 그 사람은 한 눈이 보이지 않는다. (한쪽 눈)
└ 그는 길을 걸으면서 한눈을 팔다가 자주 넘어진다. (엉뚱한 데를 보는 눈)

한가득 부사

'가득'을 강조하는 말.

¶ 음식을 한가득 입에 물고 말했다.

¶ 책상 위에 책이며, 공책, 휴지들을 한가득 어질러 놓았다.

한가락 명사

어떤 분야에서 썩 훌륭한 솜씨나 재주.

¶ 노는 것을 보니 한가락 하던 솜씨이다.

¶ 내가 보기에는 그 사람도 한가락 하는 사람 같더라.

'한가락'과 '한 가락'

명사 '한가락'과 어구 '한 가락'은 쓰임새가 다르다.

┌ 그 사람도 이 마을에서 한가락 하는 분이라더라. (능력)
└ 분위기를 띄울 겸 노래를 한 가락 해 보이겠습니다. (노래 한 곡)

한갓 부사

다만. 다른 것 없이 겨우.

¶ 이번 일은 한갓 돈을 벌기 위해서 하는 것은 아니다.

¶ 너의 계획은 한갓 공상에 지나지 않는다.

한갓되다 형용사

규21-0 한갓되고, 한갓되어/한갓돼, 한갓된, 한갓됩니다, 한갓되었다/한갓됐다

① 하찮다. 부질없다.

¶ 모방은 제2의 창조이니 **한갓되다** 말하지 마라.

¶ 사는 데에 골몰하다가도 문득 이 얼마나 **한갓된** 노릇인가 싶을 때가 있다.

② =헛되다

복합어

- **한갓되이** 부사 ① 하찮게. ② 아무 보람 없이. 헛되게.

한갓지다 형용사

규21-0 한갓지고, 한갓지어/한갓져, 한갓진, 한갓집니다, 한갓지었다/한갓졌다

한가하고 조용하다.

¶ 한갓진 곳에 집을 짓고 살면 조용해서 좋겠다.

¶ 식구들이 모두 여행을 떠나 며칠을 한갓지게 지냈다.

ㅎ

× 한갖

'한갓'의 틀린 표기.

한걸음 명사

(주로 '한걸음에' 꼴로 쓰여) 쉬지 아니하고 내처 걷는 걸음이나 움직임.

¶ 기쁜 소식을 전하려고 집까지 한걸음에 달려갔다.

¶ 기차는 한걸음에 나를 고향으로 데려다 주었다.

'한걸음'과 '한 걸음'

명사 '한걸음'과 어구 '한 걸음'은 쓰임새가 다르다.

┌ 그가 내 부름을 받고 한걸음에 와 주었다. (바로 쉬지 않고)

└ 한 걸음 내디딜 때마다 다리가 쑤시고 아파서 걸을 수 없었다. (한 번 내딛는 걸음)

한겨울 명사

① 추위가 한창인 겨울.

¶ 초겨울인데도 한겨울같이 바람이 매섭다.

¶ 그는 한겨울에도 내복을 입지 않는다.

② 추운 겨울 동안.

¶ 유난히 추운 산동네에서 한겨울을 어떻게 날지 걱정이다.

한결 부사

전에 비하여서 한층 더.

¶ 잠을 자고 나니 몸이 한결 가벼워졌다.

¶ 너를 보니 마음이 한결 놓인다.

¶ 너와 함께 일하니 일이 한결 수월해진 것 같다.

복합어

- **한결같**다 형용사 올림말 '한결같다' 참고.

한결같다 형용사

규20-1 한결같고, 한결같아, 한결같은, 한결같네, 한결같았다

① 처음부터 끝까지 변함없이 꼭 같다.
¶ 그는 언제 보아도 한결같은 태도로 사람을 대한다.
¶ 선생님이 평생 쓰신 일기장 글씨가 처음부터 끝까지 한결같았다.
② 여럿이 모두 꼭 같이 하나와 같다.
¶ 국민들의 한결같은 바람은 경제를 살리는 일이다.
¶ 직원들 의견이 모두 한결같아서 회의가 일찍 끝났다.

복합어

- **한결같이**[-가치] 부사 ① 처음부터 끝까지 변함없이 꼭 같이. ¶ 우리는 너를 한결같이 믿고 있다. ② 여럿이 모두 꼭 같이 하나와 같이. ¶ 사람들 표정이 한결같이 어둡더라.

'한결같다'와 '한 결'

'한결같다'는 '하나의 결'과 같다는 뜻이다. 여기서 '하나의 결'을 뜻하는 '한 결'의 띄어쓰기가 문제이다. '한결같다'는 형용사로 한 낱말이므로 붙여 쓰지만 '한 결'은 띄어 써야 한다. 붙여 쓴 '한결'은 '한층 더'의 뜻을 갖는 부사로 쓰인다.

기분이 한결 가벼워졌다. (한층 더)
그는 언제나 한 결로 행동을 한다. (같은 결로, 똑같은 방식이나 태도로)

한곳 명사

일정한 곳. 같은 곳.
¶ 그 사람은 한곳에 오래 머물지 않았다.
¶ 우리는 한곳에서 일한 적이 있다.

'한곳'과 '한 곳'

명사 '한곳'과 어구 '한 곳'은 뜻이 다르다.

모든 사람의 시선이 한곳으로 쏠리고 있었다. (같은 곳)
우리가 쉴 곳은 여기 한 곳뿐이다. (하나)

한군데 명사

어떤 일정한 곳.
¶ 그렇게 한군데만 있지 말고 여기저기 다녀 보아라.
¶ 어디 한군데 마음을 붙일 곳이 없다.

'한군데'와 '한 군데'
명사 '한군데'와 어구 '한 군데'는 뜻이 다르다.
¶ 사람들이 한군데에 몰려 앉아 있었다. (같은 곳)
¶ 우리를 받아주는 곳은 한 군데도 없었다. (하나)

한글 명사 [한: -]

우리나라 고유 문자의 이름. 훈민정음을 20세기 이후 달리 이르는 이름.

'한글'과 '훈민정음'
'한글'은 1910년대에 주시경 선생이 '훈민정음'을 달리 부른 이름이다. '훈민정음'이 자모를 28개 사용했다면 '한글'은 그 가운데에서 24개만 사용하고(1933년 한글맞춤법통일안과 1988년 한글맞춤법 공통), '훈민정음'이 고유어 명사와 조사의 형태를 소리 나는 대로 이어 적는 표기법을 택하였다면 '한글'은 고유어 명사와 조사의 형태를 밝히는 표기법을 택하였다. '훈민정음'은 띄어쓰기를 하지 않았지만 '한글'은 띄어쓰기를 한다. 이름과 관련한 사회적 의미를 살핀다면 '훈민정음'은 단순히 우리말을 적는 글자로서 기능하였고, '한글'은 민족 계몽, 경제 발전에 활용함으로써 좀 더 적극적이고 긍정적인 의미를 가지게 되었다. 그래서 '한글'은 한자를 뛰어넘어 우리말을 적는 하나뿐인 글자로 자리매김할 수 있었다. 《국어기본법》에서는, "한글이란 국어를 표기하는 우리의 고유문자를 말한다"라고 정의하였다.

'한글'과 '국어' 또는 '우리말'

한글의 중요성과 가치를 점점 크게 인식하면서 한글을 마치 우리말(한국어)과 동의어로 인식하는 사람들이 많아졌다. 신문과 방송은 한글날이면 어김없이 국어의 부끄러운 모습을 지적하면서 '한글 파괴' 현장이라고 소개한다. 이런 잘못은 언어를 너무 쉽게 사용하는 습관에서 비롯된 것이다. 한자어가 아닌 토박이말로 지은 이름을 '한글 이름'이라고 부르는 것도 잘못이다. 한글은 우리말을 적는 글자이지 우리말과 동의어로 쓸 수 있는 말은 아니다. 영어를 적는 글자는 알파벳이고, 한국어를 적는 글자는 한글이다. 말과 글자를 혼동하면 안 된다.

한길[1] 명사

사람이나 자동차가 많이 다니는 넓고 큰 길.
¶ 도시가 발달하면서 좁던 길이 한길로 바뀌었다.
¶ 친구를 한길까지 배웅해 주었다.

한길[2] 명사

① =외길
¶ 그분은 35년 동안 오로지 교육자로서 한길을 걸었다.
② 같은 길.
¶ 저는 선생님과 끝까지 한길을 가겠습니다.

한꺼번에 부사 ㉾ 한껍에

몰아서 한 번에. 죄다 단숨에.
¶ 열 명이 넘는 손님이 한꺼번에 몰려들어 북새를 떨었다.
¶ 밀린 외상값을 한꺼번에 갚았다.

한껍에 부사

'한꺼번에'의 준말.

한껏 부사 (限-)[한:-]

한도에 이르는 데까지. 할 수 있는 데까지.

¶ 시험도 끝났으니 오늘은 한껏 놀아야겠다.

¶ 대동놀이로 축제 분위기가 한껏 달아올랐다.

한나절 명사

하루 낮의 반.

¶ 청소를 하다 보니 거의 한나절이 지나서야 끝났다.

'한나절', '반나절', '나절'

'한나절'과 '나절'은 같은 말이다. '나절'을 '두' 나절 또는 '세' 나절처럼 세어 쓰는 경우가 없다. '반나절'은 '한나절'의 반을 뜻한다. '아침나절', '저녁나절'은 보통 오전과 오후를 두루뭉술하게 이르는 말이다. '아침나절'은 아침부터 점심때까지를 가리키고, '저녁나절'은 늦은 오후부터 저녁때를 지나 어두워질 때(밖에서 일할 수 없을 정도로 어두워질 때)까지의 동안을 가리킨다. 이에 비해서 '점심나절'은 점심을 기준으로 앞뒤 반나절쯤 되는 동안을 가리킨다. 점심나절은 한나절이 아니라 반나절 정도로 짧다. 이 관계를 막대표로 나타내 보면 대체로 아래와 같다.

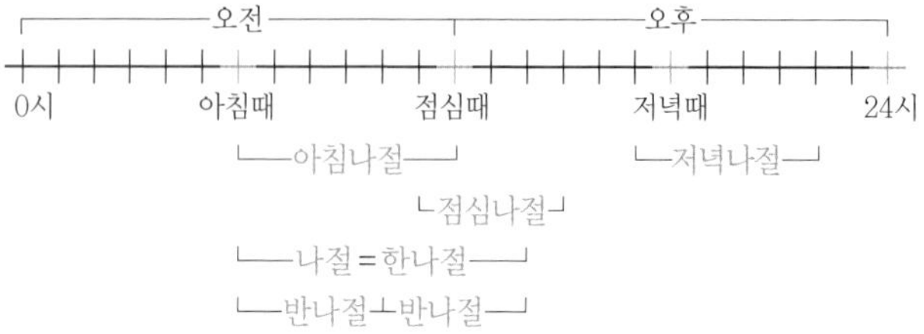

한낱 부사

기껏해야 대단한 것 없이 다만.
¶ 그 아이를 한낱 어린애로 보지 마세요.
¶ 그것은 한낱 구실에 지나지 않는다.

‘한낱’과 ‘일개’
두 말은 의미와 쓰임새가 거의 같은데, ‘한낱’이 좀 더 폭넓게 쓰인다. ‘일개(一介)’의 ‘介’는 ‘낱’을 뜻한다. 따라서 ‘한낱’을 두고 굳이 어려운 한자어를 쓸 필요가 없다.

한눈 1 명사

① 한번 봄. 잠깐 봄.
¶ 나는 그를 한눈에 알아보았다.
② 한 번에 눈에 들어오는 범위.
¶ 남산에 올라보면 서울 시가지가 한눈에 들어온다.

관용 표현

- **한눈에 열 줄** 글을 매우 빨리 읽음을 이르는 말. ¶ 그는 한눈에 열 줄 읽는 사람이다.

한눈 2 명사

잠을 자려고 잠깐 감는 눈.
¶ 운전하느라 피곤하여 갓길에 차를 세우고 한눈을 붙였다.

관용 표현

- **한눈 붙이다** 잠깐 눈을 붙이고 자다.

한눈[3] 명사 [한: -]

당연히 볼 데를 보지 않고 딴 데를 보는 눈.

¶ 어린 아이는 보호자가 잠깐만 한눈을 팔아도 다칠 수 있다.

복합어

• **한눈팔**다[한: -] (자동사) 볼 데를 안 보고 딴 데를 보다. ¶ 길을 걸으면서 한눈팔다가는 사고당하기 쉽다.

한다는 관형사

'한다하는'의 준말.

한다하는 관형사 ㊟ 한다는

수준이나 실력 따위가 상당하다고 자처하거나 그렇게 인정받는.

¶ 한국에서 한다하는 인재들이 여기에 다 모였다.

한달음 명사

(주로 '한달음에'의 형태로 쓰이어) 중도에 쉬지 않고 한 번에 달려감.

¶ 아버지께서 위독하셔서 우리 형제는 한달음에 고향 집으로 달려갔다.

'한달음'의 구조

'한달음'은 '한+달음'이다. '한'은 '하나'를 뜻하고, '달음'은 동사 '닫다'의 명사형이다. '닫다'의 뜻은 '빨리 뛰어가다'인데, '닫고, 달아, 달으니, 닫습니다'처럼 'ㄷ' 불규칙 활용을 한다. 그래서 명사형이 '달음'이 되었다. 요즘에는 '닫다'의 뜻으로 '달리다'를 많이 쓴다.

한더위 명사

한창 심한 더위.

¶ 선선한 바람이 부는 것을 보니 이제 **한더위**는 지난 것 같다.

속담

- **한더위에 털 감투** ① 제철이 지나 쓸데없고, 오히려 거추장스러운 물건을 이르는 말. ② 격에 맞지 아니한 물건을 비유하여 이르는 말.

한데[1] 명사 [한:-]

지붕이나 벽 따위로 가려지거나 덮이지 않은 곳. 집이나 건물의 바깥. 노천(露天).

¶ 한여름 불볕더위에도 **한데**서 일하는 사람들을 보면 덥다는 말을 못 하겠다.

¶ 산에서 길을 잃어 하마터면 **한데**서 밤을 지새울 뻔했다.

복합어

- **한데가꿈**[한:-] 명사 농작물을 한데에서 가꾸거나 기르는 일.
- **한데아궁이**[한:-] 명사 한뎃부엌의 아궁이.
- **한데우물**[한:-] 명사 집의 울 밖에 파 놓은 우물.
- **한뎃부엌**[한:-] 명사 방고래에 연결되지 않고 한데에 솥을 걸고 쓰는 부엌.
- **한뎃솥**[한:-] 명사 한데아궁이에 걸어 놓은 솥.
- **한뎃잠**[한:-] 명사 한데에서 자는 잠. 노숙(露宿).

한데[2] 명사

① 한군데나 한곳을 가리키는 말. 같은 곳.

¶ 장남감은 모두 **한데**다가 정리해 놓아라.

¶ 사람들 시선이 **한데**로 쏠렸다.

② (부사처럼 쓰이어) 모두 함께.

¶ 짐을 한데 묶어서 자동차에 실었다.
¶ 동네 아이들이 한데 어울려 놀고 있다.

한데³ 부사

그런데. (사실이) 그러한데.
¶ 시간이 됐네. 한데 왜 아무도 안 왔지?
¶ 나는 지금 가야 하네. 한데 내 차는 어디 있나?

한동안 명사

꽤 오랫동안.
¶ 앞으로 한동안 나를 볼 수 없을 거다.
¶ 그 일을 한동안 잊고 지냈다.

한두 관형사

하나나 둘의.
¶ 한두 사람만 있어도 이 일은 할 수 있겠다.
¶ 그 사람이 나를 한두 번 도와준 것이 아니다.

한둘 수사 명사

수사
하나나 둘.
¶ 들에는 일하는 사람이 한둘 보일 뿐이다.

명사

(주로 '아니다'와 함께 쓰이어) '조금'의 뜻을 나타내는 말.

¶ 내가 지금 하고 싶은 일이 한둘이 아니다.

¶ 괜히 욕심을 부리다가 신세 망친 사람이 한둘이 아니다.

한때 명사 부사

명사

① (주로 '한때에'의 형태로 쓰이어) 같은 때.

¶ 손님들이 한때에 몰려들어서 도무지 어떻게 할 수 없었다.

¶ 그 친구하고 나는 신기하게도 한날 한때에 태어났다.

② 한 시기.

¶ 나도 한때는 멋쟁이라는 말을 들었다.

¶ 우리는 그 섬에서 오붓하고 평화로운 한때를 보냈다.

부사

어느 한 시기의 짧은 동안에.

¶ 이 마을에 한때 수백 명이 살기도 했다.

¶ 한때 이 장사로 돈을 꽤 많이 벌기도 했다.

한마디 명사

짧은 말. 또는 간단한 말.

¶ 그는 나에게 한마디 말도 없이 떠났다.

¶ 옆에서 한마디 거들다가 오히려 핀잔만 들었다.

복합어

- **한마디하다** 자동사 ① 무엇에 대해 짧게 말하다. ¶ 오늘 보신 공연에 대해 한마디해 주세요. ② 언짢게 말하다. ¶ 친구가 약속을 번번이 잊어서 한마디했다. 타동사 (농담이나 칭찬 따위를) 짧게 말하다. ¶ 무심코 친구에게 농담을 한마디했다가 친구가 정색을 하고 따져 묻는 바람에 무안했다.

한목 명사 부사

명사

(주로 '한목에'의 형태로 쓰이어) 한꺼번에 몰아서 함을 나타내는 말.

¶ 일을 한목에 하려고 하니 제대로 할 리 없지.

¶ 돈이 생기면 한목에 갚을 테니 걱정 마라.

부사

한 번에 다. 한꺼번에 다.

¶ 나머지 일은 한목에 해치우는 것이 좋겠다.

¶ 그곳에서 유럽의 예술과 낭만을 한목에 즐겼다.

한목소리 명사

① 여럿이 함께 내는 하나의 목소리.

¶ 우리 두 사람은 한목소리로 노래를 불렀다.

② 여러 사람이 같은 생각을 표현하는 것을 비유하는 말.

¶ 시민들은 한목소리로 물가 안정을 호소했다.

한몫 명사

① 한 사람 앞에 돌아갈 분량.

¶ 선물을 모두 한몫씩 챙겨서 가져갔다.

② 한 사람이 맡은 역할.

¶ 이제 너희는 어엿한 성인이 되었으니 사회에서 한몫을 담당하기 바란다.

복합어

- **한몫하다**[-모카-] 동사 한 사람으로서 맡은 역할을 충분히 하다. ¶ 나도 팀의 승리에 한몫했다.

관용 표현

- **한몫 끼다** 마땅한 자격을 가지고 함께 참가하다. ¶ 좋은 일이 있나요? 나도 한몫 낍시다.
- **한몫 들다** 어떠한 일을 한몫 맡아 가지다. ¶ 그 일에 나도 한몫 들고 싶다.
- **한몫 보다** 단단히 이득을 취하다. ¶ 이번 상품으로 한몫 보려고 한다.
- **한몫 잡다** =한몫 보다

한물[1] 명사

(과일이나 채소 따위가) 한창 쏟아져 나오거나 수확되는 때.

¶ 참외와 수박이 한물이어서 값이 좀 떨어지는 것 같다.

¶ 이제 딸기도 한물이 지났다.

복합어

- **한물가**다 자동사 ① 채소, 과일, 생선 따위가 한창 나오는 때가 지나다. 한물넘다. ¶ 굴이 한물가서 좋은 물건이 없다. ② 생산 따위가 싱싱한 정도가 떨어지다. ¶ 이 생선은 한물간 것 같다. ③ 한창때가 지나 기세가 꺾이다. ¶ 한물간 선수들을 모아서 새 팀을 꾸렸다. / 무더위도 이제 한물갔어.
- **한물넘**다 자동사 =한물가다
- **한물지**다 자동사 과일, 채소, 생선 따위가 한창 쏟아져 나오거나 수확하는 때가 되다. ¶ 수박이 한물지는 때에 우리 집에 오면 실컷 수박을 먹게 해 주마.

관용 표현

- **한물 지나다** 채소, 과일, 생선 따위가 한창 나오는 때가 지나다. 한물가다.

한물[2] 명사

① 비가 많이 내려 갑자기 크게 불어난 물. 큰물. 홍수(洪水).

¶ 이번 비로 한물이 나서 온 마을이 물에 잠겼다.

② 육지 쪽으로 바닷물이 한 번 들어왔다가 나가는 동안의 바닷물. 음력 9일과 10일, 24일과 25일의 조수(潮水)를 말한다.

관용 표현

- **한물이 지다** 큰물이 나다. 홍수가 나다.

한밑천 명사

일을 이루는 데에 큰 도움이 될 만큼 꽤 많은 밑천.

¶ 이번 장사로 한밑천 잡으면 버젓한 공장을 하나 세우겠다.

¶ 어쩌면 젊다는 게 한밑천일 수 있다.

관용 표현

- **한밑천 잡다** 사업을 벌일 수 있을 정도로 꽤 많은 밑천을 얻거나 벌다.

한바탕 명사 부사

㊟ 한탕

명사

무엇이 크게 벌어진 상황.

¶ 적군이 쳐들어오면서 거리에서는 한바탕의 총성이 울렸다.

¶ 다 저녁때에 나간다고 엄마한테 잔소리 한바탕을 듣고 나오는 길이야.

부사

크게 한 판.

¶ 우리는 그 일로 한바탕 크게 웃었다.

¶ 아이가 없어졌다고 한바탕 난리가 났다.

¶ 날이 흐리더니 한바탕 소나기가 쏟아졌다.

복합어

- **한바탕하다** 자동사 ('누구와 한바탕하다'의 형태로 쓰이어) 크게 한 번 싸우다. ¶ 아침부터 아이하고 한바탕했더니 마음이 언짢다. 타동사 어떠한 일을 크게 한 번 벌이다. ¶ 기분이 울적하여 청소를 한바탕했더니 조금 풀렸다.

한번 명사 부사 (-番)

명사

('한번은'의 형태로 쓰이어) 지난 어느 한때.

¶ 언젠가 한번은 그가 이런 말을 했어.

¶ 한번은 그 사람과 시장에서 마주친 일이 있었지.

부사

① (주로 '-아/-어 보다'와 함께 쓰이어) 어떤 일을 시험 삼아 시도함을 나타내는 말.

¶ 네가 한번 사정해 보아라.

¶ 심심한데 우리 시장에나 한번 들러 보자.

② (다음 동작을) 해 봄을 나타내는 말.

¶ 시간이 되면 우리 집에 한번 놀러 오세요.

¶ 꼭 한번 찾아가 뵙고 싶었습니다.

③ (명사 바로 뒤에 쓰이어) 그 행동이나 상태를 강조하는 뜻을 나타내는 말.

¶ 그 녀석, 울음소리 한번 크다.

¶ 노래 한번 잘한다.

④ 일단 한 차례.

¶ 그 개는 한번 물면 절대 놓지 않는다.

¶ 우리는 한번 했다 하면 크게 하는 성미이다.

속담

- **한번 검으면 흴 줄 모른다** 한번 좋지 않은 짓을 하고 그것이 습관이 되면 좀처럼 고치기 어렵다는 말.
- **한번 엎지른 물은 다시 주워 담지 못 한다** 일단 저지른 일은 다시 회복할 수 없다는 말.
- **한번 쥐면 펼 줄 모른다** 아주 인색하거나 융통성이 없고 완고하다.

'한번'과 '한 번'

'번(番)'은 횟수나 차례를 가리키는 말이다. 따라서 '몇 번' 또는 '몇 차례'를 의미하는 경우에는 '번'을 의존 명사로 쓴 것이므로 앞의 수관형사와 띄어서 '한 번, 두 번, 세 번'처럼 쓴다. 그러나 '몇 번'의 의미가 아니고 단순히 '시험 삼아서' 또는 '일단 해 보는'의 뜻으로 쓸 때는 '번'의 고유한 의미가 사라지기 때문에 '한번'을 한 낱말로 보아 붙여 쓴다. '한번' 대신에 '몇 번'을 대입해 보아 말이 되면 '한 번'으로 띄어 쓰고 말이 안 되면 붙여서 '한번'을 쓰면 된다.

¶ 우리 다시 한번 해 보자. (몇 번 ×)
¶ 거기에는 나도 한 번 간 적이 있다. (몇 번 ○)

한사코 부사 (限死－)[한:－]

죽기로 기를 쓰고. 매우 고집을 세워.
¶ 어두운데도 한사코 가겠다고 하더라.
¶ 자기가 옳다고 한사코 우기더라.

한세상 명사 (－世上)

① 한평생 사는 동안.
¶ 이렇게 한세상을 사는 것도 인생이다.
② 잘사는 한때.
¶ 부디 살아남아서 한세상 누리시기를 빕니다.

한솥밥 명사

(주로 '먹다'와 함께 쓰이어) 한 솥에서 푼 밥. 식구처럼 함께 지냄을 이를 때 쓰는 말이다.
¶ 십 년 동안 한솥밥을 먹던 동료가 회사를 그만둔다고 하여 서운하였다.

관용 표현

- **한솥밥을 먹다** 같은 회사나 조직 또는 부문에 속하다.

속담

- **한솥밥 먹고 송사(訟事)한다** 같은 집안의 가까운 사람끼리 심하게 다투는 경우가 있다는 말.

한술 명사

한 숟가락의 밥이라는 뜻으로, 매우 적은 양의 밥을 가리키는 말.
¶ 아침밥은 한술이라도 먹는 것이 좋다.

관용 표현

• **한술 더 뜨다** 이미 있는 것도 어지간한데 거기에서 한 걸음 더 나가서 하다. 더 심한 정도로 가다. ¶ 네 아버지 고집에 혀를 내둘렀는데 너는 한술 더 뜨는구나.

속담

• **한술 밥에 배부르랴** 무슨 일이든지 단번에 만족할 만한 결과를 얻을 수 없다는 뜻.

'한술'과 '한 술'

명사 '한술'은 한 숟가락의 분량을 의미하는 것이 아니라 그 정도로 적은 분량을 빗대어 이르는 말이다. 한 숟가락의 분량으로 쓰려면 '한 술'처럼 띄어 써야 한다. '밥 한술 먹읍시다'라고 했을 때에 이 말이 꼭 밥 한 숟가락을 먹자는 말이 아니므로 '한술'을 붙여 쓰지만 '참기름 한 술에 식초 두세 방울을 떨어뜨린다'라고 하면 한 숟가락 분량을 가리키는 말이 되므로 '한 술'처럼 띄어 써야 한다. '한 술' 대신에 '두 술', '세 술'을 쓸 수 있으면 띄어 쓰고, 그렇지 않으면 붙여 쓴다고 보아도 좋다.
¶ 아무려면 우리에게 밥 한술 주지 않겠니? (두 술 ×)
¶ 밥 한 술만 더 넣어 보아라. (두 술 ○)

한숨1 명사

① 걱정이나 서러움이 있을 때에 길게 몰아서 쉬는 숨.
¶ 아이들 대학 등록금을 생각하니 한숨부터 나왔다.
② 어렵거나 힘든 일이 끝난 뒤에 마음이 놓여 크게 내쉬는 숨.
¶ 수술 경과가 좋다는 의사 말에 안도의 한숨을 내쉬었다.

복합어

• **한숨짓**다 자동사 근심이나 설움으로 한숨을 내뿜다.

한숨[2] 명사

① 숨을 한 번 쉴 만큼 짧은 동안.
¶ 여기서 한숨 쉬는 동안 각자 집으로 전화를 해라.
② 잠깐 동안의 휴식이나 잠.
¶ 피곤하니 잠이나 한숨 자고 일해야겠다.
¶ 어젯밤에는 배가 아파서 한숨도 못 잤다.

복합어

- **한숨에** 부사 숨 한 번 쉴 만큼 짧은 동안에. 단번에.

관용 표현

- **한숨(을) 돌리다** 바삐 움직이다가 여유를 가지고 쉬다. ¶ 이번 마감이 끝나면 한숨 돌릴 수 있다.
- **한숨(을) 들이다** 어떤 일을 하다가 잠깐 쉬다.
- **한숨(이) 놓이다** 마음을 졸이거나 힘겨운 고비에서 벗어나 마음을 조금 놓게 되다.

한스럽다 형용사 (恨－)[한:－]

불21-3 한스럽고, 한스러워, 한스러운, 한스럽네, 한스러웠다

한(恨)이 되는 느낌이 있다.
¶ 그는 많이 배우지 못한 것이 한스럽다고 말했다.

한아름 부사

두 팔을 둥글게 모아서 그 안을 채울 수 있을 만큼.
¶ 졸업식을 마친 누나는 꽃다발을 한아름 안고 집에 왔다.

'한아름'과 '한 아름'

두 팔을 둥글게 모아서 팔의 둘레로 만들 수 있는 부피를 '아름'이라고 한다. 만일 무엇의 굵기가 아

름의 두 배라고 한다면 '이 나무는 두 아름이 넘을 것 같다'처럼 쓸 수 있다. 이처럼 '아름'을 수관형사와 함께 쓰는 경우에는 '한 아름, 두 아름'처럼 띄어 쓴다. 그러나 '아름'을 세는 것이 아니라 '아름에 가득차게'의 뜻으로 쓴다면 '한아름'처럼 붙여 쓴다.
'한'이 수관형사로 쓰이면 띄어 쓰고, 수의 의미가 없으면 '한아름'처럼 붙여 쓴다. '한겨울', '한동안', '한동네', '한자리'에 쓰인 '한'이 모두 수관형사가 아닌 것과 같다. 다만, 《표준국어대사전》은 아직 '한 아름'을 단어로 인정하지 않고 '한 아름'처럼 띄어 쓰도록 했다.

한없다 형용사 (限－)[한:－]

규21－1 한없고, 한없는, 한없어, 한없습니다, 한없네, 한없었다

끝이 없다.
¶ 식구들에게 한없는 고마움을 느낀다.
¶ 자녀를 향한 부모의 사랑은 한없다.

복합어
• **한없이**(限－)[한:－] 부사 끝이 없이. ¶ 스페인에는 올리브나무 숲이 한없이 펼쳐져 있었다.

한여름 명사 [한녀－]

여름철 더위가 한창인 때.
¶ 이제 바야흐로 한여름으로 들어가는 것 같다.

한입 명사 [한닙]

① 입에 음식물 따위가 가득 찬 상태.
¶ 동생은 밥을 한입 가득 물고 우물거리면서 말을 잇는다.

② (주로 '한입에' 형태로 쓰이어) 한 번 입을 벌린 상태.
¶ 약을 한입에 털어 넣었다.
¶ 맥주 한 잔을 한입에 쭉 들이마셨다.
③ 똑같은 말을 하는 여러 사람의 입.
¶ 그 자리에 있던 사람들이 모두 한입으로 그를 칭찬하였다.

한자리 명사

① 같은 자리.
¶ 온 가족이 모처럼 한자리에 앉아 식사를 하였다.
② 중요한 직위나 어느 한 직위.
¶ 저 사람은 윗사람 비위를 잘 맞추더니 결국 한자리 차지하는구나.

복합어

- **한자리하다** 자동사 중요하거나 책임 있는 직위에 오르다. ¶ 자네는 언젠가 한자리할 사람이야.

'한자리'와 '한 자리'

명사 '한자리'는 구체적인 자리를 가리키는 말이 아니라 '같은 자리'나 '특별한 지위'를 가리키는 말이다. 여기서 '한'은 '같은'이나 '불특정한'을 뜻한다. '하나'를 뜻하는 경우에는 '한 자리'처럼 띄어 써야 한다.

한자리에서 꼼짝도 않고 서 있다.
한 자리에 한 사람씩 앉아 보세요.

한줄기 명사

① 한 번 세게 쏟아지는 소나기 따위의 빗줄기.
¶ 소나기가 한줄기 퍼붓더니 이내 햇빛이 비쳤다.
② 같은 계통.
¶ 한국어, 몽골어, 터키어는 본래 한줄기에서 갈라져 나온 언어이다.

'한줄기'와 '한 줄기'

명사 '한줄기'는 줄기의 수와 관계없이 쓰는 말이다. '세게 쏟아지는 줄기', '같은 줄기'라는 뜻이다. '줄기'의 수를 세는 경우에는 '한 줄기'처럼 띄어 쓴다.

¶ 구름 사이로 한 줄기 빛이 비친다.

¶ 한 줄기로 흘러내리던 계곡물이 여기서부터 두 줄기로 갈라진다.

한집 명사

① 같은 집.

¶ 우리 다섯은 한집에서 사는데도 얼굴 보기가 어렵다.

¶ 이번 김장은 한집에 모여 같이 담기로 했다.

② =한집안

¶ 한집 식구끼리 다투지 마라.

¶ 한집에서 축구 선수가 세 명이나 나왔다.

속담

- **한집 살아 보고 한배 타 보아야 속을 안다** 사람의 마음은 오래 같이 지내면서 역경을 겪어 보아야 알 수 있다는 말.
- **한집에 감투쟁이 셋이 변(變)** 무슨 일에 나서서 주장하는 사람이 많으면 도리어 일이 안 된다는 말.
- **한집에 늙은이가 둘이면 서로 죽으라고 민다** 일할 사람이 여러 명이면 서로 미루기 때문에 일이 잘 안 된다는 말.
- **한집에 있어도 시어미 성을 모른다** 같이 생활하는 친숙한 사이에서 응당 알고 있어야 할 것을 모르는 경우를 비유하여 이르는 말.

한집안 명사

① 한집에서 사는 가족. 한집.

¶ 그와는 한집안처럼 가깝게 지냈다.

② 혈연관계가 있는 같은 집안.
¶ 일 년에 한 번씩 한집안 어른들이 모여 제사를 지낸다.

한쪽 명사

하나의 편이나 방향.
¶ 고양이 한 마리가 방 한쪽 구석에서 잠을 자고 있다.
¶ 닭을 한쪽으로 몰아 놓아라.
¶ 싸움을 중재하려면 어느 한쪽 의견만 들어서는 안 된다.

'한쪽'과 '한 쪽'

명사 '한쪽'은 '같은 쪽'을 나타내거나 '양쪽'에 상응하는 하나의 쪽을 가리키는 말이다. 방향을 나타내지 않고 '페이지'의 뜻이나 '조각'을 나타내는 경우에는 '한 쪽', '두 쪽'처럼 띄어 쓴다.
¶ 한쪽으로 모여 보세요.
¶ 한 쪽짜리 문서도 작성하기 어렵다.
¶ 아침으로 죽 한 사발과 사과 한 쪽을 먹었다.

한차례 명사 (-次例)

어떤 일이 한바탕 일어남을 나타내는 말.
¶ 말실수를 하여 한차례 곤욕을 치렀다.
¶ 태풍이 한차례 지나가니 논의 벼들이 모조리 쓰러졌다.

'한차례'와 '한 차례'

명사 '한차례'는 차례의 수와 관련 없이 '한번', '한바탕'과 뜻이 비슷하다. 차례의 수를 가리킨다면 '한 차례', '두 차례'처럼 띄어 써야 한다.
¶ 그는 암으로 수술을 한 차례 받은 적이 있다.
¶ 우리는 그의 집을 한 차례 방문한 적이 있다.

한참 명사 부사 (-站)

명사

시간이 상당히 지나가는 동안.

¶ 한참을 기다려서야 내 차례가 되었다.

¶ 약속 시간을 한참이나 지나서 도착했다.

부사

① 어떤 일이 상당히 오래 일어나는 모양. 꽤 오랫동안.

¶ 선생님은 한참 생각하더니 대답을 했다.

¶ 달이 하도 밝아서 한참 쳐다보았다.

② 수효나 분량, 정도 따위가 일정한 기준보다 훨씬 넘게. 꽤 많이.

¶ 나는 버스를 타고도 한참 들어가야 하는 산골 마을에서 살았다.

¶ 공연 시간이 한참 남아 있는데 사람들이 들어오기 시작한다.

한창 명사 부사

명사

가장 성하고 활기가 있을 때.

¶ 시간으로 보아 축구 경기가 지금 한창일 것이다.

¶ 요즘 대학가엔 축제가 한창이다.

부사

가장 활기 있게.

¶ 연극이 한창 진행되고 있는데 한 사람이 떠들며 들어왔다.

¶ 하필 내가 한창 바쁠 때에 손님이 와서 제대로 대접을 못 했다.

복합어

- **한창나이** 명사 기운이 한창 성할 때의 젊은 나이.
- **한창때** 명사 ① 원기가 가장 왕성한 때. ② =한창나이

'한참'과 '한창'

시간과 관계가 있는 말은 '한참'이고, '왕성함'과 관련이 있는 말은 '한창'이다.

¶ 지금 고향에는 복숭아꽃이 한참(×) 피었겠다. → 한창

¶ 분위기가 한참(×) 무르익고 있는데 먼저 나오자니 미안했다. → 한창

¶ 한참(×) 공부하는데 엄마가 심부름을 시킨다. → 한창

¶ 한참(×) 벼가 익는데 태풍이 불었다. → 한창

한철 명사

한창 성한 때.

¶ 요즘 백령도는 꽃게가 한철이다.

¶ 부장이 요즘 한철을 만난 듯이 많은 일을 하고 있다.

¶ 굴은 겨울이 한철이다.

한층 부사 (-層)

한 단계 더. 훨씬 더. 한결.

¶ 감기가 한층 심해진 것 같다.

¶ 밤이 되면서 빗줄기가 한층 굵어졌다.

¶ 가수의 열창으로 공연장 분위기는 한층 뜨겁게 달아올랐다.

'한층'과 '한 층'

부사 '한층'은 한 단계 더 나아감을 나타내는 말이고, 어구 '한 층'은 몇 층 가운데 하나를 가리키는 말이다.

¶ 시험 문제가 한층 더 어려워졌다.

¶ 병원은 한 층 더 올라가야 있어.

한탕 명사

'한바탕'의 준말로, 어떤 일을 한판 벌임을 속되게 이르는 말.
¶ 일을 크게 한탕 벌이려고 한다.

관용 표현
- **한탕 치다** 부정행위나 범죄 행위 같은 못된 짓을 한바탕 저지르다.

한턱 명사

음식 따위를 크게 한바탕 대접하는 일.
¶ 책이 잘 팔려서 친구들에게 한턱을 단단히 냈다.
¶ 이번에 승진했다고 동료들이 한턱을 쓰라고 성화를 댄다.

복합어
- **한턱거리** 명사 한턱 대접할 만한 일. ¶ 한턱거리가 있어야 한턱을 내든지 말든지 하지.
- **한턱내**다[-텅-] 자동사 한바탕 크게 음식 대접을 하다. ¶ 내가 이겼으니 한턱내겠소.
- **한턱먹**다[-텅-] 자동사 한바탕 크게 음식 대접을 받다. ¶ 친구네 집들이에 가서 한턱먹고 오는 길이다.
- **한턱하**다 자동사 한턱을 내다. ¶ 합격했으니 한턱해야 하지 않겠니?

한테 조사

부사격 조사
① 행위가 미치는 대상임을 나타내는 말.
¶ 이 책은 너한테 줄게.
¶ 모든 질문이 나한테 집중되었다.
② 행위의 근원을 나타내는 말.

ㅎ

¶ 아이가 친구한테 맞고 들어왔다.
¶ 동생이 개한테 물렸어.

③ 귀속하거나 존재하는 곳을 나타내는 말.
¶ 그 책임은 모두 나한테 있다.
¶ 대통령을 뽑을 권리는 국민한테 있다.

④ 행위의 상대를 나타내는 말.
¶ 대한민국이 이번 축구 경기에서 일본한테 이겼다.
¶ 그 사람도 나한테는 함부로 못 할 거야.

복합어

- **한테로** [조사] '한테'의 힘줌말. ¶ 승리의 영광은 철수한테로 돌아갔다.
- **한테서** [조사] 올림말 '한테서' 참고.

▶ '한테'와 '에게'의 차이는 올림말 '에게' 참고.

한테서 조사

부사격 조사

(사람이나 동물 따위를 나타내는 체언 뒤에 붙어) 어떤 행동의 시작점을 나타내는 말.
¶ 이 편지는 동생한테서 온 것이다.
¶ 아침 일찍 친구한테서 전화가 왔다.

'한테'와 '한테서'

조사 가운데 '에'와 '에서', '에게'와 '에게서', '한테'와 '한테서'처럼 '서'를 붙인 것과 붙이지 않은 것이 한 쌍으로 있는 것은 구별 기준이 같다. '서'가 있으면 행위지나 행위 출발점을 나타내고, '서'가 없으면 행위 도착지를 나타낸다.

서울에/동생에게/언니한테 가기로 했다. (도착지, 목적지)
서울에서/동생에게서/언니한테서 들었다. (행위지, 행위 출발점)

이 선물을 친구에게/친구한테 주려고 한다. (도착지, 목적지)
이 선물을 친구에게서/친구한테서 받았다. (행위지, 행위 출발점)

피동 구문에는 '에', '에게', '한테'를 쓴다.
¶ 나무에 부딪혔다.
¶ 개에게/개한테 물렸다.

동사 '맞다', '당하다', '들키다', '빌리다'는 피동사가 아니지만 '에게', '한테'를 쓴다.
¶ 친구에게/엄마한테 맞았다.
¶ 우리가 이번에 그들에게/그들한테 당하게 생겼다.
¶ 거짓말을 동생에게/동생한테 들켰다.
¶ 이 책은 친구한테서 빌린 것이다.

▶ '한테서'와 '에게서'의 차이는 올림말 '에게서' 참고.

한통 명사

'한통속'의 준말. 주로 부정적인 의미로 쓴다.
¶ 모두 한통으로 놀아나고 있다.
¶ 그때는 경찰과 깡패가 한통이 되어 주민을 괴롭혔다.

복합어

- **한통치다** 타동사 나누거나 구별하지 않고 한데 합치다. ¶ 팔다 남은 참외를 모두 한통쳐서 떨이로 팔았다.

한통속 명사 ㊟ 한통

마음이 통해서 같이 모이는 한 동아리. 주로 부정적인 의미로 쓴다. 한패.
¶ 알고 보니 친일파라는 자들이 일본 우익과 한통속이더라고.

한판 명사

① 무엇을 한 번 벌이는 판.
¶ 여기서 씨름 한판 벌이자.
¶ 돈을 좀 모았으니 사업을 한판 크게 벌여 보고 싶다.

② 유도에서, 상대를 메쳐 등이 완전히 매트에 닿게 하거나, 누르기를 30초 이상 지속했을 때 내리는 판정.

'한판'과 '한 판'

명사 '한판'은 판을 한번 벌이는 일을 가리키는 말이다. 어구 '한 판'은 몇 번의 판인지 세는 의미를 나타낸다. 그래서 '두 판', '세 판'처럼 판을 셀 수 있는 경우에 쓴다.

¶ 나와 바둑 한판 두지 않겠나?

¶ 나와 바둑 한 판만 두자.

한편 명사 부사 (-便)

명사

① 같은 편.

¶ 얼마 전까지만 해도 적이었던 사람과 한편이 되었다.

② =한쪽

¶ 조용히 한편에 앉아 있어라.

¶ 그렇게 한편만 두둔하면 다른 편은 어떻게 되겠소?

③ (주로 '한편으로' 형태로 쓰이어) 어떤 일의 한 측면.

¶ 아들의 대학 합격 소식을 들으니 기쁘면서도 한편으로는 걱정스러웠다.

¶ 한편으로는 화친을 도모하고 다른 한편으로는 전쟁을 준비하고 있었다.

④ (어미 '-는' 뒤에 쓰이어) 서로 다른 두 가지 상황을 연속해서 말할 때에 쓰는 말.

¶ 그 사람은 낮에는 회사에 다니는 한편 밤에는 대학에서 공부를 했다.

¶ 그는 농사를 짓는 한편 농민 교육에도 힘을 쏟았다.

부사

어떤 일에 대하여, 앞에서 말한 내용과 다른 면을 말할 때 쓰는 말.

¶ 이번 주는 태풍의 영향으로 비가 내리고 다소 서늘할 전망입니다. 한편 올가을 날씨는 평년 기온보다 조금 높겠습니다.

¶ 여객선이 침몰하여 사망한 사람이 무려 300명에 이르렀다. 한편 정부에서는 실종자를 구하기 위해 구조선을 급파하였다.

속담

• **한편 말만 듣고 송사 못한다** 한쪽 말만 들어서는 잘잘못을 가리기가 어렵다는 말.

한하다[1] 동사 (恨-)[한:-]

불10-9 한하고, 한하는, 한하여/한해, 한합니다, 한하였다/한했다

타동사

몹시 억울하거나 원통하여 원망스럽게 생각하다.

¶ 모두 내 잘못인데 누구를 한하겠는가.

한하다[2] 동사 (限-)[한:-]

불10-9 한하고, 한하는, 한하여/한해, 한합니다, 한하였다/한했다

자동사

어떤 조건, 범위로 제한하거나 국한하다.

¶ 학생에 한하여 10% 에누리해 줍니다.

¶ 우편 접수는 마감일 안에 도착한 서류에 한한다.

타동사

무엇을 범위로 삼다.

¶ 죽기를 한하고 달려들었다.

할

동사 '하다'의 관형사형. '하다'에 미래 시제를 나타내는 관형사형 어미 '-ㄹ'이 붙은 말.

¶ 언제 해도 할 일이면 지금 하는 게 좋겠다.

¶ 할 수 있으면 네가 하면 좋겠다.

할퀴다 동사

규11-0 할퀴고, 할퀴어, 할퀸니다, 할퀴었다

타동사

① (손톱 따위로) 허비거나 긁어 상처를 내다.

¶ 동생이 손톱으로 얼굴을 할퀴어 상처를 냈다.

¶ 아기 고양이가 장난을 치다가 팔을 할퀴고 달아난다.

② 스치거나 휩쓸고 지나가다.

¶ 수마가 할퀴고 지나간 자리에는 아직도 가재도구가 어지러이 널려 있었다.

¶ 집을 나서니 초겨울 추위가 온몸을 할퀴는 듯했다.

핥다 동사 [할따]

규10-1 핥고, 핥는, 핥아, 핥으니, 핥네, 핥습니다, 핥았다

타동사

① 혀로 (물건의 겉면을) 스치어 빨다.

¶ 어미 개가 새끼들을 핥아 준다.

¶ 아이가 아이스크림을 핥는 모습이 매우 귀엽다.

② (불, 물, 연기 따위가) 부드럽게 스치거나 비추다.

¶ 쏴쏴 바닷물이 모래톱을 핥는 소리가 들린다.

¶ 등대 불빛이 바다를 죽 핥고 지나간다.

복합어

- **핥아먹다** 타동사 옳지 못한 방법으로 남의 재물을 빼앗다. ¶ 사기꾼들은 남의 재산을 핥아먹으려고 수작을 부린다.

'핥아먹다'와 '핥아 먹다'

《표준국어대사전》을 비롯하여 일반 국어사전에 '핥아먹다'를 '옳지 못한 방법으로 남의 재물을 빼앗다'라는 뜻으로만 풀이해 놓고 있기 때문에 '핥다'의 보통 의미로 쓰는 '개가 그릇에 있는 국물을 남김없이 핥아 먹었다'의 경우에는 띄어 써야 한다.

동사 둘이 이어질 때 하나의 복합어가 되는 경우와 복합어가 되지 않는 경우를 구별하기는 쉽지 않다. 특히 연결 어미 '-아/-어'로 이어지는 경우는 더욱 어렵다. 《표준국어대사전》에는 연결 어미('-아/-어)로 보조 동사 '먹다'와 다른 동사를 결합한 복합어가 아래와 같이 올라 있다.

갈겨먹다(갈기+어+먹다), 갉아먹다(갉+아+먹다), 고쳐먹다(고치+어+먹다)
굴러먹다(구르+어+먹다), 긁어먹다(긁+어+먹다), 까먹다(까+아+먹다)
놀아먹다(놀+아+먹다), 놓아먹다(놓+아+먹다), 눌러먹다(누르+어+먹다)
닳아먹다(닳+아+먹다), 당겨먹다(당기+어+먹다), 돌려먹다(돌리+어+먹다)
들어먹다(들+어+먹다), 따먹다(따+아+먹다), 떠먹다(뜨+어+먹다)
떼어먹다(떼+어+먹다), 뜯어먹다(뜯+어+먹다), 말아먹다(말+아+먹다)
받아먹다(받+아+먹다), 발라먹다(바르+아+먹다), 불어먹다(불+어+먹다)
붙어먹다(붙+어+먹다), 빌어먹다(빌+어+먹다), 빨아먹다(빨+아+먹다)
써먹다(쓰+어+먹다), 얻어먹다(얻+어+먹다), 얼러먹다(어르+어+먹다)
엎어먹다(엎+어+먹다), 우려먹다(우리+어+먹다), 잘라먹다(자르+아+먹다)
잡아먹다(잡+아+먹다), 털어먹다(털+어+먹다), 파먹다(파+아+먹다)
팔아먹다(팔+아+먹다), 풀어먹다(풀+어+먹다), 핥아먹다(핥+아+먹다)

위의 복합어와 동사구의 구별이 쉽지 않지만 두 동사의 본래 뜻이 바뀌어 제삼의 뜻이 생긴 경우에는 복합어로 인정한다. 따라서 두 동사의 의미가 살아 있으면 동사구로 보고 띄어 써야 한다.

┌ 개가 뼈에 붙은 살코기를 뜯어 먹는다.
└ 권력을 가졌다고 기업의 돈을 뜯어먹으려 해서는 안 된다.

┌ 주스를 빨대로 빨아 먹었다.
└ 서민의 재산을 빨아먹는 악당이 많다.

┌ 떡의 가장자리를 조금 떼어 먹었을 따름이다.
└ 남의 돈을 떼어먹으려 하지 마라.

┌ 더울 때는 찬물에 밥을 말아 먹으면 잠시 더위가 가신다.
└ 알토란 같은 재산을 도박으로 말아먹고 길거리에 나앉게 되었다.

┌ 고기 한 점 잘라 먹고 싶다.
└ 남의 이야기를 잘라먹는 버릇은 좋지 않다.

이처럼 '핥아먹다'도 '핥다'와 '먹다'의 의미가 살아 있는 경우에는 띄어 써야 하고, 제삼의 의미가 생긴 경우에는 복합어로 보고 붙여 써야 한다.

¶ 개가 그릇에 있는 밥을 핥아 먹었다.

¶ 사기꾼들은 남의 재산을 핥아먹을 궁리만 한다.

ㅎ

함께 부사

서로 더불어. 한꺼번에 같이.

¶ 동호는 영수와 함께 학교로 간다.

¶ 온가족이 함께 여행을 가기로 했다.

¶ 무엇에 맞았는지 그는 비명과 함께 바닥에 나가떨어졌다.

복합어

• **함께하다** 타동사 더불어 하다. 같이하다. ¶ 우리는 기쁨과 슬픔을 함께하는 친구이다. / 평생을 함께 할 사람을 찾기가 그리 쉬운가요?

> **'함께'와 '같이'**
>
> '더불어'의 뜻으로 두 낱말 모두 서로 갈음하여 쓸 수 있다. '함께 갔다'와 '같이 갔다', '함께 먹어라'와 '같이 먹어라'가 모두 바른 표현이다. 다만 '같이'를 쓰게 되면 중의적으로 해석될 수 있으므로 조심하여야 한다.
>
> ¶ 우리도 너와 함께 여행하고 싶다.
>
> ¶ 우리도 너와 같이 여행하고 싶다.
>
> 위 예문에서 '너와 같이'가 '너와 함께'의 의미를 가질 뿐 아니라 '너처럼'의 의미도 있을 수 있다. 그래서 '같이'를 쓸 때에 중의성에 유의해야 한다는 말이다. 이런 중의성이 나타날 우려가 있으면 '같이' 대신에 '함께'를 쓰는 것이 좋다.
>
> ¶ 나도 너와 같이 살고 싶다.
>
> 위의 예문에서는 중의성이 좀 더 두드러짐을 알 수 있을 것이다. 이런 경우에는 아래와 같이 중의성이 없는 표현을 사용하는 것이 좋다.
>
> ¶ 나도 너처럼 살고 싶다.
>
> ¶ 나도 너와 함께 살고 싶다.

함부로 부사

조심하거나 깊이 생각하지 아니하고 마음 내키는 대로. 마구.

¶ 잔디를 함부로 밟지 마라.

¶ 남의 물건에 함부로 손대지 마라.
¶ 어른에게 그렇게 함부로 대하지 마라.

복합어

• **함부로덤부로** 부사 '함부로'를 강조하는 말.

함빡 부사

① 모자람 없이 넉넉한 모양.
¶ 맑은 공기를 함빡 들이마셨다.
¶ 외딴 곳에 초가 한 채가 달빛을 함빡 받으며 서 있다.
② (물 따위가) 배어나오도록 젖은 모양.
¶ 땀에 함빡 젖다.
¶ 비를 함빡 맞았다.

복합어

• **함빡함빡** 부사 몹시 함빡. 여럿이 다 함빡. ¶ 모두들 비를 함빡함빡 맞고 들어왔다.

× 함뽁

'함빡'의 틀린 말.

함씬 부사

=함빡
¶ 할머니는 아이 재롱에 웃음을 함씬 머금었다.
¶ 장지문이 달빛에 함씬 젖어 있다.
¶ 갑자기 소낙비가 쏟아져 사람들은 비를 함씬 맞았다.

함초롬 부사

젖거나 서려 있는 모습이 가지런하고 차분한 모양.
¶ 여자는 두 눈에 함초롬 눈물을 머금고 나를 바라보았다.
¶ 비에 젖은 작약 꽃이 함초롬 피어났다.

복합어

- **함초롬하다** 형용사 올림말 '함초롬하다' 참고.

함초롬하다 형용사

불20-9 함초롬하고, 함초롬한, 함초롬하여/함초롬해, 함초롬합니다, 함초롬하였다/함초롬했다

젖거나 서려 있는 모습이 가지런하고 곱다.
¶ 풀잎에 이슬이 함초롬하게 맺혀 있다.
¶ 눈물을 머금은 까만 눈동자가 무척 함초롬하였다.

복합어

- **함초롬히** 부사 젖거나 서려 있는 모습이 가지런하고 곱게.

× 함치르

'함치르르'의 틀린 말.

함치르르 부사

몹시 윤이 나고 깨끗한 모양.
¶ 갓 지은 쌀밥이 함치르르 윤기가 흘렀다.

복합어

- **함치르르하다** (형용사) 몹시 윤이 나고 깨끗하다. ¶ 여자의 긴 머리카락이 유난히 함치르르하게 보였다.

× 함치르하다

'함치르르하다'의 틀린 말.

합쇼체 명사 (-體)

=하십시오체

합치다 동사 (合-)

규11-0 합치고, 합쳐, 합칩니다, 합쳤다

타동사

'합하다'를 힘주어 이르는 말.

¶ 분가했다가 다시 부모님과 합쳐 살기로 했다.

¶ 우리 서로 힘을 합쳐서 어려움을 헤쳐 나가야 한다.

합하다 동사 (合-)

불10-9 합하고, 합하여/합해, 합합니다, 합하였다/합했다

자동사

① 여럿이 하나가 되다.

¶ 우리가 하나로 합하지 않고 어떻게 이 일을 해낼 수 있겠습니까?

¶ 별거하던 아내와 다시 합하기로 했다.

② (뜻이나 조건 따위에) 일치하다.
¶ 아버지 뜻에 합한 사람을 구하기가 쉽지 않았다.
¶ 그는 그 일에 합한 자격이 있는 사람이다.

타동사

① 둘 이상을 하나로 만들다.
¶ 작은 방 둘을 합하여 큰 방을 하나 만들기로 했다.
¶ 모두 힘을 합하여 청소를 하였다.
② 수를 더하다.
¶ 2와 3을 합하면 5가 된다.

핫-[1] 접사

접두사

'옷 따위에 솜을 둔'의 뜻을 더하는 말.
¶ 핫바지, 핫이불

복합어

- **핫것** 명사 솜을 넣어서 만든 옷이나 이불 따위.
- **핫두루마기** 명사 솜을 두어서 지은 두루마기.
- **핫바지** 명사 ① 솜을 두어서 지은 바지. ② 무식하고 어리석은 사람을 빗대어 이르는 말. ¶ 나를 핫바지로 아느냐?
- **핫옷**[하돋] 명사 솜을 두어서 지은 옷.
- **핫이불**[한니-] 명사 솜을 두어서 만든 이불.
- **핫저고리** 명사 솜을 두어서 지은 저고리.
- **핫통이** 명사 ① 솜이 많아 퉁퉁한 옷. ② 철 지나 입은 솜옷. 솜붙이.

'핫-'과 '겹-'

'핫-'은 옷에 솜을 두었음을 의미한다. '핫바지', '핫두루마기', '핫저고리'는 모두 솜을 두어 지은 옷이다. 솜을 두지 않고 겉감과 안감을 맞추어 겹으로 지은 옷은 '겹바지', '겹저고리'처럼 쓰고, 한 겹으로 지은 옷은 '홑바지', '홑저고리'처럼 쓴다.

핫-[2] 접사

접두사

'배우자를 갖춘'의 뜻을 더하는 말.

¶ 핫아비, 핫어미

복합어

- **핫아비**[하다-] 명사 아내가 있는 남자.
- **핫어미**[하더-] 명사 남편이 있는 여자.

> **'핫-'과 '홀-'**
>
> 짝으로 있는 사람이 짝이 있는 상태이면 '핫-'을 쓰고, 그 중에 한 사람이 없는 상태이면 '홀-'을 쓴다. '핫아비'와 '홀아비', '핫어미'와 '홀어미'는 서로 대비되는 말이다. 가족이 없이 혼자 사는 사람도 '홀몸'으로 사는 사람이다.('홀-'과 '홑-'의 차이는 올림말 '-홀' 참고)

해[1] 명사

① 태양계의 중심이 되는 붙박이별. 태양(太陽).

¶ 지구는 해의 둘레를 돈다.

¶ 새해 첫날 떠오르는 해를 보면서 소원을 빌었다.

¶ 벌써 해가 중천에 걸렸다.

② =햇볕, 햇빛

¶ 아랫방은 해가 들지 않는다.

¶ 비가 개고 해가 나면 빨래를 내다 널어라.

③ 지구가 태양을 한 바퀴 도는 동안.

¶ 해가 바뀌면 아이가 초등학교에 입학한다.

¶ 내가 열 살 되던 해에 할머니가 돌아가셨다.

④ 해가 비치는 시간, 곧 '낮'을 달리 이르는 말.

¶ 벌써 어두워지다니 해가 무척 짧아졌구나.

¶ 날씨가 추우니 꼭 해 안에 돌아와야 한다.

의존 명사

(주로 수를 뜻하는 토박이말 뒤에 쓰이어) 지구가 태양을 한 바퀴 도는 동안을 세는 단위.

¶ 이곳에서 다시 한 해를 보내게 되었다.

¶ 이 공사가 끝나는 데에 여러 해 걸릴 것 같다.

관용 표현

- **해가 서쪽에서 뜨다** 전혀 예상 밖의 일이나 절대로 있을 수 없는 일을 하려고 하거나 하였을 경우를 빗대어 이르는 말. ¶ 네가 이렇게 일찍 일어나다니, 해가 서쪽에서 뜨겠다.
- **해를 지우다** 하루를 다 보내다.
- **해와 달이 바뀌다** 세월이 많이 지나다. ¶ 해와 달이 바뀌어도 내 생활에는 변한 것이 없다.

해² 명사

(害)[해:]

사람이나 사물에 끼치는 나쁜 영향.

¶ 이 벌레는 농작물에 해를 입힌다

¶ 남에게 해를 끼치는 일은 하지 말아야 한다.

복합어

- **해로이**(害－)[해:－] 부사 해가 되는 점이 있게. 해롭게.
- **해롭다**(害－)[해:－] 형용사 해가 되는 점이 있다.
- **해치다**(害－)[해:－] 타동사 '해하다'의 힘줌말.
- **해코지**(害－)[해:－] 명사 남을 해치려고 하는 짓.
- **해하다**(害－)[해:－] 타동사 사람이나 사물에 나쁜 영향을 끼치다.

해³

[해:]

동사 '하다'의 연결형 '하여'의 준말. '하다'에 연결 어미 '－여'가 붙어 불규칙 활용을 한 '하여'가 줄어든 말.

¶ 무엇이나 열심히 해 보아라.

¶ 다른 사람을 기쁘게 해 주면 나도 행복해진다.

해- 접사

접두사

(주로 된소리나 거센소리로 시작하는 명사 앞에서) 그 해에 새로 나온 것임을 나타내는 말.

¶ 해쑥, 해콩, 해팥

> **'해-', '햇-', '햅-'**
>
> 명사 앞에 접두사 '해-'를 붙여 그해에 새로 나온 농산물을 가리키는데, 명사에 따라서 '햇-'이나 '햅-'을 붙이기도 한다. 접두사로 말미암아 뒤에 오는 명사의 첫소리가 된소리나 'ㄴ'으로 바뀌는 경우에는 접두사 '햇-'을 쓴다.(올림말 '햇-' 참고.) 명사 '쌀'의 경우는 접두사 '햅-'을 쓴다. 접두사 '해-'는 명사가 된소리나 거센소리로 시작하는 경우에만 쓴다.
>
> ① 접두사 '해-'가 붙는 경우
>
> ¶ 해쑥, 해콩, 해팥
>
> ② 접두사 '햇-'이 붙는 경우
>
> ¶ 햇가지, 햇감자, 햇것, 햇고구마, 햇고사리, 햇곡식, 햇과일, 햇김, 햇김치, 햇나물, 햇누룩, 햇닭, 햇밤, 햇벼, 햇병아리, 햇보리, 햇비둘기, 햇사과, 햇솜, 햇양파, 햇잎
>
> ③ 접두사 '햅-'이 붙는 경우
>
> ¶ 햅쌀, 햅쌀밥

해거름 명사 ㊅ 해름

해가 거의 넘어갈 무렵.

¶ 해거름이 되면 쌀쌀해지니 겉옷을 준비해 가라.

해거리 명사

① 한 해를 거름. 격년(隔年).

¶ 해마다 하던 회사 체육대회를 올해부터는 해거리로 하기로 했다.
¶ 비엔날레는 해거리로 열리는 미술 잔치를 일컫는 말이다.
② 과실나무가 한 해 걸러서 열매가 적게 열리는 일.
¶ 감나무가 해거리를 하여서 올해는 적게 열렸다.

복합어

- **해거리하**다 자동사 ① 한 해를 거르다. ② 한 해를 걸러서 열매가 많이 열리다. 한 해에 열매가 많이 열리면 나무가 약해져서 그다음 해에는 열매가 거의 열리지 않는다. ¶ 감나무나 밤나무는 해거리하기 때문에 해에 따라 값이 달라진다.

해껏 부사

해가 질 때까지.
¶ 요즘은 해가 짧아서 해껏 일을 해도 많이 하기 어렵다.

해내다 동사 [해ː-]

규11-0 해내고, 해내어/해내, 해낸다, 해냅니다, 해내었다/해냈다

타동사
(일을) 능히 감당하거나 치러 내다.
¶ 저마다 맡은 일을 거뜬히 해냈다.
¶ 혼자 해낼 수 없으면 도움을 청하여라.

해넘이 명사

해가 막 넘어가는 무렵. 또는 그런 현상. 일몰(日沒).
¶ 충청남도 당진의 왜목마을에서는 해돋이와 해넘이를 다 볼 수 있다.

해님 명사

해를 사람인 듯 다정하게 일컫는 말. ×햇님
¶ 낮에 나온 반달은 해님이 쓰다 버린 쪽박인가요.

해도 [해: -]

동사 '하다'의 연결형. '하다'에 연결 어미 '-여도'가 붙어 불규칙 활용을 한 '하여도'가 줄어든 말. '하더라도'와 같은 뜻을 나타낸다.
¶ 일이란 아무리 꼼꼼히 해도 잘못이 있게 마련이다.
¶ 그렇다 해도 이는 내 잘못이 아니다.

관용 표현

- **해도 너무 한다** (행동이) 몹시 지나치다. (못된 언행이나 대우 따위가) 참을 수 없을 만큼 지나치다. ¶ 한 달이 넘도록 답을 안 주다니요, 해도 너무 하네요.

해돋이 명사 [-도지]

해가 막 돋아 오르는 때. 또는 그런 현상. 해뜨기.
¶ 새해 해돋이를 보려고 정동진으로 가는 사람이 많다.

해동갑 명사 (-同甲)

① 해가 질 때까지의 동안.
¶ 집 나간 아이를 찾으러 해동갑으로 뛰어다녔지만 헛수고였다.
② 어떤 일을 해가 질 때까지 계속함을 이르는 말.
¶ 농부는 언제나 해동갑으로 밭일을 한다.

복합어

- **해동갑하다**(-同甲-) 자동사 타동사 ① 해가 질 때가 되다. ¶ 해동갑해서 겨우 마을에 도착하였다. ② 어떤 일을 해 질 무렵까지 계속하다.

해뜨리다 동사 [해:-]

규11-0 해뜨리고, 해뜨리어/해뜨려, 해뜨립니다, 해뜨리었다/해뜨렸다

타동사

=해어뜨리다

¶ 어렸을 때 미끄럼을 타다가 바지 엉덩이를 해뜨린 적이 있다.

¶ 옷이든 가방이든 물건을 금방 해뜨리는 사람이 있다.

해라1 명사 [해:-]

=해라체

복합어

- **해라조**(-調)[해:-쪼] 명사 해라체 말씨로 말하는 어조. ¶ 처음 보는 사람에게 대뜸 해라조로 물으면 누가 좋아하겠소?
- **해라하다** 자동사 '해라'의 말씨를 사용하다. ¶ 나이가 어리다고 처음 만난 사람에게 해라하는 것은 실례이다.

해라2 [해:-]

동사 '하다'의 종결형. '하다'에 명령을 나타내는 종결 어미 '-여라'가 붙어 불규칙 활용을 한 '하여라'가 줄어든 말.

¶ 밥을 먹고 해라.

¶ 네 뜻대로 해라.

해라체 명사 (-體)[해:-]

상대 높임법의 하나. 상대편을 아주 낮추는 표현법이다.

'해라체'의 표현

'해라체'의 예를 들면 아래와 같다.

¶ 어서 오너라. 언제 왔느냐?

¶ 거기 앉아라.

¶ 이것 먹어 봐라.

해롭다 형용사 (害-)[해:-]

불20-3 해롭고, 해로워, 해로운, 해롭습니다, 해로웠다

해가 되는 점이 있다.

¶ 담배는 건강에 해롭다.

복합어

- **해로이**(害-)[해:-] 부사 해가 될 만하게. 해가 있을 만하게.

해름 명사 [해:-]

'해거름'의 준말.

¶ 동생은 해름이 되어서야 집에 돌아왔다.

해말갛다 형용사

불20-5 해말갛고, 해말가니, 해말간, 해말개, 해말갛습니다, 해말가네, 해말갛소, 해말갰다

ㅎ

(빛이) 몹시 하얗고 말갛다. 밝고 말갛다.
¶ 그녀는 **해말갛게** 웃는 모습이 아름답다.
¶ 아이의 **해말간** 얼굴을 보면 온갖 시름이 다 사라진다.

해맑다 형용사 [-막따]

규20-1 해맑고, 해맑아, 해맑은, 해맑지, 해맑습니다, 해맑으오, 해맑았다

① 표정이나 얼굴빛이 몹시 하얗고 맑다. 또는 구김살이 없이 맑다.
¶ 아이 눈빛이 무척 **해맑았다.**
¶ 그녀는 티 없이 **해맑은** 얼굴로 늘 환하게 웃는다.
② 소리가 아주 맑거나 빛이 아주 환하다.
¶ 아이들의 **해맑은** 웃음을 들으니 기분이 상쾌해진다.
¶ 창틈으로 **해맑은** 아침 햇살이 눈부시게 비치었다.

해망쩍다 형용사 [해:-]

규21-1 해망쩍고, 해망쩍으니, 해망쩍은, 해망쩍어, 해망쩍습니다, 해망쩍었다

약지 못하고 아둔하다.
¶ 그 애가 **해망쩍게** 엉뚱한 일을 저지르지 않았는지 모르겠다.
¶ **해망쩍은** 사람이 되기 싫었는데 나이가 들어도 늘 아둔한 구석이 있다.

해맞이 명사

① 새해를 맞는 일.
¶ 새해 첫날 소원을 빌러 경포대로 **해맞이를** 갔다.
② 떠오르는 해를 구경하거나 맞는 일.
¶ 새해 **해맞이** 장소로 유명한 곳은 정동진, 호미곶, 향일암 따위이다.

× 해무리

'햇무리'의 틀린 표기.

해묵다 동사

규11-1 해묵고, 해묵은, 해묵어, 해묵었다

자동사

① (물건이나 일이) 해를 넘겨 오랫동안 남아 있다.

¶ 장롱 안에 **해묵어** 못 입는 옷들이 가득하다.

¶ 김치찌개는 **해묵은** 김치로 끓이면 더 맛이 있다.

② 일이나 감정이 해결되지 않은 상태에서 여러 해를 넘기거나 많은 시간이 지나다.

¶ 두 지역은 **해묵은** 갈등을 아직도 해소하지 못하고 있다.

¶ 성장이냐 분배냐 하는 **해묵은** 논쟁을 벌이고 있을 때가 아니다.

복합어

- **해묵히다** [사동사] '해묵다'의 사동형. (물건이나 일을) 한 해 묵게 하다. 몇 해 묵히어 오래되게 하다. ¶ 농산물을 해묵히지 않으려면 싸게라도 팔아야겠다.

해보다 동사 [해:-]

규10-0 해보고, 해보아/해봐, 해본다, 해봅니다, 해보았다/해봤다

자동사

대들어 맞겨루거나 싸우다.

¶ 나와 한번 **해보겠다는** 거야?

타동사

겨루어 이기다.

¶ 네가 그 싸움꾼을 **해볼** 수 있겠어?

해쓱하다 형용사

불20-9 해쓱하고, 해쓱한, 해쓱하여/해쓱해, 해쓱합니다, 해쓱하였다/해쓱했다

얼굴에 핏기나 생기가 없어 파리하다. 창백하다.

¶ 그는 병을 앓고 난 사람처럼 얼굴이 해쓱해 있었다.

'해쓱하다'와 '핼쑥하다'

두 낱말은 의미와 용법이 같다. 어감으로 보면 '해쓱하다'보다 '핼쑥하다'가 더 큰말이다. 이 두 낱말의 표기 형태에 조심해야 한다. '핼쑥하다'는 '해쓱하다'에 'ㄹ'이 붙으면서 '쓱'이 '쑥'으로 바뀌었다.

해안[1] 명사

해가 지기 전. 해전.

¶ 남은 물건을 해안에 다 팔아야 하는데 손님이 없다.

해안[2] 명사

(海岸)[해: -]

바다와 육지가 맞닿은 부분.

¶ 우리나라 남쪽 해안에는 동백나무가 군락을 이룬 곳이 많다.

복합어

- **해안선**(海岸線)[해: -] 명사 바다와 육지가 맞닿는 선.

해야 [해: -]

동사 '하다'에 연결 어미 '-여야'가 붙은 '하여야'가 줄어든 형태.

¶ 떡은 쳐야 맛이고, 말은 해야 맛이다.

해어뜨리다 동사 ㊟ 해뜨리다

규11-0 해어뜨리고, 해어뜨리어/해어뜨려, 해어뜨립니다, 해어뜨리었다/해어뜨렸다

타동사

닳아서 해어지게 하다.

¶ 아이가 얼마나 뛰노는지 운동화를 금방 해어뜨린다.

해어지다 동사

규11-0 해어지고, 해어지어/해어져, 해어진, 해어집니다, 해어지었다/해어졌다

자동사

닳아서 떨어지거나 꿰어지다.

¶ 이 천은 쉽게 해어질 것 같다.

> **'해어지다'와 '헤어지다'**
>
> 두 낱말의 의미와 용법이 전혀 다르다. 표기와 의미를 잘 구별해야 한다.
>
> ¶ 옷이 해어져 입을 수가 없다. (닳아서 떨어지다)
>
> ¶ 오늘은 이만 헤어지고 내일 다시 만나자. (흩어지다)

해어트리다 동사 ㊟ 해트리다

규11-0 해어트리고, 해어트리어/해어트려, 해어트립니다, 해어트리었다/해어트렸다

=해어뜨리다

> **'해어트리다'와 '해어뜨리다'**
>
> '-뜨리다'와 '-트리다'는 강조의 뜻을 더하는 말로, 복수 표준어이다. 전에는 '-뜨리다'만 표준어로 인정했으나 지금은 '-트리다'도 인정한다. 따라서 '해어뜨리다'와 '해어트리다'는 모두 바른 표기이다.

해요체 명사 (-體)[해:-]

상대 높임법의 하나. 상대편을 보통으로 높이는 뜻을 나타내는 표현법으로, 격식체인 '하오체'와 '하십시오체'를 쓸 자리에 두루 쓰는 비격식체이다.

'해요체'의 표현

'해요체'의 예를 들면 아래와 같다.

¶ 안녕히 계세요. 다음에 또 올게요.

¶ 어서 오세요.

¶ 만나서 반가워요.

¶ 좀 들어 주세요.

¶ 어느 것이 더 좋아요?

¶ 기분이 어떠세요?

해전 명사 (-前)

=해안[1]

¶ 오늘은 일을 일찍 마치고 해전에 돌아오라고 아들에게 말했다.

해제 명사 (解除)[해:-]

① 풀어 없앰.

¶ 전쟁에서 진 군인들은 무장 해제를 당했다.

② 묶인 것이나 제약 또는 통제 따위를 풀어 자유롭게 함.

¶ 야당은 계엄령 해제를 강력하게 요구하였다.

¶ 지금부터 공습경보 해제 사이렌이 울릴 때까지는 외출하지 마세요.

¶ 통행금지가 있던 옛날에는 새벽 4시가 해제 시간이었다.

③ 특별한 직위를 면함.
¶ 부정을 저지른 고위 공무원이 직위 해제를 당했다.
④ 당사자의 의사 표시에 따라 계약의 효력을 소급(遡及)하여 해소함.
¶ 계약 해제는 이제까지의 계약상 행위를 모두 무효로 만든다.

복합어

- **해제하다**(解除-)[해:-] 타동사 ① 설치하였거나 장비한 것 따위를 풀어 없애다. ¶ 무장을 해제하다. ② 묶인 것이나 행동에 제약을 가하는 법령 따위를 풀어 자유롭게 하다. ¶ 그린벨트를 해제한다. ③ 직위를 면하다. ④ 당사자의 의사 표시에 따라 계약의 효력을 소급(遡及)하여 해소하다. ¶ 계약을 해제한다.

해주다 [해:-]

해주고, 해주어/해줘, 해준다, 해줍니다, 해주었다/해줬다

'하여 주다'가 줄어든 '해 주다'를 붙여 쓴 형태. '하여 주다'는 동사 '하다'와 보조 동사 '주다'를 연결 어미 '-여'로 연결한 형태이다. 상대를 위하여 어떤 행동을 함을 나타내는 말이다.
¶ 내가 네게 이야기를 하나 해주마.
¶ 나 대신 네가 숙제를 해주면 안 될까?

> **'해주다'와 '해 주다'**
> 보조 용언은 본용언에 붙여 쓸 수 있으므로 '해 주다'는 '해주다'로 쓸 수 있다. '해주다'는 하나의 단어(복합어)가 아니라 '해 주다'를 붙여 쓴 형태의 어구이다.

해지 명사 (解止)[해:-]

계약 당사자 한쪽의 의사 표시에 따라 계약 관계를 해소하는 것. 계약에 기초하여 이루어진 이제까지의 행위는 모두 유효하고, 해지 이후의 행위는 계약에 근거하지 않는 행위로 무효가 된다.
¶ 인터넷 약정 계약 중도 해지에 따른 위약금을 물었다.

복합어

- **해지하다**(解止－)[해:－] 타동사 계약 관계를 말소하다.

> **'해제'와 '해지'**
>
> '해제(解除)'와 '해지'의 차이는 행위의 효력에 있다. '해제'는 계약 자체를 처음부터 무효로 만들기 때문에 그 계약에 따라서 행한 이전의 행위까지 무효로 만들지만, '해지'는 그 시점부터 계약이 무효가 되기 때문에 계약으로 행한 이전의 행위는 유효하다.

해지다 동사

규11-0 해지고, 해져, 해진, 해집니다, 해졌다

자동사

'해어지다'의 준말.

¶ 그 양말은 해졌으니 다른 것을 신어라.

¶ 요즘 청바지는 해진 것이 더 잘 팔린다고 한다.

> **'해지다'와 '헤지다'**
>
> 표기가 비슷하지만 뜻이 전혀 다른 말이므로 구별해서 써야 한다. '해지다'는 '해어지다'의 준말이고, '헤지다'는 '헤어지다'의 준말이다. 따라서 '해어지다'와 '헤어지다'의 뜻을 구별할 수 있어야 한다. (올림말 '해어지다' 참고.)

해찰 명사 [해:－]

① 사려는 마음 없이 물건을 이것저것 집적임.

¶ 옷을 사러 갔는데 마음에 드는 옷이 없어서 해찰만 하다가 돌아왔다.

② 해야 할 일에는 정신을 두지 않고 쓸데없는 짓을 함.

¶ 아이가 아침마다 해찰을 부리다가 번번이 지각한다.

복합어

- **해찰궂다**[해ː-] 형용사 해찰을 부리는 버릇이 많다. ¶ 호기심이 많은 아이들이 해찰궂은 행동을 한다.
- **해찰스럽다**[해ː-] 형용사 보기에 해찰궂다.
- **해찰하다**[해ː-] 자동사 ① 마음에 썩 내키지 아니하여 물건을 부질없이 이것저것 집적거려 해치다. ¶ 이것저것 만지면서 해찰하는 사람을 상인들이 좋아할 리 없다. ② 일에는 마음을 두지 아니하고 쓸데없이 다른 짓을 하다. ¶ 근무 시간에 해찰하다가 해야 할 일을 다 못 했다.

관용 표현

- **해찰을 부리다** 일부러 해찰하다. ¶ 엄마가 불렀는데 곧바로 가지 않고 해찰 부리다가 야단을 맞았다.

해치다 동사
(害-)[해ː-]

규11-0 해치고, 해쳐, 해치는, 해칩니다, 해쳤다

타동사

① 어떤 상태에 해를 끼치다.
¶ 언론이 공정하게 보도하지 않으면 공익을 해칠 수 있다.
¶ 도심 개발이 서울의 경관을 해치지 않도록 해야 한다.
② 마음이나 몸에 해를 입히다.
¶ 담배는 건강을 해친다.
¶ 잦은 야근과 출장으로 몸을 많이 해쳤다.
③ 다치게 하거나 죽이다.
¶ 산에서 멧돼지가 내려와 사람을 해쳤다고 한다.
▶ '해치다'와 '헤치다'의 차이는 올림말 '헤치다' 참고.

해치우다 동사
[해ː-]

규11-0 해치우고, 해치워, 해치운, 해치웁니다, 해치웠다

타동사

① (어떤 일을) 빨리 시원스럽게 끝내다.

¶ 남은 일을 빨리 해치우고 퇴근하자.
¶ 새로 담근 김치에 밥 한 그릇을 뚝딱 해치웠다.
② (방해가 되는 것을) 없애버리다. 죽여 없애다.
¶ 군사들은 사기가 올라 적들을 단번에 해치웠다.

해코지 명사 (害－)[해:－]

남을 괴롭히거나 해치는 짓.
¶ 깡패들한테 해코지를 당했다.
¶ 옛이야기를 보면 도깨비는 사람에게 복을 주기도 하고 해코지를 하기도 한다.

복합어

- **해코지하다**(害－)[해:－] 자동사 타동사 (말이나 행동으로) 사람을 해치다. ¶ 우리 아들에게 해코지하는 사람은 가만두지 않겠다.

해트리다 동사

규11-0 해트리고, 해트리어/해트려, 해트립니다, 해트리었다/해트렸다

=해뜨리다

핼쑥하다 형용사

불20-9 핼쑥하고, 핼쑥하여/핼쑥해, 핼쑥합니다, 핼쑥하였다/핼쑥했다

얼굴에 핏기가 없고 파리하다.
¶ 아내가 밤새 기침을 하며 앓더니 얼굴이 핼쑥하다.
¶ 상주가 핼쑥한 얼굴로 조문객을 맞는다
▶ '핼쑥하다'와 '해쓱하다'의 표기상 주의점은 올림말 '해쓱하다' 참고.

햇- 접사

접두사

① (주로 농산물 앞에 붙어서) 그 해에 새로 난 산물임을 뜻하는 말.

¶ 햇과일, 햇담배, 햇밤

② '경험이나 경력이 얼마 되지 않는'의 뜻을 더하는 말.

¶ 햇병아리

복합어

- **햇가지** 명사 그 해에 새로 나서 자란 가지.
- **햇감자** 명사 그 해에 새로 난 감자.
- **햇것** 명사 해마다 나는 것으로 그 해에 새로 난 것.
- **햇고구마** 명사 그 해에 새로 난 고구마.
- **햇고사리** 명사 그 해 들어 새로 돋아난 고사리.
- **햇곡**(-穀) 명사 =햇곡식
- **햇곡식**(-穀-) 명사 그 해에 새로 거둔 곡식.
- **햇과일** 명사 그 해에 새로 거둔 과일.
- **햇김** 명사 그 해에 들어 새로 나온 김.
- **햇김치** 명사 봄철에 새로 나온 배추로 담근 김치.
- **햇나물**[핸-] 명사 그 해에 새로 난 나물.
- **햇누룩**[핸-] 명사 그 해에 새로 거둔 밀로 만든 누룩.
- **햇닭**[핻딱] 명사 그 해에 까서 자란 닭.
- **햇밤** 명사 그 해에 새로 난 밤.
- **햇벼** 명사 그 해에 새로 거둔 벼.
- **햇병아리** 명사 ① 그 해에 깐 병아리. ② 풋내기.
- **햇보리** 명사 그 해에 새로 난 보리.
- **햇비둘기** 명사 그 해에 까서 자란 비둘기.
- **햇사과** 명사 그 해에 새로 난 사과.
- **햇솜** 명사 그 해에 난 솜.
- **햇양파**(-洋-)[핸냥-] 명사 그 해에 거둔 양파.
- **햇잎** 명사 새로 돋아난 잎.

▶ 접두사 '해-', '햇-', '햅-'의 차이 설명은 올림말 '해-' 참고.

ㅎ

햇님

'해님'의 틀린 표기.

¶ 비가 그치고 햇님(×)/해님(○)이 구름 속에서 나왔다.

햇무리 명사 [핸-]

해의 둘레에 둥글고 하얗게 나타나는 것.

¶ 오늘 햇무리가 진 것을 보니 비가 오려나 보다.

¶ 농사꾼들은 햇무리를 보고 날씨를 짐작하기도 한다.

햇볕 명사

햇빛에서 느껴지는 따뜻한 기운. 볕.

¶ 사람들이 양지바른 곳에서 햇볕을 쬐고 있다.

햇빛 명사

해에서 나오는 빛.

¶ 햇빛이 잘 드는 쪽으로 창을 내고 싶다.

'햇볕'과 '햇빛'

해에서 오는 따뜻한 기운은 햇볕이고, 밝은 기운은 햇빛이다. 햇볕은 쬐고, 햇빛은 쐰다. 몸을 따뜻하게 하거나 덥게 하는 것은 햇볕이고, 눈을 뜰 수 없을 정도로 부시게 하는 것은 햇빛이다.

- 남향집은 겨울에 햇볕이 잘 들어 따뜻하다.
- 이곳은 햇빛이 들지 않아서 언제나 어둑하다.

- 햇빛이 눈부시게 빛난다.
- 햇볕이 뜨거워서 밖에 나가기 무섭다.

┌ 여름내 햇빛에 그을린 아이들 얼굴이 건강해 보였다.
└ 햇볕을 너무 쬐어 팔과 등이 벌겋게 익었다.

햇살 명사

부챗살처럼 내뻗는 햇빛. 햇발.
¶ 일렁이는 물결 위에 햇살이 퍼지는 광경이 무척 아름다웠다.
¶ 비가 그치고 구름 사이로 햇살이 퍼졌다.

햇수 명사 (－數)

해의 수. 연수(年數).
¶ 우리가 이 동네에서 살기 시작한 지 햇수로 십년 되었다.

했다 [해:따]

했고, 했는데, 했으니, 했지만, 했던

'하다'의 과거형 '하였다'가 줄어든 형태.
¶ 한다고 했는데 잘 됐는지 모르겠다.

행여 부사 (幸－)[행:－]

어쩌다 혹시.
¶ 삐걱대는 문소리만 들어도 행여 아들이 돌아오나 문 쪽으로 눈길이 간다.
¶ 날씨가 추워지니 행여 감기라도 들까 걱정이 되는구나.

복합어

- **행여나**(幸-)[행:-] 부사 '행여'를 강조하는 말.

'행여'와 '혹시'

'행여'는 뒤에 오는 내용이 바라는 일일 수도 있고, 바라지 않는 일일 수도 있다. 바라든 바라지 않든 불확실한 일이지만 어떤 기대를 나타내는 내용에 대해서 사용한다. 그런데 '혹시'는 사실 관계에 치중하는 말이다.

¶ 행여 기회를 놓치면 어떡하나 걱정했다.

¶ 혹시 만나시거든 제 말씀 전해 주세요.

행주 명사

그릇, 밥상 따위를 닦거나 씻는 데에 쓰는 헝겊.

¶ 밥상을 행주로 훔치고 그릇을 놓았다.

복합어

- **행주질** 명사 행주로 그릇이나 밥상을 닦는 일.
- **행주치마** 명사 부엌일을 할 때 옷을 더럽히지 아니하려고 덧입는 작은 치마. 앞치마.

행짜 명사 [행:-]

심술을 부리어 남을 해롭게 하는 행위.

¶ 늦은 밤에 술에 잔뜩 취해 행짜를 부리는 사람이 있다.

× 행투

'행티'의 틀린 말.

행티 명사 [행:-]

심술을 부리는 버릇.

¶ 그이의 평소 행티를 보면 이번 사고도 그이가 일으켰을 거야.

¶ 저 사람은 행티가 사나워서 친구가 별로 없다.

¶ 나이가 들어서도 젊어서 망나니짓하던 행티를 내곤 한다.

행하다 동사 (行-)

불10-9 행하고, 행하는, 행하여/행해, 행합니다, 행하였다/행했다

타동사

어떤 일을 실제로 하다.

¶ 마음먹은 일을 행하려고 많은 노력을 했다.

¶ 그런 패악을 행하고도 복 받기를 바라겠는가?

¶ 그 사람은 자기가 행한 일들을 묻어 두고 싶어한다

향년 명사 (享年)[향:-]

(죽은 이가) 한평생 누린 나이.

¶ 아버지는 향년 95세로 돌아가셨다.

'향년'의 용법

이 말은 갓 죽은 사람의 나이를 가리키는 말이다. 따라서 산 사람에게는 그냥 나이(연령)나 연세 따위를 사용한다. 대체로 '향년 몇 세로/세에 돌아가셨다'처럼 쓰는데 '향년 몇 세의 나이로'라고 하는 것은 의미 중복이 된다. 아래 문장은 의미 중복 또는 사용법 착오의 문장이다.

¶ 선생은 향년 92세의 나이로 세상을 뜨셨다. → 향년 92세로, 92세를 일기(一期)로

¶ 선생은 향년 92세를 누리시고 세상을 뜨셨다. → 향년 92세로, 92세를 일기(一期)로

향하다 동사 (向-)[향:-]

불10-9 향하고, 향하여/향해, 향한, 향합니다, 향하였다/향했다

자동사

① (누구에게 또는 어디로) 마주 대하여 서거나 가다.

¶ 사람들 눈길이 나에게 향하는 것 같아 얼굴이 붉어졌다.

¶ 우리는 말없이 선생님이 서 계시는 쪽으로 향했다.

② (누구에게 또는 무엇에) 마음을 기울이다.

¶ 내 마음이 이미 그녀에게 향하고 있음을 느꼈다.

¶ 그의 관심은 벌써 미술로 향해 있었다.

타동사

① (누구 또는 어디를) 마주 대하여 서거나 가다.

¶ 모든 사람들이 나를 향하여 삿대질을 하는 듯했다.

¶ 그 사람이 선글라스를 끼고 있어서 눈길이 어디를 향하는지 몰랐다.

② (어디를) 목표로 하여 나아가다.

¶ 사람들은 하나둘 투표소를 향해 발걸음을 옮기기 시작했다.

¶ 여러분, 희망찬 미래를 향하여 전진합시다!

¶ 목표를 향해 가는 사람은 지치지 않는다.

허겁지겁 부사

조급한 마음으로 몹시 허둥거리는 모양.

¶ 놀라서 허겁지겁 도망쳤다.

¶ 늦지 않으려고 허겁지겁 달려왔다.

¶ 배가 많이 고팠던지 찬밥이나마 허겁지겁 먹는다.

복합어

- **허겁지겁하다** 자동사 조급한 마음으로 몹시 허둥거리다. ¶ 너무 먹는 데에만 허겁지겁한 것 같아 민망했다. / 급하게 행사 준비하느라 허겁지겁하는 통에 손님들에게 인사도 제대로 못했다.

허구한 (許久-)

매우 오랜. '허구하다'의 관형사형.

¶ 그들은 허구한 날 싸우면서도 같이 사는 걸 보면 신기해.

허깨비 명사

① 착각으로 눈앞에 나타나 보이는 형상. 헛것.

¶ 분명히 내 앞에 그가 있었는데 금방 사라져 버려 허깨비를 봤나 하는 생각이 들었다.

② 북데기에 비하여 매우 가벼운 물건.

¶ 무거울 것 같았는데 들어 보니 허깨비야.

③ 겉보기와는 달리 신체적으로나 정신적으로 몹시 허약한 사람을 이르는 말.

¶ 아이가 공부하느라고 얼마나 고생을 했는지 허깨비가 되어 돌아왔다.

④ '허수아비'의 틀린 말.

× 허드래

'허드레'의 틀린 표기.

허드레 명사

중요하지 않아서 아무렇게나 쓸 수 있는 물건.

¶ 여행할 때에는 허드레로 입을 옷도 가져가야 한다.

복합어

- **허드레꾼** 명사 허드렛일을 하는 사람. 잡역부(雜役夫).
- **허드레옷** 명사 허드레로 입는 옷.

• **허드렛물**[-렌-] 명사 허드레로 쓰는 물.
• **허드렛일**[-렌닐] 명사 중요하지 않은 자질구레한 일.

허룩하다 형용사

불20-9 허룩하고, 허룩하니, 허룩하여/허룩해, 허룩합니다, 허룩하였다/허룩했다

줄거나 없어져 적다.
¶ 주머니가 어쩐지 허룩하다고 생각했더니 지갑을 놓고 나왔구나.

복합어
• **허룩해지다**[-루캐-] 자동사 줄거나 적어지다. ¶ 쌀자루가 허룩해진 것을 보니 그새 쌀을 다 먹은 모양이다.

▶ '허룩하다'와 '허우룩하다'의 차이는 올림말 '허우룩하다' 참고.

허름하다 형용사

불20-9 허름하고, 허름하여/허름해, 허름합니다, 허름하였다/허름했다

① 좀 헌 듯하다.
¶ 낡은 건물에 허름한 간판이 하나 붙어 있다.
② (겉보기나 옷차림이) 보통에 좀 못 미치게 오래되고 낡은 것 같다.
¶ 집은 좀 허름해도 음식 맛은 기가 막힌다.
¶ 그는 상당히 부자인데도 옷차림은 언제나 허름하다.
③ (값이) 좀 싼 듯하다.
¶ 벼룩시장이 열려 허름하게 살 만한 게 있는지 둘러보았다.

× 허릿바

'허리띠'의 틀린 말.

허물[1] 명사

① 그릇 저지른 실수나 잘못.

¶ 남의 허물을 들추려 하지 말고 자기 허물을 감추려 하지 마라.

¶ 제 허물을 남에게 덮어씌우려 한다.

② 남에게 비웃음을 살 만한 거리. 흉허물. 흉[1].

¶ 아이들이 떠드는 것을 어찌 허물이라 하겠소.

복합어

- **허물없다** 형용사 올림말 '허물없다' 참고.
- **허물하다** 타동사 올림말 '허물하다' 참고.

관용 표현

- **허물을 벗다** 누명에서 벗어나다.
- **허물을 쓰다** 누명을 뒤집어쓰다.

속담

- **허물 모르는 게 내외** 부부 사이에는 숨기는 것이 없어 서로 허물이 없다는 말.

허물[2] 명사

① 살갗에서 저절로 일어나는 꺼풀.

¶ 상처 부위가 허물이 벗어지면서 아물었다.

② 매미나 뱀 따위가 자라면서 벗는 꺼풀.

¶ 뱀이 허물을 벗을 때에 엄청난 고통을 느낀다고 한다.

ㅎ

허물다[1] 동사

불11-2 허물고, 허무니, 허물지, 허물어, 허무오, 허뭅니다, 허물었다

자동사

헌데가 생기다.

¶ 살갗이 허물어서 약을 발랐다.

허물다[2] 동사

불11-2 허물고, 허무니, 허물지, 허물어, 허무오, 허뭅니다, 허물었다

타동사

① (짜이거나 쌓이거나 지어진 것을) 무너뜨리거나 흩어지게 하다.

¶ 담장을 허무는 일만 남았다.

¶ 낡은 집을 허물고 새로 짓기로 했다.

② 꼿꼿하고 방정한 표정, 자세, 태도 따위를 구부리거나 나른하게 하다.

¶ 학생들은 끝까지 자세를 허물지 않고 강의를 들었다.

¶ 손녀의 재롱을 보시고 할아버지께서 굳은 표정을 허물고 웃으셨다.

③ 이미 가진 규율, 관습, 고정 관념 따위를 없어지게 하다.

¶ 사회의 불평등 구조를 허물어 모든 사람이 평등하게 사는 세상을 만들었다.

¶ 우리의 고정 관념을 허물지 않으면 사회 통합은 어렵다.

복합어

- **허물어뜨리**다 [타동사] 올림말 '허물어뜨리다' 참고.
- **허물어지**다 [자동사] 올림말 '허물어지다' 참고.
- **허물어트리**다 [타동사] =허물어뜨리다

허물어뜨리다 동사

규11-0 허물어뜨리고, 허물어뜨리어/허물어뜨려, 허물어뜨립니다, 허물어뜨리었다/허물어뜨렸다

힘주어서 허물다. =허물어트리다

¶ 아무리 단단하게 쌓은 벽도 쉽게 허물어뜨릴 수 있다.

¶ 독재 정권을 허물어뜨리고 민주 정부를 세웠다.

허물어지다 동사

규11-0 허물어지고, 허물어져, 허물어집니다, 허물어졌다

자동사

(쌓인 것이) 흩어져 무너지다.

'허물어지다'와 '무너지다'

두 낱말은 거의 같은 의미로 사용한다. 의미 영역을 비교하면 '무너지다'가 '허물어지다'보다 조금 더 넓고, '허물어지다'는 하나하나 쌓은 것이 무너지는 경우에 쓰기 적합한 낱말이다.

¶ 낡은 담이 이번 비에 허물어지고 말았다.

¶ 이번 장마로 위태롭던 옹벽이 허물어져 버렸다.

위 예문에서 담이나 옹벽을 이루는 낱낱의 벽돌이나 일부 흙이 떨어지거나 씻겨 내린 것을 떠올릴 수 있다. 이 예문에서 '허물어지다' 대신에 '무너지다'를 쓰면 담이나 옹벽이 한꺼번에 넘어진 것이 떠오른다. 만일 담이나 벽 아래쪽에서 문제가 생겨 넘어졌다면 '허물어지다'를 쓰는 편이 더 정확하다. 주춧돌을 빼면 집이 허물어지고, 폭격을 맞으면 집이 무너진다고 설명할 수 있다.

허물없다 형용사

규21-1 허물없고, 허물없는, 허물없어, 허물없습니다, 허물없었다

체면을 돌보거나 조심할 필요가 없을 만큼 서로 친하다.

¶ 동네 아주머니들은 만날 때마다 허물없는 농담을 주고받는다.

복합어

- **허물없이** 부사 가깝고 임의롭게. ¶ 그와는 오래 전부터 허물없이 지내는 사이이다.

허물하다 동사

불10-9 허물하고, 허물하여/허물해, 허물합니다, 허물하였다/허물했다

타동사

허물을 들어 꾸짖다.

¶ 그런 일로 사람을 허물하지 마시오.

허섭스레기 명사

좋은 것이 빠지고 난 뒤에 남은 허름한 물건. =허접쓰레기

¶ 쓸 만한 것들은 남들이 다 가져가고 허섭스레기만 남았다.

× 허섭쓰레기

'허섭스레기'의 틀린 말.

허수아비 명사

① 곡식을 해치는 새, 짐승 따위를 막기 위하여 논밭에 세우는 사람 모양의 물건.

¶ 요즘은 참새도 허수아비를 무서워하지 않는다고 한다.

② 제구실을 하지 못하고 자리만 차지하고 있는 사람을 비유하여 이르는 말.

¶ 허수아비 장관을 할 바에는 장관을 그만두겠다.

③ 주관 없이 남이 시키는 대로 행동하는 사람을 이르는 말.

¶ 부이는 만주국의 황제였지만 일본 제국주의의 허수아비 노릇을 했을 뿐이다.

'허수아비'와 '꼭두각시'

'허수아비'는 소극적으로 남이 시키는 대로 하는 사람을 가리킨다. 남이 시키면 하고 시키지 않으면 안 하는 것이 특징이다. 무능하고 무기력한 것이 문제일 뿐 적극적으로 사람들의 권익을 해치는 행위를 하지는 않는다. 이에 비해 '꼭두각시'는 조종하는 사람의 뜻에 따라서 적극적으로 행동하는 사람이다. 주로 조종하는 사람의 사악한 이익을 위하여 일하기 때문에 많은 사람의 이익과 권리를 짓밟는 행위를 하는 경우가 많다.

허수하다 형용사

불20-9 허수하고, 허수하여/허수해, 허수합니다, 허수하였다/허수했다

① 마음이 허전하고 서운하다.
¶ 할머니는 집에 사람이 없으면 무척 허수해 하신다.
¶ 가을이 되니 마음 한구석이 허수하게 비어가는 것 같다.
② 꽉 짜이지 않고 튼튼하지 못하다.
¶ 문이 워낙 허수해서 금방 부서지고 말았다.

복합어

- **허수히** 부사 ① 허전하고 서운하게. ¶ 그렇게 조용히 떠났으니 어찌 허수히 여기지 않겠소? ② 꽉 짜이지 않아 튼튼하지 못하게.

허술하다 형용사 [허:-]

불20-9 허술하고, 허술하여/허술해, 허술한, 허술합니다, 허술하였다/허술했다

① 낡고 헐어서 보잘것없다.
¶ 길을 따라 줄지어 서 있는 집들은 하나같이 작고 허술했다.
¶ 옷을 허술하게 입고 다니면 사람들이 깔보는 것 같다.
② 치밀하지 못하고 엉성하여 빈틈이 있다.
¶ 일처리를 그렇게 허술하게 하니 만날 문제가 생기는 거다.
¶ 문단속이 허술하여 도둑이 들기 쉽겠다.
¶ 그 사람은 깐깐해 보여도 허술한 데가 있다.
③ 무심하고 소홀하다.
¶ 손님 대접이 너무 허술한 것 같다.
¶ 내 말을 허술하게 듣지 마라.
¶ 이번 일은 허술하게 웃어넘길 일이 아니다.

복합어

- **허술히**[허:-] 부사 ① 낡고 헐어서 보잘것없게. ② 치밀하지 못하고 엉성하게. ③ 소홀히.

허여멀겋다 형용사

불21-5 허여멀겋고, 허여멀거니, 허여멀게, 허여멀건, 허여멀겋습니다, 허여멀거오, 허여멀겠다

① (살결이) 희고 맑다.
¶ 그 사람은 얼굴이 허여멀겋게 잘 생기고 키가 훤칠했다.
¶ 허여멀건 얼굴이 오늘따라 더 핏기가 없어 보인다.
② 허옇고 멀겋다.
¶ 죽이 건더기도 없고 너무 허여멀게서 맛이 없다.

복합어

- **허여멀게지다** 자동사 허여멀겋게 되다. ¶ 죽을 너무 되게 쑨 듯하여 물을 부었더니 허여멀게져서 맛이 없어 보인다.

허여멀개지다

'허여멀게지다'의 틀린 표기.

허옇다 형용사 [허:-]

불21-5 허옇고, 허옇지, 허여니, 허연, 허예, 허옇습니다, 허옇소, 허옜다

① 다소 탁하고 흐릿하게 희다.
¶ 방 안에는 머리털이 허옇게 센 영감이 앉아 있었다.
¶ 땀이 얼마나 났는지 옷에 허연 소금기가 배었다.
② 얼굴이 핏기가 없다.
¶ 얼마나 놀랐는지 얼굴이 허옇게 질려 있었다.

복합어

- **허예지다**[허:-] 자동사 허옇게 되다. ¶ 깡패들이 협박하자 여자는 얼굴이 허예져서 그만 주저앉고 말았다.

▶ '허옇다'의 활용형에 관해서는 올림말 '하얗다' 참고.

허옜다

허옜고, 허옜으니, 허옜는데, 허옜던, 허옜네, 허옜소, 허옜습니다

형용사 '허옇다'의 과거형.

¶ 할머니 머리카락이 온통 허옜는데 언제부터인지 다시 검어졌다.

허우대 명사

겉모양이 좋고 큰 체격.

¶ 그 사람은 허우대는 멀쩡한데 능력이 너무 없어.

¶ 그 사람 인물 좋지, 허우대 좋지, 나무랄 데가 없더라.

'허우대'와 '몸집'

'허우대'는 성인 남자의 잘 갖춰진 골격을 가리키는 말이고, '몸집'은 몸의 부피를 가리키는 말로 덩치나 체구와 같은 뜻으로 쓴다. '허우대'는 주로 '좋다', '멀쩡하다'와 호응하여 쓰고, '몸집'은 주로 '크다', '작다', '있다', '없다', '좋다', '보잘것없다'와 호응하여 쓴다.

허우룩하다 형용사

불20-9 허우룩하고, 허우룩하니, 허우룩하여/허우룩해, 허우룩합니다, 허우룩하였다/허우룩했다

(믿고 의지하던 사람과 이별하여) 마음이 빈 것 같고 몹시 서운하다.

¶ 딸을 시집보내면 어머니보다 아버지가 더 허우룩해 한다고 합니다.

복합어

- **허우룩해지다** 자동사 허우룩하게 되다.

'허우룩하다'와 '허룩하다'

'허우룩하다'는 마음이나 느낌이 허전함을 뜻하고, '허룩하다'는 속에 있던 것이 줄거나 없어진 상태

를 뜻한다. 사람이 없어져 느끼는 허전한 감정은 '허우룩하다'이고, 속에 든 물건을 쓰거나 쏟거나 잃거나 해서 주머니, 자루 따위가 허전하게 된 상태는 '허룩하다'이다.
¶ 친구가 세상을 떠나 허우룩하기 그지없다.
¶ 주머니가 허룩한 날에는 왠지 기운이 안 난다.

허우적거리다 동사

규11-0 허우적거리고, 허우적거리어/허우적거려, 허우적거린다, 허우적거립니다, 허우적거리었다/허우적거렸다

자동사

① (손발 따위를) 이리저리 마구 내두르다.
¶ 사람이 물에 빠져 허우적거렸다.
¶ 늪에서는 허우적거릴수록 더 깊이 빠지게 된다.
② 어려운 지경에서 벗어나려고 자꾸 몹시 애쓰다.
¶ 그 사람은 여전히 빚더미 속에서 허우적거리며 살고 있다.
¶ 번번이 취직에 실패하여 한동안 허우적거리다가 가까스로 취직을 했다.

타동사

① (손발 따위를) 자꾸 이리저리 마구 내두르다.
¶ 악몽을 꾸는지 아이가 자면서 연신 손발을 허우적거린다.
② 어려운 상황에서 벗어나려고 몹시 애쓰다.
¶ 길을 잃은 우리 일행은 산길을 허우적거리며 헤매었다.

허우적대다 동사

규11-0 허우적대고, 허우적대어/허우적대, 허우적댄다, 허우적댑니다, 허우적대었다/허우적댔다

=허우적거리다
¶ 수영을 못해 물에서 허우적대는 나를 보고 친구들이 놀렸다.
¶ 불이 난 건물 옥상에서 사람들이 팔을 허우적대며 살려 달라고 외쳤다.

허우적이다 동사

규11-0 허우적이고, 허우적이어/허우적여, 허우적인다, 허우적입니다, 허우적이었다/허우적였다

=허우적거리다

허우적허우적 부사

① 손발 따위를 이리저리 마구 내두르는 모양.
¶ 나쁜 꿈이라도 꾸는지 자면서 허우적허우적 팔다리를 내젓는다.
② 어려운 지경에서 벗어나려고 몹시 자꾸 애쓰는 모양.
¶ 어쨌거나 위기를 벗어나려고 허우적허우적 애쓰는 꼴이 안쓰럽다.

복합어

- **허우적허우적하다** 자동사 타동사 ① 손발 따위를 이리저리 마구 내두르다. ② 어려운 지경에서 벗어나려고 몹시 자꾸 애쓰다.

허울 명사

실속이 없는 겉모양.
¶ 그의 집안은 이제 허울만 양반가이지 실제는 아무것도 없이 영락한 집안이다.
¶ 이제는 허울뿐인 약속은 그만하고 이미 한 약속이라도 지키시오.

관용 표현

- **허울 좋다** 실속은 없으면서 겉으로는 번지르르하다. ¶ 허울 좋은 말로 사람을 꾀려 한다.

속담

- **허울 좋은 과부** 보기만 좋았지 아무 실속이 없는 사람이나 사물을 빗대어 이르는 말.
- **허울 좋은 도둑놈** 겉으로는 멀쩡하여 보이나 하는 짓이 몹시 흉악한 사람을 빗대어 이르는 말.
- **허울 좋은 하눌타리(/수박)** =허울 좋은 과부

허위넘다 동사

규11-1 허위넘고, 허위넘는, 허위넘어, 허위넘는다, 허위넘습니다, 허위넘었다

타동사

높은 곳을 허우적허우적 넘어가다.

¶ 고개가 보기보다 가팔라서 허위넘느라 고생을 했다.

¶ 높은 고개를 가까스로 허위넘고 보니 기운이 다 빠졌다.

허위단심 명사

명사

(흔히 '허위단심으로'의 형태로 쓰이어) 허우적거리며 무척 애를 씀.

¶ 부고를 받고 허위단심으로 달려갔다.

¶ 우리 부모 세대는 어려운 시절을 허위단심으로 헤쳐 왔다.

× 허위대

'허우대'의 틀린 말.

¶ 허위대(×)/허우대(○)는 멀쩡한데 속 빈 강정 같구나.

× 허위적거리다

'허우적거리다'의 틀린 말.

× 허위적이다

'허우적이다'의 틀린 말.

허위적허위적하다

'허우적허우적하다'의 틀린 말.

허위허위 부사

① 손발 따위를 이리저리 내두르는 모양.
¶ 아저씨는 두 팔을 허위허위 내저어 가며 걸었다.
② 힘에 겨워 힘들어하는 모양.
¶ 어머니는 보따리를 이고 허위허위 고개를 넘어 딸네 집을 찾아간다.

허전하다 형용사

불20-9 허전하고, 허전하여/허전해, 허전한, 허전합니다, 허전하였다/허전했다

① 둘레에 있던 것이나 있어야 할 것이 없어, 짜인 맛이 없고 공허한 느낌이 있다.
¶ 책상 하나 들어냈을 뿐인데 방 안이 몹시 허전해 보였다.
¶ 마당에 서 있던 나무를 베어 내고 나니 허전하다.
② (무엇을 잃거나 의지할 것이 없어진 것 같아) 텅 비거나 서운한 느낌이 있다.
¶ 웃음판 끝에는 으레 허전한 순간이 오는 법이다.
¶ 아들을 군대에 보내고 나서 한동안 허전한 마음을 가누기 어려웠다.
③ (뱃속이 비어) 무엇을 먹고 싶은 느낌이 있다.
¶ 점심을 걸렀더니 뱃속이 허전하고 머리가 어지럽다.
¶ 늦은 밤이면 속이 허전해서 주전부리를 하게 된다.
④ 다리에 힘이 없어 쓰러질 듯하다.
¶ 병상에서 일어나 걸어보니 다리가 허전하여 걸을 수 없더라.
¶ 술을 얼마나 많이 마셨던지 다리가 허전해 똑바로 걸을 수가 없었다.

복합어

• **허전히** 부사 허전하게. ¶ 야윈 그믐달이 높직한 가지 끝에 허전히 걸려 있다.

허점 명사 (虛點)[－쩜]

허술한 구석. 완전하지 아니한 점. ×헛점
¶ 상대의 허점을 노려 잘 공격하면 강한 상대도 쓰러뜨릴 수 있다.

허접스럽다 형용사

불21-3 허접스럽고, 허접스러우니, 허접스러운, 허접스러워, 허접스럽습니다, 허접스러웠다

허름하고 잡스럽다. 허접하다.
¶ 그런 허접스러운 이야기는 집어치우고 일이나 해라.

허접쓰레기 명사

=허섭스레기
¶ 이사를 하면 언제나 허접쓰레기 치우는 일이 만만찮다.

'허접쓰레기'와 '허섭스레기'
두 낱말 다 표준어이다. 그런데 철자가 비슷한 것 같지만 상당히 다르다. '허접'과 '허섭', '쓰레기'와 '스레기'로 차이가 있다. 형태에 조심해야 한다.

허접하다 형용사

불20-9 허접하고, 허접하여/허접해, 허접합니다, 허접하였다/허접했다

허름하고 잡스럽다. 허접스럽다.
¶ 너는 왜 그렇게 허접한 짓만 하고 다니느냐.

허청거리다 동사

규11-0 허청거리어/허청거려, 허청거린다, 허청거립니다, 허청거리었다/허청거렸다

자동사

다리에 힘이 없어 비틀거리다. =허청대다

¶ 다리가 **허청거려서** 똑바로 걸을 수 없다.

타동사

힘이 없어 다리를 비틀거리며 걷다.

¶ 내리막길에서 다리를 **허청거리며** 걷다가 넘어지고 말았다.

허청대고 부사

어떤 목적, 계획 또는 근거가 없이 마구.

¶ 구체적인 계획도 없어 **허청대고** 일만 벌여 놓으면 어쩌자는 것이냐?

허청대다 동사

규11-0 허청대고, 허청대어/허청대, 허청댄다, 허청댑니다, 허청대었다/허청댔다

=허청거리다

허탕 명사

아무 소득이 없게 됨. 또는 그런 일.

¶ 친구하고 고기 잡으러 갔다가 **허탕**만 쳤다.

¶ 일자리를 구하러 갔는데 오늘도 **허탕**이었다.

관용 표현

- **허탕을 짚다** 아무 소득이 없는 일을 잘못 알고 하게 되다.
- **허탕을 치다** 아무 소득을 얻지 못하다.

× 허턱대고

'허청대고'의 틀린 말.

허투루 부사

① 대수롭지 않게.

¶ 그 사람을 허투루 보지 마라.

¶ 내 말 허투루 듣지 말고 새겨들어라

② 보람 없이 아무렇게나.

¶ 돈을 허투루 쓰지 마라.

허튼 관형사

① 쓸데없이 헤픈.

¶ 허튼 약속을 자주 하다 보면 결국 신의 없는 사람이 되기 쉽다.

¶ 그 사람은 허튼 말을 하지 않는다.

② 형식에 매이지 않고 자유롭거나 막된.

복합어

- **허튼사람** [명사] 허랑하고 실속이 없는 사람.
- **허튼소리** [명사] 함부로 아무렇게나 지껄이는 말.
- **허튼수작**(－酬酌) [명사] 아무렇게나 헤프게 하는 말이나 행동.
- **허튼짓** [명사] 쓸데없이 함부로 하는 짓.
- **허튼춤** [명사] 일정한 형식 없이 자유롭게 즉흥적으로 추는 춤.

헌 관형사 [헌ː-]

낡아 해어진. 동사 '헐다[1]'에 관형사형 어미 '-ㄴ'이 붙어 된 말.
¶ 헌 옷이지만 깨끗이 빨아 입었다.
¶ 어머니는 설날이면 헌 돈을 새 돈으로 바꾸어 세뱃돈으로 주었다.
¶ 헌 옷가지로 가방을 만들었다.
¶ 두껍아 두껍아 헌 집 줄께 새집 다오.

복합어

- **헌것**[헌ː-] (명사) 올림말 '헌것' 참고
- **헌솜**[헌ː-] (명사) 옷이나 이불 따위에서 빼낸 묵은 솜.
- **헌쇠**[헌ː-] (명사) 녹이 슬거나 깨어져서 못 쓰게 된 쇠붙이.
- **헌신짝**[헌ː-] (명사) 버려도 아깝지 않은 쓸모없는 것을 비유하는 말.
- **헌책**[헌ː-] (명사) 오래되어 낡은 책.
- **헌책방**[헌ː-] (명사) 헌책을 사고파는 가게.
- **헌털뱅이**[헌ː-] (명사) '헌것'을 속되게 이르는 말.

속담

- **헌 고리짝도 짝이 있다** 아무리 못난 사람이라도 다 짝을 만나 결혼하게 된다는 말.
- **헌 누더기 속에 쌍동자 섰다** 겉은 초라하고 허술하나 속은 엉큼하고 의뭉스럽다는 말.
- **헌 신같이 버린다** 아낌없이 아주 내버리고 돌아보지 않는다.
- **헌 짚신도 짝이 있다** 아무리 보잘것없는 사람이라도 다 짝이 있다.
- **헌 체로 술 거르듯** 막힘없이 술술 말을 하는 모양을 빗대어 이르는 말.

'헌'의 띄어쓰기

관형사 '헌'은 뒤의 명사와 띄어 써야 하지만 몇몇 경우에는 뒤의 명사와 결합하여 복합어를 이룬다. '헌'이 명사와 결합하여 복합어를 이룬 낱말을 《표준국어대사전》이 인정한 것은 아래와 같다. 이 낱말들은 복합어이므로 마땅히 '헌'과 명사를 붙여 써야 한다.

① '헌'과 명사가 결합하여 복합어가 된 낱말
¶ 헌것, 헌솜, 헌쇠, 헌신짝, 헌책, 헌책방

② '헌'을 관형사로 보고 띄어 써야 하는 경우
¶ 헌 모자, 헌 신, 헌 양말, 헌 옷, 헌 집

헌걸차다 형용사

규21-0 헌걸차고, 헌걸찬, 헌걸찹니다, 한걸찼다

① 풍채가 좋고 당당하다.
¶ 새로 들어온 사원은 외모가 헌걸차면서도 의젓한 젊은이이다.
② 기운이 매우 장하다.
¶ 선생은 무인의 피를 받아 성정이 헌걸차고 호탕하였다.
③ 키가 매우 크다. 헌칠하다.
¶ 요즘 젊은이들은 헌걸차 보여도 속은 무른 것 같다.

헌것 명사 [헌:-]

오래되어 허술한 것. 성하지 못한 것.

헌데 명사 [헌:-]

살갗이 헐어서 상한 자리. 부스럼.
¶ 약을 발랐더니 헌데가 좀 나은 것 같다.

× 헌출하다

'헌칠하다'의 틀린 말.

헌칠하다 형용사

불20-9 헌칠하고, 헌칠하여/헌칠해, 헌칠한, 헌칠합니다, 헌칠하였다/헌칠했다

키나 몸집이 보기 좋게 크다.

¶ 그 남자는 키가 헌칠하고 얼굴도 잘생겼더라.

헐값 명사 (歇-)

그 물건의 마땅한 가격보다 훨씬 싼 값.

¶ 집을 헐값에 내놓았는데도 보러 오는 사람이 없다.

¶ 벼룩시장에서 구두를 헐값으로 팔았다.

'헐값'의 소리내기

'헐값'의 뒤에 오는 조사의 첫소리에 따라서 발음이 달라진다.

① '헐값' 뒤에 'ㅁ' 외의 자음으로 시작하는 조사가 붙을 때

헐값과[헐깝꽈], 헐값도[헐깝또], 헐값뿐[헐깝-]

② '헐값' 뒤에 'ㅁ'으로 시작하는 조사 '만'이 붙을 때

헐값만[헐깜만]

③ '헐값' 뒤에 모음으로 시작하는 조사가 붙을 때

헐값에[헐깝쎄], 헐값은[헐깝쓴], 헐값을[헐깝쓸], 헐값이[헐깝씨]

'헐값' 뒤에 조사가 아닌 명사가 오면 아래와 같이 발음한다.

① '헐값' 뒤에 'ㅁ'이나 'ㄴ' 외의 자음으로 시작하는 명사가 올 때

헐값 공사[헐깝 꽁사], 헐값 기계[헐깝 끼게], 헐값 치마[헐깝 치마]

② '헐값' 뒤에 'ㄴ'이나 'ㅁ'으로 시작하는 명사가 올 때

헐값 마늘[헐깝 마늘→헐깜 마늘], 헐값 농지[헐깝 농지→헐깜 농지]

(음운 동화 현상에 따라서 'ㅂ'이 'ㅁ'으로 바뀐다)

③ '헐값' 뒤에 모음으로 시작하는 명사가 올 때

헐값 오이[헐깝 오이→헐까 보이], 헐값 인삼[헐깝 인삼→헐까 빈삼]

ㅎ

헐겁다 형용사

불21-3 헐겁고, 헐거우니, 헐거워, 헐거운, 헐겁습니다, 헐거웠다

끼일 자리보다 끼일 물건이 작아 째지 않다.
¶ 나사가 제 짝이 아니어서 헐겁다.
¶ 신발이 너무 헐거워서 자꾸 벗겨진다.
¶ 헐거운 손잡이를 고쳤다.

복합어

- **헐거이** (부사) 헐겁게.

헐다[1] 동사
[헐: -]

불11-2 헐고, 헐지, 허니, 헌, 헐어, 헌다, 헙니다, 헐었다

자동사

① 몸에 부스럼이나 상처 따위가 나서 짓무르다.
¶ 나는 피곤하면 입 안이 금방 헌다.
¶ 가려워서 긁었더니 살갗이 헐었다.
② 물건이 오래되거나 많이 써서 낡아지다.
¶ 이 옷은 너무 헐어서 외출할 때에는 입기 곤란하다.
¶ 마루가 헐어서 삐거덕거린다

동사 '헌'과 관형사 '헌'

관형사 '헌'은 동사 '헐다'가 관형사로 전성한 것이다. 형태로는 동사 '헐다'의 활용형인 '헌'과 구별되지 않는다. 그래서 문장의 구성 요소를 보고 관형사인지 동사인지 판단해야 한다. 동사 '헐다'의 관형사형은 그 앞에 주어가 있어서 '무엇이 헌'처럼 나타난다. 그러나 관형사 '헌'은 앞에 주어가 없이 뒤의 체언을 꾸민다.
① 동사 '헌'
¶ 옷이 너무 헌 상태라 구호품으로도 쓸 수 없다.
¶ 침을 삼킬 때마다 쓰라리니 목이 헌 듯하다.
② 관형사 '헌'
¶ 부자가 헌 옷을 입으면 검소하게 보인다.
¶ 새 구두보다 헌 구두가 편하다.

헐다[2] 동사
[헐:-]

불11-2 헐고, 헐지, 허니, 헌, 헐어, 헌다, 헙니다, 헐었다

타동사

① 짓거나 쌓아 놓은 물건을 무너뜨리다.

¶ 집의 울타리를 헐고 담장을 쌓았다.

¶ 사람이 살지 않는 집은 다 헐어 버렸다.

② 모아 둔 물건이나 돈을 꺼내어 쓰기 시작하다.

¶ 김치 독을 새로 헐어서 김장 김치를 꺼냈다.

¶ 병원비를 마련하기 위하여 적금을 헐었다.

③ 일정한 액수에서 조금 쓰기 위하여 그 액수를 유지하지 아니하다.

¶ 십만 원짜리 수표를 헐어서 썼다.

헐다[3] 동사
[헐:-]

불11-2 헐고, 헐지, 허니, 헌, 헐어, 헌다, 헙니다, 헐었다

타동사

(사람을) 헐뜯어 말하다. 나쁘게 말하다. 험담(險談)하다.

¶ 그를 칭찬하는 사람이 있는가 하면 헐어서 말하는 사람도 있다.

¶ 함부로 남을 헐어서 말하다가 도리어 인심을 잃을 수 있다.

헐뜯다 동사
[헐:-]

규11-1 헐뜯고, 헐뜯어, 헐뜯는, 헐뜯습니다, 헐뜯었다

타동사

(사람을) 해쳐서 말하다. 험담하다.

¶ 네 마음에 안 든다고 그렇게 헐뜯으면 안 된다.

¶ 나를 칭찬하던 사람이 도리어 나를 헐뜯으니 영문을 모르겠다.

헐렁하다 형용사

불20-9 헐렁하고, 헐렁하여/헐렁해, 헐렁한, 헐렁합니다, 헐렁하였다/헐렁했다

① 헐거운 듯한 느낌이 있다.
¶ 나이가 들수록 옷을 헐렁하게 입는다.
② 행동이 조심스럽지 아니하고 미덥지 못하다.
¶ 그 사람 일솜씨가 좀 헐렁한 데가 있으니 꼼꼼하게 감독해야 한다.

헐벗다 동사 [헐:-]

규11-1 헐벗고, 헐벗으니, 헐벗는, 헐벗어, 헐벗은, 헐벗네, 헐벗습니다, 헐벗었다

자동사
① 가난하여 옷이 헐어 벗다시피 하다.
¶ 헐벗고 굶주리는 사람을 구제하는 계획을 나라에서 세워야 한다.
② 산에 나무가 없어 맨바닥이 드러나거나 나무에 나뭇잎이 다 떨어지다.
¶ 헐벗은 산에서 무슨 나무를 하겠는가?
¶ 헐벗은 나무가 앙상한 가지만 드러내고 있다.

헐수할수없다 형용사

규21-1 헐수할수없고, 헐수할수없으니, 헐수할수없어, 헐수할수없습니다, 헐수할수없었다

① 이렇게도 저렇게도 할 수 없다.
¶ 헐수할수없는 사정이 있어서 그런 선택을 했겠지.
② 매우 가난하여 살아갈 길이 막연하다.
¶ 어쩌다가 그렇게까지 헐수할수없게 되었을까?

복합어
- **헐수할수없이** 부사 ① 어떻게 해 볼 도리가 없이. ② 매우 가난하여 살아갈 길이 막연하게.

험하다 형용사 (險-)[험:-]

불20-9 험하고, 험하여/험해, 험한, 험합니다, 험하였다/험했다

① (지세가) 살거나 발을 붙이기가 어렵게 거칠다.
¶ 험한 산길을 맨발로 걷는 사람도 있다.
② 험상궂고 거칠다.
¶ 여기서 험한 꼴을 보지 않으려면 어서 떠나세요.
③ 사납고 무시무시하다.
¶ 요즘 우리 사무실 분위기가 험하니 말조심해라.
④ 힘에 겹고 고생스럽다.
¶ 우리는 너무 험한 세상을 살아 왔다.
⑤ 거칠고 너절하다.
¶ 이렇게 험한 음식을 먹고 어찌 살아 왔을까?

헛- 접사

접두사
체언 앞에 붙어서 속이 비었거나 소용이 없는 물건, 또는 참되지 못한 것임을 나타내는 말.
¶ 헛부엌, 헛수고, 헛웃음, 헛일

복합어
- **헛걸음** 명사 헛수고만 하고 돌아오거나 돌아가는 걸음.
- **헛것** 명사 올림말 '헛것' 참고.
- **헛고생**(-苦生) 명사 아무 보람도 없는 고생.
- **헛기운** 명사 쓸데없거나 보람 없이 내는 기운.
- **헛기침** 명사 일부러 하는 기침.
- **헛김** 명사 딴 데로 새어 나오는 김.
- **헛꿈** 명사 이루어질 수 없는 꿈.
- **헛나가다**[헌-] 자동사 (말이) 아무렇게나 되는대로 나가다.
- **헛노릇**[헌-] 명사 아무 쓸데없는 헛된 일.

• **헛다리** 명사 ① (주로 '짚다'와 함께 쓰이어) 대상을 잘못 파악하고 일을 그르치는 일. ¶ 이번엔 헛다리를 짚었네. ② 아무 성과 없이 끝나는 일.

• **헛돌다** 자동사 효과나 보람이 없이 돌다.

• **헛되다** 형용사 ① 보람이나 실속이 없다. ② 허황(虛荒)되다.

• **헛되이** 부사 아무 보람이나 실속이 없이.

• **헛듣다** 타동사 ① 잘못 듣다. ② 기억에 남지 않게 예사로 듣다.

• **헛들리다** 자동사 (귀에 이상이 생겨) 실제와 어긋나게 들리다.

• **헛디디다** 타동사 (발을) 잘못 디디다. 허튼 데를 디디다.

• **헛말**[헌－] 명사 실제 의미가 없이 공연히 해 보는 말.

• **헛먹다**[헌－] 타동사 나이 따위를 실속 없이 먹다. ¶ 너는 나이를 헛먹었어.

• **헛물** 명사 꼭 될 것이라고 믿고 애쓴 일이 보람 없이 헛일로 돌아간 것.

• **헛발** 명사 잘못 디디거나 내찬 발.

• **헛발질** 명사 겨냥이 맞지 않아 잘못한 발길질.

• **헛방귀** 명사 소리도 냄새도 거의 없이 뀌는 방귀.

• **헛방망이질** 명사 제대로 맞히지 못한 방망이질. 헛스윙.

• **헛배** 명사 음식을 먹지 않고도 부른 배.

• **헛보다** 타동사 ① 사실과는 다르게 잘못 보다. 실상과 어긋나게 보다. ② 보기는 보았으나 보람이 있게 찬찬히 제대로 보지 못하다.

• **헛살다** 자동사 ① 사람으로서 마땅히 하여야 할 일을 다 하지 못하고 지내다. ¶ 오십 평생을 헛살았다는 생각이 들었다. ② 실속 없이 살다.

• **헛소리** 명사 ① 미덥지 않고 실속 없는 빈말. ② 질병 따위로 정신이 바르지 못한 상태에서 하는 엉뚱한 말.

• **헛소동**(－騷動) 명사 헛된 소동. 부질없는 소동.

• **헛소문**(－所聞) 명사 근거 없이 떠도는 소문.

• **헛손질** 명사 ① 의식 없이 내젓는 손짓. ② 빗나간 손질.

• **헛수**(－手) 명사 바둑이나 장기에서 헛되이 두는 수.

• **헛수고** 명사 아무 보람이 없는 수고.

• **헛스윙**(－swing) 명사 =헛방망이질

• **헛심** 명사 보람 없이 쓰는 힘.

• **헛애**[허대] 명사 =헛수고

• **헛웃음**[허두슴] 명사 마음에 없이 거짓으로 웃는 웃음.

• **헛이름**[헌니－] 명사 헛된 이름. 제값을 못 하는 이름. 허명(虛名)

• **헛일**[헌닐] 명사 올림말 '헛일' 참고

- **헛잠** 명사 ① 짐짓 자는 체하는 잠. ② 선잠. 잔 둥 만 둥 하게 잔 잠.
- **헛잡다** 타동사 잘못 잡다.
- **헛장담**(-壯談) 명사 되지 않을 일을 된다고 자신 있게 말하는 큰소리.
- **헛장사** 명사 이익이 남지 않거나 손해가 난 장사.
- **헛짚다** 타동사 팔이나 다리가 바닥을 바로 짚지 못하다.
- **헛치레** 명사 쓸데없이 겉만 모양내어 꾸밈.
- **헛힘** 명사 =헛심

관용 표현

- **헛김이 나다** ① 기운이 딴 데로 새어 나오다. ② 일에 실패하거나 하여 기운이 꺾이다.
- **헛꿈을 꾸다** 실현될 수 없는 일을 이루려고 하거나 그것이 이루어지기를 바라다.
- **헛다리를 짚다** ① 간 목적을 이루지 못하여 헛걸음을 하다. ② 상대를 잘못 정하여 일을 그르치다. ③ 일이 잘못되어 기대에 어긋나다.
- **헛물만(/을) 켜다** 이루어지지 않을 일을 이루려고 헛되이 애를 쓰다.
- **헛배가 부르다** ① 음식을 먹지 않았는데 배가 부르다. ② 실속은 없고 마음만 흐뭇하거나 느긋하다.
- **헛애를 쓰다** 헛수고를 하다.

헛갈리다 동사

규11-0 헛갈리고, 헛갈리어/헛갈려, 헛갈린다, 헛갈립니다, 헛갈리었다/헛갈렸다

=헷갈리다

헛것 명사

① =허깨비

¶ 기력이 쇠하였는지 자꾸 눈앞에 헛것이 보인다.

¶ 그 사람은 나를 헛것이나 본 것처럼 멍하니 바라보았다.

② =헛일

¶ 준비를 단단히 했는데 계획이 변경되는 바람에 말짱 헛것이 되어 버렸다.

헛일 명사 [헌닐]

보람을 얻지 못하고 쓸데없이 한 노력이나 행위. 허사(虛事). 헛것.

¶ 열심히 노력했지만 모두 헛일로 돌아갔다.

¶ 우리가 애쓴 모든 일이 헛일이 되었다.

복합어

- **헛일하다**[헌닐-] 자동사 보람을 얻지 못하고 쓸데없이 노력하다. ¶ 그의 마음을 돌리려고 애를 썼지만 결국 헛일한 셈이 되었다.

헛헛하다 형용사

규20-9 헛헛하고, 헛헛하여/헛헛해, 헛헛합니다, 헛헛하였다/헛헛했다

① 속이 빈 것처럼 무엇이 먹고 싶다. 몹시 출출해서 자꾸 먹고 싶다.

¶ 나는 배가 조금만 고파도 속이 헛헛해서 참지 못한다.

② 가슴이 허전하다.

¶ 그를 떠나보내고 나는 헛헛한 마음을 추스르기 힘들었다.

헤매다 동사

규11-0 헤매고, 헤매어/헤매, 헤맵니다, 헤매었다/헤맸다

자동사

① 방향 없이 이리저리 돌아다니다.

¶ 한참 헤매다가 겨우 길을 찾았다.

② 갈피를 잡지 못하다.

¶ 해결책을 찾지 못하고 아직도 헤매는 중이다.

③ (어떤 환경에서) 헤어나지 못하고 맴돌다.

¶ 그 당시 조선 백성은 폭정 아래에 헤매고 있었다.

타동사

① 이곳저곳을 방향 없이 돌아다니다.

¶ 길을 몰라 거리를 헤매다가 우연히 아는 사람을 만났다.

¶ 꿈속을 헤매다가 겨우 잠을 깼다.

② 어떤 환경을 벗어나지 못하고 허덕이다.

¶ 그는 아직 사경을 헤매고 있다.

헤아리다 동사 [헤:-]

규11-0 헤아리고, 헤아리어/헤아려, 헤아립니다, 헤아리었다/헤아렸다

타동사

① 수량을 세다.

¶ 밤이면 그날 번 돈을 헤아리며 만족해 하시던 부모님 얼굴이 떠오른다.

② (비교적 많은 수를 나타내는 말 뒤에 쓰이어) 그 수 정도에 이르다.

¶ 그날 집회에는 십만을 헤아리는 시민이 모였다.

③ 짐작하여 가늠하거나 미루어 생각하다.

¶ 우리의 어려움을 헤아려 주세요.

¶ 어느 것이 좋을지 헤아려서 결정하여라.

헤어나다 동사

규10-0 헤어나고, 헤어나, 헤어나는, 헤어납니다, 헤어났다

자동사

어려운 상태를 헤치고 거기서 벗어나다.

¶ 그는 가난에서 헤어나려고 안간힘을 썼다.

타동사

어떤 상태을 벗어나다.

¶ 고통의 늪을 헤어나려 무던히 애를 썼다.

'헤어나다'의 용법

'헤어나다'는 자동사와 타동사로 동시에 쓸 수 있다. 타동사로 쓰는 경우에는 목적격 조사 '를/을'을 써서 '무엇을 헤어나다'처럼 구문을 만든다. 자동사로 쓰는 경우에는 '무엇에서 헤어나다'처럼 부사격 조사 '에서'를 써서 구문을 만든다. '에서' 대신에 '로부터'를 쓰는 것은 영어의 영향을 받은 용법으로 바람직하지 않다.

¶ 사람들은 그제야 공포감에서 헤어나 도망치기 시작했다. (바른 구문)

¶ 사람들은 공포감으로부터 헤어나 도망치기 시작했다. (바람직하지 않은 구문)

헤어지다 동사 ㉾ 헤지다

규11-0 헤어지고, 헤어져, 헤어진, 헤어집니다, 헤어졌다

자동사

① 모여 있다가 따로따로 흩어지다.

¶ 친구들과 헤어져 집으로 오는 길에 아버지를 만났다.

② 사귐이나 맺은 정을 끊고 갈라서다.

¶ 뜻이 맞지 않아서 그와 헤어지기로 했다.

③ 살갗이 터져 갈라지다.

¶ 야근을 자주 하니 힘이 들었던지 입술이 헤어졌다.

▶ '헤어지다'와 '해어지다'의 차이는 올림말 '해어지다' 참고.

헤지다 동사 [헤ː-]

규11-0 헤지고, 헤져, 헤진, 헤집니다, 헤졌다

'헤어지다'의 준말.

¶ 친구들을 만나 저녁을 먹고 열 시쯤 헤졌다.

¶ 손등이 헤져 쓰라렸다.

▶ '헤지다'와 '해지다'의 차이는 올림말 '해지다' 참고.

헤집다 동사

규11-1 헤집고, 헤집으니, 헤집는, 헤집어, 헤집습니다, 헤집었다

타동사

① 긁어 파서 뒤집어 흩다.

¶ 닭이 흙더미를 마구 헤집어 놓았다.

② 걸리는 것을 이리저리 물리치다.

¶ 기차를 놓칠까 봐 사람들을 헤집고 정신없이 달려갔다.

헤치다 동사

규11-0 헤치고, 해쳐, 헤칩니다, 헤쳤다

타동사

① (방해되는 것을) 이겨 나가다.

¶ 빽빽이 우거진 수풀을 헤치고 숲속 깊숙이 들어갔다.

¶ 이 난국을 헤쳐 나갈 방법을 찾읍시다.

② (속에 있는 것을 드러나게 하려고) 겉을 벌려 젖히다.

¶ 단추를 끌러 옷가슴을 헤치고 부채질을 하였다.

③ 뿔뿔이 흩어져 가게 하다.

¶ 경찰은 시위 군중을 헤쳐 놓으려고 물대포를 마구 쏘아 댔다.

④ (앞에 걸리는 것을) 좌우로 물리치다.

¶ 배가 물살을 헤치고 나아가기 시작한다.

⑤ 안정되거나 정돈된 것을 흐트러지게 하다.

¶ 공사장에서 발파 소리가 들려와 조용하던 교실 분위기를 헤쳐 놓았다.

'헤치다'와 '해치다'

'헤치다'는 어떤 상태에 있는 것을 양옆으로 벌리면서 가거나 무질서하게 흐트러뜨리는 행위이다. 물살, 분위기, 숲, 옷가슴, 치맛자락, 군중 따위를 목적어로 쓴다.

¶ 우리는 가시덤불을 헤치고 길을 내면서 나아갔다.

¶ 영수가 시끄럽게 떠들어 교실 분위기를 헤쳐 놓았다.

¶ 여인은 옷가슴을 헤치고 아이에게 젖을 물렸다.
'해치다'는 사람, 건강, 경관, 이익, 몸, 인명, 사람 따위를 목적어로 쓴다.
¶ 운동을 과도하게 하면 건강을 해치기 쉽다.
¶ 산 중턱을 깎아 집을 지으면 경관을 해칠 것이 뻔하다.
¶ 어떤 일이 있어도 사람을 해치는 일은 하지 마라.

헤프다 형용사 [헤: -]

불21-8 헤프고, 헤프니, 헤퍼, 헤픕니다, 헤펐다

① 물건이나 돈 따위를 아끼지 아니하고 함부로 쓰는 버릇이 있다.
¶ 돈을 그리 헤프게 쓰다가 큰 낭패를 당하게 될 거다.
② 말이나 행동 따위를 삼가거나 아끼는 데가 없이 마구 하는 듯하다.
¶ 정이 헤픈 사람은 쉽게 정을 준다.
③ 쓰는 물건이 쉽게 닳거나 빨리 없어지는 듯하다.
¶ 식구가 많으니 양식이 헤플 수밖에 없다.

복합어

• **헤피**[헤: -] 부사 헤프게. ¶ 너는 입을 너무 헤피 놀린다. / 물건을 헤피 쓰지 마라.

헷갈리다 동사

규11-0 헷갈리고, 헷갈리어/헷갈려, 헷갈린다, 헷갈립니다, 헷갈리었다/헷갈렸다

자동사
=헛갈리다
① 정신이 혼란스럽게 되다.
¶ 긴장이 되니 무엇부터 해야 할지 헷갈렸다.
② 여러 가지가 뒤섞여 갈피를 잡지 못하다.
¶ 오랜만에 왔더니 이 길이 맞는지 저 길이 맞는지 헷갈린다.

헹가래 명사

(기쁜 일을 축하하는 뜻에서) 여럿이 한 사람의 몸을 번쩍 들어 올렸다 내렸다 하는 짓.
¶ 우승을 축하하기 위하여 선수들이 감독을 들어 올려 헹가래를 쳤다.

복합어

- **헹가래질** 명사 헹가래를 치는 짓.

관용 표현

- **헹가래를 치다** 한 사람의 네 활개를 잡고 들어 올렸다 내렸다 하다.

헹구다 동사

규11-0 헹구고, 헹구어/헹궈, 헹굽니다, 헹구었다/헹궜다

타동사

빨거나 씻은 것을 다시 깨끗한 물에 넣어서 가시다.
¶ 비눗물에 담가 놓은 걸레를 헹궈서 널어라.
¶ 양치질을 하고 나서 물로 입안을 여러번 헹궜다.

복합어

- **헹굼성**(-性)[-썽] 명사 깨끗이 헹궈지는 성질. ¶ 이 세제는 헹굼성이 뛰어나다.

현찰 명사 (現札)[현:-]

'현금(現金)'으로 순화.

'현찰'과 '현금'
국어에서는 돈을 가리킬 때 '찰(札)'이라는 한자를 쓰지 않는다. '현금'을 '현찰'이라는 한자로 쓰는 것

ㅎ

은 일본어에서 온 것이다. 따라서 '현찰'을 '현금'으로 쓰도록 했다. 아래 일본식 한자어도 바꾸어 쓰도록 권한다.
¶ 정찰제(正札制)→정가제(正價制)
¶ 명찰(名札)→이름표(標), 명패(名牌)

혈혈단신 명사 (孑孑單身)

의지할 데 없는 몸. ×홀홀단신
¶ 그는 혈혈단신으로 북에서 내려온 피란민이었다.

혐의 명사 (嫌疑)

① 범죄를 저질렀으리라는 의심, 또는 그런 의심을 품는 생각.
¶ 그 사람은 혐의가 없는 것으로 밝혀져 경찰에서 풀려났다.
¶ 그에게 살인 혐의를 두고 수사하고 있다.
② 꺼리고 싫어함. 또는 그런 점.
¶ 그를 좋아하지 않을 뿐 혐의는 없다.

복합어

- **혐의스럽다**(嫌疑-) 형용사 =혐의쩍다
- **혐의스레**(嫌疑-) 부사 혐의스럽게.
- **혐의자**(嫌疑者) 명사 혐의를 받는 사람. 범죄를 저질렀으리라는 의심을 받는 사람.
- **혐의쩍다**(嫌疑-) 형용사 ① (범죄의) 의심을 받을 만한 점이 있다. 의심쩍다. ② 꺼림하고 싫어할 만한 구석이 있다.
- **혐의하다**(嫌疑-) 자동사 타동사 ① 범죄를 저질렀을 것으로 의심하다. ② 꺼리고 싫어하다.

'혐의자'와 '용의자'
검찰이나 경찰에서 '혐의자' 대신에 '용의자'라는 말을 자주 쓰는 것을 볼 수 있다. '용의자(容疑者)'는 일본어에서 '혐의자'를 뜻하는 말이다. 일본에서는 '혐의 차량'을 '용의 차량'이라고 한다. 이런 일본식 낱말을 우리 검찰과 경찰이 자주 사용하는 것은 적절하지 않다. '嫌(혐)'은 '의심하다, 꺼리다'의 뜻이 있으므로 '혐의'라는 말을 사용하는 것은 아무 문제가 없지만 '容(용)'은 '얼굴, 모양, 용서하다' 따위의 뜻이 있을 뿐이므로 '용의'는 전혀 맞지 않은 낱말이다. 따라서 검찰과 경찰은 '용의', '용의자'는 '혐의', '혐의자'로 바꿔 쓰기 바란다.

협박 명사 (脅迫)

겁을 주며 압력을 가하여 남에게 억지로 어떤 일을 하도록 함.

¶ 강도한테 협박을 받아 돈을 다 내주고 말았다.

¶ 담배를 끊지 않으면 헤어지겠다는 연인의 협박에 못 이겨 담배를 끊었다.

복합어

- **협박범**(脅迫犯) 명사 협박하는 범죄. 또는 그런 범인.
- **협박성**(脅迫性) 명사 협박하는 성질. 협박하는 내용을 가진 성질.
- **협박장**(脅迫狀) 명사 협박하는 내용을 적은 문서.
- **협박하**다(脅迫－) 타동사 겁을 주어 남에게 억지로 어떤 일을 하도록 하다.

▶ '협박'과 '위협'의 차이에 대해서는 올림말 '위협' 참고.

형편 명사 (形便)

① 되어 가는 일의 상황. 또는 사람이 처한 상황

¶ 우리는 지금 한가하게 여행할 형편이 아니다.

¶ 아이들 사는 형편을 좀 보고 싶어서 왔다.

¶ 내 형편도 좀 생각해 주시오.

② 살림살이의 형세.

¶ 이 일이 잘되어 형편이 좋아지면 네 빚을 가장 먼저 갚겠다.

¶ 누나는 가정 형편이 어려워 진학할 수 없었다.

복합어

- **형편없다**(形便-) 형용사 ① (품질, 상태, 일의 결과가) 매우 좋지 못하다. ¶ 팀 성적이 형편없어서 감독으로서 면목이 없다. ② 실망스러우리만큼 정도가 심하다. ¶ 그 영화를 본 사람들은 형편없는 영화라고 했지만 나는 재미있게 보았다.
- **형편없이**(形便-) 부사 실망스러울 만큼 정도가 심하게. ¶ 내 점수가 형편없이 낮아서 아무 데도 원서를 낼 수 없었다.

관용 표현

- **형편이 말이 아니다** 형편이 아주 안 좋다. 경제적으로 무척 어렵다. ¶ 우리 집은 요즘 형편이 말이 아니라 여행을 보내 달라고 할 수 없다.

호들갑 명사

야단스럽거나 방정맞은 말투나 하는 짓.
¶ 오랜만에 만난 친구가 호들갑을 떨면서 반가워했다.

복합어

- **호들갑스럽다** 형용사 말투나 하는 짓이 경망하고 방정맞고 수다스럽다.
- **호들갑스레** 부사 호들갑스럽게.

관용 표현

- **호들갑을 떨다** 호들갑스러운 짓을 하다.
- **호들갑을 부리다** 일부러 호들갑스러운 짓을 하다.

호락호락 부사

만만하게. 다루기 쉽게.
¶ 누가 그런 말에 호락호락 넘어갈까?
¶ 아버지는 내 응석을 호락호락 받아 주지 않는다.

복합어

• **호락호락하**다 (형용사) 다루기가 쉽게 만만하다. ¶ 그 사람은 결코 호락호락한 성격이 아니야.

'호락호락'의 용법

이 말은 다루기 쉽지 않음을 나타내기 위해서 쓴다. 그래서 꼭 부정 어구와 어울린다. '그는 호락호락한 사람이다'처럼 긍정 어구와 어울리면 어색하다.

¶ 그는 호락호락 넘어가지 않을걸.

¶ 그가 그렇게 호락호락한 사람인가? (부정을 전제로 하는 말)

× 호로자식

'후레자식'의 틀린 말.

¶ 이런 호로자식(×)/후레자식(○)을 봤나!

호롱 명사

석유로 불을 켜는 등에서 석유를 담는 그릇.

¶ 밤늦게까지 책을 읽으려고 호롱에 석유를 가득 채웠다.

복합어

• **호롱불** (명사) 호롱에 켠 불.

'호롱'과 '초롱'

둘 다 석유를 담는 그릇이다. '호롱'은 등불을 켜기 위해서 석유를 담는 그릇이고, '초롱'은 액체를 담는 양철통이다. '호롱'에 비해서 '초롱'이 훨씬 더 크다. 한편, '초롱불'은 액체를 담는 '초롱'과 관련이 없는 말이다. '초롱불'은 초를 등롱에 넣어서 켠 불을 가리킨다. 보통 등롱은 등잔이나 초를 바구니 같은 것(이것을 籠이라고 한다)에 넣은 것인데, 초를 넣어 불을 밝힌 등롱을 특별히 '초롱'이라고 하고 그 불을 '초롱불'이라고 한다. 청사초롱에 켠 불이 '초롱불'이다.

호루라기 명사

① 입으로 불어서 휘파람 소리를 내는 물건.

¶ 예전에는 교통경찰이 네거리에서 호루라기를 불며 교통정리를 하였다.

② 살구 씨나 복숭아 씨 양쪽에 구멍을 뚫어 속을 파내어 만든 장난감. 소리를 내는 데에 쓴다.

× 호루루기

'호루라기'의 틀린 말.

호젓하다 형용사

불20-9 호젓하고, 호젓하여/호젓해, 호젓합니다, 호젓하였다/호젓했다

① 후미져 무서운 느낌이 들 만큼 고요하다.

¶ 혼자 호젓한 산길을 걸어가니 조금 무서운 기분이 들기도 했다.

② 쓸쓸하고 외롭다.

¶ 남편이 떠난 뒤 아내는 아들과 단둘이 호젓하게 살고 있었다.

복합어

- **호젓이** 부사 호젓하게. ¶ 겨울 긴 밤을 혼자 호젓이 지새우는 기분을 아는가?

혹[1] 명사

몸에 병적으로 힘살이 굳어지거나 볼록해진 부분.

¶ 그는 턱 밑에 큰 혹이 달려서 아이들이 혹부리라고 놀렸다.

복합어

- **혹부리** 명사 얼굴에 혹이 달린 사람.

혹² 부사 (或)

① 어쩌다가. 만일. 행여. 혹시.
¶ 혹 그를 보면 내가 찾는다고 전해 주게.
② 이따금. 더러. 간혹.
¶ 보통 아침에 산책을 하지만 혹 저녁 무렵에 하는 때도 있다.

복합어

- **혹은**(或－) 부사 ① 그렇지 않으면. 또는. ② 더러는.

혹시 부사 (或是/或時)

① 어쩌다가, 만일에.
¶ 혹시 그를 만나지 못하면 다시 돌아오게.
¶ 혹시 나 없을 때 무슨 일이 생기면 바로 전화해 줘.
② 더러.
¶ 혹시 나쁜 소문이 들리더라도 마음에 두지 말게.
③ 행여나.
¶ 혹시 오늘은 임이 오시려나 기다려진다.
④ (의문문에 쓰이어) 그러리라 여기면서도 조금 미심쩍어 말하기를 주저할 때 쓰는 말.
¶ 혹시 우리가 전에 만난 적이 있지 않나요?

복합어

- **혹시나**(或是－) 부사 '혹시'의 힘줌말. 행여나. ¶ 혹시나 하고 가 보았으나 역시 없었다.

관용 표현

- **혹시나 하다** 가냘픈 기대나 희망을 가지다.
- **혹시나 했더니 역시나다** 기대할 수 없는 일에 조그만 희망을 품었으나 결과는 역시 원래 생각했던 대로이다.

▶ '혹시'와 '행여'의 차이는 올림말 '행여' 참고.

혹하다 동사 (惑-)

불10-9 혹하고, 혹하여/혹해, 혹합니다, 혹하였다/혹했다

자동사

정신을 차리지 못하게 반하거나 빠지다.

¶ 몇 푼 더 준다는 말에 혹하여 회사를 옮기고 말았다.

혼 명사 (魂)

사람의 몸 안에서 몸과 정신을 다스린다는 비물질적인 것.

¶ 어떤 사람들은 바위나 산에도 혼이 있다고 믿는다.

¶ 영호는 여자 친구에게 혼을 다 빼앗긴 것 같더라.

복합어

- **혼나다** [자동사] 올림말 '혼나다' 참고.
- **혼내다** [타동사] 올림말 '혼내다' 참고.

▶ '혼'과 '혼찌검'에 관해서는 올림말 '혼찌검' 참고.

혼나다 동사 (魂-)

규10-0 혼나고, 혼나, 혼나는, 혼납니다, 혼났다

자동사

① 매우 놀라거나 힘들거나 하여서 정신이 빠질 지경에 이르다.

¶ 어려운 일을 하느라고 혼났다.

¶ 취재하러 온 기자들을 따돌리느라고 혼났어요.

② (누구에게) 호되게 꾸지람을 듣거나 벌을 받다.

¶ 지각했다고 선생님께 혼났다.

¶ 너 그렇게 말을 안 들으면 혼날 줄 알아.

혼내다 동사 (魂-)

규11-0 혼내고, 혼내어/혼내, 혼내는, 혼냅니다, 혼내었다/혼냈다

타동사

호되게 꾸지람을 하거나 벌을 주다.

¶ 선생님이 소란 피우는 아이를 혼냈다.

¶ 밥 먹을 때 밥알을 흘리면 할머니께서 우리를 혼내셨다.

혼돈하다 형용사 (混沌-)

불20-9 혼돈하고, 혼돈하여/혼돈해, 혼돈하였다/혼돈했다

마구 뒤섞여 있어 갈피를 잡을 수 없는 상태이다.

¶ 요즘 정치가 너무 혼돈하여 사회가 어지럽다.

▶ '혼돈'과 '혼동'의 차이는 올림말 '혼동' 참고.

혼돌림 명사 (魂-)

=혼뜸

복합어

- **혼돌림하다** 타동사 =혼뜸하다 ¶ 선생님께서 지각한 아이들을 혼돌림하신다.

혼동 명사 (混同)[혼:-]

뒤섞어 보거나 잘못 판단함. 같지 않은 것을 잘못하여 같게 생각함.

¶ 두 상품이 이름도 비슷하고 포장도 비슷해서 사람들에게 혼동을 일으키게 한다.

ㅎ

복합어

- **혼동하다**(混同-)[혼:-] 타동사 구별하지 못하고 뒤섞어 생각하다. ¶ 자유와 방종을 혼동하는 사람이 많이 있다.

'혼동'과 '혼돈'

'혼동'은 이것과 저것을 구별하지 못하고 같은 것으로 착각하는 것이고, '혼돈(混沌)'은 질서를 갖추지 못한 모습을 나타내는 말이다. '혼동하다'는 동사이고, '혼돈하다'는 형용사이다.

¶ 선생님 얼굴과 친구 얼굴을 혼동하여 실수를 저질렀다.

¶ 태초에 우주는 혼돈한 상태에 있었다고 한다.

혼뜨검 명사 (魂-)

단단히 혼남. 또는 그런 일.

¶ 거짓말을 한 것 때문에 단단히 혼뜨검을 당했다.

¶ 아이가 날마다 피시방에서 놀다 오기에 한번 혼뜨검을 내야겠다고 별렀다.

복합어

- **혼뜨검하다**(魂-) 자동사 단단히 혼나다.

'혼뜨검'과 '혼띔'

두 말이 모두 혼남을 나타내는 말인데, 명사로는 쓰임새 차이가 없으나 동사로 바꾸어 사용하면 용법이 사뭇 달라진다. '혼뜨검하다'는 자동사이고, '혼띔하다'는 타동사이다.

¶ 그 일로 혼뜨검하고(=혼나다) 나니 다시는 그런 일을 할 생각이 없어지더라.

¶ 공부를 안 한다고 아이를 너무 심하게 혼띔하지(=혼내다) 마세요.

✕ 혼뜨임

'혼띔'의 틀린 말.

혼뜀 명사 (魂-)

단단히 혼냄. 또는 그런 일. 혼돌림.

¶ 선배에게 섣불리 대들었다가 혼뜀을 당했다.

복합어

- **혼뜀하다**(魂-) 타동사 단단히 혼내다. ¶ 자꾸 거짓말하는 아이를 단단히 혼뜀하였다.

▶ '혼뜀'과 '혼뜨검'은 올림말 '혼뜨검' 참고.

혼자 명사 부사

명사

자기 한 몸. 한 사람.

¶ 그는 가족과 떨어져 혼자서 지낸다.

¶ 그는 아내와 이혼하고 다시 혼자가 되었다.

¶ 이 일은 너 혼자로는 어림없다.

부사

단독으로. 홀로.

¶ 아버지는 고향에서 혼자 농사를 지으신다.

¶ 모두 여행을 가고 나만 혼자 집에 남았다.

복합어

- **혼자되다** 자동사 배우자가 죽어 홀로되다. 홀몸이 되다.
- **혼잣말**[-잔-] 명사 남을 상대하지 않고 혼자 하는 말. 독백(獨白).
- **혼잣말하다**[-잔-] 자동사 남을 상대하지 않고 혼자 말하다.
- **혼잣소리** 명사 =혼잣말
- **혼잣속** 명사 저 혼자서 하는 속생각. 또는 속마음.
- **혼잣손** 명사 혼자 살림을 꾸리거나 일을 하는 처지. ¶ 어머니는 혼잣손으로 살림을 꾸려 나갔다.

혼찌검 명사 (魂-)

'혼이 나다'나 '혼을 내다'를 속되게 이를 때에 쓰는 말. 주로 '혼찌검이 나다'나 '혼찌검을 내다'처럼 쓰인다.

¶ 너도 혼찌검이 나야 되겠구나!

¶ 저 애 좀 혼찌검을 내 주세요.

'혼찌검'과 '혼'

'혼찌검'을 '혼(魂)'의 속된 말로 설명하지 않는 까닭은 '혼찌검'의 쓰임이 매우 제한적이기 때문이다. '혼이 나다', '혼을 내다' 또는 '혼나다', '혼내다'에서 '혼'은 '혼찌검'으로 대체하여 쓸 수 있다. 이 경우에만 '혼찌검'은 '혼'의 속된 말이 된다. 그러나 '칼을 휘두를 때에도 혼을 담아서 휘두른다'라고 했을 때에는 '혼' 대신에 '혼찌검'을 쓸 수 없다. '혼찌검'은 오로지 '혼찌검을 내다', '혼찌검이 나야겠다'처럼 상대를 혼내는 상황에서만 쓴다.

홀- 접사

접두사

(체언 앞에 붙어서 체언이) 짝이 없거나 하나뿐임을 나타내는 말.

¶ 홀몸, 홀아비, 홀어머니

복합어

- **홀로** 부사 올림말 '홀로' 참고.
- **홀몸** 명사 올림말 '홀몸' 참고.
- **홀수**(-數)[-쑤] 명사 2로 나누면 나머지가 생기는 자연수.
- **홀씨** 명사 정받이를 하지 아니하고 스스로 싹이 터 새로운 개체를 이루는 세포. 포자(胞子).
- **홀아버지** 명사 아내와 사별하거나 이혼하고 혼자 사는 남자.
- **홀아비** 명사 '홀아버지'의 낮춤말.
- **홀아비김치** 명사 무나 배추 한 가지로만 담근 김치.
- **홀아비살림** 명사 ① 아무 계획 없이 되는대로 사는 살림. ② 홀아비의 적막하고 군색한 살림.
- **홀알** 명사 정받이 하지 않은 알. 무정란(無精卵).

• **홀앗이** 명사 혼자서 살림을 맡아 사는 처지.
• **홀앗이살림** 명사 식구가 단출하여 홋홋한 살림.
• **홀어머니** 명사 남편과 사별하거나 이혼하고 혼자 사는 여자, 또는 그런 어머니.
• **홀어미** 명사 '홀어머니'의 낮춤말.

속담

• **홀아비 굴뚝에 연기 나오듯** 연기 따위가 풀풀 나는 모양.

'홀-'과 '홑-'

'홀-'과 '홑-'은 모두 하나의 뜻을 더하는 접두사이다. 이 두 접두사를 붙이는 낱말이 정해져 있어서 혼란을 일으키는 경우는 그리 많지 않다.

1. '홀-'을 붙이는 경우
   • 부부 중에서 한 사람이 죽거나 이혼하여 혼자 된 경우: 홀아비, 홀어미
   • 배우자와 사별하거나 이혼하여 혼자 사는 사람, 피붙이가 없어 혼자 사는 사람: 홀몸
   • 암수 양성 생식을 하지 않고 단성 생식을 하는 경우: 홀씨, 홀알
   • 둘 이상이 어울리거나 다른 것의 장애를 받지 않고 홀로 나는 소리: 홀소리
   • 2로 나뉘지 않는 수: 홀수
   • 특별한 사물에 붙이는 명사: 홀이름씨(고유 명사)
2. '홑-'을 붙이는 경우
   • 아직 임신하지 않은 여자: 홑몸
   • (처녀와 총각처럼) 딸린 식구가 없는 몸: 홑몸
   • 어느 한쪽만 있는 사돈: 홑사돈
   • 겹이 아닌 옷이나 물건(↔겹): 홑옷, 홑적삼, 홑이불, 홑담, 홑단, 홑처마
   • 무엇을 덧대지 않는 것(↔겹): 홑대패, 홑창
   • 하나로 된 것(↔겹): 홑눈, 홑꽃잎, 홑잎, 홑알갱이, 홑열매, 홑세포
   • 외올로 된 실(↔겹): 홑실
   • 주어와 서술어가 하나씩 있는 문장(↔겹): 홑문장
   • 음성의 최소 단위. 하나로 된 소리: 홑소리
   • 홑으로 나는 자음이나 모음(↔겹): 홑닿소리, 홑홀소리, 홑소리
   • 단순한 사람, 사회: 홑사람, 홑사회

위의 예에서 볼 수 있듯이 '홀-'과 '홑-'을 쓰는 단어는 어느 정도 정리가 되어 있어서 헷갈리지 않는다. 그러나 '홀몸'과 '홑몸'은 개념이 중복되는 점이 있어서 어떻게 명확하게 구별할 수 있을지 분명하지 않다. (올림말 '홀몸' 참고.)

▶ '홀-'과 '핫-'의 차이는 올림말 '핫-' 참고.

ㅎ

홀가분하다 형용사

불20-9 홀가분하게, 홀가분하여/홀가분해, 홀가분한, 홀가분합니다, 홀가분하였다/홀가분했다

① 거추장스럽지 않고 가뿐하다.
¶ 입시가 끝나니 마음이 홀가분하다.
¶ 가방 하나만 들고 홀가분하게 여행을 떠났다.
② 다루기가 만만하여 대수롭지 않다.
¶ 그 팀이라면 우리가 홀가분하게 싸울 수 있을 것 같다.
¶ 겉으로는 약해 보이지만 실제로는 그리 홀가분한 상대가 아닐걸.

홀로 부사

혼자서만. 혼자 힘으로.
¶ 이른 아침에 숲길을 홀로 걷다 보면 어느새 머리가 맑아진다.
¶ 할머니는 고향에서 홀로 사신다.
¶ 아버지가 일찍 세상을 떠나 어머니 홀로 우리 남매를 키우셨다.

복합어

- **홀로되다** 자동사 과부나 홀아비가 되다. 혼자되다.
- **홀로서기** 명사 누구의 지원이나 도움을 받지 않고 제 스스로 자기 일을 처리해 나가는 일. ¶ 부모들은 자기 아이들이 빨리 홀로서기를 할 수 있도록 잘 이끌어 주어야 한다.
- **홀로이** 부사 '홀로'를 강조하는 말.

홀몸 명사

배우자나 형제가 없는 사람.
¶ 사고로 아내를 잃고 홀몸이 되었다.
¶ 부모를 일찍 여의었고, 하나 있던 동생까지 죽어 이제 홀몸으로 살아야 한다.

'홀몸'과 '홑몸'

'홀몸'은 주로 같이 살던 사람이 없이 혼자가 되었을 때에 쓴다. 배우자가 죽으면 '홀몸'이 되고, 식구가 다 떠나면(외국으로 나가는 따위) '홀몸'이 된다. '홀몸'은 의지할 데가 없이 혼자가 되었다는 점에 주목하여 사용하는 말이다.

'홑몸'은 여럿이 아니라는 점을 강조하는 말이다. 처녀나 총각은 배우자나 자녀가 없기 때문에 '홑몸'이다. 아이를 밴 여자에게 흔히 말하는 '홀몸도 아닌데'는 잘못이다. 이 경우 '홑몸도 아닌데'처럼 써야 한다.

× 홀쪽이

'홀쭉이'의 틀린 말.

× 홀쪽하다

'홀쭉하다'의 틀린 말.

홀쭉이 명사

몸이 마른 사람.

¶ 아무것도 먹지 않으면서 뚱보가 되었다가 홀쭉이가 되었다가 하는 것은?

홀쭉하다 형용사 [-쭈카-]

불20-9 홀쭉하고, 헐쭉하여/홀쭉해, 홀쭉한, 홀쭉합니다, 홀쭉하였다/홀쭉했다

① 길이에 비하여 몸통이 가늘고 길다.

¶ 그 남자는 얼굴이 좀 홀쭉한 편이다.

ㅎ

② 속이 비어서 안으로 오므라져 있다.
¶ 아무것도 들어 있지 않은지 가방이 홀쭉해 보인다.
③ 앓거나 지쳐서 몸이 야위다.
¶ 며칠 앓고 났더니 볼이 홀쭉하고 얼굴빛이 노랗게 되었다.

복합어
- **홀쭉이** 명사 올림말 '홀쭉이' 참고.
- **홀쭉히** 부사 ① 길이에 비하여 몸통이 가늘고 길게. ¶ 아이 다리가 홀쭉히 길다. ② 속이 비어서 안으로 오므라져 있게. ¶ 운동을 열심히 했더니 뱃살이 빠져 홀쭉히 들어갔다. ③ 앓거나 지쳐서 몸이 야윈 상태로. ¶ 앓고 났더니 볼이 홀쭉히 들어갔다.

홀치다 동사

규11-0 홀치고, 홀쳐, 홀칩니다, 홀쳤다

타동사
풀리지 않도록 단단히 동이다. ×훌치다
¶ 자루가 풀리지 않게 아가리를 홀쳤다.
¶ 손가락을 베어서 붕대로 홀쳐 감았다.

복합어
- **홀쳐매다** 타동사 풀리지 않도록 단단히 동여매다.

× 홀홀단신

'혈혈단신(孑孑單身)'의 틀린 말.

× 홍건하다

'흥건하다'의 틀린 말.

홍두깨 명사

옷감을 감아서 다듬이질할 때에 쓰는 도구.

¶ 문경새재의 박달나무 홍두깨가 유명하다.

복합어

- **홍두깨다듬이** 명사 (주로 명주 같은 천을) 홍두깨에 감아서 하는 다듬이질.

홑- 접사

접두사

체언이 겹으로 되지 않고 '한 겹' 또는 '외톨'임을 뜻하는 말.

¶ 홑겹, 홑눈, 홑담, 홑이불, 홑치마

복합어

- **홑겹** 명사 단 한 겹.
- **홑눈**[혼-] 명사 마디발동물에서 볼 수 있는 간단한 구조의 눈.
- **홑담** 명사 한 겹으로 쌓은 담.
- **홑두루마기** 명사 한 겹으로 지은 두루마기.
- **홑몸**[혼-] 명사 아이를 배지 아니한 몸. ¶ 홑몸도 아닌데 무리하지 마세요.
- **홑문장**(-文章)[혼-] 명사 주어와 술어가 하나씩 있어 이들이 한 번만 결합하는 문장.
- **홑바지** 명사 한 겹으로 된 바지.
- **홑벌** 명사 한 겹으로 된 물건.
- **홑벌사람** 명사 속이 깊지 못하고 소견이 얕은 사람. ㊟ 홑사람
- **홑사람** 명사 '홑벌사람'의 준말.
- **홑소리** 명사 홑으로 나는 닿소리와 홀소리. 단음(單音).
- **홑옷** 명사 한 겹으로 된 옷.
- **홑으로** 부사 올림말 '홑으로' 참고.
- **홑이불**[혼니-] 명사 한 겹으로 된 이불. ¶ 여름에 삼베로 만든 홑이불을 덮고 자면 무척 시원하다.
- **홑잎**[혼닙] 명사 잎사귀 한 장으로 된 잎.

• **홑저고리** 명사 한 겹으로 지은 저고리.
• **홑창**(-窓) 명사 겹으로 되지 않은 창. 겉창이 없는 창.
• **홑처마** 명사 서까래가 도리에서 처마 끝까지 뻗은 처마. 며느리서까래가 없는 처마.
• **홑청** 명사 이불이나 요의, 사람 몸에 닿는 부분에 시치는 홑겹으로 된 헝겊. 요나 이불의 겉껍데기 구실을 한다.
• **홑치마** 명사 한 겹으로 된 치마. 속에 아무것도 입지 않은 치마.

'홑-'의 상대어

'홑-'의 상대어는 '겹-'이다. '홑두루마기'와 '겹두루마기', '홑바지'와 '겹바지', '홑저고리'와 '겹저고리', '홑치마'와 '겹치마', '홑잎'과 '겹잎' 따위가 다 상대어이다. 그러나 '홑-'이 언제나 '겹-'의 상대어로 쓰이지는 않는다. 아래는 '겹'과 관계가 없는 보기이다.

• 홑몸, 홑벌, 홑사람, 홑소리

▶ '홑-'과 '홀-'의 차이는 올림말 '홀-' 참고.

홑으로 부사

① 세기 쉬운 적은 수효로.
¶ 불행은 홑으로 오지 않고 짝으로 온다고 한다.
② 대수롭지 않게.
¶ 그 사람을 그렇게 홑으로 보아서는 안 된다.

관용 표현

• **홑으로 보다** (주로 부정하는 글에 쓰이어) 대수롭지 않게 보다. ¶ 홑으로 볼 수 없는 사람이다.

화[1] 명사
(火)[화:]

언짢거나 노여워서 달아오르는 불쾌한 감정.
¶ 그만 일로 화를 내서야 되겠니?
¶ 아무리 화가 나더라도 참아야 한다.

복합어

- **화나다**(火－)[화:－] 자동사 화가 나다.
- **화내다**(火－)[화:－] 자동사 화를 내다. ¶ 너무 자주 화내지 마라.
- **화딱지**(火－)[화:－] 명사 '화'의 속된 말.
- **화증**(火症)[화:쯩] 명사 올림말 '화중' 참고.
- **화풀이**(火－)[화:－] 명사 (다른 사람에게 화를 내어) 자기의 화를 푸는 일.

관용 표현

- **화가 동하다** 참고 있던 화가 억제되지 않아서 격한 발언이나 행동을 하다. ¶ 그의 억지에 화가 동하여 한마디하지 않을 수 없었다.
- **화가 뜨다** 노여워 분이 치밀어 오르다. ¶ 상대의 막말 때문에 화가 떠서 참을 수 없었다.
- **화가 머리끝까지 나다(/치밀다)** 몹시 화가 나다.
- **화를 끓이다** 화를 풀지 못하여 끙끙 앓다.

화² 명사
(禍)[화:]

건강이나 재산 또는 생활에 좋지 않은 영향을 끼치는 일, 또는 그 원인이 되는 것. 재난이나 불행 따위.
¶ 산불이 나서 우리 집도 큰 화를 당했다.
¶ 이번 지진으로 어디까지 화가 미칠지 모르겠다.

속담

- **화가 복(이) 된다** 처음에 재앙으로 여겼던 일이 원인이 되어 뒤에 다행스러운 결과가 올 수도 있다는 말.
- **화는 홀로 다니지 않는다** 한 가지 불행에 뒤이어 다른 불행을 만나게 됨을 이르는 말. 안 좋은 일은 겹쳐서 오게 마련이라는 말.

-화 접사
(化)

접미사
일부 명사 뒤에 붙어, 그 명사가 뜻하는 대로 됨을 나타내는 말.
¶ 대중화, 생활화, 자동화

화법[1] 명사
(話法)[-뻡]

① 말하는 방법.
¶ 낮은 목소리로 말끝에 힘을 주는 그의 독특한 **화법**은 꽤 설득력이 있다.
¶ 가장 좋은 **화법**은 남의 말을 잘 듣는 것이다.
¶ 직설 **화법**이 논란을 일으키기도 하지만 때로는 설득력이 있기도 하다.
② 남의 말을 따서 사용하는 방법. 직접 화법과 간접 화법이 있다.
¶ 그 사람은 자기 의견도 남의 말을 인용하는 것처럼 간접 **화법**으로 말한다.

화법[2] 명사
(畵法)[화:뻡]

그림을 그리는 방법.
¶ 화풍에 따라 **화법**도 달라진다고 볼 수 있다.
¶ 그 화가는 그림 소재에 따라 다른 **화법**을 구사하였다.

화병[1] 명사
(火病)[화:뼝]

억울하고 답답한 마음이 쌓여 생긴 병. ×홧병
¶ 마음속에서 분노가 끓어오르는 병이 **화병**이다.
¶ 어머니가 **화병**으로 자리에 누우셨다.

화병[2] 명사
(花瓶)

꽃을 꽂는 병. 꽃병.
¶ 장미 두 송이가 목이 긴 **화병**에 꽂혀 있다.
¶ 이 청자 **화병**은 조선 중기에 만든 것이다.

화신[1] 명사 (化身)[화ː-]

① (변화하여 나타난 몸의 뜻으로) 부처가 중생을 구하기 위하여 여러 모습으로 세상에 나타나는 일, 또는 그런 모습.

¶ 불쌍한 아이들을 지극한 마음으로 돌보는 그분이야말로 부처의 **화신**이 아닌가 싶다.

② 추상적인 것이 구체적인 모습으로 나타난 것.

¶ 그 배우는 대중매체를 통해 미의 **화신**으로 떠올랐다.

화신[2] 명사 (花信)

(이른 봄에 전해지는) 꽃이 피었다는 소식. 꽃소식.

¶ 남쪽에서 **화신**이 올라오고 있다.

복합어

- **화신풍**(花信風) 명사 꽃이 필 무렵에 부는 바람.

화씨 명사 (華氏)

화씨온도계의 눈금 이름. 기호는 F를 사용한다.

복합어

- **화씨온도계**(華氏溫度計) 명사 물이 어는점을 화씨 32도, 끓는점을 화씨 212도로 하고 그 사이를 180등분 하여 만든 온도계.

'화씨'의 어원

화씨온도계를 고안한 독일인 '파렌하이트(Fahrenheit)'를 한자로 음역한 '화륜해(華倫海)'의 성씨에서 유래하였다. '섭씨'는 고안자인 스웨덴의 천문학자 '셀시우스(Celsius)'를 한자로 음역한 것이다.

화증 명사
(火症)[화ː쯩]

걸핏하면 화를 벌컥 내는 증세.

¶ 그녀는 별것도 아닌 일로 화증을 내어 다른 사람을 불안하게 한다.

-화하다 접사
(化-)

화하고, 화하여/화해, 화합니다, 화하였다/화했다

접미사

① 일부 명사나 어근 뒤에 붙어서 그대로 바뀜을 나타내는 말. 되다.

¶ 산업이 근대화하면서 많은 도시가 생겨났다.

¶ 첨단 장비를 설치하여 업무를 전산화하였다.

② 일부 명사나 어근 뒤에 붙어서 그대로 바뀌게 함을 나타내는 말. 되게 하다.

¶ 몇몇 사람의 의견을 전체 의견으로 일반화하는 것은 옳지 않다.

¶ 교통 질서를 생활화합시다.

'-화하다'와 '-화되다'

'기계화하다'와 '기계화되다', '산업화하다'와 '산업화되다'처럼 접미사 '-화하다'와 '-화되다'를 같은 기능을 하는 접미사로 쓰고 있다. 특히 사물이나 개념이 주어가 되는 경우에 이런 용법을 폭넓게 사용하는데, '-화되다'는 의미가 중복되므로 사용하지 않는 것이 좋다. 접미사 '-화하다'가 '-하게 하다'의 의미와 함께 '-되다'의 뜻을 나타내기 때문이다.

¶ 지금은 한국이 고도로 산업화되어 선진국들과 경쟁하고 있다. → 산업화하여

¶ 이는 일반에서 거의 생활화된 방법이다. → 생활화한

'-화하다'와 '-화시키다'

'-화하다' 대신에 '-화시키다'를 쓰는 경우가 있다. '-화시키다'는 '-화하다'의 사동 표현인데, '-화하다'에도 사동 기능이 있어서 의미 중복이 되므로 사용하지 않는 것이 좋다.

¶ 공동체의식을 약화시키는 어떤 행위도 하지 말아야 한다. → 약화하는, 약하게 하는

¶ 시급히 열차 운행을 정상화시켜 승객 불편을 해소하라. → 정상화하여

¶ 사건의 구도를 좀 단순화시키는 것이 좋겠다. → 단순화하는, 단순하게 하는

'-화하다'와 '화해지다'

'-화하다' 대신에 '-화해지다'를 쓰는 경우가 있다. '-화해지다'는 '-화되다'와 마찬가지로 의미가 중복되므로 사용하지 않는 것이 좋다.

¶ 사업이 좀 더 구체화해지면 이 논의를 시작합시다. → 구체화하면

¶ 귀하의 의견이 정책화해지도록 노력하겠습니다. → 정책화하도록, 정책으로 되도록

'-화하다'의 남용

'-화하다'는 '-되다', '-되게 하다'를 뜻하는 한자어로서 '-하여 지다'나 '-하게 되다', '-되다', '-되게 하다'와 같은 의미를 나타내는 경우가 많다. 이런 경우에는 '-화하다'를 쓰는 것보다 아래와 같이 표현하는 것이 더 자연스럽다.

¶ 국가 조직이 너무 비대화하면 국정의 효율성이 떨어진다. → 비대해지면, 비대하게 되면

¶ 일본이 군사대국화하려는 속셈을 드러내었다. → 군사대국이 되려는

¶ 방사선 누출로 주변이 폐허화하였다. → 폐허로 변했다, 폐허가 되었다

환골탈태 명사 (換骨奪胎)[환:-]

① 사람이 나은 방향으로 변하여 전혀 딴사람처럼 됨.

¶ 그 아이가 달라진 모습을 보니 환골탈태라는 말의 뜻을 알 것 같다.

② 앞 사람의 시문을 본떴으나 그 형식을 바꿔 새롭게 만듦.

¶ 누가 보아도 분명 표절인데 장본인은 환골탈태라고 우긴다.

'환골탈태'와 '표절'

'환골탈태'는 '모양이 좋은 방향으로 아주 달라졌음'을 의미하여 주로 긍정적인 의미로 쓴다. '환골(換骨)'은 '뼈를 바꿈'을 뜻하고, '탈태(奪胎)'는 '중심 생각을 취함'을 뜻한다. 다른 사람 시문에서 그 생각을 취하되 짜임새와 표현을 바꿔 새로운 작품을 만든다는 뜻이다. 자칫 '표절(剽竊)'과 같은 말로 오해하기 쉬운데 전혀 다른 말이다. '표절'은 남의 시문의 전부나 일부를 자기 것처럼 발표하는 것을 가리키는 말이다. 즉 남의 표현을 베낀 경우에 표절이라고 한다. 그러나 중심 생각이나 내용을 차용하되 글의 짜임이나 표현을 바꾸는 것은 창조적인 행위이다. 그래서 '환골탈태'는 다른 사람의 작품과 전혀 다른 새로운 작품을 만드는 작업으로 본다.

환골탈퇴

'환골탈태'의 틀린 말.

환급 명사 (還給)

도로 돌려줌.

¶ 부가세 환급 조건을 잘 살펴서 되돌려 받도록 해라.

복합어

• **환급하다**(還給－) 타동사 도로 돌려주다. ¶ 계약이 취소되면 계약금을 환급하기로 약속했다.

▶ '환급'과 '환불'의 차이는 올림말 '환불(還拂)' 참고.

환난 명사 (患難)[환:－]

근심과 재난을 통틀어 이르는 말.

¶ 마음을 합할 수 있어야 이 환난을 이겨낼 수 있다.

환란[1] 명사 (患亂)[활:－]

근심과 재앙을 통틀어 이르는 말.

¶ 어쩌면 환란이 몰아닥칠지도 모른다는 공포가 느껴졌다.

'환란'과 '환난'

두 낱말은 의미가 거의 같은 말인데 조금 차이가 있다면 '환난'은 재난, 곧 지진이나 가뭄 같은 천재지변으로 나타나는 어려움을 가리키고, '환란'은 전쟁이나 잘못된 정책, 어지러운 정치 상황 따위로 말미암아 나타나는 어려움을 가리킨다. '피난'과 '피란'의 경우도 마찬가지이다.

환란[2] 명사 (換亂)[활:-]

국가의 외환(外換) 부족으로 말미암아 일어나는 혼란.

¶ 1997년에 시작한 **환란**은 수많은 기업 도산과 실직자 급증 사태를 가져왔다.

환불 명사 (還拂)

=환급(還給)

¶ 소득신고를 하여 더 낸 세금을 **환불** 받는다.

'환불'과 '환급'

두 낱말이 다 '도로 돌려 줌'을 뜻한다. 다만 '환불'은 '지불', '가불'처럼 돈을 주는 데에 '불(拂)'을 사용한 것이 문제가 된다. '주다'의 뜻으로 우리가 쓰는 한자는 '급(給)'이고, '월급', '급여', '공급'처럼 쓴다. '불(拂)'은 '건드리다', '씻어 없애다', '거스르다', '어기다'를 뜻하는 한자인데, 일본에서는 이 글자를 '치르다', '돈을 건네주다'의 뜻으로 쓰고, '환불, 지불, 가불' 같은 단어를 만들어 사용한다. 우리 한자 의미와 전혀 다른 이런 한자어는 쓰지 않는 것이 좋다.

환유법 명사 (換喩法)[화:뉴뻡]

표현하려는 대상과 속성이 같거나, 관련되는 다른 사물을 이용해서 그 대상을 표현하는 수사법.

'환유법'과 '제유법'

이 두 비유법을 묶어서 '대유법(代喩法)'이라고 한다. 다른 개념에 빗대어 묘사하는 방법이다.

'환유법'은 나타내려는 대상을 상징적으로 보이는 다른 개념을 빌려서 표현하는 방법으로 '요람에서 무덤까지'는 '태어나서 죽을 때까지'를 나타내는 환유법의 하나이고, '별이 떴다'는 '장군이 왔다'를 나타내는 환유법이다.

'제유법'은 범위가 좁은 개념을 확대하여 사용하는 방법이다. '인간은 빵으로만 살 수 없다'라고 하여 '빵'으로 '식량' 전체를 가리키는 것이 제유법이다.

× 환장이

'환쟁이'의 틀린 말.

환쟁이 명사 [환:-]

① 막치 그림을 그리는 사람.

¶ 막치 그림이나 그리는 환쟁이 주제에 화가 행세를 하려고 한다.

② '화가(畫家)'를 낮추어 이르는 말. 그림쟁이.

¶ 아버지에게 화가는 환쟁이에 지나지 않아서 아들의 미대 입학을 말리셨다.

환하다 형용사 [환:-]

불20-9 환하고, 환하여/환해, 환한, 환합니다, 환하였다/환했다

① 빛이 비치어 맑고 밝다.

¶ 밤늦게까지 사무실은 환하게 불이 켜져 있었다.

¶ 남쪽으로 커다랗게 유리문을 내었더니 집 안이 무척 환하다.

② 앞이 탁 트여 넓고 시원스럽다.

¶ 남쪽으로는 전망이 환하게 트여 있다.

③ 무슨 일의 조리나 속내가 또렷하다.

¶ 말 안 해도 네 속은 내가 환하게 안다.

④ 얼굴이 말쑥하고 잘생겨 보기에 시원스럽다.

¶ 그 여자 얼굴은 달덩이처럼 환하게 생겼다.

⑤ 표정이나 성격이 구김살 없이 밝다.

¶ 골치 아픈 일을 해결했는지 언니가 환한 표정으로 들어왔다.

⑥ 빛깔이 밝고 맑다.

¶ 봄이 왔으니 커튼도 환한 색깔로 바꾸는 것이 좋겠다.

⑦ 어떤 일이나 대상에 대하여 잘 알고 있다.

¶ 동생은 컴퓨터에 대해서라면 환하게 알고 있다.

¶ 인왕산 자락에서 수십 년을 살아 인왕산에 대해서는 환한 편이다.

복합어

- **환히**[환:-] 부사 환하게. ¶ 벌써 동이 터 창이 환히 밝아졌다.

활용 명사 (活用)

① 그것이 지닌 기능이나 능력 따위를 충분히 잘 이용함.
¶ 이 연구 결과물의 활용 방법을 찾아라.
¶ 이 건물은 공간 활용을 아주 잘 한 것 같다.
② 용언의 어미가 그 기능에 따라서 여러 가지로 바뀌어 쓰이는 일.
¶ 국어의 어미 활용 규칙은 매우 복잡하다.

복합어

- **활용어**(活用語) 명사 문장에서 그 쓰임에 따라서 어미를 바꾸어 사용하는 말. 동사나 형용사가 이에 해당한다.
- **활용하다**(活用-) 자동사 용언의 어간에 어미를 붙여 문장의 성격을 바꾸다. 타동사 충분히 잘 이용하다.
- **활용형**(活用形) 명사 용언의 어간에 어미가 붙는 형태. 용언의 어간과 어미가 일정하게 변하는 경우와 불규칙하게 변하는 경우가 있다.

'활용'의 소리내기

'활용'을 '활룡'으로 소리 내는 것은 바르지 않다. '활용'에 'ㄹ' 음이 덧붙을 이유가 없으므로 예사소리로 '화룡'처럼 소리 내야 한다. '월요일', '일요일', '금요일'도 예사소리로 '워료일', '이료일', '그묘일'처럼 소리 낸다. '월료일', '일료일', '금뇨일'처럼 발음하면 안 된다. '금융(金融)은 '금늉'과 '그뮹' 둘 다 인정한다.

활유법 명사 (活喩法)[-뻡]

무생물을 생물로, 감정이 없는 것을 있는 것처럼 나타내는 수사법. '일어서는 강', '하늘을 이고 서 있는 산' '방긋 웃는 해바라기' 따위.

ㅎ

홧김 명사 (火-)[화:낌]

화가 난 서슬. 골김.

¶ 아무리 홧김이라지만 너무 심한 말을 했더구나.

¶ 아내와 싸우고 홧김에 집을 나왔는데 막상 갈 데가 없었다.

속담

- **홧김에 난질** =홧김에 서방질
- **홧김에 서방질** 화가 나면 차마 못할 짓도 하게 된다는 말.

홧병

'화병(火病)'의 틀린 표기.

> **'화병(火病)'의 표기**
>
> '火病'은 '화:뼝'으로 소리 나지만 한글맞춤법 제30항에 따라서 사이시옷을 적용하지 않으므로 '화병'으로 적고 '화:뼝'으로 소리 낸다. 이 낱말처럼 자칫 사이시옷을 넣기 쉬우나 넣으면 안 되는 낱말은 다음과 같다.
>
> - 개수(個數), 구두점(句讀點), 이과(理科), 이수(里數), 제사상(祭祀床), 제상(祭床), 치수(-數), 치과(齒科), 호수(號數), 화증(火症) 따위

황당하다 형용사 (荒唐-)

불20-9 황당하고, 황당하여/황당해, 황당합니다, 황당하였다/황당했다

말이나 하는 짓이 터무니없다.

¶ 그가 하는 말은 너무 **황당하여** 참고할 가치가 없다.

¶ 너에 관해 **황당한** 소문이 돌고 있더라.

¶ 그 일은 너무도 **황당해서** 사실로 믿기지 않는다.

회[1] 명사
[회:]

'회두리'의 준말.

¶ 토론회에서 내가 회로 나서서 발언하기로 했다.

복합어

• **회판**[회:-] (명사) '회두리판'의 준말. ¶ 회판이 되니 사람들이 하나둘 일어서기 시작했다.

회[2] 명사
(膾)[회:]

고기나 물고기를 날로 썰어서 먹거나 또는 푸성귀를 살짝 데쳐서 먹는 음식.

¶ 나는 싱싱한 생선은 구이보다는 회로 먹기를 더 즐긴다.

복합어

• **회치**다(膾-)[회:-] (타동사) 고기나 생선으로 회(膾)를 만들어 먹다.

회[3] 명사
(回)[회:-]

의존 명사

되풀이한 수를 차례로 세는 말. 번(番).

¶ 제16회 졸업식

¶ 하루 3회 하기로 했다.

> **'회[3]'의 띄어쓰기**
> '회'는 의존 명사이므로 띄어 쓰는 것이 원칙이지만 아라비아 숫자 뒤에서는 아라비아 숫자에 붙여 쓰는 것을 허용한다. 한글로 적은 수사 뒤에는 마땅히 띄어 쓴다.
> ¶ 제2 회/제2회, 뜀뛰기 10 회/10회/십 회

ㅎ

회두리 명사 [회ː-] ㉾ 회[1]

맨 나중에 돌아오는 차례. 여럿 가운데서 맨 끝.

¶ 내가 회두리로 곗돈을 타게 되었다.

복합어

- **회두리판**[회ː-] 명사 맨 나중의 장면. 맨 끝의 국면. ㉾ 회판 ¶ 영화 회두리판에 가서야 범인이 밝혀졌다.

회수[1] 명사 (回收)

도로 거두어들임.

¶ 원활한 자금 회수만이 우리 회사를 위기에서 구해줄 것이다.

복합어

- **회수하다**(回收-) 타동사 도로 거두어들이다. ¶ 빌려준 돈을 아직 회수하지 못했다.

× 회수[2]

'횟수(回數)'의 틀린 표기.

회수권 명사 (回數券)[-꿘]

('사용 횟수가 정해져 있는 표'의 뜻으로) 지정한 횟수만큼 사용할 수 있도록 그 횟수만큼 절취선으로 구분되어 있어서 사용할 때마다 하나씩 떼어서 쓰도록 되어 있는 차표나 입장권.

'회수권(回數券)'의 표기

'회수권'은 일본어 '가이수켄(kaisuken, 回數券)'을 우리 한자 발음으로 표기한 것인데 엄밀하게 말하면 이는 잘못된 표기이다. 국어에서 몇 번을 뜻하는 '回數'의 표기는 '회수'가 아닌 '횟수'이므로 '횟수권'이라고 표기해야 맞다. 그러나 처음 이 제도를 들여올 때에 우리 발음을 고려하지 않고 그대로 들여오는 바람에 회수권으로 굳어지고 말았다. 따라서 사람들은 '回數券'을 '回收券(회수권)'으로 오해하기도 한다. 국어에 대한 공무원의 몰이해로 생긴 오류라고 말할 수 있다.

회오리 명사

① 회오리바람이 치는 모양이나 상태.
¶ 낙엽들이 바람에 회오리를 치며 날아오른다.
② 사람들의 감정이나 관심이 몰리는 상태를 비유하는 말.
¶ 조용한 시골 마을에 미녀가 나타나 사내들 마음에 회오리를 일으켰다.
¶ 오빠의 결혼 문제로 집안에 회오리가 일었다.

복합어

- **회오리바람** 명사 ① 나사 모양으로 공중으로 불어 올라가는 바람. 돌개바람. ② 무당춤에서 마치 거센 바람이 몰아치듯 두 팔을 격렬하게 진동하는 춤사위.
- **회오리밤** 명사 ① 동그란 외톨밤을 삶아서 위에 구멍을 뚫고 속을 파내어, 실 끝에 매달아 휘두르면 휙휙 소리가 나게 만든 장난감. ② 밤송이 속에 외톨로 동그랗게 생긴 밤.
- **회오리밤톨** 명사 밤송이 속에 외톨로 들어 있는 밤톨. 모양이 둥글고 단단하게 생겼다.
- **회오리봉**(-峰) 명사 작고 둥글며 뾰족하게 생긴 산봉우리.
- **회오리치**다 자동사 ① 회오리바람이 세차게 불다. ② (기운이나 감정이) 몹시 세차게 설레어 움직이다.

속담

- **회오리밤 벗듯 하다** ① 거리낄 것 없이 모든 세속 시비를 벗어났다. 탈속(脫俗)하였다. ② 이마가 몹시 벗어졌다. ¶ 남자는 얼굴은 회오리밤 벗듯 하고 눈은 새빨갛게 충혈되어 있었다.

회초리 명사

(벌을 주거나 마소를 부리기 위해) 때릴 때 쓰는 가는 나뭇가지.

횟배 명사 (蛔-)

회충(蛔蟲)으로 생긴 배앓이. 거위배.

¶ 우리 어렸을 때는 횟배를 앓아 얼굴이 파리한 애들이 많았다.

복합어

- **횟배앓이**(蛔-) 명사 =횟배, 거위배

횟수 명사 (回數)

돌아오는 차례의 수효. ×회수

¶ 한 달에 버스를 탄 횟수가 얼마나 되나?

¶ 운전면허를 딴 지는 오래되었는데 운전한 것은 횟수로 치면 몇 번 안 된다.

¶ 이 대회는 횟수를 거듭할수록 참가자가 늘고 있다.

효과 명사 (效果)[효:-/효:꽈]

① 보람 있는 결과. 일한 보람.

¶ 같은 화장품이라도 쓰는 사람에 따라 효과가 다르다.

② 연극, 영화, 방송극 따위에서, 장면에 맞도록 자연의 소리나 물건의 소리 같은 것을 넣어 분위기를 실감나게 만들어 내는 일.

¶ 그 영화의 성공에는 음향 효과도 한몫을 하였다.

③ 유도의 판정 용어. 메치기나 누르기 기술이 '유효(有效)'에 미치지 못한 경우에 선언한다.

¶ 그 선수는 허벅다리 걸기로 효과를 따냈다.

복합어

- **효과음**(效果音)[효:-/효:꽈-] 명사 연극이나 영화 또는 방송극 따위에서 실제와 비슷한 느낌이 나도록 장면에 맞추어 넣는 온갖 소리.

• **효과음악**(效果音樂)[효:-/효:꽈-] 명사 연극, 영화, 방송극 따위에서 장면의 느낌을 더 깊게 하는 효과를 내기 위하여 베푸는 음악.

효력 명사 (效力)[효:-]

① 약이나 지시 따위가 좋은 결과를 내게 하는 힘. 또는 그 결과.
¶ 이번 감기약은 내게 효력이 별로 없는 것 같다.
② 법률이나 규칙 따위가 적용되어 실제로 영향을 미치는 능력.
¶ 이 법안은 오늘 국회를 통과하여 효력이 발생하게 되었다.

효율 명사 (效率)[효:-]

① 들인 노력에서 얻은 결과의 비율.
¶ 아무래도 조직을 정비하여 작업 효율을 높여야겠다.
② 기계에 공급하는 에너지와 그 기계가 일한 결과의 비율.
¶ 생산량을 늘리려면 이 기계보다 효율이 높은 기계가 필요하다.

복합어
• **비효율**(非效率)[비:-] 명사 들인 노력에 견주어 얻은 결과가 만족스럽지 못함.
• **효율성**(效率性)[효:-] 명사 들인 노력과 얻은 결과의 비율이 높은 특성.

후 명사 (後)[후:]

① 기준 되는 시간, 날짜, 일 따위의 뒤나 다음.
¶ 이틀 후에 다시 만납시다.
② (일부 명사 앞에 붙어) '어떤 일의 뒤나 다음'의 뜻을 나타내는 말.
¶ 후기약, 후더침, 후물림, 후보름.

복합어

- **후기약**(後期約)[후:-] 명사 뒷날 어떻게 하자는 기약.
- **후더침**(後-)[후:-] 명사 올림말 '후더침' 참고.
- **후물림**(後-)[후:-] 명사 쓰다 남은 물건을 물려주는 일, 또는 그 물건.
- **후보름**(後-) 명사 한 달의 뒤쪽 보름 동안, 곧 16일부터 30일까지.

> **'후'와 '훗-'**
> '훗'은 '후'가 뒤에 오는 명사와 결합하여 합성어를 만들 때에 사이시옷 규정에 따라서 사이시옷이 덧붙은 형태이다.
> ¶ 훗국, 훗날, 훗달, 훗사람, 훗일

후더침 명사 (後-)[후:-]

① 아이를 낳은 뒤에 생기는 갖가지 병.
¶ 아내는 해산 후더침으로 한동안 무척 고생하였다.
② 거의 낫다가 다시 더친 병.

후덥지근하다 형용사

불20-9 후덥지근하고, 후덥지근하여/후덥지근해, 후덥지근합니다, 후덥지근하였다/후덥지근했다

좀 답답하게 더운 기운이 있다. 후텁지근하다.
¶ 사무실이 후덥지근하니 일에 집중이 안 된다.

후레아들 명사

막되게 자라서 버릇이 없는 사람.
¶ 자유롭게 행동하는 것은 말리지 않겠다만 후레아들 소리는 듣지 않도록 하여라.

후레자식 명사 (-子息)

버릇이 없고 막되게 자란 자식. 후레아들. ×호로자식

¶ 아이를 자유롭게 놓아길렀더니 후레자식이 되었다.

후려내다 동사

규11-0 후려내고, 후려내어/후려내, 후려냅니다, 후려내었다/후려냈다

타동사

매력이나 그럴듯한 수단으로 남의 정신을 흐리게 하여 꾀어내다.

¶ 그는 평소 점찍어 놓은 여자를 후려내려고 했지만 성공하지 못했다.

후려치다 동사

규11-0 후려치고, 후려쳐, 후려칩니다, 후려쳤다

타동사

① 주먹이나 채찍 따위를 휘둘러 힘껏 갈기다.

¶ 하도 얄밉게 굴어서 한 대 후려치고 싶었다.

② 물건 값을 터무니없이 깎다.

¶ 대기업은 납품 단가를 후려치는 방법으로 협력 업체의 이익을 가로챈다.

후련하다 형용사

불20-9 후련하고, 후련하여/후련해, 후련합니다, 후련하였다/후련했다

① (얹혀 있던 것이 내려가) 속이 시원하다.

¶ 소화제를 먹으니 속이 좀 후련하다.

② (불안하거나 답답하던 마음이 풀려) 거든하고 시원하다.
¶ 어려운 일을 하나 끝내고 나니 마음이 후련하다.
¶ 한동안 고민하던 일을 모두 털어놓았더니 속이 다 후련하다.

후리다[1] 동사

규11-0 후리고, 후리는, 후리어/후려, 후립니다, 후리었다/후렸다

타동사

① 남의 정신을 흐리게 하여 이익을 취하다.
¶ 여자를 후리는 솜씨가 대단하다.
¶ 그 사람은 어리숙한 사람을 후려 먹는 사기꾼이다.
② 휘둘러서 치거나 때리다.
¶ 누가 느닷없이 내 등을 후려서 깜짝 놀랐다.
¶ 찬바람이 매섭게 얼굴을 후렸다.
③ 휘우듬하게 깎거나 도리다.
¶ 대패로 나무 모서리를 후리어 둥글게 만들었다.
¶ 나뭇가지를 후려 활을 만들었다.
④ (남의 재산을) 채거나 뺏다.
¶ 사장이 직원의 각종 수당을 후려 먹었다.
⑤ 휘몰아 채거나 잡다.
¶ 솔개가 병아리를 후리려 거의 수직으로 낙하를 하였다.

복합어

- **후려갈기**다 타동사 채찍이나 주먹을 휘둘러 힘껏 치거나 때리다.
- **후려내**다 타동사 올림말 '후려내다' 참고.
- **후려잡**다 타동사 ① 후리어서 자기 손아귀에 넣다. ② (비유로) 사람이나 사물에 대하여 강력한 지배력을 가지다.
- **후려치**다 타동사 올림말 '후려치다' 참고.
- **후리기** 명사 상대를 잡아채듯 후리어 넘어뜨리는 기술.
- **후림** 명사 올림말 '후림' 참고.

× 후리다²

'훌치다¹'의 틀린 말.

후리후리 부사

키가 늘씬하게 큰 모양.

¶ 그 친구는 키가 후리후리 커서 어디서나 얼른 알아볼 수 있다.

복합어

- **후리후리하다** 형용사 키가 늘씬하고 크다. ¶ 키가 후리후리한 사람이 바로 우리 오빠야.

후림 명사

남을 꾀어 후리는 짓.

¶ 똑똑한 척하던 친구가 그리 쉽게 사기꾼의 후림에 넘어가다니!

복합어

- **후림비둘기**[-삐-] 명사 동무 비둘기를 꾀어 들이는 비둘기.
- **후림새** 명사 사람을 후려내는 솜씨.

후미지다 형용사

규21-0 후미지고, 후미지어/후미져, 후미진, 후미집니다, 후미지었다/후미졌다

① 물가나 산길의 휘어서 굽어 들어간 곳이 매우 깊다.

¶ 우리는 후미진 골짜기에서 야생 곰을 발견하였다.

② 아주 구석지고 으슥하다.

¶ 마을의 후미진 곳에 조그만 밭 하나를 일구었다.

ㅎ

후비다 동사

규11-0 후비고, 후비어/후벼, 후빕니다, 후비었다/후볐다

타동사

① 틈이나 구멍 속을 긁거나 돌려 파내다.

¶ 아이가 콧구멍을 자꾸 후빈다.

② 물체의 표면을 날이 있는 도구로 구멍을 내거나 패게 하다.

¶ 가구 틈새에 낀 먼지를 꼬챙이로 후벼 냈다.

¶ 강아지가 잔디밭을 후벼 놓아 군데군데 파였다.

③ (마음, 가슴 따위의 명사와 함께 쓰이어) 몹시 괴롭게 하거나 아프게 하다.

¶ 그의 노래가 내 가슴을 후비어 파고드는구나.

¶ 이제 그만 만나자는 그 사람 말이 내 마음을 후벼 놓았다.

후장 명사 (後場)[후: -]

① 오후의 증권 시장, 또는 오후에 여는 거래.

¶ 후장에는 시세가 어떨지 궁금하다.

② 다음에 서는 장.

¶ 오늘 못 산 물건들은 후장에 사기로 하고 일찍 돌아가야겠다.

속담

- **후장 떡이 클지 작을지 누가 아나** 미래의 일은 짐작하기 어렵다는 말.

후터분하다 형용사

불20-9 후터분하고, 후터분하여/후터분해, 후터분합니다, 후터분하였다/후터분했다

답답할 정도로 무더운 기운이 있다.

¶ 날씨가 덥고 습기도 높아 후터분하게 느껴진다.

후텁지근하다 형용사

불20-9 후텁지근하고, 후텁지근하여/후텁지근해, 후텁지근합니다, 후텁지근하였다/후텁지근했다

약간 후터분하다.

¶ 장마철이라 날씨가 후텁지근하다.

후하다 형용사 (厚-)[후:-]

불20-9 후하고, 후하여/후해, 후한, 후합니다, 후하였다/후했다

마음 씀씀이나 태도가 너그럽다. (인심이) 두텁다.

¶ 우리 회사는 급료를 후하게 주는 편이다.

¶ 학생들은 학점을 후하게 주는 교수의 강의를 더 많이 듣는다.

¶ 이곳은 인심이 후하여 낯선 사람에게도 곧잘 식사를 대접한다.

복합어

- **후히**(厚-)[후:-] 부사 후하게. ¶ 일만 잘하면 삯은 후히 쳐 줄 생각이다.

훌닦다 동사

규10-1 훌닦고, 훌닦으니, 훌닦아, 훌닦는, 훌닦습니다, 훌닦았다

타동사

① 남의 약점이나 허물을 들어 몹시 나무라다.

¶ 너는 만날 나를 훌닦으려 하는구나.

② 거칠고 세게 닦다.

¶ 아내는 등목을 해 준 뒤 내 등을 수건으로 훌닦았다.

복합어

- **훌닦이다** 피동사 '훌닦다'의 피동형.

훑부시다 동사

규11-0 훑부시고, 훑부시어/훑부셔, 훑부신다, 훑부십니다, 훑부시었다/훑부셨다

타동사

① (그릇 따위를) 시원스럽게 깨끗이 씻어 내다.

¶ 설거지통에 가득한 그릇을 모조리 훑부셔 놓았다.

② (음식을) 남기지 아니하고 부신 듯이 시원스럽게 죄다 먹다.

¶ 아이는 배가 얼마나 고팠던지 식은 밥 한 덩어리를 순식간에 훑부신다.

훑치다[1] 동사

규11-0 훑치고, 훑치는, 훑쳐, 훑칩니다, 훑쳤다

자동사

① (촛불이나 등잔불의 불꽃이) 바람에 쏠리다.

¶ 바람이 부니 촛불이 훑치어 밝았다 어두웠다 한다.

② 훑듯이 휩쓸리다.

¶ 바람이 하도 거세어 사람도 훑치어 쓰러질 것 같다.

훑치다[2] 동사

규11-0 훑치고, 훑치는, 훑쳐, 훑칩니다, 훑쳤다

타동사

① 세게 후리다.

¶ 동생이 주먹으로 형의 왼쪽 눈과 콧잔등을 훑쳤다.

② 훑듯이 채다.

¶ 낚시를 물속에 담그고 훑치기만 해도 물고기가 많이 잡혔다.

복합어

- **훑치기낚시** 명사 여러 개의 갈고리바늘을 달아 훑쳐서 물고기를 낚는 낚시질.

× 훌치다[3]

'훌치다'의 틀린 말.

¶ 강아지가 달아나지 못하도록 줄을 기둥에 훌쳐(×)/홀쳐(○) 놓아라.

훑다 동사

규11-1 훑고, 훑지, 훑는, 훑으니, 훑어, 훑습니다, 훑네, 훑었다

타동사

① 붙어 있는 것을 떼기 위하여 다른 물건의 틈에 끼워 죽 잡아당기다.

¶ 요즘은 벼를 훑는 일도 기계로 한다.

② 붙은 것을 깨끗이 다 씻어 내다.

¶ 바닷물이 갯가를 훑고 저만치 물러간다.

③ 일정한 범위를 한쪽에서 시작하여 죽 더듬거나 살피다.

¶ 경찰은 범인을 찾기 위해 범행 장소를 샅샅이 훑고 있다.

¶ 아버지는 신문 기사를 눈으로 훑으면서 내 이야기를 들었다.

복합어

- **훑어보다** 타동사 ① 위아래로 빈틈없이 자세히 눈여겨보다. ② (책이나 글을) 빼지 않고 다 보다.

훔치다[1] 동사

규11-0 훔치고, 훔쳐, 훔친다, 훔칩니다, 훔쳤다

타동사

① 남의 물건을 남몰래 슬쩍 가져다가 자기 것으로 하다.

¶ 가게에서 돈을 훔친 종업원이 붙들렸다.

¶ 아이가 가출하면서 자기 엄마의 반지를 훔쳐 가지고 나왔다고 한다.

② 야구에서, 주자가 수비의 허점을 노려 다음 누를 차지하다.

¶ 발이 빠른 1루 주자가 2루를 훔쳤다.

복합어

- **훔쳐내**다 [타동사] (남의 것을) 훔치어 내오다.
- **훔쳐보**다 [타동사] 남이 모르게 슬쩍 보다.
- **훔치개질** [명사] 몰래 후무리어 가지는 짓.
- **훔치개질하**다 [타동사] 슬그머니 훔쳐 가지는 짓을 하다.

훔치다[2] 동사

규11-0 훔치고, 훔쳐, 훔친다, 훔칩니다, 훔쳤다

타동사

① (물기나 때 따위를) 말끔하게 닦다.

¶ 걸레로 방바닥을 좀 훔쳐라.

¶ 선수들은 흐르는 땀을 손으로 훔치면서 달렸다.

② 덤벼들어서 야무지게 때리다.

¶ 나는 화가 나서 영수의 뺨을 한 대 훔쳐 주었다.

③ 보이지 아니하는 곳에 있는 것을 찾으려고 손으로 더듬어 만지다.

¶ 너무 어두워 아무것도 보이지 않아서 앞 사람을 손으로 훔치면서 걸어갔다.

④ 논이나 밭을 맨 뒤 얼마 있다가 손으로 잡풀을 뜯어내다.

¶ 밭에 잡초를 훔치러 간다.

복합어

- **훔쳐내**다 [타동사] 훔치어 닦아 내다.
- **훔쳐때리**다 [타동사] 덤벼들어서 야무지게 때리다.
- **훔치개질** [명사] 물기 따위를 훔치는 일.
- **훔치개질하**다 [타동사] 훔쳐 닦는 일을 하다.

× 훗장

'후장(後場)'의 틀린 표기.

훗훗하다 형용사

불20-9 훗훗하고, 훗훗하여/훗훗해, 훗훗한, 훗훗합니다, 훗훗하였다/훗훗했다

① 마음을 부드럽게 녹여 주는 운김이 많다.
¶ 감동으로 나도 모르게 목구멍이 훗훗하게 뜨거워졌다.
¶ 그때는 굶는 사람이 있으면 서로 도와주려는 훗훗한 인정이 있었다.
¶ 구세군 냄비에 쏟아지는 온정이 세밑을 훗훗하게 하였다.
② 조금 갑갑할 정도로 훈훈하게 덥다.
¶ 산등성이에 오르니 훗훗하던 가슴이 활짝 열리며 시원해졌다.
¶ 하루 종일 훗훗한 사무실에 있다가 나오니 바람이 시원하다.

복합어

- **훗훗이** (부사) 훗훗하게.

훤칠하다 형용사

불20-9 훤칠하고, 훤칠하여/훤칠해, 훤칠합니다, 훤칠하였다/훤칠했다

① 길고 미끈하다.
¶ 아이가 키도 훤칠하고 얼굴도 서글서글하게 잘생겼더라.
¶ 몇 년 만에 고향집에 돌아왔더니 앞마당의 감나무가 훤칠하게 자라 있었다.
② 깨끗하고도 시원스럽다.
¶ 이마가 훤칠하게 생겼다.

복합어

- **훤칠히** (부사) 훤칠하게.

훤하다 형용사 [훤:-]

불20-9 훤하고, 훤하여/훤해, 훤한, 훤합니다, 훤하였다/훤했다

① ('환하다'보다 어둡게) 조금 흐릿하게 밝다.
¶ 구름이 벗겨지니 달빛이 훤하게 길을 비춘다.
② 앞이 탁 트여 매우 넓고 시원스럽다.
¶ 길이 넓고 훤하게 트여 있다.
③ 무슨 일의 조리나 속내가 뚜렷하다.
¶ 네 말을 들으니 보지 않아도 본 것처럼 훤하다.
¶ 네 말을 듣고 보니 그 심정을 훤하게 알 것 같다.
④ 얼굴이 말쑥하고 잘생겨 보기에 매우 시원스럽다.
¶ 생긴 것은 훤한데 하는 짓은 개차반이구나.
⑤ 어떤 일이나 대상에 대하여 잘 알고 있다.
¶ 그는 회사 내부 사정에 훤한 편이다.

복합어

• **훤히**[훤:-] 부사 훤하게. ¶ 밖이 벌써 훤히 밝았다.

훨씬 부사

① (정도 이상으로) 차이가 크게 나는 모양.
¶ 이것보다 훨씬 크다.
¶ 이게 저것보다 훨씬 좋다.
② (관형사처럼 쓰이어) 예상이나 기준을 많이 넘는.
¶ 그 일은 그보다 훨씬 뒤에 끝났다.
¶ 너보다는 네 동생이 훨씬 잘생겼다.

휑하다 형용사

불20-9 휑하고, 휑하여/휑해, 휑합니다, 휑하였다/휑했다

① 구멍 따위가 막힌 데 없이 매우 시원스럽게 뚫려 있다.
¶ 문이 휑하게 열려 있다.

② 속이 비고 넓기만 하여 매우 허전하다. 휑뎅그렁하다.
¶ 집에 있으면 남편의 빈자리가 **휑**하게 드러나 힘들었다.
③ 눈이 쑥 들어가 보이고 정기가 없다.
¶ 며칠 굶은 사람처럼 **휑**한 눈으로 창밖을 바라보고 서 있다.

휘- 접사

접두사

① (형용사 앞에 붙어) 정도나 규모 따위가 매우 큼을 나타내는 말.
¶ 휘둥그렇다, 휘둥그스름하다
② (동사 앞에 붙어) 휘휘 두르거나 감거나 돌림을 나타내는 말.
¶ 휘감다, 휘돌다
③ (동사 앞에 붙어) '마구', '온통'의 뜻을 나타내는 말.
¶ 휘몰다, 휘젓다

복합어

- **휘갈기**다 [타동사] 휘둘러 갈기다.
- **휘감**다 [타동사] 마구 휘둘러 감다.
- **휘감기**다 [피동사] '휘감다'의 피동형.
- **휘감치**다 [타동사] 휘휘 둘러 감아서 감치다.
- **휘날리**다 [자동사] [타동사] 올림말 '휘날리다' 참고.
- **휘늘어지**다 [자동사] 올림말 '휘늘어지다' 참고.
- **휘더듬**다 [타동사] 마구 빨리 더듬다.
- **휘덮**다 [타동사] 올림말 '휘덮다' 참고.
- **휘돌**다 [자동사] ① (어떤 기운이나 공기가) 거칠게 떠돌다. ¶ 눈은 공중에서 휘돌면서 천천히 땅 위에 내려앉는다. ② 마구 돌다. ③ 굽이를 따라 휘어 돌다. ④ 여러 곳을 순서대로 한 바퀴 돌다.
- **휘돌리**다 [사동사] '휘돌다'의 사동형.
- **휘두르**다 [타동사] 올림말 '휘두르다' 참고.
- **휘둥그렇**다 [형용사] 올림말 '휘둥그렇다' 참고.
- **휘둥그스름하**다 [형용사] 올림말 '휘둥그스름하다' 참고
- **휘말**다 [타동사] 올림말 '휘말다[1, 2]' 참고.

- **휘말리다** 자동사 피동사 올림말 '휘말리다' 참고.
- **휘몰다** 타동사 올림말 '휘몰다' 참고.
- **휘젓다** 타동사 올림말 '휘젓다' 참고.
- **휘주무르다** 타동사 아무 데나 마구 주무르다.
- **휘주물리다** 피동사 '휘주무르다'의 피동형.

휘날리다 동사

규11-0 휘날리고, 휘날리어/휘날려, 휘날린다, 휘날립니다, 휘날리었다/휘날렸다

자동사

① 거세게 펄펄 나부끼다.

¶ 길거리에는 태극기가 휘날리고 있다.

② 거세게 펄펄 흩어져 날다.

¶ 거리에 눈발이 휘날렸다.

타동사

① 거세게 펄펄 나부끼게 하다.

¶ 사람마다 태극기를 휘날리며 행진한다.

② 거세게 펄펄 흩어져 날게 하다.

¶ 무에 그리 바쁜지 치맛자락을 휘날리며 달려간다.

③ (이름을) 몹시 널리 떨치다.

¶ 금메달을 따서 대한민국을 세계만방에 휘날리고 싶다.

휘늘어지다 동사

규11-0 휘늘어지고, 휘늘어지어/휘늘어져, 휘늘어진다, 휘늘어집니다, 휘늘어졌다

자동사

아주 힘이 없이 아래로 축 휘어져 늘어지다.

¶ 냇가에 버들가지가 휘늘어져 있다.

휘다 동사

규11-0 휘고, 휘어, 휜다, 휩니다, 휘었다

자동사

구부러지다. 휘어지다.

¶ 한옥에서는 휜 나무도 대들보로 쓴다.

¶ 기둥이 무게를 버티지 못하고 조금씩 휘는 것 같다.

¶ 허리가 몹시 휜 할머니가 지팡이에 의지하여 걸어가신다.

타동사

구부리다.

¶ 내 힘으로는 이 막대기를 휠 수 없다.

복합어

- **휘어가다** 자동사 굽이쳐 흘러가다.
- **휘어들다** 자동사 ① 안쪽으로 휘어지다. ② (주장이나 의지의 강도가) 점차 약해지다. ③ (세력이나 주장에) 꺾이어 들어가다. 남의 손아귀에 들다.
- **휘어잡다** 타동사 ① 꾸부리어 거머잡다. ¶ 멱살을 휘어잡으니 꼼짝 못하더라. ② 통제하여 손아귀에 넣다. ¶ 그 여자는 남편을 확실하게 휘어잡고 산다.
- **휘어지다** 자동사 조금 둥글게 구부러지다.

휘덮다 동사

규11-1 휘덮고, 휘덮는, 휘덮어, 휘덮으니, 휘덮네, 휘덮습니다, 휘덮었다

타동사

휘몰아 덮다.

¶ 새벽안개가 천지를 휘덮어서 아무것도 보이지 않았다.

복합어

- **휘덮이다** 피동사 '휘덮다'의 피동형.

ㅎ

휘두르다 동사

불11-6 휘두르고, 휘두르니, 휘둘러, 휘두릅니다, 휘둘렀다

타동사

① 이리저리 마구 내두르다.

¶ 경찰에 맞서 시위대는 몽둥이를 **휘두르며** 대항하였다.

¶ 권력을 마구 **휘두르면** 나라가 어지러워진다.

② 사람이나 조직을 제 마음대로 마구 다루다.

¶ 언니는 동생을 마음대로 **휘두르려고** 한다.

¶ 회장이라고 우리 모임을 **휘두르려고** 하면 안 된다.

③ 띠나 치마 따위를 아무렇게나 두르다.

¶ 인기척을 느낀 여자는 치마를 **휘두르고** 밖으로 나갔다.

④ (속되게) 옷을 사치스럽게 입다.

¶ 그 사람은 값비싼 옷을 **휘둘러** 입고 다녔다.

복합어

- **휘둘러보다** 타동사 휘휘 둘러보다. ¶ 나는 아파트 단지를 **휘둘러보고** 곧바로 내가 살 만한 곳이 아님을 알았다.
- **휘둘리다** 피동사 '휘두르다'의 피동형. ¶ 상대에게 **휘둘리지** 않으려면 정신을 차려야 한다.

휘둥그렇다 형용사

불21-5 휘둥그렇게, 휘둥그레, 휘둥그러니, 휘둥그러면, 휘둥그런, 휘둥그렇습니다, 휘둥그렜다

놀라거나 무서워 크게 뜬 눈이 둥그렇다.

¶ 지진이 나서 집이 흔들리자 사람들은 모두 눈을 **휘둥그렇게** 뜨고 달려 나왔다.

¶ 아이가 천둥소리에 놀라서 눈이 **휘둥그렜다**.

¶ **휘둥그런** 눈에 눈물이 맺혔다.

복합어

- **휘둥그레지다** 자동사 (눈이) 휘둥그렇게 되다.

휘둥그스름하다 형용사

불20-9 휘둥그스름하고, 휘둥그스름하여/휘둥그스름해, 휘둥그스름합니다, 휘둥그스름하였다/휘둥그스름했다

(무섭거나 놀랐을 때) 크게 뜬 눈이 둥그스름하다.
¶ 무엇에 놀랐는지 아이가 **휘둥그스름하게** 눈을 뜨고 숨을 몰아쉰다.
¶ 눈 화장을 너무 진하게 해서인지 놀란 사람처럼 눈이 **휘둥그스름하게** 보인다.

휘뚜루 부사

(무엇에나) 닥치는 대로 대충.
¶ 어설프게 도끼를 들고 **휘뚜루** 내리치니 장작이 빠개지지 않고 튀어서 옆으로 굴러갔다.

복합어

- **휘뚜루마뚜루** (부사) 이것저것 가리지 않고 닥치는 대로 마구 해치우는 모양. ¶ 일을 계획 없이 닥치는 대로 휘뚜루마뚜루 해도 잘되는 수가 있다.

휘말다[1] 동사

불10-2 휘말고, 휘마니, 휘말면, 휘말지, 휘말아, 휘마오, 휘마네, 휘맙니다, 휘말았다

타동사

함부로 휘휘 감아서 말다.
¶ 급한 김에 치맛자락을 **휘말아** 허리에 묶고 허벅지까지 차오르는 개울을 건너기 시작했다.
¶ 쓰고 남은 벽지를 **휘말아** 놓았다.

휘말다[2] 동사

불10-2 휘말고, 휘마니, 휘말면, 휘말지, 휘말아, 휘마오, 휘마네, 휘맙니다, 휘말았다

타동사

(옷에 무엇을) 묻히어 더럽히다.

¶ 무얼하며 놀았기에 흙먼지를 휘말아 가지고 오니?

휘말리다 동사

규11-0 휘말리고, 휘말리어/휘말려, 휘말립니다, 휘말리었다/휘말렸다

자동사

① 물살 따위에 휩쓸리다.

¶ 배가 집채만 한 파도에 휘말려 뒤집어졌다.

¶ 지난여름에 강풍에 휘말려 뒷마당의 나무가 뽑혔다.

② 어떤 사건이나 감정에 완전히 휩쓸려 들어가다.

¶ 연예인은 스캔들에 휘말리기 쉽다.

¶ 동네 사람들의 싸움을 구경하다가 싸움에 휘말렸다.

③ 다른 사람의 꾐에 빠져 그 사람의 뜻대로 행동하게 되다.

¶ 남의 꾐에 휘말려 엉뚱한 짓을 하게 되었다.

¶ 다른 사람들에게 휘말리다 보면 자기 자신을 잃을 수 있다.

피동사

'휘말다[1]'의 피동형.

¶ 아무렇게나 휘말린 도화지를 다리미로 다려서 폈다.

휘몰다 동사

불10-2 휘몰고, 휘모니, 휘몰아, 휘모네, 회모오, 휘몹니다, 휘몰았다

타동사

① 한군데로 마구 휘어잡아 몰다.

¶ 그는 구름 관중을 휘몰고 다닌다.

¶ 왜는 10만 대군을 휘몰아 조선을 침략하였다.

② 비바람 따위가 어느 지역을 마구 몰아치다.
¶ 강한 바람이 마을을 휘몰고 가자 몇몇 집은 지붕이 날아가 버렸다.

복합어

- **휘몰리**다 피동사 '휘몰다'의 피동형.
- **휘몰아치**다 자동사 (눈비가) 몹시 세게 퍼붓다.
- **휘몰이판** 명사 한군데로 휘모는 판.

휘영청 부사

① 매우 밝은 모양.
¶ 휘영청 달이 밝다.
② 높고 확 틔어서 시원스러운 모양.
¶ 대청마루의 천장이 휘영청 높아서 아주 시원스럽습니다.

복합어

- **휘영청하**다 형용사 ① 달빛 따위가 몹시 밝다. ② 시원스럽게 솟아 있거나 확 트인 상태이다.

휘젓다 동사

불11-4 휘젓고, 휘저으니, 휘저으면, 휘저어, 휘젓는, 휘젓네, 휘젓습니다, 휘저었다

① 골고루 섞이도록 휘둘러 젓다.
¶ 밀가루 반죽을 할 때는 잘 휘저어야 한다.
② 이리저리 야단스럽게 흔들어 내젓다.
¶ 우리더러 오지 말라는 뜻으로 팔을 휘젓는 것 같았다.
③ 비틀거리며 발을 이리저리 옮겨 놓다.
¶ 술에 취해서 갈지자로 다리를 휘저으며 걷는 모습이 위태로워 보였다.
④ 마구 흔들어 어지럽게 만들다.
¶ 아들이 옛날 이야기를 꺼내어 어머니 마음을 휘저어 놓는다.
¶ 아이가 방 안을 휘젓고 다니는 바람에 엉망이 되었다.

휘지다 동사

규11-0 휘지고, 휘져, 휘집니다, 휘졌다

자동사

무엇에 시달려 기운이 빠지고 쇠하여지다.

¶ 자정이 다 되어서야 어머니는 **휘진** 몸을 이끌고 돌아오셨다.

¶ 더위에 몸이 **휘졌는지** 힘들다.

휘지르다 동사

불11-6 휘지르고, 휘질러, 휘지른다, 휘지릅니다, 휘질렀다

타동사

① 어떤 일을 하느라고 옷을 몹시 구기거나 더럽히다.

¶ 급한 나머지 새로 입은 옷까지 다 **휘지르며** 요리를 했다.

② 여기저기 마구 다니다.

¶ 아이를 찾으러 온 동네를 **휘지르고** 다녔다.

휩싸다 동사

규10-0 휩싸고, 휩싸는, 휩싸, 휩싼다, 휩쌉니다, 휩쌌다

타동사

① 휘휘 둘러 감아서 싸다.

¶ 사고 현장에는 천으로 온몸을 **휩싼** 환자들이 여기저기에 있었다.

¶ 치맛자락을 **휩싸** 쥐고 미친 듯이 달려갔다.

② 무엇이 온통 뒤덮다.

¶ 산에서 시작한 불길이 마을 전체를 **휩싸고** 있다.

¶ 불길한 생각이 온통 마음을 **휩싼다**.

③ 분위기, 침묵 따위가 주위를 감돌다.
¶ 죽음의 그림자가 주위를 **휩싸는** 것 같다.
¶ 이야기를 듣는 동안 공포가 우리들을 **휩쌌다**.

복합어

• **휩싸이**다 피동사 '휩싸다'의 피동형. ¶ 마을이 순식간에 불길에 **휩싸였다**. / 아이들이 떠난 교실은 정적에 **휩싸여** 있었다.

휩쓸다 동사

불11-2 **휩쓸**고, **휩쓰**니, **휩쓸**어, **휩쓴**, **휩쓰**네, **휩쓸**니다, **휩쓸**었다

① (물, 불, 바람 따위가) 모조리 휘몰아 쓸다.
¶ 태풍이 **휩쓸고** 간 거리에는 뿌리째 뽑힌 나무와 무너진 집들이 널브러져 있다.
② (질병, 전쟁, 풍조 따위가) 온통 퍼지다.
¶ 가축병이 전국을 **휩쓸고** 있어서 축산 농가들이 큰 어려움에 빠졌다.
③ 거침없이 행동을 함부로 하다.
¶ 밤이 되면 이곳은 깡패들이 거리를 **휩쓰는** 무법천지가 된다.
④ (경기 따위에서, 상이나 메달 따위를) 모두 차지하다.
¶ 우리나라가 올림픽 양궁에서 메달을 **휩쓸었다**.

복합어

• **휩쓸리**다 자동사 (어떤 분위기에) 잘못하여 한데 어울리게 되다. ¶ 친구들과 **휩쓸려** 다니지 말고 일찍 오너라. 피동사 '휩쓸다'의 피동형. ¶ 사람이 급류에 **휩쓸려** 떠내려가는 것을 보았다.

휭하니 부사 [휭:-]

중간에 머뭇거리지 않고 곧장 빠르게 가거나 오는 모양.
¶ 아이들이 떠난 운동장에 **휭하니** 찬바람만 불더라.
¶ 어머니께서 잠시 들렀다가 **휭하니** 나가셨다.

휴게실 명사 (休憩室)

잠깐 쉴 수 있게 마련해 둔 방. ×휴계실

'휴게실'의 표기

'휴게실(休憩室)'의 한자 '憩'의 발음이 '게'이므로 '휴게실'이라고 적는다. 이와 마찬가지로 '게시(揭示)'의 '揭'도 발음이 '게'이다. '계획(計劃)'의 '計'는 발음이 원래 이중모음인 '계'이다. 실제로는 단모음으로 발음하지만 원래 발음을 적는 관행에 따라서 '계'로 적는다. '세계(世界)'의 '界'도 원래 발음이 이중모음인 '계'이다. 이처럼 한자는 원래 발음대로 적는 것이 한글맞춤법의 원칙이다.

휴회 명사 (休會)

① 하던 회의를 멈추고 잠깐 쉼.
¶ 양쪽 의견 대립이 심하여 의장은 휴회를 선언하였다.
② 국회 또는 지방 의회가 회기 중에 일정 기간 회의를 열지 아니하는 일.
¶ 국회는 개원을 했지만 여당의 방해로 결국 장기 휴회에 들어가게 되었다.

복합어

- **휴회하다**(休會－) 자동사 ① 하던 회의를 멈추고 잠깐 쉬다. ② 국회 또는 지방 의회가 결의하여 일정한 기간 회의를 열지 아니하다.

'휴회'와 '정회'

'휴회(休會)' ①의 뜻으로 보면 '정회(停會)'와 별로 차이가 없다. 그러나 법적인 의미로 보면 차이가 있다. 회의를 진행하다가 잠깐 멈추는 것을 '정회'라고 한다. 온종일 하는 회의라면 점심을 먹기 위하여 정회할 수도 있고, 막후에서 절충해야 할 일이 있어도 정회를 할 수 있다. '정회'는 의장이 결정하고 정회한 이유가 해소되면 회의를 속개한다.

'휴회'는 국회나 지방의회처럼 회의를 하는 기관에서 쓰는 법률적인 말이다. 국회나 지방의회가 개원하면 먼저 회기(회의 기간)를 정하여 언제부터 언제까지 회의를 하기로 결정한다. 이 기간에는 국회나 지방의회가 어떤 종류의 회의이든지 회의를 하게 된다. 안건 처리가 모두 끝나서 회기 중에 특별한 회의 거리가 없으면 기간을 정해서 회의 일정을 잡지 않게 된다. 이것이 '휴회'이다. 휴회 기간에는 국회나 지방의회가 열려 있지만 공식 회의는 하지 않는다.
따라서 '정회'와 '휴회'는 적용 대상이 다른 말이다. '정회'는 회의 진행을 멈추는 것이고, '휴회'는 회기 중에 회의를 하지 않는 것이다.

흉 명사

① 아픈 곳이 나은 자리. 상처나 부스럼이 난 자국.
¶ 내 손등에는 어렸을 때 고양이가 할퀴어 생긴 흉이 있다.
¶ 여드름 약을 잘못 써서 얼굴에 흉이 졌다.
② 남의 비웃음을 살 만한 일.
¶ 누구에게나 흉은 있는 법이다.
¶ 너는 왜 자꾸 내 흉을 보는 거니?

복합어

- **흉보**다 타동사 남의 결점을 들어 말하다.
- **흉잡**다 타동사 남의 흉을 들추어내다.
- **흉잡히**다[-자피-] 피동사 '흉잡다'의 피동형.
- **흉질** 명사 악담이나 비방을 하는 짓.
- **흉질하**다 자동사 타동사 악담하거나 비방하는 짓을 하다.
- **흉터** 명사 살갗의 상처가 아문 자리. 부스럼 자리.
- **흉허물** 명사 올림말 '흉허물' 참고.

관용 표현

- **흉이 지다** 흉이 생기다.

속담

- **흉 각각 정 각각** ① 흉과 정은 상관없다는 말. ② 흉과 정을 구별하여 상벌을 분명하게 해야 한다는 말.
- **흉 없는 사람 없다** 결함이 없는 사람은 없으니 어떤 결함을 너무 과장하지 말라는 말.
- **흉이 없으면 며느리 다리가 희다 한다** 시어머니가 며느리에게 공연히 생트집을 잡는다는 뜻으로, 말도 되지 아니하는 생트집을 잡아서 남을 흉보는 경우를 이르는 말.

흉금 명사 (胸襟)

가슴속에 품은 생각.
¶ 우리는 흉금을 터놓고 이야기하는 사이이다.
¶ 그 친구는 좀처럼 흉금을 털어놓지 않는다.

관용 표현

• **흉금을 털어놓다** 가슴 깊이 품었던 생각이나 감정을 스스럼없이 이야기하다.

흉내 명사

남이 하는 말이나 행동을 그대로 옮기는 짓.
¶ 그 사람은 남의 목소리를 흉내 내는 것으로 밥벌이를 하고 있다.
¶ 그의 과감한 언행은 우리가 도저히 흉내 낼 수 없을 정도로 대단하다.

복합어

• **흉내쟁이** 명사 남의 흉내를 잘 내는 사람.

관용 표현

• **흉내를 내다** 남이 하는 말이나 행동을 그대로 따라 하다.
▶ '흉내'와 '시늉'의 차이는 올림말 '시늉' 참고.

흉측하다 형용사 (凶測-)

불20-9 흉측하고, 흉측하여/흉측해, 흉측합니다, 흉측하였다/흉측했다

흉악하기 그지없다. 흉하기가 헤아릴 길이 없다.
¶ 어젯밤에 아들이 사고를 당하는 흉측한 꿈을 꾸었다.
¶ 산을 마구 파헤쳐서 흉측하였다.

× 흉칙하다

'흉측하다'의 틀린 표기.

¶ 하는 짓을 보니 아주 흉칙한(×)/흉측한(○) 녀석이구나.

흉포하다 형용사 (凶暴-)

불20-9 흉포하고, 흉포하여/흉포해, 흉포합니다, 흉포하였다/흉포했다

성격이나 하는 짓이 거칠고 사납다. ×흉폭하다

¶ 그 살인마처럼 흉포하고 잔인한 사람은 보지 못했다.

¶ 범죄가 갈수록 흉포하여 사는 게 무서워진다.

> **'흉포(凶暴)'의 '포(暴)' 표기**
>
> '흉포(凶暴)'에 쓰인 한자 '暴'는 경우에 따라서 '포'와 '폭'으로 달리 읽고 쓴다.
>
> - '폭'으로 읽고 쓰는 경우: 폭군(暴君), 폭거(暴擧), 폭도(暴徒), 폭동(暴動), 폭등(暴騰), 폭락(暴落), 폭력(暴力), 폭로(暴露), 폭발(暴發), 폭식(暴食), 폭언(暴言), 폭정(暴政), 폭풍(暴風), 폭행(暴行), 난폭(亂暴)
> - '포'로 읽고 쓰는 경우: 포악(暴惡), 포학무도(暴虐無道), 강포(强暴), 자포자기(自暴自棄), 횡포(橫暴), 흉포(凶暴)

× 흉폭하다

'흉포하다'의 틀린 표기.

¶ 요즘 사회에는 너무 흉폭한(×)/흉포한(○) 일이 많이 벌어진다.

ㅎ

흉하다 형용사 (凶-)

불20-9 흉하고, 흉하여/흉해, 흉한, 흉합니다, 흉하였다/흉했다

① 겉모습이 보기에 나쁘다.
¶ 흉한 꼴로 밖에 나다니지 마라.
② 마음씨가 거칠고 나쁘다.
¶ 그런 흉한 심보로 일을 하니 일이 꼬이지.
③ (말이) 듣기 거북하고 고약하다.
¶ 아이고, 그런 흉한 소리를 함부로 하다니.
④ 운이 사납거나 불길하다.
¶ 올해 신수가 흉하니 언행을 조심해라.
⑤ 일이 나쁘거나 궂다.
¶ 요즘 나라 안에 흉한 일만 생기니 걱정이다.

흉허물 명사

흉이나 허물이 될 만한 일.
¶ 제 잘못은 덮어두고 남의 흉허물만 까발린다.

관용 표현

• **흉허물 없다** 흉허물을 가리지 않을 만큼 사이가 가깝다. 스스럼없다.

흉흉하다 형용사 (洶洶-)

불20-9 흉흉하고, 흉흉하여/흉흉해, 흉흉합니다, 흉흉하였다/흉흉했다

① (분위기가) 술렁술렁 거칠고 사납다.
¶ 세상이 혼란하고 정치가 부패하면 인심도 흉흉하기 마련이다.
¶ 요즘 시국이 흉흉하니 사람들이 불안해한다.
② 물결이 세차고 시끄럽다.
¶ 홍수가 나서 마을 앞길로 물이 흉흉하게 흘러내렸다.
¶ 태풍이 몰아쳐 흉흉한 물결이 바닷가 마을까지 넘실댄다.

흐느끼다 동사

규11-0 흐느끼고, 흐느끼어/흐느껴, 흐느낀다, 흐느낍니다, 흐느끼었다/흐느꼈다

몹시 서러워 흑흑 느끼어 울다.

¶ 이 밤중에 저렇게 서럽게 흐느끼는 사람은 누구일까.

흐드러지다 형용사

규21-0 흐드러지고, 흐드러져, 흐드러집니다, 흐드러졌다

① (무리지어 피어 있는 모습이) 썩 탐스럽다.

¶ 개나리가 온 마을에 흐드러지게 피어 있다.

② 잘 익어서 무르녹다.

¶ 시골 친척집에 갔다가 흐드러진 앵두 한 소쿠리를 선물 받았다.

③ 한창 성하다.

¶ 꽃이 피고 나비가 넘노는 흐드러진 봄날이었다.

④ 매우 유쾌하고 흐뭇하다.

¶ 정원에서는 꽃을 구경하는 여인들의 웃음소리가 흐드러졌다.

⑤ 매우 푸지다.

¶ 산과 들엔 먹을 게 흐드러지지 않겠니?

흐르다 동사

불11-6 흐르고, 흐르는, 흘러, 흐릅니다, 흘렀다

자동사

① 액체 따위가 낮은 곳으로 내려가거나 넘쳐서 떨어지다.

¶ 마을 앞으로 개울이 흘러 아낙들이 빨래터를 만들었다.

② 시간이나 세월이 지나가다.

¶ 오랜 시간이 흐른 뒤에나 이 책의 가치를 알 수 있을 것이다.

③ 걸치거나 두른 것이 미끄러지거나 처지다.
¶ 공연 중에 치마가 흘러 망신스러웠다.
④ 어떤 한 방향으로 치우쳐 쏠리다.
¶ 이야기가 엉뚱한 방향으로 흐르고 있다.
⑤ 피, 땀, 눈물 따위가 몸 밖으로 넘쳐서 떨어지다.
¶ 운동을 좀 했더니 온몸에 땀이 흐른다.
¶ 생때같은 자식을 하루아침에 잃고 피눈물이 흐른다.
⑥ 전기나 가스 따위가 선이나 관을 통하여 지나가다.
¶ 이 전신주에는 고압 전류가 흘러 매우 위험하다.
⑦ 새어서 빠지거나 떨어지다.
¶ 장독에서 간장이 흘러 나왔다.
¶ 자루가 새어서 쌀이 다 흘러 버렸다.
⑧ 빛이나 소리 따위가 퍼지다.
¶ 창밖에는 비가 내리고 방 안에는 음악이 흐른다.

타동사

물줄기, 피 따위와 같은 액체 성분이 어떤 장소를 거쳐 지나가다.
¶ 국토의 가운데를 흐르는 이 강은 국토의 젖줄이다.

복합어

- **흘러가**다 [자동사] ① (물이) 흐르면서 나아가다. ② (세월이) 흘러 지나가다.
- **흘러나오**다 [자동사] ① 새거나 빠져서 흐르며 나오다. ② (음악이나 소리가) 생겨 퍼져 나오다.
- **흘러내려가**다 [자동사] 아래쪽으로 물에 떠서 내려가다.
- **흘러내리**다 [자동사] ① (맨 것이 풀리거나 느슨하여) 아래로 미끄러져 내리다. ② 높은 곳에서 낮은 곳으로 흐르거나 떨어지다.
- **흘러들**다 [자동사] ① 흘러서 들어오거나 들어가다. ¶ 둑이 갈라진 틈으로 바닷물이 흘러들고 있었다. ② 어떻게 해서 들어오거나 새어 들어오다. ¶ 외국의 나쁜 풍습도 흘러들게 마련이다.
- **흘러오**다 [자동사] ① 흘러서 내려오다. ② 흐르면서 내려오다.
- **흘리**다 [타동사] [사동사] 올림말 '흘리다[1]' 참고.

속담

- **흐르는 물은 썩지 않는다** 고인 물은 썩지만 흐르는 물은 썩지 아니한다는 뜻으로, 사람은 언제나 일하고 공부하며 단련하여야 시대에 뒤떨어지지 아니하고 또 변질되지 아니함을 이르는 말.

흐리다[1] 동사

규11-0 흐리고, 흐리는, 흐리어/흐려, 흐린, 흐립니다, 흐리었다/흐렸다

타동사

① (얼굴에) 어두운 빛을 나타내다.

¶ 내 이야기를 듣자 그는 금방 얼굴빛을 흐리면서 난처해 했다.

② 잡것을 섞어 맑지 않게 하다.

¶ 공장에서 나오는 매연이 도시의 공기를 흐린다.

¶ 미꾸라지가 개울물을 온통 흐려 놓았다.

③ (이미지나 분위기를) 나쁘게 하다.

¶ 네 행동이 우리 모임의 인상을 얼마나 흐리는지 아느냐?

¶ 네가 우리 집안 분위기를 흐렸어.

④ (내용이나 흔적 따위를) 알아보지 못하게 하다.

¶ 그 사람은 말할 때 말끝을 흐려 무슨 말인지 알아듣기 어렵다.

¶ 주제에서 벗어난 이야기로 논점을 흐리지 마세요.

흐리다[2] 형용사

규21-0 흐리고, 흐리어/흐려, 흐린, 흐립니다, 흐리었다/흐렸다

① 구름이 끼어 햇볕이 밝지 못하다.

¶ 오늘 날씨는 흐릴 거라고 한다.

② (얼굴 표정이) 밝지 않고 걱정이 있는 듯하다.

¶ 무슨 걱정이 있는지 아이 얼굴빛이 흐렸다.

③ 기억력이나 사리 판단, 또는 하는 일이 똑똑하지 못하다.

¶ 요즘은 기억이 흐려서 금방 했던 일도 생각해 내지 못한다.

¶ 그는 셈이 좀 흐려서 손해를 자주 본다.

④ (잡것이 섞이어) 환하거나 맑지 못하다.

¶ 물이 흐려서 물고기가 얼마나 있는지 알 수 없다.

⑤ 뚜렷하지 못하고 어렴풋하다.

¶ 글씨가 너무 흐려서 읽을 수 없다.

⑥ (불빛이) 밝지 못하다.
¶ 전등 불빛이 너무 흐려서 전구를 갈아 끼웠다.

복합어
- **흐려지다** 자동사 흐리게 되다.
- **흐림** 명사 하늘에 구름이 끼어 있어 햇볕이 나지 않는 상태.

흐리멍덩하다 형용사

불20-9 흐리멍덩하고, 흐리멍덩하여/흐리멍덩해, 흐리멍덩합니다, 흐리멍덩하였다/흐리멍덩했다

① (정신이) 아른아른하고 분명하지 않다.
¶ 금방 잠에서 깨어나 아직 정신이 흐리멍덩한 상태이다.
② 옳고 그름의 구별이나 일처리가 분명하지 않다.
¶ 그렇게 일처리를 흐리멍덩하게 하면 누가 좋아하겠니?
③ 기억이 흐릿하다.
¶ 술이 깨어 정신을 차려 보니 어제 있었던 일들이 흐리멍덩하게 떠오른다.

× 흐리멍텅하다

'흐리멍덩하다'의 틀린 말.

흐릿하다 형용사

불20-9 흐릿하고, 흐릿하여/흐릿해, 흐릿합니다, 흐릿하였다/흐릿했다

① (빛이나 색깔 따위가) 조금 흐린 듯하다.
¶ 날씨가 흐릿하니 등산하기에는 좋을 것 같다.
② 모습이나 기억 따위가 희미하다.
¶ 여기에서는 북녘 땅이 흐릿하게 보인다.

흐뭇하다 형용사

불20-9 흐뭇하고, 흐뭇하여/흐뭇해, 흐뭇합니다, 흐뭇하였다/흐뭇했다

(마음이) 만족스럽고 기분이 좋다.
¶ 잘 자란 아이들을 보니 흐뭇하기 그지없다.

복합어

- **흐무뭇하다** 형용사 몹시 흐뭇하다.
- **흐뭇이** 부사 흐뭇하게. 흡족하여 만족하게
- **흐뭇흐뭇하다** 형용사 몹시 흐뭇하다.

흐벅지다 형용사

규21-0 흐벅지고, 흐벅져, 흐벅진, 흐벅집니다, 흐벅졌다

① 탐스럽게 두툼하고 부드럽다.
¶ 밭에 가서 흐벅지게 익은 토마토를 몇 알 따 왔다.
② 푸지고 만족스럽다.
¶ 동료의 승진을 축하하는 자리에서 술을 흐벅지게 마셨다.

흐지부지 부사

끝을 분명히 맺지 못하고 흐리멍덩하게 넘겨 버리는 모양.
¶ 네가 오지 않아서 우리 약속은 흐지부지 잊어지고 말았다.

복합어

- **흐지부지되다** 자동사 끝을 분명히 맺지 못하고 흐리멍덩하게 넘기게 되다. ¶ 선거 때면 으레 내놓는 장밋빛 공약도 선거가 끝나고 나면 대부분 흐지부지되고 만다.
- **흐지부지하다** 자동사 타동사 끝을 분명히 맺지 못하고 흐리멍덩하게 넘기다.

ㅎ

× 흐트러놓다

'흩어 놓다', '흐트러뜨리다', '흩트려 놓다'의 틀린 말.

¶ 그들은 우리 모임을 흐트러놓으려고(×)/흐트러뜨리려고(○)/흩트려 놓으려고(○) 한다.

'흐트러놓다'의 올림말 자격

동사 '놓다'가 다른 동사와 결합하여 복합어를 만드는 경우가 있는데 여기에 일정한 원리를 찾기 쉽지 않다. 《표준국어대사전》에 오른 중요한 복합어를 예시하면 아래와 같다. 형태로는 이들은 모두 동사에 연결 어미 '-어'를 붙여서 만들었음을 알 수 있다.

- 갈라놓다, 긁어놓다, 까놓다, 내놓다, 내려놓다, 내어놓다, 널어놓다, 둘러놓다, 들여놓다, 밀쳐놓다, 빼놓다, 올려놓다, 터놓다, 털어놓다, 펴놓다, 풀어놓다

'흐트러놓다'가 복합어가 되려면 '흐틀다+어+놓다'의 구성이 되어야 한다. 그런데 '흐틀다'라는 동사가 없다. 따라서 '흐트러놓다'는 복합어가 될 수 없다.

흐트러뜨리다 동사

규11-0 흐트러뜨리고, 흐트러뜨리어/흐트러뜨려, 흐트러뜨립니다, 흐트러뜨리었다/흐트러뜨렸다

타동사

흐트러지게 하다.

¶ 바람이 세차게 불어 내 머리를 흐트러뜨렸다.

¶ 자세를 흐트러뜨리지 않고 반듯하게 앉아 있다.

¶ 관중이 경기 중에 선수의 정신을 흐트러뜨리는 행동을 하면 안 된다.

흐트러지다 동사

규11-0 흐트러지고, 흐트러지어/흐트러져, 흐트러집니다, 흐트러지었다/흐트러졌다

자동사

① 여러 가닥으로 이리저리 얽히다.

¶ 몹시 흐트러진 머리카락을 매만지느라 시간이 많이 걸렸다.

② 몸가짐이나 마음이 가지런하지 못하고 어지럽다.
¶ 이런저런 걱정에 머릿속이 흐트러져서 갈피를 잡을 수 없다.
▶ '흐트러지다'와 '흩어지다'의 차이는 올림말 '흩어지다' 참고.

흐트러트리다 동사

규11-0 흐트러트리고, 흐트러트리어/흐트러트려, 흐트러트립니다, 흐트러트리었다/흐트러트렸다

타동사
=흐트러뜨리다

× 흐트리다

'흩트리다'의 틀린 표기.

흔들다 동사

불11-2 흔들고, 흔드니, 흔드는, 흔들어, 흔드네, 흔든다, 흔드오, 흔듭니다, 흔들었다

타동사
① 위아래나 양옆이나 앞뒤로 자꾸 움직이게 하다.
¶ 곤히 잠든 아이를 흔들어 깨웠다.
② 안정된 것을 움직여 동요시키다.
¶ 지구가 태양의 주위를 돈다는 주장이 당시 세상을 흔들어 놓았다.
③ (어떤 대상을 손아귀에 넣고) 제 마음대로 움직이게 하다.
¶ 학계를 손에 넣고 흔드는 사람이 있다.
④ 마음을 약하게 만들다.
¶ 좋은 음악은 사람의 마음을 흔드는 무엇이 있다.

복합어
- **가로흔들다** 타동사 ① 좌우로 흔들다. ② (응하지 않거나 부정하는 뜻으로) 손이나 머리를 좌우로 흔들다.

- **내흔들다** 타동사 ① 이리저리 마구 흔들다. ② (강하게 부정하는 뜻으로) 머리를 마구 흔들다.
- **뒤흔들다** 타동사 ① 마구 흔들다. ② 큰 파문을 일으키다. ③ 거침없이 마음대로 하다.
- **쥐어흔들다** 타동사 ① 단단히 잡고 흔들다. ② 마음대로 휘두르다.
- **흔들리다** 피동사 '흔들다'의 피동형.
- **흔들바위** 명사 한 사람이 흔들어도 쉽게 흔들리는 바위.
- **흔들비쭉이** 명사 변덕스럽고 툭하면 비쭉거리기를 잘 하는 사람.
- **흔들의자**(-倚子) 명사 앉아서 앞뒤로 흔들면서 쉴 수 있도록 만든 의자.
- **흔들이** 명사 한 정점이나 한 축의 둘레를 일정한 주기로 왔다 갔다 하게 만든 물체.
- **흔들흔들** 부사 ① 자꾸 이리저리 흔들리는 모양. ② (마음 따위가 굳지 못하여) 이리저리 망설이는 모양.

흔들거리다 동사

규11-0 흔들거리고, 흔들거리어/흔들거려, 흔들거립니다, 흔들거리었다/흔들거렸다

자동사

매달려 가볍게 이리저리 흔들리다.

¶ 추를 제대로 고정하지 않아서 자꾸 흔들거린다.

타동사

매달린 것을 가볍게 이리저리 자꾸 흔들다.

¶ 밥 먹을 때는 다리를 흔들거리지 마라.

흔치

'흔하지'가 줄어든 형태.

¶ 이런 일은 외국에서는 흔치 않다.

'흔하지'의 준말 '흔치'

한글맞춤법에 따라서 '흔하다'는 '흔타'로 줄여 쓸 수 있다. 따라서 '흔하지'도 '흔치'로 줄여 쓸 수 있다. (이에 관한 설명은 올림말 '흔하다' 참고.)

흔타

'흔하다'가 줄어든 형태. ×흖다
¶ 요즘에는 외국에서 한국사람 만나는 일이 흔타.

흔하다 형용사

불20-9 흔하고, 흔하여/흔해, 흔하지/흔치, 흔한, 흔합니다, 한하였다/흔했다

보통보다 자주 일어나거나 여기저기 많이 있어서 일상적으로 쉽게 접할 수 있다.
¶ 이런 디자인은 시중에서 흔하게 볼 수 있다.
¶ 그 이름은 한국에서는 매우 흔한 이름이다.
¶ 예전에는 이 섬에서 외국인을 보는 일이 흔치 않았다.

복합어

- **흔히** 부사 ① 귀하거나 드물지 않고 많이. ¶ 그런 일은 여기서는 흔히 당하게 된다. ② 보통으로, 특별하지 않고. ¶ 해금은 흔히 쓰는 말로 깡깡이라고 한다.

'흔하다', '흔하다고', '흔하다면' 따위의 준말

한글맞춤법 제40항에는 "어간의 끝음절 '하'의 'ㅏ'가 줄고 'ㅎ'이 다음 음절의 첫소리와 어울려 거센소리로 될 적에는 거센소리로 적는다"라고 규정되어 있고, 그에 대한 예로 아래의 경우를 제시했다.

본말	준말	본말	준말	본말	준말
간편하게	간편케	다정하다	다정타	연구하도록	연구토록
정결하다	정결타	가하다	가타	흔하다	흔타

그리고 이 규정에 대한 해설에서 아래 경우를 더 제시했다.

가(可)하다 부(否)하다→가타 부타(→가타부타)/감탄하게→감탄케
달성하게→달성케/달성하고자→달성코자/당(當)하지→당치
무능하다→무능타/무심하지→무심치/부지런하다→부지런타
분발하도록→분발토록/사임하고자→사임코자
실망하게→실망케/실천하도록→실천토록/아니하다→아니타
청하건대→청컨대/추진하도록→추진토록

ㅎ

허송하지→허송치/회상하건대→회상컨대

이 규정에 따라서 '흔하다'는 당연히 '흔타'로 쓸 수 있다. 그렇다면 '흔하다고', '흔하다면', '흔하다니', '흔하다네', '흔하다오', '흔하다는구려', '흔하도다'도 '흔타고', '흔타면', '흔타니', '흔타네', '흔타오', '흔타는구려', '흔토다'로 줄여 쓸 수 있을까? 규정의 의도를 살린다면 마땅히 이렇게 줄여서 거센소리로 표기하는 것이 허용되리라고 본다.

그렇다면 '흔하게', '흔하고', '흔하구려', '흔하구나', '흔하지', '흔하지요', '흔하죠'도 '흔케', '흔코', '흔쿠려', '흔쿠나', '흔치', '흔치요', '흔쵸'로 줄여 쓸 수 있을까? 이 경우도 거센소리로 표기하여 줄여 쓸 수 있다고 본다. 규칙의 일관성을 유지하는 것이 좋기 때문이다.

그런데 이 규정이 어떤 단어까지 인정하는지 확실하지 않다. 제시된 낱말의 특징을 살펴보면 '-하다'의 어근이 모음으로 끝나는 낱말이거나, 어근의 끝소리가 'ㄴ, ㄹ, ㅁ'인 낱말에서 인정되는 것으로 볼 수 있다. 그러나 여기에 예외가 상당히 있을 것 같다. 예를 들면, '아니하다'는 '아니타'로 줄어들지 않고 '않다'로 줄어든다. 또, '환하다'는 '환타'로 줄어들지 않을 것 같다. '실하다', '참하다'도 '실타', '참타'로 줄어들지 않는다. 따라서 이 규정은 보완할 필요가 있다. 어떤 낱말이 또는 어떤 경우에 어간의 끝음절 '하'의 'ㅏ'가 줄고 'ㅎ'이 다음 음절의 첫소리와 어울려 거센소리로 되는지 그 조건을 제시해야 한다. 막연히 '그렇게 되는 경우'라고 해 놓으면 언중은 그렇게 되는 경우가 어떤 경우인지 모르기 때문에 혼란을 겪게 된다.

× 흖다

'흔타'의 틀린 표기. '흔하다'가 '흔타'로 줄어들기 때문에 '흖다'로 줄이는 것은 잘못이다. 이에 관해서는 올림말 '흔하다' 참고.

흘기다 동사

규11-0 흘기고, 흘기어/흘겨, 흘기는, 흘긴, 흘깁니다, 흘기었다/흘겼다

눈동자를 옆으로 굴리어 못마땅하게 노려보다.

¶ 내 행동이 못마땅했는지 언니는 눈을 하얗게 흘겼다.

복합어

- **흘겨보다** 타동사 흘기는 눈으로 노려보다.

흘러

동사 '흐르다'의 연결형. '흐르다'에 연결 어미 '-어'를 붙여 불규칙 활용을 한 형태.

¶ 냇물이 흘러 바다로 간다.

¶ 그는 발길이 가는 대로 사방으로 흘러 다니며 막일을 했다.

'흘러'의 띄어쓰기와 복합어

'흐르다'에 연결 어미 '-어'로 보조 동사를 연결하는 경우에 띄어 쓰는 것이 원칙이지만 붙여 쓰는 것을 허용하고 있다. 그런데 '흐르다'와 다른 동사가 합쳐서 복합어를 이루는 경우가 있다. 이 경우는 마땅히 붙여 적는다. 복합어로 인정되는 말을 《표준국어대사전》에서 찾아보면 아래와 같다.

- 흘러가다, 흘러나오다, 흘러내리다, 흘러넘치다, 흘러들다, 흘러오다

따라서 일단 이들 외에는 복합어로 보지 않으니 띄어 쓰는 것이 옳다.

- 흘러 나가다, 흘러 다니다, 흘러 버리다
- 흘러내려 가다, 흘러내려 오다, 흘러들어 가다, 흘러들어 오다

이 중에서 '흘러내려 가다', '흘러내려 오다', '흘러들어 가다', '흘러들어 오다'는 앞말('흘러내려', '흘러들어')이 합성 동사이므로 보조 동사를 띄어 써야 한다.

그 밖에 '흘러 나가다'와 '흘러 다니다', '흘러 버리다'는 붙여 쓸 수 있다. 그러나 붙여 쓰는 것은 예외 조항이므로 띄어 쓰는 것이 더 바람직하다. 다만, '흘러나가다'의 경우는 '흘러나오다'가 복합어인 점을 보면 복합어로 인정하여 붙여 쓰는 것이 바람직하다. 국어에서 복합어 인정 범위는 띄어쓰기와 연결되어 있어서 매우 복잡하고 때로는 불규칙하여 글쓰기를 힘들게 하는 요인이 되는 것이 현실이다. 방법을 꼭 찾아야 한다.

흘리다[1] 동사

규11-0 흘리고, 흘리어/흘려, 흘린다, 흘립니다, 흘리었다/흘렸다

타동사

① (눈물이나 땀 따위를) 밖으로 내다.

¶ 선수들은 올림픽 경기를 앞두고 막바지 연습에 비지땀을 **흘렸다**.

¶ 원로 시인이 시를 낭송하는데 눈물을 **흘리**는 사람도 있었다.

¶ 강아지가 밥을 보더니 침을 **흘린다**.

② (말을) 귀담아 듣지 않고 귓전으로 지나치다.
¶ 어른 말씀을 흘리지 말고 새겨들어라.
③ (글씨를) 흘림체로 쓰다.
¶ 글씨를 너무 흘려 써서 읽기 어렵다.
④ (외상값 따위를) 여러 차례로 나누어 주다.
¶ 밀린 외상값을 조금씩 흘려서 갚으면 부담이 적을 것이다.
⑤ 그림을 그릴 때, 흐린 빛깔로 붓질을 하여 붓 자국이 잘 보이지 않게 하다.
¶ 여기에 작가가 흘려 놓은 자국이 선명하다.
⑥ (웃음이나 표정 따위를) 잠깐 짓다.
¶ 그는 나를 향해 야릇한 웃음을 흘렸다.
⑦ (비밀을) 은근히 밖에 알리다.
¶ 검찰이 범죄 사실을 언론에 흘리는 잘못을 저질렀다.
⑧ (물건을) 부주의하여 떨어뜨리거나 빠뜨리다.
¶ 지갑을 어디다 흘렸는지 모르겠다.
¶ 국물을 흘리지 말고 먹어라.

사동사

'흐르다'의 사동형.
¶ 개울에서 논까지 물을 흘리려면 긴 호스가 필요하다.

복합어

- **흘려듣다** 타동사 ① 새기지 않으면서 대충 듣다. ¶ 어른 말을 흘려듣지 마라. ② 다른 사람이 주고받는 말소리가 우연히 귀에 들려 얻어듣다.
- **흘려버리다** 타동사 ① 흘리어서 내어 버리다. ② 정색해서 하거나, 귀담아 듣지 않고 넘겨 버리다.
- **흘려보내다** 타동사 ① 흘러가는 것을 그냥 내버려 두다. ¶ 아까운 시간을 마냥 흘려보낸다. ② 주의 깊게 듣지 아니하고 지나쳐 버리다. ¶ 선생님의 소중한 충고를 흘려보내지 마라.
- **흘려쓰기** 명사 글자를 흘려서 쓰는 기법.
- **흘려주다** 타동사 여러 번에 조금씩 나누어 주다.

흘리다[2] 동사

규11-0 흘리고, 흘리어/흘려, 흘린다, 흘립니다, 흘리었다/흘렸다

타동사

(기둥의 일부를) 원래보다 조금 가늘게 하다.

¶ 한옥에서는 기둥 아래를 흘리는 방법으로 안정감을 준다.

복합어

- **배흘림** 명사 건축에서, 기둥의 중간이 배가 부르고 아래위로 가면서 점점 가늘어지게 만드는 방법.

흙탕 명사 [흑-]

'흙탕물'의 준말.

복합어

- **흙탕길**[흑-낄] 명사 흙탕물이 질펀하게 깔린 길.
- **흙탕물**[흑-] 명사 올림말 '흙탕물' 참고.

흙탕물 명사 [흑-] ㊟ 흙탕

흙이 풀리어 몹시 흐린 물.

¶ 비가 온 뒤라 물이 고여 자동차들이 흙탕물을 튀기고 지나간다.

흠 명사 (欠)[흠:]

① 물건이 이지러지거나 깨어지거나 상한 자리.

¶ 이 상품은 흠이 있으니 팔면 안 된다.

② 사람의 됨됨이가 모자란 부분.

¶ 세상에 흠 없는 사람이 어디 있겠니?

③ 부족하거나 아쉬운 부분.

¶ 이 상품은 질은 좋은데 값이 비싼 게 흠이야.

ㅎ

복합어

- **흠가**다(欠 -)[흠: -] 자동사 흠이 생기다.
- **흠구덕**(欠 -)[흠: -] 명사 남의 흠을 헐뜯어 험상궂게 말함. 또는 그런 말.
- **흠나**다(欠 -)[흠: -] 자동사 흠이 생기다.
- **흠내**다(欠 -)[흠: -] 타동사 흠이 생기게 하다.
- **흠뜯**다(欠 -)[흠: -] 타동사 남의 흠을 꼬집어 말하다.
- **흠잡**다(欠 -)[흠: -] 타동사 흠이 되는 점을 집어내다. ¶ 색시는 흠잡을 데 없는 참한 색시더라.
- **흠지**다(欠 -)[흠: -] 자동사 흠이 생기다.
- **흠집**(欠 -)[흠:찝] 명사 올림말 '흠집' 참고.

흠집 명사 (欠 -)[흠:찝]

흠이 생긴 자리나 흔적.
¶ 책상을 옮기다가 바닥에 흠집을 냈다.

관용 표현

- **흠집을 내다** 남의 흠집을 건드려 상처를 입히다. ¶ 그 사람 주장은 나를 흠집 내기 위한 것일 뿐 전혀 사실이 아니다.

흠칫 부사

놀라거나 겁이 나서 목이나 몸을 움츠리는 모양.
¶ 누가 나를 부르는 것 같아 흠칫 돌아보았다.

복합어

- **흠칫거리**다 자동사 타동사 자꾸 흠칫하다.
- **흠칫하**다 자동사 타동사 몸을 움츠리며 갑작스럽게 놀라다.
- **흠칫흠칫** 부사 자꾸 흠칫하는 모양.
- **흠칫흠칫하**다 자동사 타동사 몸을 움츠리며 자꾸 놀라다.

흡사 부사 (恰似)

마치. 꼭. (-과) 비슷하게.
¶ 흡사 미친 사람처럼 날뛰었다.

복합어
• **흡사하다**(恰似-) 형용사 (무엇과) 거의 같다. 비슷하다. ¶ 두 작품이 흡사한 데가 있다.
• **흡사히**(恰似-) 부사 =흡사

흥건하다 형용사

불20-9 흥건하고, 흥건하여/흥건해, 흥건합니다, 흥건하였다/흥건했다

(물 따위가) 푹 잠기거나 고일 정도로 많다.
¶ 방바닥에 물이 흥건하다.
¶ 너무 긴장한 탓에 손에 땀이 흥건하게 배었다.

복합어
• **흥건히** 부사 흥건하게. ¶ 비가 많이 내려 논에 물을 흥건히 가둘 수 있었다.

흥겹다 형용사 (興-)[흥:-]

불21-3 흥겹고, 흥겨우니, 흥겨워, 흥겨운, 흥겹네, 흥겹습니다, 흥겨웠다

즐겁고 기분이 좋다.
¶ 식사를 마치고 춤도 추고 노래도 부르며 흥겹게 놀았다.
¶ 흥겨운 풍물놀이에 모두 신명 나게 놀았다.

복합어
• **흥겨이**(興-)[흥:-] 부사 흥겹게.

흥정 명사

① 물건을 사고팔기 위해 상인과 소비자가 밀고 당기며 값을 정하는 일.
¶ 소 값을 흥정하는 데는 시간이 조금 걸릴 거다.
② 어떤 문제를 자기에게 조금이라도 더 유리하도록 상대편에게 수작을 겂.
¶ 그가 나에게 먼저 적정선에서 타협하자고 흥정을 걸어 왔다.

복합어

- **흥정거리**[-꺼-] 명사 흥정할 상품.
- **흥정꾼** 명사 ① 흥정을 붙이는 사람. ② 흥정을 하는 사람.
- **흥정판** 명사 흥정을 하는 곳이나 때, 또는 그런 경우.
- **흥정하**다 타동사 ① 매매가 이루어지도록 주선하다. ② 자기에게 이롭게 하려고 수작을 걸다.

관용 표현

- **흥정을 붙이다** 매매가 이루어지도록 주선하다.

속담

- **흥정도 부조(扶助)다** 남의 물건을 사 주는 일도 그를 돕는 일이라는 말.
- **흥정은 붙이고 싸움은 말리랬다** 좋은 일은 서로 권장하고 나쁜 일은 말리라는 말.

흥청망청 부사

① (돈이나 물건 따위를) 함부로 마구 써 버리는 모양.
¶ 아무리 부잣집 아들이라도 돈을 너무 흥청망청 쓰는 것 같다.
② 흥이 나서 마음대로 즐기는 모양.
¶ 젊음을 흥청망청 보내면 늙어서 고생을 하는 것은 정한 이치이다.

복합어

- **흥청망청하**다 자동사 ① 흥에 겨워 마음대로 즐기다. ¶ 흥청망청하는 동안에 시간은 흘러가 버린다. ② 돈이나 물건 따위를 마구 쓰다.

흩다 동사

규11-1 흩고, 흩으니, 흩어, 흩네, 흩습니다, 흩었다

타동사

한데 모였던 것이 다 각각 헤어지거나 퍼지다.

¶ 장난감을 정리해 놓아도 아이가 단번에 흩어 버린다.

¶ 마당에 널어 놓은 곡식을 닭이 다 흩어 놓았다.

흩날리다 동사 [흔-]

규11-0 흩날리고, 흩날리어/흩날려, 흩날린다, 흩날립니다, 흩날리었다/흩날렸다

자동사

흩어져 날리다.

¶ 바람이 부니 낙엽이 이리저리 흩날렸다.

¶ 꽃잎이 흩날리는 길을 걸었다.

타동사

흩어 날게 하다.

¶ 아이가 머리카락을 흩날리며 달려온다.

흩뜨리다 동사

규11-0 흩뜨리고, 흩뜨리어/흩뜨려, 흩뜨립니다, 흩뜨리었다/흩뜨렸다

타동사

① 흩어지게 하다.

¶ 모아 놓은 쓰레기를 바람이 흩뜨렸다.

② 태도, 마음, 옷차림 따위를 바르게 하지 못하다.

¶ 자세를 흩뜨리지 말고 바로 앉아라.

흩뿌리다 동사

규11-0 흩뿌리고, 흩뿌리어/흩뿌려, 흩뿌립니다, 흩뿌리었다/흩뿌렸다

자동사

(비나 눈 따위가) 흩어져 내리다.

¶ 비가 조금씩 **흩뿌리기** 시작했다.

타동사

흩어 뿌리다.

¶ 동남아시아에서는 볍씨를 **흩뿌려** 농사를 짓는다.

흩어지다 동사

규11-0 흩어지고, 흩어져, 흩어진다, 흩어집니다, 흩어졌다

자동사

① 한데 모였던 것이 따로따로 떨어지거나 사방으로 퍼지다.

¶ 선생님의 구령에 맞추어 아이들이 **흩어졌다** 모인다.

¶ 경찰이 오는 소리가 나자 깡패들은 사방으로 **흩어져** 도망쳤다.

② '흐트러지다'의 틀린 말.

¶ 여자는 **흩어진(×)/흐트러진(○)** 옷매무새를 바로잡았다.

'흩어지다'와 '흐트러지다'

'흩어지다'는 부사어 '사방으로'나 '뿔뿔이'와 어울린다. 한데 모인 것들이 하나씩 떨어져 나가는 동작을 나타내는 말이다. '흐트러지다'는 여러 가닥으로 된 사물이 얽혀서 어수선하게 된 상태를 가리킨다. 바르지 않은 자세를 표현할 때도 '흐트러지다'를 쓴다. '흩어지다'는 각자의 방향으로 가는 것을, '흐트러지다'는 가지런하지 않거나 똑바르지 않은 경우를 나타낸다.

¶ 모여 있던 아이들은 모두 **흩어져** 집으로 갔다.

¶ 자루에 넣었던 콩이 바닥에 쏟아져 사방으로 **흩어졌다**.

¶ 가지런히 놓아둔 책이 **흐트러져** 있는 것을 보니 누군가 왔다 간 게 틀림없다.

¶ 타격 자세가 **흐트러지면** 좋은 결과가 나올 수 없다.

× 흩으러지다

'흐트러지다'의 틀린 말.

× 흩으리다

'흩트리다'의 잘못

흩트리다 동사

규11-0 흩트리고, 흩트리어/흩트려, 흩트립니다, 흩트리었다/흩트렸다

타동사

=흩뜨리다

¶ 아이가 밥알을 여기저기 **흩트렸다**.

¶ 어머니는 어떤 위급한 상황에서도 표정 하나 **흩트리지** 않고 찬찬히 처리하셨다.

흩이다 동사 [흐치-]

규11-0 흩이고, 흩이어/흩여, 흩인다, 흩입니다, 흩이었다/흩였다

사동사

'흩다'의 사동형. 흩어지게 하다. 흩어 놓다.

¶ 들고 있던 소쿠리를 떨어뜨리는 바람에 낟알을 모두 **흩이고** 말았다.

× 희노애락

'희로애락(喜怒哀樂)'의 틀린 표기.

¶ 아버지는 좀처럼 얼굴에 **희노애락**(×)/**희로애락**(○)을 나타내지 않으셨다.

희다 형용사 [히-]

규21-0 희고, 희니, 희어, 흰, 흽니다, 희었다

① 눈이나 솜의 빛깔과 같다.
¶ 여학교가 처음 생긴 때는 교복이 검정 치마에 흰 저고리였다.
② 밝고 환하다.
¶ 보름달이 비치어 거리가 흰 낮처럼 밝다.
③ '희떱다'의 준말.
¶ 희어 빠진 소리는 이제 그만해라.

관용 표현

- **흰 눈으로 보다** 업신여기거나 못마땅한 눈으로 흘기어 보다.

속담

- **희고 곰팡 슨 소리** 희떱고 고리타분하게 하는 말.
- **희기가 까치 배 바닥 같다** 말이나 행동을 희떱게 하는 모양을 비유하여 이르는 말.
- **흰 술은 사람의 얼굴을 누르게 하고 황금은 사람의 마음을 검게 한다** 술과 돈을 경계하라는 말.

희떱다 형용사 [히-]

불21-3 희떱고, 희떠우니, 희떠우면, 희떠워, 희떠운, 희떱습니다, 희떱네, 희떠웠다

① 실속은 없어도 손이 크고 마음이 넓다.
¶ 어려운 형편에도 자기보다 더 어려운 사람을 보면 희떱게 도울 줄 알았다.
¶ 아버지는 돈만 생기면 친구들한테 희떱게 술을 샀다.
② 말이나 행동이 분에 넘치며 버릇이 없다.
¶ 그는 하지 못할 일도 할 수 있다고 희떠운 소리를 늘어놓았다.
¶ 처음 만난 사람 앞에서 희떱게 군 것 같아 부끄러웠다.

복합어

- **희떠워지다**[히-] 자동사 (언행이나 씀씀이가) 희떱게 되다.

희로애락 명사
(喜怒哀樂)[히 -]

기쁨과 노여움과 슬픔과 즐거움. 사람의 온갖 감정을 통틀어 이르는 말.
¶ 여기 사람들은 희로애락을 얼굴에 나타내지 않아서 속내를 알기 힘들다.

'희로애락'의 표기

'희로애락(喜怒哀樂)'의 '怒'의 본음은 '노'이지만 이 단어의 경우처럼 한글맞춤법 규정에 따라서 속음인 '로'로 발음하고 표기한다. '대로(大怒)'도 마찬가지이다. 한글맞춤법에서 속음 표기를 하도록 제시한 것은 아래와 같다.

한자와 본음	본음 표기	속음 표기(한글맞춤법 규정)
諾(낙)	승낙(承諾)	수락(受諾), 허락(許諾), 쾌락(快諾)
難(난)	만난(萬難)	곤란(困難), 논란(論難),
寧(녕)	안녕(安寧)	의령(宜寧), 회령(會寧)
怒(노)	분노(忿怒)	대로(大怒), 희로애락(喜怒哀樂)
六(륙)	오륙십(五六十)	오뉴월(五六月), 유월(六月)
木(목)	목재(木材)	모과(木瓜)
十(십)	십일(十日)	시방정토(十方淨土), 시월(十月), 시왕(十王)
八(팔)	팔월(八月)	초파일(初八日)

이 밖에 현재 사용하고 있는 속음 표기에 아래와 같은 것이 있다.

한자와 본음	본음 표기	속음 표기
牧(목), 단(丹)	목장(牧場), 단청(丹靑)	모란(牧丹)
場(장)	도장(道場)	도량(道場)
戮(륙)	도륙(屠戮)	살육(殺戮)

희멀겋다 형용사
[히 -]

불21-5 희멀겋고, 희멀거니, 희멀거므로, 희멀게서, 희멀건, 희멀거네, 희멀겋습니다, 희멀겠다

(빛이) 몹시 희고 멀겋다.

¶ 죽이 희멀게서 맛이 없어 보였다.
¶ 날마다 햇빛 아래서 일을 하는데도 그의 얼굴은 희멀겠다.

복합어

- **희멀게지다**[히-] 자동사 희멀겋게 되다.

희붐하다 형용사 [히-]

불21-5 희붐하고, 희붐하여/희붐해, 희붐한, 희붐합니다, 희붐하였다/희붐했다

날이 새려고 어둠이 조금 사라져 희미하게 밝은 듯하다.
¶ 아직 희붐한 새벽인데 인력 시장은 사람들로 꽉 차 있다.

복합어

- **희붐히** 부사 어둠이 가시고 희미하게 밝게. ¶ 벌써 희붐히 먼동이 트기 시작한다.

희비 명사 (喜悲)[히-]

기쁨과 슬픔. 애환(哀歡).
¶ 수상자 명단이 발표되자 두 사람의 희비가 갈리었다.

희뿌옇다 형용사 [히-]

불21-5 희뿌옇고, 희뿌여니, 희뿌여면, 희뿌예, 희뿌연, 희뿌여네, 희뿌옇습니다, 희뿌옜다

희끄무레하게 뿌옇다.
¶ 바람이 몰아치자 길에는 희뿌연 먼지가 일었다.
¶ 아이 얼굴에 살이 올라 얼굴빛이 희뿌옜다.
¶ 안개가 희뿌여니 피오르니 운전 조심하세요.

복합어

- **희뿌예지다**[히-] (자동사) 희뿌옇게 변하다.

희희낙락 명사 (喜喜樂樂)[히히-]

매우 기뻐하고 즐거워함.

¶ 무엇이 그리 좋아서 아침부터 **희희낙락**이냐?

복합어

- **희희낙락하다**(喜喜樂樂-)[히히낭나카-] (자동사) 매우 기뻐하고 즐거워하다. ¶ 경기에 한 번 이겼다고 그렇게 희희낙락하지 마라.

> **'희희낙락'의 발음과 표기**
> '희'는 '히'로 소리 낸다. 표준 발음법에 따라서 자음 뒤에 오는 복모음 'ㅢ'는 단모음 'ㅣ'로 발음한다. 따라서 '희희'는 '히히'로 소리 낸다. 한자어 '樂'은 두음 법칙에 따라서 처음 것은 '낙'으로 적고 다음 것은 '락'으로 적는다. 따라서 '樂樂'은 '낙락'으로 적는다. 소리는 자음의 동화 원칙에 따라서 '낭낙'으로 소리 낸다.

흰 [힌]

형용사 '희다'의 관형사형.

¶ 아이가 요즘은 **흰** 바지만 입고 다닌다.

흰소리 명사 [힌-]

터무니없이 거드럭거리며 허풍을 떠는 말.

¶ 자꾸 **흰소리**를 늘어놓으면 실없는 사람 취급을 받는다.

¶ 가진 없이 없거나 속에 든 것이 없는 사람은 **흰소리**를 많이 하는 경향이 있다.

복합어

• **흰소리하다** 자동사 터무니없이 거드럭거리며 허풍을 떨다.

흰자 명사 [흰 -]

'흰자위'의 준말.

¶ 그의 눈에는 흰자가 유달리 많은 것 같다.

흰자위 명사 [흰 -] 준 흰자

① 달걀의 노른자를 둘러싸고 있는 하얀 부분.

¶ 나는 달걀 노른자위보다 흰자위를 더 좋아한다.

② 눈동자 주위의 하얀 부분.

¶ 흰자위가 다 드러나도록 눈을 부릅떴다.

휭하다 형용사 [휭: -]

불21-5 휭하게, 휭하여/휭해, 휭한, 휭합니다, 휭하였다/휭했다

정신을 차리기 어려울 만큼 정신이 띵하다.

¶ 종일 책을 읽었더니 머리가 휭하다.

휭허케 부사 [휭 -]

서둘러 빨리, 중도에 지체하지 말고 곧장 빨리.

¶ 아이가 책가방을 던져 놓고 휭허케 밖으로 나갔다.

-히[1] 접사

접미사

(접미사 '-하다'가 붙은 형용사의 어근에 붙어) 형용사를 부사로 만드는 말.

¶ 가득히, 나란히, 무사히, 영원히, 조용히, 착히

형용사를 부사로 만드는 접미사 '-이'와 '-히'

형용사를 부사로 만드는 접미사에는 '-이'와 '-히'가 있다. '많다', '높다', '슬프다', '즐겁다' 같은 형용사는 접미사 '-이'를 붙여 '많이', '높이', '슬피', '즐거이'처럼 부사를 만든다. 접미사 '-하다'가 붙은 파생 형용사는 대체로 어근에 '-히'를 붙여 부사를 만든다. '마땅하다', '조용하다', '무사하다', '영원하다', '섭섭하다'가 '마땅히', '조용히', '무사히', '영원히', '섭섭히'처럼 부사가 되는 것이 그 예이다. 그러나 '-하다'가 붙은 형용사 가운데에서도 어떤 것은 '-이'를 붙여 부사를 만드는 것이 있다. 대표적인 것이 어근 끝소리가 'ㅅ'인 경우이다.

가붓하다 - 가붓이, 깨끗하다 - 깨끗이, 나붓하다 - 나붓이, 느긋하다 - 느긋이
따뜻하다 - 따뜻이, 반듯하다 - 반듯이, 버젓하다 - 버젓이
산뜻하다 - 산뜻이, 의젓하다 - 의젓이

위에서 설명한 경우에는 예외 없이 '-이'와 '-히'를 붙이면 문제가 없다. 그런데 어근 끝소리가 'ㄱ'인 경우에는 간단하지가 않다. 한글 맞춤법 제51항에는 'ㄱ'으로 끝나는 어근 뒤에 '-히'를 적는 것으로 아래 용례를 제시하였다.

극히, 딱히, 속히, 솔직히, 작히, 족히, 엄격히, 정확히, 특히

이들 외에 '-하다'가 붙은 형용사 가운데에서 어근의 끝소리가 'ㄱ'인 단어는 모두 '-이'를 붙일까? 이에 대해서는 분명한 규정을 두지 않았다.

《표준국어대사전》은 '-이'를 붙여 부사를 만든 것을 아래와 같이 올려놓았다.

깊숙하다 - 깊숙이, 깜찍하다 - 깜찍이, 끔찍하다 - 끔찍이
볼록하다 - 볼록이, 불룩하다 - 불룩이, 빡빡하다 - 빡빡이, 빽빽하다 - 빽빽이
뾰족하다 - 뾰족이, 삐죽하다 - 삐죽이, 소복하다 - 소복이, 수북하다 - 수북이
큼직하다 - 큼직이, 팍팍하다 - 팍팍이, 퍽퍽하다 - 퍽퍽이

그리고 '-히'를 붙여 부사로 만든 것을 아래와 같이 올려놓았다.

가득하다 - 가득히, 그득하다 - 그득히, 낙낙하다 - 낙낙히, 넉넉하다 - 넉넉히
눅눅하다 - 눅눅히, 막막하다 - 막막히, 먹먹하다 - 먹먹히, 명확하다 - 명확히
묵묵하다 - 묵묵히, 소박하다 - 소박히, 씩씩하다 - 씩씩히, 착하다 - 착히

어근 끝음절이 'ㄱ' 받침인 경우에는 '-이'를 붙이는 것과 '-히'를 붙이는 것을 구분한 셈인데 이들을 어떻게 구분하는지 기준이 없다. 한글맞춤법 제51항에는 분명히 '이'로만 소리 나는 것은 '이'로 적고 그 밖에는 모두 '히'로 적는다고 하고 있는데 과연 이 기준이 위에 예시한 낱말의 부사어 형태를 제대로 설명하고 있는지 의문이다. '이'로만 소리 나는 것과 경우나 상황에 따라서 '이'와 '히'로 소리 나는 경우를 판단하기 쉽지 않기 때문이다. 예를 들면 '너 좀 더 싹싹하게 굴면 안 되겠니?'라고 할 때 '싹싹하다'의 부사어는 '싹싹이'인지 '싹싹히'인지 알 수 없다. 언중의 발음을 판단 기준을 삼는 것은 아무래도 불안전하다. 이 규정도 시급히 보완해야 할 규정이다.

-히² 접사

접미사

① 형용사 어간에 붙어 형용사를 동사로 만드는 말.

¶ 굽히다, 넓히다, 묵히다, 좁히다

② 동사 어간에 붙어 능동사를 피동사나 사동사로 만드는 말.

¶ 먹히다, 앉히다, 입히다, 읽히다, 잡히다

히로뽕 명사

부작용이 강한 각성제(覺醒劑)의 하나. 필로폰.

'필로폰'과 '히로뽕'

'필로폰'은 영어 'philopon'을 외래어 표기법에 따라 표기한 것이고, '히로뽕'은 일본에서 만든 마약 'hiropon'을 우리말로 표기한 것이다. 두 낱말이 같은 성분(methamphetamine)을 원료로 해서 만든 마약으로 같은 말이다. 이 두 말은 동의어로 모두 표준어이다.

힘 명사

① 움직임을 만들어 내는 기운.
¶ 지금 나는 말할 힘도 없다.
② 일이나 활동에 도움이나 의지가 되는 것.
¶ 내가 네 힘을 좀 빌리려고 한다.
¶ 이번 일에 네가 힘이 좀 되어 주기 바란다.
③ 어떤 일을 할 수 있는 능력이나 역량.
¶ 이 일을 해내기 위하여 힘을 모아 봅시다.
④ 체력이나 무력.
¶ 힘으로 다른 나라를 억누르려 하는 행위는 야만족이나 하는 짓이다.
⑤ 통제하고 강압할 수 있는 권력.
¶ 나라의 힘이 미치지 못하니 사방에서 반란이 일어났다.

복합어

- **힘겨루기** 명사 =힘겨룸 ¶ 이번 사태를 정부와 노동조합의 힘겨루기로 인식해서는 안 된다.
- **힘겨룸** 명사 힘의 세고 약함을 서로 겨루는 일.
- **힘겹**다 형용사 (자기의) 힘에 부쳐 (누구를) 당하여 내기 어렵다.
- **힘껏** 부사 있는 힘을 다하여. 힘이 미치는 데까지.
- **힘내**다 자동사 꾸준히 힘써 일을 해내다.
- **힘닿**다 자동사 힘이 미치다. ¶ 내가 힘닿는 데까지 도와 줄 터이니 열심히 해 보아라.
- **힘들**다 자동사 ① 힘이 많이 쓰이다. ② (형용사처럼 쓰이어) 힘을 써야 할 정도로 어렵거나 곤란하다. ¶ 요즘은 그 사람 얼굴 보기가 힘들어. / 얼굴을 알아보기 힘들게 변했다.
- **힘들이**다 자동사 ① 힘을 쓰다. ② 생각을 깊게 하다. 마음이 미치게 하다.
- **힘살**[-쌀] 명사 내장이나 핏줄을 싸고 있는 살의 한 가지. 근육.
- **힘세**다 형용사 힘이 많다. 억세고 세차다.
- **힘쓰**다 자동사 힘을 들이다. 애를 쓰다.
- **힘없**다 형용사 ① 힘이나 기력이 없다. ② 도움을 줄 만한 능력이 없다. ③ 어떤 일을 처리할 만한 세력이나 능력이 없다.
- **힘입**다 자동사 (누구에게) 신세를 지다. 혜택을 받다.
- **힘주**다 자동사 ① 힘을 기울이다. ② 강조하다. ¶ 힘주어 말하다.
- **힘줌말** 명사 힘을 주는 말. 강조하는 말.
- **힘차**다 형용사 매우 억세고 씩씩하다. 기운차다.

관용 표현

- **힘이(/에) 부치다** 힘이 모자라다. ¶ 너를 대학원까지 뒷바라지하자니 내 힘이 부친다.

- **힘깨나 쓰다** 어떤 일을 해낼 권력을 가지다. ¶ 요즘 그가 힘깨나 쓴다고 해서 많은 사람이 그 사람 비위를 맞추려 한다.
- **힘이 있다** ① 힘이 세다. ② 어떤 일을 이루어 낼 능력이 있다. ¶ 힘 있는 사람들이 그 힘을 올바르게 써야 한다.

'힘없다'와 '힘 있다'

'힘없다'는 복합어로 인정하지만 '힘있다'는 복합어로 인정하지 않으므로 '힘 있다'처럼 띄어 써야 한다. 그러나 왜 '힘있다'는 복합어로 인정하지 않는지 그 까닭 확실하지 않다. 이런 경우에는 모두 붙여 쓰든지 모두 띄어 쓰든지 일정하게 하는 것이 좋겠다. 《표준국어대사전》에서 '-있다/-없다'를 모두 복합어로 인정하는 단어와 어느 한쪽만 인정하는 단어는 아래와 같다.

① 양쪽 다 인정하는 경우
- 값있다/값없다, 맛있다/맛없다, 빛있다/빛없다, 상관있다/상관없다, 재미있다/재미없다

② 어느 한 쪽만 인정하는 경우
- 뜻있다/뜻 없다, 힘 있다/힘없다

(이 밖에 '-없다'가 붙어 복합어가 된 더 많은 예는 올림말 '-없다' 참고.)

I. 조사

국어는 조사 없이 문장을 만들 수 없는 언어이다. 체언(명사, 대명사, 수사)은 특별한 경우가 아니면 반드시 조사를 거느려야 문법적 기능을 할 수 있다. 이것이 체언의 위치로 문법적 기능을 수행하는 영어나 중국어와 다른 한국어의 특징이다.

1. 조사의 위치

조사는 체언(명사, 대명사, 수사) 뒤에 붙는다.

① 조사는 체언 뒤에 붙는다. 그러니까 체언 뒤에 붙은 것은 조사이다.
¶ 동물은 움직이는 특징이 있다.
¶ 나무는 뿌리를 땅에 박고 산다.
¶ 저 사람이 미국에서 온 동포이다.
¶ 생각을 하면 방법이 생긴다.
¶ 아스팔트 위에 햇볕이 무척 따갑게 내리쬐었다.
▶ 위 예문에서 조사가 없다면 완전한 문장이 되지 못한다.

② 드물게 조사는 부사나 조사 또는 어미 뒤에 붙기도 한다.
¶ 상대보다 더 멀리는 뛰지 못했다. (부사+조사)
¶ 서울에서도 사람들을 만날 예정이다. (조사+조사)
¶ 그 상품이 비싸지는 않더라. (연결 어미+조사)
¶ 노약자는 더위 때문에 죽기도 했다. (전성 어미+조사)

2. 조사의 종류

조사에는 체언에 붙어서 자격을 나타내는 격조사가 있고, 특별한 의미를 보태는 보조사가 있다. 보조사는 체언뿐 아니라 부사어나 어미에도 붙는다. 단어와 단어를 연결하는 접속 조사도 있다.

(1) 격조사(格助詞)

격조사는 체언이나 체언 구실을 하는 말 뒤에 붙어 앞말이 다른 말에 대하여 갖는 일정한 자격을 나타내 주는 조사이다. 주격, 서술격, 목적격, 보격, 관형격, 부사격, 호격 따위가 있다.

① 주격 조사

주격 조사는 체언을 주어가 되게 하는 조사이다. 이 조사는 앞말(체언이나 체언 구실을 하는 말)이 뒤에 오는 서술어의 주어임을 나타낸다. '가'와 '이'가 있다.

¶ 새가 날아간다.

¶ 바람이 분다.

¶ 돈 벌기가 쉽지 않다.

¶ 그렇게 함이 바람직하다.

② 서술격 조사

서술격 조사는 체언이나 체언 구실을 하는 말에 붙어 그 말이 서술어가 되게 하는 조사이다. 국어에 서술격 조사에 해당하는 조사는 오직 '이다'뿐이다. '이다'는 용언처럼 활용을 한다.

¶ 내 이름은 김삼순이다.

¶ 여기가 대한민국에서 가장 아름다운 곳이란다.

¶ 이런 게 경험의 힘이지.

¶ 여기는 3000미터 고지인데, 나무가 자라는 특이한 곳이다.

¶ 우승자가 우리 팀이므로, 우리 자리가 가장 높은 자리였지.

③ 목적격 조사

목적격 조사는 체언을 서술어의 목적어가 되게 하는 조사이다. 목적격 조사에는 '를'과 '을'이 있다.

¶ 과자를 먹은 뒤에 밥을 먹으면 밥맛이 없어진다.

¶ 힘을 내어 일을 해야 성과를 낼 수 있지 않겠니?

④ 보격 조사

보격 조사는 체언을 서술어의 보어가 되게 하는 조사이다. 보격 조사에는 '가'와 '이'가 있다. 보어를 취할 수 있는 서술어로는 동사 '되다'와 형용사 '아니다'밖에 없다.

¶ 새벽이 되니 비가 내리기 시작했다.

¶ 이 애벌레가 자라서 나비가 된다.

¶ 그는 결코 나쁜 사람이 아니야.

⑤ 관형격 조사

관형격 조사는 앞 체언이 뒤의 체언을 꾸미게 하는 조사이다. 관형격 조사는 '의'뿐이다.

¶ 사람의 특징 중에서 가장 중요한 것이 무엇일까?

¶ 조사의 기능을 잘 이해해야 한국어를 정확하게 사용할 수 있다.

⑥ 부사격 조사

부사격 조사는 앞 체언이 용언을 꾸미게 하는 조사이다.

¶ 자리에 앉아서 말해라.

¶ 아이들이 놀이터에서 놀고 있다.

¶ 여기서 기다리자. ('에서'의 '에'가 생략된 형태임.)

¶ 오늘 만날 수 있는지 친구에게 물어 보았다.

¶ 답을 누구한테 물어봐야 알 수 있을까?

¶ 선생님께 여쭤 보자.

¶ 여자 친구에게서 편지를 받으니 무척 기분이 좋더라.

¶ 휴가는 부산으로 가겠다. (받침이 있는 체언 뒤에서는 '으로'를 붙임.)

¶ 우리는 잠실로 가서 버스를 타려고 한다. ('ㄹ' 받침이 붙은 체언 뒤에서는 '로'를 붙임.)

¶ 여행을 제주로 가려 한다. (받침이 없는 체언 뒤에서는 '로'를 붙임.)

¶ 여기서부터 저기까지 달려가자.

¶ 우리 아이는 친구와 어울려 다닌다. (받침이 없는 체언 뒤에 '와'를 붙임.)

¶ 그는 얼음과 같은 차가운 성격을 가졌다. (받침이 있는 체언 뒤에 '과'를 붙임.)

¶ 오늘밤에 너는 누구랑 잘래? (받침이 없는 체언 뒤에 '랑'을 붙임.)

¶ 나는 동생이랑 잘 거야. (받침이 있는 체언 뒤에 '이랑'을 붙임.)

¶ 그가 나더러 가라고 했다.

⑦ 호격 조사

체언 뒤에 붙여서 부름의 대상이 되게 하는 조사. '아'와 '야'가 있다.

¶ 경숙아, 이리 와서 놀자. (받침이 있는 체언 뒤에서는 '아'를 씀)

¶ 영희야, 너는 언제 갈래? (받침이 없는 체언 뒤에서는 '야'를 씀)

⑵ **보조사(補助詞)**

보조사는 격조사 대신 쓰되 특별한 뜻을 보태기도 하고, 부사나 어미 또는 다른 조사 뒤에 붙어서 특별한 뜻을 더하기도 하는 조사이다.

① 격조사 대신에 쓴 보조사

¶ 나무는 서서 잔다. (주격)

¶ 아직 나무는 심지 않았다. (목적격)

¶ 바람은 그다지 불지 않는다. (주격)

¶ 밥은 안 먹었다. (목적격)

¶ 우리도 거기에 가려 한다. (주격)
¶ 이 옷도 입어 보고 싶다. (목적격)
¶ 거기에는 나만 참석했다. (주격)
¶ 네가 거짓말만 안 하면 좋겠다. (목적격)
¶ 이제 너까지 나를 속이니? (주격)
¶ 내 힘이 거기까지 미치지는 못해. (부사격)
¶ 이 일부터 시작하자. (목적격)
¶ 처음부터 일이 꼬이기 시작했다. (부사격)

② 부사 뒤에 쓴 보조사
¶ 그렇게 일찍은 가기 어렵다.
¶ 너무 멀리는 가지 마라.
¶ 일을 열심히도 하는구나.
¶ 꾸준히만 하면 성공한다.

③ 어미 뒤에 쓴 보조사
¶ 영화가 그렇게도 재미있었니?
¶ 계속 이렇게만 해 준다면 좋겠다.
¶ 이제는 울지를 마라.
¶ 음악 소리가 귀에 들리지도 않더라.
¶ 죽어서까지 나를 괴롭히는구나.

④ 조사 뒤에 쓴 보조사
¶ 나에게까지 그리 말할 것은 무엇인가?
¶ 여기까지만 허락하겠다.
¶ 그에게서는 불법을 찾지 못했다.
¶ 요즘은 시골에서도 인터넷을 할 수 있다.
¶ 쌀로도 국수를 해 먹는다.
¶ 나로서는 어쩔 수 없었다.

⑶ 접속 조사

접속 조사는 두 단어를 같은 자격으로 이어 주는 구실을 하는 조사이다. 접속 조사에는 '와', '과', '하고', '나', '이나', '랑', '이랑'이 있다.

¶ 엄마와 딸이 함께 걸어가고 있다. (받침이 없는 체언 뒤에 '와'를 쓴다.)
¶ 여기서는 술과 담배를 팔지 않는다. (받침이 있는 체언 뒤에 '과'를 쓴다.)
¶ 우리 반에서는 너하고 내가 대표로 뽑혔다.
¶ 너랑 나랑 사귀어 보자. (받침이 없는 체언 뒤에 '랑'을 쓴다.)
¶ 오늘이랑 내일 이틀간 행사를 하기로 했다. (받침이 있는 체언 뒤에 '이랑'을 쓴다.)

3. 조사의 형태

조사는 기능에 따라서 또 체언의 끝음절에 따라서 종류와 형태가 결정된다. 기능에 따라서 쓰는 조사에는 주격 조사, 목적격 조사, 서술격 조사, 부사격 조사, 관형격 조사처럼 쓰는 격조사와 두루 쓰는 보조사가 있다. 같은 기능이라도 체언의 끝음절에 따라서 다른 형태를 쓴다. 따라서 조사를 체언에 붙일 때에는 기능에 맞는 조사를 선택할 뿐 아니라 체언의 끝음절에 맞는 형태를 써야 한다.

¶ 비가 내린다. / 새가 날아간다.
¶ 눈이 내린다. / 바람이 분다.

▶ 체언의 끝음절에 받침이 없으면(끝소리가 모음이면) 주격 조사 '가'를 붙이고, 받침이 있으면(끝소리가 자음이면) 주격 조사 '이'를 붙인다.

¶ 아이가 사과를 먹는다. / 아이가 노래를 부른다.
¶ 아이가 밥을 먹는다. / 아이가 그림을 그린다.

▶ 체언의 끝음절에 받침이 없으면(끝소리가 모음이면) 목적격 조사 '를'을 붙이고, 받침이 있으면(끝소리가 자음이면) 목적격 조사 '을'을 붙인다.

¶ 비는 아침에 내렸다.
¶ 바람은 새벽에 불었다.

▶ 위 예문에서 쓴 조사 '는'과 '은'은 둘 다 주격 조사의 기능을 하는 보조사인데 체언의 끝소리에 받침이 없으면 '는'을 붙이고, 받침이 있으면 '은'을 붙인다.

4. 매개모음(고름소리)과 조사

끝음절에 받침이 있는 일부 체언에 조사를 붙일 때에는 매개 모음을 사용한다. 매개모음으로는 조사에 따라서 '으'와 '이'가 붙는다.

① 조사 '로'와 '으로'

조사 '로'가 받침 있는 체언 뒤에 붙게 되면 매개모음 '으'가 들어와 소리를 골라 주는 기능을 한다. 그러나 'ㄹ' 받침이 있는 체언 뒤에서는 매개 모음을 쓰지 않는다.

¶ 우리는 바다로 가겠다. (받침 없는 체언 뒤에는 조사 '로'가 쓰인다.)
¶ 우리는 산으로 가겠다. (받침 있는 체언 뒤에는 조사 '으로'가 쓰인다.)

¶ 우리는 사찰로 가겠다. ('ㄹ' 받침이 붙은 체언 뒤에는 조사 '로'가 쓰인다.)
¶ 나는 빵으로 밥을 대신했다. (받침 있는 체언 뒤에는 조사 '으로'가 쓰인다.)
¶ 나는 쌀로 떡을 만들었다. ('ㄹ' 받침이 붙은 체언 뒤에는 조사 '로'가 쓰인다.)

② 조사 '고 / 이고', '나 / 이나', '든 / 이든', '든가 / 이든가', '든지 / 이든지', '라고 / 이라고', '라도 / 이라도', '며 / 이며'

조사 '고', '나', '든', '든가', '든지', '라고', '라도'가 받침 있는 체언 뒤에 붙게 되면 '이'가 소리를 골라 주는 기능을 한다.

¶ 건강을 잃으면 명예고 돈이고 다 쓸데없게 된다.
¶ 가뭄으로 나무나 풀이나 다 시들어 버렸다.
¶ 배가 고프니 과자든 떡이든 빨리 주세요.
¶ 학교에 와 보니 영수든가 근식이든가 와 있더라.
¶ 시간이 없으니 사과든지 귤이든지 몇 개 싸 가지고 가자.
¶ 그가 나에게 "빨리 꺼져!"라고 말하니 내가 "이 나쁜 놈!"이라고 욕을 했다.
¶ 영화라도 보든지 아니면 책이라도 읽자.
¶ 그들이 와서 내 노트며 책이며 있는 대로 다 빼앗아갔다.

5. 서술격 조사 '이다'의 활용

체언 뒤에 붙는 것이 조사이므로 '나는 사람이다'라는 문장에서 '사람' 뒤에 붙은 '이다'는 조사이다. 다만, 다른 조사와 달리 용언(동사와 형용사)처럼 활용하는 조사라는 특징이 있다.

① 조사 '이다'는 용언과 똑같은 방법으로 활용한다.

기본형	활용형	
이다	종결형	이오, 이네, 이란다, 입니다, 이지, 이지요, 일까, 입니까
	연결형	이고, 이니, 이니까, 이라고, 이라니, 이라면, 이라서, 이면, 이므로, 이어서, 인데
	전성형	임, 일, 인

② 위의 활용형 중에서 '이오'는 받침 없는 체언 뒤에서 '요'로 줄여 쓰며, '이다'의 연결형 '이어서'는 '여서'로 줄여 쓴다. '이다'의 과거형 '이었다'도 '였다'로 줄여 쓴다.

¶ 이것은 나무요(=나무이오).
¶ 그게 너여서(=너이어서) 아무 일 없었지 나였더라면(=나이었더라면) 엄청 화내셨을 거야.
¶ 여기가 전에는 바다였지만(=바다이었지만) 지금은 논밭이 되었다.

③ '이다'의 어간 '이'는 받침 없는 체언 뒤에서 생략하기도 한다. 그러나 언제나 생략할 수 있는 것은 아니다.

생략할 수 있는 경우	종결형	이것은 나무다(=나무이다) 이것은 나뭅니다(=나무입니다). 이게 그 나문가(=나무인가)? 이게 뭘까(=뭐일까)?
	연결형	이것은 나무고(=나무이고) 저것은 풀이다. 당신은 교수니(=교수이니) 더욱 행동을 조심하세요. 네가 내 친구라면(=친구이라면) 좋겠다. 네 실수니까(=실수이니까) 네가 책임을 져야지. 몸에 좋은 건데(=것인데) 사람들이 잘 모르더라.
생략할 수 없는 경우	전성형	이것은 나무임(×나뭄). 우리 학교 교수인(×교순) 줄 몰랐다. 저건 바다일(×바달) 거야.

6. 조사의 줄임

부사격 조사 '에서'는 '서'로 줄여 쓰기도 한다. 받침이 없는 체언 뒤에서는 줄여 쓰는 것이 자연스럽지만 받침이 있는 체언 뒤에서는 줄여 쓰면 어색한 경우도 있어서 언제나 줄여 쓸 수 있다고 보기 어렵다.

¶ 어디에서(○) / 어디서(○) 오셨습니까?
¶ 옻은 옻나무에서(○) / 옻나무서(○) 채취한다.
¶ 나는 시골에서(○) / 시골서(○) 태어났다.
¶ 우리는 노래방에서(○) / 노래방서(○) 함께 노래를 불렀다.
¶ 아이가 방에서(○) / 방서(?) 논다.
¶ 이 벌레가 저 벽에서(○) / 벽서(?) 기어 나왔다.
¶ 너희는 건물 안에서(○) / 건물 안서(?) 기다려라.
¶ 소방관이 불속에서 / 불속서(?) 사람을 찾고 있다.
¶ 그는 집에서(○) / 집서(?) 쉬고 있다.
¶ 괜찮으면 우리 집에서(○) / 우리 집서(○) 쉬고 가자.
¶ 균을 버섯에서(○) / 버섯서(?) 채취한다.
¶ 해초 따위를 닻에서(○) / 닻서(?) 떼어내어라.
¶ 우리 앞에서(○) / 앞서(?) 길을 방해하는 사람이 누구냐?

7. 인칭 대명사와 조사의 변형

인칭 대명사 '나, 너, 저'에 주격 조사 '가', 부사격 조사 '에게/에게서'가 붙을 때 체언과 조사가 함께 바뀌는 경우가 있다.

인칭 대명사	조사	바뀐 형태	예문
나	가	내가	그 일은 내가 하겠다.
	에게	내게(=나에게)	그 물건은 내게/나에게 다오.
	에게서	내게서(=나에게서)	제발 내게서/나에게서 떠나라.
저 ('나'의 겸양 형태)	가	제가	그 일은 제가 하겠습니다.
	에게	제게(=저에게)	그 일은 제게/저에게 맡기십시오.
	에게	제게서(=저에게서)	제발 제게서/저에게서 물러나 주세요.
너	가	네가	이 일은 네가 해라.
	에게	네게(=너에게)	이 일은 네게/너에게 맡기겠다.
	에게서	네게서(=너에게서)	그걸 네게서/너에게서 회수하겠다.

8. 체언과 조사의 변형(체언과 조사의 줄어듦)

받침이 없는 체언 뒤에 조사 '는', '를'이 붙는 경우에는 조사가 체언의 받침으로 바뀌기도 한다.

받침이 없는 체언		조사	줄인 표기
나, 우리		는, 를	난, 날, 우린, 우릴(우릴 무시하지 마세요.)
저, 저희		는, 를	전, 절, 저흰(저흰 가지 않기로 했습니다), 저흴
너, 너희		는, 를	넌, 널(누가 널 욕하겠니?), 너흰, 너흴
이거, 저거, 그거		는, 를	이건, 이걸, 저건, 저걸, 그건, 그걸
여기, 거기, 저기		는, 를	여긴, 여길, 거긴, 거길, 저긴, 저길
의존 명사	데	는, 를	덴, 델(왜 그런 델 갔어?)
	거	는, 를	건, 걸(그런 걸 가지고 싸우니?)
	수	는	순(그럴 순 없다.)
	따위	는, 를	따윈, 따윌(그 따윌 가지고 생색을 내니?)
보통 명사	자리	는, 를	자린, 자릴(네 자릴 지켜라.)
	공기	는, 를	공긴(바깥 공긴 차갑다), 공길
	남자	는, 를	남잔, 남잘(저런 남잘 누가 좋아하겠어.)
	사이	는, 를	사인(우리 사인 무척 좋습니다), 사일
	미소	는, 를	미손, 미솔(그의 미솔 보면 끌리지 않을 수 없다.)

* 보통 명사 뒤에 조사 '는', '를'이 올 때에 조사를 보통 명사의 받침으로 올려 적는 형태는 썩 바람직하지 않다. 입말에서는 이렇게 쓰는 것이 문제가 되지 않으나, 글로 적을 때에는 명사의 형태가 불안정해지므로 줄여 쓰지 않는 것이 바람직하다.

9. 조사의 높임

조사에도 높임의 조사가 있다. 그래서 체언을 높이는 경우에 높임의 조사를 함께 써야 높임의 호응이 이루어진다.

조사	높임 조사	높임 예문
가 / 이	께서	아버지께서 말씀하셨다. 선생님께서 나를 나무라셨다.
는 / 은, 도	께서는, 께서도	장관께서는 행사에 가셨습니다. 선생님께서도 우리와 함께 운동하셨다.
에게 / 에게서	께	이것을 선생님께 갖다드려라. 이 일을 과장님께 말씀드려야지. 그 소식은 선생님께 들었다.

서술격 조사 '이다'는 용언처럼 '-시-'를 붙여 높임을 표현한다.

조사	높임 조사	높임 예문
이다	이시다	이분이 내가 말한 그 선생님이시다.

Ⅱ. 어미

1. 어미의 위치

어미는 용언(동사와 형용사)의 어간 뒤에 붙는다. 용언은 어간과 어미로 되어 있고, 어미는 언제나 어간 뒤에 붙는다. 그런데 어간 뒤에 붙는 어미 중에서 어떤 어미는 문법 기능이 확연히 구별되는 요소가 둘 이상이 결합되는 경우가 있다. 이런 형태의 어미는 구별되는 끝부분을 '어말 어미'라고 하고, 어말 어미 앞에 붙어 있는 어미를 '선어말 어미'라고 한다.

(1) 어말 어미

용언의 활용 어미 중에서 맨 끝에 붙어 있는 어미를 가리키는 말이다. 종결 어미, 연결 어미, 전성 어미로 나뉜다.

¶ 아이들이 과자를 먹는다.

¶ 저 앞에 가는 사람을 보아라.

¶ 날씨가 시원하니 기분이 상쾌하다.

¶ 너무 넓은 집에 있으니 조금 무섭다.

¶ 나도 하나 먹어 보자.

¶ 나도 기어이 잡아 보리라 생각하여 끝까지 낚싯대를 놓지 않고 있다.

(2) 선어말 어미

용언의 활용 어미 중에서 어간과 어말 어미 사이에 있는 어미를 가리키는 말이다. '-었- / -았-', '-시-', '-겠-', '-더-', '-옵- / -오- / -사옵- / -사오-', '-리-', '-는-' 등이 선어말 어미이다.

¶ 그가 우리를 슬쩍 곁눈으로 보았다.

¶ 나는 아직 밥을 안 먹었어.

¶ 아버지께서 직장에 가시면 나와 동생은 마당에서 놀았다.

¶ 아버님께서 오늘 가시겠다면 저는 내일 가겠습니다.

¶ 비가 세차게 내리더니 이내 그치고 해가 모습을 내밀었다.

¶ 어머님, 보시옵소서.

¶ 아이들을 보내오니 잘 보살펴 주시기 바랍니다.

¶ 우리는 네가 꼭 성공하리라고 믿는다.

¶ 아이가 이제 학교에서 돌아오는구나.

2. 어미의 기능

(1) 어말 어미의 기능

어말 어미는 동사와 형용사가 문장에서 세 가지 기능을 하게 한다. 첫째는 문장을 종결하는 기능을 하고, 둘째는 동사와 형용사를 다른 동사와 형용사에 연결하는 기능을 하며, 끝으로 동사와 형용사로 하여금 체언을 꾸미도록 한다.

① 종결 기능

종결 어미가 붙지 않으면 문장은 끝난 것이 아니다. 문장에는 반드시 종결 어미가 있어야 한다.

¶ 나는 학교에 간다. (서술어 '간다'에서 '-ㄴ다'가 종결 어미)
¶ 이것이 그 책이오. (서술어 '책이오'에서 '-오'가 종결 어미)
¶ 저를 언제 보시었습니까? (서술어 '보시었습니까'에서 '-습니까'가 종결 어미)
¶ 아마 곧 비가 올걸. (서술어 '올걸'에서 '-ㄹ걸'이 종결 어미)
¶ 내 마음이 몹시 기쁘다. (서술어 '기쁘다'에서 '-다'가 종결 어미)

② 연결 기능

연결 어미를 사용하여 절과 절, 용언과 용언을 연결한다.

¶ 산은 높고 골짜기는 깊다. (두 절을 연결하는 데 어미 '-고'를 썼다.)
¶ 비가 오지만 행사를 진행하겠다. (두 절을 연결하는 데 어미 '-지만'을 썼다.)
¶ 바람이 불면 나뭇잎이 흔들린다. (두 절을 연결하는 데 어미 '-면'을 썼다.)
¶ 우리는 함께 이야기하며 놀았다. (두 동사를 연결하는 데 어미 '-며'를 썼다.)
¶ 여기 앉아 보아라. (두 동사를 연결하는 데 어미 '-아'를 썼다.)
¶ 크고 예쁜 것을 골라라. (두 형용사를 연결하는 데 어미 '-고'를 썼다.)
¶ 이런 이유로 그들과 함께 있게 되었다. (두 동사를 연결하는 데 어미 '-게'를 썼다.)

③ 품사 바꿈 기능

동사와 형용사를 명사, 관형사, 부사처럼 만드는 데에 전성(轉成) 어미를 사용한다.

¶ 남은 시간이 너무 짧음이 안타깝다. (형용사 '짧다'에 명사형 어미 '-음'을 붙임)
¶ 그들과 함께 가기는 어렵겠다. (동사 '가다'에 명사형 어미 '-기'를 붙임)
¶ 이 집의 넓은 마당이 마음에 들었다. (형용사 '넓다'에 관형사형 어미 '-은'을 붙임)
¶ 우리는 앞에 가는 사람을 불렀다. (동사 '가다'에 관형사형 어미 '-는'을 붙임)
¶ 이것을 먹을 사람은 앞으로 나오세요. (동사 '먹다'에 관형사형 어미 '-을'을 붙임)
¶ 사업을 너무 크게 벌였다. (형용사 '크다'에 부사형 어미 '-게'를 붙임)

⑵ 선어말 어미의 기능

선어말 어미는 높임이나 때 표시 기능을 한다.

① 높임 기능

선어말 어미 '-시-'가 주체(문장의 주어가 가리키는 대상)를 높이는 기능을 한다.

¶ 아버지께서 오시는데 방안에 그대로 앉아 있니? (주어 '아버지'를 높인다.)

¶ 혹시 이번에 가시면 저희 집에 들러 주시기 바랍니다. (생략된 주어를 높인다.)

¶ 얼굴이 참 예쁘시네요. (주어 '얼굴'을 높여 그 얼굴을 가진 사람을 높인다.)

¶ 제가 지금 가오니 부디 받아 주세요. (주어를 낮추어 겸양을 표현한다.)

¶ 우리를 부디 굽어 살펴 주시옵소서. (주어를 높이고 공손함을 표현한다.)

② 때 표시 기능

과거, 현재, 미래 등 때를 나타내는 기능을 한다.

¶ 나는 어제 영화를 한 편 보았다. (과거)

¶ 나는 내일 이곳을 떠나겠다. (미래)

¶ 그가 네게 전하라고 하더라. (과거)

¶ 우리가 꼭 승리하리라. (미래)

¶ 강아지가 고기를 참 잘 먹는구나. (현재)

⑶ 선어말 어미의 차례

선어말 어미의 특징은 여러 개를 잇달아 쓸 수 있다는 점이다. 여러 선어말 어미를 쓸 때에 일정한 차례가 있다.

① 높임의 '-시-'는 언제나 모든 선어말 어미의 맨 앞에 온다.

¶ 선생님께서 오십니다.

② 시제를 나타내는 '-었- / -았-'과 '-겠-'은 '-시-' 뒤에 오고 다른 모든 선어말 어미 앞에 온다. '-었- / -았-'과 '-겠-'을 함께 쓸 때에는 '-었- / -았-'을 '-겠-' 앞에 둔다.

¶ 선생님께서 오시었습니다.

¶ 내가 너였다 해도 그때는 그와 손을 잡았겠다.

③ 겸양을 나타내는 '-사옵-', '-사오-', '-옵-', '-오-'는 '-시-'나 '-겠-' 뒤에 온다.

¶ 선생님께서 곧 도착하시겠사오니 모두 나와 주세요.

④ 과거의 경험을 나타내는 '−더−'와 추측을 나타내는 '−리−'는 '−시−, −겠−, −사옵−, −오−' 뒤에 온다.

¶ 비가 내리겠더구나.

¶ 지금 가오리니 조금만 기다려 주시옵소서.

⑤ 현재를 나타내는 '−는−'은 '−시−, −겠−' 뒤에 붙는다.

¶ 여기서 일하시는군요.

¶ 아버지가 오늘은 늦도록 책을 읽으시는구나.

¶ 나는 이 일을 할 수 없겠는데.

3. 어말 어미의 종류

어말 어미는 기능에 따라서 종결 어미, 연결 어미, 전성 어미로 나눈다. 종결 어미는 서법과 높임법에 따라서 구별하여 쓰고, 연결 어미는 연결 기능에 따라서 골라 쓴다. 전성 어미는 어떤 품사 기능으로 바꾸느냐에 따라서 몇 가지 종류가 있다. 기능별로 정리하면 아래 표와 같다.

(1) 종결 어미의 종류

종결 어미는 서법과 높임법에 따라서 여러 형태를 쓴다.

구분		종류	예문
서법	평서법	−다, −ㄴ다	날씨가 맑다.(형), 꽃이 핀다.(동)
		−ㅂ니다, −습니다	하늘이 푸릅니다. 기분이 좋습니다.(형) 밥을 먹습니다. 힘이 납니다.(동) 이건 내가 준 선물입니다.('이다' 조사)
		−오/−으오/−소	하늘이 무척 푸르오. 기분이 무척 좋소.(형) 색이 너무 까맣소. 입술이 무척 빨갛소.(형) 많은 사람이 보오. 사람들이 밥을 먹으오.(동)
		−지	나야 기쁘지.(형) 지금도 많은 사람이 오지.(동)
		−네	지금 가네.(동) 이게 더 좋네.(형)
		−데	그곳은 날씨가 무척 따뜻하데.(형) 그는 노래를 참 잘하데.(동)
		−라	내가 곧 길이요, 생명이라.('이다' 조사) 너는 내 사위라.('이다' 조사)
		−아/−어	이 방은 좀 좁아. 여기서 좀 멀어.(형) 이제야 밥을 먹어. 바다에서 고기를 낚아.(동)

구분		종류	예문
서법	평서법	–야	그는 좋은 사람이야. 이건 바다야.('이다' 조사) 그게 아니야.(형)
		–어요 / –아요 –에요 –여요 / –예요	보기 좋아요. 하기 싫어요.(형) 돈을 받아요. 칼을 뺏어요.(동) 오늘이 설날이에요. 이게 우리 집이어요. 여기가 우리 동네이어요/ 여요/ 이에요/ 예요('이다' 조사)
	의문법	–ㅂ니까? / –습니까?	어디 갑니까?(동) 하늘이 푸릅니까?(형) 오늘이 설날입니까?('이다' 조사) 기분이 좋습니까?(형) 놀이가 즐겁습니까?(형) 닭이 알을 낳습니까?(동)
		–니? / –으니?	집에 가니?(동) 밥을 먹니?(동) 바람이 차니?(형) 기분이 좋으니?(형) 일이 많으니?(형)
		냐? / –느냐? / –으냐?	네가 누구냐? 네가 그 동생이냐?('이다' 조사) 날씨가 시원하냐? 바다가 푸르냐?(형) 기분이 좋으냐? 방이 넓으냐?(형)
		–오? / –소?	집에 가오?(동) 밖이 덥소?(형)
		–어요? / –아요?	무엇을 잡아요? 치마를 입어요?(동) 가고 싶어요?(형)
		게?	그랬다면 좋게? 벌써 가게?(동)
	감탄법	–구나, –구려	산이 참 높구나. 기쁘구려.(형)
		–는구나, –는구려	시간이 참 빨리 가는구나. 참 잘하는구려.(동)
		–도다	참으로 착하도다.(형)
		–어라 / –아라	아이, 좋아라. 딱하고 가엾어라.(형)
	명령법	–라 / –어라 / –아라	빨리 가라. 이걸 먹어라. 여기 잡아라.(동)
		–라 / –으라	문제를 풀라. 맞는 답을 적으라.(동)
		–오 / –으오	빨리 가오. 여기를 잡으오.(동)
		–게	저리 물러서게. 이걸 받게.(동)
		–아요 / –어요	여길 보아요. 저리 비키어요.(동)
		–세요 / –으세요	이리 오세요. 이걸 받으세요.(동)
	청유법	–아요 / –어요	문을 닫아요. 이걸 집어요.(동)
		–자	빨리 가자. 어서 먹자.(동)
		–게	어서 오게. 잘 가게.(동)
	약속법	–마 / –으마	빨리 가마. 곧 갚으마.(동)

구분			평서형	의문형	명령형	청유형
높임법	격식체	아주 높임	–습니다	–습니까?	–시오 –십시오	–시지요
		예사 높임	–오 / –으오 / –소	–오? / –으오?/ –소?	–오 –으오	–ㅂ시다 –읍시다
		예사 낮춤	–네, –으이	–나? –는가? –은가?	–게	–세
		아주 낮춤	–다, –ㄴ다 –는다	–냐? –느냐? –으냐? –니?	–아라 –어라	–자
	비격식체	두루 높임	–아요, –어요	–아요? –어요?	–아요 –어요	–아요 –어요
		두루 낮춤	–아, –어	–아? –어?	–아, –어	–아, –어

(2) 연결 어미의 종류

연결 어미는 어떤 자격으로 연결하느냐에 따라서 세 부류로 나눌 수 있다.

구분	종류	예문
대등적 연결	–고	봄이 가고 여름이 왔다.
	–며	기러기가 울며 날아간다.
	–거나	들어오거나 나가거나 네가 결정해라.
	–든지	오든지 가든지 네가 결정해라.
종속적 연결	–거니와	얼굴이 예쁘거니와 마음씨도 착하다.
	–나 / –으나	날씨가 차나 참을 만하다. 능력은 있으나 돈이 없다.
	–는데	비가 오는데 우산도 없이 외출하려 한다.
	–니 / –으니	배가 부르니 아무 것도 먹기 싫다.
	–더라도	힘이 들더라도 일을 마쳐야 한다.
	–러 / –으러	영화 보러 함께 가자. 호랑이를 잡으러 산에 간다.
	–려고 / –으려고	집을 마련하려고 저축한다. 여행을 하려고 준비한다.
	–면 / –으면	성공하면 돌아오겠다. 이 약을 먹으면 병이 낫는다.
	–어서 / –아서	그가 이 돌멩이를 들어서 던졌다.
	–어야 / –아야	그들이 소식을 주어야 우리가 사정을 알 수 있다.
	–지만	기분이 나쁘지만 참겠다.
보조적 연결	–게	우리도 거기에 가게 해라.
	–고	나도 거기에 가고 싶다.

구분	종류	예문
보조적 연결	-려	나도 여기를 떠나려 한다.
	-아/-어	사람이 의자에 앉아 있다. 상에 얹어 놓았다.
	-아야/-어야	지금 기회를 잡아야 한다.

(3) 전성 어미의 종류

전성 어미는 용언의 문법적 기능을 명사, 관형사, 부사로 바꾸는 어미이다.

구분	종류	예문
명사 전성 어미	-ㅁ/-음	서로 사랑함이 가장 큰 미덕이다. 그가 선생임을 이제야 알았다. 지위의 높음보다 인격의 높음을 구하라.
	-기	여기서 살기는 싫다. 이 연필은 쓰기에 좋다.
관형사 전성 어미	-ㄴ/-은	매우 큰 물고기. 꽤 넓은 방.
	-는	가는 사람. 지는 해.
	-은	좋은 일. 높은 집.
	-ㄹ/-을	집에 갈 시간. 먹을 것
부사 전성 어미*	-게	좀 높게 쌓아라.

* 부사 전성 어미는 학교 문법에서는 연결 어미(보조적 연결 어미)로 다룬다.

4. 활용형

용언(동사와 형용사를 아우르는 말)의 어간에 어미가 붙을 때에(이를 '용언의 활용'이라고 한다) 어간의 일부가 탈락하거나 어미와 어우러져 변형되는 경우가 많다. 어떤 어간에 어떤 어미가 붙을 때에 어떻게 변하는지 알아야 한국어를 제대로 쓸 수 있다.

(1) 어간에 어미가 규칙적으로 붙는 경우(규칙 활용)

불규칙 활용을 하는 동사와 형용사 외에는 모두 규칙 활용을 한다. 규칙 활용을 할 때, 어간 끝음절의 모음이 양성 모음('ㅏ, ㅑ, ㅗ')인지 아닌지 구별하여 어미를 붙이고, 받침이 있는지 없는지에 따라서 어미를 붙이므로 이 두 조건을 고려해야 한다.

〈용언의 규칙 활용 기준〉

* 어간의 끝소리가 모음인 경우(끝음절에 받침이 없는 경우)에는 어미 '-ㄴ, -ㄹ, -ㅁ, -니, -나, -면, -므로, -ㅂ니다'를 붙인다.
* 어간의 끝소리가 자음인 경우(끝음절에 받침이 있는 경우)에는 어미 '-은, -을, -음, -으니, -으나, -으면, -으므로, -습니다'를 붙인다.

* 어간의 끝음절 모음이 양성인 경우('ㅏ', 'ㅗ'인 경우)에는 어미 '–아, –아서, –았다'를 붙인다.
* 어간의 끝음절 모음이 음성이나 중성인 경우('ㅓ', 'ㅜ', 'ㅐ', 'ㅔ', 'ㅙ', 'ㅞ', 'ㅚ', 'ㅟ', 'ㅡ', 'ㅢ', 'ㅣ'인 경우)에는 어미 '–어', '–어서', '–었다'를 붙인다.

〈용언 규칙 활용표〉

어간	모음	받침	낱말(어간)	어미
동사		없음	가다, 나무라다, 바라다, 싸다 짜다, 차다, 타다	–ㅂ니다 –는(현재) –니 –면 –ㄴ(과거) –ㄹ(미래) –ㅁ –아, –아서 –습니다 –는(현재) –으니 –으면 –은(과거) –을(미래) –음 –아, –아서
			보다, 오다, 뛰어오다, 쪼다	
		ㄱ	막다, 박다, 삭다, 녹다, 속다	
			깎다, 낚다, 닦다, 볶다, 솎다	
			갉다	
		ㄴ	안다	
		ㄷ	닫다, 받다, 돋다	
		ㅁ	감다, 남다, 담다, 삼다, 참다	
			곪다, 옮다, 닮다, 삶다	
		ㅂ	잡다	
			밟다	
		ㅅ	빼앗다, 솟다	
		ㅈ	꽂다, 찾다, 맞다	
			앉다	
		ㅊ	쫓다, 들쫓다, 내쫓다	
		ㅌ	맡다	
			핥다	
		ㅍ	갚다	
		ㅎ	낳다, 닿다, 놓다, 쌓다	
			않다, 앓다, 닳다, 곯다	
	음성 · 중성 모음	없음	개다, 뭉개다, 빠개다, 깨다, 내다, 대다 때다, 가래다	–ㅂ니다 –어, –어서 –는(현재) –니
			괴다, 되다, 쇠다, 쐬다, 외다, 죄다	
			서다, 돌아서다	
			켜다, 펴다	
			떼다, 설레다, 메다, 베다, 에다	
			일구다, 헹구다, 바꾸다, 겨누다, 가두다 다루다, 미루다, 부수다	

어간	모음	받침	낱말(어간)	어미
동사	음성 · 중성 모음	없음	뀌다, 바뀌다, 나뉘다, 뛰다, 쉬다 야위다, 쥐다, 튀다, 휘다	–ㄴ(과거) –ㄹ(미래) –ㅁ
			띄다, 여의다, 씌다, 틔다	
			기다, 배기다, 새기다, 빼기다, 베끼다 느끼다, 다니다, 디디다	
		ㄱ	먹다, 식다, 썩다, 익다, 적다, 죽다	–습니다 –어, –어서 –는(현재) –으니 –으면 –은(과거) –을(미래) –음
			겪다, 꺾다, 묶다, 섞다, 엮다	
			얽다, 긁다, 늙다, 읽다	
		ㄴ	신다	
		ㄷ	뜯다, 헐뜯다, 묻다, 믿다, 뻗다	
		ㅁ	넘다, 심다, 숨다, 품다, 머금다, 다듬다 보듬다	
			굶다	
		ㅂ	씹다, 업다, 입다, 접다, 집다, 꼬집다	
		ㅅ	벗다, 빗다, 씻다, 웃다	
			있다	
		ㅈ	부딪다, 맺다, 빚다, 잊다, 젖다, 짖다 꾸짖다, 찢다	
			얹다	
		ㅌ	붙다	
			훑다	
		ㅍ	덮다, 엎다, 짚다	
			읊다	
		ㅎ	넣다, 찧다	
			끓다, 뚫다, 쓿다, 잃다	
형용사	양성 모음	없음	뛰어나다, 잘나다, 엄청나다, 비싸다 줄기차다	–ㅂ니다 –니 –면 –ㄴ, –ㄹ –ㅁ
		ㄱ	작다, 약다	–습니다 –아, –아서
			낡다, 맑다, 밝다	
		ㄴ	많다, 못지않다, 적잖다, 점잖다, 언짢다 귀찮다	

어간	모음	받침	낱말(어간)	어미
형용사	양성 모음	ㅂ	곱다, 좁다, 비좁다	-으니 -으면 -은 -을(추측) -음
			얇다, 짧다	
		ㅌ	같다, 얕다	
		ㅍ	높다	
		ㅎ	좋다, 사이좋다, 꼴좋다, 의좋다	
			점잖다, 귀찮다, 옳다	
	음성 · 중성 모음	없음	재다	-ㅂ니다 -어, -어서 -니 -면 -ㄴ -ㄹ(추측) -ㅁ
			되다, 앳되다, 막되다	
			세다, 드세다	
			희다	
		ㄱ	어리석다, 멋쩍다, 무르익다	-습니다 -어, -어서 -으니 -으면 -은 -을(추측) -음
			늙다, 묽다, 붉다	
		ㅁ	검다, 주제넘다	
			젊다	
		ㅂ	굽다, 들이굽다	
			넓다, 떫다, 엷다, *섧다(예외)	
		ㅅ	가엾다, *없다(예외)	
		ㅈ	늦다, 궂다	
		ㅌ	짙다, 옅다	
		ㅍ	깊다, 싶다	
		ㅎ	싫다	

(2) **어간에 어미가 불규칙적으로 붙는 경우(불규칙 활용)**

끝음절의 형태가 특정 형태인 경우에 특정한 어미가 붙으면서 어간과 어미 사이에 변화가 생기는 경우를 불규칙 활용이라고 한다. 불규칙 활용의 예를 들면 아래 표와 같다.

〈용언 불규칙 활용표〉

불규칙 종류	해당 낱말		해당 어미	불규칙 형태	규칙 형태
'ㄷ' 불규칙	〈동사〉 양성 모음	깨닫다 닫다(走)		깨달아, 깨달아서, 깨달으니, 깨달으면, 깨달으오, 깨달은(과거)	깨닫고, 깨닫네, 깨닫지, 깨닫소, 깨닫는(현재), 깨닫니

불규칙 종류	해당 낱말		해당 어미	불규칙 형태	규칙 형태
(어간 끝음절에 ㄷ 받침이 있는 일부 낱말)	〈동사〉 양성 모음	깨닫다 닫다(走)	-아 / -어 -아서 / -어서 -으니 -으면 -으오 -은 -읍시다 -으세요	깨달읍시다, 깨달으세요	깨닫느냐, 깨닫습니다
	〈동사〉 음성 모음	걷다(步) 싣다 긷다 겯다 일컫다		걸어, 걸어서, 걸으니, 걸으면, 걸으오, 걸은(과거), 걸읍시다, 걸으세요	걷고, 걷네, 걷는, 걷지, 걷소, 걷는(현재), 걷니, 걷느냐, 걷습니다
'ㄹ' 불규칙 (어간 끝음절에 ㄹ 받침이 있는 모든 낱말)	〈동사〉 양성 모음	갈다 날다 돌다 빨다(吸) 살다	-니 -네 -오 -는 -ㅂ니다 -ㅂ시다 -세요	가니, 가네, 가오, 가는(현재), 간(과거), 갈, 갑니다, 갑시다, 가세요	갈고, 갈게, 갈면, 갈지, 갈아
	〈동사〉 음성 모음	널다 걸다(掛) 떨다 줄다 털다		너니, 너네, 너오, 너는(현재), 넌(과거), 널, 넙니다, 넙시다, 너세요	널고, 널게, 널면, 널지, 널어
	〈형용사〉 양성 모음	잘다 빨다 외딸다 솔다	-니, -네 -오, -ㄴ -ㄹ -ㅂ니다	자니, 자네, 자오, 잔, 잘, 잡니다	잘고, 잘게, 잘면, 잘지, 잘아
	〈형용사〉 음성 모음	멀다 걸다(肥) 길다 설다		머니, 머네, 머오, 먼, 멀, 멉니다	멀고, 멀게, 멀면, 멀지, 멀어
'ㅂ' 불규칙 (어간 끝음절에 ㅂ 받침이 있는 일부 낱말)	〈동사〉 양성 모음	돕다	-아 / -어 -아서 / -어서 -으니, 으면 -으오, -은 -읍시다 -으세요	도와, 도와서, 도우니, 도우면, 도우오, 도운(과거), 도웁시다, 도우세요	돕고, 돕네, 돕는, 돕지, 돕소, 돕는(현재), 돕니, 돕느냐, 돕습니다
	〈동사〉 음성 모음	굽다(燒) 줍다 눕다 깁다		구워, 구워서, 구우니, 구우면, 구우오, 구운(과거), 구웁니다, 구우세요	굽고, 굽네, 굽는, 굽지, 굽소, 굽는(현재), 굽니, 굽느냐, 굽습니다

불규칙 종류	해당 낱말		해당 어미	불규칙 형태	규칙 형태
'ㅂ' 불규칙 (어간 끝음절에 ㅂ 받침이 있는 일부 낱말)	〈형용사〉 양성 모음	곱다(麗) 괴롭다 반갑다 고맙다 아니꼽다	−어, −어서 −으니, −으면 −으냐, −은 −으세요	고와, 고와서, 고우니, 고우면, 고우냐, 괴로워, 괴로워서, 괴로우니, 괴로우면, 괴로우냐, 괴로운, 괴로우세요	곱고, 곱네, 곱니, 곱지, 곱소, 곱습니다 괴롭고, 괴롭네, 괴롭니, 괴롭지, 괴롭소, 괴롭습니다
	〈형용사〉 음성 모음	춥다 즐겁다 맵다 무섭다	−어, −어서 −으니, −으면 −은, −으세요	추워, 추워서, 추우니, 추우면, 추우냐, 추운, 추우세요	춥고, 춥네, 춥니, 춥지, 춥소, 춥습니다
'ㅅ' 불규칙 (어간 끝음절에 ㅅ 받침이 있는 일부 낱말)	〈동사〉 양성 모음	낫다(癒) 잣다	−아 / −어 −아서 / −어서 −으니, −으면 −으오, −은 −으세요	나아, 나아서, 나으면, 나으니, 나으오, 나은(과거), 나으세요	낫고, 낫네, 낫소, 낫는(현재), 낫니, 낫느냐, 낫지, 낫습니다
	〈동사〉 음성 모음	긋다 붓다 잇다 젓다 짓다		그어, 그어서, 그으니, 그으면, 그으오, 그은(과거), 그으세요	긋고, 긋네, 긋소, 긋는(현재), 긋니, 긋느냐, 긋지, 긋소, 긋습니다
	〈형용사〉	낫다(優)	−아, −아서 −으니, −으면 −으냐, −으오 −은, −으세요	나아, 나아서, 나으니, 나으면, 나으면, 나으냐, 나으오, 나은(과거), 나으세요	낫고, 낫네, 낫소, 낫니, 낫지, 낫습니다
'ㅎ' 불규칙 (어간 끝음절에 ㅎ 받침이 있는 일부 형용사)	〈동사〉	해당 낱말 없음			
	〈형용사〉 양성 모음	까맣다 노랗다 빨갛다 파랗다 하얗다	−아 −아서 −니, −면 −냐, −ㄴ −세요	까매, 까매서, 까마니, 까마면, 까마냐, 까만, 까마세요	까맣고, 까맣게, 까맣지, 까맣소, 까맣습니다
	〈형용사〉 음성 모음	꺼멓다 누렇다 뻘겋다 퍼렇다 허옇다	−어 −어서	꺼메, 꺼메서, 꺼머니, 꺼머면, 꺼머냐, 꺼먼, 꺼머세요.	꺼멓고, 꺼멓게, 꺼멓지, 꺼멓소, 꺼멓습니다
	〈형용사〉	어떻다		어때, 어때서	어떻고, 어떻게

불규칙 종류	해당 낱말		해당 어미	불규칙 형태	규칙 형태
	음성 모음 준말	그렇다 이렇다 저렇다	-니, -면 -냐, -ㄴ -세요	어떠니, 어떠면 어떠냐, 어떤 어떠세요	어떻지, 어떻소 어떻습니다
'르' 불규칙 (어간 끝음절이 '르'로 끝나는 용언 대부분)	〈동사〉 양성 모음	가르다 고르다(選) 나르다 자르다 마르다	-아, -아서	갈라, 갈라서	가르고, 가르니, 가르오, 가르는(현재), 가른(과거), 가릅니다, 가르세요
	(으 불규칙)	다다르다 따르다		다다라, 다다라서	('으' 불규칙)
	〈동사〉 음성 모음	거르다 기르다 누르다(壓) 이르다(早) 이르다(云)	-어, -어서	걸러, 걸러서	거르고, 거르니, 거르오, 거르는(현재), 거른(과거), 거릅니다, 거르세요
	(러 불규칙)	이르다(至)		이르러, 이르러서	('러' 불규칙)
	(으 불규칙)	치르다		치러, 치러서	('으' 불규칙)
	〈형용사〉 양성 모음	고르다(均) 나르다 다르다 바르다	-아, -아서	골라, 골라서	고르고, 고르니, 고르오, 고른, 고릅니다, 고르세요
	〈형용사〉 음성 모음	그르다 무르다 배부르다 서투르다	-어, -어서	글러, 글러서	그르고, 그르니, 그르오, 그른, 그릅니다, 그르세요
'러' 불규칙	〈동사〉 음성 모음	이르다(至)	-어, -어서	이르러, 이르러서	이르고, 이르니, 이르오, 이르는(현재), 이릅니다, 이른(과거), 이르세요
	〈형용사〉 음성 모음	푸르다(綠) 노르다(黃) 누르다(黃)		푸르러, 푸르러서	푸르고, 푸르니, 푸르오, 푸른, 푸릅니다
'으' 불규칙	〈동사〉 양성 모음	잠그다 담그다	-아, -아서	잠가, 잠가서	잠그고, 잠그니, 잠그오, 잠그는(현재)

불규칙 종류	해당 낱말		해당 어미	불규칙 형태	규칙 형태
‘으’ 불규칙 (어간의 끝음절이 ‘으’인 모든 용언. 다만, ‘르’ 불규칙 용언 제외.)	〈동사〉 양성 모음	꼬느다 다그다 다다르다 따르다	−아, −아서		잠급니다 잠근(과거), 잠그세요
	〈동사〉 음성 모음	애쓰다 끄다 트다 치르다	−어, −어서	애써, 애써서	애쓰고, 애쓰니, 애쓰오, 애쓰는(현재), 애씁니다, 애쓴(과거), 애쓰세요
	〈형용사〉 양성 모음	바쁘다 나쁘다 고달프다	−아, −아서	바빠, 바빠서	바쁘고, 바쁘니, 바쁘오, 바쁜, 바쁩니다,
	〈형용사〉 음성 모음	기쁘다 예쁘다 슬프다	−어, −어서	기뻐, 기뻐서	기쁘고, 기쁘니, 기쁘오, 기쁜, 기쁩니다
여’ 불규칙	〈동사〉 양성 모음	하다 공부하다 말하다 일하다	−아, −아서	하여(해) 하여서(해서)	하고, 하니, 하는(현재), 한(과거), 합니다, 하세요
	〈형용사〉 양성 모음	착하다 쓸쓸하다	−아, −아서	착하여(착해) 착하여서(착해서)	착하고, 착하니, 착한(과거), 착합니다, 착하세요
‘우’ 불규칙	〈동사〉 음성 모음	푸다	−어, −어서	퍼, 퍼서	푸고, 푸니, 푸는(현재), 푼(과거), 풉니다, 푸세요

5. 용언의 활용 분류 번호와 활용표 보기

(1) 규칙 활용을 하는 용언의 번호

받침	동사(규1)		형용사(규2)	
	양성 모음(규10)	음성 모음(규11)	양성 모음(규20)	음성 모음(규21)
없음(0)	규10−0	규11−0	규20−0	규21−0
있음(1)	규10−1	규11−1	규20−1	규21−1

* 번호가 부여된 8개의 모둠에 속하는 낱말은 같은 어미를 붙여 같은 방식으로 활용한다.

* 규칙 활용을 하는 용언을 동사와 형용사로 나누어 동사에 '규1', 형용사에 '규2'를 배정하였다.
* 용언의 어간 끝음절의 모음이 양성 모음(ㅏ, ㅑ, ㅗ)인지 음성 모음(중성 모음 포함)인지 구별하여 양성 모음 동사에 '규10'을, 음성 모음 동사에 '규11'을 배정하였다. 양성 모음 형용사에 '규20'을, 음성 모음 형용사에는 '규21'을 배정하였다.
* 어간 끝음절에 받침이 있고 없음에 따라서 달리 활용하므로 이를 구별하여 받침이 없는 용언에는 '0'을, 받침이 있는 용언에는 '1'을 배정하였다. 받침이 없고 양성 모음인 동사는 '규10-0', 받침이 있고 양성 모음인 동사는 '규10-1', 받침이 있고 양성 모음인 형용사는 '규20-1'을, 받침이 있고 음성 모음인 형용사는 '규21-1'이 된다.

(2) 불규칙 활용을 하는 용언의 번호

불규칙 활용 종류	동사(불1)		형용사(불2)	
	양성 모음(불11)	음성 모음(불12)	양성 모음(불21)	음성 모음(불22)
1. 'ㄷ' 불규칙	불11-1	불12-1	-	-
2. 'ㄹ' 불규칙	불11-2	불12-2	불21-2	불22-2
3. 'ㅂ' 불규칙	불11-3	불12-3	불21-3	불22-3
4. 'ㅅ' 불규칙	불11-4	불12-4	불21-4	-
5. 'ㅎ' 불규칙	-	-	불21-5	불22-5
6. '르' 불규칙	불11-6	불12-6	불21-6	불22-6
7. '러' 불규칙	불11-7	-	-	불22-7
8. '으' 불규칙	불11-8	불12-8	불21-8	불22-8
9. '여' 불규칙	불11-9	-	불21-9	-
10. '우' 불규칙	-	불12-10	-	-

* 번호가 부여된 27개에 모둠에 속하는 낱말은 같은 어미를 붙여 같은 방식으로 활용한다.
* 불규칙 활용을 하는 용언을 동사와 형용사로 나누어 동사에 '불1'을 형용사에 '불2'를 배정하였다.
* 용언의 어간 끝음절 모음이 양성 모음(ㅏ, ㅑ, ㅗ)인지 음성 모음(중성 모음 포함)인지 구별하여 양성 모음 동사에 '불11'을, 음성 모음 동사에 '불12'를 배정하였다. 양성 모음 형용사에 '불21'을, 음성 모음 형용사에 '불22'를 배정하였다.
* 불규칙 활용의 종류 10가지에 고유 식별 번호를 부여하였다. 'ㄷ' 불규칙은 '1'번, '르' 불규칙은 '6'번을 배정하는 등 고유 식별 번호에 따라서 배정하였다.

(3) 용언의 분류 번호별 활용형

각 번호에 해당하는 용언의 활용형을 '용언 활용표'에 제시하였다.

Ⅲ. 발음

1. ‘체언과 조사’ 사이의 연음

대체로 체언의 받침은 뒤에 오는 조사의 첫소리에 이어지도록 발음한다. 그래서 받침이 있는 체언 뒤의 조사 첫소리는 받침의 영향을 받아 바뀐다. 바뀌는 원칙은 아래와 같다.

⑴ 조사가 모음으로 시작하면 체언의 받침이 조사의 첫소리로 난다.

사람이→사라미, 집은→지븐, 옷을→오슬, 빛에→비체, 밭으로→바트로
흙으로→흘그로, 닭이→달기, 삶을→살믈, 여덟이→여덜비

그러나 예외가 있다.

① ‘ㄷ’, ‘ㅌ’ 받침 뒤에 조사 ‘이’가 오는 경우에는 ‘ㄷ’과 ‘ㅌ’이 ‘ㅈ’과 ‘ㅊ’으로 바뀐다.

* 낟이→나지, 볕이→벼치

② ‘ㄳ, ㄽ, ㅄ’ 받침 뒤에 모음으로 시작하는 조사가 오면 모음 첫소리가 된소리로 바뀐다.

* 넋은→넉쓴, 외곬으로→외골쓰로, 값이→갑씨

③ 한글 낱자의 이름에 쓴 받침 ‘ㄷ, ㅈ, ㅊ, ㅌ, ㅎ’은 ‘ㅅ’으로 바뀌고, ‘ㅋ’은 ‘ㄱ’으로, ‘ㅍ’은 ‘ㅂ’으로 바뀐다.

* 디귿은−디그슨, 지읒이−지으시, 치읓을→치으슬, 티읕에−티으세, 히읗으로→히으스로, 키읔이→키으기, 피읖을→피으블

⑵ 조사 ‘과’, ‘도’는 ‘ㄱ, ㄲ, ㄳ, ㅄ, ㄷ, ㅈ, ㅊ, ㅋ, ㅌ, ㅍ, ㅎ’ 뒤에서 된소리로 바뀐다.

바닥과→바닥꽈, 묵도→묵또

⑶ 조사 ‘만’ 앞에 오는 받침은 아래와 같이 소리가 바뀐다.

바닥만→바당만, 밖만→방만, 넋만→넝만, 흙만→흥만, 삶만→삼만, 값만→감만, 낫만→난만, 낮만→난만, 볕만→변만, 부엌만→부엉만, 무릎만→무름만, 히읗만→히은만

⑷ ‘여덟’, ‘외곬’은 ‘여덜’, ‘외골’이 표준 발음이므로 자음으로 시작하는 조사 앞에서는 ‘여덜’, ‘외골’로 소리 난다.

여덟과→여덜과, 여덟도→여덜도, 여덟만→여덜만
외곬과→외골과, 외곬도→외골도, 외곬만→외골만

〈받침 있는 단어와 조사의 연음〉

받침	해당 단어	조사			
		과, 도	만	은, 을, 에, 으로, 의	이
ㄲ	밖	박꽈, 박또	방만	바끈, 바끌, 바께, 바끄로, 바끠	바끼
ㄳ	넋, 섟	넉꽈, 넉또	넝만	넉쓴, 넉쓸, 넉쎄, 넉쓰로, 넉씌	넉씨
ㄺ	흙, 기슭, 암탉, 닭, 삵, 칡	흑꽈, 흑또	흥만	흘근, 흘글, 흘게, 흘그로, 흘긔	흘기
ㄻ	앎, 삶	암과, 암도	암만	알믄, 알믈, 알메, 알므로, 알믜	알미
ㄼ	여덟[1]	여덜과, 여덜도	여덜만	여덜븐, 여덜블, 여덜베, 여덜브로, 여덜븨	여덜비
ㄽ	외곬[2], 옰	외골과, 외골도	외골만	외골쓴, 외골쎄, 외골쓰로, 외골씌	외골씨
ㅄ	값	갑꽈, 갑또	감만	갑쓴, 갑쓸, 갑쎄, 갑쓰로	갑씨
ㄱ	묵, 폭, 쑥, 북, 누룩, 바둑 죽, 촉, 쪽, 속, 복, 목, 벽 턱, 적, 떡, 색, 악, 싹	묵꽈, 묵또 죽꽈, 죽또 턱꽈, 턱또	뭉만 중만 넝반	무근, 무글, 무게, 무그로, 무긔 주근, 주글, 주게, 주그로, 주긔 터근, 터글, 디게, 터그로, 터긔	무기 주기 터기
ㄷ	낟[3]	낟꽈, 낟또	난만	나든, 나들, 나데, 나드로, 나듸	나지[4]
ㅅ	낫, 빗, 깃, 뜻, 속곳, 붓, 뭇 굿, 톳, 옷, 놋, 엿, 셋, 젓 벗, 것, 탓, 잣, 맛, 갓	낟꽈, 낟또 굳꽈, 굳또 벋꽈, 벋또	난만 군만 번만	나슨, 나슬, 나세, 나스로, 나싀 구슨, 구슬, 구세, 구스로, 구싀 버슨, 버슬, 버세, 버스로, 버싀	나시 구시 버시
ㅈ	낮, 젖[5], 빚, 좆, 곶, 벚	낟꽈, 낟또 젇꽈, 젇또	난만 전만	나즌, 나즐, 나제, 느즈로, 나즤 저즌, 저즐, 저제, 저즈로, 저즤	나지 저지
ㅊ	낯, 빛, 윷, 숯, 옻, 돛, 꽃 몇, 덫, 살갗	낟꽈, 낟또 멷꽈, 멷또	난만 면만	나츤, 나츨, 나체, 나츠로, 나츼 며츤, 며츨, 며체, 며츠로, 며츼	나치 며치
ㅌ	낱, 끝, 뭍, 밑, 볕, 곁, 팥 밭, 샅, 머리맡, 바깥, 솥	낟꽈, 낟또 받꽈, 받또	난만 반만	나튼, 나틀, 나테, 나트로, 나틔 바튼, 바틀, 바테, 바트로, 바틔	나치 바치
ㅎ	히읗	히읃꽈, 히읃또	히은만	히으슨, 히으세, 히으싀	히으시
ㅋ	부엌[6], 동녘	부억꽈, 부억또	부엉만	부어큰, 부어케, 부어크로	부어키
ㅍ	무릎[7], 짚, 잎, 숲, 섶 오지랖	무릅꽈, 무릅또	무름만	무르픈, 무르플, 무르페, 무르 프로	무르피

1) ‘여덟’은 표준발음법에 따라서 ‘여덜’을 표준음으로 삼는다. 따라서 ‘과, 도, 부터’처럼 자음으로 시작하는 조사가 붙으면 ‘여덜과, 여덜도, 여덜부터’처럼 소리 낸다. 그러나 모음으로 시작하는 조사

가 오면 겹받침의 'ㅂ'이 조사의 첫소리로 연음되어 '여덜븐, 여덜비, 여덜베, 여덜블, 여덜브로, 여덜븨'처럼 소리 난다.

2) '외곬'과 '옰'에 '과, 도, 부터' 같은 조사가 붙으면 이론상으로는 '외골꽈, 외골또, 외골뿌터'처럼 발음해야 하는데 실제 이런 예가 없어서 발음을 제시하지 않았다.

3) '낟, 낱, 낯, 낮, 낫'은 뒤에 자음으로 시작하는 조사 '과, 도, 뿐, 까지'가 오면 음이 모두 같아진다. 모두 똑같이 '낟꽈, 낟또, 낟뿐, 낟까지'로 발음한다. 'ㅌ, ㅊ, ㅈ, ㅅ,'의 대표음이 모두 'ㄷ'이기 때문이다. 조사 '만'이 오면 모두 '난만'으로 발음한다.

4) '낱'과 '낟'에 조사 '이'가 붙으면 각각 '나치', '나지'로 발음한다. 이렇게 소리가 바뀌는 것을(현상을) 입천장소리되기(구개음화) 현상이라고 한다.

5) '젖'에 모음으로 시작하는 조사 '이', '을', '에'가 오면 '저지', '저즐', '저제'로 발음해야 하는데 많은 사람이 '저시', '저슬', '저세'로 발음한다. 이렇게 되면 '젓'에 이들 조사가 붙은 형태와 구별되지 않는다. 발음을 정확하게 하는 훈련이 필요하다. '빛'에 조사 '이', '을', '에'를 붙일 때에도 마찬가지이다.

6) '부엌'에 모음으로 시작하는 조사 '이', '을', '에'가 오면 '부어키', '부어클', '부어케'로 발음해야 하는데 많은 사람들이 '부어기', '부어글', '부어게'로 발음한다. 'ㅋ'을 'ㄱ'으로 발음하는 것은 표준 발음이 아니다. '녘'의 발음도 마찬가지이다.

7) '무릎'에 모음으로 시작하는 조사 '이', '을', '에'가 오면 '무르피', '무르플', '무르페'로 소리 내야 한다. 그런데 많은 사람들이 '무르비', '무르블', '무르베'로 발음한다. 'ㅍ'을 'ㅂ'으로 발음하는 것은 잘못이다.

〈자음 이름과 조사의 발음〉

자음 이름	자음 받침 (과, 도, 부터, 만)	모음 받침 (이, 은, 을, 에, 의)	자음 이름	자음 받침 (과, 도, 부터, 만)	모음 받침 (이, 은, 을, 에, 의)
기역(ㄱ)	기역꽈, 기역또 기역뿌터, 기영만	기여기, 기여근 기여게, 기여긔	이응(ㅇ)	이응과, 이응도 이응부터, 이응만	이응이, 이응은 이응에, 이응의
니은(ㄴ)	니은과, 니은도 니은부터, 니은만	니으니, 니으는 니으네, 니으늬	지읒(ㅈ)	지읃꽈, 지읃또 지읃뿌터, 지은만	지으시, 지으슨 지으세, 지으싀
디귿(ㄷ)	디귿꽈, 디귿또 디귿뿌터, 디근만	디그시, 디그슨 디그세, 디그싀	치읓(ㅊ)	치읃꽈, 치읃또 치읃뿌터, 치은만	치으시, 치으슨 치으세, 치으싀
리을(ㄹ)	리을과, 리을도 리을부터, 리을만	리으리, 리으른 리으레, 리으릐	키읔(ㅋ)	키윽꽈, 키윽또 키윽뿌터, 키응만	키으기, 키으근 키으게, 키으긔
미음(ㅁ)	미음과, 미음도 미음부터, 미음만	미으미, 미으믄 미으메, 미으믜	티읕(ㅌ)	티읃꽈, 티읃또 티읃뿌터, 티은만	티으시, 티으슨 티으세, 티으싀

자음 이름	자음 받침 (과, 도, 부터, 만)	모음 받침 (이, 은, 을, 에, 의)	자음 이름	자음 받침 (과, 도, 부터, 만)	모음 받침 (이, 은, 을, 에, 의)
비읍(ㅂ)	비읍꽈, 비읍또 비읍뿌터, 비음만	비으비, 비으븐 비으베, 비으븨	피읖(ㅍ)	피읍꽈, 피읍또 피읍뿌터, 피음만	피으비, 피으븐 피으베, 피으븨
시옷(ㅅ)	시옫꽈, 시옫또 시옫뿌터, 시온만	시오시, 시오슨 시오세, 시오싀	히읗(ㅎ)	히읃꽈, 히읃또 히읃뿌터, 히은만	히으시, 히으슨 히으세, 히으싀

2. 용언 활용형의 발음

용언의 어간 끝소리와 어미 첫소리 사이에서는 폭넓게 소리 바뀜이 일어난다. 이를 정리하면 아래와 같다.

(1) 어미가 모음으로 시작하는 경우에는 어간의 받침이 연음된다.

＊먹은→머근, 잡아서→자바서, 같은→가튼, 맑은→말근, 닮아→달마, 핥아서→할타서

다만, 어간 끝소리 'ㅎ'은 연음되지 않고 탈락한다.

＊좋은→조은, 많아→마나, 옳아→오라

(2) 어미가 자음으로 시작하는 경우에는 어간의 끝소리와 어우러져 여러 가지로 바뀐다. 어간의 끝소리와 어미의 첫소리에 따라서 소리가 어떻게 변하는지 몇 개의 낱말을 예로 들면 아래 표와 같다.

어간 끝소리 \ 어미		-고, -도록, -지, -습니다	-는/-은, -(으)네, -느냐/-(으)냐
ㄱ	(작다, 녹다, 먹다, 박다, 썩다, 익다)	어미 첫소리는 된소리로 바뀐다. (작고→작꼬, 작지→작찌)	어간 끝음절의 받침 'ㄱ'이 'ㅇ'으로 바뀐다. (먹는→멍는, 먹느냐→멍느냐)
ㄲ	(솎다, 깎다, 낚다, 겪다, 묶다, 엮다)	어미 첫소리는 된소리로 바뀐다. (솎고→속꼬, 솎도록→속또록 솎지→속찌, 솎습니다→속씀니다)	어간 끝음절의 받침 'ㄲ'이 'ㅇ'으로 바뀐다. (낚는→낭는, 낚느냐→낭느냐)
ㄴ	(안다, 신다)	어미 첫소리는 된소리로 바뀐다. (안고→안꼬, 안도록→안또록 안지→안찌, 안습니다→안씀니다)	제 소릿값으로 소리 난다.
ㄵ	(앉다, 얹다)	어미 첫소리는 된소리, 어간 'ㅈ'은 탈락 (앉고→안꼬, 앉도록→안또록 앉지→안찌, 앉습니다→안씀니다)	어간 끝음절의 받침 'ㄵ'의 'ㅈ'이 탈락한다. (얹네→언네, 얹느냐→언느냐)

<table>
<tr><th colspan="2">어미
어간 끝소리</th><th>-고, -도록, -지, -습니다</th><th>-는/-은, -(으)네, -느냐/-(으)냐</th></tr>
<tr><td rowspan="2">ㄶ</td><td>(동사 : 않다)</td><td rowspan="2">어미 첫소리 'ㄱ, ㄷ, ㅈ'은 거센소리로, 'ㅅ'은 된소리로
(않고→안코, 않도록→안토록
않지→안치, 않습니다→안씀니다)
(많고→만코, 많도록→만토록
많지→만치, 많습니다→만씀니다)</td><td>어간 끝음절의 받침 'ㄶ'의 'ㅎ'이 탈락한다.
(않네→안네, 않는→안는
않느냐→안느냐)</td></tr>
<tr><td>(형용사 : 많다, 점잖다, 괜찮다)</td><td>어간 끝음절 'ㅎ'이 탈락
(많네→만네, 많은→마는
많으냐→마느냐)</td></tr>
<tr><td>ㄷ</td><td>(닫다, 싣다, 믿다, 받다, 걷다, 굳다)</td><td>어미 첫소리가 된소리로
(닫고→닫꼬, 닫도록→닫또록
닫지→닫찌, 닫습니다→닫씀니다)</td><td>어간 끝음절의 받침 'ㄷ'이 'ㄴ'으로 바뀐다.
(싣네→신네, 싣는→신는
싣느냐→신느냐)</td></tr>
<tr><td rowspan="2">ㄺ</td><td>(동사 : 얽다, 읽다)</td><td rowspan="2">어미 첫소리는 된소리로,
어간 끝소리 'ㄱ'과 'ㄹ' 중 하나 탈락
(얽고→얼꼬, 얽지→억찌
얽습니다→억씀니다)
(밝고→발꼬, 밝지→박찌
밝습니다→박씀니다)</td><td>어간 끝음절의 받침 'ㄺ'이 'ㅇ'으로 바뀐다.
(읽네→잉네, 읽는→잉는
읽느냐→잉느냐)</td></tr>
<tr><td>(형용사 : 밝다, 굵다, 낡다)</td><td>어간 끝음절의 받침 'ㄺ'이 'ㅇ'으로 바뀐다. 다만, '-는' 대신 '-은'이 쓰이므로 이 경우는 그렇지 않다.
(굵네→궁네, 굵은→굴근
굵으냐→굴그냐)</td></tr>
<tr><td rowspan="2">ㄻ</td><td>(동사 : 굶다, 삶다, 닮다)</td><td rowspan="2">어미 첫소리는 된소리로,
어간 끝소리 'ㄹ' 탈락
(닮고→담꼬, 닮지→담찌
닮습니다→담씀니다)
(젊고→점꼬, 젊지→점찌
젊습니다→점씀니다)</td><td>어간 끝음절의 받침 'ㄻ' 중에서 'ㄹ'이 탈락한다.
(삶네→삼네, 삶느냐→삼느냐)</td></tr>
<tr><td>(형용사 : 젊다)</td><td>어간 끝음절의 받침 'ㄻ' 중에서 'ㄹ'이 탈락한다. 다만, '-는' 대신 '-은'이 쓰이므로 이 경우는 그렇지 않다.
(젊네→점네, 젊은→절믄
젊으냐→절므냐)</td></tr>
<tr><td rowspan="2">ㄼ</td><td>(동사 : 밟다)</td><td>어미 첫소리는 된소리로,
동사 어간 끝소리 'ㄹ' 탈락
(밟고→밥꼬, 밟도록→밥또록
밟지→밥찌, 밟습니다→밥씀니다)</td><td>어간 끝음절 받침 'ㄼ'이 'ㅁ'으로 바뀐다.
(밟네→밤네, 밟는→밤는
밟느냐→밤느냐)</td></tr>
<tr><td>(형용사 : 넓다, 떫다, 얇다, 엷다, 짧다)</td><td>어미 첫소리가 된소리로,
동사 형용사 어간 끝소리 'ㅂ' 탈락
(넓고→널꼬, 넓지→널찌
넓습니다→널씀니다)</td><td>어간 끝음절 받침 'ㄼ'이 'ㅁ'으로 바뀐다. 다만, '-는' 대신 '-은'이 쓰이므로 이 경우는 그렇지 않다.
(넓네→넘네, 넓은→널븐
넓으냐→널브냐)</td></tr>
</table>

어간 끝소리 \ 어미		-고, -도록, -지, -습니다	-는/-은, -(으)네, -느냐/-(으)냐
ㄾ	(동사: 핥다, 훑다)	어미 첫소리가 된소리로, 동사 형용사 어간 끝소리 'ㅌ' 탈락	어간 끝음절 받침 'ㄾ'의 'ㅌ'이 탈락하고, 어미 'ㄴ'이 'ㄹ'로 바뀐다.
ㅀ	(동사 : 닳다, 곯다, 꿇다, 뚫다, 잃다)	(싫고→실코, 싫도록→실토록 싫지→실치, 싫습니다→실씁니다)	(닳네→달레, 닳는→달른 닳느냐→달르냐)
	(형용사 : 싫다)		어간 끝음절 받침 'ㅀ'의 'ㅎ'이 탈락하고, '-는' 대신 '-은'이 쓰이므로 이 경우는 그렇지 않다. (싫네→실레, 싫은→시른 싫으냐→시르냐)
ㅁ	(담다, 넘다, 남다, 보듬다, 심다)	어미 첫소리는 된소리로 바뀐다. (담고→담꼬, 담도록→담또록 담지→담찌, 담습니다→담씁니다)	제 소릿값으로 소리 난다.
ㅂ	(동사 : 굽다, 입다, 잡다)	어미 첫소리는 된소리로 바뀐다. (잡고→잡꼬, 잡도록→잡또록 잡지→잡찌, 잡습니다→잡씁니다) (좁고→좁꼬, 좁도록→좁또록 좁지→좁찌, 좁습니다→좁씁니다)	어간 끝음절 받침 'ㅂ'이 'ㅁ'으로 바뀐다. (잡네→잠네, 잡는→잠는 잡느냐→잠느냐)
	(형용사 : 좁다, 곱다)		어간 끝음절 받침 'ㅂ'의 'ㅁ'으로 바뀐다. '-는' 대신 '-은'이 쓰이므로 이 경우는 그렇지 않다. (좁네→좀네, 좁은→조븐 좁으냐→조브냐)
ㅅ	(동사 : 잇다, 빗다, 씻다, 짓다, 젓다)	어미 첫소리는 된소리로 바뀌고, 어간 끝소리 'ㅅ'은 'ㄷ' 소리가 된다. (잇고→읻꼬, 잇도록→읻또록 잇지→읻찌, 잇습니다→읻씁니다) (낫고→낟꼬, 낫도록→낟또록 낫지→낟찌, 낫습니다→낟씁니다)	어간 끝음절 받침 'ㅅ'이 'ㄴ'으로 바뀐다. (잇네→인네, 잇는→인는 잇느냐→인느냐)
	(형용사 : 낫다)		어간 끝음절 받침 'ㅅ'이 'ㄴ'으로 바뀐다. '낫는'이나 '낫은'을 쓰지 않고 '나은', '나으냐'를 쓴다. (낫네→난네, 낫니→난니)
ㅆ	(있다)	어미 첫소리는 된소리로 바뀌고, 어간 끝소리 'ㅆ'은 'ㄷ' 소리가 된다. (있고→읻꼬, 있도록→읻또록 있지→읻찌, 있습니다→읻씁니다)	어간 끝음절 받침 'ㅆ'이 'ㄴ'으로 바뀐다. (있네→인네, 있는→인는 있느냐→인느냐)
ㅈ	(동사 : 멎다, 짖다)	어미 첫소리는 된소리로 바뀌고, 어간 끝소리 'ㅈ'은 'ㄷ' 소리가 된다.	어간 끝음절 받침 'ㅈ'이 'ㄴ'으로 바뀐다. (멎네→먼네, 멎는→먼는 멎느냐→먼느냐)

<table>
<tr><th colspan="2">어미
어간 끝소리</th><th>-고, -도록, -지, -습니다</th><th>-는 / -은, -(으)네, -느냐 / -(으)냐</th></tr>
<tr><td>ㅈ</td><td>(형용사 : 알맞다, 걸맞다)</td><td>(멎고→먿꼬, 멎도록→먿또록
멎지→먿찌, 멎습니다→먿씀니다)
(알맞고→알맏꼬, 알맞도록→알맏또록, 알맞지→알맏찌, 알맞습니다→알맏씀니다)</td><td>어간 끝음절 받침 'ㅈ'이 'ㄴ'으로 바뀐다. '-는' 대신 '-은'이 쓰이므로 이 경우는 그렇지 않다.
(알맞네→알만네, 알맞은→알마즌
알맞으냐→알마즈냐)</td></tr>
<tr><td>ㅊ</td><td>(쫓다)</td><td>어미 첫소리는 된소리로 바뀌고, 어간 끝소리 'ㅊ은 'ㄷ' 소리가 된다.
(쫓→쫀고, 쫓도록→쫀또록
쫓지→쫀찌, 쫓습니다→쫀씀니다)</td><td>어간 끝음절 받침 'ㅊ'이 'ㄴ'으로 바뀐다.
(쫓네→쫀네, 쫓는→쫀는
쫓느냐→쫀느냐)</td></tr>
<tr><td rowspan="2">ㅌ</td><td>(동사 : 뱉다)</td><td rowspan="2">어미 첫소리는 된소리로 바뀌고, 어간 끝소리 'ㅌ은 'ㄷ' 소리가 된다.
(뱉고→밷꼬, 뱉도록→밷또록
뱉지→밷찌, 뱉습니다→밷씀니다)
(같고→갇꼬, 같도록→갇또록
같지→갇찌, 같습니다→갇씀니다)</td><td>어간 끝음절 받침 'ㅊ'이 'ㄴ'으로 바뀐다.
(쫓네→쫀네, 쫓는→쫀는
쫓느냐→쫀느냐)</td></tr>
<tr><td>(형용사 : 같다, 얕다)</td><td>어간 끝음절 받침 'ㅊ'이 'ㄴ'으로 바뀐다. '-는' 대신 '-은'이 쓰이므로 이 경우는 그렇지 않다.
(같네→간네, 같은→가튼
같으냐→가트냐)</td></tr>
<tr><td rowspan="2">ㅍ</td><td>(동사 : 갚다, 엎다, 짚다)</td><td rowspan="2">어미 첫소리는 된소리로 바뀌고, 어간 끝소리 'ㅍ은 'ㅂ' 소리가 된다.
(갚고→갑꼬, 갚도록→갑또록
갚지→갑찌, 갚습니다→갑씀니다)
(높고→놉꼬, 높도록→놉또록
높지→놉찌, 높습니다→놉씀니다)</td><td>어간 끝음절 받침 'ㅍ'이 'ㅁ'으로 바뀐다.
(갚네→감네, 갚는→감는
갚느냐→감느냐)</td></tr>
<tr><td>(형용사 : 깊다, 높다)</td><td>어간 끝음절 받침 'ㅍ'이 'ㅁ'으로 바뀐다. '-는' 대신 '-은'이 쓰이므로 이 경우는 그렇지 않다.
(높네→놈네, 높은→노픈
높으냐→노프냐)</td></tr>
<tr><td rowspan="2">ㅎ</td><td>(동사 : 놓다, 낳다, 빻다)</td><td rowspan="2">어미 첫소리 'ㄱ, ㄷ, ㅈ'은 거센소리로, 'ㅅ'은 된소리로 바뀌고, 어간 끝소리 'ㅎ'은 없어진다.
(놓고→노코, 놓도록→노토록
놓지→노치, 놓습니다→노씀니다)
(좋고→조코, 좋도록→조토록
좋지→조치, 좋습니다→조씀니다)</td><td>어간 끝음절 받침 'ㅎ'이 'ㄴ'으로 바뀐다.
(놓네→논네, 놓는→논는
놓느냐→논느냐)</td></tr>
<tr><td>(형용사 : 좋다, 하얗다)</td><td>어간 끝음절 받침 'ㅎ'이 'ㄴ'으로 바뀐다. '좋는'을 쓰지 않고 그 대신에 '좋은', '좋으냐'를 쓴다.
(좋네→존네, 좋은→조은
좋으냐→조으냐)</td></tr>
</table>

Ⅳ. 용언 활용표

〈용언 활용표의 어미 배치〉

용언 활용표 1 (p.1585)	종결 어미 (평서형)	평서형											
		-ㄴ다 -는다	-ㅂ니다	-소	-어요 -아요 -요	-지	-네	-데	-리라				
용언 활용표 2 (p.1598)	종결 어미 (의문형) (명령형) (청유형) (감탄형)	의문형					명령형		청유형		약속형		감탄형
		-냐? -느냐?	-ㅂ니까? -습니까?	-ㄹ까 (-을까)?	-ㄹ래 (-을래)?	-오? -소?	-오	-라 -어라 -아라	-자 -세	-ㅂ시다 (-읍시다)	-ㄹ게 (-을게)	-마 (-으마)	-구나! -는구나!
용언 활용표 3 (p.1616)	연결 어미 (연결형)	연결형											
		-아 -어 (-아서 어서)	-고 (-게 -거나 -거든)	-나 (-으나)	-는데 -ㄴ데 (-은데)	-(으)니 (-(으) 니까)	-지	-는지 -ㄴ지 (-은지)	-ㄹ지 (-을지)	-러 (-으러)	-(으)려 (-(으)려 고)	-(으)며 (-(으)면)	-(으)므로
용언 활용표 4 (p.1629)	전성 어미 선어말 어미	전성 어미					선어말 어미						
		관형사형			명사형								
		-ㄴ (-은) (과거)	-는 -ㄴ(-은) (현재)	-ㄹ(-을) (미래)	-ㅁ(-음)	-기	-(으)시다 (-(으)십 니다) (높임)	-었- -았- (과거)	-겠- (추측)	-더- (경험)	-(으)오- (겸양)	-(사)옵- -었사옵- -았사옵- (겸양)	

* 용언 활용표에는 중요한 용언을 골라 실었으므로 올림말 가운데에 활용표에 없는 용언이 많이 있다. 활용표에 없는 용언의 활용형은 다른 용언의 활용형을 원용할 수 있도록 하기 위하여 도움이 될 만한 용언을 가능하면 많이 제시하였다.
* 활용형에 쓴 붙임표(-)는 어간 대신에 적은 것이다. 그 자리에 어간을 그대로 넣으면 활용형이 완성된다.
* 활용형이 두 가지가 있는 것은 둘 다 적어 놓았다.
* 소괄호는 낱말의 의미를 한자로 표시하기 위하여 사용하였다.
* '이다'는 조사이지만 형용사처럼 활용하므로 '규21-0'에 넣었다.
* '노르다'는 '노'가 양성 모음이지만 '노르러', '노르러요', '노르렀다'처럼 활용하므로 '불21-7'에 올렸다.

〈용언 활용표 1: 평서형 종결 어미〉

용언 분류 번호	용언 기본형	평서형 종결 어미							
		-ㄴ다 -는다 -다	-ㅂ니다 -습니다	-소 -(으)오	-어요 -아요 -요	-지	-네	-데	-(으)리라 (-(으)련다)
규 10-0	가다	간다	갑니다	-오	-요	-지	-네	-데	-리라
	꼬다	꼰다	꼽니다	-오	-아요, 꽈요	-지	-네	-데	-리라
	나가다	나간다	나갑니다	-오	-요	-지	-네	-데	-리라
	놀라다	놀란다	놀랍니다	-오	-요	-지	-네	-데	-리라
	드러나다	드러난다	드러납니다	-오	-요	-지	-네	-데	-리라
	바라다	바란다	바랍니다	-오	-요, ×바래요	-지	-네	-데	-리라
	보다	본다	봅니다	-오	-아요, 봐요	-지	-네	-데	-리라
	비꼬다	비꼰다	비꼽니다	-오	-아요, 비꽈요	-지	-네	-데	-리라
	살아나다	살아난다	살아납니다	-오	-요	-지	-네	-데	-리라
	삼가다	삼간다	삼갑니다	-오	-요	-지	-네	-데	-리라
	선보다	선본다	선봅니다	-오	-아요, 선봐요	-지	-네	-데	-리라
	싸다(包)	싼다	쌉니다	-오	-요	-지	-네	-데	-리라
	쏘다	쏜다	쏩니다	-오	-아요, 쏴요	-지	-네	-데	-리라
	오다	온다	옵니다	-오	와요	-지	-네	-데	-리라
	자다	잔다	잡니다	-오	-요	-지	-네	-데	-리라
	자라다	자란다	자랍니다	-오	-요	-지	-네	-데	-리라
	짜다(織)	짠다	짭니다	-오	-요	-지	-네	-데	-리라
	차다(蹴)	찬다	찹니다	-오	-요	-지	-네	-데	-리라
	타다(乘)	탄다	탑니다	-오	-요	-지	-네	-데	-리라
	파다	판다	팝니다	-오	-요	-지	-네	-데	-리라
	혼나다	혼난다	혼납니다	-오	-요	-지	-네	-데	-리라
규 10-1	갉다	-는다	-습니다	-소, -으오	-아요	-지	-네	-데	-으리라
	갖다 [가지다]	-는다 [가진다]	-습니다 [가집니다]	×갖으오 [가지오]	×갖아요 [-어요, 가져요]	-지 [-지]	-네 [-네]	-데 [-데]	×갖으리라 [가지리라]
	깎다	-는다	-습니다	-소, -으오	-아요	-지	-네	-데	-으리라
	꼽다	-는다	-습니다	-소, -으오	-아요	-지	-네	-데	-으리라
	꽂다	-는다	-습니다	-소, -으오	-아요	-지	-네	-데	-으리라
	낚다	-는다	-습니다	-소, -으오	-아요	-지	-네	-데	-으리라
	놓다	-는다	-습니다	-소, -으오	-아요	-지	-네	-데	-으리라
	닫다	-는다	-습니다	-소, -으오	-아요	-지	-네	-데	-으리라
	돋다	-는다	-습니다	-소, -으오	-아요	-지	-네	-데	-으리라
	막다	-는다	-습니다	-소, -으오	-아요	-지	-네	-데	-으리라
	맞다	-는다	-습니다	-소, -으오	-아요	-지	-네	-데	-으리라
	박다	-는다	-습니다	-소, -으오	-아요	-지	-네	-데	-으리라
	받다	-는다	-습니다	-소, -으오	-아요	-지	-네	-데	-으리라
	볶다	-는다	-습니다	-소, -으오	-아요	-지	-네	-데	-으리라
	북돋다	-는다	-습니다	-소, -으오	-아요	-지	-네	-데	-으리라

용언 분류 번호	용언 기본형	평서형 종결 어미							
		-ㄴ다 -는다 -다	-ㅂ니다 -습니다	-소 -(으)오	-어요 -아요 -요	-지	-네	-데	-(으)리라 (-(으)련다)
규 10-1	빻다	-는다	-습니다	-소, -으오	-아요	-지	-네	-데	-으리라
	빼앗다	-는다	-습니다	-소, -으오	-아요	-지	-네	-데	-으리라
	삭다	-는다	-습니다	-소, -으오	-아요	-지	-네	-데	-으리라
	속다	-는다	-습니다	-소, -으오	-아요	-지	-네	-데	-으리라
	쌓다	-는다	-습니다	-소, -으오	-아요	-지	-네	-데	-으리라
	안다	-는다	-습니다	-소, -으오	-아요	-지	-네	-데	-으리라
	않다	-는다	-습니다	-소, -으오	-아요	-지	-네	-데	-으리라
	잦다	-는다	-습니다	-소, -으오	-아요	-지	-네	-데	-으리라
	좇다	-는다	-습니다	-소, -으오	-아요	-지	-네	-데	-으리라
	쫓다	-는다	-습니다	-소, -으오	-아요	-지	-네	-데	-으리라
	펴놓다	-는다	-습니다	-소, -으오	-아요	-지	-네	-데	-으리라
	핥다	-는다	-습니다	-소, -으오	-아요	-지	-네	-데	-으리라
규 11-0	가꾸다	가꾼다	가꿉니다	-오	-어요, 가꿔요	-지	-네	-데	-리라
	가르치다	가르친다	가르칩니다	-오	-어요, 가르쳐요	-지	-네	-데	-리라
	가리다	가린다	가립니다	-오	-어요, 가려요	-지	-네	-데	-리라
	가지다	가진다	가집니다	-오	-어요, 가져요	-지	-네	-데	-리라
	간질이다	간질인다	간질입니다	-오	-어요, 간질여요	-지	-네	-데	-리라
	갈기다	갈긴다	갈깁니다	-오	-어요, 갈겨요	-지	-네	-데	-리라
	개개다	개갠다	개갭니다	-오	-어요, -요	-지	-네	-데	-리라
	개기다	개긴다	개깁니다	-오	-어요, 개겨요	-지	-네	-데	-리라
	개다(疊)	갠다	갭니다	-오	-어요, -요	-지	-네	-데	-리라
	개다(晴)	갠다	갭니다	-오	-어요, -요	-지	-네	-데	-리라
	거두다	거둔다	거둡니다	-오	-어요, 거둬요	-지	-네	-데	-리라
	거리끼다	거리낀다	거리낍니다	-오	-어요, 거리껴요	-지	-네	-데	-리라
	거치다	거친다	거칩니다	-오	-어요, 거쳐요	-지	-네	-데	-리라
	건너다	건넌다	건넙니다	-오	-요	-지	-네	-데	-리라
	건네다	건넨다	건넵니다	-오	-어요, -요	-지	-네	-데	-리라
	걸리다	걸린다	걸립니다	-오	-어요, 걸려요	-지	-네	-데	-리라
	기다(匍匐)	긴다	깁니다	-오	-어요	-지	-네	-데	-리라
	꼬시다	꼬신다	꼬십니다	-오	-어요, 꼬셔요	-지	-네	-데	-리라
	꾀다	꾄다	꾑니다	-오	-어요, 꽤요	-지	-네	-데	-리라
	꾸미다	꾸민다	꾸밉니다	-오	-어요, 꾸며요	-지	-네	-데	-리라
	끼다(挾)	낀다	낍니다	-오	-어요	-지	-네	-데	-리라
	끼다(雲)	낀다	낍니다	-오	-어요	-지	-네	-데	-리라
	끼치다	끼친다	끼칩니다	-오	-어요, 끼쳐요	-지	-네	-데	-리라
	나누다	나눈다	나눕니다	-오	-어요, 나눠요	-지	-네	-데	-리라
	뉘다 [누이다]	뉜다 [누인다]	뉩니다 [누입니다]	-오 [-오]	-어요 [-어요, 누여요]	-지 [-지]	-네 [-네]	-데 [-데]	-리라 [-리라]

용언 분류 번호	용언 기본형	평서형 종결 어미							
		-ㄴ다 -는다 -다	-ㅂ니다 -습니다	-소 -(으)오	-어요 -아요 -요	-지	-네	-데	-(으)리라 (-(으)련다)
규 11-0	다지다	다진다	다집니다	-오	-어요, 다져요	-지	-네	-데	-리라
	닫치다	닫친다	닫칩니다	-오	-어요, 닫쳐요	-지	-네	-데	-리라
	달래다	달랜다	달랩니다	-오	-어요, -요	-지	-네	-데	-리라
	달리다	달린다	달립니다	-오	-어요, 달려요	-지	-네	-데	-리라
	당기다	당긴다	당깁니다	-오	-어요, 당겨요	-지	-네	-데	-리라
	덮이다	덮인다	덮입니다	-오	-어요, 덮여요	-지	-네	-데	-리라
	데우다	데운다	데웁니다	-오	-어요, 데워요	-지	-네	-데	-리라
	되다	된다	됩니다	-오	-어요, 돼요	-지	-네	-데	-리라
	드리다	드린다	드립니다	-오	-어요, 드려요	-지	-네	-데	-리라
	들이치다[1]	들이친다	들이칩니다	-오	-어요, 들이쳐요	-지	-네	-데	-리라
	들이치다[2]	들이친다	들이칩니다	-오	-어요, 들이쳐요	-지	-네	-데	-리라
	들이켜다	들이켠다	들이켭니다	-오	-요	-지	-네	-데	-리라
	들이키다	들이킨다	들이킵니다	-오	-어요, 들이켜요	-지	-네	-데	-리라
	들추다	들춘다	들춥니다	-오	-어요, 들춰요	-지	-네	-데	-리라
	디디다	디딘다	디딥니다	-오	-어요, 디뎌요	-지	-네	-데	-리라
	떠벌이다	떠벌인다	떠벌입니다	-오	-어요, 떠벌여요	-지	-네	-데	-리라
	뜨이다	뜨인다	뜨입니다	-오	-어요, 띄어요	-지	-네	-데	-리라
	띄다	띈다	띕니다	-오	-어요	-지	-네	-데	-리라
	띄우다	띄운다	띄웁니다	-오	-어요, 띄워요	-지	-네	-데	-리라
	띠다	띤다	띱니다	-오	-어요	-지	-네	-데	-리라
	마치다	마친다	마칩니다	-오	-어요, 마쳐요	-지	-네	-데	-리라
	맞추다	맞춘다	맞춥니다	-오	-어요, 맞춰요	-지	-네	-데	-리라
	맞히다	맞힌다	맞힙니다	-오	-어요, 맞혀요	-지	-네	-데	-리라
	매다	맨다	맵니다	-오	-어요, -요	-지	-네	-데	-리라
	메꾸다	메꾼다	메꿉니다	-오	-어요, 메꿔요	-지	-네	-데	-리라
	메다	멘다	멥니다	-오	-어요, -요	-지	-네	-데	-리라
	묻히다	묻힌다	묻힙니다	-오	-어요, 묻혀요	-지	-네	-데	-리라
	바뀌다	바뀐다	바뀝니다	-오	-어요	-지	-네	-데	-리라
	바래다(漂白)	바랜다	바랩니다	-오	-어요, -요	-지	-네	-데	-리라
	받치다	받친다	받칩니다	-오	-어요, 받쳐요	-지	-네	-데	-리라
	받히다	받힌다	받힙니다	-오	-어요, 받혀요	-지	-네	-데	-리라
	버리다	버린다	버립니다	-오	-어요, 버려요	-지	-네	-데	-리라
	벗기다	벗긴다	벗깁니다	-오	-어요, 벗겨요	-지	-네	-데	-리라
	베다	벤다	벱니다	-오	-어요, -요	-지	-네	-데	-리라
	뵈다	뵌다	뵙니다	-오	-어요, 봬요	-지	-네	-데	-리라
	부치다(送, 附)	부친다	부칩니다	-오	-어요, 부쳐요	-지	-네	-데	-리라
	북돋우다	북돋운다	북돋웁니다	-오	-어요, 북돋워요	-지	-네	-데	-리라
	비다	빈다	빕니다	-오	-어요	-지	-네	-데	-리라

용언 분류 번호	용언 기본형	평서형 종결 어미							
		-ㄴ다 -는다 -다	-ㅂ니다 -습니다	-소 -(으)오	-어요 -아요 -요	-지	-네	-데	-(으)리라 (-(으)련다)
규 11-0	비기다	비긴다	비깁니다	-오	-어요, 비겨요	-지	-네	-데	-리라
	비추다	비춘다	비춥니다	-오	-어요, 비춰요	-지	-네	-데	-리라
	빼다	뺀다	뺍니다	-오	-어요, -요	-지	-네	-데	-리라
	사귀다	사귄다	사귑니다	-오	-어요, ×사겨요	-지	-네	-데	-리라
	사리다	사린다	사립니다	-오	-어요, 사려요	-지	-네	-데	-리라
	사재다	사잰다	사잽니다	-오	-어요, -요	-지	-네	-데	-리라
	살찌다	살찐다	살찝니다	-오	-어요, 살쪄요	-지	-네	-데	-리라
	새기다	새긴다	새깁니다	-오	-어요, 새겨요	-지	-네	-데	-리라
	서다	선다	섭니다	-오	-요	-지	-네	-데	-리라
	설레다	설렌다	설렙니다	-오	-어요, -요	-지	-네	-데	-리라
	쇠다	쇤다	쇱니다	-오	-어요, 쇄요	-지	-네	-데	-리라
	쉬다	쉰다	쉽니다	-오	-어요	-지	-네	-데	-리라
	시새우다	시새운다	시새웁니다	-오	-어요, 시새워요	-지	-네	-데	-리라
	쐬다	쐰다	쐽니다	-오	-어요, 쐐요	-지	-네	-데	-리라
	안되다	안된다	안됩니다	-오	-어요, 안돼요	-지	-네	-데	-리라
	야위다	야윈다	야윕니다	-오	-어요	-지	-네	-데	-리라
	여위다	여윈다	여윕니다	-오	-어요	-지	-네	-데	-리라
	여쭈다	여쭌다	여쭙니다	-오	-어요, 여쭤요	-지	-네	-데	-리라
	오므리다	오므린다	오므립니다	-오	-어요, 오므려요	-지	-네	-데	-리라
	우거지다	우거진다	우거집니다	-오	-어요, 우거져요	-지	-네	-데	-리라
	이루다	이룬다	이룹니다	-오	-어요, 이뤄요	-지	-네	-데	-리라
	잡수다	잡순다	잡숩니다	-오	-어요, 잡숴요	-지	-네	-데	-리라
	재다	잰다	잽니다	-오	-어요, -요	-지	-네	-데	-리라
	저미다	저민다	저밉니다	-오	-어요, 저며요	-지	-네	-데	-리라
	젖히다	젖힌다	젖힙니다	-오	-어요, 젖혀요	-지	-네	-데	-리라
	제치다	제친다	제칩니다	-오	-어요, 제쳐요	-지	-네	-데	-리라
	조이다 [죄다]	조인다 [죈다]	조입니다 [죕니다]	-오 [-오]	-어요, 조여요 [-어요, 죄요]	-지 [-지]	-네 [-네]	-데 [-데]	-리라 [-리라]
	쥐다	쥔다	쥡니다	-오	-어요	-지	-네	-데	-리라
	지내다	지낸다	지냅니다	-오	-어요, -요	-지	-네	-데	-리라
	지다	진다	집니다	-오	져요	-지	-네	-데	-리라
	찌다	찐다	찝니다	-오	쪄요	-지	-네	-데	-리라
	채다(奪取)	챈다	챕니다	-오	-어요, -요	-지	-네	-데	-리라
	채우다	채운다	채웁니다	-오	-어요, 채워요	-지	-네	-데	-리라
	챙기다	챙긴다	챙깁니다	-오	-어요, 챙겨요	-지	-네	-데	-리라
	처지다	처진다	처집니다	-오	-어요, 처져요	-지	-네	-데	-리라
	추다	춘다	춥니다	-오	-어요, 춰요	-지	-네	-데	-리라
	추리다	추린다	추립니다	-오	-어요, 추려요	-지	-네	-데	-리라

용언 분류 번호	용언 기본형	평서형 종결 어미							
		-ㄴ다 -는다 -다	-ㅂ니다 -습니다	-소 -(으)오	-어요 -아요 -요	-지	-네	-데	-(으)리라 (-(으)련다)
규 11-0	치다(打)	친다	칩니다	-오	쳐요	-지	-네	-데	-리라
	치우다	치운다	치웁니다	-오	-어요, 치워요	-지	-네	-데	-리라
	치이다	치인다	치입니다	-오	-어요, 치여요	-지	-네	-데	-리라
	켕기다	켕긴다	켕깁니다	-오	-어요, 켕겨요	-지	-네	-데	-리라
	켜다	켠다	켭니다	-오	-요	-지	-네	-데	-리라
	키우다	키운다	키웁니다	-오	-어요, 키워요	-지	-네	-데	-리라
	태우다	태운다	태웁니다	-오	어요, 태워요	-지	-네	-데	-리라
	터지다	터진다	터집니다	-오	-어요, 터져요	-지	-네	-데	-리라
	튀기다	튀긴다	튀깁니다	-오	-어요, 튀겨요	-지	-네	-데	-리라
	트이다	트인다	트입니다	-오	-어요, 트여요	-지	-네	-데	-리라
	틀리다	틀린다	틀립니다	-오	-어요, 틀려요	-지	-네	-데	-리라
	틔다	틘다	틥니다	-오	-어요	-지	-네	-데	-리라
	틔우다	틔운다	틔웁니다	-오	-어요, 틔워요	-지	-네	-데	-리라
	패다	팬다	팹니다	-오	-어요, -요	-지	-네	-데	-리라
	펴내다	펴낸다	펴냅니다	-오	-어요, -요	-지	-네	-데	-리라
	펴다	편다	폅니다	-오	-어요, -요	-지	-네	-데	-리라
	피다	핀다	핍니다	-오	-어요	-지	-네	-데	-리라
	피우다	피운다	피웁니다	-오	-어요, 피워요	-지	-네	-데	-리라
	할퀴다	할퀸다	할퀍니다	-오	-어요	-지	-네	-데	-리라
	헤매다	헤맨다	헤맵니다	-오	-어요, -요	-지	-네	-데	-리라
	헷갈리다	헷갈린다	헷갈립니다	-오	-어요, 헷갈려요	-지	-네	-데	-리라
	후리다	후린다	후립니다	-오	-어요, 후려요	-지	-네	-데	-리라
	휘다	휜다	휩니다	-오	-어요	-지	-네	-데	-리라
규 11-1	걷다(收)	-는다	-습니다	-소, -으오	-어요	-지	-네	-데	-으리라
	긁다	-는다	-습니다	-소, -으오	-어요	-지	-네	-데	-으리라
	내딛다 [내디디다]	-는다 [내디딘다]	-습니다 [내디딥니다]	-소, ×내딛으오 [내디디오]	×내딛어요 [-어요, 내디뎌요]	-지 [-지]	-네 [-네]	-데 [-데]	×내딛으리라 [-리라]
	늙다	-는다	-습니다	-소, -으오	-어요	-지	-네	-데	-으리라
	늦다	-는다	-습니다	-소, -으오	-어요	-지	-네	-데	-으리라
	덮다	-는다	-습니다	-소, -으오	-어요	-지	-네	-데	-으리라
	딛다 [디디다]	-는다 [디딘다]	-습니다 [디딥니다]	-소, ×딛으오 [-오]	×딛어요 [-어요, 디뎌요]	-지 [-지]	-네 [-네]	-데 [-데]	×-딛으리라 [-리라]
	뜯다	-는다	-습니다	-소, -으오	-어요	-지	-네	-데	-으리라
	먹다	-는다	-습니다	-소, -으오	-어요	-지	-네	-데	-으리라
	멎다	-는다	-습니다	-소, -으오	-어요	-지	-네	-데	-으리라
	묻다(埋)	-는다	-습니다	-소, -으오	-어요	-지	-네	-데	-으리라
	믿다	-는다	-습니다	-소, -으오	-어요	-지	-네	-데	-으리라
	뱉다	-는다	-습니다	-소, -으오	-어요	-지	-네	-데	-으리라

용언 분류 번호	용언 기본형	평서형 종결 어미							
		-ㄴ다 -는다 -다	-ㅂ니다 -습니다	-소 -(으)오	-어요 -아요 -요	-지	-네	-데	-(으)리라 (-(으)련다)
규 11-1	벗다	-는다	-습니다	-소, -으오	-어요	-지	-네	-데	-으리라
	부딪다	-는다	-습니다	-소, -으오	-어요	-지	-네	-데	-으리라
	뻗다	-는다	-습니다	-소, -으오	-어요	-지	-네	-데	-으리라
	섞다	-는다	-습니다	-소, -으오	-어요	-지	-네	-데	-으리라
	숨다	-는다	-습니다	-소, -으오	-어요	-지	-네	-데	-으리라
	신다	-는다	-습니다	-소, -으오	-어요	-지	-네	-데	-으리라
	썩다	-는다	-습니다	-소, -으오	-어요	-지	-네	-데	-으리라
	씻다	-는다	-습니다	-소, -으오	-어요	-지	-네	-데	-으리라
	얹다	-는다	-습니다	-소, -으오	-어요	-지	-네	-데	-으리라
	얽다	-는다	-습니다	-소, -으오	-어요	-지	-네	-데	-으리라
	익다	-는다	-습니다	-소, -으오	-어요	-지	-네	-데	-으리라
	읽다	-는다	-습니다	-소, -으오	-어요	-지	-네	-데	-으리라
	잃다	-는다	-습니다	-소, -으오	-어요	-지	-네	-데	-으리라
	있다	-는다	-습니다	-소, -으오	-어요	-지	-네	-데	-으리라
	적다	-는다	-습니다	-소, -으오	-어요	-지	-네	-데	-으리라
	죽다	-는다	-습니다	-소, -으오	-어요	-지	-네	-데	-으리라
	찍다	-는다	-습니다	-소, -으오	-어요	-지	-네	-데	-으리라
	찢다	-는다	-습니다	-소, -으오	-어요	-지	-네	-데	-으리라
	파묻다	-는다	-습니다	-소, -으오	-어요	-지	-네	-데	-으리라
	품다	-는다	-습니다	-소, -으오	-어요	-지	-네	-데	-으리라
	헐뜯다	-는다	-습니다	-소, -으오	-어요	-지	-네	-데	-으리라
	훑다	-는다	-습니다	-소, -으오	-어요	-지	-네	-데	-으리라
규 20-0	싸다(廉價)	-다	쌉니다	-오	-요	-지	-네	-데	-리라
	잽싸다	-다	잽쌉니다	-오	-요	-지	-네	-데	-리라
	짜다(鹽)	-다	짭니다	-오	-요	-지	-네	-데	-리라
	차다(冷)	-다	찹니다	-오	-요	-지	-네	-데	-리라
규 20-1	같다	-다	-습니다	-소, -으오	-아요	-지	-네	-데	-으리라
	걸맞다	-다	-습니다	-소, -으오	-아요	-지	-네	-데	-으리라
	낮다	-다	-습니다	-소, -으오	-아요	-지	-네	-데	-으리라
	많다	-다	-습니다	-소, -으오	-아요	-지	-네	-데	-으리라
	맑다	-다	-습니다	-소, -으오	-아요	-지	-네	-데	-으리라
	밭다	-다	-습니다	-소, -으오	-아요	-지	-네	-데	-으리라
	않다	-다	-습니다	-소, -으오	-아요	-지	-네	-데	-으리라
	얇다	-다	-습니다	-소, -으오	-아요	-지	-네	-데	-으리라
	얕다	-다	-습니다	-소, -으오	-아요	-지	-네	-데	-으리라
	작다	-다	-습니다	-소, -으오	-아요	-지	-네	-데	-으리라
	잦다	-다	-습니다	-소, -으오	-아요	-지	-네	-데	-으리라
	좁다	-다	-습니다	-소, -으오	-아요	-지	-네	-데	-으리라

용언 분류 번호	용언 기본형	평서형 종결 어미							
		-ㄴ다 -는다 -다	-ㅂ니다 -습니다	-소 -(으)오	-어요 -아요 -요	-지	-네	-데	-(으)리라 (-(으)련다)
규 20-1	짧다	-다	-습니다	-소, -으오	-아요	-지	-네	-데	-으리라
	하찮다	-다	-습니다	-소, 으오	-아요	-지	-네	-데	-으리라
규 21-0	더디다	-다	더딥니다	-오	-어요, 더뎌요	-지	-네	-데	-리라
	되다(濃)	-다	됩니다	-오	-어요, 돼요	-지	-네	-데	-리라
	바냐위다	-다	바냐윕니다	-오	-어요	-지	-네	-데	-리라
	배다(細)	-다	뱁니다	-오	-어요, -요	-지	-네	-데	-리라
	비리다	-다	비립니다	-오	-어요, 비려요	-지	-네	-데	-리라
	살지다	-다	살집니다	-오	-어요, 살져요	-지	-네	-데	-리라
	세다(强)	-다	셉니다	-오	-어요, -요	-지	-네	-데	-리라
	시다	-다	십니다	-오	-어요	-지	-네	-데	-리라
	아니다	-다	아닙니다	-오	-어요, -에요 아녀요, 아녜요	-지	-네	-데	-리라
	안되다	-다	안됩니다	-오	-어요, 안돼요	-지	-네	-데	-리라
	이다	-다	입니다	-오, 요	-어요, -에요 -여요, -예요	-지	-네	-데	-리라
	재다(速)	-다	잽니다	-오	-어요, -요	-지	-네	-데	-리라
	참되다	-다	참됩니다	-오	-어요, 참돼요	-지	-네	-데	-리라
	틀리다	-다	틀립니다	-오	-어요, 틀려요	-지	-네	-데	-리라
	희다	-다	흽니다	-오	-어요	-지	-네	-데	-리라
규 21-1	가엾다	-다	-습니다	-소, -으오	-어요	-지	-네	-데	-으리라
	검다	-다	-습니다	-소, -으오	-어요	-지	-네	-데	-으리라
	굵다	-다	-습니다	-소, -으오	-어요	-지	-네	-데	-으리라
	굽다	-다	-습니다	-소	-으오	-지	-네	-데	-으리라
	넓다	-다	-습니다	-소, -으오	-어요	-지	-네	-데	-으리라
	늦다	-다	-습니다	-소, -으오	-어요	-지	-네	-데	-으리라
	맥쩍다	-다	-습니다	-소, -으오	-어요	-지	-네	-데	-으리라
	묽다	-다	-습니다	-소, -으오	-어요	-지	-네	-데	-으리라
	수줍다	-다	-습니다	-소, -으오	-어요	-지	-네	-데	-으리라
	없다	-다	-습니다	-소	-어요	-지	-네	-데	-으리라
	엷다	-다	-습니다	-소, -으오	-어요	-지	-네	-데	-으리라
	옅다	-다	-습니다	-소, -으오	-어요	-지	-네	-데	-으리라
	익다(慣)	-다	-습니다	-소, -으오	-어요	-지	-네	-데	-으리라
	적다(小)	-다	-습니다	-소, -으오	-어요	-지	-네	-데	-으리라
	젊다	-다	-습니다	-소, -으오	-어요	-지	-네	-데	-으리라
	한없다	-다	-습니다	-소	-어요	-지	-네	-데	-으리라
불 10-1	깨닫다	-는다	-습니다	-소, 깨달으오	깨달아요	-지	-네	-데	깨달으리라
	내닫다	-는다	-습니다	-소, 내달으오	내달아요	-지	-네	-데	내달으리라
	치닫다	-는다	-습니다	-소, 치달으오	치달아요	-지	-네	-데	치달으리라

용언 분류 번호	용언 기본형	평서형 종결 어미							
		－ㄴ다 －는다 －다	－ㅂ니다 －습니다	－소 －(으)오	－어요 －아요 －요	－지	－네	－데	－(으)리라 (－(으)련다)
불 10－2	갈다	간다	갑니다	가오	－아요	－지	가네	－데	－리라
	날다	난다	납니다	나오	－아요	－지	나네	－데	－리라
	놀다	논다	놉니다	노오	－아요	－지	노네	－데	－리라
	달다(懸)	단다	답니다	다오	－아요	－지	다네	－데	－리라
	돌다	돈다	돕니다	도오	－아요	－지	도네	－데	－리라
	말다(卷)	만다	맙니다	마오	－아요	－지	마네	－데	－리라
	말다(止)	만다	맙니다	마오	－아요	－지	마네	－데	－리라
	살다	산다	삽니다	사오	－아요	－지	사네	－데	－리라
	알다	안다	압니다	아오	－아요	－지	아네	－데	－리라
	졸다	존다	좁니다	조오	－아요	－지	조네	－데	－리라
불10－3	돕다	－는다	－습니다	－소, 도우오	도와요	－지	－네	－데	도우리라
불 10－4	낫다(癒)	－는다	－습니다	－소, 나으오	나아요	－지	－네	－데	나으리라
	잣다(紡績)	－는다	－습니다	－소, －자으오	자아요	－지	－네	－데	자으리라
불 10－6	가르다	가른다	가릅니다	－오	갈라요	－지	－네	－데	－리라
	고르다(選)	고른다	고릅니다	－오	골라요	－지	－네	－데	－리라
	나르다	나른다	나릅니다	－오	날라요	－지	－네	－데	－리라
	도르다	도른다	도릅니다	－오	돌라요	－지	－네	－데	－리라
	바르다(塗)	바른다	바릅니다	－오	발라요	－지	－네	－데	－리라
	사르다	사른다	사릅니다	－오	살라요	－지	－네	－데	－리라
	오르다	오른다	오릅니다	－오	올라요	－지	－네	－데	－리라
	자르다	자른다	자릅니다	－오	잘라요	－지	－네	－데	－리라
	조르다	조른다	조릅니다	－오	졸라요	－지	－네	－데	－리라
불 10－8	꼬느다	꼬는다	꼬늡니다	－오	꼬나요	－지	－네	－데	－리라
	노느다	노는다	노늡니다	－오	노나요	－지	－네	－데	－리라
	다다르다	다다른다	다다릅니다	－오	다다라요	－지	－네	－데	－리라
	담그다	담근다	담급니다	－오	담가요	－지	－네	－데	－리라
	따르다	따른다	따릅니다	－오	따라요	－지	－네	－데	－리라
	잠그다	잠근다	잠급니다	－오	잠가요	－지	－네	－데	－리라
불 10－9	그러다 [그리하다]	그런다 [그리한다]	그럽니다 [그리합니다]	－오 [－오]	그래요 [－여요, 그리해요]	－지 [－지]	－네 [－네]	－데 [－데]	－리라 [－리라]
	더하다	더한다	더합니다	－오	－여요, 더해요	－지	－네	－데	－리라
	어떡하다	어떡한다	어떡합니다	－오	－여요, 어떡해요	－지	－네	－데	－리라
	어쩌다 [어찌하다]	어쩐다 [어찌한다]	어쩝니다 [어찌합니다]	－오 [－오]	어쨰요 [－여요, 어찌해요]	－지 [－지]	－네 [－네]	－데 [－데]	－리라 [－리라]
	저러다 [저리하다]	저런다 [저리한다]	저럽니다 [저리합니다]	－오 [－오]	저래요 [－여요, 저리해요]	－지	－네	－데	－리라
	하다	한다	합니다	－오	－여요, 해요	－지	－네	－데	－리라

용언 분류 번호	용언 기본형	평서형 종결 어미							
		-ㄴ다 -는다 -다	-ㅂ니다 -습니다	-소 -(으)오	-어요 -아요 -요	-지	-네	-데	-(으)리라 (-(으)련다)
불 11-1	걷다(步)	-는다	-습니다	-소, 걸으오	걸어요	-지	-네	-데	걸으리라
	긷다	-는다	-습니다	-소, 길으오	길어요	-지	-네	-데	길으리라
	눋다	-는다	-습니다	-소, 눌으오	눌어요	-지	-네	-데	눌으리라
	묻다(問)	-는다	-습니다	-소, 물으오	물어요	-지	-네	-데	물으리라
	붇다	-는다	-습니다	-소, 불으오	불어요	-지	-네	-데	불으리라
	싣다	-는다	-습니다	-소, 실으오	실어요	-지	-네	-데	실으리라
	일컫다	-는다	-습니다	-소, 일컬으오	일컬어요	-지	-네	-데	일컬으리라
불 11-2	가물다	가문다	가뭅니다	가무오	-어요	-지	가무네	-데	-리라
	갈마들다	갈마든다	갈마듭니다	갈마드오	-어요	-지	갈마드네	-데	-리라
	걸다(掛)	건다	겁니다	거오	-어요	-지	거네	-데	-리라
	깃들다	깃든다	깃듭니다	깃드오	-어요	-지	깃드네	-데	-리라
	끌다	끈다	끕니다	끄오	-어요	-지	끄네	-데	-리라
	널다	넌다	넙니다	너오	-어요	-지	너네	-데	-리라
	녹슬다	녹슨다	녹습니다	녹스오	-어요	-지	녹스네	-데	-리라
	늘다	는다	늡니다	느오	-어요	-지	느네	-데	-리라
	덜다	던다	덥니다	더오	-어요	-지	더네	-데	-리라
	머물다 [머무르다]	머문다 [머무른다]	머뭅니다 [머무릅니다]	머무오 [-오]	×머물어요 [머물러요]	-지 [-지]	머무네 [-네]	-데 [-데]	-리라 [-리라]
	물다	문다	뭅니다	무오	-어요	-지	무네	-데	-리라
	불다	분다	붑니다	부오	-어요	-지	부네	-데	-리라
	빌다	빈다	빕니다	비오	-어요	-지	비네	-데	-리라
	서둘다 [서두르다]	서둔다 [서두른다]	서둡니다 [서두릅니다]	서두오 [-오]	×서둘어요 [서둘러요]	-지 [-지]	서두네 [-네]	-데 [-데]	-리라 [-리라]
	설다	선다	섭니다	서오	-어요	-지	서네	-데	-리라
	우닐다	우닌다	우닙니다	우니오	-어요	-지	우니네	-데	-리라
	울다	운다	웁니다	우오	-어요	-지	우네	-데	-리라
	일다	인다	입니다	이오	-어요	-지	이네	-데	-리라
	저물다	저문다	저뭅니다	저무오	-어요	-지	저무네	-데	-리라
	줄다	준다	줍니다	주오	-어요	-지	주네	-데	-리라
	털다	턴다	텁니다	터오	-어요	-지	터네	-데	-리라
	허물다	허문다	허뭅니다	허무오	-어요	-지	허무네	-데	-리라
	헐다	헌다	헙니다	허오	-어요	-지	허네	-데	-리라
	흔들다	흔든다	흔듭니다	흔드오	-어요	-지	흔드네	-데	-리라
불 11-3	눕다	-는다	-습니다	-소, 누우오	누워요	-지	-네	-데	누우리라
	깁다	-는다	-습니다	-소, 기우오	기워요	-지	-네	-데	기우리라
	여쭙다	-는다	-습니다	-소, 여쭈우오	여쭈워요	-지	-네	-데	여쭈우리라

용언 분류 번호	용언 기본형	평서형 종결 어미							
		-ㄴ다 -는다 -다	-ㅂ니다 -습니다	-소 -(으)오	-어요 -아요 -요	-지	-네	-데	-(으)리라 (-(으)련다)
불 11-4	젓다	-는다	-습니다	-소, 저으오	저어요	-지	-네	-데	저으리라
	붓다	-는다	-습니다	-소, 부으오	부어요	-지	-네	-데	부으리라
	짓다	-는다	-습니다	-소, 지으오	지어요	-지	-네	-데	지으리라
	긋다	-는다	-습니다	-소, 그으오	그어요	-지	-네	-데	그으리라
	잇다	-는다	-습니다	-소, 이으오	이어요	-지	-네	-데	이으리라
불 11-6	거르다	거른다	거릅니다	-오	걸러요	-지	-네	-데	-리라
	누르다(壓)	누른다	누릅니다	-오	눌러요	-지	-네	-데	-리라
	두르다	두른다	두릅니다	-오	둘러요	-지	-네	-데	-리라
	들르다	들른다	들릅니다	-오	들러요	-지	-네	-데	-리라
	머무르다	머무른다	머무릅니다	-오	머물러요	-지	-네	-데	-리라
	무르다	무른다	무릅니다	-오	물러요	-지	-네	-데	-리라
	벼르다	벼른다	벼릅니다	-오	별러요	-지	-네	-데	-리라
	부르다(呼)	부른다	부릅니다	-오	불러요	-지	-네	-데	-리라
	분지르다	분지른다	분지릅니다	-오	분질러요	-지	-네	-데	-리라
	서두르다	서두른다	서두릅니다	-오	서둘러요	-지	-네	-데	-리라
	어르다	어른다	어릅니다	-오	얼러요	-지	-네	-데	-리라
	어지르다	어지른다	어지릅니다	-오	어질러요	-지	-네	-데	-리라
	으르다	으른다	으릅니다	-오	을러요	-지	-네	-데	-리라
	이르다(云)	이른다	이릅니다	-오	일러요	-지	-네	-데	-리라
	추스르다	추스른다	추스릅니다	-오	추슬러요	-지	-네	-데	-리라
	흐르다	흐른다	흐릅니다	-오	흘러요	-지	-네	-데	-리라
불 11-7	우러르다	우러른다	우러릅니다	-오	우러러요	-지	-네	-데	-리라
	이르다(到)	이른다	이릅니다	-오	이르러요	-지	-네	-데	-리라
불 11-8	끄다	끈다	끕니다	-오	꺼요	-지	-네	-데	-리라
	동트다	동튼다	동틉니다	-오	동터요	-지	-네	-데	-리라
	뜨다(浮)	뜬다	뜹니다	-오	떠요	-지	-네	-데	-리라
	싹트다	싹튼다	싹틉니다	-오	싹터요	-지	-네	-데	-리라
	쓰다	쓴다	씁니다	-오	써요	-지	-네	-데	-리라
	치뜨다	치뜬다	치뜹니다	-오	치떠요	-지	-네	-데	-리라
	치르다	치른다	치릅니다	-오	치러요	-지	-네	-데	-리라
	크다	큰다	큽니다	-오	커요	-지	-네	-데	-리라
	트다	튼다	틉니다	-오	터요	-지	-네	-데	-리라
불11-10	푸다	푼다	풉니다	-오	퍼요	-지	-네	-데	-리라
불 20-2	놀다(稀)	-다	놉니다	노오	-아요	-지	노네	-데	-리라
	달다(甘)	-다	답니다	다오	-아요	-지	다네	-데	-리라
	솔다(狹)	-다	솝니다	소오	-아요	-지	소네	-데	-리라
	잘다(細)	-다	잡니다	자오	-아요	-지	자네	-데	-리라

용언 분류 번호	용언 기본형	평서형 종결 어미							
		-ㄴ다 -는다 -다	-ㅂ니다 -습니다	-소 -(으)오	-어요 -아요 -요	-지	-네	-데	-(으)리라 (-(으)련다)
불 20-3	가깝다	-다	-습니다	-소, 가까우오	가까워요	-지	-네	-데	가까우리라
	고맙다	-다	-습니다	-소, 고마우오	고마워요	-지	-네	-데	고마우리라
	곱다(麗)	-다	-습니다	-소, 고우오	고와요	-지	-네	-데	고우리라
	꽃답다	-다	-습니다	-소, 꽃다우오	꽃다워요	-지	-네	-데	꽃다우리라
	반갑다	-다	-습니다	-소, 반가우오	반가워요	-지	-네	-데	반가우리라
	새롭다	-다	-습니다	-소, 새로우오	새로워요	-지	-네	-데	새로우리라
	아깝다	-다	-습니다	-소, 아까우오	아까워요	-지	-네	-데	아까우리라
	아니꼽다	-다	-습니다	-소, 아니꼬우오	아니꼬워요	-지	-네	-데	아니꼬우리라
	외롭다	-다	-습니다	-소, 외로우오	외로워요	-지	-네	-데	외로우리라
	차갑다	-다	-습니다	-소, 차가우오	차가워요	-지	-네	-데	차가우리라
	해롭다	-다	-습니다	-소, 해로우오	해로워요	-지	-네	-데	해로우리라
불20-4	낫다(優)	-다	-습니다	-소, 나으오	나아요	-지	-네	-데	나으리라
불 20-5	굵다랗다	-다	-습니다	-소, 굵다라오	굵다래요	-지	-네, 굵다라네	-데	굵다라리라
	기다랗다	-다	-습니다	-소, 기다라오	기다래요	-지	-네, 기다라네	-데	기다라리라
	까맣다	-다	-습니다	-소, 까마오	까매요	-지	-네, 까마네	-데	까마리라
	널따랗다	-다	-습니다	-소, 널따라오	널따래요	-지	-네, 널따라네	-데	널따라리라
	노랗다	-다	-습니다	-소, 노라오	노래요	-지	-네, 노라네	-데	노라리라
	빨갛다	-다	-습니다	-소, 빨가오	빨개요	-지	-네, 빨가네	-데	빨가리라
	뽀얗다	-다	-습니다	-소, 뽀야오	뽀얘요	-지	-네, 뽀야네	-데	뽀야리라
	조그맣다 [조그마하다]	-다 [-다]	-습니다 [조그마합니다]	-소, 조그마오 [-오]	조그매요 [-여요, 조그마해요]	-지 [-지]	-네, 조그마네 [-네]	-데 [-데]	조그마리라 [-리라]
	짤따랗다	-다	-습니다	-소, 짤따라오	짤따래요	-지	-네, 짤따라네	-데	짤따라리라
	커다랗다	-다	-습니다	-소, 커다라오	커다래요	-지	-네, 커다라네	-데	커다라리라
	파랗다	-다	-습니다	-소, 파라오	파래요	-지	-네, 파라네	-데	파라리라
	하얗다	-다	-습니다	-소, 하야오	하얘요	-지	-네, 하야네	-데	하야리라
불 20-6	가파르다	-다	가파릅니다	-오	가팔라요	-지	-네	-데	-리라
	고르다(均)	-다	고릅니다	-오	골라요	-지	-네	-데	-리라
	다르다	-다	다릅니다	-오	달라요	-지	-네	-데	-리라
	바르다(正)	-다	바릅니다	-오	발라요	-지	-네	-데	-리라
	빠르다	-다	빠릅니다	-오	빨라요	-지	-네	-데	-리라
	올바르다	-다	올바릅니다	-오	올발라요	-지	-네	-데	-리라
불 20-8	바쁘다	-다	바쁩니다	-오	바빠요	-지	-네	-데	-리라
	고프다	-다	고픕니다	-오	고파요	-지	-네	-데	-리라
	아프다	-다	아픕니다	-오	아파요	-지	-네	-데	-리라
	애달프다	-다	애달픕니다	-오	애달파요	-지	-네	-데	-리라

용언 분류 번호	용언 기본형	평서형 종결 어미							
		-ㄴ다 -는다 -다	-ㅂ니다 -습니다	-소 -(으)오	-어요 -아요 -요	-지	-네	-데	-(으)리라 (-(으)련다)
불 20-9	갑갑하다	-다	갑갑합니다	-오	-여요, 갑갑해요	-지	-네	-데	-리라
	그러하다 [그렇다]	-다 [-다]	그러합니다 [-습니다]	-오 [-소]	-여요, 그러해요 [그래요]	-지 [-지]	-네 [-네, 그러네]	-데 [-데]	-리 [그러리라]
	깍듯하다	-다	깍듯합니다	-오	-여요, 깍듯해요	-지	-네	-데	-리라
	넓적하다	-다	넓적합니다	-오	-여요, 넓적해요	-지	-네	-데	-리라
	어떠하다	-다	어떠합니다	-오	-여요, 어떠해요	-지	-네	-데	-리라
	용하다	-다	용합니다	-오	-여요, 용해요	-지	-네	-데	-리라
	저러하다	-다	저러합니다	-오	-여요, 저러해요	-지	-네	-데	-리라
	착하다	-다	착합니다	-오	-여요, 착해요	-지	-네	-데	-리라
	허전하다	-다	허전합니다	-오	-여요, 허전해요	-지	-네	-데	-리라
	호젓하다	-다	호젓합니다	-오	-여요, 호젓해요	-지	-네	-데	-리라
불 21-2	가늘다	-다	가늡니다	가느오	-어요	-지	가느네	-데	-리라
	거칠다	-다	거칩니다	거치오	-어요	-지	거치네	-데	-리라
	길다	-다	깁니다	기오	-어요	-지	기네	-데	-리라
	둥글다	-다	둥급니다	둥그오	-어요	-지	둥그네	-데	-리라
	멀다	-다	멉니다	머오	-어요	-지	머네	-데	-리라
	비뚤다	-다	비뚭니다	비뚜오	-어요	-지	비뚜네	-데	-리라
	설다	-다	섭니다	서오	-어요	-지	서네	-데	-리라
	어질다	-다	어집니다	어지오	-어요	-지	어지네	-데	-리라
불 21-3	가렵다	-다	-습니다	-소, 가려우오	가려워요	-지	-네	-데	가려우리라
	가볍다	-다	-습니다	-소, 가벼우오	가벼워요	-지	-네	-데	가벼우리라
	가엽다	-다	-습니다	-소, 가여우오	가여워요	-지	-네	-데	가여우리라
	간지럽다	-다	-습니다	-소, 간지러우오	간지러워요	-지	-네	-데	간지러우리라
	덥다	-다	-습니다	-소, 더우오	더워요	-지	-네	-데	더우리라
	두껍다	-다	-습니다	-소, 두꺼우오	두꺼워요	-지	-네	-데	두꺼우리라
	맵다	-다	-습니다	-소, 매우오	매워요	-지	-네	-데	매우리라
	무섭다	-다	-습니다	-소, 무서우오	무서워요	-지	-네	-데	무서우리라
	별스럽다	-다	-습니다	-소, 별스러우오	별스러워요	-지	-네	-데	별스러우리라
	상스럽다	-다	-습니다	-소, 상스러우오	상스러워요	-지	-네	-데	상스러우리라
	서럽다	-다	-습니다	-소, 서러우오	서러워요	-지	-네	-데	서러우리라
	섧다	-다	-습니다	-소, 설우오	설워요	-지	-네	-데	설우리라
	슬겁다	-다	-습니다	-소, 슬거우오	슬거워요	-지	-네	-데	슬거우리라
	아쉽다	-다	-습니다	-소, 아쉬우오	아쉬워요	-지	-네	-데	아쉬우리라
	어지럽다	-다	-습니다	-소, 어지러우오	어지러워요	-지	-네	-데	어지러우리라
	즐겁다	-다	-습니다	-소, 즐거우오	즐거워요	-지	-네	-데	즐거우리라
	춥다	-다	-습니다	-소, 추우오	추워요	-지	-네	-데	추우리라
	한스럽다	-다	-습니다	-소, 한스러우오	한스러워요	-지	-네	-데	한스러우리라
	헐겁다	-다	-습니다	-소, 헐거우오	헐거워요	-지	-네	-데	헐거우리라

용언 분류 번호	용언 기본형	평서형 종결 어미							
		-ㄴ다 -는다 -다	-ㅂ니다 -습니다	-소 -(으)오	-어요 -아요 -요	-지	-네	-데	-(으)리라 (-(으)련다)
불21-3	희떱다	-다	-습니다	-소, 희떠우오	희떠워요	-지	-네	-데	희떠우리라
불 21-5	그렇다 [그러하다]	-다 [-다]	-습니다 [그러합니다]	-소, 그러오 [-오]	그래요 [-여요, 그러해요]	-지 [-지]	-네, 그러네 [-네]	-데 [-데]	그러리라 [-리라]
	꺼멓다	-다	-습니다	-소, 꺼머오	꺼메요	-지	-네, 꺼머네	-데	꺼머리라
	누렇다	-다	-습니다	-소, 누러오	누레요	-지	-네, 누러네	-데	누러리라
	뻘겋다	-다	-습니다	-소, 뻘거오	뻘게요	-지	-네, 뻘거네	-데	뻘거리라
	뿌옇다	-다	-습니다	-소, 뿌여오	뿌예요	-지	-네, 뿌여네	-데	뿌여리라
	어떻다 [어떠하다]	-다 [-다]	-습니다 [어떠합니다]	-소, 어떠오 [-오]	어때요 [-여요, 어떠해요]	-지 [-지]	-네, 어떠네 [-네]	-데 [-데]	어떠리라 [-리라]
	저렇다 [저러하다]	-다 [-다]	-습니다 [저러합니다]	-소, 저러오 [-오]	저래요 [-여요, 저러해요]	-지 [-지]	-네, 저러네 [-네]	-데 [-데]	저러리라 [-리라]
	퍼렇다	-다	-습니다	-소, 퍼러오	퍼레요	-지	-네, 퍼러네	-데	퍼러리라
	허옇다	-다	-습니다	-소, 허여오	허예요	-지	-네, 허여네	-데	허여리라
불 21-6	그르다	-다	그릅니다	-오	글러요	-지	-네	-데	-리라
	무르다(軟)	-다	무릅니다	-오	물러요	-지	-네	-데	-리라
	부르다(滿)	-다	부릅니다	-오	불러요	-지	-네	-데	-리라
	섣부르다	-다	섣부릅니다	-오	섣불러요	-지	-네	-데	-리라
	이르다(早)	-다	이릅니다	-오	일러요	-지	-네	-데	-리라
불 21-7	노르다(黃)*	-다	노릅니다	-오	노르러요	-지	-네	-데	-리라
	누르다(黃)	-다	누릅니다	-오	누르러요	-지	-네	-데	-리라
	푸르다	-다	푸릅니다	-오	푸르러요	-지	-네	-데	-리라
불 21-8	기쁘다	-다	기쁩니다	-오	기뻐요	-지	-네	-데	-리라
	뜨다(遲)	-다	뜹니다	-오	떠요	-지	-네	-데	-리라
	서글프다	-다	서글픕니다	-오	서글퍼요	-지	-네	-데	-리라
	슬프다	-다	슬픕니다	-오	슬퍼요	-지	-네	-데	-리라
	예쁘다	-다	예쁩니다	-오	예뻐요	-지	-네	-데	-리라
	크다	-다	큽니다	-오	커요	-지	-네	-데	-리라
	헤프다	-다	헤픕니다	-오	헤퍼요	-지	-네	-데	-리라

〈용언 활용표 2: 의문, 명령, 청유, 약속, 감탄 종결 어미〉

용언 분류 번호	용언 기본형	의문형 니?	의문형 -냐? -느냐?	의문형 -ㅂ니까? -습니까?	의문형 -ㄹ까 (-을까)?	의문형 -ㄹ래 (-을래)?	의문형 -오? -소?	명령형 -오 -소	명령형 -라 -어라 -아라	청유형 -자 -세	청유형 -ㅂ시다 (-읍시다)	약속형 -ㄹ게 (-을게)	약속형 -마 (-으마)	감탄형 -구나! -는구나!
규 10-0	가다	-니	-느냐	갑니까	갈까	갈래	-오	-오	-라, 가거라	-자	갑시다	갈게	-마	-는구나
	꼬다	-니	-느냐	꼽니까	꼴까	꼴래	-오	-오	-아라	-자	꼽시다	꼴게	-마	-는구나
	나가다	-니	-느냐	나갑니까	나갈까	나갈래	-오	-오	-라	-자	나갑시다	나갈게	-마	-는구나
	놀라다	-니	-느냐	놀랍니까	놀랄까	놀랄래	-오	-오	-라	-자	놀랍시다	놀랄게	-마	-는구나
	드러나다	-니	-느냐	드러납니까	드러날까	-	-오	-오	-라	-자	-	-	-	-는구나
	바라다	-니	-느냐	바랍니까	바랄까	바랄래	-오	-오	-라, ×바래라	-자	바랍시다	바랄게	-마	-는구나
	보다	-니	-느냐	봅니까	볼까	볼래	-오	-오	-아라, 봐라	-자	봅시다	볼게	-마	-는구나
	비꼬다	-니	-느냐	비꼽니까	비꼴까	비꼴래	-오	-오	-아라, 비꽈라	-자	비꼽시다	비꼴게	-마	-는구나
	살아나다	-니	-느냐	살아납니까	살아날까	살아날래	-오	-오	-라	-자	살아납시다	살아날게	-마	-는구나
	삼가다	-니	-느냐	삼갑니까	삼갈까	삼갈래	-오	-오	-라	-자	삼갑시다	삼갈게	-마	-는구나
	선보다	-니	-느냐	선봅니까	선볼까	선볼래	-오	-오	-아라, 선봐라	-자	선봅시다	선볼게	-마	-는구나
	싸다(包)	-니	-느냐	쌉니까	쌀까	쌀래	-오	-오	-라	-자	쌉시다	쌀게	-마	-는구나
	쏘다	-니	-느냐	쏩니까	쏠까	쏠래	-오	-오	-아라, 쏴라	-자	쏩시다	쏠게	-마	-는구나
	오다	-니	-느냐	옵니까	올까	올래	-오	-오	와라, 오너라	-자	옵시다	올게	-마	-는구나
	자다	-니	-느냐	잡니까	잘까	잘래	-오	-오	-라	-자	잡시다	잘게	-마	-는구나
	자라다	-니	-느냐	자랍니까	자랄까	자랄래	-오	-오	-라	-자	자랍시다	자랄게	-마	-는구나
	짜다(織)	-니	-느냐	짭니까	짤까	짤래	-오	-오	-라	-자	짭시다	짤게	-마	-는구나
	차다(蹴)	-니	-느냐	찹니까	찰까	찰래	-오	-오	-라	-자	찹시다	찰게	-마	-는구나
	타다(乘)	-니	-느냐	탑니까	탈까	탈래	-오	-오	-라	-자	탑시다	탈게	-마	-는구나
	파다	-니	-느냐	팝니까	팔까	팔래	-오	-오	-라	-자	팝시다	팔게	-마	-는구나
	혼나다	-니	-느냐	혼납니까	혼날까	혼날래	-오	-오	-라	-자	혼납시다	혼날게	-마	-는구나
규 10-1	갉다	-니	-느냐	-습니까	-을까	-을래	-소, -으오	-으오	-아라	-자	-읍시다	-을게	-으마	-는구나
	갖다 [가지다]	-니 [-니]	-느냐 [-느냐]	-습니까 [가집니까]	×갖을까 [가질까]	×갖을래 [가질래]	-소 [-오]	×갖으오 [-오]	×갖어라 [-어라, 가져라]	-자 [-자]	×갖읍시다 [가집시다]	×갖을게 [가질게]	×갖으마 [-마]	-는구나 [-는구나]
	깎다	-니	-느냐	-습니까	-을까	-을래	-소, -으오	-으오	-아라	-자	-읍시다	-을게	-으마	-는구나
	꼽다	-니	-느냐	-습니까	-을까	-을래	-소, -으오	-으오	-아라	-자	-읍시다	-을게	-으마	-는구나
	꽂다	-니	-느냐	-습니까	-을까	-을래	-소, -으오	-으오	-아라	-자	-읍시다	-을게	-으마	-는구나

용언 분류 번호	용언 기본형	의문형						명령형		청유형		약속형		감탄형
		니?	-냐? -느냐?	-ㅂ니까? -습니까?	-ㄹ까 (-을까)?	-ㄹ래 (-을래)?	-오? -소?	-오 -소	-라 -어라 -아라	-자 -세	-ㅂ시다 (-읍시다)	-ㄹ게 (-을게)	-마 (-으마)	-구나! -는구나!
규 10-1	낚다	-니	-느냐	-습니까	-을까	-을래	-소, -으오	-으오	-아라	-자	-읍시다	-을게	-으마	-는구나
	낳다	-니	-느냐	-습니까	-을까	-을래	-소, -으오	-으오	-아라	-자	-읍시다	-을게	-으마	-는구나
	닫다	-니	-느냐	-습니까	-을까	-을래	-소, -으오	-으오	-아라	-자	-읍시다	-을게	-으마	-는구나
	돋다	-니	-느냐	-습니까	-을까	-을래	-소, -으오	-으오	-아라	-자	-읍시다	-을게	-으마	-는구나
	막다	-니	-느냐	-습니까	-을까	-을래	-소, -으오	-으오	-아라	-자	-읍시다	-을게	-으마	-는구나
	맞다	-니	-느냐	-습니까	-을까	-을래	-소, -으오	-으오	-아라	-자	-읍시다	-을게	-으마	-는구나
	박다	-니	-느냐	-습니까	-을까	-을래	-소, -으오	-으오	-아라	-자	-읍시다	-을게	-으마	-는구나
	받다	-니	-느냐	-습니까	-을까	-을래	-소, -으오	-으오	-아라	-자	-읍시다	-을게	-으마	-는구나
	볶다	-니	-느냐	-습니까	-을까	-을래	-소, -으오	-으오	-아라	-자	-읍시다	-을게	-으마	-는구나
	북돋다	-니	-느냐	-습니까	-을까	-을래	-소, -으오	-으오	-아라	-자	-읍시다	-을게	-으마	-는구나
	빻다	-니	-느냐	-습니까	-을까	-을래	-소, -으오	-으오	-아라	-자	-읍시다	-을게	-으마	-는구나
	빼앗다	-니	-느냐	-습니까	-을까	-을래	-소, -으오	-으오	-아라	-자	-읍시다	-을게	-으마	-는구나
	삭다	-니	-느냐	-습니까	-을까	-을래	-소, -으오	-으오	-아라	-	-	-	-	-는구나
	속다	-니	-느냐	-습니까	-을까	-을래	-소, -으오	-으오	-아라	-자	-읍시다	-을게	-으마	-는구나
	쌓다	-니	-느냐	-습니까	-을까	-을래	-소, -으오	-으오	-아라	-자	-읍시다	-을게	-으마	-는구나
	안다	-니	-느냐	-습니까	-을까	-을래	-소, -으오	-으오	-아라	-자	-읍시다	-을게	-으마	-는구나
	않다	-니	-느냐	-습니까	-을까	-을래	-소, -으오	-	-	-	-	-을게	-으마	-는구나
	잦다	-니	-느냐	-습니까	-을까	-을래	-소, -으오	-으오	-아라	-자	-읍시다	-을게	-으마	-는구나
	좇다	-니	-느냐	-습니까	-을까	-을래	-소, -으오	-으오	-아라	-자	-읍시다	-을게	-으마	-는구나
	쫓다	-니	-느냐	-습니까	-을까	-을래	-소, -으오	-으오	-아라	-자	-읍시다	-을게	-으마	-는구나
	펴놓다	-니	-느냐	-습니까	-을까	-을래	-소, -으오	-으오	-아라	-자	-읍시다	-을게	-으마	-는구나
	핥다	-니	-느냐	-습니까	-을까	-을래	-소, -으오	-으오	-아라	-자	-읍시다	-을게	-으마	-는구나

용언 분류 번호	용언 기본형	의문형						명령형		청유형		약속형		감탄형
		니?	-냐? -느냐?	-ㅂ니까? -습니까?	-ㄹ까 (-을까)?	-ㄹ래 (-을래)?	-오? -소?	-오 -소	-라 -어라 -아라	-자 -세	-ㅂ시다 (-읍시다)	-ㄹ게 (-을게)	-마 (-으마)	-구나! -는구나!
규 11-0	가꾸다	-니	-느냐	가꿉니까	가꿀까	가꿀래	-오	-오	-어라, 가꿔라	-자	가꿉시다	가꿀게	-마	-는구나
	가르치다	-니	-느냐	가르칩니까	가르칠까	가르칠래	-오	-오	-어라, 가르쳐라	-자	가르칩시다	가르칠게	-마	-는구나
	가리다	-니	-느냐	가립니까	가릴까	가릴래	-오	-오	-어라, 가려라	-자	가립시다	가릴게	-마	-는구나
	가지다	-니	-느냐	가집니까	가질까	가질래	-오	-오	-어라, 가져라	-자	가집시다	가질게	-마	-는구나
	간질이다	-니	-느냐	간질입니까	간질일까	간질일래	-오	-오	-어라, 간질여라	-자	간질입시다	간질일게	-마	-는구나
	갈기다	-니	-느냐	갈깁니까	갈길까	갈길래	-오	-오	-어라, 갈겨라	-자	갈깁시다	갈길게	-마	-는구나
	개개다	-니	-느냐	개갭니까	개갤까	개갤래	-오	-오	-어라, -라	-자	개갭시다	개갤게	-마	-는구나
	개기다	-니	-느냐	개깁니까	개길까	개길래	-오	-오	-어라, 개겨라	-자	개깁시다	개길게	-마	-는구나
	개다(疊)	-니	-느냐	갭니까	갤까	갤래	-오	-오	-어라 -라	-자	갭시다	갤게	-마	-는구나
	개다(晴)	-니	-느냐	갭니까	갤까	갤래	-오	-오	-어라, -라	-	-	-	-	-는구나
	거두다	-니	-느냐	거둡니까	거둘까	거둘래	-오	-오	-어라, 거둬라	-자	거둡시다	거둘게	-마	-는구나
	거리끼다	-니	-느냐	거리낍니까	거리낄까	-	-오	-	-	-	-	-	-	-는구나
	거치다	-니	-느냐	거칩니까	거칠까	거칠래	-오	-오	-어라, 거쳐라	-자	거칩시다	거칠게	-마	-는구나
	건너다	-니	-느냐	건넙니까	건널까	건널래	-오	-오	-라	-자	건넙시다	건널게	-마	-는구나
	건네다	-니	-느냐	건넵니까	건넬까	건넬래	-오	-오	-라	-자	건넵시다	건넬게	-마	-는구나
	걸리다	-니	-느냐	걸립니까	걸릴까	걸릴래	-오	-오	-어라, 걸려라	-자	걸립시다	걸릴게	-마	-는구나
	기다(匍匐)	-니	-느냐	깁니까	길까	길래	-오	-오	-어라	-자	깁시다	길게	-마	-는구나
	꼬시다	-니	-느냐	꼬십니까	꼬실까	꼬실래	-오	-오	-어라. 꼬셔라	-자	꼬십시다	꼬실게	-마	-는구나
	꾀다	-니	-느냐	꾑니까	꾈까	꾈래	-오	-오	-어라, 꽤라	-자	꾑시다	꾈게	-마	-는구나
	꾸미다	-니	-느냐	꾸밉니까	꾸밀까	꾸밀래	-오	-오	-어라, 꾸며라	-자	꾸밉시다	꾸밀게	-마	-는구나
	끼다(挾)	-니	-느냐	낍니까	낄까	낄래	-오	-오	-어라	-자	낍시다	낄게	-마	-는구나
	끼다(雲)	-니	-느냐	낍니까	낄까	-	-오	-	-어라	-	-	-	-	-는구나
	끼치다	-니	-느냐	끼칩니까	끼칠까	끼칠래	-오	-오	-어라, 끼쳐라	-자	끼칩시다	끼칠게	-마	-는구나
	나누다	-니	-느냐	나눕니까	나눌까	나눌래	-오	-오	-어라, 나눠라	-자	나눕시다	나눌게	-마	-는구나
	뉘다 [누이다]	-니 [-니]	-느냐 [-느냐]	뉩니까 [누입니까]	뉠까 [누일까]	뉠래 [누일래]	-오 [-오]	-오 [-오]	-어라 [-어라, 누여라]	-자 [-자]	뉩시다 [누입시다]	뉠게 [누일게]	-마 [-마]	-는구나 [-는구나]

용언 분류 번호	용언 기본형	의문형						명령형		청유형		약속형		감탄형
		니?	-냐? -느냐?	-ㅂ니까? -습니까?	-ㄹ까 (-을까)?	-ㄹ래 (-을래)?	-오? -소?	-오 -소	-라 -어라 -아라	-자 -세	-ㅂ시다 (-읍시다)	-ㄹ게 (-을게)	-마 (-으마)	-구나! -는구나!
규 11-0	다지다	-니	-느냐	다집니까	다질까	다질래	-오	-오	-어라, 다져라	-자	다집시다	다질게	-마	-는구나
	닫치다	-니	-느냐	닫칩니까	닫칠까	닫칠래	-오	-오	-어라, 닫쳐라	-자	닫칩시다	닫칠게	-마	-는구나
	달래다	-니	-느냐	달랩니까	달랠까	달랠래	-오	-오	-어라, -라	-자	달랩시다	달랠게	-마	-는구나
	달리다	-니	-느냐	달립니까	달릴까	달릴래	-오	-오	-어라, 달려라	-자	달립시다	달릴게	-마	-는구나
	당기다	-니	-느냐	당깁니까	당길까	당길래	-오	-오	-어라, 당겨라	-자	당깁시다	당길게	-마	-는구나
	덮이다	-니	-느냐	덮입니까	덮일까	덮일래	-오	-	-어라, 덮여라	-자	덮입시다	덮일게	-마	-는구나
	데우다	-니	-느냐	데웁니까	데울까	데울래	-오	-오	-어라, 데워라	-자	데웁시다	데울게	-마	-는구나
	되다	-니	-느냐	됩니까	될까	될래	-오	-오	-어라, 돼라	-자	됩시다	될게	-마	-는구나
	드리다	-니	-느냐	드립니까	드릴까	드릴래	-오	-오	-어라, 드려라	-자	드립시다	드릴게	-마	-는구나
	들이치다[1]	-니	-느냐	들이칩니까	들이칠까	들이칠래	-오	-오	-어라, 들이쳐라	-자	들이칩시다	들이칠게	-마	-는구나
	들이치다[2]	-니	-느냐	들이칩니까	들이칠까	들이칠래	-오	-오	-어라, 들이쳐라	-	-	-	-	-는구나
	들이켜다	-니	-느냐	들이켭니까	들이켤까	들이켤래	-오	-오	-라	-자	들이켭시다	들이켤게	-마	-는구나
	들이키다	-니	-느냐	들이킵니까	들이킬까	들이킬래	-오	-오	-어라, 들이켜라	-자	들이킵시다	들이킬게	-마	-는구나
	들추다	-니	-느냐	들춥니까	들출까	들출래	-오	-오	-어라, 들춰라	-자	들춥시다	들출게	-마	-는구나
	디디다	-니	-느냐	디딥니까	디딜까	디딜래	-오	-오	-어라, 디뎌라	-자	디딥시다	디딜게	-마	-는구나
	떠벌이다	-니	-느냐	떠벌입니까	떠벌일까	떠벌일래	-오	-오	-어라, 떠벌여라	-자	떠벌입시다	떠벌일게	-마	-는구나
	뜨이다	-니	-느냐	뜨입니까	뜨일까	뜨일래	-오	-오	-어라, 띄어라	-자	뜨입시다	뜨일게	-마	-는구나
	띄다	-니	-느냐	띕니까	띌까	띌래	-오	-오	-어라	-자	띕시다	띌게	-마	-는구나
	띄우다	-니	-느냐	띄웁니까	띄울까	띄울래	-오	-오	-어라, 띄워라	-자	띄웁시다	띄울게	-마	-는구나
	띠다	-니	-느냐	띱니까	띨까	띨래	-오	-오	-어라	-자	띱시다	띨게	-마	-는구나
	마치다	-니	-느냐	마칩니까	마칠까	마칠래	-오	-오	-어라, 마쳐라	-자	마칩시다	마칠게	-마	-는구나
	맞추다	-니	-느냐	맞춥니까	맞출까	맞출래	-오	-오	-어라, 맞춰라	-자	맞춥시다	맞출게	-마	-는구나
	맞히다	-니	-느냐	맞힙니까	맞힐까	맞힐래	-오	-오	-어라, 맞혀라	-자	맞힙시다	맞힐게	-마	-는구나
	매다	-니	-느냐	맵니까	맬까	맬래	-오	-오	-어라, -라	-자	맵시다	맬게	-마	-는구나

용언 분류 번호	용언 기본형	의문형						명령형		청유형		약속형		감탄형
		니?	-냐? -느냐?	-ㅂ니까? -습니까?	-ㄹ까 (-을까)?	-ㄹ래 (-을래)?	-오? -소?	-오 -소	-라 -어라 -아라	-자 -세	-ㅂ시다 (-읍시다)	-ㄹ게 (-을게)	-마 (-으마)	-구나! -는구나!
	메꾸다	-니	-느냐	메꿉니까	메꿀까	메꿀래	-오	-오	-어라, 메꿔라	-자	메꿉시다	메꿀게	-마	-는구나
	메다	-니	-느냐	멥니까	멜까	멜래	-오	-오	-어라, -라	-자	멥시다	멜게	-마	-는구나
	묻히다	-니	-느냐	묻힙니까	묻힐까	묻힐래	-오	-오	-어라, 묻혀라	-자	묻힙시다	묻힐게	-마	-는구나
	바뀌다	-니	-느냐	바뀝니까	바뀔까	바뀔래	-오	-오	-어라	-자	바뀝시다	바뀔게	-마	-는구나
	바래다 (漂白)	-니	-느냐	바랩니까	바랠까	바랠래	-오	-오	-어라, -라	-자	바랩시다	바랠게	-마	-는구나
	받치다	-니	-느냐	받칩니까	받칠까	받칠래	-오	-오	-어라, 받쳐라	-자	받칩시다	받칠게	-마	-는구나
	받히다	-니	-느냐	받힙니까	받힐까	받힐래	-오	-오	-어라, 받혀라	-자	받힙시다	받힐게	-마	-는구나
	버리다	-니	-느냐	버립니까	버릴까	버릴래	-오	-오	-어라, 버려라	-자	버립시다	버릴게	-마	-는구나
	벗기다	-니	-느냐	벗깁니까	벗길까	벗길래	-오	-오	-어라, 벗겨라	-자	벗깁시다	벗길게	-마	-는구나
	베다	-니	-느냐	벱니까	벨까	벨래	-오	-오	-어라, -라	-자	벱시다	벨게	-마	-는구나
	뵈다	-니	-느냐	뵙니까	뵐까	뵐래	-오	-오	-어라, 봬라	-자	뵙시다	뵐게	-마	-는구나
규 11-0	부치다 (送, 附)	-니	-느냐	부칩니까	부칠까	부칠래	-오	-오	-어라, 부쳐라	-자	부칩시다	부칠게	-마	-는구나
	북돋우다	-니	-느냐	북돋웁니까	북돋울까	북돋울래	-오	-오	-어라, 북돋워라	-자	북돋웁시다	북돋울게	-마	-는구나
	비다	-니	-느냐	빕니까	빌까	-	-오	-	-	-	-	-	-	-는구나
	비기다	-니	-느냐	비깁니까	비길까	비길래	-오	-오	-어라, 비겨라	-자	비깁시다	비길게	-마	-는구나
	비추다	-니	-느냐	비춥니까	비출까	비출래	-오	-오	-어라, 비춰라	-자	비춥시다	비출게	-마	-는구나
	빼다	-니	-느냐	뺍니까	뺄까	뺄래	-오	-오	-어라, -라	-자	뺍니다	뺄게	-마	-는구나
	사귀다	-니	-느냐	사귑니까	사귈까	사귈래	-오	-오	-어라, ×사겨라	-자	사귑시다	사귈게	-마	-는구나
	사리다	-니	-느냐	사립니까	사릴까	사릴래	-오	-오	-어라, 사려랴	-자	사립시다	사릴게	-마	-는구나
	사재다	-니	-느냐	사잽니까	사잴까	사잴래	-오	-오	-어라, -라	-자	사잽시다	사잴게	-마	-는구나
	살찌다	-니	-느냐	살찝니까	살찔까	살찔래	-오	-오	-어라, 살쪄라	-자	살찝시다	살찔게	-마	-는구나
	새기다	-니	-느냐	새깁니까	새길까	새길래	-오	-오	-어라, 새겨라	-자	새깁시다	새길게	-마	-는구나
	서다	-니	-느냐	섭니까	설까	설래	-오	-오	-라	-자	섭시다	설게	-마	-는구나
	설레다	-니	-느냐	설렙니까	설렐까	설렐래	-오	-오	-어라, -라	-자	설렙시다	설렐게	-마	-는구나

용언 분류 번호	용언 기본형	의문형						명령형		청유형		약속형		감탄형
		니?	-냐? -느냐?	-ㅂ니까? -습니까?	-ㄹ까 (-을까)?	-ㄹ래 (-을래)?	-오? -소?	-오 -소	-라 -어라 -아라	-자 -세	-ㅂ시다 (-읍시다)	-ㄹ게 (-을게)	-마 (-으마)	-구나! -는구나!
규 11-0	쇠다	-니	-느냐	쉽니까	쇨까	쇨래	-오	-오	-어라, 쇄라	-자	쉽시다	쇨게	-마	-는구나
	쉬다	-니	-느냐	쉽니까	쉴까	쉴래	-오	-오	-어라	-자	쉽시다	쉴게	-마	-는구나
	시새우다	-니	-느냐	시새웁니까	시새울까	시새울래	-오	-오	-어라, 시새워라	-자	시새웁시다	시새울게	-마	-는구나
	쐬다	-니	-느냐	쐽니까	쐴까	쐴래	-오	-오	-어라, 쐐라	-자	쐽시다	쐴게	-마	-는구나
	안되다	-니	-느냐	안됩니까	안될까	안될래	-오	-오	-어라, 안돼라	-	-	-	-마	-는구나
	야위다	-니	-느냐	야윕니까	야윌까	야윌래	-오	-오	-어라	-	-	-	-마	-는구나
	여위다	-니	-느냐	여윕니까	여윌까	여윌래	-오	-오	-어라	-	-	-	-마	-는구나
	여쭈다	-니	-느냐	여쭙니까	여쭐까	여쭐래	-오	-오	-어라, 여쭤라	-자	여쭙시다	여쭐게	-마	-는구나
	오므리다	-니	-느냐	오므립니까	오므릴까	오므릴래	-오	-오	-어라, 오므려라	-자	오므립시다	오므릴게	-마	-는구나
	우거지다	-니	-느냐	우거집니까	우거질까	우거질래	-오	-오	-어라, 우거져라	-자	우거집시다	우거질게	-마	-는구나
	이루다	-니	-느냐	이룹니까	이룰까	이룰래	-오	-오	-어라, 이뤄라	-자	이룹시다	이룰게	-마	-는구나
	잡수다	-니	-느냐	잡숩니까	잡술까	-	-오	-오	-	-	-	-	-	-는구나
	재다	-니	-느냐	잽니까	잴까	잴래	-오	-오	-어라, -라	-자	잽시다	잴게	-마	-는구나
	저미다	-니	-느냐	저밉니까	저밀까	저밀래	-오	-오	-어라, 저며라	-자	저밉시다	저밀게	-마	-는구나
	젖히다	-니	-느냐	젖힙니까	젖힐까	젖힐래	-오	-오	-어라, 젖혀라	-자	젖힙시다	젖힐게	-마	-는구나
	제치다	-니	-느냐	제칩니까	제칠까	제칠래	-오	-오	-어라, 제쳐라	-자	제칩시다	제칠게	-마	-는구나
	조이다 [죄다]	-니 [-니]	-느냐 [-느냐]	조입니까 [죕니까]	조일까 [죌까]	조일래 [죌래]	-오 [-오]	-오 [-오]	-어라, 조여라 [-어라, 좨라]	-자 [-자]	조입시다 [죕시다]	조일게 [죌게]	-마 [-마]	-는구나 [-는구나]
	주다	-니	-느냐	줍니까	줄까	줄래	-오	-오	-어라, 줘라	-자	줍시다	줄게	-마	-는구나
	쥐다	-니	-느냐	쥡니까	쥘까	쥘래	-오	-오	-어라	-자	쥡시다	쥘게	-마	-는구나
	지내다	-니	-느냐	지냅니까	지낼까	지낼래	-오	-오	-어라, -라	-자	지냅시다	지낼게	-마	-는구나
	지다	-니	-느냐	집니까	질까	질래	-오	-오	져라	-자	집시다	질게	-마	-는구나
	찌다	-니	-느냐	찝니까	찔까	찔래	-오	-오	쪄라	-자	찝시다	찔게	-마	-는구나
	채다 (奪取)	-니	-느냐	챕니까	챌까	챌래	-오	-오	-어라, -라	-자	챕시다	챌게	-마	-는구나
	채우다	-니	-느냐	채웁니까	채울까	채울래	-오	-오	-어라, 채워라	-자	채웁시다	채울게	-마	-는구나
	챙기다	-니	-느냐	챙깁니까	챙길까	챙길래	-오	-오	-어라, 챙겨라	-자	챙깁시다	챙길게	-마	-는구나

용언 분류 번호	용언 기본형	의문형						명령형		청유형		약속형		감탄형
		니?	-냐? -느냐?	-ㅂ니까? -습니까?	-ㄹ까 (-을까)?	-ㄹ래 (-을래)?	-오? -소?	-오 -소	-라 -어라 -아라	-자 -세	-ㅂ시다 (-읍시다)	-ㄹ게 (-을게)	-마 (-으마)	-구나! -는구나!
규 11-0	처지다	-니	-느냐	처집니까	처질까	처질래	-오	-오	-어라, 처져라	-자	처집시다	처질게	-마	-는구나
	추다	-니	-느냐	춥니까	출까	출래	-오	-오	-어라, 춰라	-자	춥시다	출게	-마	-는구나
	추리다	-니	-느냐	추립니까	추릴까	추릴래	-오	-오	-어라, 추려라	-자	추립시다	추릴게	-마	-는구나
	치다(打)	-니	-느냐	칩니까	칠까	칠래	-오	-오	쳐라	-자	칩니다	칠게	-마	-는구나
	치우다	-니	-느냐	치웁니까	치울까	치울래	-오	-오	-어라, 치워라	-자	치웁시다	치울게	-마	-는구나
	치이다	-니	-느냐	치입니까	치일까	치일래	-오	-오	-어라, 치여라	-자	치입시다	치일게	-마	-는구나
	켕기다	-니	-느냐	켕깁니까	켕길까	켕길래	-오	-오	-어라, 켕겨라	-자	켕깁시다	켕길게	-마	-는구나
	켜다	-니	-느냐	켭니까	켤까	켤래	-오	-오	-라	-자	켭시다	켤게	-마	-는구나
	키우다	-니	-느냐	키웁니까	키울까	키울래	-오	-오	-어라, 키워라	-자	키웁시다	키울게	-마	-는구나
	태우다	-니	-느냐	태웁니까	태울까	태울래	-오	-오	-어라, 태워라	-자	태웁시다	태울게	-마	-는구나
	터지다	-니	-느냐	터집니까	터질까	터질래	-오	-오	-어라, 터져라	-자	터집시다	터질게	-마	-는구나
	튀기다	-니	-느냐	튀깁니까	튀길까	튀길래	-오	-오	-어라, 튀겨라	-자	튀깁시다	튀길게	-마	-는구나
	트이다	-니	-느냐	트입니까	트일까	트일래	-오	-오	-어라, 트여라	-자	트입시다	트일게	-마	-는구나
	틀리다	-니	-느냐	틀립니까	틀릴까	틀릴래	-오	-오	-어라, 틀려라	-자	틀립시다	틀릴게	-마	-는구나
	틔다	-니	-느냐	틥니까	틜까	틜래	-오	-오	-어라	-자	틥시다	틜게	-마	-는구나
	틔우다	-니	-느냐	틔웁니까	틔울까	틔울래	-오	-오	-어라, 틔워라	-자	틔웁시다	틔울게	-마	-는구나
	패다	-니	-느냐	팹니까	팰까	팰래	-오	-오	-어라, -라	-자	팹시다	팰게	-마	-는구나
	펴내다	-니	-느냐	펴냅니까	펴낼까	펴낼래	-오	-오	-어라, 펴내라	-자	펴냅시다	펴낼게	-마	-는구나
	펴다	-니	-느냐	폅니까	펼까	펼래	-오	-오	펴라	-자	폅시다	펼게	-마	-는구나
	피다	-니	-느냐	핍니까	필까	필래	-오	-오	-어라	-자	핍시다	필게	-마	-는구나
	피우다	-니	-느냐	피웁니까	피울까	피울래	-오	-오	-어라, 피워라	-자	피웁시다	피울게	-마	-는구나
	할퀴다	-니	-느냐	할큅니까	할퀼까	할퀼래	-오	-오	-어라	-자	할큅시다	할퀼게	-마	-는구나
	헤매다	-니	-느냐	헤맵니까	헤맬까	헤맬래	-오	-오	-어라, 헤매라	-자	헤맵시다	헤맬게	-마	-는구나
	헷갈리다	-니	-느냐	헷갈립니까	헷갈릴까	헷갈릴래	-오	-오	-어라, 헷갈려라	-자	헷갈립시다	헷갈릴게	-마	-는구나
	후리다	-니	-느냐	후립니까	후릴까	후릴래	-오	-오	-어라, 후려라	-자	후립시다	후릴게	-마	-는구나
	휘다	-니	-느냐	휩니까	휠까	휠래	-오	-오	-어라	-자	휩시다	휠게	-마	-는구나

용언 분류 번호	용언 기본형	의문형						명령형		청유형		약속형		감탄형
		니?	-냐? -느냐?	-ㅂ니까? -습니까?	-ㄹ까 (-을까)?	-ㄹ래 (-을래)?	-오? -소?	-오 -소	-라 -어라 -아라	-자 -세	-ㅂ시다 (-읍시다)	-ㄹ게 (-을게)	-마 (-으마)	-구나! -는구나!
규 11-1	걷다(收)	-니	-느냐	-습니까	-을까	-을래	-소, -으오	-으오	-어라	-자	-읍시다	-을게	-으마	-는구나
	긁다	-니	-느냐	-습니까	-을까	-을래	-소, -으오	-으오	-어라	-자	-읍시다	-을게	-으마	-는구나
	내딛다 [내디디다]	-니 [-니]	-느냐 [-느냐]	-습니까 [내디딥니까]	×내딛을까 [내디딜까]	×내딛을래 [내디딜래]	-소 [-오]	×내딛으오 [-오]	×내딛어라 [-어라, 내디뎌라]	-자 [-자]	×내딛읍시다 [내디딥시다]	×내딛을게 [내디딜게]	×내딛으마 [내디디마]	-는구나 [-는구나]
	늙다	-니	-느냐	-습니까	-을까	-을래	-소, -으오	-으오	-어라	-자	-읍시다	-을게	-으마	-는구나
	늦다	-니	-느냐	-습니까	-을까	-을래	-소, -으오	-으오	-어라	-자	-읍시다	-을게	-으마	-는구나
	덮다	-니	-느냐	-습니까	-을까	-을래	-소, -으오	-으오	-어라	-자	-읍시다	-을게	-으마	-는구나
	딛다 [디디다]	-니 [-니]	-느냐 [-느냐]	-습니까 [디딥니까]	×딛을까 [디딜까]	×딛을래 [디딜래]	-소, ×딛으오 [디디오]	×딛으오 [디디오]	×딛어라 [디뎌라]	-자 [-자]	×딛읍시다 [디딥시다]	×딛을게 [디딜게]	×딛으마 [-마]	-는구나 [-는구나]
	뜯다	-니	-느냐	-습니까	-을까	-을래	-소, -으오	-으오	-어라	-자	-읍시다	-을게	-으마	-는구나
	먹다	-니	-느냐	-습니까	-을까	-을래	-소, -으오	-으오	-어라	-자	-읍시다	-을게	-으마	-는구나
	멎다	-니	-느냐	-습니까	-을까	-을래	-소, -으오	-으오	-어라	-자	-읍시다	-을게	-으마	-는구나
	묻다(埋)	-니	-느냐	-습니까	-을까	-을래	-소, -으오	-으오	-어라	-자	-읍시다	-을게	-으마	-는구나
	믿다	-니	-느냐	-습니까	-을까	-을래	-소, -으오	-으오	-어라	-자	-읍시다	-을게	-으마	-는구나
	뱉다	-니	-느냐	-습니까	-을까	-을래	-소, -으오	-으오	-어라	-자	-읍시다	-을게	-으마	-는구나
	벗다	-니	-느냐	-습니까	-을까	-을래	-소, -으오	-으오	-어라	-자	-읍시다	-을게	-으마	-는구나
	부딪다	-니	-느냐	-습니까	-을까	-을래	-소, -으오	-으오	-어라	-자	-읍시다	-을게	-으마	-는구나
	뻗다	-니	-느냐	-습니까	-을까	-을래	-소, -으오	-으오	-어라	-자	-읍시다	-을게	-으마	-는구나
	섞다	-니	-느냐	-습니까	-을까	-을래	-소, -으오	-으오	-어라	-자	-읍시다	-을게	-으마	-는구나
	숨다	-니	-느냐	-습니까	-을까	-을래	-소, -으오	-으오	-어라	-자	-읍시다	-을게	-으마	-는구나
	신다	-니	-느냐	-습니까	-을까	-을래	-소, -으오	-으오	-어라	-자	-읍시다	-을게	-으마	-는구나
	썩다	-니	-느냐	-습니까	-을까	-을래	-소, -으오	-으오	-어라	-자	-읍시다	-을게	-으마	-는구나
	씻다	-니	-느냐	-습니까	-을까	-을래	-소, -으오	-으오	-어라	-자	-읍시다	-을게	-으마	-는구나
	얹다	-니	-느냐	-습니까	-을까	-을래	-소, -으오	-으오	-어라	-자	-읍시다	-을게	-으마	-는구나

용언 분류 번호	용언 기본형	의문형						명령형		청유형		약속형		감탄형
		니?	-냐? -느냐?	-ㅂ니까? -습니까?	-ㄹ까 (-을까)?	-ㄹ래 (-을래)?	-오? -소?	-오 -소	-라 -어라 -아라	-자 -세	-ㅂ시다 (-읍시다)	-ㄹ게 (-을게)	-마 (-으마)	-구나! -는구나!
규 11-1	얽다	-니	-느냐	-습니까	-을까	-을래	-소, -으오	-으오	-어라	-자	-읍시다	-을게	-으마	-는구나
	익다	-니	-느냐	-습니까	-을까	-을래	-소, -으오	-으오	-어라	-자	-읍시다	-을게	-으마	-는구나
	읽다	-니	-느냐	-습니까	-을까	-을래	-소, -으오	-으오	-어라	-자	-읍시다	-을게	-으마	-는구나
	잃다	-니	-느냐	-습니까	-을까	-을래	-소, -으오	-으오	-어라	-자	-읍시다	-을게	-으마	-는구나
	있다	-니	-느냐	-습니까	-을까	-을래	-소, -으오	-으오	-어라	-자	-읍시다	-을게	-으마	-는구나
	적다	-니	-느냐	-습니까	-을까	-을래	-소, -으오	-으오	-어라	-자	-읍시다	-을게	-으마	-는구나
	죽다	-니	-느냐	-습니까	-을까	-을래	-소, -으오	-으오	-어라	-자	-읍시다	-을게	-으마	-는구나
	찍다	-니	-느냐	-습니까	-을까	-을래	-소, -으오	-으오	-어라	-자	-읍시다	-을게	-으마	-는구나
	찢다	-니	-느냐	-습니까	-을까	-을래	-소, -으오	-으오	-어라	-자	-읍시다	-을게	-으마	-는구나
	파묻다	-니	-느냐	-습니까	-을까	-을래	-소, -으오	-으오	-어라	-자	-읍시다	-을게	-으마	-는구나
	품다	-니	-느냐	-습니까	-을까	-을래	-소, -으오	-으오	-어라	-자	-읍시다	-을게	-으마	-는구나
	헐뜯다	-니	-느냐	-습니까	-을까	-을래	-소, -으오	-으오	-어라	-자	-읍시다	-을게	-으마	-는구나
	훑다	-니	-느냐	-습니까	-을까	-을래	-소, -으오	-으오	-어라	-자	-읍시다	-을게	-으마	-는구나
규 20-0	싸다(廉價)	-니	-냐	쌉니까	쌀까	-	-오	-	-	-	-	-	-	-구나
	잽싸다	-니	-냐	잽쌉니까	잽쌀까	-	-오	-	-	-	-	-	-	-구나
	짜다(鹽)	-니	-냐	짭니까	짤까	-	-오	-	-	-	-	-	-	-구나
	차다(冷)	-니	-냐	찹니까	찰까	-	-오	-	-	-	-	-	-	-구나
규 20-1	같다	-으니	-으냐	-습니까	-을까	-	-소, -으오	-	-	-	-	-	-	-구나
	걸맞다	-으니	-으냐	-습니까	-을까	-	-소, -으오	-	-	-	-	-	-	-구나
	낮다	-으니	-으냐	-습니까	-을까	-	-소, -으오	-	-	-	-	-	-	-구나
	많다	-으니	-으냐	-습니까	-을까	-	-소, -으오	-	-	-	-	-	-	-구나
	맑다	-으니	-으냐	-습니까	-을까	-	-소, -으오	-	-	-	-	-	-	-구나
	밭다	-으니	-으냐	-습니까	-을까	-	-소, -으오	-	-	-	-	-	-	-구나
	않다	-으니	-으냐	-습니까	-을까	-	-소, -으오	-	-	-	-	-	-	-구나

용언 분류 번호	용언 기본형	의문형						명령형		청유형		약속형		감탄형
		니?	–냐? –느냐?	–ㅂ니까? –습니까?	–ㄹ까 (–을까)?	–ㄹ래 (–을래)?	–오? –소?	–오 –소	–라 –어라 –아라	–자 –세	–ㅂ시다 (–읍시다)	–ㄹ게 (–을게)	–마 (–으마)	–구나! –는구나!
규 20–1	얇다	–으니	–으냐	–습니까	–을까	–	–소, –으오	–	–	–	–	–	–	–구나
	얕다	–으니	–으냐	–습니까	–을까	–	–소, –으오	–	–	–	–	–	–	–구나
	작다	–으니	–으냐	–습니까	–을까	–	–소, –으오	–	–	–	–	–	–	–구나
	잦다	–으니	–으냐	–습니까	–을까	–	–소, –으오	–	–	–	–	–	–	–구나
	좁다	–으니	–으냐	–습니까	–을까	–	–소, –으오	–	–	–	–	–	–	–구나
	짧다	–으니	–으냐	–습니까	–을까	–	–소, –으오	–	–	–	–	–	–	–구나
	하찮다	–으니	–으냐	–습니까	–을까	–	–소, –으오	–	–	–	–	–	–	–구나
규 21–0	더디다	–니	–냐	더딥니까	더딜까	–	–오	–	–	–	–	–	–	–구나
	되다(濃)	–니	–냐	됩니까	될까	–	–오	–	–	–	–	–	–	–구나
	바냐위다	–니	–냐	바냐윕니까	바냐윌까	–	–오	–	–	–	–	–	–	–구나
	배다(細)	–니	–냐	뱁니까	밸까	–	–오	–	–	–	–	–	–	–구나
	비리다	–니	–냐	비립니까	비릴까	–	–오	–	–	–	–	–	–	–구나
	살지다	–니	–냐	살집니까	살질까	–	–오	–	–	–	–	–	–	–구나
	세다(强)	–니	–냐	셉니까	셀까	–	–오	–	–	–	–	–	–	–구나
	시다	–니	–냐	십니까	실까	–	–오	–	–	–	–	–	–	–구나
	아니다	–니	–냐	아닙니까	아닐까	–	–오	–	–	–	–	–	–	–구나
	안되다	–니	–냐	안됩니까	안될까	–	–오	–	–	–	–	–	–	–구나
	이다	–니	–냐	입니까	일까	–	–오, 요	–	–	–	–	–	–	–구나
	재다(速)	–니	–냐	잽니까	잴까	–	–오	–	–	–	–	–	–	–구나
	참되다	–니	–냐	참됩니까	참될까	–	–오	–	–	–	–	–	–	–구나
	틀리다	–니	–냐	틀립니까	틀릴까	–	–오	–	–	–	–	–	–	–구나
	희다	–니	–냐	흽니까	흴까	–	–오	–	–	–	–	–	–	–구나
규 21–1	가엾다	–으니	–으냐	–습니까	–을까	–	–소, –으오	–	–	–	–	–	–	–구나
	검다(黑)	–으니	–으냐	–습니까	–을까	–	–소, –으오	–	–	–	–	–	–	–구나
	굵다	–으니	–으냐	–습니까	–을까	–	–소, –으오							–구나
	굽다(曲)	–으니	–으냐	–습니까	–을까	–	–소, –으오	–	–	–	–	–	–	–구나
	넓다	–으니	–으냐	–습니까	–을까	–	–소, –으오	–	–	–	–	–	–	–구나
	늦다	–으니	–으냐	–습니까	–을까	–	–소, –으오	–	–	–	–	–	–	–구나
	맥쩍다	–으니	–으냐	–습니까	–을까	–	–소, –으오	–	–	–	–	–	–	–구나

용언 분류 번호	용언 기본형	의문형						명령형		청유형		약속형		감탄형
		니?	-냐? -느냐?	-ㅂ니까? -습니까?	-ㄹ까 (-을까)?	-ㄹ래 (-을래)?	-오? -소?	-오 -소	-라 -어라 -아라	-자 -세	-ㅂ시다 (-읍시다)	-ㄹ게 (-을게)	-마 (-으마)	-구나! -는구나!
규 21-1	묽다	-으니	-으냐	-습니까	-을까	-	-소, -으오	-	-	-	-	-	-	-구나
	수줍다	-으니	-으냐	-습니까	-을까	-	-소, -으오	-	-	-	-	-	-	-구나
	없다	-니	-느냐	-습니까	-을까	-	-소	-	-	-	-	-	-	-구나
	엷다	-으니	-으냐	-습니까	-을까	-	-소, -으오	-	-	-	-	-	-	-구나
	옅다	-으니	-으냐	-습니까	-을까	-	-소, -으오	-	-	-	-	-	-	-구나
	익다(慣)	-으니	-으냐	-습니까	-을까	-	-소, -으오	-	-	-	-	-	-	-구나
	적다(小)	-으니	-으냐	-습니까	-을까	-	-소, -으오	-	-	-	-	-	-	-구나
	젊다	-으니	-으냐	-습니까	-을까	-	-소, -으오	-	-	-	-	-	-	-구나
	한없다	-니	-느냐	-습니까	-을까	-	-소	-	-	-	-	-	-	-구나
불 10-1	깨닫다	-니	-느냐	-습니까	깨달을까	깨달을래	-소, 깨달으오	깨달으오	깨달아라	-자	깨달읍시다	깨달을게	깨달으마	-는구나
	내닫다	-니	-느냐	-습니까	내달을까	내달을래	-소, 내달으오	내달으오	내달아라	-자	내달읍시다	내달을게	내달으마	-는구나
	치닫다	-니	-느냐	-습니까	치달을까	치달을래	-소, 치달으오	치달으오	치달아라	-자	치달읍시다	치달을게	치달으마	-는구나
불 10-2	갈다	가니	가느냐	갑니까	갈까	갈래	가오	가오	-아라	-자	갑시다	갈게	-마	가는구나
	날다	나니	나느냐	납니까	날까	날래	나오	나오	-아라	-자	납시다	날게	-마	나는구나
	놀다	노니	노느냐	놉니까	놀까	놀래	노오	노오	-아라	-자	놉시다	놀게	-마	노는구나
	달다(懸)	다니	다느냐	답니까	달까	달래	다오	다오	-아라	-자	답시다	달게	-마	다는구나
	돌다	도니	도느냐	돕니까	돌까	돌래	도오	도오	-아라	-자	돕시다	돌게	-마	도는구나
	말다(卷)	마니	마느냐	맙니까	말까	말래	마오	마오	-아라	-자	맙시다	말게	-마	마는구나
	말다(止)	마니	마느냐	맙니까	말까	말래	마오	마오	마라, 마	-자	맙시다	말게	-마	마는구나
	살다	사니	사느냐	삽니까	살까	살래	사오	사오	-아라	-자	삽시다	살게	-마	사는구나
	알다	아니	아느냐	압니까	알까	알래	아오	아오	-아라	-자	압시다	알게	-마	아는구나
	졸다	조니	조느냐	좁니까	졸까	졸래	조오	조오	-아라	-자	좁시다	졸게	-마	조는구나
불 10-3	돕다	-니	-느냐	-습니까	도울까	도울래	-소, 도우오	도우오	도와라	-자	도웁시다	도울게	도우마	-는구나
불 10-4	낫다(癒)	-니	-느냐	-습니까	나을까	나을래	-소, 나으오	나으오	나아라	-자	나읍시다	나을게	나으마	-는구나
	잣다 (紡績)	-니	-느냐	-습니까	자을까	자을래	-소, 자으오	자으오	자아라	-자	자읍시다	자을게	자으마	-는구나
불 10-6	가르다	-니	-느냐	가릅니까	가를까	가를래	-오	-오	갈라라	-자	가릅시다	가를게	-마	-는구나
	고르다 (選)	-니	-느냐	고릅니까	고를까	고를래	-오	-오	골라라	-자	고릅시다	고를게	-마	-는구나
	나르다	-니	-느냐	나릅니까	나를까	나를래	-오	-오	날라라	-자	나릅시다	나를게	-마	-는구나

용언 분류 번호	용언 기본형	의문형						명령형		청유형		약속형		감탄형
		니?	-냐? -느냐?	-ㅂ니까? -습니까?	-ㄹ까 (-을까)?	-ㄹ래 (-을래)?	-오? -소?	-오 -소	-라 -어라 -아라	-자 -세	-ㅂ시다 (-읍시다)	-ㄹ게 (-을게)	-마 (-으마)	-구나! -는구나!
불 10-6	도르다	-니	-느냐	도릅니까	도를까	도를래	-오	-오	돌라라	-자	도릅시다	도를게	-마	-는구나
	바르다(塗)	-니	-느냐	바릅니까	바를까	바를래	-오	-오	발라라	-자	바릅시다	바를게	-마	-는구나
	사르다	-니	-느냐	사릅니까	사를까	사를래	-오	-오	살라라	-자	사릅시다	사를게	-마	-는구나
	오르다	-니	-느냐	오릅니까	오를까	오를래	-오	-오	올라라	-자	오릅시다	오를게	-마	-는구나
	자르다	-니	-느냐	자릅니까	자를까	자를래	-오	-오	잘라라	-자	자릅시다	자를게	-마	-는구나
	조르다	-니	-느냐	조릅니까	조를까	조를래	-오	-오	졸라라	-자	조릅시다	조를게	-마	-는구나
불 10-8	꼬느다	-니	-느냐	꼬늡니까	꼬늘까	꼬늘래	-오	-오	꼬나라	-자	꼬늡시다	꼬늘게	-마	-는구나
	노느다	-니	-느냐	노늡니까	노늘까	노늘래	-오	-오	노나라	-자	노늡시다	노늘게	-마	-는구나
	다다르다	-니	-느냐	다다릅니까	다다를까	다다를래	-오	-오	다다라라	-자	다다릅시다	다다를게	-마	-는구나
	담그다	-니	-느냐	담급니까	담글까	담글래	-오	-오	담가라	-자	담급시다	담글게	-마	-는구나
	따르다	-니	-느냐	따릅니까	따를까	따를래	-오	-오	따라라	-자	따릅시다	따를게	-마	-는구나
	잠그다	-니	-느냐	잠급니까	잠글까	잠글래	-오	-오	잠가라	-자	잠급시다	잠글게	-마	-는구나
불 10-9	그러다 [그리하다]	-니 [-니]	-느냐 [-느냐]	그럽니까 [그리합니까]	그럴까 [그리할까]	그럴래 [그리할래]	-오 [-오]	-오 [-오]	그래라 [-여라, 그리해라]	-자	그럽시다 [그리합시다]	그럴게 [그리할게]	-마 [-마]	-는구나 [-는구나]
	더하다	-니	-느냐	더합니까	더할까	더할래	-오	-오	-여라, 더해라	-자	더합시다	더할게	-마	-는구나
	어떡하다	-니	-느냐	어떡합니까	어떡할까	어떡할래	-오	-오	-여라, 어떡해라	-자	어떡합시다	어떡할게	-마	-는구나
	어쩌다 [어찌하다]	-니 [-니]	-느냐 [-느냐]	어쩝니까 [어찌합니까]	어쩔까 [어찌할까]	어쩔래 [어찌할래]	-오 [-오]	-오 [-오]	어째라 [-여라, 어찌해라]	-자 [-자]	어쩝시다 [어찌합시다]	어쩔게 [어찌할게]	-마 [-마]	-는구나 [-는구나]
	저러다 [저리하다]	-니 [-니]	-느냐 [-느냐]	저럽니까 [저리합니까]	저럴까 [저리할까]	저럴래 [저리할래]	-오 [-오]	-오 [-오]	저래라 [-여라, 저리해라]	-자 [-자]	저럽시다 [저리합시다]	저럴게 [저리할게]	-마 [-마]	-는구나 [-는구나]
	하다	-니	-느냐	합니까	할까	할래	-오	-오	-여라, 해라	-자	합시다	할게	-마	-는구나
불 11-1	걷다(步)	-니	-느냐	-습니까	걸을까	걸을래	-소, 걸으오	걸으오	걸어라	-자	걸읍시다	걸을게	걸으마	-는구나
	긷다	-니	-느냐	-습니까	길을까	길을래	-소, 길으오	길으오	길어라	-자	길읍시다	길을게	길으마	-는구나
	눋다	-니	-느냐	-습니까	눌을까	눌을래	-소, 눌으오	눌으오	눌어라	-자	눌읍시다	눌을게	눌으마	-는구나
	묻다(問)	-니	-느냐	-습니까	물을까	물을래	-소, 물으오	물으오	물어라	-자	물읍시다	물을게	물으마	-는구나
	붇다	-니	-느냐	-습니까	불을까	불을래	-소, 불으오	불으오	불어라	-자	불읍시다	불을게	불으마	-는구나
	싣다	-니	-느냐	싣습니까	실을까	실을래	-소, 실으오	실으오	실어라	-자	실읍시다	실을게	실으마	-는구나
	일컫다	-니	-느냐	일컫습니까	일컬을까	일컬을래	-소, 일컬으오	일컬으오	일컬어라	-자	일컬읍시다	일컬을게	일컬으마	-는구나

용언 분류 번호	용언 기본형	의문형						명령형		청유형		약속형		감탄형
		니?	-냐? -느냐?	-ㅂ니까? -습니까?	-ㄹ까 (-을까)?	-ㄹ래 (-을래)?	-오? -소?	-오 -소	-라 -어라 -아라	-자 -세	-ㅂ시다 (-읍시다)	-ㄹ게 (-을게)	-마 (-으마)	-구나! -는구나!
불 11-2	가물다	가무니	가무느냐	가뭅니까	가물까	가물래	가무오	가무오	-어라	-자	-	-	-	가무는구나
	갈마들다	갈마드니	갈마드느냐	갈마듭니까	갈마들까	갈마들래	갈마드오	갈마드오	-어라	-자	갈마듭시다	-게	-마	갈마드는구나
	걸다(掛)	거니	거느냐	겁니까	걸까	걸래	거오	거오	-어라	-자	겁시다	-게	-마	거는구나
	깃들다	깃드니	깃드느냐	깃듭니까	깃들까	깃들래	깃드오	깃드오	-어라	-자	깃듭시다	-게	-마	깃드는구나
	끌다	끄니	끄느냐	끕니까	끌까	끌래	끄오	끄오	-어라	-자	끕시다	-게	-마	끄는구나
	널다	너니	너느냐	넙니까	널까	널래	너오	너오	-어라	-자	넙시다	-게	-마	너는구나
	녹슬다	녹스니	녹스느냐	녹습니까	녹슬까	녹슬래	녹스오	녹스오	-어라	-	-	-	-	녹스는구나
	늘다	느니	느느냐	늡니까	늘까	늘래	느오	느오	-어라	-자	늡시다	-게	-마	느는구나
	덜다	더니	더느냐	덥니까	덜까	덜래	더오	더오	-어라	-자	덥시다	-게	-마	더는구나
	머물다 [머무르다]	머무니 [-니]	머무느냐 [-느냐]	머뭅니까 [머무릅니까]	머물까 [머무를까]	머물래 [머무를래]	머무오 [-오]	머무오 [-오]	×머물어라 [머물러라]	-자 [-자]	머뭅시다 [머무릅시다]	-게	-마	머무는구나
	물다	무니	무느냐	뭅니까	물까	물래	무오	무오	-어라	-자	뭅시다	-게	-마	무는구나
	불다	부니	부느냐	붑니까	불까	불래	부오	부오	-어라	-자	붑시다	-게	-마	부는구나
	빌다	비니	비느냐	빕니까	빌까	빌래	비오	비오	-어라	-자	빕시다	-게	-마	비는구나
	서둘다 [서두르다]	서두니 [-니]	서두느냐 [-느냐]	서둡니까 [서두릅니까]	서둘까 [서두를까]	서둘래 [서두를래]	서두오 [-오]	서두오 [-오]	×서둘어라 [서둘러라]	-자 [-자]	서둡시다 [서두릅시다]	-게 [-게]	-마 [-마]	서두는구나 [-는구나]
	설다	서니	서느냐	섭니까	설까	설래	서오	서오	-	-	-	-	-	서는구나
	우닐다	우니니	우니느냐	우닙니까	우닐까	우닐래	우니오	우니오	-어라	-자	우닙시다	-게	-마	우니는구나
	울다	우니	우느냐	웁니까	울까	울래	우오	우오	-어라	-자	웁시다	-게	-마	우는구나
	일다	이니	이느냐	입니까	일까	일래	이오	이오	-어라	-자	입시다	-게	-마	이는구나
	저물다	저무니	저무느냐	저뭅니까	저물까	저물래	저무오	저무오	-	-	-	-	-	저무는구나
	줄다	주니	주느냐	줍니까	줄까	줄래	주오	주오	-어라	-자	줍시다	-게	-마	주는구나
	털다	터니	터느냐	텁니까	털까	털래	터오	터오	-어라	-자	텁시다	-게	-마	터는구나
	허물다	허무니	허무느냐	허뭅니까	허물까	허물래	허무오	허무오	-어라	-자	허뭅시다	-게	-마	허무는구나
	헐다	허니	허느냐	헙니까	헐까	헐래	허오	허오	-어라	-자	헙시다	-게	-마	허는구나
	흔들다	흔드니	흔드느냐	흔듭니까	흔들까	흔들래	흔드오	흔드오	-어라	-자	흔듭시다	-게	-마	흔드는구나
불 11-3	눕다	-니	-느냐	-습니까	누울까	누울래	-소, 누우오	누우오	누워라	-자	누웁시다	누울게	누우마	-는구나
	깁다	-니	-느냐	-습니까	기울까	기울래	-소, 기우오	기우오	기워라	-자	기웁시다	기울게	기우마	-는구나
	여쭙다	-니	-느냐	-습니까	여쭈울까	여쭈울래	-소, 여쭈우오	여쭈우오	여쭈워라	-자	여쭈웁시다	여쭈울게	여쭈우마	-는구나
불 11-4	젓다	-니	-느냐	-습니까	저을까	저을래	-소, 저으오	저으오	저어라	-자	저읍시다	저을게	저으마	-는구나
	붓다	-니	-느냐	-습니까	부을까	부을래	-소, 부으오	부으오	부어라	-자	부읍시다	부을게	부으마	-는구나
	짓다	-니	-느냐	-습니까	지을까	지을래	-소, 지으오	지으오	지어라	-자	지읍시다	지을게	지으마	-는구나

용언 분류 번호	용언 기본형	의문형						명령형		청유형		약속형		감탄형
		니?	-냐? -느냐?	-ㅂ니까? -습니까?	-ㄹ까 (-을까)?	-ㄹ래 (-을래)?	-오? -소?	-오 -소	-라 -어라 -아라	-자 -세	-ㅂ시다 (-읍시다)	-ㄹ게 (-을게)	-마 (-으마)	-구나! -는구나!
불 11-4	긋다	-니	-느냐	-습니까	그을까	그을래	-소, 그으오	그으오	그어라	-자	그읍시다	그을게	그으마	-는구나
	잇다	-니	-느냐	-습니까	이을까	이을래	-소, 이으오	이으오	이어라	-자	이읍시다	이을게	이으마	-는구나
불 11-6	거르다	-니	-느냐	거릅니까	거를까	거를래	-오	-오	걸러라	-자	거릅시다	거를게	-마	-는구나
	누르다(壓)	-니	-느냐	누릅니까	누를까	누를래	-오	-오	눌러라	-자	누릅시다	누를게	-마	-는구나
	두르다	-니	-느냐	두릅니까	두를까	두를래	-오	-오	둘러라	-자	두릅시다	두를게	-마	-는구나
	들르다	-니	-느냐	들릅니까	들를까	들를래	-오	-오	들러라	-자	들릅시다	들를게	-마	-는구나
	머무르다	-니	-느냐	머무릅니까	머무를까	머무를래	-오	-오	머물러라	-자	머무릅시다	머무를게	-마	-는구나
	무르다(返)	-니	-느냐	무릅니까	무를까	무를래	-오	-오	물러라	-자	무릅시다	무를게	-마	-는구나
	벼르다	-니	-느냐	벼릅니까	벼를까	벼를래	-오	-오	별러라	-자	벼릅시다	벼를게	-마	-는구나
	부르다(呼)	-니	-느냐	부릅니까	부를까	부를래	-오	-오	불러라	-자	부릅시다	부를게	-마	-는구나
	분지르다	-니	-느냐	분지릅니까	분지를까	분지를래	-오	-오	분질러라	-자	분지릅시다	분지를게	-마	-는구니
	서두르다	-니	-느냐	서두릅니까	서두를까	서두를래	-오	-오	서둘러라	-자	서두릅시다	서두를게	-마	-는구나
	어르다	-니	-느냐	어릅니까	어를까	어를래	-오	-오	얼러라	-자	어릅시다	어를게	-마	-는구나
	어지르다	-니	-느냐	어지릅니까	어지를까	어지를래	-오	-오	어질러라	-자	어지릅시다	어지를게	-마	-는구나
	으르다	-니	-느냐	으릅니까	으를까	으를래	-오	-오	을러라	-자	으릅시다	으를게	-마	-는구나
	이르다(云)	-니	-느냐	이릅니까	이를까	이를래	-오	-오	일러라	-자	이릅시다	이를게	-마	-는구나
	추스르다	-니	-느냐	추스릅니까	추스를까	추스를래	-오	-오	추슬러라	-자	추스릅시다	추스를게	-마	-는구나
	흐르다	-니	-느냐	흐릅니까	흐를까	흐를래	-오	-오	흘러라	-자	흐릅시다	흐를게	-마	-는구나
불 11-7	우러르다	-니	-느냐	우러릅니까	우러를까	우러를래	-오	-오	우러러라	-자	우러릅시다	우러를게	-마	-는구나
	이르다(到)	-니	-느냐	이릅니까	이를까	이를래	-오	-오	이르러라	-자	이릅시다	이를게	-마	-는구나
불 11-8	끄다	-니	-느냐	끕니까	끌까	끌래	-오	-오	꺼라	-자	끕시다	끌게	-마	-는구나
	동트다	-니	-느냐	동틉니까	동틀까	-	-오	-오	동터라	-	-	-	-	-는구나
	뜨다(浮)	-니	-느냐	뜹니까	뜰까	뜰래	-오	-오	떠라	-자	뜹시다	뜰게	-마	-는구나
	싹트다	-니	-느냐	싹틉니까	싹틀까	-	-오	-오	싹터라	-	-	-	-	-는구나
	쓰다	-니	-느냐	씁니까	쓸까	쓸래	-오	-오	써라	-자	씁시다	쓸게	-마	-는구나
	치뜨다	-니	-느냐	치뜹니까	치뜰까	치뜰래	-오	-오	치떠라	-자	치뜹시다	치뜰게	-마	-는구나
	치르다	-니	-느냐	치릅니까	치를까	치를래	-오	-오	치러라	-자	치릅시다	치를게	-마	-는구나
	크다	-니	-느냐	큽니까	클까	클래	-오	-오	커라	-자	큽시다	클게	-마	-는구나
	트다	-니	-느냐	틉니까	틀까	틀래	-오	-오	터라	-자	틉시다	틀게	-마	-는구나
불 11-10	푸다	-니	-느냐	풉니까	풀까	풀래	-오	-오	×-어라 ×풔라 퍼라	-자	풉시다	풀게	-마	-는구나
불 20-2	놀다(稀)	노니	노냐	놉니까	놀까	-	노오	-	-	-	-	-	-	-구나
	달다(甘)	다니	다냐	답니까	달까	-	다오	-	-	-	-	-	-	-구나
	솔다(狹)	소니	소냐	솝니까	솔까	-	소오	-	-	-	-	-	-	-구나
	잘다(細)	자니	자냐	잡니까	잘까	-	자오	-	-	-	-	-	-	-구나

용언 분류 번호	용언 기본형	의문형						명령형		청유형		약속형		감탄형
		니?	-냐? -느냐?	-ㅂ니까? -습니까?	-ㄹ까 (-을까)?	-ㄹ래 (-을래)?	-오? -소?	-오 -소	-라 -어라 -아라	-자 -세	-ㅂ시다 (-읍시다)	-ㄹ게 (-을게)	-마 (-으마)	-구나! -는구나!
불 20-3	가깝다	-니, 가까우니	-냐, 가까우냐	-습니까	가까울까	-	-소, 가까우오	-	-	-	-	-	-	-구나
	고맙다	-니, 고마우니	-냐, 고마우냐	-습니까	고마울까	-	-소, 고마우오	-	-	-	-	-	-	-구나
	곱다(麗)	-니, 고우니	-냐, 고우냐	-습니까	고울까	-	-소, 고우오	-	-	-	-	-	-	-구나
	꽃답다	-니, 꽃다우니	-냐, 꽃다우냐	-습니까	꽃다울까	-	-소, 꽃다우오	-	-	-	-	-	-	-구나
	반갑다	-니, 반가우니	-냐, 반가우냐	-습니까	반가울까	-	-소, 반가우오	-	-	-	-	-	-	-구나
	새롭다	-니, 새로우니	-냐, 새로우냐	-습니까	새로울까	-	-소, 새로우오	-	-	-	-	-	-	-구나
	아깝다	-니, 아까우니	-냐, 아까우냐	-습니까	아까울까	-	-소, 아까우오	-	-	-	-	-	-	-구나
	아니꼽다	-니, 아니꼬우니	-냐, 아니꼬우냐	-습니까	아니꼬울까	-	-소, 아니꼬우오	-	-	-	-	-	-	-구나
	외롭다	-니, 외로우니	-냐, 외로우냐	-습니까	외로울까	-	-소, 외로우오	-	-	-	-	-	-	-구나
	차갑다	-니, 차가우니	-냐, 차가우냐	-습니까	차가울까	-	-소, 차가우오	-	-	-	-	-	-	-구나
	해롭다	-니, 해로우니	-냐, 해로우냐	-습니까	해로울까	-	-소, 해로우오	-	-	-	-	-	-	-구나
불 20-4	낫다(優)	-니, 나으니	-냐, 나으냐	-습니까	나을까	-	-소, 나으오	-	-	-	-	-	-	-구나
불 20-5	굵다랗다	-니, 굵다라니	-냐, 굵다라냐	-습니까	굵다랄까	-	-소, 굵다라오	-	-	-	-	-	-	-구나
	기다랗다	-니, 기다라니	-냐, 기다라냐	-습니까	기다랄까	-	-소, 기다라오	-	-	-	-	-	-	-구나
	까맣다	-니, 까마니	-냐, 까마냐	-습니까	까말까	-	-소, 까마오	-	-	-	-	-	-	-구나
	널따랗다	-니, 널따라니	-냐, 널따라냐	-습니까	널따랄까	-	-소, 널따라오	-	-	-	-	-	-	-구나
	노랗다	-니, 노라니	-냐, 노라냐	-습니까	노랄까	-	-소, 노라오	-	-	-	-	-	-	-구나
	빨갛다	-니, 빨가니	-냐, 빨가냐	-습니까	빨갈까	-	-소, 빨가오	-	-	-	-	-	-	-구나
	뽀얗다	-니, 뽀야니	-냐, 뽀야냐	-습니까	뽀얄까	-	-소, 뽀야오	-	-	-	-	-	-	-구나
	조그맣다 [조그마하다]	-니, 조그마니 [-니]	-냐, 조그마냐 [-냐]	-습니까 [조그마 합니까]	조그말까 [조그마 할까]	-	-소, 조그마오 [-오]	-	-	-	-	-	-	-구나 [-구나]
	짤따랗다	-니, 짤따라니	-냐, 짤따라냐	-습니까	짤따랄까	-	-소, 짤따라오	-	-	-	-	-	-	-구나
	커다랗다	-니, 커다라니	-냐, 커다라냐	-습니까	커다랄까	-	-소, 커다라오	-	-	-	-	-	-	-구나

용언 분류 번호	용언 기본형	의문형						명령형		청유형		약속형		감탄형
		니?	-냐? -느냐?	-ㅂ니까? -습니까?	-ㄹ까 (-을까)?	-ㄹ래 (-을래)?	-오? -소?	-오 -소	-라 -어라 -아라	-자 -세	-ㅂ시다 (-읍시다)	-ㄹ게 (-을게)	-마 (-으마)	-구나! -는구나!
불 20-5	파랗다	-니, 파라니	-냐, 파라냐	-습니까	파랄까	-	-소, 파라오	-	-	-	-	-	-	-구나
	하얗다	-니, 하야니	-냐, 하야냐	-습니까	하얄까	-	-소, 하야오	-	-	-	-	-	-	-구나
불 20-6	가파르다	-니	-냐	가파릅니까	가파를까	-	-오	-	-	-	-	-	-	-구나
	고르다(均)	-니	-냐	고릅니까	고를까	-	-오	-	-	-	-	-	-	-구나
	다르다	-니	-냐	다릅니까	다를까	-	-오	-	-	-	-	-	-	-구나
	바르다(正)	-니	-냐	바릅니까	바를까	-	-오	-	-	-	-	-	-	-구나
	빠르다	-니	-냐	빠릅니까	빠를까	-	-오	-	-	-	-	-	-	-구나
	올바르다	-니	-냐	올바릅니까	올바를까	-	-오	-	-	-	-	-	-	-구나
불 20-8	바쁘다	-니	-냐	바쁩니까	바쁠까	-	-오	-	-	-	-	-	-	-구나
	고프다	-니	-냐	고픕니까	고플까	-	-오	-	-	-	-	-	-	-구나
	아프다	-니	-냐	아픕니까	아플까	-	-오	-	-	-	-	-	-	-구나
	애달프다	-니	-냐	애달픕니까	애달플까	-	-오	-	-	-	-	-	-	-구나
불 20-9	갑갑하다	-니	-냐	갑갑합니까	갑갑할까	-	-오	-	-	-	-	-	-	-구나
	그러하다 [그렇다]	-니 [그러니]	-냐 [그러냐]	그러합니까 [-습니까]	그러할까 [그럴까]	-	-오 [-소]	-	-	-	-	-	-	-구나 [-구나]
	깍듯하다	-니	-냐	깍듯합니까	깍듯할까	-	-오	-	-	-	-	-	-	-구나
	넓적하다	-니	-냐	넓적합니까	넓적할까	-	-오	-	-	-	-	-	-	-구나
	어떠하다	-니	-냐	어떠합니까	어떠할까	-	-오	-	-	-	-	-	-	-구나
	용하다	-니	-냐	용합니까	용할까	-	-오	-	-	-	-	-	-	-구나
	저러하다	-니	-냐	저러합니까	저러할까	-	-오	-	-	-	-	-	-	-구나
	착하다	-니	-냐	착합니까	착할까	-	-오	-	-	-	-	-	-	-구나
	허전하다	-니	-냐	허전합니까	허전할까	-	-오	-	-	-	-	-	-	-구나
	호젓하다	-니	-냐	호젓합니까	호젓할까	-	-오	-	-	-	-	-	-	-구나
불 21-2	가늘다	가느니	가느냐	가늡니까	가늘까	-	가느오	-	-	-	-	-	-	-구나
	거칠다	거치니	거치냐	거칩니까	거칠까	-	거치오	-	-	-	-	-	-	-구나
	길다	기니	기냐	깁니까	길까	-	기오	-	-	-	-	-	-	-구나
	둥글다	둥그니	둥그냐	둥급니까	둥글까	-	둥그오	-	-	-	-	-	-	-구나
	멀다	머니	머냐	멉니까	멀까	-	머오	-	-	-	-	-	-	-구나
	비뚤다	비뚜니	비뚜냐	비뚭니까	비뚤까	-	비뚜오	-	-	-	-	-	-	-구나
	설다	서니	서냐	섭니까	설까	-	서오	-	-	-	-	-	-	-구나
	어질다	어지니	어지냐	어집니까	어질까	-	어지오	-	-	-	-	-	-	-구나
불 21-3	가렵다	-니, 가려우니	-냐, 가려우냐	-습니까	가려울까	-	-소, 가려우오	-	-	-	-	-	-	-구나
	가볍다	-니, 가벼우니	-냐, 가벼우냐	-습니까	가벼울까	-	-소, 가벼우오	-	-	-	-	-	-	-구나
	가엽다	-니, 가여우니	-냐, 가여우냐	-습니까	가여울까	-	-소, 가여우오	-	-	-	-	-	-	-구나

용언 분류 번호	용언 기본형	의문형						명령형		청유형		약속형		감탄형
		니?	-냐? -느냐?	-ㅂ니까? -습니까?	-ㄹ까 (-을까)?	-ㄹ래 (-을래)?	-오? -소?	-오 -소	-라 -어라 -아라	-자 -세	-ㅂ시다 (-읍시다)	-ㄹ게 (-을게)	-마 (-으마)	-구나! -는구나!
불 21-3	간지럽다	-니, 간지러우니	-냐, 간지러우냐	-습니까	간지러울까	-	-소, 지러우오	-	-	-	-	-	-	-구나
	덥다	-니, 더우니	-냐, 더우냐	-습니까	더울까	-	-소, 더우오	-	-	-	-	-	-	-구나
	두껍다	-니, 두꺼우니	-냐, 두꺼우냐	-습니까	두꺼울까	-	-소, 두꺼우오	-	-	-	-	-	-	-구나
	맵다	-니, 매우니	-냐, 매우냐	-습니까	매울까	-	-소, 매우오	-	-	-	-	-	-	-구나
	무섭다	-니, 무서우니	-냐, 무서우냐	-습니까	무서울까	-	-소, 무서우오	-	-	-	-	-	-	-구나
	별스럽다	-니, 별스러우니	-냐, 별스러우냐	-습니까	별스러울까	-	-소, 별스러우오	-	-	-	-	-	-	-구나
	상스럽다	-니, 상스러우니	-냐, 상스러우냐	-습니까	상스러울까	-	-소, 상스러우오	-	-	-	-	-	-	-구나
	서럽다	-니, 서러우니	-냐, 서러우냐	-습니까	서러울까	-	-소, 서러우오	-	-	-	-	-	-	-구나
	섧다	-니, 설우니	-냐, 설우냐	-습니까	설울까	-	-소, 설우오	-	-	-	-	-	-	-구나
	슬겁다	-니, 슬거우니	냐, 슬거우냐	-습니까	슬거울까	-	-소, 슬거우오	-	-	-	-	-	-	-구나
	아쉽다	-니, 아쉬우니	냐, 아쉬우냐	-습니까	아쉬울까	-	-소, 아쉬우오	-	-	-	-	-	-	-구나
	어지럽다	-니, 어지러우니	냐, 어지러우냐	-습니까	어지러울까	-	-소 어지러우오	-	-	-	-	-	-	-구나
	즐겁다	-니, 즐거우니	-냐, 즐거우냐	-습니까	즐거울까	-	-소, 즐거우오	-	-	-	-	-	-	-구나
	춥다	-니, 추우니	-냐, 추우냐	-습니까	추울까	-	-소, 추우오	-	-	-	-	-	-	-구나
	한스럽다	-니, 한스러우니	-냐, 한스러우냐	-습니까	한스러울까	-	-소, 한스러우오	-	-	-	-	-	-	-구나
	헐겁다	-니, 헐거우니	-냐, 헐거우냐	-습니까	헐거울까	-	-소, 헐거우오	-	-	-	-	-	-	-구나
	희떱다	-니, 희떠우니	-냐, 희떠우냐	-습니까	희떠울까	-	-소, 희떠우오	-	-	-	-	-	-	-구나
불 21-5	그렇다 [그러하다]	-니, 그러니 [-니]	-냐, 그러냐 [-냐]	-습니까 [그러합니까]	그럴까 [그러할까]	-	-소, 그러오 [그러하오]	-	-	-	-	-	-	-구나
	꺼멓다	-니, 꺼머니	-냐, 꺼머냐	-습니까	꺼멀까	-	-소, 꺼머오	-	-	-	-	-	-	-구나
	누렇다	-니, 누러니	-냐, 누러냐	-습니까	누럴까	-	-소, 누러오	-	-	-	-	-	-	-구나
	뻘겋다	-니, 뻘거니	-냐, 뻘거냐	-습니까	뻘걸까	-	-소, 뻘거오	-	-	-	-	-	-	-구나
	뿌옇다	-니, 뿌여니	-냐, 뿌여냐	-습니까	뿌열까	-	-소, 뿌여오	-	-	-	-	-	-	-구나

용언 분류 번호	용언 기본형	의문형						명령형		청유형		약속형		감탄형
		니?	-냐? -느냐?	-ㅂ니까? -습니까?	-ㄹ까 (-을까)?	-ㄹ래 (-을래)?	-오? -소?	-오 -소	-라 -어라 -아라	-자 -세	-ㅂ시다 (-읍시다)	-ㄹ게 (-을게)	-마 (-으마)	-구나! -는구나!
불 21-5	어떻다	-니, 어떠니	-냐, 어떠냐	-습니까	어떨까	-	-소, 어떠오	-	-	-	-	-	-	-구나
	저렇다 [저러하다]	-니, 저러니 [-니]	-냐, 저러냐 [-냐]	-습니까 [저러합 니까]	저럴까 [저럴까]	-	-소, 저러오 [-오]	-	-	-	-	-	-	-구나 [-구나]
	퍼렇다	-니, 퍼러니	-냐, 퍼러냐	-습니까	퍼럴까	-	-소, 퍼러오	-	-	-	-	-	-	-구나
	허옇다	-니, 허여니	-냐, 허여냐	-습니까	허열까	-	-소, 허여오	-	-	-	-	-	-	-구나
불 21-6	그르다	-니	-냐	그릅니까	그를까	-	-오	-	-	-	-	-	-	-구나
	무르다(軟)	-니	-냐	무릅니까	무를까	-	-오	-	-	-	-	-	-	-구나
	부르다(滿)	-니	-냐	부릅니까	부를까	-	-오	-	-	-	-	-	-	-구나
	섣부르다	-니	-냐	섣부릅니까	섣부를까	-	-오	-	-	-	-	-	-	-구나
	이르다(早)	-니	-냐	이릅니까	이를까	-	-오	-	-	-	-	-	-	-구나
불 21-7	노르다 (黃)*	-니	-냐	노릅니까	노를까	-	-오	-	-	-	-	-	-	-구나
	누르다(黃)	-니	-냐	누릅니까	누를까	-	-오	-	-	-	-	-	-	-구나
	푸르다	-니	-냐	푸릅니까	푸를까	-	-오	-	-	-	-	-	-	-구나
불 21-8	기쁘다	-니	-냐	기쁩니까	기쁠까	-	-오	-	-	-	-	-	-	-구나
	뜨다(遲-)	-니	-냐	뜹니까	뜰까	-	-오	-	-	-	-	-	-	-구나
	서글프다	-니	-냐	서글픕니까	서글플까	-	-오	-	-	-	-	-	-	-구나
	슬프다	-니	-냐	슬픕니까	슬플까	-	-오	-	-	-	-	-	-	-구나
	예쁘다	-니	-냐	예쁩니까	예쁠까	-	-오	-	-	-	-	-	-	-구나
	크다	-니	냐	큽니까	클까	-	-오	-	-	-	-	-	-	-구나
	헤프다	-니	-냐	헤픕니까	헤플까	-	-오	-	-	-	-	-	-	-구나

〈용언 활용표 3: 연결 어미〉

용언 분류 번호	용언 기본형	연결 어미											
		-아 -어 (-아서 -어서)	-고 (-게 -거나 -거든)	-나 (-으나)	-는데 -ㄴ데 (-은데)	-(으)니 (-(으)니까)	-지	-는지 -ㄴ지 (-은지)	-ㄹ지 (-을지)	-(으)러	-(으)려 (-(으)려고)	-(으)며 (-(으)면)	-(으)므로
규 10-0	가다	가	-고	-나	-는데	-니	-지	-는지	갈지	-	-려	-며	-므로
	꼬다	-아, 꽈	-고	-나	-는데	-니	-지	-는지	꼴지	-러	-려	-며	-므로
	나가다	나가	-고	-나	-는데	-니	-지	-는지	나갈지	-	-려	-며	-므로
	놀라다	놀라	-고	-나	-는데	-니	-지	-는지	놀랄지	-	-려	-며	-므로
	드러나다	드러나	-고	-나	-는데	-니	-지	-는지	드러날지	-	-려	-며	-므로
	바라다	바라, ×바래	-고	-나	-는데	-니	-지	-는지	바랄지	-	-려	-며	-므로
	보다	-아, 봐	-고	-나	-는데	-니	-지	-는지	볼지	-러	-려	-며	-므로
	비꼬다	-아, 비꽈	-고	-나	-는데	-니	-지	-는지	비꼴지	-러	-려	-며	-므로
	살아나다	살아나	-고	-나	-는데	-니	-지	-는지	살아날지	-	-려	-며	-므로
	삼가다	삼가	-고	-나	-는데	-니	-지	-는지	삼갈지	-	-려	-며	-므로
	선보다	-아, 선봐	-고	-나	-는데	-니	-지	-는지	선볼지	-러	-려	-며	-므로
	싸다(包)	싸	-고	-나	-는데	-니	-지	-는지	쌀지	-러	-려	-며	-므로
	쏘다	-아, 쏴	-고	-나	-는데	-니	-지	-는지	쏠지	-러	-려	-며	-므로
	오다	와	-고	-나	-는데	-니	-지	-는지	올지	-	-려	-며	-므로
	자다	자	-고	-나	-는데	-니	-지	-는지	잘지	-러	-려	-며	-므로
	자라다	자라	-고	-나	-는데	-니	-지	-는지	자랄지	-	-려	-며	-므로
	짜다(織)	짜	-고	-나	-는데	-니	-지	-는지	짤지	-러	-려	-며	-므로
	차다(蹴)	차	-고	-나	-는데	-니	-지	-는지	찰지	-러	-려	-며	-므로
	타다(乘)	타	-고	-나	-는데	-니	-지	-는지	탈지	-러	-려	-며	-므로
	파다	파	-고	-나	-는데	-니	-지	-는지	팔지	-러	-려	-며	-므로
	혼나다	혼나	-고	-나	-는데	-니	-지	-는지	혼날지	-러	-려	-며	-므로
규 10-1	갉다	-아	-고	-으나	-는데	-으니	-지	-는지	-을지	-으러	-으려	-으며	-으므로
	갖다 [가지다]	×갖아 [-어, 가져]	-고 [-고]	×갖으나 [-나]	-는데 [-는데]	×갖으니 [-니]	-지 [-지]	-는지 [-는지]	×갖을지 [가질지]	×갖으러 [-러]	×갖으려 [-려]	×갖으며 [-며]	×갖으므로 [-므로]
	깎다	-아	-고	-으나	-는데	-으니	-지	-는지	-을지	-으러	-으려	-으며	-으므로
	꼽다	-아	-고	-으나	-는데	-으니	-지	-는지	-을지	-으러	-으려	-으며	-으므로
	꽂다	-아	-고	-으나	-는데	-으니	-지	-는지	-을지	-으러	-으려	-으며	-으므로
	낚다	-아	-고	-으나	-는데	-으니	-지	-는지	-을지	-으러	-으려	-으며	-으므로
	놓다	-아	-고	-으나	-는데	-으니	-지	-는지	-을지	-으러	-으려	-으며	-으므로
	닫다	-아	-고	-으나	-는데	-으니	-지	-는지	-을지	-으러	-으려	-으며	-으므로
	돋다	-아	-고	-으나	-는데	-으니	-지	-는지	-을지	-	-으려	-으며	-으므로
	막다	-아	-고	-으나	-는데	-으니	-지	-는지	-을지	-으러	-으려	-으며	-으므로
	맞다	-아	-고	-으나	-는데	-으니	-지	-는지	-을지	-으러	-으려	-으며	-으므로
	박다	-아	-고	-으나	-는데	-으니	-지	-는지	-을지	-으러	-으려	-으며	-으므로
	받다	-아	-고	-으나	-는데	-으니	-지	-는지	-을지	-으러	-으려	-으며	-으므로

용언 분류 번호	용언 기본형	연결 어미											
		-아 -어 (-아서 -어서)	-고 (-게 -거나 -거든)	-나 (-으나)	-는데 -ㄴ데 (-은데)	-(으)니 (-(으)니까)	-지	-는지 -ㄴ지 (-은지)	-ㄹ지 (-을지)	-(으)러	-(으)려 (-(으)려고)	-(으)며 (-(으)면)	-(으)므로
규 10-1	볶다	-아	-고	-으나	-는데	-으니	-지	-는지	-을지	-으러	-으려	-으며	-으므로
	북돋다	-아	-고	-으나	-는데	-으니	-지	-는지	-을지	-으러	-으려	-으며	-으므로
	빻다	-아	-고	-으나	-는데	-으니	-지	-는지	-을지	-으러	-으려	-으며	-으므로
	빼앗다	-아	-고	-으나	-는데	-으니	-지	-는지	-을지	-으러	-으려	-으며	-으므로
	삭다	-아	-고	-으나	-는데	-으니	-지	-는지	-을지	-	-으려	-으며	-으므로
	속다	-아	-고	-으나	-는데	-으니	-지	-는지	-을지	-	-으려	-으며	-으므로
	쌓다	-아	-고	-으나	-는데	-으니	-지	-는지	-을지	-으러	-으려	-으며	-으므로
	앉다	-아	-고	-으나	-는데	-으니	-지	-는지	-을지	-으러	-으려	-으며	-으므로
	앓다	-아	-고	-으나	-는데	-으니	-지	-는지	-을지	-	-으려	-으며	-으므로
	잦다	-아	-고	-으나	-는데	-으니	-지	-는지	-을지	-	-으려	-으며	-으므로
	좇다	-아	-고	-으나	-는데	-으니	-지	-는지	-을지	-으러	-으려	-으며	-으므로
	쫓다	-아	-고	-으나	-는데	-으니	-지	-는지	-을지	-으러	-으려	-으며	-으므로
	펴놓다	-아	-고	-으나	-는데	-으니	-지	-는지	-을지	-으러	-으려	-으며	-으므로
	핥다	-아	-고	-으나	-는데	-으니	-지	-는지	-을지	-으러	-으려	-으며	-으므로
규 11-0	가꾸다	-어, 가꿔	-고	-나	-는데	-니	-지	-는지	가꿀지	-러	-려	-며	-므로
	가르치다	-어, 가르쳐	-고	-나	-는데	-니	-지	-는지	가르칠지	-러	-려	-며	-므로
	가리다	-어, 가려	-고	-나	-는데	-니	-지	-는지	가릴지	-러	-려	-며	-므로
	가지다	-어, 가져	-고	-나	-는데	-니	-지	-는지	가질지	-러	-려	-며	-므로
	간질이다	-어, 간질여	-고	-나	-는데	-니	-지	-는지	간질일지	-러	-려	-며	-므로
	갈기다	-어, 갈겨	-고	-나	-는데	-니	-지	-는지	갈길지	-러	-려	-며	-므로
	개개다	-어, 개개	-고	-나	-는데	-니	-지	-는지	개갤지	-러	-려	-며	-므로
	개기다	-어, 개겨	-고	-나	-는데	-니	-지	-는지	개길지	-러	-려	-며	-므로
	개다(疊)	-어, 개	-고	-나	-는데	-니	-지	-는지	갤지	-러	-려	-며	-므로
	개다(晴)	-어, 개	-고	-나	-는데	-니	-지	-는지	갤지	-	-려	-며	-므로
	거두다	-어, 거둬	-고	-나	-는데	-니	-지	-는지	거둘지	-러	-려	-며	-므로
	거리끼다	-어, 거리껴	-고	-나	-는데	-니	-지	-는지	거리낄지	-	-려	-며	-므로
	거치다	-어, 거쳐	-고	-나	-는데	-니	-지	-는지	거칠지	-러	-려	-며	-므로
	건너다	건너	-고	-나	-는데	-니	-지	-는지	건널지	-러	-려	-며	-므로
	건네다	-어, 건네	-고	-나	-는데	-니	-지	-는지	건넬지	-러	-려	-며	-므로
	걸리다	-어, 걸려	-고	-나	-는데	-니	-지	-는지	걸릴지	-러	-려	-며	-므로
	기다(匍匐)	-어	-고	-나	-는데	-니	-지	-는지	길지	-	-려	-며	-므로
	꼬시다	-어, 꼬셔	-고	-나	-는데	-니	-지	-는지	꼬실지	-러	-려	-며	-므로
	꾀다	-어	-고	-나	-는데	-니	-지	-는지	꾈지	-러	-려	-며	-므로
	꾸미다	-어, 꾸며	-고	-나	-는데	-니	-지	-는지	꾸밀지	-러	-려	-며	-므로
	끼다(挾)	-어	-고	-나	-는데	-니	-지	-는지	낄지	-러	-려	-며	-므로

용언 분류 번호	용언 기본형	연결 어미											
		-아 -어 (-아서 -어서)	-고 (-게 -거나 -거든)	-나 (-으나)	-는데 -ㄴ데 (-은데)	-(으)니 (-(으)니까)	-지	-는지 -ㄴ지 (-은지)	-ㄹ지 (-을지)	-(으)러	-(으)려 (-(으)려고)	-(으)며 (-(으)면)	-(으)므로
규 11-0	끼다(雲)	-어	-고	-나	-는데	-니	-지	-는지	낄지	-	-려	-며	-므로
	끼치다	-어, 끼쳐	-고	-나	-는데	-니	-지	-는지	끼칠지	-러	-려	-며	-므로
	나누다	-어, 나눠	-고	-나	-는데	-니	-지	-는지	나눌지	-러	-려	-며	-므로
	뉘다 [누이다]	-어 [-어, 누여]	-고 [-고]	-나 [-나]	-는데 [-는데]	-니 [-니]	-지 [-지]	-는지 [-는지]	뉠지 [누일지]	-러 [-러]	-려 [-려]	-며 [-며]	-므로 [-므로]
	다지다	-어, 다져	-고	-나	-는데	-니	-지	-는지	다질지	-러	-려	-며	-므로
	닫치다	-어, 다쳐	-고	-나	-는데	-니	-지	-는지	닫칠지	-러	-려	-며	-므로
	달래다	-어, 달래	-고	-나	-는데	-니	-지	-는지	달랠지	-러	-려	-며	-므로
	달리다	-어, 달려	-고	-나	-는데	-니	-지	-는지	달릴지	-러	-려	-며	-므로
	당기다	-어, 당겨	-고	-나	-는데	-니	-지	-는지	당길지	-러	-려	-며	-므로
	덮이다	-어, 덮여	-고	-나	-는데	-니	-지	-는지	덮일지	-	-려	-며	-므로
	데우다	-어, 데워	-고	-나	-는데	-니	-지	-는지	데울지	-러	-려	-며	-므로
	되다	-어, 돼	-고	-나	-는데	-니	-지	-는지	될지	-러	-려	-며	-므로
	드리다	-어, 드려	-고	-나	-는데	-니	-지	-는지	드릴지	-러	-려	-며	-므로
	들이치다[1]	-어, 들이쳐	-고	-나	-는데	-니	-지	-는지	들이칠지	-	-려	-며	-므로
	들이치다[2]	-어, 들이쳐	-고	-나	-는데	-니	-지	-는지	들이칠지	-러	-려	-며	-므로
	들이켜다	들이켜	-고	-나	-는데	-니	-지	-는지	들이켤지	-러	-려	-며	-므로
	들이키다	-어, 들이켜	-고	-나	-는데	-니	-지	-는지	들이킬지	-러	-려	-며	-므로
	들추다	-어, 들춰	-고	-나	-는데	-니	-지	-는지	들출지	-러	-려	-며	-므로
	디디다	-어, 디뎌	-고	-나	-는데	-니	-지	-는지	디딜지	-러	-려	-며	-므로
	떠벌이다	-어, 떠벌여	-고	-나	-는데	-니	-지	-는지	떠벌일지	-러	-려	-며	-므로
	뜨이다	-어, 띄어	-고	-나	-는데	-니	-지	-는지	뜨일지	-	-려	-며	-므로
	띄다	-어	-고	-나	-는데	-니	-지	-는지	띌지	-러	-려	-며	-므로
	띄우다	-어, 띄워	-고	-나	-는데	-니	-지	-는지	띄울지	-러	-려	-며	-므로
	띠다	-어	-고	-나	-는데	-니	-지	-는지	띨지	-러	-려	-며	-므로
	마치다	-어, 마쳐	-고	-나	-는데	-니	-지	-는지	마칠지	-러	-려	-며	-므로
	맞추다	-어, 맞춰	-고	-나	-는데	-니	-지	-는지	맞출지	-러	-려	-며	-므로
	맞히다	-어, 맞혀	-고	-나	-는데	-니	-지	-는지	맞힐지	-러	-려	-며	-므로
	매다	-어, 매	-고	-나	-는데	-니	-지	-는지	맬지	-러	-려	-며	-므로
	메꾸다	-어, 메꿔	-고	-나	-는데	-니	-지	-는지	메꿀지	-러	-려	-며	-므로
	메다	-어, 메	-고	-나	-는데	-니	-지	-는지	멜지	-러	-려	-며	-므로
	묻히다	-어, 묻혀	-고	-나	-는데	-니	-지	-는지	묻힐지	-러	-려	-며	-므로
	바뀌다	-어	-고	-나	-는데	-니	-지	-는지	바뀔지	-	-려	-며	-므로
	바래다(漂白)	-어, 바래	-고	-나	-는데	-니	-지	-는지	바랠지	-러	-려	-며	-므로
	받치다	-어, 받쳐	-고	-나	-는데	-니	-지	-는지	받칠지	-러	-려	-며	-므로
	받히다	-어, 받혀	-고	-나	-는데	-니	-지	-는지	받힐지	-러	-려	-며	-므로

용언 분류 번호	용언 기본형	연결 어미											
		-아 -어 (-아서 -어서)	-고 (-게 -거나 -거든)	-나 (-으나)	-는데 -ㄴ데 (-은데)	-(으)니 (-(으)니까)	-지	-는지 -ㄴ지 (-은지)	-ㄹ지 (-을지)	-(으)러	-(으)려 (-(으)려고)	-(으)며 (-(으)면)	-(으)므로
규 11-0	버리다	-어, 버려	-고	-나	-는데	-니	-지	-는지	버릴지	-러	-려	-며	-므로
	벗기다	-어, 벗겨	-고	-나	-는데	-니	-지	-는지	벗길지	-러	-려	-며	-므로
	베다	-어, 베	-고	-나	-는데	-니	-지	-는지	벨지	-러	-려	-며	-므로
	뵈다	-어, 봬	-고	-나	-는데	-니	-지	-는지	뵐지	-러	-려	-며	-므로
	부치다 (送, 附)	-어, 부쳐	-고	-나	-는데	-니	-지	-는지	부칠지	-러	-려	-며	-므로
	북돋우다	-어, 북돋워	-고	-나	-는데	-니	-지	-는지	북돋울지	-러	-려	-며	-므로
	비다	-어	-고	-나	-는데	-니	-지	-는지	빌지	-	-려	-며	-므로
	비기다	-어, 비겨	-고	-나	-는데	-니	-지	-는지	비길지	-러	-려	-며	-므로
	비추다	-어, 비춰	-고	-나	-는데	-니	-지	-는지	비출지	-러	-려	-며	-므로
	빼다	-어, 빼	-고	-나	-는데	-니	-지	-는지	뺄지	-러	-려	-며	-므로
	사귀다	-어, ×사겨	-고	-나	-는데	-니	-지	-는지	사귈지	-러	-려	-며	-므로
	사리다	-어, 사려	-고	-나	-는데	-니	-지	-는지	사릴지	-	-려	-며	-므로
	사재다	-어, 사재	-고	-나	-는데	-니	-지	-는지	사잴지	-러	-려	-며	-므로
	살찌다	-어, 살쪄	-고	-나	-는데	-니	-지	-는지	살찔지	-	-려	-며	-므로
	새기다	-어, 새겨	-고	-나	-는데	-니	-지	-는지	새길지	-러	-려	-며	-므로
	서다	서	-고	-나	-는데	-니	-지	-는지	설지	-	-려	-며	-므로
	설레다	-어, 설레	-고	-나	-는데	-니	-지	-는지	설렐지	-	-려	-며	-므로
	쇠다	-어, 쇄	-고	-나	-는데	-니	-지	-는지	쇨지	-러	-려	-며	-므로
	쉬다	-어	-고	-나	-는데	-니	-지	-는지	쉴지	-러	-려	-며	-므로
	시새우다	-어, 시새워	-고	-나	-는데	-니	-지	-는지	시새울지	-	-려	-며	-므로
	쐬다	-어, 쐐	-고	-나	-는데	-니	-지	-는지	쐴지	-러	-려	-며	-므로
	안되다	-어, 안돼	-고	-나	-는데	-니	-지	-는지	안될지	-	-려	-며	-므로
	야위다	-어	-고	-나	-는데	-니	-지	-는지	야윌지	-	-려	-며	-므로
	여위다	-어	-고	-나	-는데	-니	-지	-는지	여윌지	-	-려	-며	-므로
	여쭈다	-어, 여쭤	-고	-나	-는데	-니	-지	-는지	여쭐지	-러	-려	-며	-므로
	오므리다	-어, 오므려	-고	-나	-는데	-니	-지	-는지	오므릴지	-러	-려	-며	-므로
	우거지다	-어, 우거져	-고	-나	-는데	-니	-지	-는지	우거질지	-	-려	-며	-므로
	이루다	-어, 이뤄	-고	-나	-는데	-니	-지	-는지	이룰지	-러	-려	-며	-므로
	잡수다	-어, 잡숴	-고	-나	-는데	-니	-지	-는지	잡술지	-러	-려	-며	-므로
	재다	-어, 재	-고	-나	-는데	-니	-지	-는지	잴지	-러	-려	-며	-므로
	저미다	-어, 저며	-고	-나	-는데	-니	-지	-는지	저밀지	-러	-려	-며	-므로
	젖히다	-어, 젖혀	-고	-나	-는데	-니	-지	-는지	젖힐지	-러	-려	-며	-므로
	제치다	-어, 제쳐	-고	-나	-는데	-니	-지	-는지	제칠지	-러	-려	-며	-므로
	조이다 [죄다]	-어, 조여 [-어, 죄]	-고 [-고]	-나 [-나]	-는데 [-는데]	-니 [-니]	-지 [-지]	-는지 [-는지]	조일지 [죌지]	-러 [-러]	-려 [-려]	-며 [-며]	-므로 [-므로]
	주다	-어, 줘	-고	-나	-는데	-니	-지	-는지	줄지	-러	-려	-며	-므로

용언 분류 번호	용언 기본형	연결 어미											
		-아 -어 (-아서 -어서)	-고 (-게 -거나 -거든)	-나 (-으나)	-는데 -ㄴ데 (-은데)	-(으)니 (-(으)니까)	-지	-는지 -ㄴ지 (-은지)	-ㄹ지 (-을지)	-(으)러	-(으)려 (-(으)려고)	-(으)며 (-(으)면)	-(으)므로
규 11-0	쥐다	-어	-고	-나	-는데	-니	-지	-는지	쥘지	-러	-려	-며	-므로
	지내다	-어, 지내	-고	-나	-는데	-니	-지	-는지	지낼지	-러	-려	-며	-므로
	지다	져	-고	-나	-는데	-니	-지	-는지	질지	-	-려	-며	-므로
	찌다	쪄	-고	-나	-는데	-니	-지	-는지	찔지	-	-려	-며	-므로
	채다(奪取)	-어, 채	-고	-나	-는데	-니	-지	-는지	챌지	-	-려	-며	-므로
	채우다	-어, 채워	-고	-나	-는데	-니	-지	-는지	채울지	-러	-려	-며	-므로
	챙기다	-어, 챙겨	-고	-나	-는데	-니	-지	-는지	챙길지	-러	-려	-며	-므로
	처지다	-어, 처져	-고	-나	-는데	-니	-지	-는지	처질지	-	-려	-며	-므로
	추다	-어, 춰	-고	-나	-는데	-니	-지	-는지	출지	-러	-려	-며	-므로
	추리다	-어, 추려	-고	-나	-는데	-니	-지	-는지	추릴지	-러	-려	-며	-므로
	치다(打)	쳐	-고	-나	-는데	-니	-지	-는지	칠지	-러	-려	-며	-므로
	치우다	-어, 치워	-고	-나	-는데	-니	-지	-는지	치울지	-러	-려	-며	-므로
	치이다	-어, 치여	-고	-나	-는데	-니	-지	-는지	치일지	-	-려	-며	-므로
	켕기다	-어, 켕겨	-고	-나	-는데	-니	-지	-는지	켕길지	-	-려	-며	-므로
	켜다	켜	-고	-나	-는데	-니	-지	-는지	켤지	-러	-려	-며	-므로
	키우다	-어, 키워	-고	-나	-는데	-니	-지	-는지	키울지	-러	-려	-며	-므로
	태우다	-어, 태워	-고	-나	-는데	-니	-지	-는지	태울지	-러	-려	-며	-므로
	터지다	-어, 터져	-고	-나	-는데	-니	-지	-는지	터질지	-	-려	-며	-므로
	튀기다	-어, 튀겨	-고	-나	-는데	-니	-지	-는지	튀길지	-러	-려	-며	-므로
	트이다	-어, 트여	-고	-나	-는데	-니	-지	-는지	트일지	-	-려	-며	-므로
	틀리다	-어, 틀려	-고	-나	-는데	-니	-지	-는지	틀릴지	-	-려	-며	-므로
	틔다	-어	-고	-나	-는데	-니	-지	-는지	틜지	-	-려	-며	-므로
	틔우다	-어, 틔워	-고	-나	-는데	-니	-지	-는지	틔울지	-러	-려	-며	-므로
	패다	-어, 패	-고	-나	-는데	-니	-지	-는지	팰지	-러	-려	-며	-므로
	펴내다	-어, 펴내	-고	-나	-는데	-니	-지	-는지	펴낼지	-러	-려	-며	-므로
	펴다	펴	-고	-나	-는데	-니	-지	-는지	펼지	-러	-려	-며	-므로
	피다	-어	-고	-나	-는데	-니	-지	-는지	필지	-	-려	-며	-므로
	피우다	-어, 피워	-고	-나	-는데	-니	-지	-는지	피울지	-러	-려	-며	-므로
	할퀴다	-어	-고	-나	-는데	-니	-지	-는지	할퀼지	-러	-려	-며	-므로
	헤매다	-어, 헤매	-고	-나	-는데	-니	-지	-는지	헤맬지	-	-려	-며	-므로
	헷갈리다	-어, 헷갈려	-고	-나	-는데	-니	-지	-는지	헷갈릴지	-	-려	-며	-므로
	후리다	-어, 후려	-고	-나	-는데	-니	-지	-는지	후릴지	-러	-려	-며	-므로
	휘다	-어	-고	-나	-는데	-니	-지	-는지	휠지	-	-려	-며	-므로
규 11-1	걷다(收)	-어	-고	-으나	-는데	-으니	-지	-는지	-을지	-으러	-으려	-으며	-으므로
	긁다	-어	-고	-으나	-는데	-으니	-지	-는지	-을지	-으러	-으려	-으며	-으므로
	내딛다 [내디디다]	×내딛어 [-어, 내디뎌]	-고 [-고]	×내딛으나 [-나]	-는데 [-는데]	×내딛으니 [-니]	-지 [-지]	-는지 [-는지]	×내딛을지 [내디딜지]	×내딛으러 [-러]	×내딛으려 [-려]	×내딛으며 [-며]	×내딛으므로 [내디딜지]

용언 분류 번호	용언 기본형	연결 어미											
		-아 -어 (-아서 -어서)	-고 (-게 -거나 -거든)	-나 (-으나)	-는데 -ㄴ데 (-은데)	-(으)니 (-(으)니까)	-지	-는지 -ㄴ지 (-은지)	-ㄹ지 (-을지)	-(으)러	-(으)려 (-(으)려고)	-(으)며 (-(으)면)	-(으)므로
규 11-1	늙다	-어	-고	-으나	-는데	-으니	-지	-는지	-을지	-	-으려	-으며	-으므로
	늦다	-어	-고	-으나	-는데	-으니	-지	-는지	-을지	-	-으려	-으며	-으므로
	덮다	-어	-고	-으나	-는데	-으니	-지	-는지	-을지	-으러	-으려	-으며	-으므로
	딛다 [디디다]	×딛어 [-어, 디뎌]	-고 [-고]	×딛으나 [-나]	-는데 [-는데]	×딛으니 [-니]	-지 [-지]	-는지 [-는지]	×딛을지 [디딜지]	×-으러 [-러]	×딛으려 [-려]	×딛으며 [-며]	×딛으므로 [-므로]
	뜯다	-어	-고	-으나	-는데	-으니	-지	-는지	-을지	-으러	-으려	-으며	-으므로
	먹다	-어	-고	-으나	-는데	-으니	-지	-는지	-을지	-으러	-으려	-으며	-으므로
	멎다	-어	-고	-으나	-는데	-으니	-지	-는지	-을지	-	-으려	-으며	-으므로
	묻다(埋)	-어	-고	-으나	-는데	-으니	-지	-는지	-을지	-으러	-으려	-으며	-으므로
	믿다	-어	-고	-으나	-는데	-으니	-지	-는지	-을지	-	-으려	-으며	-으므로
	뱉다	-어	-고	-으나	-는데	-으니	-지	-는지	-을지	-으러	-으려	-으며	-으므로
	벗다	-어	-고	-으나	-는데	-으니	-지	-는지	-을지	-으러	-으려	-으며	-으므로
	부딪다	-어	-고	-으나	-는데	-으니	-지	-는지	-을지	-으러	-으려	-으며	-으므로
	뻗다	-어	-고	-으나	-는데	-으니	-지	-는지	-을지	-으러	-으려	-으며	-으므로
	섞다	-어	-고	-으나	-는데	-으니	-지	-는지	-을지	-으러	-으려	-으며	-으므로
	숨다	-어	-고	-으나	-는데	-으니	-지	-는지	-을지	-으러	-으려	-으며	-으므로
	신다	-어	-고	-으나	-는데	-으니	-지	-는지	-을지	-으러	-으려	-으며	-으므로
	썩다	-어	-고	-으나	-는데	-으니	-지	-는지	-을지	-	-으려	-으며	-으므로
	씻다	-어	-고	-으나	-는데	-으니	-지	-는지	-을지	-으러	-으려	-으며	-으므로
	얹다	-어	-고	-으나	-는데	-으니	-지	-는지	-을지	-으러	-으려	-으며	-으므로
	얽다	-어	-고	-으나	-는데	-으니	-지	-는지	-을지	-으러	-으려	-으며	-으므로
	익다	-어	-고	-으나	-는데	-으니	-지	-는지	-을지	-	-으려	-으며	-으므로
	읽다	-어	-고	-으나	-는데	-으니	-지	-는지	-을지	-으러	-으려	-으며	-으므로
	잃다	-어	-고	-으나	-는데	-으니	-지	-는지	-을지	-	-으려	-으며	-으므로
	있다	-어	-고	-으나	-는데	-으니	-지	-는지	-을지	-으러	-으려	-으며	-으므로
	적다	-어	-고	-으나	-는데	-으니	-지	-는지	-을지	-으러	-으려	-으며	-으므로
	죽다	-어	-고	-으나	-는데	-으니	-지	-는지	-을지	-으러	-으려	-으며	-으므로
	찍다	-어	-고	-으나	-는데	-으니	-지	-는지	-을지	-으러	-으려	-으며	-으므로
	찢다	-어	-고	-으나	-는데	-으니	-지	-는지	-을지	-으러	-으려	-으며	-으므로
	파묻다	-어	-고	-으나	-는데	-으니	-지	-는지	-을지	-으러	-으려	-으며	-으므로
	품다	-어	-고	-으나	-는데	-으니	-지	-는지	-을지	-으러	-으려	-으며	-으므로
	헐뜯다	-어	-고	-으나	-는데	-으니	-지	-는지	-을지	-으러	-으려	-으며	-으므로
	훑다	-어	-고	-으나	-는데	-으니	-지	-는지	-을지	-으러	-으려	-으며	-으므로
규 20-0	싸다(廉價)	싸	-고	-나	싼데	-니	-지	싼지	쌀지	-	-	-며	-므로
	잽싸다	잽싸	-고	-나	잽싼데	-니	-지	잽싼지	잽쌀지	-	-	-며	-므로
	짜다(鹽)	짜	-고	-나	짠데	-니	-지	짠지	짤지	-	-	-며	-므로
	차다(冷)	차	-고	-나	찬데	-니	-지	찬지	찰지	-	-	-며	-므로

용언 분류 번호	용언 기본형	연결 어미											
		-아 -어 (-아서 -어서)	-고 (-게 -거나 -거든)	-나 (-으나)	-는데 -ㄴ데 (-은데)	-(으)니 (-(으)니까)	-지	-는지 -ㄴ지 (-은지)	-ㄹ지 (-을지)	-(으)러	-(으)려 (-(으)려고)	-(으)며 (-(으)면)	-(으)므로
규 20-1	같다	-아	-고	-으나	-은데	-으니	-지	-은지	-을지	-	-	-으며	-으므로
	걸맞다	-아	-고	-으나	-은데	-으니	-지	-은지	-을지	-	-	-으며	-으므로
	낮다	-아	-고	-으나	-은데	-으니	-지	-은지	-을지	-	-	-으며	-으므로
	많다	-아	-고	-으나	-은데	-으니	-지	-은지	-을지	-	-	-으며	-으므로
	맑다	-아	-고	-으나	-은데	-으니	-지	-은지	-을지	-	-	-으며	-으므로
	밭다	-아	-고	-으나	-은데	-으니	-지	-은지	-을지	-	-	-으며	-으므로
	않다	-아	-고	-으나	-은데	-으니	-지	-은지	-을지	-	-	-으며	-으므로
	얇다	-아	-고	-으나	-은데	-으니	-지	-은지	-을지	-	-	-으며	-으므로
	얕다	-아	-고	-으나	-은데	-으니	-지	-은지	-을지	-	-	-으며	-으므로
	작다	-아	-고	-으나	-은데	-으니	-지	-은지	-을지	-	-	-으며	-으므로
	잦다	-아	-고	-으나	-은데	-으니	-지	-은지	-을지	-	-	-으며	-으므로
	좁다	-아	-고	-으나	-은데	-으니	-지	-은지	-을지	-	-	-으며	-으므로
	짧다	-아	-고	-으나	-은데	-으니	-지	-은지	-을지	-	-	-으며	-으므로
	하찮다	-아	-고	-으나	-은데	-으니	-지	-은지	-을지	-	-	-으며	-으므로
규 21-0	더디다	-어, 더뎌	-고	-나	더딘데	-니	-지	더딘지	더딜지	-	-	-며	-므로
	되다(濃)	-어, 돼	-고	-나	된데	-니	-지	된지	될지	-	-	-며	-므로
	바냐위다	-어	-고	-나	바냐윈데	-니	-지	바냐윈지	바냐윌지	-	-	-며	-므로
	배다(細)	-어, 배	-고	-나	밴데	-니	-지	밴지	밸지	-	-	-며	-므로
	비리다	-어, 비려	-고	-나	비린데	-니	-지	비린지	비릴지	-	-	-며	-므로
	살지다	-어, 살져	-고	-나	살진데	-니	-지	살진지	살질지	-	-	-며	-므로
	세다(强)	-어, 세	-고	-나	센데	-니	-지	센지	셀지	-	-	-며	-므로
	시다	-어, 셔	-고	-나	신데	-니	-지	신지	실지	-	-	-며	-므로
	아니다	-어	-고	-나	아닌데	-니	-지	아닌지	아닐지	-	-	-며	-므로
	안되다	-어, 안돼	-고	-나	안된데	-니	-지	안된지	안될지	-	-	-며	-므로
	이다	-어	-고	-나	인데	-니	-지	인지	일지	-	-	-며	-므로
	재다(速)	-어, 재	-고	-나	잰데	-니	-지	잰지	잴지	-	-	-며	-므로
	참되다	-어, 참돼	-고	-나	참된데	-니	-지	참된지	참될지	-	-	-며	-므로
	틀리다	-어, 틀려	-고	-나	틀린데	-니	-지	틀린지	틀릴지	-	-	-며	-므로
	희다	-어	-고	-나	흰데	-니	-지	흰지	흴지	-	-	-며	-므로
규 21-1	가엾다	-어	-고	-으나	-은데	-으니	-지	-은지	-을지	-	-	-으며	-으므로
	검다(黑)	-어	-고	-으나	-은데	-으니	-지	-은지	-을지	-	-	-으며	-으므로
	굵다	-어	-고	-으나	-은데	-으니	-지	-은지	-을지	-	-	-으며	-으므로
	굽다(曲)	-어	-고	-으나	-은데	-으니	-지	-은지	-을지	-	-	-으며	-으므로
	넓다	-어	-고	-으나	-은데	-으니	-지	-은지	-을지	-	-	-으며	-으므로
	늦다	-어	-고	-으나	-은데	-으니	-지	-은지	-을지	-	-	-으며	-으므로
	맥쩍다	-어	-고	-으나	-은데	-으니	-지	-은지	-을지	-	-	-으며	-으므로
	묽다	-어	-고	-으나	-은데	-으니	-지	-은지	-을지		-	-으며	-으므로
	수줍다	-어	-고	-으나	-은데	-으니	-지	-은지	-을지	-	-	-으며	-으므로

용언 분류 번호	용언 기본형	연결 어미											
		-아 -어 (-아서 -어서)	-고 (-게 -거나 -거든)	-나 (-으나)	-는데 -ㄴ데 (-은데)	-(으)니 (-(으)니까)	-지	-는지 -ㄴ지 (-은지)	-ㄹ지 (-을지)	-(으)러	-(으)려 (-(으)려고)	-(으)며 (-(으)면)	-(으)므로
규 21-1	없다	-어	-고	-으나	-는데	-으니	-지	-는지	-을지	-	-	-으며	-으므로
	엷다	-어	-고	-으나	-은데	-으니	-지	-은지	-을지	-	-	-으며	-으므로
	열다	-어	-고	-으나	-은데	-으니	-지	-은지	-을지	-	-	-으며	-으므로
	익다(慣)	-어	-고	-으나	-은데	-으니	-지	-은지	-을지	-	-	-으며	-으므로
	적다(小)	-어	-고	-으나	-은데	-으니	-지	-은지	-을지	-	-	-으며	-으므로
	젊다	-어	-고	-으나	-은데	-으니	-지	-은지	-을지	-	-	-으며	-으므로
	한없다	-어	-고	-으나	-는데	-으니	-지	-는지	-을지	-	-	-으며	-으므로
불 10-1	깨닫다	깨달아	-고	깨달으나	-는데	깨달으니	-지	-는지	깨달을지	깨달으러	깨달으려	깨달으며	깨달으므로
	내닫다	내달아	-고	내달으나	-는데	내달으니	-지	-는지	내달을지	내달으러	내달으려	내달으며	내달으므로
	치닫다	치달아	-고	치달으나	-는데	치달으니	-지	-는지	치달을지	치달으러	치달으려	치달으며	치달으므로
불 10-2	갈다	-아	-고	가나	가는데	가니	-지	가는지	갈지	-러	-려	-며	-므로
	날다	-아	-고	나나	나는데	나니	-지	나는지	날지	-러	-려	-며	-므로
	놀다	-아	-고	노나	노는데	노니	-지	노는지	놀지	-러	-려	-며	-므로
	달다(懸)	-아	-고	다나	다는데	다니	-지	다는지	달지	-러	-려	-며	-므로
	돌다	-아	-고	도나	도는데	도니	-지	도는지	돌지	-러	-려	-며	-므로
	말다(卷)	-아	-고	마나	마는데	마니	-지	마는지	말지	-러	-려	-며	-므로
	말다(止)	-아	-고	마나	마는데	마니	-지	마는지	말지	-러	-려	-며	-므로
	살다	-아	-고	사나	사는데	사니	-지	사는지	살지	-러	-려	-며	-므로
	알다	-아	-고	아나	아는데	아니	-지	아는지	알지	-러	-려	-며	-므로
	졸다	-아	-고	조나	조는데	조니	-지	조는지	졸지	-러	-려	-며	-므로
불10-3	돕다	도와	-고	도우나	-는데	도우니	-지	-는지	도울지	도우러	도우려	도우며	도우므로
불 10-4	낫다(癒)	나아	-고	나으나	-는데	나으니	-지	-는지	나을지	나으러	나으려	나으며	나으므로
	잣다(紡績)	자아	-고	자으나	-는데	자으니	-지	-는지	자을지	자으러	자으려	자으며	자으므로
불 10-6	가르다	갈라	-고	-나	-는데	-니	-지	-는지	가를지	-러	-려	-며	-므로
	고르다(選)	골라	-고	-나	-는데	-니	-지	-는지	고를지	-러	-려	-며	-므로
	나르다	날라	-고	-나	-는데	-니	-지	-는지	나를지	-러	-려	-며	-므로
	도르다	돌라	-고	-나	-는데	-니	-지	-는지	도를지	-러	-려	-며	-므로
	바르다(塗)	발라	-고	-나	-는데	-니	-지	-는지	바를지	-러	-려	-며	-므로
	사르다	살라	-고	-나	-는데	-니	-지	-는지	사를지	-러	-려	-며	-므로
	오르다	올라	-고	-나	-는데	-니	-지	-는지	오를지	-러	-려	-며	-므로
	자르다	잘라	-고	-나	-는데	-니	-지	-는지	자를지	-러	-려	-며	-므로
	조르다	졸라	-고	-나	-는데	-니	-지	-는지	조를지	-러	-려	-며	-므로
불 10-8	꼬느다	꼬나	-고	-나	-는데	-니	-지	-는지	꼬늘지	-러	-려	-며	-므로
	노느다	노나	-고	-나	-는데	-니	-지	-는지	노늘지	-러	-려	-며	-므로
	다다르다	다다라	-고	-나	-는데	-니	-지	-는지	다다를지	-러	-려	-며	-므로
	담그다	담가	-고	-나	-는데	-니	-지	-는지	담글지	-러	-려	-며	-므로
	따르다	따라	-고	-나	-는데	-니	-지	-는지	따를지	-러	-려	-며	-므로
	잠그다	잠가	-고	-나	-는데	-니	-지	-는지	잠글지	-러	-려	-며	-므로

용언 분류 번호	용언 기본형	연결 어미											
		-아 -어 (-아서 -어서)	-고 (-게 -거나 -거든)	-나 (-으나)	-는데 -ㄴ데 (-은데)	-(으)니 (-(으)니까)	-지	-는지 -ㄴ지 (-은지)	-ㄹ지 (-을지)	-(으)러	-(으)려 (-(으)려고)	-(으)며 (-(으)면)	-(으)므로
불 10-9	그러다 [그리하다]	그래 [-여, 그리해]	-고 [-고]	-나 [-나]	-는데 [-는데]	-니 [-니]	-지 [-지]	-는지 [-는지]	그럴지 [그리할지]	-러 [-러]	-려 [-려]	-며 [-며]	-므로 [-므로]
	더하다	-여, 더해	-고	-나	-는데	-니	-지	-는지	더할지	-러	-려	-며	-므로
	어떡하다	-여, 어떡해	-고	-나	-는데	-니	-지	-는지	어떡할지	-러	-려	-며	-므로
	어쩌다 [어찌하다]	어째 [-여, 어찌해]	-고 [-고]	-나 [-나]	-는데 [-는데]	-니 [-니]	-지 [-지]	-는지 [-는지]	어쩔지 [어찌할지]	-러 [-러]	-려 [-려]	-며 [-며]	-므로 [-므로]
	저러다 [저리하다]	저래 [-하여, 저리해]	-고 [-고]	-나 [-나]	-는데 [-는데]	-니 [-니]	-지 [-지]	-는지 [-는지]	저럴지 [저리할지]	-러 [-러]	-려 [-려]	-며 [-며]	-므로 [-므로]
	하다	-여, 해	-고	-나	-는데	-니	-지	-는지	할지	-러	-려	-며	-므로
불 11-1	걷다(步)	걸어	-고	걸으나	-는데	걸으니	-지	-는지	걸을지	걸으러	걸으려	걸으며	걸으므로
	긷다	길어	-고	길으나	-는데	길으니	-지	-는지	길을지	길으러	길으려	길으며	길으므로
	눋다	눌어	-고	눌으나	-는데	눌으니	-지	-는지	눌을지	눌으러	눌으려	눌으며	눌으므로
	묻다(問)	물어	-고	물으나	-는데	물으니	-지	-는지	물을지	물으러	물으려	물으며	물으므로
	붇다	불어	-고	불으나	-는데	불으니	-지	-는지	불을지	불으러	불으려	불으며	불으므로
	싣다	실어	-고	실으나	-는데	실으니	-지	-는지	실을지	실으러	실으려	실으며	실으므로
	일컫다	일컬어	-고	일컬으나	-는데	일컬으니	-지	-는지	일컬을지	일컬으러	일컬으려	일컬으며	일컬으므로
불 11-2	가물다	-어	-고	가무나	가무는데	가무니	-지	가무는지	-지	-	-려	-며	-므로
	갈마들다	-어	-고	갈마드나	갈마드는데	갈마드니	-지	갈마드는지	-지	-러	-려	-며	-므로
	걸다(掛)	-어	-고	거나	거는데	거니	-지	거는지	-지	-러	-려	-며	-므로
	깃들다	-어	-고	깃드나	깃드는데	깃드니	-지	깃드는지	-지	-러	-려	-며	-므로
	끌다	-어	-고	끄나	끄는데	끄니	-지	끄는지	-지	-러	-려	-며	-므로
	널다	-어	-고	너나	너는데	너니	-지	너는지	-지	-러	-려	-며	-므로
	녹슬다	-어	-고	녹스나	녹스는데	녹스니	-지	녹스는지	-지	-	-려	-며	-므로
	늘다	-어	-고	느나	느는데	느니	-지	느는지	-지	-러	-려	-며	-므로
	덜다	-어	-고	더나	더는데	더니	-지	더는지	-지	-러	-려	-며	-므로
	머물다 [머무르다]	×머물어 [머물러]	-고 [-고]	머무나 [-나]	머무는데 [-는데]	머무니 [-니]	-지 [-지]	머무는지 [-는지]	지 [머무를지]	-러 [-러]	-려 [-려]	-며 [-며]	-므로 [-므로]
	물다	-어	-고	무나	무는데	무니	-지	무는지	-지	-러	-려	-며	-므로
	불다	-어	-고	부나	부는데	부니	-지	부는지	-지	-러	-려	-며	-므로
	빌다	-어	-고	비나	비는데	비니	-지	비는지	-지	-러	-려	-며	-므로
	서둘다 [서두르다]	×서둘어 [서둘러]	-고 [-고]	서두나 [-나]	서두는데 [-는데]	서두니 [-니]	-지 [-지]	서두는지 [-는지]	-지 [-지]	-	-려 [-려]	-며 [-며]	-므로 [-므로]
	설다	-어	-고	서나	서는데	서니	-지	서는지	-지	-러	-려	-며	-므로
	우닐다	-어	-고	우니나	우니는데	우니니	-지	우니는지	-지	-러	-려	-며	-므로
	울다	-어	-고	우나	우는데	우니	-지	우는지	-지	-러	-려	-며	-므로
	일다	-어	-고	이나	이는데	이니	-지	이는지	-지	-러	-려	-며	-므로

용언 분류 번호	용언 기본형	연결 어미												
		-아 -어 (-아서 -어서)	-고 (-게 -거나 -거든)	-나 (-으나)	-는데 -ㄴ데 (-은데)	-(으)니 (-(으)니까)	-지	-는지 -ㄴ지 (-은지)	-ㄹ지 (-을지)	-(으)러	-(으)려 (-(으)려고)	-(으)며 (-(으)면)	-(으)므로
불 11-2	저물다	-어	-고	저무나	저무는데	저무니	-지	저무는지	-지	-	-려	-며	-므로
	줄다	-어	-고	주나	주는데	주니	-지	주는지	-지	-러	-려	-며	-므로
	털다	-어	-고	터나	터는데	터니	-지	터는지	-지	-러	-려	-며	-므로
	허물다	-어	-고	허무나	허무는데	허무니	-지	허무는지	-지	-러	-려	-며	-므로
	헐다	-어	-고	허나	허는데	허니	-지	허는지	-지	-러	-려	-며	-므로
	흔들다	-어	-고	흔드나	흔드는데	흔드니	-지	-는지	-지	-러	-려	-며	-므로
불 11-3	눕다	누워	-고	누우나	-는데	누우니	-지	-는지	누울지	누우러	누우려	누우며	누우므로
	깁다	기워	-고	기우나	-는데	기우니	-지	-는지	기울지	기우러	기우려	기우며	기우므로
	여쭙다	여쭈워	-고	여쭈우나	-는데	여쭈우니	-지	-는지	여쭈울지	여쭈우러	여쭈우려	여쭈우며	여쭈우므로
불 11-4	젓다	저어	-고	저으나	-는데	저으니	-지	-는지	저을지	저으러	저으려	저으며	저으므로
	붓다	부어	-고	부으나	-는데	부으니	-지	-는지	부을지	부으러	부으려	부으며	부으므로
	짓다	지어	-고	지으나	-는데	지으니	-지	-는지	지을지	지으러	지으려	지으며	지으므로
	긋다	그어	-고	그으나	-는데	그으니	-지	-는지	그을지	그으러	그으려	그으며	그으므로
	잇다	이어	-고	이으나	-는데	이으니	-지	-는지	이을지	이으러	이으려	이으며	이으므로
불 11-6	거르다	걸러	-고	-나	-는데	-니	-지	-는지	거를지	-러	-려	-며	-므로
	누르다(壓)	눌러	-고	-나	-는데	-니	-지	-는지	누를지	-러	-려	-며	-므로
	두르다	둘러	-고	-나	-는데	-니	-지	-는지	두를지	-러	-려	-며	-므로
	들르다	들러	-고	-나	-는데	-니	-지	-는지	들를지	-러	-려	-며	-므로
	머무르다	머물러	-고	-나	-는데	-니	-지	-는지	머무를지	-러	-려	-며	-므로
	무르다(返)	물러	-고	-나	-는데	-니	-지	-는지	무를지	-러	-려	-며	-므로
	벼르다	별러	-고	-나	-는데	-니	-지	-는지	벼를지	-러	-려	-며	-므로
	부르다(呼)	불러	-고	-나	-는데	-니	-지	-는지	부를지	-러	-려	-며	-므로
	분지르다	분질러	-고	-나	-는데	-니	-지	-는지	분지를지	-러	-려	-며	-므로
	서두르다	서둘러	-고	-나	-는데	-니	-지	-는지	서두를지	-러	-려	-며	-므로
	어르다	얼러	-고	-나	-는데	-니	-지	-는지	어를지	-러	-려	-며	-므로
	어지르다	어질러	-고	-나	-는데	-니	-지	-는지	어지를지	-러	-려	-며	-므로
	으르다	을러	-고	-나	-는데	-니	-지	-는지	으를지	-러	-려	-며	-므로
	이르다(云)	일러	-고	-나	-는데	-니	-지	-는지	이를지	-러	-려	-며	-므로
	추스르다	추슬러	-고	-나	-는데	-니	-지	-는지	추스를지	-러	-려	-며	-므로
	흐르다	흘러	-고	-나	-는데	-니	-지	-는지	흐를지	-러	-려	-며	-므로
불 11-7	우러르다	우러러	-고	-나	-는데	-니	-지	-는지	우러를지	-러	-려	-며	-므로
	이르다(到)	이르러	-고	-나	-는데	-니	-지	-는지	이를지	-러	-려	-며	-므로
불 11-8	끄다	꺼	-고	-나	-는데	-니	-지	-는지	끌지	-러	-려	-며	-므로
	동트다	동터	-고	-나	-는데	-니	-지	-는지	동틀지	-러	-려	-며	-므로
	뜨다(浮)	떠	-고	-나	-는데	-니	-지	-는지	뜰지	-러	-려	-며	-므로
	싹트다	싹터	-고	-나	-는데	-니	-지	-는지	싹틀지	-러	-려	-며	-므로
	쓰다	써	-고	-나	-는데	-니	-지	-는지	쓸지	-러	-려	-며	-므로

용언 분류 번호	용언 기본형	연결 어미											
		-아 -어 (-아서 -어서)	-고 (-게 -거나 -거든)	-나 (-으나)	-는데 -ㄴ데 (-은데)	-(으)니 (-(으)니까)	-지	-는지 -ㄴ지 (-은지)	-ㄹ지 (-을지)	-(으)러	-(으)려 (-(으)려고)	-(으)며 (-(으)면)	-(으)므로
불 11-8	치뜨다	치떠	-고	-나	-는데	-니	-지	-는지	치뜰지	-러	-려	-며	-므로
	치르다	치러	-고	-나	-는데	-니	-지	-는지	치를지	-러	-려	-며	-므로
	크다	커	-고	-나	-는데	-니	-지	-는지	클지	-러	-려	-며	-므로
	트다	터	-고	-나	-는데	-니	-지	-는지	틀지	-러	-려	-며	-므로
불11-10	푸다	퍼	-고	-나	-는데	-니	-지	-는지	풀지	-러	-려	-며	-므로
불 20-2	놀다(稀)	-아	-고	노나	논데	노니	-지	논지	놀지	-	-	-며	-므로
	달다(甘)	-아	-고	다나	단데	다니	-지	단지	달지	-	-	-며	-므로
	솔다(狹)	-아	-고	소나	손데	소니	-지	손지	솔지	-	-	-며	-므로
	잘다(細)	-아	-고	자나	잔데	자니	-지	잔지	잘지	-	-	-며	-므로
불 20-3	가깝다	가까워	-고	가까우나	가까운데	가까우니	-지	가까운지	가까울지	-	-	가까우며	가까우므로
	고맙다	고마워	-고	고마우나	고마운데	고마우니	-지	고마운지	고마울지	-	-	고마우며	고마우므로
	곱다(麗)	고와	-고	고우나	고운데	고우니	-지	고운지	고울지	-	-	고우며	고우므로
	꽃답다	꽃다워	-고	꽃다우나	꽃다운데	꽃다우니	-지	꽃다운지	꽃다울지	-	-	꽃다우며	꽃다우므로
	반갑다	반가워	-고	반가우나	반가운데	반가우니	-지	반가운지	반가울지	-	-	반가우며	반가우므로
	새롭다	새로워	-고	새로우나	새로운데	새로우니	-지	새로운지	새로울지	-	-	새로우며	새로우므로
	아깝다	아까워	-고	아까우나	아까운데	아까우니	-지	아까운지	아까울지	-	-	아까우며	아까우므로
	아니꼽다	아니꼬워	-고	아니꼬우나	아니꼬운데	아니꼬우니	-지	아니꼬운지	아니꼬울지	-	-	아니꼬우며	아니꼬우므로
	외롭다	외로워	-고	외로우나	외로운데	외로우니	-지	외로운지	외로울지	-	-	외로우며	외로우므로
	차갑다	차가워	-고	차가우나	차가운데	차가우니	-지	차가운지	차가울지	-	-	차가우며	차가우므로
	해롭다	해로워	-고	해로우나	해로운데	해로우니	-지	해로운지	해로울지	-	-	해로우며	해로우므로
불20-4	낫다(優)	나아	-고	나으나	나은데	나으니	-지	나은지	나을지	-	-	나으며	나으므로
불 20-5	굵다랗다	굵다래	-고	굵다라나	굵다란데	굵다라니	-지	굵다란지	굵다랄지	-	-	굵다라며	굵다라므로
	기다랗다	기다래	-고	기다라나	기다란데	기다라니	-지	기다란지	기다랄지	-	-	기다라며	기다라므로
	까맣다	까매	-고	까마나	까만데	까마니	-지	까만지	까말지	-	-	까마며	까마므로
	널따랗다	널따래	-고	널따라나	널따란데	널따라니	-지	널따란지	널따랄지	-	-	널따라며	널따라므로
	노랗다	노래	-고	노라나	노란데	노라니	-지	노란지	노랄지	-	-	노라며	노라므로
	빨갛다	빨개	-고	빨가나	빨간데	빨가니	-지	빨간지	빨갈지	-	-	빨가며	빨가므로
	뽀얗다	뽀얘	-고	뽀야나	뽀얀데	뽀야니	-지	뽀얀지	뽀얄지	-	-	뽀야며	뽀야므로
	조그맣다 [조그마하다]	조그매 [-여, 조그마해]	-고 [-고]	조그마나 [-나]	조그만데 [조그마한데]	조그마니 [조그마하니]	-지 [-지]	조그만지 [조그마한지]	조그말지 [조그마할지]	-	-	조그마며 [-며]	조그마므로 [-므로]
	짤따랗다	짤따래	-고	짤따라나	짤따란데	짤따라니	-지	짤따란지	짤따랄지	-	-	짤따라며	짤따라므로
	커다랗다	커다래	-고	커다라나	커다란데	커다라니	-지	커다란지	커다랄지	-	-	커다라며	커다라므로
	파랗다	파래	-고	파라나	파란데	파라니	-지	파란지	파랄지	-	-	파라며	파라므로
	하얗다	하얘	-고	하야나	하얀데	하야니	-지	하얀지	하얄지	-	-	하야며	하야므로
불 20-6	가파르다	가팔라	-고	-나	가파른데	-니	-지	가파른지	가파를지	-	-	-며	-므로
	고르다(均)	골라	-고	-나	고른데	-니	-지	고른지	고를지	-	-	-며	-므로
	다르다	달라	-고	-나	다른데	-니	-지	다른지	다를지	-	-	-며	-므로

용언 분류 번호	용언 기본형	연결 어미											
		-아 -어 (-아서 -어서)	-고 (-게 -거나 -거든)	-나 (-으나)	-는데 -ㄴ데 (-은데)	-(으)니 (-(으)니까)	-지	-는지 -ㄴ지 (-은지)	-ㄹ지 (-을지)	-(으)러	-(으)려 (-(으)려고)	-(으)며 (-(으)면)	-(으)므로
불 20-6	바르다(正)	발라	-고	-나	바른데	-니	-지	바른지	바를지	-	-	-며	-므로
	빠르다	빨라	-고	-나	빠른데	-니	-지	빠른지	빠를지	-	-	-며	-므로
	올바르다	올발라	-고	-나	올바른데	-니	-지	올바른지	올바를지	-	-	-며	-므로
불 20-8	바쁘다	바빠	-고	-나	바쁜데	-니	-지	바쁜지	바쁠지	-	-	-며	-므로
	고프다	고파	-고	-나	고픈데	-니	-지	고픈지	고플지	-	-	-며	-므로
	아프다	아파	-고	-나	아픈데	-니	-지	아픈지	아플지	-	-	-며	-므로
	애달프다	애달파	-고	-나	애달픈데	-니	-지	애달픈지	애달플지	-	-	-며	-므로
불 20-9	갑갑하다	-여, 갑갑해	-고	-나	갑갑한데	-니	-지	갑갑한지	갑갑할지	-	-	-며	-므로
	그러하다 [그렇다]	-여, 그러해 [그래]	-고 [-고]	-나 [그러나]	그러한데 [그런데]	-니 [그러니]	-지 [-지]	그러한지 [그런지]	그러할지 [그럴지]	-	-	-며 [-며]	-므로 [그러므로]
	깍듯하다	-여, 깍듯해	-고	-나	깍듯한데	-니	-지	깍듯한지	깍듯할지	-	-	-며	-므로
	넓적하다	-여, 넓적해	-고	-나	넓적한데	-니	-지	넓적한지	넓적할지	-	-	-며	-므로
	어떠하다	-여, 어떠해	-고	-나	어떠한데	-니	-지	어떠한지	어떠할지	-	-	-며	-므로
	용하다	-여, 용해	-고	-나	용한데	-니	-지	용한지	용할지	-	-	-며	-므로
	저러하다	-여, 저러해	-고	-나	저러한데	-니	-지	저러한지	저러할지	-	-	-며	-므로
	착하다	-여, 착해	-고	-나	착한데	-니	-지	착한지	착할지	-	-	-며	-므로
	허전하다	-여, 허전해	-고	-나	허전한데	-니	-지	허전한지	허전할지	-	-	-며	-므로
	호젓하다	-여, 호젓해	-고	-나	호젓한데	-니	-지	호젓한지	호젓할지	-	-	-며	-므로
불 21-2	가늘다	-어	-고	가느나	가는데	가느니	-지	가는지	가늘지	-	-	-며	-므로
	거칠다	-어	-고	거치나	거친데	거치니	-지	거친지	거칠지	-	-	-며	-므로
	길다	-어	-고	기나	긴데	기니	-지	긴지	길지	-	-	-며	-므로
	둥글다	-어	-고	둥그나	둥근데	둥그니	-지	둥근지	둥글지	-	-	-며	-므로
	멀다	-어	-고	머나	먼데	머니	-지	먼지	멀지	-	-	-며	-므로
	비뚤다	-어	-고	비뚜나	비뚠데	비뚜니	-지	비뚠지	비뚤지	-	-	-며	-므로
	설다	-어	-고	서나	선데	서니	-지	선지	설지	-	-	-며	-므로
	어질다	-어	-고	어지나	어진데	어지니	-지	어진지	어질지	-	-	-며	-므로
불 21-3	가렵다	가려워	-고	가려우나	가려운데	가려우니	-지	가려운지	가려울지	-	-	가려우며	가려우므로
	가볍다	가벼워	-고	가벼우나	가벼운데	가벼우니	-지	가벼운지	가벼울지	-	-	가벼우며	가벼우므로
	가엽다	가여워	-고	가여우나	가여운데	가여우니	-지	가여운지	가여울지	-	-	가여우며	가여우므로
	간지럽다	간지러워	-고	간지러우나	간지러운데	간지러우니	-지	간지러운지	간지러울지	-	-	간지러우며	간지러우므로
	덥다	더워	-고	더우나	더운데	더우니	-지	더운지	더울지	-	-	더우며	더우므로
	두껍다	두꺼워	-고	두꺼우나	두꺼운데	두꺼우니	-지	두꺼운지	두꺼울지	-	-	두꺼우며	두꺼우므로
	맵다	매워	-고	매우나	매운데	매우니	-지	매운지	매울지	-	-	매우며	매우므로
	무섭다	무서워	-고	무서우나	무서운데	무서우니	-지	무서운지	무서울지	-	-	무서우며	무서우므로
	별스럽다	별스러워	-고	별스러우나	별스러운데	별스러우니	-지	별스러운지	별스러울지	-	-	별스러우며	별스러우므로
	상스럽다	상스러워	-고	상스러우나	상스러운데	상스러우니	-지	상스러운지	상스러울지	-	-	상스러우며	상스러우므로
	서럽다	서러워	-고	서러우나	서러운데	서러우니	-지	서러운지	서러울지	-	-	서러우며	서러우므로

용언 분류 번호	용언 기본형	연결 어미											
		-아 -어 (-아서 -어서)	-고 (-게 -거나 -거든)	-나 (-으나)	-는데 -ㄴ데 (-은데)	-(으)니 (-(으)니까)	-지	-는지 -ㄴ지 (-은지)	-ㄹ지 (-을지)	-(으)러	-(으)려 (-(으)려고)	-(으)며 (-(으)면)	-(으)므로
불 21-3	섧다	설워	-고	설우나	설운데	설우니	-지	설운지	설울지	-	-	설우며	설우므로
	슬겁다	슬거워	-고	슬거우나	슬거운데	슬거우니	-지	슬거운지	슬거울지	-	-	슬거우며	슬거우므로
	아쉽다	아쉬워	-고	아쉬우나	아쉬운데	아쉬우니	-지	아쉬운지	아쉬울지	-	-	아쉬우며	아쉬우므로
	어지럽다	어지러워	-고	어지러우나	어지러운데	어지러우니	-지	어지러운지	어지러울지	-	-	어지러우며	어지러우므로
	즐겁다	즐거워	-고	즐거우나	즐거운데	즐거우니	-지	즐거운지	즐거울지	-	-	즐거우며	즐거우므로
	춥다	추워	-고	추우나	추운데	추우니	-지	추운지	추울지	-	-	추우며	추우므로
	한스럽다	한스러워	-고	한스러우나	한스러운데	한스러우니	-지	한스러운지	한스러울지	-	-	한스러우며	한스러우므로
	헐겁다	헐거워	-고	헐거우나	헐거운데	헐거우니	-지	헐거운지	헐거울지	-	-	헐거우며	헐거우므로
	희떱다	희떠워	-고	희떠우나	희떠운데	희떠우니	-지	희떠운지	희떠울지	-	-	희떠우며	희떠우므로
불 21-5	그렇다 [그러하다]	그래 [그러하여, 그러해]	-고 [-고]	그러나 [-나]	그런데 [그러한데]	그러니 [-니]	-지 [-지]	그런지 [그러한지]	그럴지 [그러할지]	-	-	그러며 [-며]	그러므로 [-므로]
	꺼멓다	꺼메	-고	꺼머나	꺼먼데	꺼머니	-지	꺼먼지	꺼멀지	-	-	꺼머며	꺼머므로
	누렇다	누레	-고	누러나	누런데	누러니	-지	누런지	누럴지	-	-	누러며	누러므로
	뻘겋다	뻘게	-고	뻘거나	뻘건데	뻘거니	-지	뻘건지	뻘걸지	-	-	뻘거며	뻘거므로
	뿌옇다	뿌예	-고	뿌여나	뿌연데	뿌여니	-지	뿌연지	뿌열지	-	-	뿌여며	뿌여므로
	어떻다	어때	-고	어떠나	어떤데	어떠니	-지	어떤지	어떨지	-	-	어떠며	어떠므로
	저렇다	저래 [저러하여, 저러해]	-고 [-고]	저러나 [-나]	저런데 [저러한데]	저러니 [-니]	-지 [-지]	저런지 [저러한지]	저럴지 [저러할지]	-	-	저러며 [-며]	저러므로 [-므로]
	퍼렇다	퍼레	-고	퍼러나	퍼런데	퍼러니	-지	퍼런지	퍼럴지	-	-	퍼러며	퍼러므로
	허옇다	허예	-고	허여나	허연데	허여니	-지	허연지	허열지	-	-	허여며	허여므로
불 21-6	그르다	글러	-고	-나	그른데	-니	-지	그른지	그를지	-	-	-며	-므로
	무르다(軟)	물러	-고	-나	무른데	-니	-지	무른지	무를지	-	-	-며	-므로
	부르다(滿)	불러	-고	-나	부른데	-니	-지	부른지	부를지	-	-	-며	-므로
	섣부르다	섣불러	-고	-나	섣부른데	-니	-지	섣부른지	섣부를지	-	-	-며	-므로
	이르다(早)	일러	-고	-나	이른데	-니	-지	이른지	이를지	-	-	-며	-므로
불 21-7	노르다(黃)	노르러	-고	-나	노른데	-니	-지	노른지	노를지	-	-	-며	-므로
	누르다(黃)	누르러	-고	-나	누른데	-니	-지	누른지	누를지	-	-	-며	-므로
	푸르다	푸르러	-고	-나	푸른데	-니	-지	푸른지	푸를지	-	-	-며	-므로
불 21-8	기쁘다	기뻐	-고	-나	기쁜데	-니	-지	기쁜지	기쁠지	-	-	-며	-므로
	뜨다(遲)	떠	-고	-나	뜬데	-니	-지	뜬지	뜰지	-	-	-며	-므로
	서글프다	서글퍼	-고	-나	서글픈데	-니	-지	서글픈지	서글플지	-	-	-며	-므로
	슬프다	슬퍼	-고	-나	슬픈데	-니	-지	슬픈지	슬플지	-	-	-며	-므로
	예쁘다	예뻐	-고	-나	예쁜데	-니	-지	예쁜지	예쁠지	-	-	-며	-므로
	크다	커	-고	-나	큰데	-니	-지	큰지	클지	-	-	-며	-므로
	헤프다	헤퍼	-고	-나	헤픈데	-니	-지	헤픈지	헤플지	-	-	-며	-므로

〈용언 활용표 4: 연결 어미〉

용언 분류 번호	용언 기본형	전성 어미					선어말 어미					
		-ㄴ(-은) (과거)	-는, -ㄴ(-은) (현재)	-ㄹ(-을) (미래)	-ㅁ(-음)	-기	-(으)시다 -(으)십니다	-었- -았-	-겠-	-더-	-(으)오-	-옵- -사옵-
규 10-0	가다	간	-는	갈	감	-기	-신다	갔다	-겠다	-더라	-오니	-옵니다
	꼬다	꼰	-는	꼴	꼼	-기	-신다	-았다, 꽜다	-겠다	-더라	-오니	-옵니다
	나가다	나간	-는	나갈	나감	-기	-신다	나갔다	-겠다	-더라	-오니	-옵니다
	놀라다	놀란	-는	놀랄	놀람	-기	-신다	놀랐다	-겠다	-더라	-오니	-옵니다
	드러나다	드러난	-는	드러날	드러남	-기	-신다	드러났다	-겠다	-더라	-오니	-옵니다
	바라다	바란	-는	바랄	×바램 바람	-기	-신다	바랐다	-겠다	-더라	-오니	-옵니다
	보다	본	-는	볼	봄	-기	-신다	-았다, 봤다	-겠다	-더라	-오니	-옵니다
	비꼬다	비꼰	-는	비꼴	비꼼	-기	-신다	-았다, 비꽜다	-겠다	-더라	-오니	-옵니다
	살아나다	살아난	-는	살아날	살아남	-기	-신다	살아났다	-겠다	-더라	-오니	-옵니다
	삼가다	삼간	-는	삼갈	삼감	-기	-신다	삼갔다	-겠다	-더라	-오니	-옵니다
	선보다	선본	-는	선볼	선봄	-기	-신다	-았다, 선봤다	-겠다	-더라	-오니	-옵니다
	싸다(包)	싼	-는	쌀	쌈	-기	-신다	샀다	-겠다	-더라	-오니	-옵니다
	쏘다	쏜	-는	쏠	쏨	-기	-신다	-았다, 쐈다	-겠다	-더라	-오니	-옵니다
	오다	온	-는	올	옴	-기	-신다	왔다	-겠다	-더라	-오니	-옵니다
	자다	잔	-는	잘	잠	-기	주무신다	잤다	-겠다	-더라	-오니	-옵니다
	자라다	자란	-는	자랄	자람	-기	-신다	자랐다	-겠다	-더라	-오니	-옵니다
	짜다(織)	짠	-는	짤	짬	-기	-신다	짰다	-겠다	-더라	-오니	-옵니다
	차다(蹴)	찬	-는	찰	참	-기	-신다	찼다	-겠다	-더라	-오니	-옵니다
	타다(乘)	탄	-는	탈	참	-기	-신다	탔다	-겠다	-더라	-오니	-옵니다
	파다	판	-는	팔	팜	-기	-신다	팠다	-겠다	-더라	-오니	-옵니다
	혼나다	혼난	-는	혼날	혼남	-기	-신다	혼났다	-겠다	-더라	-오니	-옵니다
규 10-1	갉다	-은	-는	-을	-음	-기	-으신다	-았다	-겠다	-더라	-사오니, -으오니	-사옵니다
	갖다 [가지다]	×갖은 [가진]	-는 [-는]	×갖을 [가질]	×갖음 [가짐]	-기 [-기]	×갖으신다 [-신다]	×갖았다 [-었다, 가졌다]	-겠다 [-겠다]	-더라 [-더라]	-사오니 [-오니]	갖사옵니다 [-옵니다]
	깎다	-은	-는	-을	-음	-기	-으신다	-았다	-겠다	-더라	-사오니, -으오니	-사옵니다
	꼽다	-은	-는	-을	-음	-기	-으신다	-았다	-겠다	-더라	-사오니, -으오니	-사옵니다
	꽂다	-은	-는	-을	-음	-기	-으신다	-았다	-겠다	-더라	-사오니, -으오니	-사옵니다

용언 분류 번호	용언 기본형	전성 어미					선어말 어미					
		-ㄴ(-은) (과거)	-는, -ㄴ(-은) (현재)	-ㄹ(-을) (미래)	-ㅁ(-음)	-기	-(으)시다 -(으)십니다	-었- -았-	-겠-	-더-	-(으)오-	-옵- -사옵-
規 10-1	낚다	-은	-는	-을	-음	-기	-으신다	-았다	-겠다	-더라	-사오니, -으오니	-사옵니다
	낳다	-은	-는	-을	-음	-기	-으신다	-았다	-겠다	-더라	-사오니, -으오니	-사옵니다
	닫다	-은	-는	-을	-음	-기	-으신다	-았다	-겠다	-더라	-사오니, -으오니	-사옵니다
	돋다	-은	-는	-을	-음	-기	-으신다	-았다	-겠다	-더라	-사오니, -으오니	-사옵니다
	막다	-은	-는	-을	-음	-기	-으신다	-았다	-겠다	-더라	-사오니, -으오니	-사옵니다
	맞다	-은	-는	-을	-음	-기	-으신다	-았다	-겠다	-더라	-사오니, -으오니	-사옵니다
	박다	-은	-는	-을	-음	-기	-으신다	-았다	-겠다	-더라	-사오니, -으오니	-사옵니다
	받다	-은	-는	-을	-음	-기	-으신다	-았다	-겠다	-더라	-사오니, -으오니	-사옵니다
	볶다	-은	-는	-을	-음	-기	-으신다	-았다	-겠다	-더라	-사오니, -으오니	-사옵니다
	북돋다	-은	-는	-을	-음	-기	-으신다	-았다	-겠다	-더라	-사오니, -으오니	-사옵니다
	빻다	-은	-는	-을	-음	-기	-으신다	-았다	-겠다	-더라	-사오니, -으오니	-사옵니다
	빼앗다	-은	-는	-을	-음	-기	-으신다	-았다	-겠다	-더라	-사오니, -으오니	-사옵니다
	삭다	-은	-는	-을	-음	-기	-으신다	-았다	-겠다	-더라	-사오니, -으오니	-사옵니다
	속다	-은	-는	-을	-음	-기	-으신다	-았다	-겠다	-더라	-사오니, -으오니	-사옵니다
	쌓다	-은	-는	-을	-음	-기	-으신다	-았다	-겠다	-더라	-사오니, -으오니	-사옵니다
	안다	-은	-는	-을	-음	-기	-으신다	-았다	-겠다	-더라	-사오니, -으오니	-사옵니다
	않다	-은	-는	-을	-음	-기	-으신다	-았다	-겠다	-더라	-사오니, -으오니	-사옵니다
	잦다	-은	-는	-을	-음	-기	-으신다	-았다	-겠다	-더라	-사오니, -으오니	-사옵니다
	좇다	-은	-는	-을	-음	-기	-으신다	-았다	-겠다	-더라	-사오니, -으오니	-사옵니다
	쫓다	-은	-는	-을	-음	-기	-으신다	-았다	-겠다	-더라	-사오니, -으오니	-사옵니다
	펴놓다	-은	-는	-을	-음	-기	-으신다	-았다	-겠다	-더라	-사오니, -으오니	-사옵니다
	핥다	-은	-는	-을	-음	-기	-으신다	-았다	-겠다	-더라	-사오니, -으오니	-사옵니다

용언 분류 번호	용언 기본형	전성 어미					선어말 어미					
		-ㄴ(-은) (과거)	-는, -ㄴ(-은) (현재)	-ㄹ(-을) (미래)	-ㅁ(-음)	-기	-(으)시다 -(으)십니다	-었- -았-	-겠-	-더-	-(으)오-	-옵- -사옵-
규 11-0	가꾸다	가꾼	-는	가꿀	가꿈	-기	-신다	-었다, 가꿨다	-겠다	-더라	-오니	-옵니다
	가르치다	가르친	-는	가르칠	가르침	-기	-신다	-었다, 가르쳤다	-겠다	-더라	-오니	-옵니다
	가리다	가린	-는	가릴	가림	-기	-신다	-었다, 가렸다	-겠다	-더라	-오니	-옵니다
	가지다	가진	-는	가질	가짐	-기	-신다	-었다, 가졌다	-겠다	-더라	-오니	-옵니다
	간질이다	간질인	-는	간질일	간질임	-기	-신다	-었다, 간질였다	-겠다	-더라	-오니	-옵니다
	갈기다	갈긴	-는	갈길	갈김	-기	-신다	-었다, 갈겼다	-겠다	-더라	-오니	-옵니다
	개개다	개갠	-는	개갤	개갬	-기	-신다	-었다, 개갰다	-겠다	-더라	-오니	-옵니다
	개기다	개긴	-는	개길	개김	-기	-신다	-었다, 개겼다	-겠다	-더라	-오니	-옵니다
	개다(疊)	갠	-는	갤	갬	-기	-신다	-었다, 갰다	-겠다	-더라	-오니	-옵니다
	개다(晴)	갠	-는	갤	갬	-기	-신다	-었다, 갰다	-겠다	-더라	-오니	-옵니다
	거두다	거둔	-는	거둘	거둠	-기	-신다	-었다, 거뒀다	-겠다	-더라	-오니	-옵니다
	거리끼다	거리낀	-는	거리낄	거리낌	-기	-신다	-었다, 거리꼈다	-겠다	-더라	-오니	-옵니다
	거치다	거친	-는	거칠	거침	-기	-신다	-었다, 거쳤다	-겠다	-더라	-오니	-옵니다
	건너다	건넌	-는	건널	건넘	-기	-신다	건넜다	-겠다	-더라	-오니	-옵니다
	건네다	건넨	-는	건넬	건넴	-기	-신다	-었다, 건넸다	-겠다	-더라	-오니	-옵니다
	걸리다	걸린	-는	걸릴	걸림	-기	-신다	-었다, 걸렸다	-겠다	-더라	-오니	-옵니다
	기다(匍匐)	긴	-는	길	김	-기	-신다	-었다	-겠다	-더라	-오니	-옵니다
	꼬시다	꼬신	-는	꼬실	꼬심	-기	-신다	-었다, 꼬셨다	-겠다	-더라	-오니	-옵니다
	꾀다	꾄	-는	꾈	꾐	-기	-신다	-었다, 꽸다	-겠다	-더라	-오니	-옵니다
	꾸미다	꾸민	-는	꾸밀	꾸밈	-기	-신다	-었다, 꾸몄다	-겠다	-더라	-오니	-옵니다
	끼다(挾)	낀	-는	낄	낌	-기	-신다	-었다, 꼈다	-겠다	-더라	-오니	-옵니다
	끼다(雲)	낀	-는	낄	낌	-기	-신다	-었다, 꼈다	-겠다	-더라	-오니	-옵니다

용언 분류 번호	용언 기본형	전성 어미					선어말 어미					
		-ㄴ(-은) (과거)	-는, -ㄴ(-은) (현재)	-ㄹ(-을) (미래)	-ㅁ(-음)	-기	-(으)시다 -(으)십니다	-었- -았-	-겠-	-더-	-(으)오-	-옵- -사옵-
	끼치다	끼친	-는	끼칠	끼침	-기	-신다	-었다, 끼쳤다	-겠다	-더라	-오니	-옵니다
	나누다	나눈	-는	나눌	나눔	-기	-신다	-었다, 나눴다	-겠다	-더라	-오니	-옵니다
	뉘다 [누이다]	뉜 [누인]	-는 [-는]	뉠 [누일]	뉨 [누임]	-기 [-기]	-신다 [-신다]	-었다 [-었다, 누였다]	-겠다 [-겠다]	-더라 [-더라]	-오니 [-오니]	-옵니다 [-옵니다]
	다지다	다진	-는	다질	다짐	-기	-신다	-었다, 다졌다	-겠다	-더라	-오니	-옵니다
	닫치다	닫친	-는	닫칠	닫침	-기	-신다	-었다, 닫쳤다	-겠다	-더라	-오니	-옵니다
	달래다	달랜	-는	달랠	달램	-기	-신다	-었다, 달랬다	-겠다	-더라	-오니	-옵니다
	달리다	달린	-는	달릴	달림	-기	-신다	-었다, 달렸다	-겠다	-더라	-오니	-옵니다
	당기다	당긴	-는	당길	당김	-기	-신다	-었다, 당겼다	-겠다	-더라	-오니	-옵니다
	덮이다	덮인	-는	덮일	덮임	-기	-신다	-었다, 덮였다	-겠다	-더라	-오니	-옵니다
	데우다	데운	-는	데울	데움	-기	-신다	-었다, 데웠다	-겠다	-더라	-오니	-옵니다
규 11-0	되다	된	-는	될	됨	-기	-신다	-었다, 됐다	-겠다	-더라	-오니	-옵니다
	드리다	드린	-는	드릴	드림	-기	-신다	-었다, 드렸다	-겠다	-더라	-오니	-옵니다
	들이치다[1]	들이친	-는	들이칠	들이침	-기	-신다	-었다, 들이쳤다	-겠다	-더라	-오니	-옵니다
	들이치다[2]	들이친	-는	들이칠	들이침	-기	-신다	-었다, 들이쳤다	-겠다	-더라	-오니	-옵니다
	들이켜다	들이켠	-는	들이켤	들이켬	-기	-신다	들이켰다	-겠다	-더라	-오니	-옵니다
	들이키다	들이킨	-는	들이킬	들이킴	-기	-신다	-었다, 들이켰다	-겠다	-더라	-오니	-옵니다
	들추다	들춘	-는	들출	들춤	-기	-신다	-었다, 들췄다	-겠다	-더라	-오니	-옵니다
	디디다	디딘	-는	디딜	디딤	-기	-신다	-었다, 디뎠다	-겠다	-더라	-오니	-옵니다
	떠벌이다	떠벌인	-는	떠벌일	떠벌임	-기	-신다	-었다, 떠벌였다	-겠다	-더라	-오니	-옵니다
	뜨이다	뜨인	-는	뜨일	뜨임	-기	-신다	-었다	-겠다	-더라	-오니	-옵니다
	띄다	띈	-는	띌	띔	-기	-신다	-었다	-겠다	-더라	-오니	-옵니다
	띄우다	띄운	-는	띄울	띄움	-기	-신다	-었다, 띄웠다	-겠다	-더라	-오니	-옵니다

용언 분류 번호	용언 기본형	전성 어미					선어말 어미					
		-ㄴ(-은) (과거)	-는, -ㄴ(-은) (현재)	-ㄹ(-을) (미래)	-ㅁ(-음)	-기	-(으)시다 -(으)십니다	-었- -았-	-겠-	-더-	-(으)오-	-옵- -사옵-
규 11-0	띠다	띤	-는	띨	띰	-기	-신다	-었다	-겠다	-더라	-오니	-옵니다
	마치다	마친	-는	마칠	마침	-기	-신다	-었다, 마쳤다	-겠다	-더라	-오니	-옵니다
	맞추다	맞춘	-는	맞출	맞춤	-기	-신다	-었다, 맞췄다	-겠다	-더라	-오니	-옵니다
	맞히다	맞힌	-는	맞힐	맞힘	-기	-신다	-었다, 맞혔다	-겠다	-더라	-오니	-옵니다
	매다	맨	-는	맬	맴	-기	-신다	-었다, 맸다	-겠다	-더라	-오니	-옵니다
	메꾸다	메꾼	-는	메꿀	메꿈	-기	-신다	-었다, 메꿨다	-겠다	-더라	-오니	-옵니다
	메다	멘	-는	멜	멤	-기	-신다	-었다, 멨다	-겠다	-더라	-오니	-옵니다
	묻히다	묻힌	-는	묻힐	묻힘	-기	-신다	-었다, 묻혔다	-겠다	-더라	-오니	-옵니다
	바뀌다	바뀐	-는	바뀔	바뀜	-기	-신다	-었다	-겠다	-더라	-오니	-옵니다
	바래다 (漂白)	바랜	-는	바랠	바램	-기	-신다	-었다, 바랬다	-겠다	-더라	-오니	-옵니다
	받치다	받친	-는	받칠	받침	-기	-신다	-었다, 받쳤다	-겠다	-더라	-오니	-옵니다
	받히다	받힌	-는	받힐	받힘	-기	-신다	-었다, 받혔다	-겠다	-더라	-오니	-옵니다
	버리다	버린	-는	버릴	버림	-기	-신다	-었다, 버렸다	-겠다	-더라	-오니	-옵니다
	벗기다	벗긴	-는	벗길	벗김	-기	-신다	-었다, 벗겼다	-겠다	-더라	-오니	-옵니다
	베다	벤	-는	벨	벰	-기	-신다	-었다, 벴다	-겠다	-더라	-오니	-옵니다
	뵈다	뵌	-는	뵐	뵘	-기	-신다	-었다, 뵀다	-겠다	-더라	-오니	-옵니다
	부치다 (送, 附)	부친	-는	부칠	부침	-기	-신다	-었다, 부쳤다	-겠다	-더라	-오니	-옵니다
	북돋우다	북돋운	-는	북돋울	북돋움	-기	-신다	-었다, 북돋웠다	-겠다	-더라	-오니	-옵니다
	비다	빈	-는	빌	빔	-기	-신다	-었다	-겠다	-더라	-오니	-옵니다
	비기다	비긴	-는	비길	비김	-기	-신다	었다, 비겼다	-겠다	-더라	-오니	-옵니다
	비추다	비춘	-는	비출	비춤	-기	-신다	-었다, 비췄다	-겠다	-더라	-오니	-옵니다
	빼다	뺀	-는	뺄	뺌	-기	-신다	-었다, 뺐다	-겠다	-더라	-오니	-옵니다
	사귀다	사귄	-는	사귈	사귐	-기	-신다	-었다, ×사겼다	-겠다	-더라	-오니	-옵니다

용언 분류 번호	용언 기본형	전성 어미					선어말 어미					
		-ㄴ(-은) (과거)	-는, -ㄴ(-은) (현재)	-ㄹ(-을) (미래)	-ㅁ(-음)	-기	-(으)시다 -(으)십니다	-었- -았-	-겠-	-더-	-(으)오-	-옵- -사옵-
규 11-0	사리다	사린	-는	사릴	사림	-기	-신다	-었다, 사렸다	-겠다	-더라	-오니	-옵니다
	사재다	사잰	-는	사잴	사잼	-기	-신다	-었다, 사쟀다	-겠다	-더라	-오니	-옵니다
	살찌다	살찐	-는	살찔	살찜	-기	-신다	살쪘다	-겠다	-더라	-오니	-옵니다
	새기다	새긴	-는	새길	새김	-기	-신다	-었다, 새겼다	-겠다	-더라	-오니	-옵니다
	서다	선	-는	설	섬	-기	-신다	섰다	-겠다	-더라	-오니	-옵니다
	설레다	설렌	-는	설렐	설렘	-기	-신다	-었다, 설렜다	-겠다	-더라	-오니	-옵니다
	쇠다	쇤	-는	쇨	쇰	-기	-신다	-었다, 쇘다	-겠다	-더라	-오니	-옵니다
	쉬다	쉰	-는	쉴	쉼	-기	-신다	-었다, ×셨다	-겠다	-더라	-오니	-옵니다
	시새우다	시새운	-는	시새울	시새움	-기	-신다	-었다, 시새웠다	-겠다	-더라	-오니	-옵니다
	쐬다	쐰	-는	쐴	쐼	-기	-신다	-었다, 쐤다	-겠다	-더라	-오니	-옵니다
	안되다	안된	-는	안될	안됨	-기	-신다	-었다, 안됐다	-겠다	-더라	-오니	-옵니다
	야위다	야윈	-는	야윌	야윔	-기	-신다	-었다	-겠다	-더라	-오니	-옵니다
	여위다	여윈	-는	여윌	여윔	-기	-신다	-었다	-겠다	-더라	-오니	-옵니다
	여쭈다	여쭌	-는	여쭐	여쭘	-기	-신다	-었다, 여쭸다	-겠다	-더라	-오니	-옵니다
	오므리다	오므린	-는	오므릴	오므림	-기	-신다	-었다, 오므렸다	-겠다	-더라	-오니	-옵니다
	우거지다	우거진	-는	우거질	우거짐	-기	-신다	-었다, 우거졌다	-겠다	-더라	-오니	-옵니다
	이루다	이룬	-는	이룰	이룸	-기	-신다	-었다, 이뤘다	-겠다	-더라	-오니	-옵니다
	잡수다	잡순	-는	잡술	잡숨	-기	-신다	-었다, 잡쉈다	-겠다	-더라	-오니	-옵니다
	재다	잰	-는	잴	잼	-기	-신다	-었다, 쟀다	-겠다	-더라	-오니	-옵니다
	저미다	저민	-는	저밀	저밈	-기	-신다	-었다, 저몄다	-겠다	-더라	-오니	-옵니다
	젖히다	젖힌	-는	젖힐	젖힘	-기	-신다	-었다, 젖혔다	-겠다	-더라	-오니	-옵니다
	제치다	제친	-는	제칠	제침	-기	-신다	-었다, 제쳤다	-겠다	-더라	-오니	-옵니다
	조이다 [죄다]	조인 [죈]	-는 [-는]	조일 [죌]	조임 [죔]	-기 [-기]	-신다 [-신다]	-었다, 조였다 [-었다, 좼다]	-겠다 [-겠다]	-더라 [-더라]	-오니 [-오니]	-옵니다 [-옵니다]

용언 분류 번호	용언 기본형	전성 어미					선어말 어미					
		-ㄴ(-은) (과거)	-는, -ㄴ(-은) (현재)	-ㄹ(-을) (미래)	-ㅁ(-음)	-기	-(으)시다 -(으)십니다	-었- -았-	-겠-	-더-	-(으)오-	-옵- -사옵-
규 11-0	주다	준	-는	줄	줌	-기	-신다	-었다, 줬다	-겠다	-더라	-오니	-옵니다
	쥐다	쥔	-는	쥘	쥠	-기	-신다	-었다	-겠다	-더라	-오니	-옵니다
	지내다	지낸	-는	지낼	지냄	-기	-신다	-었다, 지냈다	-겠다	-더라	-오니	-옵니다
	지다	진	-는	질	짐	-기	-신다	졌다	-겠다	-더라	-오니	-옵니다
	찌다	찐	-는	찔	찜	-기	-신다	쪘다	-겠다	-더라	-오니	-옵니다
	채다(奪取)	챈	-는	챌	챔	-기	-신다	-었다, 챘다	-겠다	-더라	-오니	-옵니다
	채우다	채운	-는	채울	채움	-기	-신다	-었다, 채웠다	-겠다	-더라	-오니	-옵니다
	챙기다	챙긴	-는	챙길	챙김	-기	-신다	-었다, 챙겼다	-겠다	-더라	-오니	-옵니다
	처지다	처진	-는	처질	처짐	-기	-신다	-었다, 처졌다	-겠다	-더라	-오니	-옵니다
	추다	춘	-는	출	춤	-기	-신다	-었다, 췄다	-겠다	-더라	-오니	-옵니다
	추리다	추린	-는	추릴	추림	-기	-신다	-었다, 추렸다	-겠다	-더라	-오니	-옵니다
	치다(打)	친	-는	칠	침	-기	-신다	쳤다	-겠다	-더라	-오니	-옵니다
	치우다	치운	-는	치울	치움	-기	-신다	-었다, 치웠다	-겠다	-더라	-오니	-옵니다
	치이다	치인	-는	치일	치임	-기	-신다	-었다, 치였다	-겠다	-더라	-오니	-옵니다
	켕기다	켕긴	-는	켕길	켕김	-기	-신다	-었다, 켕겼다	-겠다	-더라	-오니	-옵니다
	켜다	켠	-는	켤	켬	-기	-신다	켰다	-겠다	-더라	-오니	-옵니다
	키우다	키운	-는	키울	키움	-기	-신다	-었다, 키웠다	-겠다	-더라	-오니	-옵니다
	태우다	태운	-는	태울	태움	-기	-신다	-었다, 태웠다	-겠다	-더라	-오니	-옵니다
	터지다	터진	-는	터질	터짐	-기	-신다	-었다, 터졌다	-겠다	-더라	-오니	-옵니다
	튀기다	튀긴	-는	튀길	튀김	-기	-신다	-었다, 튀겼다	-겠다	-더라	-오니	-옵니다
	트이다	트인	-는	트일	트임	-기	-신다	-었다, 트였다	-겠다	-더라	-오니	-옵니다
	틀리다	틀린	-는	틀릴	틀림	-기	-신다	-었다, 틀렸다	-겠다	-더라	-오니	-옵니다
	틔다	틘	-는	틜	틤	-기	-신다	-었다	-겠다	-더라	-오니	-옵니다
	틔우다	틔운	-는	틔울	틔움	-기	-신다	-었다, 틔웠다	-겠다	-더라	-오니	-옵니다

용언 분류 번호	용언 기본형	전성 어미					선어말 어미					
		-ㄴ(-은) (과거)	-는, -ㄴ(-은) (현재)	-ㄹ(-을) (미래)	-ㅁ(-음)	-기	-(으)시다 -(으)십니다	-었- -았-	-겠-	-더-	-(으)오-	-옵- -사옵-
규 11-0	패다	팬	-는	팰	팸	-기	-신다	-었다, 팼다	-겠다	-더라	-오니	-옵니다
	펴내다	펴낸	-는	펴낼	펴냄	-기	-신다	-었다, 펴냈다	-겠다	-더라	-오니	-옵니다
	펴다	편	-는	펼	폄	-기	-신다	폈다	-겠다	-더라	-오니	-옵니다
	피다	핀	-는	필	핌	-기	-신다	-었다	-겠다	-더라	-오니	-옵니다
	피우다	피운	-는	피울	피움	-기	-신다	-었다, 피웠다	-겠다	-더라	-오니	-옵니다
	할퀴다	할퀸	-는	할퀼	할큄	-기	-신다	-었다	-겠다	-더라	-오니	-옵니다
	헤매다	헤맨	-는	헤맬	헤맴	-기	-신다	-었다, 헤맸다	-겠다	-더라	-오니	-옵니다
	헷갈리다	헷갈린	-는	헷갈릴	헷갈림	-기	-신다	-었다, 헷갈렸다	-겠다	-더라	-오니	-옵니다
	후리다	후린	-는	후릴	후림	-기	-신다	-었다, 후렸다	-겠다	-더라	-오니	-옵니다
	휘다	휜	-는	휠	휨	-기	-신다	-었다	-겠다	-더라	-오니	-옵니다
규 11-1	걷다	-은	-는	-을	-음	-기	-으신다	-었다	-겠다	-더라	-사오니, -으오니	-사옵니다
	긁다	-은	-는	-을	-음	-기	-으신다	-었다	-겠다	-더라	-사오니, -으오니	-사옵니다
	내딛다 [내디디다]	×내딛은 [내디딘]	-는 [-는]	×내딛을 [내디딜]	×내딛음 [내디딤]	-기 [-기]	×내딛으 신다 [-신다]	×네딛었다 [-었다, 내디뎠다]	-겠다 [-겠다]	-더라 [-더라]	-사오니 [-오니]	-사옵니다 [-옵니다]
	늙다	-은	-는	-을	-음	-기	-으신다	-었다	-겠다	-더라	-사오니, -으오니	-사옵니다
	늦다	-은	-는	-을	-음	-기	-으신다	-었다	-겠다	-더라	-사오니, -으오니	-사옵니다
	덮다	-은	-는	-을	-음	-기	-으신다	-었다	-겠다	-더라	-사오니, -으오니	-사옵니다
	딛다 [디디다]	×딛은 [디딘]	-는 [-는]	×딛을 [디딜]	×딛음 [디딤]	-기 [-기]	×딛으신다 [-신다]	×딛었다 [-었다, 디뎠다]	-겠다 [-겠다]	-더라 [-더라]	-사오니 [-오니]	-사옵니다 [-옵니다]
	뜯다	-은	-는	-을	-음	-기	-으신다	-었다	-겠다	-더라	-사오니, -으오니	-사옵니다
	먹다	-은	-는	-을	-음	-기	-으신다	-었다	-겠다	-더라	-사오니, -으오니	-사옵니다
	멎다	-은	-는	-을	-음	-기	-으신다	-었다	-겠다	-더라	-사오니, -으오니	-사옵니다
	묻다(埋)	-은	-는	-을	-음	-기	-으신다	-었다	-겠다	-더라	-사오니, -으오니	-사옵니다
	믿다	-은	-는	-을	-음	-기	-으신다	-었다	-겠다	-더라	-사오니, -으오니	-사옵니다

용언 분류 번호	용언 기본형	전성 어미					선어말 어미					
		−ㄴ(−은) (과거)	−는, −ㄴ(−은) (현재)	−ㄹ(−을) (미래)	−ㅁ(−음)	−기	−(으)시다 −(으)십니다	−었− −았−	−겠−	−더−	−(으)오−	−옵− −사옵−
규 11−1	뱉다	−은	−는	−을	−음	−기	−으신다	−었다	−겠다	−더라	−사오니, −으오니	−사옵니다
	벗다	−은	−는	−을	−음	−기	−으신다	−었다	−겠다	−더라	−사오니, −으오니	−사옵니다
	부딪다	−은	−는	−을	−음	−기	−으신다	−었다	−겠다	−더라	−사오니, −으오니	−사옵니다
	뻗다	−은	−는	−을	−음	−기	−으신다	−었다	−겠다	−더라	−사오니, −으오니	−사옵니다
	섞다	−은	−는	−을	−음	−기	−으신다	−었다	−겠다	−더라	−사오니, −으오니	−사옵니다
	숨다	−은	−는	−을	−음	−기	−으신다	−었다	−겠다	−더라	−사오니, −으오니	−사옵니다
	신다	−은	−는	−을	−음	−기	−으신다	−었다	−겠다	−더라	−사오니, −으오니	−사옵니다
	썩다	−은	−는	−을	−음	−기	−으신다	−었다	−겠다	−더라	−사오니, −으오니	−사옵니다
	씻다	−은	−는	−을	−음	−기	−으신다	−었다	−겠다	−더라	−사오니, −으오니	−사옵니다
	엎다	−은	−는	−을	−음	−기	−으신다	−었다	−겠다	−더라	−사오니, −으오니	−사옵니다
	얽다	−은	−는	−을	−음	−기	−으신다	−었다	−겠다	−더라	−사오니, −으오니	−사옵니다
	익다	−은	−는	−을	−음	−기	−으신다	−었다	−겠다	−더라	−사오니, −으오니	−사옵니다
	읽다	−은	−는	−을	−음	−기	−으신다	−었다	−겠다	−더라	−사오니, −으오니	−사옵니다
	잃다	−은	−는	−을	−음	−기	−으신다	−었다	−겠다	−더라	−사오니, −으오니	−사옵니다
	있다	−은	−는	−을	−음	−기	계신다	−었다	−겠다	−더라	−사오니, −으오니	−사옵니다
	적다	−은	−는	−을	−음	−기	−으신다	−었다	−겠다	−더라	−사오니, −으오니	−사옵니다
	죽다	−은	−는	−을	−음	−기	−으신다	−었다	−겠다	−더라	−사오니, −으오니	−사옵니다
	찍다	−은	−는	−을	−음	−기	−으신다	−었다	−겠다	−더라	−사오니, −으오니	−사옵니다
	찢다	−은	−는	−을	−음	−기	−으신다	−었다	−겠다	−더라	−사오니, −으오니	−사옵니다
	파묻다	−은	−는	−을	−음	−기	−으신다	−었다	−겠다	−더라	−사오니, −으오니	−사옵니다
	품다	−은	는	−을	−음	−기	−으신다	−었다	−겠다	−더라	−사오니, −으오니	−사옵니다

용언 분류 번호	용언 기본형	전성 어미					선어말 어미					
		-ㄴ(-은) (과거)	-는, -ㄴ(-은) (현재)	-ㄹ(-을) (미래)	-ㅁ(-음)	-기	-(으)시다 -(으)십니다	-었- -았-	-겠-	-더-	-(으)오-	-옵- -사옵-
규 11-1	헐뜯다	-은	-는	-을	-음	-기	-으신다	-었다	-겠다	-더라	-사오니, -으오니	-사옵니다
	훑다	-은	-는	-을	-음	-기	-으신다	-었다	-겠다	-더라	-사오니, -으오니	-사옵니다
규 20-0	싸다(廉價)	-	싼	쌀	쌈	-기	싸시다	쌌다	-겠다	-더라	-오니	-옵니다
	잽싸다	-	잽싼	잽쌀	잽쌈	-기	잽싸시다	잽쌌다	-겠다	-더라	-오니	-옵니다
	짜다(鹽)	-	짠	짤	짬	-기	짜시다	짰다	-겠다	-더라	-오니	-옵니다
	차다(冷)	-	찬	찰	참	-기	차시다	찼다	-겠다	-더라	-오니	-옵니다
규 20-1	같다	-	-은	-을	-음	-기	-으시다	-았다	-겠다	-더라	-사오니, -으오니	-사옵니다
	걸맞다		-은	-을	-음	-기	-으시다	-았다	-겠다	-더라	-사오니, -으오니	-사옵니다
	낮다	-	-은	-을	-음	-기	-으시다	-았다	-겠다	-더라	-사오니, -으오니	-사옵니다
	많다	-	-은	-을	-음	-기	-으시다	-았다	-겠다	-더라	-사오니, -으오니	-사옵니다
	맑다	-	-은	-을	-음	-기	-으시다	-았다	-겠다	-더라	-사오니, -으오니	-사옵니다
	밭다	-	-은	-을	-음	-기	-으시다	-았다	-겠다	-더라	-사오니, -으오니	-사옵니다
	않다	-	-은	-을	-음	-기	-으시다	-았다	-겠다	-더라	-사오니, -으오니	-사옵니다
	얇다	-	-은	-을	-음	-기	-으시다	-았다	-겠다	-더라	-사오니, -으오니	-사옵니다
	얕다	-	-은	-을	-음	-기	-으시다	-았다	-겠다	-더라	-사오니, -으오니	-사옵니다
	작다	-	-은	-을	-음	-기	-으시다	-았다	-겠다	-더라	-사오니, -으오니	-사옵니다
	잦다	-	-은	-을	-음	-기	-으시다	-았다	-겠다	-더라	-사오니, -으오니	-사옵니다
	좁다	-	-은	-을	-음	-기	-으시다	-았다	-겠다	-더라	-사오니, -으오니	-사옵니다
	짧다	-	-은	-을	-음	-기	-으시다	-았다	-겠다	-더라	-사오니, -으오니	-사옵니다
	하찮다	-	-은	-을	-음	-기	-으시다	-았다	-겠다	-더라	-사오니, -으오니	-사옵니다
규 21-0	더디다	-	더딘	더딜	더딤	-기	-시다	-었다, 더뎠다	-겠다	-더라	-오니	-옵니다
	되다(濃)	-	된	될	됨	-기	-시다	-었다, 됐다	-겠다	-더라	-오니	-옵니다
	바냐위다	-	바냐윈	바냐윌	바냐윔	-기	-시다	-었다	-겠다	-더라	-오니	-옵니다

용언 분류 번호	용언 기본형	전성 어미					선어말 어미					
		-ㄴ(-은) (과거)	-는, -ㄴ(-은) (현재)	-ㄹ(-을) (미래)	-ㅁ(-음)	-기	-(으)시다 -(으)십니다	-었- -았-	-겠-	-더-	-(으)오-	-옵- -사옵-
규 21-0	배다(細)	-	밴	밸	뱀	-기	-시다	-었다, 뱄다	-겠다	-더라	-오니	-옵니다
	비리다	-	비린	비릴	비림	-기	-시다	-었다, 비렸다	-겠다	-더라	-오니	-옵니다
	살지다	-	살진	살질	살짐	-기	-시다	살졌다	-겠다	-더라	-오니	-옵니다
	세다(强)	-	센	셀	셈	-기	-시다	-었다, 셌다	-겠다	-더라	-오니	-옵니다
	시다	-	신	실	심	-기	-시다	-었다	-겠다	-더라	-오니	-옵니다
	아니다	-	아닌	아닐	아님	-	-시다	-었다	-겠다	-더라	-오니	-옵니다
	안되다	-	안된	안될	안됨	-기	-시다	-었다, 안됐다	-겠다	-더라	-오니	-옵니다
	이다	-	인	일	임	-기	-시다	-었다, 였다	-겠다	-더라	-오니	-옵니다
	재다(速)	-	잰	잴	잼	-기	-시다	-었다, 쟀다	-겠다	-더라	-오니	-옵니다
	참되다	-	참된	참될	참됨	-기	-시다	-었다, 참됐다	-겠다	-더라	-오니	-옵니다
	틀리다	-	틀린	틀릴	틀림	-기	-시다	-었다, 틀렸다	-겠다	-더라	-오니	-옵니다
	희다	-	흰	흴	흼	-기	-시다	-었다	-겠다	-더라	-오니	-옵니다
규 21-1	가엾다	-	-은	-을	-음	-기	-으시다	-었다	-겠다	-더라	-사오니, -으오니	-사옵니다
	검다(黑)	-	-은	-을	-음	-기	-으시다	-었다	-겠다	-더라	-사오니, -으오니	-사옵니다
	굵다	-	-은	-을	-음	-기	-으시다	-었다	-겠다	-더라	-사오니, -으오니	-사옵니다
	굽다(曲)	-	-은	-을	-음	-기	-으시다	-었다	-겠다	-더라	-사오니, -으오니	-사옵니다
	넓다	-	-은	-을	-음	-기	-으시다	-었다	-겠다	-더라	-사오니, -으오니	-사옵니다
	늦다	-	-은	-을	-음	-기	-으시다	-었다	-겠다	-더라	-사오니, -으오니	-사옵니다
	맥쩍다	-	-은	-을	-음	-기	-으시다	-었다	-겠다	-더라	-사오니, -으오니	-사옵니다
	묽다	-	-은	-을	-음	-기	-으시다	-었다	-겠다	-더라	-사오니, -으오니	-사옵니다
	수줍다	-	-은	-을	-음	-기	-으시다	-었다	-겠다	-더라	-사오니, -으오니	-사옵니다
	없다	-	-는	-을	-음	-기	-으시다	-었다	-겠다	-더라	-사오니, -으오니	-사옵니다

용언 분류 번호	용언 기본형	전성 어미					선어말 어미					
		-ㄴ(-은) (과거)	-는, -ㄴ(-은) (현재)	-ㄹ(-을) (미래)	-ㅁ(-음)	-기	-(으)시다 -(으)십니다	-었- -았-	-겠-	-더-	-(으)오-	-옵- -사옵-
규 21-1	엷다	-	-은	-을	-음	-기	-으시다	-었다	-겠다	-더라	-사오니, -으오니	-사옵니다
	옅다	-	-은	-을	-음	-기	-으시다	-었다	-겠다	-더라	-사오니, -으오니	-사옵니다
	익다(慣)	-	-은	-을	-음	-기	-으시다	-었다	-겠다	-더라	-사오니, -으오니	-사옵니다
	적다(小)	-	-은	-을	-음	-기	-으시다	-었다	-겠다	-더라	-사오니, -으오니	-사옵니다
	젊다	-	-은	-을	-음	-기	-으시다	-었다	-겠다	-더라	-사오니, -으오니	-사옵니다
	한없다	-	-는	-을	-음	-기	-으시다	-었다	-겠다	-더라	-사오니, -으오니	-사옵니다
불 10-1	깨닫다	깨달은	-는	깨달을	깨달음	-기	깨달으신다	깨달았다	-겠다	-더라	-사오니, 깨달으오니	-사옵니다
	내닫다	내달은	-는	내달을	내달음	-기	내달으신다	내달았다	-겠다	-더라	-사오니, 내달으오니	-사옵니다
	치닫다	치달은	-는	치달을	치달음	-기	치달으신다	치달았다	-겠다	-더라	-사오니, 치달으오니	-사옵니다
불 10-2	갈다	간	가는	갈	갊	-기	가신다	-았다	-겠다	-더라	가오니	가옵니다
	날다	난	나는	날	낢	-기	나신다	-았다	-겠다	-더라	나오니	나옵니다
	놀다	논	노는	놀	놂	-기	노신다	-았다	-겠다	-더라	노오니	노옵니다
	달다(懸)	단	다는	달	닮	-기	다신다	-았다	-겠다	-더라	다오니	다옵니다
	돌다	돈	도는	돌	돎	-기	도신다	-았다	-겠다	-더라	도오니	도옵니다
	말다(卷)	만	마는	말	맒	-기	마신다	-았다	-겠다	-더라	마오니	마옵니다
	말다(止)	만	마는	말	맒	-기	마신다	-았다	-겠다	-더라	마오니	마옵니다
	살다	산	사는	살	삶	-기	사신다	-았다	-겠다	-더라	사오니	사옵니다
	알다	안	아는	알	앎	-기	아신다	-았다	-겠다	-더라	아오니	아옵니다
	졸다	존	조는	졸	졺	-기	조신다	-았다	-겠다	-더라	조오니	조옵니다
불 10-3	돕다	도운	-는	도울	도움	-기	도우신다	도왔다	-겠다	-더라	-사오니, 도우오니	-사옵니다
불 10-4	낫다(癒)	나은	-는	나을	나음	-기	나으신다	나았다	-겠다	-더라	-사오니, 나으오니	-사옵니다
	잣다(紡績)	자은	-는	자을	자음	-기	자으신다	자았다	-겠다	-더라	-사오니, 자으오니	-사옵니다
불 10-6	가르다	가른	-는	가를	가름	-기	-신다	갈랐다	-겠다	-더라	-오니	-옵니다
	고르다(選)	고른	-는	고를	고름	-기	-신다	골랐다	-겠다	-더라	-오니	-옵니다
	나르다	나른	-는	나를	나름	-기	-신다	날랐다	-겠다	-더라	-오니	-옵니다
	도르다	도른	-는	도를	도름	-기	-신다	돌랐다	-겠다	-더라	-오니	-옵니다
	바르다(塗)	바른	-는	바를	바름	-기	-신다	발랐다	-겠다	-더라	-오니	-옵니다

용언 분류 번호	용언 기본형	전성 어미					선어말 어미					
		－ㄴ(－은) (과거)	－는, －ㄴ(－은) (현재)	－ㄹ(－을) (미래)	－ㅁ(－음)	－기	－(으)시다 －(으)십니다	－었－ －았－	－겠－	－더－	－(으)오－	－옵－ －사옵－
불 10－6	사르다	사른	－는	사를	사름	－기	－신다	살랐다	－겠다	－더라	－오니	－옵니다
	오르다	오른	－는	오를	오름	－기	－신다	올랐다	－겠다	－더라	－오니	－옵니다
	자르다	자른	－는	자를	자름	－기	－신다	잘랐다	－겠다	－더라	－오니	－옵니다
	조르다	조른	－는	조를	조름	－기	－신다	졸랐다	－겠다	－더라	－오니	－옵니다
불 10－8	꼬느다	꼬는	－는	꼬늘	꼬늠	－기	－신다	꼬났다	－겠다	－더라	－오니	－옵니다
	노느다	노는	－는	노늘	노늠	－기	－신다	노났다	－겠다	－더라	－오니	－옵니다
	다다르다	다다른	－는	다다를	다다름	－기	－신다	다다랐다	－겠다	－더라	－오니	－옵니다
	담그다	담근	－는	담글	담금	－기	－신다	담갔다	－겠다	－더라	－오니	－옵니다
	따르다	따른	－는	따를	따름	－기	－신다	따랐다	－겠다	－더라	－오니	－옵니다
	잠그다	잠근	－는	잠글	잠금	－기	－신다	잠갔다	－겠다	－더라	－오니	－옵니다
불 10－9	그러다 [그리하다]	그런 [그리한]	－는 [－는]	그럴 [그리할]	그럼 [그리함]	－기 [－기]	－신다 [－신다]	그랬다 [그리했다]	－겠다 [－겠다]	－더라 [－더라]	－오니 [－오니]	－옵니다 [－옵니다]
	더하다	더한	－는	더할	더함	－기	－신다	－였다, 더했다	－겠다	－더라	－오니	－옵니다
	어떡하다	어떡한	－는	어떡할	어떡함	－기	－신다	－였다, 어떡했다	－겠다	－더라	－오니	－옵니다
	어쩌다 [어찌하다]	어쩐 [어찌한]	－는 [－는]	어쩔 [어찌할]	어쩜 [어찌함]	－기 [－기]	－신다 [－신다]	어쨌다 [－였다, 어찌했다]	－겠다 [－겠다]	－더라 [－더라]	－오니 [－오니]	－옵니다 [－옵니다]
	저러다 [저리하다]	저런 [저리한]	－는 [－는]	저럴 [저리할]	저럼 [저리함]	－기 [－기]	－신다 [－신다]	저랬다 [－였다, 저리했다]	－겠다 [－겠다]	－더라 [－더라]	－오니 [－오니]	－옵니다 [－옵니다]
	하다	한	－는	할	함	－기	－신다	－였다, 했다	－겠다	－더라	－오니	－옵니다
불 11－1	걷다(步)	걸은	－는	걸을	걸음	－기	걸으신다	걸었다	－겠다	－더라	－사오니, 걸으오니	－사옵니다
	긷다	길은	－는	길을	길음	－기	길으신다	길었다	－겠다	－더라	－사오니, 길으오니	－사옵니다
	눋다	눌은	－는	눌을	눌음	－기	눌으신다	눌었다	－겠다	－더라	－사오니, 눌으오니	－사옵니다
	묻다(問)	물은	－는	물을	물음	－기	물으신다	물었다	－겠다	－더라	－사오니, 물으오니	－사옵니다
	붇다	불은	－는	불을	불음	－기	불으신다	불었다	－겠다	－더라	－사오니, 불으오니	－사옵니다
	싣다	실은	－는	실을	실음	－기	실으신다	실었다	－겠다	－더라	－사오니, 실으오니	－사옵니다
	일컫다	일컬은	－는	일컬을	일컬음	－기	일컬으신다	일컬었다	－겠다	－더라	－사오니, 일컬으오니	－사옵니다

용언 분류 번호	용언 기본형	전성 어미					선어말 어미					
		-ㄴ(-은) (과거)	-는, -ㄴ(-은) (현재)	-ㄹ(-을) (미래)	-ㅁ(-음)	-기	-(으)시다 -(으)십니다	-었- -았-	-겠-	-더-	-(으)오-	-옵- -사옵-
불 11-2	가물다	가문	가무는	가물	가묾	-기	-	-었다	-겠다	-더라	가무오니	가무옵니다
	갈마들다	갈마든	갈마드는	갈마들	갈마듦	-기	갈마드신다	-었다	-겠다	-더라	갈마드오니	갈마드옵니다
	걸다(掛)	건	거는	걸	걺	-기	거신다	-었다	-겠다	-더라	거오니	거옵니다
	깃들다	깃든	깃드는	깃들	깃듦	-기	깃드신다	-었다	-겠다	-더라	깃드오니	깃드옵니다
	끌다	끈	끄는	끌	끎	-기	끄신다	-었다	-겠다	-더라	끄오니	끄옵니다
	널다	넌	너는	널	넒	-기	너신다	-었다	-겠다	-더라	너오니	너옵니다
	녹슬다	녹슨	녹스는	녹슬	녹슮	-기	녹스신다	-었다	-겠다	-더라	녹스오니	녹스옵니다
	늘다	는	느는	늘	늚	-기	느신다	-었다	-겠다	-더라	느오니	느옵니다
	덜다	던	더는	덜	덺	-기	더신다	-었다	-겠다	-더라	더오니	더옵니다
	머물다 [머무르다]	머문 [머무른]	머무는 [-는]	머물 [머무를]	머묾	-기	머무신다 [-신다]	×머물었다 [머물렀다]	-겠다 [-겠다]	-더라 [-더라]	머무오니	머무옵니다
	물다	문	무는	물	묾	-기	무신다	-었다	-겠다	-더라	무오니	무옵니다
	불다	분	부는	불	붊	-기	부신다	-었다	-겠다	-더라	부오니	부옵니다
	빌다	빈	비는	빌	빎	-기	비신다	-었다	-겠다	-더라	비오니	비옵니다
	서둘다 [서두르다]	서둔 [서두른]	서두는 [-는]	서둘 [서두를]	서둚 [서두름]	-기 [-기]	서두신다 [-신다]	×서둘었다 [서둘렀다]	-겠다 [-겠다]	-더라 [-더라]	서두오니 [-오니]	서두옵니다 [-옵니다]
	설다	선	서는	설	섦	-기	서신다	-었다	-겠다	-더라	서오니	서옵니다
	우닐다	우닌	우니는	우닐	우닒	-기	우니신다	-었다	-겠다	-더라	우니오니	우니옵니다
	울다	운	우는	울	욺	-기	우신다	-었다	-겠다	-더라	우오니	우옵니다
	일다	인	이는	일	잃	-기	이신다	-었다	-겠다	-더라	이오니	이옵니다
	저물다	저문	저무는	저물	저묾	-기	저무신다	-었다	-겠다	-더라	저무오니	저무옵니다
	줄다	준	주는	줄	줆	-기	주신다	-었다	-겠다	-더라	주오니	주옵니다
	털다	턴	터는	털	턺	-기	터신다	-었다	-겠다	-더라	터오니	터옵니다
	허물다	허문	허무는	허물	허묾	-기	허무신다	-었다	-겠다	-더라	허무오니	허무옵니다
	헐다	헌	허는	헐	헒	-기	허신다	-었다	-겠다	-더라	허오니	허옵니다
	흔들다	흔든	흔드는	흔들	흔듦	-기	흔드신다	-었다	-겠다	-더라	흔드오니	흔드옵니다
불 11-3	눕다	누운	-는	누울	누움	-기	누우신다	누웠다	-겠다	-더라	-사오니, 누우오니	-사옵니다
	깁다	기운	-는	기울	기움	-기	기우신다	기웠다	-겠다	-더라	-사오니, 기우오니	-사옵니다
	여쭙다	여쭈운	-는	여쭈울	여쭈움	-기	여쭈우신다	여쭈웠다	-겠다	-더라	-사오니, 여쭈우오니	-사옵니다
불 11-4	젓다	저은	-는	저을	저음	-기	저으신다	저었다	-겠다	-더라	-사오니, 저으오니	-사옵니다
	붓다	부은	-는	부을	부음	-기	부으신다	부었다	-겠다	-더라	-사오니, 부으오니	-사옵니다
	짓다	지은	-는	지을	지음	-기	지으신다	지었다	-겠다	-더라	-사오니, 지으오니	-사옵니다

용언 분류 번호	용언 기본형	전성 어미					선어말 어미					
		-ㄴ(-은) (과거)	-는, -ㄴ(-은) (현재)	-ㄹ(-을) (미래)	-ㅁ(-음)	-기	-(으)시다 -(으)십니다	-었- -았-	-겠-	-더-	-(으)오-	-옵- -사옵-
불 11-4	긋다	그은	-는	그을	그음	-기	그으신다	그었다	-겠다	-더라	-사오니, 그으오니	-사옵니다
	잇다	이은	-는	이을	이음	-기	이으신다	이었다	-겠다	-더라	-사오니, 이으오니	-사옵니다
불 11-6	거르다	거른	-는	거를	거름	-기	-신다	걸렀다	-겠다	-더라	-오니	-옵니다
	누르다(壓)	누른	-는	누를	누름	-기	-신다	눌렀다	-겠다	-더라	-오니	-옵니다
	두르다	두른	-는	두를	두름	-기	-신다	둘렀다	-겠다	-더라	-오니	-옵니다
	들르다	들른	-는	들를	들름	-기	-신다	들렀다	-겠다	-더라	-오니	-옵니다
	머무르다	머무른	-는	머무를	머무름	-기	-신다	머물렀다	-겠다	-더라	-오니	-옵니다
	무르다(返)	무른	-는	무를	무름	-기	-신다	물렀다	-겠다	-더라	-오니	-옵니다
	벼르다	벼른	-는	벼를	벼름	-기	-신다	별렀다	-겠다	-더라	-오니	-옵니다
	부르다(呼)	부른	-는	부를	부름	-기	-신다	불렀다	-겠다	-더라	-오니	-옵니다
	분지르다	분지른	-는	분지를	분지름	-기	-신다	분질렀다	-겠다	-더라	-오니	-옵니다
	서두르다	서두른	-는	서두를	서두름	-기	-신다	서둘렀다	-겠다	-더라	-오니	-옵니다
	어르다	어른	-는	어를	어름	-기	-신다	얼렀다	-겠다	-더라	-오니	-옵니다
	어지르다	어지른	-는	어지를	어지름	-기	-신다	어질렀다	-겠다	-더라	-오니	-옵니다
	으르다	으른	-는	우를	으름	-기	-신다	을렀다	-겠다	-더라	-오니	-옵니다
	이르다(云)	이른	-는	이를	이름	-기	-신다	일렀다	-겠다	-더라	-오니	-옵니다
	추스르다	추스른	-는	추스를	추스름	-기	-신다	추슬렀다	-겠다	-더라	-오니	-옵니다
	흐르다	흐른	-는	흐를	흐름	-기	-신다	흘렀다	-겠다	-더라	-오니	-옵니다
불 11-7	우러르다	우러른	-는	우러를	우러름	-기	-신다	우러렀다	-겠다	-더라	-오니	-옵니다
	이르다(到)	이른	-는	이를	이름	-기	-신다	이르렀다	-겠다	-더라	-오니	-옵니다
불 11-8	끄다	끈	-는	끌	끔	-기	-신다	껐다	-겠다	-더라	-오니	-옵니다
	동트다	동튼	-는	동틀	동틈	-기	-신다	동텄다	-겠다	-더라	-오니	-옵니다
	뜨다(浮)	뜬	-는	뜰	뜸	-기	-신다	떴다	-겠다	-더라	-오니	-옵니다
	싹트다	싹튼	-는	싹틀	싹틈	-기	-신다	싹텄다	-겠다	-더라	-오니	-옵니다
	쓰다	쓴	-는	쓸	씀	-기	-신다	썼다	-겠다	-더라	-오니	-옵니다
	치뜨다	치뜬	-는	치뜰	치뜸	-기	-신다	치떴다	-겠다	-더라	-오니	-옵니다
	치르다	치른	-는	치를	치름	-기	-신다	치렀다	-겠다	-더라	-오니	-옵니다
	크다	큰	-는	클	큼	-기	-신다	컸다	-겠다	-더라	-오니	-옵니다
	트다	튼	-는	틀	틈	-기	-신다	텄다	-겠다	-더라	-오니	-옵니다
불11-10	푸다	푼	-는	풀	품	-기	-신다	펐다	-겠다	-더라	-오니	-옵니다
불 20-2	놀다(稀)	-	논	놀	놂	-기	노시다	-았다	-겠다	-더라	노오니	노옵니다
	달다(甘)	-	단	달	닮	-기	다시다	-았다	-겠다	-더라	다오니	다옵니다
	솔다(狹)	-	손	솔	솖	-기	소시다	-았다	-겠다	-더라	소오니	소옵니다
	잘다(細)	-	잔	잘	잚	-기	자시다	-았다	-겠다	-더라	자오니	자옵니다

용언 분류 번호	용언 기본형	전성 어미					선어말 어미					
		-ㄴ(-은) (과거)	-는, -ㄴ(-은) (현재)	-ㄹ(-을) (미래)	-ㅁ(-음)	-기	-(으)시다 -(으)십니다	-었- -았-	-겠-	-더-	-(으)오-	-옵- -사옵-
불 20-3	가깝다	-	가까운	가까울	가까움	-기	가까우시다	가까웠다	-겠다	-더라	-사오니, 가까우오니	-사옵니다
	고맙다	-	고마운	고마울	고마움	-기	고마우시다	고마웠다	-겠다	-더라	-사오니, 고마우오니	-사옵니다
	곱다(麗)	-	고운	고울	고움	-기	고우시다	고왔다	-겠다	-더라	-사오니, 고우오니	-사옵니다
	꽃답다	-	꽃다운	꽃다울	꽃다움	-기	꽃다우시다	꽃다웠다	-겠다	-더라	-사오니, 꽃다우오니	-사옵니다
	반갑다	-	반가운	반가울	반가움	-기	반가우시다	반가웠다	-겠다	-더라	-사오니, 반가우오니	-사옵니다
	새롭다	-	새로운	새로울	새로움	-기	새로우시다	새로웠다	-겠다	-더라	-사오니, 새로우오니	-사옵니다
	아깝다	-	아까운	아까울	아까움	-기	아까우시다	아까웠다	-겠다	-더라	-사오니, 아까우오니	-사옵니다
	아니꼽다	-	아니꼬운	아니꼬울	아니꼬움	-기	아니꼬우 시다	아니꼬웠다	-겠다	-더라	-사오니, 아니꼬우 오니	-사옵니다
	외롭다	-	외로운	외로울	외로움	-기	외로우시다	외로웠다	-겠다	-더라	-사오니, 외로우오니	-사옵니다
	차갑다	-	차가운	차가울	차가움	-기	차가우시다	차가웠다	-겠다	-더라	-사오니, 차가우오니	-사옵니다
	해롭다	-	해로운	해로울	해로움	-기	해로우시다	해로웠다	-겠다	-더라	-사오니, 해로우오니	-사옵니다
불 20-4	낫다(優)	-	나은	나을	나음	-기	나으시다	나았다	-겠다	-더라	-사오니, 나으오니	-사옵니다
불 20-5	굵다랗다		굵다란	굵다랄	굵다람	-기	굵다라시다	굵다랬다	-겠다	-더라	-사오니, 굵다라오니	-사옵니다
	기다랗다		기다란	기다랄	기다람	-기	기다라시다	기다랬다	-겠다	-더라	-사오니, 기다라오니	-사옵니다
	까맣다	-	까만	까말	까맘	-기	까마시다	까맸다	-겠다	-더라	-사오니, 까마오니	-사옵니다
	널따랗다	-	널따란	널따랄	널따람	-기	널따라시다	널따랬다	-겠다	-더라	-사오니, 널따라오니	-사옵니다
	노랗다	-	노란	노랄	노람	-기	노라시다	노랬다	-겠다	-더라	-사오니, 노라오니	-사옵니다
	빨갛다	-	빨간	빨갈	빨감	-기	빨가시다	빨갰다	-겠다	-더라	-사오니, 빨가오니	-사옵니다
	뽀얗다	-	뽀얀	뽀얄	뽀얌	-기	뽀야시다	뽀얬다	-겠다	-더라	-사오니, 뽀야오니	-사옵니다
	조그맣다 [조그마하다]	-	조그만 [조그마한]	조그말 [조그마할]	조그맘 [조그마함]	-기 [-기]	조그마시다 [-시다]	조그맸다 [-였다, 조그마했다]	-겠다 [-겠다]	-더라 [-더라]	-사오니, 조그마오니 [-오니]	-사옵니다 [-옵니다]

용언 분류 번호	용언 기본형	전성 어미					선어말 어미					
		-ㄴ(-은) (과거)	-는, -ㄴ(-은) (현재)	-ㄹ(-을) (미래)	-ㅁ(-음)	-기	-(으)시다 -(으)십니다	-었- -았-	-겠-	-더-	-(으)오-	-옵- -사옵-
불 20-5	짤따랗다	-	짤따란	짤따랄	짤따람	-기	짤따라시다	짤따랬다	-겠다	-더라	-사오니, 짤따라오니	-사옵니다
	커다랗다	-	커다란	커다랄	커다람	-기	커다라시다	커다랬다	-겠다	-더라	-사오니, 커다라오니	-사옵니다
	파랗다	-	파란	파랄	파람	-기	파라시다	파랬다	-겠다	-더라	-사오니, 파라오니	-사옵니다
	하얗다	-	하얀	하얄	하얌	-기	하야시다	하얬다	-겠다	-더라	-사오니, 하야오니	-사옵니다
불 20-6	가파르다		가파른	가파를	가파름	-기	-시다	가팔랐다	-겠다	-더라	-오니	-옵니다
	다르다	-	다른	다를	다름	-기	-시다	달랐다	-겠다	-더라	-오니	-옵니다
	고르다(均)	-	고른	고를	고름	-기	-시다	골랐다	-겠다	-더라	-오니	-옵니다
	바르다(正)	-	바른	바를	바름	-기	-시다	발랐다	-겠다	-더라	-오니	-옵니다
	빠르다	-	빠른	빠를	빠름	-기	-시다	빨랐다	-겠다	-더라	-오니	-옵니다
	올바르다	-	올바른	올바를	올바름	-기	-시다	올발랐다	-겠다	-더라	-오니	-옵니다
불 20-8	바쁘다	-	바쁜	바쁠	바쁨	-기	-시다	바빴다	-겠다	-더라	-오니	-옵니다
	고프다	-	고픈	고플	고픔	-기	-시다	고팠다	-겠다	-더라	-오니	-옵니다
	아프다	-	아픈	아플	아픔	-기	-시다	아팠다	-겠다	-더라	-오니	-옵니다
	애달프다	-	애달픈	애달플	애달픔	-기	-시다	애달팠다	-겠다	-더라	-오니	-옵니다
불 20-9	갑갑하다	-	갑갑한	갑갑할	갑갑함	-기	-시다	-였다, 갑갑했다	-겠다	-더라	-오니	-옵니다
	그러하다 [그렇다]	-	그러한 [그런]	그러할 [그럴]	그러함 [그럼]	-기 [-기]	-시다 [그러시다]	-였다, 그러했다 [그랬다]	-겠다 [-겠다]	-더라 [-더라]	-오니 [-사오니]	-옵니다 [-사옵니다]
	깍듯하다	-	깍듯한	깍듯할	깍듯함	-기	-시다	-였다, 깍듯했다	-겠다	-더라	-오니	-옵니다
	넓적하다	-	넓적한	넓적할	넓적함	-기	-시다	-였다, 넓적했다	-겠다	-더라	-오니	-옵니다
	어떠하다	-	어떠한	어떠할	어떠함	-기	-시다	-였다, 어떠했다	-겠다	-더라	-오니	-옵니다
	용하다	-	용한	용할	용함	-기	-시다	-였다, 용했다	-겠다	-더라	-오니	-옵니다
	저러하다	-	저러한	저러할	저러함	-기	-시다	-였다, 저러했다	-겠다	-더라	-오니	-옵니다
	착하다	-	착한	착할	착함	-기	-시다	-였다, 착했다	-겠다	-더라	-오니	-옵니다
	허전하다	-	허전한	허전할	허전함	-기	-시다	-였다, 허전했다	-겠다	-더라	-오니	-옵니다
	호젓하다	-	호젓한	호젓할	호젓함	-기	-시다	-였다, 호젓했다	-겠다	-더라	-오니	-옵니다

용언 분류 번호	용언 기본형	전성 어미					선어말 어미					
		-ㄴ(-은) (과거)	-는, -ㄴ(-은) (현재)	-ㄹ(-을) (미래)	-ㅁ(-음)	-기	-(으)시다 -(으)십니다	-었- -았-	-겠-	-더-	-(으)오-	-옵- -사옵-
불 21-2	가늘다	-	가는	가늘	가늚	-기	가느시다	-었다	-겠다	-더라	가느오니	가느옵니다
	거칠다	-	거친	거칠	거칢	-기	거치시다	-었다	-겠다	-더라	거치오니	거치옵니다
	길다	-	긴	길	긺	-기	기시다	-었다	-겠다	-더라	기오니	기옵니다
	둥글다	-	둥근	둥글	둥긂	-기	둥그시다	-었다	-겠다	-더라	둥그오니	둥그옵니다
	멀다	-	먼	멀	멂	-기	머시다	-었다	-겠다	-더라	머오니	머옵니다
	비뚤다	-	비뚠	비뚤	비뚦	-기	비뚜시다	-었다	-겠다	-더라	비뚜오니	비뚜옵니다
	설다	-	선	설	섦	-기	서시다	-었다	-겠다	-더라	서오니	서옵니다
	어질다	-	어진	어질	어짊	-기	어지시다	-었다	-겠다	-더라	어지오니	어지옵니다
불 21-3	가렵다	-	가려운	가려울	가려움	-기	가려우시다	가려웠다	-겠다	-더라	-사오니, 가려우오니	-사옵니다
	가볍다	-	가벼운	가벼울	가벼움	-기	가벼우시다	가벼웠다	-겠다	-더라	-사오니, 가벼우오니	-사옵니다
	가엽다	-	가여운	가여울	가여움	-기	가여우시다	가여웠다	-겠다	-더라	-사오니, 가여우오니	-사옵니다
	간지럽다	-	간지러운	간지러울	간지러움	-기	간지러우 시다	간지러웠 다	-겠다	-더라	-사오니, 간지러우 오니	-사옵니다
	덥다	-	더운	더울	더움	-기	더우시다	더웠다	-겠다	-더라	-사오니, 더우오니	-사옵니다
	두껍다	-	두꺼운	두꺼울	두꺼움	-기	두꺼우시다	두꺼웠다	-겠다	-더라	-사오니, 두꺼우오니	-사옵니다
	맵다	-	매운	매울	매움	-기	매우시다	매웠다	-겠다	-더라	-사오니, 매우오니	-사옵니다
	무섭다	-	무서운	무서울	무서움	-기	무서우시다	무서웠다	-겠다	-더라	-사오니, 무서우니	-사옵니다
	별스럽다	-	별스러운	별스러울	별스러움	-기	별스러우 시다	별스러웠다	-겠다	-더라	-사오니, 별스러우 오니	-사옵니다
	상스럽다	-	상스러운	상스러울	상스러움	-기	상스러우 시다	상스러웠다	-겠다	-더라	-사오니, 상스러우 오니	-사옵니다
	서럽다	-	서러운	서러울	서러움	-기	서러우시다	서러웠다	-겠다	-더라	-사오니, 서러우오니	-사옵니다
	섧다	-	설운	설울	설움	-기	설우시다	설웠다	-겠다	-더라	-사오니, 설우오니	-사옵니다
	슬겁다	-	슬거운	슬거울	슬거움	-기	슬거우시다	슬거웠다	-겠다	-더라	-사오니, 슬거우오니	-사옵니다
	아쉽다	-	아쉬운	아쉬울	아쉬움	-기	아쉬우시다	아쉬웠다	-겠다	-더라	-사오니, 아쉬우오니	-사옵니다
	어지럽다	-	어지러운	어지러울	어지러움	-기	어지러우 시다	어지러웠다	-겠다	-더라	-사오니, 어지러우 오니	-사옵니다

용언 분류 번호	용언 기본형	전성 어미					선어말 어미					
		-ㄴ(-은) (과거)	-는, -ㄴ(-은) (현재)	-ㄹ(-을) (미래)	-ㅁ(-음)	-기	-(으)시다 -(으)십니다	-었- -았-	-겠-	-더-	-(으)오-	-옵- -사옵-
불 21-3	즐겁다	-	즐거운	즐거울	즐거움	-기	즐거우시다	즐거웠다	-겠다	-더라	-사오니, 즐거우오니	-사옵니다
	춥다	-	추운	추울	추움	-기	추우시다	추웠다	-겠다	-더라	-사오니, 추우오니	-사옵니다
	한스럽다	-	한스러운	한스러울	한스러움	-기	한스러우시다	한스러웠다	-겠다	-더라	-사오니, 한스러우오니	-사옵니다
	헐겁다	-	헐거운	헐거울	헐거움	-기	헐거우시다	헐거웠다	-겠다	-더라	-사오니, 헐거우오니	-사옵니다
	희떱다	-	희떠운	희떠울	희떠움	-기	희떠우시다	희떠웠다	-겠다	-더라	-사오니, 희떠우오니	-사옵니다
불 21-5	그렇다 [그러하다]	-	그런 [그러한]	그럴 [그러할]	그럼 [그러함]	-기 [-기]	그러시다 [-시다]	그랬다 [-였다, 그러했다]	-겠다 [-겠다]	-더라 [-더라]	-사오니, 그러오니 [-오니]	-사옵니다 [-옵니다]
	꺼멓다		꺼먼	꺼멀	꺼멈	-기	꺼머시다	꺼멨다	-겠다	-더라	-사오니, 꺼머오니	-사옵니다
	누렇다	-	누런	누럴	누럼	-기	누러시다	누렜다	-겠다	-더라	-사오니, 누러오니	-사옵니다
	뻘겋다	-	뻘건	뻘걸	뻘검	-기	뻘거시다	뻘겠다	-겠다	-더라	-사오니, 뻘거오니	-사옵니다
	뿌옇다	-	뿌연	뿌열	뿌염	-기	뿌여시다	뿌옜다	-겠다	-더라	-사오니, 뿌여오니	-사옵니다
	어떻다 [어떠하다]	-	어떤 [어떠한]	어떨 [어떠할]	어떰 [어떠함]	-기 [-기]	어떠시다 [-시다]	어땠다 [-였다, 어떠했다]	-겠다 [겠다]	-더라 [-더라]	-사오니, 어떠오니 [-오니]	-사옵니다 [-옵니다]
	저렇다 [저러하다]	-	저런 [저러한]	저럴 [저러할]	저럼 [저러함]	-기 [-기]	저러시다 [-시다]	저랬다 [-였다, 저러했다]	-겠다 [겠다]	-더라 [-더라]	-사오니, 저러오니 [-오니]	-사옵니다 [-옵니다]
	퍼렇다	-	퍼런	퍼럴	퍼럼	-기	퍼러시다	퍼렜다	-겠다	-더라	-사오니, 퍼러오니	-사옵니다
	허옇다	-	허연	허열	허염	-기	허여시다	허옜다	-겠다	-더라	-사오니, 허여오니	-사옵니다
불 21-6	그르다	-	그른	그를	그름	-기	-시다	글렀다	-겠다	-더라	-오니	-옵니다
	무르다(軟)	-	무른	무를	무름	-기	-시다	물렀다	-겠다	-더라	-오니	-옵니다
	부르다(滿)	-	부른	부를	부름	-기	-시다	불렀다	-겠다	-더라	-오니	-옵니다
	섣부르다	-	섣부른	섣부를	섣부름	-기	-시다	섣불렀다	-겠다	-더라	-오니	-옵니다
	이르다(早)	-	이른	이를	이름	-기	-시다	일렀다	-겠다	-더라	-오니	-옵니다
불 21-7	*노르다(黃)	-	노른	노를	노름	-기	-시다	노르렀다	-겠다	-더라	-오니	-옵니다
	누르다(黃)	-	누른	누를	누름	-기	-시다	누르렀다	-겠다	-더라	-오니	-옵니다
	푸르다	-	푸른	푸를	푸름	-기	-시다	푸르렀다	-겠다	-더라	-오니	-옵니다

용언 분류 번호	용언 기본형	전성 어미					선어말 어미					
		-ㄴ(-은) (과거)	-는, -ㄴ(-은) (현재)	-ㄹ(-을) (미래)	-ㅁ(-음)	-기	-(으)시다 -(으)십니다	-었- -았-	-겠-	-더-	-(으)오-	-옵- -사옵-
불 21-8	기쁘다	-	기쁜	기쁠	기쁨	-기	-시다	기뻤다	-겠다	-더라	-오니	-옵니다
	뜨다(遲)	-	뜬	뜰	뜸	-기	-시다	떴다	-겠다	-더라	-오니	-옵니다
	서글프다	-	서글픈	서글플	서글픔	-기	-시다	서글펐다	-겠다	-더라	-오니	-옵니다
	슬프다	-	슬픈	슬플	슬픔	-기	-시다	슬펐다	-겠다	-더라	-오니	-옵니다
	예쁘다	-	예쁜	예쁠	예쁨	-기	-시다	예뻤다	-겠다	-더라	-오니	-옵니다
	크다	-	큰	클	큼	-기	-시다	컸다	-겠다	-더라	-오니	-옵니다
	헤프다	-	헤픈	헤플	헤픔	-기	-시다	헤펐다	-겠다	-더라	-오니	-옵니다

찾아보기

ㄱ

ㄴ

ㄷ

ㄹ

ㅁ

ㅂ

ㅅ

ㅇ

ㅈ

ㅊ

ㅋ

ㅌ

ㅍ

ㅎ